# Administração de Marketing

EDITORA ATLAS S.A.
Rua Conselheiro Nébias, 1384 (Campos Elísios)
01203-904  São Paulo  (SP)
Tel.: (011) 221-9144 (PABX)
http://www.editora-atlas.com.br

Philip Kotler
Northwestern University

# Administração de Marketing

## ANÁLISE, PLANEJAMENTO
## IMPLEMENTAÇÃO E CONTROLE

**5ª edição**

Tradução
AILTON BOMFIM BRANDÃO
Administrador de Empresas (FEA/USP)

TRADUÇÃO
DA
**9ª EDIÇÃO**
NORTE-
AMERICANA

SÃO PAULO
EDITORA ATLAS S.A. — 1998

© 1997 by EDITORA ATLAS S.A.

1. ed. 1974; 2. ed. 1992; 3. ed. 1993; 4. ed. 1995; 5. ed. 1998

ISBN 85-224-1825-X

Traduzido para o português da 9ª edição de:
*Marketing management: analysis, planning, implementation, and control*
Copyright © 1997 by Prentice-Hall, Inc.,
a Simon & Schuster Company
Upper Saddle River, New Jersey 07458

Capa: Zenário A. de Oliveira, baseada na edição americana.
Composição: Formato Serviços de Editoração S/C Ltda.

**Dados Internacionais de Catalogação na Publicação (CIP)**
**(Câmara Brasileira do Livro, SP, Brasil)**

---

Kotler, Philip
  Administração de marketing : análise, planejamento, implementação e controle / Philip Kotler; tradução Ailton Bomfim Brandão — 5. ed. São Paulo : Atlas, 1998.

ISBN 85-224-1825-X

1. Administração mercadológica   I. Título

94-2703                    CDD-658-8

---

**Índices para catálogo sistemático:**

1. Administração de marketing  658.8
2. Marketing : administração de empresas  658.8
3. Mercadologia : administração de empresas  658.8

Depósito legal na Biblioteca Nacional conforme Decreto nº 1.825,
de 20 de dezembro de 1907.

Impresso no Brasil/*Printed in Brazil*

Este livro é dedicado a minha esposa
e melhor amiga, Nancy, com amor

# Sumário

# Prefácio

Na iminência do final de um século, para não dizer de um milênio, as pessoas, freqüentemente, sentem um crescente desconforto sobre o futuro. Livros recentes como *The end of affluence*[1] e *The end of work*[2] promovem uma ameaça sobre as rendas e oportunidades de trabalho futuras. Certamente, muitos países sofrem, hoje, de alto índice crônico de desemprego, déficit persistente e deterioração do poder de compra. Justifica-se esse pessimismo?

Claramente, as economias nacionais estão passando por transformações rápidas e, freqüentemente, violentas. Uma é a *globalização*, crescimento explosivo do comércio global e da competição internacional. Hoje, nenhum país pode permanecer isolado da economia mundial. Se fechar seus mercados à concorrência estrangeira, seus cidadãos pagarão muito mais por bens de qualidade inferior. Mas, se abrirem seus mercados, enfrentarão concorrência severa e muitas de suas empresas locais sofrerão.

A outra força é a *mudança tecnológica*. Esta década tem testemunhado avanços notáveis na disponibilidade de informações e na velocidade das comunicações; em novos materiais; na bioenergética e medicamentos; em maravilhas eletrônicas. Qualquer pessoa familiarizada com as lojas e os catálogos norte-americanos testemunhará a expansão interminável de novos produtos. Alguns historiadores argumentam que a maioria das mudanças históricas está orientada para a tecnologia.

Paradoxo é que a globalização e os avanços tecnológicos abrem muitas novas oportunidades, não obstante ameaçarem o *status quo*. A globalização tem possibilitado à Volvo vender seus automóveis aos consumidores conscientes de segurança em todo o mundo, à Mc-Donald's atender ao apetite dos adolescentes espalhados pelo planeta e à Boeing comprar os componentes de seus 747s de fabricantes de pelo menos doze países. A tecnologia tem criado novas empresas multibilionárias como Microsoft, Dell Computer, Sun Microsystems e muitas outras.

É verdade que velhas empresas morrem e novas aparecem. As empresas operam em um mercado darwiniano onde os princípios de seleção natural levam "à sobrevivência das mais capacitadas". O sucesso de mercado é conquistado pelas empresas mais ajustadas ao imperativos ambientais atuais – aquelas que podem entregar o que as pessoas estão dispostas a comprar. Indivíduos, empresas, cidades e até mesmo países devem descobrir como podem produzir *valor de mercado* – a saber, bens e serviços que outros estão dispostos a comprar.

Os mercados atuais estão mudando a passo incrível. Além da globalização e da mudança tecnológica, estamos testemunhando uma mudança de poder de fabricantes para varejistas gigantes, um rápido crescimento e aceitação de marcas de loja, novas formas de varejo, aumento da sensibilidade a preço e valor por parte do consumidor, diminuição do papel de marketing e da propaganda de massa e uma grande erosão da lealdade de marca. Essas mudanças estão levando as empresas a um estado de confusão em relação à estratégia. Para proteger seus lucros, elas têm, principalmente, reagido cortando seus custos, fazendo reengenharia de seus processos e reduzindo sua força de trabalho. Todavia, mesmo as empresas bem-sucedidas em reduzir seus custos podem ter dificuldades para aumentar seus faturamentos se lhes faltarem visão e *know-how* de marketing.

Infelizmente, o público em geral, e mesmo muitos administradores experientes, não entendem marketing. O público vê marketing como uso (ou abuso) vigoroso e, às vezes, intruso da propaganda e da venda: "Oh, não, outro comercial." Acham que marketing tenta fazer com que compradores indispostos comprem bens não desejados. Sem dúvida,

---

1. MADRICK, Jeffrey G. *The end of affluence.* The causes and consequences of America's economic dilemma. New York : Random House, 1995.
2. RIFKIN, Jeremy. *The end of work*: the decline of the global labor force and the dawn of the post-market era. New York : G. P. Putman's Sons, 1995.

as empresas, freqüentemente, têm que movimentar bens excedentes e podem fazer isso cortando preços e adotando técnicas de "venda de pressão". Mas isso não representa o que é marketing e o que ele faz.

Muitos administradores consideram marketing um departamento formado por vários tipos de funcionários de carreira: planejadores, pesquisadores, especialistas em propaganda e promoção de vendas, pessoal de serviço ao consumidor, gerentes de novos produtos, gerentes de produtos e marcas, gerentes de segmentos de mercado e, sem dúvida, vendedores. Seu trabalho coletivo é analisar o mercado, identificar oportunidades, formular estratégias de marketing, desenvolver táticas e ações específicas, propor orçamento e estabelecer um conjunto de controles. Mas esta visão não é suficientemente abrangente. Marketing é também responsável em impulsionar toda a empresa para ser orientada para o consumidor e para o mercado. Consumidores são escassos; sem eles, a empresa para de existir. Os planos devem ser estabelecidos para conquistar e manter consumidores. Em razão de muitos fatores afetarem a satisfação do consumidor, muitos deles mantidos fora do escopo do departamento de marketing – como confiabilidade de entrega, clareza da fatura e serviços de telefonia –, marketing deve trabalhar muito para assegurar-se de que o restante da empresa atenda às expectativas dos consumidores e, consistentemente, suas próprias promessas.

Entretanto, marketing é muito mais do que o "departamento de vendas" de uma empresa. Marketing é um processo ordenado e criativo de pensar e planejar para os mercados. O processo tem início pesquisando-se o mercado para conhecer sua dinâmica. A empresa usa pesquisa para identificar oportunidades – isto é, encontrar indivíduos ou grupos de pessoas com necessidades não atendidas ou interesse latente em algum produto ou serviço. O processo de marketing envolve segmentar o mercado e escolher aqueles mercados-alvos que a empresa pode satisfazer de maneira superior. A empresa deve formular uma estratégia ampla e definir um composto de marketing específico e um plano de ação para otimizar seu desempenho a longo prazo. A empresa desenvolve um conjunto de controles para poder avaliar os resultados e operar como uma organização de aprendizagem, melhorando, constantemente, seu *know-how* de marketing.

O processo de marketing é aplicável não apenas para bens e serviços. Marketing pode também ser empregado em outros assuntos, incluindo idéias, eventos, organizações, locais e personalidades. Entretanto, é importante enfatizar que marketing não começa com um produto ou oferta, mas com uma busca de oportunidades no mercado.

## TENDÊNCIAS

Marketing não é como a geometria euclidiana, um sistema fixo de conceitos e axiomas. Pelo contrário, marketing é um dos campos mais dinâmicos dentro da arena administrativa. Continuamente, marketing lança desafios atuais e as empresas devem responder. Por conseguinte, não é surpreendente que as novas idéias de marketing mantêm-se à tona para atender aos novos desafios do mercado.

Aqui estão várias ênfases do pensamento atual de marketing:

1. **Crescente ênfase em qualidade, valor e satisfação dos consumidores**. Diferentes motivações de compra (conveniência, *status*, estilo, características, serviço etc.) exercem papel forte em tempos e locais diferentes. Os consumidores de hoje estão atribuindo maior peso na qualidade e no valor ao tomarem suas decisões de compra. Algumas empresas notáveis estão administrando para aumentar grandemente sua qualidade e baixar seus custos. Orientam-se pelo princípio de oferecer cada vez mais cobrando menos.

2. **Crescente ênfase no desenvolvimento de relacionamento e na retenção de consumidores**. Muita teoria de marketing no passado focava em como "fechar uma venda". Mas é suficiente ater-se à qualidade do fechamento da venda, e não saber muito sobre o consumidor e se ele comprará novamente? As empresas de hoje estão concentrando esforços na criação de consumidores fiéis e de longa vida. A mu-

dança é da idéia de transação para a de construção de relacionamento. Elas estão criando bancos de dados contendo dados demográficos e de estilo de vida, níveis de resposta à diferentes estímulos, transações anteriores – e orquestrando suas ofertas para obter consumidores satisfeitos ou encantados que permanecerão leais.

3. **Crescente ênfase em administrar processos gerenciais e integrar funções administrativas.** As empresas atuais estão mudando a idéia de administrar um conjunto de departamentos semi-independentes, cada qual com sua própria lógica, para administrar um conjunto de processos gerenciais fundamentais que impactam os serviços e a satisfação dos consumidores. Elas estão designando pessoal interdisciplinar para administrar cada processo. O pessoal de marketing está cada vez mais trabalhando em equipes interdisciplinares em vez de permanecer restrito ao departamento de marketing. Esse é um desenvolvimento positivo que amplia as perspectivas das empresas em relação ao negócio e lhes dá maior oportunidade para melhorar a perspectiva de funcionários de outros departamentos.

4. **Crescente ênfase no pensamento global e no planejamento de mercado local.** As empresas estão, crescentemente, procurando mercados além de suas fronteiras. À medida que entram nesses mercados, devem abandonar suas suposições tradicionais sobre o comportamento do mercado e adaptar suas ofertas aos pré-requisitos culturais de outros países. Devem deixar o poder de tomada de decisões nas mãos de seus representantes locais que são muito mais conscientes das realidades econômicas, políticas, legais e sociais enfrentadas pela empresa. Devem pensar globalmente, mas planejar e agir localmente.

5. **Crescente ênfase na construção de alianças estratégicas e redes.** À medida que as empresas se globalizam, percebem que, independentemente de tamanho, faltam-lhes os recursos e os requisitos totais para o sucesso. Analisando a cadeia de suprimento para produzir valor, reconhecem a necessidade de parceria com outras organizações. Empresas como a Ford, McDonald's e Levi Strauss foram bem-sucedidas ao construir um conjunto de parcerias globais que atenderam a diferentes exigências para o sucesso. Administradores experientes estão dedicando muito tempo para o desenvolvimento de alianças estratégicas e redes que geram vantagem competitiva para as empresas-parceiras.

6. **Crescente ênfase em marketing direto e marketing *on-line*.** A revolução das informações e das comunicações promete mudar a natureza da compra e venda. Em qualquer local do mundo, as pessoas podem acessar a Internet e as *home pages* das empresas para procurar ofertas e encomendar bens. Via serviços *on-line*, podem dar sugestões e receber orientações sobre produtos e serviços. "Batendo papo" com outros usuários, definem o melhor valor, fazem pedidos e recebem a encomenda no dia seguinte. Como resultado dos avanços na tecnologia de banco de dados, as empresas podem fazer mais marketing direto e confiar menos em intermediários atacadistas e varejistas. Além disso, muita compra industrial está sendo feita automaticamente através de intercâmbio eletrônico de dados (EDI) entre as empresas. Todas essas tendências prognosticam maior eficiência na compra e venda.

7. **Crescente ênfase nos serviços de marketing.** Hoje, a população norte-americana consiste de apenas 2,5% de trabalhadores rurais e de 15% de operários industriais. A maioria das pessoas está trabalhando em serviços: vendedores, varejistas, artesãos e trabalhadores do conhecimento como médicos, engenheiros, contadores e advogados. Em função de os serviços serem intangíveis, perecíveis e inseparáveis, apresentam desafios adicionais não encontrados em marketing de bens tangíveis. Os especialistas de marketing estão crescentemente desenvolvendo estratégias para as empresas que vendem seguros, *software*, consultoria e outros serviços.

8. **Crescente ênfase em setores industriais de alta tecnologia.** Parte do crescimento econômico é devido ao surgimento de empresas de alta tecnologia, que diferem das empresas tradicionais. Elas enfrentam riscos maiores, aceitação de produto mais lenta, ciclos de vida de produto mais curtos e obsolescência tecnológica mais rápida. Quantas das milhares de empresas de *software* e de biotecnologia sobreviverão em face desses desafios? As empresas de alta tecnologia devem dominar a arte de

vender sua produção à comunidade financeira e convencer um número suficiente de consumidores a adotarem seus novos produtos.

9. **Crescente ênfase na ética do comportamento de marketing**. O público, em geral, é cauteloso em relação aos comerciais e às abordagens de vendas que distorcem ou mentem sobre os benefícios dos produtos, ou que manipulam pessoas para fazerem compras supérfluas. O mercado está altamente suscetível ao abuso de empresas sem escrúpulos que estão dispostas a prosperar às custas dos outros. Os profissionais de marketing, em particular, devem adotar padrões elevados de conduta na prática de suas tarefas. A American Marketing Association promulgou um código de ética de comportamento de marketing. Os profissionais precisam agir como cães de guarda para preservar um mercado confiável e eficiente.

## ABORDAGEM E ORGANIZAÇÃO

Minha meta ao escrever esta nona edição norte-americana (5ª edição brasileira) foi incorporar esses novos desafios e propor maneiras atuais de refletir sobre eles. Ao mesmo tempo, esta edição continua mantendo as características fundamentais das edições anteriores que são:

1. *Orientação gerencial*. Este livro enfoca as principais decisões que os administradores ou gerentes de marketing e a alta administração enfrentam em seus esforços para harmonizar os objetivos, as capacidades e os recursos da organização com as necessidades e as oportunidades do mercado.

2. *Abordagem analítica*. Apresenta uma estrutura para analisar os problemas decorrentes da administração de marketing. Casos e exemplos de empresas são introduzidos no decorrer do texto para ilustrar princípios, estratégias e práticas eficazes de marketing.

3. *Perspectiva de disciplinas básicas*. O livro foi desenvolvido a partir de importantes constatações de várias disciplinas científicas. A *Economia* fornece conceitos e ferramentas fundamentais para a procura de otimização de resultados no uso de recursos escassos. A *Ciência Comportamental* fornece conceitos e ferramentas fundamentais para o entendimento do consumidor e o comportamento do comprador organizacional. A *Teoria Administrativa* fornece uma estrutura para identificar os problemas enfrentados pelos administradores, bem como orientações e ferramentas para sua resolução satisfatória. A *Matemática* fornece uma linguagem exata para expressar os relacionamentos entre variáveis importantes.

4. *Aplicações universais*. Aplica o pensamento de marketing em seu *spectrum* total: produtos e serviços, mercados consumidores e organizacionais, organizações que visam e que não visam o lucro, empresas domésticas e estrangeiras, pequenas e grandes empresas, empresas manufatureiras e intermediárias e setores industriais de baixa e de alta tecnologia.

5. *Cobertura abrangente e balanceada*. Cobre todos os tópicos que um administrador ou gerente de marketing bem informado precisa saber. Enfoca os principais assuntos relacionados a marketing estratégico, tático e administrativo.

Esta nova edição de *Administração de marketing* está organizada em cinco partes. A *Parte I, Entendimento da Administração de Marketing*, desenvolve a teoria e a prática de marketing em seus aspectos societais, gerenciais e estratégicos. A *Parte II, Análise das Oportunidades de Marketing*, apresenta conceitos e ferramentas para analisar qualquer mercado e ambiente de marketing e discernir oportunidades. A *Parte III, Desenvolvimento de Estratégias de Marketing*, examina assuntos relacionados ao desenvolvimento de estratégias de marketing para empresas em posições de mercado, posições globais e estágios no ciclo de vida de produto diferentes. A *Parte IV, Planejamento dos Programas de Marketing*, enfoca marketing tático e como as empresas devem lidar com cada elemento do composto de marketing – produto, preço, praça e promoção. Finalmente, a *Parte V, Administração do Esforço de Marketing*, examina o lado administrativo de marketing – como as empresas organizam, implementam, avaliam e controlam as atividades de marketing.

## NOVIDADES NESTA EDIÇÃO

Os leitores notarão as novas características seguintes nesta edição:

1. O livro foi reduzido de 27 para 24 capítulos, com a fusão de algumas partes mais relacionadas. Partes de interesse menos central para os administradores de marketing foram excluídas.

2. Um novo Capítulo 23 foi acrescentado, *Administração de marketing direto e marketing on-line*. Este capítulo examina os novos canais de informação, comunicação e vendas que estão tornando-se disponíveis às empresas.

3. Contém grande número de informações e casos-exemplos dos anos 90, mostrando empresas como Blockbuster Video, Starbucks, 3M, Procter & Gamble e muitas outras. Além disso, grande parte das notas de rodapés mostra livros e trabalhos mais recentes, dos anos 90.

4. As aplicações conceituais apresentadas no final dos capítulos foram modificadas, muitas delas tratando de desafios atuais de marketing enfrentados por empresas reais.

5. Assuntos interessantes são apresentados em dois tipos de boxes: *Insight de Marketing* (mostra trabalhos e resultados de pesquisas de marketing atuais) e *Visão 2000* (examina as novas perspectivas de administração de marketing para o século 21). Esta nova edição traz também a seção *Memorando de Marketing*, com dicas e sugestões para os administradores de marketing em todas as fases do processo de administração de marketing.

6. Foi expandida a ênfase nos seguintes temas: marketing global, marketing e tecnologia, marketing ético/socialmente responsável e interação de marketing com outros departamentos.

7. Foram também expandidos e atualizados os seguintes assuntos: marketing de valor, valor patrimonial e desenvolvimento de marca, guerra entre marcas nacionais e de lojas, geodemografia, marketing de banco de dados, valor de duração do consumidor, customização de massa, comunicações de marketing integrado, marcas cooperativas, administração de grandes contas, reengenharia de marketing, administração de categoria, marketing boca a boca, logística de mercado, marketing de relacionamento, marketing de lealdade, *benchmarking* competitivo e estratégias de imitação.

A edição norte-americana apresenta uma série de materiais complementares de ensino que pode ser acessada pelo *site* do autor: http://www.prenhall.com/~kotler (sem ponto final). Esse *site* contém um *E-mail* que permite o acesso de professores ao autor. A editora desta edição brasileira não assume qualquer responsabilidade ou compromisso em relação às ofertas e textos apresentados nesse endereço da Internet.

## AGRADECIMENTOS

Esta nova edição contou com a colaboração de muitas pessoas. Meus colegas e associados da Kellogg Graduate School of Management at Northwestern University continuam exercendo importante impacto sobre minhas idéias: James C. Anderson, Robert T. C. Blattberg, Bobby J. Calder, Gregory S. Carpenter, Richard M. Clewett, Anne Coughlan, Sachin Gupta, Dawn Iacobucci, Dipak C. Jain, Jill G. Klein, Lakshman Krishnamurthi (*chairman*), Sidney J. Levy, Ann L. McGill, Mohanbir S. Sawhney, John F. Sherry, Jr., Louis W. Stern, Brian Sternthal, Alice M. Tybout e Andris A. Zoltners. Também quero agradecer à família S. C. Johnson pelo apoio generoso a minha cadeira na Kellogg School. Completando a equipe da Northwestern está meu diretor e amigo há longo tempo, Donald P. Jacobs, a quem desejo agradecer por seu apoio contínuo a meus esforços de pesquisa e redação.

Estou em débito com os seguintes colegas de outras universidades que revisaram esta edição:

Owen Adikibi, South Bank University, London

David Andrus, Kansas State University

Bob Balderstone, Western Metropolitan College of Tafe

William O. Bearden, University of South Carolina

Chauncey Burke, Seattle University

Cephas Gbande, South Bank University, London

Tom Gillpatrick, Portland State University

Ted Mitchell, University of Nevada, Reno

Roger Sinclair, University of Witwatersrand

Susan Spiggle, University of Connecticut

Donna Tillman, California Sate Polytechnic University

Ugur Yucelt, Penn State, Harrisburg.

Agradecimentos particulares devem ser dirigidos a Kenneth R. Lord (State University of New York, Buffalo) e M. Krishna Erramilli (University of North Texas) por seus muitos valiosos *insights* e sugestões. Também estou grandemente endividado com Richard D. Shaw e Alfred G. Hawkins, ambos da Rockhurst College, por sua ajuda na preparação das Aplicações Conceituais do final dos capítulos.

Também agradeço a todos os colegas que revisaram as edições anteriores:

Hiram Barksdale, University of Georgia

Boris Becker, Oregon State University

Sunil Bhatla, Case Western Reserve University

John Burnett, University of Denver

Surjit Chhabra, DePaul University

John Deighton, University of Chicago

Ralph Gaedeke, California State University, Sacramento

Dennis Gensch, University of Wisconsin, Milwaukee

David Georgoff, Florida Atlantic University

Arun Jain, State University of New York, Buffalo

H. Lee Matthews, Ohio State University

Mary Ann McGrath, Loyola University, Chicago

Pat Murphy, University of Notre Dame

Nicholas Nugent, Boston College

Donald Outland, University of Texas, Austin

Albert Page, University of Illinois, Chicago

Christopher Puto, Arizona State University

Robert Roe, University of Wyoming

Dean Siewers, Rochester Institute of Technology

Minha gratidão a todos aqueles que responderam nosso questionário de pesquisa de marketing através da World Wide Web:

Dennis E. Clayson, University of Northern Iowa

Lori S. Feldman, Purdue University, Calumet

Ralph Gaedeke, California State University, Sacramento

Kent N. Gourdin, University of North Carolina, Charlotte

Jon M. Hawes, University of Akron

Jim Hazeltine, Northeastern Illinois University

James M. Lattin, Stanford University

John Lowry, Humboldt State University

Henry Metzner, University of Missouri, Rolla

Steven Silverman, University of Pittsburgh

Leon Winer, Pace University.

Meus agradecimentos também aos co-autores de edições estrangeiras por suas sugestões sobre o conteúdo desta nova edição:

Swee-Hoon Ang, Siew-Meng Leong e Chin Tiong Tan – National University of Singapore (Cingapura)

Friedhelm W. Bliemel – Universität Kaiserslautern (Alemanha)

Peter Chandler, Linden Brown e Stewart Adam – Monash e outras universidades australianas (Austrália)

Bernard Dubois – Groupe HEC School of Management (França)

John Saunders e Veronica Wong – Loughborough University e Warwick University (Inglaterra)

Walter Giorgio Scott – Università Cattolica del Sacro Cuore (Itália)

Ronald E. Turner – Queen's University (Canadá).

A talentosa equipe da Prentice Hall merece louvor por seu papel na preparação desta edição. Meu editor de aquisições, David Borkowsky, ofereceu excelente orientação e direção. Fui grandemente beneficiado do soberbo apoio editorial de Steven Rigolosi que empregou seu talento considerável como editor de desenvolvimento para melhorar esta edição. Também desejo reconhecer a assistência de produção excelente de Linda DeLorenzo, gerente de projeto das edições universitárias; o *design* gráfico criativo de Pat Wosczyk e Ann France; a assistência editorial de Theresa Festa; e o trabalho de pesquisa de marketing de Patti Arneson. Também gostaria de agradecer a meu gerente de marketing, John Chillingworth. Finalmente, muitos agradecimentos a Nancy Brandwein por seu trabalho árduo e tenacidade em encontrar os muitos novos exemplos incluídos nesta edição.

Meu incansável débito continua sendo para minha esposa, Nancy, que me proporcionou o tempo, o apoio e a inspiração necessária para a preparação desta edição. Este é, verdadeiramente, nosso livro.

*Philip Kotler*
S. C. Johnson Distinghished Professor of International Marketing
J. L. Kellogg Graduate School of Management
Northwestern University
Evanston, Illinois (USA)
Julho de 1996.

**PARTE**

**I**

# COMPREENSÃO DA ADMINISTRAÇÃO DE MARKETING

# Avaliação do Papel Crítico de Marketing no Desempenho Organizacional

*Marketing é tão básico que não pode ser considerado uma função separada. É o negócio total visto do ponto de vista de seu resultado final, isto é, do ponto de vista do consumidor... O sucesso empresarial não é determinado pelo fabricante, mas pelo consumidor.*

PETER DRUCKER

*Marketing consiste de todas as atividades pelas quais uma empresa se adapta a seu ambiente – criativa e rentavelmente.*

RAY COREY

*O trabalho de marketing é converter necessidades societais em oportunidades rentáveis.*

ANÔNIMO

As rápidas mudanças podem, facilmente, tornar obsoletas as principais empresas vencedoras de ontem. Nos anos 20, Henry Ford permaneceu fabricando o Ford Modelo T preto, mesmo quando os compradores de carros começavam a clamar por mais variedade. A General Motors respondeu e surpreendeu a Ford. Mais tarde, nos anos 50, a GM manteve-se fabricando grandes automóveis quando os consumidores começavam a clamar por carros menores – um clamor que a Volkswagen e os japoneses começaram a atender. Depois, nos anos 80, os consumidores começaram a insistir em qualidade e os japoneses responderam com carros melhores.[1]

Que desafios as empresas enfrentam à medida que os anos 90 chegam ao fim? Com o término da Guerra Fria, empresas e países estão enfrentando crescente competição global, sérias diferenças de renda, deterioração ambiental, infra-estrutura precária, estagnação econômica, baixa formação de mão-de-obra e inúmeros problemas econômicos, políticos e sociais.

Sim, esses são desafios; mas também são oportunidades. A boa notícia é que a globalização representa maior mercado para bens e serviços. A má notícia é que as empresas enfrentam agora maior número de concorrentes. A deterioração ambiental representa muitas oportunidades para as empresas que podem criar meios mais eficazes de proteger ou sanear o ambiente. A infra-estrutura precária fornece amplas oportunidades nas áreas de construção, transporte e comunicação. A estagnação econômica favorece as empresas que são boas em produção e marketing enxutos. A baixa qualificação da mão-de-obra desafia organizações educacionais e de treinamento a preparar programas mais eficazes para melhorar as habilidades humanas.

Entretanto, esses desafios são apenas uma fonte de oportunidades de negócios. Consideremos as oportunidades apresentadas pelos avanços científicos e tecnológicos em engenharia genética, robótica multisensorial, inteligência artificial, micromecânica, biologia molecular, supercondutores e dezenas de outras áreas científicas.

O papel de marketing em ajudar as empresas a tirar vantagem dessas oportunidades é crítico. Um acadêmico descreveu *marketing* como "criação e entrega de um padrão de vida". Tomamos essa afirmativa como uma visão inspirada e criativa do propósito de marketing. Neste capítulo, apresentamos uma visão geral do moderno pensamento de marketing e de sua prática. Após explorarmos em detalhes os desafios enfrentados pela empresa de hoje, levantaremos as seguintes questões:

- **Que conceitos centrais fundamentam a disciplina marketing?**

---

1. DUDAK, Tomas (Org.). *International directory of company histories.* Chicago, Londres : St. James Press, 1988. v. 1. p. 135-215.

## FAZENDO NEGÓCIOS EM ECONOMIA GLOBALIZADA

Vamos agora nos aprofundar em alguns desafios específicos que as empresas de hoje estão enfrentando.

### Economia globalizada

A economia mundial vem sofrendo uma transformação radical nas duas últimas décadas. As distâncias geográficas e culturais estão-se reduzindo significativamente com o advento de aviões a jato, aparelhos de fax, computadores ligados a linhas telefônicas e redes de comunicação mundial de televisão por satélite. Esses avanços têm permitido às empresas ampliarem substancialmente seus mercados e fontes de suprimento. No passado, uma empresa norte-americana como a Chrysler fabricava seus carros nos Estados Unidos. Hoje, ela encomenda componentes de fornecedores japoneses, coreanos, alemães e de uma dezena de outros países e vende seus carros em todo o mundo.

As empresas de vários setores industriais estão também desenvolvendo seus produtos usando uma linha de montagem global. Consideremos os seguintes exemplos:[2]

No passado, a maioria do vestuário norte-americano era fabricado e vendido nos Estados Unidos. O corte e a costura eram feitos em oficinas precárias de Nova York e Nova Inglaterra por operários imigrantes em longas jornadas de trabalho. Os operários organizaram-se em sindicatos e os salários aumentaram. Procurando reduzir os custos de mão-de-obra, muitos fabricantes de vestuário mudaram-se para os estados do sul. Mais recentemente, muitas empresas norte-americanas transferiram suas operações de manufatura para a Ásia. Hoje, Bill Blass, importante *designer* de moda, examinará roupas de lã fabricadas com fios australianos tingidos com desenhos preparados na Itália. Ele desenhará um vestido que será enviado por fax a um agente de Hong Kong. Este fará o pedido a uma fábrica localizada no interior da China. Os vestidos prontos serão despachados via aérea para Nova York, de onde serão distribuídos às lojas de departamentos.

Muitos livros vendidos pelas livrarias dos Estados Unidos eram impressos dentro do país, com equipamentos e suprimentos norte-americanos. Hoje, é provável que o autor esteja digitando em um computador fabricado em Taiwan com *software* desenvolvido na Califórnia. A impressão pode ser feita em uma impressora alemã com tinta coreana e papel canadense. As páginas podem ter sido despachadas para serem encadernadas no México. Depois, os livros retornam aos Estados Unidos e a outros mercados de língua inglesa. Boa parte do preço do livro acaba sendo transferida a pessoas de outros países.

Além de buscar componentes, suprimentos e bens no exterior, muitas empresas norte-americanas estão tentando vender seus bens fora do país. Mas estão reconhecendo que para fazer isso bem, não podem trabalhar sozinhas. Assim, estão formando alianças estratégicas com empresas estrangeiras – às vezes, mesmo com concorrentes – que servem como fornecedoras, distribuidoras, parceiras tecnológicas ou sócias em *joint ventures*. Tudo isso significa que estamos vendo, e continuaremos a ver, algumas alianças surpreendentes entre concorrentes internacionais:

- A Ford e a Nissan desenharam uma *minivan* com sucesso e a Ford também formou uma aliança estratégica bem-sucedida com a Mazda nos últimos 20 anos.
- A General Electric e a SNECMA, empresa francesa, estão fabricando motores a jato em conjunto desde 1971.
- A Coca-Cola e a Schweppes dirigem uma engarrafadora de refrigerantes que tem proporcionado considerável redução de custos para ambas.

Ademais, a revolução nas telecomunicações tem estimulado seis empresas líderes mundiais a unir forças. A Apple Computer, AT&T, Matsushita Electric Industrial, Motorola, Philips e Sony fundaram a General Magic para criar dois padrões de telecomunicações para a próxima geração da tecnologia de computadores: um sistema operacional independente compatível com qualquer aplicação de computador existente e uma linguagem de programação para a computação móvel. "Chegaremos a uma realização gradual que não poderá ser isoladamente

---

2. Esses exemplos foram relatados no documentário de televisão *Made in America?,* narrado por Robert Reich e veiculado em canais de televisão públicos nos dias 26 e 27 de maio de 1992.

alcançada", afirmou o presidente da AT&T, Robert E. Allen, a respeito do envolvimento de sua empresa na General Magic. É uma realização que todas as empresas preocupadas com o futuro estão empenhadas, à medida que vêem aliados e parceiros além das fronteiras nacionais.[3]

Ao mesmo tempo que os mercados globais estão expandindo, blocos regionais de comércio estão surgindo. Os Estados Unidos assinou o North American Free Trade Agreement (NAFTA) com o Canadá e o México. Eventualmente, o hemisfério ocidental pode agir como bloco comercial, dando tratamento preferencial aos bens fabricados na região. A União Européia (EU) consiste de 15 países com 340 milhões de consumidores que estão eliminando barreiras comerciais internas e estabelecendo padrões e legislações comuns. Representa agora um mercado maior do que o dos Estados Unidos. Enquanto isso, o Japão e outros países do leste asiático estão organizando um bloco comercial que possui a mais alta taxa mundial de crescimento econômico. Claramente, o mapa econômico mundial está mudando rapidamente.

### Diferenças de renda

Grande parte do mundo está tornando-se mais pobre do que nas últimas décadas. Embora os salários possam ter aumentado, o poder de compra real tem declinado, principalmente para as pessoas menos habilitadas da força de trabalho. Nos Estados Unidos, muitas unidades familiares conseguiram manter seu poder de compra porque as mulheres entraram na força de trabalho. Muitos outros trabalhadores perderam seus empregos, à medida que os fabricantes norte-americanos reduziram seus quadros de funcionários para conter custos. A força de trabalho das indústrias de computadores, aço, automóveis, indústria têxtil e de outros setores foi reduzida a uma fração do que era antes.

Além disso, a economia de vários países em desenvolvimento da África, América do Sul e de outras regiões está estagnada. As diferenças de renda entre países ricos e pobres está crescendo. Muitos dos países mais pobres pressionam os mais ricos a abrir seus mercados, embora esses mantêm tarifas e quotas para proteger indústrias e empregos locais.

Duas soluções podem ajudar a reduzir as diferenças de renda. A primeira é o *countertrade*, em que os países pobres pagam os bens importados com outros bens e serviços, em vez de dinheiro. Em 1972, o *countertrade* foi usado em apenas 15 países; em 1993, 108 países estavam utilizando esse tipo de transação comercial. A Gallo troca vinho por passagens aéreas, quartos de hotéis e garrafas de vidro. Na troca por concentrado de

refrigerante, a Pepsi aceita produtos variando de sementes de gergelim a sisal para fabricar corda e a General Motors troca automóveis por vagões de morangos.[4] Embora o *countertrade* seja menos eficiente do que as transações em dinheiro, permite que consumidores, empresas e países que não possuem divisas obtenham alguns bens que necessitam.

A outra solução é fornecer "mais por menos". A maior varejista norte-americana, Wal-Mart, chegou à liderança de mercado adotando dois princípios grafados em grandes letras em cada uma de suas lojas: "Satisfação garantida" e "Vendemos por menos". Os consumidores entram na Wal-Mart, são cumprimentados por funcionários gentis e encontram amplo sortimento de produtos de qualidade a "preços baixos todos os dias". O mesmo princípio explica o rápido crescimento de lojas de fábrica e das cadeias de lojas de descontos.

### Imperativo ambiental e marketing socialmente responsável

No clima dos negócios de hoje, as empresas devem assumir cada vez mais a responsabilidade pelo meio ambiente. No passado, uma indústria química podia expelir fumaça e eliminar dejetos que poluíam a água e o solo sem muita responsabilidade. A partir dos anos 70, leis de proteção ambiental exigiam que as empresas instalassem equipamentos de controle de poluição. À medida que a qualidade do ar piorava nas grandes cidades, os fabricantes de automóveis foram obrigados a adotar padrões mais rigorosos de conversores catalíticos. Todas essas leis contribuíram para o aumento de custo dos fabricantes norte-americanos, que reclamam estar sendo colocados em desvantagem em relação a concorrentes globais que operam sob leis ambientais mais complacentes ou inexistentes.

O movimento ambientalista continua reunindo forças no decorrer do tempo. O Ocidente ficou chocado não apenas pelo desastre nuclear de Chernobyl em 1986, mas também pelas revelações da negligência com que os governos do ex-bloco oriental trataram o meio ambiente. Em muitas cidades da Europa do Leste o ar está terrível, a água poluída e o solo envenenado por dejetos químicos.

Em 1972, representantes de empresas como Johnson & Johnson, The Body Shop, Procter & Gamble, Pitney & Bowes, IBM e Colgate-Palmolive participaram de uma importante conferência sobre como integrar a tomada de decisões ambientais na empresa com resultados rentáveis. Essas empresas foram além, simplesmente reconhecendo que devem ser responsabilizadas por seus efluentes, materiais de embalagem, desperdícios e

3. LEWIS, Jordan. Zen and the art of an alliance. *Management Review*, p. 17-19, Dec. 1994; NAISBITT, John. *The global paradox*. New York : William Morrow, 1994. p. 59-60; ARNST, Catherine. Phone frenzy. *Business Week*, p. 92-97, 20 Feb. 1995.
4. CZINKOTA, Michael R., RONKAINEN, Ilkka A., TARRANT, John J. *The global marketing imperative*. Chicago : NTC Business Books, 1995. p. 175.

outras atividades que afetam o ambiente; vêem o estabelecimento de "políticas verdes" como forma de vantagem competitiva:

- A Procter & Gamble redesenhou produtos, embalagens e processos, de maneira que menos materiais ou embalagens são necessários para atingir a mesma rentabilidade (se não, melhor).
- Quando a Pitney & Bowes constatou que estava gastando cerca de $ 16,3 milhões em atividades com o tratamento de dejetos perigosos, começou um programa para eliminar problemas ambientais muito antes dos produtos serem criados e colocados no mercado.[5]

## Avanços tecnológicos

O *boom* dos computadores, do telefone e da tecnologia de televisão, bem como a fusão dessas tecnologias, vêm tendo grande impacto na maneira pela qual as empresas fabricam e vendem seus produtos. À medida que a tecnologia vem proporcionando alimentos, roupas, moradias, veículos e possibilidades de entretenimento novos e melhores, nossas vidas têm mudado muito. Em 1954, duas horas e meia eram gastas na preparação do jantar; em 1995, o prato principal era preparado em 15 minutos como resultado da conveniência, dos congelados, dos alimentos pré-cozidos e dos alimentos de preparação instantânea. O alimento não precisa ser comprado pessoalmente porque os consumidores de hoje podem sentar na frente de um computador e clicar sobre os pratos que desejam, recebendo o pedido em algumas horas. Através da videoconferência, executivos de marketing de Sydney (Austrália), Tóquio, Paris e Nova York reúnem-se em "tempo real" sem entrar em um avião. As empresas de venda direta podem saber tudo, do tipo de carro que você dirige ao sabor de sorvete que você prefere, com o simples clicar do botão de um *mouse*. Uma pequena empresa em Ann Arbor, Michigan, pode divulgar eletronicamente seus produtos a uma audiência mundial, 24 horas por dia, por menos do que custa um anúncio em um jornal local.

John Naisbitt, autor de *Megatendências* e *Paradoxo global,* diz: "As telecomunicações são a força propulsora que está, simultaneamente, criando a gigantesca economia global e tornando suas partes menores e mais poderosas."[6] No cerne desse fenômeno, está a Super-rodovia da Informação e sua espinha dorsal, a Internet (ou *net,* como é chamada pelos usuários). A Internet, que não tem propriedade ou administração central, é uma teia de mais de 2,2 milhões de computadores conectados por telefone em mais de 32.400 redes de computadores interligadas. Acessível em 135 países e territórios, seus usuários estão crescendo a uma taxa de 10 a 15% ao mês.

Criada há uma década como elo de dados entre comunidades acadêmicas dispersas, a Internet está rapidamente sendo utilizada pelas empresas para interligar funcionários localizados em escritórios distantes, acompanhar consumidores e fornecedores e distribuir informações de vendas mais rapidamente. O advento do aplicativo da Internet chamado World Wide Web permite às empresas acessarem milhões de novos consumidores a uma fração do custo de impressão de um anúncio ou de veiculação de um comercial de televisão. A Web usa uma tecnologia denominada *hipertexto* que permite aos usuários a movimentação de um banco de dados a outro simplesmente clicando sobre imagens ou textos. Para uma discussão mais detalhada sobre a Web e suas implicações para as empresas, veja o boxe Visão 2000 intitulado "Conquistando consumidores na World Wide Web".

As empresas alertas vêem a tecnologia como produtora de interminável fluxo de oportunidades. Todavia, levar vantagem da tecnologia significa percorrer uma linha tênue: as empresas devem evitar dar grandes saltos (antes de o mercado estar preparado) ou permanecer apenas na expectativa (deixando que o mercado seja conquistado pelos concorrentes). Trinta anos passaram entre o invento do forno de microondas e sua viabilidade de uso como eletrodoméstico. Nesse ínterim, muitas empresas perderam dinheiro. Mesmo a nova tecnologia exige muita paciência e investimento, bem como o apoio de empresas de capital de risco com visão.

Nem toda nova tecnologia é bem-vinda. Há pessoas que consideram os aparelhos de televisão, os restaurantes *fast-food,* os arranha-céus e os dispositivos de controle de natalidade como prejuízos para a humanidade. Certamente, o desenvolvimento de armas de destruição mais poderosas deve ser visto como trágico. Sem dúvida, há efeitos prejudiciais de algumas novas tecnologias sobre a qualidade da água, solo e ar que devem ser levados em consideração em qualquer avaliação de progresso tecnológico.

## Consumidor poderoso

Os anos 80 ensinaram uma lição surpreendente para as empresas de todas as partes do mundo. As empresas domésticas não podem mais ignorar os concorrentes estrangeiros, os mercados internacionais e as fontes de suprimento localizadas fora do país. Não podem permitir que seus custos salariais e de materiais estejam desajustados em relação ao restante do mundo. Não podem ignorar o surgimento de novas tecnologias, ma-

---

5.  DECHANT, Kathlenn, ALTMAN, Barbara. Environmental leadership: from compliance to competitive advantage. *Academy of Management Executive* 8, n. 3, p. 7-19, 1994.
6.  NAISBITT, J. *Paradoxo global.* Rio de Janeiro : Campus, 1994. p. 53-55.

# Conquistando consumidores na World Wide Web

O que é mais eficaz para levar um consumidor a comprar os licores DeKuyper: um anúncio impresso com uma grande foto da garrafa e do logo DeKuyper estampados no centro ou uma barra virtual que permite aos usuários de computador clicar sobre receitas de drinques e conversar com um "garçom virtual"? A DeKuyper está apostando na segunda opção, gastando mais de $ 40.000 para colocar sua "Sala DeKuyper" na versão *on-line* da *Vibe,* revista baseada em Los Angeles. Mas as empresas não precisam empregar cinco fotos para mostrar seus produtos *on-line.* Muitas empresas estão oferecendo a opção de compra pela Internet simplesmente colocando sua *home page* na vasta mídia de editoração eletrônica conhecida como World Wide Web. Pequenos negócios e empresas bem consolidadas como IBM, GE, Hyatt Hotels e J. C. Penney estão agilizando a exploração das possibilidades de marketing, compra e busca de informações da Web. Os chamados *softwares* de busca como Mosaic facilita aos usuários de computador "viajar" pelo mundo via Web. Ainda não se sabe se os milhões de "navegadores" da Internet se tornarão compradores. A realidade é que poucas empresas vêm ganhando algum dinheiro na Web e há alguns obstáculos a considerar:

- *Segurança*: Quando uma empresa conecta sua rede interna de computadores ao mundo exterior, fica exposta a possíveis usos não autorizados e a ataques eletrônicos por vândalos. As empresas podem também relutar em usar a Web para enviar cotações de preço ou outras informações financeiras. Há risco das informações serem interceptadas pelos concorrentes. Similarmente, os consumidores relutam em enviar o número de seus cartões de crédito através dos fios.
- *Problemas legais*: A legislação sobre o comércio eletrônico ainda está sendo definida. Não há consenso sobre assuntos como a natureza dos contratos eletrônicos e a distribuição de material protegido por direitos autorais.
- *Tecnologia*: À medida que novas ferramentas de *software* tornam a Internet mais fácil para o usuário, também se exige conexões de rede mais complexas.
- *Custo*: Para as empresas explorarem mais a Internet, devem pagar centenas ou até milhares de dólares por mês por linhas telefônicas, computadores poderosos e especialistas em *net*.
- *Problemas culturais*: A Internet tem uma cultura estabelecida que é não abrir para a propaganda agressiva. As primeiras iniciativas de se anunciar pela Internet provocou repulsa e retaliação dos usuários. Os anunciantes inteligentes são cautelosos ao tornar os anúncios uma opção positiva para o usuário, acoplando serviços às ofertas.

Dada a velocidade intensa pela qual a tecnologia e os protocolos da Internet se desenvolvem, é improvável que essas restrições deterão os milhões de empresas e consumidores que estão diariamente conectados à *net*. "Não é questão de opção as empresas entrarem na Internet", afirma Midori Chan, vice-presidente de criação da Interse, que ajudou a colocar a Windham Hill Records e a Digital Equipment Corp. na *net*. "Não estar na Internet nos anos 90 é o mesmo que não dispor de um telefone".

**Fonte:** LEWIS, Peter H. Getting down to business on the net. *The New York Times,* 19 June 1994, C1:2; LEWIS, Peter H. Companies rush to set up shop in cyberspace. *The New York Times,* 2 Nov. 1994, D1:3; MILLER, Cyndee. Marketers find it's hip to be on the Internet. *Marketing News,* p. 2, 27 Feb. 1995; TETZELI, Rick. Electronic storefronts on the Internet. *Fortune,* p. 191, 28 Nov. 1994.

teriais, equipamentos e de novas formas de organização e marketing.

As empresas norte-americanas são um caso à parte. Nos anos 70, figuravam entre as mais poderosas a General Motors, Sears, RCA e IBM. Hoje, todas as quatro estão lutando para permanecer rentáveis porque falharam em termos de marketing. Não entenderam que o mercado e os consumidores estavam mudando e que era necessário fornecer valor competitivo. A General Motors está ainda tentando entender por que os carros alemães e japoneses são mais preferidos do que os seus na maior parte do mundo. A poderosa Sears está presa entre as lojas de departamentos populares e as butiques, de um lado, e do outro, pelas lojas de descontos. A RCA, inventora de muitas novas patentes, nunca dominou a arte de marketing e, agora, coloca sua marca em produtos largamente importados do Japão e da Coréia do Sul. A IBM, uma das maiores empresas orientadas para venda do mundo, experimentou seu primeiro prejuízo em 1992 – $ 4,96 bilhões – porque continuou focando a venda de *mainframes* enquanto o mercado estava mudando para a microcomputação, redes e estações de trabalho (*workstations*).

Em vista de toda essa "miopia de marketing",[7] não surpreende que uma enxurrada de livros vem sendo publicada oferecendo perspectivas atuais sobre como administrar um negócio no novo ambiente. Nos anos 60, a "Teoria Y" alertava as empresas a tratar seus funcionários não como dentes de engrenagem de uma máquina, mas como indivíduos cuja criatividade pode ser liberada através da prática gerencial esclarecida. Nos anos 70, o "planejamento estratégico" ofereceu uma forma de pensar sobre a construção e a administração do portfólio de negócios das empresas em um ambiente turbulento. Nos anos 80, "excelência e qualidade" receberam grande atenção como as novas fórmulas para o sucesso. Todos esses temas são válidos e continuam inspirando o pensamento administrativo.

Nos anos 90, muitas empresas têm reconhecido a importância crítica de serem orientadas para o consumidor e, ao mesmo tempo, orientadas para suas atividades. Não é suficiente ser orientada para o produto ou para a tecnologia. Muitas empresas ainda planejam seus produtos sem o *input* do consumidor, apenas para encontrá-los, depois, rejeitados pelo mercado. Esquecem os consumidores após a venda, para perdê-los, depois, aos concorrentes. Não é surpresa estarmos testemunhando uma enxurrada de livros com títulos sugestivos como *Trazendo o poder do cliente para dentro da empresa, Transformando clientes perdidos em ouro: a arte de atingir zero defeito, Sistema de cinco pontos para maximizar a lealdade do consumidor, A empresa orientada para o cliente* e *Mantendo serviços surpreendentes*. Todos esses livros salientam um tema: O sucesso nos anos 90 e seguintes está fundamentado na visão da empresa em relação ao consumidor e ao mercado.

### Outros assuntos

Muitas outras mudanças críticas ocorreram nos mercados consumidores e empresariais nas últimas décadas. Freqüentemente, os mercados consumidores são caracterizados por uma população mais velha; crescente número de mulheres trabalhando fora; casamentos mais tarde, mais divórcios e famílias menores; surgimento de grupos consumidores e necessidades étnicos; e proliferação de estilos de vida de consumidores mais variados. As empresas exigem produtos de melhor qualidade de seus fornecedores, entregas mais rápidas, melhores serviços e preços mais baixos. Precisam agilizar seu processo de desenvolvimento de produto em função dos ciclos de vida de produto mais curtos. Também precisam encontrar melhores maneiras de distribuir e promover seus produtos a custos menores.

## QUE É MARKETING? CONCEITOS CENTRAIS

Marketing tem sido definido de várias maneiras. A definição que atende melhor a nosso propósito é a seguinte:

**MARKETING é um processo social e gerencial pelo qual indivíduos e grupos obtêm o que necessitam e desejam através da criação, oferta e troca de produtos de valor com outros.**

Esta definição de marketing baseia-se nos seguintes conceitos centrais: *necessidades, desejos* e *demandas; produtos (bens, serviços e idéias); valor, custo e satisfação; troca e transações; relacionamentos e redes; mercados;* e *empresas* e *consumidores potenciais*. Estes conceitos são ilustrados na Figura 1.1.

### Necessidades, desejos e demandas

Marketing começa com necessidades e desejos humanos. As pessoas necessitam de alimentos, ar, água, vestuário e abrigo para sobreviver. Além disso, têm forte desejo por recreação, educação e outros serviços. Têm preferências marcantes por versões e marcas específicas de bens e serviços básicos.

As necessidades e os desejos das pessoas de hoje estão confusos. Em dado ano, 261 milhões de norte-americanos podem consumir 67 bilhões de ovos, 2 bilhões de frangos, 5 milhões de secadores de cabelo, 133 bilhões de milhas de viagens aéreas domésticas e cerca de 4 milhões de conferências por professores universitários. Juntos esses bens e serviços geram uma demanda por mais de 150 milhões de toneladas de aço e 4 bilhões de toneladas de algodão. Estas são apenas algumas demandas expressas em uma economia de 6,7 trilhões de dólares.

É importante distinguir entre necessidades, desejos e demandas. *Necessidade humana* é um estado de privação de alguma satisfação básica. As pessoas exigem alimento, roupa, abrigo, segurança, sentimento de posse e auto-estima. Essas necessidades não são criadas pela sociedade ou empresas. Existem na delicada textura biológica e são inerentes à condição humana.

*Desejos* são carências por satisfações específicas para atender às necessidades. Um norte-americano precisa de alimento e deseja um hambúrguer, batatas fritas e uma coca-cola. Em outra sociedade, essas necessidades podem ser satisfeitas diferentemente. Uma pessoa faminta na ilha Maurício pode desejar mangas, arroz, lentilha e feijão. Embora as necessidades das pessoas sejam poucas, seus desejos são muitos. Os desejos humanos são continuamente moldados e remoldados por

---

7. Veja LEVITT, Theodore. Miopia em marketing. In: *Imaginação de marketing*. 2. ed. São Paulo : Atlas, 1991.

**Figura 1.1**   *Conceitos centrais de marketing.*

forças e instituições sociais, incluindo igrejas, escolas, famílias e empresas.[8]

*Demandas* são desejos por produtos específicos, respaldados pela habilidade e disposição de comprá-los. Desejos se tornam demandas quando apoiados por poder de compra. Muitas pessoas desejam um Mercedes; apenas algumas estão habilitadas e dispostas a comprá-lo. Por conseguinte, as empresas devem mensurar não apenas quantas pessoas desejam seu produto, mas, o mais importante, quantas realmente estão *dispostas* e *habilitadas* a comprá-lo.

Essas distinções põem abaixo as acusações dos críticos de marketing de que "os profissionais de marketing criam necessidades" ou que "marketing induz as pessoas a comprar coisas que não desejam". Os profissionais de marketing não criam necessidades: elas já existiam antes deles. Os especialistas de marketing, junto com outras forças sociais, despertam e influenciam os desejos. Podem promover a idéia de que um Mercedes poderia satisfazer a necessidade de alguém por *status* social. Entretanto, não criam a necessidade por *status* social. Influenciam a demanda ao oferecer o produto apropriado, atraente, adquirível e facilmente disponível aos consumidores-alvo.

## Produtos (bens, serviços e idéias)

As pessoas satisfazem a suas necessidades e desejos com produtos. Um *produto* é algo que pode ser oferecido para satisfazer a uma necessidade ou desejo. Ocasionalmente, usaremos outros termos para *produto,* como *oferta* ou *solução.*

Um produto ou oferta pode consistir de nada mais do que três componentes: bem(ns) físico(s), serviço(s) e idéia(s). Por exemplo, um restaurante *fast-food* está fornecendo bens (hambúrgueres, batatas fritas e refrigerantes), serviços (compra, cozimento, assentos) e uma idéia (economia de tempo). Um fabricante de computador está fornecendo bens (computador, monitor de vídeo, impressora), serviços (entrega, instalação, treinamento, manutenção, assistência técnica) e uma idéia ("poder de computação"). Uma igreja oferece menos em termos de bens físicos (vinho, hóstia) e mais em termos de ser-

viços (sermão, cântico, educação, aconselhamento) e idéias (vida em comunidade, salvação).[9]

A importância dos produtos físicos não está muito em possuí-los, mas na obtenção dos serviços que proporcionam. Compramos um carro porque ele fornece serviço de transporte, um forno microondas porque fornece serviço de cozimento. Portanto, os produtos físicos são, realmente, veículos que nos prestam serviços.

De fato, os serviços são também fornecidos por outros veículos, como pessoas, locais, atividades, organizações e idéias. Se estivermos aborrecidos, não podemos ir a um teatro de comédia para assistir à apresentação de um comediante (pessoa); passar as férias em uma ilha das Bermudas (local); ir à academia de ginástica (atividade); juntar-se a um grupo de caminhadas (organização); ou adotar uma filosofia de vida diferente (idéia). Uma forte tendência nos Estados Unidos é a explosão de serviços e de organizações de serviços. De fato, cerca de 70% do produto nacional bruto do país e do emprego ocorre no setor de serviços. Freqüentemente, os fabricantes cometem o erro de prestar mais atenção a seus produtos físicos do que aos serviços produzidos pelos mesmos. Vêem-se vendendo um produto em vez de fornecendo uma solução ou atendendo a uma necessidade. Um carpinteiro não compra uma furadeira; compra um furo. Um objeto físico é um meio de embalar um serviço. O trabalho da empresa é vender os benefícios ou serviços "embutidos" nos produto físicos, em vez de apenas descrever suas características físicas. Diz-se que os vendedores que concentram seu pensamento no produto físico em vez de nas necessidades dos consumidores sofrem de *miopia de marketing.*

## Valor, custo e satisfação

Como os consumidores escolhem entre os muitos produtos que podem satisfazer a certa necessidade? Suponhamos que Tom Moore precisa viajar, diariamente, cinco quilômetros para ir até o trabalho. Ele pode usar vários produtos para satisfazer a essa necessidade: patins, bicicleta, motocicleta, carro, táxi ou ônibus. Essas alternativas constituem seu *conjunto de escolha de produtos.* Agora, assumimos que Moore gostaria de satisfa-

---

8.   Para mais informações sobre a distinção entre necessidades e desejos, veja SCITOVSKY, Tibor. *The joyless economy:* the psychology of human satisfaction. Ed. revisada. New York : Oxford, 1992. p. 107-108.

9.   Veja BRUCE, Ian. *Meeting needs:* successful charity marketing. Hemel Hempstead, Inglaterra : ICSA, 1994. p. 75-78.

zer a várias outras necessidades ao ir ao trabalho: velocidade, segurança, bem-estar e economia. Cada produto tem uma capacidade diferente de satisfazer seu *conjunto de necessidades*. Uma bicicleta é mais lenta, menos segura e exige mais esforço do que um carro, mas é mais econômica. De algum modo, Tom Moore tem que decidir qual produto prestará a maior satisfação total.

Aqui, os conceitos-guias são valor e satisfação. *Valor* é a estimativa de cada produto satisfazer a seu conjunto de necessidades. Suponhamos que Tom Jones está, principalmente, interessado na velocidade e no bem-estar para chegar ao trabalho. Se qualquer desses produtos fosse oferecido sem custo, escolheria o automóvel. Desde que cada produto envolve *custo,* necessariamente, não escolherá o carro que custa substancialmente mais do que uma bicicleta ou uma corrida de táxi. Tom terá que abrir mão de outras coisas (chamadas *custo de oportunidade*) para obter o carro. Portanto, considerará o valor e o preço do produto antes de fazer a escolha. Optará pelo produto que proporciona mais valor por dólar gasto. Conforme DeRose, valor é "a satisfação das exigências do consumidor ao menos custo possível de aquisição, propriedade e uso".[10]

Examinaremos as teorias atuais sobre o comportamento de escolha do consumidor no Capítulo 6.

## Troca e transações

As pessoas podem obter produtos de uma entre quatro maneiras. A primeira maneira é a autoprodução. Elas podem aliviar a fome através da caça, pesca ou coleta de frutas. Neste caso, não há mercado nem marketing. A segunda maneira é a coerção. Pessoas famintas podem tirar à força ou roubar alimentos de outras. Nenhum benefício é oferecido aos outros, exceto que ninguém sairá ferido. A terceira maneira é a mendicância. Pessoas famintas podem abordar outras e implorar por comida. Não têm nada tangível para oferecer, exceto gratidão. A quarta maneira é a *troca*. Pessoas famintas podem oferecer algum recurso em troca do alimento como dinheiro, um bem ou um serviço. Marketing surge quando as pessoas decidem satisfazer necessidades e desejos através da troca.

*Troca* é o ato de obter um produto desejado de alguém, oferendo algo em contrapartida. Para o potencial de troca existir, cinco condições devem ser satisfeitas:

1. Há pelo menos duas partes envolvidas.
2. Cada parte tem algo que pode ser de valor para a outra.
3. Cada parte tem capacidade de comunicação e entrega.
4. Cada parte é livre para aceitar ou rejeitar a oferta.

5. Cada parte acredita estar em condições de lidar com a outra.

A ocorrência da troca depende, realmente, das duas partes concordarem sobre as condições de troca que as deixarão em melhor situação (ou, ao menos, em pior situação) do que a anterior. Freqüentemente, a troca é descrita como um processo de criação de valor porque, normalmente, deixa ambas as partes em condições melhores do que antes da mesma ocorrer.

A troca deve ser vista como um processo, em vez de como um evento. Duas partes estão envolvidas na troca se estiverem negociando e movendo-se em direção a um acordo. Quando um acordo é atingido, dizemos que houve uma transação. *Transação* é uma troca de valor entre duas ou mais partes. Devemos estar habilitados para dizer: A deu X para B e recebeu Y em troca. Jones deu $ 400 a Smith e obteve um aparelho de televisão. Esta é uma *transação monetária* clássica. Entretanto, as transações não exigem dinheiro como um dos valores negociados. Uma *transação de troca direta* consiste na troca de bens ou serviços por outros similares, como ocorre quando o advogado Jones redige uma petição judicial ao médico Smith na troca por uma consulta médica.

Uma transação envolve várias dimensões: pelo menos duas coisas de valor, condições de acordo, tempo e local de negociação. Geralmente, um sistema legal surge para sustentar e reforçar a confiança por parte dos envolvidos. Sem uma lei contratual, as pessoas veriam as transações com alguma desconfiança e todos perderiam.

Uma transação difere de uma transferência. Em uma *transferência,* A dá X para B, mas não recebe nada em troca. Presentes, subsídios e contribuições de caridade são todos transferência. Poderia parecer que marketing deve ser confinado apenas ao estudo das transações. Entretanto, o comportamento da transferência pode também ser entendido através do conceito de troca. Tipicamente, a transferência implica em certas expectativas de quem oferece um presente – por exemplo, gratidão ou boa receptividade de quem o recebe. Profissionais encarregados de levantamento de fundos são bastante conscientes dos motivos "recíprocos" implícitos no comportamento do doador e tentam fornecer benefícios aos mesmos, como cartas de agradecimento, publicação de revistas a eles destinadas e convites especiais para participação em eventos. Recentemente, os especialistas de marketing ampliaram o conceito de marketing para incluir o estudo do comportamento de transferência, bem como o comportamento da transação.

Em sentido mais genérico, os especialistas de marketing estão procurando obter uma *resposta*

---

10. DeROSE, Louis J. *The value network.* New York : Amacom, 1994. p. 12.

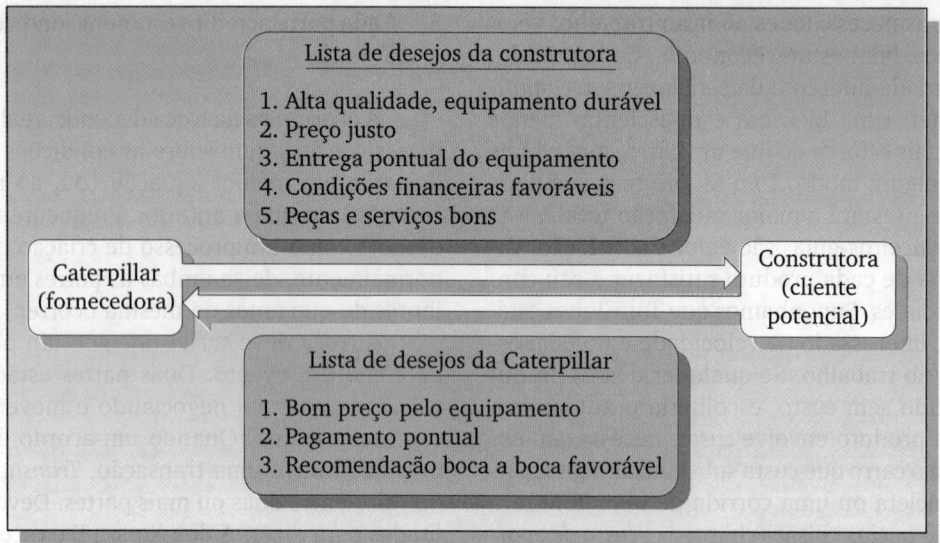

**Figura 1.2** *Mapa de troca de duas partes mostrando suas listas de desejos.*

*comportamental* da outra parte. Uma empresa deseja a resposta chamada compra, um candidato político, o voto, uma igreja ou sinagoga, membros e um grupo de ação social, a adoção de suas idéias. Marketing consiste de ações adotadas para obter-se as respostas desejadas de uma audiência-alvo.

Para efetuar trocas bem-sucedidas, os especialistas de marketing analisam o que cada parte espera dar e receber em uma transação. Situações de troca simples podem ser mapeadas, mostrando-se dois atores e os desejos e ofertas fluindo entre eles. Suponhamos que a Caterpillar, maior fabricante mundial de equipamentos de movimentação de terra, pesquisa os benefícios que uma construtora típica deseja quando adquire algum equipamento. Esses benefícios, listados na parte superior do mapa de troca da Figura 1.2, incluem equipamento de alta qualidade, preço justo, entrega pontual, condições financeiras favoráveis e peças e serviços bons. Os desejos dessa *lista de desejos* não são igualmente importantes e podem variar de comprador a comprador. Uma das tarefas da Caterpillar é descobrir a importância relativa desses diferentes desejos para o comprador.

A Caterpillar também possui uma lista de desejos. Deseja bom preço pelo equipamento, pagamento pontual e recomendação boca a boca favorável. Se houver paridade ou sobreposição suficiente nas listas de desejos, há base para uma transação existir. A tarefa da Caterpillar é formular uma oferta que motive a construtora a comprar o equipamento. Esta, por sua vez, pode fazer uma contraproposta. O processo de tentar chegar a um acordo mutuamente aceitável é chamado *negocia-*

*ção*. A negociação leva ao acordo ou à decisão de não transação.

## Relacionamentos e redes

Anteriormente, explicamos a natureza do *marketing de transação* que é parte de uma idéia mais ampla chamada marketing de relacionamento. *Marketing de relacionamento* é a prática da construção de relações satisfatórias a longo prazo com partes-chaves – consumidores, fornecedores e distribuidores – para reter sua preferência e negócios a longo prazo.[11] As empresas inteligentes tentam desenvolver confiança e relacionamentos "ganha-ganha" a longo prazo com consumidores, distribuidores, revendedores e fornecedores. Realizam isso prometendo e entregando alta qualidade, bons serviços e preços justos as outras partes no decorrer do tempo. Marketing de relacionamento resulta em fortes vínculos econômicos, técnicos e sociais entre as partes. Também reduz os custos de transação e o tempo. Na maioria dos casos bem-sucedidos, as transações passam a ser rotineiras, em vez de serem tratadas caso a caso.

O resultado final do marketing de relacionamento é a construção de um ativo exclusivo da empresa chamado rede de marketing. Uma *rede de marketing* é formada pela empresa e todos os interessados (*stakeholders*) que a apoiam: consumidores, funcionários, fornecedores, distribuidores, varejistas, agências de propaganda, cientistas universitários e outros com quem constrói relacionamentos comerciais mutuamente rentáveis.

---

11. Veja McKENNA, Regis. *Relationship marketing*. Reading, MA : Addison-Wesley, 1991; CHRISTOPHER, Martin, PAYNE, Adrian, BALLANTYNE, David. *Relationship marketing*: bringing quality, customer service, and marketing together. Oxford, England : Butterworth-Heinemann, 1991; SHETH, Jagdish N., PARVATIYAR, Atul. (Org.). Relationship marketing: theory, methods, and applications. *1994 Research Conference Proceedings*. Center of Relationship Marketing. Atlanta, GA. : Roberto C. Goizueta Business School, Emory University, 1994.

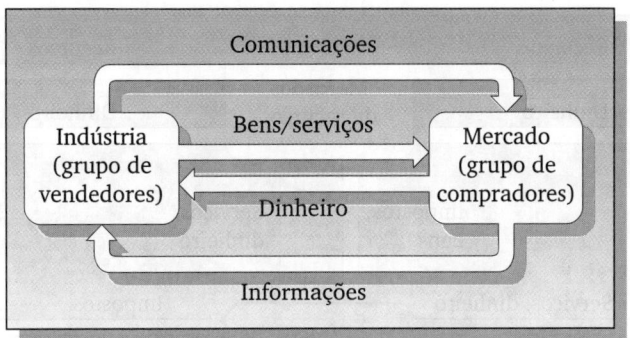

**Figura 1.3** *Sistema de marketing simples.*

Crescentemente, a concorrência não é entre empresas, mas entre redes completas, com o prêmio indo para aquela que construiu a melhor rede. O princípio operacional é simples: Construa uma boa rede de relacionamentos com *stakeholders*-chaves e os lucros acompanharão.[12]

## Mercados

O conceito de troca leva ao conceito de mercado.

**Um MERCADO consiste de todos os consumidores potenciais que compartilham de uma necessidade ou desejo específico, dispostos e habilitados para fazer uma troca que satisfaça essa necessidade ou desejo.**

Assim, o tamanho do mercado depende do número de pessoas que mostram a necessidade ou desejo, têm recursos que interessam a outros e estão dispostas e em condições de oferecer esses recursos em troca do que desejam.

Tradicionalmente, "mercado" era o local onde compradores e vendedores se reuniam para trocar seus bens, como na praça de um vilarejo. Os economistas usam o termo mercado para se referirem a um grupo de compradores e vendedores que transacionam em torno de um produto ou classe de produtos; daí, o mercado de moradia, mercado de grãos e assim por diante. Entretanto, os especialistas de marketing vêem os vendedores como constituindo a *indústria* e os consumidores, o *mercado*. A Figura 1.3 mostra o relacionamento entre a indústria e o mercado. Os vendedores e os consumidores estão conectados por quatro fluxos. Os vendedores vendem bens, serviços e comunicações (anúncios, mala direta etc.) ao mercado; em troca recebem dinheiro e informações (atitudes, dados de vendas etc.). Os fluxos interiores mostram a troca de dinheiro por bens e serviços; os exteriores mostram a troca de informações.

Freqüentemente, os empresários usam a expressão "mercados" coloquialmente para cobrir vários grupos de consumidores. Falam sobre mercados de necessidades (como o mercado de dietéticos), mercados de produtos (como o mercado de calçados), mercados demográficos (como o mercado de jovens) e mercados geográficos (como o mercado francês). Podem estender o conceito para cobrir também grupos não-consumidores, como mercados de eleitores, mercados de mão-de-obra e mercados de doadores.

Todas as economias modernas operam em mercados. Os cinco mercados básicos e seus fluxos de conexão são mostrados na Figura 1.4. Essencialmente, os fabricantes procuram os *mercados de recursos* (mercados de matéria-prima, mercados de mão-de-obra, mercados financeiros e outros), compram recursos e os transformam em bens e serviços, vendendo-os, depois, como produtos acabados aos intermediários, que os vendem aos consumidores. Os consumidores vendem sua força de trabalho pela qual recebem dinheiro para pagar os bens e serviços que compram. O governo utiliza as receitas de impostos para comprar bens dos mercados de recursos, de fabricantes e de intermediários, usando esses bens e serviços para fornecer serviços públicos. Assim, a economia de cada país e do mundo inteiro consiste de complexos conjuntos de mercados inter-relacionados e unidos através de processos de troca.

## Praticantes de marketing e consumidores potenciais

O conceito de mercados conduz-nos ao círculo amplo do conceito de marketing. Marketing significa trabalhar com mercados para realizar trocas potenciais com o propósito de satisfazer necessidades e desejos humanos.

Quando uma parte está mais ativamente buscando uma troca do que a outra, denominamos a primeira parte de praticante de marketing e a segunda, consumidor potencial. *Praticante de marketing* é alguém que procura um ou mais consumidores potenciais que podem se

---

12. Veja ANDERSON, James C., HAKANSON, Hakan, JOHANSON, John. Dyadic business relationships within a business network context. *Journal of Marketing*, p. 1-15, 15 Oct. 1994.

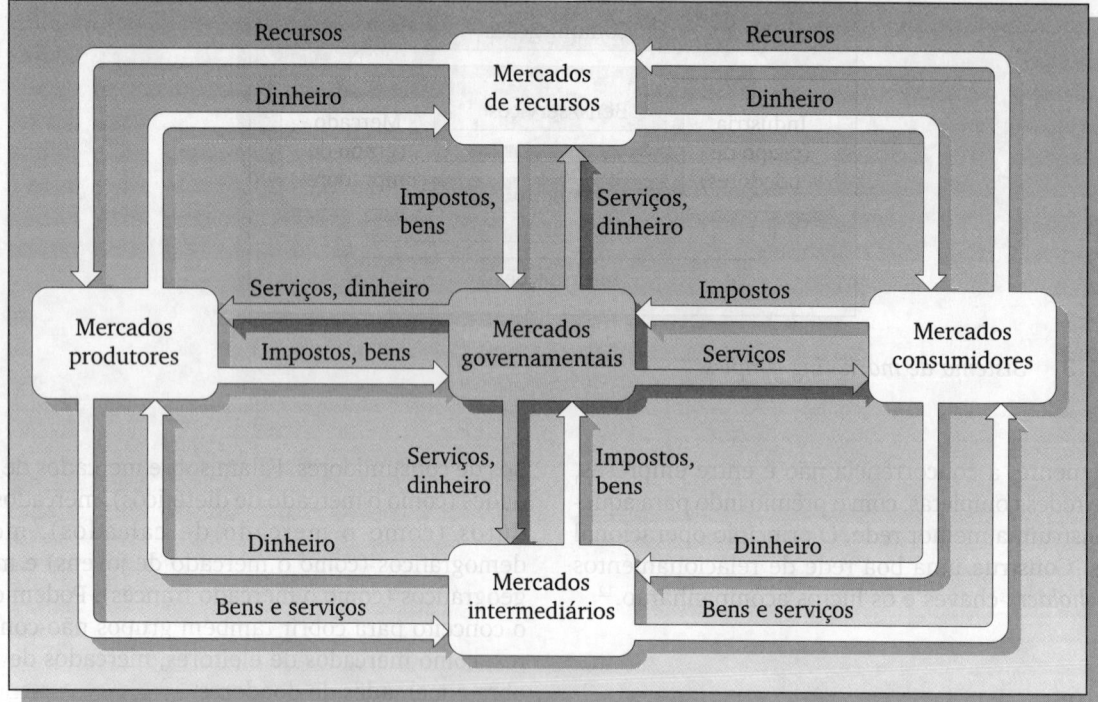

**Figura 1.4** *Estrutura dos fluxos em uma moderna economia de troca.*

engajar em uma troca de valores. *Consumidor potencial* é alguém que o praticante de marketing identifica como potencialmente disposto e habilitado a se engajar em uma troca de valores.

O praticante de marketing pode ser um vendedor ou um comprador. Suponhamos que várias pessoas desejam comprar uma casa que acabou de ser posta a venda. Cada comprador potencial tentará vender-se ao vendedor. Realmente, esses compradores estão fazendo marketing! Em um evento em que ambas as partes buscam ativamente uma troca, dizemos que as duas estão praticando marketing e a situação é denominada *marketing de reciprocidade.*

Em situação normal, o praticante de marketing é uma empresa atendendo a um mercado frente aos concorrentes (Figura 1.5). A empresa e os concorrentes vendem seus respectivos produtos e mensagens diretamente e/ou através de intermediários de marketing aos usuários finais. Sua eficácia relativa é influenciada por seus respectivos fornecedores, bem como pelas principais forças ambientais (demográficas, econômicas, político-legais e socioculturais). Assim, a Figura 1.5 representa os principais elementos de um sistema de marketing moderno.

Após rever esses conceitos, podemos reunir todas as partes para definir marketing:

**MARKETING é um processo social e gerencial pelo qual indivíduos e grupos obtêm o que necessitam e desejam através da criação, oferta e troca de produtos de valor com outros.**

## ADMINISTRAÇÃO DE MARKETING

Enfrentar os processos de troca exige considerável quantidade de trabalho e experiência. A *administração de marketing* ocorre quando pelo menos uma parte de uma troca potencial reflete sobre os meios de atingir as respostas desejadas de outras partes. Usaremos a seguinte definição de administração de marketing, aprovada pela American Marketing Association:

**ADMINISTRAÇÃO DE MARKETING é o processo de planejamento e execução da concepção, preço, promoção e distribuição de idéias, bens e serviços para criar trocas que satisfaçam metas individuais e organizacionais.[13]**

Essa definição reconhece que a administração de marketing é um processo que envolve análise, planejamento, implementação e controle; que envolve bens, serviços e idéias; que se fundamenta na noção de troca; que a meta é produzir satisfação para as partes envolvidas.

A administração de marketing pode ser praticada em qualquer mercado. Consideremos uma empresa de alimentos. O vice-presidente de recursos humanos lida

---

13. BENETT, Peter D. (Org.). *Dictionary of marketing terms.* 2. ed. Chicago : American Marketing Association, 1995.

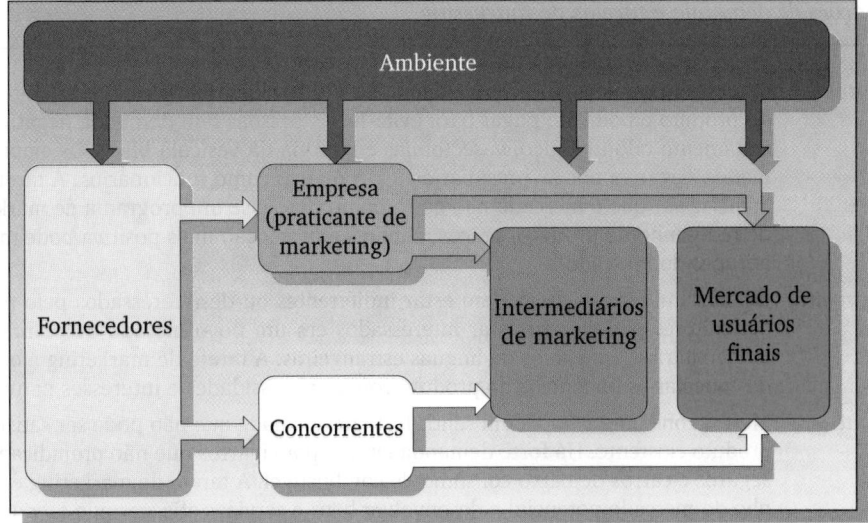

**Figura 1.5** *Principais atores e forças de um sistema de marketing moderno.*

com o mercado de trabalho; o vice-presidente de compras, com o mercado de matérias-primas. Devem estabelecer objetivos e desenvolver estratégias para atingir resultados satisfatórios nesses mercados. Entretanto, tradicionalmente, esses executivos não são chamados de praticantes de marketing e não são treinados em marketing. Na melhor das hipóteses, são praticantes de marketing em tempo parcial.[14] Em vez disto, a administração de marketing tem sido, historicamente, identificada com tarefas e pessoas que lidam com o *mercado consumidor.* Seguiremos esta convenção, embora o que dizemos sobre marketing se aplique a todos os mercados.

O trabalho de marketing no mercado consumidor é formalmente executado por gerentes de vendas, vendedores, gerentes de propaganda e promoção, pesquisadores de marketing, gerentes de serviços aos consumidores, gerentes de produtos e marcas, gerentes de mercado e de setores e vice-presidente de marketing. Cada um desses cargos assume tarefas e responsabilidades bem definidas. Muitas dessas tarefas envolvem a administração de recursos de marketing específicos como propaganda, vendedores ou pesquisa de marketing. Por seu lado, os gerentes de produtos, gerentes de mercado e o vice-presidente de marketing administra *programas.* Seu trabalho é analisar, planejar e implementar programas que produzirão um nível e composto de transações desejado com os mercados-alvos.

A imagem popular do gerente de marketing é de alguém cuja tarefa principal é estimular a demanda pelos produtos da empresa. Entretanto, esta é uma visão bastante limitada da diversidade das tarefas de marketing desempenhadas por gerentes de marketing. *A administração de marketing tem a tarefa de influenciar o nível, o*

*momento e a composição da demanda de maneira a ajudar a organização a atingir seus objetivos.* A administração de marketing é, essencialmente, a *administração da demanda.* A Tabela 1.1 identifica oito situações diferentes de demanda e as tarefas correspondentes enfrentadas pelos gerentes de marketing.

Os gerentes de marketing administram a demanda realizando pesquisa de marketing, planejamento, implementação e controle. No *planejamento de marketing,* devem tomar decisões sobre mercados-alvos, posicionamento de mercado, desenvolvimento de produto, fixação de preço, canais de distribuição, distribuição física, comunicação e promoção. Analisaremos todas essas tarefas de marketing nos capítulos seguintes.

## ORIENTAÇÕES DA EMPRESA EM RELAÇÃO AO MERCADO

Definimos administração de marketing como o esforço consciente para atingir os resultados de mudança desejados em relação aos mercados-alvos. Mas que filosofia deve orientar os esforços de marketing? Que pesos relativos devem ser dados aos interesses da organização, dos consumidores e da sociedade? Muito freqüentemente, esses interesses conflitam. Por exemplo, um dos produtos mais populares da Dexter Corporation era um rentável saquinho de papel que evitava que o chá misturasse com a água quente. Infelizmente, os materiais usados na fabricação do papel representavam 98% dos dejetos perigosos da empresa. Assim, enquanto seu produto era extremamente popular junto aos consumidores, obviamente, representava prejuízo ao meio ambiente.

14. GUMMESSON, Evert. Marketing-orientation revisited: the crucial role of the part-time marketer. *European Journal of Marketing* 25, n. 2, p. 60-75, 1991.

**Tabela 1.1**   *Situações de demanda e tarefas de marketing.*

1. *Demanda negativa.* O mercado está em situação de demanda negativa quando grande parte do mesmo não gosta do produto e pode até pagar para evitá-lo. As pessoas têm demanda negativa por vacinações, tratamento odontológico, vasectomias e cirurgia da vesícula biliar. Os empregadores têm demanda negativa por ex-presidiários e alcoólatras como funcionários. A tarefa de marketing é analisar por que o mercado não gosta do produto e se um programa de marketing consistindo de redesenho do produto, preços menores e promoção mais positiva pode mudar as crenças e atitudes do mercado.

2. *Demanda inexistente.* Os consumidores-alvos podem estar indiferentes ou desinteressados pelo produto. Assim, os agricultores podem não estar interessados em um novo método de plantio e os estudantes universitários, em cursos de línguas estrangeiras. A tarefa de marketing é encontrar maneiras de conectar os benefícios do produto com as necessidades e interesses naturais das pessoas.

3. *Demanda latente.* Muitos consumidores podem sentir forte necessidade que não pode ser satisfeita por qualquer produto existente. Há forte demanda latente por cigarros que não prejudicam a saúde, bairros seguros e carros de baixo consumo de combustível. A tarefa de marketing é mensurar o tamanho do mercado potencial e desenvolver bens e serviços eficazes que atenderiam à demanda.

4. *Demanda declinante.* Qualquer organização, mais cedo ou mais tarde, enfrenta demanda declinante por um ou mais de seus produtos. As igrejas vêm enfrentando declínio no número de membros e as faculdades particulares vêm sofrendo queda no número de matrículas. A organização deve analisar as causas do declínio do mercado e determinar se a demanda pode ser reestimulada encontrando novos mercados-alvos, mudando as características do produto ou desenvolvendo comunicação mais eficaz. A tarefa de marketing é reverter a demanda declinante através da recriação do produto.

5. *Demanda irregular.* Muitas organizações enfrentam demanda que varia em base sazonal, diária ou, mesmo, horária, causando problemas de capacidade ideal ou de saturação. No transporte de massa, o equipamento utilizado é ideal durante horários normais e insuficiente nos horários de pico. Os museus estão vazios nos dias de semana e sobrecarregados nos fins de semana. As salas de cirurgia dos hospitais estão sobrecarregadas no início da semana e ociosas no final. A tarefa de marketing, denominada *sincromarketing*, é encontrar maneiras de alterar o mesmo padrão de demanda através de preço flexível, promoção e outros incentivos.

6. *Demanda plena.* As organizações enfrentam demanda plena quando estão satisfeitas com seus volumes de negócios. A tarefa de marketing é manter o nível atual da demanda face as mudanças de preferências dos consumidores e a concorrência crescente. A organização deve manter ou melhorar sua qualidade e, continuamente, mensurar a satisfação dos consumidores para assegurar-se de que está fazendo um bom trabalho.

7. *Demanda excessiva.* Algumas organizações enfrentam um nível de demanda superior ao que podem ou desejam atender. Assim, a ponte Golden Gate tem um volume de tráfego maior do que o recomendavelmente seguro e o parque nacional de Yosemite fica superlotado durante o verão. A tarefa de marketing, denominada *demarketing*, é encontrar maneiras de reduzir a demanda temporária ou permanentemente. O *demarketing* geral procura desencorajar a demanda global e consiste de etapas como aumento de preços e redução da promoção e serviços. O *demarketing* seletivo consiste em tentar reduzir a demanda a partir dos segmentos de mercado menos rentáveis ou que menos necessitam do produto. O propósito do *demarketing* não é destruir a demanda, mas apenas reduzir seu nível, temporária ou permanentemente.

8. *Demanda indesejada.* Os produtos indesejados atrairão esforços organizados para desencorajar seu consumo. Campanhas de não-venda têm sido realizadas contra cigarros, álcool, entorpecentes, armas e filmes pornográficos. A tarefa de marketing é fazer com que as pessoas desistam de gostar de alguma coisa, usando ferramentas como mensagens que atemorizam, aumentos abruptos de preço e redução da disponibilidade desses produtos.

**Fonte:** Para uma discussão mais ampla sobre o assunto, veja KOTLER, Philip. The major tasks of marketing management. *Journal of Marketing*, p. 42-49, Oct. 1973 e KOTLER, Philip, LEVY, Sidney J. Demarketing, yes, demarketing. *Harvard Business Review*, p. 74-80, Nov./Dec. 1971.

Claramente, as atividades de marketing devem ser conduzidas sob uma filosofia de eficiência, eficácia e de marketing socialmente responsável. Na Dexter, uma força-tarefa de funcionários representando os departamentos de meio ambiente, jurídico, pesquisa e desenvolvimento e marketing da empresa foi formada para resolver o problema dos dejetos perigosos. A força-tarefa foi bem-sucedida e a empresa aumentou a participação de mercado e, virtualmente, eliminou os dejetos perigosos do processo de fabricação.[15]

Há cinco conceitos distintos sob os quais as organizações podem escolher conduzir suas atividades de marketing: conceito de produção, conceito de produto, conceito de venda, conceito de marketing e conceito de marketing societal.

## Conceito de produção

O conceito de produção é um dos mais antigos na empresa.

**CONCEITO DE PRODUÇÃO assume que os consumidores darão preferência aos produtos que estiverem amplamente disponíveis e forem de preço baixo. Os gerentes de organizações orientadas para a produção concentram-se em atingir eficiência de produção elevada e distribuição ampla.**

O pressuposto de que os consumidores estão principalmente interessados na disponibilidade de produtos e em preços baixos enfrenta, pelo menos, duas situações. A primeira é quando a demanda por um produto excede a oferta, como em muitos países em desenvolvimento. Neste caso, os consumidores estão mais interessados em obter o produto do que em examinar detalhes especiais. Os fornecedores estão dispostos a encontrar maneiras de aumentar a produção. A segunda situação é quando o preço do produto é alto e precisa ser reduzido para expandir o mercado. A Texas Instruments fornece um exemplo. Ela é uma das empresas norte-americanas líderes em "aumentar a produção para baixar o preço", filosofia que Henry Ford foi pioneiro no início deste século para expandir o mercado automobilístico. A Texas Instruments emprega todos seus esforços para aumentar a produção e melhorar a tecnologia para reduzir os custos. Utiliza os custos mais baixos para cortar preços e expandir o tamanho do mercado. Luta para atingir a posição dominante em seus mercados. Esta tem sido também a principal estratégia de muitas empresas japonesas.

Algumas organizações de serviços também operam no conceito de produção. Muitas práticas médicas e odontológicas estão organizadas conforme os princípios da linha de montagem, como ocorre em alguns órgãos governamentais (por exemplo, nos departamentos de atendimento a desempregados e de licenciamento de automóveis). Embora essa orientação gerencial possa resultar no atendimento de vários casos por hora, gera impessoalidade e serviço de baixa qualidade.

## Conceito de produto

Outras empresas são orientadas pelo conceito de produto.

**O CONCEITO DE PRODUTO assume que os consumidores favorecerão aqueles produtos que oferecem mais qualidade, desempenho ou características inovadoras. Os gerentes das organizações orientadas para produto focam sua energia em fazer produtos superiores, melhorando-os ao longo do tempo.**

Sob este conceito, os gerentes assumem que os compradores admiram produtos bem fabricados e podem avaliar sua qualidade e desempenho. Entretanto, esses gerentes, às vezes, passam a ter "um caso amoroso" com o produto e não percebem que o mercado pode estar menos interessado pelo mesmo. Esses gerentes de marketing tornam-se vítimas da falácia da "melhor ratoeira", acreditando que uma melhor ratoeira levará as pessoas a abrir um caminho até a porta da empresa. A história de Steven P. Jobs e seu computador NeXT fornece um alerta:

**JOBS E O COMPUTADOR NeXT** Jobs ajudou a criar a indústria de microcomputadores com seu Apple Macintosh. Suas expectativas eram muito altas quando lançou o computador de mesa NeXT no final dos anos 80. Todavia, após consumir $ 200 milhões dos fundos de investimentos, o NeXT não valia os $ 10.000 cobrados no início de 1993. O que estava errado? O computador era atraente e de fácil uso. Trazia alto-falante de alta fidelidade e a primeira leitora de CD-ROM embutida em um computador de mesa. Entretanto, nunca pareceu claro o que os consumidores do equipamento pretendiam ou qual computador supunha-se ser o melhor. Primeiro, Jobs introduziu sua máquina do sonho como estação de trabalho no mercado acadêmico, mas poucos pesquisadores podiam arcar com o alto preço cobrado. Depois, tentou o mercado de engenheiros, mas estes preferiam as estações de trabalho da Sun Microsystems e da Silicon Graphics. Havia também grande problema de *software*; o NeXT era incompatível com o IBM ou Apple, portanto, não havia *softwares* suficientes. No momento em que Jobs encontrou o mercado certo para seu computador, a tecnologia já havia sido dominada pela concorrência.[16]

15. DECHANT, Kathleen, ALTMAN, Barbara. Environmental leadership: from compliance to competitive advantage. *Academy of Management Executive*, 8, n. 3, p. 7-19, 1994.
16. CLANCY, J. Kevin, SHULMAN, Robert S. *Marketing myths that are killing business*: the cure for death wish marketing. New York : McGraw-Hill, 1994. p. 83-85; POWER, Christopher. Flops. *Business Week*, p. 76-82, 16 Aug. 1993.

Freqüentemente, as empresas orientadas para produto desenham seus produtos com pouca ou nenhuma contribuição do consumidor. Confiam que seus engenheiros saberão como desenhar ou melhorar o produto. Muito freqüentemente, nem mesmo examinam os produtos dos concorrentes. Um executivo da General Motors disse há alguns anos: "Como o público pode saber que tipo de carro deseja antes de ver o que está disponível no mercado?" Os *designers* e engenheiros da GM desenvolviam planos de um novo carro. Depois, a produção o fabricava, o departamento financeiro colocava o preço e, finalmente, marketing e vendas tentavam vendê-lo. Não é de admirar que o carro exigia tanto esforço de venda do revendedor! Felizmente, hoje, a GM está perguntando aos consumidores o que valorizam em um carro e trazendo o pessoal de marketing para os estágios iniciais do desenho do automóvel.

O conceito de produto leva ao tipo de miopia de marketing que discutimos no início deste capítulo. A administração das ferrovias achava que os usuários de seus serviços desejavam trens em vez de transporte e subestimaram o crescente desafio das linhas aéreas, ônibus, caminhões e automóveis. Os fabricantes de réguas de cálculo achavam que os engenheiros desejavam réguas de cálculo em vez de capacidade de cálculo e subestimaram o desafio das calculadoras de bolso. Igrejas, lojas de departamentos e correios assumem que estão oferecendo ao público o produto correto e ficam surpreendidos quando suas vendas caem. Muito freqüentemente, essas organizações ficam mirando-se no espelho quando deveriam estar olhando pela janela.

## Conceito de venda

O conceito de venda (ou de vendas) é outra abordagem comum.

**O CONCEITO DE VENDA assume que os consumidores, se deixados sozinhos, normalmente, não comprarão o suficiente dos produtos da organização. Assim, a organização deve empregar um esforço agressivo de venda e de promoção.**

Tipicamente, o conceito assume que os consumidores mostram inércia ou resistência de compra e devem ser persuadidos a comprar. Também assume que a empresa tem disponível um arsenal completo de ferramentas eficazes de venda e promoção para estimular mais a compra.

O conceito de venda é praticado mais agressivamente com bens não procurados, aqueles que os compradores, normalmente, não pensariam em comprar, como seguro, enciclopédias e serviços funerários. Esses setores têm preferido várias técnicas de vendas para localizar consumidores potenciais e vender agressivamente os benefícios de seus produtos.

O conceito de venda é também praticado por organizações que não visam ao lucro para captação de fundos, aumento do número de matrículas em faculdades e conquista de votos. Um partido político "vende" agressivamente seu candidato aos eleitores. O candidato sai a todo vapor, de manhã à noite, apertando mãos, beijando crianças, reunindo-se com doadores e fazendo discursos calorosos. São incontáveis os dólares gastos em propaganda de rádio e televisão, cartazes e malas diretas. As falhas dos candidatos são escondidas do público porque o objetivo é fazer a venda, sem qualquer preocupação de satisfação pós-compra. Após a eleição, o novo parlamentar mantém a orientação de venda em relação aos cidadãos. Há pouca pesquisa sobre o que o público deseja e muita venda para fazer com que o público aceite o que os políticos e partidos desejam.[17]

A maioria das empresas pratica o conceito de venda quando tem capacidade de produção excessiva. Seu propósito *é vender o que fabricam em vez de o que o mercado deseja*. Nas economias industriais modernas, a capacidade produtiva é ajustada ao ponto em que a maioria dos mercados é formada por compradores (isto é, os compradores são dominantes) e os vendedores têm que se esforçar para atendê-los. Os consumidores potenciais são bombardeados por comerciais de televisão, anúncios de jornal, mala direta e visitas de vendedores. Há sempre alguém tentando vender alguma coisa. Como resultado, o público, freqüentemente, identifica marketing com venda agressiva e propaganda.

Assim, as pessoas ficam surpresas quando são informadas que a parte mais importante de marketing não é a venda! A venda é apenas o topo do *iceberg* de marketing. Peter Drucker, um dos mais importantes teóricos da administração, coloca isto desta forma:

> Pode-se assumir que haverá sempre a necessidade de alguma venda. Mas o propósito de marketing é tornar a venda supérflua. É conhecer e entender o consumidor de maneira que o produto se ajuste a ele e venda sozinho. Idealmente, marketing deve resultar em um consumidor que esteja disposto a comprar. Depois, será necessário apenas tornar o produto ou serviço disponível...[18]

Quando a Sony desenhou seu *walkman*, a Nintendo, um *video game* de qualidade superior e a Toyota introduziu seu automóvel Lexus, estes fabricantes ficaram sobrecarregados de pedidos porque tinham projetado o produto "certo" baseados em cuidadoso trabalho de marketing.

De fato, marketing baseado em venda agressiva traz sérios riscos. Parte-se do princípio de que os consumidores que forem estimulados a comprar o produto gosta-

17. Veja NEWMAN, Bruce I. *The marketing of the president*. Thousand Oaks, CA: Sage, 1993.
18. DRUCKER, Peter. *Management*: tasks, responsabilities, practices. New York : Harper & Row, 1973. p. 64-65.

rão dele e, se não gostarem, não vão falar mal dele aos amigos ou fazer reclamações junto aos órgãos de proteção ao consumidor. E que eles, possivelmente, esquecerão seu desapontamento e comprarão novamente. Essas são suposições falsas sobre o consumidor. Um estudo mostrou que os consumidores insatisfeitos podem falar mal de um produto a dez ou mais conhecidos; as más notícias chegam com maior rapidez.[19]

## Conceito de marketing

O conceito de marketing é uma filosofia empresarial que desafia os três conceitos anteriores. Seus pontos centrais tornaram-se sólidos em meados dos anos 50.[20]

**O CONCEITO DE MARKETING assume que a chave para atingir as metas organizacionais consiste em ser mais eficaz do que os concorrentes para integrar as atividades de marketing, satisfazendo, assim, as necessidades e desejos dos mercados-alvos.**

O conceito de marketing tem sido expresso de muitas maneiras sugestivas:

"Atender às necessidades de forma rentável."
"Encontrar desejos e satisfazê-los."
"Amar o consumidor, não o produto."
"Faça ao gosto do consumidor." (Burger King)
"Você é o chefe." (United Airlines)
"As pessoas em primeiro lugar." (British Airways)
"Parceiros no lucro."(Milliken Company)

O professor Theodore Levitt, de Harvard, estabeleceu um contraste claro entre os conceitos de venda e de marketing.

*A venda focaliza-se nas necessidades do vendedor; marketing nas necessidades do comprador. A venda está preocupada com a necessidade do vendedor transformar seu produto em dinheiro; marketing com a idéia de satisfazer às necessidades do consumidor por meio do produto e de um conjunto de valores associados com a criação, entrega e, finalmente, seu consumo.*[21]

O conceito de marketing fundamenta-se em quatro pilares: *mercado-alvo, necessidades dos consumidores, marketing integrado* e *rentabilidade*. Eles são discutidos abaixo e ilustrados na Figura 1.6, onde são comparados com a orientação para a venda. O conceito de venda

parte de uma perspectiva de dentro para fora. Começa com a fábrica, focaliza os produtos da empresa e exige ênfase em venda e promoção na geração de resultados rentáveis. O conceito de marketing parte de uma perspectiva de fora para dentro. Começa com um mercado bem definido, focaliza as necessidades dos consumidores, integra todas as atividades que os afetarão e produz lucro através da satisfação dos mesmos.

**MERCADO-ALVO.** Nenhuma empresa pode operar em todos os mercados e satisfazer a todas às necessidades. Nem pode fazer um bom trabalho dentro de um mercado muito amplo. Mesmo a Microsoft não pode oferecer a melhor solução para todas as necessidades de processamento das informações. As empresas trabalham melhor quando definem cuidadosamente seu(s) mercado(s)-alvo(s) e preparam um programa de marketing sob medida. Um exemplo de marketing de alvo bem-sucedido teve lugar após o censo de 1990 despertar a atenção das empresas ao crescente poder de compra dos grupos minoritários. A Estee Lauder, a Maybelline e outras gigantes na fabricação de cosméticos começaram a visar os afro-americanos com linhas especiais de produtos destinados a tons mais escuros de pele. No outono de 1992, a Prescriptives, subsidiária da Estee Lauder, lançou uma linha de cosméticos destinada a todas as peles, oferecendo 115 nuances diferentes. O executivo principal de marketing da Prescriptives credita o sucesso da nova linha como responsável pelo aumento das vendas da empresa em 45%. As vendas da linha *Shades of you,* da Maybelline, destinada às mulheres afro-americanas, atingiu $ 15 milhões em seus primeiros dez meses de mercado.[22]

**NECESSIDADES DOS CONSUMIDORES.** Uma empresa pode definir seu mercado-alvo, mas falhar em conhecer plenamente as necessidades dos consumidores. Consideremos o exemplo seguinte:

Uma importante empresa química inventou uma nova substância que imitava o mármore. Procurando uma aplicação, o departamento de marketing decidiu oferecê-lo no mercado de banheiras. A empresa criou alguns modelos de banheiras e exibiu-os em uma feira de materiais de construção. Esperava convencer os fabricantes de banheiras a utilizar o novo material. Embora estes achassem as novas banheiras atraentes, ninguém fez qualquer pedido. Logo, a razão tornou-se óbvia. A banheira teria que ser vendida a $ 2.000; por este preço, os consumidores podiam comprar banhei-

19. Veja ALBRECHT, Kaul, ZEMKE, Ron. *Service America!* Homewwod, IL : Dow Jones-Irwin, 1985. p. 6-7.
20. Veja McKITTERICK, John B. What is the marketing management concept? *The frontiers of marketing thought and action.* Chicago : American Marketing Association, 1957. p. 71-82; BORCH, Fred J. The marketing philosophy as a way of business life. *The marketing concept:* its meaning to management. New York : American Management Association, 1957. p. 3-5 (Marketing series, n. 99); e KEITH, Robert J. The marketing revolution. *Journal of Marketing,* p. 35-38, Jan. 1960.
21. LEVITT, Op. cit.
22. MALLORY, Maria. Waking up to a major market. *Business Week,* p. 70-73, 23 Mar. 1993.

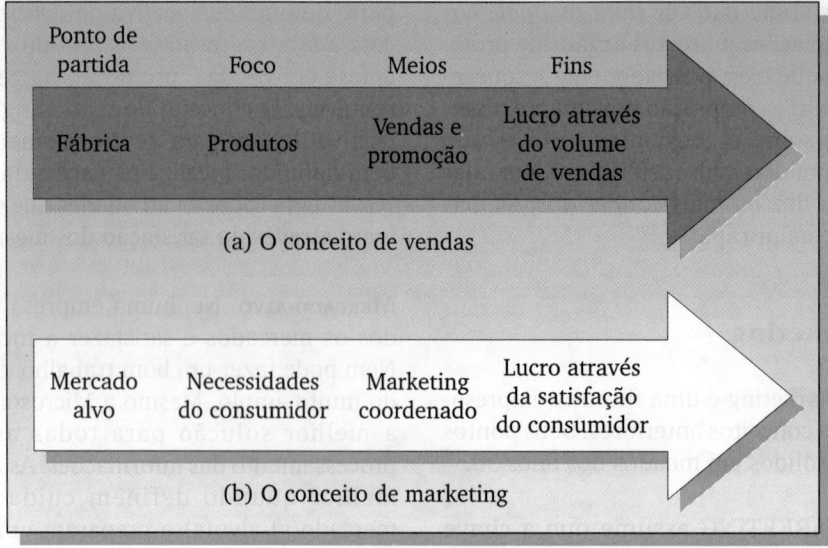

**Figura 1.6** *Contrastes entre os conceitos de venda e de marketing.*

ras de mármore verdadeiro ou de ônix. Além disso, as banheiras eram tão pesadas que o piso precisaria ser reforçado. Ademais, a maioria das banheiras era vendida na faixa de $ 500 e poucas pessoas estariam dispostas a gastar $ 2.000. A empresa química escolheu um mercado-alvo, mas falhou por não conhecer os consumidores.

Embora marketing seja atender às necessidades rentavelmente, entender essas necessidades nem sempre é tarefa simples. Alguns consumidores têm necessidades que nem mesmo eles estão plenamente conscientes de sua existência ou podem expressá-las. Quando o fazem, usam palavras que exigem alguma interpretação. O que significa o consumidor solicitar um carro "barato", um cortador de grama "poderoso", um torno mecânico "rápido", uma roupa de banho "atraente" ou um hotel "tranqüilo"?

Consideremos o consumidor que diz desejar um carro "barato". O fabricante deve aprofundar o que isso significa. Podemos distinguir entre cinco tipos de necessidades:

1. *Necessidades declaradas* (o consumidor deseja um carro barato).
2. *Necessidades reais* (o consumidor deseja um carro cuja manutenção, não o preço inicial, seja baixa).
3. *Necessidades não declaradas* (o consumidor espera bons serviços do revendedor).
4. *Necessidades de prazer* (o consumidor compra o carro e recebe um mapa rodoviário do país).
5. *Necessidades secretas* (o consumidor deseja ser visto pelos amigos como inteligente e orientado para o valor do produto).

Responder às necessidades declaradas do consumidor pode subestimá-lo. Consideremos uma pessoa que

entra em uma loja de material de construção e pede massa para fixar vidros. Ele está declarando uma *solução*, não uma necessidade. A necessidade é fixar os vidros sobre o madeiramento. O vendedor da loja pode sugerir uma solução melhor do que a massa, uma fita colante especial que possui a vantagem adicional de secagem instantânea. Neste caso, o vendedor atendeu à necessidade real do consumidor, não à necessidade declarada.

O pensamento orientado para o consumidor exige que a empresa defina as necessidades do mesmo a partir de seu ponto de vista (do consumidor). Todas as decisões de compra envolvem compromissos e a administração não pode saber quais são eles sem pesquisar os consumidores. Assim, um comprador de carro gostaria de um veículo seguro, atraente e de alto desempenho que custe menos de $ 10.000. Desde que todas essas características não podem ser combinadas em um carro, os *designers* devem fazer escolhas difíceis baseadas no conhecimento da melhor combinação das exigências do consumidor.

Em geral, uma empresa pode responder às exigências dos consumidores oferecendo-lhes o que desejam ou necessitam realmente. A chave para o marketing profissional é entender as necessidades reais dos consumidores melhor do que qualquer concorrente.

Algumas empresas fazem distinção entre *marketing responsivo* e *marketing criativo*. Uma empresa responsiva encontra uma necessidade declarada e a atende. Uma *criativa* descobre e produz soluções que os consumidores não declaram, mas que respondem entusiasticamente. Hamel e Prahalad acreditam que as empresas devem ir além, perguntando o que os consumidores desejam:

*É notória a falta de previsão dos consumidores. Há 10 ou 15 anos, quantos de nós estavam procurando telefones celulares, aparelhos de fax e copiadoras domésticas, aplica-*

ções financeiras 24 horas por dia, motores de automóveis multipontos, tocadores de CD, carros com sistema de navegação a bordo, mini-antenas de regulagem manual para sintonia de satélite, caixas eletrônicos, MTV ou redes eletrônicas de compra?[23]

A Sony Corporation é um bom exemplo de empresa que vai além do "marketing limitado ao que os consumidores pensam". É empresa *orientada para marketing*, não apenas *orientada para o mercado*. Akio Morita, seu fundador, declara que não atende a mercados; cria mercados.

Por que é tão importante satisfazer aos consumidores-alvos? Porque as vendas de uma empresa decorrem de dois grupos: consumidores novos e consumidores leais. A Forum Company estima que atrair um novo consumidor pode custar cinco vezes mais do que agradar um consumidor leal.[24] Pode custar dezesseis vezes mais trazer um novo consumidor ao mesmo nível de rentabilidade de um consumidor perdido. Assim, a *retenção do consumidor* é mais importante do que sua *atração*. A chave para a retenção do consumidor é sua *satisfação*. Um consumidor altamente satisfeito:

- Mantém-se leal muito mais tempo.
- Compra mais à medida que a empresa lança novos produtos e melhora os produtos existentes.
- Faz comentários favoráveis sobre a empresa e seus produtos.
- Presta menos atenção à propaganda de marcas concorrentes e é menos sensível a preço.
- Oferece idéias de produtos/serviços à empresa.
- Custa menos atendê-los do que os novos consumidores porque as transações de compra já estão rotinizadas.

Um executivo da Lexus japonesa comentou com o autor deste livro: "O propósito de minha empresa vai além de satisfazer os consumidores. Nosso propósito é *encantar* os consumidores."

Assim, uma empresa seria inteligente ao mensurar regularmente a satisfação do consumidor. Por exemplo, poderia retirar uma amostra de compradores recentes e, por telefone, indagar quantos estão altamente satisfeitos, satisfeitos, indiferentes, insatisfeitos ou altamente insatisfeitos. Poderia perguntar também sobre os principais fatores de satisfação ou insatisfação e, depois, usar essa informação para melhorar o desempenho do período seguinte.

Algumas empresas acham que estão mensurando a satisfação dos consumidores conversando com alguns deles, conforme o tipo de reclamação recebida em cada período. De fato, 95% dos consumidores insatisfeitos não reclamam; muitos apenas deixam de comprar.[25] A melhor coisa que uma empresa pode fazer é facilitar o processo de reclamações dos consumidores. Servem a esse propósito os formulários encontrados nos quartos de hotéis e as "linhas quentes" como aquelas oferecidas pela Procter & Gamble e General Electric. Essas empresas esperam que os consumidores telefonem fazendo sugestões, perguntas e reclamações. A 3M afirma que cerca de dois terços das idéias de melhoramento de produtos recebidas provêm das reclamações dos consumidores.

Entretanto, apenas ouvir não é suficiente. A empresa deve responder construtivamente às reclamações:

*Dos consumidores que registram uma reclamação, entre 54 e 70% comprarão novamente da organização se sua queixa for atendida. O quadro chega a 95% se o consumidor achar que a reclamação foi rapidamente resolvida. Os consumidores que reclamaram a uma organização e foram satisfatoriamente atendidos resolveram comunicar o fato a cinco pessoas sobre o tratamento recebido.[26]*

Quando uma empresa percebe que um consumidor leal pode representar substancial volume de faturamento durante anos, também percebe a tolice de arriscar a perdê-los, ao ignorar uma queixa ou demanda de pequeno valor. A IBM exige de todos os vendedores um relatório completo de cada cliente perdido, com todas as providências tomadas para restaurar sua satisfação. Recuperar consumidores perdidos é uma atividade de marketing importante e, freqüentemente, custa menos do que atrair novos compradores.

Uma empresa há muito tempo reconhecida pela ênfase na satisfação do consumidor é a L. L. Bean, Inc., de Freeport, Maine, que administra um negócio de venda por catálogo de roupas e equipamentos para a vida no campo. Ela combina cuidadosamente seus programas externos e internos de marketing. Para seus consumidores, oferece o seguinte:[27]

---

### 100% DE GARANTIA

Todos os nossos produtos oferecem 100% de garantia de satisfação. Caso contrário, qualquer compra pode ser devolvida em qualquer época. Substituímos o produto, devolvemos o dinheiro ou creditamos em seu cartão de crédito, como você desejar. Não desejamos que você compre algo da L. L. Bean que não seja de sua inteira satisfação.

---

23. HAMEL, Gary, PRAHALAD, C. K. Seeing the future first. *Fortune*, p. 64-70, 5 Sept. 1994.
24. Veja SELLERS, Patricia. Getting customers to love you. *Fortune*, p. 38-49, 13 Mar. 1989.
25. Veja Technical Assistance Research Programs (TARP). U.S. Office of Consumer Affairs Study on Complaint Handling in America, 1986.
26. ALBRECHT e ZEMKE. Op. cit. p. 6-7.
27. Cortesia da L. L. Bean, Freeport, Maine.

Para motivar seus funcionários a atender bem os consumidores, exibe, com destaque, em seus escritórios o seguinte cartaz:[28]

> ### O que é um consumidor?
>
> Um consumidor é a pessoa mais importante nesta empresa... seja atendida pessoalmente ou pelo correio.
>
> Um consumidor não depende de nós... dependemos dele.
>
> Um consumidor não é uma interrupção de nosso trabalho... é nosso propósito. Não estamos fazendo favor em atendê-lo... ele está fazendo um favor dando-nos oportunidade de servi-lo.
>
> Um consumidor não é alguém que deve ser questionado. Ninguém nunca vence um argumento com um consumidor.
>
> Um consumidor é alguém que nos traz seus desejos. É nossa tarefa trabalhar para que tenha lucro em sua compra e que nós também lucremos.

**MARKETING INTEGRADO.** Quando todos os departamentos da empresa trabalham em conjunto para atender aos interesses dos consumidores, o resultado é *marketing integrado*. Infelizmente, nem todos os funcionários são treinados e motivados a trabalhar para o consumidor. Um engenheiro reclamava que os vendedores estavam "sempre protegendo o cliente, não pensando no interesse da empresa"! Continuava reclamando que os clientes "estavam sempre pedindo mais". O exemplo seguinte ilustra o problema de coordenação:

A vice-presidente de marketing de uma importante linha aérea deseja aumentar a participação de mercado da empresa. Sua estratégia é aumentar a satisfação dos consumidores através de melhor alimentação a bordo, cabines mais limpas e tripulação bem treinada. Todavia, não possui qualquer autoridade nessas áreas. O departamento de alimentação escolhe alimentos de custo baixo, o departamento de manutenção está preocupado em reduzir o custo de limpeza e o departamento de recursos humanos contrata funcionários sem se preocupar se são agradáveis e estão dispostos a atender bem a outras pessoas. Desde que esses departamentos, geralmente, são orientados para produção ou para custos, a vice-presidente encontrará dificuldades em criar um alto nível de satisfação por parte dos consumidores.

Marketing integrado ocorre em dois níveis. Primeiro, as várias funções de marketing – força de vendas, propaganda, administração de produto, pesquisa de marketing e assim por diante – devem operar juntas. Muito freqüentemente, a força de vendas queixa-se dos gerentes de produtos por estabelecerem "preços muito elevados" ou por fixarem "volume de vendas muito alto"; ou o diretor de propaganda e o gerente de marca podem não concordar com uma campanha de propaganda. Todas essas funções de marketing devem ser coordenadas, partindo-se do ponto de vista do consumidor.

Segundo, marketing deve ser bem coordenado com os outros departamentos da empresa. Marketing não funciona quando é meramente um departamento; funciona apenas quando todos os funcionários valorizam seu impacto sobre a satisfação do consumidor. Como David Packard, da Hewlett Packard, afirmou: "Marketing é muito importante para ser deixado a cargo do departamento de marketing!" A Xerox vai além ao incluir em todas as suas descrições de cargo uma explicação do impacto de cada tarefa sobre o consumidor. Os gerentes de produção da Xerox sabem que as visitas dos consumidores à fábrica podem ajudar a vender mais se ela for limpa e eficiente. Seus contadores sabem que as atitudes dos consumidores em relação à Xerox são afetadas pela exatidão das faturas e pontualidade no atendimento das reclamações.

Para fomentar equipes interdepartamentais de trabalho, a empresa adota tanto marketing interno quanto marketing externo. *Marketing externo* é marketing dirigido às pessoas externas à organização. *Marketing interno* é a tarefa bem-sucedida de contratar, treinar e motivar funcionários hábeis que desejam atender bem aos consumidores. De fato, marketing interno deve vir antes de marketing externo. Não faz sentido a empresa prometer serviço excelente antes de seus funcionários estarem preparados para isso.

Muitos gerentes que acreditam ser o consumidor a chave para a rentabilidade consideram obsoleta a pirâmide organizacional mostrada na Figura 1.7(a) – o presidente no topo, diretores e gerentes na faixa intermediária e o pessoal da linha de frente (pessoal de vendas e de serviços, telefonistas, recepcionistas) e consumidores na base. As empresas que dominam marketing fazem melhor: invertem a pirâmide, como mostrado na Figura 1.7(b). No topo da organização estão os consumidores. A seguir, em importância, está o pessoal da linha de frente que contata, atende e satisfaz aos consumidores. Abaixo deles, na faixa intermediária, estão os diretores e gerentes, cujo trabalho é apoiar o pessoal da linha de frente para que atendam bem aos consumidores. Finalmente, na base está a alta administração, cujo trabalho é apoiar a administração intermediária. Os consumidores foram posicionados ao lado da pirâmide para

---

28. Ibidem.

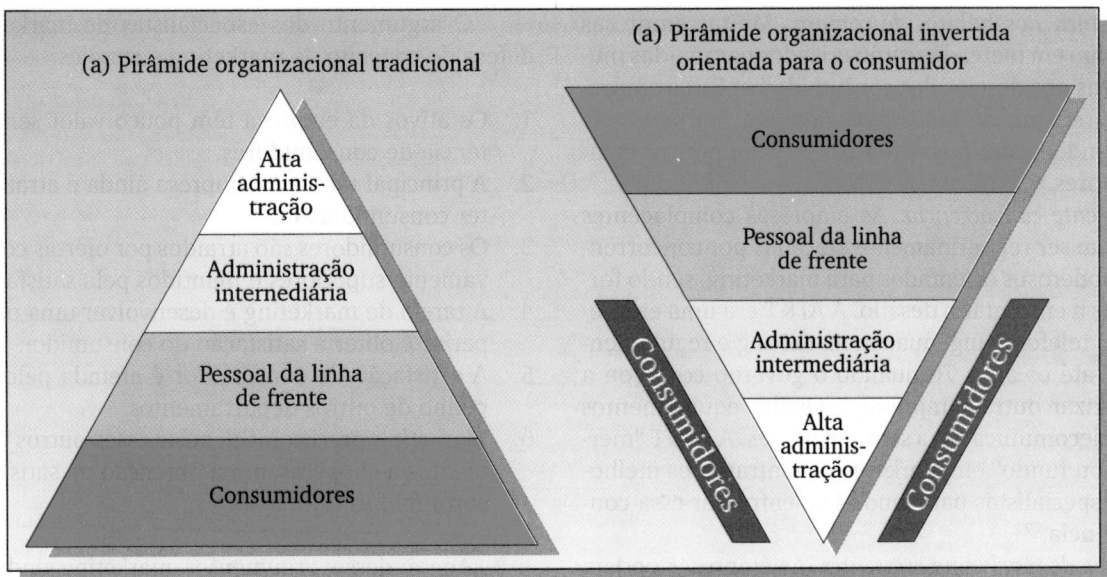

**Figura 1.7** *Pirâmide organizacional tradicional* versus *pirâmide organizacional invertida orientada para o consumidor.*

indicar que todos os administradores da empresa estão pessoalmente envolvidos em conhecer, contatar e servir os consumidores.

**RENTABILIDADE.** O propósito final do conceito de marketing é ajudar as organizações a atingir suas metas. No caso de empresas privadas, a principal meta é o lucro; nas organizações que não visam ao lucro e nas públicas, sua sobrevivência e atração de recursos suficientes para desempenharem seu trabalho. Nas organizações que não visam ao lucro, a chave não é atingir o lucro como tal, mas como subproduto de um bom trabalho. Uma empresa que melhor satisfaz as necessidades dos consumidores ganha mais dinheiro do que suas concorrentes. Consideremos a filosofia de Frank Perdue:

**AVÍCOLAS PERDUE** As avícolas Perdue faturam $ 1,5 bilhão em frangos, cujas margens estão substancialmente acima da média do setor, com participação de 50% nos principais mercados. O produto é frango, uma *commodity,* se podemos chamar assim! Todavia, seu folclórico fundador, Frank Perdue, não acredita que "frango é sempre igual", nem seus consumidores. Seu lema é: "Qualquer homem rude pode fazer um frango macio" e garante a devolução do dinheiro aos consumidores insatisfeitos. Sua devoção em produzir frangos de qualidade justifica o preço *premium* pago pelos consumidores. Seu princípio é que, se alguém oferece um produto de qualidade superior e integridade no negócio, lucros altos, participação de mercado e crescimento serão decorrência.

Realmente, quantas empresas praticam o conceito de marketing? Infelizmente, muito poucas. Apenas algumas podem ser consideradas mestres em marketing:

Procter & Gamble, Apple Computer, Disney, Nordstrom, Wal-Mart, Milliken, McDonald's, Marriott Hotels, American Airlines e várias empresas japonesas (Sony, Toyota, Canon) e européias (Ikea, Club Med, Ericsson, Bang & Olufsen, Marks & Spencer). Essas empresas focam o consumidor e estão organizadas para responder eficazmente as suas necessidades mutantes. Todas possuem departamentos de marketing bem estruturados e seus demais departamentos – produção, finanças, pesquisa e desenvolvimento, recursos humanos, compras – também aceitam o conceito de que o consumidor é rei.

A maioria das empresas não adota o conceito de marketing até que seja levada a ele por circunstâncias especiais. Qualquer dos seguintes desenvolvimentos pode provocá-las:

- *Declínio das vendas.* Quando as empresas enfrentam queda de vendas, entram em pânico e passam a procurar respostas. Por exemplo, os jornais estão sentindo queda na circulação à medida que mais pessoas assistem os noticiários de televisão (comum e a cabo). Alguns donos de jornais estão percebendo que sabem pouco sobre o hábito das pessoas lerem jornais. Estão fazendo pesquisa e tentando redesenhar os jornais para torná-lo contemporâneo, relevantes e interessantes aos leitores.
- *Crescimento lento.* O crescimento lento das vendas leva algumas empresas a procurar novos mercados. Muitas dessas empresas percebem que necessitam de *know-how* em marketing para identificar e selecionar novas oportunidades. Desejando novas fontes de receita, a Dow Chemical decidiu entrar em mercados consumidores, investindo pesadamente para adquirir experiência em marketing de produtos de consumo para desempenhar bem nesses mercados.

- *Mudança nos hábitos de compra.* Muitas empresas operam em mercados caracterizados por rápidas mudanças nos desejos dos consumidores. Essas empresas precisam de mais *know-how* em marketing se pretendem continuar produzindo valor para os compradores.
- *Crescente concorrência.* As empresas complacentes podem ser repentinamente atacadas por concorrentes poderosos orientados para marketing, sendo forçadas a enfrentar o desafio. A AT&T era uma empresa de telefonia ingênua em marketing e regulamentada até os anos 70 quando o governo começou a autorizar outras empresas a vender equipamentos de telecomunicação a seus assinantes. A AT&T "mergulhou fundo" em marketing e contratou os melhores especialistas para ajudá-la a enfrentar essa concorrência.[29]
- *Custos de marketing crescentes.* As empresas podem perder o controle sobre seus custos de propaganda, promoção de vendas, pesquisa de mercado e serviços ao consumidor. Assim, a administração decide que é o momento de providenciar uma auditoria para melhorar suas atividades de marketing.[30]

No decurso de sua transformação em empresa orientada para o mercado, ela enfrentará três obstáculos: resistência organizada, aprendizagem lenta e esquecimento rápido.

**Resistência organizada.** Alguns departamentos da empresa (freqüentemente, produção, finanças e P&D) não gostam da implementação de marketing porque acreditam que essa função ameaça seus poderes na organização. A natureza da ameaça é ilustrada na Figura 1.8. Inicialmente, a função marketing é vista como igual às demais funções administrativas (Figura 1.8(a)). Uma queda da demanda pode levar os profissionais de marketing a argumentar que sua função é um pouco mais importante do que as outras (Figura 1.8(b)). Alguns entusiastas de marketing vão além e afirmam que essa é a principal função da empresa, porque sem consumidores a organização não existiria. Posicionam marketing no centro com as demais funções servindo de apoio (Figura 1.8(c)). Esta visão não agrada outros administradores, que não desejam sentir-se trabalhando para marketing. Os especialistas de marketing esclarecem o assunto colocando o consumidor em vez de marketing no centro da empresa (Figura 1.8(d)). Defendem uma orientação para o consumidor em que todas as funções trabalham em conjunto para sentir, servir e satisfazer os consumidores. Finalmente, alguns especialistas de marketing afirmam que marketing precisa ainda assumir uma posição central na empresa se as necessidades dos consumidores precisarem ser corretamente interpretadas e eficientemente satisfeitas (Figura 1.8(e)).

O argumento dos especialistas de marketing em defesa do conceito de marketing é simples:

1. Os ativos da empresa têm pouco valor sem a existência de consumidores.
2. A principal tarefa da empresa ainda é atrair e manter consumidores.
3. Os consumidores são atraídos por ofertas competitivamente superiores e mantidos pela satisfação.
4. A tarefa de marketing é desenvolver uma oferta superior e obter a satisfação do consumidor.
5. A satisfação do consumidor é afetada pelo desempenho de outros departamentos.
6. Marketing precisa influenciar esses outros departamentos a cooperarem na obtenção da satisfação do consumidor.

Apesar desses argumentos, marketing ainda encontra resistência em muitas fronteiras. A resistência é especialmente forte em setores industriais em que marketing está sendo introduzido pela primeira vez – por exemplo, em escritórios de advocacia, faculdades, hospitais e órgãos governamentais. As faculdades têm que enfrentar a hostilidade dos professores e os hospitais, dos médicos, porque ambos os grupos acham que a aplicação de "marketing" em seus serviços seria degradante.

**Aprendizado lento.** Apesar da resistência, muitas empresas empenham-se em introduzir alguma idéia de marketing em suas organizações. O presidente da empresa cria um departamento de marketing; contrata um talentoso profissional de marketing; os principais gerentes passam a freqüentar seminários de marketing; o orçamento de marketing cresce substancialmente; sistemas de planejamento e controle de marketing são introduzidos. Entretanto, mesmo com essas providências, o aprendizado de marketing permanece lento.

**Esquecimento rápido.** Mesmo após a criação de marketing, a administração deve enfrentar uma forte tendência ao esquecimento de seus princípios básicos, especialmente no despertar de seu sucesso. Por exemplo, inúmeras grandes empresas norte-americanas entraram nos mercados europeus nos anos 50 e 60, esperando atingir notável sucesso com seus produtos e capacidade de marketing sofisticados. Grande número delas falhou porque esqueceu a máxima de marketing: *Conheça seu mercado-alvo e saiba como satisfazê-lo.* As empresas norte-americanas introduziram seus mesmos produtos e campanhas de propaganda sem adaptá-los aos novos mercados. Por exemplo, a General Mills lançou sua mistura de bolo Betty Crocker na Inglaterra e teve que retirá-la do mercado pouco tempo depois. Seus bolos angelical

29. Veja UTTAL, Bro. Selling is no longer Mickey Mouse at AT&T. *Fortune*, p. 98-104, 17 July 1978.
30. Veja BONOMA, Thomas V., CLARK, Bruce H. *Marketing performance assessment.* Boston : Harvard Business School Press, 1988.

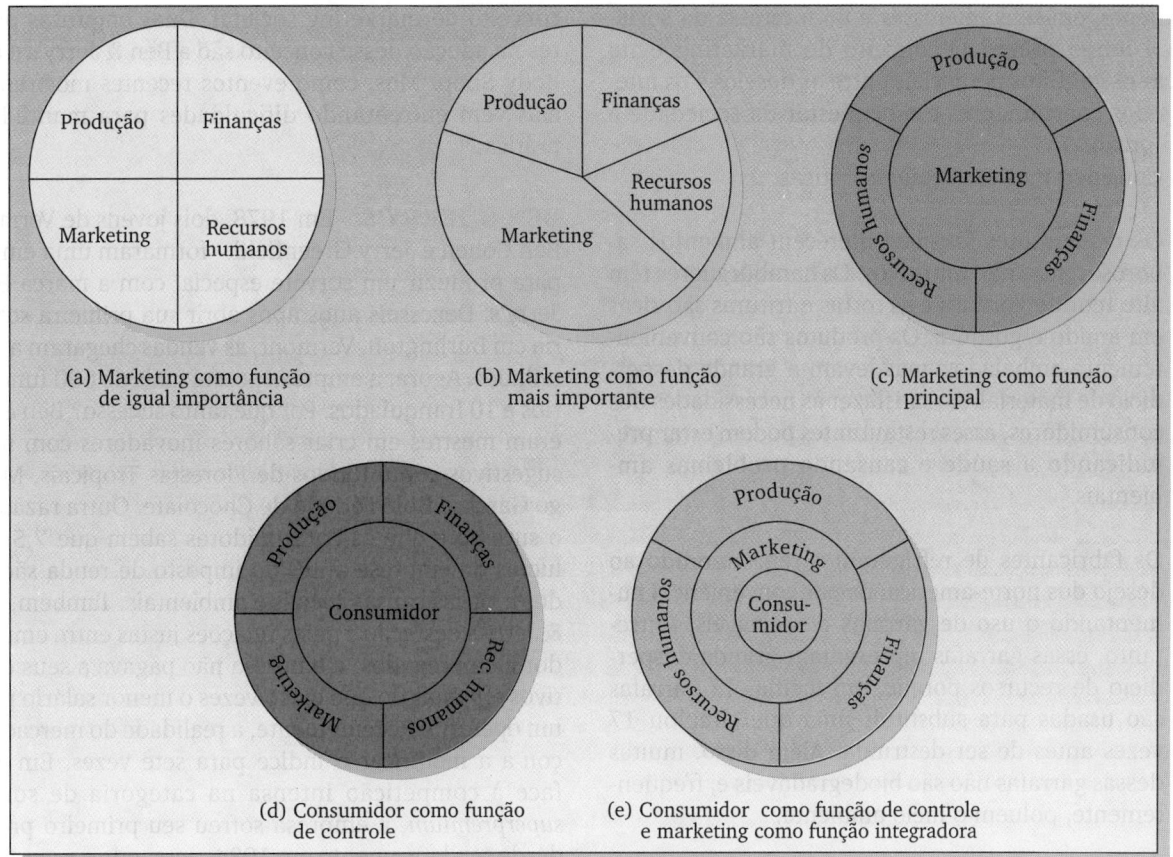

**Figura 1.8** *Visões que envolvem o papel de marketing na empresa.*

(a) Marketing como função de igual importância

(b) Marketing como função mais importante

(c) Marketing como função principal

(d) Consumidor como função de controle

(e) Consumidor como função de controle e marketing como função integradora

e demoníaco pareciam bastante exóticos para os consumidores e os bolos perfeitos mostrados na embalagem pareciam ser de preparo difícil. Os profissionais norte-americanos de marketing falharam ao não considerar importantes diferenças culturais entre e dentro dos países europeus.

As empresas enfrentam uma tarefa especialmente difícil para adaptar os títulos de seus anúncios aos mercados internacionais. Por exemplo, quando a Coca-Cola tentou entrar no mercado chinês em 1979, descobriu que a simplificação introduzida por Mao nos caracteres chineses havia transformado o significado literal de Coca-Cola em "Morda o girino de cera". A Coca-Cola solucionou esse problema usando quatro caracteres em mandarim significando "Alegria da lata, alegria da boca". Muitas pessoas lembram o que ocorreu quando o título do anúncio de Frank Perdue – "Qualquer homem rude pode fazer um frango macio" – foi veiculado nas redes de televisão para a população latino-americana residen-

te nos Estados Unidos. O resultado deturpado e ofensivo foi "Qualquer homem sexualmente excitado pode fazer um frango carinhoso". Mesmo quando a linguagem é a mesma, a maneira das palavras serem usadas podem variar de país a país: o título dos anúncios da Electrolux na Inglaterra para seus aspiradores de pó – "Nada suga mais do que um Electrolux" – certamente não atrairia os consumidores dos Estados Unidos![31] (*)

## Conceito de marketing societal

Em anos recentes, algumas pessoas têm questionado se o conceito de marketing é uma filosofia apropriada em uma era de deterioração ambiental, escassez de recursos, crescimento explosivo da população, fome e pobreza mundial e de negligência dos serviços sociais.[32] As empresas estão fazendo um trabalho excelente para satisfazer aos desejos dos consumidores, agindo, neces-

31. BARNET, Richard. *Global dreams:* imperial corporations and the new world order. New York : Simon & Schuster, 1994. p. 170-171; CZINKOTA, RONKAINEN, TARRANT. *The global marketing imperative.* p. 249.

* Nos Estados Unidos, o verbo *to suck* (sugar, chupar) também é usado como gíria para exprimir "levar vantagem" ou empregado em sentido chulo. (N.T.)

32. Veja COLLINS, Marilyn. Global corporate philanthropy: marketing beyond the call of duty? *European Journal of Marketing* 27, n. 2, p. 46-58, 1993; WEBSTER, JR., Frederick E. Defining the new marketing concept. *Marketing Management* 2, n. 4, p. 22-31, 1994; WEBSTER, JR., Frederick E. Executing the new marketing concept. *Marketing Management* 3, n. 1, p. 8-16, 1994; ELLIOTT, Gregory R. The marketing concept: necessary, but sufficient? An environmental view. *European Journal of Marketing* 24, n. 8, p. 20-30, 1990.

sariamente, em seus interesses e no interesse da sociedade a longo prazo? O conceito de marketing evita enfocar os conflitos potenciais entre os desejos e os interesses dos consumidores e o bem-estar da sociedade a longo prazo.

Consideremos as seguintes críticas:

Os restaurantes *fast-food* oferecem alimentos saborosos, mas não nutritivos. Os hambúrgueres têm alto teor de gordura e as tortas e frituras são ricas em amido e gordura. Os produtos são convenientemente embalados, mas levam a grande desperdício de material. Ao satisfazer às necessidades dos consumidores, esses restaurantes podem estar prejudicando a saúde e causando problemas ambientais.

Os fabricantes de refrigerantes têm atendido ao desejo dos norte-americanos por conveniência aumentando o uso de garrafas descartáveis. Entretanto, essas garrafas representam grande desperdício de recursos porque, em média, 17 garrafas são usadas para substituir uma que circulou 17 vezes antes de ser destruída. Além disso, muitas dessas garrafas não são biodegradáveis e, freqüentemente, poluem o meio ambiente.

A indústria de sabão em pó atende à paixão norte-americana por roupas mais brancas oferecendo um produto que polui rios e cursos d'água, mata peixes e prejudica as oportunidades de recreação.

Essas situações exigem um novo conceito que amplie o conceito de marketing. Entre os nomes sugeridos para os propósitos estão "marketing humanístico" e "marketing ecológico". Propomos chamá-lo conceito de marketing societal.

**O CONCEITO DE MARKETING SOCIETAL assume que a tarefa da organização é determinar as necessidades, desejos e interesses dos mercados-alvos e atender às satisfações desejadas mais eficaz e eficientemente do que os concorrentes, de maneira a preservar ou ampliar o bem-estar dos consumidores e da sociedade.**

O conceito de marketing societal propõe que as empresas desenvolvam condições sociais e éticas em suas práticas de marketing. Devem equilibrar critérios freqüentemente conflitantes entre os lucros da empresa, a satisfação dos desejos dos consumidores e o interesse público. Todavia, várias empresas têm atingido notável volume de vendas e lucro através da adoção e prática do conceito de marketing societal. Duas empresas pioneiras na adoção desse conceito são a Ben & Jerry's e a The Body Shop. Mas, como eventos recentes mostram, até elas vêm enfrentando dificuldades para mantê-lo em prática:[33]

**BEN & JERRY'S**   Em 1978, dois jovens de Vermont – Ben Cohen e Jerry Greenfield – formaram uma empresa para produzir um sorvete especial com a marca Ben & Jerry's. Dezesseis anos após abrir sua primeira sorveteria em Burlington, Vermont, as vendas chegaram a $ 150 milhões. Agora, a empresa possui mais de 600 funcionários e 10 franquiados. Por que tanto sucesso? Ben e Jerry eram mestres em criar sabores inovadores com nomes sugestivos como Ruídos de Florestas Tropicais, Morango Garcia e Bolo Fatiado de Chocolate. Outra razão para o sucesso é que os consumidores sabem que 7,5% dos lucros da empresa antes do imposto de renda são doados a várias causas sociais e ambientais. Também, a Ben & Jerry's destaca-se pelas relações justas entre empregador e empregados; a empresa não pagava a seus executivos *top* mais do que cinco vezes o menor salário pago a um operário. Recentemente, a realidade do mercado forçou-a a modificar o índice para sete vezes. Em 1993, face à competição intensa na categoria de sorvetes *superpremium*, a empresa sofreu seu primeiro prejuízo desde seu lançamento em 1984, passando a recrutar um novo presidente para cuidar de seu próximo estágio de crescimento financeiro. Para obter um executivo qualificado, os dois fundadores consideraram a necessidade de aumentar o nível salarial. Sem dúvida, conduziram o processo de recrutamento em seu próprio estilo iconoclasta. Um concurso intitulado "Sim, sou seu presidente" gerou 20.000 candidatos ao cargo, mas, no final, a empresa fez uma escolha bastante convencional: contratou Robert Holland Jr., consultor experiente em *turnaround* ("dar a volta por cima").

**THE BODY SHOP**   Em 1976, Anita Roddick abriu The Body Shop em Brighton, Inglaterra, uma minúscula loja para vender produtos de beleza, além de frascos para exame de urina. Agora, Roddick opera cerca de 1.100 lojas em 46 países e a taxa anual de crescimento de vendas da The Body Shop tem-se situado entre 60 e 100%, com um faturamento de $ 250 milhões em 1993. A empresa fabrica e vende cosméticos baseados em ingredientes naturais em embalagens atraentes, simples e recicláveis. Na sua maioria, os ingredientes são baseados em plantas adquiridas dos países em desenvolvimento. Todos os produtos são formulados sem qualquer teste em animais. Anualmente, a empresa doa determinada porcentagem dos lucros para grupos de proteção animal, abrigos de necessitados, Anistia Internacional, or-

33. COLLINS, Glenn. Ben & Jerry's talent hunt ends. *The New York Times,* 2 Feb. 1995, D1, p. 3; DREIFUS, Claudia. Passing the scoop. *The New York Times Magazine,* p. 6, 18 Dec. 1994; RODDICK, Anita. *Body and soul.* New York : Crown, 1991; ZINN, Laura. Anita Roddick: Body Shop international. *Business Week/Enterprise,* p. 120, 1993; UTNE, Eric. Beyond the Body Shop brouhaha. *Utne Reader,* p. 101-102, Jan./Feb. 1995; RODDICK, Anita. Who judges the judges? *Utne Reader,* p. 104, Jan./Feb. 1995.

ganização "Salve as florestas tropicais" e a outras causas sociais. Para promover a conscientização sobre a AIDS, tem distribuído preservativos e folhetos sobre a prática de sexo seguro em cerca de 150 de suas lojas localizadas nos Estados Unidos. A franca Roddick fala rotineiramente contra as tendências dominantes da indústria de cosméticos e promove a marca de sua empresa como representando um capitalismo socialmente responsável. Entretanto, ela tornou-se muito vulnerável às investidas da imprensa. Em 1992, a The Body Shop processou um canal de televisão que questionou em um programa sua imagem de empresa socialmente consciente. Quando ganhou a ação em 1993, ainda se via atacada por críticos que alegavam a empresa não estar preocupada com sua reputação e que seus lucros estavam caindo à medida que concorrentes copiadores entravam no mercado de produtos naturais. Entretanto, Roddick mantém-se resoluta: "Qualquer empresa orientada por valores pode esperar reações extremas. Ou você está voando junto aos anjos do céu ou é atirada aos demônios, sempre com um alvo colado em suas costas."

Essas empresas estão praticando *marketing relacionado a causas sociais,* uma versão do conceito de marketing societal e é um fator importante para seu sucesso.[34]

Um crescente número de empresas está usando marketing relacionado a causas sociais em escala mais limitada. Quando a Continental Airlines decidiu retomar os vôos do aeroporto de Hobby, Houston, prometeu fazer uma doação em dinheiro para reformar o terminal aéreo destinado aos passageiros que embarcassem em seus aviões. Na campanha de levantamento de fundos para restauração da Estátua da Liberdade, a American Express prometeu doar 1% de seu faturamento, esperando que mais pessoas passassem a fazer compras com seu cartão de crédito. Várias outras empresas têm contribuído para campanhas de caridade tomando como referência as vendas realizadas durante determinado período. Elas entram nessas campanhas de marketing relacionado às causas sociais por vários propósitos: fortalecer a imagem corporativa, minimizar o efeito de publicidade negativa, pacificar grupos de consumidores, lançar um novo produto ou marca, ampliar a base de consumidores e gerar mais vendas. Alguns críticos reclamam que esse tipo de marketing explora os organizadores da causa e pode levar os consumidores a se sentirem cumpridores de seus deveres de filantropia ao comprar um produto, em vez de fazerem uma doação direta.

## ADOÇÃO RÁPIDA DA ADMINISTRAÇÃO DE MARKETING

Hoje, a administração de marketing é objeto de crescente interesse de todos os tipos de organizações, dentro e fora do setor empresarial e em países espalhados pelo mundo.

### No setor empresarial

Marketing foi aceito conscientemente no setor empresarial em épocas diferentes. A General Electric, General Motors, Procter & Gamble e Coca-Cola estavam entre as primeiras líderes. Marketing difundiu-se mais rapidamente nas empresas de produtos de consumo, empresas de bens duráveis e nas de equipamentos industriais, nesta ordem. Os fabricantes de *commodities* como aço, produtos químicos e papel adotaram depois a consciência de marketing e muitos ainda têm longo caminho a percorrer. Nos anos 80, as empresas de prestação de serviços ao consumidor, principalmente linhas aéreas e bancos, movimentaram-se em direção ao marketing moderno. Marketing está começando a atrair o interesse das seguradoras e corretoras, embora tenham ainda muito a aprender para aplicar marketing eficazmente. A seção *Insight* de marketing intitulada "Cinco estágios do lento aprendizado do marketing bancário" descreve as fases atravessadas pelos bancos na adoção de marketing.

As atividades mais recentes que passaram a interessar-se por marketing são os prestadores de serviços profissionais como advogados, contadores, auditores, médicos e arquitetos.[35] As associações profissionais costumavam proibir seus associados de entrar em concorrência de preços, disputa de clientes e propaganda. Mas a divisão norte-americana antitruste decidiu que essas restrições são ilegais. Agora, esses profissionais podem fazer propaganda e praticar concorrência agressiva de preços. Referem-se à marketing como "prática de desenvolvimento de negócios", trabalham no "posicionamento" de suas empresas e identificam "clientes potenciais quentes" para serem trabalhados.

### No setor que não visa o lucro

Marketing está crescentemente atraindo o interesse das organizações que não visam o lucro como facul-

---

34. Veja VARADARAJAN, P. Rajan, MENON, Anil. Cause-related marketing: a coalignment of marketing strategy and corporate philanthropy. *Journal of Marketing*, p. 58-74, July 1988; e EMBLEY, L. Lawrence. *Doing well while doing good.* Englewood Cliffs, NJ : Prentice-Hall, 1993.
35. Veja KOTLER, Philip, BLOOM, Paul. *Marketing professional services.* Englewood Cliffs, NJ : Prentice Hall, 1984.

# Cinco estágios do lento aprendizado do marketing bancário

Anos atrás, os banqueiros possuíam pouco conhecimento ou consideração por marketing. Não estavam preocupados em checar contas, poupanças, empréstimos ou caixas de depósito noturno. Os bancos eram criados à imagem de um templo grego, planejado para impressionar o público pela importância e solidez. O interior era austero e os caixas, raramente, sorriam. Um encarregado de empréstimo arrumava sua sala de maneira que um futuro cliente se sentasse em uma cadeira mais baixa, frente a uma mesa imponente. A janela da sala era localizada atrás do encarregado e o sol batia sobre o desolado cliente que tentava explicar por que necessitava do empréstimo. Esta era a postura do banco antes da era de marketing.

1. *Marketing é propaganda, promoção de vendas e publicidade.* Marketing chegou nos bancos não na forma de "conceito de marketing", mas na forma de "conceito de propaganda e promoção". Os bancos estavam enfrentando crescente concorrência por poupança. Alguns deles passaram a investir fortemente em propaganda e promoção de vendas. Ofereciam guarda-chuvas, rádios e outros atrativos para conquistar contas de novos clientes. Seus concorrentes foram forçados a adotar as mesmas providências e se apressaram em contratar agências de propaganda e especialistas em promoção de vendas.

2. *Marketing é sorriso e uma atmosfera agradável.* Os bancos aprenderam que é fácil atrair pessoas para suas agências; difícil é convertê-los em clientes leais. Esses bancos começaram a formular programas para agradar os clientes. Os banqueiros aprenderam a sorrir e as barras foram removidas das janelas dos caixas. O interior das agências foi redesenhado para proporcionar uma atmosfera acolhedora e agradável. Até a arquitetura externa imitando os templos gregos foi mudada. Rapidamente, os concorrentes lançaram programas de treinamento semelhantes e melhoramentos na decoração. Logo, todos os bancos estavam tão agradáveis que está atrativo deixou de ser fator decisivo na escolha de uma agência.

3. *Marketing é segmentação e inovação.* Os bancos encontraram uma nova ferramenta competitiva quando começaram a segmentar seus mercados e criaram novos produtos destinados a cada segmento-alvo. Por exemplo, o Citibank oferece hoje mais de 500 produtos financeiros aos clientes. Entretanto, serviços financeiros são facilmente copiados e vantagens específicas têm vida curta. Entretanto, se o mesmo banco investir em inovação contínua, pode ficar na frente dos concorrentes. O Bank One, de Columbus, Ohio, é um exemplo de líder de mercado cujo crescimento está baseado na habilidade extraordinária de inovar continuamente novos produtos de bancos de varejo.

4. *Marketing é posicionamento.* O que ocorre quando todos os bancos anunciam, sorriem e inovam? Claramente, começam a procurar algo diferente. São forçados a encontrar nova base para competir. Começam a perceber que nenhum banco pode oferecer todos os produtos e ser o melhor banco para todos os clientes. Um banco deve examinar suas oportunidades e "assumir uma posição" no mercado.

Posicionamento vai além da criação de imagem. Esta prática busca cultivar a imagem de um banco grande, agradável ou eficiente na mente do cliente. Freqüentemente, o banco desenvolve um símbolo, como um leão (Harris Bank em Chicago) ou canguru (Continental Bank em Chicago) para dramatizar sua personalidade de maneira distinta. Entretanto, o cliente pode ver os bancos concorrentes de maneira igual, exceto os símbolos escolhidos. Posicionamento é a tentativa de distinguir o banco de seus concorrentes ao longo de dimensões reais para ser o preferido em certos segmentos de mercado. Propõe ajudar os clientes a conhecer as diferenças reais entre bancos concorrentes, de modo que possam identificar-se com aquele capaz de satisfazer suas melhores necessidades.

5. *Marketing é análise, planejamento, implementação e controle.* Há um conceito mais elevado de marketing bancário. O problema é se o banco instalou sistemas eficazes para análise, planejamento, implementação e controle. Um grande banco tinha atingido grande sofisticação em propaganda, cordialidade, segmentação, inovação e posicionamento. Todavia, faltaram-lhe bons sistemas de planejamento e controle de marketing. Cada ano fiscal, encarregados de empréstimos comerciais apresentavam suas metas de volume, geralmente 10% maiores do que o ano anterior. Eles também solicitavam um aumento de orçamento de 10%, sem qualquer justificativa ou plano. A alta administração estava satisfeita com os encarregados que atingiam suas metas. Um deles, considerado como bom profissional, aposentou-se e foi substituído por alguém mais jovem que prometeu aumentar o volume de empréstimos em 50% no ano seguinte! O banco aprendeu dolorosamente que tinha falhado em não fazer pesquisa de marketing para mensurar os potenciais de seus vários mercados, exigir planos de marketing, estabelecer quotas e desenvolver sistemas de administração de incentivos apropriados.

dades, hospitais, igrejas e grupos artísticos e teatrais.[36] Consideremos os seguintes desenvolvimentos:

Muitos grupos artísticos e teatrais precisam atrair públicos maiores. Frente à queda de venda de ingressos, a Orquestra Sinfônica de Colorado percebeu que precisava atrair uma nova geração de amantes da música, para os quais a "música clássica" é vista como desinteressante ou maçante. Uma das inovações de marketing da orquestra foi organizar um novo programa de fim de semana chamado "Clássicos eventuais" em que os novatos eram convidados a bebericar vinho e cerveja com os componentes da orquestra e a fazer perguntas a eles antes e após o programa.[37]

Em face da queda de matrículas e custos crescentes, muitas faculdades particulares estão adotando marketing para concorrer por alunos e fundos. Estão definindo melhor seus mercados-alvos, melhorando as comunicações e a promoção e respondendo melhor aos desejos e necessidades dos alunos.[38]

Com o crescente aumento de custos, os hospitais têm procurado respostas em marketing. Estão desenvolvendo planos de linha de produtos, melhorando o atendimento de emergência, contratando médicos mais preparados, veiculando anúncios e fazendo visitas de vendas às empresas.[39]

Muitas das 300.000 igrejas norte-americanas estão perdendo membros e falhando na captação de recursos financeiros. As igrejas precisam conhecer melhor as necessidades de seus membros e as instituições e atividades concorrentes, se pretendem reviver o papel já exercido em suas comunidades.[40]

Muitas organizações que não visam o lucro florescente no passado – a Associação Cristã de Moços (ACM), o Exército da Salvação, o Grupo de Bandeirantes e a Associação Cristã Feminina –, vêm perdendo membros e estão agora modernizando suas missões e "produtos" para atrair mais associados e doadores.[41]

Para sustentar suas organizações em face das rápidas atitudes de mudança dos consumidores e diminuição de recursos financeiros, os administradores dessas organizações estão voltando-se para marketing. Agora, cerca de 50% dos hospitais norte-americanos têm um diretor de marketing. Mesmo órgãos governamentais como o correio e o exército estão implementando planos de marketing. Vários órgãos governamentais e organizações que não visam o lucro estão também lançando *campanhas de marketing social* para desestimular o tabagismo, consumo excessivo de álcool, uso de drogas e práticas sexuais inseguras.[42]

## No setor global

A teoria e a prática de marketing, anteriormente limitadas a alguns países ocidentais, estão espalhando-se rapidamente pelo mundo. Em parte, é porque muitas grandes empresas têm partido para a globalização, levando consigo suas práticas de marketing. Ao competir por novos mercados, têm forçado as empresas locais a defender suas posições e a aprender e aperfeiçoar suas próprias práticas de marketing. Uma pequena fábrica indiana de sabão chamada Nirma enfrentou a poderosa Hindustan Lever Company of India (subsidiária da Unilever), que dominava o mercado indiano de sabão. A Nirma lançou agressivamente uma nova marca utilizando forte campanha de propaganda no rádio para enfrentar as marcas mais conhecidas da Lever.

Hoje, seminários de treinamento de marketing de alta qualidade estão sendo patrocinados não apenas em países industrializados, mas também em países emergentes como Indonésia, Malásia, Egito e Colômbia. Nos antigos países socialistas, onde marketing não soava bem, o tema é agora um dos assuntos mais atuais nas empresas. A tradução deste livro na Polônia tornou-se *best-seller* na área de negócios e pode ser comprado na Rússia apenas no mercado paralelo. Claramente, as empresas domésticas e estrangeiras vêem seu futuro dependente de sua habilidade de entender melhor os compradores e os mercados do que seus concorrentes. Os mercados globais se aquecerão no futuro e os concorrentes precisarão entender e aplicar os mais recentes conceitos e estratégias de marketing.

36. Veja KOTLER, Philip, ANDREASEN, Alan R. *Strategic marketing for nonprofit organizations.* 5. ed. Englewood Cliffs, NJ : Prentice Hall, 1996.
37. ATCHISON, Sandra D. Grand ole symphony? *Business Week,* p. 76-77, 6 Sept. 1993.
38. Veja KOTLER, Philip, FOX, Karen. *Strategic marketing for educational institutions.* 2. ed. Englewood Cliffs, NJ : Prentice Hall, 1995.
39. KOTLER, Philip, CLARKE, Roberta N. *Marketing for health care organizations.* Englewood Cliffs, NJ : Prentice Hall, 1987.
40. SHAWCHUCK, Norman, KOTLER, Philip, WREN, Bruce, RATH, Gustave. *Marketing for congregations:* choosing to serve people more effectively. Nashville, TN : Abingdon Press, 1993.
41. KOTLER e ANDREASEN. *Strategic marketing for nonprofit organizations.* Op. cit.
42. KOTLER, Philip, ROBERTO, Eduardo. *Social marketing:* strategies for changing public behavior. New York : Free Press, 1990.

1. Hoje, as empresas enfrentam grandes desafios. Os avanços na tecnologia e nas telecomunicações têm aproximado todos os países do mundo que estão formando uma economia global. Ao mesmo tempo, muitos países permanecem pobres e as diferenças de renda entre os ricos e os pobres estão crescendo. As empresas devem responder às tendências do mercado e, ao mesmo tempo, assumir responsabilidade pela proteção ambiental. Devem também focar o consumidor se pretenderem obter sucesso no mercado global.

2. *Marketing* é um processo social e gerencial pelo qual indivíduos e grupos obtêm o que necessitam e desejam através da criação, oferta e troca de produtos de valor no mercado. *Praticante de marketing* é alguém que procura um ou mais consumidores potenciais que podem se engajar em uma troca de valores. Esta definição contém várias revelações: (1) Os praticantes de marketing não criam necessidade; estas já existem antes deles. (2) Por um produto fornecer a solução para uma necessidade, ele significa um meio de embalar um serviço. Assim, o trabalho de um praticante de marketing é vender os benefícios ou serviços contidos em um produto físico, em vez do próprio produto. (3) O praticante de marketing procura obter uma resposta comportamental da outra parte. Portanto, marketing não está limitado a bens de consumo; é também amplamente usado para "vender" idéias e programas sociais.

3. Marketing de relacionamento é o desenvolvimento de relações satisfatórias a longo prazo entre as partes – consumidores, fornecedores, distribuidores – para manter preferência e negócios a longo prazo. As empresas ágeis desenvolvem relacionamentos "ganha-ganha" a longo prazo entregando alta qualidade, bons serviços e preços justos para as outras partes.

4. *Administração de marketing* é o processo de planejar e executar a concepção, o preço, a promoção e a distribuição de bens, serviços e idéias para criar trocas com grupos-alvos que satisfaçam aos objetivos dos consumidores e organizações. Administração de marketing é essencialmente administração da demanda: sua tarefa é influenciar o nível, o tempo e a composição da demanda.

5. Há cinco conceitos alternativos sob os quais as organizações podem conduzir suas atividades de marketing: conceito de produção, conceito de produto, conceito de venda, conceito de marketing e conceito de marketing societal. Os três primeiros conceitos são de utilidade limitada nos dias de hoje. O *conceito de marketing* assume que a chave para a realização das metas organizacionais consiste em determinar as necessidades e desejos dos mercados-alvos e entregar as satisfações desejadas mais eficaz e eficientemente do que os concorrentes. Começa com um mercado bem definido, foca as necessidades dos consumidores, integra todas as atividades que os afetarão e gera lucro pela satisfação dos consumidores.

Em anos recentes, algumas pessoas têm questionado se o conceito de marketing é uma filosofia apropriada em um mundo que enfrenta grandes desafios demográficos e ambientais. O *conceito de marketing societal* assume que a tarefa da organização é determinar as necessidades, desejos e interesses de mercados-alvos e entregar as satisfações desejadas mais eficaz e eficientemente do que os concorrentes, de maneira a preservar ou melhorar o bem-estar do consumidor e da sociedade. O conceito alerta que as empresas devem equilibrar três considerações: o lucro da empresa, a satisfação dos desejos do consumidor e o interesse público.

6. Por sua importante contribuição aos objetivos organizacionais e/ou ao lucro, a administração de marketing tem sido rapidamente adotada no setor empresarial, no setor que não visa ao lucro e no setor global.

## APLICAÇÕES CONCEITUAIS

1. A Compaq Computer ficou famosa no início dos anos 80 ao tornar-se a primeira empresa de computadores a fabricar e vender "clones" da IBM. Observadores apontam a habilidade da empresa desenvolver produtos com grande rapidez e de trabalhar junto a empresas gigantes, como Intel, como chaves para seu sucesso.

Como a Compaq organizaria suas operações se fosse orientada pelo conceito de produção? Pelo conceito de venda? Pelo conceito de marketing?

2. O *box Insight* de Marketing deste capítulo usa o setor bancário para discutir os cinco estágios atravessados pelas organizações à medida que desenvolvem o entendimento de marketing. Discuta os mes-

mos cinco estágios no contexto das faculdades de ciências humanas que estão enfrentando declínio no número de matrículas.

3. Os hospitais estão contratando profissionais de marketing talentosos e aumentando substancialmente seus orçamentos de marketing. Dessa forma, os administradores hospitalares estão declarando que seus hospitais devem ser instituições "orientadas para o mercado". O que tem causado esse maior interesse por marketing? O que significa um hospital "orientado para o mercado"?

4. Hoje, marketing de relacionamento é uma das tendências mais marcantes e você encontrará este conceito integrado no decorrer deste livro. Os especialistas têm definido o termo de muitas maneiras – mas o fator crucial é sempre "conhecer melhor seus consumidores (clientes, públicos etc.) para melhor atender seus desejos e necessidades".
Anote quatro transações em que você tenha participado e classifique cada uma como muito satisfatória, satisfatória, adequada, insatisfatória e muito insatisfatória. Naquela(s) transação(ções) classificada(s) como insatisfatória(s), o que a empresa ou vendedor poderia ter feito melhor? Para aquela(s) classificada(s) como satisfatória(s), que fatores específicos levaram a esse estado de satisfação?

5. Há contradição entre praticar marketing para algo que possui demanda negativa e o verdadeiro conceito de marketing?

6. Todas as empresas precisam praticar o conceito de marketing? Você pode citar empresas que não necessitam dessa orientação? Que empresas precisam mais?

7. Russell Stover, fabricante de chocolates de preço moderado vendidos em drogarias e lojas de descontos, está procurando melhorar sua participação de mercado. Como ele poderia trabalhar com a Hallmark para realizar suas metas? Que benefícios receberia? Quais seriam os benefícios recebidos pela Hallmark? Se as duas empresas organizassem uma aliança estratégia, como poderiam desenvolver anúncios para promover conjuntamente seus produtos?

8. "Marketing não é simplesmente o trabalho de um grupo de pessoas na empresa que são responsáveis pela venda dos produtos da empresa. Cada funcionário da empresa deve funcionar como profissional de marketing." Como uma empresa de recrutamento de pessoal pode funcionar como praticante de marketing?

9. A empresa Planter's está preparando para lançar castanhas cobertas com mel e sem gordura, que mantém o sabor original do fruto. As informações seguintes foram reunidas para ajudar a equipe gerencial a analisar o ambiente de marketing e decidir que mercado-alvo é mais viável para introdução do produto. Qual é o melhor mercado para o produto? Por quê?

## Tabela 1

| Segmento 1 | Segmento 2 | Segmento 3 |
|---|---|---|
| Baixa renda | Renda moderada | Alta renda |
| Operários de fábrica | Educação secundária | Escriturários |
| Educação superior | Escriturários | Pós-graduados |
| Residências urbanas | Subúrbios | Subúrbios |
| Socialmente ativos | Socialmente inativos | Ativos na comunidade |
| Sensíveis a preço | Preço de valor | Preço de valor |
| Grandes telespectadores | Grandes telespectadores | Leitores de revistas |
| Bebedores de cerveja | Abstêmios | Bebedores de vinho |

10. O diretor-gerente de uma grande empresa fez a seguinte declaração: "Para ser bem-sucedido em um negócio, você precisa de um consumidor. Você não necessita daqueles pequenos conceitos acadêmicos de como administrar. Nem mesmo precisa resolver todos os seus problemas ou ser eficiente. Você precisa descobrir o que faz certo para o consumidor já conquistado e melhorar." Avalie a validade desta declaração.

# Criação da Satisfação do Consumidor Através de Qualidade, Serviço e Valor

*Nossa meta como empresa (Wal-Mart) é prestar serviços aos consumidores que não sejam apenas os melhores, mas que se tornem lendários.*

SAM WALTON

*A única segurança de emprego que alguém tem nesta empresa (Chrysler) decorre da qualidade, produtividade e de consumidores satisfeitos.*

LEE IACOCCA

*Examine nosso balanço. No lado do ativo, você pode ver muitos aviões valendo muitos bilhões. Mas está errado; isso é tolice. O que deve aparecer no lado do ativo é: No último ano, a SAS transportou tantos passageiros satisfeitos. Porque este é o único ativo que conquistamos – pessoas satisfeitas com nossos serviços e dispostas a retornar e pagar novamente por eles.*

JAN CARLZON, SAS AIRLINES

As empresas atuais estão enfrentando concorrência jamais havida. Argumentamos no Capítulo 1 que elas podem vencer os concorrentes se abandonarem a filosofia de produto e vendas e adotarem uma filosofia de marketing. Neste capítulo, detalharemos como as empresas podem continuar conquistando consumidores e superando os concorrentes. A resposta está em fazer um melhor trabalho no atendimento e satisfação das necessidades dos consumidores. Apenas as empresas centradas nos consumidores são adeptas em criar consumidores, não apenas em criar produtos. São habilitadas em engenharia de mercado, não apenas em engenharia de produto.

Muitas empresas acham que o trabalho do departamento de marketing/vendas é encontrar consumidores. Se esse departamento não conseguir isso, a empresa chega à conclusão que seu pessoal de marketing não é muito bom. Mas, de fato, marketing é apenas um fator para atrair e manter consumidores. O melhor departamento de marketing do mundo não pode vender produtos mal fabricados ou que não atendem às necessidades de alguém. O departamento de marketing não pode ser eficaz apenas em empresas em que os vários departamentos e funcionários planejaram e implementaram um sistema de entrega de valor ao consumidor competitivamente superior.

Tomemos o caso do McDonald's. As pessoas não se aglomeram em seus 11.000 restaurantes espalhados pelo mundo porque amam o hambúrguer. Alguns outros restaurantes oferecem hambúrgueres de melhor sabor. As pessoas estão afluindo em torno de um sistema, não de um hambúrguer. Esse sistema precisamente ajustado entrega, em todo o planeta, um alto padrão que o McDonald's chama QSLV – qualidade, serviço, limpeza e valor. O McDonald's é eficaz apenas na extensão em que trabalha com seus fornecedores, franqueados, funcionários e outros para entregar valor excepcionalmente elevado para seus consumidores.

Ao descrever e ilustrar a filosofia da empresa focada no consumidor e em marketing de valor,[1] levantaremos as seguintes questões:

- **Que são valor e satisfação para o consumidor e como as empresas líderes os produzem e entregam?**
- **Como as empresas atraem e mantêm consumidores?**
- **Como as empresas melhoram a rentabilidade do consumidor?**
- **Como as empresas praticam qualidade total de marketing?**

---

1. Veja, por exemplo, Value marketing: quality, service, and fair pricing are the keys to selling in the '90s. *Business Week*, p. 132-140, 11 Nov. 1991.

## Definição de Valor e da Satisfação do Consumidor

Há 35 anos, Peter Drucker observou que a primeira tarefa de uma empresa é "criar consumidores". Mas, nos dias de hoje, os consumidores enfrentam vasta variedade de produtos, marcas, preços e fornecedores. Como eles fazem suas escolhas?

Acreditamos que os consumidores estimam qual oferta entregará o maior valor. São maximizadores de valor, limitados pelos custos, conhecimento, mobilidade e renda. Formam uma expectativa de valor e agem sobre ela. Sua satisfação e probabilidade de recompra depende dessa expectativa de valor ser ou não superada.

### Valor para o consumidor

Nossa premissa é que os consumidores comprarão da empresa que entregar o maior valor (Figura 2.1):

**VALOR ENTREGUE AO CONSUMIDOR é a diferença entre o valor total esperado e o custo total do consumidor. VALOR TOTAL PARA O CONSUMIDOR é o conjunto de benefícios esperados por determinado produto ou serviço. CUSTO TOTAL DO CONSUMIDOR é o conjunto de custos esperados na avaliação, obtenção e uso do produto ou serviço.**

Podemos explicar melhor com um exemplo. Suponhamos que o comprador de uma grande construtora deseja adquirir um trator. Comprará da Caterpillar ou da Komatsu. Os vendedores de ambas as empresas descrevem cuidadosamente suas respectivas ofertas ao comprador.

O comprador tem uma aplicação específica para o trator em mente: deseja usá-lo no trabalho de construção residencial. Gostaria que o trator atendesse a determinados níveis de confiabilidade, durabilidade e desempenho. Avalia os dois tratores e decide que a Caterpillar tem um produto de maior valor em termos de confiabilidade, durabilidade e desempenho. Também percebe diferenças nos serviços oferecidos pelos fornecedores – entrega, treinamento e manutenção – e decide que a Caterpillar oferece melhor serviço. Também nota que os funcionários da Caterpillar são mais bem preparados e atenciosos. Finalmente, atribui maior valor à imagem corporativa da Caterpillar. Soma todos os valores dessas quatro fontes – *produto, serviços, funcionários* e *imagem* – e percebe que a Caterpillar oferece maior valor total para o consumidor.

Ele compra o trator Caterpillar? Não necessariamente. Examina também o custo total do consumidor relacionar-se com a Caterpillar *versus* Komatsu. O custo total do consumidor é maior do que o custo monetário. Como Adam Smith observou há dois séculos: "O preço real de algo envolve o esforço de sua aquisição." Além *do custo monetário*, inclui também os *custos de tempo* e de *energia física* e *psíquica* do comprador. O comprador avalia esses custos juntamente com o custo monetário para compor um quadro do custo total do consumidor.

Após calcular os custos, o comprador considera se o custo total do consumidor é muito alto em relação ao valor total oferecido pela Caterpillar. Caso afirmativo, ele pode comprar o trator Komatsu. Está claro que o comprador comprará do fornecedor que entregar o maior valor ao consumidor.

Agora, vamos utilizar essa teoria de tomada de decisão para ajudar a Caterpillar a ser bem-sucedida na venda de seu trator a esse comprador. Ela pode melhorar sua oferta de três maneiras. Primeira, pode aumentar o valor total para o consumidor melhorando os benefícios de produto, serviços, funcionários e/ou imagem. Segunda, pode reduzir os custos não-monetários do comprador, diminuindo seus custos de tempo e de energia física e psíquica. Terceira, pode reduzir o custo monetário (preço) do produto.

Suponhamos que a Caterpillar conclui que o comprador atribui a sua oferta o valor de $ 20.000. Além disso, suponhamos que o custo da Caterpillar fabricar o trator seja de $ 14.000. Isso significa que a oferta da Caterpillar gera, potencialmente, $ 6.000 ($ 20.000 – $ 14.000).

A Caterpillar precisa cobrar um preço entre $ 14.000 e $ 20.000. Se cobrar menos de $ 14.000, não cobrirá seus custos. Se cobrar mais de $ 20.000, seu preço estará fora do mercado. O preço que a Caterpillar cobrar determinará quanto valor será entregue ao comprador e quanto ela receberá. Por exemplo, se cobrar $ 19.000, está garantindo $ 1.000 de valor entregue ao consumidor e ficando com $ 5.000. Quanto menor o preço fixado pela Caterpillar, maior o valor entregue e, conseqüentemente, maior o incentivo para o consumidor comprar seu trator.

Dado que a Caterpillar deseja fazer a venda, ela deve entregar mais valor do que a Komatsu. O valor entregue pode ser mensurado em termos de diferença ou porcentagem. Se o valor total para o consumidor for de $ 20.000 e o custo total do consumidor, $ 16.000, o valor entregue será de $ 4.000 (mensurado em termos de diferença) ou de 25% (mensurado como porcentagem). As porcentagens usadas para comparar ofertas são, freqüentemente, chamadas de *porcentagem de valor entregue/preço*.[2]

Alguns especialistas de marketing podem argumentar que a teoria que desenvolvemos sobre como os compradores escolhem fornecedores é bastante racional. Ci-

---

2. Veja LEVIN, Irwin P., JOHNSON, Richard D. Estimating price-quality tradeoffs using comparative judgments. *Journal of Consumer Research*, p. 593-600, 11 June 1984.

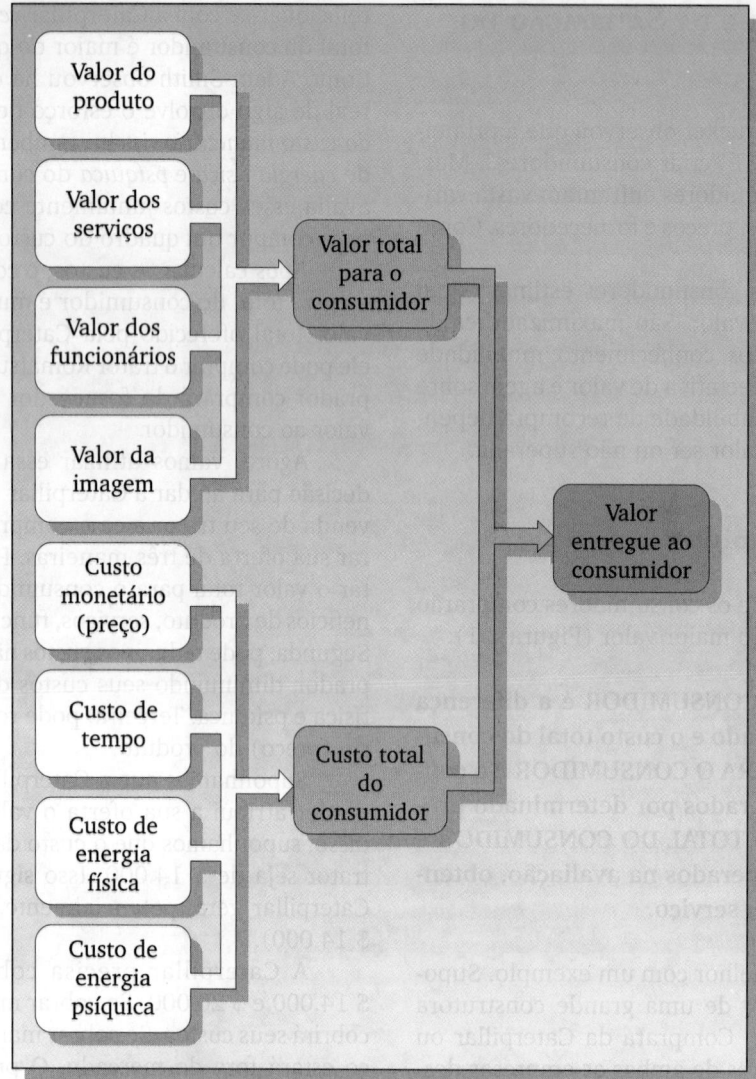

**Figura 2.1** *Determinantes do valor entregue ao consumidor.*

tam exemplos em que compradores não escolhem a oferta que entrega o mais alto valor. Consideremos a seguinte situação: O vendedor da Caterpillar convence o comprador de que levando-se em consideração o preço de compra e os benefícios de uso, seu trator oferece uma maior entrega de valor. O vendedor também destaca que o trator Caterpillar consome menos combustível e necessita de menos manutenção. Mesmo assim, o comprador decide comprar o trator Komatsu.

Como podemos explicar esse comportamento? Há três explicações possíveis:

1. O comprador pode estar autorizado a comprar pelo menor preço. Por esta razão, está explicitamente prevenido de fazer uma escolha baseada no valor entregue. A tarefa do vendedor da Caterpillar é convencer o gerente do comprador de que comprar apenas se baseando no preço prejudicará a rentabilidade da empresa a longo prazo.

2. O comprador se aposentará antes de a empresa perceber que é mais caro operar o trator Komatsu do que o Caterpillar. Julgará que fez um bom negócio a curto prazo; está maximizando o benefício pessoal e não atribuindo qualquer peso ao benefício da empresa. A tarefa do vendedor é convencer outras pessoas da empresa compradora de que a oferta da Caterpillar entrega maior valor a longo prazo.

3. O comprador desfruta longa amizade com o comprador da Komatsu. Neste caso, o comprador da Caterpillar precisa mostrar ao comprador que o trator Komatsu gerará reclamações dos tratoristas quando eles descobrirem o alto custo de combustível e de manutenção associados a essa marca.

O ponto principal deste exemplo está claro: os compradores operam sob várias restrições e, ocasionalmente, fazem escolhas que dão maior peso a seu benefício pessoal do que ao benefício da empresa. Entretanto, a maximização da entrega de valor é uma ferramenta aplicável a muitas situações e agrega muitos *insights*. Vejamos algumas implicações: Primeira, o vendedor deve avaliar o valor total para o consumidor e o custo total associado a cada oferta concorrente para saber como sua oferta está classificada entre as demais. Segunda, o vendedor que estiver em desvantagem em termos de entrega de valor tem duas alternativas. Pode tentar aumentar o valor total para o consumidor ou diminuir o custo total. Na primeira alternativa, terá que fortalecer ou aumentar os benefícios do produto, serviços, funcionários e/ou de imagem. Na segunda, terá que reduzir os custos. Pode baixar o preço, simplificar o processo de pedido e entrega ou absorver algum risco do comprador oferecendo garantia.

## Satisfação do consumidor

A satisfação pós-compra do comprador depende do desempenho da oferta em relação às expectativas do comprador. Em geral:

**SATISFAÇÃO é o sentimento de prazer ou de desapontamento resultante da comparação do desempenho esperado pelo produto (ou resultado) em relação às expectativas da pessoa.**

Como esta definição deixa claro, a satisfação é função do *desempenho percebido* e das *expectativas*. Se o desempenho ficar longe das expectativas, o consumidor estará insatisfeito. Se o desempenho atender às expectativas, o consumidor estará satisfeito e se excedê-las estará altamente satisfeito ou encantado.

Muitas empresas visam à alta satisfação porque os consumidores que estiverem apenas satisfeitos estarão dispostos a mudar quando surgir uma melhor oferta. Os plenamente satisfeitos estão menos dispostos a mudar. A alta satisfação ou o encanto cria afinidade emocional com a marca, não apenas preferência racional. O resultado é a alta lealdade do consumidor.

Como os compradores formam suas expectativas? As expectativas são influenciadas pela experiência anterior de compra, recomendação de amigos e colegas e informações e promessas das empresas e dos concorrentes. Se as empresas criarem expectativas muito altas, é provável que o comprador fique desapontado. Por exemplo, o Holiday Inn fez há alguns anos uma campanha chamada "Sem surpresas". Mas os hóspedes da rede de hotéis encontraram ainda uma série de problemas, obrigando o Holiday Inn a retirar sua campanha da mídia. Entretanto, se a empresa criar expectativas muito baixas, não atrairá compradores suficientes (embora satisfará aqueles que comprarem).

Algumas das empresas mais bem-sucedidas de hoje estão aumentando as expectativas dos consumidores e melhorando suas condições de atendimento. Essas empresas são orientadas pela *STC – satisfação total do consumidor*. Por exemplo, a Xerox garante "satisfação total" e a substituição de qualquer equipamento comprado se o consumidor ficar insatisfeito, por um período de três pós-compra. A Cigna anuncia: "Nunca estaremos 100%

satisfeitos se você também não estiver". A Nissan convida os compradores potenciais de seu modelo Infiniti para um *guest drive* (não um *test drive*), desde que a palavra consumidor em japonês é "convidado de honra".

Examinemos o que a alta satisfação pode fazer:

**SATURN** Em 1994, a Saturn (divisão mais nova de carros da General Motors) convidou todos os proprietários da marca para um fim de semana em sua sede em Tennessee para celebrar seu quinto aniversário. Esperava-se a presença de 1.000 pessoas; por surpresa, 28.000 proprietários da marca vieram de todo o país para celebrar. Skip LeFauve, presidente da Saturn, disse no festival: "O Saturn é mais do que um carro. É uma idéia. É uma nova maneira de fazer as coisas, de trabalhar com nossos consumidores e de nos relacionar. É mais uma revolução cultural do que uma revolução de produto."

Empresas como a Saturn percebem que os consumidores *apenas satisfeitos* estarão mais propensos a mudar de fornecedor quando surgir uma melhor oferta. Em uma categoria de produtos de consumo embalados, 44% dos consumidores que declararam estar apenas satisfeitos mudaram de marca na primeira oportunidade. Os que estavam *altamente satisfeitos* com a qualidade e o valor da oferta estavam bem menos dispostos a mudar de marca. Um estudo mostrou que 75% dos compradores do Toyota estavam altamente satisfeitos e dispostos a comprar um novo carro da mesma marca. O fato é que a alta satisfação ou encanto gera uma afinidade emocional com a marca, não apenas uma preferência racional, e isso desperta grande lealdade dos consumidores.

O desafio na implantação do programa Satisfação Total do Consumidor é criar uma cultura empresarial em que todas as pessoas da empresa estejam dispostas a encantar o consumidor. A Unisys, empresa de gerenciamento de informações, recentemente, introduziu a expressão "customerização" em seus anúncios, definindo-a como o seguinte: "Tornar a empresa mais responsiva a seus consumidores e melhor habilitada para atrair outros novos." A Unisys vê a "customerização" como uma forma de ampliar a capacidade de estender o sistema de informações ao trabalho de campo e a outros pontos de contato e suporte ao consumidor. Mas a "customerização" exige da empresa mais do que o fornecimento de boas informações e contato com o consumidor. Enfim, pode exigir a vinculação do pagamento dos funcionários com a satisfação do consumidor. Estes devem ser "convertidos" a praticar forte orientação para o consumidor. Anita Roddick, fundadora da The Body Shop, observa sabiamente: "Nossos funcionários são minha linha de frente no atendimento dos consumidores."

Além de rastrear as expectativas dos consumidores, a percepção de seus próprios desempenhos e a satisfação do consumidor, as empresas precisam monitorar o desempenho de seus concorrentes também nessas áreas. Por exemplo, uma empresa ficou satisfeita ao constatar que 80% de seus consumidores declararam estar satisfeitos. Depois, seu presidente constatou que 90% dos consumidores atendidos pelo principal concorrente informaram estar satisfeitos. Ele ficou espantado ao saber que esse concorrente estava trabalhando para obter 95% de satisfação de seus consumidores.

A Tabela 2.1 descreve vários métodos usados pelas empresas para rastrear a satisfação consumidores.

Para as empresas centradas nos consumidores, a satisfação é tanto uma meta como uma ferramenta de marketing. As empresas que atingem altas taxas de sa-

tisfação dos consumidores estão seguras de que seus mercados-alvos as conhecem. O modelo Honda Accord vem ocupando o primeiro lugar na avaliação dos consumidores de automóveis há vários anos e a divulgação deste fato vem ajudando a empresa a vender mais Accords. O crescimento vertiginoso da Dell Computer na área de microcomputadores pode ser parcialmente atribuído à divulgação de ser a número um em termos de satisfação de consumidores:

**Tabela 2.1** *Ferramentas para rastrear e mensurar a satisfação do consumidor.*

| | |
|---|---|
| *Sistemas de reclamações e sugestões.* | Uma organização centrada no consumidor está interessada em facilitar o processo de recebimento de sugestões e reclamações. Muitos restaurantes e hotéis fornecem formulários aos consumidores e hóspedes para que anotem suas satisfações e reclamações. Um hospital pode colocar caixas de sugestões nos corredores, fornecer formulários para comentários de pacientes e contratar um *ombudsman* para cuidar das queixas e reclamações. Algumas empresas centradas no consumidor – Procter & Gamble, General Electric, Whirlpool – disponibilizam "linhas quentes" com o código 0800 para facilitar o contato com os consumidores, seja para tirar dúvidas sobre produtos, apresentar sugestões ou fazer reclamações. Esses fluxos de informações proporcionam às empresas muitas idéias e as capacitam a agir com maior rapidez na solução de problemas. |
| *Levantamentos dos níveis de satisfação dos consumidores.* | Estudos mostram que enquanto os consumidores ficam insatisfeitos com uma em quatro compras, menos de 5% deles reclamarão. A maioria dos consumidores comprará menos ou mudará de fornecedor em vez de reclamar. Contudo, as empresas não podem usar os níveis de reclamação como uma medida de satisfação do consumidor. As empresas responsivas obtêm mensuração direta da satisfação do consumidor ao conduzir levantamentos periódicos. Enviam questionários ou fazem ligações telefônicas a uma amostra randômica de consumidores recentes e perguntam se estavam muito satisfeitos, satisfeitos, indiferentes, insatisfeitos ou muito insatisfeitos em relação a vários aspectos de desempenho da empresa. Também solicitam a visão dos componentes a respeito do desempenho dos concorrentes. |
| | Na fase de coleta de dados sobre a satisfação dos consumidores, é também útil fazer perguntas adicionais para mensurar a *intenção de recompra*. Normalmente, ela será alta se a satisfação dos consumidores também for alta. É útil também mensurar a probabilidade ou disposição do consumidor recomendar a empresa e marca para outras pessoas. Um *score de comunicação boca a boca* alto indica que a empresa está proporcionando alta satisfação para os consumidores. |
| *Compra fantasma.* | As empresas podem contratar pessoas para apresentarem-se como compradores potenciais nas lojas e, depois, relatarem os pontos fortes e fracos que constataram nas compras de seus produtos e dos concorrentes. Esses *compradores fantasmas* podem ainda apresentar certos problemas para testar se os vendedores da empresa lidam bem com situações imprevistas. Assim, um comprador fantasma pode reclamar sobre a qualidade da comida de um restaurante para testar como os funcionários enfrentam o problema. Além de contratar compradores fantasmas, os gerentes devem sair do escritório de vez em quando para vivenciar situações de venda, tanto de sua empresa como de seus concorrentes, em locais onde não possam ser identificados, para experimentar em primeira mão o tratamento que recebem como "consumidores". Uma variante desta técnica é os gerentes telefonarem a suas próprias empresas para fazer reclamações ou dar sugestões para saber como os telefonemas são atendidos. |
| *Análise de consumidores perdidos.* | As empresas devem contatar os compradores que pararam de comprar ou que mudaram de fornecedor para saberem por que isso ocorreu. Quando a IBM perde um consumidor, dedica grande esforço para descobrir em que falhou. Não apenas é importante a condução de *entrevistas de saída* quando os consumidores deixam de comprar, mas também monitorar o *índice de perda de consumidores* que, se estiver crescente, indica claramente que a empresa está falhando em satisfazer seus consumidores. |

**DELL** A Dell foi a primeira fabricante de microcomputadores a institucionalizar a entrega de satisfação ao consumidor focando o serviço e o suporte. A empresa criou a "Visão Dell", uma capacidade de serviço em que o consumidor "deve perceber a qualidade recebida e, ficar feliz, não apenas satisfeito". De fato, a empresa enfrentou problemas em 1993 quando começou a vender seus microcomputadores através de grandes varejistas, como Wal-Mart, que não ofereciam o mesmo tipo de serviço ao consumidor. Assim que retornou às origens vendendo pelo correio, seus lucros começaram a subir novamente.[3]

Embora a empresa centrada no consumidor procura oferecer alta satisfação ao mesmo, sua principal meta não é essa. Primeiro, ela pode aumentar a satisfação baixando o preço ou aumentando os serviços, mas o resultado pode ser refletido em lucros menores. Segundo, pode ter condições de aumentar sua rentabilidade por outros meios que não sejam melhorar a satisfação do consumidor (por exemplo, melhorando os processos de manufatura ou investindo mais em pesquisa e desenvolvimento). Terceiro, possui muitos *stakeholders* (interessados), incluindo funcionários, revendedores, fornecedores e acionistas. Gastar mais para aumentar a satisfação do consumidor pode significar o desvio de fundos destinados a aumentar a satisfação de outros "parceiros". Por fim, a empresa deve adotar a filosofia de que está procurando entregar um alto nível de satisfação ao consumidor e, ao mesmo tempo, entregando, pelo menos, níveis aceitáveis de satisfação a outros *stakeholders,* limitada a sua restrição de recursos.

**ALGUMAS PRECAUÇÕES PARA MENSURAR A SATISFAÇÃO DO CONSUMIDOR.** Quando os consumidores avaliam seu nível de satisfação como parte do desempenho da empresa – digamos, serviço de entrega – a empresa precisa reconhecer que os consumidores divergem quando definem o que representa uma boa entrega. Pode ser entrega antecipada, entrega pontual, pedido completo e assim por diante. Todavia, se a empresa tivesse que explicar cada elemento em detalhes, os consumidores teriam de preencher um enorme questionário. A empresa deve também perceber que dois consumidores podem declarar estarem "altamente satisfeitos" por diferentes razões. Um pode estar satisfeito na maior parte do tempo e outro dificilmente está satisfeito, mas estava durante o preenchimento do questionário.

As empresas devem também perceber que os gerentes e vendedores podem manipular suas avaliações sobre a satisfação do consumidor. Podem ser simpáticos aos consumidores antes da pesquisa. Podem também tentar excluir os consumidores insatisfeitos da pesquisa. Há também o perigo de os consumidores saberem que a empresa fará mudanças para agradá-los. Assim, podem expressar alta insatisfação (mesmo se estiverem satisfeitos) para receberem mais concessões.

## ENTREGA DE VALOR E SATISFAÇÃO DO CONSUMIDOR

Dada a importância do valor e da satisfação do consumidor, o que a empresa deve fazer para produzi-los e entregá-los? Para responder a esta pergunta, precisamos discutir os conceitos de cadeia de valor e de sistema de entrega de valor.

### Cadeia de valor

Michael Porter, de Harvard, propôs a *cadeia de valor* como uma ferramenta para identificar maneiras de criar mais valor para o consumidor (Figura 2.2)[4] Qualquer empresa representa um conjunto de atividades desempenhadas para planejar, produzir, vender, entregar e dar suporte a seus produtos. A cadeia de valor identifica nove atividades estrategicamente relevantes que criam valor e custo em um negócio específico. Essas nove atividades de criação de valor consistem de cinco atividades primárias e quatro atividades de apoio.

As atividades primárias representam a seqüência de entrega de materiais da empresa (logística interna), sua transformação em produtos finais (produção), sua entrega (logística externa), seu marketing (marketing e vendas) e os serviços decorrentes. As atividades de apoio – aquisição, desenvolvimento tecnológico, administração de recursos humanos e infra-estrutura da empresa – não se restringem apenas a departamentos especializados. Por exemplo, outros departamentos podem fazer alguma compra e contratar pessoal. *Aquisição* é a compra de vários *inputs* para cada atividade primária. A infra-estrutura da empresa envolve os custos de administração geral, planejamento, finanças, contabilidade, serviços jurídicos e relações com o governo que são decorrentes de todas as atividades primárias e de apoio.

A tarefa da empresa é examinar seus custos e desempenho em cada atividade que gera valor e procurar maneiras de melhorá-la. A empresa deve estimar os custos e desempenhos de seus concorrentes como *benchmarks* (veja a discussão sobre *benchmark*ing no Capítulo 8). Na extensão em que desempenhe certas atividades melhor do que seus concorrentes, estará obtendo alguma vantagem competitiva.

O sucesso da empresa depende não apenas do desempenho individual de cada departamento, mas tam-

3. ANDERSON, Stephanie Forest. Customers "must be pleased, not just satisfied". *Business Week*, p. 52, 3 Aug. 1992; LOHR, Steve. For Dell, a tripling of earnings. *The New York Times,* 23 Feb. 1995, D4:4; McDONALD, Laura. Setting new standards for customer advocacy. *Journal of Business Strategy* 14, n. 1, p. 11-15, 1993.
4. PORTER, Michael E. *Competitive advantage*: creating and sustaining superior performance. New York : Free Press, 1985.

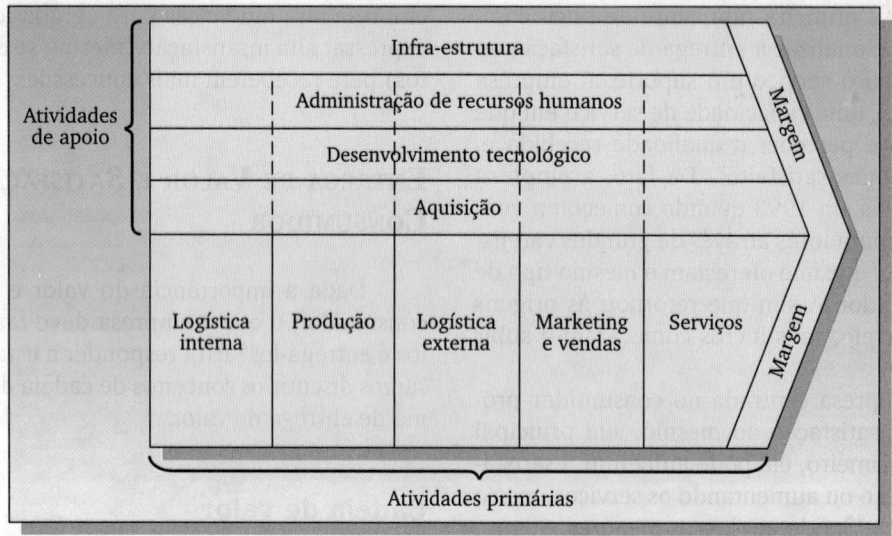

**Figura 2.2** *Cadeia de valor genérico.*

bém de como as várias atividades departamentais são coordenadas. Muito freqüentemente, os departamentos agem para maximizar seus interesses em vez de os interesses da empresa e dos consumidores. O departamento de crédito pode demorar muito tempo para aprovar o crédito de um cliente potencial para não ter problemas futuros de cobrança; entretanto, o ciente fica esperando e o vendedor, frustrado. O departamento de transporte decide despachar os produtos por estrada de ferro para economizar dinheiro e, novamente, o cliente fica esperando. Cada departamento constrói paredes que prejudicam a qualidade dos serviços aos clientes.

A solução deste problema é colocar mais ênfase na administração dos *processos-núcleo do negócio*, a maioria dos quais envolvendo *inputs* interfuncionais e cooperação. Os processos-núcleo do negócio incluem:

- *Processo de realização de novos produtos.* Todas as atividades envolvidas em pesquisa, desenvolvimento e lançamento de novos produtos de alta qualidade com rapidez e dentro do orçamento.
- *Processo de administração de estoques.* Todas as atividades envolvidas no desenvolvimento e administração dos estoques de matéria-prima, produtos semi-acabados e produtos finais, de maneira que os suprimentos adequados estejam disponíveis, evitando-se os altos custos de estocagem.
- *Processo pedido-recebimento.* Todas as atividades envolvidas na recepção e aprovação de pedidos, embarque pontual dos produtos e recebimento das faturas.
- *Processo de serviços aos clientes.* Todas as atividades envolvidas na facilidade de acesso dos clientes às pessoas adequadas dentro da empresa para recebe-

rem serviços rápidos e satisfatórios, respostas às dúvidas e soluções de problemas.

Empresas fortes são aquelas que desenvolvem capacidade superior em administrar esses processos-núcleo. Por exemplo, uma das grandes forças da Wal-Mart é sua supereficiência em movimentar bens de seus fornecedores a suas lojas. À medida que as lojas Wal-Mart vendem seus bens, as informações de vendas fluem via computador não apenas para o escritório central da rede, mas também para seus fornecedores que repõem os estoques, praticamente ao mesmo tempo que eles saem das prateleiras.[5]

## Rede de entrega de valor

Para uma empresa ser bem-sucedida, ela também precisa examinar as vantagens competitivas além de suas próprias operações, nas cadeias de valor de seus fornecedores, distribuidores e consumidores. Face a essa competição intensa, muitas empresas estão fazendo parcerias com fornecedores e distribuidores específicos para criar uma *rede de entrega de valor* superior. Por exemplo:[6]

**BAILEY CONTROLS** Uma fábrica de sistemas de controle industriais sediada em Ohio, com faturamento anual de $ 300 milhões, a Bailey Controls trata alguns de seus fornecedores como se fossem departamentos internos. Recentemente, a empresa conectou dois de seus fornecedores em seu sistema de administração de estoque. Todas as semanas, envia, eletronicamente, à Future

5. Veja STALK, George. Competing on capability: the new rules of corporate strategy. *Harvard Business Review*, p. 57-69, Mar./Apr. 1992; e SHAPIRO, Benson, RANGAN, V. Kasturi, SVIOKLA, John J. Staple yourself to an order. *Harvard Business Review*, p. 113-122, July/Aug. 1992.
6. MAGNET, Myron. The new golden rule of business. *Fortune*, p. 60-64, 28 Nov. 1994.

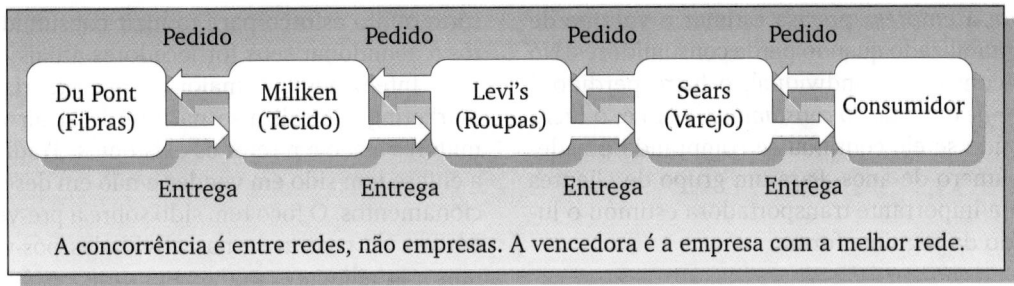

**Figura 2.3**  *Rede de entrega de valor da Levi Strauss.*

Electronics, baseada em Montreal, sua última previsão de materiais necessários para os próximos seis meses. Quando um lote de peças reduz abaixo do nível designado, um funcionário da Bailey passa um *scanner* a *laser* sobre o código de barras, alertando instantaneamente a Future para a reposição. Embora providências como esta transfira os custos de estocagem para os fornecedores, estes esperam que os custos sejam mais do que compensados pelo ganho em termos de volume. É uma parceria ganha-ganha.

**BETZ LABORATORIES**   O Betz Laboratories, fabricante de produtos químicos para tratamento de água industrial sediada na Pennsylvania vendia, habitualmente, seus produtos para proteger tubos e equipamentos industriais contra a corrosão da água. Hoje, além de produtos químicos, fornece também orientação técnica. Suas equipes profissionais de alto nível juntamente com os engenheiros e gerentes de seus clientes cuidam de cada centímetro cúbico de água. Eles levantam e respondem perguntas como: A água é a mais segura possível para o equipamento? Atende aos padrões ambientais? Está sendo usada com o menor desperdício possível ao menor custo-benefício? Em menos de um ano, a equipe da Betz em uma fábrica da AlliedSignal detectou pontos potenciais de redução de custo que representavam uma economia anual de $ 2,5 milhões.

Outro excelente exemplo de rede de entrega de valor é a que conecta a Levi Strauss, famosa fabricante de *blue jeans*, com seus fornecedores e distribuidores (Figura 2.3). Um dos maiores varejistas da Levi's é a Sears. Todas as noites, graças ao intercâmbio eletrônico de dados (EDI), a Levi's fica sabendo os tamanhos e estilos vendidos através da Sears e de outros grandes atacadistas e varejistas. Assim, eletronicamente, encomenda mais tecido para ser entregue no dia seguinte pela Milliken Company, sua fornecedora. Por sua vez, a Milliken solicita fibra a Du Pont. Dessa maneira, os parceiros na rede de suprimento usam as informações de vendas mais atualizadas para fabricarem o que está vendendo, em vez de atenderem a uma previsão que pode variar com a demanda atual. Nesse *sistema de resposta rápida*, os bens são puxados pela demanda, em vez de empurrados pelo fornecedor. O desempenho da Levi's em relação a outro fabricante de *jeans* – digamos, a

Wrangler – depende da qualidade de sua *rede de marketing versus* a *rede de marketing* da Wrangler. As empresas não concorrem mais – as redes de marketing sim.

## ATRAÇÃO E RETENÇÃO DE CONSUMIDORES

Além de melhorar suas relações com seus parceiros na rede de suprimento, muitas empresas têm intenção de desenvolver relações e lealdade mais fortes junto a seus consumidores finais. No passado, achavam que os consumidores estavam garantidos. Não havia muitas fontes alternativas de suprimentos, todos os fornecedores prestavam serviços igualmente deficientes ou o mercado crescia tão rápido que as empresas não se preocupavam em satisfazer plenamente seus consumidores. É claro que a situação mudou.

### Cálculo do custo de consumidores perdidos

As empresas atuais precisam prestar muita atenção a sua *taxa de consumidores perdidos* e tomar providências para reduzi-la. Esse processo envolve quatro etapas.

Primeiro, a empresa deve definir e mensurar sua taxa de retenção de consumidores. Para uma revista, a taxa de renovação é boa medida de retenção. Para uma faculdade, pode ser a taxa de retenção no segundo ano dos cursos ou a taxa de graduados em relação ao número de matrículas.

Segundo, a empresa deve distinguir as causas que levaram os consumidores a abandoná-la e identificar aquelas que podem ser mais bem administradas. (Veja o Memorando de Marketing intitulado "Fazendo perguntas quando os consumidores abandonam a empresa.") Pouco pode ser feito em relação aos consumidores que se mudam da cidade ou aos clientes que abandonam o negócio. Mas muito pode ser feito com aqueles que deixam a empresa em função de maus serviços, produtos de má qualidade, preços altos e assim por diante. A empresa precisa classificar, em porcentagem, as diferentes razões que levaram os consumidores a abandoná-la.

Terceiro, a empresa precisa estimar o volume de lucro não contabilizado quando perde consumidores. No caso de um consumidor individual, o lucro perdido é igual ao *valor de duração do consumidor* – isto é, o lucro que seria obtido se ele continuasse comprando por determinado número de anos. Para um grupo de clientes perdidos, uma importante transportadora estimou o lucro não obtido da seguinte forma:

- A empresa possuía 64.000 clientes.
- Perdeu 5% de seus clientes este ano em função do mau serviço: 3.200 (0,05 × 64.000).
- Um cliente perdido, em média, representava $ 40.000 de faturamento. Assim, a empresa perdeu $ 128.000.000 (3.200 × 40.000).
- Sua margem de lucro é de 10% sobre o faturamento. Assim, perdeu $ 12.800.000 nesse ano (0,10 × $ 128.000.000). Desde que houve perda prematura de clientes, a perda real da empresa no tempo é muito maior.

Quarto, a empresa precisa calcular quanto custaria reduzir a taxa de abandono de clientes (ou consumidores). À medida que o custo for inferior ao lucro perdido, essa mesma quantia deve ser destinada à redução da taxa de abandono.

### Necessidade de retenção de consumidores

Estima-se que o custo de atrair novos consumidores é cinco vezes o custo de mantê-lo satisfeito. É necessário muito esforço para induzir consumidores satisfeitos a abandonar seus fornecedores atuais.

Infelizmente, a maior parte da teoria e prática de marketing centraliza-se na arte de atrair novos consumidores e não em reter os existentes. Tradicionalmente, a ênfase tem sido em vender e não em desenvolver relacionamentos. O foco tem sido sobre a pré-venda e venda em vez de centrar-se nas atividades pós-venda. Entretanto, atualmente, muitas empresas estão reconhecendo a importância de reter e satisfazer consumidores. Um estudo indicou que as empresas podem melhorar os lucros entre 25 e 85% ao reduzir a taxa de abandono de consumidores em 5%.[7] Lamentavelmente, os sistemas contábeis das empresas falham em não mostrar o valor dos consumidores leais.

Podemos mostrar um exemplo para justificar a razão da ênfase na retenção de consumidores. Suponhamos que uma empresa analise o custo de conquista de um novo cliente. Ela constata o seguinte:

| | |
|---|---|
| Custo médio da visita de um vendedor (incluindo salários, comissões, benefícios e despesas) | $ 300 |
| Número médio de visitas para converter um cliente potencial em cliente real | × 4 |
| Custo de atrair um novo cliente | $ 1.200 |

Trata-se de uma estimativa por baixo porque estamos omitindo os custos de propaganda e promoção, produção, planejamento e assim por diante.

Agora, suponhamos que a empresa estima o *valor de duração do consumidor* da seguinte maneira:

## Fazendo perguntas quando os consumidores deixam a empresa

Para criar programas eficazes de retenção de consumidores, os gerentes de marketing precisam identificar as causas que levaram esses consumidores a abandonar a empresa. Essa análise deve começar nos registros internos como carteira de pedidos, histórico de preços e resultados de levantamento de consumidores. A etapa seguinte é confrontar a pesquisa de identificação das razões de abandono com fontes externas como estudos de *benchmarking* e estatísticas de associações comerciais e industriais. Algumas perguntas que devem ser feitas:

- As taxas de abandono são diferentes durante o ano?
- A retenção varia por escritório, região, vendedor ou distribuidor?
- Qual a relação entre as taxas de retenção e as mudanças de preços?
- O que acontece com os consumidores perdidos e para onde eles, normalmente, vão?
- Quais as normas de retenção em seu setor?
- Que empresa em seu setor retém consumidores por muito mais tempo?

**Fonte:** Reimpresso de SHERDEN, William A. When customers leave. *Small Business Reports*, p. 45, Nov. 1994.

7. REICHHELD, Frederick F., SASSER, JR., W. Earl. Zero defections: quality comes to services. *Harvard Business Review*, p. 301-307, Sept./Oct. 1990.

| | |
|---|---|
| Receita anual do consumidor | $ 5.000 |
| Número médio de anos de lealdade | × 2 |
| Margem de lucro da empresa | × 0,10 |
| Valor de duração do consumidor | $ 1.000 |

Dado o custo de atrair um novo consumidor ser maior do que seu valor de duração, essa empresa está, claramente, gastando mais para atrair novos consumidores do que eles valem. A menos que possa reduzir o número de visitas de vendedores, gastar menos por visita, aumentar a compra média por consumidor, retê-los por mais tempo ou aumentar a margem de lucro, a empresa estará condenada à falência.

Há duas maneiras de aumentar a taxa de retenção de consumidores. Uma é erguer barreiras para dificultar a troca de fornecedor. Eles estão menos inclinados a procurar outro fornecedor quando isso envolve altos custos de capital, de procura, perda de descontos por habitualidade de compra e assim por diante.

A melhor abordagem é entregar alta satisfação aos consumidores. Isso torna difícil para um concorrente superar barreiras à entrada simplesmente oferecendo preços menores ou mudando as técnicas de persuasão. A tarefa de criar forte lealdade dos consumidores, como vimos no Capítulo 1, é chamada *marketing de relacionamento*. Marketing de relacionamento envolve todas as etapas que as empresas assumem para conhecer e atender melhor seus valiosos consumidores.

## Marketing de relacionamento: a chave

Para entender marketing de relacionamento com o consumidor, devemos, primeiramente, examinar o processo envolvido em sua atração e manutenção. A Figura 2.4 mostra as principais etapas no processo de desenvolvimento do consumidor. O ponto de partida são os *consumidores prováveis*, todos que podem comprar o produto ou serviço. A empresa trabalha junto a esses prováveis consumidores para determinar quais os *consumidores potenciais* – pessoas com forte interesse potencial no produto e em condições de pagar por ele. Os *consumidores não-qualificados* são aqueles que a empresa rejeita porque não têm crédito ou não seriam rentáveis. A empresa espera converter muitos *consumidores potenciais qualificados* em *consumidores novos* e, depois, estes em *consumidores leais*. Os consumidores novos e os leais podem também continuar comprando dos concorrentes. Depois, a empresa age para transformar esses consumidores leais em *clientes* – pessoas que compram apenas da empresa nas categorias de produtos relevantes. O desafio seguinte é transformar os clientes em *advogados*, consumidores que defendem a empresa e estimulam outras pessoas a comprar dela. O desafio final é transformar os advogados em parceiros, situação em que eles e a empresa trabalham ativamente em conjunto. Ao mesmo tempo, deve-se reconhecer que alguns consumidores, inevitavelmente, tornam-se inativos ou abandonam a empresa, por razões de falência, mudança de cidade, insatisfação e assim por diante. O desafio da empresa é reativar os consumidores insatisfeitos através de estratégias de recuperação. Freqüentemente, é mais fácil recuperar consumidores do que encontrar outros novos.

O desenvolvimento de consumidores mais leais aumenta o faturamento da empresa. Entretanto, ela precisa gastar para aumentar a lealdade de seus consumidores. Aumentar essa lealdade será mais rentável em algumas empresas do que em outras. Quanto uma empresa deve investir no desenvolvimento de relacionamento com seus consumidores de maneira que os custos não excedam os ganhos? Precisamos distinguir cinco níveis diferentes de investimento:

- *Marketing básico*. O vendedor, simplesmente, vende o produto.
- *Marketing reativo*. O vendedor vende o produto e estimula o consumidor a telefonar se tiver dúvidas, comentários ou reclamações.
- *Marketing responsável*. O vendedor telefona ao consumidor logo após a venda para conferir se o produto está atendendo as suas expectativas. Ele também

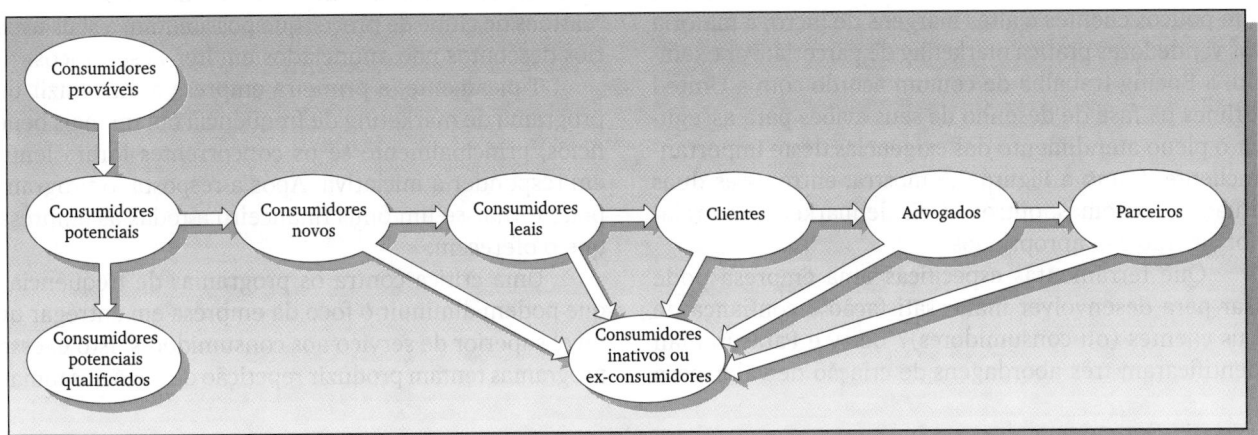

**Figura 2.4** *Processo de desenvolvimento do consumidor.*

| | MARGEM ALTA | MARGEM MÉDIA | MARGEM BAIXA |
|---|---|---|---|
| Muitos consumidores/distribuidores | Responsável | Reativo | Baixo ou reativo |
| Número médio de consumidores/distribuidores | Proativo | Responsável | Reativo |
| Poucos consumidores/distribuidores | Parceria | Proativo | Responsável |

**Figura 2.5** *Níveis de marketing de relacionamento.*

solicita ao consumidor sugestões para melhoria do produto e possíveis desapontamentos. Essas informações ajudam a empresa a melhorar continuadamente seu desempenho.

- *Marketing proativo.* O vendedor da empresa contata o consumidor de vez em quando para informar sobre melhores usos do produto ou sobre a utilidade de novos produtos. (Os vendedores da Kraft norte-americana costumavam reduzir os esforços de seus clientes varejistas, criando promoções em supermercados; agora, são mais proativos, oferecendo pesquisa e sugestões para melhorar o lucro da loja.)
- *Marketing de parceria.* A empresa trabalha, continuadamente, com os consumidores para descobrir maneiras de ele economizar ou ajudá-lo a usar melhor o produto. (A General Electric mantém engenheiros de plantão na Praxair para ajudar a melhorar sua produtividade.)

A maioria das empresas pratica apenas marketing básico se seus mercados forem compostos de muitos consumidores e se suas margens de lucro unitário forem pequenas. Assim, a Heinz Company não vai telefonar a todos os compradores de *ketchup* para agradecer pela preferência. Na melhor das hipóteses, será reativa ao deixar uma "linha quente" com o código 0800 à disposição dos consumidores. No outro extremo, em mercados com poucos clientes e altas margens de lucro, a maioria dos vendedores pratica marketing de parceria. Por exemplo, a Boeing trabalha de comum acordo com a United Airlines na fase de desenho de seus aviões para assegurar o pleno atendimento das exigências deste importante cliente. Como a Figura 2.5 mostra, entre essas duas situações extremas, outros níveis de marketing de relacionamento são apropriados.

Que ferramentas específicas uma empresa pode usar para desenvolver maior satisfação e confiança de seus clientes (ou consumidores)? Berry e Parasuraman identificaram três abordagens de criação de valor para os consumidores:[8] acréscimo de benefícios financeiros, de benefícios sociais e de vínculos estruturais.

**ACRÉSCIMO DE BENEFÍCIOS FINANCEIROS.** Dois benefícios financeiros que as empresas podem oferecer são os programas de marketing de freqüência e os programas de marketing de clubes. Os *programas de marketing de freqüência* são preparados para fornecer recompensas aos consumidores habituais e/ou aos que compram em quantidades substanciais. Esses programas reconhecem o fato de que 20% dos consumidores da empresa podem representar 80% de seus negócios.

A American Airlines foi uma das primeiras empresas pioneiras na adoção de um programa de marketing de freqüência quando decidiu oferecer créditos em milhagem a seus passageiros no início dos anos 80. A seguir, os hotéis adotaram o programa, com o Marriott assumindo a liderança com seu Programa de Hóspedes Honorários. Os hóspedes freqüentes recebem apartamentos amplos ou gratuitos após acumularem determinado número de pontos. Logo após, as locadoras de automóveis passaram a adotar esse programa. Também, as administradoras de cartões de crédito começaram a oferecer pontos em função do uso do cartão. Por exemplo, a Sears oferece descontos aos usuários de seu cartão Discover. Hoje, várias redes de supermercados oferecem "cartões de clube de preço" que possibilitam a seus usuários descontos não anunciados em itens específicos.

Tipicamente, a primeira empresa a introduzir um programa de marketing de freqüência obtém mais benefícios, principalmente se os concorrentes foram lentos em responder à iniciativa. Após a resposta, o programa pode tornar-se um ônus financeiro a todas as empresas que o oferecem.

Uma crítica contra os programas de freqüência é que podem diminuir o foco da empresa em entregar um nível superior de serviço aos consumidores. Isto é, esses programas tentam produzir repetição de negócios toman-

8. BERRY, Leonard, PARASURAMAN, A. *Marketing services*: competing through quality. New York : Free Press, 1991. p. 136-142. Veja também CROSS, Richard, SMITH, Janet. *Customer bonding*: pathways to lasting customer loyalty. Lincolnwood, IL : NTC Business Books, 1995.

do por base algum incentivo financeiro. Em contraste, as linhas aéreas européias acreditam que a repetição de negócios é assegurada pelo oferecimento de serviços de alta qualidade.

Muitas empresas vêm criando *grupos de afinidade* ou clubes entre seus consumidores para aproximá-los à empresa. A filiação ao clube pode ser oferecida automaticamente após a compra ou promessa de compra de determinada quantidade ou pagando-se alguma taxa. Alguns clubes vêm sendo espetacularmente bem-sucedidos:

**SHISEIDO** A Shiseido, empresa japonesa de cosméticos, atraiu cerca de 10 milhões de afiliados a seu Shiseido Club que fornece um cartão Visa, descontos em teatros, hotéis e lojas e, também, pontos aos "compradores freqüentes". Seus afiliados recebem uma revista contendo artigos sobre apresentação pessoal.

**NINTENDO** A Nintendo, empresa japonesa de jogos eletrônicos, atraiu mais de 2 milhões de afiliados a seu Nintendo Club. Por uma taxa anual de $ 16, eles recebem uma revista mensal, a *Nintendo Power*, que divulga os jogos da empresa, dicas para vitórias e assim por diante. O clube oferece também um número de telefone, através do qual os afiliados podem tirar dúvidas sobre os jogos disponíveis.

**WALDEN BOOKS** Esta rede de livrarias patrocina o Programa de Leitores Preferenciais que tem atraído cerca de 4 milhões de membros, cada um pagando a taxa anual de $ 10 para receber malas diretas sobre livros novos, 10% de desconto nas compras, uma linha de discagem direta gratuita para pedidos (código 0800) e pontos para cada $ 5 em compras, resgatados em qualquer uma de suas lojas.

**HARLEY-DAVIDSON** Esta famosa empresa mundial de motocicletas patrocina o Grupo de Proprietários Harley que possui 127.000 membros. O comprador de uma primeira motocicleta Harley associa-se ao grupo gratuitamente por um ano. Os sócios recebem uma revista (*Hog Tales*), guia rodoviário, serviço de socorro de emergência, programa especial de seguro, serviço de recompensa por motocicleta roubada e recuperada, descontos em hotéis e o programa Fly & Ride, em que os sócios podem alugar Harleys durante as férias.

**LLADRO** Fabricante espanhola de finas estatuetas de porcelana, a Lladro mantém a "Sociedade de colecionadores", cobrando dos sócios uma taxa anual de $ 35. Eles recebem a assinatura gratuita de uma revista trimestral, uma placa de porcelana, entrada gratuita no Museu Lladro de New York, roteiro de viagem restrito aos sócios para visitarem a empresa e a família Lladro em Valença, Espanha.

**ACRÉSCIMO DE BENEFÍCIOS SOCIAIS.** Neste caso, os funcionários da empresa trabalham para aumentar os vínculos sociais com os consumidores, individualizando e personalizando os relacionamentos. A Tabela 2.2 compara ações sociais boas e ruins em relação aos consumidores. Em essência, as empresas criativas transformam seus consumidores em clientes. Donnelly, Berry e Thompson mostram essa distinção:

*Consumidores podem ser anônimos para a instituição; clientes têm nome. Consumidores são atendidos como parte da massa ou de grandes segmen-*

**Tabela 2.2** *Ações sociais que afetam os relacionamentos entre compradores e vendedores.*

| COISAS BOAS | COISAS RUINS |
|---|---|
| Iniciar telefonemas positivos | Esperar telefonemas dos consumidores |
| Fazer recomendações | Apresentar justificativas |
| Sinceridade na linguagem | Linguagem apenas para acomodar situações |
| Usar o telefone | Usar correspondência |
| Mostrar apreço | Esperar reclamações |
| Fazer sugestões de serviços | Esperar por sugestões de serviços |
| Usar "nós" na linguagem de solução de problemas | Usar "nós" como obrigação legal |
| Antecipar os problemas | Somente responder aos problemas |
| Usar linguagem simples e objetiva | Usar comunicações longas e vazias de conteúdo |
| Demonstrar transparência nos problemas de personalidade | Ocultar problemas de personalidade |
| Conversar com os clientes sobre o futuro | Conversar sobre as coisas boas do passado |
| Rotinizar o atendimento | Improvisar o atendimento |
| Aceitar responsabilidade | Transferir a culpa |
| Planejar o futuro | Repetir o que foi feito no passado |

**Fonte:** LEVITT, Theodore. *Imaginação de marketing*. São Paulo : Atlas, 1985. p. 121.

*tos; clientes são atendidos em base individual... Consumidores são atendidos por qualquer funcionário que esteja disponível; clientes são atendidos por profissionais devidamente preparados.*[9]

**ACRÉSCIMO DE VÍNCULOS ESTRUTURAIS.** A empresa pode oferecer aos clientes equipamento especial ou terminais de computador para ajudá-los a administrar pedidos, preparar folha de pagamento, controlar estoques e assim por diante. Um bom exemplo é a McKesson Corporation, atacadista líder de produtos farmacêuticos que investiu milhões de dólares em intercâmbio eletrônico de dados (EDI) para ajudar as pequenas farmácias a administrar estoques, pedidos e espaço de prateleira. Outro exemplo é a Milliken, que fornece programas de computador, pesquisa de marketing, treinamento de vendas e lista de clientes potenciais a seus compradores leais. (Para mais informações sobre marketing de relacionamento, veja o Capítulo 22.)

## RENTABILIDADE DO CLIENTE: O TESTE FINAL

Finalmente, marketing é a arte de atrair e manter clientes rentáveis. Conforme James V. Putten, da American Express, os melhores clientes superam os clientes eventuais na razão de 16 para 1 no varejo, 13 para 1 nos restaurantes, 12 para 1 nas linhas aéreas e 5 para 1 no setor de hotéis/motéis.[10] Carl Sewell, que dirige uma das revendedoras mais bem administradas do mundo, estima que um comprador típico de automóvel representa o valor potencial de duração de $ 300.000 em compras e serviços automotivos.[11]

Todavia, todas as empresas perdem dinheiro com alguns de seus clientes. A conhecida *regra 80/20* mostra que os 20% principais clientes podem gerar 80% do lucro da empresa. William Sherden sugeriu ampliar a regra para 80/20/30, para refletir a idéia de que "20% dos clientes geram 80% do lucro da empresa, metade do qual é perdido para atender à base formada por 30% de clientes não-rentáveis.[12] A implicação é que uma empresa pode melhorar seu lucro "dispensando" seus piores clientes.

Além disso, não são, necessariamente, os maiores clientes da empresa que geram mais lucro. Esses clientes demandam serviços consideráveis e recebem maiores descontos, reduzindo, assim, o nível de lucro da empresa. Os clientes menores pagam preço maior e recebem serviços mínimos, mas envolvem custos de transação que reduzem a rentabilidade da empresa. Os clientes médios recebem bons serviços e pagam quase o preço pleno e são, freqüentemente, mais rentáveis. Este fato ajuda a explicar por que muitas grandes empresas que, anteriormente, atendiam apenas grandes clientes estão agora invadindo o mercado formado por clientes médios. Por exemplo, as grandes empresas de transporte de carga aérea estão constatando que não vale a pena ignorar os clientes pequenos e médios. Os programas destinados a esses clientes são tão simples quanto um contrato de entrega de pequenas encomendas, que permite descontos substanciais para cartas e pacotes entregues e/ou retirados nos postos da transportadora. Além disso, para promover o transporte aéreo de encomendas, a United Parcel Service (UPS) patrocina uma série de seminários para orientar os exportadores sobre a melhor utilização do transporte internacional.[13]

Uma empresa não deve procurar e satisfazer todos os clientes. Por exemplo, se os clientes da Courtyard (rede de motéis baratos da Marriott) procurarem os mesmos serviços oferecidos pela rede de hotéis Marriott, receberão um não como resposta. Qualquer tentativa de oferecer os mesmos serviços confundiria o posicionamento de ambas as redes. Lanning e Phillips deixam isso bem claro:

*Algumas organizações tentam fazer tudo que os clientes sugerem... Todavia, enquanto fazem sugestões muito boas, exigem também providências que são impraticáveis ou dão prejuízo. Atender a essas sugestões aleatoriamente é distanciar-se muito do foco de mercado – fazer uma escolha disciplinada dos clientes que devem ser atendidos e saber qual a combinação específica de benefícios e preços a ser oferecida (e qual a combinação que deve ser negada).*[14]

O que torna um cliente rentável? Definimos cliente rentável da seguinte maneira:

**CLIENTE RENTÁVEL é uma pessoa, residência ou organização que gera um fluxo de receita para a empresa fornecedora e que excede o fluxo do custo de atrair, vender e servir esse cliente.**

Nota-se que ênfase é no fluxo de duração da receita e do custo, não no lucro em qualquer transação específica. A seguir, apresentamos duas ilustrações do valor de duração do cliente.

**TACO BELL** Quando um taco (comida mexicana) custa menos de um dólar, você não pensaria que a Taco Bell estaria preocupada com a perda de consumidores. En-

9. DONNELLY, JR., James H., BERRY, Leonard L., THOMPSON, Tomas W. *Marketing financial services* – a strategic vision. Homewood, IL : Dow Jones-Irwin, 1985. p. 113.
10. Citado em PEPPERS, Don, ROGERS, Martha. *The one to one future*: building relationships one customer at a time. New York : Currency Doubleday, 1993. p. 108.
11. SEWELL, Carl, BROWN, Paul. *Customers for life*. New York : Pocket Books, 1990. p. 162.
12. SHERDEN, William A. *Market ownership*: the art & science of becoming # 1. New York : Amacom, 1994. p. 77.
13. BOWMAN, Robert J. Good things, smaller packages. *World Trade* 6, n. 9, p. 106-110, Oct. 1993.
14. LANNING, Michael J., PHILLIPS, Lynn W. Strategy shifts up a gear. *Marketing*, p. 9, Oct. 1991.

**Figura 2.6** *Análise de rentabilidade consumidor/produto.*

| | | Consumidores | | |
|---|---|---|---|---|
| | | $C_1$ | $C_2$ | $C_3$ | |
| Produtos | $P_1$ | ++ | | + | Produto de alta rentabilidade |
| | $P_2$ | + | + | | Produto rentável |
| | $P_3$ | | - | - | Produto que dá prejuízo |
| | $P_4$ | + | | - | Produto que equilibra prejuízo-lucro |
| | | Consumidor de alta rentabilidade | Consumidor que equilibra prejuízo-lucro | Consumidor que dá prejuízo | |

tretanto, seus executivos determinaram que um consumidor fiel vale tanto quanto $ 11.000. Ao divulgar tal estimativa do valor de duração do consumidor, os funcionários da empresa entendem quanto vale manter consumidores satisfeitos.[15]

**TOM PETERS** Autor consagrado de vários livros sobre excelência empresarial, Tom Peters dirige uma empresa que gasta $ 1.500 por mês com os serviços da Federal Express. Gasta esta quantia 12 meses por ano e espera permanecer fiel por outros dez anos. Assim, espera gastar $ 180.000 com os serviços futuros da Federal Express. Se esta empresa opera com uma margem de lucro de 10%, ganhará $ 18.000 com a empresa de Tom Peters. Esse faturamento e lucro podem estar em risco se a Federal Express começar a prestar maus serviços ou se um concorrente oferecer serviços melhores.

A maioria das empresas falha em mensurar a rentabilidade de seus clientes individuais. Por exemplo, os bancos alegam que essa é uma tarefa difícil porque um cliente usa serviços bancários diferentes e as transações são alocadas a diversos departamentos. Entretanto, os bancos que têm sido bem-sucedidos em conectar as transações dos clientes ficam surpresos com o grande número de clientes não-rentáveis existentes. Alguns bancos alegam perder dinheiro em cerca de 45% das contas-correntes. Não é surpresa a crescente cobrança pelos vários serviços anteriormente prestados gratuitamente.

Um tipo útil de análise de rentabilidade é mostrado na Figura 2.6.[16] Os consumidores são organizados nas colunas e os produtos, nas filas. Cada célula contém um símbolo para a rentabilidade na venda daquele produto a determinado consumidor. Observa-se que o consumidor 1 é mais rentável em três tipos de produtos, P1, P2 e P4. O consumidor 2 é de rentabilidade média; é rentável na compra de um produto e dá prejuízo em outro. O consumidor 3 dá prejuízo porque é rentável na compra de um produto e dá prejuízo em outros dois. O que a empresa pode fazer com os consumidores 2 e 3? Há duas opções: (1) Pode aumentar o preço dos dois produtos menos rentáveis ou eliminá-los ou (2) pode tentar fazer venda cruzada de seus produtos rentáveis para aqueles consumidores que dão prejuízo. Se estes últimos optarem em parar de comprar, a empresa não deverá preocupar-se com eles. De fato, ela seria beneficiada encorajando-os a comprar dos concorrentes.

Ultimamente, a rentabilidade da empresa depende dos três elementos mostrados na Figura 2.7.[17] Quanto maior o lucro, maior a habilidade da empresa na criação de valor, na eficiência de suas operações internas e no desenvolvimento de vantagem competitiva. As empresas não devem apenas ser hábeis em criar valor absoluto alto, mas também em criar valor absoluto em relação a seus concorrentes, a custo suficientemente baixo. *Vantagem competitiva* é a habilidade de uma empresa trabalhar de uma ou mais maneiras que os concorrentes não podem ou não irão acompanhar. As empresas esfor-

15. HAYES, Lynn O'Rourke. Quality is worth $ 11.000 in the bank. *Restaurant Hospitality*, p. 68, Mar. 1993.
16. Veja PETRO, Thomas M. Profitability: the fifth "P" de marketing: *Bank Marketing*, p. 48-52, Sept. 1990; e PETRO, Thomas M. Who are your best customers. *Bank Marketing*, p. 48-52, Oct. 1990.
17. Extraído de um memorando publicado pelo Boston Consulting Group, data desconhecida.

**Figura 2.7** *Triângulo do lucro.*

çam-se para desenvolver vantagens competitivas sustentáveis. Aquela bem-sucedida em entregar valor alto e satisfação aos consumidores, que leva à repetição de compras e, assim, à alta rentabilidade da empresa. Um dos principais valores que os consumidores esperam dos vendedores é qualidade elevada de produto e serviço, assunto que estamos retomando, agora.

## IMPLEMENTAÇÃO DA QUALIDADE TOTAL EM MARKETING

Como examinamos, os executivos atuais vêem a tarefa de melhorar a qualidade dos produtos e serviços como sua principal prioridade. O sucesso de muitas empresas japonesas é atribuído à qualidade excepcional de seus produtos. A maioria dos consumidores não mais aceitará ou tolerará desempenho de qualidade média. Se as empresas desejarem permanecer competindo, não se limitando apenas a serem rentáveis, não terão escolha a não ser adotar administração de qualidade total.

**ADMINISTRAÇÃO DE QUALIDADE TOTAL é uma abordagem organizacional ampla para melhoria contínua da qualidade de todos os seus processos, produtos e serviços.**

Conforme John F. Welch Jr., presidente da GE: "Qualidade é nossa maior segurança na obtenção da fidelidade do consumidor, nossa defesa mais poderosa contra a concorrência estrangeira e o único caminho para crescimento e ganhos sustentados."[18]

O esforço para a produção de bens que sejam superiores nos mercados mundiais tem levado alguns países – e grupos de países – a criar prêmios para agraciar as empresas que adotam as melhores práticas e melhorias de qualidade.

- *Japão.* Em 1951, o Japão tornou-se o primeiro país a ganhar um prêmio de qualidade nacional, o Prêmio Deming (nome do estatístico norte-americano W. Edwards Deming que ensinou a importância e a metodologia da melhoria da qualidade ao Japão pósguerra). O trabalho de Deming formou a base para o desenvolvimento de muitas práticas de qualidade total.

- *Estados Unidos.* Em meados dos anos 80, os Estados Unidos criaram o Prêmio Nacional da Qualidade Malcolm Baldridge em honra a seu ex-Ministro do Comércio. Os critérios do Prêmio Baldridge consistem de sete mensurações, cada uma com determinado número de pontos: foco no consumidor e sua satisfação (maior número de pontos), qualidade e resultados operacionais, administração do processo de qualidade, desenvolvimento e administração de recursos humanos, planejamento estratégico da qualidade, informações e análise e liderança do executivo principal. Xerox, Motorola, Federal Express, IBM, Texas Instruments, divisão Cadillac da General Motors e os hotéis Ritz-Carlton são algumas das empresas que já ganharam o Baldrige.

- *Europa.* Para não ficar fora da disputa por prêmios de qualidade, a Europa desenvolveu o Prêmio Europeu da Qualidade em 1993. Foi criado pela Fundação Européia para Administração da Qualidade. Como o Baldrige, é conquistado pelas empresas que atingem graus altos em determinados critérios: liderança, qualidade de recursos humanos, política e estratégia, recursos, processos, satisfação dos funcionários, satisfação dos consumidores, impacto na sociedade e resultados empresariais. Embora a Europa tenha demorado para criar o Prêmio, foi iniciadora de um conjunto de padrões internacionais de qualidade denominado *ISO 9000*, que vem tornando-se, geralmente, aceito como referência para documentação da qualidade. Os padrões da série ISO 9000 fornecem uma estrutura para mostrar aos consumidores como as empresas orientadas para a qualidade testam produtos, treinam funcionários, mantêm registros e solucionam e detectam defeitos. A obtenção do certificado ISO 9000 envolve uma auditoria semestral de algum órgão credenciado pela ISO (International Standards Organization).[19]

Há uma conexão direta entre qualidade de produto e serviço, satisfação do consumidor e rentabilidade da empresa. Maiores níveis de qualidade resultam em níveis mais elevados de satisfação do consumidor, embora implicando em preços maiores e (freqüentemente)

18. QUALITY: the U.S. drives to catch up. *Business Week*, p. 66-80, aqui p. 68, Nov. 1982. Para uma avaliação recente do progresso, veja QUALITY programs show shoddy results. *The Wall Street Journal*, B, p.1, 14 May 1992.

19. Veja QUALITY in Europe. *Work Study*, p. 30, Jan./Feb. 1993; HERAKOFF, Ronald. The hot new seal of quality. *Fortune*, p. 116-120, 28 June 1993; ZUKERMAN, Amy. One size doesn't fit all. *Industry Week*, p. 37-40, 9 Jan. 1995; e THE sleeper issue of the '90s. *Industry Week*, p. 99, 100, 108, 15 Aug. 1994.

custos menores. Assim, os *programas de melhoria da qualidade*, normalmente, aumentam a rentabilidade. Os conhecidos estudos PIMS mostram alta correlação entre qualidade relativa do produto e rentabilidade da empresa.[20]

Mas, exatamente, o que é qualidade? Vários especialistas a definem como "adequação ao uso", "atendimento às exigências", "liberdade para variações" e assim por diante.[21] Usaremos a definição da American Society for Quality Control, que vem sendo adotada em nível mundial:[22]

**QUALIDADE é a totalidade de aspectos e características de um produto ou serviço que proporcionam a satisfação de necessidades declaradas e implícitas.**

Esta é uma definição de qualidade centrada no consumidor. Podemos dizer que o vendedor entrega qualidade quando seu produto ou serviço atende ou excede as expectativas do consumidor. Uma empresa que satisfaz a maioria das necessidades de seus consumidores na maior parte do tempo é chamada *empresa de qualidade*. A seção Memorando de Marketing intitulada "Busca da qualidade total em marketing" expõe as hipóteses que devem fundamentar qualquer programa de qualidade total.

É importante distinguir entre atendimento às exigências de qualidade e qualidade de desempenho (ou grau de qualidade). Um automóvel Mercedes fornece *qualidade de desempenho* melhor do que um Hyundai: é mais suave de dirigir, anda mais rápido, tem maior autonomia de combustível e assim por diante. Todavia, pode-se afirmar que os dois carros atendem às mesmas *exigências de qualidade*, se todas as unidades entregarem a qualidade prometida a seus mercados-alvos.

Qualidade total é a chave para gerar valor e satisfação do consumidor. Qualidade total é o trabalho de todos, da mesma forma que marketing é trabalho de todos. Esta idéia foi bem expressa por Daniel Beckham:

> As empresas que não aprenderem a linguagem de melhoria da qualidade, manufatura e produção se tornarão tão obsoletas quanto as carroças de tração animal. Os dias do marketing funcional já se foram. Não podemos mais nos dar ao luxo de pensar que somos pesquisadores de mercado, publicitários,

especialistas de marketing direto, estrategistas. Vamos assumir que nosso propósito é satisfazer os consumidores e isto significa focar o conjunto de processos.[23]

Os gerentes de marketing têm duas responsabilidades em uma empresa centrada na qualidade. Primeira, devem participar da formulação de estratégias e políticas destinadas a ajudar a empresa a obter excelência em qualidade total. Segunda, devem praticar qualidade em marketing acompanhada de qualidade em produção. Cada atividade de marketing – pesquisa, treinamento de vendedores, propaganda, serviços ao consumidor e assim por diante – deve seguir padrões de desempenho elevados.

Os profissionais de marketing exercem vários papéis ao ajudar suas empresas a definir e entregar bens e serviços de alta qualidade aos consumidores-alvos. Primeiro, Assumem grande responsabilidade para identificar, corretamente, as necessidades e exigências dos consumidores. Segundo, devem comunicar, adequadamente, as expectativas dos consumidores aos *designers* dos produtos. Terceiro, devem assegurar que os pedidos dos consumidores são corretamente atendidos e em tempo. Quarto, devem checar se os consumidores receberam instruções apropriadas, treinamento e assistência técnica no uso do produto. Quinto, devem ficar em contato com o consumidor após a venda para acompanhar seu nível de satisfação. Sexto, devem organizar e encaminhar as idéias dos consumidores para melhorar o produto e os serviços, aos departamentos apropriados da empresa. Quando os profissionais de marketing fazem tudo isso, estão dando sua contribuição para a administração da qualidade total e para a satisfação dos consumidores.

Uma implicação da administração da qualidade total é que as pessoas envolvidas com marketing devem empregar tempo e esforço não apenas para melhorar suas atividades externas, mas também as internas. O profissional de marketing deve reclamar, como se fosse um consumidor, quando o produto ou serviço não estiver correto. Marketing deve ser o guardião do consumidor. Deve, constantemente, assegurar o padrão de "oferecer ao consumidor a melhor solução". (Veja a seção *Insight* de Marketing intitulada "Rubbermaid: Mestre em produtos triviais, mestre em marketing".)

20. BUZZELL, Robert D., GALE, Bradley T. *The PIMS principles*: linking strategy to performance. New York : Free Press, 1987. Capítulo 6 (PIMS stands for profit impact of market strategy).
21. Veja GURUS of quality: American companies are hearing the quality gospel preached by Deming, Juran, Crosby, and Taguchi. *Traffic Management*, p. 35-39, July 1990.
22. Veja MILLER, Cyndee. U.S. firms lag in meeting global quality standards. *Marketing News,* 15 Feb. 1993.
23. BECKHAM, J. Daniel. Expect the unexpected in health care marketing future. *The Academy Bulletin*, p. 3, July 1992.

# Busca de uma estratégia de qualidade total em marketing

Um crescente número de empresas tem designado um "vice-presidente (ou diretor) de qualidade" para assumir a direção dos esforços da administração da qualidade total. A administração da qualidade total exige reconhecimento das seguintes premissas sobre melhoria da qualidade:

1.  *A qualidade deve ser percebida pelos consumidores.* O trabalho de qualidade deve começar com as necessidades dos consumidores e terminar com suas percepções. As melhorias de qualidade têm representatividade quando são percebidas pelos consumidores.
2.  *A qualidade deve ser refletida em todas as atividades da empresa, não apenas em seus produtos.* Leonard A. Morgan, da GE, disse: "Não estamos apenas preocupados com a qualidade do produto, mas com a qualidade de nossa propaganda, serviços, literatura técnica sobre o produto, entrega, apoio pós-venda e assim por diante".[*]
3.  *A qualidade exige compromisso total dos funcionários.* A qualidade pode ser entregue apenas por empresas nas quais todos os funcionários estejam comprometidos, motivados e treinados. As equipes de funcionários esforçam-se para satisfazer seus consumidores internos e externos.
4.  *A qualidade exige parceiros de alta qualidade.* A qualidade pode apenas ser entregue por empresas cujos parceiros de sua cadeia de valor estejam também comprometidos com ela. Contudo, a empresa orientada para a qualidade tem a responsabilidade de encontrar e de se aliar com fornecedores e distribuidores de alta qualidade.
5.  *A qualidade pode sempre ser melhorada.* As melhores empresas acreditam no *kaizen*, "melhoria contínua de tudo, envolvendo todas as pessoas". A maneira mais fácil de melhorar a qualidade é comparar o desempenho da empresa em relação aos melhores concorrentes e esforçar-se para imitá-las ou "dar um salto" sobre as mesmas.
6.  *Às vezes, a melhoria da qualidade exige saltos quantitativos.* Embora a qualidade deva ser continuadamente melhorada, ela exige que as empresas, às vezes, fixem um objetivo de melhoria em termos quantitativos. Freqüentemente, as pequenas melhorias são obtidas através de trabalho mais árduo. Mas as grandes melhorias exigem soluções atualizadas e trabalho mais inteligente. Por exemplo, John Young, ex-presidente da Hewlett Packard, não exigiu uma redução de 10% nos defeitos; exigiu 100% e conseguiu.
7.  *A qualidade não custa mais.* Philip Crosby argumenta que a "qualidade é gratuita"[**] A antiga idéia era que atingir mais qualidade custava mais e retardava a produção. Entretanto, a qualidade é realmente melhorada ensinando-se a "fazer as coisas certas na primeira vez". A qualidade não deve ser inspecionada; deve ser planejada. Quando as coisas são feitas certas na primeira vez, muitos custos são eliminados (como recuperação de materiais e consertos). A Motorola divulga que seu trabalho em relação à qualidade tem economizado cerca de um bilhão de dólares.
8.  *A qualidade é necessária, mas pode não ser suficiente.* Melhorar a qualidade da empresa é absolutamente necessário porque os compradores estão exigindo-a cada vez mais. Ao mesmo tempo, melhor qualidade não pode conferir uma vantagem vencedora, principalmente se os concorrentes aumentarem a qualidade mais ou menos no mesmo nível. Por exemplo, a Singapore Airlines desfrutou a reputação de ser a melhor linha aérea mundial. Entretanto, as linhas aéreas concorrentes têm, recentemente, obtido maior participação do mercado de passageiros, reduzindo o hiato entre a qualidade de seus serviços e os da Singapore.
9.  *Uma movimentação para a qualidade não pode salvar um produto ruim.* A implantação de um programa de qualidade não pode compensar as deficiências de um produto. A Pontiac não pôde salvar seu carro Fiero, simplesmente adotando um programa de qualidade, uma vez que o carro não possuía motor para carros esportes.

[*] **Fonte:** MORGAN, I. Leonard A. The importance of quality. In: JACOBI, Jacob, OLSON, Jerry (Orgs.) *Perceived quality of products, services and stores.* New York : Lexington Books, 1984. p. 61.
[**] **Fonte:** CROSBY, Philip. *Quality is free.* New York : McGraw-Hill, 1979.

## INSIGHT DE MARKETING

# Rubbermaid: Mestre em produtos triviais, mestre em marketing

Nada pode parecer mais sem importância do que a lixeira em que você joga papéis picados, a pazinha para recolher migalhas de pão ou a espátula usada para raspar do prato o resto de comida da noite anterior. Entretanto, a Rubbermaid, fabricante de produtos triviais como esses, faz parte da lista das empresas norte-americanas mais admiradas, publicada pela revista *Fortune* desde 1985. Seu faturamento tem sido fenomenal, atingindo cerca de $ 1,8 bilhão em 1993. Essa empresa de Wooster, Ohio, não depende de qualquer pessoa ou produto específico para seu sucesso. Ao contrário, depende da introdução de pequenas melhorias em alguns de seus 5.000 produtos.

Como uma empresa que fatura produtos tão comuns prospera em um mercado maduro? Como pode fixar preços superiores em um mercado que possui mais de 150 outras empresas fabricando produtos similares? Como obtém 90% de sucesso no lançamento de novos produtos, *sem* qualquer teste de mercado? Os componentes do desempenho notável da Rubbermaid podem ter sido extraídos de um livro-texto de marketing:

- Feedback *do mercado e do consumidor.* A Rubbermaid acompanha continuamente as tendências do mercado para detectar novas necessidades dos consumidores. Por exemplo, a tendência para residências menores levaram a empresa a introduzir uma linha bem-sucedida de produtos destinados a espaços pequenos.
- *Foco nos mercados-alvos.* A empresa está organizada em seis divisões, cada uma com unidades estratégicas de negócios separadas, orientadas para mercados e produtos específicos. É também ágil em promoções dirigidas: lançou uma nova linha de estojos para maquiagem destinados às adolescentes, acompanhados de um *compact disc* gratuito.
- *Orientação para a satisfação do consumidor.* Leva a sério todas as reclamações dos consumidores, substituindo, gratuitamente, os produtos. Mesmo quando a reclamação é sobre um produto supostamente da empresa, a substituição também é realizada para o consumidor conhecer a superioridade de seu produto.
- *Obsessão pela qualidade.* Seus funcionários cuidam dos menores detalhes de produtos que seus concor-

rentes podem não levar a sério: engenheiros debruçam-se sobre projetos de latas de lixo, assegurando-se de que cada detalhe esteja correto. Próximo a eles, um *designer* de banheira para crianças tenta aperfeiçoar um dispositivo em forma de patinho que suga e espirra água.
- *Inovação.* Conhecida como máquina de novos produtos, a Rubbermaid lança um produto novo por dia, cujo desenvolvimento é feito em apenas 20 semanas. Ao obter sugestões dos consumidores desde o início do processo de *design*, a empresa tem condições de obter 90% de sucesso no lançamento de novos produtos.
- *Equipes de processo.* Ela descentraliza as decisões organizando equipes interfuncionais, lideradas pela área de marketing. Cada equipe possui especialistas próprios de pesquisa, *design* e produção. "Nossas equipes são ágeis e empreendedoras", afirma o presidente Wolfgang Schmitt.
- *Parceria comercial.* A Rubbermaid trabalha com os 110 maiores varejistas norte-americanos, incluindo as grandes redes como Wal-Mart e Kmart. Oferece-lhes apoio de venda, desenhando, conjuntamente, *displays*, planos de *merchandising*, promoções e logística.
- *Programas de comunicação fortes.* A empresa engaja-se na preparação de propaganda e promoções extensivas para informar aos consumidores-alvos sobre seus novos produtos e sua alta qualidade.
- *Consciência de proteção ambiental.* Sua linha de produtos inclui lancheiras para carregar alimentos e bebidas que dispensam o uso de papel para embrulhar sanduíches e frutas e o uso de garrafas descartáveis.
- *Globalização.* Embora ainda muito dependente do mercado doméstico, ela opera em diversos países e está fazendo grande esforço para entrar em mercados globais: sua meta é atingir 25% de seu faturamento em mercados fora dos Estados Unidos no ano 2000.

**Fonte:** Veja SCHELLER, Zachary. At Rubbermaid, little things mean a lot. *Business Week*, p. 126, 11 Nov. 1991; LUBOVE, Seth. Okay, call me a predator. *Forbes,* 15 Feb. 1993; FARNHAM, Alan. America's most admired company. *Fortune*, p. 50-54, 7 Feb. 1994; e JACOB, Rahul. Corporate reputations. *Fortune*, p. 54-64, 6 Mar. 1995.

1. Consumidores maximizam valor. Formam uma expectativa de valor e agem sobre ela. Comprarão da empresa que perceberem estar oferecendo o maior valor, definido como a diferença entre o valor total para o consumidor e o custo total do consumidor. Isso significa que os vendedores devem avaliar o valor total para o consumidor e o custo total associados a cada oferta concorrente. Os vendedores em desvantagem na entrega de valor podem tentar aumentar o valor total para o consumidor ou diminuir o custo total. A primeira situação exige o fortalecimento ou aumento do produto, serviços, atenção dos funcionários e/ou dos benefícios de imagem. A segunda situação exige a redução dos custos do comprador. O vendedor pode reduzir o preço, simplificar o processo de atendimento de pedido e entrega ou absorver algum risco do comprador oferecendo garantia.

2. A satisfação do comprador é função do desempenho percebido do produto e de suas expectativas. Reconhecendo que essa alta satisfação leva a maior lealdade do consumidor, muitas empresas, hoje, estão visando à satisfação total do consumidor. Para as empresas centradas no consumidor, satisfazê-lo é uma meta e uma ferramenta de marketing. Entretanto, a principal meta de uma empresa deve ser maximizar a satisfação do consumidor. Gastar mais para aumentar essa satisfação pode retirar recursos financeiros de outros parceiros da empresa, incluindo funcionários, revendedores, fornecedores e acionistas.

3. As empresas fortes desenvolvem capacidades tecnológicas superiores para administrar os quatro processos-núcleos do negócio: desenvolvimento de novos produtos, administração de estoque, ciclo pedido-recebimento e serviços aos consumidores. Administrar esses processos-núcleos eficazmente significa criar uma *rede de marketing* em que a empre-

sa trabalha diretamente com todos os parceiros da cadeia de produção e distribuição, ou seja, dos fornecedores de matérias-primas até os varejistas. As empresas não mais concorrerão entre si – as redes de marketing sim.

4. A perda de consumidores rentáveis pode impactar fortemente o lucro da empresa. Estima-se que o custo de atrair um novo consumidor é cinco vezes o custo de manter um consumidor fiel. Assim, uma das principais tarefas da empresa é manter consumidores. A chave para isso é o marketing de relacionamento. Para manter consumidores satisfeitos, as empresas podem oferecer benefícios financeiros ou sociais na aquisição de seus produtos e/ou criar vínculos estruturais com eles. Entretanto, devem evitar a retenção de consumidores não-rentáveis.

5. *Qualidade* é a totalidade de aspectos e características de um produto ou serviço que satisfaz necessidades declaradas ou implícitas. As empresas atuais não têm escolha que não seja a implementação de programas de administração da qualidade total para permanecerem solventes e rentáveis. Qualidade total é a chave para a criação de valor e satisfação do consumidor.

6. Os gerentes de marketing têm duas responsabilidades em uma empresa centrada na qualidade. Primeiro, devem participar da formulação de estratégias e políticas preparadas para ajudar a empresa a vencer através da excelência em qualidade total. Segundo, devem oferecer qualidade em marketing acompanhada de qualidade em produção. Cada atividade de marketing – pesquisa de marketing, treinamento de vendedores, propaganda, serviços aos consumidores e assim por diante – deve ser desempenhada dentro de padrões elevados. Em todas essas atividades, os profissionais de marketing devem trabalhar estreitamente com outros departamentos da empresa.

1. Peter Drucker observou que a primeira tarefa de uma empresa é "criar consumidores". Lee Iacocca enfatizou a mesma idéia quando afirmou que "a única segurança de emprego que alguém possui nesta empresa (a Chrysler) decorre da qualidade, produtividade e de consumidores satisfeitos". Quais alguns dos fatores ambientais que têm contribuído para a crescente importância de satisfazer o consumidor? Nomeie algumas empresas que têm tornado a "sa-

tisfação do consumidor" uma de suas principais metas.

2. A Hewlett Packard desfrutava de boa reputação por fabricar microcomputadores e produtos eletrônicos de alta qualidade, mas essa reputação começou a cair quando os consumidores começaram a encontrar problemas em seus produtos. Muito embora muitos deles tenham sido solucionados, parece que seus clientes potenciais (empresas) estão procuran-

do outros concorrentes para a aquisição de microcomputadores.

Para aumentar sua participação de mercado, veiculou um anúncio comparando as vantagens de seus microcomputadores em relação aos concorrentes IBM e Compaq. Baixou os preços e prometeu melhor desempenho, confiabilidade e ampliou os serviços. Antes, fez algumas mudanças em outros aspectos de seu negócio. Quais as prováveis mudanças implementadas na área de produção? Quais as razões para isso? Que tipo de estratégia de marketing a HP pretendia com a ofensiva indicada em seu anúncio?

3. Os japoneses entraram no mercado norte-americano de carros adotando uma estratégia de qualidade. Naquele momento, qualidade era uma fraqueza competitiva dos fabricantes norte-americanos e a estratégia foi muito bem-sucedida ao assegurar uma vantagem competitiva para os japoneses. Assumimos que a Ford está procurando meios de competir com os japoneses no mercado norte-americano, mas não deseja começar uma guerra comercial com o Japão pedindo ao governo para impor quotas aos carros importados. Como a Ford poderia usar a cadeia de valor como ferramenta analítica para melhorar o valor percebido de seus produtos, sabendo que valor, atualmente, é uma fraqueza competitiva para os japoneses? Em qual das cinco atividades primárias da cadeia de valor os japoneses concorrem melhor e em qual delas a Ford deve focar?

4. Zeithaml, Parasuraman e Berry identificaram cinco dimensões de serviços de qualidade. São (1) confiabilidade – habilidade de transmitir confiança e rigor no que foi prometido, (2) compromisso – conhecimento e cortesia dos funcionários e habilidade em transmitir a verdade, (3) tangibilidade – instalações físicas, equipamentos e apresentação pessoal de seus funcionários, (4) empatia – grau de cuidado e atenção em relação aos consumidores e (5) responsividade – disposição em ajudar e em prestar serviços aos consumidores. Descreva como a Xerox pode entregar cada uma dessas cinco dimensões a seus clientes (consumidores). Essa empresa destaca-se em algumas dessas dimensões em relação a seus concorrentes?

5. A Unisys Corporation emprega consultores empresariais experientes para ajudar seus clientes na avaliação do fluxo de informações entre as organizações e seus consumidores, na identificação de barreiras à comunicação e no desenvolvimento de soluções tecnológicas. Esta empresa criou a palavra "customização" que significa "tornar a empresa mais responsiva a seus consumidores e melhor preparada para atrair outros novos". Prepare um breve questionário que pudesse ser usado pelos consultores para determinar se uma empresa é ou não "customizada".

6. Defina cada um dos conceitos abaixo e dê exemplo de empresa que adota cada um deles para obter vantagem competitiva:
   a. Cadeia de valor
   b. Cadeia de entrega de valor
   c. Marketing de relacionamento
   d. Qualidade orientada para o mercado
   e. Satisfação do consumidor

7. Um subcomitê do conselho de diretores da cadeia de hotéis Hampton Inns propôs que os hóspedes deveriam receber garantia de "satisfação total ou pernoites gratuitos". Os funcionários teriam permissão de cumprir a garantia sem a aprovação dos gerentes. Mas, embora a garantia proposta mostrasse muita confiança na qualidade, dando à cadeia de hotéis uma vantagem competitiva, a maioria dos gerentes opôs-se ao plano. Por que eles não queriam garantir a satisfação total dos hóspedes? Quais as prováveis reações dos hóspedes a essa garantia? Que controles podem ser introduzidos para reduzir o abuso dos hóspedes?

8. Pediu-se a uma amostra de 500 consumidores que usam antenas parabólicas Empire Satellite para responder às duas questões seguintes. Suas respostas estão resumidas na Tabela 1.

## QUESTÕES:

*Afirmação 1 – Prefiro conversar com uma pessoa em vez de ter que ouvir uma gravação computadorizada quando necessito do serviço de assistência técnica da Empire Satellite.*

( )   Muito importante
( )   Importante
( )   Indiferente
( )   De pouca importância
( )   Nada importante

*Afirmação 2 – Estou satisfeito com o atendimento de gravação computadorizada usado pela Empire Satellite.*

( )   Muito satisfeito
( )   Satisfeito
( )   Indiferente
( )   Insatisfeito
( )   Muito insatisfeito

A empresa está pensando em deixar o atendimento por sistema de gravação eletrônica, passando a empregar pessoas. A partir dos dados abaixo, determine se a Empire deve fazer isso. Caso afirmativo, quais as implicações desse levantamento para seu programa de marketing?

**Tabela 1**    *Sistema de voz computadorizada e satisfação do consumidor: resumo das respostas.*

| | Muito importante | Importante | Indiferente | De pouca importância | Sem importância | Totais |
|---|---|---|---|---|---|---|
| Muito satisfeito | 38 | 62 | 40 | 20 | 200 | 360 |
| Satisfeito | 8 | 7 | 5 | 8 | 6 | 34 |
| Indiferente | 5 | 5 | 7 | 7 | 20 | 44 |
| Insatisfeito | 3 | 3 | 6 | 7 | 8 | 27 |
| Muito insatisfeito | 3 | 5 | 7 | 9 | 11 | 35 |
| Totais | 57 | 82 | 65 | 51 | 245 | 500 |

# A Conquista de Mercados Através do Planejamento Estratégico Orientado para o Mercado

*Há cinco tipos de empresas: as que fazem as coisas acontecerem; as que acham que podem fazer as coisas acontecerem; as que observam as coisas acontecerem; as que admiram o que aconteceu; e as que não sabem que algo tenha acontecido.*

ANÔNIMO

*Planos não são nada; planejamento é tudo.*

DWIGHT D. EISENHOWER

*Estratégia de marketing é uma série de ações integradas que levam a uma vantagem competitiva sustentável.*

JOHN SCULLY

Nos Capítulos 1 e 2, levantamos a questão: Como as empresas concorrem em um mercado global? Constatamos que uma parte da resposta é o compromisso em criar e manter consumidores satisfeitos. Agora, podemos acrescentar uma segunda parte a essa resposta: As empresas bem-sucedidas e de alto desempenho sabem como se adaptar a um mercado em mudança contínua. Praticam a arte do planejamento estratégico orientado para o mercado.

**PLANEJAMENTO ESTRATÉGICO ORIENTADO PARA O MERCADO é o processo gerencial de desenvolver e manter um ajuste viável entre os objetivos, experiências e recursos da organização e suas oportunidades de mercado mutantes. O propósito do planejamento estratégico é moldar e remoldar os negócios e produtos da empresa com objetivo de crescimento e lucro.**

Os conceitos que fundamentam o planejamento estratégico emergiram nos anos 70 como resultado de uma sucessão de ondas de choque que impactaram a indústria norte-americana – crise de energia, inflação de dois dígitos, estagnação econômica, concorrência japonesa vitoriosa e fim da reserva de mercado em setores industriais-chaves. Anteriormente, as empresas norte-americanas podiam confiar em projeções de crescimento simples para planejar a produção, vendas e lucros. O

planejamento estratégico precisava substituir o planejamento a longo prazo convencional. Hoje, a principal meta do planejamento estratégico é ajudar as empresas a selecionar e a organizar os negócios de maneira saudável, mesmo quando eventos inesperados descontrolam quaisquer de seus negócios ou linhas de produtos.

O planejamento estratégico exige ação em três áreas-chaves. A primeira determina que a empresa deve determinar seus negócios como um *portfolio* de investimentos. Cada negócio tem um potencial de lucro diferente e os recursos da empresa devem ser devidamente alocados.

A segunda área-chave envolve a avaliação cuidadosa de cada negócio, considerando-se a taxa de crescimento do mercado e a posição e adequação da empresa naquele mercado. Não é suficiente usar as vendas ou o lucro atual como guia. Por exemplo, se a Ford Motor Company usasse o lucro atual como guia para investimentos nos anos 70, teria continuado investindo em grandes automóveis porque estava ganhando dinheiro. Mas a análise da Ford mostrou que o lucro decorrente desses veículos estava diminuindo drasticamente. Portanto, a empresa precisava realocar seus investimentos para melhorar a produção de carros compactos, muito embora estivesse perdendo dinheiro nesses modelos naquele momento.

A terceira área-chave do planejamento estratégico é a *estratégia*. Para cada um de seus negócios, a empresa deve desenvolver um plano específico para atingir objetivos a longo prazo. Por não haver uma estratégia que seja ótima para todas as empresas em determinado negócio, cada empresa deve determinar a que faz mais sentido à luz de sua posição no setor e seus objetivos, oportunidades, experiências e recursos. Assim, na indústria de pneus, a Goodyear está buscando a redução de custos, a Michelin, a inovação e a Bridgestone, maior participação de mercado. Cada estratégia pode ser bem-sucedida, desde que as circunstâncias sejam adequadas.

Marketing exerce papel crítico no processo de planejamento estratégico da empresa. Conforme um gerente de planejamento estratégico da General Electric:

> ...o gerente de marketing é a pessoa mais importante no processo de planejamento estratégico, com papéis de liderança na definição da missão do negócio; na análise ambiental, competitiva e nas situações específicas do negócio; no desenvolvimento de objetivos, metas e estratégias; e na definição de produto, mercado, distribuição e de planos de qualidade para implementar as estratégias da empresa. Esse envolvimento estende-se ao desenvolvimento de programas e planos operacionais que estejam plenamente relacionados com o plano estratégico.[1]

Para entender a administração de marketing, devemos conhecer o planejamento estratégico. Para entender o planejamento estratégico, precisamos reconhecer que a maioria das grandes empresas consiste de quatro níveis organizacionais: nível corporativo, nível divisional, nível de unidade estratégica de negócio e nível de produto. A matriz da grande corporação é responsável pela preparação de um *plano estratégico corporativo* para levar toda a empresa a alcançar rentabilidade no futuro; toma decisões sobre o volume de recursos para ser alocado a cada divisão e sobre que negócios iniciar ou eliminar. Cada divisão estabelece um *plano divisional*, cobrindo a alocação de investimentos às unidades de negócios subordinadas a ela. Por sua vez, cada unidade de negócio desenvolve um *plano estratégico de unidade de negócio*. Finalmente, cada produto (linha de produtos ou marca) dentro de uma unidade de negócio desenvolve um *plano de marketing* para atingir seus objetivos em seu mercado-produto.

O plano de marketing é operado em dois níveis. O *plano estratégico de marketing* desenvolve os objetivos de marketing amplos e a estratégia baseada na análise da situação e das oportunidades de mercado atuais. O *plano tático de marketing* mostra as táticas específicas de marketing, incluindo propaganda, *merchandising*, preço, canais, serviços e assim por diante.

O plano de marketing é o instrumento central para dirigir e coordenar o esforço de marketing. Nas organizações atuais, não é o departamento de marketing que estabelece o plano de marketing. Ao contrário, os planos são desenvolvidos por equipes, a partir de contribuições de cada função importante. Depois, esses planos são implementados nos níveis apropriados da organização. Os resultados são monitorados e ações corretivas são adotadas quando necessárias. O ciclo completo do planejamento, implementação e controle é mostrado na Figura 3.1.

Neste capítulo, examinaremos as seguintes questões:

- **Quais as características de uma empresa de alto desempenho?**
- **Como o planejamento estratégico é conduzido nos níveis corporativo e divisional?**
- **Como o planejamento estratégico é conduzido no nível da unidade de negócio?**
- **Quais as principais etapas do processo de marketing?**
- **Como o planejamento é conduzido no nível de produto e o que um plano de marketing inclui?**

## NATUREZA DOS NEGÓCIOS DE ALTO DESEMPENHO

Um dos principais desafios enfrentados pelas empresas atuais é como construir e manter negócios viáveis em um mercado e ambiente empresarial rapidamente mutantes. Nos anos 50, a resposta era aumentar a eficiência da produção. Nos anos 60 e 70, as empresas consideravam que crescimento e lucro eram decorrentes de programas de aquisição e diversificação. Viam seus negócios como portfólio de investimentos ao qual acrescentavam negócios promissores e removiam negócios decadentes. Nos anos 80, as empresas decidiram permanecer nos negócios que conheciam bem.

A empresa de consultoria Arthur D. Little propôs um modelo com as características de um *negócio de alto desempenho*. Ela apontou os quatro fatores mostrados na Figura 3.2 como chaves para o sucesso: *stakeholders* (interessados na empresa), processos, recursos e organização.[2]

1. Veja HARRELL, Steve. Discurso em uma sessão plenária do Encontro de Educadores da American Marketing Association, Chicago, em 5 de agosto de 1980.
2. Veja ERICKSON, Tamara J., SHOREY, C. Everett. Business strategy: new thinking for the '90s. *Prism,* Fourth Quarter 1992. p. 19-35.

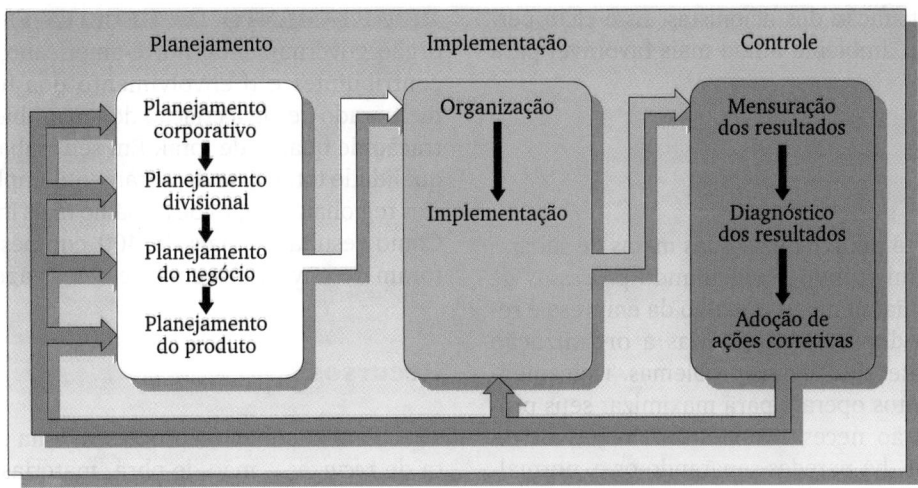

**Figura 3.1**    *Planejamento estratégico e processo de implementação e controle.*

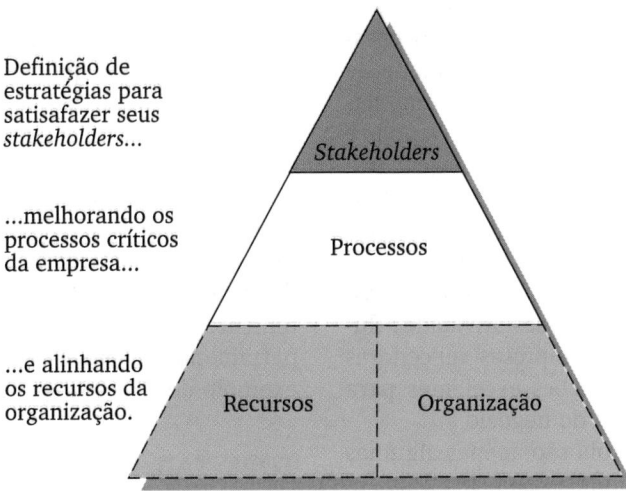

**Fonte:**    NAYAK, P. Ranganath, DRAZEN, Erica, KASTNER, George. The high-performance business: accelerating performance improvement. *Prism,* First Quarter 1992. p. 6. Reimpresso com permissão da Arthur D. Little, Inc.

**Figura 3.2**    *Empresa de alto desempenho.*

### *Stakeholders* *

Como primeira etapa na busca do alto desempenho, a empresa deve definir seus *stakeholders* e suas necessidades. Tradicionalmente, a maioria das empresas dedica grande atenção a seus *stakeholders*. Entretanto, hoje, elas estão reconhecendo cada vez mais que a menos que outros *stakeholders* – consumidores, funcionários, fornecedores, distribuidores – sejam atendidos, o negócio nunca poderá render dividendos suficientes para recompensar os acionistas. Assim, se os funcionários, consumidores, revendedores e fornecedores da General Motors não estiverem satisfeitos, provavelmente, não haverá qualquer lucro.

A empresa deve lutar para satisfazer as expectativas mínimas de seus acionistas. Ao mesmo tempo, pode visar à entrega de níveis de satisfação acima do mínimo para *stakeholders* diferentes. Por exemplo, a empresa pode ter como objetivo encantar seus consumidores, atender às expectativas de seus funcionários e entregar um nível razoável de satisfação a seus fornecedores. Ao estabelecer esses níveis, deve ser cuidadosa para não violar o senso de justiça dos vários grupos de *stakeholders* sobre o tratamento relativo que estão recebendo.

Há um relacionamento dinâmico conectando os grupos de *stakeholders*. A empresa progressista cria um alto nível de satisfação junto a seus funcionários, o que os leva a trabalhar em melhorias contínuas e em novas inovações. O resultado é produtos e serviços da mais alta qualidade que geram maior satisfação dos consumidores. A satisfação dos consumidores leva a novas compras e, assim, a crescimento e lucro maiores que propor-

---

* Neste livro, o termo *stakeholders* será mantido na forma original. A tradução mais próxima seria "interessados", ou seja, pessoas ou grupos que têm interesse pela organização. Podem ser funcionários, fornecedores, governo, comunidade, grupos de proteção ambiental etc. (N.T.)

cionam maior satisfação dos acionistas. Este ciclo permite construir um ambiente ainda mais favorável para os funcionários.

## Processos

Uma empresa pode realizar suas metas de satisfação apenas administrando e vinculando *processos de trabalho*. Tradicionalmente, o trabalho da empresa é realizado em seus departamentos. Mas a organização departamental apresenta alguns problemas. Tipicamente, os departamentos operam para maximizar seus próprios objetivos, não necessariamente os objetivos da empresa. Às vezes, há paredes separando-os e, normalmente, a cooperação entre eles está abaixo da ideal. Freqüentemente, trabalha-se lentamente e os planos são alterados à medida que passam de departamento a departamento.

As empresas de alto desempenho estão crescentemente voltando a atenção para a necessidade de administrar os processos-núcleos do negócio, como desenvolvimento de novos produtos, geração de vendas e atendimento de pedidos. Estão adotando *reengenharia* nos fluxos de trabalho e construindo *equipes interfuncionais* responsáveis, individualmente, pelos processos.[3] Por exemplo, na Xerox, um grupo de operações com consumidores vincula vendas, embarque, instalação, serviço e faturamento, de maneira que essas atividades fluem harmonicamente entre si. As empresas vencedoras serão aquelas que atingem condições excelentes para administrar os processos-núcleos do negócio.

A AT&T, Polaroid e Motorola são apenas algumas das empresas que reorganizaram seus funcionários em equipes interfuncionais. Essas equipes também se tornam comuns em organizações governamentais e nas que não visam o lucro. Por exemplo:

### ZOOLÓGICO DE SAN DIEGO  Ao mesmo tempo em que a missão do Zoológico de San Diego passava a ser mais do que uma simples instituição de exibição e tratamento de animais, sua organização também enfrentava grandes transformações. Agora, o novo zoológico consiste de zonas bioclimáticas, locais em que os visitantes entram em ambiente predador onde convivem pássaros, fauna e flora de diferentes partes do mundo. Por as zonas serem mais interdependentes, os funcionários que as administram devem trabalhar em conjunto. Jardineiros, alimentadores de animais e zootécnicos não trabalham mais separados por fronteiras tradicionais.[4]

### DEPARTAMENTO DA RECEITA FEDERAL  Nesse órgão governamental norte-americano, os serviços aos contribuintes e o envolvimento dos funcionários têm melhorado desde a criação de um ambiente de administração de qualidade total. Em seu trabalho na busca da qualidade total, esse departamento implantou nas agências regionais equipes de trabalho mais interdependentes. Como resultado, mais de 400 equipes interfuncionais foram desenvolvidas em sete dessas agências.[5]

## Recursos

Para conduzir os processos, uma empresa necessita de *recursos* – mão-de-obra, matérias-primas, máquinas, informações, energia e assim por diante. Esses recursos podem ser próprios, alugados ou resultantes de *leasing*. Tradicionalmente, as empresas possuíam ou controlavam a maioria dos recursos que entrava em seus negócios. Mas esta situação está mudando. As empresas estão constatando que alguns recursos sob seus controles não estão desempenhando tão bem como aqueles que poderiam ser obtidos externamente. Hoje, muitas delas decidiram *terceirizar* os recursos menos críticos quando podem ser obtidos em melhor qualidade e/ou menor custo de fontes externas. Freqüentemente, os recursos terceirizados incluem serviços de limpeza, manutenção de jardins e administração de frota de veículos. Recentemente, a Kodak transferiu a administração de seu departamento de processamento de dados à IBM. Outro exemplo de terceirização bem-sucedida:

### TOPSYTAIL  Algumas empresas novas garantem seu sucesso através de terceirizados qualificados. Tomima Edmark, inventora de um aparelho plástico para fazer penteados chamado Topsy-Tail, levou sua empresa a um faturamento de $ 80 milhões em 1993 com apenas dois funcionários. Em vez de contratar 50 ou mais empregados, Edmark e seus dois funcionários trabalham com uma rede de 50 empresas que cuidam desde a fabricação do produto ao serviço nas lojas de varejo. Todavia, Edmark foi cuidadosa ao seguir a primeira regra da terceirização eficaz: manter controle do desenvolvimento de novos produtos e da estratégia de marketing, competências-núcleo que representam o cerne de sua empresa.[6]

Assim, a chave é possuir e desenvolver os recursos e competências-núcleo que representam a essência do negócio. Por exemplo, a Nike não fabrica seus calçados porque alguns fabricantes asiáticos são mais competen-

3. Veja KATZENBACH, Jon R., SMITH, Douglas K. *The wisdom of teams*: creating the high-performance oganization. Boston : Harvard Business School Press, 1993; e HAMMER, Michael, CHAMPY, James. *Reengineering the corporation*. New York : HarperBusiness, 1993.
4. GLINES, David. Do you work in a zoo? *Executive Excellence* 11, n. 10, p. 12-13, Oct. 1994.
5. FERRERO, Matthew J. Self-directed work teams untax the IRS. *Personnel Journal*, p. 66-71, July 1994.
6. GARRETT, Echo Montgomery. Outsourcing to the max. *Small Business Reports*, p. 9-14, Aug. 1994. Uma situação de terceirização está habilmente explicada em QUINN, James Brian. *Intelligent enterprise*. New York : Free Press, 1992.

tes nessa tarefa. Entretanto, desenvolve superioridade no *design* e no *merchandising* dos calçados, duas suas competências-núcleo. Uma *competência-núcleo* apresenta três características: (1) é fonte de vantagem competitiva, (2) possui amplitude potencial de aplicações e (3) é difícil para os concorrentes imitarem.[7]

## Organização e cultura organizacional

A *organização* de uma empresa consiste de sua estrutura, políticas e cultura corporativa que tendem a tornar-se disfuncionais em um ambiente de negócios rapidamente mutante. Enquanto a estrutura e as políticas podem ser mudadas (com dificuldades), é muito difícil isso ocorrer com a cultura da empresa. Todavia, mudar a cultura de uma empresa é, freqüentemente, a chave para implementar uma nova estratégia bem-sucedida.

O que é exatamente uma *cultura corporativa*? A maioria das pessoas que trabalham em empresas encontraria dificuldade em encontrar palavras para descrever este conceito evasivo definido por alguém como "experiências compartilhadas, histórias, crenças e normas que caracterizam uma organização". Todavia, entre em alguma empresa e a primeira coisa que você defronta é a cultura corporativa – como as pessoas estão vestidas, como conversam entre si e até como seus escritórios são organizados. Mesmo empresas que têm pouca consciência sobre a criação de uma cultura podem possuir uma muito enraizada. A Microsoft é um caso a ser citado:

**MICROSOFT** "Se esta empresa fosse um carro, não teria um espelho retrovisor", afirma Mike Murray, vice-presidente de recursos humanos e administração da Microsoft. Em vez de prender-se às realizações passadas, a cultura corporativa da Microsoft está orientada para o futuro e é empreendedora. Entretanto, parece irônico não haver qualquer tentativa consciente para moldar sua cultura. Com a maioria de seus funcionários na faixa dos 30 anos de idade, há forte influência dessa geração sobre a cultura corporativa. Dessa forma, a Microsoft lembra o *campus* de uma faculdade, à medida que seus funcionários vestem-se de maneira descontraída, tratam-se pelo primeiro nome e se sentem livres para falar o que pensam. Todavia, a Microsoft não é tão liberal como os shorts, sandálias e os primeiros nomes sugerem. Todos trabalham arduamente na obtenção de novos produtos e cada um dos funcionários é reavaliado cada seis meses para a determinação de aumentos salariais e bônus. Nenhuma empresa possui tantos milionários e bilionários trabalhando como a Microsoft.[8]

O que ocorre quando empresas empreendedoras crescem e precisam criar uma estrutura mais rígida? E quando uma empresa com cultura empreendedora entra em uma *joint venture* com uma cultura mais burocrática e hierarquizada? Recentemente, duas empresas gigantes na área de computadores tiveram essa experiência:

**IBM, APPLE E TALIGENT** A IBM e a Apple Computer entraram em choque cultural corporativo quando uniram forças para criar a Taligent, empresa de *software* encarregada do desenvolvimento de um sistema operacional para concorrer com a Microsoft e a NeXT. Joe Guglielmi, veterano com 30 anos de trabalho na IBM e executivo-chefe da Taligent, expressou o choque cultural dessa maneira: "A IBM é uma empresa muito hierarquizada. Os planos são encaminhados aos níveis superiores, são consolidados e retornam aos níveis mais baixos na forma de estratégia de alcance mundial. A Apple é formada por um grupo de indivíduos estimulados e independentes que desenvolvem grandes projetos com tecnologia superior. As decisões são tomadas nos níveis hierárquicos inferiores a todo tempo."[9]

Em situações como esta, torna-se claro que a cultura está entrelaçada com a estratégia.

A questão do que é levado em consideração para o sucesso de empresas duradouras e de alto desempenho foi, recentemente, demonstrada em um estudo de seis anos por Collins e Porras denominado *Built to last* (Feitas para durar).[10] Os pesquisadores de Stanford identificaram duas empresas em cada um de 18 setores, uma chamaram de "empresa visionária" e a outra "empresa de comparação". As empresas visionárias foram reconhecidas como líderes setoriais e admiradas amplamente; estabeleciam metas ambiciosas, as comunicavam aos funcionários e adotavam alto propósito além de ganhar dinheiro. Incluíam-se entre elas a General Electric, Hewlett Packard e Boeing; as empresas de comparação foram a Westinghouse, Texas Instruments e McDonnell Douglas.

Na busca de algo em comum nas 18 líderes de mercado, os autores concluíram que cada empresa de alto desempenho havia desenvolvido uma ideologia central da qual não se desviava. Assim, a IBM havia assumido os princípios de respeito pelo indivíduo, de satisfação do consumidor e de melhoria contínua da qualidade no decorrer de sua história. A Johnson & Johnson adotava o princípio de que sua primeira responsabilidade era com seus consumidores, a segunda, com seus funcionários, a terceira, com a comunidade e a quarta, com

7. PRAHALAD, C. K., HAMEL, Gary. The core competence of the corporation. *Harvard Business Review*, p. 79-91, May/June 1990.
8. MACKIEWICZ, Andrea, DANIELS, Caroline. *The successful corporation of the year 2000*. New York, Londres : The Economist Intelligence Unit, 1994. p. 33-43.
9. CORPORATE culture shock: an IBM-Apple Computer joint venture. *Fortune*, p. 44, 5 Apr. 1993.
10. COLLINS, James C., PORRAS, Jerry I. *Built to last*: successful habits of visionary companies. New York : HarperBusiness, 1994.

seus acionistas. O importante é que, embora uma empresa precise mudar alguns elementos de sua cultura e estratégia para se adaptar às mudanças ambientais, a maioria das líderes de mercado tem preservado sua ideologia central para navegar através de águas turbulentas.

## PLANEJAMENTO ESTRATÉGICO DIVISIONAL E CORPORATIVO

A matriz da corporação é responsável pela implantação do processo de planejamento estratégico. Ao preparar declarações de missão, políticas, estratégias e metas, a matriz estabelece a estrutura em que as divisões e unidades de negócios preparam seus planos. Algumas corporações dão muita liberdade a suas unidades de negócios no estabelecimento de metas de vendas e lucro e estratégias. Outras estabelecem metas para suas unidades de negócios, mas deixa-as desenvolver suas estratégias. Ainda outras estabelecem as metas e ficam totalmente envolvidas nas estratégias de suas unidades de negócios.[11]

Todas as matrizes das corporações devem encarregar-se de quatro atividades de planejamento:

- Definição da missão corporativa.
- Estabelecimento de unidades estratégicas de negócios (UEN).
- Alocação de recursos a cada UEN.
- Planejamento de novos negócios.

### Definição da missão corporativa

Uma organização existe para realizar algo: fabricar carros, emprestar dinheiro, fornecer alojamento noturno e assim por diante. Geralmente, sua missão específica ou propósito é clara desde o início do negócio. No decorrer do tempo, alguns gerentes podem perder interesse pela missão ou ela pode perder relevância em função de mudanças das condições de mercado. A missão pode tornar-se obscura à medida que a organização acrescenta novos produtos a seu portfólio. Recentemente, a American Can vendeu seu primeiro negócio que era a fabricação de latas. Está claro que essa empresa está redefinindo sua missão.

Quando a administração sente que a organização está desviando-se de sua missão, deve renovar sua busca de propósito. Conforme Peter Drucker, é o momento de levantar algumas questões fundamentais.[12] *Qual é nosso negócio? Quem é o consumidor? O que é valor para o consumidor? Qual será nosso negócio? Qual deve ser nosso negócio?* Estas questões aparentemente simples

estão entre as mais difíceis de ser respondidas pela empresa. As empresas bem-sucedidas aumentam esta lista de perguntas e as responde atenta e profundamente.

Cada missão de empresa é moldada por cinco elementos:

- *História.* Todas as empresas têm uma história de propósitos, políticas e realizações. A organização não deve afastar-se radicalmente de seu passado. Por exemplo, não faria sentido a Harvard University abrir cursos de graduação de dois anos, mesmo se isso representasse uma oportunidade de crescimento.
- *Preferências atuais dos proprietários e da administração.* Se a atual administração da Zenith deseja retirar a empresa do negócio de fabricação de televisores, provavelmente, sua declaração de missão será afetada.
- *Ambiente de mercado.* A organização Jovens Bandeirantes da América não seria bem-sucedida em recrutar moças no ambiente de mercado atual com seu antigo propósito: "preparar moças para a maternidade e para os deveres de esposa".
- *Recursos.* Os recursos da organização determinam que missões são possíveis. A Singapure Airlines estaria iludindo a si mesma se adotasse a missão de tornar-se a maior linha aérea do mundo.
- *Competências distintivas.* A organização deve basear sua missão no que faz melhor. Por exemplo, a Honda japonesa deve cuidar de sua competência-núcleo mais importante – a saber, fabricar motores. Sua habilidade em desenhar e melhorar motores tem sido a base para desenvolvimento de produtos como motocicletas, automóveis, cortadoras de grama, removedores de gelo, arados elétricos e motores de popa. Similarmente, as habilidades da Canon em óptica fina, mecânica de precisão e microeletrônica são a base de seu sucesso de tais produtos como máquinas copiadoras, câmaras de vídeo, impressoras e aparelhos de fax. Provavelmente, a McDonald's poderia entrar no negócio de energia solar, mas ao fazer isso não estaria usando sua competência-núcleo – fornecer alimento e serviço rápido a baixo custo a grandes grupos de consumidores.

As organizações desenvolvem declarações de missão para compartilhá-las com seus gerentes, funcionários e (em muitos casos) consumidores. Uma declaração de missão bem preparada proporciona aos funcionários da empresa um senso único de propósito, direção e oportunidade. A declaração de missão da empresa atua como uma "mão invisível" que orienta funcionários geograficamente dispersos a trabalhar independentemente e, todavia, coletivamente para realizar as metas da organização. Aqui estão dois exemplos de boas declarações de missão:

---

11. Veja THE new breed of strategic planning. *Business Week*, p. 62-68, 7 Sept. 1984.
12. Veja DRUCKER, Peter. *Management*: tasks, responsabilities and practices. New York : Harper & Row, 1973. Cap. 7.

**AMOCO**   "A Amoco é uma empresa química e petrolífera mundialmente integrada. Descobrimos e desenvolvemos recursos petrolíferos e fornecemos produtos e serviços de qualidade para nossos consumidores. Conduzimos responsavelmente nosso negócio para obter retorno financeiro elevado, balanceado com nosso crescimento a longo prazo, beneficiando acionistas e atendendo a nosso compromisso com a comunidade e o meio-ambiente."

**MOTOROLA**   "O propósito da Motorola é atender honoravelmente às necessidades da comunidade fornecendo produtos e serviços de qualidade superior e preço; ao fazer isso, procuramos obter o lucro adequado e necessário para o crescimento da empresa, dando oportunidade para que nossos funcionários e acionistas conquistem objetivos pessoais razoáveis."

As boas declarações de missão possuem três características importantes: Primeiro, focam um número limitado de metas. A declaração: "Desejamos fabricar produtos da mais alta qualidade, oferecer os melhores serviços, atingir a distribuição mais ampla e vender aos preços mais baixos" é muito ampla. Deixa de fornecer orientações quando a administração enfrenta decisões difíceis. Segundo, as declarações de missão destacam as principais políticas e valores que a empresa deseja honrar. As *políticas* definem como a empresa tratará seus *stakeholders,* funcionários, consumidores, fornecedores, distribuidores e outros grupos importantes. As políticas delimitam a amplitude da discrição individual, permitindo que os funcionários atuem consistentemente em assuntos importantes. Terceiro, definem os principais *escopos de competência* em que a empresa operará:

- *Escopo do setor industrial.* A variedade de setores industriais em que a empresa operará. Algumas operarão em apenas um setor industrial; algumas apenas em um conjunto de setores industriais relacionados; algumas apenas em setores de bens industriais, bens de consumo ou serviços; outras em qualquer setor industrial. Por exemplo, a Du Pont prefere operar no mercado industrial, enquanto a Dow está disposta a operar no mercado industrial e no consumidor. A 3M está presente em qualquer setor industrial em que possa ganhar dinheiro.
- *Escopo de produto e aplicações.* A variedade de produtos e aplicações que a empresa fornecerá. O propósito da St. Jude Medical é "atender médicos em todo o mundo com produtos de alta qualidade destinados ao tratamento cardiovascular".
- *Escopo de competência.* A variedade de competências tecnológicas e outras competências-núcleo que

a empresa dominará e alavancará. Assim, a NEC japonesa desenvolveu suas competências-núcleo em computação, comunicações e componentes eletrônicos. Essas competências apoiam sua produção de computadores *laptop*, aparelhos de televisão, telefones celulares e assim por diante.

- *Escopo de segmento de mercado.* O tipo de mercado ou de consumidores que a empresa atenderá. Algumas empresas atenderão apenas ao mercado de alta classe. Por exemplo, a Porsche fabrica apenas carros, óculos e outros acessórios caros. A Gerber atende, principalmente, ao mercado de bebês.
- *Escopo vertical.* O número de níveis de canal, da matéria-prima ao produto final e à distribuição em que a empresa participará. Em um extremo, estão as empresas com escopo vertical amplo; no passado, a Ford possuía plantações de seringais, fazendas de ovelhas, fábricas de vidro e aciárias. No outro extremo estão as empresas com baixa ou nenhuma integração vertical. Essas "corporações ocas" ou "empresas genuínas de marketing" consistem de uma pessoa com telefone, fax, computador e uma mesa que contrata serviços de *design,* manufatura, marketing e distribuição física.[13]
- *Escopo geográfico.* A variedade de regiões, países ou grupo de países onde a empresa operará. Em um extremo estão as empresas que operam em uma cidade ou estado específico. No outro estão as multinacionais como Unilever e Caterpillar, que operam em quase todos os 180 países mais importantes do mundo.

As declarações de missão são melhores quando orientadas por uma visão, quase um "sonho impossível" que fornece direção para os próximos dez ou vinte anos da empresa. Akio Morita, ex-presidente da Sony, desejava que todos tivessem acesso ao "som pessoal portátil", e sua empresa criou o *walkman* e o aparelho de CD portátil. Fred Smith desejava entregar encomendas em qualquer lugar dos Estados Unidos antes das 10:30 do dia seguinte, e criou a Federal Express.

As declarações de missão não devem ser revisadas em poucos anos para responder a cada nova mudança econômica. Entretanto, a empresa deve redefinir sua missão se esta perder a credibilidade ou não mais estar definindo um curso de ação ótimo para a empresa.[14] A Mars Inc. modificou seus "Cinco princípios" em 1994 para incorporar referências às ambições da empresa de ir para o exterior; e a Bell Atlantic modificou sua visão – "ser a melhor empresa mundial no gerenciamento da informação e das comunicações" – ao incorporar o entretenimento com a aquisição da Tele-Communications Inc., gigante da TV a cabo.[15]

13. Veja THE HOLLOW corporation. *Business Week*, p. 57-59, 3 Mar. 1986. Veja também DAVIDOW, William H., MALONE, Michael S. *The virtual corporation.* New York : HarperBusiness, 1992.
14. Para maior discussão, veja NASH, Laura. Mission statements: mirrors and windows. *Harvard Business Review*, p. 155-156, Mar./Apr. 1988.
15. FUCHSBERG, Gilbert. Visioning missions becomes its own mission. *The Wall Street Journal,* 7 Jan. 1994. B1, p. 3.

**Tabela 3.1**    Definições de um negócio orientado para o produto *versus* orientado para o mercado.

| EMPRESA | PRODUTO | DEFINIÇÃO DO MERCADO |
|---|---|---|
| Missouri-Pacific Railroad | Dirigimos uma ferrovia | Movimentamos pessoas e bens. |
| Xerox | Fabricamos copiadoras. | Ajudamos a melhorar a produtividade do escritório. |
| Standard Oil | Vendemos gasolina. | Fornecemos energia. |
| Columbia Pictures | Fazemos filmes. | Vendemos entretenimento. |
| Enciclopédia Britânica | Vendemos enciclopédias. | Distribuímos informações. |
| Carrier | Fabricamos aparelhos de ar-condicionado e fornos | Fornecemos controle de climatização de ambientes. |

## Estabelecimento de Unidades Estratégias de Negócios

A maioria das empresas opera vários negócios. Entretanto, muito freqüentemente, definem seus negócios em termos de produtos. Estão no "negócio de automóveis" ou no "negócio de réguas de cálculo". Mas Levitt argumentou que as definições de mercado de um negócio são superiores às definições de produto.[16] Um negócio deve ser visto como um processo de satisfação do consumidor, não um processo de produção de bens. Produtos são transitórios, mas as necessidades básicas e os grupos de consumidores permanecem para sempre. Uma empresa de carruagem sairá do negócio após o automóvel ser inventado, a menos que passe a fabricar carros. Levitt estimulou as empresas a redefinir seus negócios em termos de necessidades, não de produtos. A Tabela 3.1 fornece vários exemplos de empresas que redefiniram seus negócios de produtos para mercados.

A administração deve evitar uma definição de mercado que seja muito estreita ou muito ampla. Consideremos um fabricante de lapiseiras. Se se ver como uma empresa fabricante de equipamentos de escrita, pode expandir-se para a fabricação de canetas. Se se ver como uma empresa fabricante de equipamentos de edição de texto, pode pensar em fabricar computadores. O conceito mais amplo de seu negócio é ser uma empresa de comunicação, mas isto a deixaria muito distante de um fabricante de lapiseira.

Ao definir seus negócios, muitas empresas estão raciocinando em termos do que seus produtos realizam, em vez de, simplesmente, do que eles são. Por exemplo, a BMW afirma ser uma empresa "fornecedora de transporte" em vez de uma "fabricante de carros". Vê seu negócio como carros, motocicletas, sistemas de gerenciamento de tráfego e reciclagem de automóveis. Essa definição inclui a ênfase da BMV em *leasing* – a ênfase atual do negócio de automóveis. A Whirlpool define-se como empresa de proteção de tecidos ou de conservação de alimentos, em vez de uma fabricante de máquinas de lavar ou de refrigeradores.

Um negócio pode ser definido em termos de três dimensões: *grupos de consumidores, necessidades dos consumidores e tecnologia.*[17] Por exemplo, consideramos uma pequena empresa que define seu negócio como projetista de sistemas de iluminação incandescente para estúdios de televisão. Seu grupo de consumidores é formado por estúdios de televisão; a necessidade dos consumidores é iluminação e a tecnologia é iluminação incandescente. A empresa pode desejar expandir suas atividades em negócios adicionais. Por exemplo, pode fornecer iluminação a outros grupos de consumidores, como residências, fábricas e escritórios. Poderia fornecer outros serviços necessários pelos estúdios de televisão, como aquecimento, ventilação ou ar-condicionado. Poderia desenvolver outras tecnologias de iluminação para estúdios de televisão, como iluminação infravermelho ou ultravioleta.

Normalmente, as grandes empresas administram negócios bem diferentes, cada um deles exigindo estratégia apropriada. A General Electric classificou seus negócios em 49 *unidades estratégias de negócios* (UEN). Cada UEN possui três características:

1. É um único negócio ou conjunto de negócios relacionados que podem ser planejados separadamente do restante da empresa.
2. Tem seu próprio conjunto de concorrentes.
3. Tem um administrador responsável pelo planejamento estratégico e lucro e que controla a maioria dos fatores que afetam esse lucro.

## Alocação de recursos a cada UEN

O propósito de identificar as unidades estratégicas de negócios da empresa é desenvolver estratégias separadas e alocar os recursos financeiros apropriados. A alta administração sabe que seu portfólio de negócios, geralmente, inclui muitos "campeões de ontem" bem como "promessas de amanhã". Entretanto, não pode confiar apenas em impressões; necessita de ferramentas analíti-

16. LEVITT, Theodore. Miopia em marketing. In: *Imaginação de marketing*. 2. ed. São Paulo : Atlas, 1991.
17. ABELL, Derek. *A definição do negócio*: o ponto de partida para o planejamento estratégico. São Paulo : Atlas, 1990. Cap. 3.

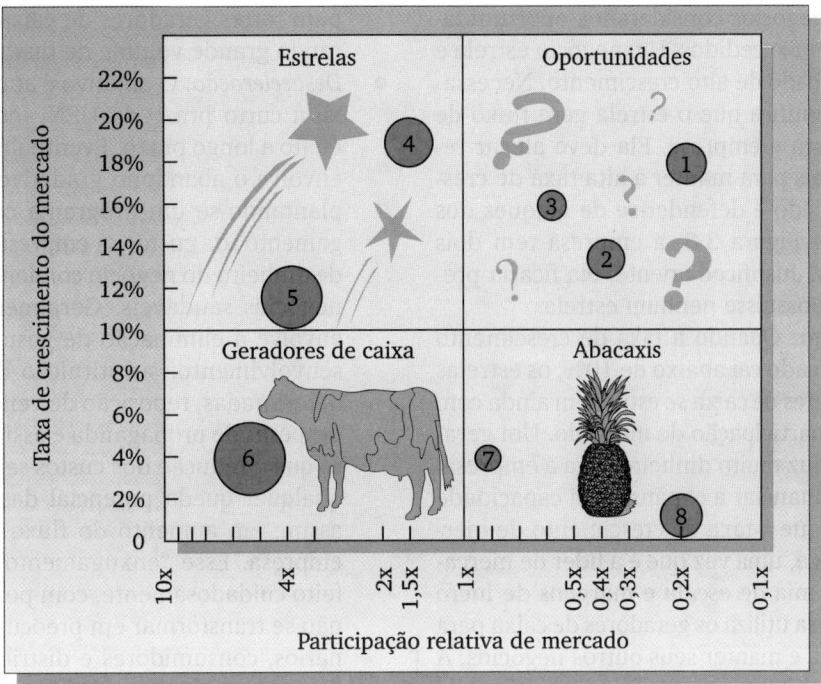

**Fonte:** Reproduzido de *Long Range Planning,* Feb. 1977, p. 12, com permissão de Elsevier Science Ltd. The Boulevard, Langford Lane, Kidington OX5 IGB, UK.

**Figura 3.3** *Matriz crescimento-participação de mercado do Boston Consulting Group.*

cas para classificar seus negócios por potencial de lucro. Dois dos modelos de avaliação de portfólio de negócios mais conhecidos são o do Boston Consulting Group e o da General Electric.[18]

**MODELO DO BOSTON CONSULTING GROUP.** O Boston Consulting Group (BCG), importante empresa de consultoria de administração, desenvolveu e popularizou a *matriz crescimento-participação* mostrada na Figura 3.3. Os oito círculos representam os tamanhos e posições atuais de oito unidades de negócios de uma empresa hipotética. O tamanho de cada negócio em termos de dinheiro é proporcional à área do círculo. Assim, os dois maiores negócios são o 5 e o 6. A localização de cada unidade de negócio indica sua taxa de crescimento de mercado e a participação relativa de mercado.

Especificamente, a *taxa de crescimento de mercado* no eixo vertical indica a taxa anual de crescimento no mercado em que a UEN opera. Na Figura 3.3, varia de 0 a 20%, embora uma variação maior poderia ser mostrada. Uma taxa de crescimento de mercado acima de 10% é considerada alta. No eixo horizontal, mostra-se a *participação relativa de mercado* da UEN em relação a seu maior concorrente. Serve como uma medida da força da empresa no mercado relevante. Uma participação relativa de mercado de 0,1 significa que o volume de vendas da UEN é apenas 10% do volume de vendas da UEN líder; uma participação relativa de 10 significa que a

UEN da empresa é líder e possui 10 vezes o volume de vendas da concorrente mais próxima naquele mercado. A participação relativa de mercado é dividida em alta e baixa, usando-se 1,0 como linha divisória. A participação relativa de mercado está desenhada em escala logarítmica, de modo que distâncias iguais representam o mesmo crescimento porcentual.

A matriz crescimento-participação está dividida em quatro células, cada uma indicando um tipo de negócio diferente:

* *Oportunidades*: São negócios que operam em mercados de alta taxa de crescimento, mas com participações relativas de mercado baixas. A maioria dos negócios inicia-se como oportunidades, à medida que a empresa tenta entrar em um mercado de alto crescimento onde já existe um líder. Um negócio de oportunidade exige grande investimento porque a empresa precisa gastar dinheiro em instalações industriais, equipamentos e pessoal para acompanhar o mercado de rápido crescimento, uma vez que deseja superar a líder. O termo *oportunidade* é apropriado porque a empresa precisa refletir muito antes de colocar dinheiro em um negócio que pode dar certo ou errado. A empresa da Figura 3.3 opera três negócios considerados oportunidades e isto pode não ser bom. Ela pode investir mais em um ou dois negócios, em vez de pulverizar os recursos em três negócios.

18. Veja KERIN, Roger A., MAHAJAN, Vijay, VARADARAJAN, P. Rajan. *Contemporary perspectives on strategic planning.* Boston : Allyn & Bacon, 1990.

- *Estrelas*: são os negócios considerados oportunidades que foram bem-sucedidos. Um negócio estrela é líder em um mercado de alto crescimento. Necessariamente, não significa que o estrela gera fluxo de caixa positivo para a empresa. Ela deve alocar recursos substanciais para manter a alta taxa de crescimento de mercado e defender-se de ataques dos concorrentes. Na Figura 3.3, a empresa tem dois negócios estrelas. Justificadamente, ela ficaria preocupada se não possuísse nenhum estrela.

- *Geradores de caixa*: Quando a taxa de crescimento anual de um mercado cai abaixo de 10%, os estrelas tornam-se geradores de caixa se estiverem ainda com a maior taxa de participação de mercado. Um gerador de caixa produz muito dinheiro para a empresa. Ela não precisa financiar a expansão da capacidade de produção porque a taxa de crescimento de mercado foi reduzida e, uma vez que é a líder de mercado, obtém economia de escala e margens de lucro maiores. A empresa utiliza os geradores de caixa para pagar suas contas e manter seus outros negócios. A empresa da Figura 3.3 possui apenas um gerador de caixa e está, assim, altamente vulnerável. Se esse gerador de caixa começar a perder participação de mercado, a empresa terá que injetar muito dinheiro para manter a liderança de mercado. Se usar dinheiro para manter os outros negócios, seu gerador de caixa pode transformar-se em um negócio abacaxi.

- *Abacaxis*: Os abacaxis são negócios de baixa participação em mercados de baixo crescimento. Tipicamente, geram pouco lucro ou dão algum prejuízo, embora possam também gerar alguma receita. A empresa da Figura 3.3 possui dois abacaxis que podem representar muito problema. Ela deve ter boas razões para mantê-los em seu portfólio de negócios (quem sabe, espera uma "virada" na taxa de crescimento de mercado ou uma nova chance de liderança de mercado) ou há razões sentimentais. Freqüentemente, os negócios abacaxis consomem mais tempo da administração do que valem e precisam ser desacelerados ou eliminados.

Após assinalar seus vários negócios na matriz de crescimento-participação, a empresa deve determinar se seu portfólio de negócios é saudável. Um portfólio desbalanceado teria muitos abacaxis ou oportunidades e/ou poucos estrelas e geradores de caixa.

A tarefa seguinte da empresa é determinar que objetivo, estratégia e orçamento atribuir a cada UEN. Quatro estratégias podem ser adotadas:

- *Crescimento*: O objetivo é aumentar a participação de mercado da UEN, mesmo sacrificando ganhos a curto prazo. A estratégia de crescimento é apropriada para os negócios classificados como oportunidades, cujas participações de mercado devem crescer se pretendem tornar-se estrelas.

- *Manutenção*: O objetivo é preservar a participação de mercado da UEN. Esta estratégia é apropriada para fortes geradores de caixa, se continuarem gerando grande volume de fluxo de caixa positivo.

- *Desaceleração*: O objetivo é aumentar o fluxo de caixa a curto prazo da UEN, independentemente do efeito a longo prazo. Eventualmente, essa estratégia envolve o abandono gradativo de um negócio, implantando-se um programa continuado de "enxugamento" de custos. A empresa programa a retirada de dinheiro do negócio condenado para alocá-lo nos negócios saudáveis. Geralmente, a desaceleração envolve a eliminação de gastos em pesquisa e desenvolvimento, substituição de instalações físicas deterioradas, reposição de vendedores, redução das despesas de propaganda e assim por diante. Espera-se que a redução dos custos seja mais rápida do que qualquer queda potencial das vendas, resultando, assim, em aumento do fluxo de caixa positivo da empresa. Esse "enxugamento" de custos deve ser feito cuidadosamente, com pouca visibilidade, para não se transformar em preocupação para os funcionários, consumidores e distribuidores da empresa. Essa estratégia é apropriada para geradores de caixa fracos e de futuro incerto, mas que ainda podem contribuir para o fluxo de caixa positivo. A desaceleração pode também ser usada com negócios considerados oportunidades e abacaxis. A empresa que adota essa estratégia enfrenta problemas éticos e sociais quando precisa definir quanta informação deve compartilhar com seus vários *stakeholders* (grupos de pessoas interessadas por seu desempenho).

- *Eliminação*: O objetivo é vender ou liquidar o negócio porque os recursos podem ser mais bem utilizados em outras atividades. A eliminação é apropriada para negócios classificados como abacaxis e oportunidades que estejam drenando os lucros da empresa. As empresas devem decidir cuidadosamente se desacelerar ou eliminar seria a melhor estratégia a ser adotada para um negócio fraco. A desaceleração reduz o valor futuro do negócio e, assim, o preço que poderia ser alcançado no caso de sua posterior venda. Em contraste, a decisão rápida de eliminar um negócio, provavelmente, gerará bom dinheiro para a empresa se estiver ainda com bom desempenho em vendas e for de valor para a empresa compradora.

Com o passar do tempo, as UENs mudam de posição na matriz crescimento-participação. As bem-sucedidas têm um ciclo de vida. Começam como oportunidades, tornam-se estrelas, depois, geradores de caixa e, finalmente, abacaxis no final de seus ciclos de vida. Por esta razão, as empresas devem examinar não apenas as posições atuais de seus negócios na matriz crescimento-participação (como em uma foto instantânea), mas também o movimento de suas posições (como em um filme). Cada negócio deve ser analisado em termos de desempenho passado e de possibilidades futuras. Se a tra-

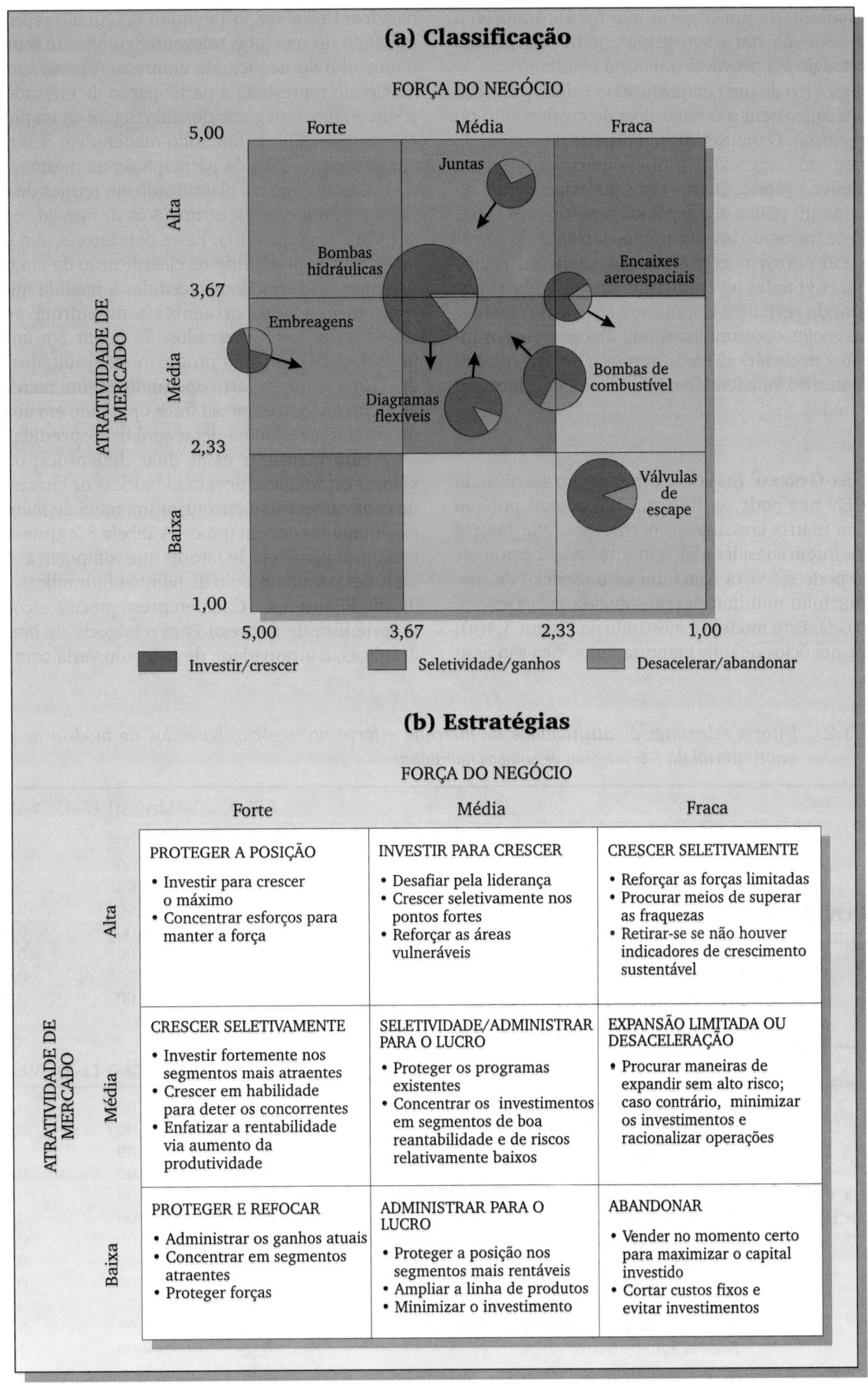

**(a) Classificação**

FORÇA DO NEGÓCIO

**(b) Estratégias**

FORÇA DO NEGÓCIO

**Fonte:** Reproduzido de DAY, George S. *Analysis for strategic marketing decisions.* West Publishing Company. 1986. p. 202-204.

**Figura 3.4** *Atratividade de mercado e posição competitiva – Classificação e estratégias de portfólio*

jetória esperada de um negócio não for satisfatória, a empresa deve solicitar a seu gerente para propor uma nova estratégia e a provável trajetória resultante.

O pior erro de uma empresa seria exigir que todas as UENs alcançassem a mesma taxa de crescimento ou nível de retorno. O ponto mais importante da análise da UEN é que cada negócio tem um potencial diferente e exige objetivo próprio. Outros erros poderiam ser os seguintes: investir pouco nos negócios geradores de caixa, tornando-os fracos, ou investir muito, deixando de alocar recursos em outros negócios com potencial de crescimento; fazer grandes investimentos em negócios abacaxis, esperando revitalizá-los, se isto não ocorrer; manter muitos negócios oportunidades sem alocar a eles os investimentos necessários. Esses negócios devem receber apoio financeiro suficiente para se tornarem líderes ou ser eliminados.

**Modelo da General Electric.** Um objetivo apropriado a uma UEN não pode ser determinado apenas por sua posição na matriz crescimento-participação. Se fatores adicionais forem considerados, a matriz crescimento-participação pode ser vista como um caso especial de matriz de portfólio multifatorial introduzida pela General Electric (GE). Este modelo é mostrado na Figura 3.4(a), onde sete negócios de uma empresa hipotética são assi-

nalados. Desta vez, o tamanho do círculo representa o tamanho do mercado relevante, em vez de representar o tamanho do negócio da empresa. A parte sombreada do círculo representa a participação de mercado do negócio. Assim, o negócio de embreagem da empresa atua em um mercado de tamanho moderado e detém, aproximadamente, 30% de participação no mesmo.

Cada negócio é classificado em termos de duas dimensões importantes: *atratividade de mercado* e *força do negócio* (Figura 3.4[b]). Esses dois fatores têm excelente sentido de marketing na classificação de um negócio. As empresas serão bem-sucedidas à medida que entrarem em mercados atraentes e possuírem as forças exigidas por esses mercados. Se falhar em um desses fatores, o negócio não produzirá os resultados esperados. Uma empresa forte operando em um mercado não atraente ou uma empresa fraca operando em um mercado atraente, nenhuma delas será bem-sucedida.

Para mensurar essas duas dimensões, os planejadores estratégicos devem identificar os fatores básicos de cada dimensão e encontrar um meio de mensurá-los e combiná-los em um índice. A Tabela 3.2 apresenta dois conjuntos possíveis de fatores que compõem as duas dimensões para o negócio de bombas hidráulicas, mostradas na Figura 3.4. (Cada empresa precisa escolher sua própria lista de fatores.) Para o negócio de bombas hidráulicas, a atratividade de mercado varia com o tama-

**Tabela 3.2** *Fatores relevantes de atratividade de mercado e força do negócio, baseados no modelo de portfólio multifatorial da GE: mercado de bombas hidráulicas.*

| | | PESO | AVALIAÇÃO (1-5) | VALOR |
|---|---|---|---|---|
| **ATRATIVIDADE DE MERCADO** | Tamanho do mercado | 0,20 | 4,00 | 0,80 |
| | Taxa de crescimento anual do mercado | 0,20 | 5,00 | 1,00 |
| | Histórico da força de mercado | 0,15 | 4,00 | 0,60 |
| | Intensidade competitiva | 0,15 | 2,00 | 0,30 |
| | Exigências tecnológicas | 0,15 | 4,00 | 0,60 |
| | Vulnerabilidade inflacionária | 0,05 | 3,00 | 0,15 |
| | Exigências de energia | 0,05 | 2,00 | 0,10 |
| | Impacto ambiental | 0,05 | 3,00 | 0,15 |
| | Social, político e legal | Deve ser aceito | | |
| | | 1,00 | – | 3,70 |
| | | PESO | AVALIAÇÃO (1-5) | VALOR |
| **FORÇA DO NEGÓCIO** | Participação de mercado | 0,10 | 4,00 | 0,40 |
| | Crescimento da participação | 0,15 | 2,00 | 0,30 |
| | Qualidade do produto | 0,10 | 4,00 | 0,40 |
| | Reputação da marca | 0,10 | 5,00 | 0,50 |
| | Rede de distribuição | 0,05 | 4,00 | 0,20 |
| | Eficácia promocional | 0,05 | 3,00 | 0,15 |
| | Capacidade produtiva | 0,05 | 3,00 | 0,15 |
| | Eficiência produtiva | 0,05 | 2,00 | 0,10 |
| | Custos unitários | 0,15 | 3,00 | 0,45 |
| | Suprimentos de materiais | 0,05 | 5,00 | 0,25 |
| | Desempenho de pesquisa e desenvolvimento | 0,10 | 3,00 | 0,30 |
| | Pessoal administrativo | 0,05 | 4,00 | 0,20 |
| | | 1,00 | | 3,40 |

**Fonte:** Adaptado de HOSMER, La Rue T. *Strategic management.* Englewood Cliffs : Prentice-Hall, 1982. P. 310.

nho do mercado, taxa anual de crescimento do mercado, histórico das margens de lucro e assim por diante. A força do negócio varia com a participação de mercado, crescimento da participação, qualidade do produto etc. Nota-se que os dois fatores do BCG – taxa de crescimento de mercado e participação de mercado – são pré-assumidos sob as duas principais variáveis do modelo GE. Este modelo leva os planejadores estratégicos a examinar mais fatores ao avaliar um negócio real ou potencial do que os propostos pelo modelo BCG.

Como a empresa chega aos dados mostrados na Tabela 3.2 e aos círculos da Figura 3.4(a)? A administração classifica cada fator de 1 (não atraente) a 5 (muito atraente). O negócio de bombas hidráulicas é avaliado em 4 no tamanho do mercado, indicando uma participação muito boa, desde que o mercado total seja 5. Claramente, a avaliação desses fatores exige dados fornecidos pelo departamento de marketing e por outras pessoas da empresa. Depois, as avaliações são multiplicadas pelos pesos, refletindo a importância relativa dos fatores para se chegar aos valores, que são somados para cada dimensão. O negócio de bombas hidráulicas somou 3,70 em atratividade de mercado e 3,40 em força do negócio, abaixo da somatória máxima de 5,00 para cada fator. O analista coloca um ponto representando esse negócio na matriz multifatorial da Figura 3.4(a) e desenha um círculo em torno do mesmo, de tamanho proporcional à dimensão do mercado relevante. A participação de mercado da empresa de, aproximadamente, 14% está sombreada. Fica evidente que o negócio de bombas hidráulicas está situado em uma parte razoavelmente atraente da matriz.

De fato, a matriz GE está dividida em nove células, que, por sua vez, concentram-se em três zonas (Figura 3.4[b]). As três células do canto superior esquerdo indicam as UENs fortes em que a empresa deve investir/crescer. As células diagonais do canto inferior esquerdo ao superior direito indicam UENs classificadas como médias em termos de atratividade global. A empresa deve procurar seletividade e administrar os lucros nessas UENs. As três células do canto inferior direito indicam UENs fracas em termos de atratividade global: a empresa deve pensar seriamente em desacelerar/abandonar esses negócios. Por exemplo, o negócio de válvulas de escape representa uma UEN com baixa participação de mercado em um mercado de tamanho médio não muito atraente e onde a empresa está em fraca posição competitiva: é séria candidata a desacelerar/abandonar.[19]

A administração deve também prever a posição esperada de cada UEN nos próximos três a cinco anos, mantendo-se a estratégia atual. Essa determinação envolve analisar onde se situa cada produto em seu ciclo de vida, bem como as estratégias competitivas esperadas, novas tecnologias, eventos econômicos e assim por diante. Os resultados estão indicados pela extensão e direção das setas da Figura 3.4(a). Por exemplo, espera-se que o negócio de bombas hidráulicas decline levemente em termos de atratividade de mercado e que o negócio de embreagens decline fortemente em termos de força.

Nem sempre o objetivo da empresa é o crescimento de vendas em cada UEN. Ao contrário, o objetivo pode ser manter a demanda existente investindo menos recursos de marketing ou retirar dinheiro do negócio, permitindo a queda da demanda. *Assim, a tarefa da administração de marketing é gerenciar a demanda ou a receita no nível-alvo negociado com a alta administração.* Marketing contribui para avaliar o potencial de lucro e vendas de cada UEN, mas, uma vez estabelecidos os objetivos e o orçamento de cada uma delas, a tarefa de marketing é implementar o plano de maneira eficiente e rentável.

CRÍTICA AOS MODELOS DE PORTFÓLIO. Além dos modelos BCG e GE, outros modelos de portfólio têm sido desenvolvidos e usados, principalmente o da Arthur D. Little e o da política direcional da Shell.[20] Os modelos de portfólio apresenta inúmeros benefícios. Eles vêm ajudando os administradores a pensar mais estrategicamente, a entender melhor os fatores econômicos de seus negócios, a melhorar a qualidade de seus planos, a melhorar a comunicação entre o negócio e a administração da empresa, a identificar os hiatos de informação e a eliminar os negócios mais fracos, aumentando o investimento em negócios mais promissores.

Entretanto, os modelos de portfólio devem ser usados com cautela. Podem levar a empresa a dar maior ênfase no aumento da participação de mercado, entrando em negócios de alto crescimento ou a negligenciar seus negócios atuais. Os resultados dos modelos são sensíveis às classificações e pesos e podem ser manipulados para produzirem uma localização desejada na matriz. Além disso, desde que esses modelos usem um processo médio, dois ou mais negócios podem terminar na mesma célula, embora diferindo bastante em termos de classificações e pesos atribuídos. Muitos negócios terminarão posicionados no centro da matriz como resultado de avaliações coincidentes, tornando difícil saber qual deve ser a estratégia apropriada. Finalmente, os modelos falham em delinear as sinergias entre dois ou mais negócios, significando que pode ser arriscado tomar decisões para um negócio isolado. Há o perigo de perder-se uma unidade de negócio que, realmente, forneça uma competência-núcleo essencial para atender a outras unida-

---

19. Trata-se de uma decisão difícil a ser tomada entre desacelerar e abandonar um negócio. Desacelerar um negócio significa perder valor a longo prazo, situação em que será difícil encontrar um comprador. Por outro lado, o abandono do negócio facilita atração de um comprador.

20. Veja PATEL, Peter, YOUNGER, Paul. A frame of reference for strategy development. *Long Range Planning*, p. 6-12, Apr. 1978; e ROBINSON, S. J. Q et. al. The directional policy matrix: tool for strategic planning. *Long Range Planning*, p. 8-15, June 1978.

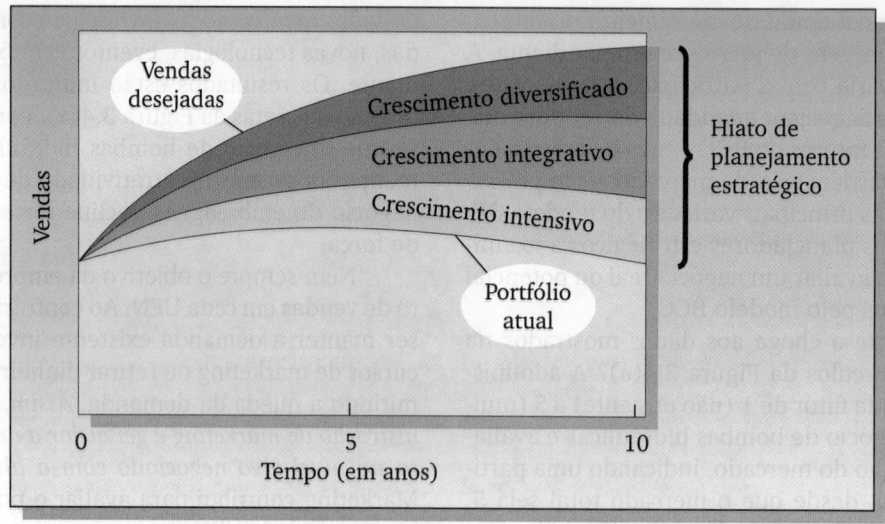

**Figura 3.5** *Hiato de planejamento estratégico.*

des de negócios. Entretanto, os modelos de portfólio globais têm melhorado a capacidade estratégica e analítica, permitindo a tomada de melhores decisões, evitando as meras impressões.[21]

## Planejamento de novos negócios

Os planos da empresa para seus negócios existentes permitem a projeção do faturamento total e do lucro. Freqüentemente, as vendas e os lucros projetados são menores do que o esperado pela alta administração. Se houver um hiato de planejamento estratégico entre as vendas futuras desejadas e as projetadas, a alta administração terá que desenvolver ou adquirir novos negócios para preenchê-lo.

A Figura 3.5 ilustra esse hiato de planejamento estratégico para um importante fabricante de fitas de áudio chamada Musicale (nome fictício). A curva mais baixa projeta as vendas esperadas nos próximos dez anos, baseando-se no portfólio atual de negócios da empresa. A curva mais alta projeta as vendas desejadas pela empresa. Evidentemente, a empresa deseja crescer mais rápido do que seus negócios permitem. Como pode preencher esse hiato de planejamento estratégico?

Três opções estão disponíveis. A primeira é identificar oportunidades que possam contribuir para o crescimento de seus negócios atuais (*oportunidades de crescimento intensivo*). A segunda é identificar oportunidades de crescimento ou de aquisição de negócios relacionados com os atuais (*oportunidades de crescimento integrado*). A terceira é identificar oportunidades de acrescentar negócios atraentes não relacionados com os atuais (*oportunidades de crescimento diversificado*). As oportunidades específicas dentro de cada classe estão listadas na Tabela 3.3.

CRESCIMENTO INTENSIVO. O primeiro curso de ação da alta administração deve avaliar se há quaisquer oportunidades de melhorar o desempenho dos negócios existentes. Ansoff propôs uma matriz útil para detectar novas oportunidades de crescimento intensivo denominada *grid de expansão mercado-produto,* mostrada na Figura 3.6.[22] Primeiro, a empresa considera se pode aumentar sua participação de mercado com seus produtos e mercados atuais (*estratégia de penetração de mercado*). A seguir, considera se pode encontrar ou desenvolver novos mercados para seus produtos atuais (*estratégia de desenvolvimento de mercado*). Depois, considera se pode

**Tabela 3.3** *Principais classes de oportunidades de crescimento.*

| CRESCIMENTO INTENSIVO | CRESCIMENTO INTEGRADO | CRESCIMENTO DIVERSIFICADO |
|---|---|---|
| Penetração de mercado | Integração para trás | Diversificação concêntrica |
| Desenvolvimento de mercado | Integração para a frente | Diversificação horizontal |

---

21. Para comparar com outro ponto de vista, veja ARMSTRONG, J. Scott, BRODIE, Roderick J. Effects of portfolio planning methods on decision making: experimental results. *International Journal of Research in Marketing*, p. 73-84, 1994.
22. A mesma matriz pode ser expandida para nove células, acrescentando-se produtos e mercados modificados. Veja JOHNSON, S. J., JONES, Conrad. How to organize for new products. *Harvard Business Review*, p. 57-69, Mar./Apr. 1992.

|  | Produtos atuais | Novos produtos |
|---|---|---|
| Mercados atuais | 1. Estratégia de penetração de mercado | 3. Estratégia de desenvolvimento de produto |
| Mercados novos | 2. Estratégia de desenvolvimento de mercado | 4. Estratégia de diversificação |

**Fonte:** Adaptado de ANSOFF, Igor. Strategies for diversification. *Harvard Business Review*, p. 114, Sept./Oct. 1957.

**Figura 3.6**  *Três estratégias de crescimento intensivo: grid de expansão produto/mercado de Ansoff.*

desenvolver novos produtos de interesse potencial a seus mercados atuais (*estratégia de desenvolvimento de produto*). (Mais tarde, examinará as oportunidades de desenvolver novos produtos para novos mercados – *estratégia de diversificação*.) Como a Musicale pode usar essas três importantes estratégias de crescimento intensivo para aumentar suas vendas?

**Estratégia de penetração de mercado**. Há três abordagens importantes para aumentar a participação de mercado dos produtos atuais. A Musicale pode tentar estimular seus consumidores atuais a comprar maior número de fitas cassete por período. Isto pode funcionar se suas compras forem infreqüentes, mostrando-lhes os benefícios do uso de fitas para gravar música ou conversações. Ela pode tentar atrair os consumidores dos concorrentes. Isto pode funcionar se a Musicale percebeu deficiências importantes nos produtos ou nos programas de marketing dos concorrentes. Finalmente, pode tentar convencer não usuários de fitas *cassete* a começar a usá-las. Isto pode funcionar se houver ainda muitas pessoas que não possuem toca-fitas.

**Estratégia de desenvolvimento de mercado**. Como a administração procura novos mercados cujas necessidades podem ser atendidas por seus produtos atuais? Primeiro, a Musicale pode tentar identificar grupos de usuários potenciais nas áreas de vendas atuais cujo interesse por fitas cassete pode ser estimulado. Se estiver vendendo o produto apenas a mercados consumidores, pode procurar os mercados de fábricas e escritórios. Segundo, pode buscar outros canais de distribuição em seus mercados atuais. Se estiver vendendo fitas apenas através de lojas de equipamentos musicais, pode procurar canais de varejo em massa. Terceiro, a empresa pode considerar a possibilidade de vender em outras regiões do país ou do exterior. Assim, se vende apenas na região leste do país, pode pensar na região oeste ou na Europa.

**Estratégia de desenvolvimento de produto**. Além de penetrar e desenvolver mercados, a administração deve considerar a possibilidade de introduzir novos produtos. A Musicale pode desenvolver novas característi-

cas em suas fitas cassete, como maior tempo de gravação e introdução de um ruído especial no final da fita. Pode desenvolver níveis de qualidade diferentes, como uma fita de qualidade superior para ouvintes de música clássica e outra inferior para o mercado de massa. Pode pesquisar uma tecnologia alternativa para fitas como *compact discs* e fitas de áudio digitais.

Ao examinar essas três estratégias de crescimento intensivo, a administração pode descobrir várias possibilidades de crescimento. Quando o crescimento pode não ser suficiente, a administração deve também examinar as oportunidades de crescimento integrado.

**Crescimento Integrado.** Freqüentemente, as vendas e os lucros de um negócio podem crescer através da integração para trás, para frente ou horizontal dentro de seu setor industrial. A Musicale pode incorporar um ou mais de seus fornecedores (como os fabricantes de material plástico) para obter mais controle ou lucro (*integração para trás*). Pode incorporar alguns atacadistas ou varejistas, principalmente se forem altamente rentáveis (*integração para a frente*). Finalmente, pode incorporar um ou mais concorrentes, desde que as leis locais não vetem tal iniciativa (*integração horizontal*).

Através da investigação de possíveis integrações, a empresa pode descobrir fontes adicionais de aumento do volume de vendas nos próximos dez anos. Entretanto, essas novas fontes podem ainda não ser suficientes para se chegar ao volume de vendas desejado. Neste caso, a empresa deve considerar a diversificação.

**Crescimento Diversificado.** Este crescimento faz sentido quando podem ser encontradas boas oportunidades fora dos negócios atuais. Uma boa oportunidade é aquela em que o setor industrial é altamente atraente e a empresa possui o composto de forças necessário para ser bem-sucedida. Três tipos de diversificação são possíveis. A empresa pode procurar novos produtos que tenham sinergias com suas linhas atuais de produtos, muito embora os produtos possam atrair um grupo diferente de consumidores (*estratégia de diversificação concêntrica*). Por exemplo, a Musicale pode começar a fabricar fitas magnéticas para computadores porque tem experiência na fabricação de fitas de áudio. Segundo, pode procurar novos produtos de interesse de seus consumidores, tecnologicamente não relacionados com suas linhas de produtos atuais (*estratégia de diversificação horizontal*). Por exemplo, pode fabricar bandejas para toca-fitas, muito embora exijam processo de produção diferente. Finalmente, a empresa pode procurar novos negócios não relacionados com sua tecnologia, produtos ou mercados atuais (*estratégia de diversificação conglomerada*). A Musicale pode pensar em entrar em novas áreas de negócios como equipamentos de fax, *franchising* ou produtos dietéticos.

### *Downsizing* dos negócios mais antigos

Na procura de crescimento, as empresas não devem limitar-se ao desenvolvimento de novos negócios, mas também em abandonar cautelosamente antigos negócios já desgastados para recuperar recursos e reduzir custos. Os negócios enfraquecidos exigem atenção desproporcional da equipe gerencial. Partindo-se do princípio de que os administradores devem dedicar-se às oportunidades de crescimento de suas empresas, muitas delas têm, recentemente, aplicado técnicas de *downsizing* e de reengenharia em seus negócios. Estão adotando três estratégias: adaptação, desaceleração e abandono, estas duas últimas já discutidas neste capítulo quando abordou-se a matriz BCG. O propósito da *adaptação* é remover partes do negócio que estejam prejudicando seu desempenho. Por exemplo, um hospital pode constatar que está alocando muito espaço físico a serviços que atendem a poucos pacientes – um ambulatório especial para adultos, uma unidade especial para queimados e assim por diante. O espaço pode ser realocado a outros serviços que tenham maior demanda. Em termos gerais, uma empresa pode decidir adaptar certos produtos, serviços, segmentos de mercado ou grupos de consumidores. (Para maiores considerações sobre as estratégias de marketing adequadas durante o *downsizing*, veja o Capítulo 12).

## PLANEJAMENTO ESTRATÉGICO DO NEGÓCIO

Após examinar as tarefas de planejamento estratégico exercidas pela administração da empresa, podemos, agora, examinar as tarefas de planejamento estratégico desempenhadas pelos administradores de unidades de negócios. O processo de planejamento estratégico da unidade de negócio consiste das oito etapas mostradas na Figura 3.7. Essas etapas serão examinadas nas seções seguintes.

### Missão do negócio

Cada unidade de negócio precisa definir sua missão específica dentro da missão mais ampla da empresa. Assim, a empresa de iluminação de estúdios de televisão descrita anteriormente deve definir mais especificamente seu propósito de negócio – por exemplo: "O propósito da empresa é visar grandes estúdios de televisão e se tornar fornecedora de tecnologias de iluminação que representam o que há de mais confiável e avançado no mundo." Percebe-se que esta declaração de missão não explicita que a empresa deve atrair negócios de empresas menores, cobrar preços menores ou incluir planos de expansão fora do negócio de iluminação.

### Análise do ambiente externo (análise de oportunidades e ameaças)

Uma vez formulada a declaração de missão da unidade de negócio, o gerente do negócio conhece as partes do ambiente que precisa monitorar para atingir suas metas. Por exemplo, a empresa de iluminação de estúdios de televisão precisa observar a taxa de crescimento dos estúdios de televisão, sua situação financeira, os concorrentes atuais e os novos, novos desenvolvimentos tecnológicos, a legislação que pode afetar o *design* ou

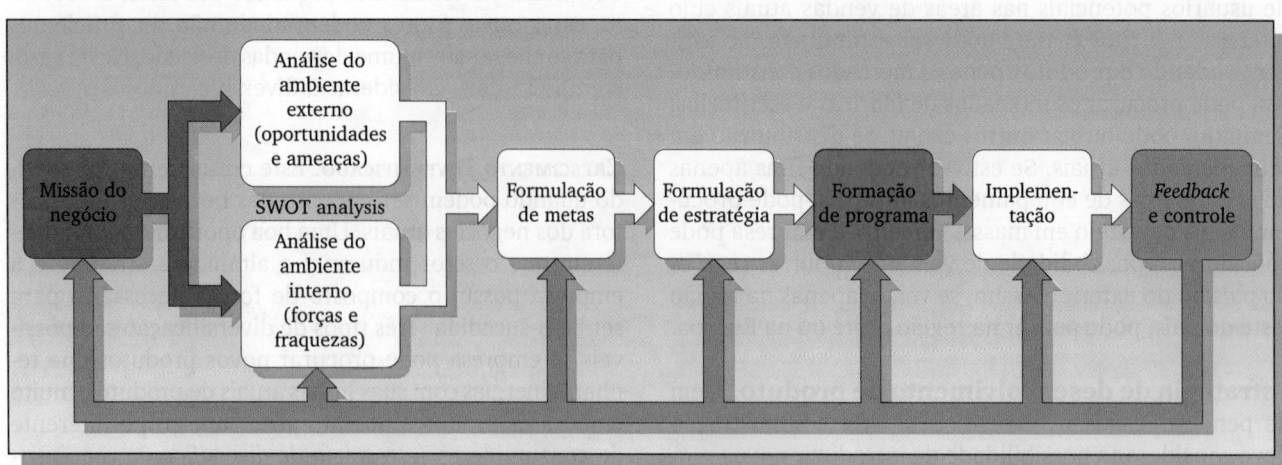

**Figura 3.7**  *Processo de planejamento estratégico do negócio.*

marketing e os canais de distribuição para a venda de equipamentos de iluminação.

Em geral, uma unidade de negócio precisa monitorar as *forças macroambientais* (demográficas, econômicas, tecnológicas, políticas, legais, sociais e culturais) e os *atores microambientais* importantes (consumidores, concorrentes, canais de distribuição, fornecedores) que afetam sua habilidade de obter lucro. A unidade de negócio deve estabelecer um *sistema de inteligência de marketing* para rastrear tendências e desenvolvimentos importantes. Para cada tendência ou desenvolvimento, a administração precisa identificar as oportunidades e as ameaças associadas.

**OPORTUNIDADES.** Um importante propósito da análise ambiental é detectar novas oportunidades de marketing.

**OPORTUNIDADE DE MARKETING é uma área de necessidade do comprador em que a empresa pode atuar rentavelmente.**

As oportunidades podem ser classificadas de acordo com a *atratividade* e a *probabilidade de sucesso*. A probabilidade de sucesso da empresa não depende apenas da força de seu negócio, das exigências básicas para ser bem-sucedida em um mercado-alvo, mas também de suas competências para superar seus concorrentes. A mera competência não constitui uma vantagem competitiva. A empresa de melhor desempenho será aquela que pode gerar o maior valor para o consumidor e sustentá-lo ao longo do tempo.

Na matriz de oportunidades mostrada na Figura 3.8(a), as melhores oportunidades de marketing enfrentadas pela empresa de iluminação de estúdios de televisão estão listadas na célula superior esquerda; a administração deve ir atrás dessas oportunidades. As oportunidades na célula inferior direita são de menor importância. As oportunidades da célula superior direita e da inferior esquerda devem ser monitoradas com atenção porque podem melhorar a atratividade ou probabilidade de sucesso.

**AMEAÇAS.** Alguns desenvolvimentos do ambiente externo representam ameaças.

**AMEAÇA AMBIENTAL é um desafio decorrente de uma tendência ou desenvolvimento desfavorável que levaria, na ausência de ação defensiva de marketing, a deterioração das vendas ou do lucro.**

As ameaças devem ser classificadas conforme seu *grau de relevância* e *probabilidade de ocorrência*. A Figura 3.8(b) ilustra a matriz de ameaças enfrentadas pela empresa de iluminação de estúdios de televisão. As ameaças da célula superior esquerda são de maior importância porque podem prejudicar seriamente a empresa e

têm alta probabilidade de ocorrência. Para lidar com essas ameaças, a empresa precisa preparar planos de contingência para enfrentá-las antes ou durante suas ocorrências. As ameaças da célula inferior direita são menores e podem ser ignoradas. As ameaças das células superior direta e inferior esquerda não exigem planos de contingência, mas precisam ser cuidadosamente monitoradas porque, se aumentarem, podem tornar-se mais sérias.

Uma vez a administração ter identificado as principais oportunidades e ameaças enfrentadas por uma unidade de negócio específica, é possível caracterizar sua atratividade global. Quatro resultados são possíveis:

- Um *negócio ideal* é alto em termos de oportunidades e baixo em ameaças.
- Um *negócio especulativo* é alto tanto em termos de oportunidades como de ameaças.
- Um *negócio maduro* é baixo em termos de oportunidades e baixo em ameaças.
- Um *negócio arriscado* é baixo em termos de oportunidades e alto em ameaças.

## Análise do ambiente interno (análise de forças e fraquezas)

Uma coisa é discernir as oportunidades atraentes do ambiente; outra é possuir as competências necessárias para aproveitar bem essas oportunidades. Assim, é necessária a avaliação periódica das forças e fraquezas de cada negócio. Isto pode ser feito usando-se um formulário similar ao mostrado na seção Memorando de Marketing intitulada "*Checklist* para análise de desempenho de forças e fraquezas". A administração – ou uma consultoria externa – avalia as competências de marketing, financeira, de produção e organizacional do negócio e classifica cada fator em termos de força (importante, sem importância e neutro) e de fraqueza (importante ou sem importância).

Claramente, não é necessário corrigir todas as fraquezas do negócio nem destacar suas forças. A grande questão é se o negócio deve ficar limitado a essas oportunidades em que possui as forças exigidas ou se deve adquirir forças para explorar outras oportunidades melhores. Por exemplo, os administradores da Texas Instruments (TI) dividem-se entre aqueles que desejam a empresa na área de eletrônica industrial (onde possui forças bem definidas) e aqueles que a preferem lançando produtos eletrônicos de consumo (onde lhe faltam as forças de marketing exigidas).

Às vezes, um negócio vai mal não porque faltam a seus departamentos as forças necessárias, mas porque não trabalham em equipe. Em uma importante empresa eletrônica, os engenheiros vêem os vendedores como "engenheiros frustrados" e os vendedores vêem o pessoal de serviços como "vendedores frustrados". Portanto, é muito importante avaliar os relacionamentos interde-

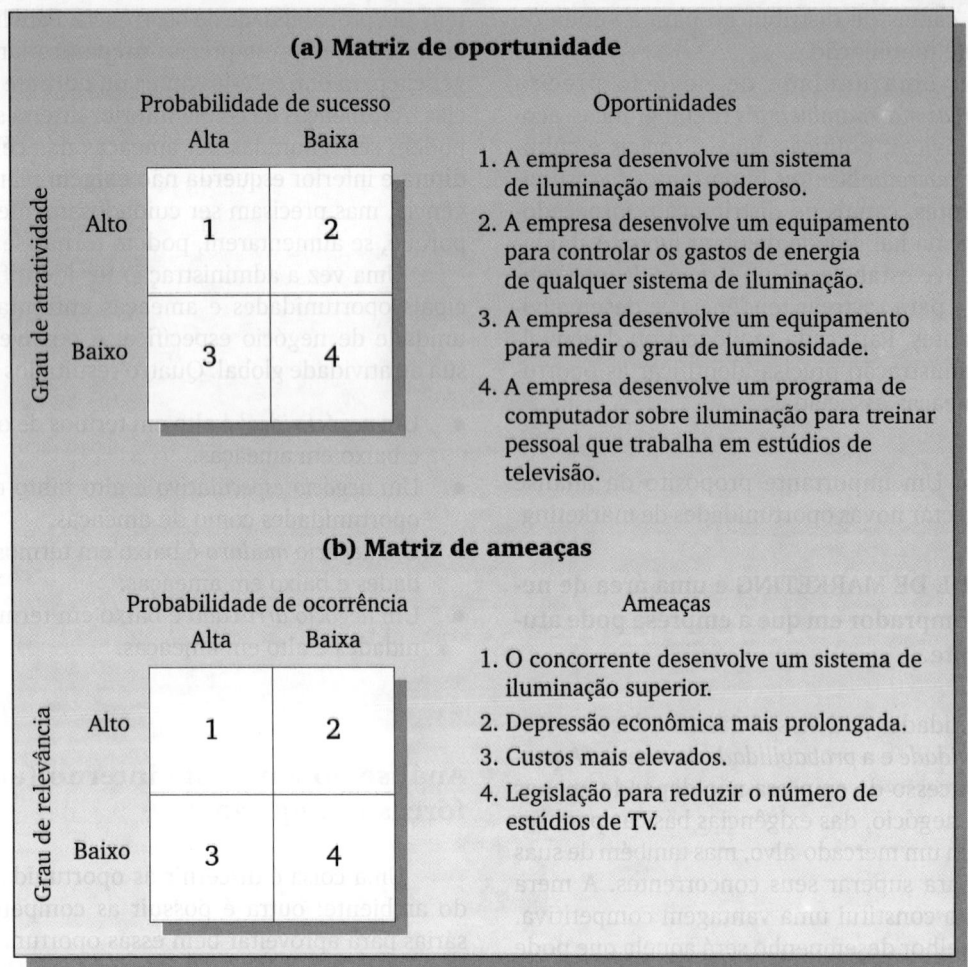

**(a) Matriz de oportunidade**

| | Probabilidade de sucesso | | Oportinidades |
|---|---|---|---|

Grau de atratividade

| | Alta | Baixa |
|---|---|---|
| **Alto** | 1 | 2 |
| **Baixo** | 3 | 4 |

1. A empresa desenvolve um sistema de iluminação mais poderoso.
2. A empresa desenvolve um equipamento para controlar os gastos de energia de qualquer sistema de iluminação.
3. A empresa desenvolve um equipamento para medir o grau de luminosidade.
4. A empresa desenvolve um programa de computador sobre iluminação para treinar pessoal que trabalha em estúdios de televisão.

**(b) Matriz de ameaças**

Probabilidade de ocorrência

Grau de relevância

| | Alta | Baixa |
|---|---|---|
| **Alto** | 1 | 2 |
| **Baixo** | 3 | 4 |

Ameaças

1. O concorrente desenvolve um sistema de iluminação superior.
2. Depressão econômica mais prolongada.
3. Custos mais elevados.
4. Legislação para reduzir o número de estúdios de TV.

**Figura 3.8** *Matrizes de ameaças e oportunidades.*

partamentais como parte da auditoria ambiental interna. A Honeywell faz exatamente isso:

**HONEYWELL** Todos os anos, a Honeywell solicita a todos os departamentos para classificarem suas próprias forças e fraquezas e como interagem entre si. A noção é que cada departamento seja "fornecedor" e "cliente" de outros departamentos. Assim, se seus engenheiros, freqüentemente, subestimarem os custos e o tempo de conclusão de novos produtos, seus "clientes internos" (produção, finanças e vendas) serão prejudicados. Uma vez identificadas as fraquezas de cada departamento, pode-se trabalhar para corrigi-las.

George Stalk, consultor líder do BCG, sugere que empresas vencedoras são aquelas que têm alcançado capacidades internas superiores, não apenas competências-núcleos.[23] Todas as empresas devem administrar alguns processos básicos como desenvolvimento de novos produtos, geração de vendas e atendimento de pedidos. Cada processo gera valor e exige trabalho em equipe interdepartamental. Embora cada departamento possa dominar uma competência-núcleo, o desafio é desenvolver capacidade competitiva superior para administrar os processos-chaves da empresa. Stalk denomina isto *competição baseada em capacidades.*

## Formulação de metas

Após a empresa ter definido sua missão e examinado seus ambientes externo e interno, ela pode desenvolver metas específicas para o período de planejamento. Este estágio do processo de planejamento estratégico do negócio é denominado *formulação de metas.* Os administradores usam o termo *metas* para descrever os objetivos específicos referentes a magnitude e tempo. Transformar objetivos em metas mensuráveis facilita o planejamento, a implementação e o controle.

Poucos negócios procuram apenas um objetivo. Ao contrário, a maioria das unidades de negócios procura um composto de objetivos, incluindo rentabilidade, cres-

23. STALK, George, EVANS, Philip, SHULMAN, Lawrence. Competing capabilities: the news rules of corporate strategy. *Harvard Business Review*, p. 57-69, Mar./Apr. 1992.

# *Checklist* para análise de desempenho das forças e fraquezas

| | DESEMPENHO | | | | | GRAU DE IMPORTÂNCIA | | |
|---|---|---|---|---|---|---|---|---|
| | FORÇA IMPORTANTE | FORÇA SEM IMPOR- TÂNCIA | NEUTRO | FRAQUEZA IMPORTANTE | FRAQUEZA SEM IMPOR- TÂNCIA | ALTA | MÉDIA | BAIXA |
| **MARKETING** | | | | | | | | |
| 1. Reputação da empresa | ___ | ___ | ___ | ___ | ___ | ___ | ___ | ___ |
| 2. Participação de mercado | ___ | ___ | ___ | ___ | ___ | ___ | ___ | ___ |
| 3. Qualidade do produto | ___ | ___ | ___ | ___ | ___ | ___ | ___ | ___ |
| 4. Qualidade do serviço | ___ | ___ | ___ | ___ | ___ | ___ | ___ | ___ |
| 5. Eficácia do preço | ___ | ___ | ___ | ___ | ___ | ___ | ___ | ___ |
| 6. Eficácia da distribuição | ___ | ___ | ___ | ___ | ___ | ___ | ___ | ___ |
| 7. Eficácia da promoção | ___ | ___ | ___ | ___ | ___ | ___ | ___ | ___ |
| 8. Eficácia da força de vendas | ___ | ___ | ___ | ___ | ___ | ___ | ___ | ___ |
| 9. Eficácia da inovação | ___ | ___ | ___ | ___ | ___ | ___ | ___ | ___ |
| 10. Cobertura geográfica | ___ | ___ | ___ | ___ | ___ | ___ | ___ | ___ |
| **FINANÇAS** | | | | | | | | |
| 11. Custo/Disponibilidade de capital | ___ | ___ | ___ | ___ | ___ | ___ | ___ | ___ |
| 12. Fluxo de caixa | ___ | ___ | ___ | ___ | ___ | ___ | ___ | ___ |
| 13. Estabilidade financeira | ___ | ___ | ___ | ___ | ___ | ___ | ___ | ___ |
| **PRODUÇÃO** | | | | | | | | |
| 14. Instalações | ___ | ___ | ___ | ___ | ___ | ___ | ___ | ___ |
| 15. Economia de escala | ___ | ___ | ___ | ___ | ___ | ___ | ___ | ___ |
| 16. Capacidade | ___ | ___ | ___ | ___ | ___ | ___ | ___ | ___ |
| 17. Habilidade da força de trabalho | ___ | ___ | ___ | ___ | ___ | ___ | ___ | ___ |
| 18. Habilidade de produção pontual | ___ | ___ | ___ | ___ | ___ | ___ | ___ | ___ |
| 19. Habilidade técnica de produção | ___ | ___ | ___ | ___ | ___ | ___ | ___ | ___ |
| **ORGANIZAÇÃO** | | | | | | | | |
| 20. Visão de liderança | ___ | ___ | ___ | ___ | ___ | ___ | ___ | ___ |
| 21. Dedicação dos funcionários | ___ | ___ | ___ | ___ | ___ | ___ | ___ | ___ |
| 22. Orientação empreendedora | ___ | ___ | ___ | ___ | ___ | ___ | ___ | ___ |
| 23. Flexibilidade/ responsividade | ___ | ___ | ___ | ___ | ___ | ___ | ___ | ___ |

cimento de vendas, maior participação de mercado, minimização de riscos, inovação, reputação e assim por diante. A unidade de negócio estabelece seus objetivos e, depois, *administra por objetivos* (APO). Para um sistema de APO funcionar, os vários objetivos da unidade de negócio devem atender a quatro critérios:

● Primeiro, os objetivos devem ser *hierarquizados*, do mais importante ao menos importante. Por exemplo, o objetivo-chave da unidade de negócio para o período pode ser aumentar a taxa de retorno sobre

o investimento. Isso pode ser realizado aumentando-se o nível de lucro e/ou reduzindo o capital investido. O lucro pode ser aumentado, elevando-se o faturamento e/ou reduzindo-se as despesas. O faturamento pode crescer pela ampliação da participação de mercado e/ou aumentando-se os preços. Ao proceder desta maneira, o negócio pode começar com objetivos amplos que, depois, são transformados em objetivos específicos de departamentos e de indivíduos.

- Segundo, os objetivos devem, sempre que possível, ser qua*ntitativamente* declarados. O objetivo "aumentar o retorno sobre o investimento (ROI)" é melhor declarado como "aumentar o ROI para 15%" ou, ainda melhor, "aumentar o ROI para 15% nos próximos dois anos".
- Terceiro, as metas devem ser *realistas*. Devem partir de uma análise das oportunidades e ameaças da unidade de negócio, não daquilo que seria desejável.
- Finalmente, os objetivos da empresa devem ser *consistentes*. Não é possível a maximização simultânea das vendas e dos lucros.

Outros fatores importantes incluem o lucro a curto prazo *versus* o crescimento a longo prazo, profunda penetração nos mercados existentes *versus* desenvolvimento de novos mercados, metas de lucro *versus* metas de não lucro e alto crescimento *versus* baixo risco. Cada escolha nesse conjunto de fatores exige uma estratégia de marketing diferente.

## Formulação da estratégia

As metas indicam o que uma unidade de negócio deseja atingir: a *estratégia* é um plano de como chegar lá. Cada negócio deve estabelecer sua própria estratégia para atingir suas metas. Embora muitos tipos de estratégias estejam disponíveis, Michael Porter resumiu-as em três tipos genéricos que fornecem um bom ponto de partida para o pensamento estratégico: liderança total em custos, diferenciação e foco.[24]

- *Liderança total em custos*. Aqui, a empresa faz grande esforço para reduzir ao máximo seus custos de produção e distribuição, podendo, assim, oferecer preços menores do que seus concorrentes e obter maior participação de mercado. As empresas que adotam essa estratégia devem ser fortes em engenharia, compras, produção e distribuição física e necessitam de menor experiência em marketing. A Texas Instruments é líder em praticar esta estratégia. Neste caso, o problema é que outras empresas, geralmente, entrarão no mercado com preços ainda menores (por exemplo, do Extremo Oriente), prejudicando a empresa que apostou todo seu futuro nessa prática. O desafio está na empresa manter seus custos inferiores aos concorrentes e adotar uma estratégia de diferenciação ou de foco.
- *Diferenciação*. Neste caso, a empresa concentra esforços para alcançar desempenho superior em uma importante área de benefício para o consumidor, valorizada por grande parte do mercado. Pode esforçar-se para ser líder em serviços, em qualidade, em estilo, em tecnologia etc., mas não é possível liderar em todas estas áreas. A empresa desenvolve aquelas forças que possibilitam vantagem competitiva em um ou mais benefícios. Assim, aquelas que buscam liderança em qualidade deve fabricar ou comprar os melhores componentes, montá-los com a maior precisão, inspecioná-los cuidadosamente etc. Esta tem sido a estratégia da Canon no mercado de máquinas copiadoras.
- *Foco*. A empresa aborda um ou mais segmentos de mercado menores, em vez de ir atrás de um grande mercado. Ela deve conhecer as necessidades desses segmentos e obter liderança em custos ou encontrar uma forma de diferenciação dentro desse segmento-alvo. A Armstrong Rubber especializou-se na fabricação de pneus de qualidade para veículos agrícolas e de recreação e mantém-se procurando novos nichos de mercado para atender.

Conforme Porter, as empresas que adotam a mesma estratégia dirigida ao mesmo mercado ou segmento de mercado-alvo formam um *grupo estratégico*. Aquelas que aplicam melhor essa estratégia obtêm os maiores lucros. Assim, a empresa de menor custo entre as que adotam a estratégia de custo baixo será mais bem-sucedida. As empresas que não definem uma estratégia clara serão malsucedidas. Por exemplo, a International Harvester enfrentou tempos difíceis porque não adotou em seu setor industrial uma estratégia de baixo custo, de maior valor percebido ou de melhor atendimento a algum segmento de mercado. As empresas indefinidas tentam ser bem-sucedidas em todas as dimensões estratégicas. Entretanto, uma vez que isso exige maneiras diferentes e, muitas vezes, inconsistentes de organização, elas acabam não sendo excelentes em nada.

As empresas estão também descobrindo que podem necessitar de parceiros estratégicos se esperam ser eficazes. Freqüentemente, mesmo empresas gigantes como AT&T, IBM, Philips e Siemens não podem alcançar liderança nacional ou global sem formar *alianças estratégicas* com empresas multinacionais e/ou domésticas que complementam ou alavancam suas capacidades e recursos. Fazer negócios em outro país pode exigir licenciamento de produtos a uma empresa local, formação de *joint ventures*, aquisição de fornecedores locais para atender às exigências peculiares do mercado e assim por diante. Como resultado dessas complexidades, muitas empresas estão rapidamente desenvolvendo redes estratégicas globais. As vitoriosas serão aquelas que constroem a melhor rede global. Para mais detalhes, veja a seção Visão 2000 intitulada "Sócios estranhos: buscando o crescimento global através de alianças estratégicas".[25]

24. Veja PORTER, Michael. *Competitive strategies*: techniques for analyzing industries and competitors. New York : Free Press, 1980. Cap. 2.
25. Para leituras sobre alianças estratégicas, veja LORANGE, Peter, ROOS, Johan. *Alianças estratégicas*: formação, implementação e evolução. São Paulo : Atlas, 1996; e LEWIS, Jordan D. *Partnerships for profit*: structuring and managing strategic alliances. New York : Free Press, 1990.

**VISÃO 2000** | # Sócios estranhos: buscando o crescimento global através de alianças estratégicas

Abra as páginas de um jornal em qualquer dia da semana e você poderá achar que está lendo editais de casamento. A única diferença está nos nomes das empresas, freqüentemente concorrentes, que anunciam suas parcerias: "A Northwest Airlines e a KLM unem-se para beneficiar o viajante a negócios" ou "IBM e Philips Electronics associam-se na fabricação de *chips*". Enquanto os anos 80 foram a década de fusões e compras de controles acionários (*takeovers*), os anos 90 estão mostrando uma onda de alianças estratégias e *joint ventures*.

Por que esse crescimento vertiginoso de alianças? Primeiro, elas permitem que as empresas obtenham mais energia sem serem obrigadas a crescer. Segundo, e, talvez, o mais importante no mercado global é que muitas empresas descobriram não possuir os recursos necessários e o acesso a mercados mais novos. Conforme Jose Collazo, há oito razões estratégicas que justificam a entrada de uma empresa em uma aliança:

- Preenchimento de lacunas no mercado atual e nas bases tecnológicas.
- Transformação do excesso de capacidade de produção em lucros.
- Redução do risco e dos custos de entrar em novos mercados.
- Aceleração do processo de lançamento de novos produtos.
- Geração de economia de escala.
- Superação de barreiras legais e comerciais.
- Extensão do escopo das operações existentes.
- Redução dos custos de saída no caso de abandono de operações.

As *joint ventures* da MCI com a British Telecommunications (BT) e o Grupo Financiero Banamex-Accival (Banacci), do México, estão em sincronia com essas razões e atendem à estratégia esboçada em seu relatório anual de 1994: "A MCI tornou-se a maior empresa mundial de telecomunicações ao adotar uma estratégia clara no decorrer dos anos: (1) aumento da rentabilidade e da participação de mercado, (2) expansão global e (3) alavancagem das competências-núcleo em novos mercados."

Apesar das muitas boas razões para a combinação de forças, uma porcentagem surpreendentemente alta de alianças acaba em fracasso. Um estudo da McKinsey revelou que quase um terço de 49 alianças terminou em fracasso por não atender às expectativas dos sócios. Entretanto, tais lições dolorosas estão ensinando como conduzir uma aliança vencedora. Parecem haver três aspectos importantes:

- *Conveniência estratégica*. Antes de considerar uma aliança, as empresas precisam avaliar suas próprias competências-núcleo. Depois, é necessário encontrar-se um sócio que complemente suas linhas de negócios, posições geográficas ou competências. Um bom exemplo de conveniência estratégica foi a criação do serviço "Classe executiva mundial para viajantes a negócios" pela Northwest Airlines e a KLM Royal Dutch Airlines. Ao unir esforços, as duas linhas aéreas ficaram em condições de oferecer um novo serviço em maior número de rotas do que se trabalhassem isoladas.
- *Foco no longo prazo*. Em vez de unir forças para economizar algum dinheiro, os parceiros estratégicos devem focar mais nos ganhos que podem ser obtidos nos anos seguintes. A Corning, fabricante de vidro e cerâmica que fatura $ 3 bilhões por ano, renomada em fazer parcerias que funcionam, define-se como "uma rede de organizações". Essa rede inclui a Siemens, gigante alemã da eletrônica, e a Vitro, maior fabricante de vidro do México.
- *Flexibilidade*. As alianças podem durar apenas se forem flexíveis. Um exemplo de parceria flexível é a aliança da Merck com a AB Astra da Suécia. De início, a Merck começou fabricando os medicamentos de sua parceira no mercado dos Estados Unidos. Na fase seguinte, criou uma nova empresa para lidar com o faturamento anual de $ 500 milhões da sócia sueca, vendendo-lhe, depois, metade do patrimônio líquido.

**Fontes:** MASON, Jule Cohen. Strategic alliances: partnering for success. *Management Review*, p. 10-15, May 1993; SHERMAN, Stratford. Are strategic alliances working? *Fortune*, p. 77-78, 21 Sept. 1992; Whenmouth, Edwin. Rivals become partners: Japan seeks links with U.S. and european firms. *Industry Week*, p. 11-12, 14, 1 Feb. 1993; e NAISBITT, John. *Global paradox*. New York : William Morrow, 1994. p. 18-21.

Muitas alianças estratégicas tomam a forma de *alianças de marketing*. Elas se classificam em quatro importantes categorias.[26]

- *Alianças de produto e/ou serviço*. Uma empresa licencia outra para fabricar seu produto ou duas empresas em conjunto vendem seus produtos complementares ou um novo produto. Por exemplo, a Apple uniu-se à Digital Vax para desenhar, fabricar e vender um novo produto. Recentemente, a Sprint associou-se com a RCA e a Sony para oferecer aos usuários de ligações interurbanas um *walkman* Sony ou uma TV em cores RCA, desde que passassem a utilizar os serviços de telefonia da Sprint. A H&R Block e a Hyatt Legal Services, duas empresas de serviços, uniram-se para formar uma aliança de marketing.
- *Alianças promocionais*. Uma empresa concorda em promover um produto ou serviço de outra. Por exemplo, a Burger King associou-se à Disney para oferecer figurinhas do Rei Leão e da Pocahontas aos compradores de hambúrgueres. Similarmente, um banco pode exibir quadros de uma galeria de arte local.
- *Alianças logísticas*. Uma empresa oferece serviços de apoio logístico ao produto de outra. Por exemplo, a Abbott Laboratories armazena e entrega todos os produtos cirúrgicos e médicos da 3M nos Estados Unidos.
- *Parcerias de preço*. Uma ou mais empresas adota um acordo de preço. É prática comum entre hotéis e locadoras de veículos, quando o consumidor recebe descontos ao comprar os dois serviços.

As empresas precisam ser criativas para encontrar sócios que possam complementar suas forças e compensar suas fraquezas. Quando bem administradas, as alianças permitem que as empresas obtenham maior impacto em suas vendas a custos menores.

## Formulação do programa

Após o desenvolvimento das principais estratégias da unidade de negócio, deve-se adotar programas de apoio detalhados. Assim, se a administração decidir que o negócio deve conquistar liderança tecnológica, precisará implementar programas para fortalecer o departamento de pesquisa e desenvolvimento, reunir inteligência tecnológica, desenvolver produtos superiores, trei-

nar a força de vendas técnicas, desenvolver anúncios para comunicar essa liderança e assim por diante.

Após os programas serem formulados, o pessoal de marketing deve avaliar seus custos. Surgem dúvidas como: Vale a pena participar de alguma feira técnica? É viável o lançamento de um concurso de vendas? Será necessária a contratação de outro vendedor para melhorar o resultado? O método de custeio ABC (*Activity-based costing*) deve ser aplicado às atividades de marketing para determinar se elas produzirão os resultados suficientes para justificar seu custo.[27]

## Implementação

Uma estratégia clara e um programa de apoio bem delineado podem ser inúteis se a empresa falhar em sua implementação cuidadosa. De fato, a estratégia é apenas um entre sete elementos, conforme a empresa de consultoria McKinsey, que trabalha para as empresas mais bem administradas.[28] O modelo 7-S da McKinsey para o sucesso empresarial é mostrado na Figura 3.9.* Os três primeiros elementos – estratégia, estrutura e sistemas – são considerados o "*hardware*" do sucesso. Os outro quatro – estilo, pessoal, habilidades e valores compartilhados – são o "*software*".

O primeiro elemento "*soft*", *estilo*, significa que os funcionários da empresa compartilham uma forma comum de pensamento e comportamento. Assim, todas as pessoas que trabalham no McDonald's estão sempre sorrindo para os consumidores e os funcionários da IBM são muito profissionais ao lidar com seus clientes. O segundo elemento, *pessoal*, significa que a empresa contrata funcionários capacitados, bem treinados e que desempenham bem suas tarefas. O terceiro elemento, *habilidades*, significa que os funcionários estão preparados para seguir as estratégias da empresa. O quarto, *valores compartilhados*, significa que os funcionários dividem os melhores valores e missões. Quando esses elementos *soft* estão presentes, as empresas são, geralmente, mais bem-sucedidas na implementação da estratégia.[29]

### Feedback e controle

A medida que implementa sua estratégia, a empresa precisa rastrear os resultados e monitorar os novos desenvolvimentos nos ambientes interno e externo.

---

26. Adaptado de MAGRATH, Allan J. *The 6 imperatives of marketing*: lessons from the world's best companies. New York : Amacom, 1992. Cap. 4, com acréscimo de exemplos.
27. Veja COOPER, Robin, KAPLAN, Robert S. Profit priorities from activity-based costing. *Harvard Business Review*, p. 130-135, May/June 1991.
28. Veja PETERS, Thomas J., WATERMAN, JR., Robert H. *In search of excellence*: lessons from America's best-run companies. New York : Harper & Row, 1982. p. 9-12. O mesmo modelo é usado em PASCALE, Richard Tanner, ATHOS, Anthony G. *The art of japanese management*: applications for american executives. New York : Simon & Schuster, 1981.
* O termo 7-S refere-se aos sete elementos, em inglês: *structure, strategy, systems, skills, staff, style* e *shared values* (N.T.)
29. Veja DEAL, Terrence E., KENNEDY, Allan A. *Corporate cultures*: the rites and rituals of corporate life. Reading, MA : Addison-Wesley, 1982; CORPORATE culture. *Business Week*, p. 148-160, 27 Oct. 1980; DAVIS, Stanley M. *Managing corporate culture*. Cambridge, MA : Ballinger, 1984; e KOTTER, John P., HESKETT, James L. *Corporate culture and performance*. New York : Free Press, 1992.

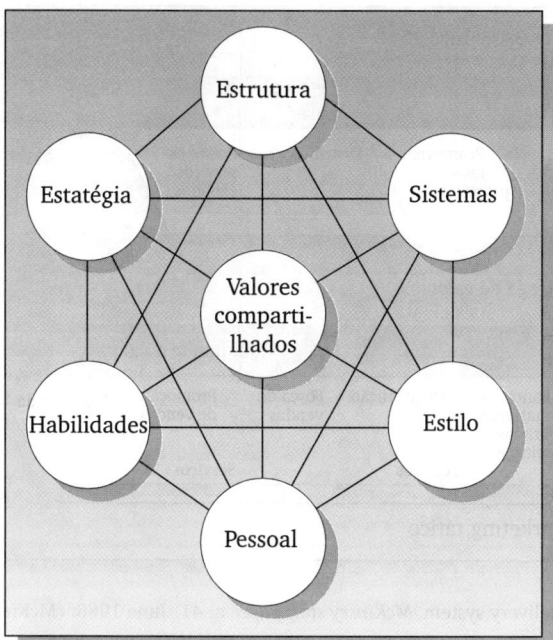

**Figura 3.9**  *Modelo 7-S da McKinsey.*

Alguns ambientes mantêm-se estáveis de um ano para outro. Outros desenvolvem-se lentamente, de maneira previsível. Ainda outros mudam rapidamente de maneira imprevisível. Não obstante, a empresa pode esperar por uma coisa: o ambiente certamente mudará e, quando isso ocorrer, será necessário rever sua implementação, programas, estratégias ou até objetivos. Consideremos o que ocorreu com a Electronic Data Systems Corp. (EDS), empresa gigante na área de serviços de computação:

**EDS, COMPUTER SCIENCE CORP. E ANDERSEN CONSULTING**  Durante anos, a EDS viu sua base de negócio – a terceirização – crescer 25% ao ano, mas em 1993 esta porcentagem caiu a apenas 7%. Seu principal negócio era administrar as operações de processamento de dados de clientes como a Continental Airlines e a General Motors. Mas os desenvolvimentos tecnológicos levaram a uma mudança de *mainframes* a novas plataformas, incluindo redes de microcomputadores. Assim, reduziu-se a demanda para o principal talento da EDS: equipes de engenheiros e técnicos especializados no desenvolvimento de *softwares* para o funcionamento de grandes centros de dados. Agora, os clientes desejam empresas de serviços de computação que trabalhem como consultores de administração para orientar a reengenharia de seus processos mais importantes. A Computer Science Corp. e a Andersen Consulting já se estabeleceram nessa área e a EDS está enfrentando uma transição difícil para responder às mudanças ambientais.

Para conter a perda de participação de mercado, está cortando custos, expandindo esforços no desenvolvimento de plataformas cliente-servidor, contratando mais consultores especializados em reengenharia e desenvolvendo alianças com parceiros na área de telecomunicações.[30]

Inevitavelmente, a adequação estratégica de uma empresa com o ambiente erodirá, porque o ambiente de mercado quase sempre muda mais rápido do que os sete elementos do modelo 7-S da McKinsey. Assim, é possível uma empresa permanecer eficiente enquanto perde a eficácia. Peter Drucker destacou que é mais importante "fazer as coisas certas" (ser eficaz) do que "fazer corretamente as coisas" (ser eficiente). As empresas mais bem-sucedidas excedem essas duas dimensões.

No momento que uma empresa começa a não responder a uma mudança ambiental, torna-se cada vez mais difícil recuperar sua posição perdida. Consideremos o que ocorreu com o Wang Laboratories:

**WANG LABORATORIES**  Quando An Wang estava dirigindo a Wang Laboratories nos anos 80, o futuro da empresa não parecia muito promissor. Os computadores Wang eram muito conceituados entre os clientes empresariais que os usavam para processamento de texto, embora não eram compatíveis com as marcas de outros fabricantes. No início, essa estratégia dava alguma garantia de negócios para a Wang, mas seus clientes, eventualmente, começaram a procurar sistemas "abertos" que fossem compatíveis com os equipamentos já adquiridos. "A Wang estava habituada a ganhar muito dinheiro com seus sistemas exclusivos e não estava disposta a mudar", afirmou John McCarthy. A estupidez de Wang mutilou a empresa que pediu concordata em 1992. Embora a empresa tenha lutado por sua recuperação em 1993, a rápida evolução dos microcomputadores havia transformado seus equipamentos em relíquias tecnológicas. Agora, com a ajuda de Joseph Tucci, o novo presidente, a empresa está competindo no negócio de *software* e de consultoria de alta tecnologia. Os desafios são enormes: a Wang precisa transformar-se de empresa de *hardware*, lenta, para fornecedora de serviços rápidos; deve esforçar-se para superar as marcas de sua concordata e Tucci precisa persuadir os clientes que adquiriram os equipamentos Wang a não abandonarem seus computadores antigos.[31]

As organizações, principalmente as grandes, estão sujeitas à inércia. São construídas como máquinas eficientes e é difícil mudar qualquer parte sem envolver ajustes em outras. Todavia, elas podem ser mudadas através de liderança, preferivelmente antes de uma crise, muito embora ocorra sempre no meio de uma delas. A chave para o sucesso é sua administração estar disposta a exa-

30.  ZELLNER, Wendy. Can EDS shed its skin? *Business Week*, p. 56-57, 15 Nov. 1993.
31.  SERWER, Andrew E. Can this company be saved? *Fortune*, p. 89-90, 19 Apr. 1993; McWILLIAMS, Gary. Wang's great leap out of limbo. *Business Week*, p. 68-69, 7 Mar. 1994.

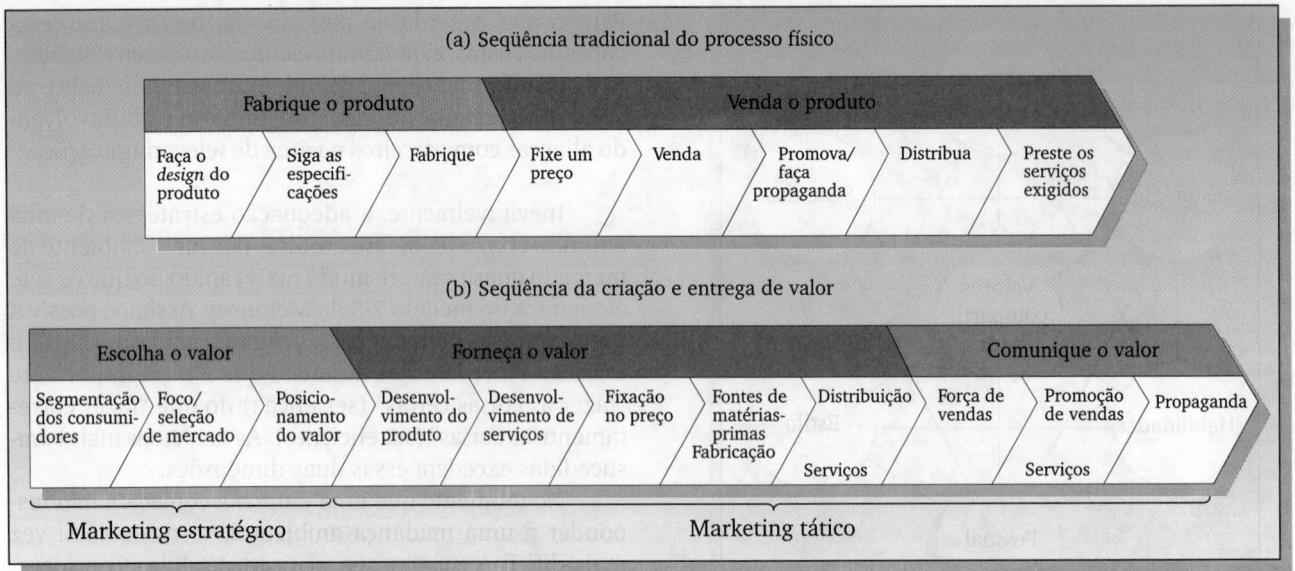

(a) Seqüência tradicional do processo físico

**Fabrique o produto**
- Faça o *design* do produto
- Siga as especificações
- Fabrique

**Venda o produto**
- Fixe um preço
- Venda
- Promova/faça propaganda
- Distribua
- Preste os serviços exigidos

(b) Seqüência da criação e entrega de valor

**Escolha o valor**
- Segmentação dos consumidores
- Foco/seleção de mercado
- Posicionamento do valor

**Forneça o valor**
- Desenvolvimento do produto
- Desenvolvimento de serviços
- Fixação no preço
- Fontes de matérias-primas Fabricação
- Distribuição / Serviços

**Comunique o valor**
- Força de vendas
- Promoção de vendas / Serviços
- Propaganda

Marketing estratégico | Marketing tático

**Fonte:** LANNING, Michael J., MICHAELS, Edward G. A business is a value delivery system. *McKinsey staff paper* n. 41, June 1988. (McKinsey & Co. Inc.)

**Figura 3.10** *Duas visões do processo de entrega de valor.*

minar as mudanças ambientais e a adotar novas metas e comportamentos apropriados. As organizações de alto desempenho monitoram continuamente o ambiente através de planejamento estratégico flexível para manter uma adequação viável com a evolução ambiental.

## PROCESSO DE MARKETING

O planejamento corporativo, divisional e das unidades de negócios é parte integral do processo de marketing. Para entender totalmente o processo de marketing, devemos, primeiramente, examinar como uma empresa define seu negócio.

A tarefa de qualquer negócio é entregar valor ao mercado e obter algum lucro. Há pelo menos duas visões do *processo de entrega de valor*.[32] A visão tradicional é que a empresa fabrica algo para, depois, vender (Figura 3.10[a]). Por exemplo, a empresa de Thomas Edison inventa o fonógrafo e, depois, contrata pessoas para fabricá-lo e vendê-lo. Nesta visão, marketing entra em ação na segunda metade do processo de entrega de valor. A visão tradicional afirma que a empresa sabe o que fabrica e que o mercado comprará unidades suficientes para ela obter lucro.

Esta visão tradicional tem chance de ser bem-sucedida em economias de escassez. Por exemplo, muitos consumidores do Leste Europeu estão desesperados à procura de bens, não importa onde sejam fabricados. Geralmente, não estão preocupados com qualidade, características ou estilo. Mas a visão tradicional do processo empresarial não funciona em economias mais competitivas, onde as pessoas possuem muita escolha. Realmente, o "mercado de massa" está pulverizado em muitos micromercados, cada um com seus próprios desejos, percepções, preferências e critérios de compra. Contudo, o concorrente inteligente deve desenhar a oferta para mercados-alvos bem definidos.

Essa crença é o centro da nova visão do processo do negócio, que coloca marketing no início do processo de planejamento. Em vez de enfatizar a fabricação e a venda, as empresas que adotam esta visão vêem-se como parte de uma seqüência de criação e entrega de valor (Figura 3.10[b]). Esta seqüência consiste de três partes.

A primeira fase, escolha de valor, representa o trabalho de marketing, antes da existência de qualquer produto. Os profissionais de marketing devem segmentar o mercado, selecionar o alvo apropriado e desenvolvem o posicionamento de valor da oferta. A fórmula *segmentação, escolha de alvo* e *posicionamento* é a essência do marketing estratégico.

Assim que a unidade de negócio escolhe o valor, ela está pronta para entregá-lo ao mercado-alvo. As especificações e os serviços do produto tangível devem ser detalhados, o preço-alvo, estabelecido e o produto, fabricado e distribuído. O desenvolvimento das características específicas do produto, os preços e a distribuição ocorrem neste estágio e são parte do *marketing tático,* segunda fase da seqüência criação e entrega de valor.

A tarefa da terceira fase da seqüência é comunicar o valor. Aqui, entra mais em ação o marketing tático, utilizando-se a força de vendas, promoção de vendas,

---

32. LANNING, Michael J., MICHAELS, Edward G. A business is a value delivery system. *McKinsey,* staff paper n. 41, June 1988. McKinsey & Co. Inc.

propaganda e outras iniciativas promocionais para informar o mercado sobre o produto. Como a Figura 3.10(b) mostra, o processo de marketing começa antes da existência de um produto e continua em sua fase de desenvolvimento até a disponibilidade no mercado. Os japoneses têm desenvolvido mais esta visão do processo de criação e entrega de valor, divulgando os seguintes conceitos:

- *Tempo zero para atender ao feedback do consumidor.* O *feedback* do consumidor deve ser continuamente detectado após a compra para a empresa descobrir como melhorar o produto e seu marketing.
- *Tempo zero para melhoria do produto.* A empresa deve avaliar todas as idéias de melhorias recebidas de consumidores e funcionários e introduzir as mais valiosas e viáveis o mais breve possível.
- *Tempo zero de compra.* A empresa deve receber as peças e suprimentos necessários continuamente adotando acordos de *just-in-time* com os fornecedores. Ao reduzir seus níveis de estoques, ela pode baixar os custos.
- *Tempo zero de ajuste de máquinas e linha de montagem (setup).* A empresa deve estar preparada para fabricar quaisquer de seus produtos assim que receber os pedidos, sem altos custos de *setup* ou de tempo.
- *Zero defeito.* Os produtos devem ser de alta qualidade e livres de falhas ou defeitos.

Para assumir essas responsabilidades, os administradores de marketing – seja a nível corporativo, divisional ou de unidade de negócio – seguem um processo de marketing. Trabalhando conforme os planos estabelecidos em níveis hierárquicos superiores, os gerentes de produtos preparam um plano de marketing para produtos, linhas de produtos ou marcas.

**PROCESSO DE MARKETING consiste da análise de oportunidades, desenvolvimento de estratégias, planejamento de programas e administração do esforço de marketing.**

Essas etapas estão listadas na Figura 3.11, acompanhadas dos capítulos deste livro onde serão desenvolvidas em detalhes. As etapas aqui mostradas são ilustradas na situação seguinte:

*A Zeus (nome fictício) opera em vários setores industriais, envolvendo química, energia, máquinas de escrever e bens de consumo. A empresa está organizada em unidades estratégias de negócios (UENs). A alta administração está considerando o que fazer com sua divisão Atlas de máquinas de escrever. O mercado para o produto está em declínio. Em uma matriz de crescimento-participação de mercado, este negócio seria classificado como abacaxi. A alta administração deseja que a equipe de marketing da divisão Atlas desenvolva um plano de recuperação consistente. A administração de marketing tem que apresentar um plano de marketing convincente, "vendê-lo" à alta administração e, depois, implementá-lo e controlá-lo.*

Nas seções seguintes, o planejamento de marketing é aplicado a todos os níveis da organização. No final deste capítulo, examinaremos os componentes de um plano de marketing específico desenvolvido para o atendimento das metas estabelecidas para determinada linha de produtos.

## Análise das oportunidades de marketing

A primeira tarefa dos administradores de marketing da divisão Atlas é analisar as oportunidades a longo prazo oferecidas pelo mercado ao melhorar o desempenho de sua unidade de negócio. Esses administradores reconhecem a abundância de oportunidades no próspero mercado de equipamentos para escritório. O "escritório do futuro" está tornando-se uma realidade e é provável que continuará sendo uma área de altos investimentos nas próximas décadas. Muito embora a economia norte-americana esteja crescentemente tornando-se uma economia de serviços, os escritórios são, freqüentemente, mal organizados em tarefas elementares como digitação, arquivamento, armazenagem e transmissão de informações, principalmente em termos das tecnologias mais recentes. Muitos fabricantes são ativos neste mercado e estão procurando fornecer sistemas integrados de microcomputadores, equipamentos de copiagem, de telecomunicações etc. Entre elas estão a IBM, Xerox, Olivetti, Canon e NEC. Todas estão engajadas no desenvolvimento de *hardware* e *software* que aumentarão a produtividade dos escritórios.

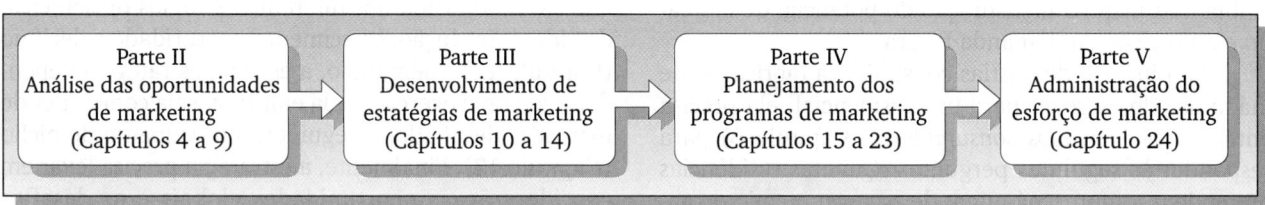

**Figura 3.11** *Processo de administração de marketing.*

A meta a longo prazo da divisão Atlas é tornar-se fabricante completa de equipamentos de escritório. Entretanto, no momento, seus administradores devem apresentar um plano para melhorar sua linha de produtos. Mesmo no mercado de máquinas de escrever ainda há algumas oportunidades. A Atlas pode adaptar sua máquina de escritório para uso residencial e divulgá-la como uma "máquina de escrever para uso residencial com a qualidade das máquinas de escritório". Há a oportunidade de desenhar uma máquina de escrever eletrônica ou "inteligente". Pode também considerar o lançamento de uma máquina para processamento de texto, com mais capacidade de memória e de edição do que as máquinas eletrônicas disponíveis no mercado. Pode desenvolver uma estação de trabalho (workstation) de microcomputadores que desempenha grande número de funções. Finalmente, a Atlas pode desenvolver máquinas de escrever ativadas pela voz humana.

Para avaliar essas oportunidades, a Atlas precisa operar um sistema de informações de marketing confiável (Capítulo 4). A pesquisa de marketing é uma ferramenta de marketing indispensável porque as empresas podem atender bem seus consumidores apenas detectando suas necessidades e desejos, localizações, hábitos de compra e assim por diante. No mínimo, ela precisa de um bom sistema de controle interno que identifique as vendas por modelo de máquina de escrever, setor industrial, localização, vendedor e canal de distribuição. Além disso, seus executivos devem continuamente coletar dados de inteligência de marketing sobre consumidores, concorrentes, revendedores etc. O pessoal de marketing deve levantar dados secundários através de pesquisa formal, conduzir grupos-foco e levantamentos por telefone, correio e entrevista pessoal. Ao analisar os dados coletados usando métodos e modelos estatísticos avançados, a empresa reunirá informações úteis sobre como as vendas são influenciadas pelas várias forças de marketing.

O propósito da pesquisa de marketing é coletar informações significativas sobre o ambiente de marketing (Capítulo 5). O microambiente da Atlas consiste de todos os participantes que afetam a habilidade da empresa fabricar e vender máquinas de escrever, a saber, fornecedores, intermediários de marketing, consumidores e concorrentes. Seu macroambiente é formado de forças demográficas, econômicas, físicas, tecnológicas, políticas, legais e socioculturais que afetam suas vendas e lucros. Uma parte importante da coleta de informações ambientais inclui a mensuração do potencial de mercado e a previsão da demanda futura.

Na hipótese de a Atlas considerar a fabricação de máquinas de escrever para uso residencial, ela precisa entender os mercados consumidores (Capítulo 6) para responder às seguintes perguntas: Quantas residências pretendem comprar máquinas de escrever ou microcomputadores? Quem compra e por que compra? O que estão procurando em termos de características e preço? Onde compram? Quais suas imagens de diferentes marcas?

A Atlas também vende para mercados industriais, incluindo grandes corporações, empresas de serviços profissionais, varejistas e órgãos governamentais (Capítulo 7). As grandes organizações empregam compradores ou comitês de compras que estão habilitados para avaliar equipamentos. A Atlas precisa ter pleno conhecimento de como os compradores organizacionais adquirem produtos. Para vender tanto a consumidores como às organizações, é necessária uma força de vendas bem treinada sobre os benefícios dos produtos oferecidos.

A Atlas também deve ficar atenta em relação aos concorrentes (Capítulo 8), antecipando suas investidas no mercado e sabendo como reagir rápida e decisivamente. Pode desejar iniciar alguns movimentos de surpresa, situações em que precisa prever como os concorrentes reagirão.

Após a Atlas analisar suas oportunidades de mercado, ela está preparada para selecionar mercados-alvos. A prática moderna de marketing recomenda a divisão do mercado em segmentos menores, a avaliação de cada segmento e a seleção dos segmentos que a empresa pode servir melhor (Capítulo 9).

## Desenvolvimento de estratégias de marketing

Suponhamos que a Atlas decide atingir o "mercado residencial" com máquinas de escrever eletrônicas. Ela precisa desenvolver uma estratégia de diferenciação e posicionamento para esse mercado-alvo (Capítulo 10). A Atlas deve oferecer um produto superior, cobrar preço especial, prestar excelente serviço e divulgar junto aos moradores mais ricos? Deve fabricar uma máquina de escrever eletrônica mais simples, de preço baixo, destinada aos consumidores mais preocupados com preço? Ou o produto deve ser de qualidade e preço médios?

Assim que a empresa decidir sobre o posicionamento de seu produto, ela deve iniciar o desenvolvimento do novo produto, testá-lo e lançá-lo no mercado (Capítulo 11). São necessárias ferramentas de decisão e controles diferentes nos vários estágios do processo de desenvolvimento do novo produto.

Após o lançamento, a estratégia de produto terá que ser modificada nos diferentes estágios de seu ciclo de vida: introdução, crescimento, maturidade e declínio (Capítulo 12). Além disso, a escolha estratégica dependerá do papel exercido pela empresa, seja como líder de mercado, desafiadora, seguidora ou ocupante de nicho (Capítulo 13). Finalmente, a estratégia precisa levar em consideração as oportunidades globais e os desafios mutantes (Capítulo 14).

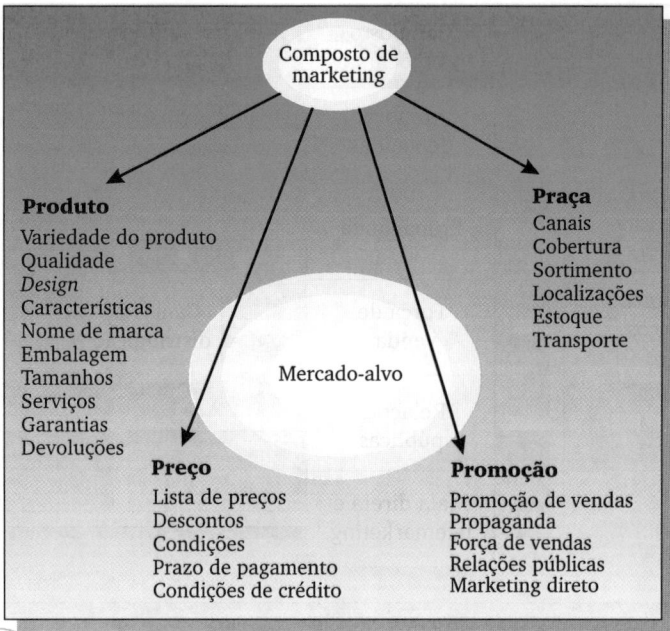

**Figura 3.12** *Os quatro Ps do composto de marketing.*

## Planejamento de programas de marketing

Para transformar a estratégia de marketing em programas de marketing, os administradores devem tomar decisões básicas sobre as despesas, composto e alocação de marketing. Primeiro, A Atlas deve decidir que nível de despesas de marketing é necessário para atingir seus objetivos de marketing. Tipicamente, as empresas estabelecem seus orçamentos de marketing baseando-se em uma porcentagem da meta de vendas. Determinada empresa pode gastar além da porcentagem média na esperança de obter maior participação de mercado.

Segundo, a empresa também precisa decidir como dividir o orçamento de marketing entre as várias ferramentas do composto de marketing. O composto de marketing é um dos conceitos-chaves da moderna teoria de marketing.

**COMPOSTO DE MARKETING é o conjunto de ferramentas que a empresa usa para atingir seus objetivos de marketing no mercado-alvo.**

Literalmente, há dezenas de ferramentas no composto de marketing. McCarthy popularizou uma classificação dessas ferramentas chamada os *quatro Ps:* produto, preço, praça (isto é, distribuição) e promoção.[33] As variáveis específicas de marketing sob cada *P* são mostradas na Figura 3.12. As decisões do composto de marketing devem ser tomadas considerando os canais de distribuição e os consumidores finais. A Figura 3.13 mostra a empresa preparando um *composto da oferta* de produtos, serviços e preços, utilizando um *composto promocional* de promoção de vendas, propaganda, força de vendas, relações públicas, mala direta e telemarketing para atingir os canais de distribuição e os consumidores-alvos.

Nem todas as variáveis do composto de marketing podem ser ajustadas a curto prazo. Tipicamente, a empresa pode mudar seu preço, tamanho da força de vendas e despesas de propaganda a curto prazo. Pode desenvolver novos produtos e modificar seus canais de distribuição apenas a longo prazo. Assim, é comum a empresa fazer poucas mudanças em seu composto de marketing, embora o número de variáveis do composto possa sugerir o contrário.

Finalmente, os profissionais de marketing devem decidir sobre a alocação do orçamento de marketing entre os vários produtos, canais, mídias de promoção e áreas de vendas. Quanto deve gastar com as máquinas de escrever elétricas *versus* máquinas eletrônicas? Com venda direta *versus* distribuidores? Com mala direta *versus* anúncios em revistas técnicas? No mercado da região leste *versus* mercado da região oeste? Para fazer essas alocações, os administradores de marketing utilizam as *funções de respostas de vendas*, que mostram como

---

33. McCARTHY, E. Jerome. *Basic marketing*: a managerial approach. 12. ed. Homewood, IL: Irwin, 1996. Vale pena destacar outras duas classificações alternativas. Frey propôs que as quatro variáveis de decisão de marketing podem ser classificadas em dois fatores: a *oferta* (produto, embalagem, marca, preço e serviços) e os *métodos e ferramentas* (canais de distribuição, venda pessoal, propaganda, promoção de vendas e publicidade). Veja FREY, Albert W. *Advertising*. 3. ed. New York : Ronald Press, 1961. p. 30. Lazer e Kelly propuseram uma classificação de três fatores: *composto de bens e serviços, composto de distribuição e composto de comunicação*. Veja LAZER, William, KELLY, Eugene J. *Managerial marketing*: perspectives and viewpoints. Ed. rev. Homewood, IL: Irwin, 1962. p. 413.

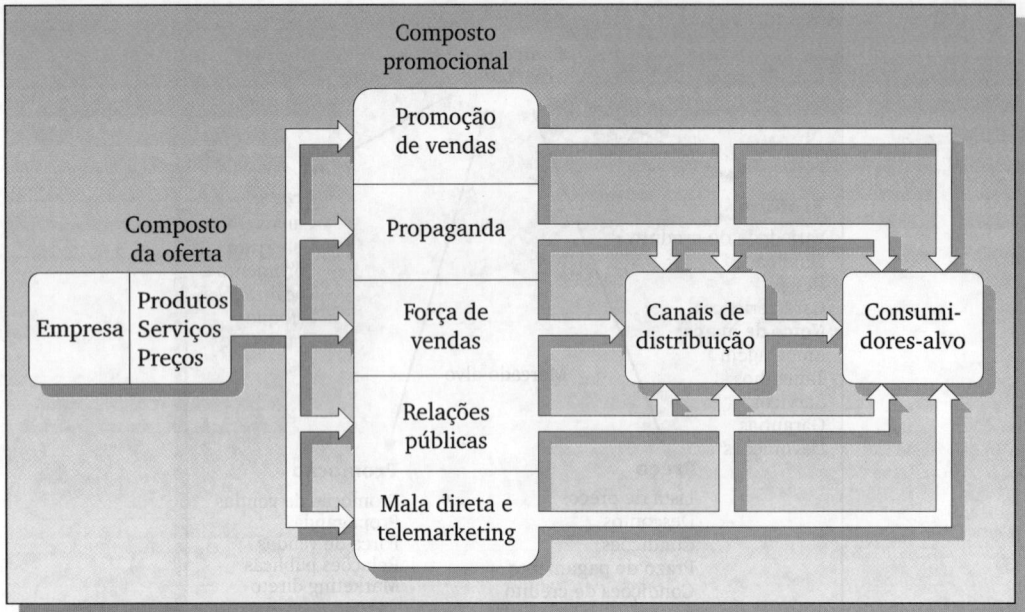

**Figura 3.13** *Estratégia do composto de marketing.*

as vendas seriam afetadas pela quantidade de dinheiro alocado a cada aplicação possível.

A ferramenta mais básica do composto de marketing é o *produto* – a oferta tangível da empresa para o mercado, que inclui qualidade, *design,* características, marca e embalagem (Capítulo 15). Como parte de sua oferta de produto, a Atlas fornece vários serviços como *leasing,* entrega, manutenção e treinamento (Capítulo 16). Tais serviços de apoio podem fornecer uma vantagem competitiva em mercado globalmente competitivo.

Uma ferramenta crítica do composto de marketing é o *preço* – a quantidade de dinheiro que os consumidores pagam pelo produto (Capítulo 17). A Atlas precisa decidir sobre os preços no atacado e no varejo, descontos, concessões especiais e condições de crédito. Seu preço deve ser compatível com o valor percebido da oferta ou os compradores procurarão produtos concorrentes.

*Praça* (ou distribuição), outra ferramenta-chave do composto de marketing, inclui as várias atividades assumidas pela empresa para tornar o produto acessível e disponível aos consumidores-alvos (Capítulos 18 e 19). A Atlas deve identificar, contratar e unir vários facilitadores de marketing para fornecer eficientemente seus produtos e serviços ao mercado-alvo. Deve conhecer os vários tipos de varejistas, atacadistas e empresas de distribuição física e como eles tomam suas decisões.

*Promoção,* a quarta ferramenta do composto de marketing, inclui todas as atividades desempenhadas pela empresa para comunicar e promover seus produtos ao mercado-alvo (Capítulos 20 a 23). A Atlas precisa recrutar, treinar e motivar vendedores. Precisa desenvolver programas de comunicação e promoção, que consistem de propaganda, promoção de vendas, relações públicas e marketing direto e *on-line.*

Nota-se que os 4 Ps representam a visão dos vendedores em relação às ferramentas de marketing disponíveis para influenciar compradores. Do ponto de vista de um comprador, cada ferramenta de marketing é planejada para entregar um benefício ao consumidor. Robert Lautgerborn sugeriu que os 4 Ps dos vendedores correspondem aos 4 Cs dos consumidores:[34]

| 4 Ps | 4 Cs |
|---|---|
| **Produto** | Necessidades e desejos do consumidor |
| **Preço** | Custo para o consumidor |
| **Praça (distribuição)** | Conveniência |
| **Promoção** | Comunicação |

Assim, as empresas vencedoras serão aquelas que podem atender às necessidades do consumidor de forma econômica e conveniente e com comunicação eficaz.

## Administração do esforço de marketing

A etapa final do processo de marketing é organizar os recursos e, depois, implementar e controlar o plano de marketing. A empresa deve construir uma organização de marketing que seja capaz de *implementar* o plano de marketing (Capítulo 24). Em uma pequena empresa, uma pessoa pode assumir todas as tarefas de marketing: pesquisa, venda, propaganda, serviços ao consumidor etc. As grandes empresas (como a Atlas)

---

34. LAUTENBORN, Robert. New marketing litany: 4 P's passe; C-words take over. *Advertising Age,* p. 26, 1 Oct. 1990.

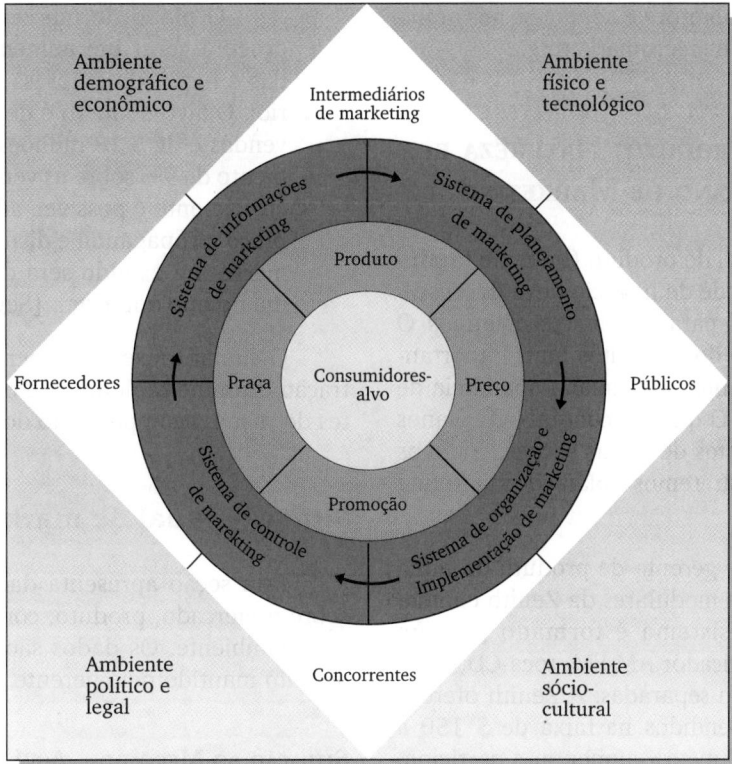

**Figura 3.14** *Fatores que influenciam a estratégia de marketing da empresa.*

terão vários especialistas de marketing: vendedores, gerentes de vendas, pesquisadores de marketing, profissionais de propaganda, gerentes de produto e marca, gerentes de segmentos de mercado e pessoal responsável por serviços aos consumidores.

Tipicamente, os departamentos de marketing são dirigidos por um vice-presidente de marketing que desempenha três tarefas. A primeira é coordenar o trabalho de todo pessoal de marketing. Por exemplo, o vice-presidente de marketing da Atlas deve assegurar que o gerente de propaganda trabalhe diretamente como gerente de vendas na coordenação de promoções. A segunda tarefa é trabalhar diretamente com outros vice-presidentes funcionais. Se a equipe de marketing da Atlas anuncia a nova máquina de escrever eletrônica como um produto de qualidade, mas o departamento de pesquisa e desenvolvimento não atende ao requisito de qualidade ou a produção falha em sua fabricação, não será possível entregar o que foi prometido. A terceira tarefa é selecionar, treinar, dirigir, motivar e avaliar pessoas. Os gerentes devem reunir-se periodicamente com seus subordinados para avaliar desempenho, elogiar forças, apontar fraquezas e sugerir maneiras de superá-las.

Provavelmente, há muitas surpresas e desapontamentos na fase de implementação dos planos de marketing. Por esta razão, a empresa precisa de *feedback* e controle. Há três tipos de controles de marketing:

- *Controle do plano anual.* É a tarefa de assegurar que a empresa está atingindo suas metas de vendas, lu-

cros etc. Primeiro, a administração deve estabelecer metas bem definidas para cada mês ou trimestre. Segundo, deve mensurar seu desempenho contínuo no mercado. Terceiro, deve determinar as principais causas de quaisquer hiatos sérios de desempenho. Quarto, deve escolher ações corretivas para preencher os hiatos entre metas e desempenho.

- *Controle de rentabilidade.* É a tarefa de mensurar a rentabilidade real de produtos, grupos de consumidores, canais comerciais e tamanhos de pedidos. Não é tarefa simples. Raramente, o sistema contábil de uma empresa é desenvolvido para relatar a rentabilidade real de diferentes entidades e atividades de marketing. A *análise da rentabilidade de marketing* mensura a rentabilidade de várias atividades de marketing. Os *estudos de eficiência de marketing* procuram determinar como as várias atividades de marketing podem ser desempenhadas com maior eficiência.

- *Controle estratégico.* É a tarefa de avaliar se a estratégia de marketing da empresa está apropriada às condições de mercado. Em razão das rápidas mudanças no ambiente de marketing, cada empresa precisa reavaliar periodicamente sua eficácia de marketing através de um instrumento de controle conhecido como *auditoria de marketing.*

A Figura 3.14 apresenta um amplo resumo do processo de marketing e as forças que moldam a estratégia de marketing da empresa. Através do sistema mostrado nessa Figura, a empresa monitora e adapta-se aos ambientes de micromarketing e macromarketing.

## PLANEJAMENTO DO PRODUTO: NATUREZA E CONTEÚDO DE UM PLANO DE MARKETING

Vimos que cada nível de produto (linha de produtos, marca) de uma unidade de negócio deve desenvolver um *plano de marketing* para atingir seus objetivos. O plano de marketing é um dos produtos mais importantes do processo de marketing. Mas qual a aparência de um plano de marketing? O que ele contém? Os planos de marketing são compostos de várias seções, como as listadas na Tabela 3.4. Ilustraremos o plano de marketing com o seguinte exemplo:

> Jane Melody é gerente de produto da linha de sistemas estéreos modulares da Zenith chamada Allegro. Cada sistema é formado por um sintonizador/amplificador AM-FM, toca-CD, toca-fitas e caixas de som separadas. A Zenith oferece diversos modelos vendidos na faixa de $ 150 a $ 400. Sua principal meta é aumentar a participação e a rentabilidade no mercado de sistemas estéreos modulares. Como gerente de produto, Jane Melody tem que preparar um plano de marketing para melhorar o desempenho da linha Allegro.

### Sumário executivo e índice de conteúdo

O plano de marketing deve começar com um breve sumário de poucas páginas, contendo suas principais metas e recomendações. Aqui está um exemplo resumido:

O plano de marketing de 1998 da Allegro procura gerar um aumento significativo das vendas e lucros da empresa em relação ao ano anterior. O alvo de lucro é de $ 1,8 milhão. A meta de vendas é de $ 18 milhões, que representa um aumento de 9% sobre as vendas do ano anterior. Este crescimento é possível, adotando-se melhorias em preço, propaganda e distribuição. O orçamento de marketing exigido será de $ 2.290.000, 14% acima do ano anterior... [Seguem maiores detalhes.]

O sumário executivo permite que a alta administração examine rapidamente os tópicos mais importantes do plano, acompanhado do índice de assuntos.

### Situação atual de marketing

Esta seção apresenta dados históricos relevantes sobre o mercado, produto, concorrência, distribuição e macroambiente. Os dados são extraídos do *registro de produto* mantido pelo gerente de produto.

**SITUAÇÃO DO MERCADO.** Aqui, dão apresentados os dados sobre o mercado-alvo. São mostrados o tamanho e o crescimento do mercado (em unidades e/ou dólares) em vários anos anteriores, por mercados e segmentos geográficos. São também apresentados dados sobre as necessidades, percepções e tendências do comportamento de compra dos consumidores.

O mercado de estéreos modulares é estimado em $ 400 milhões ou 20% do mercado de estéreos domésticos. Espera-se vendas estabilizadas nos próximos anos... Os principais compradores são consumidores de renda média, idades entre 20 e 40 anos, que desejam ouvir boa música,

**Tabela 3.4** *Conteúdo de um plano de marketing.*

| | |
|---|---|
| I. Sumário executivo e índice de conteúdo | Apresenta uma breve visão do plano proposto. |
| II. Situação atual de marketing | Apresenta dados históricos relevantes sobre o mercado, produto, concorrência, distribuição e macroambiente. |
| III. Análise de oportunidades e assuntos | Identifica as principais ameaças/oportunidades, forças/fraquezas e assuntos relativos ao produto. |
| IV. Objetivos | Define as metas financeiras e de marketing do plano em termos de volume de vendas, participação de mercado e lucro. |
| V. Estratégia de marketing | Apresenta a abordagem ampla de marketing que será usada para atingir os objetivos do plano. |
| VI. Programas de ação | Apresenta programas de marketing especiais preparados para atingir os objetivos do negócio. |
| VII. Demonstração de resultado projetado | Prevê o resultado financeiro esperado do plano. |
| VIII. Controles | Indica como o plano será monitorado. |

mas não estão dispostos a investir em equipamentos caros. Desejam comprar um sistema completo fabricado por uma empresa em que podem confiar. Desejam um sistema com bom som e aparência compatível com a decoração de suas salas de visitas.

**Situação do Produto.** Nesta parte, são mostrados as vendas, preços, margens de contribuição e lucro líquido dos últimos anos para cada produto importante da linha (Tabela 3.5).

A linha 1 da Tabela 3.5 mostra a venda total do setor em unidades crescendo anualmente em 5% até 1996, quando a demanda declinou levemente. A linha 2 mostra a participação de mercado da Zenith oscilando em torno de 3%, embora tenha atingido 4% em 1995. A linha 3 mostra o preço médio de um estéreo Allegro crescendo 10% ao ano, exceto no último ano, quando ficou em 4%. A linha 4 mostra os custos variáveis – materiais, mão-de-obra, energia – crescendo todos os anos. A linha 5 demonstra que a margem de contribuição bruta unitária – diferença entre o preço (linha 3) e o custo variável unitário (linha 4) – cresceu nos primeiros anos e permaneceu em $ 100 no último ano. As linhas 6 e 7 mostram o volume de vendas em unidades e dólares, e a linha 8 indica a margem de contribuição bruta total crescendo nos três primeiros anos e caindo no último. A linha 9 mostra que as despesas gerais permaneceram constantes durante 1993 e 1994 e aumentaram no biênio 1995-1996 em decorrência do aumento de capacidade de produção. A linha 10 indica a contribuição líquida – isto é, margem de contribuição bruta menos despesas gerais. As linhas 11, 12 e 13 mostram as despesas de marketing em propaganda e promoção, força de vendas e distribuição e pesquisa de marketing. Finalmente, a linha 14 demonstra o lucro operacional líquido, deduzidas as despesas de marketing. O quadro revela crescimento do lucro até 1995, caindo para um terço em 1996. Está claro que a Zenith precisa encontrar uma estratégia para 1997 que possa restaurar o crescimento das vendas e dos lucros da linha de produtos.

**Situação Competitiva.** Aqui, os principais concorrentes são identificados e descritos em termos de tamanho, metas, participação de mercado, qualidade de produto, estratégias de marketing e outras características necessárias para se entender suas intenções e comportamento.

Os principais concorrentes da Zenith no mercado de sistemas estéreos modulares são a Panasonic, Sony, Magnavox e General Electric. Cada concorrente tem uma estratégia e nicho específico no mercado. Por exemplo, A Panasonic oferece 33 modelos cobrindo todas as opções de preço, vende principalmente em lojas de departamentos e de descontos e investe fortemente em propaganda.

**Tabela 3.5** *Dados históricos do produto.*

| VARIÁVEL | LINHAS | 1993 | 1994 | 1995 | 1996 |
|---|---|---|---|---|---|
| 1. Vendas do setor industrial (em unidades) | | 2.000.000 | 2.100.000 | 2.205.000 | 2.200.000 |
| 2. Participação de mercado da empresa (%) | | 0,03 | 0,03 | 0,04 | 0,03 |
| 3. Preço unitário médio ($) | | 200 | 220 | 240 | 250 |
| 4. Custo variável unitário ($) | | 120 | 125 | 140 | 150 |
| 5. Margem de contribuição bruta unitária ($) | (3 – 4) | 80 | 95 | 100 | 100 |
| 6. Volume de vendas (unidades) | (1 × 2) | 60.000 | 63.000 | 88.200 | 66.000 |
| 7. Receita de vendas ($) | (3 × 6) | 12.000.000 | 13.860.000 | 21.168.000 | 16.500.000 |
| 8. Margem de contribuição bruta ($) | (5 × 6) | 4.800.000 | 5.985.000 | 8.820.000 | 6.600.000 |
| 9. Despesas gerais ($) | | 2.000.000 | 2.000.000 | 3.500.000 | 3.500.000 |
| 10. Margem de contribuição líquida ($) | (8 – 9) | 2.800.000 | 3.985.000 | 5.320.000 | 3.100.000 |
| 11. Propaganda e promoção ($) | | 800.000 | 1.000.000 | 1.000.000 | 900.000 |
| 12. Força de vendas e distribuição ($) | | 700.000 | 1.000.000 | 1.100.000 | 1.000.000 |
| 13. Pesquisa de marketing ($) | | 100.000 | 120.000 | 150.000 | 100.000 |
| 14. Lucro operacional líquido ($) | (10 – 11 – 12 – 13) | 1.200.000 | 1.865.000 | 3.070.000 | 1.100.000 |

Planeja dominar o mercado pela proliferação de produtos e descontos nos preços... [Descrições semelhantes devem ser preparadas para os outros concorrentes.]

**SITUAÇÃO DA DISTRIBUIÇÃO.** Esta seção apresenta dados sobre a dimensão e importância de cada canal de distribuição.

Os equipamentos estéreos modulares são vendidos através de lojas de departamentos, de equipamentos de som e vídeo, de eletrodomésticos, de descontos, de móveis, de música, especializadas em áudio e pelo correio. A Zenith vende 37% de seus aparelhos através de lojas de eletrodomésticos, 23% em lojas de equipamentos de som e vídeo, 10% em lojas de móveis, 3% em lojas de departamentos e o restante através de outros canais. A Zenith domina em canais que estão declinando em importância, enquanto é concorrente fraca nos canais de crescimento mais rápido, como lojas de descontos. Ela oferece 30% de margem aos revendedores, semelhante aos demais concorrentes.

**SITUAÇÃO DO MACROAMBIENTE.** Esta seção descreve as tendências macroambientais amplas – demográficas, econômicas, tecnológicas, políticas/legais, socioculturais – que afetam a linha de produtos da Zenith no futuro.

Cerca de 50% das residências norte-americanas possuem equipamentos estéreo. À medida que o mercado se aproxima da saturação, devem ser empregados esforços para convencer os consumidores a atualizarem seus equipamentos... Espera-se uma queda nas atividades econômicas, significando que as pessoas adiarão as compras de bens de consumo duráveis... Os japoneses desenharam sistemas de áudio mais compactos que apresentam um desafio aos sistemas convencionais de estéreo.

## Análise de oportunidades e de assuntos

Após resumir a situação de marketing atual, a gerente de produto passa a identificar as oportunidades/ameaças, forças/fraquezas e os assuntos mais importantes que afetam a linha de produtos.

**ANÁLISE DE OPORTUNIDADES/AMEAÇAS.** A gerente identifica as principais oportunidades e ameaças que afetam o negócio. As principais oportunidades da linha Allegro da Zenith são as seguintes:

- Os consumidores estão mostrando interesse crescente em sistemas estéreos modulares mais compactos e a Zenith deve pensar em fabricar um ou mais desses modelos.

- Duas importantes redes de lojas de departamentos estão dispostas a vender a linha Allegro, desde que obtenham ajuda extra de propaganda.
- Uma grande rede de lojas de descontos está disposta a vender a linha Allegro se obtiverem desconto especial na compra de maior volume.

As principais ameaças enfrentadas pela linha Allegro são as seguintes:

- Crescente número de consumidores está comprando seus equipamentos de som em lojas de descontos e lojas de fábrica, onde a Allegro tem pouca participação.
- Crescente número de consumidores de alta renda está dando preferência a compra de equipamentos de áudio isolados, evitando adquirir sistemas completos.
- Alguns de seus concorrentes lançaram caixas de som menores, com excelente qualidade de reprodução, que vêm obtendo a preferência dos consumidores.
- O governo federal pode aprovar uma lei mais restritiva sobre segurança de produtos, o que exigiria novo *design* da linha Allegro.

**ANÁLISE DE FORÇAS/FRAQUEZAS.** A gerente de produto precisa identificar as forças e fraquezas do produto. As principais forças da linha Allegro da Zenith são as seguintes:

- O nome Zenith possui excelente lembrança de marca e imagem de alta qualidade.
- Os revendedores da linha Allegro são bem preparados e treinados para vendê-los.
- A Zenith tem excelente rede de serviços e os consumidores sabem que obterão assistência técnica rápida.

As principais fraquezas da linha Allegro são as seguintes:

- A qualidade de som dos equipamentos Allegro não parece melhor do que a dos concorrentes, embora a qualidade faça grande diferença no processo de escolha de marca.
- A Zenith está destinando apenas 5% da receita de vendas para propaganda e promoção, enquanto alguns grandes concorrentes estão gastando duas vezes mais.
- A linha Allegro não está claramente posicionada, comparada com a Magnavox ("qualidade") e a Sony ("inovação"). A Zenith precisa definir uma proposição única de venda. A campanha de propaganda atual não é particularmente criativa ou atraente.
- A marca Zenith tem preço maior do que as outras marcas, sem ser apoiada por uma diferença real em termos de qualidade. A estratégia de preço deve ser reavaliada.

**ANÁLISE DE ASSUNTOS.** Nesta seção do plano de marketing, a gerente de produto usa a análise de forças/fraquezas para definir os principais assuntos a serem tratados. A Zenith deve considerar os seguintes assuntos básicos:

- Ela deve permanecer no negócio de equipamentos estéreos? Pode competir eficientemente? Deve desacelerar ou abandonar esta linha de produtos?
- Se permanecer, deve continuar com seus produtos, canais de distribuição, políticas de preço e de promoção atuais?
- Deve mudar para canais de alto crescimento (como as lojas de descontos) e ainda manter a lealdade de seus revendedores atuais?
- Deve aumentar suas despesas de propaganda e promoção para acompanhar os concorrentes?
- Deve investir em pesquisa e desenvolvimento para criar características, som e estilo avançados?

## Objetivos

Após a gerente de marketing resumir os assuntos envolvidos com a linha de produtos, deve decidir sobre os objetivos do plano. Dois tipos de objetivos devem ser estabelecidos: financeiro e de marketing.

**OBJETIVOS FINANCEIROS.** A administração da Zenith deseja que cada unidade de negócio tenha bom desempenho financeiro. A gerente de produto estabelece os seguintes objetivos financeiros para a linha Allegro:

- Obtenção da taxa de retorno sobre o investimento de 15% após os impostos, nos próximos cinco anos.
- Lucro líquido de $ 1.800.000 em 1997.
- Fluxo de caixa de $ 2.000.000 em 1997.

**OBJETIVOS DE MARKETING.** Os objetivos financeiros devem ser convertidos em objetivos de marketing. Por exemplo, se a empresa deseja um lucro de $ 1.800.000 e sua margem de lucro-alvo seja de 10% sobre as vendas, deve estabelecer uma meta de vendas de $ 18 milhões. Se a empresa estabelecer um preço médio de $ 260, deve vender 69.230 unidades. Se a venda total do setor for 2,3 milhões de unidades, a Zenith deve obter 3% de participação de mercado para atingir suas metas. Para manter essa participação de mercado, a empresa precisará estabelecer determinadas metas para lembrança de marca, cobertura de distribuição e assim por diante. Assim, os objetivos de marketing podem ser:

- Atingir a receita de vendas de $ 18.000.000 em 1997, que representa 9% de crescimento sobre o ano anterior. Assim, alcançar o volume de vendas de 69.230 unidades, que representa uma participação de mercado esperada de 3%.

- Aumentar o índice de lembrança de marca dos consumidores de 15% para 30% durante o período planejado.
- Expandir o número de revendedores em 10%.
- Visar ao preço médio de $ 260.

## Estratégia de marketing

Agora, a gerente de produto delineia a estratégia global de marketing ou o "plano do jogo" que usará para realizar os objetivos do plano. Freqüentemente, a estratégia de marketing é apresentada na forma de lista:

| | |
|---|---|
| **Mercado-alvo:** | Residências de alta renda, com ênfase particular às mulheres compradoras. |
| **Posicionamento:** | O melhor som e o sistema de estéreo modular mais confiável. |
| **Linha de produtos:** | Acrescentar um modelo de preço mais baixo e dois de preço mais alto. |
| **Preço:** | Preço um pouco acima das linhas concorrentes. |
| **Pontos de distribuição:** | Favorecer as lojas de rádio/televisão e as de eletrodomésticos; aumentar os esforços para penetrar em lojas de departamentos. |
| **Força de vendas:** | Expandir em 10% e introduzir um sistema nacional de contabilidade gerencial. |
| **Serviços:** | Amplamente disponível e atendimento rápido. |
| **Propaganda:** | Desenvolver nova campanha de propaganda para apoiar a estratégia de posicionamento; enfatizar as unidades de preço alto nos anúncios; aumentar o orçamento de propaganda em 20%. |
| **Promoção de vendas:** | Aumentar o orçamento de promoção de vendas em 15% para desenvolver um *display* de ponto de venda e participar mais de feiras comerciais de revendedores. |
| **Pesquisa e desenvolvimento:** | Aumentar o investimento em 25% para desenvolver melhor estilo para a linha Allegro. |
| **Pesquisa de marketing:** | Aumentar as despesas em 10% para conhecer melhor o processo de escolha do consumidor e monitorar a movimentação dos concorrentes. |

Ao desenvolver a estratégia, a gerente de produto precisa conversar com o pessoal de compras e de produção para assegurar-se de que eles estão habilitados para comprar materiais suficientes e produzir as unidades necessárias para atender ao volume de vendas desejado. Ela deve conversar com o gerente de vendas para obter apoio dos vendedores e com o gerente de financeiro para assegurar-se de que o dinheiro destinado à propaganda e promoção estará disponível.

## Programas de ação

O plano de marketing deve especificar os programas amplos de marketing preparados para atingir os objetivos do negócio. Cada elemento da estratégia de marketing deve ser elaborado para responder às perguntas: O quê será feito? Quando será feito? Quem fará? Quanto custará?

*Fevereiro*: A Zenith anunciará em jornais que todos que comprarem uma unidade Allegro neste mês receberão grátis um CD da Barbra Straisand. Ann Morris, diretora de promoções ao consumidor, cuidará desse projeto orçado em $ 5.000.

*Abril*: A empresa participará da Feira de Produtos Eletrônicos de Consumo, em Chicago. Robert Jones, diretor de promoções aos revendedores, será o responsável. Esse projeto está orçado em $ 14.000.

*Agosto*: Será realizado um concurso de vendas que premiará os três revendedores que obtiverem maior porcentagem de crescimento de vendas dos equipamentos Allegro. Os vencedores ganharão "pacotes" de férias no Havaí.

*Setembro*: Um anúncio de jornal anunciará que os consumidores que assistirem a uma demonstração da Allegro na segunda semana deste mês concorrerão a dez equipamentos. Ann Morris também cuidará deste projeto orçado em $ 6.000.

## Demonstração de resultado projetado

Os planos de ação permitem que a gerente de produto prepare um orçamento de apoio. No lado da receita, o orçamento mostra o volume de vendas previsto em unidades e o preço médio. No lado das despesas, mostra os custos de produção, distribuição física e marketing desdobrados por categorias. A diferença é o lucro projetado.

Após o orçamento ser preparado, a alta administração o examinará para aprová-lo ou modificá-lo. Se for muito alto, a gerente de produto terá que fazer alguns cortes. Uma vez aprovado, torna-se a base para desenvolvimento de planos e programações para compra de materiais, produção, recrutamento de funcionários e operações de marketing.

## Controles

A última seção do plano de marketing delineia os controles para monitorar o desenvolvimento do plano. Tipicamente, as metas e o orçamento são fixados por mês ou trimestre. A alta administração pode analisar os resultados em cada período e identificar os negócios que não estejam atendendo as metas estabelecidas. Os gerentes dos negócios lentos devem explicar o que está ocorrendo e as ações que serão adotadas para melhorar o desenvolvimento do plano.

Algumas seções de controle incluem planos de contingência. O *plano de contingência* delineia as providências que a administração deve tomar em resposta a desenvolvimentos específicos adversos, como guerras de preços ou greves. Seu propósito é encorajar os gerentes a refletir sobre as dificuldades que possam surgir à frente.

Muitas das ferramentas usadas para o desenvolvimento de planos de marketing são matemáticas. Para uma visão geral desses modelos matemáticos, veja o Apêndice 1 – Teoria da Alocação Eficaz de Recursos – no final deste livro.

## PLANEJAMENTO DE MARKETING NOS ANOS 90

Neste capítulo, discutimos a *teoria* das práticas modernas de marketing. Assim, é útil concluí-lo com os resultados de um levantamento de mercado que procura resumir a *prática* de marketing nos anos 90.

Um levantamento abrangente da Conference Board constatou que mais empresas estão descobrindo o conceito de marketing e ajustando-se ao propósito de conquistar e satisfazer os consumidores, em vez de limitar-se à produção de bens ou serviços. Os planos de negócios estão sendo mais orientados para o consumidor e para os concorrentes e mais discutidos e realistas do que foram no passado. Os planos retratam mais o conteúdo das funções de marketing e estão sendo desenvolvidos em equipe. Crescentemente, os executivos de marketing vêem-se, primeiramente, como administradores profissionais e, depois, como especialistas. A alta administração está tornando-se mais envolvida na preparação e/ou aprovação das decisões de marketing. O planejamento está tornando-se um processo contínuo durante o ano para responder às condições de mercado rapidamente mutantes. Em outras palavras, as tendências discutidas nos Capítulos 1 a 3 estão amplamente ocorrendo no mundo de marketing!

Entretanto, o levantamento constatou que os procedimentos e o conteúdo do planejamento de marketing variam consideravelmente entre as empresas. O plano é chamado de "plano de negócio", "plano de marketing" e, às vezes, "plano operacional". A maioria dos planos de marketing cobre o período de um ano, mas alguns envolvem alguns anos. Os planos variam em extensão, de 10 a 50 páginas. Algumas empresas levam seus planos a sério, enquanto outras os vêem apenas como simples esboços para a ação. Conforme os executivos de marketing, as deficiências mais freqüentes dos planos de marketing atuais são a falta de realismo, análise competitiva insuficiente e foco restrito no curto prazo.[35]

## RESUMO

1. *Planejamento estratégico orientado para o mercado* é o processo gerencial de desenvolver e manter um ajuste viável entre os objetivos, habilidades e recursos da organização e suas oportunidades de mercado mutantes. O propósito do planejamento estratégico é moldar e remoldar os negócios e produtos da empresa de maneira que alcancem o lucro e o crescimento visados. O planejamento estratégico ocorre em quatro níveis: corporativo, divisional, unidade de negócio e produto.

2. As empresas de alto desempenho satisfazem ou excedem consistentemente as expectativas de seus *stakekolders* (grupos de interesse), administram e vinculam eficientemente processos de trabalho, fontes e recursos e desenvolvem uma cultura organizacional corporativa orientada para o sucesso.

3. A matriz da corporação é responsável em movimentar o processo de planejamento estratégico. A estratégia corporativa estabelece a estrutura na qual a divisão e as unidades de negócios preparam seus planos estratégicos. O estabelecimento de uma estratégia corporativa envolve quatro atividades:

   a. Definir a missão corporativa. As boas declarações de missão focalizam um número limitado de bens, reforçam as principais políticas da empresa e definem os escopos competitivos mais importantes nos quais a empresa operará.

   b. Estabelecer as *unidades estratégicas de negócios (UENs)*. Uma UEN pode beneficiar-se do planejamento separado, enfrentar concorrentes específicos e ser administrada como um centro de lucro.

   c. Atribuir recursos a cada UEN, baseados em sua atratividade de mercado e força do negócio. As ferramentas usadas para se decidir sobre o crescimento, manutenção, desaceleração ou abandono de um negócio incluem a matriz participação-crescimento do Boston Consulting Group (BCG) e o modelo General Electric.

   d. Planejar novos negócios e expandir os já existentes. A empresa pode identificar vários tipos de oportunidades de crescimento: *crescimento intensivo* (penetração, desenvolvimento de mercado e de produto), *crescimento integrado* (para frente, para trás e horizontal) e *crescimento diversificado* (concêntrico, horizontal e por conglomerado).

4. O planejamento estratégico dos negócios individuais envolve as seguintes atividades: definição da missão do negócio, análise das oportunidades e ameaças externas, análise das forças e fraquezas internas, formulação de metas, formulação da estratégia (que pode incluir as alianças estratégicas), formulação de programas de apoio, implementação de programas, *feedback* e controle.

5. O processo de marketing consiste de quatro etapas: análise das oportunidades de mercado; desenvolvimento de estratégias de marketing; planejamento de programas de marketing, que envolve a escolha do *composto de marketing* (os quatro Ps de produto, preço, praça (distribuição) e promoção; e organização, implementação e controle do esforço de marketing.

6. Cada nível de produto dentro de uma unidade de negócio deve desenvolver um *plano de marketing* para atingir suas metas. O plano de marketing é um dos produtos mais importantes do processo de marketing, e deve conter os seguintes elementos: sumário executivo e índice de conteúdo; visão da situação de marketing atual; análise de oportunidades e assuntos enfrentados pelo produto; resumo dos objetivos financeiros e de marketing; visão da estratégia de marketing a ser usada para atingir os objetivos do plano; demonstração de resultado projetada; e um resumo dos controles a serem usados para monitorar o desenvolvimento do plano.

35. SUTTON Howard. *The marketing plan in the 1990s.* New York : The Conference Board, 1990.

1. Que vantagens competitivas foram obtidas pelas seguintes empresas no mercado? Como cada estratégia de marketing comunicou essas vantagens competitivas?
   a. Wal-Mart
   b. Snap-on-Tools
   c. J. P. Morgan Investment Bankers
   d. Citicorp
   e. Kodak

2. Você acabou de ser contratado pela Minnetonka – pequena empresa de Minnesota especializada na fabricação de sabonetes e outros produtos. Trata-se de um trabalho novo para você, que deseja demonstrar a sua chefe o treinamento formal que recebeu sobre planejamento. Você ouviu boatos de que ela considera o planejamento formal ineficiente e ineficaz para as pequenas empresas. Acredita que o planejamento informal funciona melhor para uma empresa do tamanho da Minnetonka. Você está determinado a mudar essa atitude. Redija um memorando explicando como o planejamento formal pode também ser usado nas pequenas empresas.

3. Por vários anos, uma faculdade municipal tem oferecido um programa de educação de adultos denominado Communiversity, com pouco sucesso. Em função da diminuição da arrecadação de impostos pela prefeitura local, os conselheiros decidiram que o programa seria encerrado se não houvesse substancial aumento de matrículas no curso noturno. Desenvolva uma declaração de missão para o programa Communiversity e estabeleça 10 objetivos visando o aumento das matrículas.

4. Como integrante de um grupo de consultoria de administração, você foi contratado por um fabricante de equipamentos para escritório. A linha de produtos da empresa consiste de cinco unidades estratégias de negócios (UENs) mostradas abaixo. Use a análise de portfólio do Boston Consulting Group (como a ilustrada na Figura 3.3 do texto) para determinar a participação de mercado relativa de cada UEN e se a empresa é saudável em sua totalidade. Descreva a natureza da matriz de crescimento/participação de mercado para a alta administração e faça recomendações para as estratégias futuras.

| UNIDADE ESTRATÉGICA DE NEGÓCIO (UEN) | FATURAMENTO (EM MILHÕES DE $) | NÚMERO DE CONCORRENTES | FATURAMENTO DOS 3 MAIORES CONCORRENTES (EM MILHÕES) | TAXA DE CRESCIMENTO DO MERCADO |
| --- | --- | --- | --- | --- |
| A | 0,5 | 8 | 0,7, 0,7, 0,5 | 15% |
| B | 1,6 | 22 | 1,6, 1,6, 1,0 | 18 |
| C | 1,8 | 14 | 1,8, 1,2, 1,0 | 7 |
| D | 3,2 | 5 | 3,2, 0,8, 0,7 | 4 |
| E | 0,5 | 10 | 2,5, 1,8, 1,7 | 4 |

5. Você é o presidente de um Centro Médico com 500 leitos, situado em uma área metropolitana. Descreva os fatores que influenciam a estratégia de marketing de sua organização, usando a Figura 3.14 como base. Quem são os *stakeholders* (grupos de interessados) e os demais participantes do processo de marketing? Como suas decisões são afetadas pelo ambiente em que você opera?

6. Durante anos, a empresa de ônibus Greyhound enfrentou acirrada concorrência dos automóveis particulares e das campanhas de descontos promovidas pelas linhas aéreas. Em 1960, o setor de transporte por ônibus dominava 30% das viagens interestaduais, mas em 1994 sua participação caiu para 6%. Faça uma análise forças/fraquezas e oportunidades/ameaças para o setor e recomendações baseadas em sua análise para a empresa de ônibus Greyhound.

7. Joel Smith, gerente do produto ketchup da Heinz, preparou o plano de marketing mostrado na página seguinte. Critique o plano. Que melhorias você pode sugerir?

8. Com mais de 80% do mercado de sopas prontas, a Campbell, realmente, não precisa aumentar sua participação anual de $ 1,2 bilhão nas lojas de alimentos. O que ela precisa é promover o aumento do consumo de sopas. Aqui, que estratégia de crescimento intensivo deve adotar? Como a empresa pode realizar seu objetivo?

| | |
|---|---|
| 1. Previsão total do mercado | 25.000.000 caixas* |
| Mercado total este ano (23.600.000 caixas) × taxa recente de crescimento (6%) | |
| 2. Previsão de participação de mercado | 28% |
| 3. Previsão do volume de vendas (1 × 2) | 7.000 caixas |
| 4. Preço para o distribuidor | $ 4,45 por caixa |
| 5. Faturamento total estimado (3 × 4) | $ 31.150.000 |
| 6. Custos variáveis estimados | $ 2,75 por caixa |
| Tomates e temperos ($ 0,50) + frascos e tampas ($ 1,00) + mão-de-obra ($ 1,10) + distribuição física ($ 0,15) | |
| 7. Margem de contribuição estimada para cobrir os custos fixos, despesas de marketing e obter lucro [3 × (4 – 6)] | $ 11.900.000 |
| 8. Custos fixos estimados ($ 1 × 7 milhões de caixas) | $ 7.000.000 |
| 9. Margem de contribuição estimada para cobrir as despesas de marketing e obter lucro (7 – 8) | $ 4.900.000 |
| 10. Lucro-alvo estimado | $ 1.900.000 |
| 11. Quantia disponível para as despesas de marketing (9 – 10) | $ 3.000.000 |
| 12. Alocação do orçamento de marketing: | |
| Propaganda | $ 2.000.000 |
| Promoção de vendas | $ 900.000 |
| Pesquisa de mercado | $ 300.000 |

**Nota:** Os números estão arredondados.

PARTE

II

# ANÁLISE DAS OPORTUNIDADES DE MARKETING

# 4 Administração das Informações de Marketing e Mensuração da Demanda de Mercado

*Um homem sábio reconhece a conveniência de uma afirmação geral, mas curva-se diante da autoridade de um fato específico.*

OLIVER WENDELL HOLMES JR.

*Dirigir bem um negócio é administrar seu futuro; dirigir o futuro é administrar informações.*

MARION HARPER

*Fazer previsão é como dirigir um automóvel com os olhos vendados, seguindo as orientações de uma pessoa que esteja olhando pelo espelho retrovisor.*

ANÔNIMO

Enfatizamos a importância de monitorar o ambiente de marketing para que os produtos e as práticas atuais de marketing sejam mantidas. Entretanto, como a administração pode conhecer as mudanças de desejos dos consumidores, dos canais de distribuição, as novas iniciativas dos concorrentes e assim por diante? A resposta é clara: a administração deve desenvolver e administrar informações. Três desenvolvimentos tornaram as informações de marketing mais necessárias do que em qualquer época do passado:

*Marketing global como evolução de marketing nacional e local.* À medida que as empresas ampliam a cobertura de mercado, seus administradores precisam de informações bem mais rápidas.

*Enfoque nos desejos em substituição ao enfoque nas necessidades dos compradores.* Com a melhoria da renda dos compradores, eles tornam-se mais seletivos em suas escolhas de bens. Para prever as respostas dos compradores a diferentes características, estilos e outros atributos, os vendedores devem adotar a pesquisa de marketing.

*Concorrência não baseada em preço em substituição à concorrência de preço.* À medida que os vendedores reforçam suas marcas, diferenciam produtos, aumentam o volume de propaganda e pro-

moção de vendas, precisam de informações sobre a eficácia dessas ferramentas de marketing.

Felizmente, a explosão da necessidade do uso de informações tem sido atendida por grande número de novas tecnologias. Os últimos 30 anos testemunharam o surgimento dos microcomputadores, microfilmagem, televisão a cabo, máquinas copiadoras, aparelhos de fax, videocassetes, videodiscos, aparelhos de CD-ROM, sistemas de multimídia e outros dispositivos que vêm revolucionando o tratamento das informações. Em relação à administração e à pesquisa de marketing, a tecnologia mais importante foi o sistema computadorizado de levantamento e análise de dados.[1]

Algumas empresas têm desenvolvido avançados sistemas de informações de marketing que fornecem à administração detalhes rápidos e incríveis sobre os desejos, preferências e comportamento do comprador. Por exemplo, a Coca-Cola sabe que colocamos 3,2 cubos de gelo em um copo, assistimos 69 de seus comerciais por ano e preferimos latas das máquinas de venda a uma temperatura de 1,6 grau. Um milhão de norte-americanos bebem, diariamente, Coca-Cola no café da manhã. A Kimberly Clark, fabricante dos lenços de papel Kleenex, calcula que, em média, uma pessoa assoa o nariz 256 vezes por ano. A Hoover instalou temporizadores (*timers*)

---

1. PERRAULT, JR., William D., GREEN, Paul E., MALHOTRA, Naresh K. The shifting paradigm in marketing research. *Journal of the Academy of Marketing Science*, 20, n. 4, p. 367-387, Fall 1992.

e outros equipamentos nos aspiradores de pó de uso doméstico para saber que são usados 35 minutos por semana, aspiram 3,600 kg de pó por ano, usando seis sacos de papel.[2] As empresas também possuem informações extensivas sobre padrões de consumo em outros países. Por exemplo, na Europa Ocidental, em base *per capita,* os suíços consomem mais chocolate, os gregos, mais queijo, os irlandeses, mais chá e os austríacos fumam mais cigarros.[3]

Todavia, muitas empresas não possuem informações sofisticadas. Muitas não têm um departamento de pesquisa de marketing e outras fazem algum trabalho de pesquisa, limitado a previsões rotineiras, análise de vendas e levantamentos de mercado ocasionais. Além disso, muitos administradores estão insatisfeitos com as informações que recebem. Suas reclamações incluem o desconhecimento de onde as informações críticas estão localizadas na empresa; o grande volume de informações que não podem ser usadas, as poucas informações que estão disponíveis; as informações importantes que chegam com atraso; e as informações não confiáveis que recebem.

Na sociedade da informação de hoje, o desenvolvimento de informações confiáveis pode proporcionar à empresa um salto sobre suas concorrentes. Uma vez pesquisado o mercado e obtidas as informações exigidas, a empresa pode, cuidadosamente, avaliar suas oportunidades e escolher seus mercados-alvos para maximizar o lucro. Parte importante dessa avaliação diz respeito à previsão da demanda atual e futura. Neste capítulo, examinamos as seguintes questões:

- **O que é um sistema de informações de marketing?**
- **O que está envolvido na condução da pesquisa de marketing?**
- **Que fatores identificam uma boa de uma má pesquisa de marketing?**
- **Como são computadorizados os sistemas de apoio às decisões que ajudam os administradores de marketing atuais a tomar decisões?**
- **Quais os principais conceitos para previsão e mensuração da demanda? Como a demanda atual e futura pode ser prevista?**

## Que é um Sistema de Informações de Marketing?

Toda empresa deve organizar o fluxo de informações de marketing para seus administradores de marketing. As empresas estão estudando suas necessidades de informações e projetando sistemas de informações de marketing (SIM) para atendê-las.

Um SISTEMA DE INFORMAÇÕES DE MARKETING consiste de pessoas, equipamentos e procedimentos para coletar, selecionar, analisar, avaliar e distribuir informações de marketing que sejam necessárias, oportunas e precisas para os tomadores de decisões em marketing.

O conceito de sistema de informações de marketing está ilustrado na Figura 4.1. Os administradores de marketing, para executar suas responsabilidades de análise, planejamento, implementação e controle (mostradas no extremo da parte esquerda), precisam de informações sobre os desenvolvimentos no ambiente de marketing (mostrados no extremo da parte direita). O papel do SIM é avaliar as necessidades de informações do administrador, desenvolver as melhores e distribuí-las no momento adequado. As informações necessárias são desenvolvidas através de registros internos da empresa, atividades de inteligência de marketing, pesquisa de marketing e análise de sistemas de apoio às decisões. Na seção seguinte, desenvolvemos cada um dos componentes do SIM da empresa.

## Sistema de Registros Internos

O sistema de informações mais básico usado pelos administradores de marketing é o sistema de registros internos. São os relatórios sobre pedidos, vendas, preços, níveis de estoque, contas a receber, contas a pagar e assim por diante. Ao analisar essas informações, os administradores de marketing podem detectar oportunidades e problemas importantes.

---

2. KOTEN, John. You aren't paranoid if you feel someone eyes you constantly. *The Wall Street Journal,* p. 1, 22, 29 Mar. 1985; OFFBEAT marketing. *Sales and Marketing Management,* p. 35, Jan. 1990; e LARSON, Erik. Attention shoppers: don't look now but you are being tailed. *Smithsonian Magazine,* p. 70-79, Jan. 1993.

3. Extraído de CONSUMER Europe 1993, publicação da Euromonitor, London: Tel. + 4471 251 8021; escritório nos Estados Unidos: (312) 541-8024.

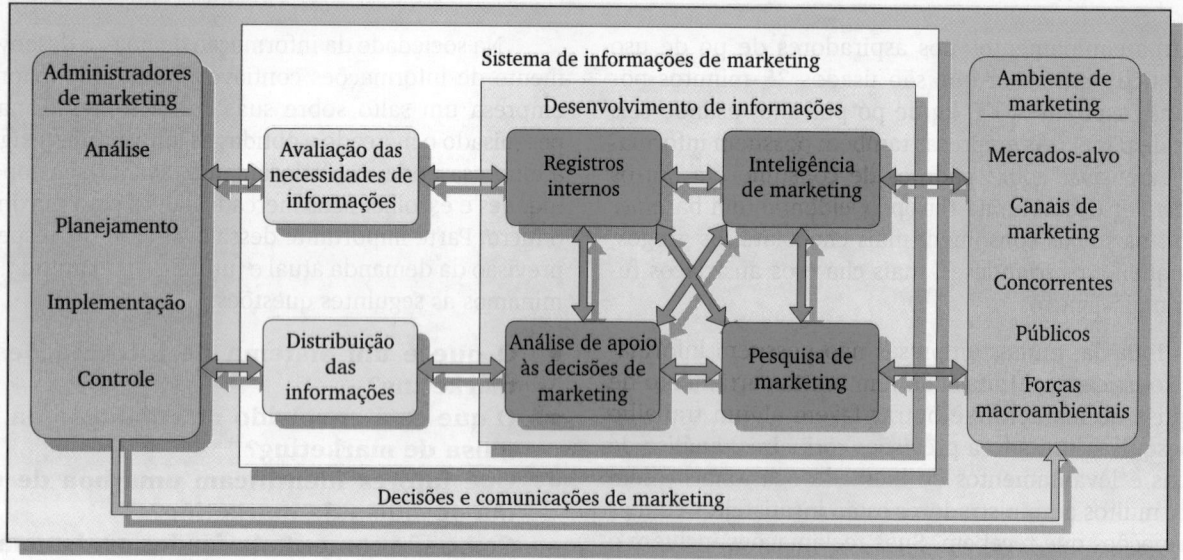

**Figura 4.1**   *Sistema de informações de marketing.*

## Ciclo de pedidos

A base do sistema de registros internos é o *ciclo de pedidos*. Vendedores, revendedores e consumidores encaminham pedidos para a empresa. O departamento de atendimento os recebe e emite notas fiscais e faturas, encaminhando cópias para vários departamentos. Os itens em falta são anotados e os despachados seguem acompanhados por documentos, cujas cópias são também remetidas aos departamentos correspondentes.

As empresas atuais precisam desempenhar essas etapas de maneira rápida e correta. Os clientes preferem as empresas que podem entregar os bens em tempo. Os vendedores precisam enviar seus pedidos no final do expediente e, em alguns casos, imediatamente. O departamento de atendimento deve processá-los rapidamente. O depósito deve despachá-los o mais breve possível. Muitas empresas estão agora usando EDI (*electronic data interchange*) – intercâmbio eletrônico de dados – para aumentar a agilidade, precisão e eficiência do ciclo de pedido. Por exemplo, a Wal-Mart, gigante do varejo, acompanha os níveis de estoque de seus produtos por computador. Quando o estoque de um produto cai a determinado nível em determinada loja, o computador envia um pedido eletrônico ao fornecedor que, depois, automaticamente, despacha a mercadoria para a loja.[4]

## Sistema de relatórios de vendas

Os administradores de marketing necessitam de relatórios atualizados sobre suas vendas. A tecnologia de informática tem revolucionado as tarefas dos vendedores ao transformar a "arte" de vendas em um processo de negócios automatizados. Agora, munidos de computadores *laptop*, os vendedores têm acesso imediato às informações sobre seus clientes potenciais ou atuais e podem fornecer as suas empresas *feedback* e relatórios de vendas imediatos. Um anúncio do *software* de automação de vendas SalesCTRL destaca: "Seu vendedor em St. Louis sabe o que o Serviço de Atendimento, em Chicago, informou a seu cliente em Atlanta esta manhã. Os gerentes de vendas podem monitorar todos os seus territórios e fazer previsões de vendas a qualquer momento. Os gerentes de marketing sabem que fontes de indicações de clientes potenciais geram os melhores resultados..."

Aqui estão três empresas que têm usado a tecnologia de informática para preparar sistemas de relatórios de vendas abrangentes e rápidos:

**ASCOM TIMEPLEX, INC.**   Antes de fazer uma visita, os vendedores desta empresa de equipamentos de telecomunicações usam seus microcomputadores Apple PowerBook para contatar a rede mundial de dados da companhia. Eles podem acessar a lista de preços mais atualizada, notas de engenharia e configuração de produtos, andamento dos pedidos e correio eletrônico. Quando fecham negócios, os pedidos são gravados, conferidos pelo PowerBook e encaminhados, eletronicamente, à matriz da Timeplex em Woodcliff Lake, New Jersey.[5]

**BAXTER HEALTH CARE**   A Baxter fornece microcomputadores aos departamentos de compras de

---

4.   DeEULIO, Donna. Should catalogers travel the EDI highway? *Catalog Age*, 11, n. 2, , p. 99 Feb. 1994.
5.   VERITY, John W. Taking a laptop on a call. *Business Week*, p. l24-125, 25 Oct. 1993.

hospitais para que possam transmitir pedidos eletronicamente. A recepção pontual dos pedidos dá condições à Baxter para reduzir estoques, melhorar os serviços e obter melhores condições de seus fornecedores para maiores volumes de compras. Ela vem obtendo grande vantagem sobre seus concorrentes e sua participação de mercado tem aumentado.

**MEAD PAPER** Os vendedores da Mead podem obter respostas instantâneas às dúvidas dos clientes sobre a disponibilidade de papel, conectando o centro de informática da empresa. Os computadores informam se o tipo de papel está disponível no depósito mais próximo e quando pode ser despachado. Se não houver estoque nesse local, os computadores checam nos armazéns das proximidades. Não havendo estoque, os computadores determinam onde e quando o papel pode ser produzido. Os vendedores obtêm a resposta em segundos e, assim, levam vantagem sobre os concorrentes.

O sistema de informações de marketing da empresa deve ser um cruzamento entre o que os administradores pensam que necessitam, o que realmente necessitam e o que é economicamente viável. Uma providência útil é a criação de um *comitê interno de SIM,* que entrevista uma amostra representativa de executivos de marketing – gerentes de produtos, gerentes de vendas, vendedores etc. – para descobrir suas necessidades de informações. Algumas questões que o comitê deve levantar são as seguintes:

1. Que tipos de decisões você regularmente costuma tomar?
2. Que tipos de informações você necessita para tomar decisões?
3. Que tipos de informações você recebe regularmente?
4. Que tipos de estudos especiais você solicita regularmente?
5. Que tipos de informações você gostaria de receber e não vem recebendo?
6. Que informações você precisa em base diária? Semanal? Mensal? Anual?
7. Que revistas e relatórios comerciais você gostaria de examinar regularmente?
8. Sobre que tópicos específicos você gostaria de se manter informado?
9. A que tipos de programas de análise de dados você gostaria de ter acesso?
10. Quais seriam, em sua opinião, as quatro melhorias mais úteis a ser implantadas no atual sistema de informações de marketing?

O comitê do SIM deve avaliar cuidadosamente as respostas a essas questões, dedicando atenção especial aos fortes desejos e reclamações, descartando as idéias que forem inadequadas ou irrealistas.

## SISTEMA DE INTELIGÊNCIA DE MARKETING

Enquanto o sistema de registros internos fornece *dados de resultados,* o sistema de inteligência de marketing fornece *dados que estão acontecendo.*

**SISTEMA DE INTELIGÊNCIA DE MARKETING é um conjunto de procedimentos e fontes usado por administradores para obter informações diárias sobre os desenvolvimentos pertinentes no ambiente de marketing.**

Freqüentemente, os administradores de marketing buscam inteligência de marketing lendo livros, jornais e revistas técnicas; conversando com consumidores, fornecedores, distribuidores e outros e trocando idéias com administradores e funcionários da própria empresa. Todavia, se o sistema for muito causal, as informações valiosas podem ser extraviadas ou chegar muito tarde. Os administradores podem saber muito tarde de uma ação do concorrente, uma nova necessidade do consumidor ou um problema com o revendedor para tomar as decisões adequadas.

Uma empresa bem dirigida adota quatro etapas para melhorar a qualidade e a quantidade de inteligência de marketing.

Primeiro, treina e motiva a força de vendas para localizar e relatar novos desenvolvimentos. Os vendedores são os "olhos e ouvidos" da empresa e estão em excelente posição para captar informações não obtidas por outros meios. Todavia, estão muito ocupados e, freqüentemente, deixam de transferir informações importantes. Por esta razão, a empresa deve "vender" à força de vendas a sua importância como captadores de inteligência. Os vendedores devem saber que tipos de informações enviar a que gerentes ou administradores. Por exemplo, os promotores de vendas da editora Atlas que divulgam este livro junto aos professores são fontes de informações muito importantes para a empresa. Através deles, os gerentes editoriais ficam sabendo o que está ocorrendo em cada disciplina, quem está pesquisando temas interessantes e deseja escrever algum livro.

Segundo, a empresa competitiva motiva distribuidores, varejistas e outros intermediários para transmitirem informações importantes. Consideremos o seguinte exemplo:[6]

**PARKER HANNIFIN CORPORATION** A Parker Hannifin, importante fabricante de produtos de ener-

---

6. NARUS, James A., ANDERSON, James C. Turn your industrial distributors into partners. *Harvard Business Review,* p. 66-71, Mar./Apr. 1986.

gia, providenciou que cada distribuidor encaminhasse a sua divisão de pesquisa de marketing uma cópia de todas as faturas de vendas de seus produtos. A empresa analisa essas faturas para identificar as características de seus usuários finais e para ajudar os distribuidores a melhorar seus programas de marketing.

Algumas empresas contratam especialistas para reunir inteligência de marketing. Os varejistas podem enviar "compradores fantasmas" as suas próprias lojas para agirem como compradores reais, testerem produtos e fazerem compras – tudo isso para avaliar como os funcionários tratam os consumidores. Por exemplo, a prefeitura da cidade de Dallas, recentemente, contratou a Feedback Plus, agência profissional de compras, para acompanhar o trabalho dos funcionários do serviço de guincho junto aos cidadãos que têm seus carros guinchados. A Neiman-Marcus utiliza a mesma agência para mandar "compradores fantasmas" as suas 26 lojas espalhadas pelo país. "Aquelas lojas que obtêm alta avaliação do serviço de compras", afirma um vice-presidente da empresa, "têm os melhores índices de vendas". Após a visita desses "compradores", os gerentes das lojas recebem cópias de seus relatórios. As perguntas comuns do relatório são: Quanto tempo o vendedor demorou para atendê-lo? Demonstrou que estava disposto a fazer a venda? Mostrou conhecimento sobre os produtos à venda?[7] As empresas também ficam conhecendo os concorrentes comprando seus produtos; freqüentando exposições e feiras; lendo os relatórios publicados pelos concorrentes; comparecendo às reuniões de acionistas; conversando com funcionários e ex-funcionários, revendedores, distribuidores, fornecedores e transportadores; colecionando anúncios de concorrentes e lendo jornais e revistas especializadas.

Terceiro, a empresa compra informações de fornecedores externos como A. C. Nielsen e Information Resources. Essas empresas de pesquisa reúnem dados de lojas e de painéis de consumidores a um custo muito mais baixo do que qualquer empresa isolada.

Quarto, algumas empresas têm criado um *centro de informações de marketing* para reunir e distribuir dados de inteligência de marketing. Seus funcionários lêem as publicações mais importantes, separam as notícias mais relevantes e as distribuem em forma de boletim aos administradores de marketing. Além de coletarem as informações, dão assistência aos gerentes na avaliação de informações. Esses serviços ajudam a melhorar muito a qualidade das informações examinadas pela empresa.

## SISTEMA DE PESQUISA DE MARKETING

Freqüentemente, os administradores de marketing encomendam estudos de pesquisa formal sobre determinados problemas e oportunidades. Eles podem necessitar de um levantamento de mercado, um teste de preferência de produto, uma previsão de vendas por região ou um estudo sobre a eficácia de uma campanha de propaganda. Definimos *pesquisa de marketing* da seguinte maneira:

**PESQUISA DE MARKETING é o planejamento, coleta, análise e apresentação sistemática de dados e descobertas relevantes sobre uma situação específica de marketing enfrentada por uma empresa.**

Não se deve confundir pesquisa de marketing com pesquisa de mercado. A *pesquisa de mercado* age em um mercado específico e é apenas uma componente da pesquisa de marketing.

### Fornecedores de pesquisa de marketing

Uma empresa pode obter pesquisa de marketing de inúmeras maneiras. As empresas maiores têm seus próprios departamentos de pesquisa de marketing.[8] Normalmente, o gerente de pesquisa de marketing reporta-se ao vice-presidente de marketing e atua como diretor de estudos, administrador, consultor e defensor da empresa.

**PROCTER & GAMBLE** A P&G designa pesquisadores de marketing a cada divisão de produtos para fazer pesquisa sobre as marcas existentes. Há dois grupos separados para pesquisa interna: um responsável pela pesquisa global de propaganda da empresa e outro encarregado dos testes de mercado. Os profissionais de cada grupo consistem em gerentes de pesquisa, especialistas de apoio (encarregados de levantamentos, estatísticos, cientistas do comportamento) e pesquisadores de campo para realizar e supervisionar as entrevistas. Anualmente, a empresa telefona ou visita cerca de um milhão de pessoas relacionadas com seus 1.000 projetos de pesquisa.

**HEWLETT PACKARD** Na HP, a pesquisa de marketing é atribuída ao Centro de Pesquisa de Mercado & Informações, localizado em sua sede. O Centro atende a to-

7. HELLIKER, Kevin. Smile: the cranky shopper may be a store spy. *The Wall Street Journal,* 30 Nov. 1994, B1, p. 3, 6, p. 6.
8. Veja KINNEAR, Thomas, ROOT, Ann (Orgs.). *1994 Survey of market research*: organization, functions, budget, compensation. Chicago : American Marketing Association, 1994.

das as divisões da empresa espalhadas pelo mundo e está dividido em três grupos de serviços. O Centro de Informações de Mercado fornece informações sobre setores industriais, mercados e concorrentes, utilizando empresas de informações e outros serviços. As Equipes de Apoio às Decisões fornecem serviços de consultoria de pesquisa. Os Satélites Regionais estão estabelecidos em locais específicos do mundo para apoiar iniciativas regionais da HP.[9]

Embora as pequenas empresas não possam ter um departamento de pesquisa de marketing separado ou estar em condições de contratar os serviços de uma empresa especializada, elas podem fazer pesquisa de maneira criativa e viável, como:

- *Contratar alunos e professores para preparar e conduzir projetos de pesquisa de marketing.* Em alguns de seus cursos da área de marketing, o corpo docente das Universidades de Harvard e de Boston procura pequenos ou grandes projetos de pesquisa dentro da comunidade. Um projeto preparado pelo programa MBA da Universidade de Boston ajudou a American Express a desenvolver uma campanha de propaganda destinada aos profissionais recém-formados. Essa campanha, que custou $ 15.000, tornou-se um dos programas mais bem-sucedidos da empresa. Esse custo, irrisório para a American Express, pode ser enfrentado por uma pequena empresa.
- *Usar serviços de informações on-line.* Os serviços oferecidos pela America Online e CompuServe oferecem informações comerciais a um custo mínimo. Por exemplo, as pequenas empresas podem pesquisar consumidores potenciais usando a CompuServe a um custo de apenas $ 15 por hora.
- *Checagem de concorrentes.* Rotineiramente, muitos executivos de pequenas empresas visitam seus concorrentes. Tom Coohill, *chef* e dono de dois restaurantes em Atlanta, envia seus gerentes para jantar em restaurantes concorrentes e observar seu funcionamento. Frank Maier Jr., joalheiro de Atlanta que visita, freqüentemente, concorrentes de fora da cidade, copiou uma excelente forma de iluminação de vitrinas.[10]

Normalmente, as empresas orçam a pesquisa de marketing em 1% a 2% de seus faturamentos. De 50 a 80% desse dinheiro é gasto pelo departamento de pesquisa de marketing. O restante é destinado à compra de serviços de empresas de pesquisa de marketing. Essas empresas são classificadas em três categorias:

- *Empresas de serviços de pesquisa setorizados.* Reúnem informações sobre consumidores e setores industriais e comerciais que as vendem mediante recebimento de honorários. Exemplos: A. C. Nielsen, SAMI/Burke.
- *Empresas de pesquisa de marketing por encomenda.* São contratadas para desenvolver projetos de pesquisa específicos. Participam da fase de planejamento do estudo e o relatório final torna-se propriedade do cliente.
- *Empresas com linhas especializadas de pesquisa de marketing.* Fornecem serviços de pesquisa especializada a outras empresas. O melhor exemplo é a empresa de trabalho de campo que é contratada por outra para fazer entrevistas junto a consumidores.

Os pesquisadores de marketing vêm expandindo suas atividades e técnicas no decorrer dos anos. A Tabela 4.1 lista 36 atividades de pesquisa de marketing e a porcentagem de empresas especializadas em cada uma delas. Essas atividades têm beneficiado

## Processo de pesquisa de marketing

A pesquisa de marketing eficaz envolve as cinco etapas mostradas na Figura 4.2. Ilustraremos essas etapas com a seguinte situação:

A American Airlines está constantemente procurando novas maneiras de atender às necessidades dos passageiros. Um gerente apresenta a idéia de oferecer serviços de telefonia a passageiros. Os outros gerentes ficam excitados com a idéia e concordam que ela deve ser pesquisada. O gerente de marketing ofereceu-se para fazer alguma pesquisa preliminar. Contatou uma importante empresa de telecomunicações para levantar o custo desse serviço nos vôos B-747 costa a costa. Essa empresa informou que o plano custaria cerca de $ 1.000 por vôo. A linha aérea teria que cobrar $ 25 por ligação para atingir o ponto de equilíbrio, e pelo menos 40 passageiros teriam que usar o serviço durante o vôo. Depois, o gerente de marketing pediu ao gerente de pesquisa de marketing para detectar como os passageiros responderiam a esse novo serviço.

9.    Veja BONDURANT, William R. Research: the HP way. *Marketing Research*, p. 28-33, June 1992.
10.   KLANCY, Kevin J., SHULMAN, Robert S. *Marketing myths that are killing business.* New York : McGraw-Hill, 1994. p. 58; HISE, Phaedra. Comprehensive CompuServe. *Inc.,* June 1994, p. 109; BUSINESS bulletin: studying the competition. *The Wall Street Journal,* A1, p. 5.

**Tabela 4.1**   *Atividades de pesquisa de 435 empresas.*

| TIPO DE PESQUISA | PORCENTAGEM | TIPO DE PESQUISA | PORCENTAGEM |
|---|---|---|---|
| A. Pesquisa econômica e de negócios e pesquisa corporativa | | 3. Estudos de cobertura de canal | 31 |
| 1. Características e tendências de setores industriais/mercados | 92 | 4. Estudos internacionais e de exportação | 32 |
| 2. Estudos de aquisição/ diversificação | 50 | E. Promoção | |
| 3. Análise de participação de mercado | 85 | 1. Pesquisa motivacional | 56 |
| 4. Estudos internos sobre os funcionários (moral, comunicação etc.) | 72 | 2. Pesquisa de mídia | 70 |
| B. Preço | | 3. Pesquisa de texto | 68 |
| 1. Análise de custos | 57 | 4. Eficácia da propaganda | |
| 2. Análise de lucros | 55 | a. antes da veiculação de uma campanha | 67 |
| 3. Elasticidade-preço | 56 | b. durante a veiculação de uma campanha | 66 |
| 4. Análise da demanda: | | 5. Estudos de propagandas concorrentes | 43 |
| a. potencial de mercado | 78 | 6. Estudos de imagem pública | 65 |
| b. potencial de vendas | 75 | 7. Estudos de remuneração da força de vendas | 34 |
| c. previsões de vendas | 71 | 8. Estudos de quotas da força de vendas | 28 |
| 5. Análise de preços concorrentes | 71 | 9. Estrutura de territórios da força de vendas | 32 |
| C. Produto | | 10. Estudos de prêmios, cuponagem etc. | 47 |
| 1. Desenvolvimento e teste de conceito | 78 | F. Comportamento de compra | |
| 2. Geração e teste de nome de marca | 55 | 1. Preferência de marca | 78 |
| 3. Teste de mercado | 55 | 2. Atitudes em relação à marca | 76 |
| 4. Teste dos produtos existentes | 63 | 3. Satisfação do produto | 87 |
| 5. Estudos de *design* de embalagem | 48 | 4. Comportamento de compra | 80 |
| 6. Estudos de produtos concorrentes | 54 | 5. Intenções de compra | 79 |
| D. Distribuição | | 6. Lembrança de marca | 80 |
| 1. Estudos de localização de fábricas/depósitos | 25 | 7. Estudos de segmentação | 84 |
| 2. Estudos de desempenho de canais | 39 | | |

**Fonte:**   KINNEAR, Thomas C., ROOT, Ann R. (Orgs.). *1994 Survey of marketing research:* organization, functions, budget, compensation. Chicago: American Marketing Association, 1994. p. 49.

**ETAPA 1: DEFINIÇÃO DO PROBLEMA E OBJETIVOS DE PESQUISA.** A primeira etapa exige que o gerente de marketing e o pesquisador definam cuidadosamente o problema e os objetivos de pesquisa. Um antigo adágio afirma: "Um problema bem definido é metade da solução."

A administração deve trabalhar na definição ampla ou restrita do problema. O gerente de marketing que diz ao pesquisador: "Descubra tudo o que for possível sobre as necessidades dos passageiros", obterá muitas informações desnecessárias. Similarmente, aquele que diz: "Descubra se os passageiros que voam na aeronave B-747 entre as costas oriental e ocidental estão dispostos a pagar $ 25 por uma ligação de telefônica, de modo que a American Airlines atinja o ponto de equilíbrio do custo deste serviço", é uma definição de problema bastante restrita. Para obter as informações necessárias, o pesquisador poderia dizer: "Por que uma ligação precisa custar $ 25? Por que a empresa precisa atingir o ponto de equilíbrio? O novo serviço poderia atrair novos passageiros suficientes para a empresa ganhar dinheiro na venda de passagens extras, mesmo se eles não utilizarem o serviço de telefonia a bordo?"

Ao discutir o problema, os administradores da American Airlines descobriram outra questão. Se o novo serviço fosse bem-sucedido, quanto tempo demoraria para os concorrentes copiá-lo? A competição de marketing entre as linhas aéreas está repleta de exemplos de novos serviços que foram tão rapidamente copiados por concorrentes que nenhuma delas chegou a sustentar uma vantagem competitiva. Qual a importância de ser o primeiro e quanto tempo a liderança pode ser sustentada?

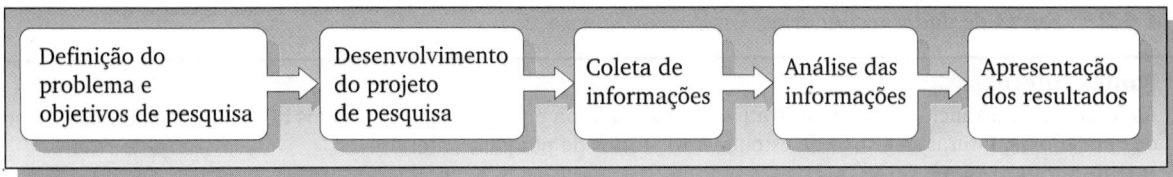

**Figura 4.2** *Processo de pesquisa de marketing.*

O gerente de marketing e o pesquisador concordam com a seguinte definição do problema: "Oferecer um serviço de telefonia durante o vôo gera aumento de preferência e lucro suficientes para a American Airlines justificar seus custos em relação a outros possíveis investimentos que a empresa poderia fazer?" Assim, eles concordam com os seguintes objetivos de pesquisa:

1. Quais as principais razões que levariam os passageiros a fazer ligações telefônicas durante o vôo?
2. Quais os tipos mais prováveis de passageiros que fariam ligações telefônicas?
3. Quantos passageiros usariam o serviço, dados diferentes níveis de preços?
4. Quantos passageiros extras escolheriam a American em função do novo serviço?
5. Quais vantagens a longo prazo que esse serviço traria para a imagem da empresa?
6. Qual a importância relativa do serviço em relação a outras fatores como horários de vôo, qualidade da alimentação e liberação de bagagem?

Nem todos os projetos de pesquisa podem ser específicos na definição de seus objetivos. Pode-se distinguir três tipos de projetos. Uma pesquisa é *exploratória* – sua meta é reunir dados preliminares para elucidar a natureza real do problema e sugerir possíveis hipóteses ou novas idéias. Uma pesquisa pode ser *descritiva* – apurar certas magnitudes, tais como: quantas pessoas pagariam $ 25 por uma ligação telefônica durante o vôo. Uma pesquisa é *causal* – seu propósito é testar uma relação de causa-efeito. Por exemplo, os passageiros fariam maior número de ligações se os aparelhos fossem colocados próximos aos assentos, em vez de ficarem localizados próximos aos lavatórios?

**Etapa 2: Desenvolvimento do Plano de Pesquisa**. A segunda etapa da pesquisa de marketing trata do desenvolvimento do plano mais eficiente para reunir as informações necessárias. O gerente de marketing precisa conhecer o custo do plano de pesquisa antes de aprová-lo. Suponhamos que a empresa estime que a introdução do serviço de telefonia a bordo, sem fazer qualquer pesquisa de marketing, daria um lucro a longo prazo de $ 50.000. O gerente acredita que a pesquisa levaria a um plano promocional mais bem preparado e um lucro a longo prazo de $ 90.000. Neste caso, ele deve estar preparado para gastar até $ 40.000 na pesquisa. Se ela custar mais de $ 40.000, não valeria a pena ser realizada.[11]

O preparo de um plano de pesquisa exige decisões sobre fontes de dados, abordagens e instrumentos de pesquisa, plano de amostragem e métodos de contato.

**Fontes de dados**. O plano de pesquisa pode exigir o levantamento de dados secundários, dados primários ou ambos. *Dados secundários* são os coletados para outros propósitos e já estão disponíveis. *Dados primários* são aqueles reunidos para um propósito ou para um projeto de pesquisa específico.

Geralmente, os pesquisadores começam suas investigações examinando dados secundários para verem se seus problemas podem ser, parcial ou totalmente, resolvidos sem a onerosa coleta de dados primários. Os dados secundários oferecem um ponto de partida para a pesquisa e oferecem as vantagens de custo baixo e pronta disponibilidade.

Quando os dados necessários pelo pesquisador não existem, estão desatualizados, são imprecisos, incompletos ou não são confiáveis, o pesquisador terá que coletar dados primários. A maioria dos projetos de pesquisa de marketing envolve alguma coleta de dados primários. (A Tabela 4.2 mostra a rica variedade de fontes de dados secundários disponíveis nos Estados Unidos.) O procedimento normal é entrevistar algumas pessoas e/ou grupos para se obter uma idéia preliminar de sua reação a algum tópico em questão e, depois, desenvolver um instrumento formal de pesquisa, aperfeiçoá-lo e colocá-lo em ação no campo.

Quando armazenados e usados adequadamente, os dados coletados no campo podem formar a espinha dorsal de campanhas de marketing posteriores. Empresas de marketing direto como clubes de discos e de livros, empresas de cartão de crédito e de venda por catálogo há muito tempo descobriram o poder do marketing de banco de dados.

**BANCO DE DADOS DE MARKETING é um conjunto organizado de dados abrangentes sobre consumidores atuais, consumidores potenciais (*prospects*) ou consumidores prováveis (*suspects*), preparado de**

---

11. Para uma discussão sobre a abordagem da teoria da decisão aplicada ao valor da pesquisa, veja LEHMAN, Donald R. *Market research and analysis* 3. ed. Homewood, IL : Irwin, 1989. Cap. 2.

**Tabela 4.2** *Fontes de dados secundários.*

---

**A. Fontes internas**

As fontes internas incluem o demonstrativo de resultado da empresa, balanço, dados de vendas, relatórios de visitas de vendedores, faturas, registros de estoque e relatórios de pesquisa anteriores.

**B. Publicações governamentais**

- O *Statistical Abstract of the U.S.*, atualizado anualmente, fornece resumos de dados demográficos, econômicos, sociais e outros aspectos da economia e da sociedade norte-americana.
- O *County and City Data Book*, atualizado a cada três anos, apresenta informações estatísticas de municípios, condados e outras unidades geográficas sobre população, educação, emprego, renda agregada e mediana, moradia, depósitos bancários, vendas no varejo etc.
- O *U.S. Industrial Outlook* fornece projeções setorizadas da atividade industrial e inclui dados sobre produção, vendas, movimento de cargas, emprego etc.
- O *Marketing Information Guide* fornece uma bibliografia mensal e anotada das informações de marketing.
- Outras publicações governamentais incluem o *Annual Survey of Manufacturers; Business Statistics; Census of Manufacturers; Census of Population; Census of Retail Trade; Wholesale Trade and Selected Service Industries; Census of Transportation: Federal Reserve Bulletin; Monthly Labor Review; Survey of Current Business* e *Vital Statistics Report*.

**C. Periódicos e livros**

- *Business Periodicals Index* – Publicação mensal que lista os artigos de negócios publicados em ampla variedade de publicações especializadas.
- *Standard and Poor's Industry Surveys* – Fornece estatísticas e análises atualizadas de setores industriais.
- *Moody's Manuals* – Fornece dados financeiros e nomes dos executivos das principais empresas norte-americanas.
- *Encyclopedia of Associations* – Fornece informações sobre as principais associações industriais e profissionais dos Estados Unidos.
- Periódicos de marketing – Destacam-se o *Journal of Marketing, Journal of Marketing Research* e o *Journal of Consumer Research*.
- Revistas técnicas – Destacam-se a *Advertising Age,* Chain Store Age, *Progressive Grocer, Sales and Marketing Management* e *Stores*.
- Revistas especializadas em administração e negócios – Incluem-se as seguintes: *Business Week, Fortune, Forbes* e *Harvard Business Review*.

**D. Dados comerciais**

- *A. C. Nielsen Company* – Fornece dados sobre produtos e marcas vendidas através de lojas de varejo (Retail Index Services), dados escaneados de supermercados (Scantrack), dados de audiência de televisão (Media Research Services), dados de circulação de revistas (Neodata Services, Inc.) e outros.
- *MRCA Information Services* – Fornece dados semanais de compras de produtos de consumo por unidade familiar (National Consumer Panel) e dados sobre consumo doméstico de alimentos (National Menu Census).
- *Information Resources Inc.* – Fornece dados escaneados de supermercados (Info Scan) e dados do impacto das promoções em supermercados (PromotioScan).
- *SAMI/Burke* – Fornece relatórios sobre a movimentação de armazéns para as lojas de alimentos em áreas de mercado selecionadas (SAMI Reports) e dados escaneados de supermercados (Samscam).
- *Simmons Market Research Bureau* (MRB Group) – Fornece relatórios anuais cobrindo mercados de televisão, bens esportivos e remédios, dando dados demográficos por sexo, renda, idade e preferências de marca (mercados seletivos e cobertura de mídia).
- Outras empresas de pesquisa que vendem dados por assinatura incluem a *Audit Bureau of Circulation; Arbitron, Audits and Surveys; Dun and Bradstreeet; National Family Opinion; Standard Rate & Data Service* e *Starch*.

---

**Fonte:** KOTLER Philip. *Administração de marketing.* 4. ed. São Paulo : Atlas, 1995. p. 125 (anexo).

acordo com os propósitos de marketing, como geração e qualificação de eventuais interessados (*leads*), venda de um produto ou serviço ou manutenção de relacionamentos com consumidores.

Atualmente, empresas com produtos variando de bens embalados a automóveis estão mudando seus esforços de mídia de massa para marketing de banco de dados. Seguem dois exemplos:

**BLOCKBUSTER** Esta empresa de entretenimento em massa está usando seu banco de dados de 36 milhões de residências e 2 milhões de transações diárias para ajudar seus consumidores de locação de vídeo a selecionar filmes e a escolher outros produtos e serviços de suas subsidiárias.

**KRAFT GENERAL FOODS** A KGF criou uma lista de mais de 30 milhões de usuários de seus produtos que

**Figura 4.3** *Pesquisa de grupo-foco.*

preenchem os cupons distribuídos por ocasião de promoções e concursos. Baseada em seus interesses, a KGF envia, regularmente, dicas sobre nutrição e exercícios, receitas e cupons de descontos para determinadas marcas.[12]

O Capítulo 23 discute marketing de banco de dados com mais detalhes.

**Abordagens de pesquisa.** Os dados primários podem ser coletados de quatro maneiras: observação, grupos-foco, levantamentos e experimentação.

● *Pesquisa por observação.* Dados recentes podem ser obtidos por observação de agentes e grupos relevantes. Os pesquisadores da American Airlines circulam em aeroportos, escritórios de linhas aéreas e agências de viagem para saber como os passageiros vêem diferentes empresas de aviação. Eles podem voar em aviões da American e de concorrentes para observar a qualidade do serviço a bordo. A pesquisa exploratória pode levantar algumas hipóteses úteis sobre como os passageiros escolhem as linhas aéreas.

● *Pesquisa de grupo-foco. Grupo-foco* consiste na reunião de seis a dez pessoas convidadas para passar algumas horas com um moderador experiente para discutir um produto, serviço, organização ou outra entidade de marketing (Figura 4.3). O moderador precisa ser objetivo, conhecer o assunto, dominar as técnicas de dinâmica de grupo e o comportamento do consumidor. Normalmente, os convidados recebem algum dinheiro pela participação. Habitualmen-

te, a reunião é realizada em ambiente agradável (por exemplo, uma residência) e, para aumentar a informalidade, são servidos refrigerantes.

Às vezes, os grupos-foco reúnem-se dentro da própria empresa. Aqui, os pesquisadores da Pace Foods visitam uma fábrica para levantar as opiniões dos operários sobre uma nova marca de molho.

Na pesquisa da American Airlines, o moderador pode começar com uma pergunta ampla, por exemplo: "Como você se sente em relação às viagens aéreas?" Assim, as perguntas giram em torno de como as pessoas consideram as linhas aéreas, serviços a bordo e o serviço de telefonia durante o vôo. O moderador estimula a livre discussão, esperando que a dinâmica de grupo revele sentimentos e idéias em profundidade. Ao mesmo tempo, ele "foca" a discussão, que é registrada por anotações ou gravações de áudio e videoteipes. Subseqüentemente, os registros são estudados para compreensão das crenças, atitudes e comportamentos dos consumidores.

A pesquisa de grupo-foco é uma etapa exploratória útil para ser adotada antes de empreender-se um levantamento em larga escala. As empresas de bens de consumo vêm usando esse tipo de pesquisa há muitos anos e crescente número de jornais, escritórios de advocacia, hospitais e organizações de serviços públicos estão descobrindo seu valor. Entretanto, os pesquisadores devem evitar a generalização dos sentimentos relatados pelos participantes de grupos-foco para o mercado como um todo, uma vez que o tamanho da amostra é muito pequeno e não foi randomicamente escolhido.[13]

12. BERRY, Jonathan. A potent new tool for selling: database marketing. *Business Week*, p. 56-62, 4 Sept. 1994.
13. GREENBAUM, Thomas L. *The handbook for focus group research.* New York : Lexington Books, 1993.

**Tabela 4.3**  *Tipos de questões.*

| A. QUESTÕES FECHADAS | | |
|---|---|---|
| **NOME** | **DESCRIÇÃO** | **EXEMPLO** |
| Dicotômica | Uma questão com duas respostas possíveis. | Ao planejar esta viagem, você telefonou pessoalmente para a American?<br><br>Sim ☐    Não ☐ |
| Múltipla escolha | Uma questão com três ou mais respostas. | Com quem você está viajando neste vôo?<br><br>Ninguém ☐    Apenas com os filhos ☐<br>Esposa ☐    Sócios/amigos/parentes ☐<br>Esposa e filhos ☐    Grupo organizado de turistas ☐ |
| Escala de Likert | Uma declaração com a qual o respondente mostra o grau de concordância/discordância. | Geralmente, as pequenas empresas aéreas prestam melhor serviço do que as grandes."<br><br>Discordo totalmente / Discordo / Nem concordo nem discordo / Concordo / Concordo totalmente<br>1 ☐    2 ☐    3 ☐    4 ☐    5 ☐ |
| Diferencial semântico | Uma escala que conecta duas palavras antagônicas onde o entrevistado assinala o ponto que representa sua opinião. | American Airlines<br><br>Grande _____ Pequena<br>Experiente _____ Inexperiente<br>Moderna _____ Antiquada |
| Escala de importância | Uma escala que classifica a importância de algum atributo. | "Para mim,, o serviço de alimentação das linhas aéreas é:"<br><br>Extremamente importante / Muito importante / Um pouco importante / Não muito importante / Sem importância<br>1__    2__    3__    4__    5__ |
| Escala de avaliação | Uma escala que avalia algum atributo, de "ruim" a "excelente". | "Para mim, o serviço de alimentação da American é:"<br><br>Excelente    Muito bom    Bom    Médio    Ruim |
| Escala de intenção de compra ou de uso. | Uma escala que descreve a intenção do respondente. | "Se um telefone a bordo estiver disponível, a um certo custo, eu:"<br><br>Seguramente, usaria / Provavelmente, usaria / Não tenho certeza / Provavelmente, não usaria / Certamente, não usaria<br>1__    2__    3__    4__    5__ |

- *Pesquisa de levantamento.* Enquanto a observação e o grupo-foco são melhor ajustados à pesquisa exploratória, os levantamentos são mais recomendados para a pesquisa descritiva. As empresas adotam o levantamento para descobrir o conhecimento, crenças, preferências, satisfação etc. sobre as pessoas e para mensurar estas magnitudes na população. Assim, os pesquisadores da American Airlines podem desejar fazer um levantamento para saber quantas pessoas conhecem a empresa, vêm utilizando seus vôos, a preferem e assim por diante. Abordaremos mais a pesquisa de levantamento quando estudarmos mais adiante os instrumentos de pesquisa, planos de amostragem e métodos de contato.

- *Pesquisa experimental.* É a pesquisa mais válida cientificamente. Melhor adaptada para a pesquisa causal, exige a seleção de grupos de assuntos relacionados, submetendo-os a tratamentos diferentes, controlando as variáveis externas e checando se as diferenças das respostas observadas são, estatisticamente, significativas. Na extensão em que os fatores externos são eliminados ou controlados, os efeitos observados podem ser relacionados às variações de tratamentos. O propósito da pesquisa experimental é detectar relacionamentos de causa-efeito, ao eliminar explicações divergentes de constatações observadas.

Por exemplo, a American Airlines pode introduzir o serviço de telefonia a bordo em um de seus vôos regulares entre New York e Los Angeles ao preço de $ 25 por ligação. No mesmo vôo do dia seguinte, ela anuncia a disponibilidade do serviço ao preço de $ 15 por ligação. Se o avião transportasse o mesmo número e tipos de passageiros em cada vôo e o dia da semana não fizesse diferença, qualquer mudança significativa no número de ligações poderia estar relacionada ao preço cobrado. Posteriormente, o projeto experimental poderia ser ela-

## B. QUESTÕES ABERTAS

| NOME | DESCRIÇÃO | EXEMPLO |
|------|-----------|---------|
| Totalmente desestruturado | Uma questão que o entrevistado pode responder em número quase ilimitado de maneiras. | "Qual sua opinião sobre a American Airlines?" |
| Associação de palavras | As palavras são apresentadas uma por vez, e os respondentes mencionam a primeira que vem em mente. | "Qual a primeira palavra que vem em sua mente quando você ouve o seguinte:" <br> Linha aérea _____ <br> American _____ <br> Viagem _____ |
| Complemento de frase | Apresenta-se uma frase incompleta para ser preenchida pelo respondente. | "Quando escolho uma linha aérea, a consideração mais importante em minha decisão é _____." |
| Complemento de história | Apresenta-se uma história incompleta que deve ser concluída pelo respondente. | "Voei pela American há poucos dias. Percebi que o interior e a parte externa do avião tinham cores muito brilhantes. Isto despertou em mim os seguintes pensamentos e sentimentos." Complete a história. |
| Complemento de ilustração | Mostra-se um desenho com dois personagens, um fazendo uma afirmação. Os respondentes devem identificar-se com o outro e preencher o balão vazio. | |
| Teste de percepção temática | Os entrevistados devem criar uma história sobre o que acham que está ocorrendo na ilustração. | |

borado tentando outros preços, mantendo o mesmo preço em vários vôos e incluindo outras rotas na experiência. À medida que o projeto e a execução da experimentação eliminar as hipóteses alternativas que podem explicar os resultados, os gerentes de pesquisa e de marketing podem confiar nas conclusões.

**Instrumentos de pesquisa.** Os pesquisadores de marketing podem escolher entre dois instrumentos de pesquisa para coletar dados primários: questionários e instrumentos mecânicos.

● *Questionários.* O questionário consiste de um conjunto de questões para serem respondidas por entrevistados. Em função de sua flexibilidade, é o instrumento mais comum para coletar dados primários. Precisam ser cuidadosamente desenvolvidos, testados e corrigidos antes de serem administrados em larga escala. Geralmente, pode-se detectar vários erros em um questionário preparado ao acaso. Ao preparar um questionário, o profissional de pesquisa escolhe cuidadosamente as questões, suas formas, tipo de redação e seqüenciamento. Um erro comum é incluir questões que não podem ou não precisam ser respondidas e omitir outras que devem ser respondidas. As questões meramente interessantes devem ser eliminadas porque podem exaurir a paciência do entrevistado.

Além disso, a forma da questão pode influenciar a resposta. Os pesquisadores de marketing diferenciam entre questões fechadas e abertas. As *questões fechadas* pré-especificam todas as respostas possíveis e os respondentes escolhem entre elas. As *questões abertas* permitem que os respondentes usem suas próprias palavras. Freqüentemente, as questões fechadas fornecem respostas mais fáceis de interpretar e tabular. São bastante úteis no estágio exploratório da pesquisa, quando o pesquisador está preocupado em saber como as pessoas pensam, em vez de mensurar quantas pessoas pensam de determinada maneira. A Tabela 4.3 fornece exemplos de ambos os tipos de questões.

Finalmente, deve-se tomar cuidado com a redação e o seqüenciamento das questões. O pesquisador deve usar palavras simples, diretas e não viesadas. As perguntas devem ser pré-testadas junto a uma amostra de respondentes antes de serem usadas. A questão principal deve procurar criar interesse. As questões difíceis ou pessoais devem ser apresentadas no final do questionário, para que os respondentes não fiquem em posição defensiva. Finalmente, as questões devem fluir em ordem lógica.

Pesquisa recente tem mostrado que pedir aos respondentes para classificar uma marca ou atributos específicos no início de um levantamento afeta suas respostas quando se solicita uma avaliação global no final do levantamento. Ocorre um *efeito de transferência* quando uma avaliação global é consistente com uma avaliação de atributo anterior, mas um *efeito reverso* ocorre quando a avaliação global é inconsistente com as respostas anteriores. Os pesquisadores de mercado precisam estar conscientes desses efeitos à medida que elaboram a seqüência das questões de um questionário.[14]

- *Instrumentos mecânicos.* Dispositivos mecânicos são usados menos freqüentemente em pesquisa de marketing. Os galvanômetros medem o interesse ou as emoções das pessoas na exposição a um anúncio ou foto. O taquistoscópio é um aparelho que mostra o *flash* de um anúncio a uma pessoa em um intervalo de exposição que pode variar de menos de um centésimo de segundo a vários segundos. Após cada exposição, o respondente descreve tudo que se lembra. Os movimentos dos olhos dos respondentes são acompanhados pelas lentes da câmera que registra onde eles se fixam em primeiro lugar, quanto tempo demoram em determinado item e assim por diante. O audiômetro é adaptado em aparelhos de televisão para registrar quando os mesmos estão ligados e em que canais estão sintonizados.[15]

**Plano de amostragem.**   Após decidir sobre as abordagens de pesquisa e os instrumentos, o pesquisador de marketing deve desenvolver um plano de amostragem. Esse plano exige três decisões:

1. *Unidade de amostragem: Quem será pesquisado?* O pesquisador de marketing deve definir a população-alvo que será amostrada. Na pesquisa da American Airlines, a unidade de amostragem deve ser os passageiros que viajam a negócios, passageiros em férias ou ambos? Aqueles com menos de 21 anos de idade devem ser entrevistados? Marido e esposa devem ser entrevistados? Assim que essa unidade for determinada, uma estrutura de amostragem deve ser desenvolvida, de modo que cada componente da população-alvo tenha chance igual de ser amostrado.

2. *Tamanho da amostra: Quantas pessoas devem ser pesquisadas?* Grandes amostras fornecem resultados mais confiáveis do que amostras menores. Entretanto, não é necessário amostrar toda a população-alvo ou mesmo parte substancial para obter resultados confiáveis. Freqüentemente, amostras com menos de 1% da população podem fornecer boa credibilidade, desde que se adote um procedimento de amostragem confiável.

3. *Procedimento de amostragem: Como os respondentes devem ser escolhidos?* Para obter uma amostra representativa, deve ser retirada uma amostra probabilística da população. A *amostragem probabilística* permite o cálculo de limites de confiança para o erro de amostragem. Assim, pode-se concluir após a extração da amostra que "o intervalo de cinco a sete viagens anuais possui 95 chances em cem de conter o número verdadeiro de viagens realizadas anualmente pelos passageiros do sudoeste". Três tipos de amostras probabilísticas são mostradas na Tabela 4.4, seção A. Quando o custo ou o tempo envolvido na amostragem probabilística for muito alto, os pesquisadores de marketing adotam a amostragem não-probabilística. A Tabela 4.4, seção B, descreve três tipos de *amostragens não-probabilísticas*. Alguns pesquisadores de marketing consideram essas amostragens muito úteis, embora não permitam a mensuração de erro.

**Métodos de contato.**   Após o plano de amostragem ser determinado, o pesquisador de marketing deve decidir como os respondentes devem ser contatados. As escolhas podem ser o envio de questionário pelo correio, a entrevista por telefone ou a entrevista pessoal.

O *questionário enviado pelo correio* é a melhor maneira de atingir as pessoas que não dariam entrevistas pessoais ou cujas respostas podem ser viesadas ou distorcidas pelos entrevistadores. Esta escolha exige perguntas simples e claramente redigidas e a taxa de resposta é, geralmente, baixa e/ou lenta.

A *entrevista por telefone* é o melhor método de coletar informações rapidamente. O entrevistador está em condições de esclarecer as perguntas se os respondentes não as entenderem. Tipicamente, a taxa de resposta é

---

14. BICKART, Barbara A. Carryover and backfire effects in marketing research. *Journal of Marketing Research,* 30, n. 1, p. 52-62, Feb. 1993.
15. Uma visão geral sobre dispositivos mecânicos é apresentada em BLACKWELL, Roger D., HENSEL, James S., PHILLIPS, Michael B., STERNTHAL, Brian. *Laboratory equipment for marketing research.* Dubuque : Kendall/Hunt, 1970. p. 7-8. Para dispositivos mais recentes, veja WOOD, Wally. The race to replace memory. *Marketing and Media Decisions,* p. 166-167, July 1986.

**Tabela 4.4**   *Amostras probabilística e não-probabilística.*

| A. Amostra probabilística | |
|---|---|
| Amostra simples ao acaso | Todos os componentes da população têm chances iguais de serem selecionados. |
| Amostra estratificada ao acaso | A população é dividida em grupos mutuamente exclusivos (por exemplo, grupos etários) e as amostras ao acaso são retiradas de cada grupo. |
| Amostra por conglomerado (área) | A população é dividida em grupos mutuamente exclusivos (por exemplo, quarteirões) e o pesquisador retira uma amostra dos grupos para entrevista. |
| **B. Amostra não-probabilística** | |
| Amostra por conveniência | O pesquisador seleciona os participantes mais acessíveis da população para obter informações. |
| Amostra por julgamento | O pesquisador usa seu julgamento para selecionar os participantes da população mais propensos a fornecer informações precisas. |
| Amostra por quota | O pesquisador entrevista um número planejado de pessoas em cada uma das diversas categorias. |

mais alta do que no caso de questionários enviados pelo correio. A principal dificuldade é que as entrevistas precisam ser curtas e não muito pessoais.

A *entrevista pessoal* é o mais versátil entre os três métodos. O entrevistador pode fazer mais perguntas e anotar observações adicionais sobre o respondente, como a linguagem corporal e o vestuário. Trata-se do método mais caro e exige maior planejamento administrativo e supervisão do que os outro dois métodos. Está também sujeito a vieses ou distorções do entrevistador.

A entrevista pessoal toma duas formas: entrevistas planejadas e entrevistas de interceptação. Nas *entrevistas planejadas,* os respondentes são selecionados ao acaso e abordados por visita pessoal, em suas residências ou escritórios. Freqüentemente, um pequeno pagamento ou incentivo é oferecido aos respondentes em reconhecimento ao tempo dispendido. As *entrevistas de interceptação* envolvem abordar as pessoas em *shopping centers* ou ruas movimentadas. Esta abordagem apresenta o agravante de usar amostras não-probabilísticas e o tempo envolvido na entrevista é muito curto.

Hoje, nem todos os entrevistadores são seres humanos. Algumas empresas estão usando linhas telefônicas gratuitas (números 0800) para levantar informações de marketing. Por exemplo, em 1993, a Pepsi-Cola enviou uma peça de mala direta a um milhão de residências onde se bebia o refrigerante *Diet Coke,* oferecendo aos moradores a chance de participar de uma entrevista pelo número 0800, conversar com Ray Charles e, possivelmente, ganhar um prêmio. Mas era necessário, primeiro, que os moradores usassem seus próprios telefones para responder a uma série de perguntas sobre a *Diet Coke.* Mais de 500.000 pessoas ligaram e foram saudadas por Ray e seu conjunto vocal Uh-Huh Girls. Entre as perguntas, os entrevistados ouviam fundos sonoros do Uh-Huh e sons digitalizados para quebrar o

"teletédio" decorrente das ligações interativas. No final de 3,5 minutos, Ray e as cantoras retornavam para sortear prêmios instantâneos, incluindo o fornecimento de *Diet Pepsi* por um ano ou uma miniatura da máquina automática de venda desse refrigerante. Entretanto, a *real* vencedora foi a Pepsi-Cola. A empresa recebeu informações vitais sobre preferência de marca, taxas de consumo e atividades de estilo de vida de meio milhão de consumidores de sua maior concorrente.[16]

**Etapa 3: Coleta de Informações.**   Geralmente, a fase de coleta de dados da pesquisa de marketing é a mais cara e mais sujeita a erro. No caso de levantamentos, surgem quatro grandes problemas. Alguns respondentes não estarão em casa e devem ser contatados novamente ou substituídos, enquanto outros recusarão cooperar. Outros ainda, darão respostas viesadas ou desonestas. Finalmente, alguns entrevistadores podem não ser confiáveis.

Como vimos, os métodos de coleta de dados estão rapidamente melhorando graças aos computadores modernos e às telecomunicações. Algumas empresas de pesquisa entrevistam a partir de um local centralizado. Entrevistadores profissionais sentados em cabines telefônicas discam, ao acaso, números de telefones de qualquer ponto do país. Quando o telefone é atendido, o entrevistador faz ao respondente uma série de perguntas, lidas de um monitor de vídeo. Ele digita as respostas através do teclado de um computador. Este procedimento elimina a edição e codificação, reduz o número de erros, economiza tempo e fornece todos os resultados estatísticos solicitados. Outras empresas de pesquisa possuem terminais interativos em *shopping centers.* As pessoas dispostas a ser entrevistadas sentam-se frente a um terminal, lêem as questões em um monitor de vídeo

16.   AHO, Debra. Pepsi puts callers in touch with Ray. *Advertising Age*, p. 20, 15 Nov. 1993.

e digitam suas respostas. A maioria dos respondentes aprecia essa forma de entrevista "robotizada".[17]

Avanços técnicos recentes têm permitido às empresas testarem o impacto dos anúncios e promoções sobre o resultado em termos de vendas. A Information Resources faz pesquisa de painel utilizando supermercados equipados com *scanners* ópticos e caixas registradoras eletrônicas. Esses *scanners* lêem o código de barras em cada produto comprado, gravam a marca, tamanho e preço com o objetivo de controle de estoque e emissão de pedidos. Da mesma forma, essa empresa organiza um painel formado por consumidoras de lojas que concordam em pagar suas compras usando um cartão especial chamado Shopper's Hotline ID. Esse cartão armazena informações sobre características de moradia, estilo de vida e renda da consumidora. As mesmas consumidoras também concordam em deixar seus hábitos de assistir televisão serem monitorados por uma caixa preta. Todas as participantes do painel recebem seus programas via cabo e a Information Resources controla as mensagens de propaganda enviadas as suas residências. Depois, a empresa pode capturar através das compras em lojas que anúncios levaram a maior número de compras e por que tipos de consumidoras.[18]

**ETAPA 4: ANÁLISE DAS INFORMAÇÕES.** A etapa seguinte do processo de pesquisa de marketing é extrair resultados a partir dos dados coletados. O pesquisador tabula os dados e desenvolve distribuições de freqüência. Médias e medidas de dispersão são computadas para as principais variáveis. O pesquisador também aplica algumas técnicas estatísticas avançadas e modelos de decisão na esperança de descobrir resultados adicionais. (Descrevemos algumas dessas técnicas e modelos no final deste capítulo.)

**ETAPA 5: APRESENTAÇÃO DOS RESULTADOS.** Como última etapa da pesquisa de marketing, o pesquisador apresenta seus resultados aos principais interessados. Ele não deve sobrecarregar a administração com grande quantidade de números e técnicas estatísticas extravagantes. Ao contrário, os resultados devem ser relevantes para as principais decisões de marketing a ser tomadas pela administração.

Os principais resultados para o caso da American Airlines mostram que:

1. As principais razões para o uso de telefonia a bordo são emergências, negócios urgentes, problemas de horário de vôo e assim por diante. As ligações telefônicas para passar o tempo seriam raras. A maioria das ligações seria feita por homens/mulheres de negócios e a débito de suas empresas.

2. Cerca de cinco passageiros de cada 200 fariam ligações telefônicas a um preço de $ 25 a chamada e 12 a $15. Assim, uma taxa de $ 15 produziria receita maior (12 × $ 15 = $ 180) do que a outra de $ 25 (5 × $ 25,00 = $ 125). Entretanto, estes valores estão bem abaixo do ponto de equilíbrio, que é $ 1.000.

3. A promoção do serviço de telefonia a bordo traria para a American dois passageiros extras por vôo, que gerariam uma receita adicional de $ 620, ainda abaixo do ponto de equilíbrio.

4. O oferecimento do serviço de telefonia reforçaria a imagem da American Airlines junto ao público como uma empresa aérea inovadora e progressista. Entretanto, o custo do serviço extra para reforço de imagem seria de $ 200 por vôo: $ 1.000 – ($ 180 + $ 620).

Sem dúvida, estas descobertas poderiam estar baseadas em erro de amostragem e a administração poderia desejar estudar o assunto com mais profundidade. Entretanto, ela pode decidir não implementar o serviço de telefonia porque geraria mais custos do que receitas a longo prazo. Assim, um projeto de pesquisa de marketing bem definido ajudou os administradores da American Airlines a tomar uma melhor decisão. Provavelmente, isso não seria possível se tivessem de tomar a decisão sentados atrás de suas mesas.

## Características de uma boa pesquisa de marketing

O que é central para uma boa pesquisa de marketing? Podemos apontar sete características.

- *Método científico.* A pesquisa de marketing eficaz adota os princípios do método científico: observação cuidadosa, formulação de hipóteses, predição e teste. Por exemplo, uma empresa de vendas pelo correio estava enfrentando uma alta taxa de devolução de mercadorias (30%). A administração solicitou ao gerente de pesquisa de marketing para investigar as causas. Este examinou as características dos pedidos devolvidos, tais como localizações geográficas dos consumidores, tamanhos dos pedidos e as categorias dos produtos. Uma hipótese era que quanto maior a demora do embarque dos pedidos, maior a probabilidade de devolução. A análise estatística confirmou essa hipótese. O pesquisador estimou quanto cairia a taxa de devolução se a empresa agilizasse o despacho das encomendas. Após esta providência, a taxa de devolução caiu, confirmando a hipótese.

17. FEINSTEIN, Selwyn. Computers replacing interviewers for personnel and marketing tasks. *The Wall Street Journal*, p. 35, 9 Oct. 1986.
18. Para leitura adicional, veja LIPMAN, Joanne. Single-source ad research heralds detailed look at household habits. *The Wall Street Journal*, p. 39, 16 Feb. 1988; SCHWARTZ, Joe. Back to the source. *American Demographics*, p. 22-26, Jan. 1989; ABRAHAM, Magid H., LODISH, Leonard M. Getting the most out of advertising and promotions. *Harvard Business Review*, p. 50-60, May/June 1990.

- *Criatividade da pesquisa.* Na melhor das hipóteses, a pesquisa de marketing desenvolve maneiras inovadoras de solucionar um problema. Por exemplo, muitas empresas que tentam entender o comportamento de adolescentes e jovens na faixa dos 20 anos têm constatado que a pesquisa com grupos-foco fornece resultados não-confiáveis. Esses jovens, freqüentemente cínicos, estão acostumados com os apelos de vendas e não farão comentários, sabendo que estão sendo observados do outro lado de um espelho. Trabalhando com a empresa Chilton Research, a empresa de roupas Bugle Boy contornou este problema adotando uma nova rota para esse tipo de pesquisa. Os pesquisadores escolheram, ao acaso, quatro adolescentes, forneceram-lhes câmaras de vídeo de 8 mm e pediram para que documentassem seus dia-a-dia. Os jovens cinegrafistas amadores foram autorizados a trabalhar apenas em suas escolas, residências, ambientes de estudos e locais de compras. Depois, a Bugle Boy usou os vídeos para discussões sobre produtos e assuntos de estilo de vida em grupos-foco descontraídos, escolhendo locais não convencionais, como restaurantes. Um gerente de propaganda da empresa afirmou: "Acho que isso, realmente, ajudou-nos a lidar com o que esses adolescentes fazem e pensam. Podemos conhecer melhor como vivem, como se lembram da marca Bugle Boy e percebem a marca."[19]
- *Métodos múltiplos.* Bons pesquisadores de marketing evitam confiar em apenas um método de pesquisa, preferindo adaptá-lo ao problema, em vez do contrário. Também reconhecem que o uso de fontes múltiplas leva a melhores informações.
- *Interdependência de modelos e dados.* Bons pesquisadores de marketing reconhecem que os dados são interpretados a partir de modelos básicos. Esses modelos orientam o tipo de informação procurada e, por conseguinte, devem ser os mais explícitos possíveis.
- *Valor e custo da informação.* Bons pesquisadores de marketing mostram preocupação em estimar o valor da informação em relação a seu custo. A relação valor/custo ajuda o departamento de marketing determinar que projetos de pesquisa executar, que métodos utilizar e se é possível reunir mais informações após os resultados iniciais estarem disponíveis. Tipicamente, os custos de pesquisa são fáceis de ser determinados, mas seu valor é de quantificação mais difícil. Este depende da confiabilidade e validade dos resultados da pesquisa e da disposição da administração em aceitar e agir sobre esses resultados.
- *Ceticismo saudável.* Os pesquisadores capazes mostram certo ceticismo em relação às hipóteses não fundamentadas sobre o funcionamento do mercado, apresentadas por administradores. (Para mais informações sobre este tópico, veja a seção *Insight* de marketing intitulada "Pesquisadores de marketing desafiam a sabedoria convencional de marketing".)
- *Marketing ético.* A pesquisa de marketing bem elaborada beneficia tanto a empresa patrocinadora como seus consumidores. Sua utilização permite que as empresas conheçam mais as necessidades de seus consumidores, possibilitando o fornecimento de produtos e serviços mais satisfatórios. Entretanto, seu uso inadequado pode também prejudicar ou aborrecer os consumidores. Muitos deles vêem a pesquisa de marketing como invasão de privacidade ou tentativa velada de vender algo. De fato, muitos estudos de pesquisa parecem ser nada mais do que veículos para lançar os produtos do patrocinador. Por exemplo, dois estudos patrocinados pelas fábricas de fraldas de pano concluíram que seus produtos são mais adequados para a preservação ambiental. Sem surpresa, dois outros estudos patrocinados pelos fabricantes de fraldas descartáveis concluíram o oposto. O uso de estudos de mercado sob encomenda está-se tornando grande problema para as empresas de pesquisa. A desconfiança dos consumidores em relação a esses resultados reflete-se nas baixas taxas de resposta recebidas. Um estudo constatou que 36% dos norte-americanos recusam participar de uma pesquisa corriqueira.[20]

## Superação de barreiras ao uso de pesquisa de marketing

Apesar do rápido crescimento da pesquisa de marketing, muitas empresas ainda não a usam o suficiente ou corretamente. Vários fatores interferem em sua maior utilização.

- *Concepção estreita da pesquisa de marketing.* Muitos administradores vêem a pesquisa de marketing como apenas uma operação de constatação de fatos. Eles esperam que o pesquisador de marketing planeje um questionário, escolha uma amostra, faça entrevistas e relate resultados, freqüentemente, sem dar-lhe uma definição clara do problema ou as alternativas de decisão enfrentadas pela empresa. Assim, quando o resultado não pode ser utilizado, a idéia da administração quanto à utilidade limitada da pesquisa de marketing é reforçada.
- *Experiência desigual dos pesquisadores de marketing.* Alguns administradores vêem a pesquisa de marketing como nada mais do que uma atividade de escritório e a recompensam como tal. Contratam

19. MILLER, Cyndee. Sometimes a researcher has no choice but to hang out in a bar. *Marketing News,* p. 16-26, 3 Jan. 1994.
20. CROSSEN, Cynthia. Studies Galore support products and positions, but are they reliable? *The Wall Street Journal,* 14 Nov. 1991, A, p. 1, 9. Veja também SPETHMANN, Betsey. Cautious consumers have surveyors wary. *Advertising Age,* p. 34, 10 June 1991.

# Os pesquisadores de marketing desafiam a sabedoria convencional de marketing

Kevin Clancy e Robert Shulman, respectivamente, presidente do conselho e presidente executivo da Copernicus, empresa líder de pesquisa de marketing, criticam o fato de muitas empresas prepararem seus planos de marketing baseadas em "mitos de marketing". O dicionário Webster define *mito* como "crença não fundamentada, sem qualquer critério crítico, adotada por um grupo interessado". Clancy e Shulman listam os seguintes mitos que têm levado os administradores de marketing a tomar o caminho errado:

1. *Os melhores consumidores potenciais para uma marca são os grandes compradores da categoria.* Embora a maioria das empresas procure grandes compradores, eles podem não ser o melhor alvo para os esforços de marketing. Muitos deles estão altamente comprometidos com marcas concorrentes específicas e aqueles que não estão, freqüentemente, não estão dispostos a mudar de produto quando um concorrente oferece um melhor negócio.

2. *Quanto mais atraente for um novo produto, maior a probabilidade de sucesso.* Esta filosofia pode levar a empresa a oferecer muito ao consumidor, resultando em menor rentabilidade.

3. *A eficácia da propaganda está relacionada com sua lembrança e persuasão.* Realmente, os melhores anúncios, quando mensurados em termos de lembrança e persuasão, não são necessariamente os mais eficazes. Um melhor prognóstico é a atitude do comprador em relação à propaganda, especificamente, se ele considerou as informações recebidas úteis e se gostou do anúncio.

4. *A empresa sabe a importância de gastar a maior parte de seu orçamento de pesquisa em grupos-foco e pesquisa qualitativa.* Os grupos-foco e a pesquisa qualitativa são úteis, mas a maior parte do orçamento de pesquisa deve ser gasto em pesquisa quantitativa e em levantamentos de mercado (*surveys*).

Sem dúvida, alguns profissionais de marketing podem apresentar exemplos contrários em que esses "mitos" vêm obtendo resultados favoráveis. Todavia, os autores merecem crédito ao forçar esses profissionais a repensar algumas de suas suposições básicas.

**Fonte:** CLANCY, Kevin, SHULMAN, Robert S. *The marketing revolution*: a radical manifesto for dominating the marketplace. New York : HarperBusiness, 1991.

pesquisadores de marketing inexperientes e seu fraco treinamento e criatividade deficiente levam a resultados inexpressivos. Os resultados desapontadores reforçam o preconceito da administração em relação à pesquisa de marketing. Os pesquisadores de mercado continuam recebendo baixos salários, perpetuando o problema básico.

- *Resultados atrasados e erros ocasionais da pesquisa de marketing.* Os administradores desejam resultados rápidos que sejam rigorosos e conclusivos. Porém, boa pesquisa de marketing consome tempo e dinheiro. Eles ficam desapontados e a desvalorizam ainda mais. Este é um problema ainda mais crucial na condução de pesquisa de marketing em países estrangeiros, onde os dados, freqüentemente, não existem, não são confiáveis ou custa muito dinheiro coletar. Por exemplo, o México é mercado importante para as empresas norte-americanas, mas tem sido difícil saber que produtos sua população deseja devido às dificuldades encontradas para o trabalho de pesquisa de marketing. Por exemplo, os levantamentos por telefone não são confiáveis para a coleta de dados porque relativamente poucos mexicanos possuem telefone – na cidade do México apenas 55% a 60% da população possui telefone. Em outras cidades, o número chega a apenas 35%. A única maneira de fazer pesquisa confiável é através de visitas porta a porta. Entretanto, os pesquisadores devem ser cuidadosos ao elaborar questionários, usando palavras de tradução fácil. As empresas devem também saber que muitos mexicanos nunca foram expostos a uma pesquisa de marketing.[21]

- *Diferenças de personalidade e de apresentação de resultados.* Freqüentemente, as diferenças de estilo entre os gerentes de linha e os pesquisadores de marketing impedem relacionamentos produtivos. O relatório do pesquisador de marketing pode parecer abstrato, complicado e tentativo, enquanto o gerente de linha deseja objetividade, simplicidade e clareza. Todavia, nas empresas mais progressistas, os pesquisadores de marketing estão cada vez mais sendo incluídos como membros da equipe de gerência de produto e sua influência na estratégia de marketing é crescente.

---

21. NAMAKFOROOSH, Naghi. Data colletion methods hold key to research in Mexico. *Marketing News*, p. 28, 29 Aug. 1994.

## Sistema de Apoio à Decisão de Marketing

Crescente número de organizações está usando um sistema de apoio à decisão (SADM) para ajudar seus gerentes de marketing a tomar melhores decisões. Little define abaixo um SADM:

**SISTEMA DE APOIO À DECISÃO DE MARKETING é um conjunto coordenado de dados, sistemas, ferramentas e técnicas com *software* e *hardware* de apoio pelos quais uma organização reúne e interpreta informações relevantes da empresa e do ambiente, transformando-as em base para a ação de marketing.**[22]

Aqui está um exemplo de como um SADM funciona. Suponhamos que um gerente de marketing precise analisar um problema e adotar uma ação. Ele introduz os dados em um modelo apropriado localizado no SADM. O modelo organiza os dados que são, depois, analisados estatisticamente. Depois, pode usar um programa para determinar o curso ótimo de ação. Ele adota essa ação que, junto com outras forças, afeta o ambiente e resulta em novos dados. Sem dúvida, todo o trabalho é confiado a um computador. (A Tabela 4.5 descreve as principais ferramentas estatísticas, modelos e rotinas de otimização que compreendem um moderno SADM.)

Freqüentemente, os SADMs são encontrados em estações de trabalho (*workstations*) de marketing. Essas estações de trabalho são para os administradores de marketing o que os controles das cabines (*cockpits*) são para os pilotos de aviões. Elas municiam os administradores com ferramentas para "pilotar" o negócio na direção correta.

Regularmente, novos *softwares* de computador parecem ajudar os administradores de marketing a analisar, planejar e controlar suas operações. Por exemplo, a introdução da liberdade de mercado no Leste Europeu tem gerado crescente necessidade por informações relevantes e pontuais para as empresas venderem seus produtos e serviços nessa região. Assim, uma equipe de pesquisadores da Michigan State University desenvolveu uma nova ferramenta de apoio à decisão para fornecer essas informações. O "Consultor de Países" da Michigan State incorpora julgamentos e orientações pertinentes a vários aspectos dos países incluídos no pacote. Seu propósito final é ajudar as empresas a tomar decisões inteligentes quando escolhem países para vender seus produtos.[23]

A revista *Marketing News,* de 11 de abril de 1994, lista cerca de 100 *softwares* de computador de marketing e vendas que auxiliam o planejamento de estudos de pesquisa de marketing, segmentam mercados, determinam preços e orçamentos de propaganda, analisam mídias, planejam a atividade da força de vendas e assim por diante. Aqui estão exemplos de modelos de decisão que vêm sendo usados por administradores de marketing:

BRANDAID. Modelo de composto de marketing flexível focado em bens de consumo embalados, cujos elementos são um fabricante, concorrentes, varejistas, consumidores e o ambiente geral. O modelo contém sub-modelos para propaganda, preço e concorrência. Ele é calibrado com um toque criativo de julgamento, análise histórica, rastreamento, experiência de campo e controle adaptativo.[24]

CALLPLAN. Modelo para ajudar os vendedores a determinar o número de visitas por período a cada cliente potencial ou atual. Este modelo leva em consideração o tempo de viagem e o tempo empregado na venda. Foi testado na American Airlines com um grupo experimental que o adotou para aumentar suas vendas em comparação com um grupo de controle em oito pontos porcentuais.[25]

DETAILER. Modelo para ajudar o pessoal de vendas a determinar que clientes visitar e que produtos apresentar em cada visita. Este modelo foi largamente desenvolvido para as visitas de propagandistas de laboratórios aos médicos, limitados a apresentar não mais do que três produtos por visita. Em duas aplicações, o modelo proporcionou grande melhoria nos lucros.[26]

GEOLINE. Modelo para planejar territórios de vendas e serviços que atendem a três princípios: os territórios equalizam a carga de trabalho dos vendedores, cada território consiste de áreas adjacentes e os territórios são compactos. Diversas aplicações bem-sucedidas foram relatadas.[27]

MEDIAC. Modelo para ajudar um anunciante a comprar mídia em base anual. Este modelo de planejamento de mídia inclui o delineamento do segmento de mercado, estimativa do potencial de ven-

22. LITTLE, John D. Decision support systems for marketing managers. *Journal of Marketing*, p. 11, Summer 1979.
23. CAVUSGIL, S. Tamer Mitri, EVIRGEN, Michel, CUNEYT, T. A decision support system for doing business with eastern bloc countries: the country consultant. *European Business Review,* 92, n. 4, p. 24-34, 1992.
24. LITTLE, John D. C. BRANDAID: A marketing mix model, Part I: Structure; Part II: Implementation. *Operations Research,* v. 23, p. 628-673, 1975.
25. LODISH, Leonard M. CALLPLAN: An interactive salesman's call planning system. *Management Science*, p. 25-40, Dec. 1971.
26. MONTGOMERY, David B., SILK, Alvin J., ZARAGOZA, C. E. A multiple-product sales-force allocation model. *Management Science*, p. 3-24, Dec. 1971.
27. HESS, S. W., SAMUELS, S. A. Experiences with a sales districting model: criteria and implementation. *Management Science*, p. 41-54, Dec. 1971.

**Tabela 4.5**   *Ferramentas quantitativas usadas nos Sistemas de Apoio às Decisões de Marketing.*

---

## FERRAMENTAS ESTATÍSTICAS

1. **Regressão múltipla.** Técnica estatística para estimar uma melhor "equação de ajuste", mostrando como o valor de uma variável dependente varia com a mudança dos valores de várias variáveis independentes.
   *Exemplo:*   Uma empresa pode estimar como as unidades vendidas são influenciadas por mudanças no nível de gastos de propaganda, tamanho da força de vendas e preço.

2. **Análise discriminante.** Técnica estatística para classificar objetos ou pessoas em duas ou mais categorias.
   *Exemplo:* Uma grande cadeia de lojas pode determinar as variáveis que discriminam entre as lojas bem localizadas e as mal localizadas.*

3. **Análise fatorial**. Técnica estatística usada para determinar as poucas dimensões básicas de um conjunto maior de variáveis não correlacionadas.
   *Exemplo:*   Uma rede de televisão pode reduzir uma ampla variedade de programas a pequeno grupo de programas básicos.**

4. **Análise por conglomerados.** Técnica estatística para separar objetos em um número específico de grupos mutuamente exclusivos, de modo que os grupos se tornem relativamente homogêneos.
   *Exemplo:*   Um pesquisador de marketing pode desejar classificar um conjunto amplo de cidades em quatro grupos de cidades similares.

5. **Análise paritária**. Técnica estatística pela qual as preferências dos respondentes por ofertas diferentes são decompostas para se determinar a função utilidade suposta pelos mesmos para cada atributo e a importância relativa de cada um deles.
   *Exemplo:*   Uma linha aérea pode determinar a utilidade total prestada por diferentes combinações de serviços aos passageiros.

6. **Escala multidimensional**. Variedade de técnicas para a preparação de mapas de percepção de produtos ou marcas concorrentes. Os objetos são representados por pontos em um espaço multidimensional de atributos onde a distância entre eles é uma medida de assimilaridade.
   *Exemplo:*   Um fabricante de microcomputadores deseja saber onde sua marca está posicionada em relação às marcas concorrentes.

---

## MODELOS

1. **Modelo do processo Markov.** Este modelo mostra a probabilidade de movimentação de um estado atual para qualquer outro estado.
   *Exemplo:*   O fabricante de uma marca de bens embalados pode determinar as taxas de mudança e de permanência de sua marca período a período e, se as probabilidades forem estáveis, a participação final da marca no mercado.

---

das, lucro marginal decrescente, esquecimento, assuntos relativos a tempo e programações de mídias concorrentes.[28]

Alguns modelos mais novos surgiram para duplicar a maneira pela qual os especialistas de marketing tomam suas decisões. Aqui estão alguns exemplos de modelos recentes de sistemas especialistas:

PROMOTER. Avalia as promoções de vendas, determinando as vendas básicas (o volume de vendas sem qualquer promoção) e mensurando o aumento acima do normal com a adoção da promoção.[29]

ADCAD. Recomenda o tipo de anúncio (humorístico, situação de vida etc.) a usar, dados os objetivos de marketing e as características do produto, mercado-alvo e situação competitiva.[30]

COVERSTORY. Examina uma massa de dados de vendas fornecidos por empresas de pesquisa e redige um relatório em inglês sobre os pontos mais importantes.[31]

No final dos anos 90, surgirão ainda mais *softwares* e modelos de decisão.[32] Para mais detalhes sobre este tópico, veja a seção *Visão 2000* intitulada "Redes neurais e inteligência artificial chegam em marketing".

---

28.   LITTLE, John D. C., LODISH, Leonard M. A media planning calculus. *Operations Research*, p. 1-35, Jan./Feb. 1969.

29.   ABRAHAM, Magid M., LODISH, Leonard M. PROMOTER: an automated promotion evaluation system. *Marketing Science*, p. 101-123, Spring 1987.

30.   BURKE, Raymond R., RANGASWAMY, Arvind, WIND, Jerry, ELIASHBERG, Jehoshua. A knowledge-based system for advertising design. *Marketing Science*, 9, n. 3, p. 212-229, 1990.

31.   LITTLE, John D. C. Cover story: an expert system to find the news in scanner data. *MIT Working Paper*, Sloan School, 1988.

32.   Para leitura complementar, veja LILIEN, Gary, KOTLER, Philip, MOORTHY, K. Sridhar. *Marketing models*. Englewood Cliffs, NJ : Prentice Hall, 1992.

2. **Modelo de fila.** Este modelo mostra o tempo de espera e a extensão da fila que pode ser esperada em qualquer sistema, dados os tempos de chegada e de serviço e o número de canais de atendimento.

   *Exemplo:* Um supermercado pode usar o modelo para prever as extensões das filas em diferentes horários do dia, dados o número de caixas disponíveis e a velocidade do serviço.

3. **Modelos de pré-teste de novos produtos.** Este modelo envolve estimar as relações funcionais entre estados de consciência, julgamento e recompra do consumidor, baseados em suas preferências e ações em uma situação de pré-teste da oferta e da campanha de marketing. Entre os modelos bem conhecidos estão os ASSESSOR, COMP, DEMON, NEWS e SPRINTER.***

3. **Modelos de resposta de vendas.** Trata-se de um conjunto de modelos que estimam as relações funcionais entre uma ou mais variáveis de marketing, tais como tamanho da força de vendas, gastos em propaganda, gastos em promoção de vendas etc., e o nível de demanda resultante.

4. **Modelos de escolha discreta (Logit e Probit).** Esses modelos calculam a probabilidade de escolha de uma alternativa (por exemplo, uma marca específica dentro de uma categoria de produto) como uma função dos atributos de todas as alternativas disponíveis. Eles têm sido amplamente aplicados na pesquisa de painel de residências para avaliar os efeitos de vários instrumentos de marketing (por exemplo, preço, *display* de ponta de gôndola, propaganda de características) sobre o comportamento de escolha de marca.

**ROTINAS DE OTIMIZAÇÃO**

1. **Cálculo diferencial.** Esta técnica permite encontrar os valores máximos ou mínimos ao longo de uma função bem definida.

2. **Programação matemática.** Esta técnica possibilita determinar os valores que otimizariam alguma função objetivo que está sujeita a um conjunto de restrições.

3. **Teoria de decisão estatística.** Técnica que permite determinar o curso de ação que produz o valor máximo esperado.

4. **Teoria dos jogos.** Técnica que permite determinar o curso de ação que minimizará a perda máxima do tomador de decisão face à incerteza de comportamento de um ou mais concorrentes.

5. **Heurística.** Envolve o uso de um conjunto de regras simples que reduz o tempo ou trabalho exigido para encontrar uma solução razoável para um sistema complexo.

\* SANDS, S. Store site selection by discriminant analysis. *Journal of the Market Research Society*, p. 40-51, 1981.

\*\* RAO, V. R. Taxonomy of television programs based on viewing behavior. *Journal of Marketing Research*, p. 355-358, Aug. 1975.

\*\*\* Veja CLANCY, Kevin J., SHULMAN, Robert, WOLF, Marianne. *Simulated test marketing.* New York : Lexington Books, 1994.

# VISÃO GERAL DA PREVISÃO E DA MENSURAÇÃO DA DEMANDA

Uma das principais razões de uma empresa providenciar pesquisa de marketing é a identificação de oportunidades de mercado. Uma vez a pesquisa estando concluída, a empresa deve, cuidadosamente, avaliar cada oportunidade antes de escolher seus mercados-alvos. Especificamente, ela precisa mensurar e prever o tamanho, crescimento e potencial de lucro de cada oportunidade. As previsões de vendas são usadas para o departamento de finanças levantar o dinheiro necessário aos investimentos e operações; para o departamento de manufatura definir os níveis de capacidade e produção de bens; para o departamento de compras adquirir o volume correto de suprimentos; e para o departamento de recursos humanos contratar o número de operários necessários. A preparação da previsão de vendas é responsabilidade do departamento de marketing. Quando sua previsão fica distante do nível real de vendas, ocorrem duas situações: a empresa ficará com excesso de capacidade de produção e estoque ou perderá dinheiro pela falta de mercadorias.

As previsões de vendas são baseadas em estimativas da demanda. Os administradores precisam definir cuidadosamente o que entendem por demanda de mercado.

## Formas de mensurar a demanda de mercado

Como parte de seu planejamento, as empresas preparam muitas estimativas do tamanho do mercado. A Figura 4.4 mostra 90 tipos diferentes de estimativas da demanda que uma empresa pode fazer. A demanda pode ser mensurada por seis *níveis de produto*, cinco *níveis de espaço* e três *níveis de tempo* diferentes.

Cada uma dessas formas de mensurar a demanda atende a um propósito específico. Uma empresa pode prever demanda a curto prazo para um produto específico com o propósito de encomendar matérias-primas, planejar a produção e tomar dinheiro emprestado. Pode

# VISÃO 2000

# Redes neurais e inteligência artificial chegam em marketing

Com o advento da tecnologia de redes neurais, os profissionais de marketing e vendas podem agora acessar o conhecimento de especialistas com apenas alguns toques no teclado de seus computadores. No início do século XXI, acredita-se, amplamente, que os sistemas especialistas serão a principal força para a segmentação, definição de alvo e prática de marketing e vendas mais eficientes.

O *software* de redes neurais, projetado conforme os padrões das células do cérebro humano pode, realmente, "aprender" a partir de grandes conjuntos de dados. Ao examinar repetidamente milhares de registros de dados, o *software* pode desenvolver um modelo estatístico poderoso descrevendo os relacionamentos e os padrões de dados importantes – nada que um pesquisador humano tenha tempo (ou capacidade visual) de fazer de maneira rigorosa e consistente. A IBM desenvolveu um conjunto de seis programas de computador chamados Data Mining, que pode analisar imensos conjuntos de dados e revelar conglomerados, relacionamentos, regras e assim por diante. Usando o Data Mining, a empresa de venda por catálogo Land's End ficou em condições de identificar cerca de 5.200 segmentos de consumidores, baseados em diferentes padrões de compra. Como resultado, a Land's End passou a melhorar o direcionamento de suas listagens de nomes de consumidores para os segmentos com maior probabilidade de interesse por suas ofertas.

A vantagem dos sistemas especialistas é que a maioria deles não exige computadores grandes e poderosos (e caros). Dentro dos últimos cinco anos, as redes neurais e a tecnologia de inteligência artificial tornaram-se, finalmente, adaptáveis aos microcomputadores. A Nielsen é uma das grandes empresas de pesquisa de marketing que está desenvolvendo seu próprio sistema especialista para uso em microcomputadores. Um de seus produtos mais novos, o Spotlight, ajuda as empresas a determinar suas participações de mercado em uma fração do tempo anteriormente necessário. "Estamos falando em termos de minutos em vez de dias", afirma o diretor de vendas e serviços aos clientes da Nielsen.

Os vendedores, que obtiveram grandes benefícios da automação de vendas em anos recentes, têm também reduzido semanas inteiras no processo de vendas usando o poder dos sistemas especialistas. Na Wells Fargo Alarm Services, era normal os vendedores demorarem até dez dias para fechar um negócio, desde a preparação das propostas até o acompanhamento pós-venda. Hoje, cada um dos 50 gerentes e 185 vendedores da empresa usam um microcomputador IBM ThinkPad equipado com um sistema de apoio às vendas que inclui um sistema especialista. Em vez de retornarem ao escritório após uma visita, os vendedores da Wells Fargo ligam seus micros e apertam uma tecla. O programa do computador começa a fazer perguntas relacionadas às necessidades dos consumidores. Baseado nas respostas dos vendedores, o sistema prepara, automaticamente, uma fatura de materiais, uma proposta de preço e o contrato de venda, tudo em menos de 20 minutos.

**Fonte:** CRAM, Beverly. It's not that clever. *Marketing*, p. 36-38, 28 July 1994; SCHLOSSBERG, Howard. Real hopes for research placed in artificial intelligence. *Marketing News*, p. 8, 3 Jan. 1994; CAMPANELLI, Melissa. Sound the alarm! *Sales and Marketing Management*, Part 2, p. 20-25, Dec. 1994; e DATA Mining – An IBM overview. *Paper* redigido pelo Dr. Michael J. Rothman, Hudson Valley Research Park, Zip 47A, 1580 Route 52, Hopewell Junction, NY.

prever a demanda regional para sua principal linha de produtos para decidir se deve adotar uma distribuição regional.

## Que mercado mensurar?

Os profissionais de marketing conversam sobre mercados potenciais, mercados disponíveis, mercados atendidos e mercados penetrados. Para esclarecer esses termos, comecemos com a definição de *mercado*:

**MERCADO é um conjunto de todos os compradores reais e potenciais de um produto.**

Dada essa definição, o tamanho de um mercado depende do número de compradores que podem existir para uma oferta específica. *Mercado potencial* é o conjunto de consumidores que manifestam nível de interesse suficiente por uma oferta definida.

Entretanto, o interesse do consumidor não é suficiente para definir um mercado. Os consumidores potenciais devem ter renda suficiente para comprar o produto e devem ter acesso a ele. Se o produto não for distribuído em certas áreas, os consumidores potenciais não estão disponíveis para as empresas. *Mercado disponível* é o conjunto de consumidores que tem interesse, renda e acesso a determinada oferta.

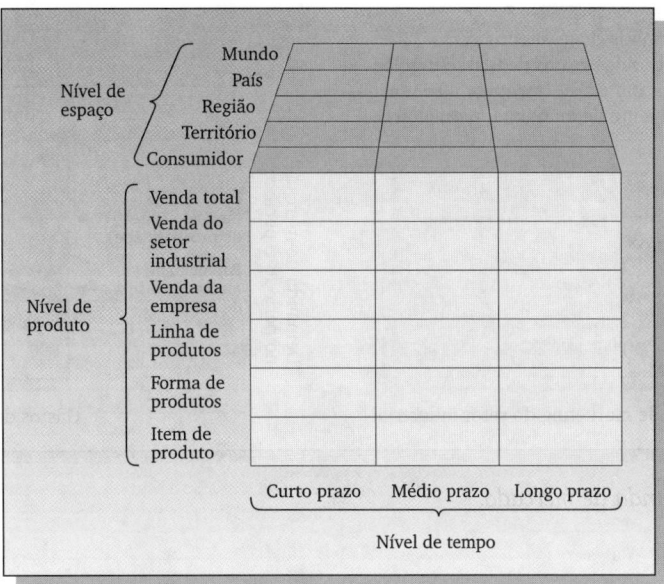

**Figura 4.4**  *Noventa tipos de mensuração da demanda (6 × 5 × 3).*

Para algumas ofertas de mercado, a empresa ou o governo pode restringir a venda a certos grupos. Por exemplo, determinado estado de um país pode proibir a venda de motocicletas a menores de 21 anos de idade. Os adultos remanescentes formam o *mercado disponível qualificado* – conjunto de consumidores que tem interesse, renda, acesso e qualificação para determinada oferta.

Após a empresa identificar o mercado disponível, pode trabalhar no mercado disponível total ou concentrar-se em certos segmentos. *Mercado-alvo* (também denominado *mercado atendido*) é a parte do mercado disponível qualificado que a empresa decide atingir. Por exemplo, uma empresa pode decidir concentrar seu esforço de marketing e distribuição na costa leste. A costa leste torna-se seu mercado-alvo.

A empresa e seus concorrentes terminarão vendendo a certo número de compradores em seu mercado-alvo. *Mercado penetrado* é o conjunto de consumidores que já compraram o produto da empresa.

Essas definições de mercado constituem uma ferramenta útil para o planejamento de mercado. Se a empresa não estiver satisfeita com suas vendas atuais, pode adotar inúmeras ações: tentar atrair porcentagem maior de compradores de seu mercado-alvo, expandir seu mercado disponível abrindo distribuição na costa oeste ou reduzindo seu preço. Ultimamente, a empresa pode tentar expandir o mercado potencial anunciando o produto aos consumidores menos interessados ou aqueles que ainda não foram visados. Algumas empresas de bebidas alcoólicas têm sido bem-sucedidas ao expandir seu mercado com campanhas de propaganda. Consideremos o caso da Dewar's:

**DEWAR'S**   Durante anos, a Dewar's veiculou seus clássicos anúncios em que pessoas importantes de meia-idade, modestamente, listavam suas "pequenas" realizações – conquista do prêmio de literatura Pulitzer, realização de uma cirurgia cerebral ou composição de uma sonata em sol menor –, bebendo seu whisky Dewar's favorito. Embora esses anúncios tivessem canalizado prestígio à marca nos últimos vinte e cinco anos, as vendas do escocês Dewar's começaram a cair drasticamente à medida que a nova geração de consumidores de bebidas alcoólicas não se identificava com os anúncios. Em 1994, a empresa lançou anúncios novos com o propósito de mostrar à Geração X os prazeres de beber whisky. "Finalmente, você tem um trabalho real, um lugar real, uma namorada real", diz o anúncio da premiada agência Leo Burnett. "Que tal um *drink* real?"[33]

## Vocabulário para mensuração da demanda

Os principais conceitos de mensuração da demanda são *demanda de mercado* e *demanda da empresa*. Em cada um desses conceitos, podemos distinguir entre uma função, uma previsão de vendas e um potencial de demanda.

**DEMANDA DE MERCADO.**   Como vimos, a primeira etapa ao avaliar as oportunidades de marketing é estimar a demanda total do mercado.

---

33.  QUINN, Judy. Dewar's. *Incentive*, p. 38-39, July 1994.

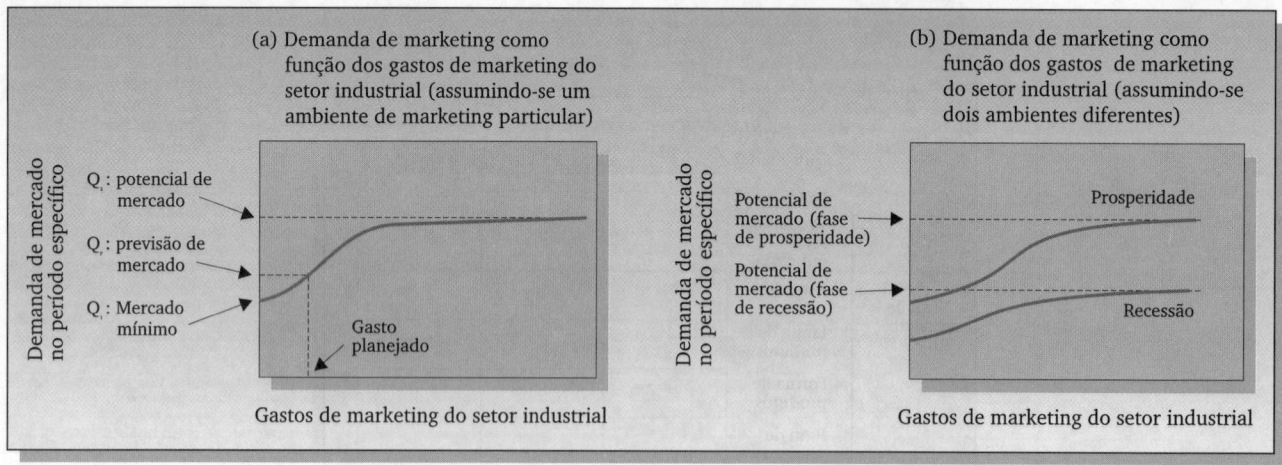

**Figura 4.5** *Funções demanda de mercado.*

**DEMANDA DE MERCADO para um produto é o volume total que seria comprado por um grupo definido de consumidores em determinada área geográfica, em período de tempo definido, em ambiente de marketing definido, sob determinado programa de marketing.**

A demanda de mercado não é um número fixo, mas uma função de condições declaradas. Por esta razão, pode ser denominada *função demanda de mercado.* A dependência da demanda do mercado total sob condições definidas é ilustrada na Figura 4.5(a). O eixo horizontal mostra os níveis possíveis dos gastos de marketing do setor industrial em determinado período de tempo. O eixo vertical mostra o nível de demanda resultante. A curva representa a demanda de mercado estimada, associada aos vários níveis de despesa de marketing do setor industrial. Algumas vendas básicas (chamadas *mercado mínimo,* indicado como $Q_1$ na Figura) ocorreriam sem quaisquer gastos para estimular a demanda. Níveis mais altos de gastos de marketing implicariam níveis mais elevados de demanda, no início, a uma taxa crescente e, depois, a uma taxa decrescente. Os gastos de marketing além de certo nível não estimulariam muito a demanda, sugerindo, assim, a existência de um limite superior para a demanda de mercado, chamado *potencial de mercado,* indicado como $Q_2$ na Figura).

A distância entre o mercado mínimo e o potencial de mercado mostra a *sensibilidade de marketing da demanda* global. Podemos considerar dois tipos extremos de mercados, o expansível e o não expansível. O mercado *expansível,* como o de raquetes de tênis, é bastante afetado em seu tamanho total pelo nível de gastos de marketing do setor industrial. Em termos da Figura 4.5(a), a distância entre $Q_1$ e $Q_2$ é relativamente grande. Por exemplo, um mercado *não expansível,* como o de óculos, não é muito afetado pelo nível de gastos de marketing; a distância entre $Q_1$ e $Q_2$ é relativamente pequena. As organizações que vendem a um mercado não

expansível podem aceitar o tamanho do mercado (o nível de *demanda primária* para a classe de produto) e dirigir seus recursos de marketing para conquistar uma participação de mercado desejada (o nível de *demanda seletiva* para o produto da empresa).

É importante enfatizar que a função demanda de marketing *não* representa um quadro da demanda de mercado no tempo. Pelo contrário, a curva mostra as previsões alternativas atuais da demanda de mercado associadas aos níveis alternativos possíveis do esforço de marketing do setor industrial no período atual.

**PREVISÃO DE MERCADO.** Apenas um nível de gastos de marketing ocorrerá no setor industrial. A demanda de mercado que corresponde a este nível é denominada *previsão de mercado.*

**POTENCIAL DE MERCADO.** A previsão de mercado mostra a demanda de mercado esperada, não a demanda máxima de mercado. Para a última, temos que visualizar o nível de demanda de mercado para um nível "muito alto" de gastos de marketing do setor industrial, em que aumentos posteriores do esforço de marketing do setor industrial teriam pouco efeito para estimular a demanda futura.

**POTENCIAL DE MERCADO é o limite abordado pela demanda de mercado, à medida que os gastos de marketing do setor industrial aproximam-se do infinito, para determinado ambiente.**

A expressão *determinado ambiente* é crucial no conceito de potencial de mercado. Consideremos o potencial de mercado para automóveis no período de recessão *versus* período de prosperidade. O potencial de mercado é maior durante a fase de prosperidade. A dependência do potencial de mercado sobre o ambiente está ilustrada na Figura 4.5(b). Os analistas de mercado distinguem entre a posição da função demanda de mercado e a movimentação ao longo da mesma. As empresas não podem fazer nada em relação a sua posição na função demanda de mercado; isto é determinado pelo ambiente de marketing (discutido em detalhes no Capítulo 5). Entretanto, as empresas influenciam suas localizações específicas na função quando decidem quanto gastar em marketing.

**DEMANDA DA EMPRESA.** Agora, estamos preparados para definir a *demanda da empresa*.

**DEMANDA DA EMPRESA é sua participação na demanda de mercado em níveis alternativos de seu esforço de marketing. Simbolicamente:**

$$Q_i = s_i Q \qquad (4\text{-}1)$$

onde:

$Q_i$ = demanda da empresa $i$
$s_i$ = participação de mercado da empresa
$Q$ = demanda total do mercado

A participação de mercado da empresa depende de como seus produtos, serviços, preços, comunicações etc. são relativamente percebidos pelos concorrentes. Se as demais condições permanecerem iguais, a participação de mercado da empresa dependerá do tamanho e da eficácia de seus gastos de marketing em relação aos concorrentes. Elaboradores de modelos de marketing têm desenvolvido e mensurado *funções-resposta de vendas* para mostrar como as vendas de uma empresa são afetadas por seu nível de gastos de marketing, composto de marketing e eficácia de marketing.[34]

**PREVISÃO DE VENDAS DA EMPRESA.** Após o administrador de marketing estimar a demanda da empresa, sua próxima tarefa é escolher um nível de esforço de marketing. O nível escolhido produzirá um nível de vendas esperado.

**PREVISÃO DE VENDAS DA EMPRESA é seu nível esperado de vendas, baseado no plano de marketing escolhido e no ambiente de marketing assumido.**

A previsão de vendas da empresa é representada graficamente com suas vendas no eixo vertical e os esforços de marketing no eixo horizontal, como mostra a Figura 4.5.

Muito freqüentemente, o relacionamento seqüencial entre a previsão da empresa e seu plano de marketing é confuso. Ouve-se muito que a empresa deve desenvolver seu plano de marketing tomando como base sua previsão de vendas. A seqüência previsão-plano é válida se

"previsão" significar uma estimativa da atividade econômica nacional ou se a demanda da empresa não for expansível. Entretanto, a seqüência não é válida quando a demanda de mercado for expansível ou quando "previsão" significar uma estimativa das vendas da empresa. A previsão de vendas da empresa não estabelece uma base para decidir o que gastar em marketing; muito pelo contrário, a previsão de vendas é o *resultado* de um plano de gastos de marketing assumido.

Dois outros conceitos valem a pena ser mencionados em relação à previsão de vendas da empresa.

**QUOTA DE VENDAS é a meta de vendas para uma linha de produtos, divisão da empresa ou para um vendedor. Trata-se, principalmente, de um dispositivo gerencial para definir e estimular o esforço de vendas.**

A administração estabelece quotas de vendas, baseando-se na previsão da empresa e na psicologia de estimular sua realização. Geralmente, as quotas de vendas são fixadas um pouco mais altas do que as vendas estimadas para estimular o esforço da força de vendas.

**ORÇAMENTO DE VENDAS é uma estimativa conservadora do volume de vendas esperado e é usado, principalmente, para as decisões de compras, produção e fluxo de caixa.**

O orçamento de vendas considera a previsão de vendas e a necessidade de evitar risco excessivo. Geralmente, os orçamentos de vendas estão levemente abaixo da previsão de vendas.

**POTENCIAL DE VENDAS DA EMPRESA.** É o limite aproximado da demanda da empresa à medida que seu esforço de marketing aumenta em relação aos concorrentes. Sem dúvida, o limite absoluto da demanda da empresa é o potencial de mercado. Os dois seriam iguais se a empresa atingisse 100% do mercado. Na maioria dos casos, o potencial de vendas da empresa é inferior ao potencial de mercado, mesmo quando seus gastos de marketing aumentam consideravelmente em relação aos concorrentes. A razão é que cada concorrente possui um núcleo sólido de compradores leais que não respondem muito aos esforços de outras empresas dispostas a conquistá-los.

## Estimativa da demanda atual

Estamos preparados para examinar os métodos práticos para estimar a demanda atual do mercado. O planejamento e a execução da estratégia de marketing

---

34. MOORTHY, K. Sridhar. *Marketing models.* Englewood Cliffs, NJ : Prentice Hall, 1992.

requerem executivos de marketing para estimar o potencial total do mercado, o potencial de mercado de área, o total de vendas e as participações de mercado.

**POTENCIA TOTAL DE MERCADO.** É o volume máximo de vendas que pode estar disponível a todas as empresas de um setor industrial, durante dado período, sob determinado nível de esforço de marketing e condições ambientais. Uma forma comum de estimá-lo é a seguinte:

$$Q = nqp \qquad (4\text{-}2)$$

onde:

$Q$ = potencial total do mercado
$n$ = número de compradores de um produto/mercado específico sob determinadas hipóteses
$q$ = quantidade comprada por um comprador médio
$p$ = preço médio unitário

Assim, se 100 milhões de pessoas compram livros a cada ano, um comprador médio adquire três livros por ano e o preço médio unitário é $ 10, o potencial total do mercado para livros é de $ 3 bilhões (100.000.000 × 3 × $ 10). O componente mais difícil para estimar na fórmula 4-2 é o valor de $n$, número de compradores existentes para o mercado/produto específico. Pode-se começar pela população da nação, digamos, 261 milhões de pessoas. A etapa seguinte é eliminar os grupos que, obviamente, não comprariam o produto. Vamos assumir que pessoas analfabetas e crianças abaixo de 12 anos não compram livros, constituindo 20% da população. Isto significa que apenas 80% da população ou, aproximadamente, 209 milhões de pessoas, formariam a *massa potencial*. Depois, podemos fazer pesquisa de mercado e constatar que pessoas de baixa renda e má formação educacional não lêem livros, que constituem 30% da massa potencial. Eliminando-os, chegamos à *massa potencial real* de, aproximadamente, 146.300.000 compradores de livros. Usaríamos este número de compradores potenciais na fórmula 4-2 para calcular o potencial total do mercado.

Uma variação da fórmula 4-2 é conhecida como *método da proporção em cadeia*. Este método envolve multiplicar um número-base por diversas porcentagens de ajustamento. Suponhamos que uma cervejaria está interessada em estimar o potencial de mercado para uma nova cerveja *light*. Uma estimativa pode ser feita pelo seguinte cálculo:[35]

Demanda por uma nova cerveja *light* = { **População × renda pessoal discricionária per capita × porcentagem média da renda discricionária gasta em alimentação × porcentagem média dos gastos em alimentação destinada às bebidas × porcentagem média dos gastos em bebidas destinada às bebidas alcoólicas × porcentagem média dos gastos em bebidas alcoólicas destinada à cerveja × porcentagem estimada dos gastos em cerveja destinada à cerveja light.** }

**POTENCIAL DE MERCADO DE ÁREA.** As empresas enfrentam o problema de selecionar os melhores territórios e de alocar otimamente seus orçamentos nos mesmos. Todavia, elas necessitam estimar o potencial de mercado de diferentes cidades, estados e nações. Dois métodos importantes estão disponíveis: o método de desenvolvimento de mercado, usado, principalmente, por empresas de bens industriais e o método de indexação multifatorial, usado, principalmente, por empresas de bens de consumo.

### Método de Desenvolvimento de Mercado.
Este método requer a identificação de todos os compradores potenciais em cada mercado e a estimativa de suas compras potenciais. Ele produz resultados rigorosos se tivermos uma lista de todos os compradores potenciais *e* uma boa estimativa do que cada um comprará. Infelizmente, essas informações nem sempre são fáceis de levantar.

Consideremos uma empresa fabricante de máquinas-ferramenta que deseja estimar o potencial de tornos de madeira na área de Boston. Os compradores consistem, principalmente, em estabelecimentos fabris que precisam moldar ou mandrilar madeira como parte de suas operações. Assim, ela poderia estimar o número de tornos que podem ser comprados baseando-se no número de tornos por mil funcionários ou por $ 1 milhão de vendas daquele setor industrial.

Um método eficiente de estimar os potenciais de mercado de áreas utiliza o *Sistema de Classificação Industrial Padrão (SIC)*, desenvolvido pela Divisão Norte-Americana de Censo. O SIC classifica todas as fábricas em 20 grandes setores industriais, cada um com um código de dois dígitos. Assim, o número 25 é móveis e acessórios fixos e o 35 é maquinário, exceto elétrico. Cada grande setor industrial é, depois, subdividido em 150

---

35. Veja ACKOFF, Russel L. *A concept of corporate planning.* New York : Wiley-Interscience, 1970. p. 36-37.

subsetores industriais designados por um código de três dígitos (o número 251 é móveis domésticos e o número 252, móveis de escritório). Depois, cada um desses subsetores industriais é subdividido em, aproximadamente, 450 categorias de produto, designadas por um código de quatro dígitos (o número 2521 é móveis de madeira para escritórios e o número 2522, móveis de metal para escritórios). Para cada número SIC de quatro dígitos, o Censo de Fabricantes fornece o número de estabelecimentos, subclassificados por localização, número de funcionários, venda anual e resultado líquido.

Para usar o SIC, o fabricante de tornos deve, primeiro, determinar o código SIC de quatro dígitos que representa os produtos, cuja fabricação, provavelmente, exige tornos de madeira. Por exemplo, esta máquina será usada por fabricantes do SIC número 2511 (móveis domésticos de madeira), número 2521 (móveis de madeira para escritórios) e assim por diante. Para obter-se um quadro completo de todos os setores industriais de quatro dígitos que usam tornos de madeira, a empresa pode usar três métodos: (1) pode determinar os códigos SIC dos clientes antigos; (2) pode pesquisar o manual SIC e levantar os nomes de todas as indústrias de quatro dígitos que, em seu julgamento, teriam interesse em tornos de madeira; e/ou (3) pode enviar questionários pelo correio a uma ampla variedade de empresas, indagando sobre o interesse por tornos de madeira.

A próxima tarefa da empresa é determinar uma base apropriada para estimar o número de tornos que será usado em cada setor industrial. Suponhamos que as vendas do setor industrial sejam a base mais adequada. Por exemplo, no SIC número 2511, 10 tornos podem ser usados para cada $ 1 milhão de vendas. Assim que a empresa estimar a taxa de tornos existentes em relação às vendas do setor industrial, ela pode computar o potencial de mercado.

A Tabela 4.6 mostra um cálculo hipotético para a área de Boston envolvendo dois códigos SIC. No número 2511 (móveis domésticos de madeira), há seis estabelecimentos com vendas anuais de $ 1 milhão e dois com $ 5 milhões. Estima-se que 10 tornos podem ser vendidos neste código SIC para cada $ 1 milhão de ven-

das. Uma vez que há seis estabelecimentos com vendas anuais de $ 1 milhão, temos $ 6 milhões de vendas, que representam um potencial de 60 tornos (6 × 10). Em seu conjunto, parece que a área de Boston possui um mercado potencial para 200 tornos.

A empresa pode usar o mesmo método para estimar o potencial de mercado para outras áreas do país. Suponhamos que os potenciais de mercado para todos os mercados em conjunto seja de 2.000 tornos. Assim, o mercado de Boston representa 10% do potencial total do mercado. Isto pode garantir à empresa a alocação de 10% de seu orçamento de marketing para o mercado de Boston. Na prática, as informações do SIC não são suficientes. O fabricante de tornos precisa também de informações adicionais sobre cada mercado, como a extensão de sua saturação, número de concorrentes, taxa de crescimento e idade média do equipamento existente.

Se a empresa decidir vender tornos em Boston, deve saber como identificar as melhores empresas potenciais. Antigamente, os vendedores visitavam as empresas porta a porta; isto se chamava *reconhecimento* ou *farejamento*. Hoje, as visitas "frias" custam muito mais caro. As empresas obtêm uma lista das empresas de Boston, que são qualificadas, posteriormente, por mala direta ou telemarketing para identificação dos melhores clientes potenciais. O fabricante de tornos pode acessar o guia *Dun's Market Identifiers,* que lista 27 fatores-chaves para cerca de 9.300.000 localizações de empresas nos Estados Unidos e no Canadá.

**Método de Indexação Multifatorial.** Como as empresas de bens industriais, as empresas de bens de consumo também têm que estimar seus potenciais de mercado de áreas. Mas os consumidores das empresas de bens de consumo são numerosos para serem listados. Assim, o método mais comumente usado é o de indexação direta. Por exemplo, um fabricante de medicamentos pode assumir que o potencial de mercado para medicamentos está diretamente relacionado ao tamanho da população. Se o estado de Virgínia possui 2,28% da população norte-americana, a empresa pode assumir que ele representa 2,28% da venda total de medicamentos.

**Tabela 4.6** *Método de desenvolvimento de mercado utilizando os códigos SIC (fabricante hipotético de tornos – área de Boston).*

| SIC | (1) VENDAS ANUAIS (EM MILHÕES) | (2) NÚMERO DE ESTABELECIMENTOS | (3) NÚMERO POTENCIAL DE VENDAS DE TORNOS POR 1 MILHÃO DE VENDAS | POTENCIAL DE MERCADO (1 × 2 × 3) |
|---|---|---|---|---|
| 2511 | 1 | 6 | 10 | 60 |
| | 5 | 2 | 10 | 100 |
| 2521 | 1 | 3 | 5 | 15 |
| | 5 | 1 | 5 | 25 |
| | | | | 200 |

Entretanto, um fator único, raramente, representa um indicador completo da oportunidade de vendas. As vendas regionais de medicamentos são também influenciadas pela renda *per capita* e pelo número de médicos por 10.000 habitantes. Assim, faz sentido desenvolver um *índice fatorial múltiplo*, atribuindo-se a cada fator um peso específico. Consideremos o seguinte índice de poder de compra usado pelo Annual Survey of Buying Power, publicado pela revista *Sales and Marketing Management*:

$$B_i = 0,5y_i + 0,3r_i + 0,2p_i \quad (4\text{-}3)$$

onde:

$B_i$ = porcentagem do poder de compra nacional constatado na área $i$

$y_i$ = porcentagem da renda pessoal disponível originada da área $i$

$r_i$ = porcentagem da venda nacional no varejo da área $i$

$p_i$ = porcentagem da população nacional acima de 18 anos, por moradia, localizada na área $i$

Os números são os pesos associados a cada variável. Por exemplo, suponhamos que o estado de Virgínia possui 2% da renda pessoal disponível norte-americana, 1,96% das vendas no varejo do país e 2,28% da população. O índice do poder de compra para este estado seria:

$$0,5(2,00) + 0,3(1,96) + 0,2(2,28) = 2,04$$

Assim, espera-se que 2,04% das vendas de medicamentos da nação ocorram em Virgínia.

Os pesos usados no índice de poder de compra são um tanto arbitrários. Outros pesos podem ser atribuídos, se forem apropriados. Além disso, um fabricante poderia desejar ajustar o potencial de mercado para fatores adicionais, como a presença de concorrentes, custos promocionais locais, fatores sazonais e peculiaridades do mercado local.

Muitas empresas calculam outros índices de área para alocar os recursos de marketing. Suponhamos que a empresa de medicamentos está analisando as seis cidades listadas na Tabela 4.7. As duas primeiras colunas mostram a porcentagem de marcas norte-americanas e as vendas da categoria em seis cidades, respectivamente. A coluna 3 mostra o *índice de desenvolvimento de marca (IDM)*, que representa o índice de venda da marca por categoria de produto. Por exemplo, a cidade de Seattle tem um IDM de 114 porque a marca é relativamente mais desenvolvida do que a categoria de produto nesta cidade. Por outro lado, Portland tem um IDM de 65, significando que a marca nesta cidade é relativamente pouco desenvolvida. Normalmente, quanto menor o IDM, maior a oportunidade de mercado naqueles locais onde há condições de crescimento da marca. Outros especialistas de marketing argumentariam o oposto, que os recursos de marketing devem ser destinados aos mercados mais fortes da marca onde pode ser fácil conquistar maior participação. Fica claro que outros fatores devem ser considerados.[36]

Após a empresa decidir sobre a alocação de seu orçamento cidade a cidade, ela pode aperfeiçoar esta alocação de acordo com as áreas de censo ou com os códigos de endereçamento postal. As *áreas de censo* são pequenas áreas estatisticamente definidas que representam o tamanho de um distrito. Geralmente, têm fronteiras definidas e uma população de cerca de 4.000 habitantes. Os códigos de endereçamento postal (que foram designados pelo Departamento de Correios dos Estados Unidos) definem pouco mais do que vizinhanças. Os dados sobre tamanho da população, renda familiar média e outras características estão disponíveis para essas unidades geográficas. As empresas têm constatado que esses dados são extremamente úteis para identificar áreas de varejo de alto potencial dentro de grandes cidades

**Tabela 4.7** *Cálculo do índice de desenvolvimento de marca (IDM).*

| TERRITÓRIO | (1) PORCENTAGEM DE VENDAS DAS MARCAS NORTE-AMERICANAS | (2) PORCENTAGEM DE VENDAS DA CATEGORIA | IDM (1 : 2) × 100 |
|---|---|---|---|
| Seattle | 3,09 | 2,71 | 114 |
| Portland | 6,74 | 10,41 | 65 |
| Boston | 3,49 | 3,85 | 91 |
| Toledo | 0,97 | 0,81 | 120 |
| Chicago | 1,13 | 0,81 | 140 |
| Baltimore | 3,12 | 3,00 | 104 |

36. Para as estratégias sugeridas relacionadas à aplicação de IDM em áreas de mercado, veja SCHULTZ, Don E., MARTIN, Dennis, BROWN, William P. *Strategic advertising campaigns*. Chicago : Crain Books, 1984. p. 338.

ou para comprar listas para usar em campanhas de mala direta.

### ESTIMATIVAS DAS VENDAS DO SETOR INDUSTRIAL E DAS PARTICIPAÇÕES DE MERCADO.

Além de estimar o potencial total e o potencial de área, a empresa precisa conhecer a venda real do setor industrial em seu mercado. Isto significa a identificação de seus concorrentes e a estimativa de suas vendas.

Freqüentemente, a associação que representa o setor industrial coleta e publica os dados sobre a venda total do setor, embora o volume individual por empresa não seja listado separadamente. Usando essas informações, cada empresa pode avaliar seu desempenho em relação ao do setor industrial. Suponhamos que as vendas de uma empresa estejam crescendo 5% por ano e as vendas do setor, 10%. Realmente, essa empresa está perdendo sua posição relativa no setor.

Outra maneira de estimar as vendas é comprar relatórios de uma empresa de pesquisa de marketing que audita a venda total e a venda por marcas. Por exemplo, a A. C. Nielsen Company audita as vendas no varejo de várias categorias de produto em supermercados e drogarias. Essas informações são vendidas às empresas interessadas. Desta maneira, qualquer empresa pode conhecer o total de vendas por categoria de produto ou por marca. Ela pode comparar seu desempenho em relação ao total do setor industrial e/ou qualquer concorrente específico para saber se está ganhando ou perdendo participação de mercado.

Normalmente, as empresas de bens industriais têm mais dificuldade para estimar as vendas do setor industrial e as participações de mercado. Eles não possuem algo semelhante à Nielsen para confiar. Normalmente, os distribuidores não fornecem informações sobre as quantidades de produtos que vendem dos concorrentes. Além disso, as empresas de bens industriais operam com menor conhecimento dos resultados de suas participações de mercado. Algumas dessas empresas desejam apenas conhecer sua participação em relação ao principal concorrente em vez de participação em relação ao mercado total. Assim, podem concentrar-se apenas em estimar as vendas do concorrente principal e comparar os resultados.

## Estimativa da demanda futura

Estamos preparados para examinar os métodos de estimar a demanda futura. Poucos produtos ou serviços são de previsão fácil. Geralmente, os casos de previsão fácil envolvem um produto cujo nível absoluto ou tendência é regularmente constante e onde não há concorrência (serviços de utilidade pública) ou é estável (oligopólio puro). Na maioria dos mercados, a demanda total e a demanda da empresa não são estáveis e uma boa previsão torna-se fator-chave para seu sucesso. Quanto mais instável for a demanda, mais crítica será a precisão da previsão e mais elaborado será seu procedimento.

Comumente, as empresas usam um procedimento de três estágios para preparar uma previsão de vendas. Primeiro, preparam uma previsão macroeconômica, acompanhada pela previsão de vendas do setor industrial e da empresa. A previsão macroeconômica exige a projeção da inflação, índice de desemprego, taxas de juros, padrões de gastos dos consumidores, investimento da empresa, dispêndios do governo, exportações e outras variáveis. O resultado final é uma previsão do produto nacional bruto, que, depois, é usado em conjunto com outros indicadores ambientais para a previsão das vendas do setor industrial. Depois, a empresa deriva suas vendas assumindo que conquistará determinada participação de mercado.

Como, exatamente, as empresas desenvolvem suas previsões macroeconômicas? Muitas grandes empresas possuem departamentos de planejamento que usam técnicas matemáticas sofisticadas para realizar esta tarefa. (Para uma discussão detalhada sobre esses métodos, veja o Apêndice 2, "Métodos Estatísticos para Projeção da Demanda Futura"). As empresas menores podem comprar relatórios de previsão de três fontes:

- *Empresas de pesquisa de marketing.* Desenvolvem previsões entrevistando consumidores, distribuidores e outras fontes especializadas.
- *Empresas especializadas em previsão.* Desenvolvem previsões a longo prazo de componentes macroambientais específicos como população, recursos naturais e tecnologia. Entre as empresas mais conhecidas estão as Data Resources, Wharton Econometrics e Chase Econometric.
- *Empresas de pesquisa futurista.* Preparam cenários especulativos sobre o futuro. Entre as empresas mais conhecidas estão as Hudson Institute, Futures Group e Institute for the Future.

Todas as previsões são desenvolvidas em uma de três bases de informações: o que as pessoas dizem, o que fazem ou o que fizeram. A primeira base – o que as pessoas dizem – envolve o levantamento das opiniões de compradores ou de pessoas próximas a eles, como vendedores ou especialistas externos. Isto compreende três métodos: levantamento das intenções dos compradores, opinião de vendedores e opinião de especialistas. Desenvolver uma previsão sobre o que as pessoas fazem envolve outro método, que é fazer um teste de mercado para o produto para mensurar a resposta do comprador. A base final – o que as pessoas fizeram – envolve a análise de registros sobre o comportamento de venda passado ou o uso da análise de séries de tempos ou análise estatística da demanda.

### LEVANTAMENTO DAS INTENÇÕES DOS COMPRADORES.

Previsão é a arte de antecipar o que os compradores, provavelmente, farão sob determinado conjunto de condições. Em razão do comportamento dos consumidores ser tão importante, eles devem ser entrevistados. Os levantamentos são especialmente valiosos se os compradores têm intenções claramente formuladas, se eles formulam claramente suas intenções, se as cumprirão e se as descreverão aos entrevistados.

Em relação aos bens de consumo duráveis (por exemplo, grandes eletrodomésticos), várias organizações de pesquisa realizam levantamentos periódicos das intenções de compra dos consumidores. Essas organizações fazem perguntas como a seguinte:

| VOCÊ PRETENDE COMPRAR UM AUTOMÓVEL NOS PRÓXIMOS SEIS MESES? | | | | | |
|---|---|---|---|---|---|
| 0,00 | 0,20 | 0,40 | 0,60 | 0,80 | 1,00 |
| De forma alguma | Alguma probabilidade | Probabilidade razoável | Boa probabilidade | Alta probabilidade | Certamente |

Esta técnica é denominada *escala de probabilidade de compra*. Os vários levantamentos também procuram identificar a situação financeira atual e futura dos consumidores e as expectativas sobre a economia do país. Depois, as várias informações são combinadas em uma medida de sentimento do consumidor (Centro de Pesquisas da University of Michigan) ou uma medida da confiança do consumidor (Sindlinger and Company). Os fabricantes de bens de consumo duráveis assinam estes índices na esperança de antecipar as principais mudanças nas intenções de compra dos consumidores, de maneira que possam ajustar adequadamente seus planos de produção e de marketing.

Alguns levantamentos que mensuram a probabilidade de compra são gerados a partir do *feedback* obtido antes dos novos produtos serem lançados no mercado:

**NABISCO** Mensalmente, o sistema de pesquisa AcuPOLL da empresa Richard Saunders testa 35 conceitos de novos produtos junto aos compradores das 100 lojas de supermercados mais representativas do país. A pesquisa avalia o interesse dos participantes na compra de determinado novo produto, suas percepções em relação a uma nova idéia de produto e seus julgamentos do valor em relação ao preço. Em recente pesquisa, os cones de chocolate Oreo, da Nabisco, receberam a avaliação A+, significando que os consumidores atribuíram um conceito notável, e que o experimentariam e com-

prariam. Outros produtos não foram tão bem classificados. O *spray* anti-bactericida para escovas de dentes Nubrush, da Applied Microdontics, é um conceito de novo produto que recebeu a avaliação F. O AcuPOLL constatou que o preço do produto era muito alto e exagerava na proteção: a maioria dos consumidores não acha que tem problema com escovas de dentes "infectadas".[37]

Na área de compra industrial, várias agências fazem levantamentos de intenções de compra envolvendo fábricas, equipamentos e materiais. As mais conhecidas são a McGraw Hill Research e a Opinion Research Corporation. Suas estimativas tendem a oferecer uma margem de erro de 10% em relação aos resultados reais. Os levantamentos de intenção de compra são particularmente úteis para estimar a demanda de produtos industriais, bens de consumo duráveis, compra de produtos que exige planejamento avançado e de novos produtos. O valor desses levantamentos aumenta na extensão em que o custo de atingir compradores for pequeno, eles forem poucos, suas intenções de compra forem claras, implementam essas intenções e estão dispostos a revelá-las.[38]

**COMPOSIÇÃO DAS OPINIÕES DA FORÇA DE VENDAS.** Quando for impraticável entrevistar o comprador, a empresa deve solicitar estimativas de seus vendedores. Cada vendedor estima quanto cada cliente atual ou em perspectiva comprará de cada produto fabricado pela empresa.

Poucas empresas usam estimativas da força de vendas sem fazer alguns ajustes. Os vendedores podem ser pessimistas ou otimistas, ou podem ir de um extremo ao outro devido a uma recente queda ou a um sucesso de vendas. Além disso, eles são, freqüentemente, inconscientes de grandes desenvolvimentos econômicos e não sabem como os planos de marketing da empresa influenciarão as futuras vendas em seus territórios. Podem, deliberadamente, subestimar a demanda para que a empresa os atribua quotas de vendas baixas, podem não ter tempo para preparar estimativas cuidadosas por considerar que isto não vale a pena.

A empresa pode fornecer certos apoios ou incentivos para encorajar a força de vendas a preparar melhores estimativas. Por exemplo, os vendedores podem receber suas previsões de vendas anteriores, comparadas com as vendas reais, além de uma descrição das perspectivas da empresa, comportamento dos concorrentes, planos de marketing e assim por diante.

Ao envolver a força de vendas na previsão, a empresa pode obter inúmeros benefícios. Os vendedores podem possuir melhores palpites sobre o desenvolvimen-

37. FAWCETT, Adrienne Ward. Oreo Cones make top grade in poll. *Advertising Age*, p. 30, 14 June 1993.
38. A pesquisa de marketing tem indicado que a mensuração das intenções de compra podem ter efeito sobre o comportamento real de compra. As taxas de recompra aumentam se os pesquisadores perguntarem aos consumidores apenas *uma vez* sobre suas intenções de compra. Entretanto, fazer a pergunta várias vezes às pessoas com baixo nível de interesse sobre a intenção de compra diminui ainda mais a propensão a comprar. Veja MORWITZ, Vicki G., JOHNSON, Eric, SCHMITTLEIN, David. Does measuring intent change behavior? *Journal of Consumer Research*, 20, n. 1, p. 46-61, June 1993.

to de tendências do que qualquer outro grupo de pessoas. Ao participar do processo de previsão, eles podem confiar mais em suas quotas e ter maior incentivo para atingi-las.[39] Além disso, uma previsão preparada por "pessoas comuns" da empresa fornece estimativas detalhadas por produto, território, cliente e vendedor.

**OPINIÃO DE ESPECIALISTAS.** As empresas também podem obter previsões de especialistas. Entre eles estão os revendedores, distribuidores, fornecedores, consultores de marketing e associações comerciais e industriais. Periodicamente, os fabricantes de grandes eletrodomésticos solicitam previsões da demanda a curto prazo a seus revendedores, como também fazem as empresas automobilísticas. As estimativas dos revendedores estão sujeitas às mesmas forças e fraquezas que as estimativas dos vendedores. Muitas empresas compram previsões industriais e econômicas de empresas especializadas bem conhecidas. Esses especialistas estão preparados para fornecer melhores previsões econômicas do que a empresa porque possuem maior disponibilidade de dados e maior experiência em previsão.

Ocasionalmente, as empresas convidam um grupo de especialistas para preparar uma previsão. Os especialistas trocam pontos de vista e produzem uma estimativa do grupo (*método de discussão em grupo*) ou fornecem estimativas individuais, que são combinadas por um analista em uma única estimativa (*conjunto de estimativas individuais*). Eles também podem fornecer estimativas e hipóteses individuais que são analisadas pela empresa, revisadas e submetidas a rodadas posteriores para serem aperfeiçoadas (*método Delphi*).[40]

**MÉTODO DO TESTE DE MERCADO.** Quando os compradores não planejam cuidadosamente suas aquisições ou os especialistas não estão disponíveis ou não são confiáveis, é desejável a adoção do teste de mercado. Este teste é especialmente desejável na previsão de vendas de novos produtos ou de produtos existentes em um novo canal de distribuição ou território. O teste de mercado é discutido em detalhes no Capítulo 11.

## RESUMO

1. Três desenvolvimentos tornam, agora, a necessidade de informações de marketing maior do que no passado: o surgimento de marketing global, a nova ênfase nos desejos dos compradores e a tendência para a concorrência que não envolve preço.

2. Para exercer suas responsabilidades de análise, planejamento, implementação e controle, os administradores de marketing necessitam de um *sistema de informações de marketing (SIM)*. O papel do SIM é avaliar as necessidades de informações dos administradores, desenvolvê-las e distribuí-las aos interessados na empresa no momento certo.

3. Um SIM possui quatro componentes: (1) sistema de registros internos, que inclui informações sobre o ciclo de pedido e o sistema de relatórios de vendas; (2) sistema de inteligência de marketing, composto de um conjunto de procedimentos e fontes usados por administradores para a obtenção de informações diárias sobre desenvolvimentos pertinentes no ambiente de marketing; (3) sistema de pesquisa de marketing, que permite o projeto, a coleta, a análise, o relatório de dados e a apresentação dos resultados relevantes para uma situação de marketing

específica; e (4) sistema computadorizado de apoio à decisão de marketing, que ajuda os administradores a interpretar dados e informações relevantes e a transformá-los em uma base para a ação de marketing

4. As empresas podem realizar suas próprias pesquisas de marketing ou contratar empresas especializadas para fazê-las. O processo de pesquisa de marketing consiste da definição do problema e dos objetivos de pesquisa, desenvolvimento do plano de pesquisa, coleta de informações, análise das informações e apresentação dos resultados para a administração. Ao realizar pesquisa, as empresas devem decidir se devem coletar os dados ou usar dados já disponíveis. Devem também decidir sobre o tipo de abordagem da pesquisa (observação, grupo-foco, levantamento, experimental) e que instrumento (questionários ou dispositivos mecânicos) usar. Além disso, devem decidir sobre o plano de amostragem e os métodos de contato. A boa pesquisa de marketing é caracterizada por método científico, criatividade, métodos múltiplos de pesquisa, construção de modelos rigorosos, análise de custo/

39. Veja GONIK, Jacob. Tie salesmen's bonuses to their forecasts. *Harvard Business Review*, p. 116-123, May/June 1978.
40. Veja DALKEY, Norman, HELMER, Olaf. An experimental application of the Delphi method to the use of experts. *Management Science*, p. 458-467, April 1963. Veja também BEST, Roger J. An experiment in Delphi estimation in marketing decision making. *Journal of Marketing Research*, p. 447-452, Nov. 1974.

benefício, ceticismo saudável e foco ético. Crescente número de empresas está, agora, usando *sistemas de apoio à decisão de marketing* para ajudar seus administradores de marketing a tomar melhores decisões.

5. Uma das principais razões para uma empresa adotar a pesquisa de marketing é a descoberta de oportunidades de mercado. Uma vez a pesquisa ser concluída, a empresa deve, cuidadosamente, avaliar suas oportunidades e decidir em que mercados entrar. Estando no mercado, deve preparar previsões de vendas. Essas previsões são baseadas em estimativas da demanda.

6. Há dois tipos de demanda: demanda de mercado e demanda da empresa. Para estimar a demanda atual, as empresas procuram determinar o potencial do mercado total, o potencial do mercado de área, as vendas do setor industrial e a participação de mercado. Para estimar a demanda futura, as empresas podem levantar as intenções de compradores, pedir opinião da força de vendas, reunir especialistas e/ou fazer testes de mercado. Os modelos matemáticos, técnicas estatísticas avançadas e procedimentos de coleta computadorizada de dados são essenciais para quaisquer tipos de demanda e previsão de vendas.

## APLICAÇÕES CONCEITUAIS

1. A Seaquist Closures, fabricante de tampas plásticas para embalagens de xampu tentou, sem sucesso, obter de seus clientes (fabricantes de xampu), informações sobre os produtos concorrentes, necessárias para realizar melhorias contínuas em seu produto. Que etapas a Seaquist deve seguir para obter essas informações? Que problemas dos clientes a pesquisa pode ocultar?

2. Um cliente de sua empresa de pesquisa de marketing disse o seguinte: "Caras, vocês estão sempre inventando novos termos para descrever conceitos antigos. O SIM é apenas uma sigla extravagante para substituir a pesquisa de marketing!" Explique a seu cliente como o SIM difere da pesquisa de marketing.

3. Você é diretor de marketing de uma fábrica de produtos alimentícios enlatados. Seu chefe deseja saber como muitas lojas vendem molho picante. Uma vez que a venda é feita por intermédio de atacadistas de alimentos, você não sabe a resposta, embora tenha dois dias para isso. Como você vai resolver o problema?

4. Um pesquisador deseja avaliar os efeitos de três tipos diferentes de arrumação de prateleira (A, B e C). Planeja fazer isso observando as vendas geradas em três lojas, durante três horários diferentes. Que tipo de projeto experimental o pesquisador pode usar?

5. A FabuLooks é uma empresa que fabrica produtos para o cabelo feminino (xampus, condicionadores, *gels, sprays,* vaporizadores, corantes/descorantes, líquido de permanentes). Atualmente, distribui seus produtos em todo o país, e a alta administração acha que a empresa deve acrescentar alguns produtos a cada uma de suas linhas. Por que a empresa deseja expandir suas linhas de produtos? Quais são alguns fatores que a administração deve considerar ao desenhar seus novos produtos? Que tipos de pesquisas

de marketing a empresa pode realizar para obter respostas as suas perguntas?

6. Avalie as seguintes perguntas encontradas em um levantamento de consumidores. A forma de redação das perguntas possibilitará a obtenção das informações desejadas? Provavelmente, como os consumidores responderão a cada uma das perguntas?
   a. Qual a marca favorita de bola de golfe de seu marido?
   b. Que tipo de programa de TV você assistiu na última segunda-feira?
   c. Quantas vezes você comeu pizza no ano passado?
   d. Qual a renda total que você declarou ao imposto de renda no ano passado?
   e. Quais os produtos alimentícios e não-alimentícios que você compra, normalmente, todo mês no supermercado.

7. Cada uma das perguntas abaixo aparece em um questionário preenchido e devolvido a uma empresa de pesquisa. Dê nova redação e/ou reformule cada pergunta de maneira que aumente a probabilidade da empresa de pesquisa coletar as informações necessárias.
   a. Que marca você gosta mais?
   b. Você pode informar quantos filhos possui, se são meninas ou meninos e quais suas idades?
   c. Quanto você acha que sua igreja destina à caridade do total de contribuição que arrecada de seus fiéis?
   d. Com que freqüência você tem chegado atrasado a seus compromissos?
   e. Os fabricantes de automóveis estão fazendo progresso satisfatório no controle da emissão de gases dos veículos?

8. A Levi Strauss está interessada em desenvolver uma nova linha de vestuário para atrair homens jovens,

independentes e profissionais liberais que compram, geralmente, em lojas de especialidade. A equipe de marketing definiu que os homens que compram *jeans* Levi's classificam-se em cinco categorias:

- *Consumidor habitual de* jeans. O usuário leal que usa *jeans* em qualquer ocasião, seja para trabalho ou lazer.
- *Consumidor casual.* O preocupado com moda que tem vida noturna.
- *Consumidor preocupado com preço.* Compra na base de preço em lojas de departamentos e lojas de descontos.
- *Comprador tradicionalista.* Está na faixa de 45 anos de idade e compra em lojas de departamentos acompanhado da esposa.
- *Comprador independente clássico.* Compra sozinho em lojas de especialidade e deseja roupas que se ajustem a seu estilo de vida (neste caso, o alvo).

A tarefa da equipe de marketing é determinar (1) se a marca Levi's deve ser usada no novo produto e (2) se esse produto pode ser bem-sucedido se for vendido através dos atuais canais de distribuição da empresa. Como a equipe poderá conduzir o projeto após receber as respostas a essas questões e gerar um plano de pesquisa mais intensivo sobre as preferências do segmento de compradores "independentes clássicos"? Que tipos de pesquisa de marketing formal a empresa deve conduzir para ajudá-la a tomar decisões se deve ou não atuar nesse segmento? Caso afirmativo, que desafios enfrentará para conquistar esses compradores independentes clássicos?

9. Um painel de entrevistados pelo correio consiste em grandes e representativas amostras de residentes que concordaram em participar, periodicamente, de pesquisas pelo correio, testes de produtos e de levantamentos por telefone. Sob que circunstâncias você usaria este tipo de painel como parte do processo de pesquisa de marketing descrito neste capítulo?

10. Sugira maneiras criativas de pesquisa para ajudar as empresas abaixo:

a. Uma empresa de bebidas alcoólicas precisa estimar o consumo em uma cidade onde as bebidas são proibidas.

b. Uma distribuidora de revistas deseja saber quantas pessoas lêem determinada revista nos consultórios médicos.

c. Um fabricante de tônico capilar deseja saber, pelo menos, quatro maneiras de encontrar e entrevistar homens que usam seus produtos.

11. Uma empresa de produtos químicos deseja estimar a demanda de enxofre no próximo ano. Um dos usos do enxofre é na fabricação de ácido sulfúrico. Outro é no polimento de carros novos. A General Motors (que fabrica carros novos e necessita de enxofre) é cliente dessa empresa. Como ela pode determinar o impacto da produção de carros da GM sobre suas vendas de enxofre?

12. Uma fábrica de brinquedos infantis está desenvolvendo sua previsão de vendas para o ano seguinte. O especialista da empresa estimou as vendas considerando as seis combinações ambientais mostradas na Tabela 1. Ele acredita que há 20% de probabilidade de recessão e 80%, de normalidade. Também acredita que as probabilidades de um orçamento de marketing alto, médio e baixo são de 30%, 50% e 20%, respectivamente. Como poderá fazer uma previsão de vendas única? Que suposições estão sendo feitas?

**Tabela 1**   *Previsões de vendas.*

| | Orçamento de marketing alto | Orçamento de marketing médio | Orçamento de marketing baixo |
|---|---|---|---|
| Recessão | 15 | 12 | 10 |
| Normalidade | 20 | 16 | 14 |

# Análise do Ambiente de Marketing

*É inútil dizer a um rio para parar de correr; é melhor aprender a navegar na direção de seu fluxo.*

ANÔNIMO

*O futuro não é mais o que costumava ser.*

YOGI BERRA

Temos enfatizado repetidamente que as empresas excelentes possuem visão de fora para dentro de seus negócios. Elas reconhecem que o ambiente de marketing está constantemente oferecendo novas oportunidades e apresentando novas ameaças. Essas empresas reconhecem a importância vital do monitoramento e da adaptação contínua às mudanças ambientais. Uma das empresas mais admiradas por saber quando, o quê e como vender em mercados emergentes é a Microsoft.

**MICROSOFT** Sempre vários passos à frente da concorrência, Bill Gates, presidente da Microsoft, dirigiu a empresa, desde a fase de desenvolvimento de linguagens para microcomputadores aos sistemas operacionais e, depois, dos aplicativos como o Word, a produtos de consumo como a enciclopédia Encarta, em CD-ROM. Constantemente, Gates está analisando o ambiente de marketing, dedicando um terço de seu tempo para conversar com consumidores atuais e potenciais. Ao manter seus ouvidos atentos, está em condições de desenvolver produtos que manterão a empresa em posição privilegiada no início do próximo milênio. Em recente feira de Informática Comdex, Gates fez um pequeno discurso, mostrando como será a casa do futuro, exibindo um filme com vários dispositivos eletrônicos que, segundo ele, estarão em uso em 2005 – desde microcomputadores com telas panorâmicas para transmissão de videoconferências, a micros de bolso para compra eletrônica. No dia seguinte, em entrevista à imprensa, introduziu o Microsoft Network, ambicioso serviço *on-line* que permite às famílias espalhadas pelo mundo comunicarem-se facilmente por meio de correio eletrônico. "A indústria de microcomputadores já percorreu um longo caminho, mas nada comparado ao que vai ainda acontecer", prevê Gates.[1]

Diferentemente da Microsoft, muitas empresas falham em não ver as mudanças como oportunidades. Ignoram ou resistem a elas até quando já for muito tarde. Suas estratégias, estruturas, sistemas e cultura organizacional crescem obsoleta e desordenadamente. Corporações tão poderosas como a General Motors, IBM e Sears estão dobrando seus joelhos por ignorar durante muito tempo as mudanças ambientais.

A principal responsabilidade de identificar as mudanças ambientais significativas recai sobre os profissionais de marketing da empresa. Mais do que qualquer outro grupo da empresa, eles devem ser os rastreadores das tendências e descobridores de oportunidades. Embora qualquer administrador de uma organização precise observar o ambiente externo, os profissionais de marketing têm duas atitudes especiais. Eles possuem métodos disciplinados – inteligência de marketing e pesquisa de marketing – para coletar informações sobre o macroambiente. Também dedicam mais tempo para estar junto aos consumidores e para observar os concorrentes.

Neste e nos próximos quatro capítulos, examinamos o *ambiente externo* da empresa – as forças macroambientais que a afetam, mercados consumido-

---

1.   JOHNSON, Bradley. Marketer of the year: Bill Gates' vision of Microsoft in every home. *Advertising Age*, p. 14-15, 19 Dec. 1994; BRANDT, Richard. Microsoft wants to move into your family room. *Business Week*, p. 92-93, 28 Nov. 1994.

res, mercados industriais e concorrentes. Neste capítulo, examinamos o macroambiente e levantamos duas questões:

- **Quais os principais métodos de rastrear e identificar as oportunidades do macroambiente?**

- **Quais os principais desenvolvimentos que valem a pena ser observados nas forças demográficas, econômicas, naturais, tecnológicas, políticas e culturais?**

## ANÁLISE DAS NECESSIDADES E TENDÊNCIAS DO MACROAMBIENTE

As empresas bem-sucedidas reconhecem e respondem rentavelmente às necessidades não atendidas e às tendências do macroambiente. Necessidades não atendidas sempre existem. As empresas poderiam ganhar uma fortuna se pudessem resolver qualquer destes problemas: cura para o câncer, curas químicas para doenças mentais, dessalinização da água do mar, alimentos nutritivos saborosos que não engordam, carros elétricos práticos, computadores controlados por voz e moradias baratas ao alcance de todos.

Mesmo em economias de crescimento lento, alguns empreendimentos individuais e empresas administram para criar novas soluções para atender às necessidades existentes. O Clube Mediterranée surgiu para atender às necessidades das pessoas por férias exóticas; o *walkman* e o *CD player* portátil foram criados para as pessoas ativas que desejavam ouvir música em qualquer lugar; o Nautilus foi criado para homens e mulheres que desejavam bronzear seus corpos; e a Federal Express surgiu para atender à necessidade de entrega de encomendas no dia seguinte.

Muitas oportunidades são encontradas pela identificação de tendências.

**TENDÊNCIA é uma direção ou seqüência de eventos que ocorre em algum momento e promete durabilidade.**

Por exemplo, uma tendência importante é o aumento da participação feminina na força de trabalho. Esta tendência tem expandido os berçários, escolas maternais e pré-escolas, aumentado o consumo de alimentos congelados, desenvolvido a linha de roupas femininas orientada para o trabalho em escritórios e outras oportunidades de negócios. Identificar tendências, prever suas prováveis conseqüências e detectar oportunidades são tarefas críticas para o profissional de marketing.

Precisamos fazer distinções entre modas passageiras, tendências e megatendências. Embora seja uma tendência, a *moda passageira* é "imprevisível, tem vida curta e não é significativa em termos sociais, econômicos e políticos".[2] Uma empresa pode ganhar dinheiro com uma moda passageira como as bonecas Pet Rocks ou Cabbage Patch, mas trata-se mais de uma questão de sorte e de ocasião do que qualquer outra coisa.

As tendências são mais previsíveis e duradouras do que as modas passageiras. Uma tendência revela a configuração do futuro. Friedrich von Schiller afirmou: "No hoje já caminha o amanhã." Conforme a futurista Faith Popcorn, uma tendência tem longevidade, é observável por meio de diversos mercados e atividades de consumo e, consistente em relação a outros indicadores significativos que ocorrem ou emergem ao mesmo tempo.[3] Popcorn identificou dez grandes tendências nos anos 90 e suas implicações para a tomada de decisão nos negócios. (Para mais informações sobre este tópico, veja a seção *Insight de Marketing* intitulada "Faith Popcorn aponta dez tendências na Economia".)

John Naisbitt, outro futurista, prefere falar sobre *megatendências*, que são as "grandes mudanças sociais, econômicas, políticas e tecnológicas de desenvolvimento lento que, após implantadas, exercem influência durante algum tempo sobre as vidas das pessoas – entre sete e dez anos, ou mais".[4] Naisbitt e sua equipe identificaram essas tendências contando o número de vezes que notícias importantes sobre diferentes tópicos apareciam nos principais jornais. As tendências de Popcorn são mais psicológicas e orientadas para a disposição das pessoas; as megatendências de Naisbitt são mais societais em seu escopo. As dez megatendências que identificou para os anos 90 são as seguintes:

1. Crescimento expressivo da economia globalizada.
2. Renascimento das artes.
3. Surgimento do socialismo de mercado livre.
4. Estilos de vida globalizados e nacionalismo cultural.
5. Privatização do sistema de seguridade social.
6. Ascensão dos países da Orla do Pacífico.

2. CELENTE, Gerald. *Trend tracking.* New York : Warner Books, 1991.
3. Veja POPCORN, Faith. *The Popcorn report.* New York : HarperBusiness, 1992.
4. NAISBITT, John, ABURDENE, Patricia. *Megatrends 2000.* New York : Avon Books, 1990.

## INSIGHT DE MARKETING — Faith Popcorn aponta dez tendências na Economia

Faith Popcorn dirige uma empresa de consultoria de marketing chamada BrainReserve, que fundou em 1974. Seus clientes incluem a AT&T, Citibank, Black & Decker, Hoffman-LaRoche, Nissan, Rubbermaid e muitas outras. Sua empresa oferece diversos serviços: *Brand Renewal*, que tenta dar vida nova a marcas enfraquecidas; *Brain-Jam*, que utiliza uma lista de tendências para gerar novas idéias; *FutureFocus*, que desenvolve estratégias e conceitos de marketing que criam vantagens competitivas a longo prazo; e *TrendBank*, banco de dados destinado ao monitoramento cultural e a entrevistas de consumidores. Popcorn e seus associados identificaram dez grandes tendências na economia norte-americana:

1. *Retorno às origens*. É o impulso para uma pessoa mudar de vida, buscando uma carreira mais lenta, embora mais recompensadora. É manifestado por pessoas que, repentinamente, perdem seus agitados empregos urbanos e se mudam para Vermont ou Montana para dirigir um pequeno jornal, um pequeno hotel que oferece apenas pernoite e café da manhã ou associam-se a um conjunto musical. Eles acham que o *stress* da vida moderna em escritórios não vale a pena. Há um retorno nostálgico aos valores das pequenas cidades, com ar puro, escolas seguras e vizinhos de linguajar simples.

2. *Encasulamento*. É o impulso para a busca de vida interior, quando os valores exteriores se tornam difíceis e raros. A maioria das pessoas está transformando suas casas e ninhos. Elas estão tornando-se "escravas de divãs", fanáticas por filmes de televisão, estão fazendo compras por catálogos, redecorando suas casas, usando secretárias eletrônicas para filtrar as chamadas. Em reação ao aumento da criminalidade, os "encasulados blindados" estão escondendo-se em casamatas (*bunkers*). A autopreservação é o tema dominante. Há também os "encasulados perambulantes", pessoas que comem e fazem ligações telefônicas em seus carros, os "encasulados socializados", que formam um pequeno grupo de amigos que, freqüentemente, se reúnem para conversar e fazem festas restritas a poucos convidados.

3. *Retardamento do envelhecimento*. É a tendência de alguém agir e sentir-se mais jovem. Os heróis sexuais de hoje são Cher (mais de 45 anos de idade), Paul Newman (acima de 65) e Elizabeth Taylor (mais de 60). As pessoas mais velhas estão gastando mais em roupas jovens, coloração do cabelo e cirurgia plástica facial. Estão engajadas em comportamento mais jovial e propensas a agir de maneira não convencional a sua faixa etária. Compram brinquedos de adultos, freqüentam *camping* e inscrevem-se em programas de férias com aventura.

4. *Egotismo*. É o desejo de as pessoas desenvolverem uma individualidade que permite que sejam vistas e tratadas de maneira diferente. Não se trata de egomania, mas, simplesmente, do desejo de alguém se individualizar por intermédio de posses e experiências. As pessoas estão crescentemente assinando revistas de interesse restrito, unindo-se a pequenos grupos com missão bem definida, comprando roupas, carros e cosméticos personalizados. O egotismo dá às empresas uma oportunidade competitiva de serem bem-sucedidas ao oferecer bens, serviços e experiências personalizadas.

7. Década da liderança das mulheres.
8. Era da biologia.
9. Renovação religiosa para o novo milênio.
10. Triunfo do indivíduo.

Essas tendências e megatendências merecem atenção rigorosa pelas empresas. Provavelmente, um novo programa de marketing ou de produto terá mais sucesso se estiver alinhado com as fortes tendências, em vez de contrário a elas. Ao mesmo tempo, detectar uma nova oportunidade de mercado não garante sucesso, mesmo se for tecnicamente viável. Por exemplo, é possível oferecer às pessoas um jornal diário personalizado que aparece na tela do computador cobrindo apenas itens de interesse de leitores específicos. Entretanto, ainda não há um número de leitores interessados no serviço ou dispostos a pagar o preço exigido. É por isso que a pesquisa de marketing deve ser empregada para determinar o potencial de lucro da eventual oportunidade.

## IDENTIFICAÇÃO E RESPOSTA ÀS PRINCIPAIS FORÇAS MACROAMBIENTAIS

As empresas e seus fornecedores, intermediários de marketing, consumidores, concorrentes e públicos operam em um macroambiente mais amplo de forças e tendências que molda oportunidades e apresenta ameaças. Essas forças representam fatores "não controláveis",

5. *Fuga da rotina.* Atende ao crescimento das necessidades das pessoas por fugas emocionais para compensar suas rotinas diárias. As pessoas expressam estas necessidades pela busca de férias, comidas exóticas, visitas à Disneilândia e outros parques de fantasia, redecoração de suas casas com motivos especiais e assim por diante. Para a empresa, trata-se de uma oportunidade para criar novos produtos e serviços não relacionados com a realidade diária ou para criar motivos de fantasia nos anúncios de seus produtos e serviços atuais.

6. *99 Vidas.* É o estado desesperado das pessoas que devem exercer muitos papéis e responsabilidades – uma idéia de "supermãe" que trabalha em tempo integral, dirige a casa e as crianças, faz compras, e assim por diante. Essas pessoas sentem que o tempo é curto e tentam resolver este problema usando *fax* e telefones celulares, comendo em restaurantes de *fast food* etc. As empresas podem atender a estas necessidades criando *empreendimentos de marketing de conglomerados*, que são centros de serviços que oferecem lavanderia, sala de bronzeamento, bicicleta para exercícios, máquinas copiadoras, *fax* e 6.000 títulos de vídeos para locação.

7. *SOS (Guardiões da Sociedade).* Trata-se de um crescente número de pessoas preocupadas em tornar a sociedade mais responsável em torno de três variáveis críticas: meio ambiente, educação e ética. Esses indivíduos estão agrupando-se para promover maior responsabilidade social por parte das empresas e dos cidadãos. Os profissionais de marketing estão impulsionando suas empresas para praticar marketing social mais responsável, seguindo o trabalho da The Body Shop, Ben & Jerry, Levi Strauss e outras empresas preocupadas com a sociedade.

8. *Busca de pequenas indulgências.* Descreve a ação de consumidores que enfrentam dilemas emocionais ocasionais. Eles podem não ter dinheiro para comprar um carro BMW, mas têm condições de adquirir uma moto BMW. Podem alimentar-se regradamente durante a semana e, depois, premiar-se com meio quilo de sorvete especial Haagen-Dazs. Seu desejo de férias de duas semanas na Europa é substituído por um minicruzeiro de três dias no Caribe. As empresas devem estar conscientes das privações sentidas por muitos consumidores e das oportunidades de oferecer-lhes pequenos mimos como compensação emocional.

9. *Manter-se vivo.* Diz respeito às pessoas que se esforçam para viver mais tempo e em melhores condições. Sabem, agora, que seus estilos de vida podem matá-las – comer alimentos errados, fumar, respirar ar poluído, consumir drogas. Estão dispostas a assumir a responsabilidade pela própria saúde e escolher melhor os alimentos, praticar exercícios com regularidade, descansar com mais freqüência. As empresas podem atender a esta necessidade, lançando produtos e serviços mais saudáveis aos consumidores.

10. *O consumidor vigilante.* É aquele que não está mais tolerando produtos de má qualidade e serviços inadequados. Deseja que as empresas sejam mais humanas e que as fábricas de automóveis assumam suas responsabilidades, recebendo devolução dos carros não aceitos pelos consumidores e devolvendo totalmente o dinheiro pago. Assinam as publicações *National Boycott News* e *Consumer Reports,* associam-se à instituição MADD (Mães contra Motoristas que Dirigem Alcoolizados) e examinam listas de boas e más empresas. Os profissionais de marketing devem ser a consciência de suas empresas ao oferecer padrões mais elevados nos bens e serviços que fornecem.

**Fonte:** Este resumo foi extraído de várias páginas de POPCORN, Faith. *The Popcorn report.* New York : HarperBusiness, 1992.

que a empresa deve monitorar e responder. Na arena econômica, as empresas e os consumidores são crescentemente afetados por forças globais. Entre elas, incluem-se as seguintes:

- Agilização substancial do transporte, comunicação e das transações financeiras internacionais, levando a rápido crescimento do comércio e dos investimentos mundiais, principalmente na América do Norte, Europa Ocidental e Extremo Oriente.

- Erosão gradual do domínio internacional e da competitividade dos Estados Unidos e ascensão do poder econômico do Japão e de vários países do Extremo Oriente nos mercados mundiais.

- Ascensão de blocos econômicos como a União Européia e o NAFTA para fomentar a cooperação econômica em suas regiões.

- Graves problemas de dívida externa de países da América Latina e Europa Oriental, acompanhados da crescente fragilidade do sistema financeiro internacional.

- Crescente uso de escambo (troca direta) e *countertrade* nas transações internacionais. (*Countertrade* é uma forma de escambo em que um país exige que uma empresa estrangeira compre seus produtos em troca do privilégio de vender ali seus bens.)

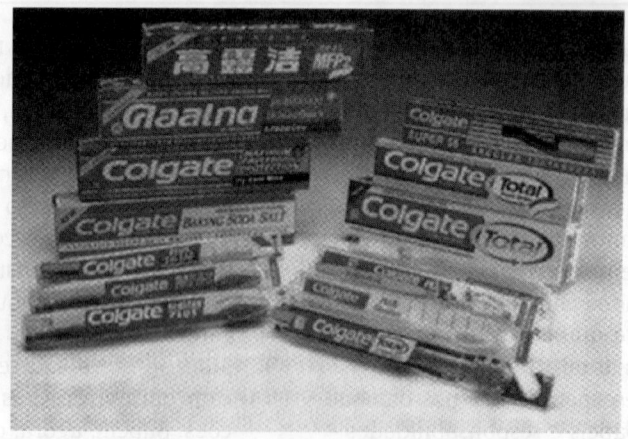

A Colgate-Palmolive já possuía sucesso global com sua linha de produtos destinados à proteção dental. Os produtos e o *design* de suas embalagens não variam de país a país; a única coisa que muda é a linguagem nas embalagens.

**Fonte:** *Brandweek*, 31 Oct. 1994.

**Figura 5.1** *Estratégia global da marca Total da Colgate-Palmolive.*

- Movimento crescente dos países ex-socialistas em direção à economia de mercado, acompanhado da rápida privatização de empresas públicas.
- Rápida disseminação de estilos de vida globais, resultantes do crescimento da comunicação global.
- Abertura gradual de novos mercados importantes, como China, Europa Oriental e países árabes.
- Crescente tendência de as empresas multinacionais transcenderem suas características locais e nacionais, transformando-se em empresas transnacionais.
- Crescente número de alianças estratégias além-fronteiras – por exemplo, MCI e British Telecom, Texas Instruments e Hitachi e Coca-Cola e Cadbury Schweppes.
- Aumento das tensões e conflitos regionais resultantes do final da guerra fria.
- Crescimento de marcas globais nos setores automobilístico, de alimentação, vestuário, produtos eletrônicos, e assim por diante. Por exemplo, a Colgate-Palmolive é bem conhecida por lançar marcas globais que vendem tão bem em Manila (Filipinas) como em Manchester (Inglaterra). Quando começou a preparar em 1991 o lançamento do creme dental Total, que prometia combater a placa bacteriana, não teve escolha. Testou o Total em seis países, cada um deles representando um perfil cultural diferente: Filipinas, Austrália, Colômbia, Grécia, Portugal e Reino Unido. A equipe encarregada do lançamento global era uma verdadeira corporação das Nações Unidas formada por estrategistas de produção, logística e marketing. Seus esforços foram recompensados: em 1994, o Total tornou-se uma marca mundial com faturamento de $ 150 milhões, vendida em 75 países, com embalagem, posicionamento e propaganda praticamente idênticos (Figura 5.1).[5]

Dentro do quadro global rapidamente mutante, a empresa deve monitorar seis forças importantes: demográfica, econômica, natural, tecnológica, político/legal e sociocultural. Embora essas forças sejam descritas separadamente neste capítulo, as empresas devem ficar atentas a suas interações causais, uma vez que, em conjunto, apresentam tanto novas oportunidades como ameaças. Por exemplo, o crescimento explosivo da população (força demográfica) leva a maior poluição e depleção dos recursos (força natural) que leva os consumidores a exigir mais leis (força político/legal). As restrições impostas estimulam novas soluções tecnológicas e produtos (força tecnológica), que, se forem viáveis (força econômica), podem, realmente, mudar as atitudes e o comportamento das pessoas (força sociocultural).

## Ambiente demográfico

A primeira força macroambiental que os profissionais de marketing monitoram é a população, porque as pessoas representam os mercados. As empresas estão muito interessadas no tamanho e na taxa de crescimento da população em diferentes cidades, regiões e nações; distribuição etária e composto étnico; níveis educacionais; padrões de moradia; e características e movimentos regionais.

---

5. WEISZ, Pam. Border crossing: brands unify image to counter cult of culture. *Brandweek*, p. 24-28, 31 Oct. 1994.

**CRESCIMENTO DA POPULAÇÃO MUNDIAL.** A população mundial está mostrando um crescimento "explosivo". Totalizou 5,4 bilhões em 1991 e está crescendo a uma taxa anual de 1,7%. Com esta taxa, atingirá 6,2 bilhões no ano 2000.[6]

A explosão da população mundial tem sido fonte de grande preocupação, por duas razões. A primeira é o fato de que os recursos necessários para suportar a vida humana (combustível, alimentos e assim por diante) são limitados e estão-se exaurindo. Publicado, primeiramente, em 1972, o livro *The limits of growth* apresentou um volume impressionante de evidências de que o crescimento descontrolado da população e do consumo resultaria, eventualmente, em escassez na oferta de alimentos, esgotamento dos minerais-chaves, superpopulação, poluição e deterioração global da qualidade de vida.[7] Uma das recomendações mais fortes desse estudo é o marketing social mundial do planejamento familiar.[8]

A segunda causa de preocupação é que o crescimento populacional é mais alto em países e comunidades que menos podem enfrentá-lo. Atualmente, as regiões menos desenvolvidas do mundo representam 76% da população mundial e estão crescendo 2% ao ano, enquanto a população dos países mais desenvolvidos está crescendo apenas 0,6% ao ano. Nos países em desenvolvimento, a taxa de mortalidade está caindo como resultado da medicina moderna, mas a taxa de natalidade tem permanecido estável. Para esses países, alimentar, vestir e educar as crianças e também fornecer um padrão de vida ascendente está fora de questão.

O crescimento explosivo da população traz grandes implicações para as empresas. Uma população crescente significa aumento das necessidades humanas, mas não necessariamente crescimento de mercados, a menos que haja suficiente poder de compra. Se o crescimento da população exercer forte pressão sobre a oferta de alimentos e recursos disponíveis, os custos crescerão vertiginosamente e as margens de lucro declinarão.

Todavia, as empresas que analisam cuidadosamente seus mercados podem encontrar grandes oportunidades. Por exemplo, para interromper o vertiginoso crescimento populacional, o governo chinês promulgou leis limitando as famílias a apenas um filho. Os fabricantes de brinquedos, em particular, estão atentos a uma conseqüência dessas leis: as crianças chinesas estão sendo tratadas e mimadas como nunca. Conhecidas na China como "pequenos imperadores", são presenteadas com tudo, de doces a computadores, como resultado do que é conhecido como "síndrome dos seis parentes". Nada mais do que cinco adultos – pais, avós, bisavós, tios e tias – podem estar cedendo aos caprichos das crianças. Esta tendência tem encorajado empresas como a Bandai Co., do Japão (famosa pelos poderosos heróis Power Rangers), a Lego Group da Dinamarca e a Mattel a entrar no mercado chinês.[9]

**COMPOSTO ETÁRIO DA POPULAÇÃO.** As populações variam em seu composto etário. Em um extremo está o México, país com população muito jovem e de crescimento rápido. Em outro extremo está o Japão, país com uma das populações mais velhas do mundo. Os produtos de alta importância no México seriam leite, fraldas descartáveis, suprimentos escolares e brinquedos, enquanto a população japonesa consumirá muito mais produtos destinados a adultos.

Uma população pode ser subdividida em seis grupos etários: pré-escolares, crianças em idade escolar, adolescentes, adultos jovens entre 25 e 40 anos de idade, adultos de meia idade, entre 40 e 65 anos de idade e adultos mais velhos com 65 anos de idade ou mais. Os grupos etários que experimentarão crescimento mais rápido nos Estados Unidos serão adolescentes, adultos de meia idade e adultos mais velhos. Para as empresas, isto sinaliza que tipos de produtos e serviços terão demanda alta nos próximos anos. Por exemplo, o segmento crescente de adultos mais velhos liderará a demanda por organizações comunitárias assistidas, itens de pequenas porções e equipamentos médicos e eletrodomésticos. Os locais de alimentação que atendem às pessoas mais velhas precisarão de maior iluminação, placas indicativas maiores e sanitários seguros. As empresas que têm focado apenas um grupo etário terão que diversificar seus esforços de marketing à medida que as populações de outros grupos etários começam a crescer. Por exemplo, com a população de 13 a 19 anos de idade em crescimento pela primeira vez desde os anos 50, a Pepsi Co. está constatando que precisa atingir os adolescentes, além de seu principal mercado representado pelos nascidos no pós-guerra. "Temos que manter os direitos da Geração Pepsi original", afirma o vice-presidente de marcas da Pepsi, "e precisamos envolver a nova geração".[10]

AS empresas estão crescentemente identificando subgrupos dentro de grupos etários como possíveis mercados-alvos. Aqui estão alguns deles:

- Garotos em idade escolar com renda e poder de compra.
- Mães mais velhas com bebês.
- Casal com dupla fonte de renda, sem filhos.
- Casal com dupla fonte de renda, com filhos.

6. Muitos dos dados estatísticos deste capítulo foram extraídos do *World Almanac and Book of Facts,* 1994 e do *Statistical Abstract of the United States,* 1994 (Washington, DC : U.S. Bureau of the Census, 1995).
7. MEADOWS, Donella H., MEADOWS, Dennis L, RANDERS, Jorgen, BEHRENS III, William W. *The limits to growth.* New York : New American Library, 1972. p. 41.
8. KOTLER, Philip, ROBERTO, Eduardo. *Social marketing*: strategies for changing public attitudes. New York : Free Press, 1989.
9. GOLL, Sally D. Marketing: China's (only) children get the royal treatment. *The Wall Street Journal,* 8 Feb. 1995, B1, p. 3.
10. ZINN, Laura. Teens: here comes the biggest wave yet. *Business Week*, p. 76-86, 11 Apr. 1994.

- Profissionais liberais residentes em áreas urbanas pobres.
- Pessoas mais velhas bem posicionadas financeiramente.

Cada grupo tem um conjunto conhecido de produtos e serviços necessários e preferências de mídia e de lojas de varejo, que ajudam as empresas a aperfeiçoar suas ofertas de mercado.

**MERCADOS ÉTNICOS.** Os países variam em termos de composição étnica e social. Em um extremo está o Japão, onde a grande maioria da população é japonesa; em outro extremo está os Estados Unidos, com pessoas de todas as nações do mundo. Originalmente, este país foi denominado "caldeirão de raças", mas há sinais crescentes de que essa mistura não ocorre. Atualmente, as pessoas denominam os Estados Unidos como uma sociedade "prato de salada", formada por grupos étnicos que mantêm suas diferenças, vizinhanças e culturas. A população norte-americana (261 milhões em 1994) é 76% branca, os afro-americanos constituem outros 12% e os latinos, 9%. A população latina está em crescimento rápido, com os maiores subgrupos formados por descendentes de mexicanos (5,4%), porto-riquenhos (1,1%) e cubanos (0,4%). Os asiáticos constituem 3% da população norte-americana, com os chineses representando o maior grupo, seguidos, pela ordem, de filipinos, japoneses, indianos e coreanos. Os consumidores latinos e asiáticos estão concentrados na Costa Oeste e em algumas partes do Sul do país, embora alguma dispersão esteja ocorrendo. Finalmente, há cinco milhões de muçulmanos praticantes nos Estados Unidos.

Cada grupo populacional possui desejos e hábitos de compra específicos. Várias empresas de alimentos, vestuário e móveis têm dirigido seus produtos e promoções a um ou mais destes grupos.[11] Por exemplo, a Sears está anotando as preferências de diferentes grupos etários:

**SEARS** Por possuir uma base de compradores formada por pelo menos 20% de latinos, a Sears & Roebuck projetou um modelo de loja hispânica com o propósito de atender a seu programa de marketing dirigido a esse grupo etário. Mais de 130 lojas localizadas no sul da Califórnia, Texas, Flórida e New York foram remodeladas para acompanhar esse modelo. "Fazemos um esforço especial para destinar a essas lojas balconistas, placas de sinalização e programas de apoio comunitário bilíngües", afirma um porta-voz da Sears. A escolha da mercadoria para o mercado latino é, principalmente, questão de cor e tamanho. "Constatamos que as comunidades hispânicas são formadas por pessoas que tendem a

ser menores do que o mercado em geral, e que há maior demanda por roupas destinadas a ocasiões especiais e preferência por cores fortes. Em resumo, não há muita diferença em relação ao mercado como um todo."

Todavia, os profissionais de marketing devem ter muita cautela para não generalizar demais os grupos étnicos. Dentro de cada grupo há consumidores diferentes entre si, em razão de suas origens americanas ou européias. "Realmente, não há o que se chama de mercado asiático", afirma Greg Macabenta, cuja agência de propaganda étnica é especializada no mercado filipino. Macabenta enfatiza que os cinco maiores grupos ásio-americanos possuem características específicas de mercado, falam línguas diferentes, consomem alimentos diferentes, praticam religiões distintas e representam culturas nacionais muito próprias.[12]

**GRUPOS EDUCACIONAIS.** A população de qualquer sociedade é classificada em cinco grupos educacionais: analfabetos, primeiro e segundo graus incompletos, segundo grau completo, graduados universitários e graduados em cursos de formação profissional. No Japão, 99% da população é alfabetizada, enquanto nos Estados Unidos, 10% a 15% da população pode ser funcionalmente analfabeta. Entretanto, os Estados Unidos possui uma das maiores porcentagens mundiais de cidadãos que concluíram o curso universitário, algo em torno de 36%. O alto número de pessoas instruídas nesse país mostra grande demanda para livros de qualidade, revistas e viagens.

**PADRÕES DE MORADIA.** A "moradia tradicional" é constituída de marido, mulher e filhos (e, às vezes, avós). Hoje, nos Estados Unidos, a moradia tradicional já não se constitui o padrão dominante, podendo incluir solteiros que moram sozinhos, adultos que moram acompanhados de pessoa do mesmo ou do sexo oposto, famílias com apenas marido ou mulher, famílias com mães ou pais solteiros e casais que já não vivem com os filhos. Mais pessoas estão se divorciando ou separando-se, optando em não se casar, casando mais tarde ou casando sem intenção de ter filhos. Cada grupo possui um conjunto distinto de necessidades e hábitos de compra. Por exemplo, o grupo formado por solteiros, separados, viúvos e divorciados necessita de apartamentos menores; eletrodomésticos, móveis e acessórios para o lar mais baratos e menores e de alimentos embalados em porções individuais. As empresas devem cada vez mais considerar as necessidades especiais das moradias não tradicionais que vêm crescendo com maior rapidez do que as tradicionais.

11. Para descrições de hábitos de compra e abordagens de marketing para os afro-americanos e hispânicos, veja SWENSON, Chester A. *Selling to a segmented market*: the lifestyle approach. Lincolnwood : NTC Business Book, 1992.
12. LYNN, Jacquelyn. Tapping the riches of bilingual markets. *Management Review*, p. 56-61, Mar. 1995.

**Mudanças Geográficas da População.** Os anos 90 representam um período de grandes movimentos migratórios entre países e dentro dos países. Como resultado do colapso do Leste Europeu Soviético, as nacionalidades estão reafirmando-se e tentando formar países independentes. Os novos países estão segregando certos grupos étnicos (como os russos na Letônia, os muçulmanos na Sérvia) e muitos desses grupos estão migrando para áreas mais seguras. À medida que grupos estrangeiros entram em outros países como asilados políticos, alguns grupos locais começam a protestar. Nos Estados Unidos, vem ocorrendo oposição à entrada de imigrantes do México, Caribe e de certas nações asiáticas.

O movimento populacional também ocorre em tempos normais, quando as pessoas migram de áreas rurais para áreas urbanas e, depois, para os subúrbios das grandes cidades. A localização das pessoas faz grande diferença em suas preferências por bens e serviços. Por exemplo, o movimento para os Estados do "cinturão do sol" reduz a demanda por roupas de inverno e de equipamentos de calefação, mas aumenta a demanda por aparelhos de ar condicionado. Aqueles que vivem em grandes cidades como New York, Chicago e San Francisco têm grande representatividade nas vendas de casacos de pele caros, perfumes, malas de viagem e trabalhos de arte. Essas cidades também dão ênfase a ópera, balé e outras formas de "cultura refinada". Os norte-americanos que vivem em áreas afastadas dos grandes centros urbanos levam uma vida mais superficial, vivem mais fora de casa e têm maior interação com a vizinhança, rendas mais altas e famílias mais jovens. Esses norte-americanos compram peruas e caminhonetes, equipamentos para oficinas domésticas, móveis para áreas ao ar livre, ferramentas para gramados e jardins e equipamentos para cozinhas externas. Há também diferenças regionais: por exemplo, a população de Seattle compra mais escovas de dentes *per capita* do que qualquer outra cidade norte-americana; os moradores de Salt Lake City consomem mais barras de chocolate; o povo de New Orleans usa mais *ketchup* e o de Miami bebe mais suco de ameixa.

**Mudança de um Mercado de Massa para Micromercados.** O efeito de todas essas mudanças é a fragmentação do mercado de massa em numerosos *micro-mercados* diferenciados por idade, sexo, antecedentes étnicos, educação, localização geográfica, estilo de vida e assim por diante. Cada grupo tem fortes preferências e características de consumo e é atingido por comunicações e canais de distribuição cada vez mais dirigidos. As empresas estão abandonando a abordagem "tiro de espingarda" que pretendia atingir os míticos consumidores "médios" e estão cada vez mais preparando seus produtos e programas de marketing para micromercados específicos.

As tendências demográficas são altamente confiáveis a curto e a médio prazos. Há pouca justificativa para uma empresa ser repentinamente surpreendida por desenvolvimentos demográficos. A Singer Company devia saber há anos que o negócio de máquinas de costura seria prejudicado por famílias menores e maior número de esposas trabalhando fora de casa. Todavia, foi lenta em sua resposta. As empresas precisam listar as principais tendências demográficas, seus prováveis impactos e que providências devem tomar. Por exemplo, algumas delas estão, ativamente, cortejando a chamada "geração ponte", que precedeu os nascidos no pós-guerra. Jeff Ostroff, diretor da divisão de marketing "Over 40" da Data Group, considera a geração formada por pessoas de 50 a 64 anos de idade (Geração Eisenhower) a precursora dos nascidos no pós-guerra (*baby boomers*). Se uma empresa vem atendendo bem à Geração Eisenhower, "estará em boa posição para atender aos nascidos no pós-guerra quando esses entrarem na terceira idade". Analisemos dois exemplos:

- A Ocean Spray foi ágil quando veiculou seu primeiro anúncio impresso destinado diretamente aos consumidores acima de 50 anos de idade, mostrando um coquetel de sucos de frutas como uma bebida "boa para você" por uma apresentadora mais velha do que o habitual.
- A Kellogg's veiculou um novo anúncio de televisão para seu cereal All-Bran em que indivíduos entre 53 a 81 anos de idade aparecem jogando *hockey* no gelo, esquiando na água, praticando corrida de obstáculos e jogando *baseball*, tudo sob o som da canção *pop* "Wild Thing".[13]

## Ambiente econômico

Os mercados exigem poder de compra, além de pessoas. O poder de compra existente em uma economia depende da renda atual, preços, poupanças, empréstimos e disponibilidade de crédito. As empresas devem prestar muita atenção às principais tendências nos padrões de renda e de gastos em bens de consumo.

**Distribuição de Renda.** As nações variam muito no nível e na distribuição de renda. Um determinante importante é a estrutura industrial do país. Há quatro tipos de estruturas industriais:

1. *Economias de subsistência.* Em uma economia de subsistência, a grande maioria das pessoas dedica-se à agricultura simples. Elas consomem a maior parte da produção e trocam o excedente por bens e serviços simples. Essas economias oferecem poucas oportunidades para as empresas.

---

13. FREEMAN, Laurie. Completing the span of "bridge" to boomers. *Advertising Age*, p. S-8, 7 Nov. 1994.

2. *Economias exportadoras de matérias-primas.* São economias ricas em um ou mais recursos naturais, mas pobres em outros aspectos. A maior parte de suas receitas provém da exportação desses recursos. Exemplos são o Zaire (cobre) e a Arábia Saudita (petróleo). Esses países são bons mercados para equipamentos, ferramentas e suprimentos de extração, equipamentos para movimentação de matérias-primas e caminhões. Dependendo do número de residentes estrangeiros, das regras da população nativa rica e dos proprietários de terras, são também mercado para produtos de estilo ocidental e bens de luxo.

3. *Economias em fase de industrialização.* Nessas economias, a manufatura começa a representar entre 10 e 20% do produto nacional bruto do país. São exemplos a Índia, o Egito e as Filipinas. À medida que a industrialização aumenta, o país passa a importar mais matérias-primas, aço e maquinário pesado e menos tecidos, produtos de papel e alimentos processados. A industrialização cria uma nova classe rica e uma pequena, mas crescente, classe média, ambas demandando novos tipos de bens, alguns dos quais disponíveis apenas pela importação.

4. *Economias industrializadas.* São as maiores exportadoras de bens manufaturados e fundos de investimentos. Também compram bens manufaturados de outros países industrializados, exportam-nos a outros tipos de economias em troca de matérias-primas e bens semi-acabados. As grandes e variadas atividades de manufatura desses países industrializados e suas classes médias expressivas os tornam mercados ricos para todos os tipos de bens.

A distribuição de renda está relacionada com a estrutura industrial de uma nação, mas é também afetada pelo sistema político. Freqüentemente, o especialista de marketing distingue países com cinco padrões diferentes de distribuição de renda: (1) renda muito baixa, (2) a maior parte da renda muito baixa, (3) renda dividida em muito alta e muito baixa, (4) renda equilibrada entre baixa, média e alta e (5) a maioria da população com renda média. Consideremos o mercado para Lamborghinis, um automóvel que custa mais de $ 100.000. O mercado seria muito pequeno em países com padrões de renda tipos 1 e 2. Um dos maiores mercados individuais para esse carro seria Portugal (padrão de renda tipo 3), um dos países mais pobres da Europa Ocidental, mas com famílias ricas suficientes para comprar carros caros.

Nos Estados Unidos, há alguma evidência de que o rico está tornando-se mais rico, a classe média tem encolhido e os pobres estão tornando-se cada vez mais pobres. Isto está transformando o mercado norte-americano em "mercado de duas camadas", com pessoas ricas comprando bens caros e a classe trabalhadora gastando com muita cautela, comprando em lojas de descontos e lojas de fábrica (*outlets*) e escolhendo marcas de loja mais baratas. Os varejistas convencionais que oferecem bens de preço médio são os mais vulneráveis a essas mudanças.

**POUPANÇAS, EMPRÉSTIMOS E DISPONIBILIDADE DE CRÉDITO.** Os gastos do consumidor são afetados por seus níveis de poupança, empréstimo e pela disponibilidade de crédito. Por exemplo, os japoneses economizam 18% de sua renda, enquanto os norte-americanos economizam apenas 6%. O resultado tem sido que os bancos japoneses podem emprestar às empresas a uma taxa de juros muito inferior à praticada pelos bancos norte-americanos. Este acesso a capital mais barato favoreceu a rápida expansão das empresas japonesas. Os consumidores norte-americanos pagam uma taxa de juros mais alta em financiamentos, o que retarda mais os gastos em moradia e itens de preço elevado. O crédito para aquisição de bens de consumo é muito disponível nos Estados Unidos, mas as taxas de juros não são atraentes, principalmente para os tomadores de empréstimos de renda mais baixa. Os profissionais de marketing devem ficar atentos às mudanças na renda, custo de vida, taxas de juros, poupanças e nas condições de empréstimos. Essas mudanças podem ter alto impacto, principalmente quando os produtos da empresa são altamente dependentes do nível de renda e da sensitividade a preço.

## Ambiente natural

Como vimos no Capítulo 1, a deterioração do ambiente natural é um dos assuntos mais importantes dos anos 90. Em muitas cidades do mundo, a poluição do ar e da água tem atingido níveis perigosos. Há grande preocupação com os produtos químicos que causam poluição do ar, do solo e da água. Na Europa Ocidental, os partidos "verdes" têm lutado vigorosamente para conscientizar a opinião pública sobre a necessidade de redução da poluição industrial. Nos Estados Unidos, vários líderes pensadores – incluindo Kenneth Boulding, os Erlichs, os Meadowses e Rachel Carson – têm documentado o montante de deterioração ecológica, enquanto grupos guardiões como o Clube da Serra e os Amigos da Terra demonstram suas preocupações em ações políticas e sociais.

Uma nova legislação aprovada como resultado dos movimentos ambientalistas tem dificultado as atividades de certos setores industriais. As aciarias e as empresas de utilidade pública vêm investindo bilhões de dólares em equipamentos de controle da poluição e em combustíveis menos prejudiciais ao meio ambiente. A indústria automobilística precisou introduzir caros controles de emissão de gases nos veículos. A indústria de sabão precisou tornar seus produtos mais biodegradáveis.

Os profissionais de marketing precisam estar mais conscientes das ameaças e oportunidades associadas a quatro tendências do ambiente natural: escassez de matérias-primas, custo de energia crescente, níveis crescentes de poluição e mudança do papel dos governos em relação à proteção ambiental.

**ESCASSEZ DE MATÉRIAS-PRIMAS.** Os recursos naturais da Terra são infinitos, renováveis e não renováveis. Os recursos infinitos, como o ar e a água, não enfrentam nenhum problema imediato, embora alguns grupos vêem perigo a longo prazo. Grupos ambientais têm praticado *lobby* para a proibição de certos propelentes usados em recipientes de aerosóis devido a seu potencial de destruição da camada de ozônio. A escassez e a poluição da água já são problemas em algumas partes do mundo.

Os recursos renováveis, como florestas e plantações de alimentos, devem ser sabiamente usados. As empresas florestais são obrigadas a reflorestar áreas devastadas para proteger o solo e assegurar madeira suficiente para atender à demanda futura. O suprimento de alimentos pode tornar-se problemático, uma vez que a extensão das terras aráveis permanece relativamente fixa e as áreas urbanas estão constantemente invadindo as zonas rurais.

Os recursos não renováveis, como petróleo, carvão, platina, zinco, prata apresentarão sérios problemas com a proximidade de sua extinção. As empresas que fabricam produtos dependentes desses minerais cada vez mais escassos enfrentam aumentos de custos substanciais. Elas podem concluir que não é fácil transferir esses aumentos de custos aos consumidores. As empresas engajadas em pesquisa e desenvolvimento possuem oportunidade excelente para desenvolver novas matérias-primas substitutas.

**CUSTO DE ENERGIA CRESCENTE.** Um recurso não renovável, o petróleo, tem criado sérios problemas para a economia mundial. O preço do barril de petróleo saltou de $ 2,23 o barril em 1970 a $ 34, em 1982, gerando busca frenética por formas alternativas de energia. O carvão tornou-se novamente popular e as empresas procuraram meios práticos para utilizar a energia solar, nuclear, eólica e outras formas de energia. Apenas no campo da energia solar, centenas de empresas lançaram produtos de primeira geração para aquecimento de residências e outros usos. Outras empresas vêm pesquisando meios de fabricar um automóvel prático movido à eletricidade, com um prêmio potencial de bilhões de dólares à vencedora.

O desenvolvimento de fontes alternativas de energia e de maneiras mais eficientes para seu uso e o enfraquecimento do cartel do petróleo levaram a um declínio em seu preço em 1986. O preço mais baixo teve um efeito adverso na indústria de exploração de petróleo, mas melhorou consideravelmente a renda das empresas dependentes desta matéria-prima e dos consumidores. No entanto, a busca por fontes alternativas de energia continua. A fabricação de bombas para extração da água de fontes geotérmicas parece um campo especialmente promissor (com o aproveitamento da energia da própria Terra). Um consórcio que inclui o Departamento de Energia dos Estados Unidos e 71 empresas de utilidade pública empregou $ 100 milhões para atingir a meta ambiciosa de aumentar a venda anual de bombas para 400.000 no ano 2000.[14]

**NÍVEIS CRESCENTES DE POLUIÇÃO.** Inevitavelmente, alguma atividade industrial destruirá a qualidade do ambiente natural. Consideremos os perigosos níveis de mercúrio no oceano, a quantidade de DDT e outros poluentes químicos no solo e nos alimentos e o lixo formado por garrafas, plásticos e outros materiais de embalagem não biodegradáveis.

A pesquisa tem mostrado que cerca de 42% dos consumidores norte-americanos estão dispostos a pagar preços maiores por produtos "verdes". Essa disposição gera uma oportunidade de marketing para as empresas inteligentes. Cria grande mercado para soluções de controle da poluição, como purificador de gases, centros de reciclagem e sistemas de tratamento de água industrial. Leva à busca de meios alternativos de produzir e embalar bens, que não causem danos ambientais. As empresas inteligentes, em vez de ficarem deliberadamente na defensiva, estão iniciando movimentos ambientais para mostrar sua preocupação com o futuro do meio ambiente mundial. A 3M dirige um programa de prevenção da poluição que tem levado a uma redução substancial da poluição e dos custos. A Dow construiu uma nova fábrica de etileno em Alberta (Canadá) que reduziu 40% o consumo de energia e diminuiu o desperdício de água em 97%. A AT&T usa um *software* especial para escolher matérias-primas menos prejudiciais, reduzir desperdícios e o uso de energia e melhorar a reciclagem de produtos em suas operações. As redes McDonald's e Burger King substituíram as embalagens de poliestireno por papelão e guardanapos recicláveis.[15]

**MUDANÇA NO PAPEL DOS GOVERNOS EM RELAÇÃO À PROTEÇÃO AMBIENTAL.** Os governos variam em termos de preocupação e esforços no sentido de promover um meio ambiente limpo. Por exemplo, o governo alemão é rigoroso em seu trabalho de qualidade ambiental, em parte devido ao forte movimento em defesa do verde e em função da devastação ecológica encontrada na antiga Alemanha Oriental. Entretanto, muitos países pobres estão fazendo pouco para reduzir a poluição, em grande parte por falta de recursos ou de vontade política. É in-

---

14. WYATT, John. Solar power comes back: no, really. *Fortune*, p. 20, 20 Feb. 1995.
15. SIMON, Francoise L. Marketing green products in the triad. *The Columbia Journal of World Business*, p. 268-285, Fall & Winter 1992; OTTMAN, Jacquelyn A. *Green marketing*: responding to environmental consumer demands. Lincolnwood, IL : NTC Business Books, 1993; CARSON, Patrick, MOULDEN, Julia. *Green is gold*: business talking to business about the environmental revolution. Toronto : HarperBusiness, 1991; e WOOLARD, JR., Edward. Environmental stewardship. *Chemical and Engineering News,* 29 May 1989.

teresse dos países mais ricos subsidiar os mais pobres no controle da poluição, embora faltem a eles recursos para controlar sua própria poluição. A maior esperança é que as empresas em todo o mundo estão assumindo maior responsabilidade social e encontrando dispositivos mais baratos para controlar e reduzir a poluição.

## Ambiente tecnológico

Uma das forças mais intensas que molda a vida das pessoas é a tecnologia. Ela tem descoberto maravilhas, como penicilina, cirurgia do coração e pílulas para controle da natalidade. Tem também possibilitado a fabricação de horrores, como a bomba de hidrogênio, gás que ataca o sistema nervoso e metralhadoras leves. Graças à tecnologia, temos os automóveis e os *videogames*.

Todas as novas tecnologias são forças de "destruição criativa". Os transistores afetaram a indústria de tubos a vácuo, a xerografia afetou o negócio de papel carbono, os autos prejudicaram as estradas de ferro e a televisão atingiu os jornais. Em vez de velhos setores se moverem em direção aos novos, muitos lutaram ou ignoraram as mudanças, e seus negócios declinaram.

As novas tecnologias que proporcionam valor superior na satisfação de necessidades estimula os investimentos e a atividade econômica. Infelizmente, as descobertas tecnológicas não surgem linearmente no tempo – o setor ferroviário gerou grandes investimentos que, depois, foram tornando-se escassos até o surgimento da indústria automobilística. O invento do rádio atraiu grandes investimentos que também foram diminuindo até o advento da televisão. No intervalo entre grandes inovações, a economia poderia ficar estagnada se não ocorressem pequenas inovações, como, por exemplo, café embalado a vácuo, hambúrgueres pré-cozidos, desodorantes antitranspirantes etc. Essas pequenas inovações envolvem riscos menores, mas os críticos argumentam que elas exigem muito mais esforço de pesquisa do que as grandes descobertas (*breakthroughs*).

A nova tecnologia gera importantes conseqüências a longo prazo, nem sempre previsíveis. Por exemplo, a pílula anticoncepcional reduziu o tamanho das famílias, aumentou o número de esposas que trabalham fora de casa e proporcionou maiores rendas discricionárias – resultando em maiores gastos em férias, viagens, bens duráveis e itens de luxo.

O profissional de marketing deve observar as tendências tecnológicas descritas a seguir.

ACELERAÇÃO DO PASSO NA MUDANÇA TECNOLÓGICA. Muitos dos produtos comuns de hoje não estavam disponíveis há 30 anos. John F. Kennedy não conheceu o microcomputador, relógios digitais de pulso, gravadores de vídeo ou aparelhos de *fax*. Maior número de

idéias está sendo discutido; o tempo de espera entre as novas idéias e suas implementações bem-sucedidas vem diminuindo rapidamente e o tempo entre a introdução e o pico de produção está encurtando consideravelmente. Noventa por cento de todos os cientistas que já existiram estão vivos hoje e a tecnologia é resultado de seus trabalhos.

O surgimento dos microcomputadores e dos aparelhos de *fax* tornou possível o *teletrabalho* – as pessoas trabalham em casa, em vez de se locomoverem a escritórios distantes a 30 minutos ou mais. Espera-se que esta tendência reduzirá a poluição provocada por automóveis, aproximará a família e criará mais entretenimentos e atividades domésticas. Isto terá impacto substancial sobre o comportamento de compra e no desempenho de marketing. (Discutiremos os efeitos das novas tecnologias sobre a compra e a venda no Capítulo 23, *Administração de Marketing Direto e Marketing* On-line.)

OPORTUNIDADES ILIMITADAS DE INOVAÇÃO. Os cientistas de hoje estão desenvolvendo um número substancial de novas tecnologias que revolucionarão novos produtos e processos de produção. Os trabalhos mais surpreendentes estão sendo feitos em biotecnologia, eletrônica de circuitos integrados, robótica e ciência dos materiais.[16] Hoje, os cientistas estão trabalhando para descobrir a cura da AIDS, pílulas da alegria, neutralizadores da dor, robôs domésticos, contraceptivos totalmente seguros e alimentos dietéticos nutritivos saborosos. Além disso, estão também desenhando robôs para combater incêndios, explorar o fundo do mar e cuidar das residências. Estão especulando sobre produtos de fantasia, como pequenos carros voadores, televisão tridimensional e colônias espaciais. O desafio em cada caso não é apenas técnico, mas também comercial, ou seja, como desenvolver versões desses produtos ao alcance dos consumidores.

As empresas já estão utilizando o poder da *realidade virtual*, que é a combinação de tecnologias que permitem aos usuários experimentarem ambientes tridimensionais gerados por computador por meio de som, imagem e tato (Figura 5.2). A realidade virtual já está sendo aplicada em medicina, entretenimento, treinamento de defesa e arquitetura. Empresas pioneiras estão usando-a em testes de produtos e pesquisa e para anunciar e vender seus bens. Para uma melhor idéia sobre as aplicações da realidade virtual em marketing, veja a seção *Visão 2000,* intitulada "A realidade virtual chegou na área de marketing".

VARIAÇÃO DOS ORÇAMENTOS DE PESQUISA E DESENVOLVIMENTO. Os Estados Unidos lidera o mundo em termos de gastos em pesquisa e desenvolvimento ($ 74 bilhões), mas aproximadamente 60% desses recursos são ainda destinados a defesa. É necessário transferir a maior par-

16. Veja WHITE House to name 22 technologies it says are crucial to prosperity, security. *The Wall Street Journal*, p. 2, 26 Apr. 1991.

A tecnologia da realidade virtual permite a interação de usuários com ambientes gerados por computador por meio de imagem, som e tato. Dispositivos especiais para a visão e mãos são necessários para muitas aplicações da realidade virtual. À esquerda da figura, um programa da CyberSim permite que compradores potenciais de residências caminhem no interior da habitação como se estivessem, realmente, vivendo em uma casa real. À direita, outro programa permite que compradores potenciais de carros se sintam dirigindo o modelo de sua escolha na cidade.

**Figura 5.2** *Aplicações da realidade virtual em marketing.*

te desse dinheiro para pesquisas em ciência dos materiais, biotecnologia e micromecânica. Atualmente, o Japão está aumentado seus gastos em pesquisa e desenvolvimento muito mais rapidamente do que os Estados Unidos. Seus gastos estão em torno de $ 30 bilhões anuais, a maior parte destinada a atividades não relacionadas com defesa, como física, biofísica e ciência da computação.[17]

Parte crescente dos gastos norte-americanos em pesquisa e desenvolvimento está sendo destinada a trabalhos científicos que levantam a questão se o país pode manter sua liderança em ciência básica. Muitas empresas estão buscando pequenas melhorias nos produtos em vez de arriscarem recursos em grandes inovações. Mesmo empresas de pesquisa básica como a Du Pont, Bell Laboratories e Pfizer estão agindo com muita cautela. Muitas delas estão satisfeitas em colocar dinheiro no processo de copiar produtos concorrentes e em fazer pequenas melhorias em características e estilos. Grande parte desse trabalho é defensivo em vez de ofensivo. Cada vez mais a pesquisa dirigida às principais mudanças e descobertas está sendo conduzida por consórcios de empresas, em vez de empresas isoladas.

**CRESCIMENTO DA LEGISLAÇÃO SOBRE AS MUDANÇAS TECNOLÓGICAS.** À medida que os produtos tornam-se mais complexos, é necessário assegurar a segurança do público. Conseqüentemente, os órgãos governamentais têm expandido seus poderes para investigar e proibir os produtos potencialmente inseguros. Nos Estados Unidos, o Federal Food and Drug Administration deve aprovar todos os medicamentos antes de os mesmos serem colocados à venda. A legislação sobre segurança e saúde também aumentou nas áreas de alimentos, automóveis, vestuário, eletrodomésticos e construção. As empresas devem estar conscientes dessa legislação quando propuserem, desenvolverem e lançarem novos produtos.

## Ambiente político e legal

As decisões de marketing são fortemente afetadas por desenvolvimentos do ambiente político e legal. Este ambiente é composto de leis, órgãos governamentais e grupos de pressão que influenciam e limitam várias organizações e indivíduos em sociedade. Às vezes, essas leis também criam oportunidades para as empresas. Por exemplo, as leis que obrigam o reaproveitamento de materiais deu grande impulso na indústria de reciclagem. Uma discussão sobre as principais tendências políticas e suas implicações para a administração de marketing é apresentada a seguir.

**QUANTIDADE SUBSTANCIAL DE LEGISLAÇÃO QUE AFETA AS EMPRESAS.** A legislação comercial tem três propósitos: proteger as empresas da concorrência desleal, proteger os consumidores de práticas comerciais injustas e proteger os interesses da sociedade contra o comportamento desenfreado das empresas. Um importante propósito dessa legislação e/ou obrigação é cobrar das empresas os custos sociais gerados por seus produtos ou processos de produção.

A legislação que afeta as empresas vem aumentando sensivelmente no decorrer dos anos. A European Comission tem sido ativa na criação de um novo conjunto de leis, envolvendo o comportamento competitivo,

---

17. Veja P&D scoreboard: on a clear day you can see progress. *Business Week*, p. 104-125, 29 June 1992.

## VISÃO 2000 — A realidade virtual chegou na área de marketing

Parece o som de mais um novo joguinho de computador destinado ao fracasso: O consumidor coloca um dispositivo especial de realidade virtual sobre os olhos, apanha um *joystick* e movimenta pequenas bolhas, tentando afastá-las de um creme antiséptico. Entretanto, a divisão de atendimento ao consumidor do laboratório Warner-Wellcome está sendo bem-sucedida no uso desta simulação de realidade virtual para promover o Zovirax, seu novo creme protetor contra a formação de bolhas na pele, vendido sem receituário médico pelas farmácias. Primeiro, a simulação foi usada pela empresa em uma conferência de vendas em 1993, antes do lançamento do produto, para motivar a força de vendas a identificar suas diferenças em relação aos concorrentes. Depois, a realidade virtual foi usada para lançar o creme pela mídia e em uma feira comercial destinada a farmacêuticos. Finalmente, os consumidores foram expostos a uma simulação modificada da realidade virtual em um *show* de esqui no *London Daily Mail*, onde podiam ficar sabendo como a luz ultravioleta contribui para a formação das pequenas bolhas na pele.

Os benefícios da realidade virtual (RV) para os consumidores são óbvios. Eles gostam de experimentar antes de comprar e, sem dúvida, também gostam de entretenimento. A RV proporciona ambas as coisas. De fato, freqüentemente, é difícil saber se este novo recurso promocional pode ser considerado propaganda ou entretenimento. Ao utilizar a RV como ferramenta promocional para sua marca Bubble Yum, a divisão LifeSavers da Nabisco ficou em condições de atrair 18.000 garotos que passeavam em *shopping centers* dos Estados Unidos para usar um capacete eletrônico e um *joystick* que possibilitavam uma viagem ao Planeta Bubble Yum, um mundo em que muitas gomas de mascar voavam no ar em três dimensões. O objetivo do jogo era capturar maior número de Bubble Yum do que os demais competidores.

Além de usar RV para constatar o nível de lembrança de marca, as empresas estão usando-a para testar as preferências de marcas e outras variáveis antes de os produtos ficarem disponíveis nas prateleiras das lojas. A MarketWare Corp., de Atlanta, criou um *software* de RV para fazer pesquisas de marketing mais reais. O sistema denominado Visionary Shopper roda em um microcomputador e permite que os consumidores percorram os corredores de um supermercado por meio da tela do micro, examinando embalagens como se as mesmas estivessem a sua frente. Os consumidores podem ainda girar a embalagem como se estivesse em suas mãos. Várias variáveis de marketing podem ser mensuradas através do processo, envolvendo do preço a considerações promocionais para eventuais mudanças do *layout* das prateleiras. O diretor da MarketWare, Stephen Needel, afirma que um sistema de RV atrai mais os consumidores do que as enfadonhas pesquisas de mercado por telefone ou correio. Além disso, a VR pode ser mais rigorosa do que os levantamentos de mercado tradicionais. Por exemplo, um consumidor não vai pensar duas vezes para "retirar" duas embalagens de seis cervejas de uma prateleira virtual. Em uma pesquisa tradicional, ele pode diminuir o número de garrafas que estaria disposto a consumir por temer ser visto como beberrão. Além disso, são eles próprios que fornecem os dados solicitados pelas empresas, percorrendo os corredores de supermercados virtuais, hábito que poderá concretizar-se no futuro. "É como as pessoas comprarão algum dia", afirma Needel.

**Fonte:** GOERNE, Carrie. Visionary marketers hope for concrete gains from the fantasty of virtual reality. *Marketing News*, p. 2, 7 Dec. 1992; NORRIS, Sue. Being is believing. *Marketing Week*, p. 63-64, 11 Nov. 1994; JAFFE, Andrew. Not leaving soon: virtual reality. *Adweek*, p. 9, 12 Sept. 1994; SCHLOSSBERG, Howard. Shoppers virtually stroll through store aisles to examine packages. *Marketing News*, p. 2, 7 June 1993.

padrões e confiabilidade de produtos e as transações comerciais para os 15 países-membros da União Européia. Com o fim da União Soviética, as ex-nações soviéticas estão, rapidamente, aprovando leis para promover e regulamentar uma economia de mercado aberto. Os Estados Unidos possui muitas leis que envolvem assuntos como competição, segurança e confiabilidade de produtos, normas comerciais e práticas de crédito, embalagem e rotulagem e assim por diante (Tabela 5.1).[18] Vários países têm ido mais além do que os Estados Unidos

---

18. Para uma explanação da terminologia legal e informações atuais sobre a legislação norte-americana que afeta empresas e consumidores, veja COHEN, Dorothy. *Legal issues on marketing decision making*. Cincinatti : South-Western, 1995. Para uma discussão sobre a interação entre preocupações antitruste e concorrência de mercado, veja HEIL, Oliver P., LANGVARDT, Arlen W. The interface between competitive market signaling and antitrust law. *Journal of Marketing* 58, n. 3, p. 81-96, 1994.

quando se trata de proteção ao consumidor. A Noruega proíbe várias formas de promoção de vendas – selos promocionais para desconto ou troca por mercadorias, concursos e prêmios –, considerados instrumentos "injustos" para promover produtos. A Tailândia exige que os fabricantes de produtos alimentícios que vendem marcas nacionais também vendam marcas de preço baixo, possibilitando que os consumidores de baixa renda encontrem marcas mais baratas. Na Índia, as empresas de alimentos precisam de aprovação especial para lançar marcas que sobrepõem as já existentes no mercado, como outra bebida tipo cola ou marca de arroz.

Uma preocupação central sobre a legislação comercial é a seguinte: até que ponto os custos da legislação excedem os benefícios? Nem sempre as leis são administradas com justiça pelos responsáveis por seu cumprimento. Os legisladores e as autoridades podem ser excessivamente zelosos e caprichosos. Os órgãos governamentais são dominados por advogados e economistas que, freqüentemente, não têm senso prático de como a empresa e o marketing funcionam. As leis antitruste rigorosas têm sido criticadas como prejudiciais à entrada de empresas norte-americanas no mercado internacional. Embora as novas leis possam ter uma razão legítima, sua totalidade pode minar a iniciativa e retardar o crescimento econômico.

É responsabilidade da empresa conhecer as principais leis que protegem a concorrência, os consumidores e a sociedade. Geralmente, as empresas estabelecem procedimentos de análise da legislação e divulgam padrões éticos para orientar seus administradores de marketing. Aqui está um exemplo de como uma empresa levou a sério a ética nos negócios:

NYNEX   Em 1991, a Ninex promoveu Graydon Wood para o novo cargo de vice-presidente de ética, designando 12 funcionários em tempo integral e o orçamento anual de um milhão de dólares. Desde então, o departamento de Wood treinou 95.000 funcionários da empresa. Tal treinamento inclui o encaminhamento de 22.000 gerentes a *workshops* de um dia para estudo de casos relacionados a ações éticas em marketing, finanças e em outras funções administrativas. Um seminário trata especificamente da impropriedade do uso de dados sobre a concorrência obtidos indevidamente.[19]

CRESCIMENTO DE GRUPOS DE INTERESSE ESPECIAL.   O número e o poder dos grupos de interesse público têm aumentado durante as três últimas décadas. Comitês de ação política fazem *lobby* junto aos órgãos governamentais e pressionam os executivos das empresas a dar mais atenção aos direitos dos consumidores, das mulheres, dos idosos, das minorias, dos *gays*, e assim por diante. Muitas empresas vêm criando departamentos de assuntos públicos para lidar com esses grupos e assuntos.

Uma força importante que afeta as empresas é o *movimento consumerista* – movimento organizado de cidadãos e governo para fortalecer os direitos e poderes de compradores em relação a vendedores. Os consumeristas têm defendido e conquistado o direito de saber o custo verdadeiro por unidade-padrão de marcas concorrentes (custo unitário), os ingredientes básicos de um produto, a qualidade nutritiva do alimento, o prazo de duração do produto e seus benefícios verdadeiros. Em resposta ao movimento consumerista, várias empresas vêm criando departamentos de atendimento ao consumidor para ajudar a formular políticas e a atender a reclamações. A Whirpool Corporation é uma das empresas que colocou linhas telefônicas com o código 0800 para os consumidores usarem se estiverem insatisfeitos com seus produtos ou serviços. Ampliou ainda mais o prazo de garantia, tornando sua redação mais simples e inteligível.

Claramente, as novas leis e o crescimento do número de grupos de pressão têm imposto mais restrições sobre as empresas, cujos planos devem ser comuns aos departamentos de atendimento do consumidor, de relações públicas e jurídico. As seguradoras, direta ou indiretamente, afetam o *design* dos aparelhos detectores de fumaça; os grupos científicos afetam o *design* das embalagens de *spray* ao condenar o uso de aerosóis. Em resumo, muitas transações específicas de marketing caíram no domínio público.

## Ambiente sociocultural

A sociedade em que as pessoas se desenvolvem molda suas crenças, valores e normas. As pessoas absorvem, quase inconscientemente, uma visão de mundo que define seu relacionamento consigo mesmas, com os outros e com o universo.

- *Relação das pessoas consigo mesmas.* As pessoas variam em ênfase relativa que colocam na autogratificação. O movimento em direção à autogratificação foi especialmente forte nos Estados Unidos durante os anos 60 e 70. "As pessoas que buscavam prazer" procuravam divertimento, mudança e fuga. Outras buscavam "auto-realização", unindo-se a grupos de terapia ou religiosos. As implicações de marketing de uma "sociedade voltada para o eu" foram muitas. As pessoas compravam produtos, marcas e serviços como meios de auto-expressão. Compravam carros dos sonhos e tiravam férias dos sonhos. Gastavam mais tempo em atividades de saúde (*jogging*, tênis), em introspecção, artes e artesanato. A indústria do lazer (campismo, navegação, artes e artesanato e esportes) beneficiava-se do crescente número de atividades autogratificadoras. Hoje, em contraste, as pessoas estão adotando comportamentos

19. HENRICKS, Mark. Ethics in action. *Management Review*, p. 53-55, Jan. 1995.

**Tabela 5.1**  *Legislação norte-americana que afeta marketing.*

| | |
|---|---|
| Sherman Antitrust Act (1890) | Proíbe (a) "monopólios ou tentativas de monopolização" e (b) "contratos, acordos ou conspirações para restringir o comércio", no comércio interestadual e internacional. |
| Federal Food and Drug Act (1906) | Proíbe a fabricação, venda ou transporte de alimentos e medicamentos adulterados ou rotulados fraudulentamente no comércio interestadual. Revogada pela Food, Drugs and Cosmetics Act (1938); emendada pela Food Additives Amendment (1958) e pelo Kefauver-Harris Amendment (1962). As emendas de 1962 tratam de pré-teste de medicamentos em termos de segurança e eficácia e sua rotulagem com os nomes genéricos dos medicamentos. |
| Mead Inspection Act (1906) | Reforça a aplicação das legislações sanitárias em estabelecimentos que empacotam carnes e a inspeção federal de todas as empresas que vendem carnes no comércio interestadual. |
| Federal Trade Conmission Act (1914) | Estabelece uma comissão, um grupo de especialistas com amplos poderes para investigar, mandar cessar e cancelar pedidos para dar força à Seção 5, que declara que "métodos injustos de concorrência no comércio são ilegais". |
| Clayton Act (1914) | Complementa o Sherman Act, ao proibir certas práticas específicas (determinados tipos de discriminação de preços, cláusulas de exclusividade, controle acionário entre empresas e diretorias comuns), "em que o efeito ... talvez, prejudique substancialmente os concorrentes ou favoreça a criação de monopólio em qualquer linha de comércio". Possibilita que os funcionários da empresa, transgressores, possam ser responsabilizados individualmente; dispensa as organizações trabalhistas e agrícolas dessas exigências. |
| Robinson-Patman Act (1936) | Emenda o Clayton Act. Acrescenta a frase "prejudicar, destruir ou evitar a concorrência". Define a discriminação de preços como ilegal (sujeita a certas defesas) e dá à Federal Trade Comission direito de estabelecer limites de descontos por quantidade, de proibir a cobrança de corretagem, exceto quando se tratar de corretores credenciados, e de proibir vantagens promocionais, ou o fornecimento de serviços ou vantagens, exceto quando forem convenientes a todos, "em condições proporcionalmente iguais". |
| Miller-Tyding Act (1937) | Emenda o Sherman Act, isentando os acordos comerciais justos (de fixação de preços) de qualquer ação antitruste. (O McGuire Act (1952) reafirma a legalidade de cláusula não assinada. |
| Wheeler-Lea Act (1938) | Proíbe atos e práticas injustas e enganosas, independentemente de prejudicar a concorrência; coloca a propaganda de alimentos e medicamentos sob jurisdição da Federal Trade Comission. |
| Antimerger Act (1950) | Emenda a Seção 7 do Clayton Act, ao ampliar o poder de impedir aquisições intercorporações, quando a aquisição pode ter efeito substancialmente adverso na concorrência. |

e ambições mais conservadores. Estão vivendo tempos mais difíceis e não podem confiar na segurança do emprego e no crescimento da renda real. São mais cautelosos em seus padrões de gastos e mais "orientadas para o valor" de suas compras.

- *Relação das pessoas com os outros.* Alguns observadores têm apontado um contramovimento da "sociedade voltada para o eu" para a "sociedade voltada para o nós". As pessoas estão preocupadas com os sem-teto, com os crimes e as vítimas e outros problemas sociais. Gostariam de viver em uma sociedade mais humana. Ao mesmo tempo, estão procurando viver com seus próprios grupos e evitando estrangeiros. Anseiam por relacionamentos sérios e duradouros. Isto prognostica um mercado crescente para produtos e serviços de apoio social que promovam relações diretas entre seres humanos, como grupos de terceira idade, viagens e atividades religiosas. Sugere também um mercado promissor para "substitutos sociais", coisas que permitem a pessoas solitárias não se sentirem isoladas, como televisão, *video games* domésticos e microcomputadores.

- *Relação das pessoas com as organizações.* As pessoas variam em suas atitudes em relação às empresas, órgãos governamentais, sindicatos e outras organizações. Muitas delas estão dispostas a trabalhar para essas organizações, embora possam ser críticas de algumas em particular. Mas tem havido declínio geral de lealdade em relação a elas. A onda massiva de *downsizing* de empresas e de adiamento de projetos tem criado mais cinismo e desconfiança em relação às empresas. Muitas pessoas vêem o trabalho não como uma fonte de satisfação, mas como uma obrigação para proporcionar os meios de desfrutar suas horas de lazer.

Diversas implicações de marketing decorrem dessa perspectiva. As empresas precisam encontrar novas maneiras de reconquistar os consumidores e recu-

| | |
|---|---|
| Automobile Information Disclosure Act (1958) | Proíbe os revendedores de carros de inflacionar o preço de fábrica dos carros novos. |
| National Traffic and Safety Act (1958) | Possibilita a criação de padrões compulsórios de segurança para automóveis e pneus. |
| Fair Packaging and Labeling Act (1966) | Regulamenta a embalagem e rotulagem de bens de consumo. Obriga os fabricantes a declarar o conteúdo da embalagem, quem fabricou e o peso ou quantidade. Permite a adoção voluntária das indústrias a uniformizar os padrões de embalagem. |
| Child Protection Act (1966) | Proíbe a venda de brinquedos e artigos perigosos. Foi emendado em 1969 para incluir artigos que forneçam riscos elétricos, mecânicos ou térmicos. |
| Federal Cigarette Labeling and Advertising Act (1967) | Exige que as embalagens de cigarros contenham a advertência: "Atenção: O Ministério da Saúde adverte que fumar cigarros é prejudicial a sua saúde." |
| Truth-in-Lending Act (1968) | Exige que as instituições financeiras declarem os custos reais de uma transação de crédito, torna ilegal o uso de violência ou ameaça na cobrança de empréstimos e restringe o montante de fiança. Cria a National Commission on Consumer Finance. |
| National Environmental Policy Act (1969) | Estabelece uma política nacional sobre o meio ambiente e dá condições para a criação do Council on Environmental Quality. A Environmental Protection Agency foi criada pelo "Plano de Reorganização n. 3 de 1970". |
| Fair Credit Reporting Act (1970) | Assegura que a ficha de crédito do consumidor deve conter apenas informações precisas, relevantes e recentes. As informações devem ser confidenciais, a menos que solicitadas por uma razão justificada pela parte interessada. |
| Consumer Product Safety Act (1972) | Cria a Consumer Product Safety Commission e a autoriza a estabelecer padrões de segurança e penalidades pelo não atendimento a esses padrões. |
| Consumer Goods Pricing Act (1975) | Proíbe o uso de acordos de manutenção de preço entre fabricantes e revendedores no comércio interestadual. |
| Magnuson-Moss Warranty/FTC Improvement Act (1975) | Autoriza a Federal Trading Commission a determinar regras sobre as garantias do consumidor e fornece a ele acesso aos meios de ressarcir-se de prejuízos. Também expande o poder de regulamentação da Federal Trading Commission sobre ações ou práticas injustas ou enganosas. |
| Equal Credit Opportunity Act (1975) | Proíbe discriminação em uma transação de crédito por razões de sexo, tipo de casamento, raça, nacionalidade, religião, idade ou por receber algum tipo de assistência pública. |
| Fair Debt Collection Practice Act (1978) | Torna ilegal molestar ou abusar de qualquer pessoa e declara falsas as afirmações ou o uso de métodos injustos para cobrar uma dívida. |
| Toy Safety Act (1984) | Dá ao governo o poder de recolher, rapidamente, brinquedos perigosos, quando encontrados. |

perar a confiança dos funcionários. Elas precisam rever suas várias atividades para assegurar-se de que estão contribuindo para a cidadania. Precisam revisar suas comunicações de propaganda para tornar as mensagens mais honestas. Um maior número de empresas está realizando auditorias sociais e relações públicas para melhorar seu desempenho de imagem junto a seus públicos (veja o Capítulo 21).

- *Relações das pessoas com a sociedade.* As pessoas variam em suas atitudes para com a sociedade. Existem aquelas que a defendem (conservadores), a conduzem (dirigentes), tiram dela o que podem (aproveitadores), desejam mudá-la (reformadores), estão procurando algo mais profundo (descobridores) e que a estão abandonando (escapistas).[20] Freqüentemente, seus padrões de consumo refletem suas atitudes sociais. Os dirigentes comem, vestem-

se e vivem bem como forma de realização. Os reformadores, geralmente, vivem mais à base de frutas, guiam carros menores, usam roupas simples, e assim por diante. Os escapistas e descobridores são grande mercado para filmes, música, *surfing* e campismo.

- *Relações das pessoas com a natureza.* As pessoas variam em suas atitudes em relação à natureza. Algumas sentem-se subjugadas por ela, outras sentem-se em harmonia e ainda outras procuram controlá-la. A tendência a longo prazo tem sido o crescente domínio das pessoas sobre a natureza pelo uso da tecnologia e pela crença generalizada de que ela é generosa. Entretanto, mais recentemente, as pessoas têm despertado para a fragilidade e as ofertas finitas da natureza. Reconhecem que ela pode ser danificada e destruída pelas atividades humanas.

---

20. MITCHELL, Arnold, do Stanford Research Institute, publicação particular.

O amor das pessoas em relação à natureza está levando-as à prática de mais campismo, caminhadas, navegação e pesca. As empresas vêm respondendo com botas para caminhadas, barracas e outros equipamentos para entusiastas da natureza. Os agentes de viagens estão preparando cada vez mais excursões para áreas agrestes. Os comunicadores de marketing estão usando mais cenários naturais para divulgar seus produtos. Os fabricantes de alimentos têm encontrado mercados promissores para produtos "naturais", como cereais, sorvetes naturais e alimentos para a saúde. Por exemplo, as lojas de alimentos naturais, como a Whole Foods Markets e a Fresh Fields, faturaram $ 4,2 milhões em 1993, 17% acima do ano anterior.[21]

- *Relação das pessoas com o universo*. As pessoas variam em suas crenças sobre a origem do universo e de seu lugar nele. A maioria dos norte-americanos é monoteísta, embora suas convicções e práticas religiosas estejam diminuindo no decorrer dos anos. A freqüência às igrejas tem caído significativamente, com exceção de certos movimentos evangélicos que conseguem trazer as pessoas de volta à religião organizada. Alguns impulsos religiosos não reduziram, mas foram redirecionados a um crescente interesse por religiões orientais, misticismo, ocultismo e movimentos de valorização do potencial humano.

À medida que as pessoas perdem sua orientação religiosa, procuram aproveitar mais a "boa vida" e a gratificação imediata. Ao mesmo tempo, qualquer tendência parece criar uma contratendência, como indicado pela ascensão mundial do fundamentalismo religioso.

A seguir, descrevemos algumas outras características culturais de interesse para os profissionais de marketing.

**ALTA PERSISTÊNCIA DOS VALORES CULTURAIS CENTRAIS.** As pessoas que vivem em determinada sociedade adquirem muitas *crenças* e valores que tendem a persistir no decorrer do tempo. Assim, a maioria dos norte-americanos ainda acredita no trabalho, no casamento, na caridade e na honestidade. As crenças e os valores centrais são transmitidos dos pais para os filhos e são reforçados pelas instituições sociais importantes – escolas, igrejas, empresas e governo.

As *crenças* e os valores *secundários* das pessoas estão mais sujeitos à mudança. Acreditar na instituição do casamento é uma crença central; acreditar que as pessoas devem casar-se cedo é uma crença secundária. Assim, os defensores do planejamento familiar podem obter algum progresso argumentando que as pessoas devem casar-se mais tarde. As empresas têm alguma chance de mudar os valores centrais. Por exemplo, a organização que não visa o lucro "Mães Contra os Motoristas que Dirigem Embriagados" não está preocupada em mobilizar esforços para restringir a liberdade das pessoas beberem, mas estimula para que as pessoas embriagadas dêem a direção do automóvel a motoristas em condições de dirigir. A organização também faz *lobby* para que os legisladores aprovem medidas para aumentar o limite de idade para o consumo de bebidas alcoólicas.

**EXISTÊNCIA DE SUBCULTURAS.** Cada sociedade apresenta *subculturas* – grupos com valores adquiridos por meio da experiência ou das circunstâncias da vida. Na extensão em que as subculturas exibem desejos e comportamentos de consumo diferentes, as empresas podem escolher algumas delas como mercados-alvos.

Às vezes, as empresas recebem recompensas inesperadas ao atingir essas subculturas. Por exemplo, os profissionais de marketing sempre gostaram dos adolescentes porque eles indicam a tendência da sociedade em termos de moda, música, entretenimento, idéias e atitudes. São conscientes de que, atraindo os adolescentes, têm boa chance de mantê-los como consumidores nos anos seguintes. A Frito-Lay, que vende 15% de seus produtos a adolescentes, está observando o crescimento das vendas de batatas fritas aos adultos. "Achamos que isso está ocorrendo porque os tratamos como adolescentes", afirma o diretor de marketing da Frito-Lay.[22]

**MUDANÇAS NOS VALORES CULTURAIS SECUNDÁRIOS ATRAVÉS DOS TEMPOS.** Embora os valores centrais sejam razoavelmente consistentes, ocorrem movimentos culturais. Os anos 60 presenciaram o surgimento dos *hippies,* dos Beatles, de Elvis Presley e de outros fenômenos culturais que tiveram forte impacto sobre cortes de cabelo, roupas, normas sexuais e objetivos de vida dos jovens. Os jovens de hoje são influenciados por novos heróis e modismos veiculados na mídia diária.

Os profissionais de marketing têm interesse especial em acompanhar as mudanças culturais que podem indicar novas oportunidades de marketing ou ameaças. Para atendê-los, várias empresas oferecem previsões socioculturais. Uma das previsões mais conhecidas é a Yankelovich Monitor, que entrevista 2.500 pessoas a cada ano para traçar 35 tendências sociais como "antitabagismo", "misticismo", "viver o momento", "abandono de posses" e "sensualidade". Essa previsão descreve a porcentagem dos que estão contrários às tendências. Por exemplo, a porcentagem de pessoas que valorizam o "culto ao corpo" e o bem-estar vem crescendo no decorrer dos anos, principalmente no grupo abaixo dos 30 anos de idade, no grupo de mulheres jovens de alta renda e junto as pessoas que vivem no Oeste dos Estados Uni-

---

21. LORO, Laura. Doing what comes naturally. *Advertising Age*, p. 22, 8 Aug. 1994.
22. ZINN. Teens: here comes the biggest wave yet.

dos. As empresas fabricantes de alimentos saudáveis e de equipamentos de ginástica respondem a essa tendência com produtos e comunicações apropriados. Essa tendência também é acompanhada pelas empresas de *fast food,* que estão agilizando a produção de novos produtos mais saudáveis. A Taco Bell foi pioneira em oferecer alimentos para os novos consumidores preocupados com a saúde. Em 1995, a empresa anunciou seu novo *menu* com alimentos de baixo teor de gordura. O Centro pela Ciência do Interesse Público, grupo de defesa do consumidor sediado em Washington, elogiou o novo *menu* como sendo "mais do que um artifício de marketing".[23]

## RESUMO

1. As empresas bem-sucedidas percebem que o ambiente de marketing apresenta uma série infindável de oportunidades e ameaças. A principal responsabilidade na identificação das mudanças importantes no macroambiente recai sobre os profissionais de marketing da empresa. Mais do que qualquer outro grupo de profissionais da empresa, os administradores de marketing devem ser os rastreadores de tendências e identificadores de oportunidades.

2. Muitas oportunidades são encontradas ao se identificarem *tendências* (direções ou seqüências de eventos que ocorrem em algum momento e apresentam alguma duração) e *megatendências* (grandes mudanças sociais, econômicas, políticas e tecnológicas de formação lenta e influência duradoura).

3. Dentro do quadro global rapidamente mutante, os profissionais de marketing devem monitorar seis importantes forças ambientais: demográfica, econômica, natural, tecnológica, política e legal e sociocultural. No ambiente *demográfico,* devem estar conscientes do crescimento de população mundial; mudança na composição etária e ética e nos níveis educacionais; surgimento de famílias não tradicionais; grandes mudanças geográficas da população; e movimento para micromarketing em substituição a marketing de massa. Na arena *econômica,* precisam analisar a distribuição de renda e os níveis de poupança, gastos e a disponibilidade de crédito. No ambiente *natural,* precisam estar conscientes da escassez de matérias-primas, aumento do custo de energia e dos níveis de poluição e do papel dos governos na proteção ambiental. Na arena *tecnológica,* devem considerar a aceleração do passo da mudança tecnológica, oportunidades de inovação, mudanças nos orçamentos de pesquisa e desenvolvimento e crescimento da legislação governamental sobre a mudança tecnológica. No ambiente *político/legal,* os profissionais de marketing devem agir conforme as leis que regulam as práticas comerciais e junto a vários grupos especiais de interesse. Finalmente, na arena *sociocultural,* devem entender à visão das pessoas sobre si mesmas, os outros, as organizações, a sociedade, a natureza e o universo; os produtos vendidos que correspondem aos valores principais e secundários da sociedade e devem atender às necessidades de subculturas diferentes dentro da sociedade.

## APLICAÇÕES CONCEITUAIS

1. O sucesso da Kentucky Fried Chiken na Ásia mostra um caso de empresa globalizada. Embora sua participação de mercado nos Estados Unidos tenha caído em função do interesse da população em reduzir o consumo de alimentos fritos, a KFC tornou-se líder no setor de *fast food* na China, Coréia do Sul, Malásia, Tailândia e Indonésia. No Japão e Cingapura, perde a liderança apenas para a rede McDonald's. Seus mais de 1.470 restaurantes no estrangeiro vendem, em média, $ 1,2 milhão por loja, cerca de 60% mais do que a média nos Estados Unidos. Na Praça Tiananmen (China), seu restaurante possui 701 lugares e atende anualmente a 2,5 milhões de consumidores. Em geral, seus restaurantes na Ásia atraem jovens de classe média e trabalhadores urbanos com renda em ascensão.

Os restaurantes asiáticos da KFC servem, basicamente, seu frango frito padrão, purê de batata e repolho picado, mas também têm oferecido algumas adaptações, como frango mais temperado na Tailândia e frango ao molho de *curry* no Japão. A KFC não oferece produtos com carne de boi ou de porco que,

23. COLLINS, Glenn. From Taco Bell, a healthier option. *The New York Times,* 9 Feb. 1995, D4, p. 3.

geralmente, não são consumidos pela população dos países asiáticos.

O que outras empresas norte-americanas na área de alimentação poderiam fazer para atrair os mercados atendidos pela KFC? Por quê? Quais algumas das barreiras culturais, lingüísticas ou tecnológicas que os exportadores norte-americanos teriam que superar para serem bem-sucedidos nesses mercados?

2. A definição do negócio (veja no Capítulo 3) pode também exercer papel importante na análise ambiental. Uma definição de negócio que seja muito restrita pode impedir que a empresa entenda como a mudança tecnológica pode afetar sua habilidade para responder às alterações ambientais. O setor ferroviário encontrou este problema, ao recusar mudar sua definição de negócio à medida que os Estados Unidos crescia, os automóveis ocupavam as estradas e as rodovias interestaduais eram construídas. Como a definição de negócio restrita impediu que o setor ferroviário respondesse às mudanças no ambiente tecnológico?

3. Todos os países possuem seus próprios conjuntos de valores e crenças centrais. Por exemplo, se você estivesse nascido e crescido nos Estados Unidos, teria assumido vários valores e crenças centrais próprios dos norte-americanos. Identifique 10 desses valores e crenças centrais e recorte anúncios de revistas que apelem para pelo menos três deles. Explique como os anúncios enfocam os valores centrais em suas mensagens.

4. Uma das mudanças no ambiente demográfico é a crescente proporção de adultos mais velhos na população, que compreende muitos mercados para certos produtos. Discuta como essa tendência demográfica pode afetar as características de produto e/ou arranjos de distribuição do seguinte:
   a.  Suco de laranja preparado em um minuto
   b.  Empresas de mala direta
   c.  Previdência social.

5. A Whirlpool Corporation vende cozinhas e eletrodomésticos no mercado global. Um de seus produtos mais novos é o forno microondas tostador VIP, inventado na Europa para seus mercados, mas que agora está sendo introduzido nos Estados Unidos e em outras partes do mundo. Realmente, este forno cozinha e tosta os alimentos, é de operação fácil e proporciona cozimento consistente. Discuta algumas das forças e tendências no ambiente de marketing global que a Whirlpool enfrentará para vender esse produto em todo o mundo.

6. Você é gerente de produto da Minolta. Seu chefe acabou de receber uma cópia de *The Popcorn Report* (veja a seção *Insight* de Marketing para rever o trabalho de Faith Popcorn). Embora sua experiência seja em engenharia, você está sempre interessado no apelo sensorial das características do produto e esse livro despertou sua curiosidade sobre esse fenômeno. Prepare um relatório, resumindo o impacto potencial de cada uma das 10 tendências apontadas por Popcorn sobre o produto da Minolta (câmaras fotográficas). Especificamente, como cada uma das tendências afetará o desenvolvimento do produto, suas características e o trabalho de marketing?

7. Em 23 de abril de 1985, Roberto C. Goizueta, presidente da Coca-Cola, anunciou que "o que era melhor havia se tornado melhor ainda". A fórmula de 99 anos de idade da Coca havia sido abandonada e um novo sabor, mais adocicado, substituiria a antiga fórmula. Em 11 de julho de 1985, a Coca-Cola admitiu que havia cometido um erro e que estava retornando à antiga fórmula, com o nome "Coca-Cola Classic". As escolas de administração de empresas utilizarão este caso durante muitos anos para os alunos refletirem como a Coca-Cola Company (conhecida há anos como comerciante astuta) pode ter cometido erro tão grave.

Mas isso já passou. Agora, você faz parte de uma equipe de marketing da Coca-Cola, responsável em conduzir a empresa para o século XXI. Antes de tomar quaisquer decisões, discuta com alguma profundidade como as seis forças macroambientais (apresentadas neste capítulo) podem afetar o marketing da empresa no ano 2002.

8. A Budweiser, Calvin Klein, McDonald's e Chevrolet são exemplos de marcas que se tornaram símbolos culturais nos Estados Unidos. Dê alguns exemplos de marcas e produtos que são símbolos culturais nos seguintes países:
   a.  Japão          g.  Colômbia
   b.  Alemanha       h.  México
   c.  Rússia         i.  Inglaterra
   d.  França         j.  Suíça
   e.  Itália         k.  Países do Oriente Médio
   f.  Irlanda        i.  Austrália

9. Estudos de estilo de vida têm mostrado tendência positiva na atitude de que "a preparação de comida deve demorar o menor tempo possível". Como esta atitude pode afetar as vendas de produtos vegetais congelados? (Reflita com muito cuidado antes de responder...)

# 6 Análise dos Mercados Consumidores e Comportamento do Comprador

*Há um velho ditado na Espanha: Para ser um toureiro, você deve primeiro aprender a ser touro.*

ANÔNIMO

*Você nunca entende realmente uma pessoa até considerar seus pontos de vista – até entrar em sua alma e percorrer todos os seus meandros.*

ATTICUS FINCH EM *TO KILL A MOCKINGBIRD*, DE HARPER LEE

O propósito de marketing é atender e satisfazer às necessidades e desejos dos consumidores. A área do *comportamento do consumidor* estuda como indivíduos, grupos e organizações selecionam, compram, usam e dispõem de bens, serviços, idéias ou experiências para satisfazer as suas necessidades e desejos.

Nunca foi simples entender o comportamento e "conhecer os consumidores". Eles podem declarar suas necessidades e desejos, mas agir de outra maneira. Podem não estar a par de suas motivações mais profundas. Podem responder apenas às influências de última hora. Todavia, os profissionais de marketing devem estudar os desejos, percepções, preferências e comportamento de compra de seus consumidores-alvos. Vejamos o exemplo a seguir:

**SEGA**  A Sega of America, pequena empresa que, com agressividade, superou a Nintendo no mercado norte-americano de *videogames*, emprega muito tempo para entender as necessidades e desejos de seu principal mercado: os adolescentes. Afirma o vice-presidente de marketing da Sega: "O desejo número um dos adolescentes é estar sempre a par de tudo o que acontece e saber coisas que seus pais não sabem." A empresa coletou estas informações fazendo pesquisas de grupo-foco duas ou três vezes por semana. Os pesquisadores de sua agência de propaganda descobriram como os garotos compram ao acompanhar 150 deles em suas vidas domésticas e em suas compras em *shopping centers*. Constataram que o adolescente típico é surpreendentemente consciente de preço e compra *videogames* com a mesma atenção que um adulto compra um carro novo. Os ado-

lescentes lêem livros sobre orientação do consumidor, comentam com amigos e alugam *games* antes de comprá-los. Acima de tudo, desejam tudo muito rápido. A Sega atende-os lançando novos *videogames* a uma agilidade implacável (cerca de 65 novos *games* por ano), atraindo-os com anúncios de TV de 15 segundos atraentes e movimentados.[1]

Estudo do consumidor, como a Sega o faz, fornece pistas para o desenvolvimento de novos produtos, novas características de produto, preços, canais, mensagens e outros elementos do composto de marketing. Este capítulo explora a dinâmica de compra dos consumidores; o próximo trata da dinâmica de compra dos compradores industriais.

## UM MODELO DE COMPORTAMENTO DO CONSUMIDOR

Anteriormente, os profissionais de marketing podiam entender os consumidores através de suas experiências diárias de vendas. Mas o crescimento das empresas e dos mercados tem retirado muitos administradores de marketing do contato diário com os consumidores. Crescentemente, eles têm que confiar no modelo dos sete O's de pesquisa do consumidor para obter respostas às seguintes perguntas sobre qualquer mercado:

| | |
|---|---|
| *Quem constitui o mercado?* | Ocupantes |
| *O que o mercado compra?* | Objetos |
| *Por que o mercado compra?* | Objetivos |

---

1. SELLERS, Patricia. They understand your kids. *Fortune,* p. 29, Autumn-Winter 1993.

| *Quem participa da compra?* | Organizações |
| *Como o mercado compra?* | Operações |
| *Quando o mercado compra?* | Ocasiões |
| *Onde o mercado compra?* | *Outlets* (pontos de venda) |

O ponto de partida para o entendimento do comportamento do comprador é o modelo de estímulo-resposta mostrado na Figura 6.1. Os estímulos comportamentais e de marketing entram na consciência do comprador. Suas características e processo de decisão levam a certas decisões de compra. A tarefa do profissional de marketing é entender o que ocorre na consciência do comprador entre a chegada de estímulos externos e sua decisão de compra. Devemos responder duas perguntas:

- **Como as características do comprador – culturais, sociais, pessoais e psicológicas – influenciam seu comportamento de compra?**
- **Como o comprador toma decisões de compra?**

## PRINCIPAIS FATORES QUE INFLUENCIAM O COMPORTAMENTO DE COMPRA

A Figura 6.2 resume os fatores que influenciam o comportamento de compra de um consumidor. Ilustraremos essas influências com uma consumidora hipotética chamada Linda Brown. Ela tem 35 anos de idade, é casada e gerente regional de vendas de uma empresa química líder. Viaja muito e deseja comprar um computador *laptop*. Ela tem a sua frente um grande número de marcas para escolher: IBM, Apple, Dell, Compaq e assim por diante. Sua escolha será influenciada por muitos fatores culturais, sociais, pessoais e psicológicos.

### Fatores culturais

Os fatores culturais exercem a mais ampla e profunda influência sobre o comportamento do consumidor. Os papéis exercidos pela cultura, subcultura e classe social da compradora são particularmente importantes.

**CULTURA.**   *Cultura* é o determinante mais fundamental dos desejos e do comportamento de uma pessoa. A criança em crescimento adquire um conjunto de valores, percepções, preferências e comportamentos através da vida familiar e de outras instituições básicas. Uma criança em crescimento nos Estados Unidos está exposta aos seguintes valores: realização e sucesso, atividade, eficiência e praticabilidade, progresso, conforto material, individualismo, liberdade, conforto externo, humanitarismo e juvenilidade.[2]

O interesse de Linda Brown por computadores reflete seu convívio em uma sociedade tecnológica. Linda sabe o que são computadores e tem consciência de que a sociedade valoriza quem os domina. Em outra cultura, digamos, uma tribo remota na África central, um computador não significaria nada. Seria simplesmente uma peça curiosa que não teria compradores.

**SUBCULTURA.**   Como vimos no capítulo anterior, cada cultura consiste em subculturas menores que fornecem identificação e socialização mais específicas para seus membros. As subculturas incluem as nacionalidades, religiões, grupos raciais e regiões geográficas. Muitas subculturas constituem importantes segmentos de mercado e, freqüentemente, os profissionais de marketing desenvolvem produtos e programas de marketing ajustados as suas necessidades. (Para mais informações so-

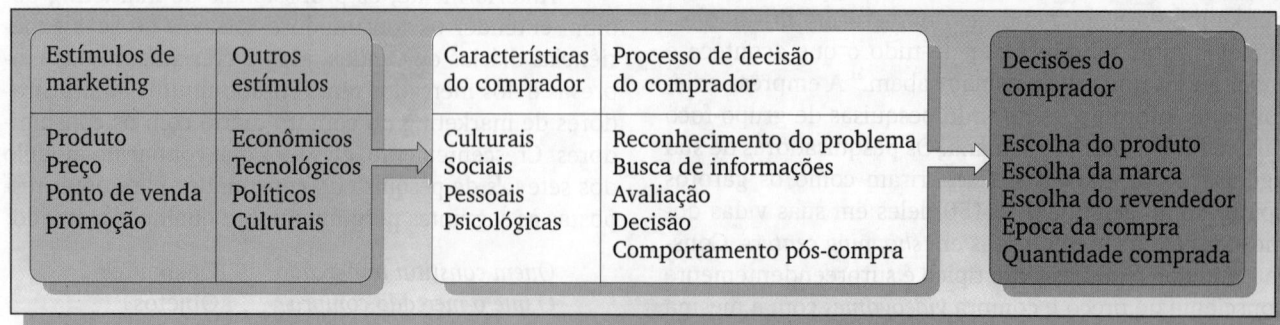

| Estímulos de marketing | Outros estímulos | Características do comprador | Processo de decisão do comprador | Decisões do comprador |
|---|---|---|---|---|
| Produto<br>Preço<br>Ponto de venda<br>promoção | Econômicos<br>Tecnológicos<br>Políticos<br>Culturais | Culturais<br>Sociais<br>Pessoais<br>Psicológicas | Reconhecimento do problema<br>Busca de informações<br>Avaliação<br>Decisão<br>Comportamento pós-compra | Escolha do produto<br>Escolha da marca<br>Escolha do revendedor<br>Época da compra<br>Quantidade comprada |

Figura 6.1     *Modelo de comportamento do comprador.*

2.   Veja SCHIFFMAN, Leon G., KANUK, Leslie Lazar. *Consumer-Beharior,* 6. ed. Upper Saddle River, NJ : Prentice Hall, 1997.

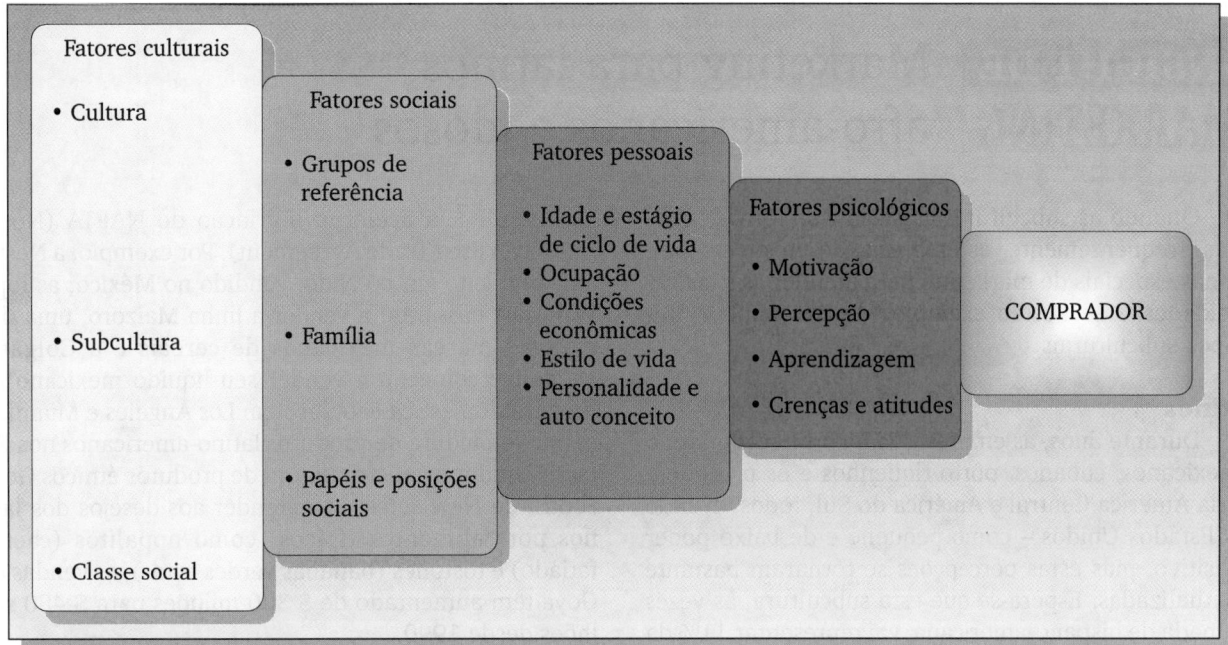

**Figura 6.2** *Fatores que influenciam o comportamento.*

bre este tópico, veja a seção *Insight* de Marketing intitulada "Marketing para latinos, afro-americanos e idosos".) O comportamento de compra de Linda Brown será influenciado por suas identificações subculturais. Elas influenciarão suas preferências por alimentos, escolhas de vestuário, recreação e aspirações de carreira profissional. Ela pode vir de uma subcultura que atribui alto valor em ser uma "pessoa bem preparada" e isto ajuda a explicar seu interesse por computadores.

**Classe Social.** Virtualmente, todas as sociedades humanas exibem estratificação social. Às vezes, a estratificação toma a forma de um sistema em que os membros de diferentes castas são educados para certos papéis, sem nenhuma mobilidade social. Mais freqüentemente, a estratificação toma a forma de classes sociais.

**CLASSES SOCIAIS são divisões relativamente homogêneas e duradouras de uma sociedade, que são ordenadas hierarquicamente e cujos membros compartilham valores, interesses e comportamentos similares.**

As classes sociais não refletem apenas renda, mas também outros indicadores como ocupação, nível educacional e área residencial. Nelas, há diferenças em termos de vestuário, conversação, atividades de lazer e em muitas outras características. A Tabela 6.1 descreve as sete classes sociais identificadas por cientistas sociais.

As classes sociais têm diversas características. Primeiro, as pessoas pertencentes a cada uma delas tendem a um comportamento mais semelhante, comparan-do-se com indivíduos de outra classe. Segundo, as pessoas são percebidas como ocupando posições inferiores ou superiores conforme suas classes sociais. Terceiro, a classe social de uma pessoa é indicada por um conjunto de variáveis, como ocupação, renda, riqueza, educação e orientação de valor, em vez de por uma única variável. Quarto, os indivíduos podem mover-se de uma classe social para outra – para cima e para baixo – durante sua vida. A extensão dessa mobilidade varia conforme a rigidez da estratificação social de determinada sociedade.

As classes sociais mostram preferências distintas de marcas e produtos em muitas áreas, incluindo vestuário, móveis domésticos, atividades de lazer e automóveis. Algumas empresas focam seus esforços em uma classe social. Assim, o restaurante Four Seasons, localizado na parte mais sofisticada de Manhattan, está orientado para consumidores das classes mais altas, enquanto o Joe's Diner, localizado em área popular, atende a consumidores de classes mais baixas. As classes sociais diferem em suas preferências de mídia. Os consumidores das classes mais altas preferem revistas e livros e os das classes mais baixas, televisão. Mesmo dentro de uma categoria de mídia como TV, os consumidores das classes mais altas preferem noticiários e dramas e os das classes mais baixas preferem novelas e programas de auditório e de concursos. Há também diferenças de linguagem entre as classes sociais. O anunciante tem que preparar textos e diálogos que soem como verdadeiros para a classe social-alvo.

Linda Brown é procedente da classe média. Sua família atribui grande valor à educação, esperando que seus filhos se tornem profissionais. Como resultado, Linda adquiriu boa formação matemática e verbal e não se intimidou com os computadores, o que poderia ocorrer

# Marketing para latinos, afro-americanos e idosos

Quando as subculturas crescem e se tornam afluentes, freqüentemente, as empresas desenvolvem programas especiais de marketing para atender as suas necessidades. Aqui, estão exemplos de três importantes grupos subculturais.

## Latinos

Durante anos, as empresas viam o mercado latino – mexicanos, cubanos, porto-riquenhos e os procedentes da América Central e América do Sul, todos vivendo nos Estados Unidos – como pequeno e de baixo poder aquisitivo, mas estas percepções se tornaram bastante desatualizadas. Espera-se que esta subcultura, às vezes chamada de hispano-americana, vai representar 11% da população dos Estados Unidos no ano 2020, a segunda maior e mais crescente minoria do país. O poder de compra anual dos latinos é superior a $ 134 bilhões. Cerca de metade deles vive em seis áreas metropolitanas – Los Angeles, New York, Miami, San Antonio, San Francisco e Chicago. Há muito tempo, têm sido alvo de empresas de alimentos, bebidas e de produtos para conservação do lar. Mas, à medida que seu poder de compra aumenta, os latinos estão agora emergindo como um mercado atraente para produtos como computadores, serviços financeiros, equipamentos de fotografia, grandes eletrodomésticos, seguro de vida e automóveis. Muitas empresas estão destinando orçamentos de propaganda maiores e preparando anúncios com mensagens especiais para atraí-los. As empresas inteligentes estão também reconhecendo as diferenças existentes entre as comunidades latinas a respeito do país de origem, cultura, classe social e estágio no ciclo de vida da família.

Como resultado do grande crescimento desse mercado, muitas empresas (incluindo a Colgate-Palmolive, Nestlé, PepsiCo e Procter & Gamble) estão aumentando o número de produtos que importam da América Latina.

Esta tendência acelerou a criação do NAFTA (North American Free Trade Agreement). Por exemplo, a Nestlé lançou o leite em pó Nido, vendido no México; as lojas Wal-Mart passaram a vender a linha Maizoro, uma das maiores marcas mexicanas de cereais e a Colgate-Palmolive começou a vender seu líquido mexicano de limpeza doméstica Fabuloso em Los Angeles e Miami. A maior vendedora de produtos latino-americanos nos Estados Unidos é a distribuidora de produtos étnicos Goya Foods, de New Jersey. Ao atender aos desejos dos latinos por "alimentos típicos" como nopalitos (cactus fatiado) e tostones (bananas verdes fritas), as vendas da Goya têm aumentado de $ 300 milhões para $ 480 milhões desde 1990.

## Afro-americanos

Se a população de 31 milhões de negros norte-americanos – com um poder anual de compra de $ 218 bilhões – fosse um país separado, seria classificado em 20º lugar no mundo. A população afro-americana está crescendo em termos de riqueza. Gasta relativamente mais do que os brancos em roupas, cuidados pessoais, móveis domésticos e perfumes; e relativamente menos em alimentação, transporte e recreação. Tende a ser fortemente motivada pela qualidade e seleção e compram mais em lojas das vizinhanças.

Para atender a esse mercado, a KFC (Kentucky Fried Chicken) está dando a alguns de seus restaurantes o toque afro-americano, vestindo seus funcionários com uniformes típicos, tocando *blues* e música rítmica e oferecendo menus extras que refletem sabores locais, como feijão vermelho ou verde. Grandes empresas como a Quaker Oats, McDonald's, Procter & Gamble, Coca-Cola e Clorox estão forjando laços promocionais com a comunidade negra e suas instituições. A Quaker Oats demonstra seu respeito e preocupação com as famílias ne-

com alguém procedente de uma família com menor formação cultural.

## Fatores sociais

Além dos fatores culturais, o comportamento do consumidor é influenciado por fatores sociais como grupos de referência, famílias e papéis e posições sociais.

**Grupos de Referência.** Muitos grupos influenciam o comportamento de uma pessoa.

Os GRUPOS DE REFERÊNCIA de uma pessoa compreende todos os grupos que têm influência direta (face-a-face) ou indireta sobre as atitudes ou comportamento da pessoa. Os grupos que têm influência direta sobre uma pessoa são denominados GRUPOS DE AFINIDADE.

gras ao oferecer loterias em que os vencedores podem ter um "encontro familiar" no Gospelfest de Chicago, maior evento de música *gospel* ao ar livre da cidade, com todas as despesas pagas. A Clorox fez uma campanha de seu limpador Pinho Sol, na qual os consumidores das comunidades minoritárias participavam de sorteios de bolsas de estudos.

Spike Lee, produtor afro-americano de filmes, mestre em destacar o poder de compra dos negros, aconselha as empresas a "usar a imprensa negra e a gastar suas verbas promocionais com as instituições negras. E, não faça isto apenas visando produtos específicos. Você precisa pensar nos negros a longo prazo". Outro aviso para aqueles que estão vendendo aos negros ou a outras minorias: Contrate os consumidores que você está tentando atingir. Quando a gigantesca loja de departamentos J. C. Penney começou a fazer *merchandising* aos consumidores afro-americanos e latinos, foi alertada por líderes minoritários que deveria contratar mais funcionários procedentes das minorias.

### Consumidores Idosos

À medida que a população norte-americana envelhece, os consumidores idosos – aqueles com 65 anos de idade ou mais – estão tornando-se um mercado muito atraente. O mercado de idosos crescerá para 40 milhões de consumidores no ano 2000. É composto de pessoas bem posicionadas financeiramente que gastam $ 200 bilhões por ano; sua renda média representa duas vezes a do grupo de consumidores abaixo de 35 anos de idade. Os consumidores idosos vêm sendo há muito tempo o mercado-alvo de fabricantes de laxantes, tônicos e produtos de dentaduras. Mas muitas empresas sabem que muitos cidadãos idosos são saudáveis e ativos e têm muitos dos mesmos desejos e necessidades dos consumidores mais jovens. Suas decisões de compra são baseadas não na idade, mas no estilo de vida – distinção que, às vezes, é esquecida. Os idosos de hoje desejam estar em boa forma física e saudáveis para manter seus estilos de vida. Esse interesse em saúde e disposição física tem contribuído para a popularidade de eventos como o Torneio de Esportes para a Terceira Idade, que dá aos idosos a oportunidade de competir e aos patrocinadores como AT&T, Johnson & Johnson e a Medicine Shoppe (rede de farmácias), a chance de divulgar suas mensagens comerciais. Surpreendentemente, os idosos gastam mais em produtos para cuidados pessoais do que qualquer outro grupo etário e consomem mais produtos de *fast-food* do que os adolescentes. Poucas empresas, realmente, sabem disso e falham em não incluí-los em seus mercados.

Apesar de algumas crenças contrárias, os idosos, certamente, não gastam todo o seu tempo fazendo compras. Em razão de consumirem 80% das viagens de luxo, muitas linhas aéreas e cadeias de hotéis oferecem descontos a esse mercado. Por exemplo, o Choice Hotels International introduziu um programa que oferece 30% de desconto às pessoas acima de 50 anos de idade, desde que hajam instalações disponíveis. Algumas empresas aéreas praticam marketing "inter-geracional" ao visar avós e netos. A agência de viagens GrandTravel, de Chevy Chase, Maryland, patrocina viagens à Holanda, safáris ao Quênia e outras férias exóticas para os avós e seus netos.

**Fontes:** Para mais informações sobre marketing para consumidores latinos, afro-americanos e idosos, bem como ásio-americanos, veja BERRY, John. Special report: hispanic marketing. *Adweek*, p. 28-34, 9 July 1990; BERMAN, Gary L. The hispanic market: getting down to cases. *Sales and Marketing Management*, p. 65-74, Oct. 1991; ZINN, Laura. Run to the supermart and pick me up some cactus. *Business Week*, p. 70-71, 20 June 1994; WALDROP, Judith. Shades of black. *American Demographics*, p. 30-34, Sept. 1990; CAMPANELLI, Melissa. The african-american market: community, growth and change. *Sales and Marketing Management*, p. 75-81, May 1991; BREWER, Geoffrey. Spike speaks. *Incentive*, 167 n. 2, p. 26-34, Feb. 1993; MINORITY leaders blast J. C. Penney plan to target blacks, hispanics. *Marketing News*, 27, n. 21, p. 1, 15, 11 Oct. 1993; BECK, Milinda. The geezer boom, in: The 21st century american family, artigo especial da *Newsweek*, p. 62-67, winter-spring 1990; CAMPANELLI, Melissa. The senior market: rewriting the demographics and definitions. *Sales and Marketing Management*, p. 63-70, Feb. 1991; EISMAN, Regina. Young at heart. *Incentive*, 167, n. 4, p. 33-38, April 1993; e SHAO, Maria. Suddenly, asian-americans are a marketer's dream. *Business Week*, p. 54-55, 17 June 1991.

Alguns grupos de afinidade são *grupos primários*, como família, amigos, vizinhos e colegas de trabalho, com os quais a pessoa interage contínua e informalmente. As pessoas também pertencem a *grupos secundários*, como religiosos, profissionais e sindicatos, que tendem a ser mais formais e exigem interação menos contínua.

As pessoas são bastante influenciadas por seus grupos de referência pelo menos de três maneiras. Esses grupos de referência expõem o indivíduo a novos comportamentos e estilos de vida. Eles também influenciam as atitudes e o autoconceito das pessoas e criam pressões para o conformismo que podem afetar suas escolhas de produto e marca. As pessoas são também influenciadas por grupos dos quais não são membros. Os grupos aos quais uma pessoa gostaria de pertencer são chamados *grupos de aspiração*. Por exemplo, um adolescente pode esperar um dia jogar basquetebol no Chicago Bulls. Um *grupo de dissociação* é aquele cujos valores ou comportamento são rejeitados por um indivíduo. O mesmo adolescente pode desejar evitar qualquer relacionamento com a seita Hare Krishna.

**Tabela 6.1** *Características das sete principais classes sociais norte-americanas.*

### 1. Classe Alta-Alta (menos de 1%)

A elite social que vive de riquezas herdadas, composta de famílias bem conhecidas. Essas famílias doam grandes somas para obras de caridade, participam de bailes de debutantes, possuem mais de uma casa e enviam seus filhos para as melhores escolas. São mercado para jóias, antigüidades, casas e viagens de férias. Freqüentemente, compram e se vestem de maneira conservadora e não estão interessadas em ostentação. Embora pequena como grupo, esta classe serve como referência para outras, na medida em que suas decisões de consumo transparecem e são imitadas por outras classes sociais.

### 2. Classe alta (cerca de 2%)

Pessoas que recebem altas rendas ou riquezas decorrentes da excepcional habilidade profissional ou para negócios. Geralmente, são procedentes da classe média. Costumam participar ativamente de eventos sociais e cívicos e procuram adquirir símbolos de *status* para eles e seus filhos, como residências luxuosas, iates, piscinas e automóveis. Essa classe inclui os novos ricos, cujos padrões de consumo visíveis são planejados para impressionar as pessoas das classes inferiores. A ambição das pessoas da classe alta é serem aceitas na classe alta-alta, um *status* que, mais provavelmente, será alcançado pelos filhos e não pelas mesmas.

### 3. Classe média-alta (12%)

Os participantes desta classe não possuem *status* familiar nem riquezas incomuns. Estão principalmente preocupados com a carreira profissional. São profissionais liberais, empresários independentes e gerentes de grandes empresas. Acreditam na educação e desejam que seus filhos desenvolvam habilidades profissionais ou administrativas para não regredirem a um *status* inferior. Gostam de lidar com idéias e "cultura superior". São associativos e com forte senso cívico. Representam um mercado de qualidade para boas residências, vestuários, móveis e eletrodomésticos. Procuram conseguir uma casa agradável para receber bem amigos e clientes.

### 4. Classe média (32%)

É formada por funcionários de escritórios e fábricas, recebem remunerações médias e moram "na melhor parte da cidade". Freqüentemente, compram produtos populares para "acompanhar as tendências". Vinte e cinco por cento possuem carros importados e a maioria está preocupada com moda, procurando adquirir produtos das melhores marcas. Para essas pessoas, viver bem significa uma "casa mais bonita" junto a uma vizinhança localizada na melhor parte da cidade, que tenha boas escolas. A classe média acredita que deve gastar mais dinheiro em "experiências que valham a pena" para seus filhos e destiná-los a uma educação universitária.

### 5. Classe operária (38%)

É formada por trabalhadores de fábrica que recebem salários médios e levam um "estilo de vida de trabalhador", quaisquer que sejam suas rendas, formação escolar ou trabalho executado. Dependem bastante de parentes para apoio financeiro e emocional, para "bicos", para orientação sobre compras e assistência em tempos difíceis. Para um operário, tirar férias significa "ficar na cidade" e "sair" quer dizer visitar um lago ou ponto turístico durante algumas horas. A classe operária mantém padrões sexuais rígidos e estereotipados. As preferências por carros incluem os de tamanho padrão e carros maiores, rejeitando modelos compactos, sejam nacionais ou estrangeiros.

### 6. Pobres (9%)

Participam desta classe os operários não dependentes do sistema de previdência social, embora seus padrões de vida estejam acima da linha de pobreza absoluta. Desempenham trabalhos não especializados e são muito mal remunerados, embora estejam esforçando-se para atingir uma classe social mais alta. Freqüentemente, têm educação deficiente.

### 7. Miseráveis (7%)

São dependentes do sistema de previdência social, estão abaixo da linha de pobreza e, geralmente, estão desempregados ou executam "trabalhos menos qualificados". Alguns não estão interessados em encontrar um trabalho fixo e a maioria depende da ajuda pública ou da caridade para receber alguma renda. Suas casas, roupas e pertences são, freqüentemente, vistos como "sujos", "rasgados" e "quebrados".

**Fontes:** COLEMAN, Richard P. The continuing significance of social class to marketing. *Journal of Consumer Research,* p. 265-280, Dec. 1983; e COLEMAN, Richard P., RAINWATER, Lee P. *Social standing in America*: new dimension of class. New York : Basic Books, 1978.

As empresas tentam identificar os grupos de referência de seus consumidores-alvos. Entretanto, o nível de influência dos grupos de referência varia entre produtos e marcas. Parece que essa influência é forte na escolha de produto e marca apenas para automóveis e televisões em cores, na escolha de marca para itens como móveis e vestuário e na escolha de produto para itens como cerveja e cigarro.

Os fabricantes de produtos e marcas em que a influência do grupo é forte devem determinar como atingir e influenciar os *líderes de opinião* desse grupo de referência. *Líder de opinião* é a pessoa envolvida na transmissão de informações relacionadas a determinado produto. Ele dá orientações sobre um produto ou categoria de produto, por exemplo, qual entre várias marcas é a melhor ou como um produto específico pode ser usado.[3]

3. SCHIFFMAN, KANUK. Op. cit.

Os líderes de opinião são encontrados em todos os estratos sociais. Alguém pode ser líder de opinião em certas áreas de produtos e seguidor de opinião em outras. As empresas tentam atingir os líderes de opinião identificando seus hábitos de mídia e dirigindo-lhes mensagens adequadas. Isso é exatamente o que a The Gap Inc., de San Francisco, está tentando fazer desde que começou a perder sua vantagem junto aos líderes de opinião em seu mercado mais importante: compradores abaixo de 30 anos de idade.

**THE GAP**   Em pesquisa anual realizada em 1992 pela agência Leo Burnett, cerca de 90% dos adolescentes afirmavam que as roupas Gap eram "excelentes". A porcentagem caiu para 83% no verão seguinte e para 63% em duas pesquisas realizadas em 1995. De fato, a roupa e a propaganda da Gap se tornaram objetos de imitação e o alvo de ressentimento de adolescentes e adultos na faixa dos 40 anos de idade. "Suas roupas promovem um estilo de vida 'certinho', de brancos e de alguém dependente do 'sistema', como eles desejam que seja nosso comportamento", escreve Hugh Galagher, em uma sátira na revista *Grand Royal,* de Los Angeles. Embora a empresa esteja enfrentando sérios problemas, ela está tentando oferecer um sortimento de produtos mais interessante em cores atraentes, e sua equipe de criação está trabalhando intensamente na preparação de campanhas dirigidas aos líderes de opinião.[4]

A influência do grupo é forte para produtos que sejam visíveis a outros a quem o comprador respeita. O interesse de Linda Brown por um *laptop* e suas atitudes em relação a várias marcas serão acentuadamente influenciadas por alguns de seus grupos. Quanto mais coeso for o grupo, mais eficaz será seu processo de comunicação e quanto mais a pessoa estima o grupo, mais o grupo moldará o produto e as escolhas de marcas à pessoa.

**FAMÍLIA.**   A família é a organização de compra de produtos de consumo mais importante da sociedade e tem sido extensivamente pesquisada.[5] Os membros da família constituem o grupo primário de referência mais influente. Podemos distinguir entre duas famílias na vida do comprador. A *família de orientação* é formada pelos pais. Deles, a pessoa adquire orientação em termos de religião, sentimento político e econômico, ambição pessoal, autovalorização e amor.[6] Mesmo se o comprador não vem interagindo muito com os pais, a influência deles sobre seu comportamento pode ser significativa. Em países onde os pais acompanham o crescimento dos filhos, esta influência pode ser substancial. Uma influência mais direta no comportamento diário de compra de alguém é exercida pela *família de procriação,* isto é, marido, esposa e filhos.

As empresas estão interessadas nos papéis e na relativa influência do marido, esposa e filhos na compra de uma grande variedade de produtos e serviços. Esses papéis variam amplamente em países e classes sociais diferentes. Nos Estados Unidos, o envolvimento marido/mulher varia amplamente por categoria de produto. A esposa tem tradicionalmente agido como principal agente de compra da família, principalmente para alimentos, variedades e itens de vestuário. No caso de produtos e serviços caros, maridos e esposas procuram tomar decisões de compra em conjunto. As empresas precisam determinar qual o membro que, normalmente, tem maior influência na escolha de vários produtos. Freqüentemente, trata-se de quem tem maior poder ou experiência. Aqui estão padrões típicos de produtos:

- *Domínio do marido*: seguro de vida, automóveis, televisão.
- *Domínio da esposa*: máquinas de lavar, carpetes, móveis, utensílios de cozinha.
- *Domínio igual*: férias, moradia, entretenimento externo.

Entretanto, esses padrões estão, gradualmente, mudando, devido à ascensão da mulher ao emprego, principalmente em ocupações não-tradicionais. As mudanças dos valores sociais em relação à divisão do trabalho doméstico têm também enfraquecido padrões como "as mulheres compram todos os bens para o lar". Pesquisa recente tem mostrado que, embora os padrões de compra tradicionais ainda permanecem, os maridos e esposas da faixa dos 40 anos de idade estão mais dispostos a comprar em conjunto produtos que, tradicionalmente, pensava-se estar sob controle separado de um ou do outro.[7] Assim, as empresas de bens de conveniência estão cometendo um erro se consideram que as mulheres como as principais ou únicas compradoras de seus produtos. Similarmente, as empresas de produtos tradicionalmente comprados por homens podem precisar

4.   DUFF, Christina. Bobby short wore khakis – who's he, and who cares? *The Wall Street Journal,* 16 Feb. 1995. p. A1:4.
5.   Veja SPIRO, Rosann L. Persuasion in family decision making. *Journal of Consumer Research,* p. 393-402, Mar. 1983; WORTZEL, Lawrence H. Marital roles and typologies as predictors of purchase decision making for everyday household products: suggestions for research. In: OLSON, Jerry C. (Org.). *Advances in consumer research.* Provo, UT : Association for Consumer Research, 1980. v. 7, p. 212-215; BURNS, David J. Husband-wife innovative consumer decision making: exploring the effect of family power. *Psychology and Marketing,* p. 175-189, May/June 1992; BOUTILIER, Robert. Pulling the family's strings. *American Demographics,* p. 44-48, Aug. 1993. Para comparações interculturais dos papéis de compra marido-esposa, veja FORD, John B., LaTOUR, Michael S., HENTHORNE, Tony L. Perception of marital roles in purchase-decision processes: a cross-cultural study. *Journal of the Academy of Marketing Science,* p. 120-131, Spring 1995.
6.   MOSCHIS, George. The role of family communication in consumer socialization of children and adolescents. *Journal of Consumer Research,* p. 898-913, Mar. 1985.
7.   LAVIN, Marilyn. Husband-dominant, wife-dominant, joint: a shopping typology for baby boom couples? *Journal of Consumer Marketing,* 10, n. 3, p. 33-42, 1993.

começar a incluir as mulheres como possíveis compradoras. Isso já está ocorrendo no negócio de ferramentas.

**BUILDERS SQUARE** Em 1993, o faturamento das lojas de ferramentas nos Estados Unidos cresceu 9,8%, atingindo o montante de $ 104,4 bilhões. Conforme o Instituto Home Center da Associação Nacional de Lojas de Ferramentas, as mulheres eram responsáveis por 49,6% de todas as compras do setor. A ascensão das mulheres como compradoras de ferramentas é resultado do maior número de divórcios, quando são forçadas a fazer pequenos consertos de emergência. Também porque mais mulheres casadas e solteiras estão comprando casas mais baratas que necessitam de reparos e adaptações. Um varejista que percebeu logo essa tendência foi a Builders Square. Em 1991, esta empresa de San Antonio (Califórnia) transformou um velho galpão em uma agradável loja de varejo de auto-serviço. Suas novas lojas denominadas Builders Square II são caracterizadas como centros de *design* e decoração. Para atrair maior número de mulheres para suas atraentes lojas, a administração começou a veicular anúncios destinados às mulheres nas revistas *Home, House Beautiful, Womans's Day* e *Better Homes and Gardens*. Está mantendo até listas para facilitar a compra de presentes para os noivos. Afirma seu diretor de marketing: "É mais importante para eles terem móveis de varanda e uma churrasqueira elétrica do que um conjunto de porcelana chinesa.[8]

Outra mudança nos padrões de compra é a crescente influência exercida por crianças e adolescentes. As crianças na faixa etária de quatro a doze anos gastaram em 1993 $ 11,2 bilhões para satisfazer seus desejos e necessidades e influenciaram outras compras, totalizando $ 154,4 bilhões. O crescimento anual de seus gastos está próximo a 20%, taxa superior a qualquer outro grupo demográfico.[9]

No caso da compra do *laptop* por Linda Brown, seu marido pode ter algum papel influenciador. A sugestão da compra pode ter partido dele. Ele pode aconselhar a marca e as características principais. Sua influência dependerá da força de sua opinião e como ele é valorizada por Linda. Seus filhos podem esperar a compra de *softwares* educativos ou de lazer para ajudá-los a preparar a lição de casa ou para entretenimento.

**PAPÉIS E POSIÇÕES SOCIAIS.** Uma pessoa participa de muitos grupos no decorrer de sua vida – família, clubes, organizações. A posição da pessoa em cada grupo pode ser definido em termos de papel e posições sociais. Um *papel* consiste em atividades que se espera que uma pessoa desempenhe. Junto a seus pais, Linda exerce o papel de filha; em sua família é esposa e mãe; na empresa em que trabalha, é gerente de vendas. Cada um dos papéis desempenhados por Linda influenciará algum de seus comportamentos de compra.

Cada papel significa uma posição social. Um juiz do Supremo Tribunal tem mais *status* do que um gerente de vendas e este tem mais *status* do que um funcionário de escritório. As pessoas escolhem produtos que comunicam seu papel e *status* na sociedade. Assim, os presidentes de empresas, freqüentemente, usam ternos caros e bebem uísque Chivas Regal. Os profissionais de marketing são conscientes dos *símbolos de status* potenciais de produtos e marcas.

## Fatores pessoais

As decisões de um comprador são também influenciadas por características pessoais, que incluem a idade e o estágio do ciclo de vida, ocupação, situação econômica, estilo de vida, personalidade e auto-estima.

**IDADE E ESTÁGIO DO CICLO DE VIDA.** As pessoas compram diferentes bens e serviços durante sua vida. Alimentam-se de comida para bebês nos primeiros anos, consomem a maioria dos alimentos nas fases de crescimento e de velhice e fazem dietas especiais nos últimos anos de vida. O gosto das pessoas por roupas, móveis e recreação está também relacionado com a idade.

O consumo é também moldado pelo estágio do *ciclo de vida da família*. São listados na Tabela 6.2 nove estágios do ciclo de vida da família, onde são representados a situação financeira e os interesses característicos de cada grupo por determinados produtos. Freqüentemente, as empresas escolhem grupos de ciclo de vida como seus mercados-alvos. Entretanto, deve-se acrescentar que as residências-alvos nem sempre são baseadas em famílias. As empresas estão também visando às residências de solteiros, de *gays* e de moradores múltiplos.

Alguns trabalhos recentes têm identificado *estágios psicológicos do ciclo de vida*. Os adultos experimentam certas "passagens" ou "transformações" no decorrer de suas vidas.[10] As empresas estão atentas às mudanças das circunstâncias de vida – divórcio, viuvez, novo casamento – e seus efeitos sobre o comportamento de consumo.

8. ZBAR, Jeffery. Hardware builds awareness among women. *Advertising Age,* p. 18, 11 July 1994.
9. BOYD, Malia. Look who's buying. *Incentive,* p. 76-79, Sept. 1994.
10. Veja LEPISTO, Lawrence. A life span perspective of consumer behavior. In: HIRSHMAN, Elizabeth, HOLBROOK, Morris (Orgs.). *Advances in consumer research.* Provo, UT : Association for consumer Research, 1985. v. 12, p. 47. Veja também SHEEHY, Gail. *New passages*: mapping your life across time. New York : Random House, 1995.

**Tabela 6.2**   *Ciclo de vida da família e comportamento de compra.*

| ESTÁGIO DO CICLO DE VIDA DA FAMÍLIA | PADRÃO COMPORTAMENTAL OU DE COMPRA |
|---|---|
| 1. Solteiro: jovem que não vive com a família | Poucos compromissos financeiros. Líderes de opinião sobre moda. São orientados para a recreação. Compram equipamentos básicos de cozinha, móveis simples, carros, enxovais para casamento, férias. |
| 2. Recém-casados: jovens, sem filhos. | Melhor situação financeira do que em futuro próximo. Taxa de compra mais elevada e média de compra superior para bens duráveis. Compram: carros, refrigeradores, fornos, mobiliário fino e durável, férias. |
| 3. Ninho cheio I: filhos com menos de seis anos de idade | Despesas domésticas no "pico". Patrimônio líquido baixo. Insatisfeitos com a situação financeira e a baixa capacidade de poupança. Interessados em novos produtos. Gostam dos produtos anunciados. Compram lavadoras, secadoras, TV, alimentos para bebês, medicamentos contra tosse e doenças respiratórias, vitaminas, bonecas, peruas e caminhonetes, trenós e *skates*. |
| 4. Ninho cheio II: casais com filhos acima de seis anos de idade | Melhor situação financeira. Algumas esposas trabalham fora. São menos influenciados pela propaganda. Compram em lotes maiores, apreciam ofertas no atacado. Compram: alimentos variados, material de limpeza e higiene, bicicletas, aulas de música, pianos. |
| 5. Ninho cheio III: casais maduros com filhos ainda dependentes | Situação financeira ainda melhor. Maior número de esposas trabalham fora. Alguns filhos conseguem empregos. Difíceis de ser influenciados por propaganda. Média alta de compra de bens duráveis. Compram: novidades, móveis requintados, viagens de automóvel, eletrodomésticos desnecessários, barcos, serviços odontológicos, revistas. |
| 6. Ninho vazio I: casais maduros com filhos vivendo fora de casa, chefe da família trabalhando. | Aquisição de residências no "pico". Mais satisfeitos com a situação financeira e capacidade de poupança. Interessados em viagens, recreação, auto-recreação. Presenteiam e fazem contribuições e donativos. Não estão interessados em novos produtos. Compram: férias, artigos de luxo e melhoramentos para a residência. |
| 7. Ninho vazio II: casais maduros com filhos vivendo fora de casa, chefe da família aposentado. | Redução drástica da renda pessoal. Passam mais tempo em casa. Compram: aparelhos médicos, produtos que facilitam a saúde, sono e digestão. |
| 8. Sobrevivente solitário que trabalha. | Renda pessoal ainda razoável. Provavelmente, venda a casa. |
| 9. Sobrevivente solitário, aposentado. | Necessita de cuidados médicos e produtos relacionados com o outro grupo de aposentados. Redução drástica da renda pessoal. Necessidade especial por atenção, afeição e segurança. |

**Fonte:**   WELLS, William D., GUBAR, George. Life-cycle concepts in marketing research. *Journal of Marketing Research,* p. 355-363 (aqui, p. 362), Nov. 1996. Veja também MURPHY, Patrick, STAPLES, William A. A modernized family life cycle. *Journal of Consumer Research,* p. 12-22, June 1979; e DERICK, Frederick W., LINFIELD, Alane E. The family life cycle: an alternative approach. *Journal of Consumer Research,* p. 214-217, Sept. 1980.

**OCUPAÇÃO.**   A ocupação de uma pessoa também influencia seu padrão de consumo. Um operário comprará roupas, calçados de trabalho e marmitas. Um presidente de empresa comprará ternos caros, passagens aéreas, títulos de clube e um grande veleiro. As empresas tentam identificar os grupos ocupacionais que têm interesse acima da média por seus produtos e serviços. Uma empresa pode até especializar-se na fabricação de pro-

## INSIGHT DE MARKETING — Como os estilos de vida são identificados

Para as empresas dos anos 90, a pergunta crítica é: "O que está passando pela cabeça do consumidor?" Freqüentemente, a mensuração de variáveis psicográficas oferece *insights* para responder a esta pergunta. Ao identificar os vários estilos de vida dos consumidores, as empresas podem atingir seu alvo com maior precisão. Duas das classificações mais populares de estilos de vida, baseadas em mensurações psicográficas, são o modelo AIO e o modelo VALS 2.

### Modelo AIO

Nesta abordagem, os entrevistados recebem questionários longos que procuram mensurar suas atividades, interesses e opiniões (AIO). A tabela seguinte mostra as principais dimensões usadas para mensurar os elementos AIO, além das situações demográficas dos entrevistados.

| ATIVIDADES | INTERESSES | OPINIÕES | SITUAÇÕES DEMOGRÁFICAS |
|---|---|---|---|
| Trabalho | Família | Próprias | Idade |
| *Hobbies* | Casa | Eventos sociais | Educação |
| Eventos sociais | Trabalho | Política | Renda |
| Férias | Comunidade | Negócios | Ocupação |
| Entretenimento | Recreação | Economia | Tamanho da família |
| Clubes | Moda | Educação | Moradia |
| Comunidade | Alimento | Produtos | Localização |
| Compras | Mídia | Futuro | Tamanho da cidade |
| Esportes | Realizações | Cultura | Estágio do ciclo de vida |

**Fonte:** Extraído de PLUMMER, Joseph T. The concept and application of life-style segmentation. *Journal of Marketing*, p. 34, Jan. 1974.

Muitas das perguntas são apresentadas na forma de concordância ou discordância, como nas afirmações abaixo:

- Gostaria de tornar-me um ator.
- Gosto de ir a concertos.
- Geralmente, visto-me conforme a moda, não por conforto.

Após coletados, os dados são analisados por computador para descobrir os grupos de estilos de vida diferentes. Usando essa abordagem, a agência de propaganda Needham, Harper and Steers, de Chicago, identificou diversos importantes grupos de estilos de vida. Aqui estão os cinco grupos masculinos:

- Homem de negócios que se fez sozinho
- Profissional bem-sucedido
- Homem devotado à família
- Operário de fábrica frustrado
- Chefe de família aposentado

Quando desenvolvem uma campanha de propaganda, as empresas definem um grupo-alvo de estilo de vida, e a equipe de criação desenvolve um anúncio para atrair a atenção das características AIO deste grupo.

### Modelo VALS™ 2

Introduzido em 1978, esse modelo da SRI International tem sido o único disponível e aceito comercialmente para a segmentação psicográfica. Através de um programa de pesquisa particular iniciado em 1960, a SRI destinou seu sistema VALS original para descobrir por que as pessoas acreditam e agem de determinada maneira; como os valores e atitudes internos são expressos como estilos de vida externos. O modelo VALS foi revisado em 1989 (VALS 2, Figura 1) para focar mais explicitamente o comportamento do consumidor. O VALS 2 classifica todos os norte-americanos adultos em oito grupos consumidores baseado nas respostas a 35 perguntas sobre atitudes e a quatro sobre situações demográficas. Em 1996, os dois grupos menores, os satisfeitos e os batalhadores, cada um representando 10% da população adulta, enquanto cada um dos outros segmentos representa de 12% a 16% da população. Os quatro grupos com mais recursos e suas principais tendências são os seguintes:

- **Atualizados**: São pessoas bem-sucedidas, ativas, responsáveis. Freqüentemente, suas compras refletem gostos refinados por produtos de classe e orientados para nichos.
- **Satisfeitos:** São pessoas maduras, satisfeitas, reflexivas e que vivem confortavelmente. Preferem produtos duráveis, funcionais e orientados para o valor.
- **Realizadores**: Pessoas bem-sucedidas e orientadas para a carreira profissional. Favorecem produtos estabilizados, de prestígio, que demonstram sucesso para seus possuidores.
- **Experimentadores**: São jovens, entusiasmados, impulsivos e rebeldes. Gastam considerável proporção de suas rendas em roupas, *fast food*, música, cinema e vídeo.

Os quatro grupos com menos recursos e suas principais tendências são listados a seguir:

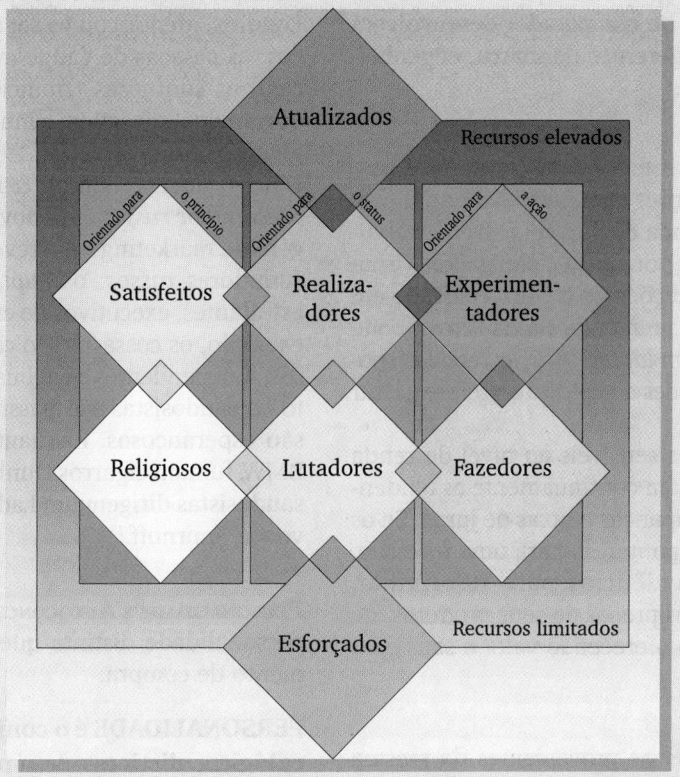
Atualizados
Recursos elevados
Orientado para
o princípio
Orientado para
o status
Orientado para
a ação
Satisfeitos
Realiza-
dores
Experimen-
tadores
Religiosos
Lutadores
Fazedores
Recursos limitados
Esforçados

**Fonte:** SRI International, Menlo Park, CA. VALS™ é marca registrada da SRI International.

**Figura 1**

- **Religiosos:** São pessoas conservadoras, convencionais e tradicionais. Favorecem produtos familiares e marcas estabelecidas.
- **Lutadores**: Pessoas hesitantes, inseguras, que buscam aprovação, de recursos limitados. Favorecem produtos de estilo que imitam os compradores com maior riqueza material.
- **Fazedores:** São pessoas práticas, auto-suficientes, tradicionais e orientadas para a família. Favorecem apenas produtos com propósito prático ou funcional como ferramentas, veículos utilitários, equipamento de pesca.
- **Esforçados**: Pessoas mais velhas, resignadas, passivas, preocupadas e de recursos limitados. São consumidores cautelosos e leais às marcas favoritas.

Arnold Mitchell, criador do sistema VALS, baseou-se fortemente na pesquisa de teóricos da personalidade que trabalhavam na área de psicologia do desenvolvimento. A meta de Mitchell era explicar melhor a dinâmica da mudança da sociedade e postulou que os valores, o desenvolvimento e as mudanças no decorrer da vida são determinantes cruciais da mudança social. Apesar do amplo foco na sociedade, o VALS foi amplamente usado na comunidade de marketing como uma forma de melhor entendimento e de aceitação de um produto e para se desenvolver propaganda-alvo. Entretanto, sua utilidade em marketing diminuiu no final dos anos 80 com a crescente diversidade de produtos, distribuição e mídia. Conseqüentemente, o SRI desenvolveu e publicou o VALS 2 em 1989 para segmentar os norte-americanos em grupos que exibem comportamentos de consumo distintos. O VALS 2 combina a teoria geral da personalidade com a pesquisa sobre difusão de produto. O sistema identifica os tipos VALS 2 das pessoas ao classificar as respostas obtidas de um questionário, que pergunta aos entrevistados para concordar ou discordar das afirmativas: "Gosto que minha vida continue a mesma com o passar das semanas", "Freqüentemente, desejo emoções fortes" e "Gostaria de fazer algo que não fosse comprar", em contraste aos itens da pesquisa VALS inicial, que solicitava às pessoas, por exemplo, quais suas atitudes em relação ao aborto ou à legalização da maconha.

**Fontes:** MITCHELL, Arnold. *The nine american lifestyles. New York : Warner Books, p.* viii-x, 25-31; PERSONAL communication from the VALS™ Program, Business Intelligence Center; SRI Consulting, Menlo Park, 1 Feb. 1996.

dutos para determinados grupos ocupacionais. Assim, uma empresa de *software* de computador desenvolverá produtos diferentes para gerentes de marca, engenheiros, advogados e médicos.

**CONDIÇÕES ECONÔMICAS.** A escolha de produtos é bastante afetada pelas condições econômicas de uma pessoa, que consistem em renda disponível (nível, estabilidade e período de tempo), poupança e patrimônio (grau de liquidez), dívidas, condições de crédito e atitude em relação às despesas *versus* poupança. Linda Brown pode considerar a compra de um *laptop* se tiver renda disponível, poupança ou condições de crédito e prefere gastar em vez de poupar.

As empresas de bens sensíveis ao nível de renda do consumidor acompanham continuamente as tendências da renda pessoal, poupanças e taxas de juros. Se os indicadores econômicos apontarem para uma recessão, elas podem tomar providências para reformular, reposicionar e reestudar os preços de seus produtos, de modo que eles continuem oferecendo valor a seus consumidores-alvos.

**ESTILOS DE VIDA.** As pessoas provenientes da mesma subcultura, classe social e ocupacional podem levar estilos de vida bastante diferentes.

**O ESTILO DE VIDA de uma pessoa representa seu padrão de vida expresso em termos de atividades, interesses e opiniões. Retrata a "pessoa por inteiro" interagindo com seu ambiente.**

Linda Brown, por exemplo, pode escolher um estilo de vida conservador, que se reflete no uso de roupas clássicas, em passar muito tempo com a família e em ajudar sua igreja. Ela pode preferir um estilo de vida de realização, marcado por longas horas de trabalho em grandes projetos, recusando convites para viagens e esportes.

As empresas buscam os relacionamentos entre seus produtos e os grupos de estilo de vida. Por exemplo, um fabricante de computadores pode constatar que a maioria dos compradores de seus equipamentos são orientados para a realização. Assim, ele pode posicionar sua marca mais claramente neste grupo de estilo de vida e os redatores de seus anúncios devem empregar palavras e símbolos que atraiam as pessoas que buscam realização.

Dois modelos que vêm sendo usados para desenvolver a classificação dos estilos de vida são descritos na seção *Insight* de Marketing intitulada "Como os estilos de vida são identificados". Entretanto, os esquemas de segmentação dos estilos de vida não são universais. Por

exemplo, a agência de propaganda McCann-Erickson, de Londres, identificou os seguintes estilos de vida britânicos: as pessoas de vanguarda (interessadas em mudanças), as suntuosas (tradicionalistas, muito britânicas), os camaleões (seguem a multidão) e os sonâmbulos (preguiçosos confessos). Em 1992, a agência de propaganda D'Arcy, Masius, Benton & Bowles publicou o estudo *O consumidor russo*: uma nova perspectiva e uma abordagem de marketing, que revelou cinco categorias de consumidores russos: os *kuptsi* (comerciantes), cossacos, estudantes, executivos de empresas e os saudosistas. Por exemplo, os cossacos são caracterizados como ambiciosos, independentes e em busca de posição social, enquanto os saudosistas são passivos, temem fazer escolhas e são esperançosos. Enquanto os cossacos dirigem uma BMW, fumam cigarros Dunhill e bebem Remy Martin, os saudosistas dirigem um Lada, fumam Marlboro e bebem vodca Smirnoff.[11]

**PERSONALIDADE E AUTOCONCEITO.** Cada pessoa possui uma personalidade distinta que influenciará seu comportamento de compra.

**PERSONALIDADE é o conjunto de características psicológicas distintas de uma pessoa que levam a respostas consistentes e duradouras em seu ambiente.**

Geralmente, a personalidade é descrita em termos de traços como autoconfiança, domínio, autonomia, deferência, sociabilidade, defensibilidade e adaptabilidade.[12] A personalidade pode ser uma variável útil para analisar o comportamento do consumidor, contanto que os tipos de personalidade possam ser classificados e que existam correlações fortes entre certos tipos de personalidade e escolhas de produto ou marca. Por exemplo, uma empresa de computadores pode descobrir que muitos consumidores potenciais são muito autoconfiantes, possuem domínio e autonomia. Isto sugere o uso destes apelos na propaganda de computadores.

O *autoconceito* (ou auto-imagem) está relacionado à personalidade de uma pessoa. Linda Brown pode ver-se como plenamente realizada e merecedora do melhor. Ela escolherá um computador que projete melhor sua auto-imagem. As empresas tentam desenvolver imagens de marca que sejam idênticas à auto-imagem do mercado.

É possível que o *autoconceito real* de Linda (como ela vê a si mesma) difere de seu *autoconceito ideal* (como ela gostaria de se ver) e do *autoconceito dos outros* (como ela pensa que os outros a vêem). Que autoconceito ela tentará satisfazer ao escolher um computador? Por ser difícil responder a esta pergunta, a teoria de autoconceito tem obtido um misto de sucesso ao prever as respostas do consumidor às imagens de marca.[13]

11. ELLIOTT, Stuart. Sampling tastes of a changing Russia. *The New York Times*, 1 Apr. 1992. D:1, 19.
12. Veja KASSARJIAN, Harold H., SHEFFET, Mary Jane. Personality and consumer behavior: an update. In: KASSARJIAN, Harold H., ROBERTSON, Thomas S. (Orgs.). *Perspectives in consumer behavior*. Glenview, IL : Scott, Foresman, 1981. p. 160-180.
13. Veja SIRGY, M. Joseph. Self-concept in consumer behavior: a critical review. *Journal of Consumer Research*, p. 287-300, Dec. 1982.

## Fatores psicológicos

As escolhas de compra de uma pessoa são também influenciadas por quatro importantes fatores psicológicos – motivação, percepção, aprendizagem e crenças e atitudes.

**MOTIVAÇÃO.** Uma pessoa possui muitas necessidades em determinado momento. Algumas necessidades são *fisiológicas;* surgem em estados psicológicos de tensão como fome, sede, desconforto. Outras são *psicológicas*; surgem de estados psicológicos de tensão como a necessidade por reconhecimento, estima ou posse. A maioria das necessidades fisiológicas não são intensas o suficiente para motivar alguém a agir imediatamente sobre elas. Uma necessidade torna-se um motivo quando surge em nível suficiente de intensidade. Um *motivo* (ou impulso) é uma necessidade que está pressionando suficientemente para levar a pessoa a agir. A satisfação da necessidade reduz o sentimento de tensão.

Os psicólogos têm desenvolvido teorias sobre a motivação humana. As três teorias mais conhecidas – de Sigmund Freud, Abraham Maslow e Frederick Herzberg – levam a diferentes implicações para a análise do consumidor e da estratégia de marketing.

**Teoria da motivação de Freud.** Freud assumiu que as forças psicológicas reais que moldam o comportamento das pessoas são altamente inconscientes. Assim, uma pessoa não pode entender plenamente suas próprias motivações. Se Linda Brown deseja comprar um *laptop,* ela pode descrever seu motivo como o desejo de trabalhar mais eficientemente quando viajar. Em um nível mais profundo, ela pode estar comprando um computador para impressionar outras pessoas. Em um nível ainda mais profundo, pode ser porque ele a ajuda a sentir-se mais inteligente e sofisticada.[14]

Quando Linda examina marcas específicas, reagirá não apenas com suas capacidades declaradas, mas também com outras sugestões. Cada forma, tamanho, peso, material, cor e marca de computador pode causar certas associações e emoções. Assim, os *designers* de computadores devem estar conscientes do impacto dos elementos visuais, auditivos e táteis que provocam emoções nos consumidores e que podem estimular ou inibir a compra.

Os pesquisadores motivacionais fazem "entrevistas de profundidade" com algumas dezenas de consumidores para descobrir os motivos mais profundos despertados por um produto. Usam várias "técnicas projetivas" para romper as barreiras do ego – como associação de palavras, complementação de sentenças, interpretação de imagens e *role playing* (exercício de papéis). Suas pesquisas têm levado a hipóteses interessantes e, às vezes, bizarras: os consumidores resistem às ameixas secas porque elas são enrugadas e lembram pessoas velhas, os homens fumam charutos como uma versão adulta de chupar o dedo e as mulheres preferem vegetais, evitando a gordura animal, porque esta última traz sentimento de culpa na matança de animais.

Pesquisas motivacionais mais recentes revelam que cada produto é capaz de despertar um conjunto exclusivo de motivos nos consumidores. Por exemplo, o uísque pode atender ao desejo de alguém que busca descontração social, posição social ou alegria. Assim, não surpreende que diferentes marcas de uísque são especializadas nestes três apelos diferentes. Jan Callebaut denomina esta abordagem de "posicionamento motivacional".[15]

**Teoria da motivação de Maslow.** Abraham Maslow tentou explicar por que as pessoas são dirigidas por certas necessidades em ocasiões específicas.[16] Por que uma pessoa gasta tempo e energia consideráveis em segurança pessoal, enquanto outra está preocupada com a opinião de terceiros? A resposta de Maslow é que as necessidades humanas são organizadas em uma hierarquia, partindo das mais urgentes às menos urgentes. Em ordem de importância, são as necessidades fisiológicas, de segurança, sociais, de estima e de auto-realização (Figura 6.3). Em primeiro lugar, uma pessoa tentará satisfazer suas necessidades mais importantes. Quando ela for bem-sucedida ao satisfazer uma necessidade importante, cessará o motivador atual e ela tentará satisfazer a próxima necessidade. Por exemplo, um homem faminto (necessidade 1) não terá interesse nos últimos acontecimentos do mundo da arte (necessidade 5), nem como é visto ou estimado por outros (necessidade 3 ou 4), nem mesmo se está respirando ar puro (necessidade 2). Entretanto, à medida que cada necessidade importante for satisfeita, a necessidade seguinte mais importante ocorrerá.

A teoria de Maslow ajuda o profissional de marketing entender como vários produtos se ajustam aos planos, metas e vidas dos consumidores potenciais. Que esclarecimentos essa teoria levantaria sobre o interesse de Linda Brown comprar um computador? Podemos supor que Linda satisfez suas necessidades fisiológicas, de segurança e sociais. Seu interesse por computadores pode advir de uma forte necessidade por estima de outros ou de uma maior necessidade por auto-realização.

---

14. Uma técnica chamada *escada de graduação* pode ser usada para traçar as motivações de uma pessoa desde os motivos declarados até aqueles mais profundos. Assim, o profissional de marketing pode decidir em que nível desenvolver a mensagem e o apelo de propaganda. Veja REYNOLDS, Thomas J., GUTMAN, Jonathan. Laddering theory, method analysis, and interpretation. *Journal of Advertising Research*, p. 11-34, Feb./Mar. 1988.
15. Veja CALLEBAUT, Jan et al. *The naked consumer*: the secret of motivational research in global marketing. Antuérpia, Bélgica : Censydiam Institute, 1994.
16. MASLOW, Abraham. *Motivation and personality*. New York : Harper & Row, 1954. p. 80-106.

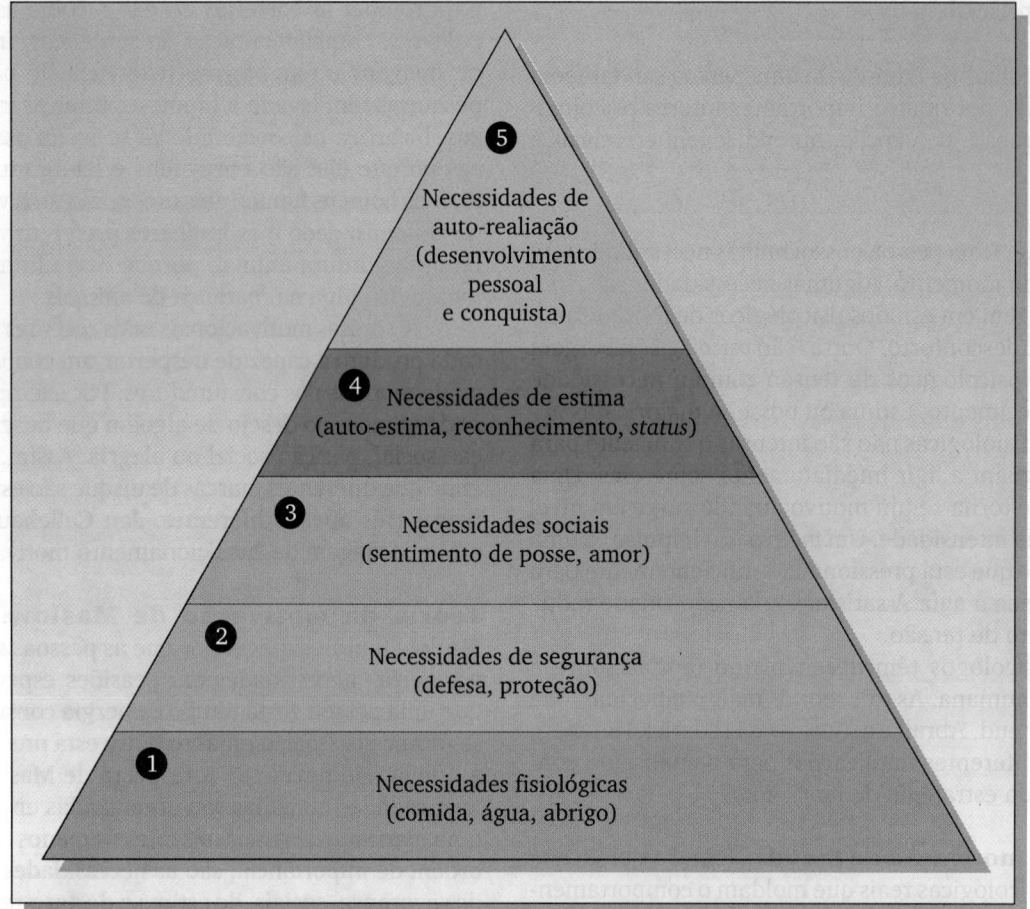

**Figura 6.3**   *Hierarquia de necessidades de Maslow.*

**Teoria de motivação de Herzberg.** Frederick Herzberg desenvolveu uma *teoria de dois fatores* que distingue os insatisfatórios (fatores que causam insatisfação) e os satisfatórios (fatores que causam satisfação).[17] A ausência de fatores de insatisfação não é suficiente; ao contrário, os fatores de satisfação devem estar ativamente presentes para motivar uma compra. Por exemplo, um microcomputador Apple que venha sem garantia do fabricante seria um fator de insatisfação. Todavia, a presença da garantia não seria um fator de satisfação da compra de Linda, uma vez que não se trata de uma fonte de satisfação inerente a este produto. A facilidade de uso do equipamento seria um fator de satisfação e aumentaria a disposição de Linda comprá-lo.

Essa teoria de motivação tem duas implicações. Primeiro, os vendedores devem esforçar-se para evitar os fatores que causam insatisfação, como manual de treinamento inadequado ou uma política deficiente de serviços. Embora isto não venda o computador, pode facilmente prejudicá-la. Segundo, o fabricante deve identificar os principais fatores de satisfação ou motivadores de

compra no mercado de computadores e fornecê-los. Esses fatores de satisfação farão a principal diferença em relação à marca do computador que o consumidor adquire.

**Percepção.** Uma pessoa motivada está pronta para agir. Como ela realmente age é influenciado por sua percepção da situação.

**PERCEPÇÃO é o processo pelo qual uma pessoa seleciona, organiza e interpreta as informações para criar um quadro significativo do mundo.[18]**

Ela não depende apenas do estímulo físico, mas também da relação do estímulo com o meio ambiente e das condições interiores do indivíduo.

A palavra-chave na definição de percepção é "indivíduo". Linda Brown pode considerar um vendedor de fala rápida como pessoa agressiva e insincera. Outro comprador pode ver o mesmo vendedor como inteligen-

17.  HERZBERG, Frederick. *Work and the nature of man*. Cleveland : William Collins, 1966; e THIERRY, Henk, KOOPMAN-IWERNA, Agnes M. Motivation and satisfaction. In: DRENTH, P. J. (Org.). *Handbook of work and organizational psychology*. New York : John Wiley, 1984. p. 141-142.
18.  BERELSON, Bernard, STEINER, Gary A. *Human behavior*: an inventory of scientific findings. New York : Harcourt Brace Jovanovich, 1964. p. 88.

te e atencioso. Por que as pessoas percebem a mesma situação de forma diferente? Elas têm percepções diferentes do mesmo objeto em função de três processos de percepção: atenção, distorção e retenção seletivas. Como resultado, as pessoas podem não necessariamente ver ou ouvir a mensagem que as empresas desejam transmitir. Assim, as empresas devem ser cuidadosas ao levar esses processos de percepção em consideração ao desenvolver suas campanhas de marketing.

**Atenção seletiva**. As pessoas estão expostas a uma enorme quantidade de estímulos diários. Por exemplo, uma pessoa média pode estar exposta diariamente a 1.500 anúncios. Possivelmente, ninguém pode atender a todos esses estímulos. A maioria deles será descartada. O desafio real é explicar que estímulos serão percebidos pelas pessoas. Aqui estão algumas constatações:

- *É mais provável que as pessoas percebam os estímulos relacionados a uma necessidade atual.* Linda Brown notará os anúncios de computadores porque está motivada a comprar um; provavelmente, não perceberá anúncios de equipamentos de som.
- *É mais provável que as pessoas percebam os estímulos que prevêem.* É mais provável que Linda Brown será atraída mais pelos computadores do que pelos rádios em uma loja de equipamentos de informática porque não esperaria ver rádios expostos neste tipo de loja.
- *É mais provável que as pessoas percebam estímulos cujos desvios sejam maiores em relação a um estímulo normal.* É mais provável que Linda Brown perceba um anúncio oferecendo desconto de $ 100 sobre o preço de lista de um computador Apple do que outro oferecendo apenas desconto de $ 5.

A atenção seletiva significa que os profissionais de marketing têm que trabalhar muito para atrair a atenção dos consumidores. Suas mensagens não terão efeito para a maioria das pessoas que não representa mercado para o produto. Mesmo as pessoas que estão no mercado podem não perceber uma mensagem, a menos que ela se destaque entre os inúmeros estímulos que as envolvam. Provavelmente, anúncios criativos ou de formato grande, que usam cores fortes ou se destacam dos demais são mais percebidos.

**Distorção seletiva**. Nem sempre os estímulos ocorrem da maneira prevista por seus criadores. *Distorção seletiva* é a tendência de as pessoas interpretarem as informações conforme suas intenções pessoais, reforçando suas pré-concepções em vez de contrariá-las. Assim, Linda Brown pode ouvir os pontos positivos e negativos apresentados pelo vendedor em relação a um microcomputador IBM. Se ela estiver fortemente inclinada por um IBM, provavelmente, não levará em consideração os pontos negativos que invalidariam a compra desta marca. Infelizmente, os profissionais de marketing não têm muito o que fazer em relação à distorção seletiva.

**Retenção seletiva**. As pessoas esquecem mais do que aprendem, mas tendem a reter as informações que reforcem suas atitudes e crenças. Devido à *retenção seletiva*, é provável que Linda se recorde dos pontos positivos mencionados sobre o IBM, esquecendo as vantagens apresentadas sobre os microcomputadores concorrentes. Ela lembra dos pontos positivos do IBM porque está sempre lembrando deles quando pensa em escolher um computador. A retenção seletiva explica por que os profissionais de marketing dramatizam e repetem as mensagens de propaganda ao mercado-alvo.

**APRENDIZAGEM**. Quando as pessoas agem, elas aprendem.

**A APRENDIZAGEM envolve as mudanças no comportamento de um indivíduo decorrentes da experiência.**

A maior parte do comportamento humano é aprendida. Os teóricos acreditam que a aprendizagem de uma pessoa é produzida através da atuação recíproca de impulsos, estímulos, sugestões, respostas e reforço.

O *impulso* é definido como um estímulo interno forte que impele a ação. Supostamente, Linda Brown possui um impulso para a auto-realização. Um impulso torna-se um motivo quando é direcionado a um *objeto de estímulo* específico, neste caso, um computador *laptop*. A resposta de Linda à idéia de comprar um *laptop* está condicionada às sugestões circundantes. *Sugestões* são estímulos menores que determinam quando, onde e como a pessoa responde. O apoio de seu marido, a existência de um computador na casa de um amigo, a leitura de anúncios e artigos sobre computadores, o conhecimento de um preço especial, são sugestões que podem influenciar Linda a comprar um computador.

Suponhamos que Linda compre um computador e escolha um IBM. Se sua experiência for recompensadora, sua reação sobre computadores será positivamente reforçada. Posteriormente, quando ela desejar comprar uma copiadora, pode notar diversas marcas, inclusive a IBM. Uma vez que ela já sabe que a IBM fabrica bons computadores, pode supor que esta empresa fabrica também boas copiadoras. Em outras palavras, ela *generaliza* sua resposta a um estímulo similar.

Uma contratendência à generalização é a *discriminação*. Quando Linda examinar uma copiadora fabricada pela Sharp, perceberá que é mais leve e mais compacta do que a da IBM. A discriminação significa que Linda aprendeu a reconhecer as diferenças em conjuntos de estímulos similares e pode ajustar suas respostas de acordo com os mesmos.

A teoria da aprendizagem ensina aos profissionais de marketing que eles podem desenvolver a demanda por um produto associando-o a impulsos fortes, usando sugestões motivadoras e fornecendo reforço positivo. Uma nova empresa pode entrar no mercado utilizando os mesmos impulsos usados pelos concorrentes e fornecendo configurações similares de sugestões, porque é mais provável que os compradores transfiram lealdade para as marcas similares do que para marcas diferentes (generalização). A empresa pode também desenvolver sua marca para atrair um grupo de impulsos diferentes e oferecer fortes sugestões de indução para mudança (discriminação).

As empresas que trabalham com produtos classificados como *commodities* podem tirar vantagem da habilidade de discriminação dos consumidores. Consideremos o que ocorreu no setor avícola, em que um frango é sempre igual ao outro:

**PERDUE**   A Perdue, Holly Farms e outras empresas avícolas sustentam que seus métodos de criação, equipamentos de produção e processos de controle de qualidade global distinguem seus frangos do restante. Por exemplo, a Perdue controla a operação de criação como a primeira etapa para produzir um frango de qualidade e com características distintas. Seus frangos crescem livres de dieta química e de esteróides. Ela também diferencia-se através de propaganda que mostra Frank Perdue, seu presidente, e o *slogan*: "É possível um homem rude preparar um frango macio".[19]

**Crenças e Atitudes.**   Através da ação e da aprendizagem, as pessoas adquirem suas crenças e atitudes. Estas, por sua vez, influenciam o comportamento de compra.

**CRENÇA é um pensamento descritivo que uma pessoa sustenta sobre algo.**

Linda Brown pode acreditar que um computador *laptop* IBM possui memória maior, resiste bem ao uso contínuo e custa $ 2.000. Essas crenças podem estar baseadas no conhecimento, na opinião ou na fé. Podem ou não carregar uma carga emocional. Por exemplo, a crença de Linda Brown de que um IBM é mais pesado do que um Apple pode não influenciar sua decisão.

Sem dúvida, os fabricantes estão muito interessados nas crenças que as pessoas têm em mente sobre seus produtos e serviços. Estas crenças compõem as imagens do produto e da marca e as pessoas agem conforme suas imagens. Se algumas crenças estiverem erradas e inibirem a compra, o fabricante desejará lançar uma campanha para corrigir essas crenças.[20]

É particularmente importante para as empresas globais o fato de que os compradores, freqüentemente, possuem crenças distintas sobre marcas ou produtos conforme seus países de fabricação. Vários estudos fundamentados nos países de fabricação têm constatado o seguinte:

- O impacto do país de origem varia com o tipo de produto. Os consumidores desejam saber onde um carro foi fabricado, mas não a procedência do óleo lubrificante.
- Certos países desfrutam de reputação favorável para certos bens: O Japão, para automóveis e eletrônicos de consumo; os Estados Unidos por inovações de alta tecnologia, refrigerantes, brinquedos, cigarros e *jeans*; e a França por vinho, perfume e bens de luxo.
- Quanto mais favorável a imagem de um país, mais proeminentemente o rótulo com a inscrição *"Made in..."* será exibido na promoção de sua marca.
- As atitudes em relação ao país de origem pode mudar no decorrer do tempo. Note como o Japão tem melhorado sua imagem de qualidade em comparação aos anos anteriores a Segunda Guerra.

Uma empresa possui várias opções quando seus produtos são competitivos em preço, mas seu lugar de origem influi sobre o interesse dos consumidores. Ela pode considerar a possibilidade de fabricar em parceria com empresa de outro país que tenha melhor reputação. Assim, a Coréia do Sul pode fabricar uma jaqueta de couro especial que é enviada à Itália para acabamento ou a empresa pode adotar uma estratégia de qualidade de classe mundial para valorizar a indústria local, como ocorreu com os chocolates belgas, o presunto polonês e o café colombiano. Finalmente, a empresa pode contratar uma celebridade bem conhecida para endossar o produto. A Nike obteve grande sucesso ao contratar o astro de basquetebol Michael Jordan para promover seus calçados na Europa.[21]

Tão importante quanto as crenças são as atitudes.

**ATITUDE é a resistência de uma pessoa às avaliações favoráveis e desfavoráveis, aos sentimentos emocionais e às tendências de ação em relação a algum objeto ou idéia.**[22]

As pessoas têm atitudes em relação a quase tudo: religião, política, roupas, música, alimentação e assim por diante. As atitudes as colocam em uma estrutura

19.   FELDMAN, Diane. Building a better bird. *Management Review,* p. 10-14, May 1989.
20   Veja TYBOUT, Alice, CALDER, Bobby J., STERNTHAL, Brian. Using information processing theory to design marketing strategies. *Journal of Marketing Research,* p. 73-79, Feb. 1981.
21.   JOHANSSON, Johnny K. Determinants and effects of the use of "made in" labels. *International Marketing Review* (UK), 6, n. 1, p. 47-58, 1989; BILKEY, Warren J., NES, Erik. Country-of-origin effects on product evaluations. *Journal of International Business Studies,* p. 89-99, Spring-Summer 1982; e CATTIN, P. J. et. al. A cross-cultural study of "made-in" concepts. *Journal of International Business Studies,* p. 131-149, Winter 1982.
22.   Veja KRECH, David, CRUTCHFIELD, Richard, BALLACHEY, Egerton L. *Individual and society.* New York : McGraw-Hill, 1962. Cap. 2.

mental de gostar ou desgostar de um objeto, de aproximar-se ou de afastar-se dele. Assim, Linda Brown pode lidar com atitudes como, "Os computadores são ferramenta essencial para os profissionais", "Compre o melhor" e "A IBM fabrica os melhores computadores do mundo". Assim, o computador IBM é relevante para Linda porque se ajusta bem às atitudes preexistentes. Uma empresa de computadores pode beneficiar-se muito ao pesquisar as atitudes das pessoas em relação ao produto, à empresa e a sua marca.

As atitudes levam as pessoas a se comportarem de maneira consistente em relação a objetos similares. As pessoas não têm que interpretar e reagir a cada objeto de maneira diferente. As atitudes economizam energia física e psíquica. Por esta razão, as atitudes são muito difíceis de ser mudadas. As atitudes de uma pessoa estabelecem um padrão consistente, e qualquer mudança em uma atitude exige grandes ajustes nas demais atitudes.

Assim, uma empresa seria bem sensata ao ajustar seu produto às atitudes existentes, em vez de tentar modificar as atitudes das pessoas. Sem dúvida, há exceções quando o alto custo de tentar mudar as atitudes pode compensar. Há dois exemplos de empresas de alimentos que adotaram campanhas de propaganda para mudar as atitudes dos consumidores, com resultados notáveis:

UVAS-PASSAS DA CALIFÓRNIA   Quando os produtores de uvas-passas da Califórnia se viram muito estocados, enfrentaram grande obstáculo nas atitudes dos consumidores em relação às pequenas frutas enrugadas. A pesquisa mostrou que eles eram conscientes das propriedades nutritivas do produto, embora o considerasse "desinteressante". Entrou em ação o Comitê Consultivo de Uvas-passas da Califórnia e seus anúncios de uvas-passas dançantes. A campanha que mostrava um tipo especial de uvas-passas dançando ao som de uma música de Marvin Gaye obteve apelo emocional tão forte que acabou com o excesso de estoque de uvas-passas do estado.[23]

ASSOCIAÇÃO NACIONAL DOS PRODUTORES DE SUÍNOS   Em 1985, o consumo de carne de porco caiu para 26 kg *per capita*, quando em 1980 era de 30 kg. O país atravessava uma onda anti-carne de boi e de porco, favorecendo a carne de frango, mais magra e com menos colesterol. Embora a venda dos produtos suínos, realmente, houvesse melhorado como resultado dos métodos de criação e alimentação dos animais, o público ainda considerava a carne de porco uma escolha não saudável. A Associação Nacional dos Produtores de Suínos contratou a agência de propaganda Bozell Inc. para mudar a imagem da carne de porco, destinando uma verba anual de $ 12 milhões para uma campanha nacional de marketing. A nova campanha centrou-se no *slogan*, "Porco, a outra carne branca". Entre 1986 (início da campanha) e 1988, a venda da carne de porco cresceu 11% – igual ao aumento do consumo de frango e bem acima dos 2% de aumento do consumo de carne de boi no mesmo período.[24]

## PROCESSO DE COMPRA

Para serem bem-sucedidos, os profissionais de marketing têm que ir além das várias influências sobre os compradores e desenvolver um entendimento de como eles, realmente, tomam suas decisões de compra. Especificamente, devem identificar quem toma a decisão de compra, os tipos de decisões de compra e as etapas do processo de compra.

### Papéis de compra

Para muitos produtos, é fácil identificar o comprador. Normalmente, os homens escolhem seus aparelhos de barbear e as mulheres, suas meias-calças. Entretanto, há situações em que as empresas devem ser cuidadosas ao tomar decisões sobre mercado-alvo porque os papéis de compra são mutantes. A ICI, empresa inglesa gigante do setor químico, descobriu, para sua surpresa, que as mulheres tomam 60% das decisões sobre a marca de tinta para uso residencial. Assim, ela decidiu visá-las em seus anúncios da marca DeLux.

Podemos distinguir cinco papéis que as pessoas podem assumir em uma decisão de compra:

- *Iniciador*: A primeira pessoa que sugere a idéia de comprar o produto ou serviço.
- *Influenciador*: Pessoa cujos pontos de vista ou sugestões influenciam a decisão.
- *Decisor*: Pessoa que decide sobre qualquer componente de uma decisão de compra: se deve comprar, o quê, como e onde comprar.
- *Comprador*: Pessoa que faz a compra.
- *Usuário*: Pessoa que consome ou usa o produto ou serviço.

Consideremos o interesse de Linda Brown em comprar um computador *laptop*. Seu interesse pode ter sido, inicialmente, estimulado por um colega de trabalho (iniciador). Na procura da marca, pode ter consultado o chefe do departamento de informática da empresa, que fez algumas sugestões (influenciador). Linda tomou a decisão final (decisora). Seu marido disse que lhe compraria como presente de aniversário (comprador). Ela utilizará o *laptop* (usuária).

23. CURTIS, Cathy. Grocery marketing – growers see ads as precious commodity. *Advertising Age*, p. S20-S22, 12 Oct. 1987; SCHNEIDMAN, Diane. Perception-altering ads for generic foods are spread on the grapevine. *Marketing News*, p. 15, 19, 5 June 1987.
24. LEVIN, Joshua. Cluck, cluck, oink. *Forbes*, p. 126, 128, 16 Apr. 1990.

**Tabela 6.3**  *Quatro tipos de comportamento de compra.*

|  | ALTO ENVOLVIMENTO | BAIXO ENVOLVIMENTO |
|---|---|---|
| **Diferenças significativas entre as marcas** | Comportamento de compra complexa | Comportamento de compra que busca variedade |
| **Poucas diferenças entre as marcas** | Comportamento de compra com dissonância reduzida | Comportamento de compra habitual |

## Comportamento de compra

A tomada de decisão do consumidor varia conforme o tipo de decisão de compra. Há grandes diferenças entre comprar um creme dental, uma raquete de tênis, um microcomputador e um carro novo. Provavelmente, as compras complexas e caras envolvem maior deliberação do comprador e maior número de participantes. Assael distinguiu quatro tipos de comportamento de compra do consumidor baseados no grau de envolvimento do comprador e nas diferenças entre as marcas[25] (Tabela 6.3).

COMPORTAMENTO DE COMPRA COMPLEXO. Os consumidores enfrentam *um comportamento de compra complexo* quando estão altamente envolvidos em uma compra e conscientes das diferenças significativas entre as marcas. Geralmente, ocorre quando o produto é caro, comprado infreqüentemente, de risco e altamente auto-expressivo. Tipicamente, o consumidor não conhece muito a categoria do produto e tem muito o que aprender sobre ele. Por exemplo, a pessoa que compra um microcomputador pode não saber que atributos procurar. Muitas das características do produto não estão claras, a menos que o comprador tenha feito alguma pesquisa: "memória de 16 K", "capacidade do disco de memória", "resolução da tela" e assim por diante.

O comportamento de compra complexa envolve um processo de três etapas. Primeiro, o comprador desenvolve crenças sobre o produto. Segundo, desenvolve atitudes e, terceiro, toma uma decisão de compra cuidadosa. A empresa que vende um produto de alto envolvimento deve entender o processo de coleta de informações e avaliar o comportamento dos consumidores. Ela precisa desenvolver estratégias que acompanhem o comprador na aprendizagem sobre os atributos da classe de produto, sua importância relativa e a alta reputação de sua marca em relação aos atributos mais importantes. Também, precisa diferenciar as características da marca, usar a mídia impressa adequada e um texto extenso para descrever os benefícios da marca e motivar o pes-

soal de vendas das lojas e os conhecidos do comprador para que influenciem na escolha final da marca.

COMPORTAMENTO DE COMPRA COM DISSONÂNCIA REDUZIDA. Às vezes, o consumidor está altamente envolvido em uma compra, mas percebe pequenas diferenças nas marcas. O alto envolvimento está baseado no fato de que a compra é cara, infreqüente e arriscada. Neste caso, o comprador percorrerá várias lojas para saber o que está disponível, mas comprará rapidamente porque as diferenças entre marcas não são pronunciadas. Talvez, ele pode responder, principalmente, a um bom preço ou a uma compra conveniente. Por exemplo, a compra de carpete é uma decisão de alto envolvimento porque é um produto caro e auto-expressivo. Todavia, o comprador pode considerar que a maioria das marcas de carpete disponíveis em determinada faixa de preço é semelhante.

Após a compra, o consumidor pode enfrentar alguma dissonância decorrente da percepção de certas características insatisfatórias do carpete ou de ouvir comentários favoráveis sobre outras marcas disponíveis. Ele estará alerta para as informações que possam justificar sua decisão. Neste exemplo, primeiro, ele agiu, depois, adquiriu novas crenças e terminou com um conjunto de atitudes. Aqui, as comunicações de marketing devem ser orientadas para fornecer crenças e avaliações que ajudem o consumidor a sentir-se bem sobre sua escolha de marca.

COMPORTAMENTO DE COMPRA HABITUAL. Muitos produtos são comprados sob condições de baixo envolvimento do consumidor e na ausência de diferenças significativas entre as marcas disponíveis. Consideremos a compra de sal. Os consumidores têm pouco envolvimento nesta categoria de produto. Eles vão ao supermercado e procuram uma marca. Se não a encontrarem, comprarão qualquer outra, pois não há forte lealdade de marca. Há bastante evidência de que os consumidores têm pouco envolvimento com a maioria dos produtos comprados freqüentemente e de preço baixo.

---

25. Veja ASSAEL, Henry. *Consumer behavior and marketing action*. Boston : Kent, 1987. Cap. 4.

Com os produtos de baixo envolvimento, o comportamento do consumidor não percorre a seqüência normal crença/atitude/comportamento. Os consumidores não procuram informações extensivas sobre as marcas, não avaliam suas características e as decisões sobre que marca comprar não são relevantes. Ao contrário, são receptores passivos de informações recebidas enquanto assistem à televisão ou lêem anúncios impressos. A repetição de um anúncio cria *familiaridade com a marca* em vez de *convicção com a marca*. Os consumidores não formam uma atitude forte em relação a uma marca, mas a escolhem por ser familiar. Após a compra, não fazem nenhuma avaliação da escolha porque não estão altamente envolvidos com o produto. Assim, o processo de compra é creditado às crenças formadas pela aprendizagem passiva, acompanhadas do comportamento de compra, que pode ser seguido pela avaliação.

As empresas de produtos de baixo envolvimento, com poucas diferenças de marcas, constatam que é eficaz o uso de promoções de vendas e de preços para estimular a experimentação do produto, contanto que os consumidores não estejam altamente comprometidos com qualquer marca. Ao anunciar um produto de baixo envolvimento, alguns detalhes devem ser observados. O texto do anúncio deve destacar apenas alguns pontos-chaves. Os símbolos visuais e as imagens são importantes porque podem facilitar a lembrança e a associação com a marca. As campanhas devem apresentar anúncios com alta taxa de repetição e mensagens de breve duração. A televisão é mais eficaz do que a mídia impressa porque é uma mídia de baixo envolvimento, adequada para a aprendizagem passiva.[26]

Os profissionais de marketing usam quatro técnicas para tentar converter o produto de baixo envolvimento em um de maior envolvimento. Primeiro, podem vincular o produto a algum assunto envolvente, como quando o creme dental Crest foi associado à prevenção de cárie. Segundo, o produto também pode ser vinculado a uma situação pessoal, por exemplo, ao anunciar uma marca de café logo de manhã quando o consumidor deseja algo para superar a sonolência. Terceiro, podem desenvolver campanha de propaganda para procurar despertar emoções fortes relacionadas a valores pessoais ou a defesa do ego. Quarto, podem acrescentar uma característica importante do produto a um produto de baixo envolvimento (por exemplo, fortalecer um drinque agradável, acrescentando-lhe vitaminas). Na melhor das hipóteses, estas estratégias despertam o envolvimento do consumidor de um nível baixo para moderado; elas não impulsionam o consumidor para um comportamento de compra de alto envolvimento.

**COMPORTAMENTO DE COMPRA QUE BUSCA VARIEDADE.** Algumas situações de compra são caracterizadas por baixo envolvimento do consumidor, mas apresentando diferenças significativas de marcas. Aqui, os consumidores são, freqüentemente, obrigados a fazer várias escolhas de marcas. Um exemplo ocorre na compra de bolos. O consumidor possui algumas crenças, escolhe uma marca de bolo sem muita avaliação e a avalia durante o consumo. Porém, da próxima vez, ele pode procurar outra marca ou desejar um sabor diferente. A escolha da marca ocorre em função da variedade, em vez de estar relacionada com a insatisfação.

A marca líder de mercado e as marcas menos expressivas nessa categoria de produto possuem estratégias de marketing diferentes. A líder de mercado tentará estimular o comportamento de compra habitual dominando o espaço de prateleira, evitando a falta do produto e veiculando propaganda de lembrança de marca contínua. As empresas desafiantes estimularão a busca de variedade oferecendo preços menores, boas negociações com revendedores, cupons e descontos, amostras grátis e veiculando anúncios que apresentem razões para o consumidor tentar experimentar algo novo.

## Estágios do processo de decisão de compra

As empresas inteligentes pesquisam o processo de decisão de compra inerente a sua categoria de produto. Seus pesquisadores perguntam aos consumidores quando eles tomaram conhecimento da categoria de produto e marcas pela primeira vez, quais suas crenças sobre a marca, como estão envolvidos com o produto, como fazem suas escolhas de marca e qual seu nível de satisfação após a compra.

Como as empresas podem conhecer os estágios do processo de compra de seu produto? Seus profissionais de marketing podem pensar como eles próprios agiriam (*método introspectivo*). Podem entrevistar um pequeno número de compradores recentes, pedindo-lhes para lembrar os eventos que os levaram à compra (*método retrospectivo*). Podem localizar os consumidores que planejam comprar o produto e pedir-lhes para descrever seu processo de compra (*método prospectivo*) ou a maneira ideal de comprar o produto (*método prescritivo*). Cada método produz um quadro com as etapas do processo de compra do consumidor.

A Figura 6.4 mostra um modelo de cinco estágios do processo de compra típico. O consumidor passa por cinco estágios: reconhecimento do problema, busca de informações, avaliação de alternativas, decisão de compra e comportamento pós-compra. Claramente, o processo de compra começa muito antes da compra real e tem conseqüências posteriores.[27]

---

26. KRUGMAN, Herbert E. The impact of television advertising: learning without involvement. *Public Opinion Quarterly*, p. 349-356, Fall 1965.
27. Os pesquisadores de marketing desenvolveram vários modelos do processo de compra do consumidor. Veja HOWARD, John A., SHETH, Jagdish N. *The theory of buyer behavior.* New York : John Wiley, 1969; e ENGEL, James F., BLACKWELL, Roger D., MINIARD, Paul W. *Consumer behavior,* 8. ed. Fort Worth, TX : Dryden, 1994.

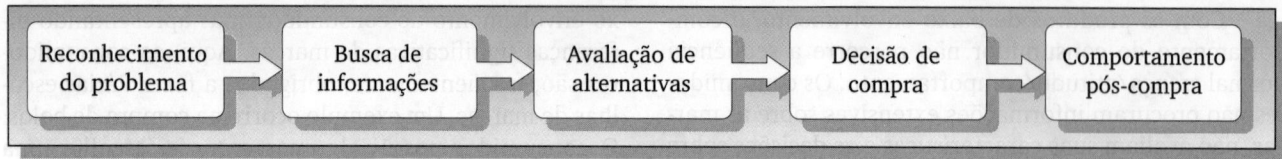

**Figura 6.4**   *Modelo de cinco estágios do processo de compra do consumidor.*

O modelo da Figura 6.4 considera que os consumidores passam, seqüencialmente, por todos os cinco estágios para comprar um produto. Mas este não é o caso, principalmente para as compras de baixo envolvimento. Os consumidores podem passar por cima ou inverter alguns estágios. Assim, uma mulher que compra sua marca regular de creme dental vai diretamente da necessidade de escovar os dentes à decisão de compra, passando por cima dos estágios de busca de informações e avaliação. Entretanto, usaremos o modelo dessa Figura porque ela mostra a ampla faixa de considerações que surgem quando um consumidor enfrenta uma nova compra altamente envolvente. Mais uma vez, vamos voltar ao caso de Linda Brown para tentar entender como ela ficou interessada em comprar um *laptop* e os estágios que ela passou para fazer sua escolha final.[28]

**RECONHECIMENTO DO PROBLEMA.**   O processo de compra inicia-se quando o comprador reconhece um problema ou necessidade. Ele percebe a diferença entre sua situação real e uma situação desejada. A necessidade pode ser impulsionada por estímulos internos ou externos. No primeiro caso, uma das necessidades normais de uma pessoa – fome, sede, sexo – surge em um nível de consciência e torna-se um impulso. No segundo caso, uma necessidade é despertada por um estímulo externo. Alguém passa por uma padaria e vê pães frescos que estimulam sua fome; admira o carro novo de um vizinho; ou assiste a um comercial de televisão anunciando férias havaianas.

Os profissionais de marketing precisam identificar as circunstâncias que ativam uma necessidade específica. A necessidade de Linda Brown pode ser ativada pelo fato de que suas condições de trabalho já haviam chegado ao máximo ou que ela ficou impressionada com o *laptop* de um colega de trabalho. Ao reunir informações de alguns consumidores, os profissionais de marketing podem identificar o estímulo mais freqüente que desperta o interesse por uma categoria de produto. Assim, ele pode desenvolver estratégias de marketing que impulsionam o interesse do consumidor.

**BUSCA DE INFORMAÇÕES.**   Um consumidor ativo estará inclinado a buscar mais informações. Podemos distin-

guir entre dois níveis. O estágio de busca moderada é denominado *atenção elevada*. Neste nível, Linda Brown, simplesmente, torna-se mais receptiva às informações sobre computadores. Presta atenção aos anúncios, aos computadores comprados pelos amigos e conversa com eles sobre o assunto.

No nível seguinte, Linda pode partir para uma *busca ativa de informações*. Procura material de leitura, telefona para amigos e engaja-se em outras atividades para aprender mais sobre computadores. O número de buscas que realiza dependerá da força de seu impulso, do volume de informações que já tenha, da facilidade de obter informações adicionais, do valor atribuído a essas informações e da satisfação obtida pelas buscas.

É de grande interesse do profissional de marketing conhecer as principais fontes de informações que o consumidor recorrerá e a influência relativa que cada uma delas terá sobre a decisão de compra subseqüente. As fontes de informações do consumidor são classificadas em quatro grupos:

- *Fontes pessoais*: família, amigos, vizinhos, conhecidos.
- *Fontes comerciais*: propaganda, vendedores, revendedores, embalagem, *displays*.
- *Fontes públicas*: mídia de massa, organizações de consumidores.
- *Fontes experimentais*: manuseio, exame, uso do produto.

O volume relativo e a influência destas fontes de informações variam conforme a categoria de produto e as características do comprador. De modo geral, o consumidor recebe a maioria das informações sobre um produto de fontes comerciais – isto é, fontes dominadas pelo fabricante. Por outro lado, as informações mais eficazes procedem de fontes pessoais. Cada fonte de informações desempenha uma função diferente para influenciar a decisão de compra. Normalmente, as fontes comerciais desempenham uma função informativa e as fontes pessoais uma função legitimada e/ou de avaliação. Por exemplo, os médicos, freqüentemente, tomam conhecimento de novos medicamentos através de fontes comerciais, mas procuram colegas para avaliar as informações.

Através da coleta de informações, o consumidor fica conhecendo as marcas concorrentes e suas caracte-

28.   Veja PUTSIS, JR., William P., SRINIVASAN, Narasimhan. Buing or just browsing? The duration of purchase deliberation. *Journal of Marketing Research,* p. 393-402, Aug. 1994.

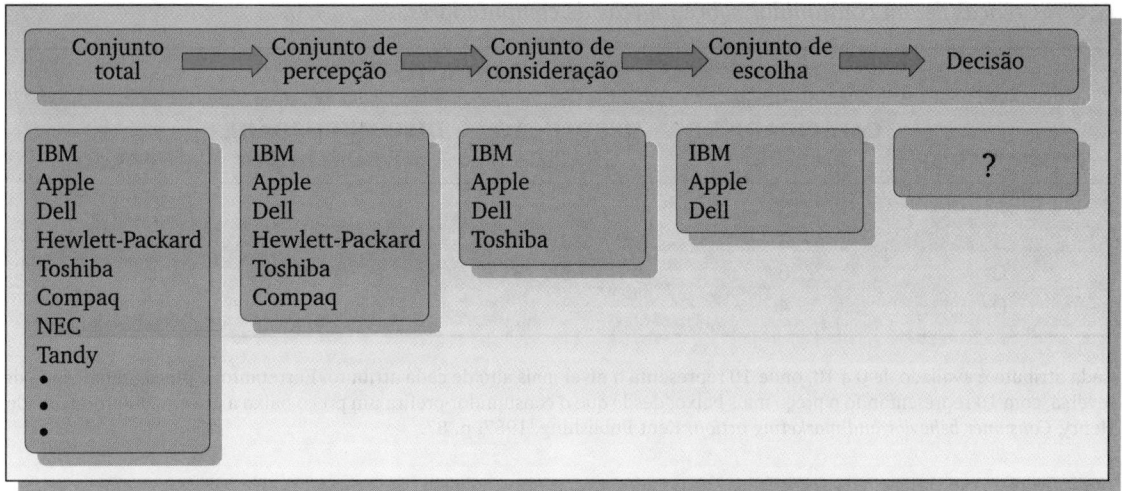

**Figura 6.5** *Conjuntos sucessivos envolvidos na tomada de decisão do consumidor.*

rísticas. O primeiro *box* da Figura 6.5 mostra o *conjunto total* de marcas disponíveis para o consumidor. Linda Brown virá conhecer apenas um subconjunto dessas marcas (*conjunto de percepção*). Algumas marcas atenderão aos critérios iniciais de compra de Linda (*conjunto de consideração*). À medida que Linda reúne mais informações, apenas algumas marcas permanecerão para escolha (*conjunto de escolha*). Todas as marcas do conjunto de escolha podem ser aceitáveis. Linda faz sua escolha final deste conjunto de escolha.[29]

A Figura 6.5 deixa claro que uma empresa deve definir uma estratégia para colocar sua marca nos conjuntos de percepção, de consideração e de escolha do consumidor potencial. Também, deve identificar as outras marcas do conjunto de escolha para poder preparar seus apelos competitivos. Além disso, a empresa deve identificar as fontes de informações do consumidor e avaliar sua importância relativa. Os consumidores devem ser indagados sobre quando ouviram falar da marca pela primeira vez, que informações receberam depois e a importância relativa de diferentes fontes de informações. As respostas ajudarão as empresas a preparar comunicações eficazes para o mercado-alvo.

**AVALIAÇÃO DE ALTERNATIVAS.** Como o consumidor processa as informações sobre as marcas concorrentes e faz o julgamento final de valor? A resposta é que não há nenhum processo de avaliação único usado por todos os consumidores ou mesmo por um consumidor em todas as situações de compra. Há diversos processos de avaliação de decisão. A maioria dos modelos atuais do processo de avaliação do consumidor é orientada cognitivamente. Isto é, eles vêem o consumidor formando julgamentos sobre produtos, largamente em base racional e consciente.

Alguns conceitos básicos nos ajudarão a entender os processos de avaliação do consumidor. Primeiro, ele está tentando satisfazer a uma *necessidade*. Segundo, o consumidor está procurando certos *benefícios* a partir da solução oferecida pelo produto. Vê cada produto como um *conjunto de atributos*, com capacidades diferentes de prestar os benefícios anunciados e satisfazendo a esta necessidade. Os atributos de interesse para os computadores variam conforme o produto:

- *Câmaras fotográficas*: ajuste, velocidade, tamanho e preço.
- *Hotéis*: localização, limpeza, atmosfera, preço.
- *Líquido para higiene bucal*: cor, eficácia, capacidade de eliminar germes, preço, gosto/sabor.
- *Pneus*: segurança, vida útil, qualidade da rodagem, preço.

Os consumidores diferem sobre que atributos de produto percebem como relevantes ou salientes, bem como sobre o peso que atribuem a cada atributo. Prestarão mais atenção aos atributos que prestam os benefícios anunciados. Freqüentemente, o mercado para um produto pode ser segmentado de acordo com os atributos mais salientes para diferentes grupos de consumidores.

O consumidor desenvolve um conjunto de *crenças de marca* em que cada marca é posicionada dentro de um atributo. O conjunto de crenças sobre uma marca formam a *imagem de marca*. A imagem de marca variará de acordo com as experiências do consumidor, filtradas pelos efeitos da percepção, distorção e retenção seletivas.

O consumidor toma atitudes (julgamentos, preferências) em relação às várias marcas através de um procedimento de avaliação de atributos.[30] Suponhamos que

29. Veja NARAYANA, Chem L., MARKIN, Rom J. Consumer behavior and product performance: an alternative conceptualization. *Journal of Marketing*, p. 1-6, Oct. 1975.
30. Ver GREEN, Paul, WIND, Yoram. *Multiattribute decisions in marketing*: a measurement approach. Hinsdale IL : Dryden Press, 1973. Cap. 2; McALISTER, Leigh. Choosing multiple items from a product class. *Journal of Consumer Research*, p. 213-224, Dec. 1979.

**Tabela 6.4**    *Crenças de um consumidor sobre marcas de computadores.*

| COMPUTADOR | ATRIBUTO | | | |
|---|---|---|---|---|
| | CAPACIDADE DE MEMÓRIA | RESOLUÇÃO GRÁFICA | DISPONIBILIDADE DE *SOFTWARE* | PREÇO |
| A | 10 | 8 | 6 | 4 |
| B | 8 | 9 | 8 | 3 |
| C | 6 | 8 | 10 | 5 |
| D | 4 | 3 | 7 | 8 |

**Nota:**    Cada atributo é avaliado de 0 a 10, onde 10 representa o nível mais alto de cada atributo. Entretanto, o preço foi indexado de maneira reversa, com 10 representando o preço mais baixo, desde que o consumidor prefira um preço baixo a um alto. Reproduzido de ASSAEL, Henry. *Consumer behavior and marketing action.* Kent Publishing, 1987. p. 87.

Linda Brown limitou seu conjunto de escolha a quatro computadores (A, B, C e D). Assumimos que ela está interessada em quatro atributos: capacidade de memória, resolução gráfica, tamanho e peso e preço. A Tabela 6.4 mostra suas crenças sobre como cada marca é avaliada nos quatro atributos. Linda avalia a marca A da seguinte forma: capacidade de memória, 10 (em uma escala de 10 pontos); resolução gráfica, 8; tamanho e peso, 6; e preço, 4 (relativamente caro). Similarmente, a tabela mostra a avaliação dos três outros computadores nesses atributos. Claramente, se um computador dominou os outros em todos os critérios, podemos prever que Linda o escolherá. Mas seu conjunto de escolha consiste de marcas que variam e termos de apelo. Se ela deseja a maior capacidade de memória, deve comprar o A; se deseja a melhor resolução gráfica, deve comprar o B; e assim por diante.

Entretanto, a maioria dos compradores considera vários atributos em sua decisão de compra. Se soubéssemos o peso que Linda Brown atribui a cada um dos quatro atributos, poderíamos prever com maior confiança qual o computador que seria escolhido. Suponhamos que ela atribuiu 40% para a importância da capacidade de memória, 30%, para a resolução gráfica, 20%, para o tamanho e peso e 10%, para o preço. Para encontrar o valor percebido de Linda para cada computador, seus pesos são multiplicados por suas crenças sobre cada um dos atributos. Isto leva aos seguintes valores percebidos:

Computador A = 0,40(10) + 0,30(8) + 0,20(6) + 0,10(4) = 8,0
Computador B = 0,40(8) + 0,30(9) + 0,20(8) + 0,10(3) = 7,8
Computador C = 0,40(6) + 0,30(8) + 0,20(10) + 0,10(5) = 7,3
Computador D = 0,40(4) + 0,30(3) + 0,20(7) + 0,10(8) = 4,7

Podemos prever que Linda escolherá o computador A, que obteve o maior valor percebido.[31]

Suponhamos que a maioria dos compradores de computadores forma sua preferência igual a Linda Brown. Sabendo disso, um fabricante de computadores pode fazer inúmeras coisas para influenciar as decisões de compra. Por exemplo, o fabricante do computador C pode adotar as seguintes estratégias para estimular maior interesse por sua marca:

- *Modificar o computador.* A empresa poderia redesenhar a marca C de modo que ela ofereça maior capacidade de memória ou outras características desejadas pelo comprador. Isto é denominado *reposicionamento real.*
- *Alterar as crenças sobre a marca.* Ela poderia tentar alterar as crenças dos compradores sobre onde a marca está situada em termos de atributos-chave. Esta tática é especialmente recomendada se os compradores subestimam as qualidades da marca C. Não é recomendada se os compradores estão avaliando corretamente esta marca; apelos exagerados levariam a uma insatisfação dos mesmos e a comunicação boca a boca desfavorável. A tentativa de alterar as crenças sobre a marca é denominada *reposicionamento psicológico.*
- *Alterar as crenças sobre as marcas concorrentes.* A empresa poderia tentar mudar as crenças dos compradores sobre onde as marcas concorrentes estão situadas nos diferentes atributos. Isto faria sentido quando os compradores acreditam erroneamente que uma marca concorrente possui maior qualidade do que realmente tem. Isto é denominado *reposicionamento competitivo.*

---

31. Este modelo de expectativa de valor foi desenvolvido por FISHBEIN, Martin. Attitudes and prediction of behavior. In: FISHBEIN, Martin (Org.). *Readings in attitude theory and measurement.* New York : John Wiley, 1967. p. 477-492. Para uma análise crítica, veja MINIARD, Paul W., COHEN, Joel B. An examination of the Fishbein-Ajzen behavioral-intentions model's concepts and measures. *Journal of Experimental Social Psychology.* p. 309-339, May 1981.
   Outros modelos de avaliação do consumidor são os seguintes: *modelo de marca ideal,* que assume que o consumidor compara as marcas reais a sua marca ideal e escolhe aquela que mais se aproxima dela; *modelo conjuntivo,* no qual o consumidor fixa níveis mínimos aceitáveis para todos os atributos e considera apenas as marcas que atendem a todas essas exigências mínimas; e o *modelo disjuntivo,* em que o consumidor estabelece níveis mínimos aceitáveis em apenas alguns atributos e elimina aquelas marcas que mais se distanciam desses níveis. Para uma discussão sobre estes e outros modelos, veja GREEN e WIND. *Multiattribute decisions in marketing.*

- *Alterar os pesos de importância.* Ela poderia tentar persuadir os compradores a dar mais importância aos atributos nos quais a marca se destaca. A empresa da marca C pode divulgar os benefícios de escolher um computador *laptop* com tamanho e peso ideais, uma vez que sua marca é superior neste atributo.
- *Chamar a atenção sobre atributos negligenciados.* A empresa poderia atrair a atenção do comprador para atributos pouco evidentes. Se a marca C for de um computador mais robusto, o fabricante pode divulgar as vantagens deste atributo.
- *Substituir os ideais do comprador.* Ela poderia tentar persuadir os compradores a mudar seus níveis ideais em relação a um ou mais atributos. O fabricante da marca C poderia tentar convencer os compradores de que os computadores com grande capacidade de memória têm maior probabilidade de apresentar problemas, sendo que os de memória média são mais desejáveis.[32]

Ao usar estas estratégias, os profissionais de marketing estão tentando influenciar a decisão de compra dos consumidores. Mas muitos deles, hoje, sabem que os publicitários e os vendedores tentam influenciar seu comportamento. Assim, os profissionais devem levar em consideração como o conhecimento das técnicas de persuasão pelos consumidores pode orientar sua ponderação de certos aspectos de uma campanha de propaganda ou apresentação de vendas.[33]

**Decisão de Compra.** No estágio de avaliação, o consumidor forma preferências entre as marcas no conjunto de escolha. Ele pode também formar uma intenção de compra para adquirir a marca preferida. Entretanto, dois fatores podem intervir entre a intenção e a decisão de compra (Figura 6.6).[34]

O primeiro fator é a *atitude dos outros.* Suponhamos que uma amiga íntima de Linda Brown recomende com veemência que Linda Brown deve comprar o computador de menor preço (D). Como resultado, a probabilidade de compra de Linda para o computador A será bastante reduzida, ocorrendo o contrário para o computador D. A extensão pela qual a atitude de outra pessoa reduz a alternativa preferida por alguém depende de dois fatos: (1) a intensidade da atitude negativa de outra pessoa em relação a alternativa preferida pelo consumidor e (2) a motivação do consumidor em atender aos desejos de outra pessoa.[35] Quanto mais intenso for o negativismo da outra pessoa e mais íntima sua relação com o consumidor, mais este modificará sua intenção de compra. O contrário também é verdadeiro: A preferência de um comprador por uma marca aumentará se alguém que ele gosta favorece a mesma marca. A influência de outros torna-se complexa quando diversas pessoas relacionadas com o comprador manifestam opiniões contraditórias e este gostaria de agradar a todas.

A intenção de compra é também influenciada por *fatores situacionais imprevistos.* Eles podem surgir para mudar a intenção de compra. Linda Brown pode perder seu emprego, alguma outra compra pode tornar-se mais urgente ou ela pode ficar desapontada com o vendedor de alguma loja. Assim, as preferências e mesmo as intenções de compra não são preditores totalmente confiáveis do comportamento de compra.

A decisão de um consumidor para modificar, adiar ou evitar uma decisão de compra é fortemente influenciada pelo *risco percebido.*[36] A intensidade do risco percebido varia com a quantia de dinheiro em jogo, a força do atributo de incerteza e a dimensão de autoconfiança do consumidor. Os consumidores desenvolvem rotinas para reduzir o risco, como evitar a decisão, obter informações de amigos e preferir nomes de marcas e garantias nacionais. As empresas devem entender os fatores que provocam um sentimento de risco nos consumidores e fornecer informações e apoio que reduzirão o risco percebido.

Ao executar uma intenção de compra, a pessoa pode passar por cinco subdecisões de compra. Assim, Linda Brown tomará uma *decisão de marca* (marca A), *decisão de vendedor* (revendedor 2), *decisão de quantidade* (um computador *laptop*), *decisão de tempo* (fim de semana) e *decisão sobre a forma de pagamento* (cartão de crédito). As compras de produtos do dia-a-dia envolvem poucas decisões e menor deliberação do comprador. Por exemplo, ao comprar açúcar, Linda não está preocupada com o vendedor ou forma de pagamento.

**Comportamento Pós-compra.** Após comprar o produto, o consumidor experimentará algum nível de satisfação ou de insatisfação. Ele também se engajará nas ações pós-compra e nos usos do produto de interesse para a empresa. O trabalho do fabricante não termina quando o produto é comprado, mas continua no período pós-compra.

32. Veja BOYD JR., Harper W., RAY, Michael L., STRONG, Edward C. An attitudinal framework for advertising strategy. *Journal of Marketing,* p. 27-33, Apr. 1972.
33. FRIESTAD, Marian, WRIGHT, Peter. The persuasion knowledge model: how people cope with persuasion attempts. *Journal of Consumer Research,* p. 1-31, June 1994.
34. Veja SHETH, Jagdish N. An investigation of relationships among evaluative beliefs, affect, behavioral intention, and behavior. In: FARLEY, John U., HOWARD, John A., RING, L. Winston (Orgs.). *Consumer behavior*: theory and application. Boston : Allyn & Bacon, 1974. p. 89-114.
35. Veja FISHBEIN. Attitudes and prediction.
36. Veja BAUER, Raymond A. Consumer behavior as risk taking. In: COX, Donald F. (Org.). *Risk taking and information handling in consumer behavior.* Boston : Division of Research, Harvard Business School. 1967; e TAYLOR, James W. The role of fisk in consumer behavior. *Journal of Marketing,* p. 54-60, Apr. 1974.

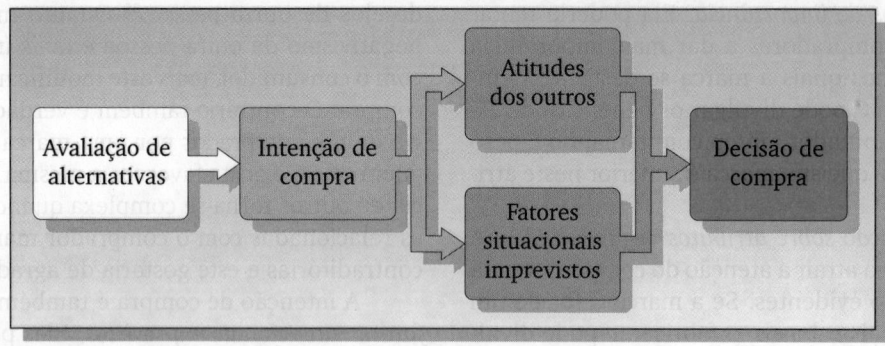

Avaliação de alternativas → Intenção de compra → Atitudes dos outros / Fatores situacionais imprevistos → Decisão de compra

**Figura 6.6**  *Etapas entre a avaliação de alternativas e uma decisão de compra.*

**Satisfação pós-compra**. Após comprar um produto, o consumidor pode detectar um defeito. Alguns compradores não desejam o produto defeituoso, outros serão indiferentes com o defeito e ainda outros podem ver o defeito como algo que aumenta o valor do produto.[37] Por exemplo, para um colecionador, uma página invertida na primeira edição do livro de um autor famoso pode valer muitas vezes seu preço de compra. Alguns defeitos podem ser prejudiciais aos consumidores. As empresas que fabricam automóveis, brinquedos e produtos farmacêuticos devem recolher rapidamente qualquer produto que tenha a mínima chance de ferir os usuários.

O que determina se o comprador ficará altamente satisfeito, moderadamente satisfeito ou insatisfeito com uma compra? A satisfação do comprador é uma função diretamente relacionada entre suas expectativas e o desempenho percebido do produto.[38] Se o desempenho de um produto não atende às expectativas do consumidor, ele fica desapontado; se atende às expectativas, o consumidor fica satisfeito; se excede, ele fica encantado. Esses sentimentos fazem uma diferença se o comprador adquire o produto novamente e faz comentários favoráveis ou desfavoráveis sobre o mesmo a outras pessoas.

Os consumidores formam suas expectativas baseando-se nas mensagens recebidas dos vendedores, amigos e outras fontes de informações. Se o vendedor exagerar nos benefícios, os consumidores experimentarão falsas expectativas que levam à insatisfação. Quanto maior o hiato entre as expectativas e o desempenho, maior a insatisfação do consumidor. Aqui, entra em ação a competição por estilo. Alguns consumidores ampliam o hiato quando o produto não é perfeito e quando não estão plenamente satisfeitos. Outros consumidores minimizam o hiato e ficam menos insatisfeitos.[39]

A importância da satisfação pós-compra sugere que os vendedores devem fabricar produtos que representem, verdadeiramente, seu provável desempenho. Alguns vendedores podem ainda subestimar os níveis de desempenho para que consumidores sintam maior satisfação em relação ao produto do que a esperada. Por exemplo, um fabricante pode criar maior satisfação ao prometer a entrega para as 16 horas e fazê-la às 14 horas do que prometer para as 11 horas e não ter entregue até as 12 horas.

**Ações pós-compra**. A satisfação ou insatisfação do consumidor em relação a um produto influenciará seu comportamento subseqüente. Se o consumidor ficar satisfeito, exibirá maior probabilidade de comprar o produto novamente. Por exemplo, dados sobre a escolha de marca de automóvel mostram alta correlação entre estar plenamente satisfeito com a última marca comprada e a intenção de recomprá-la. Uma pesquisa mostrou que 75% dos compradores da marca Toyota estavam plenamente satisfeitos e 75% pretendiam comprá-la novamente; 35% dos compradores de Chevrolet estavam plenamente satisfeitos e 35% pretendiam comprar novamente a marca. O consumidor satisfeito também tenderá a falar favoravelmente sobre a marca a outras pessoas. As empresas afirmam: "Nosso melhor anunciante é um consumidor satisfeito".[40]

Os consumidores insatisfeitos respondem diferentemente. Eles podem abandonar ou devolver o produto. Podem procurar mais informações que confirmem seu alto valor. Podem acionar publicamente a empresa, procurando um advogado ou dirigindo-se a grupos de defesa do consumidor. Eles também podem parar de comprar o produto (*opção de abandono*) ou advertir amigos

37. Veja KOTLER, Philip, MANTRALA, Murali K. Flawed products: consumer responses and marketer strategies. *Journal of Consumer Marketing,* p. 27-36, Summer 1985.
38. Veja LA BARBERA, Priscilla A., MAZURSKY, David. A longitudinal assessment of consumer satisfaction/dissatisfaction: the dynamic aspect of the cognitive process. *Journal of Marketing Research,* p. 393-404, Nov. 1983.
39. Veja DAY, Ralph L. Modeling choices among alternative responses to dissatisfaction. In: *ADVANCES in consumer research.* Provo, UT : Association of Consumer Research, 1984. v. 11, p. 496-499.
40. Veja BAYUS, Barry L. Word of mouth: the indirect effects of marketing efforts. *Journal of Advertising Research,* p. 31-39, June/July 1985.

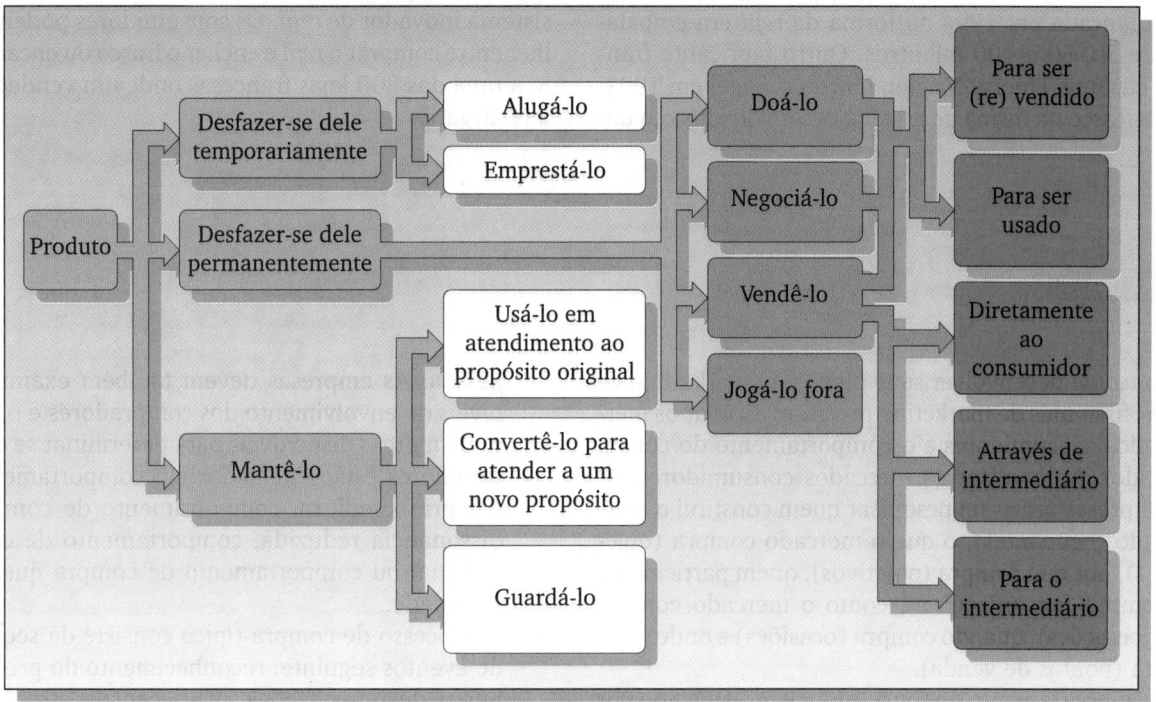

**Fonte:** JACOBY, Jacob, BERNING, Carol K., DIETVORST, Thomas F. What about disposition? *Journal of Marketing,* p. 23, July 1977.
**Figura 6.7** *Como os consumidores usam ou se desfazem de produtos.*

*(opção de voz ativa).*[41] Em todos estes casos, o vendedor realizou um trabalho ruim em termos de satisfação do consumidor.[42]

As empresas podem tomar providências para minimizar a intensidade da insatisfação pós-compra do consumidor. As comunicações pós-compra têm resultado em menor devolução de produtos e cancelamento de pedidos.[43] As empresas de computadores podem enviar uma carta aos novos compradores cumprimentando-os por terem escolhido um equipamento de excelente qualidade. Podem colocar anúncios mostrando compradores satisfeitos com a marca. Podem pedir-lhes sugestões para melhorar o produto e listar os postos de assistência técnica autorizados. Podem preparar manuais de instruções que sejam inteligíveis ou enviar aos compradores uma revista contendo artigos sobre novas aplicações do computador. Além disso, a empresa pode fornecer bons canais para receber reclamações e agilizar o atendimento de queixas.

Uso e intenção pós-compra. As empresas devem também monitorar como os compradores usam e dispõem do produto (Figura 6.7). Se os consumidores guardarem o produto no armário, tal prática indica que o mesmo não foi satisfatório, e a comunicação boca a boca seria intensa. Se eles venderem ou negociarem o produto, as novas vendas seriam prejudicadas. Se encontra-

rem novos usos para o produto, os fabricantes devem divulgá-los.

**AVON** Por vários anos, os consumidores da Avon divulgaram que o óleo hidratante de banho Skin-So-Soft era um repelente eficaz contra insetos. Enquanto algumas consumidoras, simplesmente, banhavam-se na água perfumada com o óleo, outras o carregavam em suas mochilas para os *campings* infestados de mosquitos ou mantinham um vidro no armário de suas casas de praia. Agora, após receber aprovação da Agência de Proteção Ambiental, a Avon está lançando o Skin-So-Soft Plus como um produto de ação tripla: repelente contra insetos, protetor solar e hidratante.[44]

Se os consumidores descartarem o produto, a empresa precisa saber onde ele será jogado, principalmente se prejudicar o meio-ambiente (como no caso de garrafas plásticas e fraldas descartáveis). O aumento da consciência pública em relação à reciclagem e à ecologia, bem como das reclamações dos consumidores sobre a necessidade de jogarem fora belos frascos, levaram o fabricante de perfume francês Rochas a pensar sobre a introdução de uma linha de novas fragrâncias na forma de *refil*. A nova fragrância feminina, Tocade, foi mundial-

41. Veja HIRSCHMAN, Albert O. *Exit, voice, and loyalty.* Cambridge, MA : Harvard University Press, 1970.
42. Veja GILLY, Mary C., HANSEN, Richard W. Consumer complaint handling as a strategic marketing tool. *Journal of Consumer Marketing,* p. 5-16, Fall 1985.
43. Veja DONNELLY, JR., James H., IVANCEVICH, John M. Post-purchase reinforcement and back-out behavior. *Journal of Marketing Research,* p. 399-400, Aug. 1970.
44. WEISZ, Pam. Avon's skin-so-soft bugs out. *Brandweek,* p. 4, 6 June 1994.

mente lançada em 1994 na forma de *refil* em embalagens de 30, 50 e 100 mililitros. Outro fabricante francês, o Parfums Thierry Mugler, lançou o Angel em 1992, em um frasco na forma de estrela, desenvolvido com um sistema inovador de *refil*. Os consumidores podem escolher entre comprar o *refil* e encher o frasco ou encaminhá-lo a uma das 800 lojas francesas onde um vendedor faz a recarga.[45]

## RESUMO

1. Antes de desenvolver seus planos de marketing, os profissionais de marketing precisam estudar os mercados consumidores e o comportamento do consumidor. Ao analisar os mercados consumidores, as empresas precisam pesquisar quem constitui o mercado (ocupantes), o que o mercado compra (objetos), por que compra (objetivos), quem participa da compra (organizações), como o mercado compra (operações), quando compra (ocasiões) e onde compra (pontos de venda).

2. O comportamento do consumidor é influenciado por quatro fatores: culturais (cultura, subcultura e classe social), sociais (grupos de referência, família e papéis e posição social), pessoais (idade, estágio do ciclo de vida, ocupação, condições econômicas, estilo de vida, personalidade e autoconceito) e psicológicos (motivação, percepção, aprendizagem, crenças e atitudes). A pesquisa sobre todos estes fatores podem fornecer indícios de como atingir e servir os consumidores com maior eficácia

3. Para entender realmente como os consumidores tomam suas decisões de compra, as empresas devem identificar quem participa do processo de decisão; as pessoas podem ser iniciadoras, influenciadoras, decisoras, compradoras ou usuárias e campanhas de marketing diferentes devem visar a cada tipo de pessoa. As empresas devem também examinar os níveis de envolvimento dos compradores e o número de marcas disponíveis para determinar se os consumidores estão engajados em comportamento de compra complexa, comportamento de compra de dissonância reduzida, comportamento de compra habitual ou comportamento de compra que busca variedade.

4. O processo de compra típico consiste da seqüência de eventos seguinte: reconhecimento do problema, busca de informações, avaliação de alternativas, decisão de compra e comportamento pós-compra. O trabalho dos profissionais de marketing é entender o comportamento do comprador em cada estágio e que influências estão operando. As atitudes dos outros, os fatores situacionais imprevistos e o risco percebido podem afetar a decisão de compra, bem como os níveis de satisfação pós-compra dos consumidores e suas ações pós-compra que afetam a empresa. Os consumidores satisfeitos continuarão comprando; os insatisfeitos deixarão de comprar o produto e, provavelmente, comentarão com seus amigos. Por esta razão, as empresas devem trabalhar para assegurar a satisfação do consumidor em todos os níveis do processo de compra.

## APLICAÇÕES CONCEITUAIS

1. Os varejistas espertos utilizam uma variedade de técnicas de marketing para atrair a atenção do comprador. Como eles apelam a cada um dos cinco sentidos para atrair essa atenção?

2. Utilize os componentes apropriados do modelo de comportamento de compra deste capítulo (Figura 6.1) para explicar os seguintes comportamentos do consumidor:

   a. Sopa fabricada com a saliva desidratada de pássaros não é bem vista nos Estados Unidos, mas mel, que é néctar regurgitado pelas abelhas, é muito apreciado.

   b. Alguns consumidores compram em uma ampla variedade de lojas, enquanto outros se mantêm fiéis a algumas lojas pouco conhecidas.

   c. Alguns produtos são comprados após procura extensiva, outros, por questão de momento.

   d. Duas pessoas são expostas ao mesmo anúncio – uma presta atenção e o analisa e a outra não dá a mínima atenção.

3. Como o gerente de marketing de cada uma das organizações a seguir poderia usar o modelo da hierarquia de necessidades de Maslow para desenvolver uma estratégia de marketing?

45. AKTAR, Alev. Refillable fragrances. *Drug and Cosmetics Industry,* p. 16-19, Dec. 1994.

a. Associação de Combate ao Câncer
b. Cosméticos Revlon
c. Empresa de seguro de vida Colonial Penn
d. Grupo de escoteiros
e. *jeans* Calvin Klein

4. Quais dos seguintes produtos são suscetíveis a maior dissonância pós-compra pelos consumidores? Por quê? Como os varejistas podem reduzir a dissonância pós-compra para esses produtos?
   a. Automóvel Jaguar
   b. Sabão em pó Tide
   c. *CD player* Sony
   d. Enciclopédia Britânica
   e. Xampu Suave

5. Você é o gerente de marca do líquido de proteção bucal Dissolve, introduzido recentemente no mercado. O produto é dirigido para o segmento de pessoas com mau hálito extremo e é especialmente eficaz para as pessoas que necessitam remover o hálito de alho. Seu chefe não está satisfeito com a penetração de mercado atual. Pediu-lhe para estudar a possibilidade de preparar um cupom de oferta. Baseado em seu conhecimento sobre a modificação de comportamento apresentado neste capítulo, desenvolva um programa de distribuição de amostras grátis e cupons de oferta para aumentar as vendas. Qual deve ser o tamanho das amostras grátis? Onde os cupons devem ser colocados – em jornais, acompanhando as amostras, com o produto ou uma combinação de todos? Como o valor do cupom deve variar conforme o local que for encontrado?

6. Descreva vários tipos de restaurantes que as pessoas tendem a freqüentar durante os diferentes estágios do ciclo de vida da família. Que estratégias e táticas de marketing devem os proprietários/gerentes de cada um desses estabelecimentos empregar para atrair seus mercados selecionados?

7. Selecione o nome da marca de um produto de baixo envolvimento (por exemplo, sal Morton, *ketchup* Hunt) que seja freqüentemente comprado pelos consumidores e suponha que sua empresa concorra diretamente com essa marca. Que ações você pode recomendar para convencer os consumidores a mudar para sua marca? Que ações contrárias você recomendaria à empresa original para persuadir seus consumidores a não mudar de marca?

8. Embora os avanços tecnológicos tenham resultado em "melhor som por menos dinheiro" para os equipamentos domésticos de áudio, o segmento de mercado de maior crescimento é o de equipamentos de som mais caros. O que pode explicar este fenômeno?

9. Sua amiga pretende comprar um carro novo. Ela prefere marcas estrangeiras e limitou sua escolha às marcas Volkswagen, Toyota e Volvo. Procura três coisas em um carro: economia de combustível, qualidade e espaço interior. Valoriza a importância destes atributos em 0,5, 0,3 e 0,2, respectivamente. Em uma escala de 1 a 10 (10 sendo o máximo), a Volkswagen recebe 8, 8, e 2 nos três atributos; a Toyota, 3, 5 e 9; e a Volvo, 5, 8 e 7. Qual a marca mais provável que ela comprará? Qual a menos provável? Como a empresa fabricante da marca classificada em último lugar pode influenciar os consumidores a escolher seu carro?

10. Descreva o mercado consumidor para maletas de couro usando o modelo dos sete O's descrito no início deste capítulo.

# Análise de Mercados Organizacionais e Comportamento de Compra Organizacional

*As empresas não fazem compras; elas estabelecem relacionamentos.*

CHARLES S. GOODMAN

*Trate o cliente como um ativo valioso.*

TOM PETERS

As organizações empresariais não apenas vendem. Elas também compram grandes quantidades de matérias-primas, peças manufaturadas, instalações e equipamentos, suprimentos e serviços. Há 13 milhões de organizações de compra apenas nos Estados Unidos. Empresas como GE, Xerox e AT&T, que vendem motores de aviões, equipamentos de escritório e serviços de telecomunicações para organizações de compra, precisam entender suas necessidades, recursos, políticas e procedimentos de compra.

Neste capítulo, examinamos os mercados industriais e os mercados governamentais e institucionais. Examinaremos seis questões:

- **O que é o mercado industrial e como ele difere do mercado consumidor?**
- **Que situações de compra os compradores organizacionais enfrentam?**
- **Quem participa do processo de compra industrial?**
- **Quais as principais influências sobre os compradores organizacionais?**
- **Como os compradores industriais tomam suas decisões de compra?**
- **Como os mercados governamentais e institucionais são similares aos mercados industriais?**

## QUE É COMPRA ORGANIZACIONAL?

Webster e Wind definem *compra organizacional* da seguinte maneira:

**COMPRA ORGANIZACIONAL é o processo de tomada de decisão em que organizações formais estabelecem a necessidade de comprar produtos e serviços e identificar, avaliar e escolher entre marcas e fornecedores alternativos.**[1]

Embora duas empresas não comprem da mesma forma, o vendedor espera identificar grupos de empresas que comprem de maneira similar para permitir a adoção de estratégia de marketing-alvo.

## Mercado industrial *versus* mercado consumidor

O *mercado industrial* consiste de todas as organizações que adquirem bens e serviços usados na produção de outros produtos ou serviços, que são vendidos, alugados ou fornecidos a terceiros. Os principais setores que compõem o mercado industrial são a agricultura, reflorestamento e pesca, mineração, manufatura, construção, transporte, comunicação, utilidade pública, bancos, financeiras e seguradoras, distribuição e serviços.

Mais dólares e itens estão envolvidos nas vendas a compradores industriais do que a consumidores. Para produzir e vender um simples par de sapatos, revendedores de couro devem vender o produto a curtidores, que o vendem às fábricas de sapatos, que vendem sapatos aos atacadistas, que os vendem a varejistas, que, finalmente, os vendem aos consumidores. Cada parte da

---

1. WEBSTER, JR., Frederick E., WIND, Yoram. *Organizational buying behavior.* Englewood Cliffs, NJ : Prentice Hall, 1972. p. 2.

cadeia de suprimentos tem que comprar muitos outros bens e serviços.

Os mercados industriais têm diversas características que contrastam fortemente com os mercados consumidores.

- *Poucos compradores.* Normalmente, o mercado industrial lida com menor número de compradores do que o mercado consumidor. A Goodyear Tyre Company depende criticamente dos pedidos provenientes das três grandes empresas automobilísticas norte-americanas. Entretanto, quando ela vende pneus de reposição aos consumidores, enfrenta um mercado potencial de 176 milhões de proprietários de carros nos Estados Unidos, além de um mercado global de milhões de outros proprietários de carros.
- *Grandes compradores.* Muitos mercados industriais são caracterizados por uma elevada taxa de concentração de compradores. Poucos grandes compradores são responsáveis pela maioria das compras, como ocorre nos setores de motores de avião e armas de defesa.
- *Relacionamento estreito entre fornecedor-comprador.* Devido ao pequeno número e à importância e poder dos grandes compradores, observamos a existência de relacionamentos estreitos entre eles e os fornecedores nos mercados industriais. Freqüentemente, espera-se que os fornecedores ajustem suas ofertas às necessidades de cada comprador. Os contratos favorecem aqueles fornecedores que cooperam com os compradores em termos de especificações técnicas e exigências de entrega. Espera-se que os fornecedores freqüentem seminários especiais patrocinados por seus compradores para se familiarizarem com suas exigências de qualidade e especificações. Às vezes, esses seminários vão muito além da distribuição de material introdutório, aulas e mesmo reorganização. Por exemplo, a Honda desenvolveu um programa de mini-reengenharia destinado a capacitar seus fornecedores. Um de seus primeiros qualificados foi a Donnelly Corp., que fornece todos os espelhos de seus carros fabricados nos Estados Unidos. No início da parceria, ela enviou engenheiros às duas fábricas da Donnelly para examinar cuidadosamente as operações de seu fluxo de trabalho. Baseada nas recomendações do programa, a Honda espera que a Donnelly reduza os custos em 2% ao ano, com as duas empresas beneficiando-se dessa economia. Ações como esta estão anos-luz distantes de um contrato de suprimento convencional. Elas marcam um compromisso entre duas corporações, não entre um vendedor e um comprador.[2]
- *Compradores concentrados geograficamente.* Mais da metade dos compradores industriais norte-america-nos está concentrada em sete estados: New York, Califórnia, Pennsylvania, Illinois, Ohio, New Jersey e Michigan. Setores industriais como petróleo, borracha e aço mostram concentração geográfica ainda maior. A maior parte da produção agrícola é procedente de relativamente poucos estados. Esta concentração geográfica de produtores ajuda a reduzir os custos de vendas. Ao mesmo tempo, as empresas industriais devem monitorar as mudanças regionais de certos setores industriais, como ocorreu com o setor têxtil, que mudou de New England para os estados do sul.
- *Demanda derivada.* A demanda por bens industriais é derivada da demanda por bens de consumo. Assim, peles de animais são compradas porque os consumidores compram sapatos, bolsas e outros produtos fabricados em couro. Se a demanda por esses bens de consumo cai, isto afetará a demanda por todos os bens industriais que entram em sua produção.[3] Por esta razão, a empresa de bens industriais deve monitorar diretamente os padrões de compra dos consumidores finais. Por exemplo, um relatório de 1995 da revista *Purchasing* indicou que as três grandes fabricantes de carros de Detroit estão contribuindo para o aumento da demanda de produtos de aço. Grande parte dessa demanda é derivada da preferência dos consumidores por *minivans* e caminhonetes, que consomem mais aço do que os automóveis.[4]
- *Demanda inelástica.* A demanda total por muitos bens industriais e serviços é inelástica por não ser muito afetada por mudanças de preço. Os fabricantes de calçados não vão comprar muito mais couro se o preço desta matéria-prima cair. Nem vão comprar menos couro se o preço subir, a menos que possam encontrar substitutos satisfatórios para o couro. A demanda é especialmente inelástica a curto prazo porque os produtos não podem fazer mudanças rápidas em seus métodos de produção. A demanda é também inelástica para bens industriais que representam pequena porcentagem do custo total do item. Por exemplo, um aumento no preço dos rebites de metal empregados em sapatos afetará muito pouco a demanda total por estes componentes. Ao mesmo tempo, os fabricantes podem mudar de fornecedor de rebites de metal em resposta às diferenças de preço.
- *Demanda flutuante.* A demanda por bens industriais e serviços tende a ser mais volátil do que a demanda por bens e serviços de consumo. Isto é especialmente verdadeiro para a demanda de novas plantas e equipamentos industriais. Dada porcentagem de aumento na demanda por bens de consumo pode levar a maior aumento percentual na demanda por

2. MAGNET, Myron. The new golden rule of business. *Fortune*, p. 60-64, 21 Feb. 1994.
3. Para mais informações sobre a demanda derivada, veja CASE, Karl E., FAIR, Ray C. *Principles of economics*, 4. ed. Upper Saddle River, NJ : Prentice Hall, 1996.
4. STUNDZA, Tom. Still on a roll! *Purchasing*, p. 32B1-32B5, Feb. 1994.

plantas e equipamentos necessários para produzir a quantidade adicional. Os economistas denominam isto de *efeito aceleração*. Às vezes, um aumento de apenas 10% na demanda do consumidor pode causar algo em torno de 200% de aumento na demanda por bens industriais no período seguinte; uma queda de 10% na demanda do consumidor pode causar um colapso completo na demanda por bens de investimento. Esta volatilidade das vendas tem levado muitas empresas de bens industriais a diversificar seus produtos e mercados para balancear as vendas durante o ciclo dos negócios.

- *Compra profissional.* Os bens industriais são comprados por compradores treinados, que devem seguir as políticas, restrições e exigências da organização. Muitos dos instrumentos de compra – por exemplo, cotações de preço, propostas e contratos de compra – não são tipicamente encontrados na compra de bens de consumo.

Os compradores passam a vida profissional aprendendo como comprar melhor. Muitos são filiados à Associação Nacional de Gerentes de Compra, que procura melhorar a eficácia e a posição social dos profissionais compradores. A abordagem profissional e a maior habilidade para avaliar as informações técnicas os levam a comprar na base do custo-benefício. Isto significa que as empresas industriais têm que fornecer e dominar maiores dados técnicos sobre seus produtos e produtos concorrentes.

- *Várias influências de compras.* Tipicamente, mais pessoas influenciam as decisões de compra industrial do que as decisões de compra de bens de consumo. Os comitês de compra consistem em especialistas técnicos, e participantes da alta administração são comuns na compra de bens de maior importância. Conseqüentemente, as empresas industriais têm que enviar vendedores bem treinados e, com freqüência, equipes de vendas para lidar com compradores bem treinados. Embora a propaganda, promoção de vendas e publicidade exerçam papel importante no composto promocional, a venda pessoal é utilizada como a principal ferramenta de marketing. Por exemplo, a Phelps Dodge (fornecedora de metais) está, atualmente, adotando a "abordagem de administração de conta" na tentativa de atingir todas as pessoas que influenciam as decisões de compra de seus clientes. "Estamos tentando encorajar um diálogo direto entre os departamentos apropriados da Phelps Dodge e seus clientes", afirma um vendedor regional da empresa.[5]

As empresas industriais também precisam lembrar-se que as mulheres e as minorias representam parte significativa dos tomadores de decisão de compra. Um estudo da Penton Publishing mostra que as mu-

lheres e as minorias representam 42% de todos os gerentes, engenheiros e compradores, acima dos 31% de dez anos atrás. Reconhecendo essa mudança, muitas empresas estão rescrevendo seus programas de comunicação de marketing para atrair a faixa mais ampla de compradores. Mesmo assim, algumas empresas ainda estão lentas para se adaptar à mudança: um anúncio recente do AutoStrip Modelo 9800, um desencapador de fios da empresa Eubanks, mostra uma mulher em pose sugestiva sobre o maquinário com o título: "A Eubanks reinventa o desencapador de fios." É provável que um anúncio como este seja mais ofensivo do que atraente para as compradoras.[6]

- *Compra direta.* Freqüentemente, os compradores industriais compram diretamente de fabricantes em vez de utilizar intermediários, principalmente aqueles itens que são tecnicamente complexos e/ou caros (como *mainframes* ou aviões).

- *Reciprocidade.* É muito comum os compradores industriais selecionarem fornecedores que também compram de suas empresas. Um exemplo seria um fabricante de papel que compra produtos químicos de uma empresa que compra considerável quantidade de papel.

- *Leasing.* Muitos compradores industriais fazem *leasing* de equipamentos em vez de comprá-los. Isto é comum na compra de computadores, maquinário para fabricar calçados, equipamento de embalagem, equipamentos para a construção pesada, caminhões de entrega, máquinas-ferramentas e automóveis para uso da empresa. O *leasing* oferece várias vantagens: manutenção do capital de giro, obtenção dos últimos produtos do vendedor, recebimento de melhores serviços e algumas vantagens em termos de impostos. Freqüentemente, a empresa que pratica *leasing* permanece com maior renda líquida e com chances de vender aos clientes que não podem enfrentar a compra direta.

## Situações de compra

O comprador industrial enfrenta muitas decisões para realizar uma compra. O número de decisões depende do tipo de situação de compra. Robinson e outros distinguem três tipos de situações de compra: a recompra direta, a recompra modificada e a compra nova.[7]

- *Recompra direta.* É uma situação em que o departamento de compras recompra de forma rotineira (por exemplo, suprimentos de escritório, produtos químicos a granel). O comprador opta em comprar de "empresas aprovadas", avaliando sua satisfação de

5. ZETLIN, Minda. It's all the same to me. *Sales and Marketing Management,* p. 71-75, Feb. 1994.
6. ROYAL, Weld F. Good-bye, good ol' boys. *Sales and Marketing Managemet,* p. 12, Dec. 1994.
7. ROBINSON, Patrick J., FARIS, Charles W., WIND, Yoram. *Industrial buying and creative marketing.* Boston : Allyn & Bacon, 1967.

compra em relação aos vários fornecedores. Freqüentemente, os fornecedores habituais propõem sistemas automáticos de compra para economizar o trabalho do comprador. Os novos fornecedores tentam oferecer algo novo ou explorar a insatisfação dos compradores em relação aos fornecedores habituais. Lutam pela obtenção de um pequeno pedido inicial, esperando maior "participação de compra" ao longo do tempo.

- *Recompra modificada.* É a situação em que o departamento de compras deseja modificar as especificações do produto, preços, condições de entrega ou outros termos de compra. Geralmente, envolve mais participantes no processo de decisão, tanto do lado do comprador como do vendedor. Os fornecedores habituais ficam apreensivos e têm que proteger a conta. Os novos fornecedores vêem uma oportunidade de propor "melhor oferta" para participarem do negócio.

- *Compra nova.* Descreve um comprador adquirindo um produto ou serviço pela primeira vez (por exemplo, prédio de escritórios, novo sistema de segurança). Quanto maior o custo e/ou risco, maior o número de participantes na decisão, e quanto maior a necessidade de reunir informações, maior o tempo envolvido na tomada de decisão.[8] A situação de compra nova apresenta maior oportunidade e desafio para a empresa, que procura atingir o maior número possível de influenciadores da compra e, na medida do possível, fornecendo informações e assistência úteis. Devido às complicações que envolvem uma compra nova, muitas empresas usam uma *força de venda missionária* formada de seus melhores vendedores.

A compra nova passa por vários estágios: consciência, interesse, avaliação, uso e adoção.[9] A eficácia das ferramentas de comunicação varia em cada estágio. A mídia de massa é mais importante durante o estágio inicial de consciência; os vendedores exercem maior impacto no estágio de interesse; e as fontes técnicas são mais importantes durante o estágio de avaliação.

O comprador industrial toma poucas decisões na situação de recompra direta e mais decisões na situação de compra nova. Na situação de compra nova, o comprador precisa determinar as especificações do produto, limites de preços, condições e prazos de entrega, condições de pagamento e de serviços, quantidades pedidas, fornecedores aceitáveis e o fornecedor escolhido. Diferentes participantes influenciam cada decisão e a ordem em que essas decisões são tomadas varia.

**COMPRA E VENDA DE SISTEMA.** Muitos compradores industriais preferem comprar a solução total de seu problema de um único vendedor. Esta prática chamada *compra de sistema* originou-se nas aquisições governamentais de sistemas de armamento e de comunicações. Em vez de fazer compras separadas e, depois, reunir os componentes, o governo solicitava ofertas dos principais fornecedores, que poderiam reunir "um pacote" ou sistema. O fornecedor vencedor seria responsável pela aquisição e montagem dos subcomponentes adquiridos de subcon-tratados. Desse modo, ele forneceria uma "solução completa", assim chamada porque o comprador, simplesmente, tinha que apenas ligar uma chave para fazer seu trabalho.

Os vendedores estão reconhecendo cada vez mais que os compradores gostam de fazer aquisições dessa maneira e têm adotado a *venda de sistema* como uma ferramenta de marketing. A venda de sistema pode tomar diferentes formas. O fornecedor pode vender um conjunto de produtos interconectados; assim, um fornecedor de cola vende não apenas cola, mas também secantes e aplicadores. O fornecedor pode vender um sistema de produção, de controle de estoque, de distribuição e outros serviços para atender à necessidade do comprador por uma operação que possa ocorrer sem interrupções. Uma variação da venda de sistema é a *contratação de sistema,* em que uma única fonte de suprimento atende às exigências do comprador em termos de suprimentos de manutenção, reparos e operações. O cliente beneficia-se da redução de custos à medida que o estoque é mantido pelo vendedor. Há também ganho resultante da redução do tempo destinado à seleção do fornecedor e à proteção do preço durante o prazo contratual. O vendedor é beneficiado ao operar com custos mais baixos devido a uma demanda constante e redução da burocracia.

A venda de sistema é uma estratégia-chave de marketing industrial em propostas para construção de projetos industriais de grande porte, como represas, siderúrgicas, sistemas de irrigação, sistemas sanitários, dutos, serviços de utilidade pública e até novas cidades. Empresas de engenharia de projetos como a Bechtel e a Fluor devem concorrer com preço, qualidade, confiabilidade e outros atributos para vencer licitações. Consideremos o exemplo seguinte:

**JAPÃO E INDONÉSIA** O governo indonésio solicitou propostas para construir uma fábrica de cimento próximo a Jacarta. Uma empresa norte-americana apresentou uma proposta que incluía a escolha do local, projeto da fábrica, contratação de trabalhadores, montagem

8. Veja McQUISTON, Daniel H. Novelty, complexity, and importance as causal determinants of industrial buyer behavior. *Journal of Marketing,* p. 66-79, Apr. 1989; e DOYLE, Peter, WOODSIDE, Arch G., MITCHELL, Paul. Organizational buying in new task and rebuy situations. *Industrial Marketing Management,* p.7-11, Feb. 1979.
9. OZZANE, Urban B., CHURCHILL, JR., Gilbert A. Five dimensions of the industrial adoption process. *Journal of Marketing Research,* p. 322-328, 1971.

de equipamentos, compra de materiais e entrega da fábrica pronta ao governo indonésio. Uma empresa japonesa, ao preparar sua proposta, incluiu todos esses serviços mais a contratação e treinamento de trabalhadores para operar a fábrica, a exportação do cimento através de suas empresas *tradings*, o uso do cimento para construir estradas fora de Jacarta e também para construir novos edifícios de escritórios em Jacarta. Embora a proposta da empresa japonesa envolvesse mais dinheiro, sua atratividade era maior, resultando em sua contratação. Ficou claro que os japoneses visualizaram o problema não apenas como a construção de uma fábrica de cimento (visão estreita da venda de sistema), mas também uma contribuição para o desenvolvimento econômico da Indonésia. Viram-se não como empresa de projeto de engenharia, mas como um órgão de desenvolvimento econômico. Tiveram uma visão mais ampla das necessidades do cliente. Esta é a verdadeira venda de sistema.

## Participantes do processo de compra industrial

Quem faz a compra de trilhões de dólares de bens e serviços necessários às organizações industriais? Os compradores são influentes nas situações de recompra direta e recompra modificada, enquanto o pessoal de outros departamentos é mais influente nas situações de compra nova. Geralmente, o pessoal de engenharia tem maior influência na seleção de componentes de produtos e os compradores dominam a seleção de fornecedores.[10] Assim, nas novas situações de compra nova, a empresa industrial deve, primeiramente, destinar as informações de produtos ao pessoal de engenharia. Nas situações de recompra e na fase de seleção de fornecedores, as comunicações devem ser dirigidas, principalmente, aos compradores.

Webster e Wind denominam a unidade de tomada de decisão de uma organização compradora de *centro de compra*. O centro de compra é formado por "todas as pessoas e grupos que participam do processo de tomada de decisão de compra, que compartilham algumas metas comuns e os riscos decorrentes das decisões."[11] O centro de compras inclui todos os membros da organização que exercem qualquer um dos sete papéis do processo de decisão de compra.[12]

- *Iniciadores.* Aqueles que solicitam que algo seja comprado. Podem ser usuários ou outras pessoas da organização.
- *Usuários.* São aqueles que usarão o produto ou serviço. Em muitos casos, os usuários iniciam a proposta de compra e ajudam a definir as especificações do produto.
- *Influenciadores.* São as pessoas que influenciam a decisão de compra. Freqüentemente, ajudam a definir as especificações e também fornecem informações para a avaliação de alternativas. O pessoal técnico é, particularmente, importante como influenciador.
- *Decisores.* São aqueles que decidem sobre as exigências do produto e/ou fornecedores.
- *Aprovadores.* São as pessoas que autorizam as ações propostas por decisores ou compradores.
- *Compradores.* São aqueles que têm autoridade formal para selecionar o fornecedor e preparar as condições de compra. Podem ajudar a delinear as especificações do produto, mas desempenham papel importante na seleção de fornecedores e na negociação. Em compras mais complexas, podem-se incluir entre os compradores administradores de alto nível, para participar das negociações.
- *Fiscais internos.* São as pessoas que têm o poder de evitar que vendedores ou informações cheguem aos participantes do centro de compras. Por exemplo, compradores, recepcionistas e telefonistas podem evitar que vendedores contatem usuários ou decisores.

Dentro de qualquer organização, o centro de compras variará no número e no tipo de participantes para diferentes classes de produtos. Conforme uma pesquisa realizada pela Penton Research Services, o número médio de pessoas envolvidas varia de três (para serviços e itens usados nas operações diárias) a quase cinco (para compras que envolvem valores elevados, como a contratação de trabalhadores e maquinário para a construção). Há também uma tendência na direção da compra baseada em equipe; outra entrevista da Penton constatou que 87% dos executivos de compras das 1.000 maiores empresas ranqueadas pela revista *Fortune* acreditam que equipes de profissionais de departamentos e funções diferentes devem tomar as decisões de compras no ano 2000.[13]

Para visar adequadamente seus esforços, as empresas industriais precisam saber: Quem participa das decisões de compra mais importantes? Que decisões eles influenciam? Qual seu nível de influência? Que critério de avaliação eles usam? Consideremos o exemplo seguinte:

**BAXTER HEALTH CARE**   A Baxter vende aventais cirúrgicos descartáveis para hospitais. Ela tenta identificar as pessoas do hospital que participam desta decisão de compra. Elas incluem o vice-presidente de compras, o administrador do centro cirúrgico e os cirurgiões. Cada

---

10. Veja JACKSON, Donald W., KEITH, Janeth E., BURDICK, Richard K. Purchasing agents' perceptions of industrial buying center influence: a situational approach. *Journal of Marketing*, p. 75-83, Fall 1984.
11. WEBSTER, WIND. *Organizational buying behavior.* p. 6.
12. WEBSTER, WIND. Op. cit. p. 78-80.
13. Veja: I THINK you have a great product, but it's not my decisions. *American Salesman*, p. 11-13, Apr. 1994.

participante desempenha um papel diferente. O vice-presidente de compras analisa se o hospital deve comprar aventais descartáveis ou reutilizáveis. Se o resultado favorece os descartáveis, o administrador do centro cirúrgico compara os vários produtos e preços concorrentes e faz a escolha. Ele considera a absorvência do avental, qualidade anti-séptica, *design*, custo e, normalmente, compra a marca que atende às exigências funcionais de custo mais baixo. Finalmente, os cirurgiões influenciam retroativamente a decisão, relatando sua satisfação em relação à marca escolhida.

Quando um centro de compras é formado por muitos participantes, a empresa industrial não tem tempo ou recursos para atingir todos eles. Os pequenos vendedores concentram-se apenas nos influenciadores-chave de compras. Os grandes vendedores adotam a abordagem de venda profunda em multiníveis para atingir o maior número possível de influenciadores de compras. Seus vendedores, virtualmente, "vivem" com os clientes que compram grande volume. Entretanto, à medida que as equipes de compras tornam-se mais presentes, os vendedores encontram dificuldades crescentes para localizar, muito menos visitar, todos os indivíduos envolvidos na decisão de compra. Ao contrário, as empresas têm que confiar muito mais em seus programas de comunicação para atingirem os influenciadores de compras e manterem as vendas de seus clientes atuais.[14]

As empresas industriais devem, periodicamente, rever suas suposições sobre os papéis e influências dos diferentes participantes do processo de decisão. Durante anos, a estratégia da Kodak para a venda de filmes de raios X a hospitais era atingir os técnicos de laboratório. A empresa não percebeu que a decisão estava crescentemente sendo tomada por administradores profissionais. À medida que suas vendas declinavam, a Kodak, finalmente, constatou a mudança nas práticas de compra e, rapidamente, reverteu sua estratégia de mercado-alvo.

As empresas industriais que trabalham em mercados globais devem também estar conscientes das práticas internacionais de compra. Por exemplo, embora os compradores industriais dos Estados Unidos estejam, definitivamente, adotando a abordagem de equipe para a tomada de decisão em compras, eles são ainda águias solitárias quando comparados com os compradores de outros países. Um estudo recente comparou os processos de tomada de decisão em compras nos Estados Unidos, Suécia, França e Sudeste Asiático, da qual participaram 236 empresas que forneceram dados sobre as influências dos centros de compras e os critérios de identificação de fornecedores. A pesquisa constatou que a Suécia foi classificada como o país que mais adota a tomada de decisões de compras em equipe, enquanto os

Estados Unidos recebeu a classificação mais baixa, muito embora as empresas de ambos os países tivessem dados demográficos muito similares. Ao tomar as decisões de compra, as empresas suecas dependiam do apoio técnico de seu pessoal e dos fornecedores, muito mais do que as empresas dos outros países.[15]

## Principais influências sobre os compradores industriais

Os compradores industriais estão sujeitos a muitas influências quando tomam suas decisões de compra. Algumas empresas pressupõem que as influências mais importantes são econômicas; outras vêem seus compradores respondendo a fatores pessoais como favorecimentos, atenção ou redução de risco. Na realidade, os compradores industriais respondem tanto a fatores econômicos como a fatores pessoais. Quando há similaridade substancial nas ofertas dos fornecedores, esses compradores têm pouca base para uma escolha racional. Desde que possam satisfazer os requisitos de compra com qualquer fornecedor, eles atribuirão maior peso no tratamento pessoal que recebem. Quando as ofertas concorrentes diferem substancialmente, os compradores industriais são mais responsáveis por sua escolha e dedicam maior atenção aos fatores econômicos.

Em geral, as influências recebidas pelos compradores industriais podem ser classificadas em quatro grupos importantes: ambientais, organizacionais, inter-pessoais e individuais (Figura 7.1).[16]

**FATORES AMBIENTAIS.** Os compradores industriais são bastante influenciados por fatores do ambiente econômico atual e futuro, tais como o nível de demanda, a perspectiva econômica e a taxa de juros. Em uma economia recessiva, as empresas industriais reduzem seus investimentos em fábricas, equipamentos e estoques. Elas podem fazer muito pouco para estimular a demanda total em seu ambiente. Podem apenas lutar mais para aumentar ou manter sua participação na demanda.

As empresas que temem a escassez de materiais-chave estão dispostas a comprar e manter grandes estoques. Farão contratos a longo prazo com fornecedores para garantir um fluxo constante de materiais. A Du Pont, Ford, Chrysler e várias outras grandes empresas consideram o *planejamento de suprimentos* a longo prazo a principal responsabilidade de seus executivos de compras.

Os compradores industriais também são afetados pelos desenvolvimentos tecnológicos, políticos e competitivos do ambiente. A empresa de marketing industrial precisa monitorar todas essas forças, determinar

14. I THINK you have a great product. Op. cit.
15. MANSON, Melvin R., SALSHI-SANGARI, Esmail. Decision making in purchases of equipment and materials: a four-country comparison. *Internacional Journal of Physical Distribution and Logistics Management*, 23, n. 8, p. 16-30, 1993.
16. WEBSTER, WIND. *Organizational buying behavior*. p. 33-37.

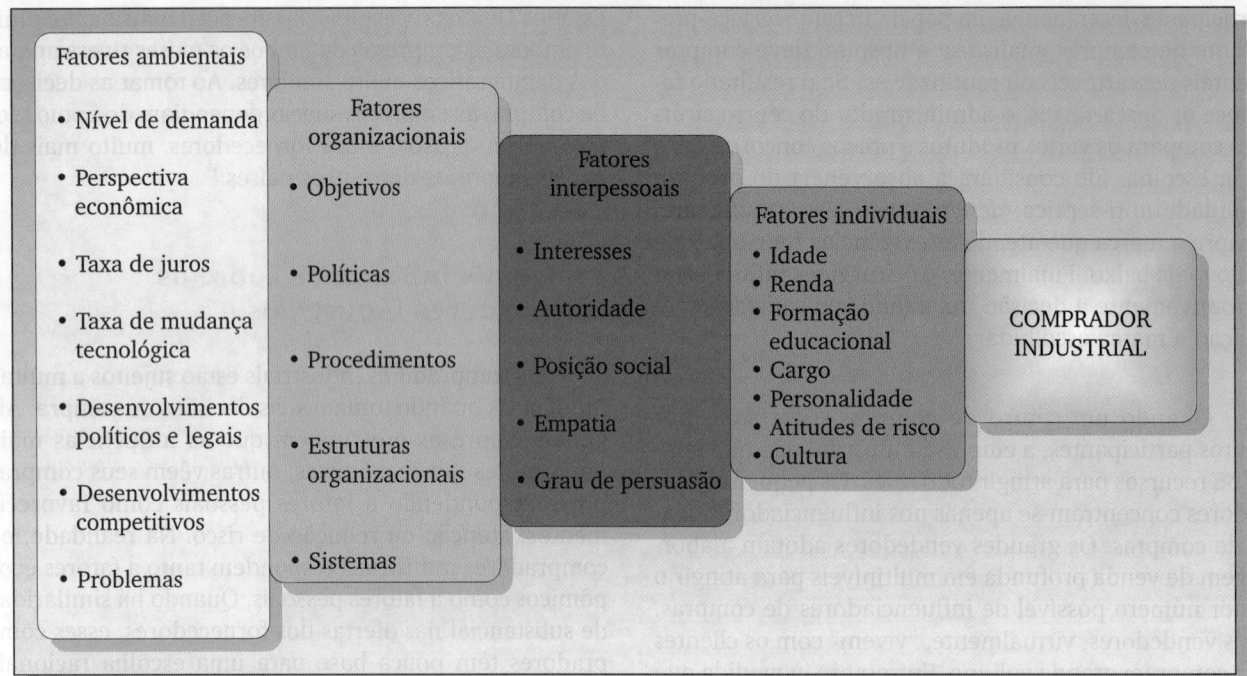

**Figura 7.1** *Principais influências sobre o comportamento de compra industrial.*

como elas afetarão os compradores e tentar transformar problemas em oportunidades. Por exemplo, a preocupação com o verde tem levado as corporações norte-americanas a adotar um novo critério para algumas decisões de compra organizacional: que um produto ou serviço não deve prejudicar o meio ambiente. Assim, uma gráfica pode favorecer os fornecedores de papel que ofereçam uma ampla seleção de papéis ou tintas recicláveis, fabricados segundo processos químicos não danosos ao meio ambiente. É interessante que a compra socialmente responsável é raramente iniciada pelos departamentos de compras, mas decorre das ações de empreendedores políticos (pessoa que exerce papel-chave na colocação de assuntos sociais na agenda da empresa) ou por a organização já estar engajada em responsabilidade social. Os compradores das organizações socialmente responsáveis pressionarão os fornecedores a também adotarem esta postura. Um gerente explica: "Damos a nossos fornecedores orientação técnica para serem mais socialmente conscientes. Chegamos a eles e dizemos: 'Vocês são empresas bem-sucedidas. Digam-nos por que devemos continuar fazendo negócios com vocês. Mostrem-nos que diferença vocês vão fazer.' Não dizemos a eles como serem diferentes."[17]

**Fatores Organizacionais**. Cada organização de compra tem objetivos, políticas, procedimentos, estruturas organizacionais e sistemas específicos. As empresas industriais têm que estar familiarizadas com todos

eles. Elas devem estar particularmente conscientes das seguintes tendências organizacionais na área de compras:

- *Valorização hierárquica do departamento de compras.* Comumente, os departamentos de compras ocupam uma posição inferior na hierarquia administrativa, apesar de gerenciar, freqüentemente, mais da metade dos custos da empresa. Entretanto, pressões competitivas recentes têm levado muitas empresas a valorizar seus departamentos de compras e elevar seus administradores ao *status* de vice-presidentes. Esses departamentos vêm sendo transformados de antiquados "departamentos de compras", com ênfase para comprar ao custo mais baixo, para "departamentos de suprimentos", com missão de buscar o maior valor de limitado número de fornecedores mais qualificados. Algumas empresas multinacionais os têm elevado a "departamentos estratégicos de materiais" com responsabilidade por fontes mundiais de suprimentos e trabalhando com parceiros estratégicos. Na Caterpillar, as funções de compras, controle de estoque, programação de produção e tráfego estão combinadas em um único departamento.

Além disso, muitas empresas estão procurando grandes talentos e oferecendo remunerações elevadas. Desde que já foi considerada uma área pouco atraente da empresa, o departamento de compras começou a atrair alguns dos melhores jovens executi-

17. DRUMWRIGHT, Minette E. Socially responsible organizational buying: environmental concern as a noneconomic buying criterion. *Journal of Marketing,* p. 1-19, July 1994.

vos. Por exemplo, na General Motors, G. Richard Wagoner já foi presidente de operações internacionais e presidente mundial de compras em 1993 e 1994. Sua experiência em negociação de compras ajudou a elevá-lo ao principal posto das operações norte-americanas da GM, responsável pelo faturamento anual de $ 90 bilhões. Na AT&T, Daniel Caroll, diretor de compras, foi presidente da divisão que fabrica equipamentos de comutação, com faturamento anual de $ 6 bilhões. Quando foi convidado a assumir a diretoria de compras em 1993, tal fato foi considerado uma promoção.[18] Essa elevação hierárquica do departamento de compras significa que as empresas industriais devem também elevar o padrão de seus profissionais de vendas para corresponderem às maiores qualificações dos compradores industriais.

- *Compra centralizada.* Em empresas multidivisionais, a maioria das compras é feita por divisões separadas, em decorrência das diferentes necessidades. Recentemente, as empresas têm iniciado a recentralização de algumas das compras. O escritório central identifica os materiais comprados por diversas divisões e passa a comprá-los centralizadamente. Deste modo, as empresas obtêm maior poder de compra. As divisões individuais podem comprar de outra fonte se obtiverem um melhor negócio, mas, em geral, os procedimentos de compras centralizadas proporcionam ganhos substanciais para a empresa. Para a empresa industrial, este desenvolvimento significa lidar com menor número de compradores mais qualificados. Em vez de as forças de vendas atenderem separadamente diversas fábricas, a empresa industrial pode usar uma força de vendas de conta nacional para atender compradores de grandes corporações. A venda de conta nacional é desafiadora e demanda uma forças de vendas sofisticada e esforço no planejamento de marketing.

- *Compras descentralizadas de pequenos itens.* Ao mesmo tempo em que muitas empresas estão centralizando seus processos de compras, estão também descentralizando algumas operações, ao delegar a funcionários o poder de comprar pequenos itens, como duplicação de chaves, café ou árvores de natal. Esta revolução tem ocorrido em razão da disponibilidade de cartões de crédito corporativos oferecidos pelas administradoras. As empresas distribuem cartões para encarregados, pessoal de escritório e secretárias. Os cartões incorporam códigos que estabelecem limites de crédito e restringem os locais em que podem ser usados. Por exemplo, um operário pode dispor de um cartão restrito às compras efetuadas em uma loja de ferramentas local. A National Semiconductor e a AlliedSignal são duas empresas que

vêm usando os cartões Visa e American Express e obtendo grande redução de custos. O chefe de compras da National Semiconductor tem notado que os cartões reduziram o custo unitário de processamento de pedido de $ 30 para alguns centavos. O benefício adicional, tanto para os compradores como para os fornecedores, é que, com menos tempo para gastar com papelada, os departamentos de compras têm mais tempo para o desenvolvimento de parcerias.[19]

- *Contratos a longo prazo.* Os compradores industriais estão crescentemente iniciando ou aceitando contratos a longo prazo com fornecedores confiáveis. Por exemplo, a General Motors deseja comprar de poucos fornecedores que estejam dispostos a se localizar próximos a suas fábricas e produzir componentes de alta qualidade. Além disso, as empresas industriais estão fornecendo sistemas EDI (Intercâmbio eletrônico de dados) a seus clientes. O cliente pode fazer pedidos diretamente pelo computador, que são transmitidos automaticamente ao fornecedor. Muitos hospitais fazem pedidos diretamente à Baxter desta maneira, e muitas livrarias fazem o mesmo com a distribuidora Follett's.

- *Avaliação de desempenho e desenvolvimento profissional do comprador.* Muitas empresas estão estabelecendo sistemas de incentivos para recompensar os gerentes de compras pelo bom desempenho, semelhante ao que ocorre com o pessoal de vendas que recebe bônus. Estes sistemas levarão os gerentes de compras a aumentar a pressão sobre os vendedores por melhores condições.

Os gerentes de compras são também estimulados à concorrência dentro de seu campo. Em 1992, a revista *Purchasing* iniciou o concurso para eleger a "Galeria da Fama dos Redutores de Custos". Foram escolhidos dois gerentes de compras da General Binding Corp., que investigaram o papel reciclado como um meio de redução de custos. Seus esforços resultaram em uma economia anual em papel estimada em $ 733.450, sem mencionar a alavancagem de marketing pela oferta de bens reciclados.[20]

O surgimento do sistema de produção *just in time* promete ter grande impacto sobre as políticas de compras organizacionais. Suas ramificações são descritas na seção *Insight* de Marketing intitulada "Produção enxuta muda a face da compra industrial".

**FATORES INTERPESSOAIS.** Geralmente, o centro de compras inclui diversos participantes com interesses, autoridade, posição social, empatia e grau de persuasão diferentes. Não é provável que a empresa industrial conheça qual o tipo de dinâmica de grupo que ocorrerá durante o processo de decisão de compra, embora qualquer

18. TULLY, Shawn. Purchasing's new muscle. *Fortune*, p. 75-79, 82-83, 20 Feb. 1995.
19. TULLY. Op. cit.; FITZGERALD, Mark. Decentralizing control of purchasing. *Editor and Publisher*, p. 8, 10, 18 June 1994.
20. Veja PURCHASING honors first Hall-of-Fame inductees. *Purchasing*, p. 25-28, 14 Jan. 1994.

que seja a informação que ela possa vir a descobrir sobre as personalidades e fatores interpessoais será útil. As informações sobre os relacionamentos dos clientes com os vendedores de outras empresas podem ser particularmente importantes.

**FATORES INDIVIDUAIS.** Cada participante do processo de compra tem motivações, percepções e preferências pessoais. Estas são influenciadas pela idade, renda, educação, identificação profissional, personalidade, atitudes em relação ao risco e cultura do participante. Definitivamente, os compradores exibem estilos de vida diferentes. Há compradores "práticos", "especialistas", "que desejam o melhor" e "que desejam tudo pronto". Alguns são mais jovens, com boa-formação, especialistas em computador. Analisam rigorosamente as propostas concorrentes antes de escolher um fornecedor. Outros compradores são "durões", formados pela velha escola de compras e colocam os vendedores concorrentes uns contra os outros.

Mesmo os fatores que parecem consistentes em um país ou cultura podem variar drasticamente em outro. Devido às empresas internacionais exigirem pessoas preparadas para entender e adaptar os negócios à cultura e às normas empresariais locais, aqui estão algumas regras de etiqueta social e de negócios que os executivos devem entender quando fizerem negócios em outros países:[21]

| | |
|---|---|
| *França* | Trajes conservadores, com exceção do sul, onde roupas mais informais são usadas. Não chame as pessoas pelo primeiro nome – os franceses são formais com estrangeiros. |
| *Alemanha* | Seja especialmente pontual. Um homem de negócios norte-americano convidado para ir à casa de alguém deve levar flores, preferivelmente desembrulhadas, para a anfitriã. Durante as apresentações, cumprimente as mulheres primeiro e espere até, ou se, elas estenderem a mão antes de você estender a sua. |
| *Itália* | Os homens de negócios italianos prestam atenção ao estilo das roupas. Marque reuniões com bastante antecedência. Prepare o assunto e seja paciente com a burocracia italiana. |
| *Inglaterra* | Freqüentemente, servem-se torradas em jantares formais. Se o anfitrião servir-lhe uma, esteja preparado para a reciprocidade. Os assuntos de negócios são tratados mais no almoço do que no jantar. |
| *Arábia Saudita* | Embora os homens de negócios se beijem como saudação, nunca beijarão uma mulher em público. Uma mulher norte-americana deve esperar que um homem lhe estenda a mão, antes de oferecer a sua. Se um saudita oferecer refresco, aceite – é um insulto não aceitar. |
| *Japão* | Não imite o japonês no costume de curvar-se como saudação, a menos que você saiba com segurança – quem se curva a quem, quantas vezes e quando. Trata-se de um ritual complicado. Trocar cartões de visitas é outro ritual. Leve muitos deles, segure-os com as duas mãos para que seu nome seja facilmente lido, e entregue-os às pessoas por ordem descendente de idade. Esteja preparado: o executivo japonês demora algum tempo para tomar decisões e examina os mínimos detalhes antes de assumir qualquer compromisso. |

## Processo de decisão de compra

Os compradores industriais não compram bens e serviços para consumo pessoal. Compram para suas empresas ganharem dinheiro, reduzirem custos operacionais ou satisfazerem a alguma obrigação legal ou social. Uma empresa siderúrgica construirá um novo forno se perceber uma chance de ganhar mais dinheiro. Ela informatizará seu sistema contábil para reduzir os custos de fazer negócios. Colocará equipamentos de controle de poluição para atender às exigências legais.

Para comprar os bens necessários, os compradores industriais seguem um processo de compra. Robinson e outros identificaram oito estágios do processo de compra industrial denominados *fases de compra*.[22] Estes estágios são mostrados na Tabela 7.1 compondo o modelo chamado *grid de compra*. Os oito estágios para a situação típica de compra nova são os seguintes:

21. Adaptado de HARTE, Susan. When in Rome, you should learn to do what the romans do. *The Atlanta Journal-Constitution*, 22 Jan. 1990, p. D1, D6. Veja também a publicação da Lufthansa: *Business travel guide/Europe*.
22. ROBINSON, Faris, WIND. *Industrial buying*.

**Tabela 7.1** *Modelo de grid de compra:* principais estágios (fases de compra) do processo de compra industrial em relação às principais situações de compra (classes de compra).

| | | | CLASSES DE COMPRA | | |
|---|---|---|---|---|---|
| | | | **COMPRA NOVA** | **RECOMPRA MODIFICADA** | **RECOMPRA DIRETA** |
| **Fases de compra** | 1. | Identificação do problema | Sim | Talvez | Não |
| | 2. | Descrição da necessidade | Sim | Talvez | Não |
| | 2. | Especificação do produto | Sim | Sim | Sim |
| | 4. | Busca de fornecedores | Sim | Talvez | Não |
| | 5. | Solicitação de proposta | Sim | Talvez | Não |
| | 6. | Seleção de fornecedor | Sim | Talvez | Não |
| | 7. | Especificação de rotina de pedido | Sim | Talvez | Não |
| | 8. | Revisão do desempenho | Sim | Sim | Sim |

**Fonte:** Adaptado de ROBINSON, Patrick J., FARIS, Charles W., WIND, Yoram. *Industrial buying and creative marketing.* Boston : Allyn & Bacon, 1967. p. 14.

**RECONHECIMENTO DO PROBLEMA.** O processo de compra começa quando alguém na empresa reconhece um problema ou necessidade que pode ser atendido pela aquisição de um bem ou serviço. O reconhecimento do problema pode ocorrer como resultado de estímulo interno ou externo. Internamente, os eventos mais comuns que levam ao reconhecimento do problema são os seguintes:

- A empresa decide desenvolver um novo produto e necessita de novos equipamentos e materiais para fabricá-lo.
- Uma máquina quebra e exige substituição ou novos componentes.
- O material comprado é devolvido por não satisfazer às exigências e a empresa procura outro fornecedor.
- Um gerente de compra percebe uma oportunidade de obter preços mais baixos ou melhor qualidade.

Externamente, o comprador pode obter novas idéias em uma feira comercial, vendo um anúncio ou recebendo uma visita de um vendedor que oferece um melhor produto ou preço mais baixo. As empresas industriais podem estimular o reconhecimento do problema por mala direta, telemarketing ou encaminhando vendedores para visitar clientes potenciais.

**DESCRIÇÃO DA NECESSIDADE.** Após identificar uma necessidade, o comprador passa a determinar as características gerais e a quantidade do item necessário. Para itens padronizados, isso não chega a ser um problema. Para itens complexos, o comprador trabalhará com outras pessoas (engenheiros, usuários etc.) para definir as características gerais do produto. Isso pode incluir a confiabilidade, durabilidade, preço e/ou outros atributos. A empresa industrial pode orientar o comprador nesta fase, ao descrever como seus produtos atendem às necessidades gerais da organização.

**ESPECIFICAÇÃO DO PRODUTO.** Após as necessidades gerais serem identificadas, a organização compradora deve desenvolver as especificações técnicas do item. Freqüentemente, a empresa pode designar uma equipe de engenharia de análise de valor para o projeto.

**ANÁLISE DE VALOR DE PRODUTO é uma abordagem para redução de custo em que os componentes são cuidadosamente estudados para determinar se podem ser redesenhados, padronizados ou fabricados por métodos de produção mais baratos.**

A equipe de análise de valor examinará os componentes mais caros de determinado produto (geralmente, 20% dos componentes representam 80% dos custos de produção). Ela identificará também os componentes superdimensionados do produto que durarão mais do que ele próprio. Depois, decidirá sobre as características ótimas do produto. Especificações preparadas com precisão permitirão ao comprador recusar os componentes que não atenderem aos padrões definidos.

Os fornecedores podem também usar a análise de valor como uma ferramenta para credenciá-los a conquistar uma conta. Ao antecipar e influenciar as especificações do comprador, o fornecedor tem boa chance de ser escolhido no estágio de seleção de uma fonte de compra.

# Produção enxuta muda a face da compra industrial

Hoje, muitos fabricantes estão movimentando-se em direção a uma nova forma de manufatura denominada *produção enxuta,* que habilita uma empresa a produzir maior variedade de produtos de alta qualidade e a menor custo, em menos tempo e usando menos trabalho. A produção enxuta permite fazer mudanças de modelos e melhorias de desempenho com maior rapidez, permitindo a entrada da empresa em novos mercados.

A produção enxuta está mudando as atitudes dos clientes industriais em relação à seleção e administração de fornecedores. É imperativo que as empresas *business-to-business* reconheçam e se adaptem às mudanças envolvidas nesse novo enfoque de produção. Os principais elementos da produção enxuta que as empresas estão adotando incluem:

1. *Produção just in time (JIT).* É o método de produção que reúne todos os materiais e componentes necessários em cada estágio da produção no momento que forem exigidos. A meta do JIT é estoque zero com 100% de qualidade; significa que os materiais chegam na fábrica do cliente exatamente quando necessários. Isso exige a sincronização entre as programações de produção do fornecedor e do cliente, tornando desnecessário qualquer estoque de segurança.

Algumas empresas estão, agora, indo além do JIT e adotando o JIT II, atribuindo poderes especiais aos fornecedores (*empowerment*). Por exemplo, na Foxboro Company, de Foxboro, Massachusetts, os pedidos feitos através de microcomputadores são atendidos em tempo integral pelo pessoal da fornecedora Computopia e a Honeywell autoriza seus fornecedores credenciados a suprir automaticamente suas necessidades de serviços de impressão, placas de circuitos impressos e a administrar os desperdícios.

2. *Controle rigoroso da qualidade.* Reduções máximas de custos decorrentes da adoção do JIT e JIT II são atingidas se o comprador receber bens perfeitos do fornecedor sem a necessidade de inspecioná-los. Isso significa a adoção pelo fornecedor de procedimentos de controle de qualidade rigorosos antes de despachar seus produtos. Equipes da Motorola visitam as fábricas dos fornecedores de dois em dois anos para avaliá-las em termos de qualidade e pontualidade de entrega. Os fornecedores recebem bem essas avaliações, que, freqüentemente, as ajudam a encontrar maneiras de reduzir os custos na faixa de 12 a 20%.

3. *Entrega freqüente e confiável.* Freqüentemente, as entregas diárias são a única maneira de evitar excesso de estocagem. Cada vez mais os clientes estão especificando datas de entrega, em vez de se preocuparem em fixar penalidades por atrasos. Isto significa que os fornecedores devem desenvolver condições de transporte confiáveis. A 3M agilizou a entrega de seus produtos de escritório para a Boise Cascade (distribuidora especializada nesses produtos), enquanto a Kasle Steel faz entregas durante 24 horas para a General Motors.

4. *Localização próxima.* Os fornecedores devem localizar-se próximos a seus clientes importantes porque isto resultará em maior confiabilidade na entrega.

**BUSCA DE FORNECEDORES.** Após o produto ter sido especificado, o comprador procura identificar os fornecedores mais apropriados. Ele pode examinar anuários comerciais, fazer busca por computador, telefonar a outras empresas pedindo indicações, observar anúncios e freqüentar feiras comerciais.[23] A tarefa do fornecedor é manter seu nome nas principais listas e anuários comerciais, desenvolver forte programa de propaganda e promoção de vendas e uma boa reputação no mercado. Os fornecedores que não possuírem a capacidade de produção exigida ou sofrerem de baixa reputação no mercado serão rejeitados. Aqueles que se qualificarem podem ser visitados para que suas instalações de produção sejam averiguadas e seu pessoal testado. Após avaliar todas as empresas, o comprador estará com uma pequena lista de fornecedores qualificados.

**SOLICITAÇÃO DE PROPOSTA.** O comprador convidará os fornecedores qualificados para apresentarem propostas. Quando o item for complexo ou caro, o comprador exigirá uma proposta detalhada por escrito de cada fornecedor qualificado. Após avaliar as propostas, o comprador eliminará alguns fornecedores e convidará outros para fazerem apresentações formais.

Assim, as empresas industriais devem estar habilitadas para pesquisar, redigir e apresentar suas propostas. As propostas devem ser documentos de marketing,

23. Veja WEISS, Allen M., HEIDE, Jan B. The nature of organizational search in high technology markets. *Journal of Marketing Research,* p. 220-233, May 1993; e DEMPSEY, William A. Vendor selection and the buying process. *Industrial Marketing Management,* v. 7, p. 257-267, 1978.

Isso significa grande comprometimento dos fornecedores com seus clientes. A Kasle Steel montou um forno dentro de Buick City para atender à fábrica da General Motors ali estabelecida. Às vezes, os distribuidores devem estar preparados para mudar suas instalações de local para satisfazer a um cliente. A Arrow Electronics, antes com estoque centralizado em Long Island, New York, possui agora um depósito dentro da fábrica da Bailey Controls, em Ohio. A Bailey fornece o espaço, e o depósito é abastecido em base quinzenal.

5. *Telecomunicações.* Novas tecnologias de comunicação permitem aos fornecedores a adoção de sistemas de compras computadorizados com seus clientes. Tais sistemas permitem pedidos *just in time, on-line,* a preços mais baixos. Essas tecnologias reduzem os custos das transações, mas pressionam as empresas industriais a manter seus preços competitivos.

6. *Programações de produção estáveis.* Os clientes encaminham suas programações de produção ao fornecedor, possibilitando que a entrega seja feita no dia que os materiais são necessários. A Navistar entrega a um de seus fornecedores uma previsão de seis meses de compras e os pedidos são entregues nos dias 20 de cada mês. Se houver mudanças de última hora, o fornecedor debita à Navistar os custos adicionais. Isso ajuda a reduzir a incerteza e os custos enfrentados pelo fornecedor.

7. *Fonte única de suprimento e envolvimento do fornecedor.* JIT e JIT II implicam que as organizações compradora e vendedora trabalhem em conjunto para reduzir custos. Os compradores industriais percebem que os fornecedores são especialistas em suas áreas e devem participar do processo de *design.* Freqüentemente, as empresas industriais assumem contratos a longo prazo com apenas um fornecedor. A compensação é alta para o fornecedor vencedor e torna-se muito difícil para outros concorrentes obterem os contratos subseqüentes. Eles são renovados quase que automaticamente, favorecendo o fornecedor que atender às programações de entrega e aos padrões de qualidade. Por exemplo, em 1993, 150 fábricas da AlliedSignal compravam válvulas, condutores e componentes de cerca de 400 fornecedores. Em 1994, a empresa agrupou todas as compras em um contrato de $ 10 milhões anuais com a Van Leeuwan, uma fabricante e distribuidora holandesa. A papelada envolvida na compra de condutores desapareceu.

Todos esses elementos associados à produção enxuta fazem sentido desde que haja um relacionamento estreito entre a empresa industrial e seus fornecedores. "É como um casamento", afirma um importante comprador. Um grande diretor industrial, menos sentimental, diz o seguinte: "É como um compromisso de relacionamento em vez de apenas um encontro casual." Em função do tempo investido pelas partes, decisões conjuntas de localização e instalações de telecomunicações, os custos envolvidos na aproximação das partes são elevados. Uma importante implicação é que as empresas industriais devem melhorar sua experiência em marketing de relacionamento, que se compara a marketing de transação. Elas devem planejar para maximizar o lucro em todo o período de relacionamento, em vez de se limitarem às transações isoladas.

**Fonte:** Veja JIT II comes of age. *Purchasing,* p. 41-44, Oct. 1994; MAGNET, Myron. The new golden rule of business. *Fortune,* p. 60-64, 21 Feb. 1994; TULLY, Shawn. Purchasing's new muscle. *Fortune,* p. 75-79, 82-83, 20 Feb. 1995; JACOB, Rahul. Why some customers are more equal than others. *Fortune,* p. 215-216+, 19 Sept. 1994; MURRAY, John E. The EDI explosion. *Purchasing,* p. 28-30, Feb. 1995; e WOMACK, James P., JONES, Daniel T., ROOS, Daniel. *A máquina que mudou o mundo.* Rio de Janeiro : Campus, 1992.

não apenas documentos técnicos. As apresentações orais devem inspirar confiança, posicionar as capacidades e os recursos da empresa de modo que se destaquem dos concorrentes. Uma parte importante da apresentação envolve não apenas o fornecimento de informações, mas também a resposta a perguntas. Para exemplos de perguntas a serem respondidas – e questões que não devem ser respondidas – durante uma apresentação, veja a seção Memorando de Marketing, intitulada "Faça as perguntas corretas nas apresentações de vendas".

Consideremos os obstáculos que a Campbell's Soup Company e a Xerox têm estabelecido na qualificação de fornecedores:

**CAMPBELL'S SOUP COMPANY** O Programa de Fornecedores Qualificados da Campbell exige que os candidatos a fornecedor passem por três estágios: fornecedor qualificado, fornecedor aprovado e fornecedor selecionado. Para tornar-se qualificado, o fornecedor tem que demonstrar capacidade técnica, saúde financeira, eficácia em termos de custos, padrões de alta qualidade e capacidade de inovação. O fornecedor que atende a esses critérios candidata-se para aprovação, que é obtida apenas após freqüentar um seminário patrocinado pela empresa, aceitar a visita de uma equipe de implementação, concordar em fazer algumas mudanças, assumir compromissos e assim por diante. Uma vez aprovado, torna-se fornecedor selecionado após demonstrar

 **Faça as perguntas corretas nas apresentações de vendas**

Recentemente, a revista *Sales and Marketing Management* perguntou aos gerentes de compras quais as piores e as melhores perguntas feitas pelos vendedores. Aqui estão suas respostas:

1. Pior pergunta: **"O que sua empresa fabrica?"**

   "A pior coisa que os vendedores podem fazer é pedir informações que já deveriam saber. Eles devem checar os antecedentes da empresa que planejam visitar. Há uma disponibilidade de fontes para esse tipo de informação. Não tenho tempo para dar-lhes aula sobre nossos produtos".

   Melhor pergunta: **"Que tipo de valor agregado você está procurando?"**

   "Para mim, valor agregado – como entrega *just in time* ou disponibilização de um especialista em tempo integral – é mais importante do que apenas preço."

2. Pior pergunta: **"Podemos fazer algo por você?"**

   "Os vendedores nunca devem oferecer qualquer tipo de vantagem ou presentes em troca do fechamento de um negócio. Para mim, ética é muito importante. Assim, é de importância fundamental que eles me tratem profissionalmente."

   Melhor pergunta: **"Como podemos ajudar na melhoria de seu produto ou processo?"**

   "É importante saber que o vendedor está interessado em como sua empresa pode agregar valor a minha empresa – como em pesquisa e desenvolvimento ou outros serviços. É importante saber que valor ambos os lados da mesa podem oferecer na negociação."

3. Pior pergunta: **"Você é a pessoa que vai tomar a decisão de compra?"**

   "O que você está fazendo lá junto ao vendedor se não é a pessoa que vai tomar a decisão? É uma pergunta feita com muita freqüência."

   Melhor pergunta: **"Se você está interessado em meu produto, como planeja utilizá-lo?"**

   "Os vendedores devem estar interessados em saber como seu produto ou serviço ajusta-se ao negócio do cliente; qual será sua aplicação. Muitos vendedores não fazem esta pergunta."

4. Pior pergunta: **"De quem você está comprando atualmente?"**

   "Esta pergunta parece indicar que o vendedor está muito centrado em preço, tentando oferecer preço inferior ao do concorrente, em vez de apresentar o produto ou serviço de sua empresa, mostrando como pode agregar valor ao nosso negócio".

   Melhor pergunta: **"O que posso fazer para agregar valor a seu processo?"**

   "É uma pergunta muito simples; os clientes estão procurando valor agregado."

**Fonte:** Reimpresso de Purchasing managers sound off. *Sales and Marketing Management*, p. 84-85, Feb. 1995.

---

alta uniformidade de produto, melhoria contínua de qualidade e capacidade de entrega *just in time*.

**XEROX**   A Xerox qualifica apenas fornecedores que atendem os padrões de qualidade da ISO 9000 (veja no Capítulo 2). Entretanto, para conquistar o prêmio *top* da empresa – *status* de fornecedor certificado – o fornecedor deve, primeiro, preencher um questionário de pesquisa intitulado Qualidade do Fornecedor Multinacional

da Xerox. A pesquisa exige que o fornecedor publique um manual de qualidade, incluindo os princípios de melhoria contínua e demonstrando a implementação de sistemas eficazes. Uma vez qualificado, ele deve participar do programa de Melhoria Contínua do Fornecedor da Xerox, em que as duas empresas trabalham em conjunto para criar especificações de qualidade, custos, prazos de entrega e capacidade de processo. A etapa final para a certificação exige que o fornecedor faça treinamento rigoroso de qualidade e uma avaliação baseada nos mesmos critérios adotados pelo Prêmio Nacional de

---

24.   Veja XEROX multinational supplier quality survey. *Purchasing*, p. 112, 12 Jan. 1995.

**Tabela 7.2** *Um exemplo de análise de vendedor.*

| ATRIBUTOS | PESO DE IMPORTÂNCIA | ESCALA DE AVALIAÇÃO | | | |
| --- | --- | --- | --- | --- | --- |
| | | (1) FRACO | (2) MÉDIO | (3) BOM | (4) EXCELENTE |
| Preço | 0,30 | | | | x |
| Reputação do fornecedor | 0,20 | | | x | |
| Confiabilidade do produto | 0,30 | | | | x |
| Confiabilidade do serviço | 0,10 | | x | | |
| Flexibilidade do fornecedor | 0,10 | | | x | |
| Escore total: 0,30(4) + 0,20(3) + 0,30 (4) + 0,10(2) + 0,10(3) = 3,5 | | | | | |

Qualidade Malcolm Baldrige. Não surpreende que apenas 176 fornecedores em todo o mundo obtiveram o índice de 95% exigido pela empresa para a certificação.[24]

**Seleção de Fornecedores.** Antes de selecionar um fornecedor, o centro de compras especifica os atributos desejados e indica sua importância relativa. Depois, os candidatos são avaliados nesses atributos e os melhores qualificados são identificados. Freqüentemente, o centro de compras adota um modelo de avaliação de fornecedor como o mostrado na Tabela 7.2.

A escolha e a importância de diferentes atributos variam conforme o tipo de situação de compra.[25] Confiabilidade de entrega, preço e reputação do fornecedor são altamente importantes para *produtos de compra rotineira.* Para *produtos com rotinas de procedimentos,* como copiadoras, os três atributos mais importantes são serviços técnicos, flexibilidade do fornecedor e confiabilidade do produto. Para *produtos políticos* que ativam rivalidades na organização, como um sistema de computador, os atributos mais importantes são preço, reputação do fornecedor, confiabilidade do produto, confiabilidade do serviço e flexibilidade do fornecedor.

O centro de compras pode tentar negociar com os fornecedores preferenciais por melhores preços e condições antes de fazer a seleção final. A empresa industrial pode conter a solicitação de preços mais baixos de várias maneiras. Pode mostrar a evidência de que o "custo do ciclo de vida" do uso de seu produto é menor do que o dos concorrentes. Pode também destacar o valor dos serviços que estão sendo recebidos pelo comprador, principalmente quando são superiores àqueles oferecidos pelos concorrentes. Os serviços que agregam valor têm-se tornado tão importantes para os fornecedores quanto o preço. (Para mais informações sobre este tópico, veja a seção Visão 2000, intitulada "Valor do valor agrega-

do".) Outras abordagens também podem ser usadas para conter a intensa pressão de preço. Consideremos o exemplo seguinte:

**LINCOLN ELECTRIC** A Lincoln Electric instituiu um Programa de Garantia de Redução de Custos para seus distribuidores. Sempre que um cliente pedir a um distribuidor para baixar os preços dos equipamentos Lincoln para empatar com os concorrentes, a empresa e o distribuidor envolvido garantem que, durante o ano seguinte, encontrarão maneiras de reduzir o custo da fábrica do comprador. Esta redução deverá compensar ou exceder a diferença de preço entre os produtos Lincoln e os de seus concorrentes. Depois, seus vendedores e o distribuidor trabalharão em conjunto para estudar as operações do cliente, identificar e propor reduções específicas de custo. Se um auditor independente no final do ano não constatar as reduções de custos prometidas, a Lincoln Electric e o distribuidor compensam o cliente pela diferença, com a Lincoln pagando 70% e o distribuidor o restante.[26]

Como parte do processo de seleção adotado pelos compradores, os centros de compras devem também decidir quantos fornecedores usar. No passado, muitas empresas preferiam uma grande base de fornecedores para assegurar os suprimentos adequados e obter concessões de preço. Essas empresas insistiam em fazer negociações anuais para a renovação de contratos e, freqüentemente, mudavam o volume de negócios destinado a cada fornecedor ano a ano. Normalmente, a empresa atribui o maior pedido anual a um fornecedor principal, ficando os fornecedores secundários com o restante. O fornecedor principal esforçava-se para proteger sua posição, enquanto os secundários tentavam expandir sua participação. Os fornecedores não classificados tentam participar do negócio oferecendo preços especialmente baixos.

25. Veja LEHMANN, Donald R., O'SHAUGHNESSY, John. Differences in attribute importance for different industrial products. *Journal of Marketing,* p. 36-42, Apr. 1974.
26. Veja NARUS, James A., ANDERSON, James C. Turn your industrial distributors into partners. *Harvard Business Review,* p. 66-71, Mar./Apr. 1986.

# Valor do valor agregado

Para conter a pressão para baixar seus preços, os fornecedores estavam acostumados a, simplesmente, convidá-los para almoçar ou jantar. "É uma questão de quantos almoços, jantares e partidas de golfe você deve patrocinar", afirma um experiente vendedor veterano sobre como as coisas eram resolvidas. Entretanto, hoje, isso não é o suficiente. Os fornecedores vitoriosos são cada vez mais aqueles que estão preparados para reduzir custos e fornecer serviços que agregam valor para os clientes. Aqui estão alguns exemplos de como fornecedores, tanto pequenos como grandes, estão usando serviços que agregam valor para obter vantagem competitiva:

- *Thomas Industrial Products Co.* Escolhida pela revista *Industrial Distribution* como a empresa número um na lista dos 25 melhores distribuidores de 1992, a Thomas Industrial Products credita a maior parte do sucesso a seus serviços de valor agregado, que representam 50% de seu faturamento. Este distribuidor de mangueiras industriais e acessórios tem superado concorrentes maiores na área da costa leste dos Estados Unidos, oferecendo a seus clientes serviços como orientação de uso, assistência técnica de engenharia, teste de produto, frisagem sob medida, acoplamento e corte. Hoje, é uma das poucas empresas na área que presta esses serviços. Seus funcionários passam por um rigoroso exame, possibilitando seu credenciamento para a acoplagem de vários tipos de mangueiras.
- *Jefferson Smurfit Corp.* Quando a General Electric expandiu sua linha de refrigeradores anticongelantes (*frost-free*) em 1990, necessitou de mais engradados de embalagem. Rapidamente, a Jefferson Smurfit, empresa fornecedora de embalagens com faturamento anual de $ 4,5 bilhões, designou um coordenador para organizar a produção em três de suas fábricas – mesmo que fosse necessário transferir as encomendas dos demais clientes para outros locais – para atender o impressionante pedido da GE. Este tipo de providência de agregação de valor ajudou-a a ganhar o Prêmio Fornecedor Especial da unidade de eletrodomésticos da GE. Esta conquista também a protegeu da concorrência feroz baseada apenas em preço. "Hoje, não estou apenas conseguindo o melhor preço, mas também obtendo o maior valor – e, para nós, valor representa muito", afirma o vice-presidente de compras da Emerson Electric Co., grande cliente da Smurfit que reduziu seu custo de suprimentos em 65%.
- *Essroc Materials.* Esta empresa adota o princípio de que ajudar o cliente a vender a seus consumidores pode fazer grande diferença para assegurar um relacionamento, mesmo se os serviços oferecidos tenham pouco a ver com o produto real. A Essroc é uma empresa francesa de materiais de construção que ajuda seus clientes com seus esforços de marketing. Eles são mantidos informados sobre o que a concorrência está fazendo e sobre seu setor industrial.

**Fontes:** Value-added services gain momentum. *Purchasing*, p. 63, 16 March 1995; ZETLIN, Minda. It's all de same to me. *Sales and Marketing Management*, p. 71-75, Feb. 1994; MELCHER, Richard A. The middlemen stay on the march. *Business Week*, p. 87, 9 Jan. 1995; FORBES, Christine. Top 25 small distributors. *Industrial Distribution*, p. 30-36, 15 Jan. 1992; ELLIS, James E. There's even a science to selling boxes. *Business Week*, p. 51-52, 3 Aug. 1992.

Entretanto, as empresas estão, crescentemente, reduzindo o número de fornecedores. Empresas como Ford, Motorola e AlliedSignal têm reduzido o número de fornecedores, variando de 20 a 80%. Ademais, essas empresas desejam que os fornecedores escolhidos sejam responsáveis por um sistema maior de componentes. Freqüentemente, também exigem que eles atinjam melhoria contínua de desempenho e qualidade e, ao mesmo tempo, reduzam o preço de fornecimento em determinada porcentagem a cada ano. Essas empresas trabalham junto a seus fornecedores durante o desenvolvimento do produto e valorizam suas sugestões.

**ESPECIFICAÇÃO DE ROTINA DE PEDIDO.** Após os fornecedores serem selecionados, o comprador negocia o pedido final, listando as especificações técnicas, quantidade necessária, prazo de entrega previsto, políticas de devolução, garantia e assim por diante. No caso de itens de manutenção, consertos e operações, os compradores estão crescentemente preferindo contratos em aberto em vez de pedidos de compra periódica. Fica caro redigir um novo pedido cada vez que um estoque é necessário. Nem o comprador deseja preparar pequeno número de grandes pedidos, porque isto significa manter estoques altos. Um *contrato em aberto* estabelece um relacionamento a longo prazo em que o fornecedor promete novos fornecimentos à medida que forem necessários, conforme os preços já contratados para um período determinado de tempo. Em razão do estoque ser mantido pelo vendedor, os contratos em branco, às vezes, recebem o nome de *planos de compra de estoque zero*. Os pedidos são emitidos automaticamente pelo computador do comprador, conforme a necessidade de estoque.

Os contratos em aberto levam uma empresa a comprar mais itens de uma única fonte de suprimentos. Este sistema fortalece os laços entre fornecedor e comprador, tornando difícil a entrada de outros concorrentes, a menos que haja insatisfação do comprador em relação a preços, qualidade ou serviços do fornecedor.

REVISÃO DO DESEMPENHO. Após todas as providências de compra serem tomadas, o comprador revisa o desempenho do(s) fornecedor(es) escolhido(s). Comumente, três métodos são usados. O comprador pode contatar usuários finais e pedir suas avaliações. Ele pode avaliar o fornecedor sob diversos critérios usando um método de atribuição de pessoas. O comprador pode também agregar o custo do fraco desempenho para chegar aos custos ajustados de compra, incluindo o preço. A revisão do desempenho pode levar o comprador a continuar, modificar ou descartar o fornecedor. Este deve monitorar as mesmas variáveis que são usadas pelos compradores e usuários finais do produto.

Descrevemos os estágios de compra envolvidos em uma situação de compra nova. Na situação de recompra modificada ou recompra direta, alguns desses estágios seriam abreviados ou eliminados. Por exemplo, em uma situação de recompra direta, o comprador, normalmente, tem um fornecedor favorito ou uma lista ordenada de fornecedores. Assim, os estágios de busca e solicitação de proposta seriam eliminados.

**Mapas de Fluxo de Compra**. O modelo de oito estágios (fases de compra) representa as principais etapas no processo de compra industrial. A preparação do *mapa de fluxo de compra* pode fornecer muitas sugestões para a empresa industrial. Um exemplo de mapa de fluxo de compra é mostrado na Figura 7.2 para a aquisição de uma máquina de embalagem no Japão. Os números dentro dos ícones estão definidos à direita. Os números em itálico entre os ícones mostram o fluxo de eventos. Cerca de 20 pessoas da empresa compradora estão envolvidas, incluindo o gerente de produção e os funcionários, o comitê do novo produto, os técnicos do laboratório da empresa, representantes do departamento de marketing e do departamento de desenvolvimento de mercado. O processo de tomada de decisão completo levou 121 dias.

## MERCADOS INSTITUCIONAIS E

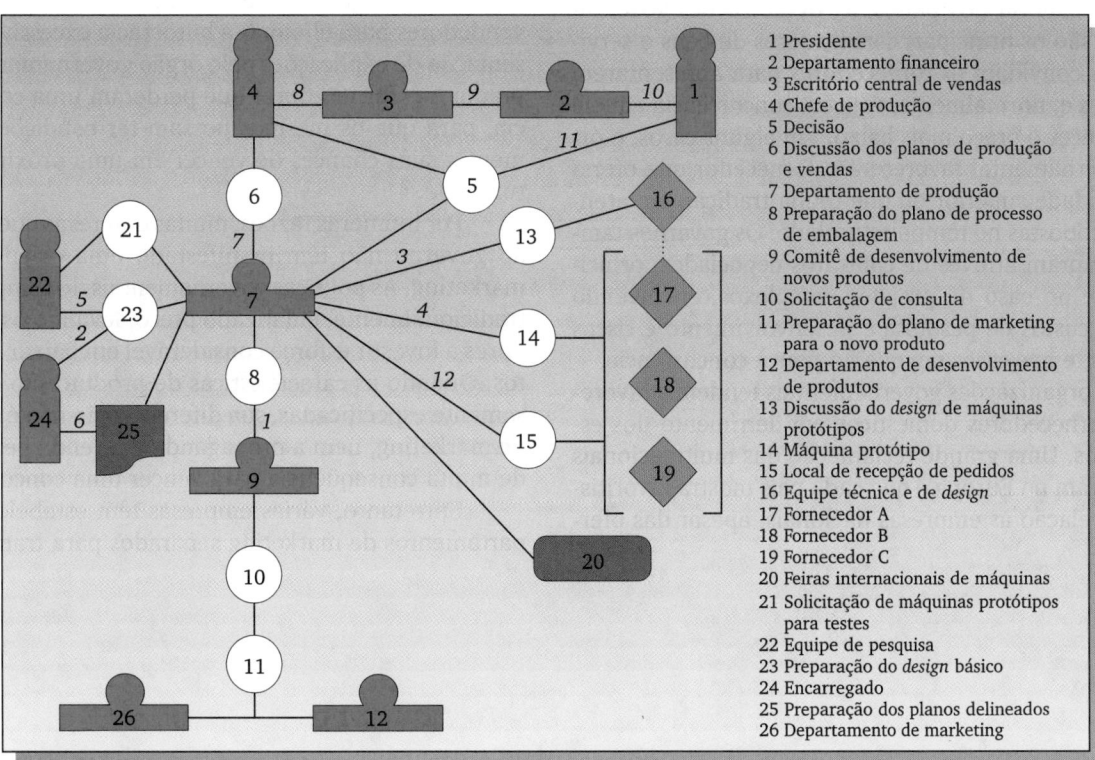

**Fonte:** Japanese firms use unique buying behavior. *The Japan Economic Journal*, p. 29, 23 Dec. 1980. Reimpresso com permissão.

**Figura 7.2** *Comportamento de compra organizacional no Japão: processo de compra de uma máquina de embalagem.*

## GOVERNAMENTAIS

Nossa discussão concentrou-se, amplamente, no comportamento de compra de empresas que visam o lucro. Muito do que discutimos também se aplica às práticas de compra de organizações institucionais e governamentais. Entretanto, desejamos destacar certas características especiais constatadas nesses últimos mercados.

O *mercado institucional* consiste em escolas, hospitais, berçários, prisões e outras instituições que devem fornecer bens e serviços às pessoas que estão sob seus cuidados. Muitas dessas organizações são caracterizadas por orçamentos pequenos e clientelas cativas. O comprador de um hospital tem que decidir sobre a qualidade do alimento que deve comprar para os pacientes. Aqui, o objetivo de compra não é o lucro, uma vez que o alimento é fornecido aos pacientes como parte do pacote total de serviços. Também não é minimização de custos, porque pacientes servidos com alimento ruim reclamarão a outras pessoas e prejudicarão a reputação do hospital. Esse comprador precisa procurar vendedores institucionais de alimentos, cuja qualidade atenda ou exceda certo padrão mínimo e que ofereçam preços baixos. De fato, muitos fornecedores de alimentos destacam uma divisão separada para vender aos compradores institucionais, devido a suas necessidades e características especiais. Assim, a Heinz fabricará, embalará e fixará preço para seu *ketchup* de forma diferente para atender a exigências específicas de hospitais, faculdades e prisões.

Na maioria dos países, as organizações governamentais são os principais compradores de bens e serviços. Elas convidam os fornecedores para apresentarem propostas e, normalmente, vence a concorrência aquele que oferecer o preço mais baixo. Em alguns casos, o órgão governamental favorecerá o fornecedor que oferecer qualidade superior ou que tenha tradição em atender às propostas no tempo estipulado. Os governos também compram através de contratos negociados, principalmente no caso de projetos complexos, envolvendo grandes custos de pesquisa e desenvolvimento e riscos elevados, e nos casos em que há pouca concorrência.

As organizações governamentais tendem a favorecer os fornecedores domésticos em detrimento dos estrangeiros. Uma grande reclamação das multinacionais que operam na Europa é que cada país mostra favoritismo em relação às empresas nacionais, apesar das ofertas superiores que podem ser feitas pelas empresas estrangeiras. Gradualmente, a União Européia está removendo este viés.

Em razão de suas decisões de gastos estarem sujeitas à análise pública, as organizações governamentais exigem considerável papelada dos fornecedores, que, freqüentemente, reclamam sobre o excesso de burocracia, regulamentações, atrasos na tomada de decisão e de freqüentes mudanças de compradores. A maioria dos governos distribui aos prováveis fornecedores guias detalhados sobre suas rotinas de compra. Todavia, estes ainda têm que dominar o sistema e encontrar meios de romper a burocracia. Por exemplo, o governo federal dos Estados Unidos sempre foi o principal cliente da ADI Technology Corp. Os contratos governamentais representam 90% do faturamento anual de $ 6 bilhões desta empresa. Todavia, os administradores dessa empresa de serviços profissionais precisam trabalhar muito no preparo de toda a papelada necessária para obter os contratos governamentais. As exigências de uma grande concorrência pública podem envolver de 500 a 700 páginas de papelada. O presidente da empresa estima que chega a gastar $ 20.000, a maior parte em horas trabalhadas, para preparar uma única proposta. Felizmente, para as empresas de todos os tamanhos, estão ocorrendo reformas que simplificarão os procedimentos contratuais e tornarão as concorrências públicas mais atraentes, principalmente para os fornecedores menores. Algumas dessas reformas dão maior ênfase na compra de itens comerciais padronizados, em vez de itens que atendem às especificações governamentais, comunicação *on-line* com vendedores para eliminar a burocracia excessiva e apresentação de explicações pelo órgão governamental comprador aos fornecedores que perderam uma concorrência, para que os mesmos possam ter condições de aumentar suas chances de vencer em uma próxima oportunidade.[27]

Por inúmeras razões, muitas empresas que vendem ao governo não têm manifestado uma orientação de marketing. As políticas governamentais de compras têm, tradicionalmente, enfatizado preço, levando os fornecedores a investir esforço considerável em baixar seus custos. Quando as características do produto são cuidadosamente especificadas, sua diferenciação não é um fator de marketing, nem a propaganda e a venda pessoal são de muita conseqüência para vencer uma concorrência.

Entretanto, várias empresas têm estabelecido departamentos de marketing separados para tratar com o

27. LITVAN, Laura M. How to sell to Uncle Sam: new, easier rules. *Nation's Business,* p. 46-48, Mar. 1995.
28. Veja SUSS, Warren H. How to sell to Uncle Sam. *Harvard Business Review,* p. 136-144, Nov./Dec. 1984; e HILL, Don. Who says Uncle Sam's a tough sell? *Sales and Marketing Management,* p. 56-60, July 1988.

governo, como a Rockwell, Kodak e Goodyear. Essas empresas antecipam as necessidades e projetos do governo, participam da fase de especificação do produto, reúnem inteligência competitiva, preparam propostas cuidadosamente e fornecem comunicações mais fortes para descrever e melhorar suas reputações.[28]

1. A *compra organizacional* é um processo de tomada de decisão pelo qual as organizações formais estabelecem a necessidade de comprar produtos e serviços e, depois, identificar, avaliar e escolher entre marcas e fornecedores alternativos. O *mercado industrial* consiste de todas as organizações que compram bens e serviços usados na produção de outros produtos ou serviços que são vendidos, alugados ou fornecidos a outros.

2. Comparados aos mercados de consumidores, os mercados industriais, geralmente, fazem poucos pedidos e grandes compras, estão mais próximos de seus clientes e mais concentrados geograficamente. A demanda do mercado industrial é derivada da demanda do mercado consumidor e flutua com o ciclo do negócio. Todavia, a demanda total para muitas empresas de bens e serviços é bastante inelástica em termos de preço. As empresas industriais precisam estar conscientes do papel dos compradores profissionais e seus influenciadores, bem como da importância da compra direta, reciprocidade e *leasing*.

3. O centro de compras é a unidade de tomada de decisão de uma organização de compras. É formado por iniciadores, usuários, influenciadores, decisores, aprovadores, compradores e fiscais internos. Para vender a cada uma dessas partes, as empresas devem estar conscientes dos fatores ambientais, organizacionais, interpessoais e individuais. Os fatores ambientais incluem o nível de demanda pelo produto, situação econômica, taxa de juros, taxa de mudança tecnológica, desenvolvimentos políticos e legais, desenvolvimentos competitivos e assuntos de responsabilidade social. Em nível organizacional, as empresas devem estar conscientes dos objetivos, políticas, procedimentos, estruturas organizacionais e dos sistemas de seus clientes, bem como das tendências em relação à valorização hierárquica dos departamentos de compras, compra centralizada em empresas multidivisionais, compra descentralizada para itens de pequeno valor, contratos a longo prazo e incentivos crescentes para os compradores. Em nível interpessoal, o centro de compras inclui participantes com interesses, autoridade, posição social, empatia e grau de persuasão diferentes. A abordagem do indivíduo para o processo de compras é afetada por sua idade, renda, nível educacional, cargo, personalidade, atitudes em relação ao risco e cultura.

4. O processo de compras consiste de oito estágios denominados *fases de compra*: (1) reconhecimento do problema, (2) descrição da necessidade, (3) especificação do produto, (4) busca de fornecedores, (5) solicitação de proposta, (6) seleção de fornecedor, (7) especificação de rotina de compra e (8) análise de desempenho. À medida que os compradores industriais tornam-se mais sofisticados, as empresas *business-to-business* devem aperfeiçoar suas capacidades de marketing.

5. O *mercado institucional* consiste de escolas, hospitais, berçários, prisões e outras instituições que devem fornecer bens e serviços às pessoas que estão a seus cuidados. Os compradores institucionais tendem a estar menos preocupados com lucro ou minimização de custos do que os compradores industriais. Os compradores de organizações gover-

## APLICAÇÕES CONCEITUAIS

namentais tendem a exigir grande papelada de seus fornecedores e a favorecerem concorrências públicas e empresas domésticas. Os fornecedores devem estar preparados a adaptar suas ofertas às necessidades e procedimentos especiais encontrados nos mercados institucionais e governamentais.

1. City Hall, em Zenobia, Michigan, cidade com população de 45.000 habitantes, está planejando comprar um novo computador *mainframe* para atender a todas as necessidades da cidade, desde a administração dos funcionários à arrecadação de impostos. A decisão de compra do computador será tomada pelo pessoal do centro de informática da cidade e o prefeito (decisores). Quem são os demais participantes do processo de compra? Avalie o grau de influência que cada participante ou grupo teria no processo de decisão.

2. A ênfase em marketing de relacionamento está aumentando no marketing de relacionamento. Antes de adotar marketing de relacionamento, a alta administração deve conhecer bem o significado do termo. Dê uma definição de marketing de relacionamento. Quais os principais elementos que devem

existir para ele ser bem-sucedido? Antes de adotar essa filosofia de marketing a longo prazo, que perguntas uma empresa deve fazer sobre si própria e sobre as empresas com as quais terá relacionamentos? Que resultados cada parte envolvida no relacionamento deve esperar do relacionamento a longo prazo?

3. A Caterpillar decidiu focar mais seus esforços de marketing nos mercados internacionais. A alta administração percebe que há diferenças culturais entre as empresas asiáticas e as norte-americanas e que essas diferenças influenciam o comportamento de compra. Entretanto, não estão seguros sobre que áreas de comportamento mais provavelmente afetam as comunicações de marketing. Avalie a abordagem norte-americana *versus* japonesa para os seguintes tópicos e discuta como essas diferenças podem afetar a tentativa do negociador norte-americano vender a um cliente japonês:

a. Tomada de decisão individual *versus* decisão da maioria (Como as decisões são tomadas em cada país – individualmente ou em grupo?)

b. Orientação em relação ao prazo (Como cada cultura vê a questão de prazo?)

c. Orientação em termos de realização (Como cada cultura é focada nos resultados?)

d. Orientação para a ação (Qual a ênfase que cada cultura dá à ação? Como cada cultura valoriza o silêncio?)

e. Relacionamentos extensos e profundos (Qual a importância dos relacionamentos entre as empresas de cada país?)

4. Como as influências de compra sobre o comprador governamental são diferentes das influências sobre o comprador industrial ou revendedor? Como elas afetam as empresas que tentam vender ao governo?

5. O processo de decisão de um comprador profissional é mais elaborado quanto maior o risco envolvido. Como ele se comportaria em cada uma das seguintes situações de compra? Em cada situação, qual a probabilidade do envolvimento de outras pessoas da organização? Que situação é provável ocorrer mais vezes para o comprador chegar a uma decisão? Que situação é uma compra nova, recompra modificada e recompra direta?

a. Compra de uma máquina sob encomenda utilizada na fabricação de barras de direção para veículos.

b. Compra de sistemas de freio de um fornecedor regular. O comprador já adquiriu anteriormente o mesmo equipamento desse fornecedor.

c. Compra de placas-mãe (*motherboards*) melhoradas e atualizadas para microcomputadores de um fornecedor que desfruta de boa reputação no mercado. Entretanto, trata-se da primeira aquisição de placas desse fornecedor.

6. O mercado de medicamentos vendidos sob prescrição médica é exclusivo de muitas maneiras. Os fabricantes de medicamentos devem convencer a uma terceira parte – um médico – para "vender" seu produto ao consumidor final, o paciente. Em outras palavras, o decisor nessa transação *business-to-business* é o médico, e os esforços promocionais têm, tradicionalmente, sido dirigidos para esse participante do centro de compra. Hoje, as empresas farmacêuticas estão apelando diretamente aos compradores e os encorajando a solicitar de seus médicos determinados medicamentos. Usando o modelo da Figura 7.1 deste capítulo, analise as quatro principais influências (ambientais, organizacionais, interpessoais e individuais) que afetam os esforços de vendas de uma empresa farmacêutica como a Hoechst Marion Roussel.

7. Você é o líder de uma equipe de vendas de uma empresa fabricante de mangueiras de borracha. Na próxima semana, você foi escalado para visitar uma equipe de compras do Saturn (carro de passeio da General Motors). Você observou o seguinte comportamento de compra por parte dessa equipe:

| Dan Beavens | Bill Smith | Cathy Jones | Phil Hazard |
|---|---|---|---|
| crítico | agressivo | colaborador | entusiasmado |
| detalhista | durão | atencioso | egoísta |
| sério | dominador | dependente | ambicioso |
| ordeiro | eficiente | agradável | dinâmico |
| minucioso | decisivo | rigoroso | dramático |
| persistente | prático | flexível | indisciplinado |

Prepare uma estratégia de vendas para lidar com cada participante da equipe de compras do Saturn.

8. Você é gerente de marketing de uma empresa atacadista de produtos químicos. Que tipos de preocupações você teria para distribuir os produtos de fabricantes como Celanese e Dow?

# 8 Análise de Setores Industriais e de Concorrentes

*Marketing é meramente uma forma civilizada de guerra, em que a maioria das batalhas é vencida com palavras, idéias e pensamento disciplinado.*

ALBERT W. EMERY

*Qualquer oponente é nosso colaborador.*

EDMUND BURKE

Os dois capítulos anteriores examinaram a dinâmica dos mercados consumidores e organizacionais. O problema que qualquer empresa enfrenta é se deve investir em um mercado específico em função de sua dinâmica. Esta decisão depende muito da natureza e da intensidade da concorrência nesse mercado. Este capítulo examina o papel exercido pela concorrência na determinação da atratividade de um mercado.

Michael Porter, de Harvard, identificou cinco forças que determinam a atratividade intrínseca de lucro a longo prazo de um mercado ou segmento de mercado. Seu modelo é mostrado na Figura 8.1. As cinco forças são os concorrentes industriais, entrantes potenciais, substitutos, compradores e fornecedores. As cinco ameaças enfrentadas são as seguintes:

1. *Ameaça de rivalidade intensiva no segmento.* Um segmento não é atraente quando já possui concorrentes numerosos, fortes ou agressivos. Ele é ainda menos atraente se o aumento da capacidade produtiva for feito apenas em grande escala, os custos fixos forem altos, as barreiras à entrada forem elevadas ou concorrentes fortes já dominarem grandes fatias do segmento. Essas condições levarão a guerras de preços freqüentes, batalhas de propaganda e lançamentos de novos produtos, tornando, assim, muito caro para as empresas competirem.

2. *Ameaça de novos entrantes.* A atratividade de um segmento varia conforme as dificuldades impostas por barreiras à entrada e à saída.[1] O segmento mais atraente é aquele em que as barreiras à entrada são elevadas e as à saída são reduzidas (Figura 8.2). Limitado número de empresas pode entrar no setor

industrial e as empresas de desempenho fraco podem sair com facilidade. Quando as barreiras à entrada e à saída são elevadas, o potencial de lucro também é elevado, mas as empresas enfrentam maiores riscos porque as de desempenho fraco lutarão para não deixar o setor industrial. Quando ambas as barreiras são reduzidas, as empresas entram e saem facilmente, embora o retorno seja estável e baixo. A pior situação é quando as barreiras à entrada são reduzidas e as à saída são elevadas. Nesta situação, as empresas entram durante os tempos bons, mas encontram dificuldades de sair durante os tempos difíceis. O resultado é a excessiva capacidade de produção e lucro baixo para todas elas.

3. *Ameaça de produtos substitutos.* Um segmento não é atraente quando há substitutos reais ou potenciais para o produto. Os substitutos impõem limites de preços e de lucro. A empresa precisa observar atentamente as tendências de preço dos produtos substitutos. Se a tecnologia avançar ou a concorrência aumentar nos setores industriais desses substitutos, os preços e lucros do segmento, provavelmente, diminuirão.

4. *Ameaça do poder de barganha crescente dos compradores.* Um segmento não é atraente quando os compradores possuem poder de barganha grande e crescente. Os compradores tentarão forçar os preços para baixo, exigir mais qualidade ou serviços e colocar os concorrentes uns contra os outros, tudo à custa da rentabilidade do vendedor. O poder de barganha dos compradores aumenta quando eles se tornam mais concentrados ou organizados, o produto representa parte significativa de seus custos, o produto não é

---

1. PORTER, Michael E. *Competitive strategy.* New York : Free Press, 1980. p. 22-23.

diferenciado, os custos dos compradores que mudam de produto são baixos, eles são sensíveis a preço ou quando os compradores podem integrar para cima. Para se proteger, os vendedores devem selecionar os compradores que têm menor poder de negociação ou de mudar de fornecedor. Uma defesa melhor consiste no desenvolvimento de ofertas superiores que os compradores fortes não podem recusar.

5. *Ameaça do poder de barganha crescente dos fornecedores*. Um segmento não é atraente quando os fornecedores da empresa têm condições de aumentar os preços ou reduzir a quantidade fornecida. Os fornecedores tendem a ser poderosos quando são concentrados ou organizados, há poucos substitutos, o produto fornecido é um *input* importante, os custos de mudar de fornecedor são altos e os fornecedores podem integrar para baixo. As melhores defesas são desenvolver relações ganha-ganha com os fornecedores ou usar fontes de suprimento múltiplas.

As três primeiras forças do modelo de Porter tratam, explicitamente, dos concorrentes. Claramente, a concorrência não é apenas predominante, mas é cada vez mais intensa. Muitas empresas estão produzindo seus bens em países do Leste Europeu para vendê-los mais baratos no Ocidente. Para aumentar a eficácia da concorrência, a União Européia está removendo barreiras comerciais entre os países da Europa Ocidental, enquanto o NAFTA está tomando as mesmas providências entre Estados Unidos, Canadá e México.

Esses desenvolvimentos explicam o interesse por temas atuais como "marketing de guerra", "sistema de inteligência competitiva" e assuntos similares.[2] Em razão dos mercados tornarem-se tão competitivos, entender os consumidores deixou de ser o suficiente. O resultado é que as empresas devem começar a prestar mais atenção a seus concorrentes, da mesma forma que se preocupam com seus consumidores-alvos. As empresas bem-sucedidas desenvolvem e operam sistemas para reunir inteligência contínua sobre seus concorrentes.[3]

Conhecer os concorrentes é crítico para o planejamento de marketing eficaz. A empresa deve, constantemente, comparar seus produtos, preços, canais e promoção com seus concorrentes. Dessa maneira, pode identificar áreas de vantagem e desvantagem competitiva. Ela pode lançar ataques mais precisos sobre seus concorrentes, bem como preparar defesas mais fortes contra os ataques.

As empresas precisam saber responder a cinco perguntas sobre os concorrentes:

- **Quem são nossos concorrentes?**
- **Quais suas estratégias?**
- **Quais seus objetivos?**
- **Quais suas forças e fraquezas?**
- **Quais seus padrões de reação?**

As empresas também precisam saber como desenvolver um sistema de inteligência competitiva, que concorrentes atacar e quais evitar e como balancear as orientações em relação aos consumidores e aos concorrentes.

## IDENTIFICAÇÃO DE CONCORRENTES

Parece ser tarefa simples uma empresa identificar seus concorrentes. A Coca-Cola sabe que a Pepsi-Cola é sua principal concorrente, da mesma forma que a Sony sabe o mesmo em relação à Matsushita.[4] Mas a faixa de concorrentes reais e potenciais de uma empresa é, realmente, muito mais ampla. É mais provável que uma empresa seja destruída por seus concorrentes emergentes ou por novas tecnologias do que pelos concorrentes atuais. Aqui estão dois exemplos claros:

**EASTMAN KODAK**   Em seu negócio de filmes, a Kodak está preocupada com a crescente concorrência da Fuji, fabricante japonesa de filmes. Entretanto, a Kodak enfrenta uma ameaça ainda maior, com a recente invenção das câmeras sem filmes. Esta câmera, vendida pela Canon e Sony, capta sinais de vídeo e de fotos que podem ser mostrados em um receptor de TV, impressos por computador e, mesmo, apagados. Qual a maior ameaça para o negócio de filmes do que uma câmera sem filme?

**UNILEVER**   Junto com outros fabricantes de sabão em pó, a Unilever está preocupada com uma pesquisa que está sendo feita sobre uma máquina de lavar ultra-sônica. Se for bem-sucedida, esta máquina lavará roupas sem nenhum sabão em pó. No momento, ela pode lavar apenas certos tipos de sujeiras e tecidos. Qual a maior ameaça para o negócio de sabão em pó do que uma máquina de lavar ultra-sônica?

---

2. Veja RIES, Al, TROUT, Jack. *Marketing warfare*. New York : McGraw-Hill, 1986.
3. Veja FULD, Leonard M. *The new competitor intelligence*: the complete resource for finding, analyzing, and using information about your competitors. New York : John Wiley, 1995; CZEPIEL, John A. *Competitive marketing strategy*. Englewood Cliffs, NJ : Prentice Hall, 1992.
4. Veja KATAYAMA, Hans. Fated to feud: Sony versus Matsushita. *Business Tokyo*, p. 28-32, Dec. 1991.

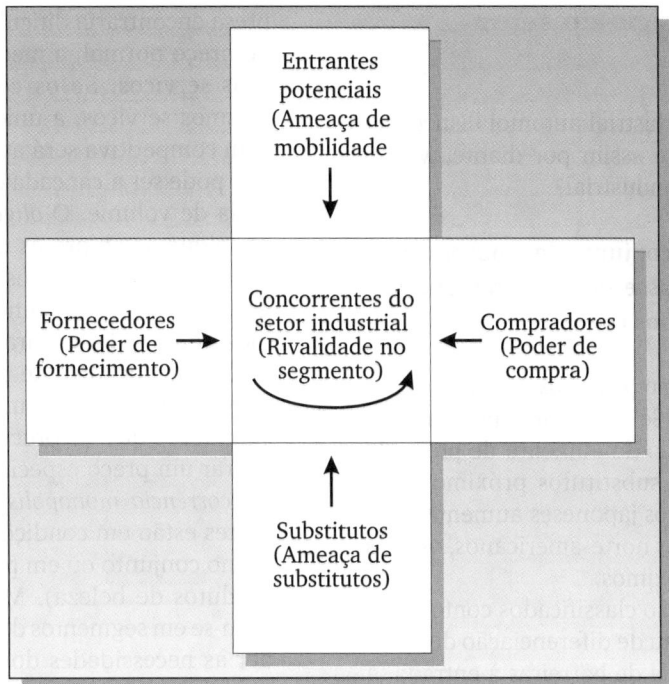

**Fonte:** Reimpresso com permissão de PORTER, Michael E. *Competitive advantage*: creating and sustaining superior performance. New York : Free Press, 1985.

**Figura 8.1** *Cinco forças determinantes da atratividade estrutural do segmento.*

**Barreiras à saída**

| | | Elevada | Reduzida |
|---|---|---|---|
| **Barreiras à entrada** | Elevada | Retorno baixo e estável | Retorno baixo e arriscado |
| | Reduzida | Retorno elevado e estável | Retorno elevado e arriscado |

**Figura 8.2** *Barreiras e rentabilidade.*

Podemos distinguir quatro níveis de concorrência, baseados no grau de substituição do produto:

1. *Concorrência de marca.* Ocorre quando uma empresa vê seus concorrentes como outras empresas que oferecem produtos e serviços similares aos mesmos consumidores, a preços também similares. Assim, a Buick pode ver a Ford, Toyota, Honda, Renault e outros fabricantes de automóveis que os vendem a preços moderados como seus principais concorrentes. Mas não se vê como concorrendo com a Mercedes, de um lado, ou a Hyundai, de outro.
2. *Concorrência industrial.* Ocorre quando uma empresa vê seus concorrentes como todas as empresas que fabricam o mesmo produto ou classe de produtos. Aqui, a Buick se veria concorrendo com todos os fabricantes de automóveis.
3. *Concorrência de forma.* Ocorre quando uma empresa vê seus concorrentes como todas as empresas que fabricam produtos que prestam o mesmo serviço. Aqui, a Buick se veria concorrendo não apenas com outros fabricantes de automóveis, mas também com os fabricantes de motocicletas, bicicletas e caminhões.
4. *Concorrência genérica.* Ocorre quando uma empresa vê seus concorrentes como todas as empresas que concorrem pelos mesmos dólares do consumidor. Aqui, a Buick se veria concorrendo com as empresas que vendem grandes bens de consumo duráveis, férias no exterior e novas residências.

Mais especificamente, podemos identificar os concorrentes de uma empresa do ponto de vista do setor industrial e do ponto de vista do mercado.

# Conceito de concorrência do setor industrial

Falamos sobre setor industrial automobilístico, setor industrial farmacêutico e assim por diante. Mas o que é exatamente um setor industrial?

**SETOR INDUSTRIAL é um conjunto de empresas que oferece um produto ou classe de produtos que são substitutos próximos uns dos outros.**

Substitutos próximos são produtos com alta *elasticidade cruzada da demanda*. Se a demanda por um produto aumenta como resultado do aumento de preço de outro produto, os dois são substitutos próximos. Por exemplo, se o preço dos carros japoneses aumentar e as pessoas mudarem para carros norte-americanos, os dois produtos são substitutos próximos.

Os setores industriais são classificados conforme o número de vendedores, o grau de diferenciação dos produtos, a presença ou ausência de barreiras à entrada, à mobilidade, à saída e ao encolhimento, a estrutura de custos, o grau de integração vertical e o grau de globalização.

NÚMERO DE VENDEDORES E GRAU DE DIFERENCIAÇÃO. O ponto de partida para se descrever um setor industrial é especificar se há um, poucos ou muitos vendedores do produto e se o produto é homogêneo ou altamente diferenciado. Essas características dão origem a quatro tipos bem conhecidos de estruturas do setor industrial:

- *Monopólio puro.* Ocorre quando apenas ume empresa fornece certo produto ou serviço em determinado país ou área (correio nacional, empresa de eletricidade local). Este monopólio pode ser o resultado de uma lei, patente, licença, economia de escala ou outros fatores. Um monopólio não regulamentado que procura maximizar o lucro cobraria um preço alto, faria pouca ou nenhuma propaganda e ofereceria serviços mínimos, uma vez que os consumidores têm que comprar seu produto na ausência de substitutos próximos. Se substitutos parciais estiverem disponíveis e houver algum perigo de concorrência eminente, o monopolista puro pode investir em mais serviços e tecnologia para preservar sua participação de mercado. Um monopólio regulamentado seria obrigado a cobrar um preço mais baixo e fornecer mais serviços, favorecendo o interesse público.
- *Oligopólio.* Ocorre quando um pequeno número de grandes empresas (geralmente) fabrica produtos que variam de altamente diferenciados a padronizados. Há duas formas de oligopólio: o puro e o diferenciado. O *oligopólio puro* consiste em algumas empresas que fabricam, essencialmente, o mesmo produto tipo *commodity* (petróleo, aço etc.). Uma em-

presa encontraria dificuldade para cobrar algo além do preço normal, a menos que pudesse diferenciar seus serviços. Se os concorrentes oferecerem os mesmos serviços, a única maneira de obter vantagem competitiva será através da redução de custos, que pode ser alcançada com a adoção de uma estratégia de volume. O *oligopólio diferenciado* consiste em algumas empresas que fabricam produtos parcialmente diferenciados (automóveis, câmeras fotográficas etc.). A diferenciação pode ocorrer em termos de qualidade, características, estilos ou serviços. Cada concorrente pode buscar a liderança em termos destes importantes atributos, atrair os consumidores que favorecem determinado atributo e cobrar um preço especial por ele.

- *Concorrência monopolista.* Quando muitos concorrentes estão em condições de diferenciar suas ofertas no conjunto ou em partes (restaurantes, lojas de produtos de beleza). Muitos concorrentes concentram-se em segmentos de mercado onde podem atender às necessidades dos consumidores de maneira superior e liderarem preço.
- *Concorrência pura.* Consiste em muitos concorrentes oferecendo o mesmo produto e serviço (mercado de ações, mercado de *commodities*). Uma vez que não há base para diferenciação, os preços concorrentes serão os mesmos. Nenhum concorrente fará propaganda, a menos que possa criar alguma diferenciação psicológica (cigarros, cerveja); nesse caso, seria mais apropriado descrever o setor industrial como de concorrência monopolista. Os vendedores obterão taxas de lucro diferentes, apenas na extensão em que conseguem custos de produção ou de distribuição menores.

A estrutura competitiva de um setor industrial pode mudar no decorrer do tempo. Consideremos o caso da Sony quando inovou lançando o *walkman*. Esta empresa começou como monopolista, mas, logo, algumas outras empresas entraram no mercado, transformando o setor industrial em oligopólio. À medida que mais concorrentes começaram a oferecer novas versões de *walkman*, o setor industrial transformou-se em uma estrutura competitiva monopolista. Quando o crescimento da demanda diminuiu, alguns concorrentes abandonaram o setor, que voltou a ser oligopolista.

BARREIRAS À ENTRADA E À MOBILIDADE. Os setores industriais diferem grandemente em relação à facilidade de entrada de novos concorrentes em um mercado que demonstre lucros atraentes. É fácil abrir um novo restaurante, mas é difícil entrar no setor de aeronaves. As principais *barreiras à entrada* incluem exigência de muito capital, economia de escala, exigência de patentes e licenciamento, escassez de locais, matérias-primas ou distribuidores e exigência de reputação favorável. Algumas barreiras são intrínsecas a certos setores industriais e outras são levantadas por ações individuais ou combinadas, efetuadas pelas empresas já existentes. Mesmo após uma empresa entrar em um setor industrial, ela pode enfrentar *barreiras à mobilidade* quando tenta penetrar em segmentos de mercado mais atraentes. Isto foi o que ocorreu no início dos anos 80, quando a PepsiCo tentou remover sua marca de biscoitos Grandma's de seu nicho representado pelas máquinas automáticas de venda para as prateleiras dos supermercados. A pequena marca não teve condições de enfrentar as poderosas empresas Nabisco e Keebler que dominavam o mercado.

**BARREIRAS À SAÍDA E AO ENCOLHIMENTO.** Idealmente, as empresas deveriam ser livres para abandonar setores industriais em que os lucros não são atraentes, mas, freqüentemente, enfrentam *barreiras à saída*.[5] Entre as barreiras à saída mais comuns estão as obrigações legais ou morais com os consumidores, credores e funcionários, restrições governamentais, baixo valor de recuperação de ativos devido à supervalorização ou obsolescência, falta de oportunidades alternativas, alta integração vertical e barreiras emocionais. Muitas empresas insistem em um setor industrial até conseguir cobrir os custos variáveis e alguns dos custos fixos. Entretanto, sua continuidade afeta os lucros de todas. Aquelas que desejam permanecer no setor industrial devem reduzir as barreiras à saída de outras. Podem oferecer a compra dos ativos das concorrentes, atender às obrigações assumidas junto aos consumidores e assim por diante.

Mesmo se algumas empresas não desejarem abandonar o setor industrial, podem optar por reduzir seu tamanho. Neste caso, as empresas maiores devem tentar reduzir as *barreiras ao encolhimento* para ajudar os concorrentes com dificuldades a se ajustarem em faixas de mercado de ganhos menores.[6] Duas das barreiras ao encolhimento mais comuns são os compromissos contratuais e a obstinação da administração.

**ESTRUTURA DE CUSTOS.** Cada setor industrial possui determinado composto de custos que impulsiona grande parte de sua conduta estratégica. Por exemplo, a fabricação de aço envolve altos custos de produção e de matéria-prima, enquanto as fábricas de brinquedos envolvem altos custos de distribuição e de marketing. As empresas estarão mais atentas aos custos maiores e adotarão alguma estratégia para reduzi-los. Assim, a empresa siderúrgica com fábrica mais moderna (isto é, mais eficiente em termos de custos) terá grande vantagem sobre as outras.

**GRAU DE INTEGRAÇÃO VERTICAL.** Em alguns setores industriais, as empresas concluirão que é vantajoso integrar para trás e/ou para frente (*integração vertical*). Um bom exemplo é o setor petrolífero, em que as principais empresas fazem exploração, prospecção, perfuração, refino, produção de produtos químicos e operação de postos de gasolina. Freqüentemente, a integração vertical reduz os custos e exerce maior controle sobre o fluxo de valor agregado. Além disso, essas empresas podem manipular seus preços e custos em segmentos diferentes do negócio para obter lucros onde os impostos são mais baixos. Entretanto, a integração vertical pode criar certas desvantagens, como o enfrentamento de custos elevados em certas partes da cadeia de valor e a falta de flexibilidade.

**GRAU DE GLOBALIZAÇÃO.** Alguns setores industriais são predominantemente locais (como o de corte de grama), outros são globais (como o petrolífero, o de fabricação de motores de aviões, de câmeras fotográficas). As empresas dos setores globais precisam competir em base global se pretenderem obter economia de escala e manter-se atualizadas com os últimos avanços tecnológicos.[7] Por exemplo, consideremos como os fabricantes norte-americanos de guindastes perderam a liderança de mercado:

**SETOR INDUSTRIAL DE GUINDASTES** Há menos de 20 anos, cinco empresas dominavam o mercado norte-americano de guindastes – Clark Equipment, Caterpillar, Allis and Chalmers, Hyster e Yale. Em 1992, a Clark, enterrada em dívidas, preparava-se para vender todos seus ativos por meros $ 95 milhões e a Caterpillar era a sócia menor, com 20% de um negócio em parceria com a Mitsubishi, que detinha 80%. Apenas a Hyster mantinha sua participação, enquanto os fabricantes japoneses engoliam o restante do mercado. Investindo em desenvolvimento de produto, concentrando-se em modelos simples e movendo parte da produção para a Irlanda, a Hyster estava em condições de competir com Nissan, Toyota e Komatsu. Ela também moveu uma ação *antidumping* contra os modelos japoneses e ganhou a causa. Ao mesmo tempo, a Clark investiu muito dinheiro, criando novas características nos modelos que os compradores não aceitaram. A Caterpillar cometeu o erro de tentar vender seus guindastes através de revendedores de equipamentos de remoção de terra, que não se entusiasmaram em trabalhar com a baixa margem de lucro proporcionada pelo produto. A Clark e a Caterpillar transferiram parte da produção para a Coréia do Sul, mas encontraram custos ainda mais altos, porque a mão-de-obra coreana valorizou-se rapidamente, além da necessidade de manter grandes estoques na matriz devido aos atrasos de embarque marítimo.

---

5. Veja HARRIGAN, Kathryn Rudie. The effect of exit barriers upon strategic flexibility. *Strategic Management Journal*, v. 1, p. 165-176, 1980.
6. Veja PORTER, Michael E. *Competitive advantage.* New York : Free Press, 1985. p. 225, 485.
7. PORTER. *Competitive strategy.* Cap. 13.

| | Segmentação por consumidor | | |
|---|---|---|---|
| **Segmentação por produto** | Crianças/adolescentes | 19-35 anos | + de 35 anos |
| Creme dental comum | Colgate-Palmolive Procter & Gamble | Colgate-Palmolive Procter & Gamble | Colgate-Palmolive Procter & Gamble |
| Creme dental com flúor | Colgate-Palmolive Procter & Gamble | Colgate-Palmolive Procter & Gamble | Colgate-Palmolive Procter & Gamble |
| Gel | Colgate-Palmolive Procter & Gamble Lever Bros. | Colgate-Palmolive Procter & Gamble Lever Bros. | Colgate-Palmolive Procter & Gamble Lever Bros. |
| Com listras | Beecham | Beecham | |
| Creme dental para fumantes | | Topol | Topol |

**Fonte:** COHEN, William A. *Winning on the marketing front*: the corporate manager's game. New York : John Wiley, 1986. p. 63.

**Figura 8.3**   *Mapa de campo de batalha produto/mercado de creme dental.*

## Conceito de concorrência de mercado

Além de observar as empresas que fabricam o mesmo produto (abordagem do setor industrial), podemos examinar as empresas que satisfazem a mesma necessidade do consumidor (abordagem do mercado). Por exemplo, um fabricante de *software* para processamento de texto, normalmente, vê seus concorrentes como os demais fabricantes deste *software*. Entretanto, do ponto de vista da necessidade do consumidor, este, realmente, deseja "habilidade de escrever". Esta necessidade pode ser satisfeita por lápis, canetas, máquinas de escrever e assim por diante. Em geral, o conceito de concorrência de mercado alerta a empresa para um conjunto mais amplo de concorrentes reais e potenciais e estimula mais o planejamento estratégico de mercado a longo prazo.

A chave para identificar concorrentes é associar a análise do setor industrial à análise do mercado, mapeando-os no *campo de batalha produto/mercado*. A Figura 8.3 ilustra o campo de batalha produto/mercado de creme dental, conforme os tipos de produtos e grupos de consumidores por faixa etária. Vemos que a P&G e a Colgate-Palmolive ocupam nove segmentos; a Lever Brothers, três; a Beecham, dois; e a Topol, dois. Se a Topol desejasse entrar em outros segmentos, necessitaria estimar o tamanho de cada segmento de mercado, as participações dos concorrentes em cada segmento e suas capacidades, objetivos e estratégias, além das barreiras à entrada em cada segmento.

## IDENTIFICAÇÃO DAS ESTRATÉGIAS DOS CONCORRENTES

Os concorrentes mais diretos de uma empresa são aqueles que perseguem os mesmos mercados-alvo e adotam estratégias semelhantes. *Grupo estratégico* é o conjunto de empresas que segue a mesma estratégia em determinado mercado-alvo.[8] Qualquer empresa precisa identificar o grupo estratégico em que está concorrendo.

Suponhamos que uma empresa deseja entrar no setor industrial de grandes eletrodomésticos e que as duas dimensões importantes deste setor são imagem de qualidade e integração vertical. Ela desenvolve o gráfico mostrado na Figura 8.4 e descobre que há quatro grupos estratégicos. O grupo estratégico A consiste em um concorrente (Maytag), o B em três grandes concorrentes (General Electric, Whirlpool e Sears), o C em quatro e o D em dois.

Revelações importantes surgem desta identificação de grupos estratégicos. Primeiro, a dimensão das barreiras à entrada difere em cada grupo estratégico. Uma nova empresa pensaria ser mais fácil entrar no grupo D porque ele exige investimento mínimo na integração vertical, nos componentes de qualidade e na reputação. Ela encontraria dificuldades para entrar nos grupos A ou B porque ambos exigem investimento elevado em qualidade e integração vertical. Segundo, se a empresa for bem-sucedida ao entrar em um dos grupos, as empresas

---

8.   PORTER. *Competitive strategy*. Cap. 7.

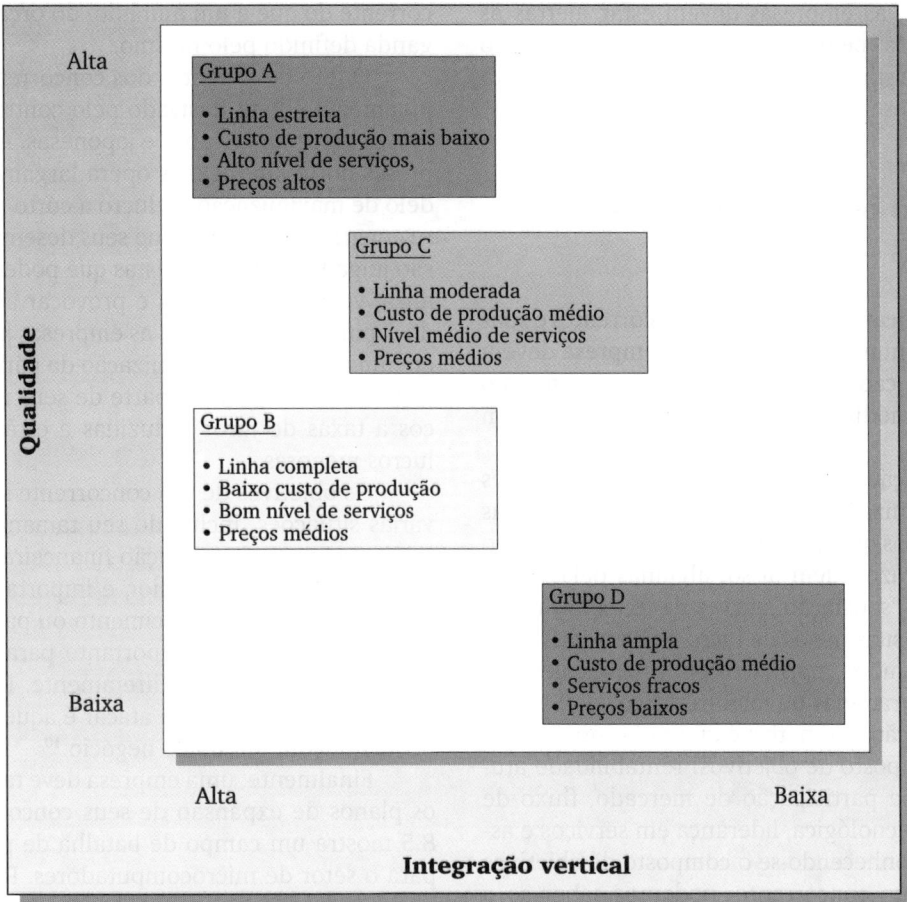

Qualidade

Alta

**Grupo A**
• Linha estreita
• Custo de produção mais baixo
• Alto nível de serviços,
• Preços altos

**Grupo C**
• Linha moderada
• Custo de produção médio
• Nível médio de serviços
• Preços médios

**Grupo B**
• Linha completa
• Baixo custo de produção
• Bom nível de serviços
• Preços médios

**Grupo D**
• Linha ampla
• Custo de produção médio
• Serviços fracos
• Preços baixos

Baixa

Alta                                    Baixa

**Integração vertical**

**Figura 8.4**   *Grupos estratégicos no setor industrial de grandes eletrodomésticos.*

existentes tornam-se seus concorrentes-chave. Assim, se ela entrar no grupo B, precisará fortalecer-se principalmente contra General Electric, Whirpool e Sears. Precisará de alguma vantagem competitiva se desejar ser bem-sucedida.

Embora a concorrência seja mais intensa dentro de um grupo estratégico, há também rivalidade freqüente entre os grupos por diversas razões. Primeiro, alguns grupos estratégicos podem apelar aos mesmos grupos de consumidores. Por exemplo, os fabricantes de grandes eletrodomésticos com estratégias diferentes podem procurar as construtoras de prédios de apartamentos. Segundo, os consumidores podem não ver muita diferença nas ofertas de vários grupos estratégicos. Terceiro, cada grupo pode desejar expandir sua participação de mercado, principalmente se as empresas forem relativamente iguais em tamanho e poder e as barreiras à mobilidade entre os grupos forem baixas.

A Figura 8.4 usa apenas duas dimensões para identificar grupos estratégicos em um setor industrial. Outras dimensões incluem nível de sofisticação tecnológica, escopo geográfico, métodos de produção e assim por diante. De fato, cada concorrente deveria estar mais plenamente ajustado do que o sugerido pelas duas dimensões. Uma empresa precisa de informações detalhadas sobre as estratégias de marketing, produção, pesquisa e desenvolvimento, finanças e recursos humanos de cada concorrente. Deve conhecer a qualidade, as características e seus compostos de produtos; os serviços ao consumidor; as políticas de preço; as coberturas de distribuição; as estratégias das forças de vendas; e os programas de propaganda e de promoção de vendas.

Uma empresa deve, continuamente, monitorar as estratégias de seus concorrentes. Aqueles plenos de recursos também revisam suas estratégias no decorrer do tempo. Por exemplo, a Ford foi uma vencedora em razão de seu sucesso em produzir carros a custos baixos. Depois, foi superada pela GM porque esta respondeu ao novo desejo do mercado por variedade. Mais tarde, as empresas japonesas assumiram a liderança porque forneceram carros com economia de combustível. A seguir, passaram a fabricar carros de alta confiabilidade. Quando os fabricantes norte-americanos de carros adotaram padrões elevados de qualidade, os japoneses mudaram para qualidades sensoriais, a saber, o aspecto e a percepção do carro e seus vários componentes. Um ex-engenheiro da Ford explicou: "É a alavanca do sinalizador que não cambaleia... a rapidez de abrir e fechar o vidro ... o toque do botão do controle do ar-condicionado... esta é a nova nuance da concorrência pelo consumidor."[9]

9.   THE HARDEST sell. *Newsweek,* p. 41, 30 Mar. 1992.

Claramente, as empresas devem estar alertas às mudanças desejadas pelos consumidores e à forma como os concorrentes estão revisando suas estratégias para atender a esses desejos emergentes.

## DETERMINAÇÃO DOS OBJETIVOS DOS CONCORRENTES

Após identificar seus principais concorrentes e suas estratégias, os administradores de uma empresa devem perguntar: O que cada concorrente está procurando no mercado? O que modifica o comportamento de cada um deles?

Uma suposição inicial útil é que os concorrentes lutam para maximizar o lucro. Entretanto, as empresas divergem nos pesos que atribuem ao lucro a curto prazo *versus* a longo prazo. Além disso, algumas delas estão preocupadas com "satisfação" em vez de "maximização". Elas estabelecem suas metas de lucro e ficam satisfeitas ao atingi-las, mesmo se mais lucro pudesse ser alcançado com outras estratégias ou maior esforço.

Uma suposição alternativa é que cada concorrente persegue um composto de objetivos: rentabilidade atual, crescimento da participação de mercado, fluxo de caixa, liderança tecnológica, liderança em serviços e assim por diante. Conhecendo-se o composto de objetivos ponderados de um concorrente, podemos saber se o mesmo está satisfeito com seu resultado financeiro atual, como pode reagir a diferentes tipos de ataques competitivos etc. Por exemplo, um concorrente que procura liderança em custos baixos reagirá mais fortemente a um novo processo de produção adotado por outro concorrente do que a um aumento do orçamento de propaganda definido pelo mesmo.

O fato de as metas dos concorrentes diferirem rapidamente é bem ilustrado pelo contraste entre as empresas norte-americanas e japonesas. A maioria das empresas norte-americanas opera largamente em um modelo de maximização de lucro a curto prazo. Isto decorre em grande parte porque seus desempenhos correntes são julgados pelos acionistas que podem perder a confiança, vender suas ações e provocar aumento do custo de capital. Em contraste, as empresas japonesas operam em um modelo de maximização da participação de mercado. Recebem grande parte de seus recursos dos bancos a taxas de juros reduzidas e estão satisfeitas com lucros menores.

Os objetivos de um concorrente são moldados por várias situações, incluindo seu tamanho, histórico, administração atual e situação financeira. Se ele faz parte de uma organização maior, é importante saber se está sendo dirigido para crescimento ou para gerar recursos de caixa. Se não for importante para a empresa-mãe, pode ser atacado mais diretamente. Rothschild afirma que o pior concorrente a atacar é aquele que opera globalmente com um único negócio.[10]

Finalmente, uma empresa deve também monitorar os planos de expansão de seus concorrentes. A Figura 8.5 mostra um campo de batalha de produto/mercado para o setor de microcomputadores. Parece que a Dell, que é a maior força na venda de microcomputadores a usuários individuais, está ampliando a capacidade de *hardware* de suas máquinas para atender também os compradores industriais e comerciais. Os outros participantes deste segmento (não mostrados) estão preveni-

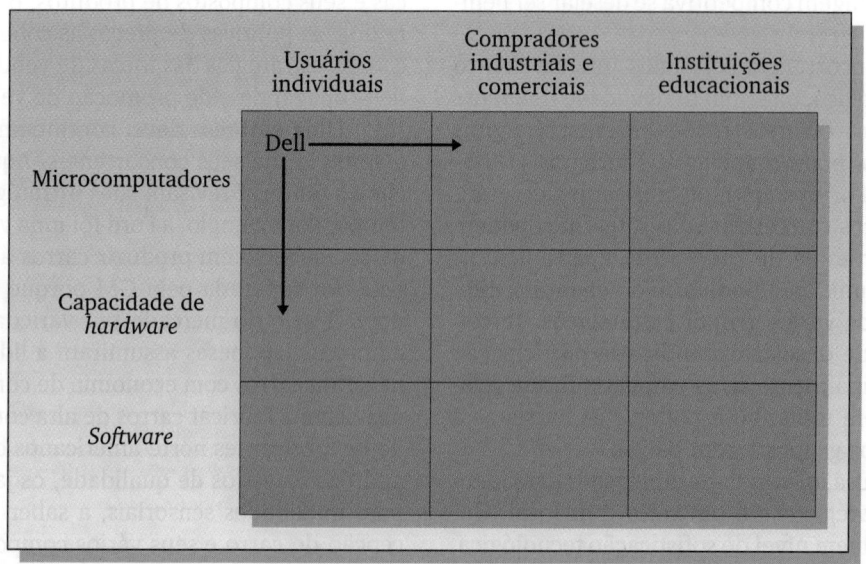

**Figura 8.5**  *Planos de expansão de um concorrente.*

---

10. ROTHSCHILD, William E. *How to gain (and mantain) the competitive advantage.* New York : McGraw-Hill, 1989. Cap. 5.

dos e, espera-se, devidamente preparados para estabelecer barreiras à expansão da Dell.

## Avaliação das Forças e Fraquezas dos Concorrentes

A adoção das metas e estratégias dos concorrentes de uma empresa depende de seus recursos e capacidades. Como primeira etapa para identificar as forças e fraquezas dos concorrentes, a empresa precisa reunir informações recentes sobre os negócios de cada um deles, incluindo dados sobre vendas, participação de mercado, margem de lucro, retorno sobre o investimento, fluxo de caixa, investimentos novos e nível de utilização da capacidade de produção. Algumas dessas informações são difíceis de coletar. Por exemplo, as empresas de bens industriais encontram dificuldade para estimar as participações de mercado dos concorrentes porque as organizações de pesquisa, especializadas em auditoria de lojas, não levantam dados sobre o setor industrial.

Normalmente, as empresas tomam conhecimento das forças e fraquezas de seus concorrentes através de dados secundários, experiência pessoal e boatos. Podem aumentar o conhecimento fazendo pesquisa de marketing junto a consumidores, fornecedores e revendedores. Todas essas fontes ajudaram uma empresa a decidir quem atacar no mercado de controles programáveis:

Uma empresa tomou a decisão de entrar no mercado de controles programáveis. Ela enfrentou três concorrentes entrincheirados, Allen Bradley, Texas Instruments e Gould. Sua pesquisa mostrou que a Allan Bradley desfrutava de excelente reputação por liderança tecnológica; a Texas Instruments operava com custos baixos e estava engajada em batalhas árduas por participação de mercado; e a Gould fazia bom trabalho, mas não se distinguia dos concorrentes. A empresa concluiu que seu melhor alvo era a Gould.

A Tabela 8.1 mostra os resultados da pesquisa realizada por uma empresa que solicitou a seus consumidores para avaliar seus três concorrentes A, B e C em cinco atributos. O concorrente A foi avaliado como bem conhecido e visto como fabricante de produtos de alta qualidade, vendidos por uma força de vendas bem preparada. Entretanto, este concorrente foi avaliado como fraco em disponibilidade de produtos e assistência técnica. O concorrente B foi classificado como bom nos atributos conscientização dos consumidores, qualidade do produto e assistência técnica e excelente em disponibilidade de produtos e força de vendas. O concorrente C foi avaliado como fraco na maioria dos atributos. Estas informações sugerem que nossa empresa deve atacar o concorrente A em disponibilidade de produtos e assistência técnica e o concorrente C em quase todos os atributos, mas o concorrente B não possuía nenhuma fraqueza marcante.

Em geral, as empresas devem monitorar três variáveis quando analisarem seus concorrentes:

- *Participação de mercado.* Participação dos concorrentes no mercado-alvo.
- *Participação na lembrança de marca (share of mind).* Porcentagem de consumidores que identifica o concorrente ao responder à solicitação: "Nomeie a primeira empresa que lhe vem em mente nesse setor industrial."
- *Participação de preferência (share of heart).* Porcentagem de consumidores que identifica o concorrente ao responder à solicitação: "Identifique a empresa da qual você prefere comprar o produto."

Há um relacionamento interessante entre essas três mensurações. A Tabela 8.2 mostra estes número para os três concorrentes listados na Tabela 8.1. O concorrente A desfruta da mais alta participação de mercado, mas está em queda. Uma explicação parcial é fornecida pelo fato de que sua participação na lembrança do consumidor e participação de preferência estão caindo. Essa alteração de conscientização e preferência do consumidor ocorre, provavelmente, porque o concorrente A, embora fornecendo um bom produto, não vem praticando uma boa disponibilidade do mesmo ou prestando boa assistência técnica. O concorrente B está ganhando participação de mercado, provavelmente em decorrência de sua estratégia para aumentar a lembrança e a preferência do consumidor. O concorrente C parece estar acomodado em um baixo nível de participação de mercado, de lembrança e de preferência do consumidor, devido a um produto e atributos de marketing fracos. Poderíamos

**Tabela 8.1** *Avaliações dos consumidores sobre os principais fatores de sucesso dos concorrentes.*

| | CONSCIENTIZAÇÃO DO CONSUMIDOR | QUALIDADE DO PRODUTO | DISPONIBILIDADE DO PRODUTO | ASSISTÊNCIA TÉCNICA | PESSOAL DE VENDAS |
|---|---|---|---|---|---|
| Concorrente A | E | E | F | F | B |
| Concorrente B | B | B | E | B | E |
| Concorrente C | m | F | B | M | M |

**Nota:** E = excelente, B = bom, M = médio, F = fraco.

**Tabela 8.2** *Participação de mercado, participação de lembrança e participação de preferência.*

| | PARTICIPAÇÃO DE MERCADO | | | PARTICIPAÇÃO DE LEMBRANÇA | | | PARTICIPAÇÃO DE PREFERÊNCIA | | |
|---|---|---|---|---|---|---|---|---|---|
| | 1994 | 1995 | 1996 | 1994 | 1995 | 1996 | 1994 | 1995 | 1996 |
| Concorrente A | 50% | 47% | 44% | 60% | 58% | 54% | 45% | 42% | 39% |
| Concorrente B | 30 | 34 | 37 | 30 | 31 | 35 | 44 | 47 | 53 |
| Concorrente C | 20 | 19 | 19 | 10 | 11 | 11 | 11 | 11 | 8 |

generalizar da seguinte forma: *As empresas que obtêm ganhos consideráveis em participação de lembrança e de preferência, inevitavelmente, conquistarão maior participação de mercado e rentabilidade.*

Na tentativa de melhorar suas participações de mercado, muitas empresas começaram a fazer *benchmarking* com seus concorrentes mais bem-sucedidos. Esta técnica e seus benefícios são descritos na seção *Insight* de Marketing intitulada "Como o *benchmarking* ajuda a melhorar o desempenho competitivo".

Finalmente, na procura das fraquezas dos concorrentes, devemos identificar quaisquer pressupostos que eles fazem sobre seus negócios e o mercado, que há muito tempo não são mais válidos. Algumas empresas acreditam que produzem a melhor qualidade do setor industrial, quando isto não é mais verdadeiro. Muitas delas são vítimas da sabedoria convencional, como: "Os consumidores preferem empresas de linha completa", "A força de vendas é a única ferramenta de marketing importante", "Os consumidores valorizam mais serviços do que preço". Se soubermos que os concorrentes estão operando sob um pressuposto errado, podemos levar vantagem sobre eles.

## ESTIMATIVA DOS PADRÕES DE REAÇÃO DOS CONCORRENTES

A identificação dos objetivos e das forças e fraquezas de um concorrente demanda algum tempo antes de os gerentes prepararem suas prováveis reações às estratégias opostas (por exemplo, um corte de preço, uma nova promoção ou a introdução de um novo produto). Além disso, cada concorrente adota certa filosofia de fazer negócios, determinada cultura interna e algumas crenças-guia. É necessário um conhecimento profundo das idéias de determinado concorrente para se ter a esperança de antecipar suas prováveis ações ou reações.

A maioria dos concorrentes classifica-se nas seguintes categorias:

1. *O concorrente cauteloso*. Aquele que não reage rápida ou fortemente a determinado movimento de uma empresa. Por exemplo, quando a Miller introduziu sua cerveja *Lite* no final dos anos 70, a Anheuser-Busch descansava em seus louros como líder da indústria de cerveja. Posteriormente, à medida que a Miller tornava-se mais agressiva em marketing e sua cerveja *Lite* conquistou 60% de participação de mercado, a Anheuser-Busch resolveu desenvolver sua cerveja *light*.

As razões para uma falta de ataque a movimentos competitivos variam. Os concorrentes cautelosos podem julgar que seus consumidores sejam leais; podem estar tirando o máximo do negócio; podem ser lentos em perceber qualquer movimento da concorrência; podem não ter recursos financeiros para reagir. Os rivais devem tentar avaliar as razões desse comportamento cauteloso.

2. *O concorrente seletivo*. Reage apenas a certos tipos de ataques e não a outros. Pode reagir a reduções de preços, mas não a aumentos nos gastos de propaganda. As empresas petrolíferas como Shell e Exxon são concorrentes seletivos, respondendo apenas, por exemplo, aos cortes de preços dos concorrentes, mas não às promoções. Saber como um concorrente reage pode dar a seus rivais uma indicação sobre suas linhas de ataque mais viáveis.

3. *O concorrente arrojado*. É aquele que reage rápida e fortemente a qualquer iniciativa em seu território. Assim, a P&G não deixa um novo sabão em pó ser lançado facilmente no mercado. Um concorrente arrojado está sinalizando que seria melhor que outra empresa não o atacasse, porque lutará até o fim para se defender. É sempre melhor atacar uma ovelha do que um tigre. A Lever Brothers constatou isto durante sua primeira tentativa de entrar no mercado de sabão em pó "ultra", onde a Procter & Gamble era pioneira. Os "ultras" são sabões em pó mais concentrados vendidos em embalagens menores. Os varejistas gostam deles porque ocupam menor espaço de prateleira. Todavia, quando a Lever introduziu suas versões ultras Wisk e Surf, teve dificuldades em obter espaço de prateleira. A P&G gastou muito dinheiro para manter suas marcas dominando as prateleiras dos supermercados.[11]

4. *O concorrente imprevisível*. É aquele que não demonstra um padrão de reação previsível. Tal concorrente

---

11. WEISZ, Pam. Surrender! Lever cedes ultra detergent market to P&G. *Brandweek,* p. 1, 6, 10 Oct. 1994; LEVER to re-enter ultras, P&G's way. *Brandweek,* p. 1, 6, 16 Apr. 1995.

# Como o *benchmarking* ajuda a melhorar o desempenho competitivo

*Benchmarking* é a arte de descobrir como e por que algumas empresas podem desempenhar muito mais tarefas do que outras. Podem-se comparar dez diferenças em termos de qualidade, velocidade e desempenho em custos de uma empresa média *versus* outra de classe mundial.

O propósito de uma empresa fazer *benchmarking* é imitar ou melhorar os melhores desempenhos de outras empresas. Os japoneses usaram *benchmarking* assiduamente no período pós-Segunda Guerra Mundial, copiando muitos produtos e práticas norte-americanas. Em 1979, a Xerox empreendeu um dos primeiros projetos importantes de *benchmarking* nos Estados Unidos. Desejava aprender como os concorrentes japoneses estavam habilitados para produzir copiadoras mais confiáveis e cobrar um preço abaixo dos custos de produção da Xerox. Ao comprar e analisar copiadoras japonesas praticando "engenharia reversa", a Xerox aprendeu como melhorar a confiabilidade e os custos de suas próprias copiadoras.

Outra antiga pioneira do *benchmarking* foi a Ford. Ela estava perdendo vendas para os fabricantes de carros japoneses e europeus. Don Peterson, então presidente da empresa, instruiu seus engenheiros e *designers* para construir um novo carro que combinasse as 400 características que os consumidores da Ford consideravam ser mais importantes. Se a Saab construía os melhores bancos, a empresa deveria copiá-los e assim por diante. Peterson foi além: pediu a seus engenheiros para "melhorar o melhor", sempre que possível. Quando o novo carro (o muito bem-sucedido Taurus) foi concluído, Peterson anunciou que seus engenheiros superaram a maioria das melhores características encontradas nos automóveis concorrentes, não apenas as copiaram.

Hoje, muitas empresas (incluindo a AT&T, IBM, Kodak, Du Pont e Motorola) usam *benchmarking*. Algumas o empregam apenas para medir seus desempenhos em relação às melhores empresas de seus setores industriais. Outras preferem empregá-lo para se avaliarem em relação às melhores empresas mundiais. Neste sentido, o *benchmarking* vai além da "análise competitiva padrão". Por exemplo, a Motorola inicia cada projeto de *benchmarking* com uma busca pelas "melhores práticas mundiais". Conforme um de seus executivos: "Quanto mais nos comparamos com outras empresas de nosso setor industrial, mais felizes ficamos. Estamos procurando superioridade competitiva, não apenas paridade competitiva."

Como exemplo de busca das "melhores práticas mundiais", Robert C. Camp, especialista da Xerox em *benchmarking*, voou para Freeport, Maine, para visitar a L. L. Bean, empresa líder em vendas por catálogo, para descobrir como os funcionários de seu armazém administravam a separação e o embalamento de itens três vezes mais rápido que a Xerox. Em outra ocasião, a Xerox fez *benchmarking* com a American Express, especializada em sistema de faturamento, e com a Cummins Engine, por sua experiência em programação da produção.

*Benchmarking* envolve as sete etapas seguintes: (1) determinar em que funções praticá-lo; (2) identificar as principais variáveis de desempenho a mensurar; (3) identificar as melhores empresas do setor; (4) mensurar o desempenho dessas melhores empresas; (5) mensurar o desempenho da empresa em questão; (6) especificar programas e ações para preencher os hiatos; (7) implementar e monitorar os resultados.

Como uma empresa pode identificar as empresas de "melhores práticas"? Um bom ponto de partida é perguntar aos consumidores, fornecedores e distribuidores quem eles avaliam como fazendo o melhor trabalho. As principais empresas de consultoria também podem ser contatadas porque possuem arquivos substanciais das "melhores práticas". Para manter os custos sob controle, a empresa deve, principalmente, fazer *benchmarking* das tarefas críticas que afetam profundamente a satisfação do consumidor e os custos da empresa, e onde se sabe que existe desempenho substancialmente melhor.

**Fontes:**   CAMP, Robert C. *Benchmarking*: the search for industry-best practices that lead to superior performance. White Plains, NY : Quality Resources, 1989; SPENDOLINI, Michael J. *The benchmarking book*. New York : Amacom, 1992; MAIN, Jeremy. How to steal the best ideas around. *Fortune*, 19 Oct. 1992; WALLECK, A. Steven et. al. Benchmarking world class performance. *McKinsey Quartely*, n. 1, p. 3-24, 1990; PORT, Otis. Beg, borrow – and benchmark. *Business Week*, p. 74-75, 30 Nov. 1992; e BROWN, Stanley. Don't innovate – imitate! *Sales and Marketing Management*, p. 24-25, Jan. 1995.

pode ou não retaliar em uma ocasião específica; não há maneira de prever o que fará, tomando-se como base sua situação econômica, histórico ou algo mais. Muitas pequenas empresas são concorrentes imprevisíveis: competem em certas frentes quando podem enfrentar uma batalha e ficam na retaguarda quando o concorrente demonstra muita força.

Alguns setores industriais são caracterizados por relativo acordo entre os concorrentes, e outros, por constante disputa. Bruce Henderson acha que depende muito do "equilíbrio competitivo" do setor industrial. Aqui estão algumas de suas observações sobre a situação provável das relações competitivas:[12]

1. *Se os concorrentes forem quase idênticos e agirem da mesma forma, o equilíbrio competitivo é instável.* Provavelmente, há conflito permanente nos setores industriais, em que a diferenciação competitiva é de difícil manutenção. É o caso dos setores de *commodities* como aço ou papel de imprensa, em que os vendedores não têm encontrado formas de diferenciar seus custos ou suas ofertas. Em tais casos, o equilíbrio competitivo seria ameaçado se alguma empresa baixasse seu preço – uma forte tentação, principalmente para um concorrente que possui excesso de capacidade de produção. Isto explica por que as guerras de preço, freqüentemente, ocorrem nesses setores industriais.

2. *Se um fator importante for crítico, o equilíbrio competitivo é instável.* Este é o caso dos setores industriais em que há oportunidade de diferenciação de custos através de economia de escala, tecnologia avançada, experiência ou algum outro fator. Em tais setores, qualquer empresa que obtém alguma vantagem de custo pode baixar seu preço e ganhar participação de mercado às custas das outras empresas. Estas podem defender-se apenas aumentando seus custos. Freqüentemente, as guerras de preço nesses setores industriais decorrem das obtenções de vantagem em custo.

3. *Se fatores múltiplos podem ser críticos, é possível que cada concorrente obtenha alguma vantagem e seja diferencialmente atraente para alguns consumidores. Quanto mais houver fatores múltiplos que possam oferecer vantagem, maior o número de concorrentes que podem coexistir. Cada um deles tem seu segmento competitivo, definido pela preferência sobre as vantagens que eles oferecem.* Há fatores múltiplos em setores industriais em que existem muitas oportunidades para diferenciar qualidade, serviços, conveniência e assim por diante. Se os consumidores atribuem valores diferentes a esses fatores, muitas empresas podem coexistir através de nichos.

4. *Quanto menor o número de variáveis competitivas críticas, menor o número de concorrentes.* Se apenas um fator for crítico, não mais de dois ou três concorrentes, provavelmente, coexistirão. Contrariamente, quanto maior o número de variáveis competitivas, maior o número de concorrentes.

5. *Uma proporção de 2 por 1 em termos de participação de mercado entre dois concorrentes parece ser o ponto de equilíbrio em que não é nem prático ou vantajoso para qualquer um deles aumentar ou diminuir sua participação.* Neste nível, os custos extras envolvidos em promoção, distribuição etc. seriam maiores do que os ganhos provenientes do aumento de participação de mercado.

## DESENHO DO SISTEMA DE INTELIGÊNCIA COMPETITIVA

A coleta de informações competitivas não deve ser um processo desordenado. Ao contrário, cada empresa deve desenhar cuidadosamente seu sistema de inteligência competitiva para ser eficaz em termos de custos. Todas as pessoas da empresa não devem apenas se limitar a sentir, servir e satisfazer o consumidor, mas também receber um incentivo para detectar as informações competitivas e transferi-las às partes relevantes da empresa. Às vezes, são formadas equipes interdisciplinares especificamente para este propósito.

Há quatro etapas importantes para se desenhar um sistema de inteligência competitiva.

1. *Criação do sistema.* A primeira etapa propõe identificar os tipos vitais de informações competitivas, as melhores fontes de informações e a designação de uma pessoa para administrar o sistema e seus serviços.

2. *Coleta de dados.* Os dados são coletados em base contínua no campo (força de vendas, canais, fornecedores, empresas de pesquisa de mercado, associações comerciais), de funcionários dos concorrentes, de pessoas que fazem negócios com os concorrentes, da observação dos concorrentes ou da análise de evidência física e de fontes públicas (publicações oficiais, discursos e artigos publicados). Além disso, um vasto conjunto de dados de empresas domésticas e internacionais está disponível via CD-ROM e serviços *on-line*. (Para mais informações sobre este tópico, veja a seção Visão 2000 intitulada "CD-ROM e serviços *on-line*: informações globais ao alcance de seus dedos".)

Embora a maioria das técnicas de reunir informações seja legal, algumas envolvem problemas éticos

---

12. Estas observações foram extraídas de vários trabalhos de Bruce Henderson, incluindo o artigo intitulado The unanswered questions, the unsolved problems (preparado para um discurso na Northwestern University, em 1986); HENDERSON, Bruce. *Henderson on corporate strategy*. New York : Mentor, 1982; HENDERSON, Bruce. Understanding the forces of strategic and natural competition. *Journal of Business Strategy*, p. 11-15, Winter 1981.

# CD-ROM e serviços *on-line*: informações globais na ponta de seus dedos

Quando as empresas percebem que necessitam de informações sobre o que seus concorrentes estão fazendo na Suécia ou em Cingapura? Graças aos avanços tecnológicos, as empresas podem agora obter inteligência atualizada e precisa com CD-ROMs e serviços eletrônicos como America Online e CompuServe. As bibliotecas virtuais, que permitem ao usuário examinar catálogos e textos *on-line*, são também uma possibilidade no futuro próximo. Hoje, as empresas estão usando os seguintes bancos de dados globais:

## Europa

O Globalbase é uma versão nova e melhorada do antigo banco de dados comercial Informat International. Agora, com resumos de 800 periódicos de negócios de todo o mundo (principalmente da Inglaterra e Europa), o Globalbase passou a cobrir outras regiões, como a Escandinávia e a Orla do Pacífico. Até Brunei e Papua Nova Guiné estão incluídos. O banco de dados está concentrado em publicações comerciais com atenção especial a vários setores: transporte; alimentação e hospitalidade; produtos eletrônicos; assistência médica; embalagem, papel e plástico; cosméticos; e produtos químicos.

## Rússia

O Access Russia é um banco de dados que fornece informações comerciais, científicas e legais em inglês e cirílico. * Esse banco de dados oferece informações que não estão disponíveis em qualquer outro serviço *on-line* ou produto baseado em CD-ROM. Ele fornece dados atualizados, anteriormente não disponíveis devido a restrições políticas, econômicas ou lingüísticas. Os bancos de dados integrantes do CD-ROM Access Russia, iniciado em 1993, são legislações e regulamentos, informações comerciais, econômicas e de ciência e tecnologia.

## Japão

Embora os relatórios norte-americanos sobre os negócios japoneses estejam disponíveis *on-line* há muito tempo, o surgimento de dados eletrônicos em inglês de fontes japonesas abriu uma nova janela para o Extremo Oriente. Dois dos principais fornecedores de informações comerciais do Japão nos Estados Unidos são o Nihon Keizai Shimbun America e Teikoku Databank America. O Nikkei Telecom, do primeiro, oferece uma variedade de informações relativas a negócios, incluindo o acesso a novos relatórios japoneses em inglês. O Teikoku Databank é particularmente útil por fornecer informações comerciais e financeiras cruciais sobre as empresas japonesas. Entretanto, o poder real desse banco de dados está em sua facilidade de acesso aos arquivos de mais de 200.000 empresas, conforme as informações mais importantes contidas em seus relatórios.

---

\* Cirílico – Alfabeto usado pelas línguas eslavas da Rússia e Bulgária. (N.T.)

**Fonte:** O'LEARY, Mick. Globalbase reaches new global markets. *Information Today*, p. 11-12, June 1994; ROSEN, Linda. Access Russia. *Information Today*, p. 22-24, June 1994; e FRYXELL, David A. Japan is only a keystroke away... When you tap into its databases. *Link-Up*, p. 8-9, July/Aug. 1994.

---

questionáveis. Por exemplo, algumas empresas têm sido reconhecidas por divulgar e dar entrevistas anunciando postos de trabalho que não existem para levantar informações dos concorrentes através de seus funcionários. Embora seja ilegal uma empresa fazer uma foto aérea das instalações industriais de um concorrente, estas, freqüentemente, estão disponíveis na Agência de Proteção Ambiental e no Serviço de Levantamento Geográfico dos Estados Unidos. Algumas empresas chegam até a comprar o lixo de seus concorrentes. Uma vez fora de seus domínios, o lixo é legalmente considerado propriedade abandonada.[13] Claramente, a empresa precisa de-

senvolver maneiras eficazes de obter as informações necessárias sobre os concorrentes sem violar padrões éticos e legais. Para algumas das técnicas mais usadas, veja a seção Memorando de Marketing intitulada "Agilizando a concorrência com a pesquisa de marketing de guerrilha".

3. *Avaliação e análise de dados.* Os dados são checados em termos de validade e confiabilidade, interpretados e organizados.

4. *Disseminação das informações e resposta.* As informações-chave são enviadas aos tomadores de decisão relevantes e as perguntas dos gerentes sobre os concorrentes são respondidas.

---

13. FLAX, Steven. How to snoop on your competitors. *Fortune,* p. 29-33, 14 May 1984.

# Agilizando a concorrência com a pesquisa de marketing de guerrilha

Diretórios, relatórios anuais, livretos e *press releases* são boas fontes de informações históricas, mas, freqüentemente, não são muito satisfatórias se uma empresa espera concorrer com um novo produto recentemente lançado no mercado. Os especialistas destacam oito técnicas que podem dar a uma empresa a vantagem de dois ou mais anos sobre a concorrência:

1. *Observe atentamente as pequenas empresas em seu setor industrial e nos setores relacionados.* Freqüentemente, a inovação verdadeira vem de empresas pequenas e com pouca expressão. Por exemplo, quem pensaria que o chá gelado Arizona, da Ferolito Vultagio & Sons, do Brooklin, faria grandes investidas nos mercados de refrigerantes e de suco de frutas?
2. *Acompanhe os novos pedidos de patentes.* Nem todas os pedidos de patentes levam a produtos, embora eles indiquem uma direção tomada pela empresa. Informações sobre pedidos de patentes podem ser encontradas em vários bancos de dados *on-line* ou em CD-ROM.
3. *Rastreie as mudanças de emprego e outras atividades de especialistas de seu setor industrial.* Procure respostas para as seguintes perguntas: Quem os concorrentes contrataram? Os novos contratados possuem artigos publicados ou fazem apresentações em conferências? Qual o valor de determinado especialista para o concorrente? Se a experiência do especialista for transferida ao concorrente, a posição competitiva de sua empresa será afetada? Por exemplo, quando uma empresa de celulose e papel contrata um diretor de marketing com experiência marcante na Europa Ocidental, ela pode estar pensando em entrar naquele mercado.
4. *Esteja a par dos acordos de licenciamento.* Isso fornece informações úteis sobre onde, como e quando uma empresa pode vender um novo produto.
5. *Monitore a formação de contratos de negócios e alianças.*
6. *Descubra as novas práticas de negócios que estão poupando o dinheiro do concorrente.* O que significa uma seguradora concorrente ter comprado milhares de *laptops* e impressoras portáteis? É muito provável que seus inspetores, em breve, estarão fazendo orçamentos e preenchendo cheques no local dos acidentes, economizando tempo e trabalho de escritório.
7. *Acompanhe as mudanças de preço.* Por exemplo, quando itens de luxo tornam-se baratos o suficiente para o mercado de massa, alguns equipamentos mais caros acabam sendo substituídos, como o que ocorreu quando as pequenas câmeras de vídeo portáteis suplantaram as pesadas filmadoras no final dos anos 80.
8. *Esteja consciente das mudanças sociais e das mudanças dos gostos e preferências dos consumidores que podem alterar o ambiente do negócio.* Os consumidores são volúveis. Durante os últimos 15 anos, a prática do *jogging* abriu caminho para a aeróbica, e, agora, a caminhada é a atividade de lazer preferida. Ao antecipar a chegada de modas passageiras, algumas empresas estavam preparadas para introduzir novos tipos de calçados atléticos.

**Fonte:** Adaptado de WINETT, Ruth. Guerrilla marketing research outsmarts the competition. *Marketing News,* p. 33, 2 Jan. 1995. Reimpresso com permissão da American Marketing Association.

Com um sistema bem desenhado, os gerentes da empresa recebem informações atualizadas sobre os concorrentes via ligações telefônicas, boletins, *newsletters* e relatórios. Eles podem também contatar o departamento de inteligência de mercado quando necessitarem de ajuda para interpretar um movimento repentino do concorrente, precisarem conhecer suas forças e fraquezas ou desejarem discutir a provável resposta de um concorrente a um novo movimento previsto pela empresa.

Em empresas menores, que não podem criar um departamento de inteligência competitiva, uma providência útil seria designar executivos específicos para observarem determinados concorrentes. Assim, um gerente que já trabalhou para um concorrente poderia acompanhá-lo diretamente, tornando-se *expert* interno sobre o mesmo. Desta maneira, qualquer administrador que precisar saber o que determinado concorrente está pensando contatará o *expert* interno correspondente.[14]

## SELEÇÃO DE CONCORRENTES PARA ATACAR E EVITAR

Providos de boa inteligência competitiva, os administradores acharão mais fácil formular suas estratégias competitivas. Terão melhor idéia sobre com quem poderão competir efetivamente no mercado. Muito freqüentemente, os administradores preparam uma *análise de valor dos consumidores* para revelar as forças e fraquezas da empresa em relação a seus vários concorrentes.

O propósito da análise de valor dos consumidores é determinar os benefícios desejados por eles em um mercado-alvo e como percebem o valor relativo das ofertas dos concorrentes. As principais etapas da análise de valor dos consumidores são as seguintes:

1. *Identificação dos principais atributos valorizados pelos consumidores.* Os consumidores são indagados sobre que funções e níveis de desempenho procuram ao escolher um produto e os fornecedores. Diferentes consumidores mencionarão características/benefícios também diferentes.
2. *Avaliação da importância quantitativa de atributos diferentes.* Pede-se aos consumidores para avaliar ou ranquear os diferentes atributos em ordem de importância. Se suas avaliações forem muito diferentes, os consumidores devem ser organizados em vários segmentos.
3. *Avaliação dos desempenhos da empresa e dos concorrentes nos diferentes valores atribuídos pelos consumidores em relação a sua importância.* Os consumidores são solicitados para avaliar o desempenho da empresa e dos concorrentes em cada atributo. Idealmente, o desempenho da empresa deve ser mais bem avaliado nos atributos que os consumidores valorizam mais, e não tão bem avaliado naqueles que eles valorizam menos.
4. *Exame de como os consumidores de um segmento específico avaliam o desempenho da empresa em relação a um grande concorrente em uma base atributo a atributo.* A chave para ganhar vantagem competitiva é examinar em cada segmento de consumidores como a oferta da empresa compara-se a de seu maior concorrente. Se a oferta da empresa excede a do concorrente em todos os atributos importantes, ela pode cobrar um preço maior (e, em decorrência, obter maior lucro) ou pode cobrar o mesmo preço e conquistar maior participação de mercado.
5. *Monitoramento dos valores atribuídos pelos consumidores no decorrer do tempo.* Embora os valores atribuídos pelos consumidores permaneçam estáveis a curto prazo, mais provavelmente, eles se alterarão com as mudanças na tecnologia e nas características do produto, e os consumidores enfrentarão condições econômicas diferentes. Periodicamente, as empresas devem refazer seus estudos sobre o valor dos consumidores e as posições dos concorrentes se deseja ser estrategicamente eficaz.

Após a empresa ter feito sua análise de valor dos consumidores, pode concentrar seu ataque em uma das seguintes classes de concorrentes: concorrentes fortes *versus* fracos, concorrentes próximos *versus* distantes e concorrentes "bons" *versus* "maus".

**CONCORRENTES FORTES *VERSUS* FRACOS.** A maioria das empresas focaliza seu alvo nos concorrentes mais fracos. Isto exige menores recursos e tempo por ponto de participação de mercado obtido. Mas no processo de atacar os concorrentes mais fracos a empresa pode obter pouco em termos de melhoria de capacidade. Ela deve também competir com concorrentes fortes para manter-se atualizada com o estado da arte. Além disso, mesmo os concorrentes fortes têm algumas fraquezas e a empresa pode provar que é uma concorrente que deve ser respeitada.

**CONCORRENTES PRÓXIMOS *VERSUS* CONCORRENTES DISTANTES.** A maioria das empresas compete com concorrentes que mais se parecem com elas. Assim, a Chevrolet compete com a Ford, não com a Jaguar. Ao mesmo tempo, a empresa deve evitar tentar "destruir" o concorrente próximo. Porter cita dois exemplos de "vitórias" improdutivas.

A Bausch and Lomb, no final dos anos 70, partiu agressivamente contra outros fabricantes de lentes com grande sucesso. Entretanto, isto fez com que os pequenos concorrentes vendessem seus negócios às empresas maiores, como a Revlon, Johnson & Johnson e Schering-Plough, resultando agora vigorosa concorrência para a Bausch and Lomb.

Um fabricante de artigos de borracha atacou outro fabricante dos mesmos produtos e obteve maior participação de mercado. O dano imposto a outra empresa permitiu que as divisões de artigos de borracha dos grandes fabricantes de pneus entrassem rapidamente nesse mercado, causando *dumping* por excesso de capacidade de produção.[15]

---

14. Para mais discussão sobre este assunto, veja FULD, Leonard M. *Monitoring the competition.* New York : John Wiley, 1988.
15. PORTER, Michael E. *Competitive advantage.* p. 226-227.

Em ambos os casos, o sucesso da empresa em atingir seus rivais diretos atraiu os concorrentes mais fortes.

**Concorrentes "Bons" versus Concorrentes "Maus".** Porter argumenta que todos os setores industriais são formados por "bons" e "maus" concorrentes.[16] Uma empresa deve apoiar os bons concorrentes e atacar os maus. Os bons possuem inúmeras características: aceitam as regras do setor industrial, levantam hipóteses realistas sobre o potencial de crescimento do setor, estabelecem preços em relação razoável com os custos, favorecem a saúde do setor, limitam-se a uma parcela ou segmento do setor, motivam outras empresas a baixar custos ou a melhorar a diferenciação e aceitam o nível geral de suas participações de mercado e de lucros. Os maus concorrentes violam as regras: tentam comprar participação em vez de conquistar, assumem grandes riscos, investem em capacidade de produção excessiva e, em geral, descontrolam o equilíbrio do setor industrial. Por exemplo, a IBM considera a Cray Research uma boa concorrente porque ela cumpre as regras, mantém-se em seu segmento e não ataca os mercados centrais da IBM. Entretanto, a Fujitsu é uma má concorrente porque ataca os mercados centrais da IBM com preços subsidiados e pequena diferenciação. A implicação é que as "boas" empresas devem tentar configurar seu setor industrial, para que o mesmo seja formado apenas de bons concorrentes. Por intermédio de licenciamento cuidadoso, retaliação seletiva e coalizões, elas podem moldar o setor industrial, de maneira que os concorrentes não procurem destruir um ao outro. Podem criar um setor em que todas as empresas sigam as regras, procurem alguma diferenciação e tentem conquistar participação de mercado, em vez de comprá-la.

Uma empresa beneficia-se de várias maneiras dos "bons" concorrentes. Eles proporcionam vários benefícios estratégicos: diminuem o risco antitruste, aumentam a demanda total, ampliam a diferenciação, compartilham o custo de desenvolvimento do mercado e legitimam uma nova tecnologia. Melhoram o poder de barganha *vis-à-vis* sindicatos de trabalhadores ou regulamentações e podem atender a segmentos menos atraentes.

# Balanceamento das Orientações do Consumidor e do Concorrente

Temos enfatizado a importância de uma empresa observar atentamente seus concorrentes. É possível gastar muito tempo e energia rastreando concorrentes? A resposta é sim! Uma empresa pode tornar-se tão centrada nos concorrentes que perde o foco sobre seus consumidores.[17]

Uma *empresa centrada no concorrente* é aquele cujos movimentos são basicamente ditados pelas ações e reações dos concorrentes. Ela rastreia os movimentos e as participações de mercado dos concorrentes em base mercado a mercado. Estabelece seu curso de ação da seguinte maneira:

### *Empresa centrada no concorrente*

#### Situação
● O concorrente W está preparando para destruir-nos em Miami.
● O concorrente X está melhorando sua cobertura de distribuição em Houston e prejudicando nossas vendas.
● O concorrente Y reduziu seu preço em Denver e perdemos três pontos de participação.
● O concorrente Z introduziu uma nova caraterística de serviço em New Orleans e estamos perdendo vendas.

#### Reações
● Vamos nos retirar do mercado de Miami porque não podemos perder recursos enfrentando esta batalha.
● Aumentaremos nosso nível de gastos em propaganda em Houston.
● Acompanharemos a redução de preço do concorrente Y em Denver.
● Aumentaremos nosso orçamento de promoção de vendas em New Orleans.

Esta forma de planejamento estratégico traz algumas vantagens e desvantagens. Em termos positivos, a empresa desenvolve uma orientação de combatente. Treina seu pessoal de marketing para estar em constante alerta, observando as fraquezas de sua posição e as de seus concorrentes. Em termos negativos, a empresa mostra um padrão muito reativo. Em vez de formular e executar uma estratégia consistente orientada para o consumidor, determina seus movimentos tomando por base as movimentações de seus concorrentes. Não procura sua própria meta e não sabe onde irá, uma vez que é altamente dependente das ações dos concorrentes.

Uma *empresa centrada no consumidor* está mais concentrada nos desenvolvimentos de seus clientes para formular suas estratégias. Está alerta aos seguintes desenvolvimentos:

### *Empresa centrada no consumidor*

#### Situação
● O mercado total está crescendo 4% por ano.
● O segmento sensível à qualidade está crescendo 8% por ano.
● O segmento de consumidores propensos à compra está também crescendo rápido, mas eles não per-

---

16. PORTER. Op. cit. Cap. 6.
17. Veja OXENFELDT, Alfred R., MOORE, William L. Customer or competitor: which guidelines for marketing? *Management Review*, p. 43-48, Aug. 1978.

manecem fiéis a um fornecedor durante muito tempo.

- Um número crescente de consumidores tem demonstrado interesse em uma "linha quente" 24 horas por dia, que nenhuma empresa do setor vem oferecendo.

**Reações**

- Dedicaremos maior esforço para atingir e satisfazer o segmento de qualidade do mercado. Compraremos componentes melhores, melhoraremos o controle de qualidade e mudaremos nosso tema de propaganda para qualidade.
- Evitaremos baixar os preços e deixaremos de vender para consumidores interessados apenas em preço.

- Instalaremos uma "linha quente" 24 horas por dia, se isto parecer promissor.

Claramente, a empresa centrada no consumidor está em melhor posição para identificar novas oportunidades e para estabelecer uma estratégia que faça sentido a longo prazo. Ao monitorar as necessidades dos consumidores, ela pode decidir que grupos de consumidores e de necessidades emergentes são mais importantes para ser atendidos, em função de seus recursos e objetivos.

Na prática, as empresas atuais devem monitorar cuidadosamente tanto os consumidores quanto os consumidores.

## RESUMO

1. Para preparar uma estratégia de marketing eficaz, uma empresa deve estudar seus concorrentes, bem como seus consumidores atuais e potenciais. As empresas precisam identificar as estratégias, objetivos, forças, fraquezas e padrões de reação de seus concorrentes. Também necessitam saber como desenvolver um sistema de inteligência competitivo eficaz, que concorrentes atacar e evitar e como balancear a orientação do concorrente e a do consumidor.

2. Os concorrentes mais diretos de uma empresa são aqueles que procuram satisfazer os mesmos consumidores e necessidades com ofertas similares. Uma empresa deve também prestar atenção a seus concorrentes latentes, que podem oferecer novas ou outras maneiras de satisfazer as mesmas necessidades. A empresa deve identificar seus concorrentes usando a análise do setor industrial e a análise baseada no mercado.

3. É necessário reunir, interpretar e disseminar continuamente inteligência competitiva. Os administradores devem estar preparados para receber informações atualizadas sobre os concorrentes e contatar o departamento de inteligência de marketing quando necessitam de informações. Com boa inteligência competitiva, os administradores podem formular suas estratégias com maior facilidade.

4. Os administradores precisam preparar uma análise de valor do consumidor para revelar as forças e fraquezas da empresa em relação aos concorrentes. O propósito dessa análise é determinar os benefícios que os consumidores desejam e como percebem o valor relativo das ofertas dos concorrentes.

5. Tão importante quanto uma orientação competitiva são os mercados globais de hoje. As empresas não devem exagerar sua ênfase nos concorrentes. As empresas devem administrar de forma balanceada as considerações sobre consumidores e o monitoramento dos concorrentes.

## APLICAÇÕES CONCEITUAIS

1. Por que o conceito de "grupos estratégicos" é útil para os estrategistas de marketing?
2. Os produtos a seguir obtiveram enorme sucesso de mercado e redefiniram seus setores industriais: holofotes *high-tech* da Tekna, ferramentas elétricas ergonômicas da Ingersoll-Rand, equipamento de diagnóstico da Ciba Corning, artigos de cozinha da Oxo, lâmina de barbear Sensor da Gillette e o avião 777 da Boeing. Em uma palavra, o que torna estes produtos especiais?

3. Funny Bone, um teatro de comédia em Overland Parks, Kansas, está sofrendo declínio no número de freqüentadores. Overland Park é um bairro rico situado próximo a Kansas City, Missouri. A renda disponível está acima da média nacional. Jim Haney, proprietário do teatro, está perplexo. Não entende o declínio recente da freqüência e gostaria de fazer alguma análise competitiva. Que produto o Funny Bone vende? Quem são seus concorrentes em ter-

mos de marca, setor industrial, formato e em nível genérico?

4. Há 25 anos, parecia uma aposta segura que os fabricantes norte-americanos ou alemães de pneus de cinta de aço ou fibra de vidro se tornariam líderes mundiais no mercado global. Ao contrário, a Michelin, empresa francesa fabricante de pneus radiais, é que ganhou a aposta. O que contribuiu para o fato de a Michelin ter crescido, enquanto os ex-líderes de mercado como Uniroyal, Goodrich e Firestone terem perdido participação de mercado? Que questões as empresas norte-americanas de pneus levantaram sobre si mesmas há 25 anos?

5. A Procter & Gamble desfrutou de considerável sucesso no mercado de sabão em pó ao tornar-se centrada no consumidor. Seus produtos estão no estágio de maturidade do ciclo de vida há anos – alguns, há décadas. Ultimamente, porém, as marcas privadas e de revendedores têm feito algumas investidas nos mercados da P&G. Usando os conceitos de concorrência deste capítulo, forneça algumas explanações possíveis para o declínio da participação de mercado de alguns produtos da P&G.

6. Três variáveis que todas as empresas devem monitorar quando avaliarem as forças e fraquezas de seus concorrentes são participação de mercado, participação de lembrança e participação de preferência. Quais são os líderes em cada uma dessas categorias nos setores industriais abaixo?
   a. Microcomputadores
   b. Modelos de automóveis
   c. *Fast food*
   d. Preenchimento da declaração do imposto de renda
   e. Lojas de descontos.

7. Que é *benchmarking*? Descreva as etapas envolvidas no processo de *benchmarking*?

8. Na área médica, há uma batalha entre as novas e as velhas tecnologias. Tradicionalmente, um cirurgião fazia grandes incisões nos pacientes, mas na cirurgia endoscópica, o médico faz um pequeno corte e insere um pequeno instrumento tubular no corpo para fazer a cirurgia. A United States Surgical Corporation (USSC) e a Ethicon Endo-Surgery, empresa da Johnson & Johnson, fornecem equipamentos endoscópicos para cirurgia. A USSC foi a primeira a entrar no mercado no final dos anos 80, quando Leon Hirsh, pioneiro dessa técnica, fez uma cirurgia para a extração de vesícula biliar. No início dos anos 90, a Ethicon foi formada para competir em mercados globais. A tabela seguinte resume a pesquisa de valor do consumidor conduzida pela J&J em relação à cirurgia endoscópica *versus* tradicional.

**Tabela 1**  *Perfil de qualidade*: cirurgias endoscópicas *versus* tradicionais.

| ATRIBUTOS DE QUALIDADE | DESEMPENHO | | | | |
| --- | --- | --- | --- | --- | --- |
| | (1) MÉTODO ENDOSCÓPICO | (2) MÉTODO TRADICIONAL | (3) PROPORÇÃO* | (4) PESO RELATIVO | (5) PESO VEZES PROPORÇÃO |
| Convalescença em casa | 1 – 2 semanas | 6 – 8 semanas | 3,0 | 40 | 120 |
| Internação hospitalar | 1 – 2 dias | 3 – 7 dias | 2,0 | 30 | 60 |
| Tempo de cirurgia | ½ – 1 hora | 1 – 2 horas | 2,0 | 15 | 30 |
| Taxa de complicação cirúrgica | 5% | 10% | 1,5 | 10 | 15 |
| Cicatriz pós-operatória | 1,5 – 2,5 cm | 7,5 – 12 cm | 1,4 | 05 | 07 |
| | Soma dos pesos de qualidade: | | | 100 | |
| | Escore de qualidade percebida pelo mercado: | | | | 232 |
| | Proporção da qualidade percebida pelo mercado: | | | | 2,32 |

* Neste exemplo, as proporções não foram calculadas diretamente das mensurações de desempenho mostradas nas colunas um e dois. Foram baseadas nos escores de desempenho de 1 a 10 associados aos dados de desempenho mostrados.

Assumindo-se que os custos da cirurgia são os mesmos para ambos os métodos, qual o melhor, o endoscópico ou o tradicional? Como o negócio da Ethicon da J&J pode obter vantagem competitiva sobre a USSC – que já tem a vantagem de estar há mais tempo no mercado?

9. Estão listadas abaixo as várias forças da empresa de suprimentos de escritório Max Office, destacadas pela alta administração após a realização de uma auditoria interna.
   a. Características inovadoras dos produtos
   b. Distribuição ampla
   c. Custos e preços menores
   d. Linha de produtos ampla
   e. Assistência técnica superior
   Como cada uma dessas forças do negócio pode ser transformada em benefícios para os consumidores que dariam à Office Max uma vantagem competitiva?

# Identificação de Segmentos de Mercado e Seleção de Mercados-Alvo

*A América homogênea mitológica não existe mais. Somos um mosaico formado por minorias.*

JOEL WEINER

*As pequenas oportunidades são, freqüentemente, o início de grandes empreendimentos.*

DEMÓSTENES

Uma empresa que decide operar em um mercado amplo reconhece que, normalmente, não pode atender a todos os consumidores daquele mercado. Eles são bastante numerosos, dispersos e diversificados em termos de exigências de compra. Em vez de competir em todos os lugares, precisa identificar os segmentos de mercado que pode atender com maior eficácia.

Para escolher seus mercados e atendê-los bem, muitas empresas estão adotando *marketing de mercado-alvo*. Aqui, os vendedores distinguem os principais segmentos de mercado, escolhem um ou mais desses segmentos e desenvolvem produtos e programas de marketing sob medida para cada um deles. Em vez de dispersar seu esforço de marketing (abordagem "pulverizada"), podem focar naqueles compradores que têm maior chance de satisfazer (abordagem "direcionada").

A adoção de marketing de mercado-alvo exige três etapas importantes (Figura 9.1):

1. *Segmentação de mercado*. Ação de identificar e classificar grupos distintos de compradores que podem exigir produtos e/ou compostos de marketing separados.
2. *Escolha de mercado-alvo*. Seleção de um ou mais segmentos de mercado para penetrar.
3. *Posicionamento de mercado*. Ato de estabelecer e comunicar os principais benefícios dos produtos ao mercado.

Este capítulo descreverá as duas primeiras etapas e responderá às seguintes perguntas:

- **Como uma empresa pode identificar os segmentos que formam um mercado?**
- **Que critérios uma empresa pode usar para escolher os mercados-alvo mais atraentes?**

O próximo capítulo discutirá o posicio-namento de mercado.

## SEGMENTAÇÃO DE MERCADO

Os mercados consistem de compradores que diferem entre si em muitos aspectos e podem ser segmentados de várias maneiras. Aqui, examinaremos os níveis de segmentação, padrões de segmentação, procedimento de segmentação de mercado, bases para a segmentação de mercados consumidores e industriais e as exigências para a segmentação eficaz.

## Níveis de segmentação de mercado

A segmentação de mercado representa um esforço para o aumento de precisão de alvo de uma empresa. Ela pode ser adotada em quatro níveis: segmentos, nichos, áreas locais e indivíduos. Entretanto, antes de discutirmos esses níveis, precisamos comentar um pouco sobre o que é marketing de massa.

**MARKETING DE MASSA**. Nesta situação, o vendedor engaja-se em produção, distribuição e promoção de

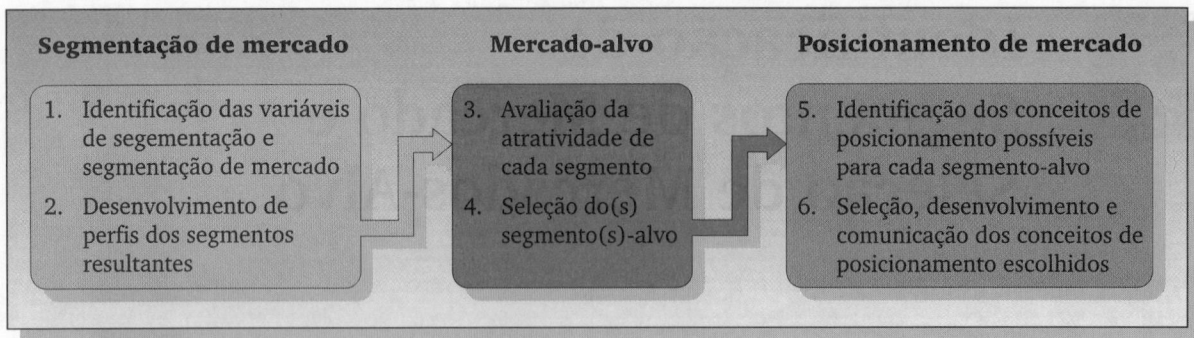

| Segmentação de mercado | Mercado-alvo | Posicionamento de mercado |
|---|---|---|
| 1. Identificação das variáveis de segmentação e segmentação de mercado<br>2. Desenvolvimento de perfis dos segmentos resultantes | 3. Avaliação da atratividade de cada segmento<br>4. Seleção do(s) segmento(s)-alvo | 5. Identificação dos conceitos de posicionamento possíveis para cada segmento-alvo<br>6. Seleção, desenvolvimento e comunicação dos conceitos de posicionamento escolhidos |

**Figura 9.1** *Etapas para a segmentação de mercado, definição de mercado-alvo e posicionamento.*

massa de um produto para todos os compradores. Henry Ford condensou esta estratégia de marketing quando ofereceu o modelo T para todos os compradores; eles podiam comprar o carro "de qualquer cor, conquanto fosse a preta". A Coca-Cola também praticou marketing de massa por muitos anos quando vendia seu refrigerante em apenas um tamanho de garrafa.

O argumento tradicional para marketing de massa é que ele cria maior potencial de mercado, leva a custos menores que, por sua vez, representam preços mais baixos ou margens maiores. Entretanto, muitos críticos apontam para a crescente pulverização do mercado que torna o marketing de massa mais difícil. Conforme declara Regis McKenna:

> *[Os consumidores]... têm várias maneiras de comprar: em gigantescos shopping centers, lojas de especialidade e superlojas; por catálogos de mala direta, redes de compra direta a partir da residência e lojas virtuais na Internet. São bombardeados por mensagens veiculadas através de um crescente número de canais: redes de televisão, televisão a cabo, rádio, redes de computadores on-line, Internet, serviços de telefonia como fax e telemarketing, revistas especializadas em nichos e outras mídias impressas.*[1]

A proliferação de mídias de propaganda e canais de distribuição está dificultando a prática de marketing não ajustado às necessidades de públicos específicos. Não surpreende a afirmação de que marketing de massa está morrendo. Assim, muitas empresas estão abandonando-o e passando a adotar micromarketing em um dos quatro níveis descritos a seguir.

**MARKETING DE SEGMENTO.** Um *segmento de mercado* é formado por um grande grupo de compradores identificável em um mercado. A empresa que pratica marketing de segmento reconhece que os compradores diferem em seus desejos, poder de compra, localizações geográficas, atitudes e hábitos de compra. Entretanto, a empresa não está disposta a personalizar seu "pacote" de ofertas/comunicações a cada consumidor individual. Ao contrário, ela procura isolar alguns segmentos amplos que formam um mercado. Por exemplo, uma empresa automobilística pode identificar quatro segmentos amplos: compradores que procuram transporte básico, os que buscam alto desempenho, os interessados em luxo e os interessados em segurança.

Assim, a segmentação é um ponto intermediário entre marketing de massa e marketing individual. Presume-se que os consumidores pertencentes a um segmento sejam bastante similares em desejos e necessidades. Todavia, não são idênticos. Alguns participantes de segmentos desejarão características e benefícios adicionais não incluídos na oferta, enquanto outros estariam dispostos a abrir mão de algo que não desejam muito. Por exemplo, a rede de hotéis Ritz-Carlton visa hóspedes ricos e proporciona muitas amenidades em seus apartamentos, embora alguns deles gostariam de encontrar mais itens, como um aparelho de fax; outros desejariam menos amenidades e um preço menor. Portanto, marketing de segmento não é tão preciso como marketing individual, mas é muito mais preciso do que marketing de massa.[2]

Marketing de segmento oferece vários benefícios em relação à marketing de massa. A empresa pode criar uma oferta de produto/serviço mais ajustada e cobrar um preço apropriado à audiência-alvo. A escolha de canais de distribuição e de comunicações torna-se muito mais fácil e a empresa pode enfrentar menor número de concorrentes se poucos deles estiverem focando esse segmento de mercado.

**MARKETING DE NICHO.** Normalmente, os segmentos de mercado são grandes grupos de compradores identificáveis em um mercado – por exemplo, não-fumantes, fumantes ocasionais, fumantes regulares e fumantes habituais. *Nicho* é um grupo mais restrito de compradores, tipicamente um pequeno mercado cujas necessidades não estão sendo bem atendidas. Geralmente, as empresas

1. McKENNA, Regis. Real-time marketing. *Harvard Business Review,* p. 87-95 (aqui, p. 87), July-Aug. 1995.
2. Veja ANDERSON, James C., NARUS, James A. Capturing the value of supplementary services. *Harvard Business Review,* p. 75-83, Jan.-Feb. 1995.

identificam nichos dividindo um segmento em subsegmentos ou definindo um grupo formado por um conjunto distinto de traços que podem buscar uma combinação especial de benefícios. Por exemplo, o segmento formado por fumantes habituais pode incluir o subsegmento de fumantes habituais com enfisema; este subsegmento pode separar os com excesso de peso, isto é, um subsegmento dentro de outro subsegmento.

Embora os segmentos sejam, normalmente, grandes e, assim, atraírem vários concorrentes, os nichos, por serem bem menores, atraem um ou alguns competidores. Tipicamente, os nichos atraem empresas menores. Empresas maiores, como a IBM, perdem parcelas de seu mercado para as empresas praticantes de nicho; Dalgic denominou esse confronto de "guerrilhas contra gorilas". [2a] Como defesa, algumas grandes empresas estão praticando marketing de nicho, que exige mais descentralização e algumas mudanças na forma de fazer negócios. Por exemplo, a Johnson & Johnson consiste de 170 afiliadas (unidades de negócios), a maioria dedicada ao mercado de nichos.

Presumivelmente, as empresas de nichos conhecem as necessidades de seus consumidores tão bem que estes estão dispostos a pagar um preço maior. Por exemplo, a Ferrari cobra um preço alto por seus carros porque seus compradores leais consideram que nenhum outro veículo chega próximo à oferta do "pacote" de benefícios de produto/serviço oferecido por ela.

Um nicho atraente é caracterizado pelo seguinte: seus consumidores possuem um conjunto distinto e completo de necessidades; estão dispostos a pagar um preço maior para a empresa que satisfazer a essas necessidades; a empresa praticante de nicho possui as habilidades exigidas para atender a seus consumidores de maneira superior; ela obtém alguma economia de escala através da especialização; é provável que o nicho não atraia outros concorrentes ou a praticante de nicho tenha que depender de si própria; e o nicho tem potencial de tamanho, lucro e crescimento suficiente.

Aqui estão alguns exemplos de empresas que passaram a praticar marketing de nicho:

**RAMADA**   O Ramada Franchises Enterprises oferece aposentos para uma variedade de nichos; O Ramada Limited, para viajantes interessados apenas em pernoite; o Ramada Inn, para aqueles que procuram um hotel de preço médio e serviço completo; o Ramada Plaza, uma nova opção para os que estão dispostos a pagar preço acima da média; o Ramada Hotels que oferece serviço três estrelas; e os hotéis Ramada Renaissance, classificados como de quatro estrelas. [3]

**AMERICAN EXPRESS**   A American Express oferece não apenas seus tradicionais cartões verdes, mas também cartões ouro, corporativo e até o de platina destinado a grupos de consumidores diferenciados.

**PROGRESSIVE CORP.**   A Progressive Corp., seguradora de automóveis de Cleveland, cresceu rapidamente como resultado do atendimento de um nicho: a empresa vende apólices de seguros não-padronizadas a motoristas que já provocaram acidentes de trânsito ou a alcoólatras. Essa empresa cobra um preço maior pela cobertura, ganha muito dinheiro e domina o nicho há vários anos.

Um executivo de uma empresa de propaganda escreveu: "Não haverá mercado para produtos que todos gostam um pouco, apenas para produtos que alguém gosta muito." [4] Um executivo de uma empresa química previu que as empresas de seu setor com chances de sucesso no futuro serão aquelas que puderem identificar nichos e especializarem seus produtos para atender às necessidades de cada um deles. [5] Conforme Linneman e Stanton, as empresas perseguidoras de nichos serão bem-sucedidas e aquelas que não se preocuparem com nichos serão dominadas por outras. [6] Blattberg e Deighton afirmam que "os nichos muito pequenos para serem atendidos hoje se tornarão viáveis à medida que melhore a eficiência de marketing". [7] Hoje, em muitos mercados, nichos são a norma.

**MARKETING LOCAL.**   Marketing-alvo está crescentemente assumindo a característica de marketing regional e local, com programas preparados sob medida conforme as necessidades e desejos de grupos de consumidores locais (áreas comerciais, vizinhanças, até lojas individuais). Assim, o Citibank fornece compostos de serviços bancários diferentes em suas agências, dependendo das variáveis demográficas das vizinhanças. A Kraft ajuda as redes de supermercados a identificar o sortimento de queijo e a posição das prateleiras que otimizarão as vendas nas lojas que atendem a consumidores de baixa, média e alta renda em diferentes comunidades étnicas.

2a.  Veja DALGIC, Tevfik, LEEUW, Maarten. Niche marketing revisited: concept, applications, and some european cases. *European Journal of Marketing,* 28, n. 4, p. 39-55, 1994.

3.   NOZAR, Robert A. Ramada three-tier plan wins kudos. *Hotel and Motel Management,* p. 1, 25, 8 May 1995; e KOSS, Laura. Upper midpriced niche entices Ramada. *Hotel and Motel Management,* p. 6, 44, 16 Aug. 1993.

4.   CUTLER, Laurel. Citada em: Stars of the 1980s cast their light. *Fortune,* p. 76, 3 July 1989.

5.   BOCCONE, Andrew A. Speciality chemical: in pursuit of fastgrowth niche markets. *Chemicals Week,* p. 32-34, 12 Apr. 1989.

6.   LINNEMAN, Robert E., STANTON, JR., John L. *Making niche marketing work:* how to grow bigger by acting smaller. New York : McGraw-Hill, 1991.

7.   BLATTBERG, Robert, DEIGHTON, John. Interactive marketing: exploiting the age of addressability. *Sloan Management Review,* 33, n. 1, p. 5-14, 1991.

Há aqueles que favorecem a localização do ponto de marketing de uma empresa nas fortes diferenças regionais das variáveis demográficas e de estilos de vida das comunidades. Eles vêem a propaganda nacional como desperdício porque deixa de visar grupos locais. Também vêem o poder de varejistas regionais e locais, que estão demandando sortimentos de produtos mais ajustados a suas vizinhanças.

Os adversários de marketing local argumentam que esta prática aumenta os custos de produção e marketing ao reduzir a economia de escala. Os problemas logísticos (veja o Capítulo 19) são ampliados quando as empresas tentam atender às exigências dos mercados regionais e locais. A imagem global de uma marca pode ser diluída se o produto e a mensagem forem diferentes em várias localidades.

**MARKETING INDIVIDUAL.** O último nível de segmentação leva ao "segmento de um comprador", "marketing customizado" ou "marketing um a um".[8] A prevalência de marketing de massa tem obscurecido o fato de que por séculos os consumidores foram atendidos como indivíduos: o alfaiate faz um terno sob medida, o sapateiro faz calçados para o indivíduo e assim por diante. Hoje, parte do trabalho de marketing *business-to-business* está customizado, uma vez que um fabricante prepara a oferta, a logística e as condições financeiras sob medida a cada cliente importante. São as novas tecnologias – especificamente os computadores, bancos de dados, produção robótica e as mídias de comunicação instantânea como *e-mail* (correio eletrônico) e fax – que estão permitindo às empresas considerarem um retorno ao marketing customizado, ou ao que é denominado "customização de massa".[9] *Customização de massa* é a habilidade de preparar uma base consistente de produtos e comunicações para atender às exigências de cada consumidor.

As empresas de bens de consumo estão agora experimentando um novo sistema de fornecimento de produtos sob medida em áreas como livros-textos, cartões comemorativos, férias e cosméticos. Aqui estão alguns exemplos:

**SUITED FOR SUN E LEVI STRAUSS** A Suited for Sun, fabricante de roupas de natação de Maryland, instalou em várias lojas de varejo um sistema de câmera computadorizada que torna possível desenhar roupas de natação sob medida para mulheres. A consumidora veste um modelo comum e a câmera digital do sistema captura sua imagem na tela do computador. A balconista aplica um estilo na tela para criar uma roupa de ajuste perfeito. A consumidora seleciona entre mais de 150

padrões e estilos que são redesenhados sobre seu corpo na tela do computador até encontrar aquele que gostar mais. Depois, as medidas são transmitidas para a fábrica e a roupa é despachada pelo correio para a casa da consumidora em questão de dias. Usando um sistema similar, a Levi Strauss começou a vender *jeans* femininos sob medida em lojas de varejo selecionadas, cobrando apenas $ 10 acima do preço de seus *jeans* produzidos em massa.

**NATIONAL BICYCLE** A National Bicycle Industrial Company do Japão opera o Sistema de Pedidos Panasonic, que fabrica bicicletas sob medida, ajustadas às preferências e anatomias dos compradores individuais. Estes sentam-se em um protótipo especial que é ajustado ao nível de conforto, tamanho, sistema de mudança de marchas, selim, pedais, cores e outras características desejadas. Essas informações são enviadas por fax para a fábrica, onde as medidas são introduzidas em um computador que cria modelos em três minutos (Figura 9.2). Depois, o computador controla robôs e orienta os funcionários no decorrer do processo de produção. A fábrica pode produzir 11.231.862 variações de 18 modelos de bicicletas em 199 padrões de cores, ajustados a todos os tamanhos possíveis de indivíduos. Os preços variam entre $ 700 e $ 1.220 e em duas semanas o comprador está pedalando sua bicicleta única, fabricada sob medida.[10]

**PERSONICS** A Personics desenvolveu um sistema que permite aos compradores de músicas customizarem suas próprias fitas, escolhendo entre 5.000 canções (a $ 1,10 por canção). A máquina produz a fita em 10 minutos e imprime um rótulo com os nomes do consumidor e das músicas selecionadas.

As empresas industriais estão também adotando a customização de massa:

**MOTOROLA** Os vendedores da Motorola estão preparados para fornecer *pagers* sob medida para uma empresa-cliente e entregá-los em tempo muito curto. Eles transmitem o *design* à fábrica, e a produção inicia-se em 17 minutos. Os *pagers* são despachados em duas horas para chegar ao cliente no dia seguinte.

**JOHN DEERE** A John Deere's Moline, de Ilinois, fabrica máquinas semeadoras que podem ser configuradas em mais de 2 milhões de versões conforme às

---

8. Veja PEPPERS, Don, ROGERS, Martha. *The one to one future*: building relationships one customer at a time. New York : Convency/Doubleday, 1993.

9. PINE II, B. Joseph. *Mass customization*. Boston : Harvard Business School Press, 1993; e PINE II, B. Joseph, PEPPERS, Don, ROGERS, Martha. Do you want to keep your customers forever? *Harvard Business Review*, p. 103-114, Mar./Apr. 1995.

10. MOFFAT, Susan. Japan's new personalized production. *Fortune*, p. 132-135, 22 Oct. 1990.

A National Bicycle Industrial Company, do Japão, pratica a última novidade em marketing individual: fabrica bicicletas sob medida ajustada às preferências e anatomias dos compradores individuais.

**Crédito da foto:** Louis Psihoyos/Matrix International.

**Figura 9.2** *Fabricação customizada.*

especificações do cliente. As semeadoras são fabricadas uma a uma, em qualquer seqüência, em uma única linha de produção.

**BECTON-DICKINSON** A Becton-Dickinson, importante fornecedora de suprimentos médicos, oferece grande número de opções aos hospitais: etiquetas preparadas sob medida, embalagem à granel ou individual, controle de qualidade, *software* e faturamento customizados.

Conforme Arnold Ostle, *designer*-chefe da Mazda: "Os consumidores desejarão expressar sua individualidade com os produtos que compram." As oportunidades oferecidas por essas tecnologias prometem transformar marketing de "mídia ampla para mídia dirigida nos dois sentidos", em que o consumidor participa ativamente do *design* do produto e da oferta.[11] Esse movimento em direção a marketing individual é tão importante que será examinado em mais detalhes no Capítulo 23.

**AUTOMARKETING.** *Automarketing* é a forma de marketing individual em que o consumidor assume mais responsabilidade para determinar que produtos e marcas com-prar. Consideremos dois compradores com estilos de compra diferentes. O primeiro recebe visitas de vendedores que tentam persuadi-lo a comprar seus produtos. O segundo não recebe vendedores, mas entra na Internet, procura informações e avaliações sobre ofertas de produtos/serviços disponíveis; dialoga eletronicamente com os vários fornecedores, usuários e críticos de produto; e, no final, tira suas conclusões sobre a melhor oferta. Este segundo comprador está assumindo maior responsabilidade pelo processo de decisão de marketing e as empresas tradicionais têm menor influência sobre sua decisão final.

À medida que a tendência para o diálogo interativo aumentar e o monólogo da propaganda diminuir, o automarketing crescerá em importância. Veremos crescente número de compradores examinando relatórios de consumidores, participando de fóruns eletrônicos de discussão sobre produtos e transmitindo pedidos via telefone ou computador. As empresas influenciarão o processo, mas de novas maneiras. Precisarão oferecer linhas telefônicas 0800 (discagem direta gratuita) exibidas claramente em seus anúncios e produtos para facilitar o acesso de consumidores reais e potenciais com perguntas, sugestões e reclamações. Envolverão mais os consumidores no processo de desenvolvimento de produto,

---

11. McKENNA. Real-time marketing.

possibilitando que os novos produtos sejam desenhados conjuntamente pelo fabricante e representantes do grupo-alvo. Disponibilizarão páginas (*home pages*) na Internet, fornecendo informações amplas sobre a empresa, seus produtos, garantias e assim por diante. Estas etapas aumentarão as condições dos compradores individuais praticarem automarketing – isto é, a fazerem sua própria busca pela melhor oferta de produto.

## Padrões de segmentação de mercado

Os segmentos de mercado podem ser desenvolvidos de várias maneiras. Em vez de examinar os segmentos demográficos ou de estilos de vida, podemos identificar *segmentos de preferência*. Suponhamos que os compradores de sorvete sejam indagados sobre como valorizam a doçura e a cremosidade como dois atributos de produto. Podem surgir três padrões diferentes:

- *Preferências homogêneas.* A Figura 9.3(a) mostra um mercado onde todos os consumidores têm aproximadamente as mesmas preferências. O mercado não mostra nenhum segmento natural. Podemos prever que as marcas existentes são similares e aglomeradas no centro do gráfico de doçura e cremosidade.
- *Preferências difusas.* Em outro extremo, as preferências dos consumidores podem estar dispersas no espaço (Figura 9.3[b]), indicando que os consumidores variam grandemente em termos de preferências. Provavelmente, a primeira marca a entrar no mercado posicionou-se no centro para atrair mais pessoas. Uma marca no centro minimiza a insatisfação total do consumidor. Um segundo concorrente poderia localizar-se próximo à primeira marca e lutar para conquistar participação de mercado, ou poderia localizar-se em uma extremidade para atrair um grupo de consumidores que não estivesse satisfeito com a marca do centro. Se várias marcas estiverem no mercado, provavelmente, estarão espalhadas no espaço e mostrarão diferenças reais para atender à diversidade de preferências dos consumidores.

- *Preferências conglomeradas.* O mercado pode revelar conglomerados de preferências distintas, denominados *segmentos de mercado naturais* (Figura 9.3[c]). A primeira empresa deste mercado tem três opções. Pode posicionar-se no centro, esperando atrair todos os grupos. Pode posicionar-se no segmento maior do mercado (*marketing concentrado*). Pode desenvolver várias marcas, cada uma posicionada em segmento diferente. Se a primeira empresa desenvolver apenas uma marca, os concorrentes entrarão e introduzirão marcas nos outros segmentos.

## Procedimento de segmentação de mercado

Vimos que os segmentos de mercado e nichos podem ser identificados pela aplicação de variáveis sucessivas para subdividir um mercado. Veja o exemplo a seguir:

Uma linha aérea está interessada em atrair pessoas que não viajam de avião (variável de segmentação: *status* de usuário). São aquelas pessoas que têm medo de voar, as indiferentes e as favoráveis em voar (variável de segmentação: atitude). Entre as que aprovam voar, estão pessoas de renda alta que podem pagar pelo vôo (variável de segmentação: renda). A linha aérea pode decidir atingir as pessoas com renda alta que manifestam atitude positiva em relação a voar, mas que ainda não voaram.

Há um procedimento formal para identificar os principais segmentos de um mercado? Aqui está uma abordagem comum usada por empresas de pesquisa de marketing:

**ETAPA UM: ESTÁGIO DE LEVANTAMENTO.** O pesquisador faz entrevistas exploratórias e focaliza grupos para obter informações sobre motivações, atitudes e comporta-

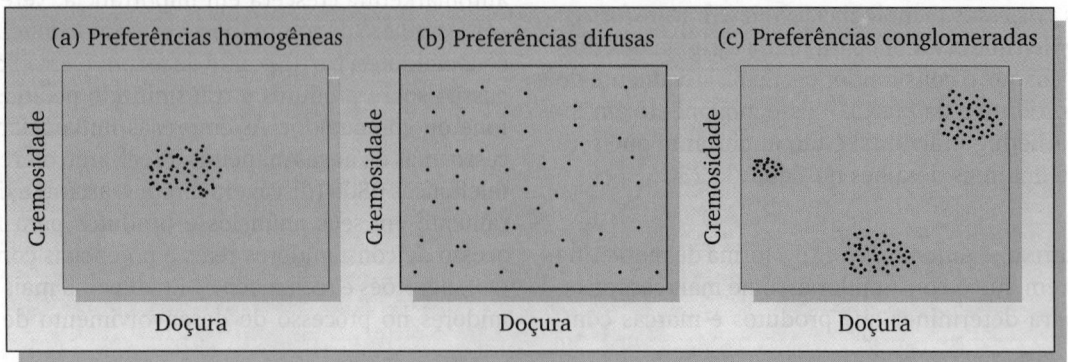

**Figura 9.3** *Padrões básicos de preferência de mercado.*

mento do consumidor. Usando estas informações, ele prepara um questionário formal para coletar dados sobre:

- Atributos e suas avaliações de importância
- Consciência e avaliações de marca
- Padrões de uso do produto
- Fatores demográficos, geográficos, psicográficos e hábitos de mídia dos respondentes (discutidos no final deste capítulo)

**ETAPA DOIS: ESTÁGIO DE ANÁLISE.** O pesquisador aplica a *análise fatorial* aos dados para remover variáveis altamente correlacionadas. A seguir, aplica a *análise de conglomerados* para criar um número específico de segmentos altamente diferenciados. (Para uma revisão desses termos, veja a Tabela 4.5.)

**ETAPA TRÊS: ESTÁGIO DE CLASSIFICAÇÃO DE PERFIL.** O perfil de cada conglomerado (*cluster*) é classificado em termos de atitudes, comportamento, demografia, psicografia e padrões de mídia distintos. Cada segmento pode receber um nome baseado na característica distinta dominante. Assim, em um estudo do mercado de lazer, Andreasen e Belk encontraram seis segmentos e seus perfis correspondentes:[12] pessoas caseiras passivas, entusiastas por esportes, auto-suficientes introspectivos, patronos da cultura, pessoas caseiras ativas e pessoas socialmente ativas. Eles constatam que as organizações artísticas podem aumentar a venda de ingressos ao visar patrocinadores e pessoas socialmente ativas.

A segmentação de mercado deve ser periodicamente refeita porque os segmentos de mercado mudam. Durante algum tempo, o setor de microcomputadores segmentava seus produtos apenas em termos de velocidade e capacidade de memória de trabalho, atraindo, assim, dois amplos segmentos de mercado (grandes e pequenos usuários), mas omitindo o próspero segmento de usuários médios. No início dos anos 90, os fabricantes de microcomputadores começaram a observar o poder do mercado emergente representado pelos pequenos escritórios. Empresas de venda pelo correio como a Dell e a Gateway passaram a atender à exigência desse mercado por equipamento de alto desempenho, preço baixo e de fácil operação. Apenas um ano após os fabricantes passarem a visar esse mercado lucrativo, muitas empresas começaram a perceber que ele era composto de segmentos menores e mais lucrativos. "As necessidades dos pequenos escritórios pode ser muito diferente das dos usuários domésticos", afirma um executivo da Dell. "Assim, precisamos ir além dessa segmentação de

mercado". A Compaq Computer está fazendo exatamente isto com sua linha Presario, destinada a um subgrupo do mercado de usuários profissionais e domésticos: compradores habituados ao uso de microcomputadores que estão comprando seu primeiro equipamento e compradores sofisticados, ainda inexperientes.[13]

Uma forma de descobrir novos segmentos é investigar a hierarquia de atributos que os consumidores examinam ao escolher uma marca. Este processo é denominado *fracionamento do mercado*. Nos anos 60, a maioria dos compradores de automóveis decidia, primeiramente, sobre o fabricante e, depois, escolhia uma de suas divisões (*hierarquia de marca dominante*). Assim, um comprador podia favorecer os carros da General Motors e, depois, escolher sua divisão Pontiac. Hoje, muitos compradores decidem, primeiramente, sobre o país de onde desejam comprar um carro (*hierarquia de país dominante*). Assim, um crescente número de compradores decide, primeiramente, que deseja comprar um carro japonês. Depois, podem ter um segundo nível de preferência por, digamos, Toyota, acompanhado de um terceiro nível, o modelo Corolla deste fabricante. A lição é que uma empresa deve monitorar as mudanças na hierarquia de atributos dos consumidores e ajustar suas prioridades conforme essas mudanças.

A hierarquia de atributos pode também ser usada para revelar os segmentos de consumidores. Aqueles que decidem, primeiro, sobre preço são dominantes em preço; os que decidem, primeiro, sobre o tipo de carro (por exemplo, esportivo, transporte de passageiros, perua) são dominantes em tipo; os que decidem, primeiro, sobre a marca do carro são dominantes em marca e assim por diante. Pode-se ir além e identificar os compradores dominantes em tipo/preço/marca, nesta ordem, constituindo outro segmento; os dominantes em qualidade/preço/serviço/tipo formam outro segmento etc. Cada segmento pode ter características demográficas, psicográficas e hábitos de mídia distintos.[14]

## Bases para segmentação de mercados consumidores

Dois grupos amplos de variáveis são usados para segmentar mercados consumidores. Alguns pesquisadores tentar formar segmentos analisando as *características do consumidor*. Comumente, usam características geográficas, demográficas e psicográficas. Depois, examinam se estes segmentos de consumidores exibem necessidades ou respostas de produto diferentes. Por exemplo, podem examinar as atitudes de diferentes "pro-

12. ANDREASEN, Alan R., BELK, Russell W. Predictors of attendance at the performing arts. *Journal of Consumer Research,* p. 112-120, Sept. 1980.
13. ARNS, Catherine. PC makers head for SoHo. *Business Week,* p. 125-126, 28 Sept. 1992; KHERMOUCH, Gerry. The marketers take over. *Brandweek,* p. 29-35, 27 Sept. 1993.
14. Para conhecer um estudo sobre a estrutura de mercado da hierarquia de atributos no mercado de café, veja DIPAK, Jain, BASS, Frank M., CHEN, Yu-Min. Estimation of latent class models with heterogeneous choice probabilities: an application to market structuring. *Journal of Marketing Research,* p. 94-101, Feb. 1990.

**Tabela 9.1**    *Principais variáveis de segmentação para os mercados consumidores.*

| VARIÁVEIS GEOGRÁFICAS | |
| --- | --- |
| Região | Pacífico, Montanhas, Noroeste Central, Sudoeste Central, Nordeste Central, Sudeste Central, Atlântico Sul, Atlântico Médio, Nova Inglaterra |
| População da cidade | Abaixo de 4.999; 5.000 – 19.999; 20.000 – 49.999; 50.000 – 99.999; 100.000 – 249.999; 250.000 – 499.999; 500.000 – 999.999; 1.000.000 – 3.999.999; 4.000.000 ou mais |
| Concentração | Urbana, suburbana, rural |
| Clima | Norte, Sul |

| VARIÁVEIS DEMOGRÁFICAS | |
| --- | --- |
| Faixa etária | Abaixo de 6 anos de idade; 6 – 11; 12 – 19; 20 – 34; 35 – 49; 50 – 64; 65 ou mais |
| Tamanho da família | 1 a 2 pessoas; 3 a 4; 5 ou mais |
| Ciclo de vida da família | Jovem solteiro(a); casal jovem sem filhos; casal jovem com filho mais novo abaixo de 6 anos; casal jovem com filho de 6 anos ou mais; casal de meia idade com filhos; casal de meia idade sem filhos menores; solteiro de meia idade; outros |
| Sexo | Masculino, feminino |
| Renda | Abaixo de $ 9.999; $ 10.000 – $ 14.999; $ 15.000 – $ 19.999; $ 20.000 – $ 29.999; $ 30.000 – $ 49.999; $ 50.000 – $ 99.999; $ 100.000 ou mais |
| Ocupação | Profissionais liberais e técnicos; gerentes, funcionários públicos e proprietários; funcionários de escritório e vendedores; artesãos e encarregados; operários; fazendeiros; aposentados; estudantes; donas de casa; desempregados |
| Formação educacional | Básico completo; básico incompleto; médio completo; médio incompleto; superior completo; superior incompleto; pós-graduado |
| Religião | Católica, protestante, judaica, muçulmana, hindu e outras |
| Raça | Branca, negra, asiática |
| Geração | Pós-guerra, geração X |
| Nacionalidade | Norte-americana, sul-americana, britânica, francesa, alemã, italiana, japonesa |
| Classe social | Miseráveis, pobres, classe operária, classe média, classe média-alta, classe alta e classe alta-alta |

| VARIÁVEIS PSICOGRÁFICAS | |
| --- | --- |
| Estilo de vida | Objetivos, extravagantes, intelectuais |
| Personalidade | Compulsiva, gregária, autoritária, ambiciosa |

| VARIÁVEIS COMPORTAMENTAIS | |
| --- | --- |
| Ocasiões | Normais, especiais |
| Benefícios | Qualidade, serviço, economia, rapidez |
| *Status* de usuário | Pequeno, médio, grande |
| *Status* de lealdade | Nenhum, médio, forte, completo |
| Estágio de aptidão de compra | Inconsciente, consciente, informado, interessado, desejoso, disposto a comprar |
| Atitude relativa ao produto | Entusiástica, positiva, indiferente, negativa, hostil |

fissionais", "operários de fábrica" e outros grupos em relação à "segurança" como um benefício de um carro.

Outros pesquisadores tentam formar segmentos examinando as *respostas dos consumidores* para benefícios percebidos, ocasiões de uso ou marcas. Uma vez os segmentos serem formatados, o pesquisador examina se diferentes características dos consumidores estão associadas a cada segmento de resposta. Por exemplo, ele pode examinar se as pessoas que desejam "qualidade" *versus* "preço baixo" na compra de um automóvel diferem em termos de composição geográfica, demográfica e psicográfica.

As principais variáveis de segmentação – geográficas, demográficas, psicográficas e comportamentais – são resumidas na Tabela 9.1. Essas variáveis de segmentação podem ser usadas isoladamente ou em combinação.

**SEGMENTAÇÃO GEOGRÁFICA.**  A *segmentação geográfica* propõe dividir o mercado em unidades geográficas diferentes como países, estados, regiões, cidades ou bairros. A empresa pode decidir operar em uma ou algumas áreas geográficas ou operar em todas, mas deve ficar atenta às variações locais em termos de necessidades e preferências geográficas. Por exemplo, o café Kraft Maxwell House da General Foods é vendido nacionalmente, mas com sabores regionais. O sabor é mais forte no oeste do que no leste. Recentemente, a Campbell's Soup Company contratou gerentes de mercados locais e atribuiu-lhes orçamentos para estudarem seus mercados e para adaptarem os produtos e promoções da empresa às condições locais. [15] Algumas empresas até subdividem as principais cidades em áreas geográficas menores:

**R. J. REYNOLDS**   A RJR subdividiu a cidade de Chicago em três submercados distintos. Na área norte, ela promove suas marcas de baixos teores porque os moradores têm melhor formação educacional e estão preocupados com saúde. No sudeste, onde moram operários, promove a marca Winston porque se trata de uma área conservadora. Na área sul, onde moram predominantemente negros, promove a marca Salem, com alto teor de mentol, usando primordialmente a imprensa negra e cartazes em estradas de rodagem.

**SEGMENTAÇÃO GEOGRÁFICA.**   Na *segmentação geográfica*, o mercado é dividido em grupos baseados em variáveis demográficas como idade, tamanho da família, ciclo de vida da família, sexo, renda, ocupação, formação educacional, religião, raça, geração, nacionalidade ou classe social. As variáveis demográficas são as bases mais comuns para distinguir grupos de consumidores. Uma razão é que os desejos, preferências e taxas de uso dos consumidores estão, freqüentemente, associados às variáveis demográficas. Outra razão é que as variáveis demográficas são mais fáceis de ser mensuradas do que a maior parte de outros tipos de variáveis. Mesmo quando o mercado-alvo é descrito em termos não-demográficos (digamos, um tipo de personalidade), a associação por trás das características demográficas é necessária para se conhecer o tamanho do mercado-alvo e a mídia para atingi-lo eficientemente.

Descrevemos aqui como certas variáveis demográficas têm sido usadas para segmentar mercados.

**Idade e ciclo de vida da família.**   Os desejos e as capacidades dos consumidores mudam com a idade. A Gerber percebeu isto e começou a expandir sua linha tradicional de alimentos para bebês. Sua nova linha "Graduates" é destinada à faixa etária de um a três anos. Uma das razões para a expansão da Gerber neste novo segmento é que o crescimento da categoria de alimentos para bebês está em declínio, devido a fatores como redução do número de filhos, aumento do tempo de alimentação controlada e antecipação da idade de alimentação sólida. A empresa espera que os pais compradores de seus alimentos para bebês serão receptivos a sua nova

linha "Graduates", à medida que seus filhos forem crescendo. [16]

As empresas de fotos estão agora aplicando a segmentação por idade e ciclo de vida para o mercado de filmes. Com as vendas em queda, os fabricantes de filmes estão trabalhando muito para explorar nichos de mercado promissores: mamães, garotos e pessoas mais velhas. A Konica vende "filmes de 400 asas para bebês", preparado para "mostrar os tons de pele mais delicados das faces das crianças", como destaca seu material promocional. A Eastman Kodak, fabricante norte-americana de filmes, começou a colocar à venda *kits* de fotos para crianças nas lojas Kmart, Wal-Mart e em outros varejos de massa. Na tentativa inovadora de atingir o mercado de pessoas da terceira idade, a Kodak está treinando aposentados para ensinar técnicas de fotografia em asilos e igrejas. A Polaroid promove alguns de seus produtos através da Associação Norte-americana de Aposentados. [17]

Todavia, a idade e o ciclo de vida podem ser variáveis enganadoras. Por exemplo, a Ford Motor Company usou as idades dos compradores para desenvolver seu mercado-alvo para o automóvel Mustang. O carro foi projetado para atrair pessoas jovens que desejavam um carro esportivo barato. Entretanto, a empresa constatou que o veículo estava sendo comprado por todas as faixas etárias. Assim, percebeu que seu mercado-alvo não era apenas o jovem em idade, mas a pessoa psicologicamente jovem.

A pesquisa da Neugartens indica que os estereótipos de idade precisam ser resguardados:

> *A idade tornou-se um fraco indicador do ciclo de vida, bem como da saúde, status ocupacional, status familiar de uma pessoa e, por conseguinte, também de seus interesses, preocupações e necessidades. Temos imagens múltiplas de pessoas da mesma idade: há pessoas de 70 anos de idade em cadeiras de roda e em quadras de tênis. Da mesma forma, há pessoas de 35 anos encaminhando seus filhos para a faculdade e outros cuidando de filhos recém-nascidos. Assim, uma pessoa pode ser avô ou avó entre 35 e 75 anos de idade.* [18]

**Sexo.**   A segmentação por sexo vem sendo aplicada há muito tempo nos setores de vestuário, produtos de cabelo, cosméticos e revistas. Ocasionalmente, outras empresas percebem alguma oportunidade para a segmentação por sexo. Consideremos o mercado de cigarros, em que a maioria das marcas são fumadas tanto por homens como mulheres. Entretanto, cada vez mais as marcas femininas como Eve e Virginia Slims vêm sendo lançadas, acompanhadas de sabor, embalagem e propa-

15. Veja MARKETING's new look: Campbell leads a revolution in the way consumer products are sold. *Business Week*, p. 64-69, 26 Jan. 1987.
16. RICKARD, Leah. Gerber trots out new ads backing Toddler food line. *Advertising Age*, p. 1, 48, 11 Apr. 1994.
17. RIGDON, Joan E. Marketing: photography companies focus on niches. *The Wall Street Journal*, 12 Mar. 1993, B1:4.
18. AMERICAN Demographics, Aug. 1986.

ganda apropriados para reforçar a imagem feminina. Hoje, é improvável que homens fumem Virginia Slims.

Outro setor que está começando a reconhecer a segmentação por sexo é o automobilístico. No passado, os carros eram desenhados para atrair, principalmente, os homens. Entretanto, com mais mulheres comprando carros, alguns fabricantes estão desenhando alguns modelos para atraí-las, embora não divulguem explicitamente que se tratam de carros para o sexo feminino.

**Renda**. A segmentação por renda é outra prática já existente há muito tempo em produtos e categorias de serviços como automóveis, barcos, roupas, cosméticos e viagens. Entretanto, nem sempre a renda prevê os melhores consumidores para determinado produto. Os operários de fábrica estão entre os primeiros compradores de aparelhos de televisão a cores; para eles era mais barato comprar esses aparelhos do que ir a cinemas e restaurantes. Os carros mais econômicos não são comprados pelos realmente pobres, mas, ao contrário, por aqueles que se consideram pobres em relação a suas aspirações de *status* e a suas necessidades por certo nível de vestuário, mobília e moradia que não teriam condições de comprar se adquirissem um carro mais caro. Os carros de preços médio e caro tendem a ser comprados por segmentos superprivilegiados de cada classe social.

**Geração**. Muitos pesquisadores estão agora buscando a segmentação por geração. A idéia é que cada geração é profundamente influenciada pelo meio onde se desenvolve – música, filmes, situação política e eventos importantes. Algumas empresas visavam os *baby boomers* (nascidos entre 1946 e 1964) usando comunicações e símbolos que apelavam para o otimismo desta geração. Outras estão visando a Geração X (nascidos entre 1964 e 1984), os conscientes de que cresceram em uma fase de desconfiança da sociedade, dos políticos, da propaganda e do *merchandising*. São mais sofisticados na avaliação de produtos e muitos estão "desligados" da propaganda saturada ou a levam muito a sério quando é de seu interesse. [19]

**Classe social**. A classe social tem forte influência sobre a preferência de uma pessoa em termos de carros, roupas, móveis domésticos, atividades de lazer, hábitos de leitura, lojas de varejo e assim por diante. Muitas empresas desenvolvem produtos e/ou serviços a classes sociais específicas. (Descrevemos as sete classes sociais norte-americanas na Tabela 6.1).

Como a maioria das outras variáveis de segmentação, os gostos das classes sociais podem mudar no de-

correr dos anos. Por exemplo, os anos 80 foram de ganância e ostentação das classes superiores, mas os anos 90 estão reforçando os valores e a auto-realização. Os especialistas observam, por exemplo, que os ricos estão privilegiando carros utilitários como o Range Rover ou Ford Explorer, em vez do Mercedes. [20]

**SEGMENTAÇÃO PSICOGRÁFICA**. Na *segmentação psicográfica*, os compradores são divididos em grupos diferentes, baseados no estilo de vida e/ou personalidade. As pessoas pertencentes ao mesmo grupo demográfico podem exibir perfis psicográficos muito diferentes.

**Estilo de vida**. As pessoas exibem muito mais estilos do que os sugeridos pelas sete classes sociais. Seus interesses por um produto são influenciados por seus estilos de vida. De fato, os bens que consomem expressam seus estilos de vida. As empresas estão crescentemente segmentando seus mercados pelos estilos de vida dos consumidores. Por exemplo:

Na busca do mercado formado por pessoas de alta renda, ativas em termos de estilo de vida, a Oldsmobile passou a procurar os jogadores de golfe. Os dados demográficos mostram que o jogador de golfe médio tem 43 anos de idade e ganha $ 50.000 por ano. A pesquisa revela que a probabilidade dele comprar um novo carro é 43% acima de uma pessoa comum. De posse destes dados, a Oldsmobile criou um torneio de golfe com seu nome para seus revendedores e compradores potenciais em clubes de campo de todo o país. [21]

Os dados demográficos e psicográficos têm, recentemente, revelado uma crescente afinidade pelo "estilo de vida rural". As revistas especializadas sobre o assunto estão aumentando a circulação e maior número de ouvintes está sintonizando estações de rádio rurais. A ascensão do estilo de vida rural proporcionou à empresa Van den Bergh Foods maior alavancagem na venda de sua margarina Spread Country Crock. Com anúncios promovendo uma imagem rural, este produto e sua extensão de linha, a Churn Style, vem obtendo expressivo volume de vendas. [22]

A presidência da Associação Norte-americana de *Outdoors* dividiu a população em cinco conglomerados de estilos de vida, conforme a atividade recreativa: "sociáveis e preocupados com a saúde", "ativos que não ficam em casa", "competitivos em busca de emoção", "orientados para o aprimoramento físico" e "desligados e desmotivados".

As empresas fabricantes de cosméticos, bebidas alcoólicas e móveis estão procurando oportunidades na

19. Para mais informações sobre as gerações, veja SOLOMON, Michael R. *Consumer behavior*. 3. ed. Upper Saddle River, NJ : Prentice Hall, 1996. Cap. 14; e FEATHER, Frank. *The future consumer*. Toronto : Warwick Publishing, 1994. p. 69-75.
20. SERWER, Andrew E. 42.496 secrets bared. *Fortune,* p. 13-14, 24 Jan. 1994; LABICH, Kenneth. Class in America. *Fortune,* p. 114-126, 7 Feb. 1994.
21. BREWER, Geoffrey. Bringing buyers to the fore. *Incentive,* p. 77-79, May 1992.
22. KIM, Junu Bryan. Taking comfort in country: after decade of '80s excess, marketers tap easy lifestyle as part of ad messages. *Advertising Age,* p. S1-S4, 11 Jan. 1993.

segmentação por estilo de vida. Ao mesmo tempo, a segmentação por estilo de vida nem sempre funciona. A Nestlé lançou uma marca especial de café descafeinado para os "notívagos" e fracassou.

**Personalidade**. As empresas têm usado variáveis de personalidade para segmentar mercados. Dotaram seus produtos com *personalidades de marcas* que correspondem às personalidades dos consumidores. No final dos anos 50, os automóveis Ford e Chevrolet foram promovidos como possuindo personalidades diferentes. Os compradores de Ford eram identificados como independentes, impulsivos, masculinos, alertas às mudanças e autoconfiantes, enquanto que os proprietários de Chevrolet eram conservadores, econômicos, conscientes de prestígio, menos masculinos e moderados que evitavam os extremos.[23]

SEGMENTAÇÃO COMPORTAMENTAL. Na *segmentação comportamental,* os compradores são divididos em grupos, tomando-se como base seu conhecimento, atitude, uso ou resposta para um produto. Muitas empresas acreditam que as variáveis comportamentais – ocasiões, benefícios, *status* de usuário, taxa de uso, *status* de lealdade, estágio de aptidão de compra e atitude – são os melhores pontos de partida para o desenvolvimento de segmentos de mercado.

**Ocasiões**. Os compradores podem ser diferenciados de acordo com as ocasiões em que sentem uma necessidade, compram ou usam um produto. Por exemplo, a viagem aérea é provocada por situações relacionadas a negócios, férias ou problemas familiares. Uma linha aérea pode especializar-se em atender pessoas para as quais uma dessas ocasiões é dominante. Assim, os vôos *charters* atendem grupos de pessoas que viajam de férias.

A segmentação por ocasião pode ajudar as empresas a ampliar o uso do produto. Por exemplo, o suco de laranja é, geralmente, mais consumido no café da manhã. Uma empresa de sucos de laranja pode tentar promover o consumo em certas ocasiões – almoço, jantar ou na hora do lanche. Certas datas – Dia das Mães e Dia dos Pais, por exemplo – foram criadas em parte para aumentar a venda de doces e flores. A Curtis Candy promoveu o costume de no Dia das Bruxas (*Halloween*), as crianças receberem doces quando baterem à porta das residências.

Além de procurar ocasiões para produtos específicos, uma empresa pode considerar eventos críticos que marcam passagens da vida para verificar se são acompanhadas por certas necessidades que podem ser atendidas por produtos e/ou serviços. As ocasiões incluem casamento, separação, divórcio, aquisição de moradia, ferimento ou doença; mudança de emprego ou carreira,

aposentadoria e morte de um membro da família. Entre os fornecedores que têm surgido para oferecer serviços nestas ocasiões críticas estão os conselheiros conjugais, consultores de colocação pessoal e conselheiros familiares.

**Benefícios**. Uma forma poderosa de segmentação é classificar os compradores de acordo com os diferentes benefícios que buscam em um produto. Por exemplo, um estudo dos benefícios derivados de uma viagem revelou três segmentos de mercado importantes: os viajantes que se deslocam para estar com a família, os em busca de aventura ou com propósitos educacionais e os que gostam do "risco" e dos aspectos "agradáveis" da viagem.[24]

Uma das segmentações por benefício mais bem-sucedida foi relatada por Haley, que estudou o mercado de creme dental (veja a Tabela 9.2). A pesquisa de Haley constatou quatro segmentos de benefícios: econômico, medicinal, cosmético e sabor. Cada grupo de pessoas que buscava benefícios possuía características demográficas, comportamentais e psicográficas específicas. Por exemplo, aquelas pessoas que procuravam prevenção à cárie tinham grandes famílias, eram grandes usuários de creme dental e conservadoras. Cada segmento também favorecia certas marcas. Uma empresa fabricante de creme dental pode usar estas constatações para focar melhor sua marca atual e lançar novas marcas. Assim, a Procter & Gamble lançou a marca Crest oferecendo o benefício de "proteção anticárie", que se tornou extremamente bem-sucedida. "Proteção anticárie" tornou-se sua proposição única de venda. Uma *proposição única de venda* é mais forte do que apenas uma proposição de venda. Por exemplo, um creme dental lilás é exclusivo, mas, provavelmente, não venderá.

***Status* de usuário**. Os mercados podem ser segmentados em grupos de não-usuários, ex-usuários, usuários potenciais, novos usuários e usuários regulares de um produto. Assim, os bancos de sangue não devem confiar apenas em doadores regulares para o suprimento de sangue. Devem recrutar novos doadores e contatar ex-doadores, adotando para cada grupo uma estratégia de marketing diferente. A posição da empresa no mercado também influenciará seu foco. Os líderes de participação de mercado focarão na atração de usuários potenciais, enquanto que as empresas menores procurarão atrair usuários desses líderes de mercado.

Em certa extensão, as condições econômicas determinam que grupos de usuários uma empresa focará. Em uma economia de crescimento lento, as empresas concentrarão seus esforços em novos usuários de mercados emergentes (como jovens e imigrantes) ou naqueles que estão entrando em um novo estágio do ciclo de

23. Citado em EVANS, Franklin B. Psychological and objetive factors in the prediction of brand choice: Ford versus Chevrolet. *Journal of Business,* p. 340-369, Oct. 1959.
24. SHOEMAKER, Stowe. Segmenting the U.S. travel market according to benefits realized. *Journal of Travel Research,* p. 8-21, Winter 1994.

**Tabela 9.2**  *Segmentação do mercado de creme dental por benefício.*

| SEGMENTO DE BENEFÍCIO | FATORES DEMOGRÁFICOS | FATORES COMPORTAMENTAIS | FATORES PSICOLÓGICOS | MARCAS FAVORECIDAS |
|---|---|---|---|---|
| Econômico (preço baixo) | Homens | Grandes usuários | Autonomia alta, orientados para valor | Marcas em promoção |
| Medicinal (prevenção à cárie) | Famílias maiores | Grandes usuários | Hipocondríacos, conservadores | Crest |
| Cosmético (dentes brilhantes) | Adolescentes, adultos jovens | Fumantes | Sociabilidade elevada e ativa | Maclean's, Ultra Brite |
| Sabor (gosto agradável) | Crianças | Apreciadores de hortelã | Auto-envolvimento elevado, hedonístico | Colgate, Aim |

**Fonte:**  Adaptado de HALEY, Russel J. Benefit segmentation: a decision oriented research tool. *Journal of Marketing*, p. 30-35, July 1963. Reimpresso com permissão da American Marketing Association.

vida (como os casais novos e mamães do primeiro filho). Para manter a participação de mercado, também trabalharão para manter a consciência de marca e desencorajar os usuários leais a escolher outra marca.

**Taxa de uso.**  Os mercados podem ser segmentados em pequenos, médios e grandes usuários do produto. Freqüentemente, os grandes usuários representam pequena porcentagem do mercado, mas respondem por grande porcentagem do consumo total. Geralmente, as empresas preferem atrair um grande usuário para seu produto ou serviço do que muitos pequenos usuários. Por exemplo, um estudo sobre o setor de viagem mostrou que os usuários freqüentes das agências que as procuram para programas de férias estão mais envolvidos em grupos, são mais inovadores, melhor preparados intelectualmente e, mais provavelmente, são líderes de opinião, do que os usuários menos freqüentes. Os grandes usuários viajam mais e procuram mais informações sobre viagens de férias em jornais, revistas, livros e feiras comerciais.[25] Claramente, uma agência de viagem seria beneficiada ao dirigir seus esforços de marketing aos grandes usuários, talvez, usando telemarketing e festas e promoções especiais.

A Figura 9.4 mostra as taxas de uso para alguns produtos de consumo popular. Por exemplo, 41% das residências amostradas compravam cerveja. Mas os grandes usuários representavam 87% da cerveja consumida – quase sete vezes mais do que os pequenos usuários. É evidente que uma cervejaria preferiria atrair um grande usuário para sua marca, em vez de muitos pequenos usuários. Assim, a maioria das cervejarias focava os grandes consumidores de cerveja usando apelos como o da Miller Lite: "Grandes sabores, muito mais do que apenas conteúdo". Freqüentemente, os grandes usuários de um produto têm características demográficas, psicográficas e hábitos de mídia comuns. O perfil dos grandes consumidores de cerveja mostra as seguintes características: são operários com idades entre 25 e 50 anos e assistem muito televisão, principalmente programas esportivos. Esses perfis podem orientar os profissionais de marketing no desenvolvimento de estratégias de preço, mensagens e mídia.

As organizações de marketing social enfrentam um dilema com os grandes usuários. Normalmente, um órgão de planejamento familiar se orientaria para as famílias pobres com muitos filhos, embora estas famílias sejam também as mais resistentes às mensagens de controle de natalidade. Além disso, essas organizações podem ser acusadas de discriminação. O Departamento Nacional de Segurança pode visar aos motoristas imprudentes, mas estes são os mais refratários aos apelos de segurança ao dirigir. Esses órgãos devem considerar se irão em busca de poucos grandes infratores altamente resistentes ou de muitos pequenos infratores menos resistentes.

**Status de lealdade.**  Um mercado pode ser segmentado por padrões de lealdade dos consumidores. Estes podem ser leais a marcas (Coca-Cola), lojas (Sears) e a outras entidades. Suponhamos que há cinco marcas: A, B, C, D e E. Os compradores podem ser divididos em quatro grupos, de acordo com seu *status* de lealdade de marca:

- *Altamente leais.* Consumidores que compram sempre a mesma marca. Assim, um padrão de compra A, A, A, A, A, A pode representar um consumidor com lealdade exclusiva à marca A.
- *Leais divididos.* Consumidores que são leais a duas ou três marcas. O padrão de compra A, A, B, B, A, B representa um consumidor com lealdade dividida entre as marcas A e B. Este grupo está aumentando rapidamente. Grande número de consumidores está comprando um pequeno conjunto de marcas aceitáveis que são equivalentes em suas mentes.

25. GOLDSMITH, Ronald E., FLYNN, Leisa Reinecke, BONN, Mark. An empirical study of heavy users of travel agencies. *Journal of Travel Research*, p. 38-43, Summer 1994.

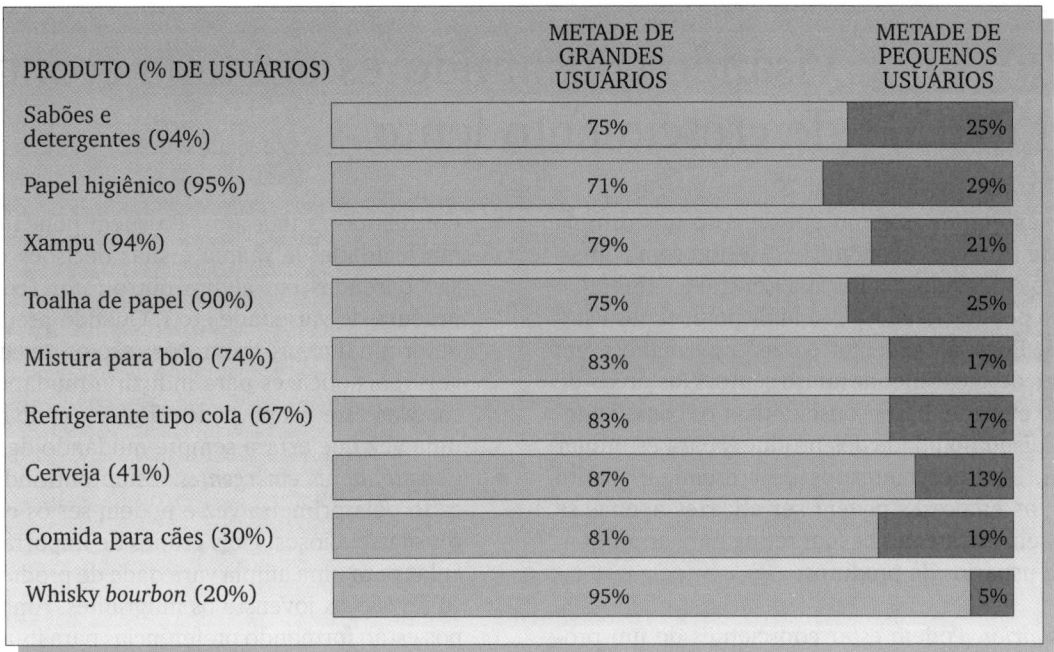

| PRODUTO (% DE USUÁRIOS) | METADE DE GRANDES USUÁRIOS | METADE DE PEQUENOS USUÁRIOS |
| --- | --- | --- |
| Sabões e detergentes (94%) | 75% | 25% |
| Papel higiênico (95%) | 71% | 29% |
| Xampu (94%) | 79% | 21% |
| Toalha de papel (90%) | 75% | 25% |
| Mistura para bolo (74%) | 83% | 17% |
| Refrigerante tipo cola (67%) | 83% | 17% |
| Cerveja (41%) | 87% | 13% |
| Comida para cães (30%) | 81% | 19% |
| Whisky *bourbon* (20%) | 95% | 5% |

**Figura 9.4**   *Grandes e pequenos usuários de produtos de consumo popular.*

- *Leais mutantes.* Consumidores que trocam uma marca favorita por outra. O padrão de compra A, A, A, B, B, B sugere um consumidor que está mudando de lealdade da marca A para a B.
- *Indecisos.* Consumidores que não mostram lealdade a qualquer marca. O padrão de compra A, C, E, B, D, B sugere um consumidor não-leal, *inclinado às ofertas* (compram a marca que está em promoção) ou *inclinados à variedade* (desejam experimentar marcas diferentes).[26]

Cada mercado consiste de número diferente dos quatro tipos de compradores. Um *mercado leal à marca* é o que tem elevada porcentagem de compradores altamente leais. Assim, os mercados de creme dental e de cerveja são constituídos de consumidores altamente leais à marca. As empresas que vendem em um mercado leal à marca enfrentam tarefa árdua para conquistar mais participação e aquelas que ingressam neste tipo de mercado vêem-se em face de muitas dificuldades.

Uma empresa pode aprender muito analisando os graus de lealdade de marca:

- Ao analisar as características de seus consumidores altamente leais, a empresa pode identificar as forças de seus produtos. Por exemplo, a Colgate sabe que seus consumidores altamente leais são mais de classe média, de famílias maiores e mais conscientes de saúde. Estas características assinalam o mercado-alvo da Colgate.
- Ao estudar os consumidores leais mutantes, a empresa pode assinalar que marcas concorrem mais com as suas. Se muitos compradores de Colgate também compram Crest, a Colgate pode tentar melhorar seu posicionamento em relação a Crest, possivelmente, usando propaganda comparativa direta.
- Ao examinar os consumidores que estão abandonando sua marca, a empresa pode identificar suas fraquezas de marketing para corrigi-las. Ela pode também atrair os compradores indecisos fazendo promoções freqüentes. Entretanto, pode não valer a pena atraí-los.

Cautela: O que aparenta ser padrão de compra de consumidores altamente leais pode refletir hábito, indiferença, preço baixo, alto custo para a mudança ou a indisponibilidade de outras marcas. Assim, a empresa deve examinar o que está por trás dos padrões de compra observados. Deve-se determinar se os usuários são leais, indecisos ou emergentes para o desenvolvimento de estratégias de marketing adequadas. Para mais informações sobre este tópico, veja a seção *Insight* de Marketing intitulada "Visando consumidores em uma economia de crescimento lento".

**Estágio de aptidão do comprador.**   Um mercado consiste em pessoas em estágios diferentes de aptidão para comprar um produto. Há os inconscientes em relação ao produto, os conscientes, os informados, os interessados e os que pretendem comprá-lo. Os números relativos fazem grande diferença na preparação de um programa de marketing.

Suponhamos que uma organização de saúde deseja que as mulheres façam o teste anual de Papanicolau

26. Esta classificação foi adaptada de BROWN, George H. Brand loyalty - fact or fiction? *Advertising Age,* June 1952/Jan. 1953, uma série.

# Visando consumidores em uma economia de crescimento lento

Hoje, as empresas estão em face de uma ampla variedade de situações econômicas. Mesmo com a abertura de novos mercados na Europa Central e Oriental, o crescimento populacional e a renda disponível nos Estados Unidos, Europa Ocidental e Japão permanece em um patamar de crescimento muito lento. Nas áreas de crescimento elevado, basta conscientizar os consumidores sobre a disponibilidade dos produtos para estimular a demanda. Mas nos mercados de crescimento lento (maduros), as empresas podem ser eficazes apenas se desenvolverem estratégias de marketing para atrair quatro tipos de usuários de produtos:

- *Não usuários.* Podem estar conscientes de um produto, mas o rejeitam. A menos que as empresas possam identificar novos usos para o produto, os esforços de marketing dirigidos a este grupo terão pouco efeito. A bem conhecida campanha da Arm and Hammer para o bicarbonato de sódio é um exemplo de como atrair não-usuários ao se promover novos usos para um produto estabelecido: desodorização de carpetes e refrigeradores, recuperação de ferimentos e limpeza de vasos sanitários. Cada novo uso tornou-se foco de uma campanha de propaganda destinada a revitalizar o produto. Todavia, os não-usuários são relativamente menos importantes quando comparados com os outros três grupos de consumidores.
- *Consumidores leais.* Estes já estão usando e são leais ao produto. Em um mercado com proporção muito elevada de consumidores leais, a adoção de marketing pode não gerar grandes aumentos de consciência ou vendas. Todavia, a propaganda pode ainda exercer importante trabalho para reforçar a lealdade de marca. A meta principal de marketing aos consumidores leais deve ser desencorajar a mudança.
- *Consumidores indecisos.* Possuem pouca ou nenhuma lealdade de marca e suas decisões de compra são baseadas em algum outro fator (como preço, procura de variedade etc.). Quando preço é o fator determinante, as promoções são os veículos prováveis mais eficazes para induzir a mudança de marca. Mas este grupo pode não ser um alvo atraente, uma vez que estará sempre mudando de marca.
- *Consumidores emergentes.* Estão entrando no mercado pela primeira vez e podem ser os consumidores mais valiosos. Dois grupos de importância particular para uma ampla variedade de produtos de consumo são os jovens e os imigrantes. Ambos os grupos estão formando preferências para inúmeros produtos e serviços e apoiarão o mercado por décadas após fazerem suas escolhas iniciais. A propaganda dirigida aos emergentes deve ser similar à propaganda de novos produtos. Os anúncios devem criar consciência e construir imagem de marca. Devem criar um sentido de identidade com o produto e reforçar a experimentação e a preferência. Todavia, os emergentes podem também precisar ser atingidos com mensagens e mídias exclusivas para sua idade e cultura. Um imigrante latino-americano do Texas terá hábito de mídia diferente e responderá a diferentes tipos de apelos em relação a um jovem de 16 anos de idade nascido em Boise, Idaho.

As melhores campanhas de marketing levam todos esses grupos em consideração, reforçando as preferências dos consumidores leais, enquanto, ao mesmo tempo, também influenciando os consumidores que poderiam mudar de marcas e criando consciência de produto em mercados emergentes.

**Fonte:** *American Demographics Magazine*, 1994. Reimpresso com permissão.

para detectar possível câncer uterino. No início, a maioria das mulheres desconhece a existência do teste. O esforço de marketing deve ser dirigido para o desenvolvimento de consciência, usando-se uma mensagem simples de propaganda. Depois, a propaganda deve enfatizar os benefícios do teste e os riscos de não o fazer, para mobilizar mais mulheres a desejá-lo. Uma oferta especial de exame gratuito pode ser divulgada, atraindo-as, realmente, para realizá-lo. Em geral, o programa de marketing deve ser adaptado aos diferentes estágios de aptidão do consumidor.

**Atitude.** Cinco grupos de atitudes podem ser encontrados em um mercado: são os entusiastas, positivos, indiferentes, negativos e hostis. Os cabos eleitorais em uma campanha política usam a atitude do eleitor para determinar quanto tempo gastar com ele. Agradecem os eleitores entusiastas e os estimulam a votar; reforçam aqueles que demonstram atitude positiva; tentam conquistar os votos dos eleitores indiferentes; não desperdiçam tempo tentando mudar as atitudes dos eleitores negativos e hostis. À medida que as atitudes estejam correlacionadas aos aspectos demográficos, o partido político pode localizar mais eficientemente os melhores eleitores potenciais.

O Grupo de Direções Estratégicas dividiu uma amostra da população norte-americana madura (50 anos de idade ou mais) em categorias baseadas nas atitudes em relação a três tópicos: cuidados com a saúde, consumo alimentar e preocupação consigo mesmo. Na categoria dos preocupados consigo mesmos, constatou os seguintes tipos de pessoas: [27]

- *Otimistas*. Consideram que estão vivendo os melhores anos de suas vidas. Conservar a aparência física e permanecer ativos são suas principais prioridades.
- *Inseguros*. Sentem que não foram bem-sucedidos na vida e que os melhores anos já terminaram. Temem a falta de dinheiro, fazem investimentos conservadores, compram pelo valor e estão preocupados com a criminalidade.
- *Ativos ameaçados*. Estão preocupados com a criminalidade, mas possuem perspectiva mais positiva da vida. Resistem às mudanças e desejam permanecer morando em suas casas, trabalhando e guiando seus próprios carros.
- *Positivos financeiramente*. Estão mais abertos às mudanças e preocupados com a boa aparência física. Sentem-se seguros financeiramente, são bem-sucedidos e otimistas.

### SEGMENTAÇÃO POR MULTIABTRIBUTOS (CONGLOMERADOS GEOGRÁFICOS).

Os especialistas de marketing há muito não comentam sobre o consumidor médio, ou mesmo limitam suas análises a apenas alguns segmentos de mercado. Ao contrário, estão crescentemente cruzando várias variáveis em um esforço de identificar grupos-alvo menores e melhor definidos. Assim, um banco pode não apenas identificar um grupo formado por aposentados ricos, mas também, nesse grupo, distinguir vários segmentos conforme a renda atual, patrimônio, poupança e preferências de risco.

Um dos desenvolvimentos mais promissores na segmentação por multiatributos é o de *conglomerados geográficos*. Os conglomerados geográficos proporcionam descrições mais ricas sobre os consumidores e vizinhanças do que apenas os fatores demográficos porque refletem o *status* socioeconômico e o estilo de vida dos habitantes de um bairro. A Claritas Inc. desenvolveu uma abordagem por conglomerados geográficos chamada PRIZM (Potential Rating Index by Zip Markets) que clas-

sifica cerca de 500.000 bairros residenciais norte-americanos em 62 grupos distintos de estilo de vida chamados Conglomerados PRIZM. [28] Os grupos levam em consideração 39 fatores em cinco categorias amplas: (1) educação e nível de renda, (2) ciclo de vida da família, (3) urbanização, (4) raça e etnia e (5) mobilidade. Os bairros são divididos por código de endereçamento postal ou área de censo e por quarteirões. Os conglomerados recebem nomes sugestivos que representam suas essências, como *Estados de Sangue Azul*, *Círculo de Vencedores*, *Aposentados Vivendo na Cidade Natal*, *América de Latinos*, *Caçadores e Caminhonetes* e *Pessoas que Retornaram à Vida Rural*.

O PRIZM está baseado no ditado popular que diz: "Uma andorinha não faz verão". Os habitantes de um conglomerado tendem a levar vidas, guiar carros, ter trabalhos e ler revistas similares. Aqui estão três conglomerados do PRIZM:

- *Participantes do sonho norte-americano*. Este segmento representa o mosaico formado por pessoas emergentes, de classe social em ascensão e moradores em grandes cidades. Provavelmente, essas pessoas compram carros importados, lêem a revista *Elle*, compram o cereal Mueslix, usam tênis nos fins de semana e *jeans* de grife. Sua renda familiar anual média é de $ 46.000.
- *Trabalhadores em agroindústrias*. Este conglomerado inclui famílias jovens que trabalham em escritórios e fábricas do interior. Seu estilo de vida é tipificado por caminhões, lêem a revista *True Story* e fazem viagens de pesca. Sua renda familiar anual média é de $ 22.900.
- *Usuários de roupas finas e freqüentadores de clube de campo*. Nascidos no pós-guerra (*baby boomers*) que vivem bem em bairros afastados. Provavelmente, compram carros Mercedes, lêem a revista *Golf Digest*, usam substitutos ao sal, tiram férias na Europa e compram TVs de alta definição. Sua renda familiar anual média é de $ 68.600. [29]

As empresas podem usar o PRIZM para responder a perguntas como: Que conglomerados (bairros ou códigos postais) contêm nossos consumidores mais valiosos? Qual nosso grau de penetração nesses segmentos? Que mercados, referências de desempenho e mídias promocionais fornecem-nos as melhores oportunidades de crescimento? Empresas de marketing direto, como a Spiegel, usam as informações de conglomerados geográficos para identificar locais em que devem enviar seus catálogos. A Helene Curtis Company, para vender seu xampu Suave, usou o PRIZM para identificar bairros com alta concentração de mulheres jovens que trabalham fora; elas responderam melhor às mensagens de propaganda

---

27. SANDOR, Gabrielle. Attitude (not age) defines the mature market. *American Demographics,* p. 18-21, Jan. 1994.
28. Outras importantes empresas fornecedoras de dados geodemográficos são a ClusterPlus (da Donnelly Marketing Information Service) e a Acord (C.A.C.I., Inc.).
29. DEL VALLE, Christina. They know where you live - and how you buy. *Business Week,* p. 89, 7 Feb. 1994.

comunicando que o xampu Suave era barato, embora fosse tornar seus cabelos "lindos como nenhum outro".

A importância da utilização de conglomerados geográficos como ferramenta de segmentação é crescente por diversas razões. Primeiro, aumento diário da diversidade da população norte-americana, notadamente entre determinados grupos étnicos, mais mulheres na força de trabalho, mudança da estrutura familiar e variação de tamanho dos grupos etários. Segundo, marketing para microsegmentos tem-se tornado acessível mesmo para pequenas organizações, com a redução dos custos envolvidos na utilização de bancos de dados, proliferação dos microcomputadores, maior facilidade de uso de *softwares* e aumento da integração de dados. [30]

**VISANDO SEGMENTOS MÚLTIPLOS.** Muito freqüentemente, as empresas podem começar a adoção de marketing visando um segmento e, depois, expandir para outros segmentos. Consideremos as experiências de uma pequena empresa de tecnologia:

**PAGING NETWORK INC.** A PageNet é uma pequena empresa de desenvolvimento de sistemas de *paging* (telemensagem) que tem usado a segmentação para contornar grandes concorrentes, como as subsidiárias das empresas Southwestern Bell e Pacific Telesis. A segmentação foi crucial para ela porque não podia diferenciar-se dos concorrentes usando apenas sua tecnologia exclusiva que possibilitava cobrar preços 20% inferiores aos mesmos. A empresa adotou as seguintes providências para consolidar sua vantagem competitiva:

1. Inicialmente, usou a segmentação geográfica, visando aos mercados que considerava facilmente acessíveis nos estados de Ohio e Texas (onde estava sediada). Em ambas as áreas, os concorrentes locais eram vulneráveis a sua política de preços baixos. Desde que esses mercados estavam seguros, a empresa introduziu seus produtos em 13 segmentos de mercado dispersos geograficamente que representavam maior potencial de crescimento.

2. Sua estratégia não se limitou à segmentação geográfica. Os gerentes desenvolveram um perfil dos usuários de serviços de *paging*. Entre os principais grupos visados estavam vendedores, mensageiros e profissionais de serviços. Depois, passou a conquistar a mais alta porcentagem possível do mercado total para o produto. Para atingir seu objetivo de 75% de penetração de mercado em 1993 (além dos 45% de 1992), os administradores da empresa usaram segmentação por estilos de vida para atingir grupos de consumidores adicionais, como pais que deixam seus bebês com *baby sitters* e pessoas de idade avançada que vivem sozinhas, cujas famílias desejam acompanhá-las à distância.

3. Procurando ampliar ainda mais seus segmentos para atingir audiências maiores, a empresa decidiu distribuir seus produtos através de lojas de departamentos como Kmart, Wal-Mart e Home Depot. Deu a estas redes descontos atraentes em troca do direito de ficar com a taxa mensal de manutenção do serviço sobre todos os *pagers* vendidos. Com uma previsão de conquistar 80.000 novos usuários, os administradores calcularam que o potencial de faturamento decorrente das taxas de serviços compensaria o grande desconto concedido aos varejistas.

Resultado desta estratégia: A PageNet continua conquistando novos usuários a uma taxa anual de 50%. [31]

## Bases para segmentar mercados industriais

Os mercados industriais podem ser segmentados usando-se muitas das mesmas variáveis empregadas na segmentação de mercados consumidores, como geográficas, benefícios percebidos e taxa de uso. Todavia, há também várias outras variáveis. Bonoma e Shapiro propuseram segmentar o mercado industrial com as variáveis mostradas na Tabela 9.3. As variáveis demográficas são as mais importantes, seguidas das variáveis operacionais e chegando-se até as características pessoais do comprador.

A tabela lista as principais perguntas que as empresas industriais devem responder para determinar que segmentos e clientes atender. Assim, uma empresa de pneus deve, primeiramente, decidir que setores industriais desejam atender, notando as seguintes diferenças: Os fabricantes de automóveis variam em termos de exigências, com os especializados em carros de luxo desejando banda de rodagem mais larga do que os de carros *standard*. Os fabricantes de aviões desejam pneus que atendam a padrões mais elevados de segurança do que os fabricantes de tratores agrícolas.

Dentro de um setor industrial escolhido, uma empresa pode segmentar o mercado por *tamanho de cliente*. Pode desenvolver programas separados para atender a pequenos e grandes clientes. Por exemplo, a Steelcase, grande fabricante de móveis de escritório, divide seus clientes em três grupos: contas nacionais (grandes clientes), contas médias (clientes médios) e contas de lojas (pequenos clientes).

Em um determinado setor industrial segmentado por tamanho de cliente, a empresa pode segmentar por critérios de compra. Por exemplo, os laboratórios diferem em seus critérios de compra de instrumentos científicos. Os laboratórios púbicos precisam de preços baixos e de contratos de serviços. Os laboratórios universitári-

30. Veja WEISS, Michael J. *The clustering of America.* New York : Harper & Row, 1988.
31. Veja PALEY, Norton. Cut out for success. *Sales and Marketing Management,* p. 43-44, Apr. 1994.

**Tabela 9.3** *Principais variáveis de segmentação para os mercados industriais.*

## VARIÁVEIS DEMOGRÁFICAS

1. *Setor industrial*: Que setores industriais devem ser focalizados?
2. *Tamanho da empresa*: Qual o tamanho das empresas que devemos focalizar?
3. *Localização*: A que áreas geográficas devemos atender?

## VARIÁVEIS OPERACIONAIS

4. *Tecnologia*: Que tecnologias de clientes devemos focalizar?
5. *Status de usuário/ não usuário*: Devemos atender a grandes, médios, pequenos usuários ou não-usuários?
6. *Capacidade do cliente*: Devemos atender aos clientes que necessitam de muitos ou de poucos serviços?

## VARIÁVEIS DE COMPRA

7. *Organização da função compra na empresa*: Devemos atender às empresas com departamentos de compras altamente centralizados ou descentralizados?
8. *Estrutura de poder*: Devemos atender às empresas orientadas para engenharia, finanças etc.?
9. *Natureza dos relacionamentos existentes*: Devemos atender às empresas com as quais temos forte relacionamento ou, simplesmente, procurar aquelas mais desejáveis?
10. *Política geral de compras*: Devemos atender às empresas que preferem fazer *leasing*? Contratos de serviços? Compra de sistemas? Propostas fechadas?
11. *Critérios de compra*: Devemos atender às empresas que estão procurando qualidade, serviço ou preço?

## FATORES SITUACIONAIS

12. *Urgência*: Devemos atender as empresas que precisam de entregas ou serviços rápidos e repentinos?
13. *Aplicação específica*: Devemos focar certas aplicações de nosso produto, em vez de todas?
14. *Tamanho de pedido*: Devemos focar grandes ou pequenos pedidos?

## CARACTERÍSTICAS PESSOAIS

15. *Similaridade entre comprador-vendedor*: Devemos atender às empresas cujo pessoal e valores sejam similares aos nossos?
16. *Atitudes em relação ao risco*: Devemos atender aos clientes que assumem ou que evitam riscos?
17. *Lealdade.* Devemos atender as empresas que mostram alta lealdade a seus fornecedores?

**Fonte:** Adaptado de BONOMA, Thomas V., SHAPIRO, Benson P. *Segmenting the industrial market*, 1983. Reimpresso com permissão de Benson P. Shapiro.

os requerem equipamentos que dependam de poucos serviços. Os laboratórios industriais necessitam de equipamentos que sejam altamente confiáveis e precisos.

Geralmente, as empresas industriais identificam segmentos através de um processo seqüencial de segmentação. Consideremos uma fábrica de alumínio:

Primeiro, essa fábrica empreendeu a macrossegmentação, consistindo em três etapas. [32] Definiu que mercado usuário final atender: automobilístico, construção residencial ou latas de bebidas. Ao escolher o mercado de construção residencial, precisava determinar a aplicação mais atraente do produto: materiais semi-acabados, componentes de construção ou casas móveis de alumínio. Ao decidir focar componentes de construção, considerou o melhor tamanho de cliente e optou em atender aos grandes compradores. A segunda etapa consistiu da microssegmentação. A empresa distinguiu entre clientes que compravam em função de preço, serviço ou qualidade. Em função da fábrica de alumínio possuir um perfil elevado em termos de serviços, decidiu concentrar no segmento de mercado que comprava com esta motivação.

O esquema de segmentação dessa fábrica de alumínio postula um benefício único, à medida que orienta a escolha do produto dentro de cada segmento. Todavia, os compradores industriais podem estar procurando "pacotes" de benefícios diferentes. Robertson e Barich

---

32. Veja WIND, Yoram, CARDOZO, Richard. Industrial market segmentation. *Industrial Marketing Management*, v. 3, p. 153-166, 1974; e HLAVACEK, James D., AMES, B. C. Segmenting industrial and high-tech markets. *Journal of Business Strategy*, p. 39-50, Fall 1986.

identificaram três segmentos industriais baseados em seu estágio no processo de decisão de compra: [33]

1. *Clientes potenciais*. São clientes que ainda não compraram da empresa. Desejam comprar de um vendedor ou empresa que conheça seu negócio, saiba orientá-los e seja digno de confiança.
2. *Clientes novos*. Aqueles que já compraram o produto. Desejam manuais bem redigidos, linhas "quentes" para tirar dúvidas, alto nível de treinamento e vendedores que dominem o produto.
3. *Clientes sofisticados*. Estes desejam rapidez em manutenção e consertos, produtos customizados e alto apoio técnico.

Robertson e Barich sugerem que esses segmentos podem ter preferências diferentes de canais. Por exemplo, os clientes potenciais preferem lidar com um vendedor da empresa, em vez de dependerem de catálogos enviados por mala direta que fornecem poucas informações. Mas, à medida que o mercado amadurece, mais compradores se tornam sofisticados e podem preferir canais diferentes. Entretanto, as empresas que se comprometem com os canais que foram eficazes no estágio inicial do mercado perderão flexibilidade em manter e satisfazer os clientes sofisticados.

Rangan, Moriarty e Swartz estudaram o mercado de um produto tipo *commodity* para testar a ocorrência normal de dois segmentos de negócio: compradores que preferem um preço baixo e poucos serviços e compradores que estão dispostos a pagar um preço maior por mais serviços. [34] Para sua surpresa, constataram quatro segmentos de negócios:

1. *Compradores programados*. Estes vêem o produto como não muito importante para suas operações. Compram-no como um item de rotina. Geralmente, pagam o preço pleno e recebem serviços abaixo da média. Está claro que este é um segmento altamente rentável para o vendedor.
2. *Compradores de relacionamento*. Consideram o produto como moderadamente importante e são conhecedores das ofertas concorrentes. Obtêm um pequeno desconto e serviços modestos e preferem manter o fornecedor, conquanto que seu preço não esteja muito desalinhado. Representam o segundo grupo mais rentável para o vendedor.
3. *Compradores de transação*. Estes vêem o produto como muito importante para suas operações. São sensíveis a preço e serviços. Obtêm 10% de desconto e recebem serviços acima da média. São conhecedores das ofertas concorrentes e estão prontos a

mudar para um preço melhor, mesmo com o sacrifício de alguns serviços.
4. *Caçadores de barganha*. Estes compradores vêem o produto como muito importante e demandam descontos maiores e maior volume de serviços. Conhecem os fornecedores alternativos, barganham bastante e estão preparados para mudar com a menor insatisfação. A empresa precisa destes compradores para vendas volumosas, mas eles não são muito rentáveis.

Este esquema de segmentação pode ajudar uma empresa de um setor industrial que trabalha com *commodity* a fazer um melhor trabalho. Possibilita a ela identificar onde aplicar aumentos e reduções de preços e serviços, uma vez que cada segmento reagiria diferentemente. [35]

Finalmente, ao se tentar desenvolver um esquema de segmentação eficaz, é importante reconhecer que muitos compradores não podem ficar isolados em apenas um segmento. Muitos deles fazem compras cruzadas. Consideremos alguém que compra um terno caro na loja Bill Blass, mas que também adquire roupas íntimas na rede de varejo Wal-Mart. Ou o consumidor habituado a comprar os congelados Healthy Choice baratos, acompanhados do caro sorvete Ben & Jerry's para sobremesa. É perigoso interpretar o segmento de um consumidor, observando apenas uma compra. A segmentação ignora o perfil completo do consumidor, que se torna claro apenas com o conhecimento de seu perfil individual.

## Requisitos para a segmentação eficaz

Como vimos, há muitas maneiras para segmentar um mercado. Entretanto, nem todas as segmentações são eficazes. Por exemplo, os compradores de sal de cozinha podem ser divididos em consumidores loiros e morenos. Contudo, a cor do cabelo não é relevante para a compra de sal. Além disso, se todos os compradores adquirissem a mesma quantidade mensal de sal, não havendo produtos diferentes, e desejassem pagar o mesmo preço, esse mercado seria pouco segmentável de um ponto de vista de marketing.

Para serem úteis, os segmentos de mercado devem ser:

- *Mensuráveis*. O tamanho, poder de compra e características dos segmentos podem ser mensuráveis.
- *Substanciais*. Os segmentos são grandes e rentáveis o suficiente para serem atendidos. Um segmento

33. ROBERTSON, Thomas S., BARICH, Howard. A successful approach to segmenting industrial markets. *Planning Forum*, p. 5-11, Nov./Dec. 1992.
34. RANGAN, V. Kasturi, MORIARTY, Rowland T., SWARTZ, Gordon S. Segmenting customers in mature industrial markets. *Journal of Marketing*, p. 72-82, Oct. 1992.
35. Para outra abordagem interessante sobre a segmentação do mercado industrial, veja BERRIGAN, John, FINKBEINER, Carl. *Segmentation marketing*: new methods for capturing business. New York : Harper Business, 1992.

deve ser o mais homogêneo possível para justificar a adoção de um programa de marketing sob medida. Por exemplo, não valeria a pena para um fabricante de automóveis desenvolver carros para pessoas com menos de 1,25 m de altura.

- *Acessíveis.* Os segmentos podem ser eficazmente atingidos e atendidos.
- *Diferenciáveis.* Os segmentos são conceitualmente distinguíveis e respondem diferentemente a diferentes elementos do composto de marketing e a programas de marketing. Se mulheres casadas ou descasadas responderem igualmente a uma venda de casacos de pele, não constituem segmentos separados.
- *Acionáveis.* Programas eficazes podem ser formulados para atrair e atender aos segmentos.

## MERCADO-ALVO

Após a empresa ter identificado suas oportunidades de segmentos de mercado, ela precisa avaliar os vários segmentos e decidir quantos e quais deles visar. Agora, examinaremos o processo de avaliação e seleção de segmentos de mercado.

## Avaliação de segmentos de mercado

Ao avaliar diferentes segmentos de mercado, a empresa deve examinar dois fatores: a atratividade global do segmento e os objetivos e recursos da empresa. Primeiro, a empresa deve identificar se um segmento potencial possui as características que o tornam atraente, como tamanho, crescimento, rentabilidade, economia de escala, risco baixo e assim por diante. Mencionamos várias características desejáveis no Capítulo 3, em conexão com o modelo GE (veja a Figura 3.4). A este modelo, devemos acrescentar outras considerações. Por exemplo, qual será a facilidade de persuadir os membros do segmento a mudar de marca? (A empresa deve evitar atingir os clientes leais a outras marcas ou os compradores inclinados às promoções; ao contrário, deve procurar os compradores insatisfeitos e os não muito leais à marca.) Qual o volume de compra dos consumidores? (A empresa deve visar os grandes compradores da categoria, com chances de se tornarem leais e influenciarem outros.)

Segundo, a empresa deve considerar se faz sentido investir no segmento, dados os objetivos e os recursos da empresa. Alguns segmentos atraentes podem ser dispensados porque não atendem aos objetivos a longo prazo da empresa. Mesmo se o segmento estiver adequado aos objetivos da empresa, ela deve considerar se possui as experiências e os recursos necessários para ser bem-sucedida no mesmo. O segmento deve ser descartado se a empresa não possuir uma ou algumas competências necessárias e não está em posição de adquiri-las. Mais ainda, se a empresa possuir essas competências, precisa desenvolver alguns vantagens superiores. Deve entrar apenas em segmentos de mercado em que pode oferecer valor superior.

## Seleção de segmentos de mercado

Após avaliar os diferentes segmentos, a empresa deve decidir quais e quantos deles atender. Em outras palavras, deve decidir que segmentos *visar*. A empresa pode considerar os cinco padrões de seleção de mercado-alvo mostrados na Figura 9.5.

CONCENTRAÇÃO EM SEGMENTO ÚNICO. No caso mais simples, a empresa seleciona um único mercado. A Volkswagen concentra no mercado de carros pequenos e a editora Richard D. Irwin no mercado de livros-textos para economia e administração de empresas. Através de marketing concentrado, a empresa alcança uma forte posição de mercado no segmento em que possui mais conhecimento de suas necessidades e obtém reputação especial. Além disso, desfruta de economia de escala pela especialização em produção, distribuição e promoção. Se conquistar liderança no segmento, pode obter alto retorno sobre seu investimento.

Entretanto, marketing concentrado envolve riscos além dos normais. Um segmento de mercado específico pode não ser mais atraente. Por exemplo, quando as mulheres jovens, repentinamente, pararam de comprar roupas esportivas, os lucros da Bobbie Brooks caíram rapidamente. Pode ocorrer também um concorrente invadir o segmento. Por estas razões, muitas empresas preferem operar em mais de um segmento.

ESPECIALIZAÇÃO SELETIVA. Neste caso, a empresa seleciona alguns segmentos, todos eles devidamente atraentes e apropriados, conforme os recursos e objetivos definidos. Pode haver pouca ou nenhuma sinergia entre os segmentos, mas cada um deles promete ser fonte de lucro. Esta estratégia de cobertura de multissegmentos tem a vantagem de diversificar o risco da empresa. Mesmo se um segmento tornar-se não atraente, a empresa pode continuar ganhando dinheiro nos outros segmentos.

A especialização seletiva está tornando-se muito popular junto às redes de rádio que desejam atrair tanto os ouvintes mais jovens quanto os mais velhos (possibilitando, assim, cobertura mais ampla para os anunciantes). São duas estações diferentes atuando no mesmo mercado. Por exemplo, a Emmis Broadcasting possui a emissora KISS-FM de New York, que transmite músicas lentas e *blues* para atrair os ouvintes mais velhos, e a WQHT-FM ("Faixa quente 97") que toca *hip-hop* (música urbana) para os ouvintes abaixo de 25 anos de idade.[36]

---

36. BRANDES, Wendy. Advertising: black-oriented radio tunes into narrower segments. *The Wall Street Journal*, 13 Feb. 1995, p. B5:1.

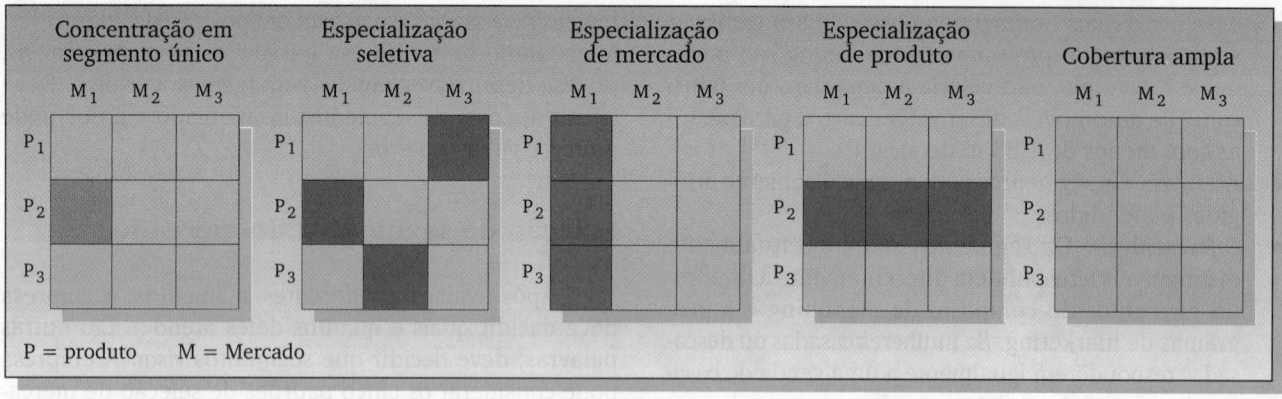

**Fonte:** Adaptado de ABELL, Derem F. *Definição do negócio*: o ponto de partida para o planejamento estratégico. São Paulo : Atlas, 1990. Cap. 8.

**Figura 9.5** *Cinco padrões de seleção de mercados-alvo.*

**ESPECIALIZAÇÃO POR PRODUTO.** Aqui, a empresa concentra-se na fabricação de um produto vendido a diversos segmentos. Um exemplo seria um fabricante de microscópios que os vende a laboratórios universitários, públicos e industriais. A empresa fabrica microscópios diferentes para estes grupos de clientes, mas evita fabricar outros instrumentos usados por laboratórios. Por meio dessa estratégia, a empresa desenvolve forte reputação na área específica do produto. Haveria risco se os microscópios fossem suplantados por uma tecnologia totalmente nova.

**ESPECIALIZAÇÃO POR MERCADO.** Aqui, a empresa concentra-se em atender a muitas necessidades de um grupo específico de consumidores. Podemos citar como exemplo uma empresa que vende um sortimento de produtos para laboratórios universitários, incluindo microscópios, osciloscópios, bicos de Bunsen e tubos de vácuo. A empresa obtém maior reputação ao especializar-se no atendimento deste grupo de clientes, tornando-se um canal para todos os novos produtos que forem lançados. Há o risco dos laboratórios universitários, repentinamente, sofrerem corte de orçamento e reduzirem suas compras.

**COBERTURA AMPLA DE MERCADO.** Neste caso, a empresa tenta atender a todos os grupos de consumidores com todos produtos que possam necessitar. Apenas as grandes empresas podem adotar uma estratégia de cobertura ampla de mercado. Citamos como exemplos a IBM (mercado de computadores), General Motors (mercado de veículos) e Coca-Cola (mercado de bebidas).

AS grandes empresas podem cobrir um mercado amplo de duas maneiras: através de marketing indiferenciado ou de marketing diferenciado.

**Marketing indiferenciado.** A empresa pode ignorar as diferenças de segmentos de mercado e procurar o mercado amplo com apenas uma oferta. [37] Ela foca as necessidades dos compradores, em vez de as diferenças entre eles. Desenvolve um produto e um programa de marketing que atrairá um número mais amplo de compradores. Confia na distribuição e na propaganda de massa. Procura dotar o produto com uma imagem superior nas mentes dos consumidores. Um exemplo de marketing indiferenciado é a Coca-Cola, que no início oferecia apenas uma bebida, em um só tamanho de garrafa e com um único sabor. Um exemplo atual no Japão é o popular *fukubukoro* ("pacote surpresa"), que contém bens variados, comprados pelas pessoas porque acreditam na afirmação do gerente da loja de que o conteúdo é uma boa oferta pelo preço cobrado. [38]

Freqüentemente, marketing indiferenciado é visto como "a contrapartida de marketing à padronização e produção em massa". [39] A linha estreita de produtos mantém os custos de produção, estocagem e transporte baixos. O programa de propaganda indiferenciado mantém os custos de divulgação baixos. A ausência de pesquisa e de planejamento de segmentos reduz os custos de marketing e de administração de produto. Provavelmente, a empresa pode transformar suas reduções de custos em preços menores para conquistar o segmento de mercado sensível a preço. Provavelmente, a empresa pode transformar suas reduções de custos em preços menores para conquistar o segmento de mercado sensível a preço.

Todavia, muitas empresas têm levantado fortes dúvidas sobre essa estratégia. Gardner e Levy, embora reconhecendo que "algumas marcas tenham alcançado reputações significativas por se ajustarem a uma ampla variedade de pessoas", notaram que "não é fácil para uma marca atrair compradores estáveis da classe média

37. Veja SMITH, Wendell R. Product differentiation and market segmentation as alternative marketing strategies. *Journal of Marketing,* p. 3-8, July 1956; e ROBERTS, Allan A. Applying the strategy of market segmentation. *Business Horizons,* p. 65-72, Fall 1961.
38. SHIMIZU, Norihiko. Bacon and eggs, hold the eggs. *Tokyo Business,* p. 35, Sept. 1994.
39. SMITH. Product differentiation. p. 4

baixa e, ao mesmo tempo, conquistar o interesse de compradores intelectualizados e sofisticados da classe média alta... Raramente é possível que um produto ou marca atenda às necessidades de todas as pessoas."[40] Isto é verdadeiro, mesmo para produtos aparentemente simples como ferraduras de cavalos e cravos para as mesmas. Há mais de 600 tipos de ferraduras e 50 de cravos.[41]

Quando vários concorrentes praticam marketing indiferenciado, o resultado é uma competição intensa nos segmentos de mercado maiores e insatisfação naqueles menores. Kuehn e Day têm denominado esta tendência de ir atrás do maior segmento de mercado de "falácia da maioria".[42] O reconhecimento dessa falácia tem levado as empresas a aumentar seu interesse em entrar em segmentos de mercado menores que, normalmente, são negligenciados.

**Marketing diferenciado.** Neste caso, a empresa opera em diversos segmentos de mercado e desenvolve diferentes programas para cada segmento. A General Motors faz isto quando afirma que produz um carro para cada "bolso, propósito e personalidade" A IBM oferece muitos equipamentos e *softwares* para diferentes segmentos do mercado de computadores. Consideremos os casos da American Drug e da Edison Brothers:

**AMERICAN DRUG** Rede número dois das *drugstores* norte-americanas, A American Drug está adotando uma estratégia de marketing diferenciado. Sua equipe de marketing avalia os padrões de compra de centenas de lojas Osco e Sav-on Drug, mercado a mercado. Usando grande volume de dados obtidos por *scaners* e muitas outras ferramentas, a empresa tem condições de oferecer um composto de produtos ajustado às lojas, reformar seus *layouts* e refocar os esforços de marketing para ficar melhor alinhada à demanda real dos consumidores. Dependendo de suas características demográficas, cada loja oferece tipos e quantidades de produtos diferentes, nas categorias de ferragens, materiais elétricos, suprimentos automotivos, equipamentos de cozinha, medicamentos vendidos sem receita médica, bens de conveniência e assim por diante. "Temos vários lojas localizadas em mercados urbanos, por exemplo, onde afro-americanos ou hispânicos representam 85 a 95% de nossos consumidores. Suas preferências e motivações de compra podem ser muito diferentes de outros mercados urbanos... Nossas lojas estão agora começando a refletir essas diferenças, afirma o diretor de vendas e marketing da rede.[43]

**EDISON BROTHERS** Esta grande organização de varejo opera 900 lojas de calçados, divididas em quatro categorias de rede, cada uma atraindo um segmento de mercado diferente. A Chandler's vende calçados mais caros e sofisticados. A Baker's vende calçados de preços moderados. A Burt's vende para compradores com orçamento limitado e a Wild Pair está orientada para consumidores que desejam calçados muito estilizados. Em três quarteirões da State Street, em Chicago, encontram-se a Chandler's, a Burt's e a Baker's. Colocar estas lojas próximas uma da outra não as prejudica porque são orientadas para segmentos diferentes do mercado de calçados femininos. Essa estratégia tornou a Edison Brothers a maior varejista de calçados femininos do país.

Tipicamente, marketing diferenciado cria maior volume de vendas do que marketing indiferenciado. Entretanto, também aumenta os custos do negócio. Provavelmente, os seguintes custos são maiores:

- *Custos de modificação do produto.* Modificar um produto para atender às exigências de segmentos de mercado diferentes, geralmente, envolve alguns custos de pesquisa e desenvolvimento, engenharia e/ou ferramentas especiais.
- *Custos de produção.* Geralmente, é mais caro produzir, por exemplo, dez unidades de dez produtos diferentes do que 100 unidades de um único produto. Quanto maior o tempo de ajuste de produção para cada produto e menor o volume de venda de cada um deles, mais caro ele se torna. Por outro lado, se cada modelo for vendido em volume suficientemente grande, os custos adicionais com o tempo de ajuste de produção pode ser muito pequeno por unidade.
- *Custos administrativos.* A empresa tem que desenvolver planos de marketing separados para cada segmento de mercado. Isto exige pesquisa de marketing, previsão, análise de vendas, promoção, planejamento e administração de canais extras.
- *Custos de estoque.* Custa mais administrar estoques contendo muitos produtos do que poucos produtos.
- *Custos de promoção.* A empresa tem que atingir segmentos de mercado diferentes com programas de promoção variados.

Uma vez que marketing diferenciado leva a maior volume e vendas e maiores custos, nada pode ser dito em relação à rentabilidade dessa estratégia. As empresas devem ser cautelosas sobre a supersegmentação de seu mercado. Se isso acontecer, elas podem desejar

40. GARDNER, Burleigh, LEVY, Sidney. The product and the brand. *Harvard Business Review,* p. 37, Mar./Apr. 1955.
41. FEFER, Mark D. Job tip: horses need shoes too. *Fortune,* p. 14-18, 27 Dec. 1993.
42. KUEHN, Alfred A., DAY, Ralph L. Strategy of product quality. *Harvard Business Review,* p. 101-102, Nov./Dec. 1962.
43. REDA, Susan. American drug stores custom-fits each market. *Stores,* p. 22-24, Sept. 1994.

retornar à contra-segmentação ou ampliar a base de consumidores.[44] Por exemplo, a Johnson & Johnson ampliou seu mercado-alvo ao dirigir seu xampu infantil para o público adulto. A Smith Kline Beecham lançou o creme dental Aquafresh para atrair, simultaneamente, três segmentos de beneficiários: aqueles que buscam hálito saudável, os que desejam dentes mais brancos e os que procuram proteção anticárie.

## Considerações adicionais para avaliação e seleção de segmentos

Quatro outras considerações devem ser levadas em consideração para a avaliação e a seleção de segmentos: escolha ética de alvos de mercado, inter-relacionamentos de segmentos e de supersegmentos, planos de invasão segmento a segmento e cooperação entre os segmentos.

ESCOLHA ÉTICA DE MERCADOS-ALVO. Às vezes, a escolha de mercados-alvo gera controvérsias.[45] O público fica preocupado quando as empresas levam vantagens injustas sobre grupos vulneráveis (como as crianças) ou que estão em desvantagem (como as pessoas mais pobres) ou promovem produtos potencialmente prejudiciais. Por exemplo, o setor de cereais para café da manhã foi duramente criticado por seus esforços de marketing dirigidos às crianças. Os críticos se preocupam com a propaganda sofisticada, em que apelos poderosos são apresentados pelas vozes de personagens afeiçoados que superam as defesas psicológicas das crianças. Estas são seduzidas a mastigar ruidosamente muitos cereais açucarados ou a comer alimentos mal balanceados. As empresas fabricantes de brinquedos e de outros produtos infantis têm sido similarmente criticadas.

As empresas de cigarros, cervejas e de *fast-food* (alimentação rápida) têm também gerado muita controvérsia em anos recentes por suas tentativas de atingir os consumidores minoritários das cidades. Por exemplo, o McDonald's e outras redes têm recebido críticas pelo alto teor de gordura dos alimentos e pelo preço alto que sobrecarrega consumidores de baixa renda, residentes em áreas urbanas. A R. J. Reynolds sofreu ataques vigorosos em 1990, quando anunciou planos para lançar a marca Uptown, cigarro mentolado destinado aos afro-americanos de baixa renda.

Nem todas as tentativas de atingir crianças, minorias ou outros segmentos especiais recebem tais críticas. Por exemplo, o creme dental Colgate Júnior, da Colgate-Palmolive, foi dotado de características especiais desenvolvidas para as crianças escovarem mais os dentes e com mais freqüência. A Golden Ribbon Playthings desenvolveu com sucesso uma boneca negra bastante aplaudida chamada Huggy Bean, destinada às minorias consumidoras, conectando-as com suas heranças africanas.

Assim, na determinação de alvos de mercado, o problema não é *quem* deve ser o alvo, mas *como* e *por que* atingi-lo. Marketing socialmente responsável alerta para a segmentação e a definição de alvo que atenda não apenas aos interesses da empresa, mas também aos interesses das pessoas envolvidas no mercado-alvo.[46]

INTER-RELACIONAMENTOS DE SEGMENTOS E DE SUPERSEGMENTOS. Ao selecionar mais de um segmento para ser atendido, a empresa deve prestar muita atenção aos inter-relacionamentos de segmentos em termos de custos, desempenho e tecnologia. Uma empresa que possui custos fixos como equipes de vendas, lojas etc., acrescentará produtos para absorver e dividir estes custos. Assim, uma força de vendas receberá produtos adicionais para vender e uma loja de *fast-food* oferecerá pratos adicionais. Isso representa uma busca de economia de escopo, que pode ser tão importante quanto a economia de escala.

As empresas devem também identificar e tentar operar em supersegmentos, em vez de em segmentos isolados. *Supersegmento* é um conjunto de segmentos que compartilha de algumas similaridades exploráveis. Por exemplo, o creme dental Aquafresh é destinado a um supersegmento que deseja três benefícios em um (proteção anticárie, dentes mais brancos e hálito saudável). Uma empresa, sempre que possível, deveria visar supersegmentos; de outra maneira, pode ficar em desvantagem competitiva em relação às empresas que já estejam ocupando os mesmos.

PLANOS DE INVASÃO SEGMENTO A SEGMENTO. Mesmo se a empresa planeja atingir um supersegmento, ela deve entrar em um segmento por vez para ocultar seu grande plano. Os concorrentes não devem saber em qual(is) segmento(s) a empresa se movimentará a seguir. Essa necessidade de invadir segmento a segmento é ilustrada na Figura 9.6. Três empresas, A, B e C especializaram-se em adaptar sistemas de computadores às necessidades de linhas aéreas, ferrovias e transportadoras de cargas. A empresa A especializou-se em atender a todas as necessidades de informática das linhas aéreas. A empresa B especializou-se em vender grandes sistemas de computadores para todos os três setores de transporte. Recentemente, a empresa C entrou nesse mercado e especializou-se na venda de microcomputadores para as

44. RESNIK, Alan J., TURNEY, Peter B. B., MASON, J. Barry. Marketers turn to "countersegmentation". *Harvard Business Review,* p. 100-106, Sept./Oct. 1979.
45. Veja MACCHIETTE, Bart, ABHIJIT, Roy. Sensitive groups and social issues. *Journal of Consumer Marketing,* 11, n. 4, p. 55-64, 1994.
46. Veja SELLING sin to blacks. *Fortune,* p. 100, 21 Oct. 1991; MOORE, Martha T. Putting on a fresh face. *USA Today,* p. B1, B2, 3 Jan. 1992; GAITER, Dorothy J. Black-owned firms are catching an afrocentric wave. *The Wall Street Journal,* 8 Jan. 1992, p. B:2; e MALLORY, Maria. Working up to a major market. *Business Week,* p. 70-73, 23 Mar. 1992.

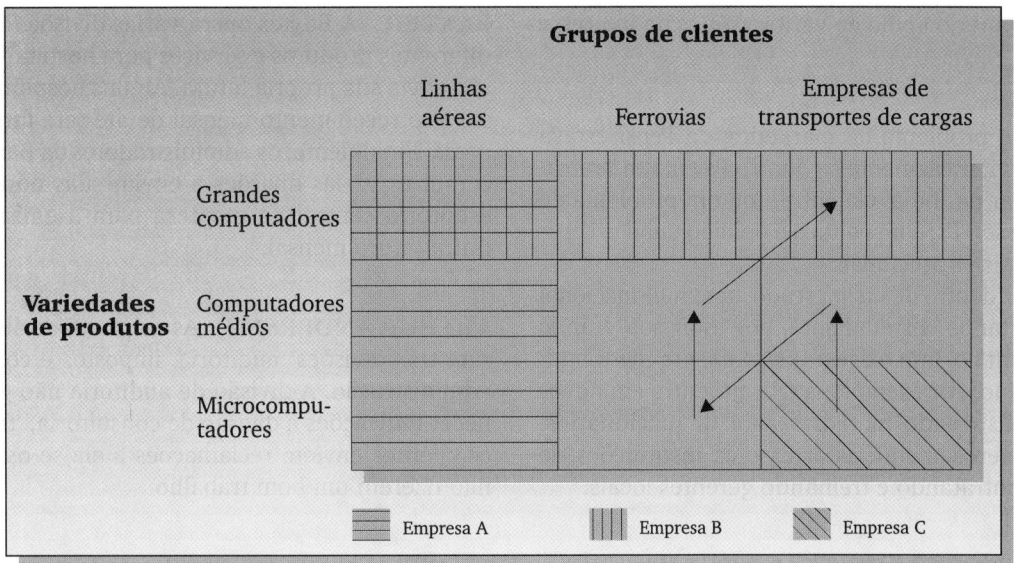

**Figura 9.6**   *Plano de invasão segmento a segmento.*

empresas de transporte de cargas. O problema é: Para onde a empresa C deve mover-se a seguir? As setas foram acrescentadas no gráfico para mostrar a seqüência planejada das invasões de segmentos de mercado desconhecida pelos concorrentes da empresa C. A seguir, a empresa C oferece computadores de médio porte para as empresas de transporte de cargas; assim, para atenuar a preocupação da empresa B sobre seu negócio de grandes computadores vendidos para as empresas de transporte de cargas, a empresa C passa a oferecer microcomputadores sob medida para as ferrovias. Depois, ela oferecerá computadores médios para as mesmas ferrovias. Finalmente, lança um ataque amplo sobre a posição da empresa B que vende grandes computadores para as empresas de transporte de carga. Sem dúvida, sua seqüência planejada é temporária porque depende muito dos movimentos dos concorrentes no decorrer do tempo.

Infelizmente, muitas empresas falham ao desenvolver um plano de invasão a longo prazo, em que têm que assinalar a seqüência e o momento das entradas nos segmentos de mercado. A Pepsi-Cola é uma exceção. Seu ataque sobre a Coca-Cola foi pensado em termos de um grande plano, primeiro, atacando sua rival no mercado de supermercados, depois no de máquinas automáticas de venda, a seguir, no de lojas de *fast-food* e assim por diante. As empresas japonesas estão também preparando sua seqüência de invasão. Primeiro, colocaram um pé no mercado para depois introduzir novos produtos à medida que os anteriores eram bem-sucedidos. Por exemplo, a Toyota começou a lançar carros pequenos no mercado (por exemplo, Tercel e Corolla), depois, passaram a carros médios (Camry e Cressida) e, finalmente, carros de luxo (Lexus). Geralmente, as empresas norte-americanas temem quando uma empresa japonesa entra no mercado porque sabem que elas não param no primeiro segmento, mas irão usá-lo como plataforma de lançamento para invasões sucessivas.

Os planos de invasão de uma empresa podem ser frustrados quando ela se confronta com mercados bloqueados. Assim, o invasor deve descobrir uma forma de romper o mercado bloqueado. O problema de entrar em *mercados bloqueados* pode ser resolvido com uma abordagem de megamarketing.

**MEGAMARKETING é a coordenação estratégica de habilidades econômicas, psicológicas, políticas e de relações públicas para a obtenção da cooperação das várias partes envolvidas, possibilitando a entrada e/ou operação em determinado mercado.**

A Pepsi usou megamarketing para entrar no mercado indiano:

**PEPSICO**   Após a Coca-Cola ser solicitada a deixar a Índia, a Pepsi começou a definir planos para entrar nesse imenso mercado. Trabalhou junto à instituições empresariais do país para obter aprovação governamental para sua entrada no mercado e superar as objeções das empresas de refrigerantes locais e da legislação antimultinacional. A Pepsi encontrou uma solução ao fazer uma oferta que, dificilmente, o governo indiano iria recusar. Ofereceu-se para ajudar o país a exportar alguns de seus produtos agrícolas em um volume que seria superior ao custo de importar o concentrado de seu refrigerante. Também prometeu focar considerável esforço de venda nas áreas rurais para ajudar seu desenvolvimento econômico. A seguir, a Pepsi prometeu transferir tecnologia em processamento e embalamento de alimentos e em tratamento d'água à Índia. Claramente, sua estratégia era oferecer um "pacote" de benefícios que viesse a obter o apoio de vários grupos de interesse desse país.

Assim, o problema de marketing da Pepsi estava além de operar eficazmente os quatro Ps em um mercado. Para entrar na Índia, ela enfrentou um problema de marketing de seis Ps, com política e opinião pública constituindo os dois Ps adicionais.

Uma vez dentro de um mercado, uma multinacional deve comportar-se corretamente, por estar sob grande julgamento crítico. Isso exige *posicionamento cívico* muito bem definido. Por exemplo, a Olivetti entra em novos mercados construindo moradias para os funcionários, apoiando generosamente as artes e as instituições de caridade e contratando e treinando gerentes locais. [47]

**COOPERAÇÃO ENTRE SEGMENTOS.** A melhor forma de administrar segmentos é indicar gerentes de segmentos com autoridade e responsabilidade suficientes. Ao mesmo tempo, os gerentes de segmentos não devem ficar tão focados nos mesmos, deixando de obter a cooperação de outras pessoas da empresa para melhorar o desempenho global da organização. Consideremos as seguintes situações que exigem a cooperação interdepartamental:

**BAXTER**    A Baxter opera várias divisões que vendem diferentes produtos e serviços para hospitais. Cada divisão envia sua própria fatura. Alguns hospitais reclamam sobre o recebimento mensal de até sete faturas da empresa. Finalmente, os administradores da Baxter convenceram as várias divisões a enviar suas notas fiscais ao escritório central da empresa para a emissão de uma única fatura mensal.

**ARTHUR ANDERSEN**    As empresas de auditoria operam três divisões: auditoria, impostos e consultoria de administração. A divisão de auditoria não gosta de fornecer indicações à divisão de consultoria, temendo que os clientes enviem reclamações a ela se os consultores não fizerem um bom trabalho.

**CHASE**    Como a maioria dos bancos, o Chase, originalmente, mantinha registros dos clientes separados por departamento – empréstimos, depósitos, caução e assim por diante. Assim, era difícil para um gerente conhecer a atividade global de um cliente de uma agência. Finalmente, os gerentes dos vários departamentos concordaram em trabalhar com especialistas em contabilidade e sistemas de informações para desenvolver um sistema integrado de informações de clientes.

## RESUMO

1.  Para escolher seus mercados e atendê-los, as empresas devem visar seus mercados. Marketing de alvo envolve três atividades: segmentação de mercado, mercado-alvo e posicionamento de mercado.
    Em razão da proliferação de mídias de propaganda e canais de distribuição estar dificultando a prática de marketing de massa pelas empresas, elas estão, crescentemente, adotando micromarketing em quatro níveis: segmentos, nichos, áreas locais e indivíduos. *Segmentos de mercado* são grandes grupos indentificáveis em um mercado. *Nicho* é um grupo muito bem definido, geralmente identificado ao se dividir um segmento em subsegmentos ou ao se definir um grupo com um conjunto de traços distintos que pode buscar uma combinação especial de benefícios. Em nível local, as empresas estão customizando suas campanhas para áreas comerciais, vizinhanças e até para lojas individuais. Em nível individual, as empresas estão praticando customização individual e em massa. É provável que no futuro teremos mais *automarketing*, forma de marketing individual em que os consumidores individuais assu-

mem maior responsabilidade em determinar que produtos e marcas comprar.
2.  Há duas bases para a segmentação de mercados consumidores: as características dos consumidores e as respostas dos consumidores. As principais variáveis de segmentação para os mercados consumidores são geográficas (país, estado, região, cidade, bairro), demográficas (idade, tamanho da família, ciclo de vida da família, sexo, renda, ocupação, formação educacional, religião, raça, geração, nacionalidade, classe social), psicográficas (estilos de vida, personalidade) e comportamentais (ocasiões, benefícios, *status* de usuário, *status* de lealdade, estágio de aptidão de compra, atitude). Estas variáveis podem ser usadas isoladamente ou em combinação. As empresas de bens industriais também usam todas estas variáveis, acompanhadas de variáveis operacionais, abordagens de compra e fatores situacionais. Para serem úteis, os segmentos de mercado devem ser mensuráveis, substanciais, acessíveis, diferenciáveis e acionáveis.

47.  Veja KOTLER, Philip. Megamarketing. *Harvard Business Review,* p. 117-124, Mar./Apr. 1986.

3. Após uma empresa ter identificado suas oportunidades de mercado, ela avalia os vários segmentos e decide como e em quantos deles entrar. Ao avaliar os segmentos, deve observar os indicadores de atratividade do segmento e seus objetivos e recursos. Ao escolher que segmentos visar, a empresa pode escolher focar em um único segmento, um produto ou um mercado específico ou todo o mercado. Se decidir servir todo o mercado, deve escolher entre a adoção de marketing indiferenciado e marketing diferenciado. Tipicamente, marketing diferenciado cria maior receita total de vendas do que marketing indiferenciado, mas também aumenta os custos de fazer negócios.

4. As empresas devem escolher mercados-alvos de maneira socialmente responsável. O problema não é que mercado visar, mas como e por quê. Elas devem monitorar os inter-relacionamentos de segmentos, buscar economia de escopo e o potencial para vender a supersegmentos. Devem desenvolver planos de invasão segmento a segmento, entrando em um segmento por vez, preparando o grande plano. Finalmente, os gerentes de segmentos de mercado devem estar preparados para cooperar no interesse do desempenho global da empresa.

## APLICAÇÕES CONCEITUAIS

1. Duas líderes suíças da indústria de relógios no início dos anos 80 eram a SSIH, que fabricava a marca Omega e a ASUAG, que produzia as marcas Rado e Longines. À medida que a década foi passando, ambas as empresas encontraram-se em dificuldades. A Omega havia-se tornado uma marca altamente diluída, enquanto a ASUAG cometia vários pequenos erros gerenciais. Além disso, o mercado estava sendo invadido pelos relógios de quartzo japoneses, desenvolvimento este que os suíços resolveram ignorar. Os bancos suíços mantiveram a indústria viva, permitindo a fusão destas duas empresas, formando a SMH. A SMH decidiu segmentar o mercado em três áreas distintas: popular, intermediário e sofisticado. Sugira o tipo de relógio que pode atrair cada segmento. Em que segmento a famosa marca Swatch está situada?

2. Durante muitos anos, se você quisesse uma Coca, teria apenas uma escolha: um refrigerante de 180 ml disponível na famosa garrafa de fundo verde. Até o início dos anos 80, a Coca-Cola não permitia seu nome associado a qualquer outro produto. Considerando a embalagem e a bebida, quantos tipos diferentes de Coca estão agora disponíveis? Que outras marcas de refrigerantes a empresa está vendendo agora? Que tipos de produtos não-refrigerantes estão agora sendo vendidos pela Coca-Cola?

3. A Nestlé Company está considerando introduzir sua marca de café na Tailândia. A pesquisa de mercado revelou as seguintes informações sobre a sociedade e a cultura locais: As pessoas que ficam presas nos congestionamentos de tráfego de suas áreas urbanas sofrem níveis elevados de estresse. Freqüentemente, a temperatura do país está acima de 27° Celsius. Dadas estas informações, a Nestlé deve usar sua propaganda tradicional promovendo as propriedades de sabor, aroma e estimulante do café ou deve escolher outros fatores?

4. Sugira uma forma útil de segmentar os mercados dos seguintes produtos?
   a. Sabão em pó Omo
   b. Alimentos para animais
   c. Café em embalagem especial
   d. Pneus de automóveis

5. Um fabricante de relógios reconhece que está, basicamente, no negócio de medição do tempo. Deseja segmentar o mercado de medição do tempo para identificar novas oportunidades. Identifique os principais segmentos desse mercado.

6. A segmentação psicográfica tenta dividir os compradores em grupos baseados em estilos de vida e/ou personalidades. O uso de características psicográficas pode ajudar as empresas a ajustar seus compostos de marketing para visar determinados grupos. A lista a seguir é um exemplo de atividades, interesses e opiniões (AIOs) associados com os comportamentos de compra de usuários e não- usuários de munição para armas. Examine os AIOs e tente determinar quais estão associados com os grandes usuários de munição e quais estão associados com os não-usuários:
   a. Gosto de pescar
   b. Gosto de perigo
   c. Gostaria de trabalhar na polícia
   d. Gosto de caçar
   e. Há muita violência na televisão
   f. Gosto de jogar pôquer
   g. Gosto da vida ao ar livre
   h. Gosto de comer
   i. Deve haver uma arma em cada casa
   j. Gostaria de ser jogador de futebol profissional
   k. Gosto de estórias de guerra

l.  Gosto de trabalhar na rua
m.  Eu lutaria com os punhos melhor do que a média
n.  Leio o jornal diariamente
o.  Se houvesse chance, a maioria dos homens enganaria suas esposas

7. Normalmente, um monopolista não encontraria vantagem em segmentar o mercado. Dê três outros exemplos em que a segmentação não seria alternativa viável para uma empresa.

8. Você trabalha para uma empresa de pesquisa de marketing especializada no desenvolvimento de segmentos de mercado novos e inovadores. A empresa Prudential Insurance procurou sua organização porque está interessada em desenvolver novas abordagens de segmentação para a área de seguros. Tradicionalmente, o seguro de vida tem sido uma decisão dominada pelo marido. Entretanto, a decisão de comprar seguro de vida está tornando-se cada vez mais do casal. A Prudential deseja saber como sua divisão de seguro de vida pode usar estilos de vida para entender o comportamento do comprador na tomada de decisão envolvendo marido e mulher. Dê algumas categorias de estilos de vida que a Prudential pode visar como segurados potenciais.

9. Para cada uma das seguintes categorias de produtos, escolha um produto específico. Nomeie: (1) a marca, (2) o tamanho, (3) o fabricante e (4) a estratégia de segmentação de mercado/posicionamento. Em cada caso, por que você acha que o fabricante decidiu visar esse segmento de mercado específico? Como cada estratégia de segmentação de produto torna-se óbvia a partir de sua embalagem ou promoção?
a.  Cereal para café da manhã
b.  Lenço umidificante para o rosto
c.  Sabão em barra
d.  Creme dental
e.  Ração para cães
f.  Sabão em pó para máquina de lavar

10. Avalie os prós e os contras de marketing regionalizado ou da segmentação de mercados em base geográfica. Que impacto o uso de marketing regionalizado pode ter sobre as empresas?

**PARTE III**

# DESENVOLVIMENTO DE ESTRATÉGIAS DE MARKETING

# 10 Diferenciação e Posicionamento da Oferta de Mercado

*Você nunca deve entrar em uma batalha antes de vencer a guerra.*

ANÔNIMO

*Todos os homens podem ver as táticas pelas quais faço minhas conquistas, mas o que ninguém pode ver é a estratégia que está por trás das vitórias.*

ANÔNIMO

Em um setor industrial conhecido pela competição intensa, como uma pequena empresa enfrenta as grandes líderes? Uma resposta: diferenciando seu produto e serviço e evitando concorrência direta. Consideremos o caso da Southwest Airlines, que se tornou especialista em evitar o confronto direto com as grandes linhas aé-}reas como a United e a American:

**SOUTHWEST AIRLINES** A diferenciação tem sido a chave da rentabilidade da Southwest há duas décadas. Esta pequena linha aérea de Dallas ocupou o nicho de vôos de curta distância com preços baixos e serviço de bordo mínimo. Começando em 1973 com três Boeings 737, conectando três cidades do Texas, a empresa havia ampliado em 1993 sua frota para 157 aeronaves, unindo 37 cidades, com um faturamento anual de $ 2 bilhões. Voando a partir de aeroportos menores e evitando os congestionamentos dos grandes terminais aéreos, ela evita a concorrência direta de outras linhas aéreas. Por exemplo, na Califórnia, opera entre Oakland e Burbank, em vez de São Francisco e Los Angeles. Ao oferecer vôos de curta duração ponto a ponto a preços razoáveis, tem condições de contratar pilotos habituados a essas rotas de curta distância. Ela é consistente em manter suas tarifas baixas porque opera apenas um tipo de avião, o 737, eliminando, assim, despesas de manutenção de diferentes tipos de aeronaves, oferecendo o mínimo em termos de serviço de bordo: um pacote de amendoim é tudo o que você recebe quando embarca. Como resultado, a Southwest pode cobrar por passagei-ro/milha 6,8 centavos, enquanto a American cobra 8,8 e a United 9,6.[1]

A Southwest oferece vôos mais baratos, e "mais barato" é uma das maneiras mais amplas de uma empresa diferenciar sua oferta. A empresa pode também criar valor ao oferecer algo que seja melhor, mais novo ou mais rápido. "Melhor" significa que a oferta da empresa supera as ofertas de suas rivais; geralmente, envolve melhoria de um produto existente. "Mais novo" significa desenvolver uma solução que não existia antes; geralmente, envolve risco maior do que uma simples melhoria, mas também proporciona ganhos maiores. "Mais rápido" significa reduzir o tempo de desempenho ou de entrega envolvido no uso ou compra de um produto ou serviço.

As empresas que diferenciam sua oferta limitando-se apenas a cortar custos e preço podem estar cometendo um erro, por diversas razões. Primeiro, os produtos "mais baratos" são vistos, freqüentemente, como de qualidade inferior. Segundo, a empresa pode reduzir os serviços para manter o preço baixo, e esta ação pode afastar os compradores. Terceiro, um concorrente, geralmente, encontrará uma forma de produzir a custo menor e oferecer uma versão ainda mais barata. Se a empresa não distinguir sua oferta de qualquer outra maneira que não seja preço, será, totalmente, derrotada por sua concorrente.

A Southwest entende isso e essa é a razão porque não compete apenas em preço. Ao contrário, possui um

1. RIGLER, Gail C. Case study: Southwest Airlines. *Across the Board,* p. 56, March 1995; ATW awards twenty years of excellence... in short-haul airline service: Southwest Airlines. *Air Transport World,* p. 44-45, Feb. 1994; TEITELBAUM, Richard S. Keeping promises. *Fortune,* p. 32, 34, Autumn-Winter 1993; REYNOLDS, JR., Don. *Crackerjack positioning*: niche marketing strategy for the entrepreneur. Tulsa, OK : Atwood Publishing, 1993. p. 160-161.

dos melhores registros de pontualidade do setor porque não depende de aeroportos congestionados. Pela mesma razão, pode oferecer maior número de vôos – uma saída para os viajantes a negócio que têm suas agendas bastante ocupadas. Acima de tudo, a Southwest distingue-se como uma linha aérea "agradável" que quebra regras mas não rompe compromissos. Que outra linha aérea cujas aeronaves são pintadas com desenhos de Shamu, a baleia assassina, ou que tem um presidente que se veste como Elvis Presley e cumprimenta os passageiros? Que outra linha aérea traria o avião de volta à área de embarque para um passageiro que esqueceu o último aviso de embarque?

As empresas estão constantemente tentando diferenciar sua oferta de mercado ou "pacote" de valor dos concorrentes. Imaginam novos termos de garantia, recompensas especiais para usuários leais, novas conveniências e prazeres e assim por diante. Mesmo quando são bem-sucedidas, os concorrentes podem copiar seu "pacote" de valor. Como resultado, a maioria das vantagens competitivas permanece apenas a curto prazo. Todavia, as empresas precisam, constantemente, introduzir novas características e benefícios para ganhar a atenção e o interesse dos consumidores cheios de opções e inclinados a preços baixos. Consideremos o seguinte exemplo:

**VIRGIN AIR**  Há concorrência intensa entre duas linhas aéreas britânicas, a Virgin Air e a British Air. Richard Branson, que dirige a Virgin Air, é mestre em divulgar sua empresa. Alguns de seus vôos de Londres a Hong Kong levam a bordo um alfaiate ou uma esteticista de beleza. O alfaiate envia as medidas dos passageiros por fax a Hong Kong, de maneira que a roupa possa estar pronta quase no momento do desembarque. A esteticista oferece serviços de massagem e manicure. Em muitos vôos, as comissárias da Virgin servem sorvete durante os filmes. Também providenciam bolos de aniversário, champanhe para os recém-casados e anúncios de casamento durante o vôo. Os passageiros da primeira classe podem viajar para o aeroporto de Heathrow de motocicleta ou limusine.

A British Air (BA) deve competir com Branson usando os mesmos benefícios? Não, por duas razões. Primeiro, Branson é mais criativo. Segundo, a British Air tem reforçado muito uma imagem que não conflita com o estilo da Virgin. A BA precisa diferenciar sua linha aérea desenvolvendo benefícios mais fundamentais para seu mercado-alvo, e isto é o que vem fazendo. Por exemplo, oferece aos passageiros da primeira classe nos vôos longos o conforto que se aproxima de um quarto de dormir, incluindo pijamas e bancos que ficam na posição horizontal. Além disso, a BA oferece no aeroporto de Heathrow um local onde os passageiros que chegam de viagem podem tomar banho, passar roupa e tomar café da manhã antes de irem para o centro de Londres. Muitos viajantes a negócios percebem esses benefícios mais substanciais do que os oferecidos pela Virgin Air.

A Sony é bom exemplo de empresa que, constantemente, apresenta novos benefícios para seus consumidores. Assim que ela desenvolve um novo produto, constitui três equipes que são orientadas para ver o novo produto como se fosse de um concorrente. A primeira equipe examina as pequenas melhorias, a segunda, as grandes, e a terceira pensa em meios de tornar o novo produto totalmente obsoleto. A Sony reconhece que os produtos evoluem e que o melhor que uma empresa pode fazer é ser a primeira a melhorar seu próprio produto.

Freqüentemente, as boas idéias de melhoria surgem a partir de sessões de *brainstorming*. Recentemente, uma importante empresa química promoveu uma sessão de *brainstorming* e descobriu uma dezena de maneiras de criar valor extra para seus clientes (Tabela 10.1). Ao escolher entre os valores agregados possíveis, a empresa precisaria estimar o custo envolvido em cada oferta de benefício potencial, quanto os clientes valorizariam e como os concorrentes, provavelmente, responderão.

**Tabela 10.1**  *Processo de agregação de valor business-to-businesss.*

| | |
|---|---|
| *Ajude o cliente a reduzir os custos do processo* | *Ajude o cliente a reduzir os custos administrativos* |
| Melhore os ganhos | Simplifique as operações de faturamento |
| Reduza os desperdícios (através da reciclagem etc.) | Facilite a conferência dos pedidos |
| Reduza o retrabalho | Use intercâmbio eletrônico de dados (EDI) |
| Reduza o trabalho direto | *Melhore a segurança para o cliente e seus funcionários* |
| Reduza o trabalho indireto (inspeção, manipulação) | *Reduza o preço para o consumidor* |
| Reduza os custos de energia | Substitua alguns componentes do produto |
| *Ajude o cliente a reduzir o custo de estoque* | Melhore os processos da empresa e os processos do fornecedor |
| Ofereça em consignação | |
| Faça entregas *just in time* | |
| Reduza o tempo do ciclo pedido-estocagem | |

Crego e Schiffrin propuseram que as organizações centradas no consumidor devem estudar o que eles valorizam e, depois, preparar uma oferta que exceda as suas expectativas.[2] Para estes autores, este processo envolve três etapas:

1. *Definição do modelo de valor do consumidor.* Primeiro, a empresa lista todos os fatores do produto e serviço que podem influenciar a percepção de valor dos consumidores-alvos.
2. *Desenvolvimento da hierarquia de valor do consumidor.* Agora, a empresa atribui cada fator a um entre quatro grupos: básico, esperado, desejado e inesperado. Consideremos o conjunto de fatores associados a um restaurante fino:
   - *O básico.* O alimento é apetitoso e servido cuidadosamente. (Entretanto, se todos os restaurantes fizerem isto, normalmente, o consumidor não ficará satisfeito.)
   - *O esperado.* A porcelana e os talheres são de alta qualidade, a toalha da mesa e os guardanapos são de linho, há flores, serviço discreto e o alimento é bem preparado. (Estes fatores podem tornar a oferta aceitável, mas não excepcional.)
   - *O desejado.* O restaurante é agradável e silencioso e o alimento é muito bom e interessante.
   - *O inesperado.* O restaurante serve um creme de frutas gelado complementar entre os pratos e coloca um bombom sobre a mesa após o último prato ser servido.
3. *Decisão sobre o "pacote" de valor do consumidor.* Agora, a empresa escolhe uma combinação de itens tangíveis e intangíveis, experiências e resultados preparados para superar os concorrentes e conquistar o encanto e a lealdade dos consumidores.

Este capítulo explora maneiras específicas que uma empresa pode diferenciar e posicionar efetivamente sua oferta para obter vantagem competitiva. Discutiremos as seguintes questões:

- **Quais os principais atributos de diferenciação disponíveis para as empresas?**
- **Como a empresa pode escolher um posicionamento eficaz no mercado?**
- **Como a empresa pode comunicar seu posicionamento ao mercado?**

## FERRAMENTAS PARA A DIFERENCIAÇÃO COMPETITIVA

Uma empresa deve tentar identificar maneiras específicas de diferenciar seus produtos para obter vantagem competitiva.

**DIFERENCIAÇÃO é o ato de desenvolver um conjunto de diferenças significativas para distinguir a oferta da empresa das ofertas concorrentes de seus concorrentes.**

O número de oportunidades de diferenciação varia com o tipo de setor industrial. O Boston Consulting Group distinguiu quatro tipos de setores industriais, baseados no número de vantagens competitivas disponíveis e em seu tamanho (Figura 10.1).

- *Indústria de volume.* É aquela em que as empresas podem obter apenas uma pequena, em vez de grandes vantagens. Um exemplo é a indústria de equipamentos de construção, em que uma empresa pode lutar por uma posição de baixo custo ou por uma posição altamente diferenciada e ganhar muito em uma base ou outra. Aqui, a rentabilidade está correlacionada com o tamanho da empresa e com a participação de mercado.
- *Indústria paralisada.* É aquela em que há poucas vantagens potenciais e quando existem são pequenas. Um exemplo é a indústria de aço, em que é difícil diferenciar o produto ou seu custo de produção. As empresas podem contratar melhores vendedores, produzir em abundância e coisas semelhantes, embora estas providências sejam vantagens pequenas. Neste caso, a rentabilidade não está relacionada com a participação de mercado da empresa.
- *Indústria fragmentada.* É aquela em que as empresas enfrentam muitas oportunidades para diferenciação, embora as oportunidades sejam pequenas. Por exemplo, um restaurante pode diferenciar de muitas maneiras, mas não consegue obter grande participação de mercado. A rentabilidade não está relacionada ao tamanho do restaurante: Pequenos e grandes restaurantes podem ser rentáveis ou não.
- *Indústria especializada.* É aquela em que as empresas enfrentam muitas oportunidades de diferenciação e cada uma dessas oportunidades pode ter resultado compensador. Um exemplo são as empresas que se tornam especializadas em máquinas para segmentos de mercados selecionados. Algumas pequenas empresas podem ser tão rentáveis quanto as grandes empresas.

---

2. CREGO, JR., Edwin T., SCHIFFRIN, Peter D. *Customer centered reengineering.* Homewood, IL : Irwin, 1995.

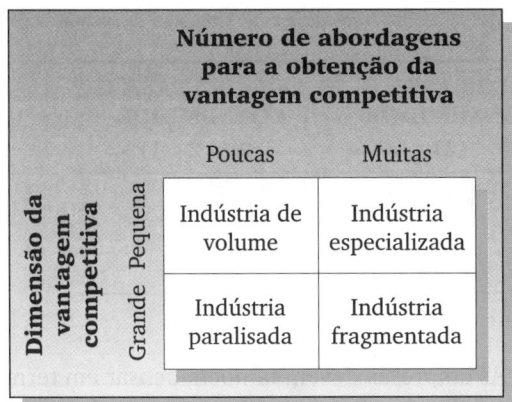

**Figura 10.1** *Matriz BCG de vantagem competitiva.*

De maneira similar, Milind Lele observou que as empresas diferem em termos de "manobrabilidade" operacional ao longo de cinco dimensões: mudança de mercado-alvo, produto, local (canais), promoção e preço. A liberdade de manobra da empresa é afetada pela estrutura da indústria e posição da empresa na mesma. Para cada manobra possível, a empresa precisa estimular o potencial de retorno. Aquelas manobras que prometem mais alto retorno definem a alavancagem estratégica da empresa. As empresas que atuam em uma indústria paralisada têm por definição pequeno grau de manobrabilidade e alavancagem estratégica e aquelas pertencentes às indústrias especializadas têm grande escopo para manobrabilidade e vantagem estratégica.

Como exatamente uma empresa pode diferenciar sua oferta de mercado de seus concorrentes? Aqui, examinaremos como uma oferta de mercado pode ser diferenciada ao longo de cinco dimensões: produto, serviços, canal ou imagem (Tabela 10.2). Vamos examinar estas ferramentas com maior precisão.

## Diferenciação de Produto

A diferenciação de produtos físicos ocorre em uma continuidade de eventos. Em um extremo, encontramos produtos altamente padronizados que permitem pouca variação: frango, aço, aspirina. Todavia, mesmo aqui, é possível alguma variação genuína. Frank Perdue afirma que seus frangos são melhores porque são mais macios – e, por isso, são vendidos 10% mais caros. O aço pode variar em termos de consistência e propriedades. A Bayer afirma que sua aspirina "entra mais rápido na corrente sangüínea". A Procter & Gamble fabrica nove marcas de sabão em pó para máquinas de lavar (Tide, Cheer, Gain, Dash, Bold, Dreft, Ivory, Snow, Oxydol e Era) e criou identidade separada para cada marca. Sua estratégia consiste em vender benefícios diferentes que as pessoas podem desejar de um sabão em pó. Por exemplo, o Tide é "tão poderoso que limpa o interior das fibras". O Ivory Snow é "noventa e nove por cento puro". É um sabão delicado para as fraldas e roupas de bebês. O Bold é o sabão em pó recomendado para tecidos mais suaves; "Limpa, suaviza e controla a estática". O Dash é centrado no valor; "ataca a sujeira difícil", fazendo isso "por um preço muito mais baixo".

Em outro extremo estão os produtos capazes de alta diferenciação, como automóveis, edifícios comerciais e móveis. Aqui, a empresa vendedora enfrenta uma abundância de parâmetros de *design*. As principais diferenciações de produto são as características, desempenho, conformidade, durabilidade, confiabilidade, facilidade de conserto, estilo e *design*.[3]

**CARACTERÍSTICAS.** A maioria dos produtos pode ser oferecida com várias características.

**CARACTERÍSTICAS são aspectos que complementam a função básica do produto.**

**Tabela 10.2** *Variáveis de diferenciação.*

| PRODUTO | SERVIÇOS | PESSOAL | CANAL | IMAGEM |
|---|---|---|---|---|
| Características | Facilidade de pedido | Competência | Cobertura | Símbolo |
| Desempenho | Entrega | Cortesia | Experiência | Mídia escrita e audiovisual |
| Conformidade | Instalação | Credibilidade | Desempenho | Atmosfera |
| Durabilidade | Treinamento do consumidor | Confiabilidade | | Eventos |
| Confiabilidade | Orientação do consumidor | Resposta ao consumidor | | |
| Facilidade de conserto | Manutenção e conserto | Comunicação | | |
| Estilo | Variados | | | |
| Design | | | | |

---

3. Algumas destas bases são discutidas em GARVIN, David A. Competing on the eight dimensions of quality. *Harvard Business Review,* p. 101-109, Nov./Dec. 1987.

**Tabela 10.3**  *Mensuração do valor da eficácia para o consumidor.*

| CARACTERÍSTICA | CUSTO PARA A EMPRESA (1) | VALOR PARA O CONSUMIDOR (2) | EFICÁCIA PARA O CONSUMIDOR (3 = 2 : 1) |
|---|---|---|---|
| Vidro térmico | $ 100 | $ 200 | 2 |
| Piloto automático | 600 | 600 | 1 |
| Transmissão automática | 800 | 2400 | 3 |

O ponto de partida da diferenciação por característica é uma versão básica do produto. A empresa pode criar versões adicionais ao acrescentar características extras. Assim, um fabricante de automóveis pode oferecer características opcionais, como vidros elétricos, *air bags*, transmissão automática e ar-condicionado. Cada característica tem uma chance de atrair a simpatia de compradores adicionais.

Algumas empresas são extremamente inovadoras em acrescentar novas características a seu produto. Um dos fatores-chave do sucesso das empresas japonesas é o constante enriquecimento das características em seus relógios, câmeras fotográficas, automóveis, motocicletas, calculadoras, videocassetes e assim por diante. Ser o primeiro em introduzir novas características valiosas é uma das maneiras mais eficazes de competir.

Como uma empresa pode identificar e selecionar novas características apropriadas? Uma resposta é ela contatar compradores recentes e fazer uma série de perguntas: Porque você gosta do produto? Quais as características negativas? Quais as características positivas? Há características que poderiam ser acrescentadas para melhorar sua satisfação? Quais são? Quanto você pagaria por essas novas características? O que você acha das seguintes características que outros compradores sugeriram?

Essa pesquisa fornecerá à empresa uma longa lista de características potenciais. A tarefa seguinte é decidir quais delas valem a pena ser acrescentadas. Para cada característica potencial, a empresa deve calcular o valor do consumidor *versus* o custo da empresa. Suponhamos que um fabricante de automóveis está considerando implantar as três melhorias mostradas na Tabela 10.3. Vidros térmicos custariam à empresa $ 100 por veículo em nível da fábrica. O consumidor médio afirmou estar disposto a pagar $ 200. A empresa pode gerar $ 2 de satisfação incremental do consumidor para cada $ 1 de incremento de custo. Examinando as outras duas características, parece que a transmissão automática criaria maior satisfação do consumidor por dólar de custo para a empresa.

Esses critérios são apenas um ponto de partida. A empresa também precisa considerar quantas pessoas desejam cada característica, quanto tempo levaria para introduzir cada uma delas, se os concorrentes poderiam copiá-las facilmente e assim por diante.

As empresas devem também pensar em termos de "pacote" de características. Por exemplo, os fabricantes de carros japoneses, freqüentemente, produzem seus carros com três "níveis de opções", em vez de permitir que os consumidores façam suas próprias opções. Isto permite a redução dos custos de produção e de estocagem. As empresas devem decidir se oferecem características sob medida aos consumidores a um custo maior ou se padronizam para baixar os custos.

**QUALIDADE DE DESEMPENHO.** A maioria dos produtos é estabelecida, inicialmente, para oferecer um entre quatro níveis de desempenho: baixo, médio, alto e superior.

**QUALIDADE DE DESEMPENHO refere-se aos níveis pelos quais as características básicas do produto operam.**

A pergunta importante aqui é: Quanto maior o desempenho do produto, melhor a rentabilidade? O Strategic Planning Institute estudou o impacto da maior qualidade relativa do produto (que está associada ao desempenho e a outros fatores que agregam valor) e constatou uma correlação positiva significativa entre a qualidade relativa do produto e o retorno sobre o investimento (ROI). Em uma subamostra de 525 unidades de negócio médias, aquelas que apresentaram baixa qualidade de produto tiveram retorno de 17%, qualidade média de 20% e alta qualidade de 27%. Assim, as unidades de negócio de alta qualidade tiveram retorno 54% acima das unidades de negócio de baixa qualidade. Elas lucraram mais porque sua qualidade superior possibilitou cobrar preços maiores, favoreceu as compras de repetição, lealdade do consumidor e comunicação boca a boca positiva. Seus custos de oferecer maior qualidade não foram muito maiores do que os custos das unidades de negócio que ofereceram baixa qualidade.

O vínculo da qualidade à rentabilidade não significa que a empresa deve sempre desenvolver o nível de desempenho mais elevado possível. Há redução de retorno para cada melhoria de desempenho que o consumidor não esteja disposto a pagar. O fabricante deve desenvolver um nível de desempenho apropriado ao mercado-alvo, equiparado aos níveis de desempenho dos concorrentes. Uma pessoa que dirige um carro 10 quarteirões para trabalhar diariamente não precisa de um Rolls-Royce.

Uma empresa deve também decidir como administrar a qualidade de desempenho no decorrer do tempo. Aqui, três estratégias estão disponíveis. Primeira, quando o fabricante melhora continuadamente o produto, ele obtém lucro e participação de mercado maiores. A Procter & Gamble é grande praticante da estratégia de melhoria do produto. A segunda estratégia é manter a qualidade do produto em determinado nível. Muitas empresas deixam sua qualidade inalterada após sua formulação inicial, a menos que ocorram falhas ou oportunidades. A terceira estratégia é reduzir a qualidade do produto no decorrer do tempo. Algumas empresas reduzem a qualidade para compensar os custos crescentes, esperando que os compradores não perceberão qualquer diferença. Outras reduzem a qualidade deliberadamente para aumentar o lucro atual, embora este curso de ação, freqüentemente, prejudique sua rentabilidade a longo prazo.

**QUALIDADE DE CONFORMIDADE.** Os compradores esperam produtos que tenham qualidade de conformidade alta.

**QUALIDADE DE CONFORMIDADE é o grau pelo qual todas as unidades produzidas são idênticas e atendem às especificações-alvo prometidas.**

Suponhamos que um Porsche 944 é desenhado para atingir 95 quilômetros horários em dez segundos. Se todos os Porsches 944 que saírem da linha de montagem fizerem isto, o automóvel é classificado como de alta qualidade de conformidade. Entretanto, se os 944 variarem muito no tempo de aceleração, eles têm baixa conformidade neste critério. O problema com a baixa conformidade é que o desempenho prometido do produto não será preenchido para muitos compradores e eles ficarão desapontados. Uma das principais razões para a reputação de alta qualidade desfrutada pelos fabricantes japoneses é que seus produtos têm alta conformidade. Seus automóveis são elogiados por possuírem bom "ajuste a acabamento" – dois atributos que as pessoas ficam contentes em pagar.

**DURABILIDADE.** Trata-se de um dos atributos de produto mais importante para a maioria dos compradores.

**DURABILIDADE é a mensuração do tempo de duração previsto para o produto sob condições naturais e/ou intensas.**

Geralmente, os compradores pagarão mais por um produto mais durável. Entretanto, esta regra está sujeita a algumas qualificações. O preço extra não deve ser excessivo. Todavia, o produto não deve estar sujeito a modismo ou a obsolescência tecnológica, situações em que o comprador não vai pagar mais por produtos que prometam maior durabilidade. Assim, anunciar que uma marca específica de microcomputador ou filmadora tem maior durabilidade pode ter pouco apelo porque suas características e níveis de desempenho estão sujeitos a velocidade das mudanças.

Em contraste, os relógios de pulso (produtos sujeitos a poucas mudanças tecnológicas) são, freqüentemente, vendidos na base de sua durabilidade:

**TIMEX CORP** Os antigos anúncios de televisão da Timex promovendo a durabilidade de seus relógios de pulso são legendários. Seus relógios têm sobrevivido a testes como suportar o peso das rodas de carros, resistir ao impacto da queda de uma montanha ou de serem pisoteados por um elefante. Embora a empresa tenha ficado algum tempo sem insistir no tema durabilidade, retomou-o em 1992 com uma série de anúncios premiados e bem humorados mostrando pessoas e animais usando relógios que sobreviveram a vários acidentes. A frase de destaque: "O relógio que apanha mas não perde a pose."

**CONFIABILIDADE.** Normalmente, os compradores pagarão um preço *premium* pelos produtos que oferecem maior confiabilidade.

**CONFIABILIDADE é uma medida da probabilidade de que um produto não apresentará defeitos dentro de um período de tempo específico.**

Os compradores desejam evitar os altos custos apresentados por defeitos e tempo de conserto. A Maytag, empresa norte-americana, tem notável reputação por fabricar grandes aparelhos domésticos confiáveis. As empresas japonesas têm sido bem-sucedidas em melhorar a confiabilidade de seus produtos. Por exemplo:

**MATSUSHITA** A empresa Matsushita adquiriu a divisão Quasar da Motorola, que fabricava aparelhos de televisão. A Motorola vinha constatando 141 defeitos em cada 100 aparelhos; A Matsushita reduziu para seis defeitos em cada 100 aparelhos. As reclamações dos compradores e os pedidos de assistência técnica também foram reduzidos a um décimo do nível anterior.

**FACILIDADE DE CONSERTO.** Os compradores preferem produtos fáceis de serem consertados.

**FACILIDADE DE CONSERTO é uma medida que indica a rapidez e a atenção de um fabricante em relação a eventuais defeitos ou mau funcionamento de um produto.**

Assim, um automóvel fabricado com peças padronizadas, facilmente substituídas, tem maior facilidade de conserto. Existe um nível ideal de facilidade de conserto quando os próprios consumidores consertam o produto com pouco ou nenhum custo ou desperdício de tempo. O comprador pode, simplesmente, remover a peça defeituosa e substituí-la por outra. Para melhorar ainda mais o nível de facilidade de conserto, alguns produtos incluem a característica de diagnóstico que permite ao pessoal de serviço corrigir defeitos por telefone ou orientar o usuário como fazê-lo. Por exemplo, antes da GE enviar um técnico para consertar um eletrodoméstico, o departamento de serviços tenta resolver o problema por telefone. Em cerca de 50% dos casos, o problema é resolvido e o consumidor economiza dinheiro e fica satisfeito com a empresa. Similarmente, muitas empresas fabricantes de *hardware* e *software* de computador oferecem suporte técnico a seus consumidores por linha telefônica *toll-free* (DDG). Freqüentemente, a disponibilidade de tal suporte é um componente importante da decisão de compra do consumidor.

**ESTILO.** Normalmente, os compradores estão dispostos a pagar mais por produtos que sejam atraentes em termos de estilo.

## ESTILO é a descrição de como o comprador vê e sente o produto.

Muitos compradores de carros pagam um preço alto pelo Jaguar em função de sua extraordinária aparência, muito embora a marca registre baixo desempenho em termos de confiabilidade. A divisão Cadillac da General Motors contratou a Pininfarina, empresa italiana de *design* de automóveis, para desenhar o Atlanté, carro de preço alto, com um estilo europeu. Algumas empresas possuem notável reputação em estilo, como a Olivetti em máquinas de escrever, a Nissan e a Mazda em carros esportivos e a Swatch em relógios.

O estilo tem a vantagem de criar distintividade para o produto, tornando-o difícil de ser copiado. Todavia, é surpreendente o número de empresas que não investe em melhoria de estilo. Muitos produtos provocam bocejos, em vez de atrair a atenção dos compradores. Por exemplo, a maioria dos eletrodomésticos de cozinha não apresenta distintividade, com exceção de algumas cafeteiras e outros pequenos eletrodomésticos fabricados por empresas italianas e alemãs. Da mesma forma, um estilo forte não necessariamente promete alto desempenho. Uma cadeira pode parecer sensacional, mas ser extremamente desconfortável.

Ainda na diferenciação por estilo, devemos incluir a embalagem como uma arma do estilo, especialmente em produtos alimentícios, cosméticos, produtos de higiene pessoal e pequenos eletrodomésticos. A embalagem proporciona o primeiro contato do consumidor com o produto, podendo atraí-lo ou afastá-lo. A embalagem é discutida em detalhes no Capítulo 15.

***DESIGN: A FORÇA DE INTEGRAÇÃO.*** À medida que a concorrência se intensifica, o *design* oferecerá uma das maneiras mais potentes para diferenciar e posicionar os produtos e serviços de uma empresa.[4]

## DESIGN é a totalidade de características que afetam a aparência e funções de um produto em termos das exigências dos consumidores.

O *design* é particularmente importante na fabricação e em marketing de equipamentos duráveis, roupas, serviços de varejo e bens embalados. Todas as qualidades discutidas no item "Diferenciação de Produto" são parâmetros de *design*. Esses parâmetros mostram como é difícil a tarefa de *design* de um produto, dadas todas as combinações que podem ser feitas. O *designer* precisa demonstrar quanto investir no desenvolvimento de característica, desempenho, conformidade, confiabilidade, facilidade de conserto, estilo e assim por diante. Do ponto de vista da empresa, um produto com bom *design* seria de fácil fabricação e distribuição. Do ponto de vista do consumidor, um produto com bom *design* seria agradável de ser visto e fácil de abrir, instalar, usar, consertar e descartar. O *designer* deve levar todos esses fatores em consideração e seguir a máxima: "a forma acompanha a função". Ele deve estar comprometido com alguma das características desejáveis e depende muito de saber como o mercado-alvo percebe e avalia os diferentes benefícios e custos.

Dois ganhadores de medalha de ouro no Industrial Design Excellence Awards (IDEA) exemplificam a máxima "a forma acompanha a função":

**TUPPERWARE** A Tupperware costumava anunciar a facilidade de seus potes plásticos "ficarem lacrados e manterem a frescura dos alimentos". Entretanto, essa estratégia de posicionamento de mercado tornou-se desinteressante e o novo propósito da empresa passou a ser o fornecimento de "*design* extraordinário para a vida diária". Sua nova tigela com peneira é um exemplo perfeito do que o novo *slogan* significa. Apresenta um cabo curvado ajustado ao polegar, furos de tamanhos diferentes para drenagem máxima e uma tampa de vedação. "É excepcionalmente funcional e sua aparência é realmente atraente", afirma um vice-presidente de marketing da empresa.[5]

---

4.  Veja KOTLER, Philip. Design: a powerful but neglected strategic tool. *Journal of Business Strategy,* p. 16-21, Fall 1984. Veja também LORENZ, Christopher. *The design dimension.* New York : Basil Blackwell, 1986.
5.  WEISZ, Pam. Times sure have changed when Tupperware is cool. *Brandweek,* p. 99, 5 June 1994.

**BLACK & DECKER** O que poderia ser mais prático do que um farolete que você não precisa segurar enquanto estiver procurando um vazamento debaixo da pia devido a má vedação de um cano? O farolete com haste flexível da Black & Decker prende em quase tudo, deixando suas mãos livres. Ele pode também ser usado para iluminar seu espaço de trabalho. Em um mercado em que o preço médio é de apenas $ 6, os consumidores estão pagando $ 30 por este novo farolete.[6]

Infelizmente, muitas empresas falham ao investir em bom *design*. Algumas delas confundem *design* com estilo, e pensam que o *design* limita-se a colocar o produto em uma caixa atraente. Também pensam que confiabilidade é algo para ser constatado durante a inspeção de fábrica, em vez de incorporá-la no processo de produção. É comum considerarem os *designers* como pessoas pouco preocupadas com custo ou que produzem desenhos muito inovadores para serem aceitos pelo mercado. Um instrumento de auditoria para mensurar a sensibilidade e a eficácia de *design* de uma empresa ajudaria a avaliar se sua prática está agregando suficiente valor a um produto.

Certos países se destacaram como líderes de *design*. A Itália em roupas e móveis, os países escandinavos em funcionalidade, estética e consciência ambiental, a Alemanha pela austeridade e robustez. Atualmente, o Japão surpreende muitos outros países industriais com o dinheiro que está investindo em *design*.

Compensa o dinheiro investido em *design?* Evidências comuns e uma pesquisa sugerem que sim. A Braun, divisão alemã da Gillette, tem colocado o *design* em um patamar devido ao sucesso que vem obtendo com seus vários eletrodomésticos de pequeno porte (barbeadores elétricos, cafeteiras, secadores de cabelo, processadores de alimento etc.). O departamento de *design* da empresa possui o mesmo *status* dos departamentos de engenharia e produção. Os *designers* da Braun conhecem os materiais mais recentes, desenham e testam seus produtos para serem aceitos pelo consumidor e para facilitar o processo de fabricação (veja a seção Memorando de Marketing intitulada "Dez princípios de bom *design* da Braun"). A empresa dinamarquesa Bang & Olufsen recebeu muitos créditos pelo *design* de seus aparelhos de televisão e de estéreo. A Herman Miller, empresa norte-americana de móveis de escritório, vem obtendo grande admiração pela distintividade ergonômica e estética de seus móveis. Como evidência de pesquisa, consideremos o seguinte caso: O Design Innovation Group, da Inglaterra, fez uma pesquisa com 221 produtos, estudando engenharia, processo industrial e projetos de *design* visual e gráfico. Estes projetos foram executados por pequenas e médias empresas industriais inglesas, apoiados parcialmente por subsídios governamentais. O estudo constatou que 90% dos projetos geravam lucro com um período de *payback* médio de 15 meses a partir do lançamento dos produtos. O projeto de *design* médio custou $ 100.000 e gerou um aumento médio de vendas de 41%.

## Dez princípios de bom *design* da Braun

Dieter Rams, *designer* principal da Braun, desenvolveu os dez mandamentos do bom *design* para sua empresa.

1. O bom *design* é inovador.
2. O bom *design* enriquece a utilidade do produto.
3. O bom *design* é estético.
4. O bom *design* exibe a estrutura lógica de um produto; sua forma acompanha a função.
5. O bom *design* é facilmente percebível.
6. O bom *design* é honesto.
7. O bom *design* é duradouro.
8. O bom *design* segue rigorosamente os detalhes.
9. O bom *design* é conscientemente ecológico.
10. O bom *design* é simples.

**Nota:** Nem todos os *designers* aceitam todos estes princípios. Alguns críticos acham que os princípios levam a *designs* muito austeros e funcionalistas. Mas são precisamente estes princípios que têm dado aos produtos Braun identidade distintiva.

---

6. WEBER, Joseph. A better grip on hawking tools. *Business Week,* p. 99, 5 June 1995.

## Diferenciação de serviços

Além de diferenciar seus produtos físicos, uma empresa tem também que diferenciar os serviços que os acompanham. Quando o produto não pode ser facilmente diferenciado, a chave para o sucesso competitivo, freqüentemente, está na ampliação de serviços que agregam valor e na melhoria da qualidade. Os principais diferenciadores dos serviços são facilidade de pedido, entrega, instalação, treinamento do consumidor, consultoria ao consumidor, manutenção e conserto e alguns outros.

**FACILIDADE DE PEDIDO.** Refere-se às vantagens oferecidas pela empresa para receber pedidos de seus clientes. Por exemplo, a Baxter Healthcare, facilitou o processo de pedido ao oferecer aos hospitais terminais de computadores para facilitar o processo de encomendas. A rede de supermercados Jewel, de Chicago, fornece a seus consumidores um programa de computador para facilitar a compra e a entrega a domicílio. Muitos bancos estão agora oferecendo *software* para facilitar o acesso a informações e possibilitar as transações dos clientes diretamente de seus escritórios ou residências.

**ENTREGA.** Refere-se como o produto ou serviço é entregue ao consumidor. Inclui rapidez, precisão e cuidados no processo de entrega. Por exemplo, a Deluxe Check Printers vem desenvolvendo uma reputação impressionante ao despachar os talões de cheque um dia após receber o pedido – sem atrasar nenhuma vez em 15 anos. Freqüentemente, os compradores escolherão o fornecedor que tenha a melhor reputação de pontualidade de entrega. A escolha entre empresas de estrada de ferro, freqüentemente, favorece aquelas que demonstram diferenças em rapidez e confiabilidade de entrega. (Para mais detalhes sobre este tópico, veja a seção *Insight* de Marketing intitulada "Turbomarketing: usando a resposta rápida como ferramenta competitiva".)

**INSTALAÇÃO.** Refere-se ao trabalho que tem de ser feito para colocar o produto em condições de funcionamento no local previsto. Os compradores de equipamentos pesados esperam bons serviços de instalação dos fornecedores. Por exemplo, a IBM entrega todos os equipamentos comprados no local indicado de uma só vez, em vez de fazer entregas separadas. Quando ela é solicitada para transportar os equipamentos de sua marca para outro local, estará disposta a transportar também os móveis e os equipamentos de seus concorrentes.

**TREINAMENTO DO CONSUMIDOR.** É a tarefa de treinar os funcionários do cliente a usar o equipamento de forma adequada e com eficiência. Assim, a General Electric não apenas vende e instala sofisticados equipamentos de raio X em hospitais, mas também é responsável pelo treinamento dos operadores desses equipamentos. O McDonald's exige que seus novos franqueados freqüentem a Hamburger University, em Oakbrook, Illinois, por duas semanas para aprender como administrar adequadamente a franquia.

**SERVIÇOS DE CONSULTORIA AO CONSUMIDOR.** Referem-se aos dados, sistemas de informações e de orientação oferecidos gratuitamente ou por um preço pela empresa vendedora aos compradores. A McKesson Corporation, importante atacadista de produtos farmacêuticos, auxilia 12.000 farmácias independentes no desenvolvimento de sistemas de contabilidade e de estoque, sistemas de pedidos por computador e assim por diante. Ela acredita que, ajudando seus clientes a se tornarem mais competitivos, aumentará a lealdade dos mesmos. Um dos melhores prestadores de serviços de consultoria de valor agregado é a Miliken & Company:

**MILLIKEN & COMPANY** A Milliken vende toalhas às lavanderias industriais que as alugam às fábricas. Essas toalhas são fisicamente similares às toalhas dos concorrentes. Entretanto, a Milliken cobra um preço mais elevado por suas toalhas e desfruta liderança de mercado. Como ela pode cobrar mais por um produto tão padronizado? A resposta é que a Milliken vem continuadamente "despadronizando" seu produto através de melhoria constante nos serviços prestados às lavanderias. Ela treina os vendedores de seus clientes, indica clientes potenciais, prepara materiais de promoção de vendas, desenvolve pesquisa de mercado, patrocina seminários de melhoria da qualidade e manda seus vendedores trabalharem junto com as equipes de venda das lavanderias. As lavanderias estão mais do que dispostas a comprar as toalhas da Milliken, pagando um preço mais elevado, porque os serviços extras recebidos melhoram sua rentabilidade.[7]

**MANUTENÇÃO E CONSERTO.** Descreve a qualidade dos serviços de reparos disponíveis aos compradores do produto da empresa. A Caterpillar diz oferecer serviços de consertos melhores e mais rápidos para seus equipamentos de construção pesada em qualquer parte do mundo. Os compradores de automóveis estão interessados, principalmente, na qualidade dos serviços de assistência técnica que podem esperar de qualquer revendedor autorizado.

**SERVIÇOS DIVERSOS.** As empresas podem encontrar outras formas para agregar valor através de serviços dife-

---

7. Adaptado de PETERS, Tom. *Thriving on chaos.* New York : Alfred Knopf, 1987. p. 56-57.

# Turbomarketing: usando a resposta rápida como ferramenta competitiva

Muitas empresas estão tentando obter vantagem competitiva apostando na rapidez. Estão tornando-se "empresas de turbomarketing", aprendendo a arte de compressão do tempo de ciclo ou de abreviação do tempo. Estão aplicando turbomarketing em quatro áreas: inovação, produção, logística e varejo.

Abreviar o tempo de inovação é essencial em uma era de ciclos de vida de produto mais curtos. Os concorrentes em muitos setores industriais descobrem novas tecnologias e novas oportunidades de mercado ao mesmo tempo. Aquelas empresas que primeiro encontrarem soluções práticas desfrutarão vantagem de serem as primeiras no mercado. Ser o primeiro, em vez de ser o último, vale a pena. Um estudo constatou que produtos lançados com uma demora de seis meses, embora dentro da previsão, geraram menos 33% de lucro nos cinco primeiros anos, produtos lançados em tempo 50% inferior ao previsto tiveram redução de apenas 4% no lucro.

Produção é a segunda área em que grandes passos vêm sendo dados para reduzir o tempo do ciclo. A Toyota pode desenhar e lançar um novo carro em três anos; costumava levar cinco anos ou mais. Demorava cinco semanas para montar um carro sob encomenda. Agora, faz a entrega em apenas três dias.

Logística é a terceira área em que fabricantes alertas estão trabalhando bastante para desenvolver sistemas de suprimentos mais rápidos. Fabricantes de roupas como a Levi Strauss, Benetton e The Limited adotaram "sistemas de resposta rápida" que unem os sistemas de informações de seus fornecedores, fábricas, centros de distribuição e lojas de varejo.

A agilização do varejo é a quarta fronteira para a vantagem competitiva. Hoje, um filme é revelado e copiado em uma hora e os óculos são também produzidos neste tempo. Hoje, as lojas de cine-foto operam equipamentos para revelação e reprodução de filmes e as óti-cas operam minilaboratórios em suas lojas. O mesmo princípio de fábrica é aplicado pelas lojas Mrs. Fields, Dunkin Donuts e outras que assam os produtos nos próprios estabelecimentos.

Os serviços estão também sendo agilizados. Tipicamente, os empréstimos demoravam várias semanas para serem processados, antes de aprovados. Tradicionalmente, "preenchíamos a ficha cadastral dos interessados que esperavam 30 dias para saber se o empréstimo estava aprovado", afirma um gerente de crédito. Mas as coisas estão mudando. Hoje, os candidatos a um empréstimo dirigem-se ao Citibank, informam seus dados financeiros e o programa CitiQuik fornece ao gerente de crédito os dados necessários para a decisão de concessão de crédito ou não em questão de minutos. As seguradoras de automóveis também estão divulgando que são mais rápidas. A Progressive Insurance envia um Ford Explorer adaptado como escritório, equipado com microcomputador, *modem,* impressora e fax para o local do acidente ou à casa do segurado. O inspetor pode avaliar as avarias, assinar o cheque e fornecer um carro emprestado ao segurado na hora. Normalmente, os segurados de outras empresas aguardam vários dias esperando os inspetores das seguradoras para dar entrada da papelada.

Tudo isso leva uma empresa a encontrar um meio de atender aos clientes melhor e mais rápido para forçar suas concorrentes a reexaminar sua velocidade de desempenho em inovação, fabricação, logística e varejo.

**Fontes:** Para leitura complementar, veja DUMAINE, Brian. Speed. *Fortune,* p. 54-59, 17 Feb. 1989; STALK, JR., George, HOUT, Thomas M. *Competing against time.* New York : Free Press, 1990; BLACKBURN, Joseph D. *Time-based competition.* Homewood, IL : Irwin, 1991; MEYER, Christopher. *Fast cycle time.* New York : Free Press, 1993; THE computer liked us. *US News & World Report,* p. 71-72, 14 Aug. 1995; e LOOMIS, Carol J. Sex, reefer? And auto insurance! *Fortune,* p. 88, 7 Aug. 1995.

---

renciados. A empresa pode oferecer melhor garantia ou melhor contrato de manutenção do que seus concorrentes. Podem oferecer prêmios por preferência como fazem as empresas aéreas com seus programas de vôo para clientes habituais. Aqui estão dois exemplos de empresas criativas:

**VALLEY VIEW CENTER MALL** Recentemente, o Valley View Center Mall, de Dallas, criou o Clube de Compradores Inteligentes, programa que premia os con-sumidores que teclam os terminais eletrônicos de consulta instalados em suas dependências. Para obter um número de identificação, eles preenchem um breve questionário para levantamento de dados demográficos e psicográficos simples. Depois, cada vez que eles visitam o *shopping*, digitam seus números nos terminais eletrônicos para receberem cupons de descontos, participarem de sorteios semanais e obterem um calendário de eventos. Enquanto os consumidores recebem descontos e prêmios, os lojistas obtêm valiosas informações de marketing sobre seus públicos-alvos. O Valley View é um dos 10 *shopping centers* entre os 35.000 do país que usam este programa de lealdade do consumidor *high-tech*.[8]

**MCI**   Em sua batalha competitiva contra a AT&T, a MCI adotou o programa "Amigos e familiares". Seus consumidores podem inscrever-se através de 20 números de linhas telefônicas para participar de "mini-redes" particulares que proporcionam aos usuários um desconto de 20% em todas as ligações interurbanas. O desconto é concedido no topo da tabela de preço normal da empresa, bem como sobre qualquer outro plano de descontos que possam estar em vigor quando o consumidor opta por participar da mini-rede. A recompensa da empresa é que as pessoas de ambos os lados da linha devem ser seus clientes para receberem o desconto.

Virtualmente, há um número ilimitado de serviços e benefícios específicos que as empresas podem oferecer para diferenciar-se dos concorrentes.

## Diferenciação através de pessoas

As empresas podem obter grande vantagem competitiva através da contratação e treinamento de pessoas mais bem qualificadas do que seus concorrentes. Assim, a Singapore Airlines desfruta excelente reputação, em grande parte devido ao encanto e simpatia de sua equipe de bordo. Os funcionários do McDonald's são corteses, o pessoal da IBM tem alto senso de profissionalismo e os funcionários da Disney são imbatíveis. As forças de venda de empresas como a Connecticut General Life e Merck desfrutam de excelente reputação.[9] A Wal-Mart tem diferenciado suas superlojas ao designar um funcionário para dar as boas vindas aos compradores, orientando-os sobre onde encontrar os produtos, recebendo devoluções ou fazendo trocas e oferecendo brindes às crianças.

Pessoas bem treinadas exibem seis características:

- *Competência*. Os funcionários possuem experiências e os conhecimentos exigidos.
- *Cortesia*. Eles são amigáveis, respeitosos e ponderados.
- *Credibilidade*. Eles são dignos de crédito.
- *Confiabilidade*. Eles desempenham o serviço com consistência e cuidado.
- *Responsividade*. Eles respondem rapidamente às solicitações e aos problemas dos consumidores.
- *Comunicação*. Eles se esforçam para entender o cliente e para comunicar-se claramente.[10]

## Diferenciação através de canal

As empresas podem obter diferenciação através da maneira que desenvolvem seus canais de distribuição, principalmente em termos de cobertura, experiência e desempenho. Por exemplo, o sucesso da Caterpillar na indústria de equipamentos para construção está baseado, parcialmente, em seu desenvolvimento superior de canal. Seus revendedores são encontrados em mais locais do que os dos concorrentes. Eles são mais bem treinados e demonstram maior credibilidade. Empresas como a Dell, em microcomputadores, e a Avon, em cosméticos, distinguem-se ao desenvolver e administrar canais de marketing direto de alta qualidade. Por exemplo, a Dell batalhou para ser avaliada como a número um em satisfação do consumidor, muito embora seus clientes sejam contatados apenas por telefone. (Discutimos sobre canais de marketing em detalhes no Capítulo 18 e marketing direto no Capítulo 23.)

## Diferenciação através de imagem

Mesmo quando as ofertas concorrentes parecem as mesmas, os compradores podem responder diferentemente à imagem da empresa ou marca. Consideremos o sucesso dos cigarros Marlboro. A principal justificativa para explicar sua extraordinária participação de mercado em todo o mundo (em torno de 30%) é que a imagem do "vaqueiro viril" obteve forte resposta da maioria do público fumante de cigarros. A marca Marlboro desenvolveu uma "personalidade" distintiva. Mas os concorrentes começaram a atacar essa imagem. Em uma intensa campanha publicitária em 1994, a R. J. Reynolds "jogou" o extravagante e irreverente personagem Joe Camel diretamente contra o venerável vaqueiro do Marlboro. No anúncio, Joe Camel surge repentinamente através de um cartaz, com os seguintes dizeres: "Sabor genuíno que não causa tédio". No fundo, percebe-se o pôr-do-sol e um pangaré próximo a um vaqueiro sentado.[11]

**Identidade *versus* Imagem**.   É importante fazer distinção entre identidade e imagem. A *identidade* compreende as formas adotadas por uma empresa para identificar-se ou posicionar seu produto. *Imagem* é a maneira que o público percebe a empresa ou seus produtos. A empresa desenha uma identidade ou posicionamento para moldar sua imagem pública, mas outros fatores podem intervir na determinação da imagem percebida individualmente pelas pessoas.

8.   Veja CLUB for the smart. *Marketing News*, p. 1, 23 May 1994.
9.   Veja HARKAVAY, M. D. *100 best companies to sell for.* New York : John Wiley, 1989.
10.   Para uma lista similar, veja BERRY, Leonard L., PARASURAMAN, A. *Marketing services*; competing through quality. New York : Free Press, 1991. p. 16.
11.   WARNER, Fara. Cowpokin' Joe: new cam ads dis the Marlboro man. *Brandweek* 35, n. 31, p. 1, 6, 1 Aug. 1994.

Uma imagem eficaz proporciona três coisas para um produto. Primeiro, transmite uma mensagem singular que estabelece a característica e a proposição de valor do produto. Segundo, transmite essa mensagem de maneira distintiva para não ser confundida com mensagens similares dos concorrentes. Terceiro, transmite poder emocional, de maneira que toca os corações e as mentes dos compradores.

Desenvolver uma imagem forte exige criatividade e muito trabalho. Ela não pode ser implantada na mente do público da noite para o dia nem difundida apenas por um veículo de mídia. Deve ser conduzida através de todos os veículos de comunicação disponíveis e disseminada continuadamente. Se "IBM significa serviço", esta mensagem deve ser expressa em símbolos, mídias audiovisuais e escritas, atmosfera e comportamento. As empresas inconsistentes na transmissão de uma mensagem deixam os consumidores confusos e mais vulneráveis às campanhas dos concorrentes que apresentam mensagens mais fortes. Por exemplo, a rede Burger King enfrentou algumas dificuldades nessa área. Quando a empresa criou o personagem Herb, um estudante "ce-de-efe" infeliz que nunca havia entrado em uma de suas lanchonetes, os consumidores começaram a achar que elas eram freqüentadas apenas pelos "ce-de-efes". Depois, a empresa passou a veicular outra campanha sugerindo que "às vezes, você vai quebrar as regras", que não foi muito bem recebida pelos pais. "Nenhuma das campanhas mostrou porquê alguém deveria ir a uma das lanchonetes Burger King, em vez de procurar uma da rede McDonald's", afirma o *guru* de marketing Al Ries.[12]

**SÍMBOLOS.** Uma imagem forte consiste em um ou mais símbolos que despertam reconhecimento da empresa ou da marca. A empresa e os *logos* da marca devem ser desenhados para reconhecimento instantâneo. A empresa pode escolher algum objeto, como um leão (Harris Bank), maçã (Apple Computer) ou um garoto (Pillsbury) para simbolizar a qualidade da organização. A empresa pode construir uma marca em torno de uma pessoa famosa, como ocorre com novos perfumes – Passion (Elizabeth Taylor) e Uninhibited (Cher). As empresas podem também escolher uma cor identificadora como o azul (IBM)

**Figura 10.2** *Logos das empresas norte-americanas mais admiradas.*

12. Veja BIG flops. *American Demographics,* p. 8, Feb. 1995.

ou vermelho (sopa Campbell) ou trechos de uma música ou som. A Figura 10.2 reproduz os *logos* das empresas norte-americanas mais admiradas.

**MÍDIA AUDIOVISUAL E ESCRITA.** Os símbolos escolhidos devem ser trabalhados em anúncios que divulgam a personalidade da empresa ou da marca. Os anúncios devem mostrar uma história, um modo de ser ou um nível de desempenho – algo distintivo. A mensagem deve ser repetida em outras publicações, como relatórios anuais, folhetos e catálogos. Os impressos e cartões de visita devem refletir a mesma imagem que a empresa deseja transmitir.

**ATMOSFERA.** O espaço físico em que a organização produz ou entrega seus produtos e serviços torna-se outro poderoso gerador de imagem. Os hotéis Hyatt Regency desenvolveram uma imagem distintiva através de sua área de recepção. Um banco que deseja parecer simpático deve escolher o projeto de construção, *design* interior, *layout*, cores, materiais e móveis corretos.

**EVENTOS.** Uma empresa pode construir uma identidade através do tipo de evento que patrocinar. A Perrier, empresa engarrafadora de água, alcançou grande proeminência com o patrocínio de caminhadas e eventos esportivos para manter a saúde. A AT&T e a IBM identificam-se como patrocinadores de eventos culturais como apresentações de orquestras sinfônicas e exposições de arte. Outras organizações identificam-se com causas populares: A Heinz dá dinheiro a hospitais e a General Foods contribui com a organização "Mães contra os motoristas que dirigem embriagados".

Um dos melhores exemplos de produto que vem usando várias técnicas de construção de imagem para marcar sua singularidade na mente do público é o relógio Swatch, da Suíça.

**SWATCH** O Swatch é um relógio leve, a prova d'água e de choque, análogo e eletrônico com pulseira colorida. É apresentado em vários modelos e pulseiras, todos muito coloridos e esportivos. Os preços variam de $ 40 a $ 100. É desenhado para atrair pessoas jovens, ativas e interessadas em moda.

Hoje, o Swatch é vendido em mais de 30 países, em joalherias, lojas de moda e lojas de departamentos sofisticadas, mas não em varejos de massa. Uma das principais forças do Swatch tem sido sua habilidade promocional e de *merchandising*. Aqui estão alguns exemplos:

- Os novos modelos lançados durante o ano são ansiosamente aguardados pelos consumidores. Muitas pessoas possuem mais de um modelo, uma vez que desejam usar cores diferentes conforme o dia ou ocasiões especiais.
- Lança edições limitadas de *designs* diferentes duas vezes por ano. Os colecionadores da marca têm o privilégio de comprar um desses modelos. O chamariz é que a fábrica pode produzir apenas 40.000 unidades, embora receba mais de 100.000 pedidos de colecionadores. Ela faz um sorteio para escolher os 40.000 colecionadores que comprarão o relógio.
- A Christie's (casa de leilão) leiloa periodicamente os modelos mais antigos. Um colecionador pagou $ 60.000 por um dos modelos mais raros. Como o Swatch apareceu apenas nos últimos 18 anos, ele atingiu a posição de um dos 'clássicos de nosso tempo".
- Em um museu de Lisboa, há uma exibição de relógios Swatch raros, protegidos com vidro à prova de bala.
- A Swatch possui algumas lojas de varejo. Na famosa Via Monte Napoleone, rua da moda em Milão, a loja Swatch atrai mais visitantes do que qualquer uma das famosas lojas ali existentes. Às vezes, formam-se multidões à porta da loja, sendo necessário um sorteio para selecionar os visitantes: um funcionário, através de alto-falante, anuncia quatro números de 1 a 10 e apenas as pessoas cujos passaportes contenham aqueles números podem entrar para comprar relógios.
- Muitas empresas procuram a Swatch para propor associar sua marca com seus *logos*. Ela autorizou apenas uma vez a Coca-Cola, mas vem recusando os pedidos de outras empresas.

Fica claro que a Swatch vem escrevendo o livro de marketing sobre como construir um ritual de admiração aplicando estilo, *merchandising* e promoção.[13]

## DESENVOLVIMENTO DE UMA ESTRATÉGIA DE POSICIONAMENTO

Vimos que qualquer empresa ou marca pode ser diferenciada. Mesmo no caso de uma *commodity*, a empresa deve ver-se na tarefa de converter um produto indiferenciado em uma oferta diferenciada. Levitt e outros apontaram dezenas de maneiras de diferenciar uma oferta.[14]

Entretanto, nem todas as diferenças de marcas são significativas ou valem a pena. Nem todas as diferenças são diferenciadoras. Cada diferença tem o potencial de

---

13. Veja SWATCH: ambitious. *The Economist*, p. 74-75, 18 Apr. 1992.
14. LEVITT, Theodore. Marketing success through differentiation – of anything. *Harvard Business Review*, Jan./Feb. 1980.

gerar custos para a empresa, bem como benefícios para o consumidor. Além disso, a empresa deve selecionar cuidadosamente as maneiras pelas quais se distinguirá de seus concorrentes. Vale a pena estabelecer uma diferença, à medida que ela satisfaz os seguintes critérios:

- *Importância.* A diferença oferece um benefício altamente valorizado para um número suficiente de compradores.
- *Distintividade.* Quando a diferença não é oferecida pelos concorrentes, ela pode ser oferecida pela empresa de maneira mais distintiva.
- *Superioridade.* A diferença é superior a outras maneiras de obter o mesmo benefício.
- *Comunicabilidade.* A diferença é comunicável e visível aos compradores.
- *Previsibilidade.* A diferença não pode ser facilmente copiada pelos concorrentes.
- *Disponibilidade para a compra.* O comprador dispõe de dinheiro para pagar pela diferença.
- *Rentabilidade.* A empresa constatará que é rentável introduzir a diferença.

Muitas empresas introduziram diferenciações que falharam em um ou mais desses critérios. O hotel Westin Stamford, de Cingapura, anuncia que é o hotel mais alto do mundo. Realmente, isto não é importante para muitos turistas e, pelo contrário, afasta muitos deles. A Polarvision, da Polaroid, que revelava o filme instantaneamente, também fracassou. Embora essa máquina fotográfica fosse distintiva e imprevisível, era inferior a outra maneira de captar movimentos, as videofilmadoras. Quando a Turner Broadcasting System instalou monitores de televisão sintonizados na Cable News Network (CNN) para distrair os compradores aborrecidos nas filas dos caixas, pensou que iria decolar com seu novo Canal *Checkout*. Todavia, muito embora esse produto fosse distintivo e imprevisível, não passou da fase de teste. Os consumidores não estão procurando uma nova fonte de entretenimento nos supermercados. Turner havia pago $ 16 milhões de impostos para legalizar seu Canal *Checkout*.[15]

Não obstante os exemplos acima, Carpenter, Glazer e Nakamoto postulam que as marcas podem, às vezes, ser bem-sucedidas em atributos que *parecem* criar uma diferença significativa no produto, mas que são, realmente, irrelevantes para criar esse benefício. Argumentam que os compradores podem inferir que um atributo distintivo, embora irrelevante, seja, realmente, relevante e valioso. Por exemplo, a Procter & Gamble diferencia seu café instantâneo Folger's através de "cristais floqueados" criados através de um "processo exclusivo e patenteado". A propaganda afirma que o processo melhora o sabor do produto. Na realidade, a forma das partículas de café é irrelevante porque o cristal dissolve-se imediatamente com a água quente e sua área de superfície não afeta o sabor (o que ocorreria se o café fosse fermentado). Outro exemplo é o xampu seda natural Alberto da empresa Alberto Culver. A Alberto Culver diferencia seu produto acrescentando seda ao xampu, divulgando-o com a mensagem "Colocamos seda em uma garrafa", sugerindo que o cabelo da(o) usuária(o) ficará sedoso. Entretanto, um porta-voz da empresa reconhece que a seda, realmente, não faz nada pelo cabelo. Essas campanhas podem ser bem-sucedidas ao agregar valor às diferenças que promovem porque os consumidores inferem o valor dos atributos e não têm maneira de saber se os cristais de café, realmente, melhoram o sabor ou se a seda torna o cabelo mais sedoso. Entretanto, esta estratégia pode ser perigosa a longo prazo se os concorrentes introduzirem benefícios mais fortes ou mais autênticos. Há também o perigo de que grupos de consumidores venham a destacar as falsas qualidades do atributo. As empresas devem levar em consideração a seriedade ética desta prática.[16]

Todas as empresas desejarão promover aquelas poucas diferenças que apelarão mais fortemente a seu mercado-alvo. Em outras palavras, a empresa desejará desenvolver uma estratégia de posicionamento focada.

**POSICIONAMENTO é o ato de desenvolver a oferta e a imagem da empresa, de maneira que ocupem uma posição competitiva distinta e significativa nas mentes dos consumidores-alvos.**

Por exemplo, uma empresa automobilística pode optar pela diferenciação de seus carros na durabilidade, enquanto seus concorrentes podem enfatizar a economia de combustível, conforto ou maciez de dirigir. O resultado final do posicionamento é a criação bem-sucedida de uma proposição de valor focada no mercado, uma declaração simples de porquê o mercado-alvo deve comprar o produto. A Tabela 10.4 mostra como três empresas – Perdue, Volvo e Domino's – definiram sua proposição de valor em função de seus consumidores-alvos, benefícios e preços. (A Domino's mudou sua promessa de entrega em 30 minutos.)

Para adotar a estratégia de posicionamento focada, a empresa deve decidir quantas e que diferenças (por exemplo, benefícios, características) promover a seus consumidores-alvos.

---

15. TRIPLETT, Tim. Consumers show little taste for clear beverages. *Marketing News,* p. 1, 11, 23 May 1994; GROVER, Ronald. Big brother is grocery shopping with you. *Business Week,* p. 60, 29 Mar. 1994.
16. CARPENTER, Gregory S., GLAZER, Rashi, NAKAMOTO, Kent. Meaningful brands from meaningless differentiation: the dependence on irrelevant atttributes. *Journal of Marketing Research,* p. 339-350, Aug. 1994.

**Tabela 10.4** *Exemplos de proposições de valor.*

| EMPRESA/ PRODUTO | CONSUMIDORES-ALVOS | BENEFÍCIOS | PREÇO | PROPOSIÇÃO DE VALOR |
|---|---|---|---|---|
| **Perdue (frango)** | Conscientes da qualidade do frango | Maciez | 10% mais caro | Frango mais macio a preço um pouco mais alto |
| **Volvo (perua)** | Famílias de classe alta preocupadas com segurança | Durabilidade e segurança | 20% mais caro | A perua mais segura e mais durável que sua família pode dirigir |
| **Domino's (pizza)** | Apreciadores de pizza orientados para a conveniência | Rapidez de entrega e boa qualidade | 15% mais caro | Boa pizza quente, entregue em sua porta dentro de 30 minutos após o pedido, a preço moderado |

## Quantas diferenças promover?

Muitas empresas defendem a idéia de promover apenas um benefício para o mercado-alvo. Rosser Reeves disse que uma empresa deve desenvolver uma *proposição única de venda (USP)* para cada marca e enfatizá-la.[17] Assim, o creme dental Crest promove consistentemente sua proteção anticárie e a Mercedes promove sua grande engenharia automotiva. Ries e Trout também são a favor de uma mensagem de posicionamento consistente.[18] Cada marca deve escolher um atributo e promover-se como "número um" naquele atributo. Os compradores tendem a lembrar das mensagens "número um", principalmente em uma sociedade de comunicação excessiva. Para mais informações sobre este tópico, veja a seção *Insight* de Marketing intitulada "'Posicionamento' de acordo com Ries e Trout".

Os posicionamentos "número um" mais comumente promovidos são: "melhor qualidade", "melhor serviço", "preço mais baixo", "melhor valor", "mais seguro", "mais veloz", "mais customizado", "mais conveniente" e "tecnologia mais avançada". Se uma empresa assumir um destes posicionamentos e cumpri-los convincentemente, provavelmente, será mais conhecida e lembrada por sua força. Por exemplo, a Home Depot conquistou a reputação de "melhor serviço entre os varejistas de produtos destinados à melhoria do lar. A empresa criou uma cultura de serviço que tem conquistado os corações e mentes dos consumidores:

**HOME DEPOT** Bernard Marcus, fundador e presidente da Home Depot, afirma que o "evangelho dos serviços" é pregado a seus vendedores nas sessões conhecidas como "Café da manhã com Bernie". Fala-se que Marcus, uma vez, dirigia-se ao escritório situado no fundo de uma de suas lojas quando percebeu uma chave inglesa com a marca Sears Craftsman em uma pilha de itens que os consumidores haviam devolvido. Quando ele reuniu o pessoal de serviços ao consumidor, apanhou a chave inglesa e perguntou quem a havia aceito como devolução, desde que a Home Depot não vendia ferramentas da Sears. Um funcionário nervoso admitiu a culpa, mas Marcus abriu um sorriso e citou o incidente como um grande exemplo de alguém fazendo algo não ortodoxo para agradar um consumidor. Todavia, exemplos de vendedores rompendo normas para servir os consumidores não são ocorrências isoladas na Home Depot. Eles são treinados para dar orientações precisas sobre telhados, instalações elétricas e outros projetos. Esta grande cadeia de varejo é a única a contar com profissionais experientes – como encanadores, eletricistas e carpinteiros – em suas lojas para orientar os consumidores.[19]

Nem todos concordam que o posicionamento de benefício único é sempre o melhor. O *posicionamento de benefício duplo* pode ser necessário se duas ou mais empresas estiverem divulgando ser as melhores no mesmo atributo. A intenção é encontrar um nicho especial dentro do segmento-alvo. Por exemplo, a Steelcase, empresa líder em sistemas de móveis de escritório, diferencia-se de seus concorrentes em dois benefícios: melhor em prazo de entrega e melhor em serviços de instalação. A Volvo posiciona seus automóveis como "mais seguros" e "mais duráveis". Felizmente, estes dois benefícios são compatíveis. Alguém espera que um carro muito seguro deveria também ser muito durável.

Há ainda casos de posicionamento de benefício triplo bem-sucedido. A Smith Kline Beecham promove seu creme dental Aquafresh como oferecendo três benefícios: proteção anticárie, melhor hálito e dentes mais brancos. Claramente, muitas pessoas desejam todos os três

17. REEVES, Rosser. *Reality in advertising.* New York : Alfred Knopf, 1960.
18. Veja RIES, Al, TROUT, Jack. *Positioning*: the battle for your mind. New York : Warner Books, 1982.
19. TREACY, Michael, WIERSEMA, Fred. *The discipline of market leaders.* Reading, MA : Addison-Wesley, 1994. p. 181; KONRAD, Walecia. Cheerleading, and clerks who know awls from augers. *Business Week,* p. 51, 3 Aug. 1992.

## **INSIGHT DE MARKETING**

# "Posicionamento" de acordo com Ries e Trout

A palavra *posicionamento* foi popularizada por dois executivos de propaganda, Al Ries e Jack Trout. Eles vêem o posicionamento como um exercício criativo feito com um produto existente:

> *O posicionamento começa com um produto, uma mercadoria, um serviço, uma empresa, uma instituição e até mesmo uma pessoa... Entretanto, posicionamento não é o que você faz para um produto. Posicionamento é o que você faz para a mente do comprador potencial. Você posiciona o produto na mente deste comprador potencial.*

Ries e Trout argumentam que os produtos atuais têm, geralmente, uma posição distintiva nas mentes dos consumidores. Assim, a Hertz é vista como a maior locadora de automóveis do mundo, a Coca-Cola como a maior empresa de refrigerantes do mundo, o Porsche como um dos melhores carros esportivos do mundo e assim por diante. Estas marcas possuem estas posições e seria difícil para um concorrente roubá-las. Este tem apenas três opções estratégicas.

A primeira é fortalecer sua posição atual na mente dos consumidores. Assim, a Avis assumiu a segunda posição no negócio de locação de automóveis e divulgou intensamente este fato: "Somos a número dois. Estamos tentando melhorar". A 7-Up capitalizou sobre o fato de que não era um refrigerante do tipo cola, divulgando-se como não-cola.

A segunda estratégia é buscar uma posição não ocupada, que seja valorizada por muitos consumidores, e ocupá-la. Assim, o chocolate Three Musketeers começou a divulgar-se como tendo 45% menos de gordura do que a maioria dos outros chocolates do mercado. O United Jersey Bank estava procurando uma forma de concorrer com os gigantescos bancos de New York, como o Citibank e o Chase. Seus profissionais de marketing perceberam que esses bancos eram, geralmente, mais lentos para conceder empréstimos. Eles posicionaram O United Jersey como "o banco mais rápido".

A terceira estratégia é depor ou reposicionar o concorrente. A maioria dos compradores norte-americanos de aparelhos de jantar achava que as porcelanas Lenox e Royal Doulton vinham da Inglaterra. A Royal Doulton veiculou anúncios mostrando que a porcelana Lenox era fabricada em New Jersey, enquanto a sua era fabricada na Inglaterra. De maneira semelhante, a vodca Stolichnaya atacou as marcas Smirnoff e Wolfschmidt apontando que elas eram fabricadas, respectivamente, em Hartford (Connecticut) e Lawrenceburg (Indiana), mas "Stolichnaya é diferente. É russa". O famoso comercial das lanchonetes Wendy, em que uma senhora de 70 anos de idade, chamada Clara, olhava para um hambúrguer concorrente e dizia: "Onde está o bife?". Este anúncio mostrou como um ataque pode desestabilizar a confiança do consumidor no líder de mercado.

Ries e Trout delineiam como marcas similares podem adquirir alguma distintividade em uma "sociedade com excesso de comunicação" onde há tanta propaganda que os consumidores selecionam a maioria das mensagens. Um consumidor pode conhecer apenas sete marcas de refrigerantes, muito embora haja muito mais no mercado. Mesmo assim, a mente, freqüentemente, os identifica sob a forma de *escada de produtos*, como Coca-Cola/Pepsi/RC Cola ou Hertz/Avis/National. A primeira empresa é mais lembrada. A segunda pode obter apenas metade do volume de vendas da primeira e a terceira, metade das vendas da segunda.

As pessoas tendem a se lembrar sempre da *número um*. Por exemplo, quando nos perguntarem "Quem foi a primeira pessoa a sobrevoar o oceano Atlântico?", responderemos "Charles Lindbergh". Quando nos perguntarem "Quem foi a segunda pessoa a fazer isso?", ficaremos sem resposta. É por isso que as empresas lutam para ocupar a posição número um. Ries e Trout apontam que a posição "tamanho" pode ser mantida apenas por uma marca. O que vale é atingir a posição número um ao longo de algum atributo de valor, não necessariamente "tamanho". Assim, a 7-Up é a número um dos refrigerantes não-cola, o Porsche é a número um em carros esportivos pequenos e a Dial é a número um em sabonetes desodorantes. O profissional de marketing deve identificar um atributo ou benefício importante que possa ser conquistado pela marca, de modo convincente.

Uma quarta estratégia, não mencionada por Ries e Trout, pode ser chamada estratégia de clube exclusivo. Ela pode ser desenvolvida por uma empresa quando a posição número um ao longo de alguns atributos significativos não pode ser atingida. Por exemplo, uma empresa pode promover a idéia de que é uma das Três Grandes. Esta idéia foi inventada pela Chrysler, terceira maior empresa automobilística norte-americana. (A líder de mercado nunca inventa este conceito.) A implicação é que aqueles pertencentes ao clube são os "melhores".

Essencialmente, Ries e Trout lidam com estratégias de comunicação para posicionar ou reposicionar uma marca na mente do consumidor. Todavia, eles acrescentariam que o posicionamento exige o desenvolvimento de cada aspecto tangível do produto, preço, distribuição e promoção para dar consistência à estratégia escolhida.

**Fonte:** RIES, Al, TROUT, Jack. *Positioning*: the battle for your mind. New York : Warner Books, 1982.

atributos e o desafio é convencê-los de que a marca oferece todos eles. A solução da Smith Kline foi criar um creme dental que sai do tubo em três cores diferentes, confirmando, visualmente, os três benefícios. Fazendo isto, a empresa "contra-segmentou", isto é, atraiu três segmentos em vez de um.

À medida que as empresas aumentam o número de apelos para suas marcas, correm o risco de ser desacreditadas e de perderem um posicionamento claro. Em geral, uma empresa deve evitar quatro grandes erros de posicionamento:

- *Subposicionamento.* Algumas empresas descobrem que os compradores têm apenas uma vaga idéia da marca. Realmente, eles não têm nenhuma percepção especial sobre ela. A marca é vista apenas como mais uma no mercado saturado. Quando a Pepsi lançou a marca Crystal Pepsi transparente no mercado, os consumidores não ficaram impressionados. Para eles, "transparência" não representava nenhum benefício importante em um refrigerante.[20]
- *Superposicionamento.* Os compradores podem ter uma imagem muito estreita sobre a marca. Assim, um consumidor pode pensar que o preço mais baixo dos anéis de diamantes da Tiffany é $ 5.000, quando na verdade eles estão ao alcance daqueles que dispõem de $ 900.
- *Posicionamento confuso.* Os compradores podem ter uma imagem confusa da marca, resultante de muitos apelos de propaganda ou de freqüente mudança de seu posicionamento. Este foi o caso do poderoso computador NeXT de Stephen Jobs, posicionado, primeiro, para estudantes, depois, para engenheiros e, finalmente, para uso comercial, todas tentativas sem sucesso.[21]
- *Posicionamento duvidoso.* Os compradores podem constatar que é difícil acreditar nos apelos de propaganda da marca, tendo em vista suas características, preço ou fabricante do produto. Quando a divisão Cadillac da GM introduziu o Cimarron, posicionou-o como um carro de luxo para concorrer com o BMW, Mercedes e Audi. Embora com bancos de couro, bagageiro, peças cromadas e um *logo* Cadillac estampado sobre o chassis, os consumidores viram o carro como uma mera versão extravagante do Cavalier, da Chevy, e do Firenza, da Oldsmobile. Embora o carro fosse posicionado como "o melhor dos melhores", os consumidores o viam como "o pior dos melhores".[22]

A vantagem de resolver o problema de posicionamento é que ele habilita a empresa a resolver o problema de composto de marketing. O composto de marketing – produto, preço, praça (distribuição) e promoção – consiste, essencialmente, na elaboração dos detalhes táticos da estratégia de posicionamento. Assim, uma empresa que conquista a "posição de alta qualidade" sabe que deve fabricar produtos de alta qualidade, cobrar um preço elevado, distribuir através de revendedores de alta classe e anunciar em revistas conceituadas. Este é o principal meio para projetar uma imagem consistente de alta qualidade e credibilidade.

Como as empresas devem escolher uma posição? Responderemos a esta pergunta com os seguintes exemplos:

Uma empresa de parques temáticos deseja construir um novo parque na área de Los Angeles para atrair o considerável número de turistas que chegam à cidade para visitar a Disneylândia e outras atrações turísticas. Atualmente, sete parques temáticos operam na área de Los Angeles: Disneylândia, Magic Mountain, Knott's Berry Farm, Busch Gardens, Japanese Deer Park, Marineland of the Pacific e Lion Country Safari. A administração de todos os parques existentes precisam saber como posicionar-se em relação ao novo concorrente.

O novo concorrente costumava usar o seguinte procedimento para decidir sobre seu posicionamento. Mostrava aos consumidores uma série formada por três parques (por exemplo, Busch Gardens, Japanese Deer Park e Disneylândia) e pedia-lhes para escolher as duas atrações mais similares e as duas menos similares. Uma análise estatística possibilitou a preparação do *mapa de percepção* mostrado na Figura 10.3.

O mapa apresenta duas características. Os sete pontos indicam as atrações turísticas. Quanto mais próximas as atrações, mais similares elas estão situadas nas mentes dos turistas. Assim, a Disneylândia e a Magic Mountain são percebidas como similares, enquanto a Disneylândia e a Lion Country Safari são percebidas como diferentes.

O mapa também mostra nove satisfações que as pessoas procuram em atrações turísticas. Elas são indicadas pelas setas. A Marineland of the Pacific é percebida pelos consumidores como exigindo "menor tempo de espera". Assim, está mais próxima da linha imaginária da seta de "pouca espera". Os consumidores consideram o Busch Garden como a atração mais econômica.[23]

Usando as informações do mapa de percepção, a empresa de parques temáticos pode reconhecer as dife-

20. CLANCY, Kevin J., SHULMAN, Robert S. *Marketing myths that are killing business*: the cure for death wish marketing. New York : McGraw-Hill, 1994. p. 83-85; POWER, Christopher. Power, "flops". *Business Week*, p. 76-82, 16 Aug. 1993.
21. Veja CLANCY, SHULMAN. Op. cit.
22. TUCKER, Robert B. *Win the value revolution*. Franklin Lakes, NJ : Career Press, 1995. p. 159-160.
23. Veja STUMPF, Robert V. The market structure of the major tourist attractions in southern California. In: *Proceedings of the 1976 Sperry Business Conference*. Chicago : American Marketing Association. p. 101-106.

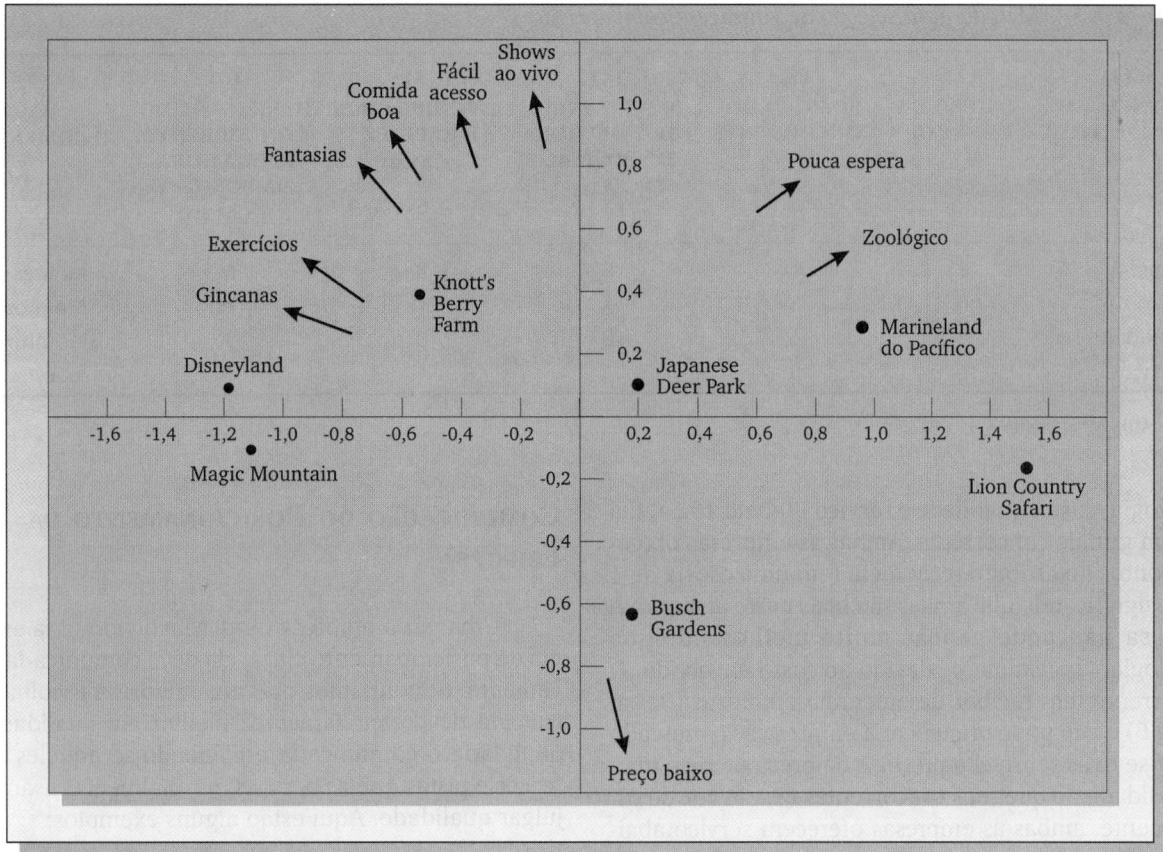

**Figura 10.3**  *Mapa de percepção.*

rentes estratégias de posicionamento que os parques concorrentes de Los Angeles podem adotar:[24]

- *Posicionamento por atributo.* Ocorre quando uma empresa posiciona-se em um atributo como tamanho, anos de existência e assim por diante. Por exemplo, a Disneylândia pode anunciar-se como o maior parque temático do mundo.
- *Posicionamento por benefício.* Aqui, o produto é posicionado como líder em determinado benefício. Por exemplo, o Knott's Berry Farm pode tentar posicionar-se como parque temático para as pessoas que buscam uma experiência de fantasia, como viver no velho oeste, famoso pelos caubóis.
- *Posicionamento por uso/aplicação.* Envolve posicionar o produto como o melhor para algum uso ou aplicação. O Japanese Deer Park pode posicionar-se junto aos turistas que podem passar apenas algumas horas e deseja entretenimento rápido e tranqüilo.
- *Posicionamento por usuário.* É a situação em que o produto é posicionado como o melhor para algum grupo de usuários. Por exemplo, o Magic Mountain pode divulgar-se como parque temático para "quem busca emoções fortes".

- *Posicionamento por concorrente.* Aqui, o produto é posicionado como melhor em relação a determinado concorrente. Por exemplo, o Lion Country Safari pode anunciar-se como tendo maior variedade de animais do que o Japanese Deer Park.
- *Posicionamento por categoria de produto.* Neste caso, o produto é posicionado como líder em determinada categoria de produto. Por exemplo, o Mariland of the Pacific pode posicionar-se como "instituição educacional", e não como "parque temático recreativo".
- *Posicionamento por qualidade/preço.* Situação em que o produto é posicionado como oferecendo o maior valor. Por exemplo, o Busch Garden pode posicionar-se como o "maior valor" pelo dinheiro gasto (oposto a posicionamentos como "alta qualidade/preço alto" ou "preço mais baixo").

## Que diferenças promover?

Suponhamos que uma empresa tenha identificado quatro plataformas alternativas de posicionamento:

---

24. WIND, Yoram J. *Product policy*: concepts, methods and strategy. Reading, MA : Addison-Wesley, 1982. p. 79-81; e AAKER, David., SHANSBY, J. Gary. Positioning your product. *Business Horizons,* p. 56-62, May/June 1982.

**Tabela 10.5** *Método para seleção de vantagem competitiva.*

| (1) VANTAGEM COMPETITIVA | (2) POSIÇÃO DA EMPRESA | (3) POSIÇÃO DO CONCORRENTE | (4) IMPORTÂNCIA PARA MELHORA DA POSIÇÃO (A-M-B)* | (5) DISPONIBILIDADE E RAPIDEZ (A-M-B) | (6) HABILIDADE DO CONCORRENTE P/ MELHORA DA POSIÇÃO (A-M-B) | (7) AÇÃO RECOMENDADA |
|---|---|---|---|---|---|---|
| Tecnologia | 8 | 6 | B | B | M | Manter |
| Custo | 6 | 8 | A | M | M | Monitorar |
| Qualidade | 8 | 6 | B | B | A | Monitorar |
| Serviço | 4 | 3 | A | A | B | Investir |

\* A = Alta, M = Média e B = Baixa

tecnologia, custo, qualidade e serviço (Tabela 10.5). Ela tem um grande concorrente. Ambas as empresas obtêm oito pontos no atributo tecnologia (em uma escala de 1 a 10), significando que ambas são boas neste atributo. A empresa não pode ganhar muito melhorando sua tecnologia, especialmente devido ao custo envolvido. O concorrente tem melhor desempenho em custo (8, em vez de 6) e isto pode prejudicar a empresa se o mercado tornar-se mais sensível a preço. A empresa oferece maior qualidade do que seus concorrentes (8, em vez de 6). Finalmente, ambas as empresas oferecem serviço abaixo da média.

Pode parecer que a empresa deve centrar-se em custo ou em serviço para melhorar seu apelo de mercado em relação ao concorrente. Entretanto, surgem outras considerações. A primeira diz respeito à importância que os consumidores-alvos atribuem a cada um desses atributos. A coluna 4 indica que melhorias em custo e serviço seriam de grande importância para eles. A segunda considera se as empresas têm condições de fazer as melhorias, e em que rapidez. A coluna 5 mostra que melhorar o serviço seria viável e rápido. Contudo, o concorrente poderia também estar em condições de melhorar o serviço. A coluna 6 mostra que a habilidade do concorrente para melhorar o serviço é baixa, talvez por não acreditar em serviço ou por não ter condições financeiras para isso. Assim, a coluna 7 mostra as ações apropriadas a serem tomadas com respeito a cada atributo. A ação que faz mais sentido é a empresa melhorar seus serviços e promover as melhorias como benefício secundário. Serviço é importante para os consumidores; a empresa pode estar em condições de melhorar seu serviço e fazê-lo com rapidez, e o concorrente, provavelmente, não vai alcançá-la. Esta foi a conclusão que a Monsanto chegou em um de seus mercados de produtos químicos. Ela contratou imediatamente mais funcionários de assistência técnica e quando eles estavam treinados e prontos, promoveu-se como "líder em serviços técnicos".

## COMUNICAÇÃO DO POSICIONAMENTO DA EMPRESA

Uma vez a empresa ter desenvolvido uma estratégia de posicionamento clara, ela deve comunicá-la efetivamente. Suponhamos que uma empresa escolha a estratégia de posicionamento "melhor em qualidade". A qualidade é comunicada escolhendo-se aqueles sinais físicos e pistas que as pessoas, normalmente, usam para julgar qualidade. Aqui estão alguns exemplos:

Um fabricante de máquinas para cortar grama divulga que seu produto é "poderoso" e usa motor barulhento porque os compradores acham que o barulho identifica as máquinas mais poderosas.

Um fabricante de caminhões pinta o chassis, não porque a pintura seja necessária, mas porque ela transmite idéia de qualidade.

Um fabricante de automóveis reforça as portas de seus carros porque muitos compradores as batem com força para testar se o veículo é bem construído.

O Ritz Carlton Hotels mostra alta qualidade na maneira que atende às ligações telefônicas. Seus funcionários são treinados para atender, com voz agradável, no máximo no terceiro soar da campainha. Dentro do possível, devem evitar transferir ligações e demonstrar conhecimento amplo de todas as informações do hotel.[25]

Qualidade é também comunicada através de outros elementos de marketing. Geralmente, um preço elevado assinala para os compradores um produto de alta qualidade. A imagem de qualidade do produto é tam-

---

25. GALAGAN, Patricia. Putting on the Ritz. *Training and Development*, p. 41-45, Dec. 1993.

bém afetada pela embalagem, distribuição, propaganda e promoção. Aqui estão alguns casos em que uma imagem de qualidade da marca foi prejudicada:

Uma marca bem conhecida de alimentos congelados perdeu sua imagem de prestígio por estar freqüentemente em oferta.

A imagem de uma cerveja especial foi prejudicada quando passou a ser vendida em latas.

Um aparelho de televisão altamente conceituado perdeu sua imagem de qualidade quando as lojas de atacado que vendem no varejo passaram a vendê-lo.

A Kraft General Foods usou grãos de qualidade inferior no café Maxwell House, anunciado como "bom até a última gota", levando os consumidores leais a procurar outra marca.

A reputação do fabricante também contribui para a percepção de qualidade. Certas empresas são obstinadas por qualidade. Os consumidores esperam que os produtos Nestlé e IBM sejam bem fabricados. Empresas inteligentes tentam comunicar sua qualidade aos compradores e garantem que essa qualidade será entregue ou seu dinheiro será devolvido.

## RESUMO

1. Em um setor industrial competitivo, a chave para a vantagem competitiva é a diferenciação de produto. Uma oferta de mercado pode ser diferenciada ao longo de cinco dimensões: produto (características, qualidade de desempenho, qualidade de conformidade, durabilidade, confiabilidade, facilidade de conserto, estilo, *design*), serviços (facilidade de pedido, entrega, instalação, treinamento do consumidor, orientação do consumidor, manutenção e conserto e serviços diversos), pessoal, canal ou imagem (símbolos, mídia escrita e audiovisual, atmosfera e eventos). Vale a pena estabelecer uma diferença na extensão em que ela é importante, distintiva, superior, comunicável, imprevisível, comprável e rentável.

2. Muitas empresas defendem a promoção de apenas um benefício de produto, criando, assim, uma proposição única de venda. As pessoas tendem a lembrar-se do "número um". Mas o posicionamento de benefício duplo e triplo pode também ser bem-sucedido, desde que as empresas adotem providências para não subposicionar, superposicionar ou criar posicionamento confuso ou duvidoso.

3. Uma vez a empresa ter desenvolvido uma estratégia de posicionamento clara, deve comunicar esse posicionamento efetivo via composto de marketing.

## APLICAÇÕES CONCEITUAIS

1. Que tipos de "atmosferas" os restaurantes usam para projetar uma imagem desejada? Selecione três restaurantes em sua cidade que apelam a segmentos de mercado diferentes. Que estratégias de posicionamento eles usam para atrair sua clientela-alvo? Como eles empregam a "atmosfera" para enriquecer a imagem que desejam projetar? Você observa quaisquer inconsistências entre as estratégias de posicionamento que os restaurantes estão tentando projetar e suas operações reais?

2. O posicionamento não representa tanto o que o produto é, mas como uma empresa deseja que seus consumidores-alvos o percebam. A empresa pode escolher entre várias estratégias de posicionamento. Associe a estratégia de posicionamento da coluna I com seu exemplo específico da coluna II.

| (I) ESTRATÉGIA DE POSICIONAMENTO | (II) EXEMPLO |
|---|---|
| 1. *Posicionamento por atributo.* Associar um produto a uma característica especial valorizada pelo consumidor. | a. "O cartão Master Card é o mais aceito nos restaurantes." |
| 2. *Posicionamento por benefício.* Associar um produto a um benefício específico esperado pelo consumidor. | b. "Head & Shoulders" é o melhor xampu para as pessoas com caspa." |
| 3. *Posicionamento por uso/aplicação.* Associar o produto ao uso ou aplicação. | c. "O desempenho dos caminhões Chevy é superior aos da Ford." |
| 4. *Posicionamento por usuário.* Associar um produto ao usuário ou classe de usuários. | d. "Os relógios Timex 'apanham' mas não perdem a pose'". |
| 5. *Posicionamento por concorrente.* Identificar o produto usando um concorrente como ponto de referência. | e. "Prefira L'Oreal. Custa um pouco mais, mas vale a pena". |
| 6. *Posicionamento por categoria de produto.* Associar o produto com outros de uma classe de produtos similares. | f. "7-Up é o refrigerante não-cola. É mais leve e mais refrescante". |
| 7. *Posicionamento por qualidade/preço.* Usar o preço como argumento de qualidade superior. A maior qualidade é refletida em mais características e/ou mais serviços. | g. "Uma caixinha de bicarbonato de sódio Arm & Hammer no refrigerador elimina o mau cheiro". |

3. Defina os seguintes conceitos e descreva como eles se relacionam entre si:
   a. Imagem
   b. Posição
   c. Percepção do consumidor
   d. Características do produto
   e. Vantagem competitiva
   f. Estratégia de posicionamento
4. A seguir, estão descritos quatro exemplos de erros de posicionamento: subposicionamento, superposicionamento, posicionamento confuso e posicionamento duvidoso. Que exemplo corresponde a cada erro de posicionamento? Dê outro exemplo de cada tipo de erro.
   a. Os compradores não acreditam nos anúncios da Ford, afirmando que seu modelo LTD é tão silencioso quanto um Rolls Royce. Eles não acreditam que Jacqueline Smith usa roupas compradas nos varejos de massa Kmart.

   b. As pessoas não têm, realmente, uma idéia sobre quais os atributos da Royal Crown Cola.
   c. Os anúncios da soda Dr. Pepper mudaram tanto no decorrer dos anos que a empresa nunca estabeleceu uma imagem de seu refrigerante nas mentes dos consumidores.
   d. A Levi Strauss, conhecida por seus *jeans*, encontrou alguns problemas quando tentou anunciar roupas com três preços diferentes para sua linha de produto.
5. Analise o seguinte mapa de percepção e decida como você reposicionaria o sabonete Lever 2000 baseado no posicionamento competitivo. Este mapa mostra o perfil do setor de sabonetes. (Os dados foram criados apenas com o propósito de demonstração.) Como você compararia o grau de consciência de sua marca em relação à marca concorrente? Que erro de posicionamento sua marca pode estar enfrentando?

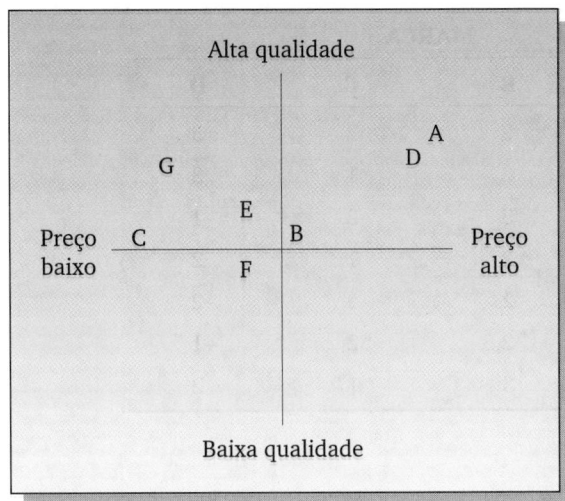

| MARCA | CONSCIÊNCIA DE MARCA |
|---|---|
| A = Dove | 77% |
| B = Lever 2000 | 35 |
| C = Dial | 60 |
| D = Camay | 68 |
| E = Ivory | 74 |
| F = Caress | 52 |
| G = Safeguard | 59 |

6. Uma equipe de desenvolvimento de novos produtos da Colgate-Palmolive está desenvolvendo um novo alvejante seco. Está considerando cada uma das sete opções de posicionamento utilizadas pela empresa de parques temáticos, descritas neste capítulo. Para cada opção, descreva como a empresa pode desenvolver o produto e comunicar seu posicionamento ao mercado. Após determinar a posição, tente sugerir um nome para o produto.

7. Ao realizar uma pesquisa de marketing, a R. J. Reynolds Tobacco Company constatou que os afro-americanos tendem a preferir um sabor mentolado mais leve em seus cigarros. Como resultado, a empresa começou a desenvolver um produto para esse nicho. Quando o novo cigarro (chamado Uptown) ficou pronto para o teste de mercado, começou o furor. Vários grupos de direitos civis e o Secretário da Saúde e Serviços Humanos, Louis W. Sullivan, sustentaram que o novo cigarro – destinado especificamente aos afro-americanos – traria mais doença, sofrimento e morte a um grupo que já enfrentava muitos problemas de saúde. Entretanto, muitos anúncios de cigarros, particularmente os mentolados, já usavam modelos afro-americanos (veja a Figura abaixo) e a RJR estava surpresa de ser a única criticada. Em resposta à manifestação pública, a empresa retirou o novo produto do mercado.

Discuta as implicações éticas e sociais deste caso. Que implicações a retirada do Uptown do mercado teve para os cigarros Virginia Slims (baixos teores)? Sabendo-se que as revistas destinadas à comunidade afro-americana obteriam grandes somas do orçamento de propaganda da RJR se o cigarro fosse vendido, quais seriam suas reações? Há circunstâncias em que a propaganda de um produto legal a um grupo adulto deve ser restrita?

8. Quatro marcas de máquinas de lavar foram comparadas em relação a sete dimensões. A avaliação mais alta em dada dimensão é de + 5; a mais baixa possível é de – 5. Crie um mapa de percepção de duas dimensões para as marcas A, B, C e D. (Você precisará classificar as dimensões em duas categorias: "eficácia de lavagem" e "qualidade do serviço".)

| ATRIBUTO | MARCA | | | |
|---|---|---|---|---|
| | A | B | C | D |
| Lavagem e centrifugação | –2 | 2 | 2 | 3 |
| Controle da temperatura da água | –1 | 2 | 1 | 3 |
| Freqüência de conserto | 2 | 3 | 2 | –1 |
| Exigência de sabão | –3 | 2 | 1 | 2 |
| Disponibilidade de assistência técnica | 1 | 2 | 1 | –2 |
| Garantia | 1,5 | 2,5 | 2 | –1 |
| Capacidade máxima de roupa | –2 | 3 | 1 | 2 |

# 11 Desenvolvimento de Novos Produtos

*Enquanto os grandes dispositivos são inventados em laboratórios, grandes produtos são inventados no Departamento de Marketing.*

WILLIAM H. DAVIDOW

*As grandes idéias necessitam de trem de pouso e de asas.*

ANÔNIMO

Uma vez a empresa ter segmentado cuidadosamente o mercado, escolhido seus grupos de consumidores-alvo, identificado suas necessidades e determinado seu posicionamento de mercado desejado, ela está preparada para desenvolver e lançar novos produtos apropriados. A administração de marketing desempenha um papel-chave nesse processo. Em vez de deixar que o departamento de pesquisa e desenvolvimento desenvolva novos produtos, marketing participa ativamente com outros departamentos de todos os estágios do processo de desenvolvimento do produto.

Toda empresa deve empenhar-se no desenvolvimento de novos produtos. Devem ser encontrados produtos substitutos para manter ou desenvolver futuras vendas. Além disso, os consumidores desejam novos produtos e os concorrentes farão o possível para fornecê-los. A cada ano, cerca de 16.000 novos produtos (incluindo extensões de linha e novas marcas) são introduzidos em supermercados, mercearias e *drugstores*.

Uma empresa pode acrescentar novos produtos através da aquisição e/ou desenvolvimento. O processo de aquisição pode tomar três formas. A empresa pode comprar outras empresas, adquirir patentes ou adquirir uma licença ou franquia.

O processo de desenvolvimento de novos produtos também pode tomar três formas. A empresa pode desenvolvê-los em seus próprios laboratórios ou contratar pesquisadores independentes ou empresas especializadas para desenvolver produtos específicos.

A empresa de consultoria Booz, Allen & Hamilton identificou seis categorias de novos produtos em termos de sua novidade para a empresa e para o mercado:[1]

- *Produtos novos para o mundo.* Novos produtos que criam um mercado totalmente novo.
- *Novas linhas de produtos.* Novos produtos que permitem que uma empresa penetre em um mercado já existente pela primeira vez.
- *Acréscimos às linhas de produtos já existentes.* Novos produtos que complementam as linhas de produtos de uma empresa (tamanhos de embalagem, sabores e assim por diante).
- *Melhorias/revisões de produtos existentes.* Novos produtos que melhoram o desempenho ou aumentam a percepção de valor e substituem produtos existentes.
- *Reposicionamento.* Produtos existentes que são colocados em novos mercados ou em novos segmentos.
- *Reduções de custo.* Novos produtos que apresentam desempenho semelhante a custo mais baixo.

Apenas 10% dos novos produtos são verdadeiramente inovadores e novos para o mundo. Esses produtos envolvem custos e riscos maiores porque são novos para a empresa e para o mercado. Assim, a maior parte da atividade de novos produtos é destinada a melhorar os produtos existentes. Na Sony, cerca de 80% da atividade de novos produtos é destinada a modificar e melhorar seus produtos existentes.

Em razão do desenvolvimento de novos produtos ser a fonte de vida do futuro da empresa, este capítulo examina as seguintes questões:

- **Que desafios uma empresa enfrenta ao desenvolver novos produtos?**

1. *NEW products management for the 1980s.* New York : Booz, Alllen & Hamilton, 1982.

- **Que estruturas organizacionais são usadas para administrar o desenvolvimento de novos produtos?**
- **Quais os principais estágios do desenvolvimento de novos produtos e como eles podem ser melhor administrados?**

- **Que fatores afetam a taxa de difusão e adoção do consumidor em relação aos novos produtos lançados no mercado?**

## DESAFIOS NO DESENVOLVIMENTO DE NOVOS PRODUTOS

Dada a intensa concorrência de hoje, as empresas que falham no desenvolvimento de novos produtos estão expondo-se a grande risco. Seus produtos existentes são vulneráveis às mudanças das necessidades e gostos dos consumidores, às novas tecnologias, aos ciclos de vida dos produtos mais curtos e ao aumento da concorrência doméstica e estrangeira.

Ao mesmo tempo, o desenvolvimento de novos produtos é arriscado. A Texas Instruments perdeu $ 660 milhões antes de abandonar o negócio de microcomputadores, a RCA perdeu $ 500 milhões com seu malsucedido toca-disco à *laser*, a Ford perdeu $ 250 milhões no fracassado modelo Edsel, a Du Pont perdeu uma quantia estimada em $ 100 milhões com o couro sintético denominado Corfam e a empresa aérea francesa Concorde jamais recuperará seus investimentos.[2]

Novos produtos continuam fracassando a uma taxa impressionante. Na área de bens de consumo embalados (consistindo na maioria das extensões de linhas), esta taxa é estimada em 80%.[3] Clancy e Shulman acreditam que a mesma alta taxa de fracasso afeta novos produtos financeiros e serviços, como cartões de crédito, planos de seguro de vida e serviços de corretagem.[4] Cooper e Kleinschmidt estimam que cerca de 75% dos novos produtos fracassam no lançamento.[5]

Por que os novos produtos fracassam? Vários fatores podem ser responsáveis por isso:

- Um executivo da alta administração pode forçar uma idéia favorita, apesar das constatações negativas da pesquisa de marketing.
- A idéia é boa, mas o tamanho do mercado é superestimado.
- O produto não é bem desenhado.
- O novo produto foi posicionado incorretamente no mercado, não foi divulgado eficazmente ou foi cobrado muito caro.

- Os custos de desenvolvimento são superiores ao esperado.
- A reação da concorrência e maior do que o previsto.

Além disso, vários outros fatores prejudicam o desenvolvimento de novos produtos:

- *Escassez de idéias importantes de novos produtos em certas áreas.* Pode haver poucas maneiras para melhorar alguns produtos básicos como aço, sabão em pó etc.
- *Mercados fragmentados.* A concorrência aguçada está levando à fragmentação do mercado. As empresas têm que dirigir seus novos produtos para segmentos de mercados menores, o que significa menores vendas e lucros para cada produto.
- *Restrições societais e governamentais.* Os novos produtos têm que satisfazer critérios públicos como segurança do consumidor e compatibilidade ecológica. As exigências governamentais têm retardado a inovação no setor de medicamentos e complicando os *designs* de produtos e as decisões de propaganda em setores como equipamentos industriais, produtos químicos, automóveis e brinquedos.
- *Aumento do custo de desenvolvimento de novos produtos.* Tipicamente, uma empresa tem que gerar muitas idéias de novos produtos para escolher algumas delas. Além disso, a empresa tem que enfrentar custos crescentes de pesquisa e desenvolvimento, produção e marketing.
- *Escassez de capital.* Algumas empresas com boas idéias não podem captar os recursos financeiros necessários para pesquisá-las.
- *Tempo mais rápido de desenvolvimento.* Provavelmente, muitos concorrentes têm a mesma idéia, e a vitória, freqüentemente, caberá aos mais rápido. As empresas alertas comprimem o tempo de desenvolvimento usando CAD (*design* assistido por computador) e técnicas de produção (veja a seção Visão 2000 no final deste capítulo), parcerias estratégicas, testes de conceito antecipados e planejamento de

2. POWER, Christopher. Flops. *Business Week,* p. 76-82, 16 Aug. 1993.
3. Citado em CLANCY, Kevin J., SHULMAN, Robert S. *The marketing revolution*: a radical manifesto for dominating the marketplace. New York : Harper Business, 1991. p. 6.
4. CLANCY, SHULMAN. Op. cit.
5. COOPER, Robert G., KLEINSCHMIDT, Elko J. *New products*: the key factors in success. Chicago : American Marketing Association, 1990.

marketing avançado. Também estão usando um novo tipo de desenvolvimento de produto denominado *desenvolvimento de novo produto concorrente*, em que equipes interfuncionais trabalham em conjunto para "empurrar" novos produtos para o desenvolvimento e no mercado. Se uma área funcional encontra algum obstáculo, ela trabalha para resolver o problema enquanto o restante da equipe segue em frente. O desenvolvimento de produtos concorrentes lembra uma partida de *rugby*, em vez de uma corrida de revezamento, com os membros das equipes "passando" o novo produto para frente e para trás, à medida que procuram o gol. Por exemplo, a Allen-Bradley Company (fabricante de controles industriais) desenvolveu recentemente um novo dispositivo de controle elétrico em apenas dois anos. No antigo sistema, o processo levaria seis anos. (Para mais detalhes sobre a importância da rapidez para o mercado, veja a discussão de turbomarketing apresentada no capítulo anterior.)

- *Ciclos de vida dos produtos mais curtos.* Quando um novo produto é bem-sucedido, os rivais são tão rápidos em copiá-lo que seu ciclo de vida se torna consideravelmente mais curto. Agora, a Matsushita e outros rivais copiam produtos em seis meses, deixando pouco tempo para a Sony recompor seus investimentos.

Dados esses desafios, o que uma empresa pode fazer para assegurar o sucesso de seus novos produtos? Cooper e Kleinschmidt constataram que o fator número um de sucesso é o produto ser superior e único (por exemplo, melhor qualidade, novas características, maior valor de uso e assim por diante). Os produtos com vantagem superior são bem-sucedidos em 98% das vezes, comparados aos de vantagem moderada (58% de sucesso) ou aos de vantagem mínima (18% de sucesso). Outro fator-chave de sucesso é um conceito de produto bem definido antes da fase de desenvolvimento. A empresa definiu e avaliou cuidadosamente o mercado-alvo, as exigências do produto e seus benefícios antes de fabricá-lo. Outros fatores de sucesso são sinergia tecnológica e de marketing, qualidade de execução em todos os estágios e atratividade de mercado.[6]

Madique e Zirger, em um estudo separado sobre lançamentos de produtos bem-sucedidos no setor eletrônico, encontraram oito fatores que contribuem para o sucesso de novos produtos. Eles constataram que o sucesso no lançamento de novos produtos é maior quanto mais profundo for o entendimento da empresa sobre as necessidades dos consumidores, maior a relação desempenho/custo, mais cedo o produto ser lançado antes do concorrente, maior a margem de contribuição esperada, maior o gasto em propaganda de lançamento, maior o apoio da alta administração e maior o trabalho interfuncional da equipe de trabalho.[7]

O aspecto da equipe de trabalho é particularmente importante. O desenvolvimento de novos produtos é mais eficaz quando há trabalho conjunto entre pesquisa e desenvolvimento, engenharia, produção, compras, marketing e finanças, desde o início. A idéia de produto deve ser pesquisada do ponto de vista de marketing e uma equipe interfuncional específica deve orientar o projeto no decorrer de seu desenvolvimento. Estudos de empresas japonesas mostram que o sucesso de seus novos produtos é atribuído em grande parte à utilização de equipe de trabalho interfuncional. Também é de grande importância o fato de que essas empresas convidam os consumidores no estágio inicial de desenvolvimento para obterem seus pontos de vista.

## ARRANJOS ORGANIZACIONAIS EFICAZES

O sucesso no desenvolvimento de novos produtos exige que a empresa estabeleça uma organização eficaz para administrar o processo de desenvolvimento de novos produtos. Uma organização eficaz começa com sua alta administração.

O envolvimento da alta administração é imprescindível para o sucesso dos novos produtos. O desenvolvimento de novos produtos exige da administração a definição dos domínios do negócio e das categorias de produtos que a empresa deseja enfatizar. Assim, a alta administração deve estabelecer critérios específicos de aceitação das idéias de novos produtos, especialmente nas grandes empresas muldivisionais. Por exemplo, a Gould Corporation estabeleceu o seguinte critério de aceitação:

- O produto pode ser lançado dentro de cinco anos.
- O produto tem potencial de mercado de pelo menos $ 50 milhões e uma taxa de crescimento de 15%.
- O produto proporcionará pelo menos 30% de retorno sobre as vendas e 40% de retorno sobre os investimentos.
- O produto atingirá liderança técnica ou de mercado.

Uma importante decisão que a alta administração enfrenta é que orçamento destinar ao desenvolvimento de um novo produto. Os resultados de pesquisa e desenvolvimento são tão incertos que é difícil usar critérios de investimentos para a alocação orçamentária. Algumas empresas resolvem esse problema estimulando e financiando o maior número possível de projetos, esperando obter alguns produtos vitoriosos. Outras empresas estabelecem o orçamento de pesquisa e desenvolvimento

6. COOPER, Roberg G., KLEINSCHMIDT, Elko J. *New products*: the key factors in success. Chicago : American Marketing Association, 1990.
7. MADIQUE, Modesto A., ZIRGER, Bille Jo. A study of success and failure in product innovation: the case of the US. eletronics industry. *IEE Transactions on Engineering Management,* p. 192-203, Nov. 1984.

aplicando uma porcentagem convencional sobre o faturamento ou gastando o que o concorrente gasta. Ainda outras decidem quanto os novos produtos precisam vender para estimar o investimento exigido em pesquisa e desenvolvimento.

A empresa norte-americana mais conhecida pelo compromisso na pesquisa e desenvolvimento de novos produtos é a 3M Company, de Minneapolis:

**3M**  A Minnesota Mining and Manufacturing (3M) fabrica mais de 60.000 produtos, incluindo lixas, adesivos, disquetes de computador, lentes de contato e blocos de anotações Post-It. Cada ano, a empresa lança mais de 200 produtos novos. Sua meta pouco modesta de faturar $ 13 bilhões por ano implica que 25% do faturamento de suas 40 divisões deve proceder dos novos produtos lançados há menos de cinco anos. Geralmente, ela é bem-sucedida! Aqui estão as principais características da abordagem de inovação da 3M:

- A empresa encoraja todos, não apenas seus engenheiros, para se tornarem "campeões de produto". A "regra 15%" da empresa permite que todos os funcionários destinem 15% de seu tempo trabalhando em projetos de interesse pessoal.
- Cada nova idéia promissora é colocada nas mãos de uma equipe multidisciplinar liderada por um "executivo campeão".
- Ela espera alguns fracassos e aprendizagens a partir das experiências. Seu *slogan* é: "Você precisa beijar muitos sapos para encontrar um príncipe."
- Todos os anos, é atribuído o prêmio *Golden Step* às equipes cujos novos produtos venderam mais de $ 2 milhões nos Estados Unidos ou $ 4 milhões no mundo, dentro de três anos do lançamento comercial.

A Tabela 11.1 mostra como uma empresa pode calcular o custo do desenvolvimento de novos produtos. O gerente de novos produtos de uma grande empresa de bens de consumo embalados analisou os resultados de 64 idéias de novos produtos. Apenas uma em quatro idéias, ou seja, 16, passou do estágio de triagem de idéias. Neste estágio, a avaliação de cada idéia custa $ 1.000.

Metade dessas idéias, ou oito, passou para o estágio de teste de conceito, a um custo unitário de $ 20.000. Metade delas, ou quatro, passou para o estágio de desenvolvimento de produto, a um custo unitário de $ 200.000. Metade delas, ou duas, passaram para o teste de mercado, a um custo unitário de $ 500.000. Quando essas duas idéias forem lançadas, a um custo unitário de $ 5.000.000, apenas uma será bem-sucedida. Assim, uma idéia bem-sucedida custou à empresa $ 5.721.000 para ser desenvolvida. No processo, 63 outras idéias foram descartadas. Assim, o custo total do desenvolvimento de um novo produto bem-sucedido foi de $ 13.984.400. A menos que a empresa possa melhorar os índices de aprovação e reduzir os custos de cada estágio, ela terá que dispor de um orçamento aproximado de $ 14.000.000 para cada nova idéia bem-sucedida que espera encontrar. Se a alta administração desejar a média de quatro novos produtos bem-sucedidos nos próximos anos, ela terá que dispor de um orçamento de pelo menos $ 56.000.000 ($ 14.000.000 × 4) para o desenvolvimento de novos produtos.

As empresas lidam com o desenvolvimento de novos produtos de várias maneiras.[8] As mais comuns são as seguintes:

- *Gerentes de produto.* Muitas empresas atribuem a responsabilidade de idéias para novos produtos aos seus gerentes de produto. Na prática, esse sistema apresenta diversas falhas. Geralmente, os gerentes de produto ficam tão ocupados com a administração de suas linhas de produtos que acabam por dispensar pouco tempo a novos produtos, modificações ou extensões de marcas já existentes. Eles também não têm habilidades e conhecimentos necessários para a crítica e o desenvolvimento de novos produtos.
- *Gerentes de novos produtos.* A Kraft General Foods e a Johnson possuem gerentes de novos produtos subordinados aos gerentes de grupo de produtos. Esta posição profissionaliza a função de novos produtos. Por outro lado, os gerentes de novos produtos tendem a pensar em termos de modificações de produtos e de extensões das linhas de produto de seu mercado.

**Tabela 11.1**  *Custo estimado para se chegar a um novo produto bem-sucedido (partindo de 64 novas idéias).*

| ESTÁGIO | NÚMERO DE IDÉIAS | TAXA DE APROVAÇÃO | CUSTO POR IDÉIA | CUSTO TOTAL |
|---|---|---|---|---|
| 1. Triagem de idéias | 64 | 1:4 | $ 1.000 | $ 64.000 |
| 2. Teste de conceito | 16 | 1:2 | 20.000 | 320.000 |
| 3. Desenvolvimento de produto | 8 | 1:2 | 200.000 | 1.600.000 |
| 4. Teste de mercado | 4 | 1:2 | 500.000 | 2.000.000 |
| 5. Lançamento nacional | 2 | 1:2 | 5.000.000 | 10.000.000 |
| | | | $ 5.721.000 | $ 13.984.000 |

8.  Veja HOPKINS, David S. *Options in new-product organization.* New York : Conference Board, 1974.

- *Comitês de novos produtos.* A maioria das empresas possui um comitê de alto nível encarregado de revisar e aprovar as propostas de novos produtos.
- *Departamentos de novos produtos.* Freqüentemente, as grandes empresas estabelecem um departamento de novos produtos comandado por um gerente que tenha muita autoridade e acesso à alta administração. As principais responsabilidades do departamento incluem a geração e triagem de novas idéias, trabalho com o departamento de pesquisa e desenvolvimento e a realização de teste de campo e comercialização.
- *Equipes de novos produtos.* Freqüentemente, as empresas 3M, Dow, Westinghouse e General Mills atribuem as principais tarefas de desenvolvimento de novos produtos a equipes internas. Uma equipe reúne pessoas de vários departamentos operacionais para desenvolver um produto ou negócio específico. São *intrapreneurs* (empreendedores internos) liberados de suas atividades funcionais, que recebem um orçamento definido, prazo estimado para a apresentação dos resultados e um local de trabalho improvisado. O local pode ser uma garagem onde, às vezes, as equipes procuram desenvolver novos produtos.

As ferramentas mais sofisticadas para administrar processo de inovação é o *sistema de pontos de checagem.*[9] Ele é usado pela 3M e por algumas outras empresas. A idéia básica é dividir o processo de inovação em vários estágios distintos. No final de cada estágio há um ponto de checagem. O líder do projeto, trabalhando com uma equipe interdepartamental, deve conferir um conjunto de especificações definidas em cada ponto de checagem antes de o projeto ser transferido para o estágio seguinte. Por exemplo, para o projeto movimentar-se do estágio de plano de negócio para o de desenvolvimento do produto, é necessária a evidência de uma pesquisa de mercado convincente sobre as necessidades e os interesses do consumidor, de uma análise competitiva e de uma avaliação técnica. Administradores de alto nível revisam os critérios em cada estágio para julgar se o projeto merece evoluir para o estágio seguinte, o que sempre envolve acréscimo de custo. Os administradores tomam uma entre quatro decisões: deixar o projeto seguir em frente, cancelar, embargar ou reciclar. O líder do projeto e a equipe conhecem os critérios que devem ser atendidos em cada estágio. O sistema de pontos de checagem impõe maior disciplina no processo de inovação, tornando suas etapas visíveis a todos os envolvidos e identifica claramente as responsabilidades do líder do projeto e da equipe em cada ponto de checagem.

## ADMINISTRAÇÃO DO PROCESSO DE DESENVOLVIMENTO DE NOVOS PRODUTOS

Agora, estamos preparados para examinar os principais desafios de marketing em cada estágio do processo de desenvolvimento de novos produtos. Oito estágios estão envolvidos: geração de idéias, triagem de idéias, desenvolvimento e teste de conceito, desenvolvimento da estratégia de marketing, análise comercial, desenvolvimento de produto, teste de mercado e comercialização. Um resumo das várias etapas e decisões envolvidas no processo de desenvolvimento de novos produtos é apresentado na Figura 11.1.

### Geração de idéias

O processo de desenvolvimento de novos produtos começa com a busca de idéias. A alta administração deve definir os produtos e mercados a enfatizar e declarar os objetivos da empresa em relação aos novos produtos. Devem também definir o esforço a ser destinado ao desenvolvimento de produtos inovadores, à modificação de produtos existentes e à cópia de produtos concorrentes.

As idéias de novos produtos podem originar-se de muitas fontes: consumidores, cientistas, concorrentes, funcionários, intermediários e alta administração.

- O conceito de marketing considera que as *necessidades e desejos dos consumidores* são a fonte lógica para buscar idéias de novos produtos. Hippel mostrou que a porcentagem mais alta de idéias de novos produtos industriais tem origem nos clientes.[10] As empresas técnicas podem fazer um grande negócio ao estudar um grupo especial de clientes, os *usuários líderes,* a saber, aqueles que fazem uso mais avançado do produto da empresa e que conhecem os melhoramentos necessários na frente de outros. As empresas podem identificar as necessidades e desejos dos consumidores através de levantamentos, testes projetivos, discussão de grupo-foco e de cartas contendo reclamações e sugestões. Muitas das melhores idéias surgem quando se pede aos consumidores para descreverem seus problemas em relação aos produtos atuais. Por exemplo, a Chrysler pergunta aos compradores recentes o que gostam e não gostam em suas minivans, que melhorias poderiam ser feitas e quanto estariam dispostos a pagar por essas melhorias.
- As empresas também confiam em seus *cientistas, engenheiros, designers e em outros funcionários* para a

---

9. Veja COOPER, Robert G. Stage-gate systems: a new tool for managing new products. *Business Horizons,* p. 44-54, May/June 1990. Veja também o trabalho do mesmo autor intitulado The new prod system: the industry experience. *Journal of Product Innovation Management,* v. 9, p. 113-127, 1992.
10. HIPPEL, Eric von. Lead users: a source of novel product concepts. *Management Science,* p. 791-805, July 1986. Veja também seu livro The *sources of innovation.* New York : Oxford University Press, 1988; e seu artigo Learning from lead users. In: BUZZELL, Robert D. (Org.). *Marketing in an electronic age.* Cambridge, MA: Harvard Business School Press, 1985. p. 308-317.

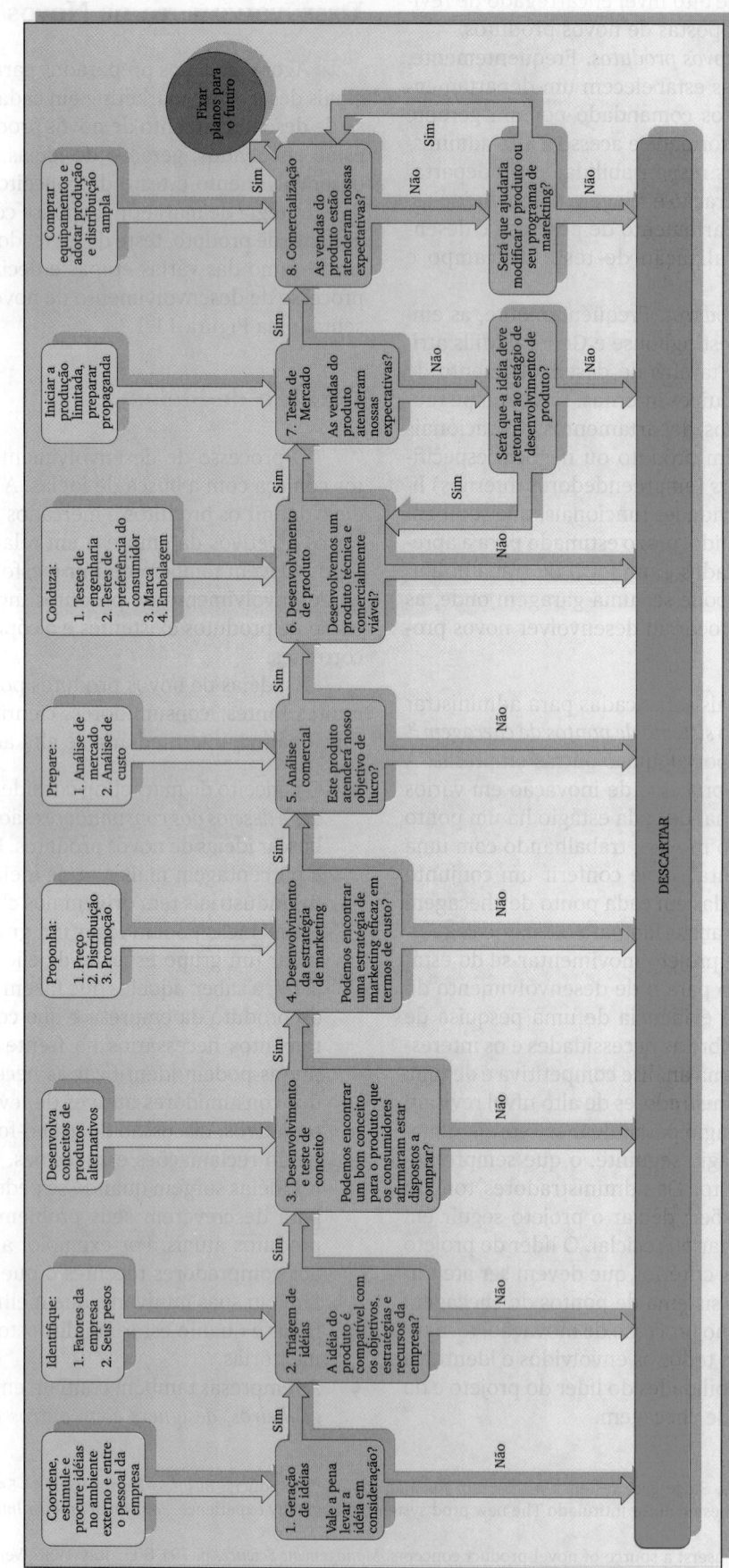

**Figura 11.1** *Processo de decisão para o desenvolvimento de novos produtos.*

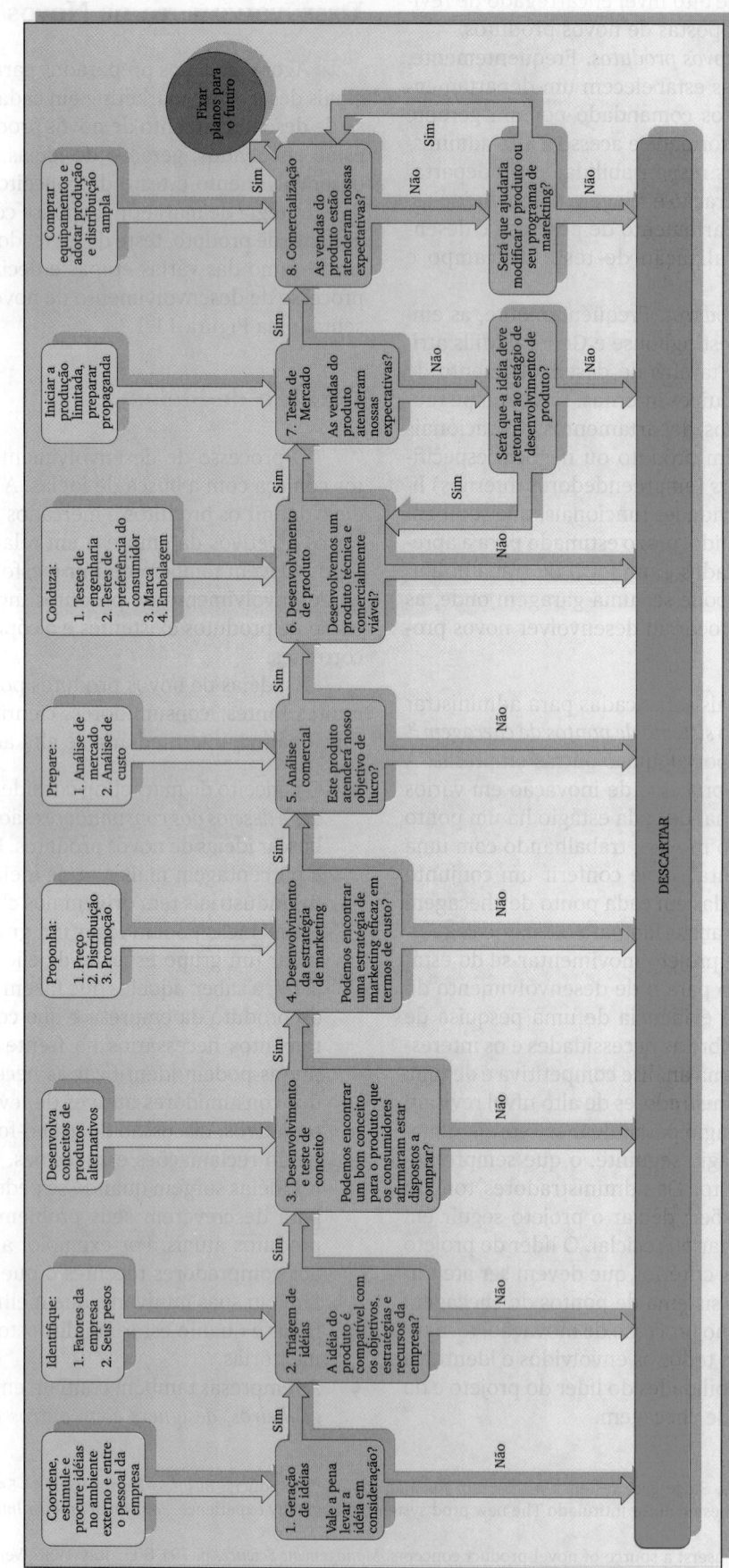

**Figura 11.1** *Processo de decisão para o desenvolvimento de novos produtos.*

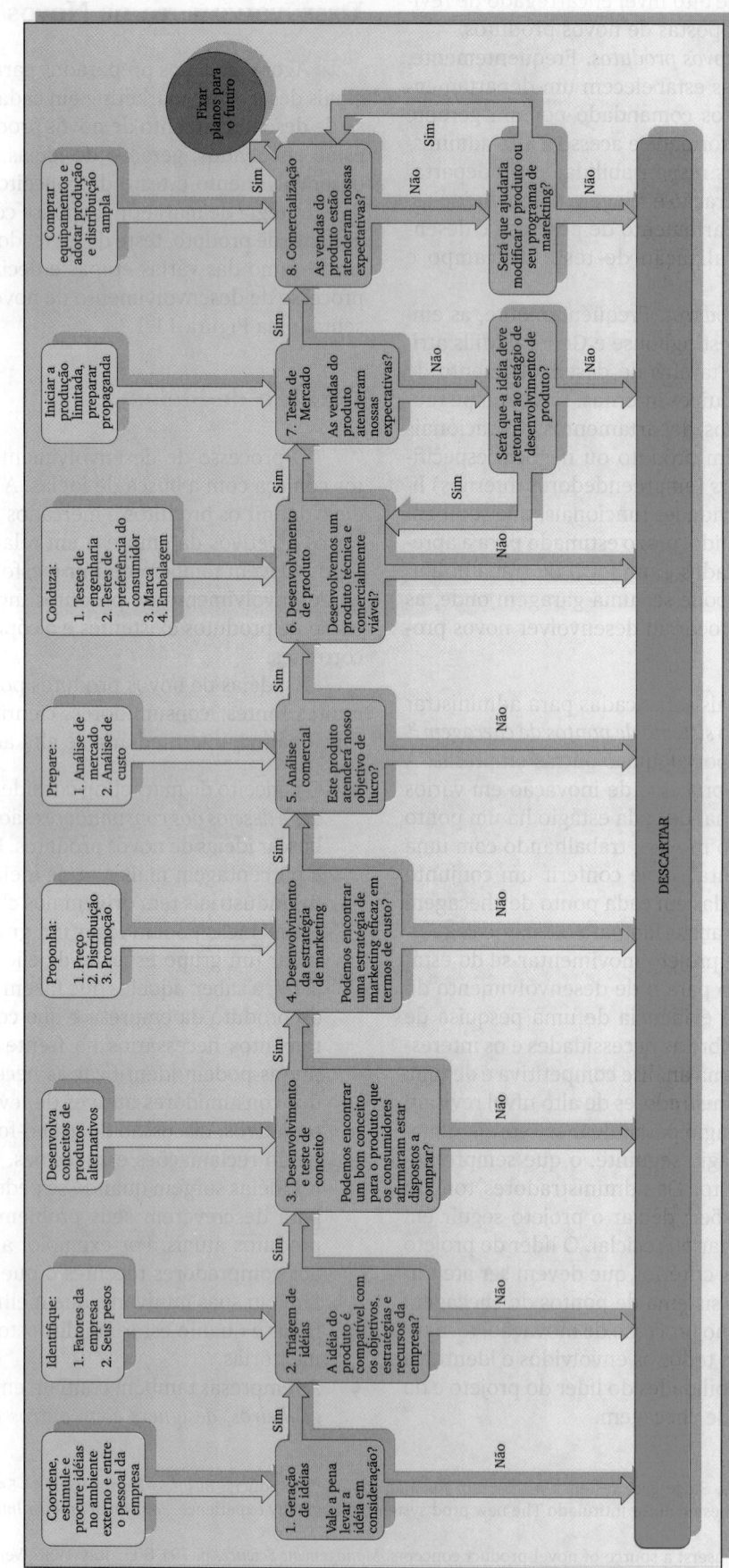

**Figura 11.1** *Processo de decisão para o desenvolvimento de novos produtos.*

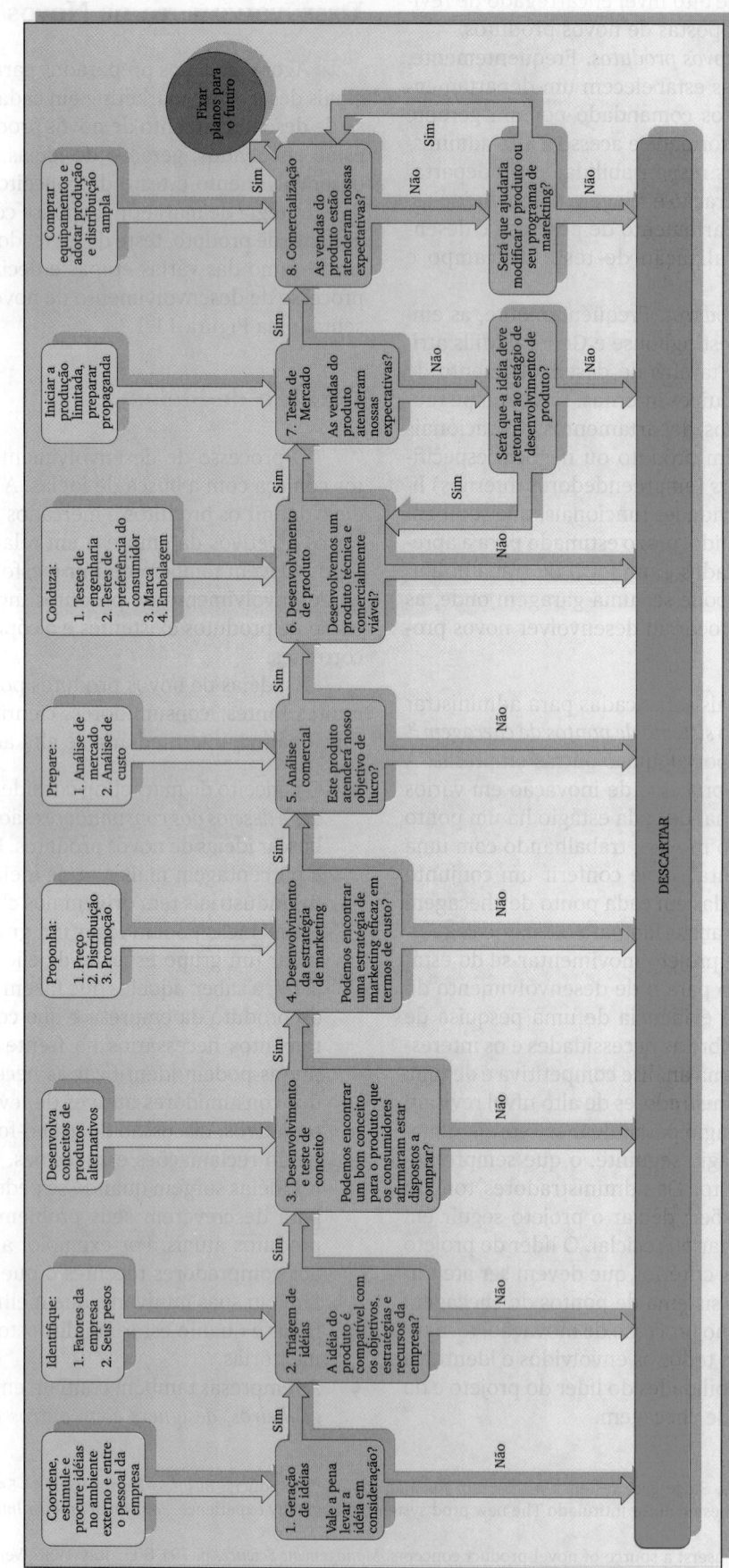

**Figura 11.1** *Processo de decisão para o desenvolvimento de novos produtos.*

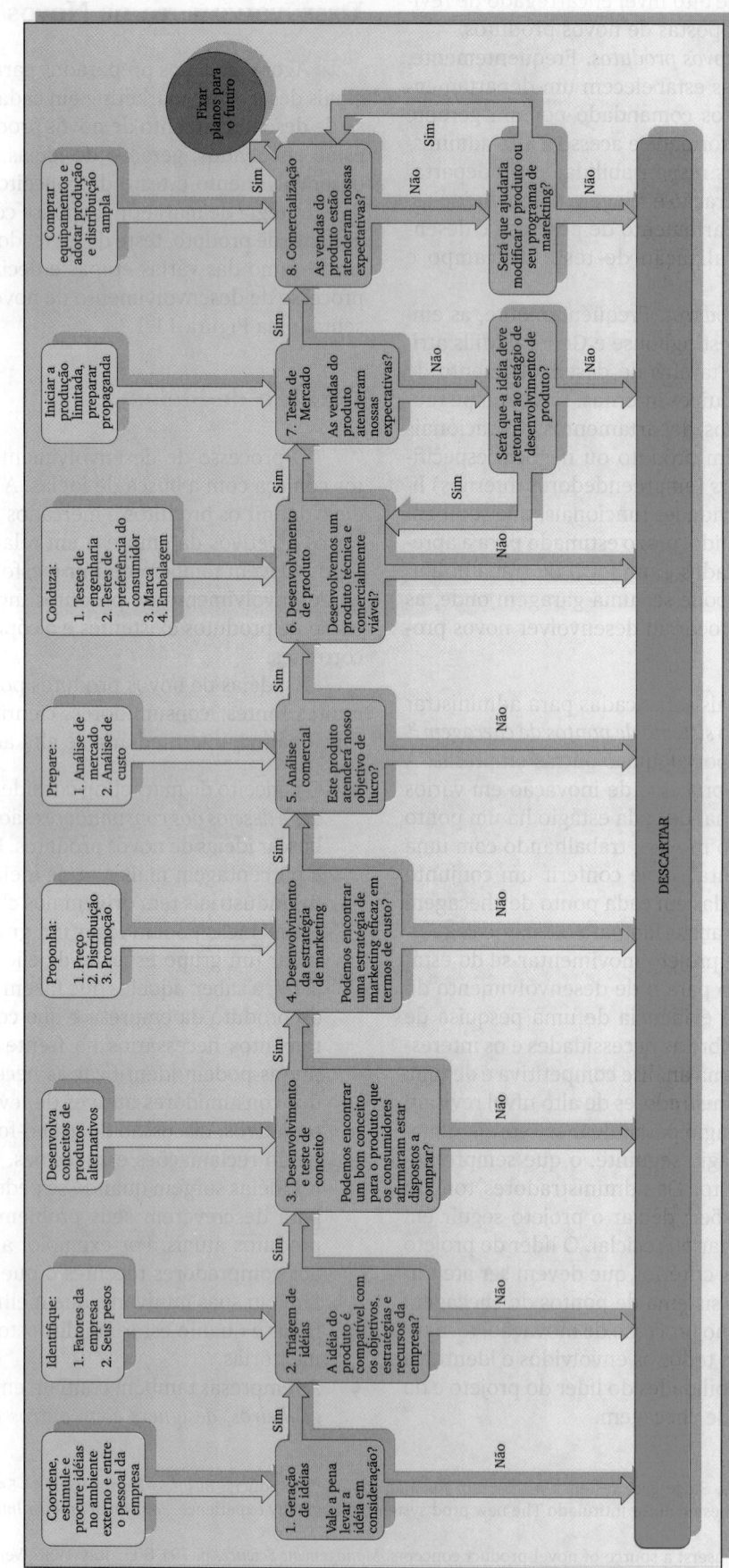

**Figura 11.1** *Processo de decisão para o desenvolvimento de novos produtos.*

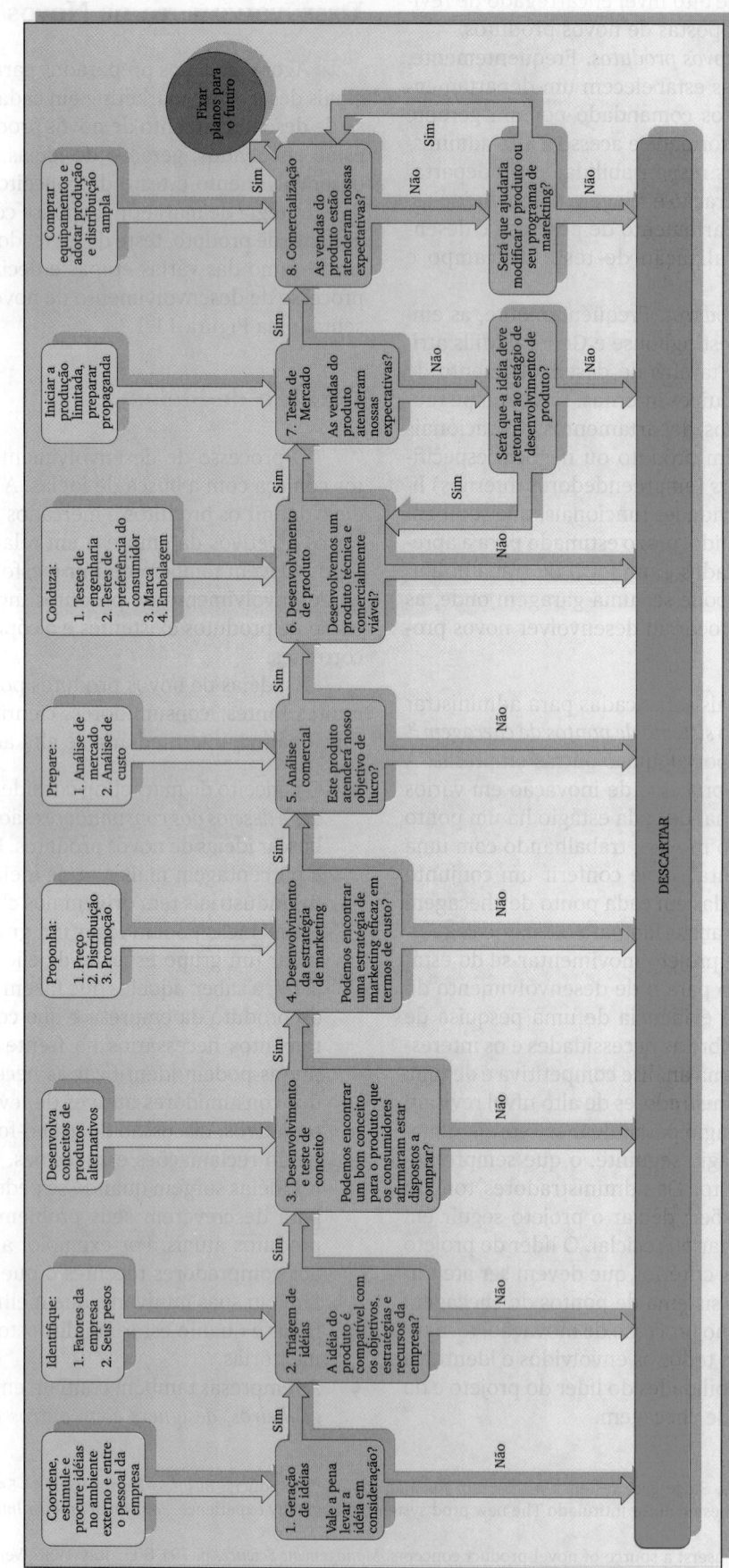

**Figura 11.1** *Processo de decisão para o desenvolvimento de novos produtos.*

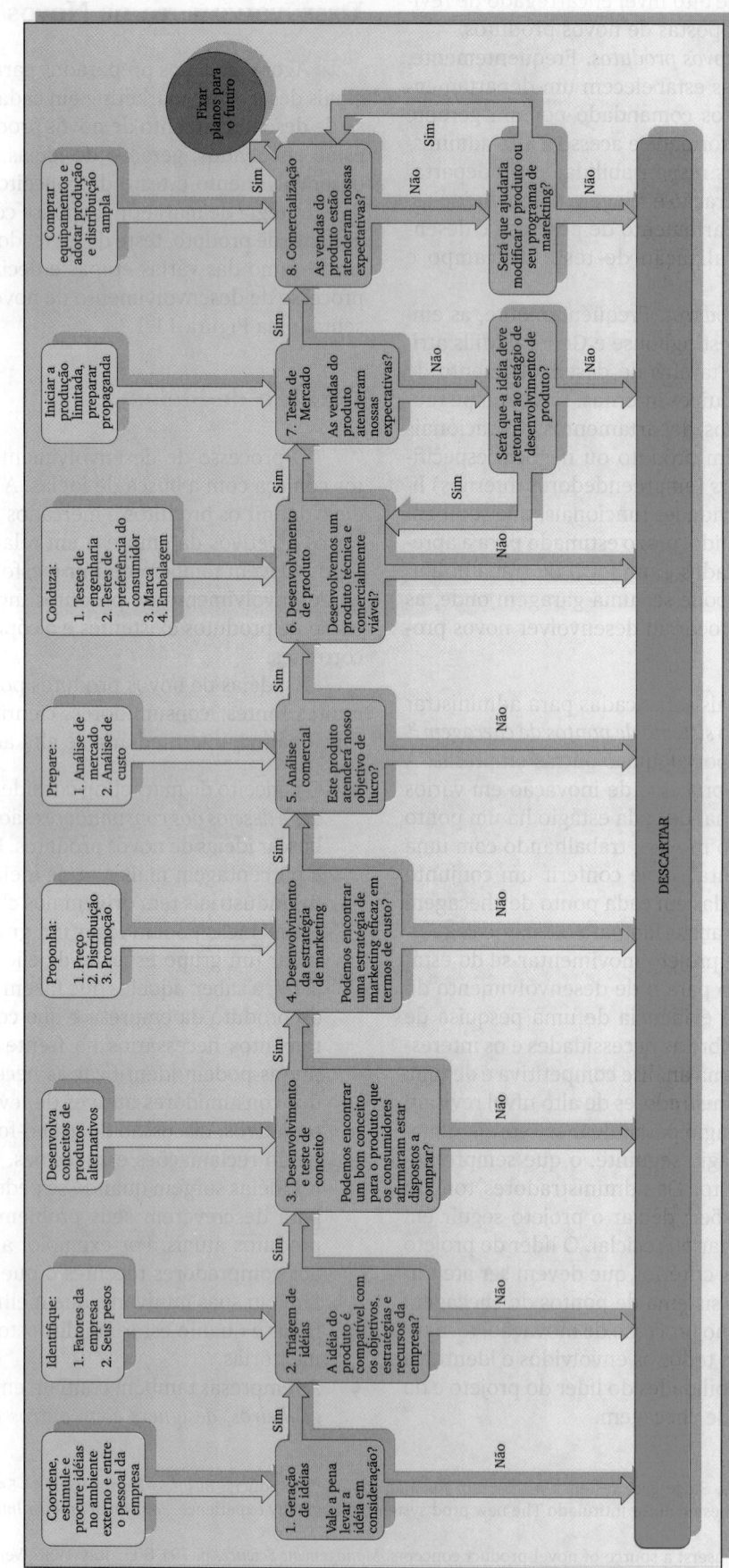

**Figura 11.1** *Processo de decisão para o desenvolvimento de novos produtos.*

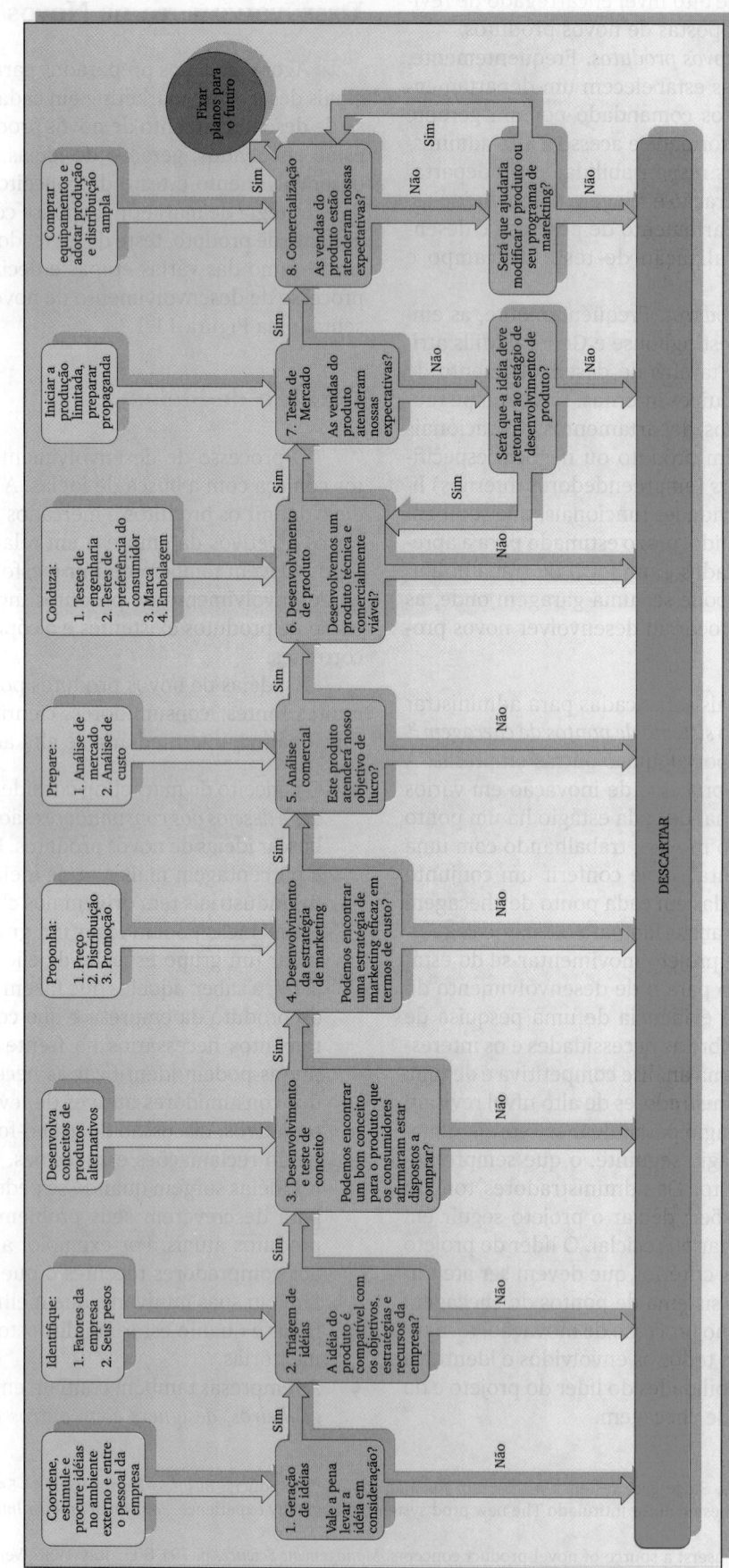

**Figura 11.1** *Processo de decisão para o desenvolvimento de novos produtos.*

geração de idéias de novos produtos. As empresas bem-sucedidas têm estabelecido uma cultura interna que estimula todos os empregados a buscar novas idéias para melhorar a produção, produtos e serviços. A Toyota divulga que seus funcionários apresentam, anualmente, dois milhões de idéias, cerca de 35 sugestões por funcionário e 85% delas são implementadas. A Kodak e outras empresas norte-americanas dão prêmios em dinheiro e de reconhecimento a seus funcionários que apresentam as melhores idéias durante o ano.

- As empresas podem encontrar boas idéias examinando os *produtos e serviços de seus concorrentes*. Elas podem saber o que seus concorrentes estão fazendo através de distribuidores, fornecedores e vendedores. Podem descobrir o que os consumidores gostam ou evitam nos novos produtos de seus concorrentes. Podem comprar esses produtos e procurar fabricar outros melhores. Os japoneses são mestres em imitação e melhoria da estratégia de produto; eles obtiveram licença ou copiaram muitos produtos ocidentais e encontraram maneiras de melhorá-los.

- Os *vendedores* e *intermediários* da empresa representam boa fonte de idéias de novos produtos. Conhecem em primeira mão as necessidades e as reclamações dos consumidores. Freqüentemente, são os primeiros a saber sobre os desenvolvimentos dos concorrentes. Crescente número de empresas treina e recompensa seus vendedores, distribuidores e revendedores para encontrarem novas idéias. Por exemplo: Bill Keefer, presidente da Warner Electric Brake and Clutch (freios e embreagem), exige que seus vendedores listem em cada relatório mensal de visitas as três melhores idéias de produtos que ouviram de seus clientes. Ele lê essas idéias e as transfere a seus engenheiros, executivos de produção etc. para estudarem as melhores.

- A *alta administração* pode ser outra importante fonte de idéias de novos produtos. Alguns líderes empresariais, como Edwin H. Land, ex-presidente da Polaroid, assumem pessoalmente a responsabilidade pela inovação tecnológica de suas empresas. Nem sempre esta prática é construtiva, como na situação em que o executivo principal empurra uma idéia favorita sem pesquisar profundamente o tamanho e o interesse do mercado. Quando Land empurrou seu projeto Polavision (filmes de revelação instantânea), fracassou amargamente porque o mercado estava mais interessado em videofilmadoras.

Em empresas conhecidas pela inovação, é mais provável que o papel da alta administração não é inventar produtos, mas tornar possível que outras pessoas apresentem novas idéias e as coloquem em ação. Por exemplo, Lewis Platt, presidente da Hewlett Packard, acredita que o papel da alta administração é criar um ambiente que estimula os gerentes de negócios a assumir riscos e a criar novas oportunidades de crescimento. Sob a liderança de Platt, a HP foi estruturada como um conjunto de negócios empreendedores altamente autônomos.[11]

As idéias de novos produtos também podem surgir de outras fontes, incluindo inventores, detentores de patentes, laboratórios universitários e comerciais, consultores industriais, agências de propaganda, empresas de pesquisa de marketing, publicações industriais e de "outras pessoas de idéias". Por exemplo, dois homens de idéias, John e Anthony Gentile, tiveram a idéia de uma boneca voadora para a fábrica de brinquedos Lewis Galoob, de São Francisco. A idéia surgiu quando eles observavam crianças brincando de atirar para o ar mudas de uma planta que permaneciam girando como as hélices de um helicóptero. Eles observam, rotineiramente, o mundo de idéias que se transformará em produtos bem-sucedidos, imaginando formas e funções e as histórias associadas a eles.

Embora as idéias possam fluir de muitas fontes, sua chance de receber atenção, freqüentemente, depende de alguma pessoa da organização que esteja assumindo o papel de *campeão de produto*. Não é provável que a idéia de produto seja levada em consideração, a menos que tenha um forte defensor.

**TÉCNICAS DE GERAÇÃO DE IDÉIAS.** Inúmeras técnicas criativas podem ajudar indivíduos e grupos a gerar idéias.

**Listagem de atributos.** Esta técnica envolve a listagem dos principais atributos de um produto já existente e, depois, a modificação de cada um desses atributos para chegar a um produto melhorado. Consideremos uma chave de fenda.[12] Seus atributos são: cilindro roliço de aço com ponta, um cabo de madeira para operação manual e um torque, que é provido pela ação de torção. A seguir, um grupo considera maneiras de melhorar o desempenho do produto ou o apelo. O formato roliço pode ser hexagonal, tornando possível o encaixe de uma chave para aumentar o torque; a força manual pode ser substituída por energia elétrica; o torque pode também ser produzido por movimentos de pressão, em vez de torção. Osborn sugeriu que idéias úteis podem ser estimuladas por meio da colocação das seguintes perguntas a um objeto e seus atributos: É possível criar outros usos? Adaptações? Ampliação? Redução? Substituição? Rearranjo? Reversão? Combinação?[13]

**Relacionamentos forçados.** Aqui, vários objetos são considerados entre si para criar um novo produto. Um fabricante de equipamentos para escritório desejava reu-

11. SHERIDAN, John H. Lew Platt: creating a culture for innovation. *Industry Week*, p. 26-30, 19 Dec. 1994.
12. Veja ARNOLD, John E. Useful creative techniques. In: PARNES, Sidney J., HARDING, Harold F. (Orgs.). *Source book for creative thinking*. New York : Scribner's, 1962. p. 255.
13. Veja OSBORN, Alex. *Applied imagination*. 3. ed. New York : Scribner's, 1963. p. 286-287.

nir um aparelho de fax, secretária eletrônica e copiadora em uma única unidade.

### Análise morfológica.
Este método exige a identificação das dimensões estruturais de um problema e o exame dos relacionamentos entre essas dimensões. A esperança é encontrar-se algumas novas combinações.[14] Suponhamos que o problema seja: "transportar algo de um lugar ao outro via um veículo movido à energia". As dimensões importantes são o tipo de veículo (carroça, cadeira, cama); o meio (ar, água, neve, superfície sólida, roletes, trilhos); a fonte de energia (ar comprimido, motor de combustão interna, motor elétrico). Assim, um veículo tipo carroça movido por motor de combustão interna para mover-se sobre superfície sólida é o automóvel.

### Identificação do problema/necessidade.
As técnicas de criatividade anteriores não exigem participação do consumidor. Em contraste, a identificação do problema/necessidade começa com o consumidor. Pergunta-se a eles sobre suas necessidades, problemas e idéias. Por exemplo, pode-se perguntar a eles sobre os problemas do uso de um produto específico ou de uma categoria de produtos.

A Landis Group, empresa de pesquisa de marketing, usa esta técnica. Para determinada categoria de produtos, entrevista cerca de 1.000 pessoas e pergunta se estão plenamente satisfeitas, ligeiramente insatisfeitas, moderadamente insatisfeitas ou extremamente insatisfeitas. Se tiverem algum grau de insatisfação, os respondentes descrevem seus problemas e reclamações em suas próprias palavras. Por exemplo, em um estudo com consumidores de bolo inglês, 15% expressaram alguma insatisfação e os maiores problemas foram que o bolo era muito seco, muito macio ou não era saboroso. Os fatores demográficos revelaram que os consumidores mais insatisfeitos estavam na faixa etária de 19 a 29 anos e eram de baixa renda. Esta informação pode ser usada por um concorrente já existente no mercado ou por um novo concorrente para melhorar o produto e direcioná-lo ao grupo mais insatisfeito. Os vários problemas seriam classificados conforme seus graus de seriedade, incidência e custo de correção para determinar que melhorias deveriam ser feitas.

Esta técnica também pode ser inversamente usada. Os consumidores recebem uma lista de problemas e informam que produtos lhes vêm em mente que estejam associados a cada um dos problemas.[15] Assim, o problema: "O pacote de _____ não cabe na prateleira" pode levar os consumidores a indicar marcas de ração para cães e de cereais para café da manhã. Uma empresa de alimentos pode considerar entrar nesses mercados com uma embalagem menor.

### Brainstorming.
A criatividade em grupo pode ser estimulada através de técnicas de *brainstorming* desenvolvidas por Alex Osborn. O grupo normal de *brainstorming* consiste de seis a dez pessoas discutindo um problema específico. O líder informa aos participantes do grupo que deve ser levantado o maior número possível de idéias sem qualquer avaliação, quanto mais extravagantes melhor. As idéias começam a fluir, uma dando origem a outra e, dentro de uma hora, uma centena ou mais de novas idéias podem ser gravadas. Para a reunião ter eficácia máxima, Osborn definiu quatro linhas básicas:

- *A crítica está fora de cogitação.* Comentários ou idéias negativas devem ser transferidos para o final.
- *O livre arbítrio é bem-vindo.* Quanto mais extravagante for a idéia, melhor; é mais fácil ajustar uma idéia do que gerá-la.
- *A quantidade é encorajada.* Quanto maior o número de idéias, maior a probabilidade de surgir idéias úteis.
- *A combinação e o aperfeiçoamento de idéias são encorajados.* Os participantes devem sugerir como as idéias das demais pessoas podem ser associadas para formar idéias ainda melhores.[16]

### Sinesia.
William J. Gordon constatou que a técnica de *brainstorming* de Osborn produzia soluções muito rapidamente, antes que um número suficiente de perspectivas fosse desenvolvido. Gordon decidiu definir o problema de forma mais ampla, não possibilitando ao grupo qualquer idéia sobre o problema específico. Por exemplo, uma empresa desejava desenvolver um método para vedar as roupas à prova de vapor usadas pelos operários que lidavam com combustíveis de alto grau de octanagem.[17] Gordon manteve o problema em segredo e levou-o para discussão apresentando-o como um problema de "vedação", que levava a imagens de diferentes mecanismos de vedação como ninhos de pássaros, bocas ou filetes de roscas. À medida que o grupo esgotava as perspectivas iniciais, Gordon introduzia gradualmente os fatos que esclareciam o problema. Quando o grupo estava chegando próximo a uma boa solução, Gordon descrevia o problema. Depois, o grupo começava a aperfeiçoar a solução. Essas sessões demoravam no mínimo três horas porque ele acreditava que a fatiga exercia papel importante no desbloqueio de idéias.

Gordon descreveu cinco princípios básicos do método de sinesia:

---

14. Veja TAUBER, Edward M. HIT: Heuristic Ideation Technique – a systematic procedure for new product search. *Journal of Marketing,* p. 58-70, Jan. 1972; e ALFORD, Charles L., MASON, Joseph Barry. Generating new product ideas. *Journal of Advertising Research,* p. 27-32, Dec. 1975.

15. Veja TAUBER, Edward M. Discovering new product opportunities with problem inventory analysis. *Journal of Marketing,* p. 67-70, Jan. 1975.

16. OSBORN, Alex. Op. cit. p. 156.

17. LINCOLN, John W. Defining a creativeness in people. In: *Source book for creative thinking.* Op. cit. p. 274-275.

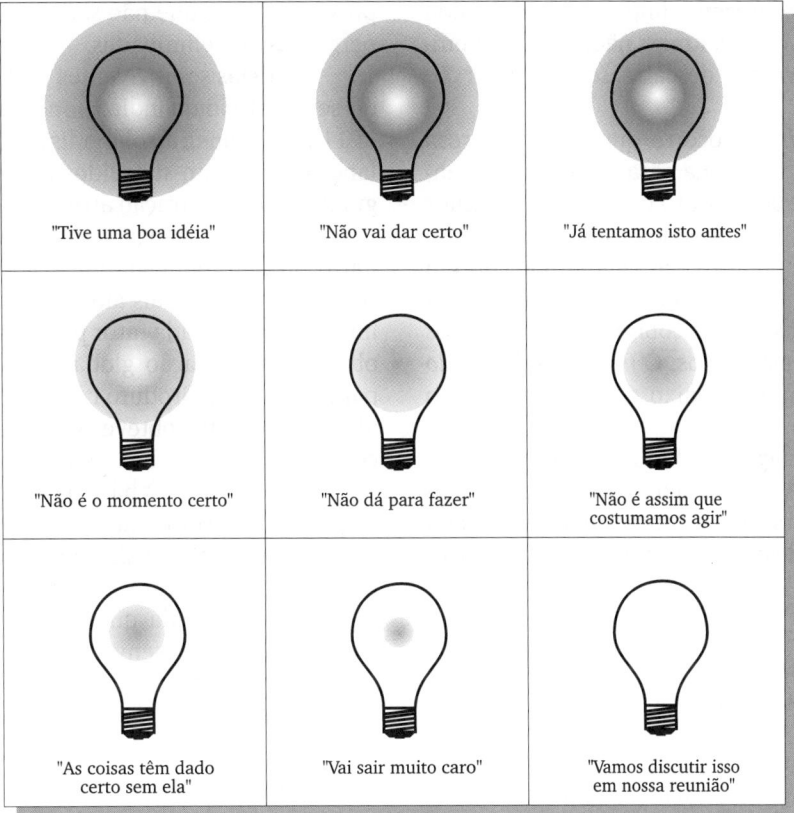

**Fonte:** Com permissão de Jerold Panas, Linzy & Partners, Inc.

**Figura 11.2** *Forças que combatem novas idéias.*

- *Adiamento.* Primeiro, examine o ponto de vista em vez das soluções.
- *Autonomia do objeto.* Deixe que o problema tome seu próprio rumo.
- *Uso de lugar comum.* Tire vantagem do familiar como trampolim para o estranho.
- *Envolvimento/desligamento.* Alterne entre entrar nas particularidades do problema e afastar-se delas, vendo-as como exemplos universais.
- *Uso de metáforas.* Deixe que as coisas aparentemente irrelevantes e acidentais sugiram analogias que sejam fontes de novos pontos de vista.[18]

## Triagem de idéias

Qualquer empresa pode atrair boas idéias ao organizar-se apropriadamente. A empresa deve motivar seus funcionários a submeter suas idéias a um *líder de idéias* cujo nome e telefone sejam amplamente divulgados. As idéias devem ser apresentadas por escrito e examinadas semanalmente por um *comitê de idéias*, que deve classificá-las em três grupos: promissoras, aproveitáveis e rejeitadas. Cada idéia promissora deve ser pesquisada por um membro do comitê que faz um relatório. Aquelas que passarem por essa primeira fase são transferidas para um processo amplo de seleção. A empresa deve oferecer prêmios em dinheiro ou de reconhecimento aos funcionários que apresentarem as melhores idéias.

Neste estágio, a empresa deve evitar dois tipos de erros. O *erro de descarte* ocorre quando uma idéia que parece promissora é eliminada. É extremamente fácil encontrar falhas nas idéias de outras pessoas (Figura 11.2). Algumas empresas estremecem quando olham para trás e vêem algumas idéias que descartaram: A Xerox acreditou na nova promessa da máquina copiadora de Chester Carlson; a IBM e a Eastman Kodak não acreditaram. A IBM achou que o mercado para microcomputadores era minúsculo; a Compaq não. A RCA foi hábil em imaginar a oportunidade inovadora do rádio; a Victor Talking Machine Company não. Henry Ford reconheceu a promessa do automóvel; todavia, apenas a General Motors percebeu a necessidade de segmentar o mercado automobilístico nas categorias de preços e desempenhos diferenciados. Marshall Field compreendeu as possibilidades únicas do desenvolvimento do mercado de venda a prestações; Endicott Johnson não, chamando-o de "sistema mais vil já imaginado para criar

---

18. LINCOLN, John W. Op. cit. p. 274.

problemas". A Sears desprezou a importância da venda com desconto; a Wal-Mart e a Kmart não.[19] Se uma empresa comete muitos erros de descarte, seus padrões são muito conservadores.

Um *erro vá em frente* ocorre quando a empresa permite que uma idéia fraca siga para o desenvolvimento e a comercialização do produto ou serviço. Podemos distinguir três tipos de fracassos de produto. O *fracasso absoluto do produto* dá prejuízo e as vendas não cobrem os custos variáveis. O *fracasso parcial do produto* também dá prejuízo, mas as vendas cobrem todos os custos variáveis e parte dos custos fixos. O *fracasso relativo do produto* gera lucro, embora abaixo da taxa de retorno desejada pela empresa.

O propósito da triagem é eliminar as idéias fracas o mais cedo possível. A razão é que os custos de desenvolvimento de produtos sobem substancialmente em cada estágio sucessivo de desenvolvimento (examine novamente a Tabela 11.1).

**DISPOSITIVOS PARA AVALIAR IDÉIAS DE PRODUTOS.** A maioria das empresas exige que as idéias de novos produtos sejam descritas em um formulário padronizado que possa ser avaliado por um comitê de novos produtos. A descrição exibe a idéia do produto, o mercado-alvo e a concorrência e as estimativas aproximadas do tamanho do mercado, preço do produto, tempo e custos do desenvolvimento, custos de produção e taxa de retorno.

Depois, o comitê executivo avalia cada nova idéia de produto em relação a um conjunto de critérios preestabelecidos. No caso da Kao Company, do Japão, o comitê considera perguntas como: O produto atende a uma necessidade? Ele oferece desempenho superior que justifique o preço cobrado? Ele pode ser anunciado de maneira distinta? A Figura 11.3 mostra um conjunto detalhado de perguntas sobre se a idéia do produto ajusta-se bem aos objetivos, estratégias e recursos da em-

presa. As idéias que não satisfazem uma ou mais destas perguntas são eliminadas.

As idéias sobreviventes podem ser avaliadas usando-se o método de índice ponderado mostrado na Tabela 11.2. A primeira coluna lista os fatores exigidos para lançamentos bem-sucedidos de produtos. Na coluna seguinte, a administração atribui pesos a esses fatores para refletir sua importância relativa. A próxima tarefa é avaliar o produto em cada fator, em uma escala de 0 a 1, sendo 1 o escore mais alto. A etapa final é multiplicar a importância de cada fator pelos escores do produto para obter uma avaliação global da habilidade da empresa para lançar este produto com sucesso. Neste exemplo, a idéia do produto obteve o escore total de 0,72, que a coloca no nível de "boa idéia".

Este dispositivo básico de avaliação pode ser aperfeiçoado posteriormente. Seu propósito é promover a avaliação e discussão sistemática de idéias de produto – não pretende substituir a tomada de decisão pela administração. À medida que a idéia do novo produto vai para a etapa de desenvolvimento, a empresa precisará revisar constantemente sua estimativa de probabilidade global de sucesso, usando a seguinte fórmula:

| *Probabilidade global de sucesso* | = | *Probabilidade de conclusão técnica* | × | *Probabilidade de comercialização após a conclusão técnica* | × | *Probabilidade de sucesso econômico após a comercialização* |
|---|---|---|---|---|---|---|

Por exemplo, se as três probabilidades forem estimadas em 0,50, 0,65 e 0,74, respectivamente, a empresa concluiria que a probabilidade global de sucesso seria de 0,24. Depois, ela precisaria julgar se esta probabilidade é alta o suficiente para garantir a continuação do desenvolvimento do produto.

**Tabela 11.2** *Dispositivo de avaliação da idéia de um produto.*

| EXIGÊNCIAS PARA O SUCESSO DO PRODUTO | (1) PESO RELATIVO | (2) ESCORE DO PRODUTO | (3 = 1 × 2) AVALIAÇÃO DO PRODUTO |
|---|---|---|---|
| Exclusividade ou superioridade do produto | 0,40 | 0,80 | 0,32 |
| Desempenho em relação ao custo | 0,30 | 0,6 | 0,18 |
| Gastos em marketing | 0,20 | 0,7 | 0,14 |
| Baixa competitividade | 0,10 | 0,5 | 0,05 |
| | 1,00 | | 0,69* |

\* Escala de avaliação: 0,00 – 0,30 fraco; 0,31 – 0,60 satisfatório; 0,61 – 0,80 bom. Taxa mínima de aceitação: 0,61

19. HANAN, Mark. Corporate growth through venture management. *Harvard Business Review,* p. 44, Jan./Feb. 1969. Veja também LOOMIS, Carol J. Dinosaurs? *Fortune,* p. 36-42, 3 May 1993.

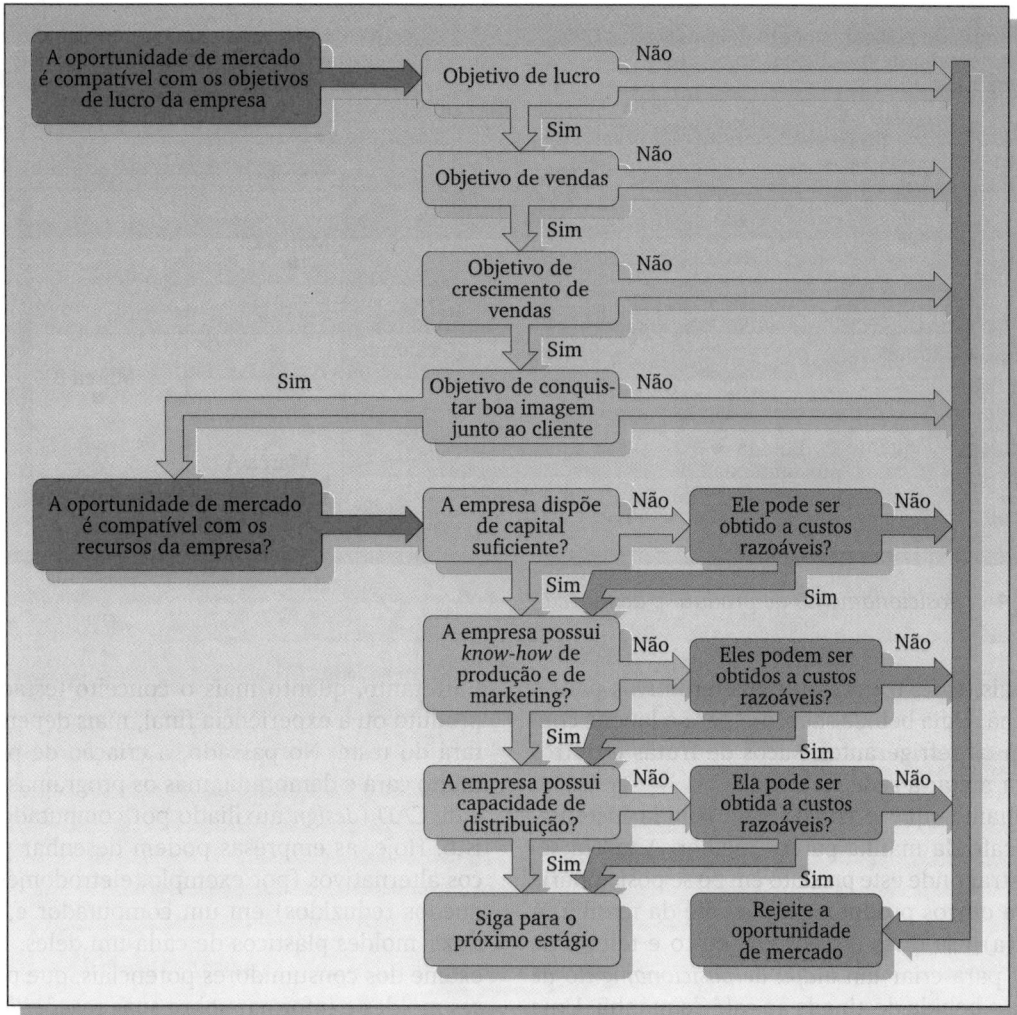

**Figura 11.3**   *Avaliação de uma oportunidade de mercado em termos dos objetivos e recursos da empresa.*

## Desenvolvimento e teste de conceito

As idéias atraentes devem ser aperfeiçoadas em conceitos de produto testáveis. Podemos distinguir entre uma idéia de produto, um conceito de produto e uma imagem de produto. A *idéia de produto* representa o possível produto que a empresa pode oferecer ao mercado. O *conceito de produto* é uma versão elaborada da idéia, expressada em termos significativos para o consumidor. A *imagem de produto* é o quadro específico que os consumidores fazem de um produto real ou potencial.

**Desenvolvimento do Conceito.**   Ilustraremos o desenvolvimento do conceito com a seguinte situação: uma grande empresa de processamento de alimentos tem a idéia de produzir um pó para adicionar ao leite, aumentando seu valor nutritivo e sabor. Esta é uma idéia de produto. Entretanto, os consumidores não compram idéias de produto; compram conceitos de produto.

Qualquer idéia de produto pode ser transformada em diversos conceitos de produto. Primeiro, quem deve usar este produto? O pó pode ser destinado a bebês, cri-

anças, adolescentes, adultos jovens ou de meia idade. Segundo, quais os principais benefícios que este produto deve incluir? Sabor, nutrição, capacidade de refrescar, energia? Terceiro, qual será a ocasião mais apropriada para esta bebida? Café da manhã, lanche da manhã, almoço, lanche da tarde, jantar, tarde da noite? Ao responder a estas perguntas, a empresa pode formar diversos conceitos:

- *Conceito 1*: Uma bebida instantânea para o café da manhã a ser consumida por adultos que desejam nutrição rápida e de fácil preparação.
- *Conceito 2*: Uma bebida gostosa para ser tomada pelas crianças como refresco.
- *Conceito 3*: Um complemento saudável para adultos mais velhos beberem tarde da noite, antes de dormir.

Todos eles representam *conceitos de categoria,* isto é, eles posicionam a idéia dentro da categoria. É o conceito de categoria e não o conceito de produto que define a concorrência em relação ao produto. Uma bebida instantânea para o café da manhã concorreria com *bacon*

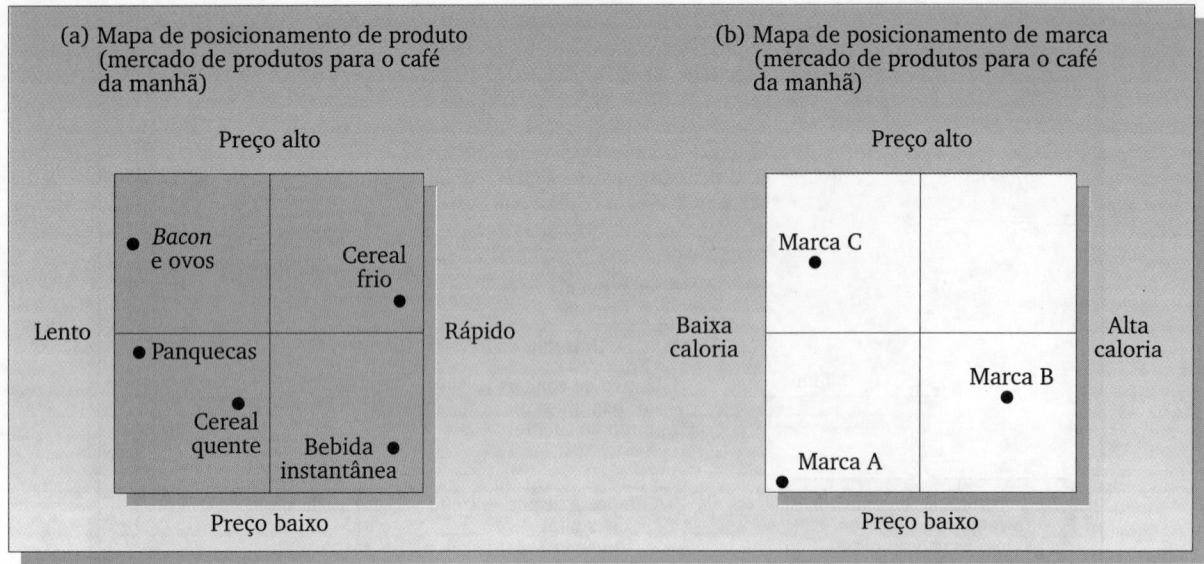

**Figura 11.4**   *Posicionamento de produto e de marca.*

e ovos, cereais, café, torta e outras alternativas para o café da manhã. Uma bebida saborosa para o lanche concorreria com os refrigerantes, sucos de frutas e outros líquidos para matar a sede.

Suponhamos que o conceito de bebida instantânea para o café da manhã pareça melhor. A tarefa seguinte é mostrar onde este produto em pó se posicionaria em relação a outros produtos para o café da manhã. A Figura 11.4(a) usa duas dimensões (custo e tempo de preparação) para criar um *mapa de posicionamento de produto* para a bebida destinada ao café da manhã. Uma bebida instantânea para o café da manhã oferece custo baixo e preparação rápida. Seu concorrente mais próximo é o cereal frio; o mais distante é *bacon* e ovos. Esses contrastes podem ser utilizados para comunicar e promover o conceito para o mercado.

A seguir, o conceito de produto tem que ser transformado em *conceito de marca*. A Figura 11.4(b) representa um *mapa de posicionamento de marca*, que mostra as posições atuais de três marcas existentes de bebidas instantâneas para o café da manhã. A empresa precisa decidir quanto cobrar e com quantas calorias deve fabricar a bebida. A nova marca pode ser posicionada no mercado de preço médio e de número médio de calorias ou no mercado de preço alto e de número alto de calorias. A empresa desejaria posicioná-la próxima a uma marca existente, onde teria que lutar por participação de mercado.

**Teste de Conceito.**   Consiste em testar conceitos de produtos com um grupo apropriado de consumidores-alvos e, depois, avaliar suas reações. Os conceitos podem ser apresentados simbólica ou fisicamente. Neste estágio, uma palavra e/ou figura podem ser suficientes.

Entretanto, quanto mais o conceito testado lembrar o produto ou a experiência final, mais dependente ele estará do teste. No passado, a criação de protótipos era muito cara e demorada, mas os programas de produção e de CAD (*design* auxiliado por computador) mudaram isto. Hoje, as empresas podem desenhar produtos físicos alternativos (por exemplo, eletrodomésticos e brinquedos reduzidos) em um computador e, depois, produzir moldes plásticos de cada um deles. Isto facilita o exame dos consumidores potenciais, que podem ver esses moldes e informar sobre suas reações.[20]

Algumas empresas estão também usando a realidade virtual para testar conceitos de produtos. Os programas de realidade virtual usam computadores e dispositivos sensoriais (como luvas ou óculos especiais) para estimular a realidade. Por exemplo, um *designer* de gabinetes de cozinha pode usar um programa de realidade virtual para ajudar um consumidor a "ver" como sua cozinha ficaria remodelada com os produtos da empresa. Embora a realidade virtual ainda esteja começando, suas aplicações estão aumentando diariamente.[21]

Hoje, muitas empresas estão utilizando uma abordagem denominada *engenharia orientada para o consumidor.* Trata-se de um esforço que atribui grande importância à incorporação das preferências do consumidor ao *design* final. Suponhamos que uma importante fábrica de automóveis decida desenhar um carro para as pessoas de média e alta renda que percorrem grande distância para trabalhar. Usando pesquisa de grupo-foco, seus pesquisadores constatam que esses motoristas desejam o seguinte: banco confortável, uma travessa para bebidas, um porta-moedas para pagamento de pedágios, aceleração rápida e bons espelhos retrovisores para facilitar a mudança de faixa. Estes desejos podem ser

---

20.   THE ULTIMATE widget: 3-D "printing" may revolutionize product design and manufacturing. *U.S. News & World Report,* p. 55, 20 July 1993.
21.   WOOLEY, Benjamin. *Virtual worlds.* Londres : Blackwell, 1992.

denominados *atributos do consumidor*. O departamento de marketing encaminha-os aos engenheiros para convertê-los em *atributos fundamentais de engenharia* como potência, peso, resposta do câmbio e aerodinâmica. O trabalho da *engenharia orientada para o consumidor* é transformar os atributos do consumidor em atributos de engenharia e determinar as melhores combinações, dados os atributos e seus custos.[22]

Parte importante do teste de conceito envolve apresentar aos consumidores uma versão elaborada do conceito. Aqui está a elaboração do Conceito 1 com um exemplo do pó para ser misturado ao leite:

Nosso produto é um pó para ser misturado ao leite e tomado no café da manhã, com sabor agradável e de alta conveniência. O produto seria oferecido em três sabores (chocolate, baunilha e morango) e vendido em embalagens individuais de seis unidades, ao preço de $ 2,49 por embalagem.

Após receber estas informações, os consumidores são convidados a responder as seguintes perguntas:

| PERGUNTA | DIMENSÃO DE PRODUTO MENSURADA |
| --- | --- |
| 1. Para você, os benefícios são claros e críveis? | *Comunicabilidade e credibilidade.* Se os escores nessas dimensões forem baixos, o conceito deve ser aperfeiçoado ou revisado. |
| 2. Você vê neste produto a solução de um problema ou o atendimento de uma necessidade? | *Nível de necessidade.* Quanto mais forte a necessidade, maior o interesse esperado do consumidor. |
| 3. Atualmente, outros produtos atendem essa necessidade e o satisfazem? | *Hiato* entre o novo produto e os produtos existentes. Quanto maior o hiato, maior o interesse esperado do consumidor. O nível de necessidade pode ser multiplicado pelo hiato para produzir um *escore do hiato de necessidade.* Um escore de hiato elevado significa que o consumidor vê o produto como atendendo a uma forte necessidade ainda não satisfeita pelas alternativas disponíveis. |
| 4. O preço é razoável em relação ao valor? | *Valor percebido.* Quanto maior o valor percebido, maior o interesse esperado do consumidor. |
| 5. Você compraria o produto? (Definitivamente sim, provavelmente sim, provavelmente não, definitivamente não.) | *Intenção de compra.* Seria alta para os consumidores que responderem afirmativamente a três das perguntas anteriores. |
| 6. Quem usaria este produto, quando e em que freqüência? | *Usuários-alvos, ocasiões de compra e freqüência de compra.* |

A empresa tabula as respostas dos entrevistados para julgar se o conceito tem apelo amplo e forte para o consumidor. Essas informações também sinalizam quais os produtos concorrentes e que consumidores são os melhores alvos. Os níveis de hiato de necessidade e das intenções de compra podem ser confrontados com as normas da categoria de produto para se verificar se o conceito parece ser vencedor, duvidoso ou perdedor. Um fabricante de alimentos rejeita qualquer conceito que apresente um escore da alternativa "definitivamente compraria" inferior a 40%.

**Análise conjunta.** As preferências do consumidor por conceitos alternativos de produto podem ser mensuradas através de uma técnica de pesquisa popular denominada *análise conjunta*. É um método para derivar os valores de utilidade que os consumidores adotam para níveis de variação dos atributos de um produto. Mostram-se aos entrevistados diversas ofertas hipotéticas formadas pela combinação de níveis variados de atributos. Pede-se que eles classifiquem as várias ofertas em termos de preferência. A administração pode usar os resultados para determinar a oferta mais atraente, a par-

---

22. Veja HAUSER, John. House of quality. *Harvard Business Review,* p. 63-73, May/June 1988. A engenharia orientada para o consumidor também é denominada *"quality function deployment"* (decomposição da função qualidade). Veja GUINTA, Lawrence R., PRAIZLER, Nancy C. *The QFD book*: the team approach to solving problems and satisfying customers through quality function deployment. New York : Amacom, 1993.

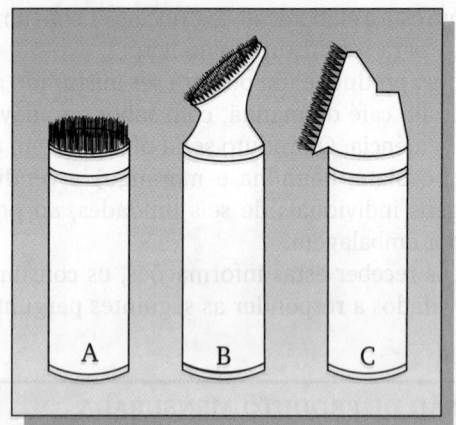

**Figura 11.5** *Amostras para a análise conjunta.*

ticipação de mercado estimada e o lucro que a empresa pode realizar.

Green e Wind ilustraram esta abordagem em conexão com o desenvolvimento de um novo reagente para limpeza de carpetes de uso doméstico.[23] Suponhamos que o fabricante do novo produto esteja considerando os cinco seguintes elementos de *design*:

- Três *designs* de embalagem (A, B, C – veja a Figura 11.5)
- Três nomes de marcas (K2R, Glory, Bissell)
- Três preços ($ 1,19, $ 1,39, $ 1,59)
- Certificado de garantia (sim, não)
- Garantia de devolução do dinheiro se o produto não atender às expectativas do consumidor (sim, não)

Embora o pesquisador possa formar 108 conceitos possíveis de produto ($3 \times 3 \times 3 \times 2 \times 2$), seria difícil pedir aos consumidores que avaliassem ou classificassem todos esses conceitos. Uma amostra de, digamos, 18 conceitos contrastantes pode ser escolhida, facilitando, assim, que os consumidores os classifiquem do mais preferido ao menos preferido. A Tabela 11.3 mostra como um consumidor classificou os 18 conceitos de produto. Percebe-se que ele escolheu o conceito 18 como o mais alto, preferindo o *design* de embalagem C, a marca Bissell, o preço de $ 1,19, certificado de garantia e garantia de devolução do dinheiro se o produto não atender às expectativas.

Ao compilar e analisar as respostas obtidas, um programa estatístico pode derivar as funções de utilidade do consumidor individual para os cinco atributos (Fi-

**Tabela 11.3** *Classificação atribuída por um consumidor para 18 combinações de estímulo.*

| CONCEITO | EMBALAGEM | MARCA | PREÇO | CERTIFICADO DE GARANTIA | GARANTIA DE DEVOLUÇÃO DO DINHEIRO | CLASSIFICAÇÃO |
|---|---|---|---|---|---|---|
| 1 | A | K2R | $ 1,19 | Não | Não | 13 |
| 2 | A | Glory | 1,39 | Não | Sim | 11 |
| 3 | A | Bissell | 1,59 | Sim | Não | 17 |
| 4 | B | K2R | 1,39 | Sim | Sim | 2 |
| 5 | B | Glory | 1,59 | Não | Não | 14 |
| 6 | B | Bissell | 1,19 | Não | Não | 3 |
| 7 | C | K2R | 1,59 | Não | Sim | 12 |
| 8 | C | Glory | 1,19 | Sim | Não | 7 |
| 9 | C | Bissell | 1,39 | Não | Não | 9 |
| 10 | A | K2R | 1,59 | Sim | Não | 18 |
| 11 | A | Glory | 1,19 | Não | Sim | 8 |
| 12 | A | Bissell | 1,39 | Não | Não | 15 |
| 13 | B | K2R | 1,19 | Não | Não | 4 |
| 14 | B | Glory | 1,39 | Sim | Não | 6 |
| 15 | B | Bissell | 1,59 | Não | Sim | 5 |
| 16 | C | K2R | 1,39 | Não | Não | 10 |
| 17 | C | Glory | 1,59 | Não | Não | 16 |
| 18 | C | Bissell | 1,19 | Sim | Sim | 1* |

\* Maior pontuação.

23. O exemplo de perfil completo foi extraído de GREEN, Paul E., WIND, Yoram. New ways to measure consumer's judgements. *Harvard Business Review*, p. 107-117, July/Aug. 1975. Veja também GREEN, Paul E., SRINIVASAN, V. Conjoint analysis in marketing: new developments with implications for research and practice. *Journal of Marketing*, p. 3-19, Oct. 1990; WEINER, Jonathan. Forecasting demand: consumer electronics marketer uses a conjoint approach to configure its new product and set the right price. *Marketing Research: A Magazine of Management & Applications,* p. 6-11, Summer 1994; WITTNICK, Dick R., VRIENS, Marco, BURHENNE, Wim. Commercial uses of conjoint analysis in Europe: results and critical reflections. *International Journal of Research in Marketing*, p. 41-52, Jan. 1994.

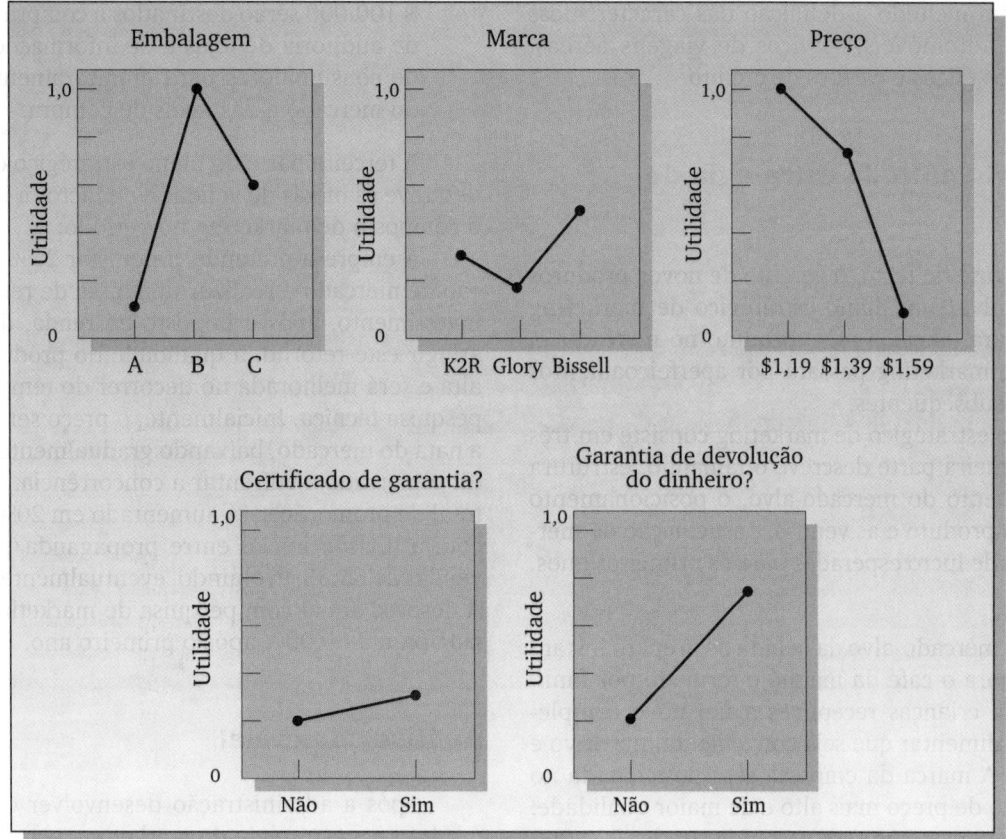

**Figura 11.6**  *Funções utilidade baseadas na análise conjunta.*

gura 11.6). A utilidade é mensurada por um número que varia entre zero e um; quanto maior a utilidade, mais forte a preferência do consumidor por aquele nível de atributo. Por exemplo, examinando o item embalagem, vemos que a embalagem B é mais favorecida, seguida pela C e, depois, a A (quase sem nenhuma utilidade). Os nomes preferidos para a marca são Bissell, K2R e Glory, nesta ordem. A utilidade do consumidor varia inversamente com o preço. Uma garantia é preferida, embora não acrescente muita utilidade e pode não valer a pena o esforço para obtê-la. É muito mais preferível a garantia de devolução do dinheiro. Colocando estes resultados juntos, podemos verificar que a oferta mais desejada pelo consumidor seria o *design* da embalagem B, a marca de nome Bissell, o preço de venda de $ 1,19, o certificado de garantia e a garantia de devolução do dinheiro.

Podemos também determinar a importância relativa de cada atributo para este consumidor, que é obtida pela diferença entre o nível de utilidade mais alto e o mais baixo para aquele atributo. Claramente, este consumidor vê o preço e o *design* da embalagem como os atributos mais importantes, seguidos pela garantia de devolução do dinheiro, nome da marca e, por último, o certificado de garantia.

Quando os dados de preferência são coletados de uma grande amostra de consumidores-alvos, eles podem ser usados para estimar a participação de mercado que

qualquer oferta específica, provavelmente, alcançaria, dadas quaisquer suposições sobre a resposta dos concorrentes. Entretanto, a empresa pode não lançar a oferta de mercado que promete obter mais participação de mercado devido às considerações de custos. Por exemplo, pode decidir que a embalagem C, embora acrescentando menor utilidade do que a embalagem B, pode custar consideravelmente menos e ser de adoção mais rentável. Nem sempre a oferta mais atraente é a mais rentável para ser fabricada.

Sob algumas condições, os pesquisadores coletarão os dados não usando uma descrição do perfil completo de cada oferta, mas apresentando dois fatores por vez. Por exemplo, pode-se mostrar aos entrevistados uma tabela com três níveis de preço e três tipos de embalagem e perguntar-lhes quais das nove combinações gostaram mais, classificando-se as respostas por ordem de preferência. Depois, seria mostrada outra tabela contendo as combinações entre mais outras duas variáveis. A abordagem combinatória pode ser mais fácil de ser usada quando há muitas variáveis e ofertas possíveis. Por outro lado, ela é menos realista, à medida que os entrevistados foquem apenas duas variáveis por vez.

A análise conjunta vem tornando-se uma das mais populares ferramentas de desenvolvimento e teste de conceito, sendo empregada em centenas de aplicações comerciais. Marriot projetou seu conceito de hotel Courtyard com o benefício da análise conjunta. Outras aplicações têm incluído a definição das características de estilo de automóveis, serviços de viagens aéreas, medicamentos éticos e cartões de crédito.

## Desenvolvimento da estratégia de marketing

Após a fase de teste, o gerente de novos produtos deve desenvolver um plano estratégico de marketing preliminar para lançar o novo produto no mercado. A estratégia de marketing passará por aperfeiçoamentos nos estágios subseqüentes.

O plano estratégico de marketing consiste em três partes. A primeira parte descreve o tamanho, estrutura e comportamento do mercado-alvo, o posicionamento planejado do produto e as vendas, participação de mercado e metas de lucro esperadas para os primeiros anos. Assim:

O mercado-alvo da bebida de preparo instantâneo para o café da manhã é formado por famílias com crianças receptivas a um novo complemento alimentar que seja conveniente, nutritivo e barato. A marca da empresa será posicionada no mercado de preço mais alto e de maior qualidade. Inicialmente, a empresa pretende vender 500.000 caixas para atender a 10% do mercado, com um prejuízo no primeiro ano que não exceda $ 1,3 milhão. O objetivo para o segundo ano é vender 700.000 caixas ou atender a 14% do mercado, com um lucro previsto de $ 2,2 milhões.

A segunda parte do plano estratégico de marketing delineia o preço previsto para o produto, a estratégia de distribuição e o orçamento de marketing para o primeiro ano:

O produto será oferecido com os sabores de chocolate, baunilha e morango, em embalagens individuais de seis unidades a um preço de $ 2,49 por embalagem. Serão 48 embalagens por caixa, cada uma custando $ 24 para os distribuidores. Nos primeiros dois meses, os revendedores receberão uma caixa grátis em cada quatro compradas, mais concessões em propaganda cooperativa. Serão distribuídas amostras grátis porta a porta e veiculados cupons de $ 0,20 de desconto nos jornais. O orçamento total de promoção de vendas será de $ 2.900.000. O orçamento de propaganda será de $ 6.000.000, distribuído meio a meio entre propaganda nacional e local. Dois terços serão destinados à televisão e um terço para os jornais. O texto de propaganda enfatizará os conceitos de benefício de nutrição e conveniência. O conceito de execução da propaganda girará em torno de um pequeno garoto que consome a bebida no café da manhã e cresce forte. Durante o primeiro ano,

$ 100.000 serão destinados à compra de relatórios de auditoria de lojas e de informações de painéis de consumidores para monitoramento da reação do mercado e das taxas de compra.

A terceira parte do plano estratégico de marketing descreve as metas de vendas e de lucros a longo prazo e o composto de marketing no período:

A empresa pretende conquistar 25% de participação de mercado e realizar uma taxa de retorno sobre o investimento, após o imposto de renda, de 12%. Para atingir este retorno, a qualidade do produto começará alta e será melhorada no decorrer do tempo através de pesquisa técnica. Inicialmente, o preço será fixado para a nata do mercado, baixando gradualmente para expandir o mercado e enfrentar a concorrência. O orçamento total de promoção será aumentado em 20% a cada ano, com a divisão inicial entre propaganda/promoção de vendas de 65:35, evoluindo, eventualmente, para 50:50. A despesa anual com pesquisa de marketing será reduzida para $ 60.000, após o primeiro ano.

## Análise comercial

Após a administração desenvolver o conceito de produto e a estratégia de marketing, ela pode avaliar a atratividade do negócio proposto. Precisa preparar as projeções de vendas, custos e lucros para determinar se eles satisfazem os objetivos da empresa. Caso positivo, o conceito de produto pode passar para o estágio de desenvolvimento do produto. À medida que novas informações chegam, a análise comercial será revisada e expandida.

ESTIMATIVA DE VENDAS. A administração precisa estimar se as vendas serão suficientemente altas para gerar um lucro satisfatório. A venda total será a soma da primeira venda, da venda de reposição e das vendas repetitivas. Os métodos de estimativa de vendas dependem das seguintes possibilidades: se o produto será comprado apenas uma vez, se será comprado sem freqüência ou se será de compra freqüente. Para os produtos comprados apenas uma vez, as vendas crescem no início (na fase de lançamento), atingem o pico e se aproximam de zero, à medida que o número de compradores potenciais exaure (Figura 11.7[a]). Se novos compradores continuarem entrando no mercado, a curva não chega ao nível zero.

Os produtos comprados sem freqüência, como automóveis, tostadeiras e equipamentos industriais, exibem ciclos de reposição determinados pelo desgaste físico ou por sua obsolescência associada a mudanças de estilos, características e desejos do consumidor. A previsão de vendas para esta categoria de produto exige uma estimativa para as vendas de primeira vez e outra para as vendas de reposição (Figura 11-7[b]).

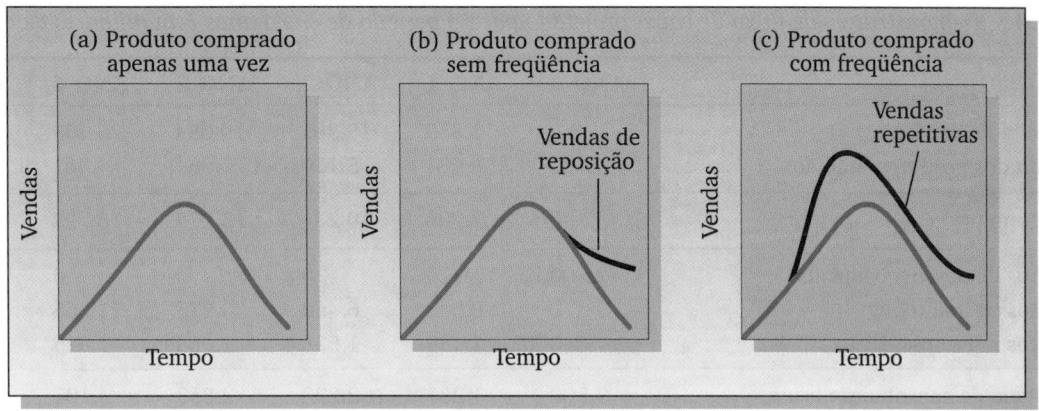

**Figura 11.7** *Vendas durante o ciclo de vida de três tipos de produtos.*

Os produtos comprados com freqüência, como os de consumo e os industriais não duráveis, apresentam desempenho de vendas conforme o mostrado na Figura 11.7(c). Inicialmente, o número de compradores de primeira vez aumenta e depois diminui à medida que alguns não compram (assumindo-se uma população fixa). As compras de repetição ocorrem em breve, desde que o produto satisfaça alguns consumidores. Eventualmente, a curva de vendas cai para um patamar que representa um volume de vendas repetitivas fixo; nesta ocasião, o produto já não é mais novo.

**Estimativa de vendas para produtos comprados apenas uma vez.** A primeira tarefa é estimar as compras de primeira vez do novo produto em cada período. Uma variedade de técnicas está disponível. Por exemplo, um fabricante de equipamentos médicos desenvolveu um novo instrumento para analisar tipos sangüíneos. A empresa identificou três segmentos de mercado: hospitais, clínicas e laboratórios conveniados. A seguir, usou um processo de três etapas para estimar as vendas do novo produto. Primeiro, para cada segmento, a administração definiu a instalação mínima do cliente que compraria esse instrumento. Depois, estimou o número de instalações em cada segmento. Esse número foi reduzido pela probabilidade de compra estimada, que variava de segmento a segmento. Então, somou o número remanescente de compradores potenciais chegando ao "potencial de mercado". Segundo, estimou a "penetração de mercado" do novo produto, considerando diversos fatores, incluindo os gastos de propaganda previstos e a atividade dos concorrentes. Finalmente, multiplicou o potencial de mercado pela penetração de mercado para estimar as vendas do novo produto.

**Estimativa das vendas de reposição.** Para estimar as vendas de reposição, a administração tem que pesquisar a *distribuição do produto no tempo,* isto é, o número de unidades que seriam compradas em um, dois,

três ou maior número de anos. O ponto mínimo da distribuição indica quando ocorrerá a primeira reposição de vendas. O momento real da reposição será influenciado pela situação econômica, fluxo de caixa e alternativas de produto para o consumidor, além dos preços, condições de pagamento e esforço de venda da empresa. Desde que as vendas de reposição sejam de difícil estimativa antes de o produto entrar em uso, alguns fabricantes baseiam suas decisões para lançar um novo produto apenas nas estimativas de vendas de primeira vez.

**Estimativa de vendas repetitivas.** Para um novo produto comprado com freqüência, o vendedor tem que estimar tanto as vendas repetitivas como as vendas de primeira vez. Uma taxa alta de compras repetitivas significa que os consumidores estão satisfeitos; provavelmente, as vendas permanecem altas mesmo após todas as compras de primeira vez terem ocorrido. O vendedor deve anotar a porcentagem de compras que ocorre em cada classe de compradores de repetição: aqueles que recompram uma, duas, três vezes e assim por diante. Alguns produtos e marcas são comprados algumas vezes e, depois, abandonados. É importante estimar se a taxa de compra repetitiva, provavelmente, subirá ou cairá, e, em que proporção, para cada classe de compradores de repetição.[24]

**ESTIMATIVA DE CUSTOS E LUCROS.** Após preparar a previsão de vendas, a administração pode estimar os custos e os lucros esperados. Os custos são estimados para os departamentos de pesquisa e desenvolvimento, produção, marketing e finanças. A Tabela 11.4 ilustra uma projeção de cinco anos para as vendas, custos e lucros do produto de preparo instantâneo para o café da manhã.

A linha 1 mostra a receita estimada de vendas para o período de cinco anos. A empresa espera vender $ 11.889.000 (aproximadamente, 500 caixas a um preço unitário de $ 24) no primeiro ano. Por trás desta projeção de vendas está um conjunto de hipóteses sobre a

24. Veja BLATTBERG, Robert, GOLANTY, John. Tracker: an early test market forecasting and diagnostic model for new product planning. *Journal of Marketing Research,* p. 192-202, May 1988.

**Tabela 11.4**  *Demonstrativo de fluxo de caixa projetado para o período de cinco anos (em milhares de dólares).*

| | ANO 0 | ANO 1 | ANO 2 | ANO 3 | ANO 4 | ANO 5 |
|---|---|---|---|---|---|---|
| 1. Receita de vendas | $ 0 | 11.889 | 15.381 | 19.654 | 28.253 | 32.491 |
| 2. Custo dos produtos vendidos | 0 | 3.981 | 5.150 | 6.581 | 9.461 | 10.880 |
| 3. Margem bruta | 0 | 7.908 | 10.231 | 13.073 | 18.792 | 21.611 |
| 4. Custos de desenvolvimento | –3.500 | 0 | 0 | 0 | 0 | 0 |
| 5. Custos de marketing | 0 | 8.000 | 6.460 | 8.255 | 11.866 | 13.646 |
| 6. Custos indiretos | 0 | 1.189 | 1.538 | 1.965 | 2.825 | 3.249 |
| 7. Margem de contribuição bruta | –3.500 | –1.281 | 2.233 | 2.853 | 4.101 | 4.716 |
| 8. Margem de contribuição suplementar | 0 | 0 | 0 | 0 | 0 | 0 |
| 9. Margem de contribuição líquida | –3.500 | –1.281 | 2.233 | 2.853 | 4.101 | 4.716 |
| 10. Margem de contribuição descontada (a 15%) | –3.500 | –1.113 | 1.691 | 1.877 | 2.343 | 2.346 |
| 11. Fluxo de caixa descontado acumulado | –3.500 | –4.613 | -2.992 | -1.045 | 1298 | 3.644 |

taxa de crescimento de mercado, participação de mercado da empresa e custo de fabricação.

A linha 2 mostra o *custo dos produtos vendidos*, que gira em torno de 33% da receita de vendas. Este custo é encontrado por meio da estimativa do custo médio da mão-de-obra, ingredientes e material de embalagem por caixa.

A linha 3 mostra a *margem bruta* estimada, que é a diferença entre a receita de vendas e o custo dos produtos vendidos.

A linha 4 mostra os custos de desenvolvimento, estimados em 3,5 milhões, que incluem o custo de desenvolvimento do produto, de pesquisa de marketing e de produção.

A linha 5 mostra os custos de marketing estimados para o período de cinco anos, envolvendo propaganda, promoção de vendas, pesquisa de marketing e uma quantia destinada à cobertura da força de vendas e administração de marketing.

A linha 6 mostra os custos indiretos alocados a este produto, que cobrem sua participação nos salários dos executivos, água, luz etc.

A linha 7, *margem de contribuição bruta*, é encontrada subtraindo-se os três custos anteriores da margem bruta.

A linha 8, *margem de contribuição suplementar*, é usada para listar qualquer alteração na receita de outros produtos da empresa que seja causada pelo lançamento do novo produto. Essa margem é formada por dois componentes: a *receita adicional* sobre outros produtos da empresa, resultante do acréscimo do novo produto à linha; a *receita canibalizada*, que representa o decréscimo das vendas de outros produtos da empresa em decorrência do lançamento do novo produto.[25] A Tabela 22.4 não mostra qualquer contribuição suplementar.

A linha 9 mostra a *margem de contribuição líquida*, neste caso, com o mesmo valor da margem de contribuição bruta.

A linha 10 mostra a *margem de contribuição descontada*, que é o valor presente de cada contribuição futura descontada a uma taxa de juros anual de 15%. Por exemplo, a empresa não receberá $ 4.716.000 até o quinto ano, significando que, hoje, este valor é de apenas $ 2.346.000, uma vez que o dinheiro da empresa pode render 15% através da aplicação em outros investimentos.[26]

Finalmente, a linha 11 mostra o *fluxo de caixa descontado* que é a acumulação das contribuições anuais da linha 10. Aqui, dois assuntos são de interesse central. O primeiro é o *grau de investimento máximo* que representa o mais alto prejuízo que o projeto pode gerar. Vemos que a empresa terá um prejuízo máximo de $ 4.613.000 no primeiro ano; este será o prejuízo da empresa se ela encerrar o projeto. O segundo é o *período de payback*, que é o tempo em que a empresa recupera todos oa seus investimentos, incluindo a taxa interna de juros de 15%. Nesse caso, esse período é de três anos e meio. Por conseguinte, a empresa tem que decidir se deve arriscar um investimento máximo de $ 4,6 milhões em um período de *payback* de três anos e meio.

As empresas usam outros instrumentos de mensuração financeira para avaliar o mérito de uma proposta de novo produto. O mais simples é a *análise do ponto de equilíbrio,* em que a administração estima

25.  Veja KERIN, Roger, HARVEY, Michael G., ROTHE, James T. Cannibalism and new product development. *Business Horizons,* p. 25-31, Oct. 1978.
26.  O valor presente (*V*) de uma soma futura (*I*) para ser recebida *t* anos a partir de hoje e descontado a uma taxa de juros *r* é dado por $V = It(1 + r)t$. Assim, $ 4.761/(1,15)5 = $ 2.346.

quantas unidades do produto devem ser vendidas para atingir-se o ponto de equilíbrio, a dados preço e estrutura de custos. Se a empresa acreditasse que atingiria facilmente o ponto de equilíbrio, não teria dificuldade de encaminhar o projeto para a fase de desenvolvimento do produto.

O instrumento mais complexo é a *análise de risco*. Aqui, são obtidas três estimativas (otimista, pessimista e mais provável) para cada variável de incerteza que afeta a rentabilidade, sob um ambiente e estratégia de marketing assumidos para o período de planejamento. O computador simula os resultados possíveis e calcula a distribuição de probabilidade de uma taxa de retorno, mostrando a variação das taxas de retorno possíveis e suas probabilidades.[27]

## Desenvolvimento de produto

Se o conceito de produto passar pela análise comercial, ele segue para o departamento de pesquisa e desenvolvimento e/ou de engenharia para ser transformado em produto físico. Até agora, o produto existiu somente sob a forma de descrição verbal, de desenho ou de um protótipo. Esta etapa exige um grande salto em termos de investimento que não subestime os custos de avaliação da idéia de produto, incorridos nos estágios anteriores. Nesta fase, a empresa determinará se a idéia de produto pode ser transformada em um produto técnica e comercialmente viável. Caso negativo, os custos acumulados do projeto são perdidos, exceto quando envolvem informações úteis obtidas no processo.

O departamento de pesquisa e desenvolvimento desenvolverá uma ou mais versões físicas do conceito de produto. Espera-se encontrar um protótipo que os consumidores possam ver como contendo os atributos-chaves descritos na declaração de conceito de produto, que desempenhe com segurança sob condições normais de uso e possa ser produzido dentro dos custos de produção orçados.

O desenvolvimento de um protótipo bem-sucedido leva dias, semanas, meses ou mesmo anos. Projetar uma nova aeronave comercial demora diversos anos de trabalho de desenvolvimento, mesmo com a tecnologia sofisticada dos computadores. (Para mais informações sobre este tópico, veja a seção Visão 2000 intitulada "Usando CAD, CAM e 3-D no desenvolvimento de novos produtos".) Até o desenvolvimento de uma nova fórmula de sabor pode levar tempo. Por exemplo, a Maxwell House Division da Kraft General Foods descobriu que os consumidores desejavam uma marca de café que fosse "forte, consistente e de sabor concentrado". Os técnicos de seus laboratórios trabalharam quatro meses com várias misturas e sabores de café para formular um sabor correspondente ao desejo dos consumidores. A produção desse sabor tornou-se tão cara que a empresa reduziu o custo da mistura, ajustando-o ao orçamento previsto. Entretanto, a mudança comprometeu o sabor e a nova marca de café não foi bem recebida pelo mercado.

Os cientistas de laboratórios não devem apenas desenvolver as características funcionais exigidas, mas também saber como comunicar os aspectos psicológicos através de sugestões físicas. Como os consumidores reagirão a diferentes cores, tamanhos, pesos e outras características físicas? No caso de um líquido para lavar a boca, a cor amarela tem apelo "antiséptico" (Listerine), a vermelha tem apelo "refrescante" (Lavoris) e a verde dá idéia de "frio" (Scope). Os profissionais de marketing precisam fornecer ao pessoal de laboratório informações sobre que atributos os consumidores procuram e como eles julgam se esses atributos estão presentes.

Quando os protótipos estão prontos, devem ser submetidos a rigorosos testes funcionais e de consumo. Os *testes funcionais* são realizados sob condições de laboratório e de campo para a empresa assegurar-se de que o produto é seguro e eficaz em termos de desempenho. A nova aeronave deve voar; o novo lanche deve ficar bem disposto na prateleira do supermercado; o novo medicamento não deve gerar efeitos colaterais nocivos. O teste funcional de novos medicamentos demora vários anos de trabalho de laboratório com animais e, depois, com seres humanos organizados em grupos de controle, antes de obterem aprovação do Ministério da Saúde. Aqui estão alguns dos testes funcionais que os produtos são submetidos antes de entrarem no mercado:

**SHAW INDUSTRIES** Nesta fábrica, empregados temporários recebem $ 5 por hora para estender cinco longas filas de carpete durante oito horas por dia, cada uma medindo, em média, 23 km de extensão. Um funcionário comum lê três livrinhos de mistérios por semana enquanto caminha e perde 18 quilos de peso em dois anos. Os técnicos calculam o número de passos dados sobre o carpete, concluindo que 20.000 deles correspondiam a vários anos de uso do produto.

**APPLE COMPUTER** A Apple não deixa de considerar os problemas que podem ocorrer a seu computador PowerBook em condições normais de uso. Seus técnicos derramam Pepsi ou outros refrigerantes sobre o teclado, passam maionese na tela e colocam o equipamento em um forno para suportar a temperatura de 60° ou mais, simulando situações enfrentadas dentro de um carro.

**GILLETTE** Na Gillette, 200 voluntários de vários departamentos vão trabalhar sem fazer a barba. Eles se reúnem no segundo andar do prédio de pesquisa e de-

---

27. Veja HERTZ, David B. Risk analysis in capital investment. *Harvard Business Review,* p. 96-106, Jan.-Feb. 1964.

## VISÃO 2000 — Usando CAD, CAM e terceira dimensão no desenvolvimento de novos produtos

No laboratório de desenvolvimento da Chrysler de Auburn Hills, Michigan, os visitantes ficam indignados com um quadro de 25 x 10 cm contendo uma folha convenientemente preta. Subitamente, quando o quadro é iluminado por uma luz branca, um holograma da miniatura de um carro esportivo Dodge Viper vermelho parece saltar à frente do quadro, quase próximo o suficiente para ser tocado pela audiência. Trabalhando com empresas especializadas em holografia, a Chrysler está agora tentando descobrir como usar os mesmos tipos de hologramas para desenhar carros e caminhões e, assim, eliminar o oneroso e demorado processo de produção de modelos idênticos aos dos desenhos.

Mesmo com o avanço da holografia, a tecnologia está ainda há vários anos longe de realizar o que os fabricantes de carros têm em mente: hologramas medindo $70 \times 40$ cm que surgem com o clique de um botão após os engenheiros introduzirem os dados em um computador – e que podem ser modificados com o clique de outro botão. Atualmente, os fabricantes de automóveis e de outros produtos estão colhendo os benefícios do *design auxiliado por computador (CAD)* e da *produção auxiliada por computador (CAM)*, duas tecnologias introduzidas nos anos 60, mas que somente agora estão sendo amplamente usadas. O CAD permite aos engenheiros a produção de esboços bidimensionais que são transformados em desenhos tridimensionais pela inclusão de dados matemáticos. O CAM é usado para controlar equipamentos automáticos utilizados na fabricação de um produto. Representa a tecnologia em que a robótica está baseada.

Um dos principais benefícios da utilização da tecnologia de CAD-CAM é a agilização significativa do processo de desenvolvimento de produto, desde pequenas peças de joalheira a automóveis e grandes aeronaves. Por exemplo, o departamento de produção da RPD, de Plymouth, Minnesota, usava CAD-CAM para ajudar seus clientes joalheiros a agilizar os métodos de produção sob encomenda de um mês para cinco dias. Assim que os joalheiros desenham o molde de, digamos, um atraente pingente com o *software* CAD, a RPD pode usar outro tipo de programa para manipular a característica e textura do novo produto, de maneira que os consumidores possam ver várias versões do mesmo.

Por conseguinte, a Chrysler usava a tecnologia de CAD-CAM para desenvolver seu novo carro compacto, o Neon, em apenas 31 meses a um custo de $ 1,3 bilhão. (A indústria automobilística norte-americana leva mais de quatro anos e gasta bilhões de dólares para lançar um novo carro no mercado.) A nova estrutura organizacional da empresa estava acoplada à tecnologia de CAD-CAM. A empresa organizou equipes de desenvolvimento – incluindo o pessoal-chave de engenharia, produção e marketing –, trabalhando no mesmo espaço físico para agilizar o processo de desenvolvimento do produto. CAD-CAM facilitava a comunicação ao permitir que a equipe de desenvolvimento situada em Michigan enviasse os desenhos *on-line* para o pessoal da linha de montagem em Belvedere, Illinois, que dava *feedback* imediato sobre a viabilidade das idéias apresentadas.

**Fontes:** CHRISTIAN, Nichole M. Detroit in 3-D: car design gets new dimension. *The Wall Street Journal,* 24 Mar. 1995, B1:3; BYLINSKY, Gene. The digital factory. *Fortune,* p. 92-110, 14 Nov. 1994; HIGH-tech jewerly design. *Industry Week,* p. 75, 18 July 1994.

---

senvolvimento da empresa e são encaminhados a pequenas cabinas com pia e espelho. Através de uma pequena janela, técnicos orientam sobre que lâmina, creme de barbear ou loção pós barba usar. Após fazerem a barba, os funcionários preenchem um questionário. "Somos beneficiados à medida que aprendemos a nos barbear melhor em casa", diz um funcionário da Gillette.[28]

O *teste junto a consumidores* pode assumir diversas formas, desde trazê-los ao laboratório para testar o produto, a oferecer-lhes amostras para serem usadas em suas casas. Os testes domiciliares são comuns com produtos envolvendo desde sabores de sorvetes a novos eletrodomésticos. Quando a Du Pont desenvolveu seu novo carpete sintético, instalou-o gratuitamente em diversas residências em troca da disposição dos proprietários em informar vantagens e desvantagens do novo produto.

Quanto testerem produtos de última geração, como carros elétricos, os profissionais de marketing devem ser tão criativos quanto seus *designers* e engenheiros. Ruegen, uma pequena ilha no mar Báltico, tornou-se um campo de teste para os carros do futuro. Cinqüenta e oito moradores dessa ilha da ex-Alemanha Oriental guiam des-

---

28. RICE, Faye. Secrets of product testing. *Fortune,* p. 172-174, 28 Nov. 1994; INGRASSIA, Lawrence. Taming the monster: how big companies can change: keeping sharp: Gillette holds its edge by endlessly searching for a better shave. *The Wall Street Journal,* 10 Dec. 1992, p. A1:6.

de carros movidos a gasogênio a novos modelos de carros elétricos macios fabricados pela BMW, Mercedes Benz e Audi. Ironicamente, esses carros são desenvolvidos para serem vendidos na Califórnia, que está exigindo que 2% de todos os veículos vendidos sejam livres de qualquer emissão de gases até o início de 1998. Os testes em Ruegen têm tornado os fabricantes de automóveis conscientes de vários problemas: os moradores da ilha que testam carros elétricos constataram que as viagens de qualquer extensão devem ser cuidadosamente planejadas em função da vida limitada das baterias. Recarregá-las não é fácil, consumindo de meia hora a uma noite inteira.[29]

**TÉCNICAS PARA MENSURAR AS PREFERÊNCIAS DO CONSUMIDOR.** Testar a preferência do consumidor envolve uma variedade de técnicas. As três mais comuns são a classificação seqüencial, a comparação par a par e a classificação um a um. Cada uma delas apresenta vantagens e limitações.

Suponhamos que sejam apresentados a um consumidor três itens, A, B e C, que podem ser três câmeras fotográficas, três planos de seguro ou três anúncios.

- No *método de classificação seqüencial*, solicita-se ao consumidor para classificar os três itens na ordem de sua preferência. O consumidor pode responder $A > B > C$. Embora este método tenha a vantagem da simplicidade, não revela a intensidade do favoritismo do consumidor em relação a cada um dos itens. É possível que ele não goste muito de nenhum deles. Não indica quanto o consumidor prefere um objeto em relação a outro. Também é difícil de ser usado quando envolve a avaliação de muitos objetos.
- O *método de comparação par a par* implica a apresentação de um conjunto de itens ao consumidor, de par em par, perguntando-lhe qual seria seu item preferido em cada um dos pares. Assim, poderiam ser apresentados ao consumidor os pares AB, AC e BC. Digamos que ele demonstre preferência A a B, A a C e B a C, respectivamente. Então, podemos concluir que $A > B > C$. As comparações par a par oferecem duas grandes vantagens. Primeiro, as pessoas têm maior facilidade em demonstrar suas preferências entre dois itens por vez. Segundo, permite que o consumidor se concentre intensivamente em dois itens destacando suas diferenças e similaridades.
- No *método de classificação um a um,* solicita-se ao consumidor que classifique a intensidade de sua preferência para cada produto através de uma dada escala. Suponhamos que seja utilizada uma escala de sete pontos, em que 1 = detesta intensamente, 4

= indiferença e 7 = gosta intensamente. Suponhamos que um consumidor entrevistado apresente as seguintes avaliações: $A = 6$, $B = 5$ e $C = 3$. Esse método fornece maior número de informações do que os outros métodos já examinados. Podemos ordenar as preferências individuais (no caso $A > B > C$) e conhecer os níveis qualitativos de sua preferência em relação a cada item e a distância entre as preferências. Esse método também é de fácil utilização pelos entrevistados, particularmente quando existe um grande conjunto de objetos a ser avaliado.

## Teste de mercado

Após a administração ficar satisfeita com o desempenho funcional e psicológico do produto, este está pronto para receber um nome de marca, uma embalagem e um programa preliminar de marketing. As metas são testar o novo produto nas condições normais de uso pelo consumidor. O propósito do teste de mercado é saber como os consumidores e revendedores reagem ao manuseio, utilização e repetição de compra do produto real e qual o tamanho do mercado.

Nem todas as empresas escolhem a rota do teste de mercado. Por exemplo, um executivo da Revlon declarou: "Em nosso negócio – formado principalmente de cosméticos caros e não destinados à distribuição em massa – é desnecessário, para nós, o teste de mercado. Quando desenvolvemos um novo produto, por exemplo, uma maquiagem líquida mais sofisticada, sabemos que vai vender porque conhecemos muito nossa área de negócio. Depois, é só enviar 1.500 demonstradoras às lojas de departamentos para promovê-lo." Entretanto, a maioria das empresas sabe que o teste de mercado pode trazer informações valiosas sobre compradores, revendedores, eficácia do programa de marketing, potencial de mercado e outros assuntos. Os principais problemas são: Quanto do mercado testar e que tipo de teste utilizar?

Quanto do mercado testar é influenciado, por um lado, pelo custo do investimento e risco e, por outro, pela pressão do tempo e pelo custo da pesquisa. Produtos de alto investimento/risco merecem ser testados no mercado para não se cometerem erros; o custo dos testes de mercado representam porcentagem insignificante do custo total do projeto. Produtos de alto risco – aqueles que geram categorias de novos produtos (primeiro composto instantâneo para o café da manhã) ou que apresentam novas características (primeiro creme dental com flúor) – merecem mais teste de mercado do que produtos modificados (outra marca de creme dental). Porém, o volume de teste de mercado pode ser bastante

---

29. CHOI, Audrey, STERN, Gabriella. The lessons of Reugen: electric cars are slow, temperamental and exasperating. *The Wall Street Jornal,* 30 Mar. 1995, p. B1:3.

reduzido se a empresa estiver correndo contra o tempo para lançar um produto no início de uma estação, ou ainda, porque seus concorrentes estão preparados para lançar suas novas marcas. Todavia, a empresa pode preferir assumir o risco de fracasso de seu produto ao risco de perder a distribuição ou a participação de mercado a um outro produto que poderá ser bem-sucedido. O custo do teste de mercado afetará também sua extensão e o tipo de teste que será empregado.

**TESTE DE MERCADO DE BENS DE CONSUMO.** Ao testar produtos de consumo, a empresa procura estimar quatro variáveis: experimentação, primeira repetição, adoção e freqüência de compra. Ela espera encontrar estas variáveis em níveis elevados. Em alguns casos, encontrará muitos consumidores experimentando o produto, mas poucos repetindo a compra, mostrando insatisfação pelo mesmo. Também pode encontrar alta taxa de adoção, mas baixa freqüência de compra (como no caso de alimentos congelados), porque os compradores usam o produto apenas em ocasiões especiais.

A seguir, são descritos os principais métodos para testar o mercado de bens de consumo, dos mais simples e baratos ao mais complexos e caros.

## Pesquisa de flutuação de vendas.

Neste tipo de pesquisa, os consumidores que experimentam o produto, inicialmente, como amostra grátis, o recebem novamente ou lhes é oferecido um produto concorrente a preço levemente reduzido. Esse processo pode ser repetido de três a cinco vezes (flutuação de vendas) e a empresa deve anotar quantos consumidores escolheram novamente seu produto, além do nível de satisfação relatado. Esta pesquisa pode também incluir a exposição dos consumidores a um ou mais conceitos de propaganda para se verificar qual seu impacto sobre a compra de repetição.

A pesquisa de flutuação de vendas pode ser implementada rapidamente, conduzida com relativa segurança e sem a necessidade de desenvolvimento de embalagem e de um anúncio de propaganda definitivos. Entretanto, a pesquisa não indica as taxas de experimentação que seriam atingidas com incentivos de promoção de vendas diferentes, uma vez que os consumidores são pré-selecionados para experimentar o produto. Ela também não indica o poder da marca para ganhar a distribuição e uma posição favorável nas prateleiras dos supermercados.

## Teste de marketing simulado.

Este teste exige a identificação de 30 a 40 compradores qualificados (em um *shopping center* ou em outro local de compra) que devem ser entrevistados a respeito da familiaridade e preferências de marcas de uma categoria específica de produtos. Depois, são convidados a selecionar comerciais ou anúncios impressos, incluindo os bem conhecidos e os novos. Um anúncio divulga o novo produto, mas fica misturado com os demais para não chamar a atenção. Os consumidores recebem uma pequena quantia em dinheiro e são convidados a entrar em uma loja onde podem comprar alguns itens. Mesmo aqueles que não compram a nova marca a recebem como amostra grátis. A empresa anota quantos deles compram a nova marca e as marcas concorrentes. Isso fornece uma mensuração da eficácia relativa do anúncio em estimular a experimentação em relação às marcas concorrentes. Pergunta-se aos consumidores as razões de suas compras ou por que não compraram. Algumas semanas depois, eles são novamente entrevistados por telefone para informar suas atitudes em relação ao produto, seu uso, satisfação e intenção de repetir a compra, com a liberdade de optar por qualquer produto.

Esse método oferece várias vantagens, incluindo a mensuração da eficácia da propaganda e as taxas de experimentação (e as de repetição de compra), resultados que ficam disponíveis em tempo muito curto, a uma fração do custo dos testes reais de mercado. Freqüentemente, os pré-testes demoram apenas três meses e podem custar apenas $ 250.000.[30] Geralmente, os resultados são incorporados em modelos de previsão para o novo produto, possibilitando a projeção do nível final de vendas. As empresas de pesquisa de marketing fazem previsões surpreendentemente corretas de produtos que são, subseqüentemente, lançados no mercado.[31]

## Teste de mercado controlado.

Neste método, uma empresa de pesquisa administra um painel de lojas que acompanha novos produtos, cobrando uma taxa das empresas interessadas. A empresa com um novo produto especifica o número de lojas e as localizações geográficas que deseja testar. A empresa de pesquisa entrega o produto para as lojas participantes, controla sua posição nas prateleiras, formas de exibição, número de *displays* e promoções de ponto de venda e preço, conforme os planos estabelecidos. As vendas resultantes podem ser mensuradas através de *scanners* eletrônicos colocados nos caixas. A empresa pode também avaliar o impacto da propaganda e promoções locais durante o teste.

Este método permite a empresa testar o impacto dos fatores internos das lojas e da propaganda limitada sobre o comportamento de compra dos consumidores, sem envolvê-los diretamente. Depois, uma amostra de consumidores pode ser entrevistada para levantamento de suas impressões sobre o produto. A empresa não tem que usar sua própria força de vendas, oferecer concessões ou "comprar" a distribuição. Por outro lado, o teste de marketing controlado não fornece informações sobre

---

30. POWER, Christopher. Will it sell in produnk? Hard to say. *Business Week,* p. 46-47, 10 Aug. 1992.
31. Veja CLANCY, Kevin J., SHULMAN, Robert S., WOLF, Marianne. *Simulated test marketing*: technology for launching succesful new products. New York : Lexington Books, 1994; e MAHAJAN, V., WIND, Jerry. New product models: practice, shortcomings, and desired improvements. *Journal of Product Innovation Management,* v. 9, p. 128-139, 1992.

como vender o novo produto ao comércio. Esta técnica também expõe o produto aos concorrentes.

**Mercados-teste.** Representam a maneira definitiva de testar um novo produto de consumo. Geralmente, a empresa trabalha com uma empresa de pesquisa de marketing para localizar algumas cidades-teste onde a força de vendas da empresa tentará vender ao comércio e obter bom espaço nas prateleiras dos supermercados. Ela fará uma campanha de propaganda e promoção intensiva nesses mercados, semelhante àquela que será feita em âmbito nacional. Um teste de escala ampla pode custar $ 1 milhão, dependendo do número de cidades testadas, duração do teste e do número de dados que a empresa deseja coletar.

Ao testar mercados, a administração enfrenta vários problemas:

1. *Quantas cidades testar?* A maioria dos testes é realizada em duas a seis cidades, com uma média de quatro. Quanto maior o número de cidades usadas, maior a probabilidade de prejuízo, do número de estratégias de marketing concorrentes, das diferenças regionais e da chance de interferência nos mercados-teste por ação dos concorrentes.

2. *Que cidades escolher?* Cada empresa deve desenvolver seu próprio critério para selecionar cidades-teste. Deve procurar cidades com setores industriais diversificados, boa cobertura de mídia, cadeias de lojas, atividade competitiva média e nenhuma evidência de terem sido muito testadas.

3. *Duração do teste?* Os testes podem durar de alguns meses a vários anos. Quanto maior o período de repetição de compra do produto, maior o período de teste necessário para observar as taxas de repetição. Por outro lado, o período deve ser abreviado se os concorrentes apressarem suas entradas no mercado.

4. *Que informações obter?* A administração deve decidir sobre os tipos de informações que devem ser coletadas em relação a seu valor e custo. Dados sobre embarque a depósitos mostram a compra para estocagem, mas não indicam as vendas semanais ao varejo. As *auditorias de lojas* mostram as vendas realizadas no varejo e as participações de mercado dos concorrentes, mas não revelam as características dos compradores de diferentes marcas. Os *painéis de consumidores* indicam os tipos de pessoas que estão comprando, quais marcas, grau de lealdade e taxas de mudança de marcas. Os *levantamentos de consumidores* possibilitam a obtenção de informações de profundidade sobre as atitudes dos consumidores, condições de uso e nível de satisfação. Entre outras coisas que podem ser pesquisadas estão as atitudes dos intermediários, distribuição em nível de varejo

e a eficácia da propaganda, promoção e dos materiais de ponto de venda.

5. *Que ação tomar?* Se os mercados-teste mostrarem altas taxas de experimentação e de repetição de compra, o produto deve ser lançado em todo o país. Mas se eles mostrarem alta taxa de experimentação e baixa taxa de recompra, os consumidores não estão satisfeitos e o produto deve ser redesenhado ou eliminado. Se os testes mostrarem baixa taxa de experimentação e alta taxa de recompra, o produto está satisfazendo, mas mais pessoas têm que experimentá-lo. Isto significa que a empresa deve aumentar a propaganda e a promoção de vendas. Finalmente, se as taxas de experimentação e de recompra forem baixas, o produto deve ser eliminado.

Os mercados-teste podem trazer diversos benefícios. Seu principal benefício é obter uma previsão de vendas mais confiável. Se as vendas do produto caírem abaixo dos níveis programados no mercado-teste, a empresa deve eliminar ou modificar o produto ou o programa de marketing.

Um segundo benefício é o pré-teste de planos de marketing alternativos. Por exemplo, a Colgate-Palmolive usou um composto de marketing diferente em cada uma de quatro cidades para vender um novo sabonete. As quatro abordagens foram: (1) propaganda média em conjunto com distribuição de amostras grátis porta a porta, (2) propaganda reforçada mais distribuição de amostras, (3) propaganda média junto com cupons de descontos enviados pelo correio e (4) propaganda média sem nenhum complemento promocional. A terceira alternativa gerou o maior nível de benefício, embora não tenha gerado o nível mais elevado de vendas.

Apesar dos benefícios dos mercados-teste, muitas empresas questionam seu valor hoje. Nesse mercado altamente mutante, as empresas têm que preencher uma necessidade ainda não atendida, estão ansiosas para chegar ao mercado em primeiro lugar. O mercado-teste retardaria e revelaria seus planos para os concorrentes que agilizariam o desenvolvimento de produtos rivais. Isso ocorreu há vários anos quando a Procter & Gamble começou a testar seu glacê para cobrir bolo Duncan Hines. Imediatamente, a General Mills tomou nota e lançou sua marca Betty Crocker que, agora, domina o mercado em sua categoria.[32] Além disso, os concorrentes agressivos procuram interferir nos mercados-teste, tornando os resultados menos confiáveis. Por exemplo, quando a Pepsi testou a bebida Mountain Drew Sport em Minneapolis, em 1990, A Gatorade contra-atacou furiosamente com a distribuição de cupons de desconto e veiculação de anúncios.[33]

Hoje, muitas grandes empresas estão evitando o estágio de mercado-teste, confiando em outros métodos

32. POWER, Christopher. Will it sell in produnk? *Business Week,* p. 46-47, 10 Aug. 1992.
33. Ibid.

para testar o mercado.[34] Por exemplo, a General Mills prefere lançar o novo produto em 25% das cidades do país, uma área bastante extensa para receber a interferência dos concorrentes. Os executivos da empresa analisam os dados obtidos por *scanners* que informam em poucos dias a aceitação do produto e que ações corretivas devem ser adotadas. Freqüentemente, a Colgate-Palmolive lança um novo produto em um conjunto de pequenas "cidades-pilotos" e o distribui nacionalmente se o resultado for favorável.[35]

Todavia, os administradores devem considerar todos os ângulos antes de decidir dispensar o mercado-teste. Consideremos o que ocorreu com a Unilever:

**UNILEVER** Custou muito caro quando esta empresa baseada em Londres decidiu dispensar o mercado-teste ao lançar o sabão em pó Power. Ela estava tão confiante na patente do catalisador baseado em manganês incorporado no produto que foi em frente com uma campanha de $ 300 milhões para seu lançamento em toda a Europa. Manteve a decisão de lançar o produto, mesmo após sua arquirival, a Procter & Gamble, ter alertado sobre a possibilidade do Power estragar as roupas dos consumidores. Edwin Artz, presidente da P&G, fez uma visita secreta ao vice-presidente da Unilever, Niall Fitzgerald, para alertá-lo sobre o poder de destruição de sua nova marca de sabão em pó. A Unilever ignorou-o e o lançamento foi um desastre. Sem dúvida, a P&G não foi movida por altruísmo, mas por sua própria agenda: estava, secretamente, preparando-se para relançar sua principal marca européia, a Ariel, com o nome Ariel Future, um sabão em pó concentrado para combater manchas. A P&G passou a "bombardear" os jornalistas de toda a Europa com fotos coloridas de tapetes dilacerados lavados com Power junto a roupas conservadas lavadas com Ariel.[36]

**Teste de Mercado de Bens Industriais.** Os bens industriais podem também se beneficiar do teste de mercado, que varia conforme o tipo de produto. Normalmente, produtos industriais caros e novas tecnologias são submetidos aos testes alfa e beta. O *teste alfa* é realizado na própria empresa, onde o produto passa por critérios de mensuração de desempenho, confiabilidade, *design* e de avaliação dos custos operacionais. Se os resultados forem satisfatórios, a empresa inicia o *teste beta*, que consiste em convidar adotantes potenciais a usar o produto em seu processo industrial. Este tipo de teste fornece benefícios, tanto para a empresa vendedora como para o cliente industrial. A equipe técnica da empresa vendedora observa como o cliente usa o produto, práti-

ca que, freqüentemente, antecipa problemas de segurança e funcionamento e fornece sugestões sobre as necessidades de treinamento. A empresa vendedora pode também observar o valor que o equipamento agrega para a operação do cliente, sugerindo o preço a ser cobrado. Após o teste, a equipe de vendas entrará em contato com o cliente para saber sua intenção de compra e outras reações.

As empresas que testam o produto também se beneficiam de diversas maneiras: ganho de experiência com o novo produto à frente dos concorrentes, recebimento de desconto no preço em troca da cooperação e aumento de reputação como pioneiros no uso da nova tecnologia. Ao mesmo tempo, a empresa vendedora tem que interpretar cuidadosamente os resultados do teste beta porque apenas algumas experiências são realizadas, as empresas-testes não são escolhidas ao acaso, o teste é adaptado às condições de cada instalação industrial, limitando a generalização. Outro risco é que as empresas-testes não interessadas no produto podem fazer relatórios desfavoráveis sobre o mesmo.

Um segundo método comum de teste de mercado é lançar o novo produto industrial em feiras comerciais, que atraem grande número de compradores interessados em novidades durante poucos dias. A empresa vendedora pode observar o nível de interesse em relação ao novo produto demonstrado pelos compradores, como reagem às várias características e condições e quantos expressam intenção de comprar ou de fazer pedidos. Por exemplo, os editores do livro anunciam, regularmente, os novos lançamentos na convenção anual da American Booksellers Association. Na ocasião, são apresentadas provas ou capas de livros de literatura ou de referência e versões em CD-ROM. Se um grande cliente, como a rede de livrarias Barnes & Noble, não concordar com o *design* da capa ou com o título do livro de interesse, a editora, freqüentemente, criará um novo título ou uma nova capa. A desvantagem é que as feiras revelam o produto aos concorrentes, obrigando o fabricante a lançá-lo naquela oportunidade.

O novo produto industrial pode também ser testado em *showrooms* de distribuidores e revendedores, onde é colocado próximo aos produtos de outros fabricantes e, possivelmente, de produtos concorrentes. Este método possibilita despertar a preferência do comprador em uma atmosfera de venda favorável. Há desvantagens: os compradores podem desejar fazer pedidos que não poderão ser atendidos e estes visitantes podem não representar o mercado-alvo.

Embora o teste de mercado seja mais freqüentemente usado para bens de consumo, ele vem sendo usado por alguns fabricantes. Eles produzem uma quanti-

---

34. SPOTTING competitive edges begetgs new product success. *Marketing News,* p. 4, 21 Dec. 1984; TESTING time for test marketing. *Fortune,* p. 75-76, 29 Oct. 1984; e KLOMPMAKER, Jay E, HUGHES, G. David., HALEY, Russell I. Test marketing in new product development. *Harvard Business Review,* p. 128-138, May/June 1976.

35. Ibid.

36. WENTZ, Laurel. Unilever's power failure a wasteful use of haste. *Advertising Age,* p. 42, 6 Mar. 1995.

dade limitada do produto que deve ser vendida em um conjunto limitado de áreas geográficas que recebem apoio promocional, catálogos e assim por diante. Dessa maneira, a administração tem a oportunidade de saber o que pode acontecer em um atendimento de ampla escala, podendo tomar decisão mais fundamentada sobre a comercialização do produto.

## Comercialização

Provavelmente, o teste de mercado fornece à administração muitas informações para ela decidir se deve lançar o novo produto. Se a empresa for em frente com a comercialização, entrará em uma fase de maiores custos. Terá que contratar a fabricação do produto, construir ou alugar instalações para fabricação em larga escala. O tamanho da fábrica será uma variável crítica de decisão. Por medida de precaução, a empresa pode construir instalações menores do que as exigidas pela previsão de vendas. Isto foi feito pela Quaker Oats quando lançou o cereal para café da manhã "100% Natural". A demanda excedeu tanto sua previsão de vendas que demorou um ano para o atendimento das lojas ficar normalizado. Embora a empresa tivesse ficado satisfeita com a resposta, a baixa previsão de vendas custou-lhe considerável perda de lucro.

Outro importante custo é marketing. Para lançar um produto de consumo importante no mercado nacional, a empresa pode ter que gastar entre $ 20 a $ 80 milhões em propaganda e promoção no primeiro ano. No lançamento de um novo produto alimentício, os gastos de marketing representam, geralmente, 57% da receita de vendas do primeiro ano.

QUANDO (*TIMING*). Para comercializar um novo produto, o momento certo de entrar no mercado pode ser crítico. Suponhamos que uma empresa já tenha concluído o trabalho de desenvolvimento de seu novo produto e fica sabendo que um concorrente está finalizando a fase de desenvolvimento de um produto. A empresa enfrenta três opções:

1. *Entrar primeiro no mercado*. Geralmente, a primeira empresa a entrar em um mercado desfruta as "vantagens de quem chega na frente" para conquistar distribuidores e clientes-chaves e ganhar reputação de liderança. Um estudo da McKinsey mostrou que ser o primeiro a lançar um novo produto, mesmo com orçamento limitado, é melhor do que lançar depois, com orçamento suficiente. Por outro lado, se for para o mercado antes do produto estar totalmente testado, pode adquirir uma imagem negativa.

2. *Entrar paralelamente no mercado*. A empresa pode programar sua entrada em conjunto com o concorrente. Se este apressar o lançamento, a empresa não o acompanha; se esperar, a empresa faz o mesmo, usando o tempo extra para aperfeiçoar seu produto.

3. *Entrar posteriormente no mercado*. A empresa pode atrasar seu lançamento até após a entrada do concorrente. Esta estratégia proporciona três vantagens potenciais. O concorrente terá que assumir o custo de preparação do mercado. O Produto concorrente pode revelar problemas que podem ser evitados pela empresa que entrar posteriormente, além da vantagem de conhecer o tamanho do mercado. Por exemplo, a EMI, empresa inglesa pioneira na fabricação de aparelhos para tomografia computadorizada, perdeu a liderança de mercado para a GE, que dominou o mercado em função de maior excelência em manufatura e maior força na distribuição a hospitais.

A decisão de *timing* envolve considerações adicionais. Se o novo produto substituir um produto mais antigo da empresa, ela pode retardar o lançamento até que o estoque desse produto se esgote. Se o produto for altamente sazonal, seu lançamento pode ser adiado até a estação adequada.[37]

ONDE (ESTRATÉGIA GEOGRÁFICA). A empresa deve decidir se lança o novo produto em uma única localidade, em várias regiões, no mercado nacional ou no mercado internacional. Poucas empresas têm confiança, capital e capacidade física para lançar novos produtos em âmbito nacional ou global. Ao contrário, a maioria delas desenvolve um plano de lançamento pulverizado ao longo do tempo. As pequenas empresas, em particular, selecionam uma cidade atraente e promovem intensa campanha de propaganda para entrar no mercado. Depois, entram em outras cidades uma de cada vez. As grandes empresas lançam seus produtos em uma ampla região, passando, depois, para outras regiões. Empresas com redes de distribuição nacional, como as automobilísticas, lançam seus novos modelos no mercado nacional.

É interessante notar que a maioria das empresas desenvolve seus novos produtos para vendê-los, principalmente, no mercado doméstico. Depois, se o produto for bem-sucedido, elas consideram a possibilidade de exportar para países vizinhos ou para o mercado global, modificando-o se for necessário. Todavia, Cooper e Kleinschmidt, em um estudo sobre produtos industriais, constataram que os produtos projetados apenas para o mercado doméstico tendem a mostrar alta taxa de fracasso, baixa participação de mercado e pequena taxa de crescimento. Em contraste, os produtos projetados para o mercado mundial – ou, pelo menos, incluindo tam-

---

37. Para mais esclarecimentos sobre este tópico, veja ALPERT, Frank H., KAMINS, Michael A. Pioneer brand advantages and consumer behavior: a conceptual framework and propositional inventory. *Journal of the Academy of Marketing Science*, p. 244-253, Summer 1994.

bém os mercados vizinhos – são mais rentáveis, tanto no mercado doméstico como no internacional. Entretanto, apenas 17% dos produtos estudados por Cooper e Kleinschmidt foram planejados com essa orientação.[38] A implicação está clara. As empresas atingiriam uma taxa de sucesso mais alta no lançamento de novos produtos se adotassem um foco internacional ao desenhá-los e desenvolvê-los. Elas cuidariam melhor na escolha da marca, dos materiais empregados, das características de *design* etc. e as alterações subseqüentes custariam bem menos.

Antes de adotar uma estratégia de lançamento pulverizado, a empresa tem que avaliar os mercados alternativos conforme seus graus de atratividade. Os mercados candidatos podem ser listados em filas e os critérios de atratividade, em colunas. Os primeiros critérios de avaliação são potencial de mercado, reputação local da empresa, custo de abastecimento do mercado, custo das mídias de comunicação, influência de uma área sobre outras e penetração de concorrentes.

A presença de concorrentes é particularmente importante. Suponhamos que a McDonald's deseje lançar uma nova rede de pizzarias especiais. Suponhamos também que a Pizza Hut, importante concorrente, esteja fortemente entrincheirada na costa leste. Outra rede de pizzarias está entrincheirada na costa oeste, mas é fraca. No meio-oeste, há uma batalha entre duas outras redes. O sul está aberto, mas a Shakey's está planejando ocupá-lo. Podemos verificar que a McDonald's enfrenta uma decisão bastante complexa para implantar a estratégia de lançamento pulverizado.

**PARA QUEM (CONSUMIDORES POTENCIAIS NO MERCADO-ALVO).** Dentro dos mercados pulverizados, a empresa deve orientar sua distribuição e promoção aos melhores grupos de consumidores potenciais. Presumivelmente, ela já tenha traçado os perfis desses grupos. Idealmente, os principais consumidores potenciais para um novo produto de consumo devem ter as seguintes características:

- São adotantes imediatos.
- São grandes usuários.
- São líderes de opinião.
- Podem ser atingidos a baixo custo.[39]

Poucos grupos de consumidores têm todas estas características. A empresa pode avaliar os vários grupos sob estas características e escolher o melhor. O propósito é gerar grande volume de vendas o mais breve possível para motivar a força de vendas e atrair maior número de compradores potenciais.

Muitas empresas ficam surpresas ao saber quem realmente compra seu produto e por quê. Os fornos de microondas passaram a desfrutar crescimento surpreen-

dente após o desenvolvimento de um modelo especial do mesmo forno para o preparo de pipoca. Os microcomputadores conquistaram ampla aceitação junto às residências quando a característica de multimídia foi introduzida.

**COMO (ESTRATÉGIAS DE LANÇAMENTO NO MERCADO).** A empresa deve desenvolver um plano de ação para lançar o novo produto em mercados pulverizados. As notícias sobre lançamentos de produtos aparecem, regularmente, em revistas especializadas. Aqui está um tipo de lançamento de produto feito por uma empresa:

A Fila USA aumentou seu orçamento de marketing em 25%, algo em torno de $ 40 milhões em 1995, para lançar a nova linha de calçados para basquetebol denominada Grant Hill (nome do atleta sensação da NBA) e a Fila Sport, linha de roupas masculinas de moda. Os calçados chegaram às lojas no dia 1º de março de 1995, mas a campanha publicitária, com cobertura nacional, teve início em 1º de fevereiro através das redes de televisão ESPN, MTV e BET. Duas importantes redes de varejo, a Foot Locker e a FootAction, através de propaganda cooperativa de rádio, obtiveram exclusividade de venda durante tempo limitado. A Fila está também patrocinando o famoso torneio de voleibol de praia AVP, cujo anúncio mostra dois atletas importantes usando suas roupas.[40]

Para organizar e coordenar as muitas atividades envolvidas no lançamento de um novo produto, a administração pode usar técnicas de planejamento de redes como a *programação do caminho crítico*. Esta técnica envolve o desenvolvimento de um gráfico mostrando as atividades simultâneas e seqüenciais que devem ocorrer em um lançamento de produto. Ao estimar o tempo envolvido em cada atividade, os planejadores têm condições de calcular o tempo total para a conclusão do projeto. Qualquer atraso em alguma atividade do caminho crítico retardará o projeto. Se o lançamento precisar ser concluído antes do tempo previsto, o planejador deverá procurar o menor caminho crítico e encontrar maneiras de reduzir o tempo envolvido em seu percurso.[41]

## PROCESSO DE ADOÇÃO POR PARTE DO CONSUMIDOR

Como os consumidores potenciais conhecem os novos produtos, experimentam, adotam ou os rejeitam? A administração deve entender o *processo de adoção por parte do consumidor* para desenvolver uma estratégia

38. Veja COOPER, KLEINSCHMIDT. Op. cit. p. 35-38.
39. KOTLER, Philip, ZALTMAN, Gerald. Targeting prospects for a new product. *Journal of Advertising Research,* p. 7-20, Feb. 1976.
40. UNDERWOOD, Elaine. Fila budgets $ 40M on Hill, AVP, upscale apparel line. *Brandweek,* p. 4, 16 Jan. 1995.
41. Para maiores detalhes, veja LOCKYER, Keith G. *Critical path analysis and other project network techniques.* Londres : Pitman, 1984.

eficaz de penetração de mercado. (*Adoção* é a decisão de alguém tornar-se usuário regular de um produto.) Esse processo é seguido pelo *processo de lealdade do consumidor*, que é a preocupação da empresa estabelecida no mercado.

Anos atrás, os fabricantes de novos produtos usavam uma *abordagem de mercado de massa* para lançar seus produtos. Estes eram distribuídos por toda parte e divulgados para todas as pessoas, pressupondo-se que qualquer consumidor seria comprador potencial. Entretanto, A abordagem de mercado de massa apresenta duas desvantagens: exige grandes despesas de marketing e envolve desperdício de propaganda ao atingir pessoas que não são consumidoras potenciais para o produto. Essas desvantagens levam a uma segunda abordagem, *marketing-alvo para grandes usuários,* em que o produto é, inicialmente, lançado para os grandes usuários. Essa abordagem faz sentido, uma vez que esses consumidores são identificáveis e constituem os adotantes imediatos. Contudo, mesmo dentro do grupo de grandes usuários, os consumidores são diferentes em termos de interesses por novos produtos e marcas; muitos grandes usuários são leais às marcas existentes no mercado. Agora, muitas empresas que lançam novos produtos procuram consumidores que sejam adotantes imediatos. Conforme a *teoria dos adotantes imediatos*:

- As pessoas de um mercado-alvo diferem em termos do tempo decorrido entre o conhecimento de um novo produto e sua experimentação.
- Os adotantes imediatos possuem alguns traços comuns que os diferenciam dos adotantes posteriores.
- Há mídia eficiente para atingir os adotantes imediatos.
- Os adotantes imediatos tendem a ser líderes de opinião e úteis na divulgação do novo produto para outros compradores potenciais.

Vamos retornar à teoria da difusão da inovação e de adoção por parte do consumidor, que orienta os profissionais de marketing na identificação dos adotantes imediatos.

## Estágios do processo de adoção

Uma *inovação* refere-se a qualquer bem, serviço ou idéia que é *percebida* por alguém como sendo algo novo. A idéia pode ter uma longa história, mas é uma inovação para a pessoa que a vê como nova. As inovações levam tempo para se difundir através do sistema social. Rogers define *processo de difusão* da inovação como "a disseminação de uma nova idéia, desde sua fonte de invenção ou de criação, até seus usuários finais ou adotantes".[42] O processo de adoção por parte do consumidor focaliza o processo mental através do qual um indivíduo passa do estágio de conhecimento de determinada inovação para sua adoção final.

Os adotantes de novos produtos foram observados movimentando-se através dos cinco estágios seguintes:

- *Conscientização.* O consumidor toma consciência da inovação, mas faltam-lhes informações sobre ela.
- *Interesse.* O consumidor é estimulado a procurar informações sobre a inovação.
- *Avaliação.* O consumidor considera se deve experimentar a inovação.
- *Experimentação.* O consumidor experimenta a inovação para melhorar a estimativa de seu valor.
- *Adoção.* O consumidor decide fazer uso completo e regular da inovação.

Esta progressão sugere que o fabricante de um novo produto deve ter o objetivo de facilitar a movimentação do consumidor através desses estágios. Um fabricante de máquina de lavar louça pode descobrir que muitos consumidores ficam parados no estágio de interesse; não compram em função de sua incerteza e do alto valor do investimento. Contudo, estes mesmos compradores estariam dispostos a experimentar o aparelho gratuitamente por uma semana. O fabricante deve considerar um plano de experimentação com opção de compra.

## Fatores que influenciam o processo de adoção

Às vezes, é difícil fazer qualquer generalização sobre os consumidores. Entretanto, as empresas reconhecem algumas verdades básicas sobre o processo de adoção.

**AS PESSOAS DIFEREM BASTANTE EM TERMOS DE DISPOSIÇÃO A EXPERIMENTAR NOVOS PRODUTOS.** Rogers define a inovação de uma pessoa como o "grau pelo qual um indivíduo está relativamente disposto a adotar novas idéias, em comparação com outros membros de seu sistema social". Em cada área de produto, há pioneiros de consumo e adotantes imediatos. Algumas pessoas são as primeiras a adotar novas modas em vestuário e novos eletrodomésticos; alguns médicos são os primeiros a prescrever novos medicamentos e alguns fazendeiros são os primeiros a adotar novos métodos de cultivo. Outros indivíduos adotam novos produtos bem mais tarde. As pessoas podem ser classificadas nas categorias de adotantes mostradas na Figura 11.8. Após um lento início, um número crescente de pessoas adota a inovação, atinge um

---

42. A discussão seguinte está baseada diretamente de ROGERS, Everett M. *Diffusion of innovations.* New York : Free Press, 1962. Veja também a terceira edição, publicada em 1983.

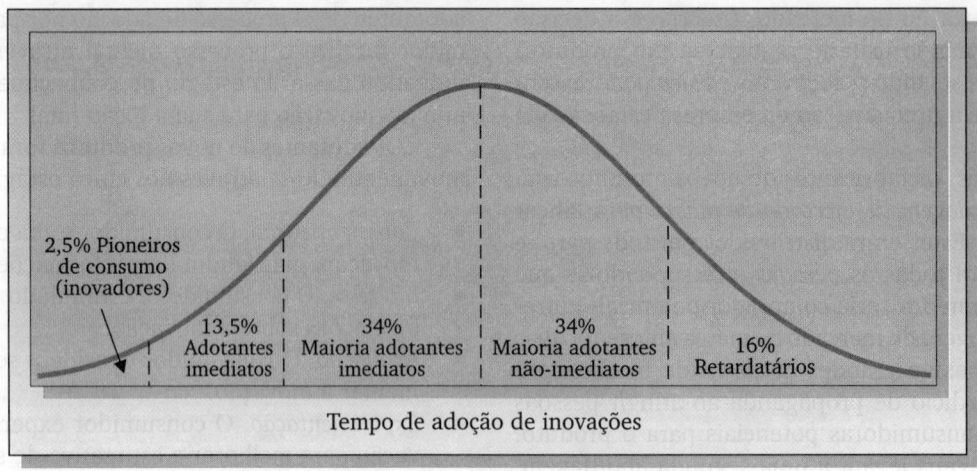

Fonte: Retirado de ROGERS, Everett M. *Diffusion of innovations*. New York : Free Press, 1962. p. 162.

**Figura 11.8** *Classificação dos adotantes com base no tempo de adoção de inovações.*

pico e, depois, diminui à medida que menor número de adotantes não-imediatos permanece.

Rogers vê os cinco grupos de adotantes como diferentes em termos de orientação sobre valor. Os inovadores constituem o grupo de risco; estão dispostos a experimentar novas idéias assumindo algum risco. Os adotantes imediatos são guiados pela referência; são líderes de opinião em suas comunidades e antecipam a adoção de novas idéias, embora com cautela. A maioria dos adotantes imediatos é deliberada, adota as novas idéias antes das pessoas médias, embora, raramente, sejam líderes. A maioria dos adotantes tardios é cética; adota uma inovação somente após a grande maioria das pessoas tê-la experimentado. Finalmente, os adotantes retardatários estão presos à tradição; desconfiam das mudanças, unem-se a outros grupos tradicionalistas e somente adotam a inovação quando a mesma assume uma conotação tradicional.

Esta classificação de adotantes sugere que uma empresa inovadora deve pesquisar as características demográficas, psicográficas e de mídia dos inovadores e adotantes imediatos para dirigir comunicações específicas a esses grupos. Nem sempre é fácil identificar os adotantes imediatos. Por exemplo, os fazendeiros inovadores, provavelmente, são mais bem preparados e mais eficientes do que os não inovadores. O desafio da empresa é identificar as características dos adotantes imediatos em sua área de produto. As donas-de-casa inovadoras são mais gregárias e, geralmente, têm melhor formação e posição social do que as não inovadoras. Certas comunidades têm alta participação de adotantes imediatos. Conforme Rogers, esses adotantes tendem a ser mais jovens em idade, têm melhor posição social e estão em situação financeira mais favorável. Utilizam maior número de fontes de informações cosmopolitas do que os adotantes não imediatos.[43]

**A INFLUÊNCIA PESSOAL EXERCE PAPEL IMPORTANTE NA ADOÇÃO DE NOVOS PRODUTOS.** *Influência pessoal* é o efeito que uma pessoa exerce sobre a atitude ou a probabilidade de compra de outra. Embora a influência pessoal seja um fator importante, seu significado é maior em algumas situações e mais forte para alguns indivíduos do que para outros. A influência pessoal é mais importante no estágio de avaliação do processo de adoção do que nos outros estágios. Ela tem mais influência sobre os adotantes não imediatos do que sobre os imediatos e é mais importante em situações de risco do que em situações de segurança.

**AS CARACTERÍSTICAS DA INOVAÇÃO AFETAM A TAXA DE ADOÇÃO.** Alguns produtos "pegam" imediatamente (por exemplo, discos plásticos de brinquedo para arremesso), enquanto outros levam longo tempo para ser aceitos (por exemplo, automóveis à diesel). Cinco características são especialmente importantes para influenciar a taxa de adoção de uma inovação. Consideraremos essas características em relação à taxa de adoção de microcomputadores para uso doméstico.

A primeira é a *vantagem relativa* da inovação – grau pelo qual o produto parece ser superior aos demais. Quanto maior a vantagem relativa percebida do uso de um microcomputador, por exemplo, para o preenchimento da declaração do imposto de renda e controle da conta bancária, mais rapidamente o produto será adotado.

A segunda característica é a *compatibilidade* da inovação – grau pelo qual o produto se compatibiliza com os valores e experiências dos indivíduos da comunidade. Por exemplo, os microcomputadores são altamente compatíveis com os estilos de vida constatados nas residências de classe média alta.

A terceira é a *complexidade* da inovação – grau relativo de dificuldade de compreensão ou utilização do

---

43. ROGERS, Everett M. *Diffusion of innovations*. New York : Free Press, 1962. p. 192. Veja também RAM, S., JUNG, Jyung-Shik. Innovativeness in product usage: a comparison of early adopters and early majority. *Psychology and Marketing*, p. 57-68, Jan./Feb. 1994.

produto. Os microcomputadores são complexos e, conseqüentemente, levarão mais tempo para penetrar no uso doméstico.

A quarta é a *divisibilidade* da inovação – grau pelo qual o produto pode ser experimentado durante um período limitado. A disponibilidade de locação de microcomputadores com opção de compra aumenta sua taxa de adoção.

A quinta é a *comunicabilidade* da inovação – grau pelo qual os resultados de uso do produto são observáveis ou descritíveis aos outros. O fato de os microcomputadores serem autodemonstrativos e autodescritivos, auxilia uma rápida difusão no sistema social.

Outras características que influenciam a taxa de adoção são custo, risco e incerteza, credibilidade científica e aprovação social. O fabricante do novo produto deve pesquisar todos estes fatores, dando aos mais importantes atenção máxima durante o processo de desenvolvimento e de formulação do programa de marketing.[44]

**COMO AS PESSOAS, AS ORGANIZAÇÕES VARIAM EM TERMOS DE DISPOSIÇÃO A ADOTAR UMA INOVAÇÃO.** Assim, o criador de um novo método de ensino desejaria identificar escolas inovadoras. O fabricante de um novo aparelho de uso médico desejaria identificar hospitais inovadores. A adoção está associada a variáveis do ambiente da organização (grau de progresso e renda da comunidade), da própria organização (tamanho, lucros, pressão para mudanças) e dos administradores (nível educacional, idade, grau de sofisticação). Uma vez que um conjunto de indicadores úteis é constatado, ele pode ser usado para identificar as melhores organizações-alvos.

## RESUMO

1.  Após uma empresa segmentar o mercado, escolher seus grupos-alvos de consumidores, identificar suas necessidades e determinar seu posicionamento de mercado desejado, ela está preparada para desenvolver e lançar novos produtos apropriados. Marketing deve participar ativamente com outros departamentos em todos os estágios de desenvolvimento de um novo produto.

2.  O desenvolvimento bem-sucedido de novos produtos exige que a empresa estabeleça uma organização eficaz para administrar o processo. As empresas podem optar por utilizar gerentes de produto, gerentes de novos produtos, comitês de novos produtos, departamentos de novos produtos ou equipes de novos produtos.

3.  Oito estágios estão envolvidos no processo de desenvolvimento de novos produtos: geração de idéias, triagem de idéias, desenvolvimento e teste de conceito, desenvolvimento da estratégia de marketing, análise comercial, desenvolvimento de produto, teste de mercado e comercialização. O propósito de cada estágio é determinar se a idéia de novo produto deve ser descartada ou promovida ao estágio seguinte. A empresa deseja minimizar as chances de que as boas idéias sejam descartadas ou das más serem desenvolvidas.

4.  O processo de adoção por parte do consumidor possibilita que ele conheça, experimente, adotem ou rejeitem novos produtos. Hoje, muitas empresas estão visando os grandes usuários e os adotantes imediatos de novos produtos, reconhecendo que ambos os grupos podem ser atingidos por mídia específica e tendem a ser líderes de opinião. O processo de adoção por parte do consumidor é influenciado por muitos fatores que não estão sob o controle da empresa, incluindo a disposição dos consumidores e organizações experimentarem novos produtos, influências pessoais e as características do novo produto ou a inovação.

## APLICAÇÕES CONCEITUAIS

1.  Para gerar, realmente, boas idéias de novos produtos, você precisa de inspiração, transpiração e boas técnicas. Algumas empresas dispendem muito esforço para desenvolver idéias de novos produtos porque colocam mais ênfase na inspiração e transpiração do que na técnica. A listagem de atributos, ferramenta criativa de Alex Osborn, pode ativar a criatividade de todas as pessoas. Identifique um produto ou serviço que você esteja familiarizado e liste seus atributos. Depois, modifique cada atributo para obter um produto melhorado. O formulário seguinte será útil para seu trabalho.

---

44. Para um resumo da literatura sobre inovação, veja GATIGNON, Hubert, ROBERTSON, Thomas S. A propositional inventory for new diffusion research. *Journal of Consumer Research,* p. 849-867, Mar. 1985.

## Formulário para a listagem de atributos

| Atributos | Ampliar | Reduzir | Substituir | Adaptar | Reorganizar | Inverter | Combinar | Novos usos | Substituir |
|-----------|---------|---------|------------|---------|-------------|----------|----------|------------|------------|
|  |  |  |  |  |  |  |  |  |  |
|  |  |  |  |  |  |  |  |  |  |
|  |  |  |  |  |  |  |  |  |  |
|  |  |  |  |  |  |  |  |  |  |
|  |  |  |  |  |  |  |  |  |  |

Se você encontrar problemas para começar, considere um famoso exemplo de alteração e expansão de atributos proporcionado pelos biscoitos Oreo. Da versão mais simples, o Oreo em preto e branco, a Nabisco desenvolveu Oreo recheado, coberto com chocolate, tamanho gigante, tamanho pequeno, baixo teor de gordura, baixa caloria, embalagem e tamanhos diferentes, bolo de sorvete, bolo de sorvete em cones, em barras e no formato de lanche.

2. Prepare uma lista das perguntas que a administração deve responder antes de desenvolver um novo produto ou serviço. Organize as perguntas de acordo com as seguintes categorias; (1) oportunidade de mercado, (2) concorrência, (3) produção, (4) características patenteáveis, (5) distribuição (para produtos) ou entrega (para serviços), e (6) finanças. A seguir, responda às perguntas para cada idéia de novo produto que você tenha. O desenvolvimento e o teste de um novo serviço difere daqueles de um novo produto?

3. Uma empresa de alimentos deseja desenvolver um novo tempero em pó para salada. O consumidor mistura o pó com água, chacoalha o frasco e está pronto o tempero fresco. A empresa está tentando competir com uma concorrente que já possui tempero em pó, que precisa ser misturado com óleo e vinagre. Ela pretende desenvolver testes de sabor para pedir aos consumidores que comparem o novo produto com uma variedade de temperos alternativos existentes no mercado. Entretanto, a equipe de desenvolvimento do novo produto teme que os resultados desse teste possam não ser plenamente confiáveis e deseja testar o conceito em pelo menos três maneiras diferentes. Também deseja testar fórmulas alternativas de tempero, incluindo um mais adocicado e outro mais picante. Sugira alguns testes de conceito para a equipe de desenvolvimento.

4. Cenário: Um casal amigo faz-lhe uma visita de surpresa e, à medida que a conversa se desenrola, anoitece e você percebe que seria bom servir alguma coisa para comer. Então, você liga para a Domino's e pede uma pizza e asas de frango. Ocorre-lhe o seguinte: Por que uma pizzaria está vendendo frango?

Embora o frango seja um dos produtos mais vendidos nos restaurantes *fast food,* hoje, a Pizza Hut, Little Caesar's e Domino's, além de oferecer uma linha ampla de pizzas, também acrescentaram asas de frango em seus *menus*. Pressuponha que você estivesse trabalhando para a Domino's (ou outra grande rede de pizzarias) no momento em que a empresa estava considerando o lançamento de asas de frango. Examine a idéia de oferecer asas de frango através das oito etapas do processo de desenvolvimento de produto, anotando as perguntas que surgirão em cada etapa. Em que as pizzas e as asas de frango são similares? Que problemas as redes de pizzarias podem encontrar se as asas não forem bem-sucedidas? Você acha que as asas de frango continuarão sendo comercialmente bem-sucedidas nas redes de pizzarias?

5. A triagem de novas idéias no processo de desenvolvimento de novos produtos exige a habilidade de se pensar criticamente sem a interferência de qualquer viés. Entretanto, muitas barreiras podem impedir o progresso da equipe de desenvolvimento e o sucesso final do novo produto. Uma dessas barreiras é o *grupo de consentimento*, fenômeno pelo qual pessoas reunidas em grupos tendem a formar opiniões ou sentimentos próprios, em vez de levantar hipóteses ou desafiar a sabedoria convencional. Outra barreira é a *racionalização* – tendência do grupo desconsiderar as más decisões anteriores. A racionalização permite que o fracasso individual seja compartilhado entre os demais participantes do grupo. Reflita sobre os grupos que você já tenha participado e sugira algumas outras barreiras ao sucesso que estivessem ocorrendo em seu ambiente de geração de idéias.

6. A Tabela 1 mostra os resultados de um teste de uso doméstico de uma marca de meias desodorizadas. Antes do início do teste, cada consumidor participante selecionou o estilo de meia de sua preferên-

cia. No final do teste, os participantes informaram sobre a probabilidade de comprar as meias no futuro. Esses dados também são mostrados na Tabela 1. Que conclusões você tiraria desses dados? Que tipo de meia é mais popular junto aos consumidores? Assumindo que os participantes do teste represen-tam o mercado com um todo, qual a sensibilidade de preço desse mercado? A empresa deve oferecer as meias embaladas em pares (colunas 6 e 7) ou seria preferível vendê-las em pares múltiplos (colunas 8 e 9)?

**Tabela 1** *Probabilidade da compra de meias desodorizadas.*

| | TIPO DE MEIA | | | | | TAMANHO DA EMBALAGEM E PREÇO | | | |
|---|---|---|---|---|---|---|---|---|---|
| | (1) TOTAL DE RESPON-DENTES | (2) MEIA DE CANO LONGO | (3) MEIA DE CANO CURTO | (4) MEIA PARA ATLE-TISMO | (5) MEIA SOQUETE | (6) 1 PAR NA FAIXA DE $ 1,79 – $ 1,99 | (7) 1 PAR NA FAIXA DE $ 1,99 – $ 2,49 | (8) 3 PARES NA FAIXA DE $ 4,99 – $ 5,99 | (9) 3 PARES NA FAIXA DE $ 5,99 – $ 6,49 |
| Base de respondentes | (185) | (60) | (22) | (34) | (69) | (53) | (42) | (42) | (48) |
| Compraria | 38% | 43% | 45% | 42% | 29% | 42% | 45% | 31% | 33% |
| Provavelmente compraria | 44 | 47 | 27 | 35 | 51 | 39 | 40 | 48 | 50 |
| Indecisos | 14 | 7 | 23 | 15 | 16 | 13 | 20 | 19 | 13 |
| Provavelmente não compraria | 3 | 3 | 5 | 6 | 1 | 4 | 5 | – | 4 |
| Não compraria | 2 | – | – | 3 | 3 | 4 | – | 2 | – |

\* Baseado em testes domésticos realizados durante quatro semanas junto aos consumidores.
**Fonte:** CU Market Research.

7. A Procter & Gamble deseja entrar no mercado de sopas nutritivas. O novo produto consistirá de vegetais, proteína e fibra e será posicionado como "alimento completo". Avalie este produto em termos de ajuste produto-mercado e produto-empresa.

8. Você é líder de um comitê de novo produto da Nestlé. Sua tarefa é ampliar a marca Nestlé Quik, alterando a imagem do produto para atrair a novos segmentos de mercado. Sugira novas estratégias de marketing para reposicionar o produto nas mentes dos consumidores. O Quik é mais convencionalmente usado como um composto de chocolate e leite, mas tem muitos outros usos. Quais alguns desses outros usos?

Quando decidir ampliar a imagem do produto promovendo seus outros usos, que desafios a empresa enfrentará?

9. Analise a seguinte análise conjunta para microcomputadores. Quais as implicações para o desenvolvimento e *design* do novo produto na região sudeste? Que atributos são os principais determinantes do comportamento de compra neste mercado? Que combinação dos seis atributos agregaria o maior valor para o consumidor? Provavelmente, que desafios a equipe de *design* de produto encontraria ao desenhar um microcomputador que proporcione o valor máximo para os consumidores?

| ATRIBUTOS | | REGIÃO SUDESTE |
| --- | --- | --- |
| Importância relativa | Memória RAM | 12,3% |
| | Megahertz | 19,7 |
| | Velocidade de processamento | 25,0 |
| | Capacidade de disco rígido | 4,4 |
| | Garantia | 7,4 |
| | Preço no varejo | 23,5 |
| Atributo nº 1 | Nível nº 1 (2mb) | 16,7% |
| Memória RAM | Nível nº 2 (4mb) | 51,1 |
| | Nível nº 3 (6mb) | 45,5 |
| | Nível nº 4 (8mb) | 10,5 |
| Atributo nº 2 | Nível nº 1 (25mh) | 67,9% |
| Megaherz | Nível nº 2 (33mh) | 65,5 |
| | Nível nº 3 (50mh) | 34,6 |
| | Nível nº 4 (75mh) | 3,0 |
| Atributo nº 3 | Nível nº 1 (286) | 0,0% |
| Velocidade de | Nível nº 2 (386) | 30,3 |
| processamento | Nível nº 3 (486) | 72,7 |
| | Nível nº 4 (586) | 82,2 |
| Atributo nº 4 | Nível nº 1 (100mb) | 41,0% |
| Capacidade de disco | Nível nº 2 (150mb) | 55,3 |
| rígido | Nível nº 3 (200mb) | 53,2 |
| | Nível nº 4 (300mb) | 43,1 |
| Atributo nº 5 | Nível nº 1 (6 meses) | 26,7% |
| Garantia | Nível nº 2 (1 ano) | 49,6 |
| | Nível nº 3 (2 anos) | 51,1 |
| | Nível nº 4 (3 anos) | 30,6 |
| Atributo nº 6 | Nível nº 1 ($ 1.500) | 100,0% |
| Preço no varejo | Nível nº 2 ($ 1.800) | 72,7 |
| | Nível nº 3 ($ 2.100) | 40,4 |
| | Nível nº 4 ($ 2.400) | 22,7 |

10. O presidente de uma empresa perguntou ao gerente de novos produtos qual seria o lucro se um novo produto fosse lançado. "O lucro seria de 3 milhões de dólares em cinco anos", foi a resposta. Depois, o presidente perguntou se haveria chance do produto fracassar. "Sim", foi a resposta. "Qual seria o prejuízo?" "Um milhão de dólares". "Esqueça o novo produto", disse o presidente. Você concorda com esta decisão?

# Administração das Estratégias do Ciclo de Vida do Produto

*Lucro é o pagamento que você obtém quando leva vantagem em uma troca.*
JOSEPH SCHUMPETER

*Este é um dos dias mais tristes de minha vida, triste para mim, para nossos funcionários, auxiliares e diretores; de fato, é triste para todo o público norte-americano. Aparentemente, não há mais necessidade de nosso produto no esquema de vida atual.*
MARTIN ACKERMAN, PRESIDENTE DO *THE SATURDAY EVENING POST*

---

Normalmente, as empresas reformulam sua estratégia de marketing várias vezes durante a vida do produto. As condições econômicas mudam, os concorrentes lançam novos lançamentos repentinos e o produto passa por novos estágios de interesse e de exigências do comprador. Conseqüentemente, uma empresa deve planejar estratégias apropriadas para cada estágio do ciclo de vida do produto. A empresa espera estender a vida e a rentabilidade do produto, mesmo sabendo que ele não vai durar para sempre.

Responderemos a três perguntas neste capítulo:

- **Que é um ciclo de vida de produto?**
- **Que estratégias de marketing são mais apropriadas a cada estágio do ciclo de vida do produto?**
- **Como os mercados evoluem e que estratégias de marketing são mais apropriadas em cada estágio de evolução do mercado?**

---

## CICLO DE VIDA DO PRODUTO

O ciclo de vida do produto (CVP) é um conceito importante em marketing que fornece *insights* sobre a dinâmica competitiva de um produto. Para o entendimento pleno do CVP, descreveremos, em primeiro lugar, seu conceito original, o ciclo de vida da demanda/tecnologia.[1]

### Ciclo de vida da demanda/tecnologia

Lembre-se que a maioria dos produtos existe como uma solução entre muitas para atender a uma necessidade. Por exemplo, a raça humana tem necessidade por "poder de cálculo" e esta necessidade vem crescendo através dos séculos. O nível de mudança da necessidade é descrito por uma *curva do ciclo de vida da demanda,* a curva mais alta mostrada na Figura 12.1(a). Para cada necessidade, há um *estágio de emergência (E),* seguida pelos estágios de *aceleração de crescimento ($G_1$), desaceleração de crescimento ($G_2$), maturidade (M)* e *declínio (D).* No caso de poder de cálculo, os estágios de maturidade e de declínio podem ainda não ter sido estabelecidos.

Uma vez a necessidade ser identificada, ela é satisfeita por alguma tecnologia. A necessidade por poder de cálculo foi primeiramente satisfeita pela contagem nos dedos; depois, por ábacos, réguas de cálculo, máquinas de somar, calculadoras manuais e computadores. Normalmente, cada nova tecnologia satisfaz a necessidade de maneira superior. Cada uma delas exibe um *ciclo de vida demanda/tecnologia,* mostrado pelas curvas $T_1$ e $T_2$ sob a curva do ciclo de demanda da Figura 12.1(a). Cada ciclo de vida de demanda/tecnologia mostra o surgi-

---

1. Esta discussão sobre os ciclos demanda/tecnologia foi extraída de ANSOFF, H. Igor. *Implantando a administração estratégica.* São Paulo : Atlas, 1993.

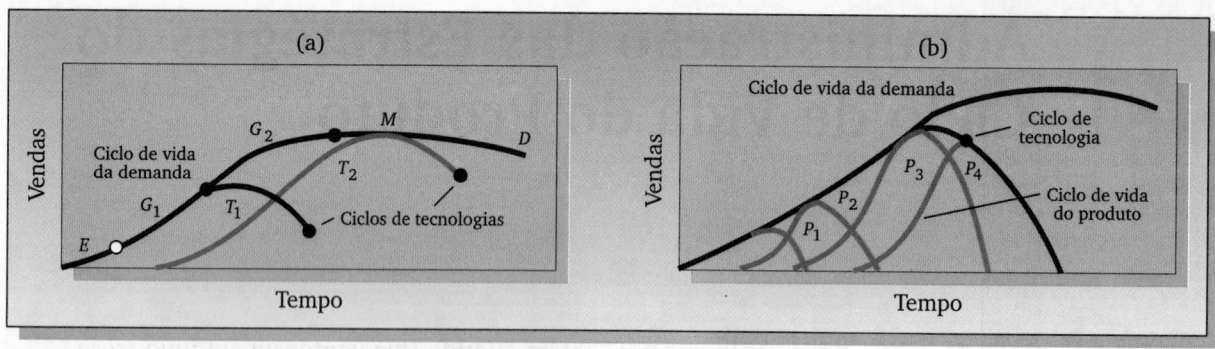

**Figura 12.1**   *Ciclos de vida de demanda e de tecnologia de um produto.*

mento, crescimento rápido, crescimento mais lento, maturidade e, depois, o declínio.

Dentro de dado ciclo de vida demanda/tecnologia, aparecerá uma sucessão de formas de produto que satisfazem a necessidade específica. Assim, a calculadora manual, inicialmente, tomou a forma de uma grande caixa plástica com uma pequena tela e indicadores numéricos, podendo executar as quatro operações fundamentais: soma, subtração, multiplicação e divisão. Esta forma durou alguns anos e foi substituída por calculadoras manuais menores que podiam fazer operações matemáticas adicionais. As formas do produto de hoje incluem pequenas calculadoras do tamanho de um cartão de visita. A Figura 12.1(b) mostra uma sucessão de *ciclos de vida de formas de produto, $P_1$, $P_2$, $P_3$ e $P_4$.* Posteriormente, mostraremos que cada forma de produto contém um conjunto de marcas com seus próprios *ciclos de vida de marcas.*

Se uma empresa se concentrar apenas no ciclo de vida de sua própria marca, perderá a visão do que está ocorrendo no ciclo de vida do produto. Assim, um fabricante de réguas de cálculo pode ter prestado atenção apenas às marcas de réguas de cálculo existentes, mas deveria, realmente, ter-se preocupado com a nova tecnologia (calculadoras manuais) que estava destruindo o mercado de réguas de cálculo.

As empresas devem decidir em que tecnologia investir e observar atentamente o momento adequado de transferir-se para uma nova tecnologia. Ansoff denomina uma tecnologia de *área estratégica de negócio (AEN)*, "um segmento distinto do ambiente em que a empresa faz ou pode fazer negócios".[2] As empresas atuais enfrentam muitas mudanças de tecnologia, mas não podem investir em todas elas. Elas têm que apostar naquela que vencerá. Podem investir intensamente em uma tecnologia ou moderadamente em várias. Se optarem por várias tecnologias, provavelmente, não se tornarão líderes em nenhuma delas. A empresa pioneira que aposta pesadamente em uma tecnologia vencedora tem probabilidade de obter liderança. As empresas devem esco-

lher cuidadosamente as áreas estratégicas de negócios em que operarão.

**FORE SYSTEMS**   Quatro pesquisadores investiram $ 100.000 de suas poupanças para desenvolver uma noção simples. Viram que os *switches* de rede de alta velocidade que estavam sendo usados pelas empresas telefônicas podiam também ser usados para aumentar a capacidade das redes de computadores menores que ligavam estações de trabalho e microcomputadores. A empresa que criaram, a Fore Systems Inc., usou a nova tecnologia, chamada ATM (*Asynchronous Transfer Mode*), para conquistar liderança no mercado de *switches*, acompanhada do *software* que ajudava a aumentar a velocidade das redes locais. A habilidade da empresa capitalizar sobre esta tecnologia proporcionou a conquista de 60% do mercado de *switches* ATM calculado em $ 100 milhões.[3]

## Estágios do ciclo de vida do produto

Agora, podemos focalizar o ciclo de vida do produto. Para afirmar que para um produto possui um ciclo de vida, é necessário assumir-se quatro coisas:

- Os produtos têm vida limitada.
- As vendas do produto passam por estágios distintos, cada um oferecendo diferentes desafios, oportunidades e problemas para a empresa vendedora.
- Os lucros crescem e diminuem nos diferentes estágios do ciclo de vida do produto.
- Os produtos requerem estratégias diferentes de marketing, finanças, produção, compras e de recursos humanos em cada estágio de seus ciclos de vida.

A maioria das discussões sobre o ciclo de vida do produto (CVP) retrata o histórico de vendas de um produto típico seguindo uma curva em forma de sino (Figura 14.2). Tipicamente, esta curva divide-se em quatro

2.   ANSOFF. Op. cit.
3.   BARRETT, Amy. Hot growth companies. *Business Week*, p. 68-70, 22 May 1995.

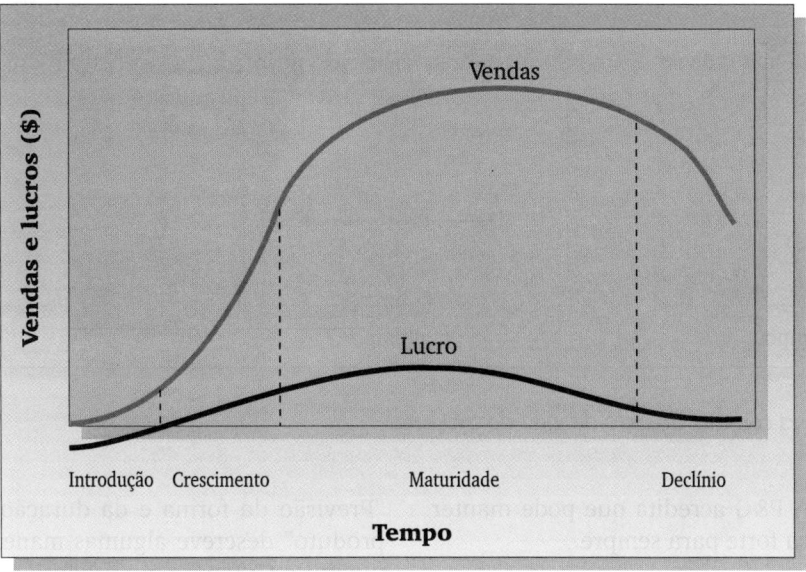

**Figura 12.2** *Ciclos de vida das vendas e do lucro.*

estágios: introdução, crescimento, maturidade e declínio.[4]

- *Introdução.* Período de crescimento lento das vendas, à medida que o produto é introduzido no mercado. O lucro é inexistente neste estágio porque as despesas de lançamento são grandes.
- *Crescimento.* Período de rápida aceitação de mercado e de melhoria substancial do lucro.
- *Maturidade.* Período de redução do crescimento de vendas porque o produto foi aceito pela maioria dos compradores potenciais. O lucro estabiliza-se ou entra em declínio em função do aumento de despesas de marketing para defender o produto contra a concorrência.
- *Declínio.* Período em que as vendas mostram forte queda e o lucro desaparece.

Freqüentemente, é difícil identificar onde cada estágio começa e termina. Geralmente, os estágios são caracterizados pelas posições onde as taxas de crescimento ou de declínio de vendas se tornam pronunciadas. Todavia, as empresas devem checar a seqüência normal dos estágios de seus setores industriais e a duração média de cada estágio. Cox constatou que um medicamento ético passou um mês no estágio de introdução, seis meses no estágio de crescimento, 15 meses no de maturidade e ficou muito tempo no estágio de declínio, porque os fabricantes relutaram em eliminá-lo de seus catálogos.[5] As extensões desses estágios devem ser periodicamente revistas. A intensificação da concorrência está diminuindo o CVP, significando que os produtos devem gerar lucros em um período de tempo mais curto.

## Ciclos de vida de categoria de produto, forma de produto, produto e marcas

O conceito CVP pode ser utilizado para analisar uma categoria de produto (bebida alcoólica), uma forma de produto (bebida destilada), um produto (vodca) ou uma marca (Smirnoff).

- As *categorias de produto* têm ciclos de vida mais longos. Muitas categorias de produto permanecem no estágio de maturidade por duração indefinida, uma vez que estão altamente relacionadas com o crescimento populacional. Algumas categorias de produto importantes – charutos, jornais – parecem ter entrado no estágio de declínio do CVP. Enquanto isso, alguns outros – aparelhos de fax, telefones celulares, água engarrafada – estão claramente no estágio de crescimento.
- As *formas de produto* seguem mais o CVP padrão do que as categorias de produto. Assim, as máquinas de escrever manuais atravessaram os estágios de introdução, crescimento, maturidade e declínio; suas sucessoras – máquinas de escrever elétricas e eletrônicas – atravessaram os mesmos estágios.
- Os *produtos* seguem o CVP padrão ou uma das várias formas alternativas.
- As *marcas* têm CVP curtos ou longos. Embora muitas marcas novas morrem prematuramente, outras – como Ivory, Jell-O, Hershey's – têm CVP muito longo e são usadas para o lançamento de outros produtos. Por exemplo, a marca Hershey's deu nome para

---

4. Alguns autores distinguem estágios adicionais. Wasson sugeriu um estágio de turbulência competitiva entre o crescimento e a maturidade. Veja WASSON, Chester R. *Dinamic competitive strategy and product life cycles.* Austin : Austin Press, 1978. A *maturidade* descreve um estágio de crescimento lento de vendas e a *saturação*, um estágio de vendas constantes após ter atingido o pico.
5. Veja COX JR., William E. Product life cycles as marketing models. *Journal of Business,* p. 375-384, Oct. 1967.

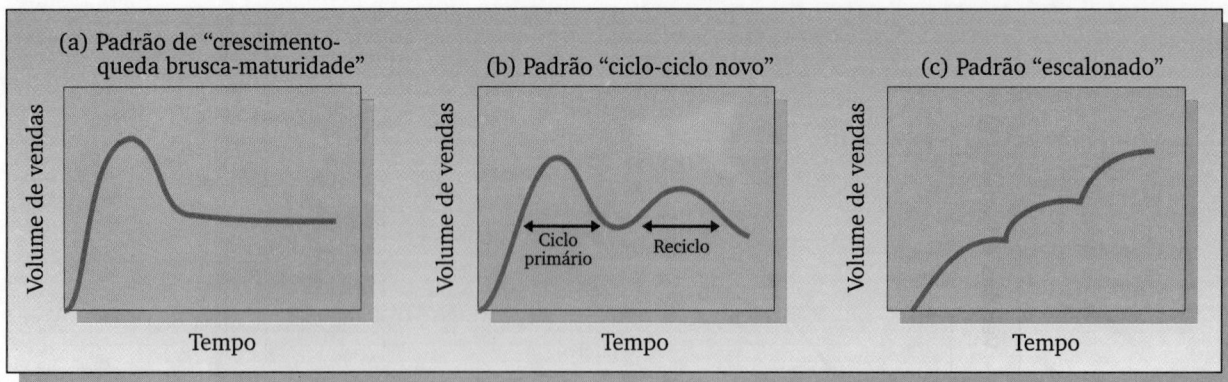

**Figura 12.3** *Padrões comuns de ciclo de vida do produto.*

vários produtos. A P&G acredita que pode manter um nome de marca forte para sempre.

## Outras formas do ciclo de vida do produto

Nem todos os produtos exibem um CVP em forma de sino. Os pesquisadores identificaram de seis a 17 diferentes padrões de CVP.[6] Esses padrões alternativos comuns são mostrados na Figura 12.3. A Figura 12.3(a) mostra um *padrão de crescimento-queda-maturidade,* característica freqüente de pequenos eletrodomésticos de cozinha. Por exemplo, as vendas de facas elétricas cresceram rapidamente quando foram introduzidas e, depois, caíram a um nível "estabilizado". O nível estabilizado é sustentado pelos adotantes não-imediatos que compram o produto pela primeira vez e pelos adotantes imediatos que repõem o produto.

O *padrão ciclo-novo ciclo* da Figura 12.3(b), freqüentemente, descreve as vendas de novos medicamentos. A empresa farmacêutica promove agressivamente seu novo produto e isto produz o primeiro ciclo de vendas. Depois, as vendas começam a declinar e a empresa promove uma nova campanha que produz um segundo ciclo, geralmente de magnitude e duração menores.

Outro padrão comum é o *CVP escalonado* da Figura 12.3(c). Aqui, as vendas atravessam uma seqüência de ciclos de vida baseados na descoberta de novas características, novos usos e novos usuários do novo produto. Por exemplo, as vendas de *nylon* mostram um padrão "escalonado" em virtude da descoberta de novos usos no decorrer do tempo – pára-quedas, *lingeries*, camisas, carpetes. A seção *Insight* de Marketing intitulada

"Previsão da forma e da duração do ciclo de vida do produto" descreve algumas maneiras de uma empresa moldar o CVP para um produto específico.

**CICLOS DE VIDA DE ESTILO, MODA E MODA PASSAGEIRA.** Há três categorias especiais de ciclos de vida de produto que devem ser distintas – são aquelas relacionadas a estilo, moda e moda passageira (Figura 12.4).

*Estilo* é um modo básico e distinto de expressão que aparece no campo das atividades humanas. Por exemplo, estilos aparecem em casas (colonial, campestre, moderno), vestuário (formal, comum, extravagante); e arte (realista, surrealista, abstrata). Uma vez inventado, um estilo pode durar várias gerações, entrando e saindo de voga.

*Moda* é um estilo aceito correntemente ou popularizado em um dado campo de atividade. Por exemplo, o *jeans* é uma moda atual de vestuário e *grunge* é moda na música popular contemporânea. As modas passam por quatro estágios:[7]

- No estágio de *distintividade,* alguns consumidores têm interesse em algo novo para parecerem diferentes de outros consumidores.
- No estágio de *imitação,* outros consumidores estão interessados em imitar os líderes da moda.
- No estágio de *massificação,* a moda torna-se extremamente popular e os fabricantes começam a produzi-la em grande escala.
- No estágio de *declínio,* os consumidores começam a movimentar-se em direção a outras modas que estão começando a atrair sua atenção.

---

6.  SWAN, John E., RINK, David R. Fitting market strategy to varying product life cycles. *Business Horizons,* p. 72-76, Jan.-Feb. 1982; e TELLIS, Gerald J., CRAWFORD, C. Merle. An evolutionary approach to product growth theory. *Journal of Marketing,* p. 125-134, Fall 1981.
7.  WASSON, Chester R. How predictable are fashion and other product life cycles. *Journal of Marketing,* p. 36-43, July 1968.

# INSIGHT DE MARKETING

## Previsão da forma e da duração do ciclo de vida do produto

Goldman e Muller apresentaram observações importantes sobre os fatores que influenciam a forma e duração dos ciclos de vida dos produtos. Primeiro, consideremos a forma de um ciclo de vida de produto ideal:

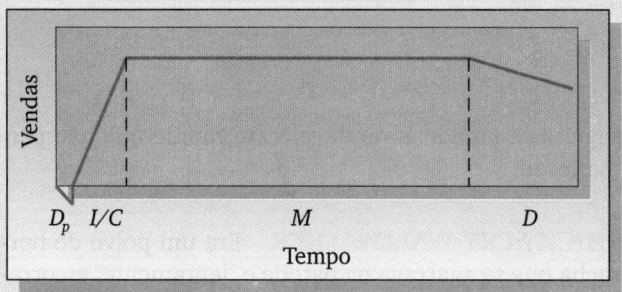

O período de desenvolvimento do produto ($D_p$) é curto e os custos de desenvolvimento são baixos. O período introdução/crescimento ($I/C$) é curto e as vendas atingem o pico bem cedo, significando que a receita máxima é rapidamente alcançada. O período de maturidade ($M$) demora muito tempo, significando que a empresa desfruta um período de lucro mais demorado. O declínio ($D$) é muito lento. Isto quer dizer que a redução dos lucros é gradual.

Uma empresa que esteja considerando o lançamento de um novo produto deve manter vários fatores em mente:

- O *tempo de desenvolvimento* é mais curto e custa menos para produtos rotineiros do que para aqueles de alta tecnologia (*high-tech*).
- O *tempo de introdução e crescimento* será mais curto sob as seguintes condições: (1) O produto não exige a criação de uma nova estrutura de canais de distribuição, transporte, serviços ou comunicações. (2) Os revendedores aceitarão e promoverão prontamente o novo produto. (3) Os consumidores têm interesse no produto, são adotantes imediatos e farão comunicação favorável boca a boca.
- O *tempo de maturidade* será longo desde que o consumidor aprove o produto, sua tecnologia seja estável e a empresa mantenha liderança de mercado. As

empresas obtêm a maior parte de seu lucro durante um longo período de maturidade. Se esse período for curto, a empresa não pode recuperar seu investimento total.

- O *tempo de declínio* é longo se os gostos dos consumidores e a tecnologia do produto mudarem apenas lentamente. Quanto maior a lealdade de marca por parte do consumidor, mais lenta será a taxa de declínio. Quanto menores as barreiras à saída do mercado, mais rapidamente algumas empresas se retirarão, prolongando o tempo de declínio das empresas remanescentes.

Dados estes fatores, podemos observar por que muitas empresas de alta tecnologia fracassam. Elas enfrentam CVPs bastante desestimulantes. A pior forma de CVP seria esta:

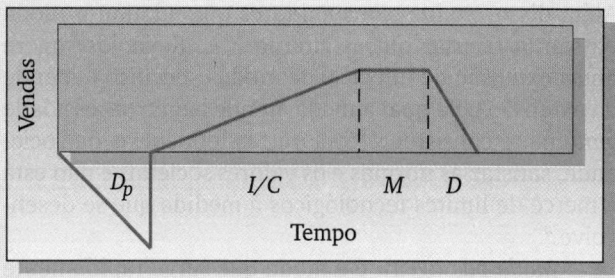

O tempo de desenvolvimento é longo e seu custo é excessivo; o tempo de introdução/crescimento ($I/C$) é longo; o período de maturidade é curto; o período de declínio é rápido. Muitas empresas de alta tecnologia devem investir muito tempo e dinheiro para desenvolver seus produtos; elas constatam que demora muito tempo para introduzi-los no mercado; o mercado não é de longa duração; a fase de declínio é abrupta em função da rápida mudança tecnológica.

**Fonte:** GOLDMAN, Arieh, MULLER, Eitan. Measuring shape patterns of product life cycles: implications for marketing strategy, Aug. 1982. Artigo publicado pela *Hebrew University of Jerusalem,* Jerusalem School of Business Administration.

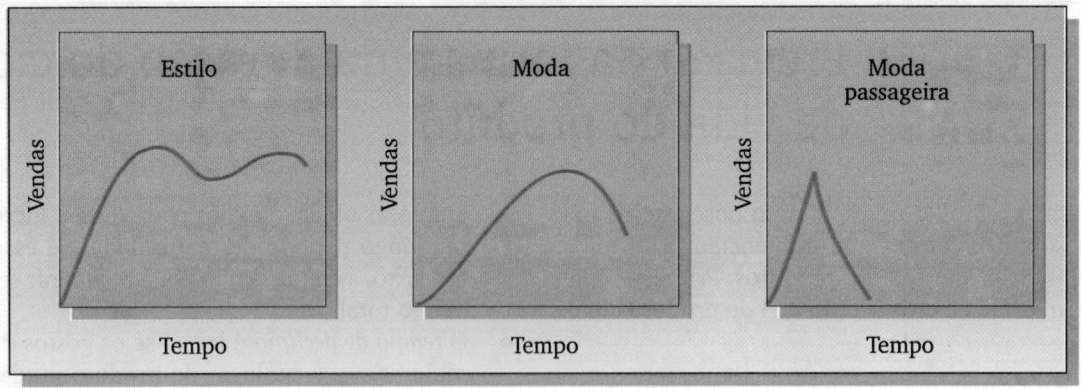

**Figura 12.4** *Ciclos de vida de estilo, moda e moda passageira.*

Assim, as modas tendem a crescer lentamente, permanecem populares por certo tempo e declinam lentamente. A extensão de um ciclo de vida de moda é de difícil previsão. Wasson acredita que as modas chegam ao fim porque representam um compromisso de compra e os consumidores começam a procurar atributos em falta.[8] Por exemplo, à medida que os automóveis se tornam menores, ficam menos confortáveis e grande número de consumidores passa a desejar carros maiores. Além disso, muitos consumidores que adotam a moda passam a recusar outras alternativas. Reynolds sugere que a extensão de um ciclo de moda específico depende da extensão pela qual a moda atende a uma necessidade genuína, é consistente com outras tendências da sociedade, satisfaz as normas e os valores societais e não está à mercê de limites tecnológicos à medida que se desenvolve.[9]

*Moda passageira* é a moda que surge rapidamente aos olhos do público, é adotada com grande entusiasmo, atinge o pico de venda muito cedo e declina com muita rapidez. Seu ciclo de aceitação é curto e tende a atrair apenas um número limitado de seguidores. Freqüentemente, tem aspecto de novidade ou de capricho, como ocorre quando as pessoas passam a perfurar e tatuar o corpo. A moda passageira atrai as pessoas que estão à procura de excitação ou desejam distinguir-se de outras. Ela não sobrevive porque, normalmente, não satisfaz uma necessidade forte ou não a satisfaz bem. É difícil prever se algo será apenas moda passageira ou quanto tempo durará. Sua duração dependerá do volume de atenção que receber da mídia, juntamente com outros fatores.

Os reais vencedores nas guerras de moda passageira são aqueles que as reconhecem logo no início e podem transformá-las em produtos com poder de duração. Aqui estão duas histórias de sucesso de empresas que administraram para prolongar a vida de modas passageiras e uma história de sucesso rápido que não permaneceu:[10]

**THE WACKY WALLWALKER** Era um polvo de borracha que se agarrava na parede e, lentamente, escorregava até o chão. Quando esse brinquedo de Ken Hakuta era um item de sucesso em 1983, 350 pessoas trabalhavam noite e dia em uma fábrica coreana para fabricá-lo. Para prolongar a vida dessa moda passageira, Hakuta, em 1985, assinou um contrato de exclusividade com a Kellogg Co. que passou a incluí-lo como brinde nas caixas de cereais até 1991. Não pense que os polvos de borracha desapareceram após essa vitoriosa campanha da Kellogg. "Talvez apenas 25% das crianças entre três a seis anos de idade conheçam o produto", afirma Hakuta. "Quando essa porcentagem cair um pouco mais, posso pensar em vendê-lo como um item de nostalgia."

**TRIVIAL PURSUIT** Em meados dos anos 80, o tabuleiro do jogo Trivial Pursuit fazia parte dos móveis de quase todas salas de visita e quartos. Essa criação de três colegas de classe canadenses vendeu cerca de 20 milhões de unidades apenas em 1984. Todavia, mesmo com o fim da moda passageira, o jogo e seus complementos – "pacotes" de viagem, uma versão infantil e edições anuais de atualização – continuaram a vender mais de 1,5 milhão de unidades anuais em 19 línguas. Os inventores do jogo também foram inteligentes ao dar ao produto vida nova ao incorporar nova tecnologia e terem tido a idéia de desenvolver uma versão do jogo em CD-ROM.

**AS PEDRINHAS PARA TREINAR CÃES** As expressões "pedrinhas para treinar cães" e "moda passageira" tornaram-se, virtualmente, sinônimas. Ao ouvir seus amigos reclamarem como era caro treinar seus cães, o redator de propaganda Gary Dahl brincava com suas

8. WASSON, Chester R. Op. cit.
9. REYNOLDS, William E. Cars and clothing: understanding fashion trends. *Journal of Marketing*, p. 44-49, July 1968.
10. GROSSMANN, John. A follow-up on four fabled frenzies. *Inc.*, p. 66-67, Oct. 1994.

pedrinhas e imaginava que em breve teria o rascunho de um divertido manual de treinamento de cães. Não demorou muito para ele estar vendendo cerca de 1,5 milhão de pedrinhas retiradas da areia da praia a $ 4 cada uma. Todavia, a moda passageira, que se iniciou em outubro de 1975, "afundou como uma pedra" no mês de fevereiro do ano seguinte. Conselho de Dahl para aqueles que desejam ser bem-sucedidos com uma moda passageira: "Aproveite enquanto ela durar. Foi muito divertido vender as pedrinhas, embora eu, teimosamente, insistisse na venda por mais um ano. Acreditei em minha própria publicidade e acho que meu ego substituiu o bom-senso."

## Ciclo de vida do produto internacional

Mesmo quando as vendas do produto caem em um país, elas podem estar começando em outro. A adoção do produto ocorre pelo mundo em taxas diferentes. Freqüentemente, um país que demora a adotar um produto pode produzi-lo mais barato, tornando-se líder em sua difusão para outros países. Assim, além do CVP doméstico, muitos produtos possuem um *ciclo de vida de produto internacional*. Os quatro estágios do CVP internacional são os seguintes:

- *Os fabricantes norte-americanos exportam o produto.* Uma inovação é lançada nos Estados Unidos com sucesso em função do grande mercado e da infra-estrutura altamente desenvolvida. Eventualmente, esses fabricantes começam exportando o produto para outros países.
- *Início da produção estrangeira.* À medida que os fabricantes estrangeiros se tornam familiares com o produto, alguns deles começam a produzi-lo em seus próprios países. Fazem isto sob licença ou através de *joint venture* ou, simplesmente, copiando o produto. Freqüentemente, seus governos as encorajam, impondo tarifas ou estabelecendo quotas limitadas para a importação de produtos que sejam similares ao fabricado no país.
- *A produção estrangeira torna-se competitiva com os mercados exportadores.* Neste caso, os fabricantes estrangeiros já ganharam experiência de produção e, com seus custos menores, começam a exportar o produto para outros países.
- *Início da concorrência dos produtos importados.* O crescente volume e os menores custos obtidos por fabricantes estrangeiros os possibilitam a exportar o

produto para os Estados Unidos, concorrendo diretamente com os fabricantes locais.

A principal implicação do CVP internacional é que as vendas do fabricante norte-americano no mercado doméstico, eventualmente, declinará à medida que os mercados estrangeiros começam a produzir o produto e a exportá-lo aos Estados Unidos. Por exemplo, Taiwan está fabricando mais luvas e bolas de beisebol do que os Estados Unidos. A melhor defesa dos fabricantes norte-americanos é se tornarem empresas globais. Elas devem instalar-se em outros países onde há a possibilidade de mercados maiores e/ou custos menores. As empresas globais são hábeis em estender o ciclo de vida do produto quando se movem para outros países que estão preparados para usá-lo.[11]

## ESTRATÉGIAS DE MARKETING NO DECORRER DO CVP

Agora, examinaremos cada um dos estágios do CVP e consideraremos as estratégias de marketing apropriadas.

### Estágio de introdução

O estágio de introdução começa quando o novo produto é lançado. Devido à demora para se levar o produto a vários mercados e suprir os estoques dos revendedores, o crescimento das vendas é lento. Produtos bem conhecidos como café instantâneo, suco de laranja congelado e saquinhos de leite em pó para misturar no café demoraram muitos anos para entrar no estágio de crescimento rápido. Buzzell identificou várias causas para o lento crescimento de muitos produtos novos: atraso na expansão da capacidade de produção; problemas técnicos; atraso na obtenção de distribuição adequada através dos pontos de varejo; e relutância do consumidor a mudar comportamentos estabelecidos.[12] No caso de novos produtos caros, como TV de alta definição, o crescimento das vendas é retardado por fatores adicionais, inclusive pelo pequeno número de compradores que pode comprar o novo produto.

O lucro é negativo ou baixo no estágio de introdução em função do fraco volume de vendas e das grandes despesas em distribuição e promoção. É necessário muito dinheiro para atrair distribuidores. Os gastos pro-

11. Alguns críticos acham que esta prática tem menor validade hoje porque as empresas multinacionais estão operando vastas redes globais através das quais podem inovar os produtos em qualquer parte do mundo, movendo-se por vários países, não necessariamente na seqüência prevista pela formulação original do CVP internacional. Veja WELLS JR., Louis T. A product life cycle for international trade? *Journal of Marketing*, p. 1-6, July 1968; ONKVISIT, Sak, SHAW, John J. An examination of the international product life cycle and its applications within marketing. *Columbia Journal of World Business*, p. 73-79, Fall 1983; e KEEGAN, Warren J. *Global marketing management*. 5. ed. Englewood Cliffs, NJ : Prentice-Hall, 1995. p. 37-43.
12. BUZZELL, Robert D. Competitive behavior and product life cycles. In: WRIGHT, John S., GOLDSTUCKER, Jack (Orgs.). *New ideas for successful marketing*. Chicago : American Marketing Association, 1956. p. 51.

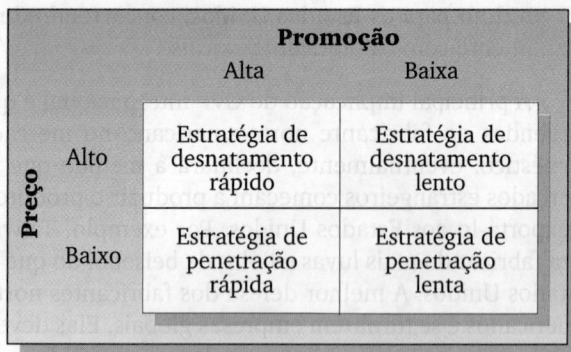

**Figura 12.5** *Quatro estratégias de marketing para o estágio de introdução.*

mocionais estão em seu nível mais elevado devido à necessidade de grande esforço promocional para (1) informar os consumidores potenciais sobre um produto novo e desconhecido, (2) induzir a experimentação do produto e (3) assegurar a distribuição nas lojas de varejo.[13] As empresas focam suas vendas nos compradores que estão dispostos a comprar, geralmente, componentes de grupos de renda mais elevada. Além disso, os preços tendem a ser altos porque (1) os custos são elevados devido a lotes de produção relativamente baixos, (2) os problemas tecnológicos de produção podem não estar ainda solucionados e (3) são exigidas margens elevadas para suportar os gastos promocionais necessários para se atingir o estágio de crescimento.[14]

ESTRATÉGIAS DE MARKETING NO ESTÁGIO DE INTRO-DUÇÃO. Ao lançar um novo produto, a administração de marketing pode estabelecer um nível alto ou baixo para cada variável de marketing, como preço, promoção, distribuição e qualidade do produto. Considerando apenas preço e promoção, a administração pode seguir uma das quatro estratégias mostradas na Figura 12.5.

- A *estratégia de desnatamento rápido* consiste em lançar o novo produto a um preço alto e com elevado gasto em promoção. A empresa cobra um preço alto para obter o maior lucro unitário possível. Ela gasta muito com promoção para convencer o mercado sobre os méritos do produto, mesmo cobrando bastante por ele. Gastos elevados em promoção ajudam a acelerar a taxa de penetração de mercado. Esta estratégia faz sentido sob as seguintes suposições: grande parte do mercado potencial não tem conhecimento do produto; aqueles que tomam conhecimento estão ansiosos para adquirir o produto e podem pagar o preço solicitado; a empresa enfrenta

concorrência potencial e deseja desenvolver a preferência por sua marca.

- A *estratégia de desnatamento lento* consiste em lançar o novo produto a um preço alto e com pouca promoção. O preço elevado ajuda a obter o maior lucro bruto unitário possível e a baixa despesa de promoção mantém os custos de marketing baixos. Espera-se que esta combinação "desnate" muito lucro do mercado. Esta estratégia faz sentido quando o mercado é limitado em termos de tamanho; a maioria dos consumidores não tem conhecimento do produto; a maioria dos compradores está consciente do produto; os compradores estão dispostos a pagar um preço alto e a concorrência potencial não é iminente.

- A *estratégia de penetração rápida* consiste em lançar o novo produto a um preço baixo e com alto gasto em promoção. Esta estratégia promete penetração mais rápida e conquista de maior participação de mercado. Ela é válida quando o mercado é amplo e não tem conhecimento do produto; a maioria dos compradores é sensível a preço; há forte concorrência potencial e o custo unitário de produção da empresa cai em função de escala e de experiência acumulada.

- A *estratégia de penetração lenta* consiste em lançar o novo produto a preço baixo e com pouca promoção. O preço baixo encorajará a rápida aceitação do produto e a empresa mantém os custos de promoção baixos para realizar maior lucro líquido. Ela acredita que a demanda de mercado possui elasticidade de preço elevada, mas baixa elasticidade em relação à promoção. Essa estratégia faz sentido quando o mercado é amplo, ele está plenamente consciente da existência do produto, é sensível a preço e há alguma concorrência potencial.

Discutimos as estratégia de desnatação e penetração em maiores detalhes no Capítulo 17.

PIONEIROS DE MERCADO. As empresas que planejam introduzir um novo produto, devem tomar a decisão sobre o momento adequado de entrar em um mercado. Ser a primeira no mercado pode ser altamente recompensador, embora arriscado e caro. Chegar depois faria mais sentido se a empresa pudesse entrar com tecnologia e qualidade superiores ou com uma marca mais forte.

A maioria dos estudos indica que a pioneira de mercado obtém mais vantagem. Está claro que empresas pioneiras como Campbell's, Coca-Cola, Eastman Kodak, Hallmark e Xerox desenvolveram dominação sus-

---

13. BUZZELL, Robert D. Op. cit.
14. Idem.
15. ROBINSON, William T., FORNELL, Claes. Sources of market pioneer advantages in consumer goods industries. *Journal of Marketing Research*, p. 305-317, Aug. 1985.

tentada de seus mercados. Robinson e Fornell estudaram ampla variedade de produtos de consumo e de bens industriais, constatando que as pioneiras de mercado, geralmente, desfrutaram participação de mercado substancialmente maior do que as seguidoras imediatas e as seguidoras posteriores.[15]

| | PARTICIPAÇÃO DE MERCADO MÉDIA | |
|---|---|---|
| | BENS DE CONSUMO | BENS INDUSTRIAIS |
| Pioneiras | 29 | 29 |
| Seguidoras imediatas | 17 | 21 |
| Seguidoras posteriores | 13 | 15 |

Um estudo de Urban constatou também a vantagem da pioneira: parece que a seguidora obteve apenas 71% da participação de mercado da pioneira e a terceira seguidora, 58%.[16] Carpenter e Nakamoto constataram que 19 entre 25 empresas que foram líderes de mercado em 1923 eram ainda líderes em 1983, 60 anos após.[17]

Quais as vantagens da pioneira? Algumas são baseadas no consumidor. A pesquisa tem mostrado que os consumidores, freqüentemente, preferem as marcas pioneiras a outras marcas.[18] Os usuários imediatos favorecerão a marca pioneira porque a experimentaram e ficaram satisfeitos. A marca pioneira estabelece também os atributos de avaliação que a classe de produto deve possuir. Em razão de a marca pioneira, normalmente, atingir a média do mercado, ela obtém maior número de usuários. Há também vantagens baseadas no produto, em razão de economia de escala, liderança tecnológica, domínio de recursos escassos e de outras barreiras à entrada.

Entretanto, podem-se levantar dúvidas sobre a força ou infalibilidade da vantagem de ser pioneira. Devemos refletir sobre as pioneiras de mercado como a Bowmar (calculadoras manuais), Reynolds (canetas esferográficas) e Osborne (computadores portáteis), que foram superadas por outras empresas que entraram depois no mercado. Schnaars estudou 28 setores industriais em que as empresas imitadoras superaram as inovadoras.[19] Ele constatou várias fraquezas entre as pioneiras que fracassaram, incluindo novos produtos que foram a mercado muito prematuros, impropriamente posicionados ou apareceram antes de haver muita demanda; custos de desenvolvimento de produto que exauriram os recursos da inovadora; falta de recursos para enfrentar a entrada de empresas maiores; e incompetência gerencial ou complacência exagerada. As imitadoras bem-sucedidas esforçaram para oferecer preços mais baixos, adotar melhoria contínua no produto ou usar agressividade de mercado para superar a pioneira.

Em outro artigo, Golder e Tellis levantaram dúvidas sobre a vantagem de ser uma empresa pioneira.[20] Distinguiram entre uma *inventora* (primeira a obter patente de uma nova categoria de produto), *pioneira de produto* (primeira a desenvolver um modelo funcional) e *pioneira de mercado* (primeira a vender a nova categoria de produto). Eles incluíram também as empresas pioneiras não-sobreviventes em sua amostra, que foram omitidas em outros estudos. Com esses aperfeiçoamentos, concluíram que enquanto as pioneiras podem ainda ter alguma vantagem, ela é menos pronunciada do que é divulgado. Um número maior de empresas pioneiras falha, embora não seja muito divulgado que um maior número de líderes de mercado (que não são pioneiras) seja bem-sucedido, principalmente se entrarem decisivamente e comprometerem recursos substanciais para a obtenção de liderança de mercado. Exemplos de seguidoras posteriores que superaram pioneiras de mercado são a IBM sobre a Sperry, em computadores *mainframes*, a Matsushita sobre a Sony, em aparelhos de videocassete, a Texas Instruments sobre a Bowmar, em calculadoras manuais, e a GE sobre a EMI, em equipamentos de tomografia computadorizada. Pelo menos isso sugere que, sob as circunstâncias ideais, as seguidoras posteriores podem superar as vantagens das pioneiras. Todavia, de acordo com Robertson e Gatignon, a empresa pioneira pode adotar várias estratégias para se prevenir contra as investidas das seguidoras posteriores que pretendem obter liderança de mercado.[21]

As pioneiras de mercado devem escolher uma estratégia de lançamento que seja condizente com o posicionamento visualisado do produto. A estratégia de

16. URBAN, Glen L. et al. Market share rewards to pioneering brands: an empirical analysis and strategic implications. *Management Science,* p. 645-659, June 1986.
17. CARPENTER, Gregory S., NAKAMOTO, Kent. Consumer preference formation and pioneering advantage. *Journal of Marketing Research,* p. 285-298, Aug. 1989.
18. KARDES, Frank R., KALYANARAM, Gurumurthy, CHANKDRASHEKARAN, Murali, DORNOFF, Ronald J. Brand retrieval, consideration set composition, consumer choice, and the pioneering advantage. *Journal of Consumer Research,* p. 62-75, June 1993. Veja também ALPERT, Frank H., KAMINS, Michael A. Pioneer brand advantage and consumer behavior: a conceptual framework and propositional inventory. *Journal of the Academy of Marketing Science,* p. 244-253, Summer 1994.
19. SCHNAARS, Steven P. *Managing imitation strategies.* New York : Free Press, 1994.
20. GOLDER, Peter N., TELLIS, Gerald J. Pioneer advantage: marketing logic or marketing legend? *Journal of Marketing Research,* p. 34-46, May 1992.
21. ROBERTSON, Thomas S., GATIGNON, Hubert. How innovators thwart new entrants into their market. *Planning Review,* p. 4-11, 48, Sept./Oct. 1991. Veja também SZYMANSKI, David M., TROY, Lisa C., BHARADWAJ, Sundar G. Order of entry and business performance: an empirical reexamination. *Journal of Marketing,* p. 17-33, Oct. 1995.

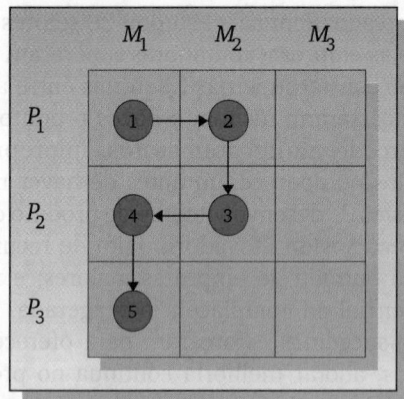

**Figura 12.6** *Estratégia de expansão de mercado-produto a longo prazo ($P_i$ = produto i; $M_j$ = mercado j).*

lançamento deve ser a primeira etapa de um grande plano de marketing de ciclo de vida. Elas devem visualisar os vários mercados-produtos que pudessem, inicialmente, entrar, sabendo que não podem entrar em vários deles de uma única vez. Suponhamos que uma análise de segmentação de mercado revele os segmentos de mercado-produto mostrados na Figura 12.6. A empresa pioneira deve analisar o potencial de lucro de cada mercado-produto isolado ou em combinação e decidir sobre uma estratégia de expansão de mercado. Assim, a pioneira da Figura 12.6 planeja, primeiro, entrar no mercado-produto $M_1P_1$. Depois, movimentará o produto para um segundo mercado ($M_2P_1$), surpreendendo, posteriormente, a concorrência ao desenvolver um segundo produto para o segundo mercado ($M_2P_2$). Depois, retornará o produto para o primeiro mercado ($M_1P_2$), preparando-se para lançar um terceiro produto para o primeiro mercado ($M_1P_3$). Se este plano funcionar, a empresa pioneira obterá boa parte dos dois primeiros segmentos ao atendê-los com dois ou três produtos. Naturalmente, este plano pode ser alterado com o passar do tempo e com o surgimento de novos fatores.

**Ciclo Competitivo.** Ao olhar à frente, a pioneira sabe que a concorrência virá, mais cedo ou mais tarde, causando queda de preços e redução de sua participação de mercado. As perguntas são: Quando isto ocorrerá? O que a pioneira deverá fazer em cada estágio? Frey descreveu cinco estágios do *ciclo competitivo* que a pioneira tem que antecipar (Figura 12.7).[22]

- Inicialmente, a pioneira é a *única fornecedora*, com 100% de capacidade de produção e vendas. O segundo estágio, *penetração competitiva,* começa quando um novo concorrente inicia a produção e a venda. Outros concorrentes também entram no mercado e a participação de mercado e a capacidade de

produção da líder caem. À medida que outros concorrentes entram no mercado com um preço inferior ao cobrado pela empresa líder, o valor relativo percebido de sua oferta cai, forçando uma redução de preço.

- A produção tende a estar em plena capacidade durante o estágio de crescimento rápido. Assim, quando uma queda cíclica da demanda ocorre, a capacidade termina ajustando-se a níveis mais baixos. Novos concorrentes decidem não entrar no mercado e os existentes tentam solidificar suas posições. Esta situação leva a um terceiro estágio, a *estabilidade de participação,* em que as capacidades de produção e as participações de mercado das empresas são mantidas.

- Este período é acompanhado por um estágio de *concorrência de commodity.* O produto é visto como algo padronizado, os compradores não pagarão mais um preço alto e os fornecedores obtêm apenas uma taxa de retorno média. Nesse ponto, começa o estágio de *abandono do mercado.* A pioneira pode decidir aumentar a participação de mercado, à medida que as outras empresas se retiram. Durante a movimentação da pioneira pelos vários estágios deste ciclo competitivo, ela deve continuamente formular novas estratégias de preço e de marketing.

## Estágio de crescimento

O estágio de crescimento é marcado por rápida expansão das vendas. Os adotantes imediatos gostam do produto e a maioria média dos consumidores começa a comprá-lo. Novos concorrentes entram no mercado, atraídos pelas oportunidades decorrentes de produção em larga escala e lucro. Introduzem novas características nos novos produtos e expandem o número de canais de distribuição.

Os preços permanecem constantes ou caem lentamente na extensão em que a demanda está aumentando rapidamente. As empresas mantêm seus gastos promocionais ou os aumentam lentamente para acompanhar a concorrência e continuar educando o mercado. As vendas crescem com muita rapidez, causando uma redução na relação gastos promocionais e receita de vendas.

O lucro aumenta durante o estágio de crescimento, à medida que (1) os custos promocionais se diluem sobre o maior volume de vendas e (2) o custo unitário de produção cai mais rápido do que a redução do preço, em decorrência do efeito "curva de aprendizagem".

Eventualmente, a taxa de crescimento passa a desacelerar-se e as empresas têm que observar o início dessa queda para preparar novas estratégias.

22. FREY, John B. Pricing over the competitive cycle. Palestra realizada em 1982, na Marketing Conference, Conference Board, New York.

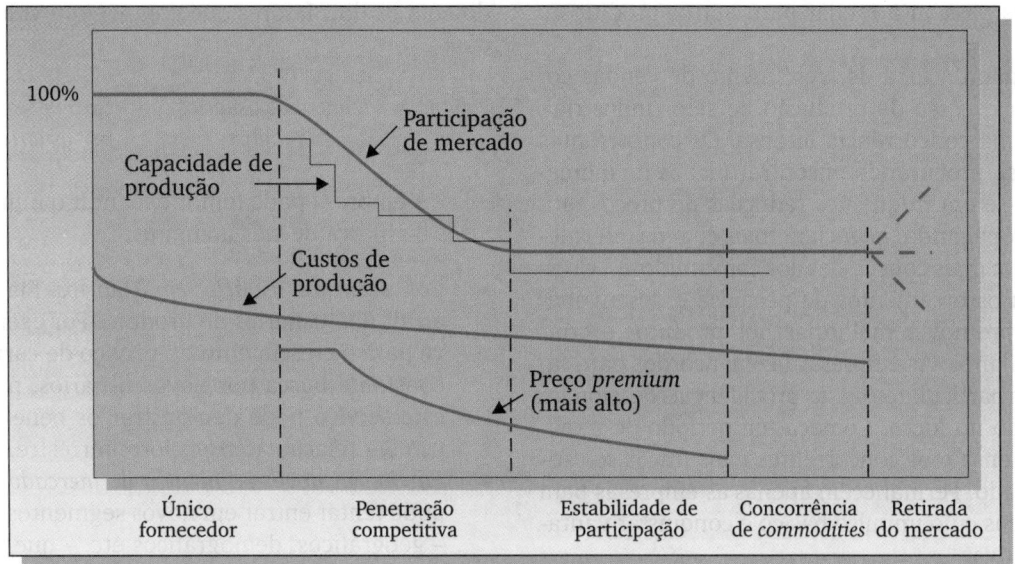

100%

Participação de mercado

Capacidade de produção

Custos de produção

Preço *premium* (mais alto)

| Único fornecedor | Penetração competitiva | Estabilidade de participação | Concorrência de *commodities* | Retirada do mercado |

**Fonte:** FREY, John B. Princing over the competitive cycle. Palestra apresentada em 1982, na Marketing Conference, Conference Board, New York.

**Figura 12.7** *Estágios do ciclo competitivo.*

**ESTRATÉGIAS DE MARKETING NO ESTÁGIO DE CRESCIMENTO.** Durante o estágio de crescimento, a empresa adota várias estratégias para sustentar, na medida do possível, o crescimento rápido do mercado:

- Melhora a qualidade do produto e acrescenta novas características e estilos.
- Acrescenta novos modelos e produtos de flanco (por exemplo, produtos de diferentes tamanhos, sabores etc. que protegem o produto principal).
- Entra em novos segmentos de mercado.
- Aumenta a cobertura de distribuição e entra em novos canais.
- Muda o apelo de propaganda de conscientização sobre o produto para preferência do produto.
- Reduz os preços para atrair a faixa de compradores sensíveis a preço.

A empresa que adotar essas estratégias de expansão de mercado fortalecerá sua posição competitiva. Por exemplo, a Starbucks surgiu como líder no mercado norte-americano de bares de café especial e expresso:[23]

**STARBUCKS** Começando com nove lojas em Seattle, em 1987, o presidente Howard Shultz expandiu a rede para 425 lojas. Os cafés especiais da Starbucks estão também sendo vendidos em locais como aeroportos e na rede de livrarias Barnes & Noble. Não contente em vender apenas café, a empresa está oferecendo um novo produto de flanco, uma bebida de café em garrafa, e está levando sua fórmula vencedora ao exterior. Entretanto, como resultado de seu sucesso, a Starbucks está enfrentando uma variedade de concorrentes, desde de redes como a Seattle's Best Coffee, pequenos quiosques dirigidos pelos próprios donos, até de grandes empresas (como a Dunkin' Donuts) que estão melhorando suas ofertas de café.

A empresa no estágio de crescimento enfrenta um dilema entre conquistar maior participação de mercado e obter mais lucro. Ao gastar dinheiro para melhorar o produto, promoção e distribuição, ela conquista uma posição dominante, abdicando do lucro máximo a curto prazo para obtê-lo em maior escala no estágio seguinte.

## Estágio de maturidade

Em algum ponto, a taxa de crescimento de vendas de um produto estabiliza e ele entra em um estágio de maturidade relativa. Normalmente, este estágio demora mais do que o anterior e apresenta grandes desafios para a administração de marketing. *A maioria dos produtos encontra-se no estágio de maturidade do ciclo de vida, exigindo maior trabalho da equipe de marketing.*

O estágio de maturidade pode ser dividido em três fases. Na primeira, *maturidade de crescimento,* a taxa de crescimento de vendas começa a declinar. Agora, não há novos canais de distribuição para serem atendidos, embora alguns compradores retardatários ainda entrem no mercado. Na segunda fase, *maturidade estabilizada,* as vendas se nivelam em uma base *per capita* devido à saturação do mercado. A maioria dos consumidores potenciais já experimentou o produto e as vendas futuras são governadas pelo aumento da população e substituição da demanda. Na terceira fase, *maturidade decadente,* o nível absoluto de vendas começa a declinar e os

23. YANG, Dori Jones. The Starbucks enterprise shifts into warp speed. *Business Week,* p. 76-79, 24 Oct. 1994.

consumidores passam a mudar para outros produtos e substitutos.

A lentidão da taxa de crescimento de vendas começa a gerar excesso de produção no setor industrial, que leva a uma concorrência intensa. Os concorrentes lutam entre si, procurando encontrar nichos de mercado. Engajam-se em freqüentes reduções de preços, aumentam a propaganda, negociam mais com os intermediários e fazem mais concessões aos consumidores. Crescem também os orçamentos de pesquisa e desenvolvimento para promover melhorias nos produtos e criar produtos de flanco. As empresas fazem acordos para fabricar marcas particulares. Essas providências ocasionam alguma erosão no lucro. Começa um período de movimentação intensa e os concorrentes mais fracos se retiram do mercado. Permanecem apenas as empresas bem entrincheiradas cujo impulso básico é conquistar vantagem competitiva.

Esses concorrentes são de dois tipos. Dominando o setor industrial estão apenas algumas empresas gigantes, responsáveis pela maior parte da produção. Essas empresas atendem a todo o mercado e obtêm lucro, principalmente em decorrência do alto volume de vendas e dos custos mais baixos. Essas líderes de volume são diferenciadas em termos de reputação por alta qualidade, serviço superior ou preço baixo. Nas imediações dessas empresas dominantes está uma multidão de empresas ocupantes de nichos. Entre elas estão empresas especialistas de mercado, de produto e outras especialistas no atendimento de encomendas sob medida. Essas empresas atendem e satisfazem muito bem a seus pequenos mercados-alvos e praticam preços mais elevados (*premium*). O problema que uma empresa enfrenta em um mercado maduro é se deve lutar para tornar-se uma das "três grandes", obtendo lucro em decorrência do alto volume de vendas, ou se deve adotar uma estratégia de nicho e conquistar lucro através de maior margem.

### ESTRATÉGIAS DE MARKETING NO ESTÁGIO DE MATURIDADE.
No estágio de maturidade, algumas empresas abandonam seus produtos mais fracos. Preferem concentrar seus recursos nos produtos mais rentáveis e em novos produtos. Todavia, podem estar ignorando o alto potencial que muitos produtos antigos ainda possuem. Muitas indústrias, presumivelmente maduras – automóveis, motocicletas, televisores, relógios, câmeras fotográficas – provaram o contrário, quando os japoneses encontraram maneiras de oferecer novos valores aos consumidores. Marcas aparentemente moribundas como Jell-O, Ovaltine e Arm & Hammer (bicarbonato de sódio) alcançaram grandes reviravoltas diversas vezes, através do exercício da imaginação de marketing. As empresas devem, sistematicamente, considerar as estratégias de mercado, produto e de modificação do composto de marketing.

### Modificação do Mercado.
A empresa pode tentar expandir o mercado para sua marca madura, trabalhando com os dois fatores que compõem o volume de vendas:

$$\text{Volume} = \begin{array}{c} \text{número de usuários} \\ \text{da marca} \end{array} \times \begin{array}{c} \text{taxa de uso} \\ \text{por usuário} \end{array}$$

A empresa pode tentar expandir o número de usuários da marca de três maneiras:

- *Converter não usuários em usuários.* Ela pode tentar atrair não-usuários do produto. Por exemplo, a chave para o crescimento do serviço de carga aérea é a constante busca por novos usuários, para os quais este serviço pode demonstrar os benefícios de seu uso em relação ao transporte terrestre.
- *Entrar em novos segmentos de mercado.* A empresa pode tentar entrar em novos segmentos de mercado – geográficos, demográficos etc. – que usam o produto, mas não a marca. Por exemplo, a Johnson & Johnson foi bem-sucedida ao promover seu xampu infantil para usuários adultos.
- *Conquistar os consumidores dos concorrentes.* A empresa pode atrair os consumidores dos concorrentes para experimentarem ou adotarem a marca. Por exemplo, a Pepsi-Cola está constantemente tentando convencer os consumidores da Coca-Cola a mudarem para sua marca, apresentando um desafio após outro.

O volume pode também ser aumentado convencendo-se os usuários atuais da marca a aumentar sua taxa anual de uso. Aqui estão três estratégias?

- *Uso mais freqüente.* A empresa pode tentar convencer os consumidores a usar mais freqüentemente o produto. Por exemplo, os fabricantes de suco de laranja tentam fazer com que seus consumidores bebam o produto em outras ocasiões, além do café da manhã.
- *Maior uso por ocasião.* A empresa pode tentar influenciar os usuários a consumir mais o produto em cada ocasião. Assim, um fabricante de xampu pode indicar que o produto é mais eficaz com duas aplicações, em vez de uma.
- *Usos novos e mais variados.* A empresa pode tentar descobrir novos usos do produto e convencer as pessoas a usá-lo de maneiras mais variadas. Por exemplo, os fabricantes de alimentos colocam várias receitas em suas embalagens para aumentar os usos dos consumidores.

### Modificação do Produto.
Os administradores também tentam estimular as vendas modificando as características do produto através da melhoria da qualidade, das características ou do estilo.

Uma estratégia de *melhoria da qualidade* visa aumentar o desempenho funcional do produto – sua durabilidade, confiabilidade, velocidade, sabor. Freqüentemente, um fabricante pode superar o concorrente lançando com o apelo comercial "novo e melhorado", produtos como máquina-ferramenta, automóveis, aparelhos de televisão ou sabão em pó. Os fabricantes de produtos de mercearia chamam isso de *plus*, ao lançar e promover um novo aditivo ou divulgar algo como "mais forte", "maior" ou "melhor". Essa estratégia é eficaz à medida que a qualidade é melhorada, os compradores aceitam seu anúncio como verdadeiro e um número suficiente deles está disposto a pagar por ela. Mas os consumidores nem sempre estão dispostos a aceitar um produto "melhorado", como o caso da New Coke ilustra:

**COCA-COLA** Superada pela concorrência da Pepsi-Cola que oferecia um produto mais doce, a Coca-Cola decidiu deixar de lado sua velha fórmula e oferecer à "Geração Pepsi" um refrigerante mais doce, com a marca New Coke. Embora os testes de sabor tenham mostrado que os bebedores de Coke preferiam a nova fórmula, o lançamento Coke provocou uma comoção nacional. Os pesquisadores de mercado não haviam considerado que os consumidores estavam envolvidos emocionalmente com a Coca-Cola. A empresa recebeu cartas de consumidores furiosos, houve protestos formais e ameaças de ações judiciais, tudo para forçar a empresa a retornar à fórmula antiga. Eventualmente, o debate sobre a New Coke favoreceu a Coca-Cola. Dois meses após anunciar a retirada da New Coke do mercado, a empresa reintroduziu sua velha e centenária fórmula, dando-lhe novo *status* no mercado.

Uma *estratégia de melhoria de característica* visa o acréscimo de novas características (por exemplo, tamanho, peso, materiais, aditivos, acessórios) que expandem a versatilidade, segurança ou conveniência do produto. Por exemplo, a colocação de motor elétrico nos cortadores de grama manuais facilitou e agilizou a tarefa do usuário. Depois, os fabricantes de cortadores de grama trabalharam para desenvolver características que conferissem maior segurança ao equipamento. Alguns fabricantes acrescentaram características de conversão, possibilitando duplo uso do equipamento, que pode ser utilizado como removedor de neve.

Uma estratégia de melhoria de característica traz várias vantagens. As novas características constróem uma imagem de empresa inovadora. Essas empresas conquistam a lealdade de determinados segmentos de mercado que valorizam certas características. Estas podem ser adotadas ou eliminadas rapidamente, tornando-se opcionais para o comprador. São divulgadas gratuitamente como publicidade e geram entusiasmo da força de vendas e dos distribuidores. A principal desvantagem é que melhorias de características podem ser facilmente imitadas. A menos que haja um ganho permanente de ser o primeiro, as melhorias de características podem não compensar a longo prazo.

Uma estratégia de *melhoria de estilo* tem como objetivo aumentar o apelo estético do produto. O lançamento periódico de novos modelos de carros aumenta a competição por estilo, em vez de por qualidade ou melhoria de característica. No caso de alimentos embalados e produtos domésticos, as empresas introduzem variações de cores e texturas e, freqüentemente, criam novos estilos de embalagem, tratando-a como extensão do produto. A vantagem de uma estratégia de estilo é que ela pode conferir ao produto uma identidade exclusiva no mercado e conquistar consumidores leais. Porém, a competição por estilo apresenta alguns problemas. Primeiro, é difícil prever se as pessoas – e que pessoas – gostarão do novo estilo. Segundo, uma mudança de estilo, geralmente, exige a descontinuidade do estilo antigo e a empresa corre o risco de perder os consumidores que gostavam dele. Por exemplo, os consumidores podem importar-se com algo tão aparentemente insignificante como uma casca de amendoim. Nos Estados Unidos, comer amendoins nos jogos de beisebol é uma tradição que o tempo consagrou. Tradicionalmente, os amendoins são vendidos com casca, que os espectadores jogam no chão do estádio após consumi-los. Durante o ano de 1986, no importante torneio de beisebol realizado no Shea Stadium, de New York, onde os Mets jogam em casa, o permissionário rompeu a tradição e começou a vender amendoim sem casca em embalagem de celofane. As vendas caíram 15% e os consumidores reclamaram muito.[24]

**Modificação do Composto de Marketing.** Os gerentes de produto podem também tentar estimular as vendas modificando um ou mais elementos do composto de marketing. Eles devem fazer as seguintes perguntas:

- *Preços.* Uma redução de preço atrairia novos experimentadores e usuários? Caso afirmativo, o preço de lista deve ser diminuído ou a empresa deve conceder vantagens especiais, como descontos por volume ou por compra antecipada, pagamento do frete ou condições especiais de pagamento? Ou seria melhor ela aumentar o preço para sinalizar que o produto é de melhor qualidade?

- *Distribuição.* A empresa pode obter maior apoio e exposição do produto nos pontos de venda existentes? Pode penetrar em maior número de pontos de venda? Pode lançar o produto em novos tipos de canais de distribuição? Quando a Goodyear decidiu vender pneus via Wal-Mart, Sears e Discount Tire, aumentou sua participação de mercado de 14% para 16% no primeiro ano da experiência. Ir além dos limites demarcados por seu canal de distribuição tradicional fez a diferença para o crescimento deste produto maduro.[25]

24.  HENDON, Donald W. *Classic failures in product marketing.* New York : Quorum Books, 1989. p. 29.
25.  McGRATH, Allen J. Growth strategies with a '90s twist. *Across the Board,* p. 43-46, Mar. 1995.

- *Propaganda.* A empresa deve aumentar os gastos em propaganda? A mensagem ou o texto de propaganda deve ser modificado? O composto de veículos de mídia deve ser modificado? A ocasião, freqüência, duração ou tamanho do anúncio devem ser modificados?
- *Promoção de vendas.* A empresa deve adotar a promoção de vendas – condições especiais para os revendedores, descontos, reduções de preço, garantia, prêmios e concursos?
- *Venda pessoal.* O número ou a qualidade dos vendedores deve ser aumentado? A base de especialização da força de vendas deve ser alterada? Os territórios de vendas devem ser revistos? Os incentivos à força de vendas devem ser modificados? O planejamento de visitas de vendas pode ser melhorado?
- *Serviços.* A empresa pode acelerar a entrega? Pode ampliar a assistência técnica aos consumidores? Pode estender o prazo de financiamento?

Freqüentemente, as empresas debatem sobre que ferramentas de marketing são mais eficazes no estágio de maturidade. Por exemplo, a empresa ganharia mais aumentando seu orçamento de propaganda e promoção de vendas? Alguns afirmam que a promoção de vendas tem maior impacto nesse estágio porque os consumidores já atingiram equilíbrio em seus hábitos e preferências de compra e a persuasão psicológica (propaganda) não é tão eficaz quanto a persuasão financeira (concessões decorrentes da promoção de vendas). De fato, muitas empresas de bens de consumo embalados gastam cerca de 60% de seu orçamento total de promoção em promoção de vendas para dar suporte a produtos maduros. Todavia, outras empresas afirmam que as marcas devem ser administradas como ativos financeiros e apoiadas por propaganda. Os gastos de propaganda devem ser tratados como investimento, não como despesa corrente. Entretanto, os gerentes de marcas usam a promoção de vendas porque seus efeitos são mais rápidos e mais visíveis por seus superiores hierárquicos, embora uma atividade excessiva de promoção de vendas possa prejudicar o desempenho de lucro da marca a longo prazo.

Um grande problema relacionado às modificações do composto de marketing é que elas são facilmente imitáveis pelos concorrentes, principalmente as reduções de preço e os serviços adicionais. A empresa pode não ganhar tanto quanto estava esperando e todas as empresas podem sofrer erosão de lucro à medida que passam a atacar umas as outras.

A seção *Insight* de Marketing intitulada "Rompendo a síndrome do produto maduro" apresenta um roteiro para se encontrar idéias de revitalizar as vendas de produtos maduros.

## Estágio de declínio

Eventualmente, as vendas da maioria das formas de produtos e marcas declinam. O declínio pode ser lento, como no caso de produtos à base de aveia ou rápido, como no exemplo do automóvel Edsel. As vendas podem cair a zero ou estagnar em um nível baixo.

As vendas declinam por inúmeras razões, incluindo avanços tecnológicos, mudanças nos gostos dos consumidores e aumento da competição doméstica pela entrada de concorrentes estrangeiros. Todas estas razões levam a excesso de capacidade de produção, redução de preços e erosão do lucro.

À medida que as vendas e os lucros declinam, algumas empresas se retiram do mercado. Aquelas remanescentes podem reduzir o número de produtos, retirar-se dos segmentos menores e abandonar os canais de distribuição mais fracos. Podem reduzir o orçamento de promoção e baixar os preços.

Infelizmente, a maioria das empresas não tem desenvolvido uma política bem ordenada para lidar com seus produtos antigos. Freqüentemente, o sentimento exerce um papel importante:

> *Levar os produtos até a morte – ou deixá-los morrer – é um negócio monótono e, freqüentemente, traz muito da tristeza de uma despedida de velhos amigos. Este produto foi o primeiro a ser fabricado pela The Company. Nossa linha de produtos não será mais a mesma sem ele.*[26]

A lógica também exerce seu papel. A administração acredita que as vendas do produto melhorarão com a recuperação da economia, quando a estratégia de marketing for revisada ou o produto for melhorado. Além disso, o produto fraco pode ser mantido sob alegação de sua contribuição para a venda de outros produtos da empresa. Também, o produto antigo vende o necessário para cobrir seus custos, mesmo não dando lucro.

A menos que haja fortes razões para a retenção do produto fraco, sua manutenção custa muito para a empresa. O custo não é apenas representado pelos custos indiretos não recuperados e o lucro. A contabilidade financeira não pode cuidar adequadamente de todos os custos ocultos. O produto fraco pode consumir tempo desproporcional da administração. Freqüentemente, exige ajustes de preços e de estoque e, geralmente, envolve pequenos lotes de produção e o conseqüente alto custo de ajuste de maquinário. Exige atenção de propaganda e força de vendas que pode ser mais bem empregada para tornar os produtos "saudáveis" mais rentáveis. Sua inadequação às exigências do mercado pode causar insatisfação aos consumidores e ofuscar a imagem da empresa. O mais alto custo pode surgir no futuro. Evitar a

---

26. ALEXANDER, R. S. The death and burial of "sick products". *Journal of Marketing*, p. 1, Apr. 1964.

# Rompendo a síndrome do produto maduro

Os gerentes de produtos maduros necessitam de um roteiro sistemático para identificar possíveis idéias de *breakthrough*. O professor John A. Weber, da Notre Dame University, desenvolveu o seguinte roteiro denominado *análise de lacuna*, para orientar a procura de oportunidades de crescimento.

A idéia-chave é identificar as possíveis lacunas na linha de produtos, distribuição, uso, concorrência e assim por diante. A análise da estrutura de mercado levantaria as seguintes perguntas sobre uma bebida no estágio de maturidade como a Kool-Aid:

1. *Mudanças naturais no tamanho do potencial de mercado do setor industrial.* Os nascimentos e os fatores demográficos favorecerão um maior consumo de Kool-Aid? A perspectiva econômica afeta o consumo desta bebida?
2. *Novos usos ou novos segmentos de usuários.* A Kool-Aid pode ser fabricada para adolescentes, jovens solteiros, pais jovens etc.?
3. *Diferenciações inovadoras do produto.* A bebida pode ser fabricada em versões diferentes, como com baixa caloria ou mais doce?
4. *Acréscimo de novas linhas de produtos.* O nome Kool-Aid pode ser usado para lançar uma nova linha de refrigerantes?
5. *Estímulo aos não-usuários.* As pessoas mais velhas podem ser persuadidas a experimentar Kool-Aid?
6. *Estímulo aos pequenos usuários.* As crianças podem ser lembradas a beber Kool-Aid diariamente?

7. *Aumento da quantidade usada em cada ocasião de uso.* Podem-se colocar mais garrafas de Kool-Aid em cada embalagem a um preço mais alto?
8. *Ocupação das lacunas existentes de produto e de preço.* Devem-se lançar novos tamanhos de Kool-Aid?
9. *Criação de novos elementos na linha de produtos.* A bebida deve ter novos sabores?
10. *Expansão da distribuição.* A bebida pode ser distribuída na Europa e no Extremo Oriente?
11. *Expansão da intensidade de distribuição.* A porcentagem de lojas de conveniência no meio-oeste que vende Kool-Aid pode ser ampliada de 70% para 90%?
12. *Expansão da exposição nas lojas.* Pode-se obter maior espaço de prateleira para a Kool-Aid?
13. *Penetração nas posições de produtos substitutos.* Os consumidores podem ser convencidos de que a Kool-Aid é uma bebida melhor do que outros tipos de refrigerantes (soda limonada, colas etc.)?
14. *Penetração direta na(s) posição(ões) do(s) concorrente(s).* Os consumidores de outras marcas podem ser convencidos a mudar para Kool-Aid?
15. *Defesa da posição atual da empresa.* A Kool-Aid pode satisfazer mais os usuários atuais para que permaneçam leais à marca?

**Fonte:** WEBER, John A. *Identifying and solving marketing problems with gap analysis.* Notre Dame, IN : Strategic Business Systems, 1986.

eliminação de produtos fracos pode atrasar a busca agressiva por produtos substitutos. Os produtos fracos podem desequilibrar o composto de produtos da empresa, repleto de "ganha-pães de ontem" e escasso de promissores de amanhã. Eles afetam negativamente a rentabilidade atual da empresa e enfraquecem sua posição futura.

**ESTRATÉGIAS DE MARKETING DURANTE O ESTÁGIO DE DECLÍNIO.** Uma empresa enfrenta algumas tarefas e decisões ao lidar com seus produtos antigos.

**Identificação dos Produtos Fracos.** A primeira tarefa é estabelecer um sistema para identificar os produtos fracos. A empresa organiza um comitê de revisão

de produtos com representantes de marketing, pesquisa e desenvolvimento, produção e finanças. Este comitê desenvolve um sistema para identificar os produtos fracos. O *controller* fornece dados de cada produto, mostrando as tendências sobre o tamanho do mercado, participação, preços, custos e lucros. Estas informações são analisadas por um programa de computador que identifica os produtos duvidosos. Os critérios incluem o número de anos de declínio das vendas, tendências de participação de mercado, margem bruta, lucro e retorno sobre o investimento. Os gerentes responsáveis por produtos duvidosos preenchem formulários de avaliação mostrando o que acham sobre o futuro das vendas e dos lucros, com ou sem mudanças na estratégia de marketing. O comitê de revisão de produtos examina essas informações e faz recomendações para cada produto duvidoso –

deixar como está, modificar sua estratégia de marketing ou abandonar.[27]

**Determinação das Estratégias de Marketing.** Algumas empresas abandonarão os mercados declinantes mais cedo do que outras. Depende muito do nível de barreiras à saída do setor industrial.[28] Quanto menores as barreiras à saída, mais fácil para as empresas deixarem o setor industrial e mais tentador para as remanescentes permanecerem e atraírem os consumidores fiéis às empresas que se retiraram do mercado. As que ficarem terão aumento de vendas e lucros. Por exemplo, a Procter & Gamble permaneceu no negócio declinante de sabão líquido e melhorou seu lucro com a retirada dos concorrentes.

Em um estudo de estratégias de empresas em setores industriais declinantes, Harrigan distinguiu cinco estratégias de declínio disponíveis:

- Aumentar o investimento da empresa (dominar ou fortalecer sua posição competitiva).
- Manter o nível de investimento da empresa até que as incertezas sobre o setor industrial sejam resolvidos.
- Retrair seletivamente o nível de investimento da empresa, descartando os grupos de consumidores não rentáveis e, ao mesmo tempo, fortalecendo seu investimento em nichos rentáveis.
- Recuperar ao máximo o investimento da empresa para recompor, rapidamente, a posição de caixa.
- Desacelerar, rapidamente, o negócio, livrando-se dos ativos da maneira mais vantajosa possível.[29]

A estratégia de declínio apropriada depende da atratividade relativa do setor industrial e da força competitiva da empresa. Por exemplo, uma empresa que se encontra em um setor industrial não atraente, embora com força competitiva, deve considerar a estratégia de retração seletiva. Entretanto, se ela estiver em um setor atraente e tem força competitiva, deve considerar o fortalecimento de seu investimento. A Procter & Gamble, em várias ocasiões, trabalhou marcas declinantes que estavam em mercados fortes e conseguiu recuperá-las.

**PROCTER & GAMBLE** A P & G lançou um creme "não oleoso" para mãos chamado Wondra, embalado em um vidro invertido, de modo que o conteúdo pudesse fluir pela parte inferior. Embora as vendas iniciais fossem altas, as compras de reposição foram desapontadoras. Os consumidores reclamaram que o creme ficava condensado no fundo do vidro, baixando o nível de oleosidade, dando a sensação de que não funcionava bem. A empresa adotou dois procedimentos: primeiro, relançou o Wondra em um vidro adequado e, depois, reformulou os ingredientes para que o produto funcionasse melhor. Depois, as vendas dispararam.

A P & G prefere recuperar a abandonar marcas. Seus dirigentes gostam de afirmar que não existe ciclo de vida de produto, apontando o Ivory, Camay e muitas outras marcas de expressão que ainda estão sobrevivendo.

Se a empresa tivesse que escolher entre aproveitar ao máximo e desacelerar, suas estratégias seriam bem diferentes. Como vimos no Capítulo 3, *aproveitar ao máximo* exige a redução gradual dos custos do produto ou negócio e, ao mesmo tempo, a manutenção das vendas. Os primeiros custos a cortar são os de pesquisa e desenvolvimento e o investimento em fábrica e equipamentos. A empresa pode também reduzir a qualidade do produto, tamanho da força de vendas, serviços marginais e os gastos em propaganda. Ela tentaria reduzir esses custos sem alertar os consumidores, concorrentes e funcionários que está deixando lentamente o negócio. Se os consumidores descobrissem o fato, poderiam mudar de produto. Caso fossem os concorrentes, estes alertariam os consumidores. Se os funcionários soubessem, poderiam procurar emprego em outras empresas. Assim, aproveitar ao máximo é uma estratégia eticamente ambivalente e também de difícil execução. Todavia, muitos produtos maduros garantem essa estratégia que pode aumentar substancialmente o fluxo de caixa da empresa, uma vez que as vendas não são interrompidas bruscamente.[30]

Eventualmente, a estratégia de aproveitar ao máximo desvaloriza um negócio. Por outro lado, se a empresa decidisse desacelerar gradualmente o negócio, teria que procurar por um comprador. Tentaria aumentar sua atratividade, em vez de diminuí-la. Entretanto, ela deve pensar cuidadosamente sobre as hipóteses de aproveitar ao máximo ou desacelerar a unidade de negócio.

Freqüentemente, as empresas bem-sucedidas em restaurar ou rejuvenescer um produto maduro fazem isto agregando valor ao produto em declínio. Consideremos a experiência da Yamaha, fabricante de pianos, motocicletas e muitos outros produtos:[31]

**YAMAHA** Quando a Yamaha controlava 40% do mercado global de pianos, a demanda total estava decres-

27. Veja KOTLER, Philip. Phasing out weak products. *Harvard Business Review*, p. 107-118, Mar./Apr. 1965; HISE, Richard T., PARASURAMAN, A., VISWANATHAN, R. Product elimination: the neglected management responsability. *Journal of Business Strategy*, p. 56-63, Spring 1984; e AVLONITIS, George J. Product elimination decision making: does formality matter? *Journal of Marketing*, p. 41-52, Winter 1985.
28. Veja HARRIGAN, Kathryn Rudie. The effect of exit barriers upon strategic flexibility. *Strategic Management Journal*, v. 1, p. 165-176, 1980.
29. HARRIGAN, Kathryn Rudie. Strategies for declining industries. *Journal of Business Strategy*, p. 27, Fall 1980.
30. Veja KOTLER, Philip. Harvesting strategies for weak products. *Business Horizons*, p. 15-22, Aug. 1978; e FELDMAN, Laurence P., PAGE, Albert L. Harvesting: he misunderstood market exit strategy. *Journal of Business Strategy*, p. 79-85, Spring 1985.
31. BERENSON, Conrad, MORH-JACKSON, Iris. Product rejuvenation: a less risky alternative to product innovation. *Business Horizons*, p. 51-56, Nov./Dec. 1994.

## Cinco etapas para o rejuvenescimento de um produto

As estratégias de rejuvenescimento de produtos maduros variam amplamente. A reintrodução de produtos abandonados ou o revigoramento de produtos em declínio exige que os administradores aprendam a reconhecer uma oportunidade de injetar nova vida a um produto. Cinco etapas podem minimizar os problemas potenciais e aumentar as chances de sucesso do produto melhorado.

1. *Determine as razões para o abandono ou declínio do produto.* Ele foi abandonado em função da restrição de recursos? Má administração? Ele declinou porque a administração limitou sua capacidade de entregar valor aos consumidores?
2. *Examine se as forças do macroambiente apoiam a estratégia de rejuvenescimento.* Hoje, os produtos não são necessariamente percebidos como foram no passado. Assim, as empresas devem explorar o produto alterado à luz das circunstâncias atuais. Por exemplo, o Lucazade, produto promovido há alguns anos como "bebida para o bem estar" ("Lucazade ajuda a sua recuperação"), não poderia ser promovida nos dias atuais, dados os ambientes político e legal.
3. *Examine o que o nome do produto comunica para os consumidores.* O nome de uma marca comunica os atributos do produto – não pela mensagem de propaganda, mas, simplesmente, por sua aparência no produto. A maneira pela qual o nome da marca é usado e sua relação com os produtos concorrentes também comunicam algo.
4. *Explore se há um segmento potencial a ser atingido, bem como as forças e fraquezas dos concorrentes nesse segmento.* Um produto abandonado pode ser reintroduzido aos antigos usuários se estes não estiverem satisfeitos com outro(s). Os concorrentes não podem competir eficazmente se o produto possuir valor nostálgico. Dado o novo nicho de mercado para o produto, a análise competitiva pode revelar exatamente como ele se relaciona com os concorrentes.
5. *Examine as possibilidades de criar valor para os consumidores.* Ao monitorar o ambiente mutante, a empresa pode encontrar uma oportunidade de rejuvenescimento. As forças e as megatendências macroambientais – demográficas, econômicas, físicas, tecnológicas, políticas, legais e socioculturais – podem oferecer oportunidades de rejuvenescimento.

Os administradores tendem a atribuir importância considerável ao desenvolvimento de novos produtos. Entretanto, dadas as armadilhas para a introdução do novo produto (discutidas em capítulo anterior), eles podem também considerar o rejuvenescimento de um produto abandonado ou em declínio. Freqüentemente, as estratégias de rejuvenescimento de produto são mais simples, baratas, rápidas e podem oferecer retornos notáveis.

**Fonte:** Reimpresso de *Business Horizons,* Dec. 1994, com permissão da School of Business at Indiana University.

cendo 10% ao ano. Em vez de desistir dos pianos, os administradores passaram a ficar próximos aos consumidores e o produto, constatando que a maioria dos pianos ficava esquecida em um canto qualquer da casa – e, na maior parte do tempo, desafinados. Parecia que muitas pessoas compravam pianos, embora não os tocassem. Não estavam interessadas em investir tempo para dominar o instrumento. Então, a Yamaha decidiu agregar valor aos milhões de pianos já vendidos ao desenvolver uma combinação sofisticada e avançada de tecnologia ótica e digital que podia gravar e executar

composições de pianistas profissionais. O advento dessa nova tecnologia revitalizou a indústria de pianos.

Para informações adicionais sobre como administrar o rejuvenescimento de um produto bem-sucedido, veja a seção Memorando de Marketing, intitulada "Cinco etapas para o rejuvenescimento de um produto".

**Decisão de Abandonar.** Quando uma empresa decide abandonar um produto, enfrenta decisões posteriores. Se o produto tem forte distribuição e desfruta de reputação residual favorável, a empresa pode, provavelmente, vendê-lo a outra.

**COLECO, HASBRO E CABBAGE PATCH KIDS** Em meados dos anos 80, as bonecas Cabbage Patch atraíram a simpatia da nação e permaneceram durante três anos como os brinquedos mais vendidos. As vendas de 1984 e 1985 excederam a 500 milhões de dólares antes das bonecas perderem a popularidade e desaparecerem. Todavia, no verão de 1989, a Hasbro Industries comprou os direitos de produção e vendas das bonecas Cabbabe Patch. Ao anunciar o produto intensivamente e aumentar os estoques das grandes lojas de brinquedos, a Hasbro apostou na força de rejuvenescimento da marca Cabbage Patch. Agora, as bonecas aparecem nas listas dos brinquedos mais vendidos da indústria.[32]

Se a empresa não pode encontrar qualquer comprador, deve decidir sobre a liquidação da marca de maneira rápida ou lenta. Deve também decidir sobre o nível de estoque de peças e os serviços a manter para os consumidores antigos.

## Resumo e crítica do conceito de ciclo de vida do produto

O conceito de CVP é usado para interpretar as dinâmicas do produto e do mercado. Como uma ferramenta de planejamento, o conceito de CVP ajuda os administradores a caracterizar os principais desafios de marketing em cada estágio da vida de um produto e a desenvolver estratégias de marketing alternativas. Como ferramenta de controle, o conceito de CVP ajuda a empresa a mensurar o desempenho do produto em relação a similares lançados no passado. O conceito de CVP é menos útil como ferramenta de previsão porque os históricos das vendas exibem padrões diversos e os estágios variam em termos de duração.

A teoria de CVP recebe também críticas porque seus padrões são muito variáveis em termos de forma e duração. Falta aos CVPs o que os seres vivos possuem, isto é, uma seqüência fixa de estágios e uma duração fixa de cada estágio. Os críticos afirmam que as empresas, raramente, podem dizer em qual estágio o produto se encontra. Um produto pode parecer maduro quando, realmente, apenas atingiu um platô temporário antes do pico de crescimento. Eles criticam que o padrão do CVP é resultado de estratégias de marketing, em vez de um curso inevitável que as vendas devem acompanhar:

*Suponhamos que uma marca seja aceita pelos consumidores, mas atravessa alguns anos ruins devido a outros fatores – por exemplo, propaganda fraca, ausência em uma importante cadeia de lojas ou a entrada de um produto concorrente apoiado por intensa distribuição de amostras grátis. Em vez de pensar em termos de adoção de medidas corretivas, a administração começa a sentir que sua marca entrou no estágio de declínio. Por conseguinte, retira recursos financeiros do orçamento de promoção, destinando-os ao financiamento de pesquisa e desenvolvimento de novos itens. No ano seguinte, o desempenho da marca piora ainda mais e o pânico aumenta... Claramente, o CVP é uma variável dependente, determinada por ações de marketing; não se trata de uma variável independente para a qual as empresas devem adaptar seus programas de marketing.[33]*

A Figura 12.8 resume as características, os objetivos e as estratégias de marketing de quatro estágios do CVP. A Figura 12.9 mostra as estratégias de ciclo de vida que podem ser usadas para um produto de consumo.

## EVOLUÇÃO DO MERCADO

O CVP focaliza o que está acontecendo a um produto ou marca específica, em vez de sobre o que está ocorrendo no mercado global. Ela apresenta um quadro orientado para o produto e não para o mercado. O ciclo de vida demanda/tecnologia mencionado anteriormente remete-nos a uma visão mais ampla sobre o que está acontecendo no mercado total. Consideremos o que ocorreu na Quarterdeck Office Systems, pequena empresa de *software* de computadores:

**QUARTERDECK OFFICE SYSTEMS** A Quarterdeck estava habituada a ganhar muito dinheiro atendendo apenas a um nicho criado pela Microsoft. Ela desenvolvia melhorias para o MS-DOS. Quando a Microsoft lançou o Windows 3.0, que incorporava características disponíveis apenas no *software* Quarterdeck, a pequena empresa poderia ter ido à falência. Ao contrário, ela havia pensado muito sobre o ciclo de vida de sua tecnologia. Enquanto a Microsoft estava visando o Windows nos estágios de introdução e crescimento do ciclo de vida dos microcomputadores, a Quarterdeck constatou que poderia destinar seu *software* para produtos nos estágios maduros e de declínio. Por exemplo, seus administradores observaram que seu *software* funcionava mais eficientemente nos computadores mais antigos do que o DOS e junto aos usuários que dispendiam muito esforço

---

32. GROSSMAN, John. A follow-up on four fabled frenzies. *Inc.*, p. 66-67, Oct. 1994; e BERENSON, Conrad, MOHR-JACKSON, Iris. Product rejuvenation: a less risky alternative to product innovation. *Business Horizons*, p. 51-56, Nov./Dec. 1994.

33. DHALLA, Nariman K., YUSPEH, Sonia. Forget the product life cycle concept. *Harvard Business Review*, p. 102-112, aqui, p. 105, Jan./Feb. 1976.

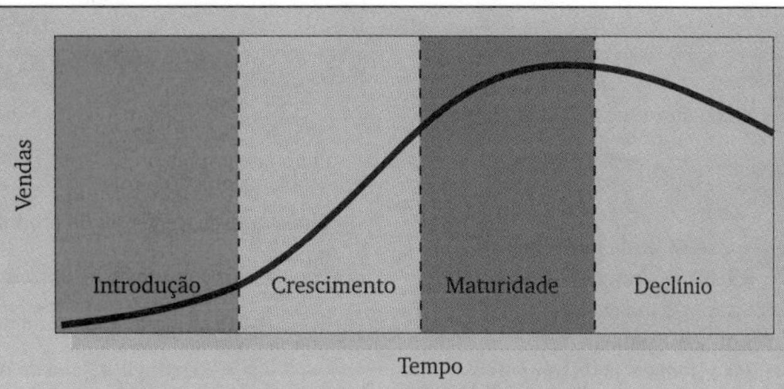

**CARACTERÍSTICAS**

| | Introdução | Crescimento | Maturidade | Declínio |
|---|---|---|---|---|
| Venda | Baixa | Rápido crescimento | Atinge apogeu | Declinante |
| Custo | Alto | Médio | Baixo | Baixo |
| Lucro | Negativo | Crescente | Elevado | Declinante |
| Consumidores | Inovadores | Adotantes imediatos | Adotantes posteriores | Retardatários |
| Concorrentes | Poucos | Crescente | Número estável que começa a declinar | Número declinante |

**OBJETIVOS DE MARKETING**

| | Introdução | Crescimento | Maturidade | Declínio |
|---|---|---|---|---|
| | Criar consciência do produto | Maximizar participação de mercado | Maximizar lucro e ao mesmo tempo defender a participação de mercado | Reduzir gastos e tirar o máximo proveito da marca |

**ESTRATÉGIAS**

| | Introdução | Crescimento | Maturidade | Declínio |
|---|---|---|---|---|
| Produto | Oferecer um produto básico | Oferecer extensões de produtos, serviços e garantia | Diversificar marcas e modelos | Retirar itens fracos |
| Preço | Preço elevado | Preço de penetração | Preço para acompanhar ou vencer a concorrência | Reduzir preço |
| Distribuição | Seletiva | Intensiva | Mais intensiva | Ser seletivo: desacelerar canais não lucrativos |
| Propaganda | Construir consciência do produto entre os adotantes e revendedores | Construir consciência e interesse no mercado de massa | Enfatizar as diferenças e os benefícios da marca | Reduzir ao nível necessário para manter fiéis os bons consumidores |
| Promoção de vendas | Usar intensa promoção de vendas para estimular a esperimentação | Reduzir para aproveitar a forte demanda do consumidor | Aumentar para estimular troca de marca | Reduzir ao nível mínimo |

**Fonte:** Esta figura foi organizada a partir de diversas fontes: WASSON, Chester. *Dynamic competitive strategy and product life cycles.* Austin: Austin Press, 1978; WEBER, John A. Planning corporate growth with inverted product life cycles. *Long Range Planning,* p. 12-29, Oct. 1976; e DOYLE, Peter. The realities of the product life cycle. *Quarterly Review of Marketing,* p. 1-6, Summer 1976.

**Figura 12.8** *Resumo das principais características, objetivos e estratégias do ciclo de vida do produto.*

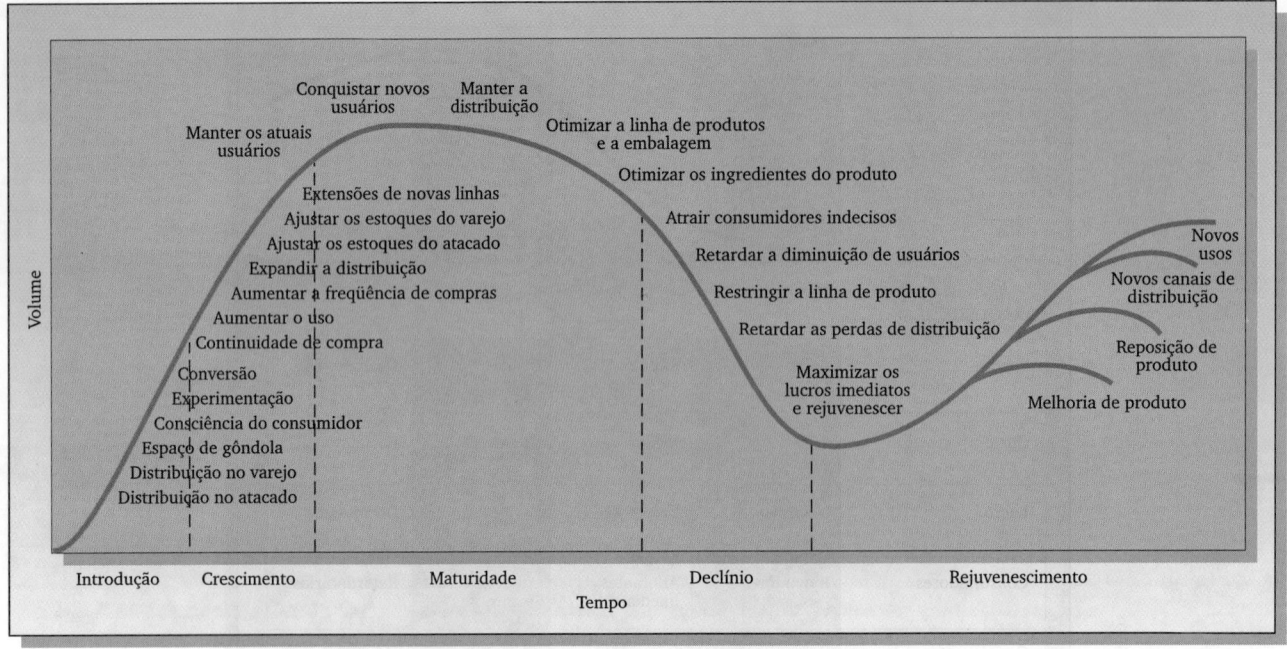

**Figura 12.9** *Marketing do ciclo de vida de produtos de consumo.*

para aprender novos programas, resistentes a mudar para um novo *hardware*. Também constataram que esses segmentos de mercado eram substanciais – grandes o suficiente para manter o sucesso de seu negócio.[34]

As empresas precisam antecipar o caminho de evolução de um mercado à medida que o mesmo é afetado por novas necessidades, concorrentes, tecnologia, canais e outros desenvolvimentos.

## Estágios da evolução do mercado

Como os produtos, os mercados evoluem através de quatro estágios: surgimento, crescimento, maturidade e declínio.

**ESTÁGIO DE SURGIMENTO.** Antes que um mercado se materialize, ele já existe como *mercado latente,* que compreende em pessoas que compartilham uma necessidade ou desejo similar por algo que ainda não existe. Por exemplo, há séculos as pessoas desejavam meios de cálculo mais rápido que não se limitassem a papel e lápis. Até recentemente, esta necessidade era imperfeitamente satisfeita por ábacos, réguas de cálculo e grandes máquinas de somar.

Suponhamos que um empreendedor reconheça essa necessidade e imagine uma solução tecnológica na forma de uma pequena calculadora eletrônica do tamanho da mão. Agora, ele tem que determinar os atributos do produto, especificamente o tamanho físico e o número

de funções aritméticas que desempenhará. Por estar orientado para o mercado, ele entrevista compradores potenciais, pedindo-lhes para declarar seus níveis preferidos em cada atributo.

Assumimos que as preferências dos consumidores estão representadas pelos pontos da Figura 12.10(a). Cada ponto representa as preferências de alguém. Evidentemente, os consumidores-alvos variam grandemente em termos de preferência. Alguns desejam uma calculadora com quatro funções (adição, subtração, multiplicação e divisão) e outros desejam mais funções (cálculo de porcentagens, raiz quadrada, logaritmos e assim por diante). Alguns desejam uma pequena calculadora manual e outros uma grande. Esse tipo de mercado, em que as preferências dos compradores estão dispersas, é denominado *mercado de preferências difusas.*

O problema do empreendedor é desenvolver um produto ótimo para esse mercado.[35] Ele tem três opções:

* O novo produto pode ser desenvolvido para atender às preferências de um dos segmentos de mercado (*estratégia de nicho único*).
* Dois ou mais produtos podem ser lançados simultaneamente para conquistar dois ou mais segmentos (*estratégias de nicho múltiplo*).
* O novo produto pode ser desenvolvido para a maioria do mercado (*estratégia de mercado de massa*).

Para as pequenas empresas, uma estratégia de mercado de nicho único faz mais sentido. Uma pequena empresa não tem recursos suficientes para conquistar e

34. PALEY, Norton. A strategy for all ages. *Sales and Marketing Management,* p. 51-52, Jan. 1994.
35. Este problema é trivial se as preferências dos consumidores ficarem concentradas em um ponto. Se houver conglomerados distintos de preferência, o empreendedor pode desenvolver um produto para o conglomerado maior ou para aquele que a empresa pode atender melhor.

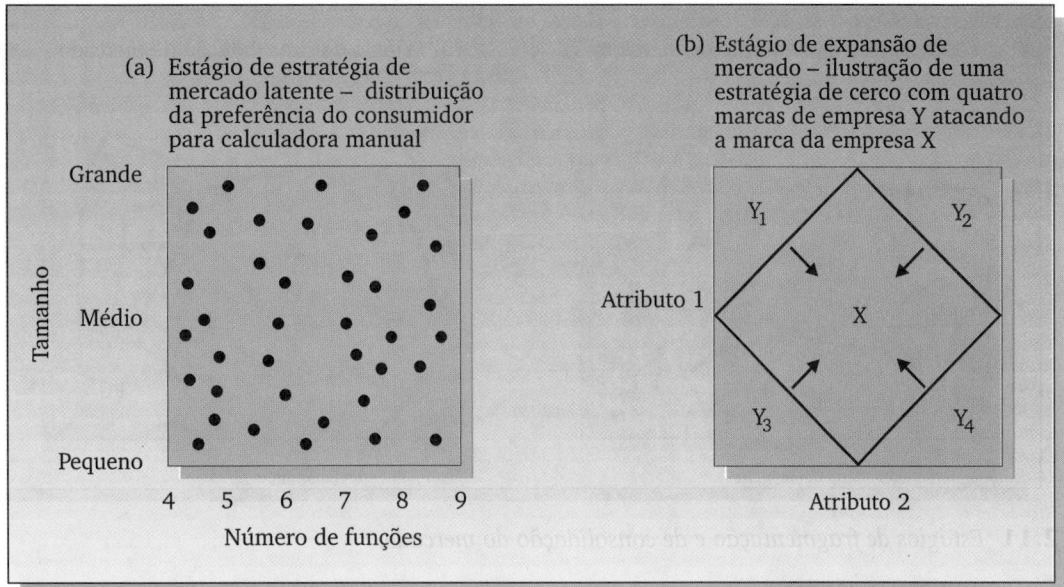

**Figura 12.10** *Diagramas de espaço-mercado.*

desenvolver o mercado de massa. Assim, sua melhor aposta é desenvolver um produto especializado e ocupar um canto do mercado que não atrairá os concorrentes por longo tempo. Uma grande empresa pode entrar no mercado de massa planejando um produto médio em tamanho e número de função. Um produto lançado no centro do mercado minimiza a soma das distâncias de preferências dos consumidores. Uma calculadora manual desenvolvida para o mercado de massa minimizará a insatisfação total. Assumimos que a empresa pioneira é grande e desenvolve seu produto visando ao mercado de massa. Ao lançá-lo, inicia-se o *estágio de surgimento.*

**ESTÁGIO DE CRESCIMENTO.** Se as vendas do novo produto forem boas, novas empresas entrarão no mercado, surgindo o *estágio de crescimento do mercado*. Uma pergunta interessante é: Onde a segunda empresa se posicionará no mercado, assumindo que a primeira estabeleceu-se no centro? A segunda empresa tem três opções:

- pode posicionar sua marca em um dos cantos (*estratégia de nicho único*);
- pode posicionar sua marca próximo ao primeiro concorrente *estratégia de mercado de massa*);
- pode lançar dois ou mais produtos em cantos diferentes ainda desocupados (*estratégia de nicho múltiplo*).

Se a segunda empresa for pequena, evitará confronto direto com a pioneira e lançará sua marca em um dos cantos do mercado. Se ela for grande, pode lançar sua marca no centro do mercado, concorrendo diretamente com a empresa pioneira. As duas empresas podem, facilmente, dividir o mercado de massa quase em partes iguais. Ou a segunda empresa pode implementar uma estratégia de nicho múltiplo.

**PROCTER & GAMBLE** Ocasionalmente, a P & G entrará em um mercado que contenha um grande concorrente bem entrincheirado. Em vez de lançar um produto isolado ou destinado a segmento único, ela introduz uma sucessão de produtos destinados a segmentos diferentes. Cada lançamento gera acompanhantes leais, retirados do principal concorrente. Em pouco tempo, o principal concorrente está cercado, seu faturamento enfraquecido e já é muito tarde para o mesmo lançar novas marcas destinadas a outros segmentos. Depois, a P & G, em momento de triunfo, lançará uma marca destinada diretamente ao principal segmento. Isto é chamado *estratégia de cerco,* conforme ilustrado na Figura 12.10(b).

**ESTÁGIO DE MATURIDADE.** Cada empresa que entra no mercado procurará alguma posição, localizando-se próximo a um concorrente ou em um segmento não ocupado. Eventualmente, os concorrentes cobrem e atendem a todos os principais segmentos de mercado e o mercado entra no estágio de maturidade. De fato, eles seguem em frente, ocupando os segmentos dos outros, reduzindo, no processo, o lucro de todos. À medida que o crescimento do mercado se estabiliza, este divide-se em segmentos bem menores, dando condições para sua alta *fragmentação*. Isto é ilustrado na Figura 12.11(a), onde as letras representam várias empresas que atendem a diversos segmentos. Nota-se que dois segmentos não são atendidos porque são muito pequenos para gerar algum lucro.[36]

---

36. Por simplicidade, o espaço do produto está desenhado com dois atributos. Realmente, mais atributos surgem à medida que o mercado evolui. O espaço do produto cresce de duas para *n* dimensões.

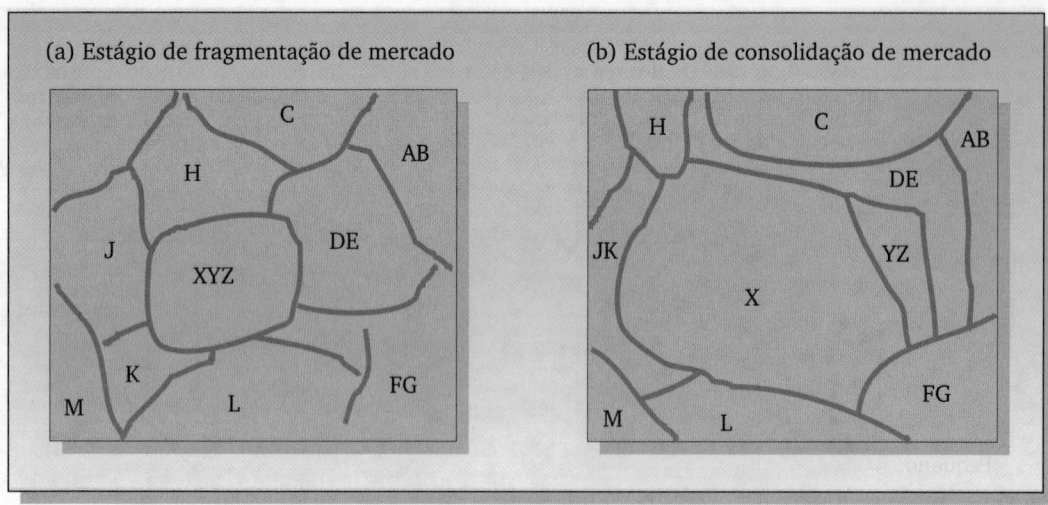

**Figura 12.11** *Estágios de fragmentação e de consolidação do mercado.*

Freqüentemente, a fragmentação do mercado é acompanhada por uma *consolidação do mercado*, causada pelo surgimento de um novo atributo que tem forte apelo de mercado. A consolidação do mercado de creme dental ocorreu quando a P & G lançou sua marca Crest, com flúor, que, realmente, retardava o surgimento de cárie. Repentinamente, as marcas de creme dental que divulgavam poder de brancura, limpeza, apelo sexual, sabor ou eficácia na lavagem da boca foram empurradas para o lado porque os consumidores desejavam, principalmente, proteção dental. A Crest, da P & G, conquistou enorme participação de mercado, como é demonstrado pelo território X da Figura 12.11(b).

Entretanto, mesmo uma condição de mercado consolidado não durará para sempre. Outras empresas copiarão a marca bem-sucedida e o mercado, eventualmente, vai-se fragmentar novamente. Os mercados maduros oscilam entre fragmentação e consolidação. A fragmentação é resultado da concorrência, e a consolidação, da inovação.

**ESTÁGIO DE DECLÍNIO.** Eventualmente, a demanda de mercado para os produtos atuais começará a declinar. O nível total de necessidade declina ou inicia-se uma nova tecnologia em substituição à antiga. Assim, um empreendedor pode inventar um substituto para *spray* bucal que seja superior ao creme dental. Neste caso, a tecnologia antiga, eventualmente, desaparecerá e um novo ciclo de vida demanda/tecnologia surgirá.

**UM EXEMPLO: O MERCADO DE TOALHA DE PAPEL.** Para observar como os mercados surgem e evoluem através de vários estágios, consideremos a evolução do mercado de toalha de papel. Originalmente, as donas-de-casa usavam panos de prato e toalhas de algodão ou de linho em suas cozinhas. Um fabricante de papel, procurando novos mercados, desenvolveu toalhas de papel para concorrer com toalhas de tecido. Esse desenvolvimento cris-

talizou-se em um novo mercado. Outros fabricantes de papel entraram e expandiram o mercado. O número de marcas proliferou, gerando a fragmentação do mercado. A saturação do setor industrial levou os fabricantes a desenvolver novas características. Um deles, ouvindo a reclamação dos consumidores de que as toalhas de papel não eram absorventes, lançou toalhas de papel "absorventes" e aumentou sua participação de mercado. Essa consolidação do mercado não durou muito porque os concorrentes introduziram novas versões de toalhas de papel absorventes. O mercado tornou-se mais uma vez fragmentado. Depois, outro fabricante ouviu os consumidores expressarem o desejo por toalhas de papel "super-resistentes" e lançou uma que foi, imediatamente, copiada pelos concorrentes. Outro fabricante lançou uma toalha de papel "sem fibras", que foi, subseqüentemente, copiada. Assim, as toalhas de papel evoluíram de um único produto para outro com vários graus de absorvência, resistências e aplicações. A evolução do mercado foi orientada pelas forças de inovação e da concorrência. A última novidade no mercado de toalhas de papel é a personalização do tamanho, inovação que, indubitavelmente, será copiada em breve.

## Dinâmica da concorrência de atributo

A concorrência produz uma sucessão contínua de atributos de produto cada vez mais novos. Se um novo atributo for bem-sucedido, vários concorrentes o oferece em breve. Na extensão em que a maioria dos bancos torna-se "cordial", a cordialidade passa a não influenciar a escolha do consumidor em relação a um banco. O fato de a maioria das empresas aéreas servir refeições a bordo em vôos de longa distância, as refeições não mais são determinantes para a escolha de um vôo. *As expectativas dos consumidores são progressivas.* Este fato enfatiza a importância estratégica de uma empresa manter a liderança na introdução de novos atributos. Cada novo atributo, se bem-sucedido, gera uma vantagem competitiva para a empresa, levando-a a maior participação de mercado e lucro acima da média. A implicação para as empresas é clara: A líder de mercado deve aprender a rotinizar o processo de inovação.

Uma questão crucial é: Uma empresa pode olhar à frente e antecipar a sucessão de atributos que, provavelmente, sejam favorecidos e viáveis tecnologicamente? Como a empresa pode descobrir novos atributos? Há quatro abordagens.

- A primeira abordagem emprega um *processo de levantamento de opiniões de consumidores* para identificar novos atributos. A empresa pergunta-lhes que benefícios gostariam que fossem acrescentados ao produto e o nível de desejo de cada um deles. A empresa também examina o custo de desenvolvimento de cada novo atributo e as prováveis reações dos concorrentes. Ela escolhe aqueles atributos que prometem o maior aumento do lucro.
- A segunda abordagem usa o *processo intuitivo*. Os empreendedores obtêm sugestões e começam a desenvolver o produto sem muita pesquisa de marketing. A seleção natural determina os vencedores e os perdedores. Se um fabricante intuiu um atributo que o mercado deseja, ele é considerado esperto (embora de outra perspectiva fosse apenas questão de sorte).
- Uma terceira abordagem afirma que os novos atributos surgem em decorrência de um *processo dialético*. A teoria dialética afirma que os inovadores não devem seguir com a multidão, mas seguir na direção oposta à procura dos segmentos de mercado que foram negligenciados pelos concorrentes. Assim, o *blue jeans*, que começou como um artigo de vestuário barato, tornou-se ao longo do tempo um artigo de moda e mais caro. Entretanto, esse movimento unidirecional traz a semente de sua própria destruição. Eventualmente, o preço cai novamente ou algum fabricante introduz um material mais barato para calças e os consumidores correrão para comprá-las.

- Uma quarta abordagem parte do princípio de que os novos atributos surgem através de um *processo de hierarquia de necessidades* (veja a discussão da teoria de Maslow no Capítulo 6). Nessa teoria, poderíamos prever que os primeiros automóveis forneceriam transporte básico e o *design* favoreceria a segurança. A seguir, eles começariam a apelar para as necessidades de aceitação social e de *status*. Depois, seriam desenvolvidos para ajudar na auto-realização das pessoas. A tarefa do inovador avaliar quando o mercado está pronto para satisfazer uma necessidade de ordem mais elevada.

A descoberta real de novos atributos em um mercado é mais complexa do que poderiam sugerir quaisquer simples teorias. Não devemos subestimar o papel dos processos tecnológicos e societais em influenciar o surgimento de novos atributos. Por exemplo, o forte interesse do consumidor por televisores compactos permaneceu sem ser atendido até que a tecnologia de miniaturização estivesse suficientemente desenvolvida. Acontecimentos como inflação, escassez, ambientalismo, consumerismo e novos estilos de vida criam desequilíbrio e levam os consumidores a reavaliar os atributos de produto. Por exemplo, a inflação aumenta o desejo por carros menores e a preocupação por segurança aumenta o desejo por carros mais resistentes. O inovador deve usar pesquisa de marketing para estimar a força da demanda de diferentes atributos para determinar a melhor movimentação da empresa *vis-à-vis* a concorrência.

## RESUMO

1. Em razão das condições econômicas mudarem e a atividade competitiva variar, as empresas, normalmente, constatam a necessidade de reformular suas estratégias de marketing várias vezes durante o ciclo de vida de um produto. Tecnologias, formas de produto e marcas também possuem ciclos de vida com estágios distintos. A seqüência geral dos estágios de qualquer ciclo de vida é introdução, crescimento, maturidade e declínio. Hoje, a maioria dos produtos está no estágio de maturidade.

2. Embora muitos produtos possuam ciclos de vida de produto na forma de sino, há muitos outros padrões, incluindo o padrão crescimento-queda-maturidade, o de ciclo-novo, ciclo e o escalonado. Os CVPs de estilo, moda e moda passageira podem ser bem diferentes; a chave para o sucesso nessas áreas está na criação de produtos com poder de permanência.

3. Além do ciclo de vida do produto doméstico, há um ciclo de vida do produto internacional: as empresas domésticas fabricam e exportam, inicia-se a produção internacional, a produção internacional torna-se competitiva nos mercados exportadores e começa a competição por importação.

4. Cada estágio do CVP exige estratégias de marketing diferentes. O estágio de *introdução* é marcado por crescimento lento e lucro mínimo à medida que o produto vai sendo "empurrado" na distribuição. Durante esse estágio, a empresa precisa decidir entre estratégias de desnatamento rápido, desnatamento lento, penetração rápida ou penetração lenta. Deve

também decidir quando entrar no mercado; as pioneiras de mercado podem obter grande vantagem. Se for bem-sucedida, o produto entra no estágio de *crescimento* marcado por rápido crescimento das vendas e aumento do lucro. A empresa tenta melhorar o produto, entrar em novos segmentos de mercado e canais de distribuição e reduzir lentamente seus preços. Segue um estágio de *maturidade* em que o crescimento de vendas é lento e o lucro estabiliza-se. A empresa procura estratégias inovadoras para renovar o crescimento das vendas, incluindo modificação no mercado, produto e no composto de marketing. Finalmente, o produto entra no estágio de *declínio*, em que pouco pode ser feito para evitar a deterioração das vendas e do lucro. A tarefa da empresa é identificar os produtos verdadeiramente fracos; desenvolver para cada um deles uma estratégia de continuidade, de foco ou de aproveitar ao máximo; e finalmente, abandoná-los de maneira que minimize as repercussões no lucro da empresa, junto aos funcionários e consumidores.

5. Como os produtos, os mercados evoluem através de quatro estágios: surgimento, crescimento, maturidade e declínio. Um novo mercado surge quando é criado um novo produto para atender às necessidades de um mercado latente. Concorrentes entram no mercado levando-o ao crescimento. Eventualmente, o crescimento é lento e o mercado entra no estágio de maturidade; neste estágio, o mercado torna-se altamente fragmentado até alguma empresa introduzir um novo atributo poderoso que consolide o mercado em alguns segmentos maiores. Esse estágio não dura porque os concorrentes copiam os novos atributos. Há um ciclo intermitente entre a fragmentação e a consolidação. O mercado para a tecnologia atual declinará até a descoberta de tecnologias superiores.

6. As empresas devem procurar antecipar novos atributos que o mercado deseja. O lucro vai para aquelas que introduzirem, no início, benefícios novos e valorizados. A busca por novos atributos pode estar baseada no trabalho de levantamento de opiniões dos consumidores, intuição, processo dialético ou na hierarquia das necessidades. O sucesso de marketing depende da visualização criativa do potencial de evolução do mercado.

## APLICAÇÕES CONCEITUAIS

1. A General Mills comprou os direitos de vender a marca Lacoste nos Estados Unidos, um negócio de $ 400 milhões, predominantemente em função da venda da camisa clássica polo que estampava o famoso logo do jacaré. Entretanto, em meados dos anos 80, as vendas da marca Lacoste estavam declinando rapidamente, deixando a concorrência muito feliz: "Vejo você mais tarde, jacaré." (See you later, alligator). Embora a General Mills promovesse fortemente o logo do jacaré, começou a fabricar as camisas no Extremo Oriente e passou a adotar tecido sintético em substituição ao algodão. Conseqüentemente, a marca perdeu prestígio e os varejistas norte-americanos deixaram de encomendar os produtos Lacoste. Em 1992, a Devanlay S.A. comprou os direitos da General Mills por $ 31,5 milhões. Que estratégias a nova empresa poderia empregar para recuperar o prestígio dos produtos estampados com o logo do jacaré?

2. Quando há uma tendência de queda da demanda, muitas empresas baixam o preço para estimular o consumo. Entretanto, quando os custos de produção são, principalmente, fixos, e a empresa é especializada em um mercado específico como o de pneus para a indústria automobilística, os efeitos do declínio do mercado são mais prejudiciais. As empresas podem tentar aumentar o fluxo de caixa para baixar os preços, mas os consumidores, raramente, compram pneus extras por estarem em promoção, preferindo adiar a compra até chegar a necessidade real de adquiri-los.

Em resposta ao mercado declinante dos anos 70, as três maiores empresas de pneus adotaram estratégias diferentes. A Firestone adotou o entrincheiramento de mercado, a B. F. Goodrich optou em aproveitar ao máximo e a Goodyear escolheu a consolidação. O que envolve cada uma destas estratégias? Que mudanças ocorreram nessas empresas a partir da adoção dessas estratégias?

3. Um passeio por qualquer loja de varejo revelará que a nova embalagem está substituindo a velha a uma taxa acelerada. Como as estratégias de embalagem podem coincidir com cada um dos quatro estágios do CVP? Em que estágio a embalagem será mais marcante? Em que estágio a embalagem será mais básica, considerando-se principalmente os custos? Em que estágio a embalagem pode ser redesenhada de maneira mais radical?

4. A Schick patenteou um novo depilador "úmido" para mulheres. O aparelho é usado no chuveiro ou na banheira, possui lâminas duplas e seu formato ajusta-se facilmente às mãos femininas. Discuta as mudanças no nível promocional e no composto promocional (incluindo nos canais de distribuição) que a Schick deveria considerar para este produto, à medida que ele se movimenta nos quatro estágios do CVP.

5. Pesquisas realizadas e vários artigos publicados sugeriam que os programas MBA oferecidos pelo país vinham enfrentando declínio de matrículas nos anos 90. Concluía-se que o CVP para os programas MBA estava entrando no estágio de declínio. Entretanto, estatísticas mais recentes levaram a uma conclusão totalmente diferente. Esses programas estão, de fato, revertendo a tendência e atraindo maior número de matrículas. Que fatores podem explicar este fenômeno?

6. O ciclo de vida do produto como ferramenta gerencial tem sido criticado desde sua introdução como "mera teoria". Uma das críticas mais severas é que o CVP prova a si mesmo – em outras palavras, você pode afirmar que o produto está no estágio de crescimento porque as vendas estão aumentando, no estágio de declínio porque as vendas estão declinando e no de maturidade porque estão declinando ou crescendo. Se essas críticas forem, realmente, válidas, pode ser o caso de outras ferramentas gerenciais serem mais válidas do que o conceito de CVP. Por exemplo, as características demográficas têm grande impacto sobre algumas categorias de produto. À medida que as pessoas envelhecem, suas necessidades pelo produto mudam; assim, estudar as características demográficas pode ser tão valioso quanto estudar a teoria do CVP. Nomeie outros fatores que influenciam o produto ou a evolução do mercado que os administradores devem estudar.

7. Que estratégia de investimento cada uma das seguintes empresas deve adotar a curto prazo e a longo prazo?

| EMPRESA | ATRATIVIDADE DO SETOR INDUSTRIAL | POSIÇÃO COMPETITIVA DA EMPRESA |
|---------|-----------------------------------|--------------------------------|
| A | Relativamente atraente | A empresa possui força competitiva |
| B | Não atraente | A empresa não possui força competitiva |
| C | Incerta | A empresa possui força competitiva |
| D | Não atraente | A empresa possui força competitiva |

8. A Tupperware, que promove reuniões domésticas para vender artigos para o lar, está no estágio maduro do ciclo de vida de produto. Baseado(a) em seu entendimento dos conceitos deste capítulo, faça uma sessão de *brainstorming* com um grupo para identificar algumas estratégias possíveis para o rejuvenescimento deste produto.

9. Examine os dados da Tabela 1, que resume resultados selecionados de um estudo de monitoramento do uso de amaciante de tecidos. O estudo foi encomendado por um fabricante de amaciante de tecido cujo produto estava no estágio maduro de seu ciclo de vida. Que sugestões promocionais e de produto você faria a esse fabricante? Que tipo de extensão de marca pode ser garantida?

10. Discuta os produtos que completaram o ciclo de vida demanda/tecnologia para entretenimento doméstico nos últimos 100 anos

**Tabela 1** *Resultados selecionados de um estudo de monitoramento do uso de amaciante de tecidos.*

| | JUNHO 1993 | FEVEREIRO 1995 |
|---|---|---|
| Porcentagem de respondentes que eram: | | |
| Usuárias de amaciante de tecidos[a] | 60% | 60% |
| Não usuárias | 40 | 40 |
| Donas-de-casa conscientes de que o amaciante de tecidos prejudica o meio ambiente: | | |
| Usuárias de amaciante de tecidos | 55% | 74% |
| Não usuárias | 66 | 70 |
| Usuárias de amaciante que alegam:[b] | | |
| Usar menos amaciante por carga da máquina de lavar | 18% | 24% |
| Usar amaciante apenas em roupas leves | 16 | 14 |
| Total (não cumulativo) | 26 | 27 |
| Razões de não usuárias que nunca usaram ou pararam de usar amaciante: | | |
| Razões ambientais | 42% | 48% |
| Insatisfação em relação ao amaciante | 26 | 13 |
| Efeitos sobre a pele | 29 | 23 |
| Ressecamento do tecido | 20 | 29 |

a  Usuárias de amaciantes que haviam usado o produto pelo menos uma vez nos três meses anteriores à entrevista.

b  72% das usuárias que usavam menos amaciante ou que o usavam apenas em roupas leves informaram estar fazendo isso por razões ambientais.

**Fonte:** Adaptado de um Estudo de Caso de Harvard – 9-592-016.

# 13 Desenvolvimento de Estratégias de Marketing para Líderes, Desafiantes, Seguidores e Ocupantes de Nichos

*"Gatinho Cheshire", Alice perguntou ... "por favor, diga-me que caminho devo seguir?" "Depende de onde você deseja chegar", respondeu o gato.*

LEWIS CARROL, EM *ALICE NO PAÍS DAS MARAVILHAS*

*É necessário um mar revolto para forjar um grande capitão.*

ANÔNIMO

No capítulo anterior, examinamos as estratégias de marketing relevantes nos diferentes estágios do ciclo de vida do produto. Agora, examinaremos o problema de desenvolver estratégias de marketing que levem em consideração as estratégias dos concorrentes. Alguns deles são grandes e outros pequenos. Alguns possuem muitos recursos; outros estão à procura de financiamento. De acordo com a empresa de consultoria Arthur D. Little, uma empresa ocupa uma entre seis posições competitivas no mercado-alvo:[1]

- *Dominante*. A empresa controla o comportamento de outros concorrentes e possui ampla escolha de opções estratégicas.
- *Forte*. A empresa pode agir independentemente, sem ameaçar sua posição a longo prazo, podendo mantê-la, desconsiderando as ações dos concorrentes.
- *Favorável*. A empresa possui uma força utilizável em estratégias específicas e tem oportunidade acima da média para melhorar sua posição.
- *Defensável*. A empresa tem desempenho suficientemente satisfatório para garantir a continuidade dos negócios, atribuído à tolerância da empresa dominante. Sua oportunidade de melhorar a posição está abaixo da média.
- *Fraco*. A empresa tem desempenho insatisfatório, mas existe oportunidade de melhoria. Ela deve melhorar ou sair do mercado.
- *Inviável*. A empresa tem desempenho insatisfatório e nenhuma oportunidade de melhorá-lo.

Podemos obter mais *insights* na arena competitiva ao classificar as empresas de acordo com os papéis que desempenham no mercado-alvo, como líderes, desafiantes, seguidoras ou ocupantes de nichos. Suponhamos que um mercado esteja ocupado pelas empresas mostradas na Figura 13.1. Quarenta por cento do mercado está nas mãos de uma *líder de mercado,* empresa com maior participação de mercado. Outros 30% são detidos por uma *desafiante de mercado*, empresa ágil que está lutando muito para aumentar sua participação de mercado. Vinte por cento está nas mãos de uma *seguidora de mercado*, outra empresa ágil que está disposta a manter sua participação e não fazer concessões. Os remanescentes 10% pertencem a *ocupantes de nichos*, empresas que atendem a pequenos segmentos de mercado que não são atendidos pelas empresas maiores.

Neste capítulo, exploraremos estas questões:

- **Que etapas uma líder de mercado pode seguir para expandir, defender e prolongar sua liderança de mercado?**
- **Quais os principais ataques disponíveis a uma desafiante de mercado para conquistar participação de mercado da empresa líder?**
- **Como uma seguidora de mercado pode obter lucro sem atacar a líder de mercado?**
- **Quais as principais oportunidades e estratégias disponíveis para as ocupantes de nichos?**

---

1. Veja WRIGHT, Robert V. L. *A system for managing diversity.* Cambridge, MA : Arthur D. Little, 1974.

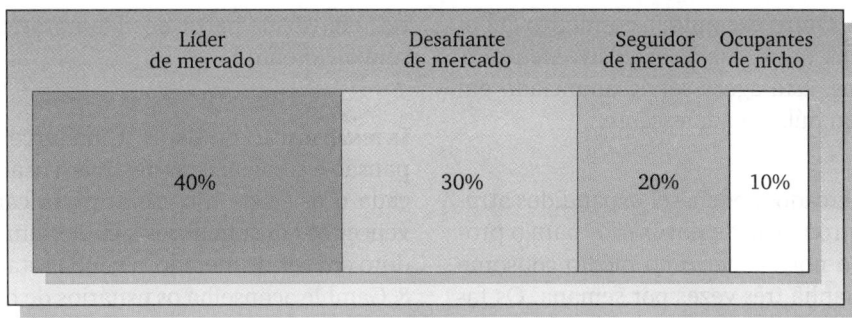

| Líder de mercado | Desafiante de mercado | Seguidor de mercado | Ocupantes de nicho |
|:---:|:---:|:---:|:---:|
| 40% | 30% | 20% | 10% |

**Figura 13.1**  *Estrutura de mercado hipotético.*

## ESTRATÉGIAS DA LÍDER DE MERCADO

Muitos setores industriais possuem uma empresa que é reconhecida como líder de mercado. Essa empresa tem a maior participação no mercado relevante do produto. Geralmente, lidera as outras empresas em termos de mudanças de preços, lançamentos de novos produtos, cobertura de distribuição e intensidade promocional. A líder pode ou não ser admirada ou respeitada, mas as demais empresas reconhecem sua dominância. Ela é ponto de orientação das empresas concorrentes que a desafiam, imitam ou evitam. Algumas das líderes de mercado mais conhecidas são a General Motors (automóveis), Kodak (fotografia), IBM (computadores *mainframes*) Xerox (copiadoras), Coca-Cola (refrigerantes), Procter & Gamble (bens de consumo embalados), Caterpillar (equipamento para movimentação de terra), McDonald's (*fast food*) e Gillette (lâminas de barbear).

A menos que uma empresa dominante desfrute um monopólio legalmente reconhecido, sua vida não é nada fácil. Deve manter vigilância constante porque outras empresas podem desafiar suas forças ou tirar vantagem de suas fraquezas. A líder de mercado pode facilmente falhar e cair para um segundo ou terceiro lugar. Uma inovação de produto pode surgir e prejudicar a líder (por exemplo, o analgésico Tylenol, sem aspirina, desbancou a liderança da aspirina Bayer e os aparelhos de videocassete da JVC e Matsushita conquistaram a liderança da Betamax, pertencente à Sony). A líder pode gastar de modo conservador, precavendo-se de tempos difíceis, enquanto uma desafiante gasta deliberadamente (a Montgomery Ward perdeu a liderança em lojas de varejo para a Sears, após a Segunda Guerra Mundial). A líder pode menosprezar a concorrência e ser passada para trás (como ocorreu com a Sears quando subestimou a seriedade das concorrentes Kmart e Wal-Mart). A empresa dominante pode parecer antiquada em relação às rivais mais novas e agressivas (a Hallmark perdeu participação de mercado para concorrentes como a Chicago Recycled Paper Greetings que passou a oferecer produtos mais atualizados). Os custos da empresa dominante podem ser excessivamente elevados, prejudicando seu lucro (o declínio da Food Fair foi resultante do fraco controle dos custos).

As empresas dominantes desejam permanecer sendo a número um. Isto exige a ação em três frentes. Primeiro, a empresa deve encontrar meios de expandir a demanda total do mercado. Segundo, ela deve proteger sua atual participação de mercado utilizando ações defensivas e ofensivas eficazes. Terceiro, ela pode tentar aumentar sua participação de mercado, mesmo se o tamanho do mesmo permanecer constante.

### Expansão do mercado total

Normalmente, a empresa dominante ganha mais do que as concorrentes com a expansão do mercado total. Se os norte-americanos tirarem mais fotos, a Kodak será a mais beneficiada porque vende 80% dos filmes do país. Se ela convencer o público a comprar câmeras e filmes, a tirar fotos em outras ocasiões que não sejam férias ou a tirar maior número de fotos em todas as oportunidades, vai beneficiar-se consideravelmente. Em geral, a líder de mercado deve procurar novos usuários, novos usos e intensificação do uso de seus produtos.

**NOVOS USUÁRIOS.** Todas as classes de produtos tem o potencial de atrair compradores que não as conhecem ou que resistem a elas, em função do preço ou da ausência de certas características. Um fabricante pode procurar novos usuários entre três grupos. Por exemplo, uma indústria de perfumes pode tentar convencer as mulheres que não usam perfume a usá-los (*estratégia de penetração de mercado*, mostrada no Capítulo 3), convencer também os homens (*estratégia de mercado novo*) ou vender o produto em outros países (*estratégia de expansão geográfica*).

A Johnson & Johnson realizou um dos maiores sucessos ao desenvolver uma nova classe de usuários com seu xampu infantil. A empresa preocupou-se com o futuro do crescimento das vendas do produto em função da queda da taxa de natalidade. Seus profissionais de marketing perceberam que, ocasionalmente, outros membros da família também usavam o xampu infantil. A administração decidiu desenvolver uma campanha de propaganda destinada aos adultos. Em curto espaço de tempo, o xampu infantil tornou-se a marca líder no mercado total de xampu. Outro exemplo: o cosmético Oil of Olay, que por muitos anos visava exclusivamente às mulheres mais velhas, está agora sendo anunciado em revistas destinadas ao público adolescente.

**Novos Usos.** Os mercados podem ser expandidos através da descoberta e promoção de novos usos para o produto. Por exemplo, o norte-americano médio consome cereais no café da manhã três vezes por semana. Os fabricantes de cereais ganhariam se os consumidores pudessem comer mais cereais em outras ocasiões durante o dia, talvez, antes de dormir ou no lanche da manhã.

A fibra de náilon da Du Pont fornece um exemplo clássico da expansão do mercado por novos usos. Cada vez que o náilon tornava-se um produto maduro, a Du Pont descobria um novo uso. Primeiro, o produto foi usado em pára-quedas; depois, como fibras para meias femininas; a seguir, passou a ser utilizado como importante material para blusas femininas e meias masculinas; finalmente, entrou na fabricação de pneus de automóveis, estofamentos e carpetes.[2] Cada novo uso gerou novo ciclo de vida para o produto. O crédito vai para o contínuo programa de pesquisa e desenvolvimento da Du Pont, que está sempre à procura de novos usos para o material.

Em muitos casos, os consumidores recebem o crédito por descobrir novos usos. A geléia Vaseline, obtida a partir do petróleo, começou sendo usada como lubrificante em oficinas mecânicas. No decorrer dos anos, os consumidores têm relatado novos usos para o produto, incluindo pomada para a pele, agente curativo e creme para o cabelo.

A Arm & Hammer, fabricante de bicarbonato de sódio, possuía um produto cujas vendas se mantinham baixas por 125 anos. Este produto era usado de várias maneiras, mas nenhuma delas era divulgada. Então, a empresa descobriu que alguns consumidores usavam o produto para eliminar mau cheiro da geladeira. Ela lançou intensa campanha de propaganda e de publicidade focada apenas neste uso, conseguindo que metade das residências dos Estados Unidos usasse nas geladeiras uma caixa aberta com bicarbonato de sódio. Alguns anos depois, a empresa descobriu consumidores que usavam o produto para suprimir o fogo das frituras. Este uso foi promovido com grandes resultados.

A tarefa da empresa é monitorar os usos que o consumidor faz do produto. Isto se aplica tanto a bens de consumo como a bens industriais. Os estudos de Von Hippel mostram que a maioria dos novos produtos industriais era, originalmente, sugerida pelos consumidores, em vez de partir dos laboratórios de pesquisa e desenvolvimento.[3]

**INTENSIFICAÇÃO DE USO.** Uma terceira estratégia de expansão é convencer as pessoas a usar mais o produto em cada ocasião de uso. Se um fabricante de cereais convencer os consumidores a comer um prato cheio do produto em vez de metade, a venda total crescerá. A Procter & Gamble aconselha os usuários de que seu xampu Head & Shoulders é mais eficaz com duas aplicações por lavagem do cabelo.

Um exemplo criativo de uma empresa que estimulou maior uso por ocasião é a empresa francesa de pneus Michelin. Ela desejava que os proprietários de automóveis da França rodassem com seus carros mais milhas por ano, levando, assim, ao aumento de substituição dos pneus. Para isso, concebeu a idéia de classificar os restaurantes franceses em um sistema de estrelas. Divulgou que muitos dos melhores restaurantes (três estrelas) estavam localizados no sul do país, levando muitos parisienses a viajar nos fins de semana para as regiões de Provence e Riviera. Publicou também guias com mapas, sinalizando ao longo das estradas os pontos interessantes para estimular as viagens turísticas.

## Defesa da participação de mercado

Enquanto estiver tentando expandir o mercado total, a empresa dominante deve, continuamente, defender seus negócios contra ataques rivais. A empresa líder seria como um grande elefante sendo atacado por um enxame de abelhas. A abelha maior e mais temível fica zumbindo a sua volta. A Coca-Cola deve, constantemente, defender-se contra a Pepsi-Cola; a Gillette, contra a Bic; a Hertz, contra a Avis; o McDonald's contra a Burger King; a General Motors, contra a Ford e a Kodak, contra a Fuji.[4] O concorrente pode estar no próprio país ou em outro:

**KODAK E FUJI** Por mais de 100 anos, a Eastman Kodak era conhecida por suas câmeras fotográficas fáceis de usar, filmes de alta qualidade e lucros sólidos. Mas, durante a última década, as vendas da Kodak ficaram estacionadas e os lucros declinaram. Ela vem sendo superada por concorrentes mais inovadores, muitos dos quais são japoneses, que lançaram câmeras de 35 milímetros, videofilmadoras e laboratórios que revelam filmes em uma hora. Entretanto, quando a Fuji Photo Film

---

2. Veja YALE, Jordan P. The strategy of nylon's growth. *Modern Textiles Magazine*, p. 32 ss, Feb. 1964. Veja também LEVITT, Thedore. Exploit the product life cycle. *Harvard Business Review*, p. 81-94, Dec. 1965.

3. Veja VON HIPPEL, Eric. A customer-active paradigm for industrial product idea generation. Artigo publicado pela *Sloan School of Management*. MIT, Cambridge, May 1977.

4. Veja RAPOPORT, Carla. You can make money in Japan. *Fortune*, p. 85-95, 12 Feb. 1990; HAMMONDS, Keith H. A moment Kodak wants to capture. *Business Week*, p. 52-53, 27 Aug. 1990; FAHEY, Alison. Polaroid, Kodak, Fuji get clicking. *Advertising Age*, p. 18, 20 May 1991; e NULTY, Peter. The new look of photography. *Fortune*, p. 36-41, l July 1991.

entrou no mercado "filé mignon" de filmes coloridos da Kodak, esta enfrentou seriamente o desafio.

A Fuji entrou no mercado norte-americano oferecendo filmes coloridos de alta qualidade a preços 10% inferiores aos da Kodak, conquistando o mercado de filmes de alta velocidade. A Fuji também conseguiu superar a Kodak ao tornar-se fornecedora oficial de filmes nos Jogos Olímpicos de Los Angeles, em 1984. Sua participação no mercado de filmes coloridos cresceu mais de 8% nesse ano, quando anunciou sua meta de chegar a uma participação de 15%. As vendas da empresa no mercado norte-americano estavam crescendo a uma taxa de 20% ao ano - muito acima da taxa de crescimento do mercado global.

A Kodak lutou bravamente para proteger sua participação de mercado. Acompanhou os preços baixos da Fuji e implementou uma série de melhorias no produto. Superou a concorrente na razão de 20 para 1 em propaganda e promoção, pagou $ 10 milhões para patrocinar os Jogos Olímpicos de Seul, em 1988, e garantiu os direitos para patrocinar os Jogos Olímpicos de Barcelona, em 1992. A Kodak defendeu com sucesso sua posição no mercado norte-americano. No início dos anos 90, sua participação no mercado de filmes fotográficos estabilizou-se em torno de 80%.

Além disso, a Kodak aproveitou a batalha para dar um passo à frente: adotou medidas agressivas para aumentar sua presença e vendas no Japão. Criou uma subsidiária separada, a Kodak Japan, e triplicou o número de funcionários no país. Comprou uma distribuidora japonesa, desenvolveu seu marketing e treinou a força de vendas. Investiu em um novo centro tecnológico e uma unidade de pesquisa. Finalmente, aumentou intensamente sua promoção e propaganda no país. Agora, a Kodak Japan está patrocinando tudo, desde programas de entrevistas a torneios de sumô.

A Kodak obterá muitos benefícios decorrentes de seu ataque no mercado japonês. Primeiro, o Japão oferece grandes oportunidades para aumentar suas vendas e lucros: seu mercado de filme e papel fotográficos de $ 1,5 bilhão é o segundo do mundo, superado apenas pelos Estados Unidos. Segundo, grande parte da tecnologia fotográfica atual origina-se no Japão. Assim, a Kodak mantém-se atualizada com os últimos desenvolvimentos na área fotográfica. Terceiro, sua presença física e os contratos de *joint ventures* no Japão a ajudarão a obter novos produtos para os Estados Unidos e outros mercados mundiais. Ela colhe um benefício muito importante decorrente de seu ataque ao mercado japonês: se a Fuji destinar grandes recursos para defender seu mercado doméstico contra os ataques da Kodak, terá menos recursos para usar contra a Kodak nos Estados Unidos.

Às vezes, há diversas abelhas grandes e perigosas. A AT&T precisa defender seu negócio de telecomunicações contra as ex-empresas regionais Bell, empresas coligadas (MCI, Sprint), fabricantes de equipamentos nacionais e estrangeiros (Northern Telecom, Siemens) e empresas de computadores que estão entrando no mercado (IBM, Apple etc.). Claramente, ela não pode defender todo seu território, necessitando decidir para onde deve dirigir suas linhas de ataque.

O que a líder de mercado pode fazer para defender seu terreno? Há 20 séculos, Sun Tsu disse a seus guerreiros: "Evitar o ataque a um inimigo não quer dizer que ele não seja digno de confiança. O fato é que ele pode ser inatacável." A resposta mais construtiva ao ataque é a *inovação contínua*. A empresa líder recusa-se a ficar satisfeita com a situação do mercado. Ela deve liderar o setor industrial com idéias sobre novos produtos e serviços ao consumidor, eficácia de distribuição e redução de custos. Mantém, crescentemente, sua eficácia competitiva e o valor que oferece ao consumidor. Aplica o princípio da ofensiva militar: *O comandante exerce a iniciativa, estabelece o ritmo e explora as fraquezas do inimigo.* A melhor defesa é um bom ataque.

Mesmo quando a líder de mercado não lança ofensivas, deve proteger todos os frontes e não deixar flanco importante exposto. Deve manter seus custos baixos e os preços consoantes com o valor que os consumidores atribuem à marca. A líder deve "tapar buracos" para evitar a entrada de concorrentes. Assim, uma líder fabricante de bens de consumo produzirá suas marcas em diversos tamanhos e formatos para atender às várias preferências dos consumidores e se esforçará para preencher os escassos espaços vazios existentes nas prateleiras do revendedor.

O custo de "tapar buracos" pode ser elevado. No entanto, o custo de abandonar um produto ou segmento de mercado não rentável pode ser ainda mais alto! A General Motors não desejava perder dinheiro fabricando carros pequenos; entretanto, está tendo prejuízo agora porque permitiu que os fabricantes japoneses de carros entrassem com força no mercado norte-americano. A Xerox sentiu que perderia dinheiro se fabricasse copiadoras pequenas, mas agora está perdendo muito mais ao permitir a entrada e o crescimento dos japoneses no mercado.

Claramente, a líder de mercado deve considerar cuidadosamente que territórios são importantes para defender, mesmo a um custo que pode ser assumido com pequeno risco. A líder não pode defender todas as posições no mercado; deve concentrar seus recursos onde vale a pena. O propósito da estratégia defensiva é reduzir a probabilidade de ataques, desviá-los para áreas de menor risco e reduzir sua intensidade. Provavelmente, qualquer ataque afeta o lucro. Entretanto, a forma de defesa e a velocidade da resposta podem fazer grande diferença no lucro final. Os pesquisadores estão, atualmente, explorando as formas de resposta mais apropriadas a ataques de preços e a outros (para mais informações sobre este tópico, veja a seção *Insight* de Marketing intitulada "Estratégias de defesa").

A competição intensa que vem ocorrendo em nível mundial em recentes anos tem despertado o interesse da administração por modelos de operações bélicas, principalmente os descritos nos textos de Sun-Tsu, Mushashi, von Clausewitz e Liddell-Hart.[5] Empresas líderes, como nações líderes, têm sido aconselhadas a proteger seus interesses, utilizando estratégias como "negociação à beira do abismo", "retaliação massiva", "guerra limitada", "reação graduada", "diplomacia da violência" e "sistemas de ameaça". De fato, há seis estratégias de defesa que uma empresa dominante pode usar. Elas são resumidas na Figura 13.2 e descritas nos parágrafos seguintes.[6]

**DEFESA DE POSIÇÃO.** A idéia mais básica de defesa é a empresa construir uma fortificação indestrutível em torno de seu território. Os franceses construíram a famosa linha Maginot em tempos de paz para proteger seu território contra possível futura invasão alemã. Entretanto, esta fortificação, como todas as manobras de defesa estática, fracassou. A simples defesa da posição ou dos produtos atuais da empresa é uma forma de *miopia de marketing*. A miopia de Henry Ford quanto a seu modelo T levou uma empresa invejavelmente saudável, com reservas em caixa de $ 1 bilhão, à beira da ruína financeira. Mesmo marcas fortes como Coca-Cola e aspirina Bayer não podem ser confiadas por suas empresas como as principais fontes de crescimento e de rentabilidade futuras. Hoje, a Coca-Cola, apesar de vender metade dos refrigerantes do mundo, vem adquirindo empresas de sucos de frutas e diversificando suas atividades pela compra de empresas de equipamentos de dessalinização e fábricas de plásticos. Embora a defesa seja importante, as líderes que estão sendo atacadas seriam tolas em alocar todos os seus recursos na construção de fortificações em torno de seu produto atual.

**DEFESA DE FLANCO.** A líder de mercado não deve apenas guardar seu território, mas também erigir barreiras para proteger uma frente fraca ou servir como possível base de invasão para um contra-ataque. Aqui estão dois bons exemplos de defesa de flanco:

**JEWEL FOOD STORES** A Jewel é uma importante rede de supermercados de Chicago. A empresa acredita que os supermercados continuarão sendo uma força dominante, mas está flanqueando sua posição ao fortalecer seu composto de alimentos vendidos a varejo. Está atendendo ao surto de alimentação rápida (*fast-food*) oferecendo amplo sortimento de alimentos instantâneos e congelados; para enfrentar o desafio dos alimentos baratos, promove linhas genéricas. Suas várias lojas são desenhadas de acordo com a demanda local para a venda de itens como produtos de padaria e alimentos étnicos. Criou a divisão Jewel-T, uma rede de lojas "minibox" para a venda de produtos alimentícios com desconto, padronizadas após a pioneira Aldi. Para enfrentar as "lojas de produtos combinados", integrou grande número de seus supermercados com suas lojas Osco Drug Stores.

**NABISCO** Líder de mercado em biscoitos, a Nabisco criou uma defesa de flanco altamente bem-sucedida com a introdução de sua linha de bolos com baixo teor de gordura, a SnackWells. Seguindo a obsessão dos Estados Unidos por produtos de baixo teor de gordura, a SnackWells transformou-se, no espaço de dois anos, em uma megamarca com faturamento de $ 400 milhões. À medida que os concorrentes passaram a lançar linhas similares, a Nabisco flanqueou sua marca estendendo-a a novas áreas de produto como sorvete e doces congelados, tortas e uma linha de iogurte de chocolate.[7]

A defesa de flanco é de pouco valor, a menos que seja seriamente organizada. Este foi o erro da General Motors e da Ford quando projetaram há alguns anos, sem muita determinação, seus carros compactos Vega e Pinto para fazer frente aos ataques lançados por fabricantes japoneses e europeus com seus modelos compactos. Os carros norte-americanos compactos eram de segunda categoria e prejudicaram os consumidores ao retardar a venda dos compactos estrangeiros.

**DEFESA ANTECIPADA.** Um manobra de defesa mais agressiva é lançar um ataque sobre o inimigo *antes* de o mesmo iniciar uma ofensiva contra a empresa líder. A defesa antecipada assume que uma grama de prevenção vale mais do que um quilo de cura. Quando a participação de mercado da Chrysler começou a aumentar de 12 para 18%, há alguns anos, ouviu-se dizer que um executivo de marketing de uma empresa rival comentou: "Se eles (Chrysler) chegarem a 20%, passarão sobre nossos cadáveres."

Uma empresa pode antecipar uma defesa de várias maneiras. Pode adotar ações de guerrilha no mercado, golpeando um concorrente aqui, outro ali, desequilibrando todos. Ela pode tentar envolver um grande mercado, como foi feito pela Seiko com seus 2.300 modelos de relógios distribuídos mundialmente. Pode tam-

5. TSU, Sun. *The art of war.* Londres : Oxford University Press, 1963; MUSHASHI, Miyamoto. *A book of five rings.* Woodstock, NY : Overlook Press, 1974; CLAUSEWITZ, Carl von. *On war.* Londres : Routledge & Kegan Paul, 1908; e LIDDELL-HART, B. H. *Strategy.* New York : Praeger, 1967.

6. As seis estratégias de defesa, bem como as cinco de ataque, foram extraídas de KOTLER, Philip, SINGH, Ravi. Marketing warfare in the 1980s. *Journal of Business Strategy,* p. 30-41, Winter 1981. Para leitura adicional, veja MICHAELSON, Gerald A. *Winning the marketing war*: a field manual for business leaders. 2. ed. Knoxville, TN : Pressmark, 1993; RIES, Al, TROUT, Jack. *Marketing warfare.* New York : McGraw-Hill, 1986; LEVINSON, Jay Conrad. *Guerrilla marketing.* Boston, MA : Houghton-Mifflin, 1984; e JAMES, Barrie G. *Business wargames.* Harmondsworth, Inglaterra : Penguin Books, 1984.

7. SPETHMANN, Betsy. Nabisco leverage: SnackWell's push. *Brandweek,* p. 1, 6, 27 Mar. 1995.

## INSIGHT DE MARKETING — Estratégias de defesa

Os professores Hauser, Shugan e Gaskin desenvolveram um modelo de defesa de mercado denominado Defensor. Esse modelo parte das seguintes pressuposições sobre os consumidores:

1. Os consumidores compartilham as mesmas percepções de cada atributo do produto.
2. Eles diferem em termos de preferência por várias características do produto.
3. Eles variam quanto ao número de marcas que conhecem e que considerarão.
4. Suas escolhas são afetadas pelas características do produto, preço, distribuição, propaganda e promoção.

Eles ilustram o modelo Defensor com a história da batalha entre duas marcas de comprimido para dor de cabeça, Tylenol e Datril. O Tylenol conquistou grande participação de mercado baseado na suavidade percebida (ausência de indisposição estomacal) e estava obtendo lucros expressivos. Depois, a Bristol-Myers lançou produto semelhante com a marca Datril, que foi anunciado como "tão bom quanto o Tylenol e mais barato". Se os consumidores acreditassem nisto, o Datril tiraria participação de mercado do Tylenol. Como o Tylenol se defenderia?

Usando o modelo Defensor, os pesquisadores chegaram às seguintes conclusões sobre qual seria a melhor defesa do Tylenol:

1. O Tylenol deveria baixar seu preço, principalmente se o mercado não for segmentado. Se o mercado for segmentado, o preço pode ser elevado em alguns segmentos menos vulneráveis.
2. Deve reduzir seus gastos com distribuição; especificamente, deve eliminar pequenos varejistas que há muito tempo deixaram de ser rentáveis.
3. Deve melhorar as características fortes do produto, em vez de tentar imitar as mesmas características do produto atacante.
4. Deve gastar menos em propaganda para desenvolver a consciência do produto e destinar mais recursos para propaganda de reposicionamento.

O que o Tylenol realmente fez para defender-se do ataque do Datril? Rapidamente, reduziu o preço para igualar ao Datril e, depois, lançou a marca Tylenol Extra Forte para atrair o interesse dos consumidores em termos de eficácia. Através destas etapas, o Tylenol manteve sua posição como líder de mercado e evitou que o Datril fizesse mais do que uma única ofensiva.

**Fontes:** HAUSER, John R., SHUGAN, Steve M. Defensive marketing strategy. *Marketing Science,* p. 319-360, Fall 1983; HAUSER, John R., GASKIN, S. P. Application of the DEFENDER consumer model. *Marketing Science,* p. 327-351, Fall 1984.

---

bém defender-se de ataques de preços, como os freqüentemente iniciados pela Texas Instruments. As estratégias sustentadas, de alta pressão, destinam-se a reter a iniciativa em todas as ocasiões e manter a concorrência sempre na defensiva.

Às vezes, o golpe antecipado funciona psicologicamente. A empresa líder emite sinais no mercado para dissuadir os concorrentes de atacar.[8] Uma importante empresa farmacêutica norte-americana é líder em determinada categoria de medicamentos. Todas as vezes que toma conhecimento de que uma concorrente pode construir uma fábrica para produzir aqueles medicamentos, divulga que está considerando reduzir seus preços ou construir uma nova fábrica. Isto intimida o concorrente, que desiste de entrar naquela arena de produtos. Entretanto, a líder nunca reduz seus preços ou constrói

uma nova fábrica. Sem dúvida, este blefe pode funcionar apenas algumas vezes.

As líderes de mercado com recursos substanciais têm a capacidade de suportar alguns ataques, podendo, até, incitar os oponentes a empreender ataques custosos. A Heinz permite que a Hunt's empreenda seus ataques massivos no mercado de *ketchup*, sem se preocupar em contra-atacar. A Hunt's atacou a Heinz com dois novos sabores; reduziu seu preço a 70% do preço da Heinz; ofereceu concessões comerciais atraentes aos revendedores; dobrou o orçamento de propaganda em relação à Heinz. A Hunt's estava disposta a perder dinheiro durante o ataque. No final, esta estratégia acabou custando muito caro para a Hunt's. A estratégia falhou e a marca da Heinz continuou desfrutando a preferência dos consumidores. Finalmente, a Hunt's abando-

---

8. Veja PORTER, Michael E. *Competitive strategy.* New York : Free Press, 1980. Cap. 4.

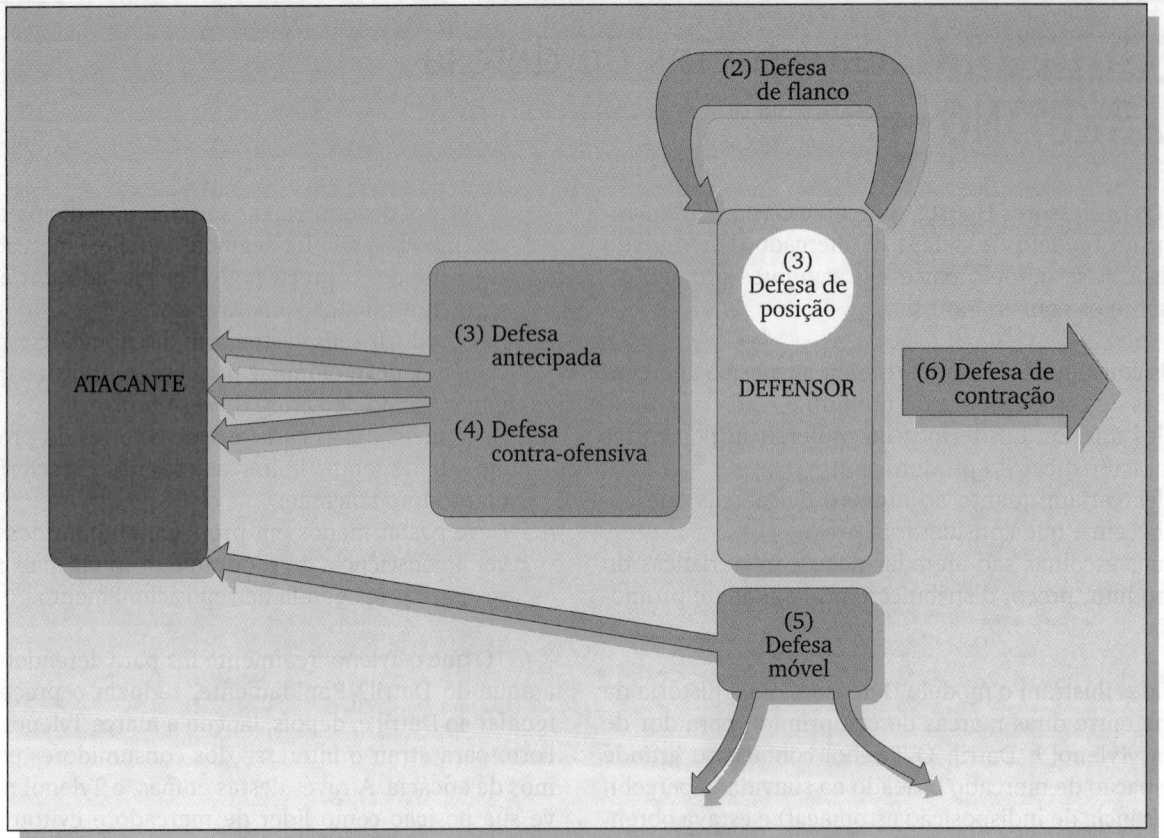

**Figura 13.2** *Estratégias de defesa.*

nou o ataque. Claramente, a Heinz mostrou muita confiança na superioridade de sua marca.

**DEFESA CONTRA-OFENSIVA.** A maioria das líderes de mercado, quando atacada, responderá com um contra-ataque. A líder não pode permanecer passiva em face de uma redução de preço do concorrente, promoção intensa, melhoria do produto ou invasão de território de vendas. A líder tem a escolha estratégia de enfrentar frontalmente a atacante, investir contra seu flanco ou lançar um movimento de pinça para conter as formações de ataque desde sua base de operações. Às vezes, a erosão de participação de mercado da líder é tão rápida que um contra-ataque frontal se torna necessário. Entretanto, a líder que possui alguma profundidade estratégica pode, freqüentemente, suportar o ataque inicial e contra-atacar no momento oportuno. Em muitas situações, pode valer a pena fazer pequenos recuos, permitindo que a ofensiva se desenvolva plenamente, antes de se adotar um contra-ataque. Esta pode parecer uma estratégia perigosa de "esperar para ver o que acontece", mas há boas razões para não estabelecer barricadas em uma contra-ofensiva.

A melhor resposta a um ataque é aguardar e identificar alguma falha nas posições de ataque do opositor, isto é, alguma lacuna onde uma contra-ofensiva viável possa ser lançada. Foi o que a AT&T fez em resposta a um ataque da MCI:

**AT&T E MCI** Desde que o setor de telefonia foi desregulamentado em 1984, a AT&T vem defendendo-se de concorrentes como a MCI e Sprint. Quando a MCI lançou a famosa campanha denominada "Friends and Family", dirigida diretamente aos clientes da AT&T com descontos atraentes, esta respondeu com um contra-ataque muito bem-sucedido. Sua campanha "True Voice", baseada na forte reputação que desfrutava em termos de qualidade e integridade, simultaneamente, tentava abrir brechas na complexidade da campanha "Amigos e Família" da MCI. Essa campanha concedia desconto máximo apenas se ambas as pessoas participassem da mesma e estivessem na área definida pela empresa. Nove meses após ter lançado a campanha "True Voice", a AT&T obteve de 0,5 a 1% de aumento de participação de mercado.[9]

Quando o território de uma líder de mercado é atacado, um contra-ataque efetivo é invadir o principal território do concorrente, obrigando-o a recuar algumas tropas para defender seu território. Uma das rotas mais rentáveis da Northwest Airlines é a Minneapolis/Atlanta.

---

9. LEFTON, Terry. Truth hurts AT&T rivals. *Adweek* (*Eastern Ed.*), *Superbrands 1995 Supplement*, p. 128-132, 1995.

Uma pequena linha aérea adotou um corte acentuado na tarifa desta linha, anunciando intensamente para aumentar sua participação nesse mercado. A Northwest retaliou reduzindo a tarifa da rota Minneapolis/Chicago, de onde procedia o maior faturamento da atacante. Com sua fonte de faturamento prejudicada, a atacante retornou a tarifa da rota Minneapolis/Atlanta ao nível normal.

Outra forma comum de defesa contra-ofensiva é usar o poder político ou econômico para deter a atacante. A líder pode tentar deter uma concorrente oferecendo preço subsidiado para o produto vulnerável, com a receita de seus produtos mais rentáveis. Ela também pode anunciar prematuramente que um produto melhorado estará disponível, atrasando, assim, a compra do produto concorrente, muito embora esse "produto melhorado" ainda demore muito para ser lançado. Outra opção é a líder contratar lobistas para promoverem ações políticas com objetivo de inibir ou enfraquecer a concorrência.

**DEFESA MÓVEL.** Envolve mais do que a líder defender agressivamente seu território. Nesse tipo de defesa, a líder amplia seu domínio sobre novos territórios que podem atender como futuros centros de defesa e ataque. Ela ocupa esses novos territórios não tanto pela proliferação normal da marca ou por qualquer atividade de inovação, mas pela adoção de duas frentes: ampliação do mercado e diversificação do mercado. Esses movimentos geram profundidade estratégica para a empresa, habilitando-a a adotar contínuos ataques e a lançar golpes de retaliação.

A *ampliação de mercado* exige que uma empresa mude seu foco do produto atual para a necessidade genérica básica, envolvendo-se com todas as tarefas de pesquisa e desenvolvimento referentes à tecnologia associada com aquela necessidade. Assim, as empresas de "petróleo" são alertadas a se reformular, transformando-se em empresas de "energia". Implicitamente, essa mudança exige que ampliem suas linhas de pesquisa para envolver os setores de petróleo, carvão, energia nuclear, energia hidrelétrica e indústrias químicas.

Uma estratégia de ampliação de mercado não deve ser adotada contrariando dois princípios militares fundamentais: o *princípio do objetivo* (perseguir um objetivo claramente definido e atingível) e o *princípio de massa* (concentrar esforços em um ponto fraco do inimigo). O objetivo de estar no negócio de energia é bastante amplo. Não se trata de uma necessidade simples, mas de um conjunto de necessidades (aquecimento, iluminação, propulsão etc.). Além disso, muita abrangência dilui a massa da empresa no teatro competitivo atual, e a sobrevivência, hoje, certamente, deve ter preferência sobre as grandes batalhas imaginadas para amanhã. Em tal situação, a miopia de marketing seria substituída pela *hipermetropia de marketing*, condição em que a visão é melhor para o futuro do que para objetivos próximos.

Entretanto, a ampliação razoável faz sentido. A Armstrong World Industries é exemplo de uma estratégia bem-sucedida de ampliação de mercado, ao redefinir seu domínio no negócio de "revestimento de pisos" para "revestimento decorativo de salas" (incluindo paredes e tetos). Ao reconhecer a necessidade do consumidor, criando um interior agradável através de vários materiais de revestimento, a Armstrong expandiu-se para negócios correlatos que eram sinergicamente equilibrados para crescimento e defesa.

A *diversificação de mercado* pela entrada em setores industriais não relacionados é outra alternativa para gerar profundidade estratégica. Quando as empresas norte-americanas de tabaco com a Reynolds e a Philip Morris reconheceram o crescimento das ofensivas contra o hábito de fumar, não se contentaram apenas em defender suas posições ou mesmo em procurar novos substitutos para o cigarro. Pelo contrário, moveram-se rapidamente para novos setores industriais como cerveja, bebidas alcoólicas, refrigerantes e alimentos congelados.

**DEFESA DE CONTRATAÇÃO.** Às vezes, as grandes empresas reconhecem que não podem defender todos seus territórios por muito tempo. Suas forças estão muito dispersas e os concorrentes estão "mordendo" em diversas frentes. Assim, o melhor curso de ação parece ser a *contração planejada* (também chamada de *retirada estratégica*). A contração planejada não é o abandono do mercado, mas a entrega dos territórios mais fracos e a realocação dos recursos para os territórios mais fortes. Trata-se de movimento para consolidar a força competitiva de uma empresa no mercado e para concentrar massa em posições-chave.

## Expansão da participação de mercado

As empresas líderes podem melhorar a rentabilidade com o aumento da participação de mercado. Em muitos mercados, um ponto de participação vale dezenas de milhões de dólares. Um ponto de participação no negócio de café representa $ 48 milhões e no de refrigerantes, $ 120 milhões! Não surpreende que a concorrência normal tem-se transformado em guerra de marketing.

Há alguns anos, o Strategic Planning Institute publicou um estudo chamado *Profit Impact of Market Strategy* (*PIMS*), destinado a identificar as variáveis mais importantes que afetam o lucro. Os dados foram coletados de centenas de unidades de negócios de variados setores industriais para identificar as variáveis mais importantes associadas à rentabilidade. As variáveis-chaves incluíam participação de mercado, qualidade do produto e várias outras.

O estudo indicou que a rentabilidade de uma empresa, mensurada pelo retorno sobre o investimento, antes do imposto de renda, aumenta com sua *participa-*

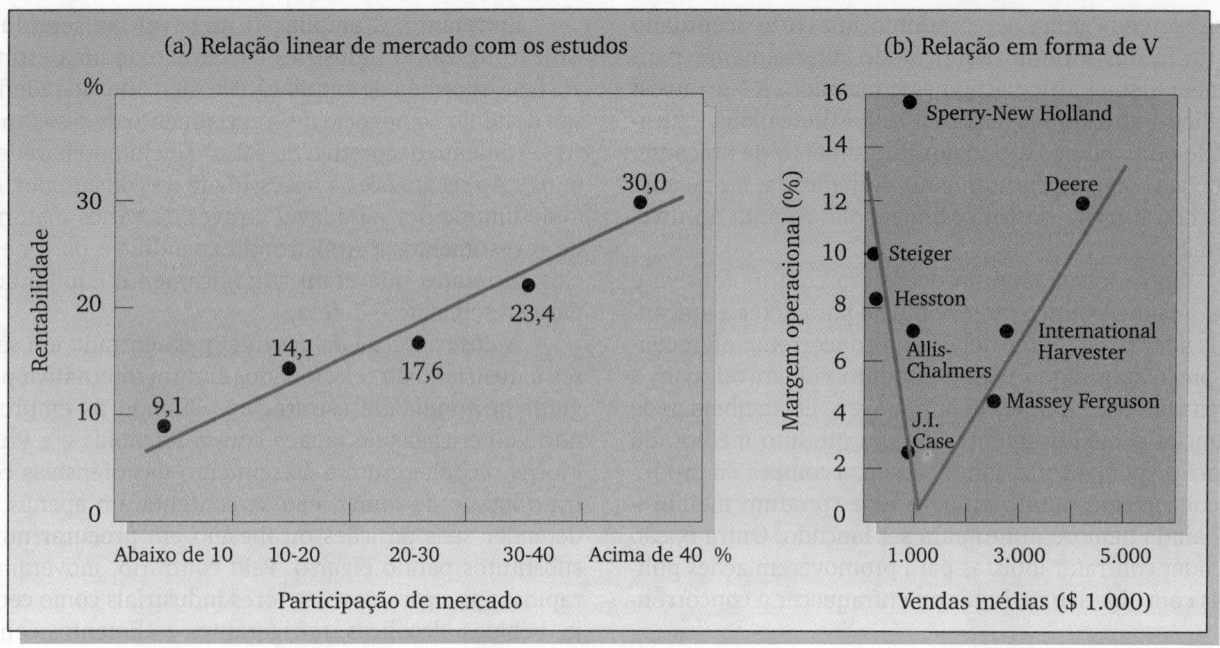

**Fonte:** A parte (a) foi extraída de Strategic Planning Institute (The PIMS Program). 1030 Massachussetts Avenue, Cambridge, MA 02138.

**Figura 13.3** *Relacionamento entre participação de mercado e rentabilidade.*

ção relativa de mercado,[10] como mostrado na Figura 13.3(a).[11] Conforme um relatório do PIMS, o retorno médio sobre o investimento para negócios com participação de mercado abaixo de 10% foi cerca de 11%. Na média, a diferença dos dez pontos percentuais de participação de mercado é acompanhada por uma diferença de cinco pontos no retorno sobre o investimento, antes do imposto de renda. O estudo PIMS mostra que negócios com participações de mercado acima de 40% obtêm um retorno médio sobre o investimento de 38,5%, três vezes acima daquelas com participações inferiores a 10%.[12]

Essas constatações relevantes têm levado muitas empresas a procurar a expansão da participação de mercado e a liderança como objetivos. Por exemplo, a General Electric decidiu que deve ser a número um ou dois nos mercados que participar, ou deixará os mesmos. A GE abandonou o negócio de computadores e ar-condicionado porque não pôde atingir posições de liderança nestes setores.

Vários críticos atacaram os estudos PIMS, taxando-os de fracos ou espúrios. Hamermesh relatou ter encontrado numerosos negócios bem-sucedidos com baixas participações de mercado.[13] Woo e Cooper identificaram 40 negócios de baixa participação de mercado que obtiveram retorno sobre o investimento, antes do imposto de renda, de 20% ou mais; foram caracterizados como tendo qualidade de produto relativamente alta, preços abaixo da média, linhas de produtos estreitas e custos totais baixos.[14] A maioria dessas empresas fabricava componentes ou suprimentos industriais.

Alguns estudos industriais têm constatado um relacionamento em forma de V entre participação de mercado e rentabilidade. A Figura 13.3(b) mostra uma curva em forma de **V** para empresas de equipamentos agrícolas. A líder do setor, Deere & Company, obtém um retorno elevado. Entretanto, a Hession e a Steiger, empresas pequenas e especializadas, também conseguem retorno elevado. A J. I. Case e a Massey-Ferguson estão presas no vale e a International Harvester detém participação de mercado substancial, mas obtém retornos baixos. Assim, tais setores industriais possuem uma ou algumas empresas altamente rentáveis, diversas pequenas empresas especializadas rentáveis e várias empresas de

---

10. *Participação relativa de mercado* é a participação de mercado da empresa em relação à soma das participações de mercado de seus três principais concorrentes, expressa em porcentagem. Por exemplo, se essa empresa possui 30% do mercado e seus três maiores concorrentes têm 20%, 10% e 10%, temos: 30/(20 + 10 + 10) = 75% de participação relativa de mercado.

11. SCHOEFFLER, Sidney, BUZZELL, Robert D., HEANY, Donald F. Impact of strategic planning on profit performance. *Harvard Business Review,* p. 137-145, Mar./Apr. 1974; e BUZZELL, Robert D., GALE, Bradley T., SULTAN, Ralph G. M. Market share - a key to profitability. *Harvard Business Review,* p. 97-106, Jan./Feb. 1975.

12. Veja BUZZELL et. al. Market share: a key to profitability. *Harvard Business Review,* p. 97-100, Jan./Feb. 1975. Os resultados foram aperfeiçoados por estudos PIMS mais recentes; o banco de dados inclui, agora, 2.600 unidades de negócios em uma ampla variedade de setores industriais. Veja BUZZELL, Robert D., GALE, Bradley T. *The PIMS principles*: linking strategy to performance. New York : Free Press, 1987.

13. HAMERMESH, Richard G., ANDERSON, JR., M. J., HARRIS, J. E. Strategies for low market share businesses. *Harvard Business Review,* p. 95-102, May/June 1978.

14. WOO, Carolyn Y., COOPER, Arnold C. The surprising case for low market share. *Harvard Business Review,* p. 106-113, Nov./Dec. 1982; veja também, dos mesmos autores, Market-share leadership – not always so good. *Harvard Business Review,* p. 2-4, Jan./Feb. 1984.

tamanho médio com desempenho de lucro muito baixo. Conforme Roach:

> *As grandes empresas situadas na curva em forma de **V** tendem a atender ao mercado como um todo, obtendo vantagens em termos de custos e de alta participação de mercado, decorrentes da economia de escala. As pequenas empresas concorrentes obtêm lucros elevados por focar algum segmento mais estreito do negócio e por desenvolver abordagens especializadas em termos de produção, marketing e distribuição naquele segmento. Ironicamente, as concorrentes de tamanho médio, situadas na parte inferior da curva em **V**, são inábeis para obter qualquer vantagem competitiva e, freqüentemente, mostram pior desempenho quanto aos lucros. Presas em uma estratégia "terra de ninguém", são muito grandes para colher os benefícios obtidos por concorrentes mais especializados e muito pequenas para se beneficiarem da economia de escala obtida pelos concorrentes maiores.*[15]

Como podemos compatibilizar os dois gráficos da Figura 13.3? As constatações do PIMS mostram que a rentabilidade aumenta à medida que o negócio ganha participação relativa em relação aos concorrentes de seu *mercado atendido*. A curva em forma de **V** ignora os segmentos de mercado e analisa a rentabilidade de um negócio em relação a seu tamanho no *mercado total*. Assim, a marca Mercedes obtém lucro elevado porque seu fabricante possui alta participação no mercado de carros de luxo, muito embora a empresa possua baixa participação no mercado total de automóveis. Ela alcançou esta alta participação em seu mercado atendido porque toma algumas precauções corretas, como fabricar um produto de alta qualidade, atingir alto giro de estoque e adotar bom controle de custos.

Entretanto, as empresas não devem pensar que o aumento da participação de mercado irá, automaticamente, melhorar suas rentabilidades. Depende muito de suas estratégias para ganhar maior participação de mercado. O custo de obter maior participação de mercado pode exceder o valor do faturamento extra obtido. A empresa deve considerar três fatores, antes de procurar cegamente um aumento de participação de mercado:

- O primeiro fator é a possibilidade de provocar alguma ação antitruste por parte do governo. Provavelmente, concorrentes invejosos acusarão uma empresa dominante de estar praticando "monopólio" se esta adotar alguma investida objetivando aumentar

sua participação de mercado. Este fator de risco diminui a atratividade dos ganhos obtidos pelo aumento da participação de mercado. Essa foi a razão da Microsoft ter desistido de uma fusão no valor de $ 2 bilhões com a empresa de *software* Intuit, em 1995. Ela desejava fazer o negócio para ocupar o mercado de *software* de finanças pessoais. (A Intuit possui o *best-seller* Quicken.) Quando o departamento de justiça ameaçou a Microsoft com uma ação antitruste, a gigante do *software* desistiu do negócio, em vez de enfrentar o desafio.[16]

- O segundo fator relaciona-se ao custo econômico. A Figura 13.4 mostra a possibilidade de a rentabilidade começar a cair com ganhos posteriores de participação de mercado após determinado nível. Na ilustração, a *participação ótima de mercado* é de 50% e se a empresa procurar maior participação, perderá em termos de rentabilidade. Isto é consistente com as constatações do PIMS, uma vez que seus resultados não mostram o que ocorre com a rentabilidade em diferentes níveis superiores a 40% de participação. Basicamente, o custo de conquistar maior participação de mercado pode exceder o faturamento obtido. Por exemplo, uma empresa que tenha 60% do mercado deve reconhecer que os consumidores não conquistados podem não gostar da empresa, ser leais aos fornecedores concorrentes, possuir necessidades exclusivas ou preferir lidar com fornecedores menores. Além disso, os concorrentes, provavelmente, lutarão mais para defender suas participações de mercado. O custo de ações legais, relações públicas e de *lobby* aumenta com a participação de mercado. Em geral, lutar por maior participação de mercado justifica-se menos quando há pouca economia de escala ou de experiência, há segmentos de mercado não atraentes, compradores desejam fontes múltiplas de suprimentos e as barreiras à saída são elevadas. A empresa líder pode obter melhores resultados expandindo o tamanho do mercado, em vez de lutar para aumentar sua participação. Algumas empresas dominantes chegam a ganhar ao reduzir seletivamente a participação de mercado em áreas mais fracas.[17]

- O terceiro fator é que as empresas podem perseguir a estratégia errada de composto de marketing em sua busca por maior participação de mercado e, assim, não aumentar seus lucros. Embora certas variáveis do composto de marketing sejam eficazes na conquista de participação de mercado, nem todas levam a lucros mais elevados. Participações maiores tendem a produzir lucros mais elevados quando o

---

15. ROACH, John D. C. From strategic planning to strategic performance: closing the achievement gap. *Outlook*. New York: Booz, Allen & Hamilton, 1981. p. 21. Esta curva assume que o retorno sobre vendas antes do imposto de renda está altamente correlacionado com a rentabilidade e que o faturamento da empresa é um substituto para a participação de mercado. Michael Porter, em seu livro *Competitive strategy,* mostra uma curva semelhante em forma de V.

16. LOHR, Steve. Gates, the pragmatist, walked away. *The New York Times,* 22 May 1995, p. D1:2.

17. KOTLER, Philip, BLOOM, Paul. Strategies for high market-share companies. *Harvard Business Review,* p. 63-72, Nov./Dec. 1975. Veja também PORTER, Michael E. *Competitive advantage.* New York : Free Press, 1985. p. 221-226.

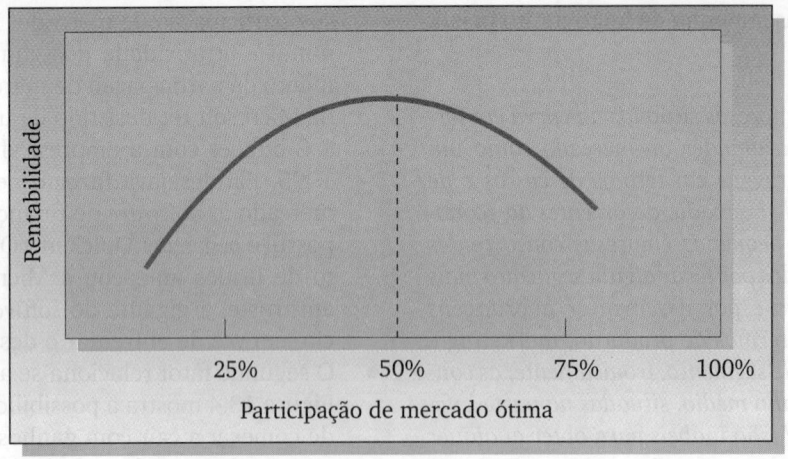

**Figura 13.4**  *Conceito de participação de mercado ótima.*

custo unitário cai com o aumento da participação de mercado e quando a empresa oferece um produto de qualidade superior, cobrando preço mais alto para compensar essa qualidade.

Buzzell e Wiersema constataram que as empresas que apresentam ganhos de participação de mercado, tipicamente, superaram seus concorrentes em três áreas: lançamento de novos produtos, qualidade relativa do produto e despesas de marketing.[18] Especificamente, temos:

1.  As empresas que ganharam participação, normalmente, desenvolveram e acrescentaram novos produtos a sua linha.
2.  As empresas que aumentaram a qualidade do produto em relação aos concorrentes ganharam mais participação do que aquelas cuja qualidade permaneceu constante ou declinou.
3.  As empresas que aumentaram seus gastos de marketing acima da taxa de crescimento do mercado obtiveram ganhos de participação. O aumento dos gastos na força de vendas foi eficaz para gerar ganhos de participação, tanto no mercado de bens industriais como no de bens de consumo. O aumento nos gastos de propaganda também gerou ganhos de participação, principalmente para as empresas de bens de consumo. O crescimento do orçamento de promoção de vendas foi eficaz em gerar ganhos de participação para todos os tipos de empresas.
4.  As empresas que reduziram seus preços a níveis inferiores aos dos concorrentes não obtiveram ganhos significativos de participação de mercado. Provavelmente, alguns concorrentes baixaram parcialmente seus preços e outros ofereceram outros valores para os compradores que não sentiram muito a redução de preço mais significativa.

## Dois estudos de caso: Procter & Gamble e Caterpillar

As empresas líderes de mercado que permanecem no topo aprenderam a arte de expandir o mercado total, defender seu território atual e aumentar a rentabilidade de sua participação de mercado. Duas empresas que obtiveram mais sucesso nessas arenas são a Procter & Gamble e a Caterpillar. Ambas têm mostrado habilidade notável em proteger suas participações de mercado contra ataques repetidos de desafiantes hábeis. Elas não permitem o desenvolvimento de qualquer fraqueza.[19]

**PROCTER & GAMBLE.** É amplamente considerada a empresa mais hábil dos Estados Unidos em bens de consumo. Ela vende a marca número um em 19 das 39 categorias em que compete e está entre as três marcas *top* em 34 dessas categorias. Sua participação de mercado média está próxima a 25%. Sua liderança de mercado baseia-se em vários princípios:

*   *Conhecimento do consumidor.* A P&G estuda seus consumidores e revendedores através de contínuas pesquisas de marketing e coleta de inteligência. Oferece um número de telefone 0800 para que os consumidores possam conversar diretamente com a empresa, tirando dúvidas, dando sugestões ou fazendo reclamações sobre seus produtos.
*   *Perspectiva a longo prazo.* A P&G gasta tempo para analisar uma oportunidade e preparar o melhor produto e, assim, compromete-se a longo prazo a tornar esse produto um sucesso. Lutou por suas batatas-fritas Pringles por quase uma década, transformando-a em sucesso de mercado.
*   *Inovação de produto.* A P&G é inovadora ativa de produto e segmentadora por benefício e gastou cer-

---

18.  BUZZELL, Robert D., WIERSEMA, Frederick D. Successful share-building strategies. *Harvard Business Review*, p. 135-144, Jan./Feb. 1981.
19.  RICE, Faye. The king of suds reigns again. *Fortune*, p. 120-134, 4 Aug. 1986; KELLEY, Bill. Komatsu in cat fight. *Sales and Marketing Management*, p. 50-53, Apr. 1986; e HENKOFF, Ronald. This cat acting like a tiger. *Fortune*, p. 71-76, 19 Dec. 1988.

ca de um bilhão de dólares em 1994. Lança marcas que oferecem novos benefícios aos consumidores, em vez de se contentar com marcas repetidas, mantidas por propaganda intensa. Passou dez anos pesquisando e desenvolvendo o primeiro creme dental eficaz contra cárie, o Crest. Passou muitos anos pesquisando o primeiro xampu eficaz, sem contra-indicação, o Head & Shoulders. Constatou que os pais jovens estavam insatisfeitos com o trabalho de lavar fraldas, inovando com o lançamento de fralda descartável, a Pampers. A empresa testa profundamente seus novos produtos com os consumidores e apenas aqueles que têm preferência real são lançados no mercado nacional.

- *Estratégia de qualidade.* A P&G desenvolve produtos com qualidade acima da média. Uma vez lançado, o produto é continuamente melhorado. Quando ela anuncia que um produto é "novo e melhorado", realmente é a verdade. Isto está em contraste com algumas empresas que, após estabelecer um nível de qualidade, raramente o melhora. Outras, reduzem a qualidade em um esforço para aumentar o lucro.
- *Estratégia de extensão de linha de produtos.* A P&G fabrica suas marcas em diversos tamanhos e formas para satisfazer as várias preferências dos consumidores. Isto dá a sua marca maior espaço de prateleira e evita as tentativas dos concorrentes de satisfazerem necessidades do mercado ainda não atendidas.
- *Estratégia de extensão de marca.* Freqüentemente, a P&G usa seus nomes de marcas fortes par lançar novos produtos. Por exemplo, a marca Ivory foi estendida de sabão em pó, para incluir um sabão líquido, um detergente para máquinas de lavar louça e um xampu. Lançar um novo produto sob uma marca forte já existente dá a nova marca reconhecimento mais instantâneo e credibilidade, com despesas de propaganda muito menores.
- *Estratégia de multimarca.* A P&G criou a arte de lançar no mercado diversas marcas na mesma categoria de produto. Por exemplo, ela produz oito marcas de sabão em pó e seis de xampu. O propósito é desenvolver marcas que atendam a diferentes desejos dos consumidores e que competem com marcas de concorrentes específicos. Cada gerente dirige, independentemente, uma marca e compete pelos recursos da empresa. Entretanto, como parte de sua resposta pela crescente demanda por valor, a P&G começou a simplificar sua vasta variedade de produtos. Desde 1991, eliminou quase a quarta parte dos diferentes tamanhos, sabores e outras variedades oferecidas por suas marcas. Também passou a identificar as marcas que não estão desempenhando conforme as expectativas. Alguns produtos, como o papel higiênico White Cloud, foram eliminados e combinados com produtos mais fortes.[20]

- *Propaganda intensa.* A P&G é a segunda maior anunciante de bens de consumo dos Estados Unidos, gastando cerca de $ 3 bilhões no ano fiscal de 1994. Nunca economiza dinheiro para criar conscientização e preferência fortes junto aos consumidores.
- *Força de vendas agressiva.* A P&G tem uma força de vendas de primeiro nível, muito eficaz em trabalhar com varejistas-chave para obter espaço de prateleira e cooperação para promoções e uso de *displays* nos pontos de venda.
- *Promoção de vendas eficaz.* A P&G tem um departamento de promoção de vendas para assessorar seus gerentes de marca sobre as promoções mais eficazes para atingir objetivos específicos. O departamento estuda os resultados dos acordos com revendedores e consumidores e desenvolve uma forma especial de eficácia sob diversas circunstâncias. Ao mesmo tempo, tenta minimizar o uso da promoção de vendas, preferindo confiar na propaganda para construir preferência dos consumidores a longo prazo.
- *Força competitiva.* A P&G bate forte quando se trata de restringir os agressores. Está disposta a gastar muito dinheiro para deslocar novas marcas concorrentes, evitando que as mesmas ganhem preferência de mercado.
- *Eficiência em produção e redução de custos.* A reputação da P&G como grande empresa de marketing é complementada pela sua magnitude como empresa de produção. Gasta muito dinheiro para desenvolver e melhorar as operações de produção, mantendo seus custos entre os mais baixos do setor industrial. Recentemente, começou a cortar seus custos ainda mais, permitindo, assim, reduzir os preços mais altos de alguns de seus produtos.
- *Sistema de gerência de marca.* A P&G criou o sistema de gerência de marca, no qual um executivo é responsável por determinada marca. O sistema vem sendo copiado por muitos concorrentes, mas, freqüentemente, sem o sucesso atingido pela P&G que tem aperfeiçoado o sistema no decorrer dos anos. Em um desenvolvimento recente, modificou sua estrutura de administração geral, de modo que cada categoria de marca está agora sendo dirigida por um gerente geral com responsabilidade pelo volume de vendas e lucro. Enquanto esta prática não substitui o sistema independente de gerência de marca, ajuda a agilizar o foco estratégico sobre as necessidades dos consumidores-chave e sobre a concorrência na categoria.

Assim, a liderança de mercado da P&G não está baseada em fazer bem uma coisa, mas na orquestração bem-sucedida de fatores múltiplos que contribuem para esta liderança. Tanto nos Estados Unidos quanto no ex-

---

20. SCHILLER, Zachary. Ed Artzt's elbow grease has P&G shining. *Business Week,* p. 84-85, 10 Oct. 1994.

terior, vem aumentando sua participação de mercado na maioria dos negócios nos últimos cinco anos.

**CATERPILLAR.** Desde os anos 40, a Caterpillar vem dominando o setor de equipamentos de construção. Seus tratores, escavadeiras e empilhadeiras, pintados com o amarelo familiar, são sinal comum em qualquer área de construção e respondem por 50% das vendas mundiais de equipamentos destinados à construção pesada. A empresa tem administrado para manter a liderança, apesar de cobrar um preço mais alto por seus produtos e ser desafiada por muitos concorrentes hábeis, incluindo a John Deere, Massey-Ferguson, J. I. Case e Komatsu. Vários princípios são combinados para explicar o sucesso da Caterpillar:

- *Produtos de alta qualidade.* A Caterpillar produz equipamentos de alta qualidade conhecidos por sua confiabilidade, atributo-chave levado em consideração pelo comprador de equipamento industrial pesado. Ela projeta seus equipamentos com um teor de aço maior do que o necessário, para convencer os compradores de que sua qualidade é superior.
- *Sistema de revenda eficiente e extensivo.* A empresa mantém o maior número de revendedores independentes de equipamentos de construção do setor. Seus 260 revendedores espalhados pelo mundo possuem toda sua linha de produtos, são exclusivos e não vendem outras linhas. Em contraste, seus concorrentes, normalmente, não vendem linhas completas e trabalham com várias marcas não concorrentes. Pode escolher os melhores revendedores (uma franquia Caterpillar custa $ 5 milhões) e gasta muito dinheiro em treinamento, serviços e programas de motivação.
- *Serviço superior.* Ela desenvolveu um sistema mundial de suprimento de peças e serviços que não é acompanhado por nenhum concorrente do setor. Pode entregar peças de reposição e prestar serviços em qualquer parte do mundo dentro de 24 horas a partir da quebra do equipamento. Os concorrentes não têm condições de acompanhá-la, a não ser que façam investimentos substanciais. Qualquer um deles que duplicasse este nível de serviço, apenas neutralizaria a vantagem da Caterpillar, em vez de obter uma nova vantagem.
- *Administração superior de peças de reposição.* Trinta por cento do volume de vendas da Caterpillar e 50% de seu lucro provêm da venda de peças de reposição. Ela desenvolveu um sistema superior de administração de peças de reposição para manter a margem alta nesta ponta do negócio.
- *Preço alto.* A empresa cobra de 10 a 15% acima dos preços da concorrência, em função do valor extra percebido pelos compradores.
- *Estratégia de linha completa.* A Caterpillar fabrica uma linha completa de equipamentos de constru-

ção que possibilita ao consumidor adquirir tudo em um único fornecedor.

- *Bom financiamento.* Ela proporciona aos consumidores que compram seus equipamentos condições generosas de financiamento. Isto é importante devido à alta soma envolvida nas compras.

Recentemente, a Caterpillar passou por dificuldades devido às condições recessivas do mercado global de equipamentos de construção e à competição agressiva. Seu maior problema tem sido a Komatsu, empresa de construção número um do Japão, que adotou o *slogan* interno "Cerco à Caterpillar". A Komatsu estuda e ataca nichos de mercado, amplia continuamente sua linha de produtos, melhora a qualidade e, às vezes, fixa os preços de seus equipamentos 40% mais baixo. A Caterpillar informa os compradores que esses preços mais baixos refletem menor qualidade, mas nem todos eles aceitam este argumento ou estão dispostos a pagar mais por qualidade superior.

A Caterpillar tem voltado atrás, reduzindo seus custos para concorrer com os preços da Komatsu e, às vezes, até dando início a cortes de preços. As guerras de preço levaram concorrentes internacionais, como a International Harvester e a Clark Equipment, à beira da falência. Por sua vez, a Komatsu precisou aumentar seus preços várias vezes, ocasionando redução de sua participação de mercado. Parece que as longas e prejudiciais guerras de preço chegaram ao final, com ambos os lados entrando em acordo para melhorarem seus lucros.

## ESTRATÉGIAS DA DESAFIANTE DE MERCADO

As empresas que ocupam a segunda, terceira ou classificações mais baixas em um setor industrial são, freqüentemente, chamadas de desafiantes de mercado. Algumas delas, como a Colgate, Ford, Montgomery Ward, Avis, Westinghouse e Pepsi-Cola, são muito grandes. Elas podem adotar uma entre duas posturas. Podem atacar a líder e outras concorrentes em um lance agressivo, visando conquistar maior participação de mercado (desafiantes de mercado) ou podem desejar apenas manter suas participações (seguidoras de mercado).

Há muitos casos de desafiantes de mercado que ganharam terreno da líder de mercado ou chegaram a superá-la. A Canon, que representava apenas 10% do tamanho da Xerox em meados dos anos 70, produz hoje mais máquinas copiadoras do que essa antiga líder. Hoje, a Toyota fabrica mais carros do que a General Motors. A Nikon produz mais câmeras fotográficas especiais do que a Leica e a British Airways faz mais vôos internacionais do que a antiga líder, a Pan Am. Essas desafiantes fixaram aspirações elevadas e alavancaram recursos menores, enquanto as líderes de mercado conduziram seus negócios da maneira usual.

Dolan constatou que a rivalidade competitiva e a redução de preços são mais intensas em setores industriais com custos fixos e custos de estoque elevados e de demanda primária estagnada, como aço, automóveis, papel e produtos químicos.[21] Agora, examinaremos as estratégias de ataques competitivos disponíveis para as empresas desafiantes de mercado.

## Definição do objetivo estratégico e da(s) oponente(s)

Primeiro, uma desafiante de mercado deve definir seu objetivo estratégico. O objetivo estratégico da maioria das desafiantes de mercado é aumentar suas participações de mercado. As decisões de ataque interagem com a decisão de quem deve ser atacado:

- *Pode-se atacar a líder de mercado.* Trata-se de uma estratégia de alto risco que faz sentido se a líder for "falsa" e não estiver atendendo bem o mercado. O assunto a ser examinado é a necessidade ou a insatisfação do consumidor. Se um segmento substancial não estiver sendo atendido ou está mau atendido, ele torna-se excelente alvo estratégico. A campanha da cerveja *lite* da Miller foi bem-sucedida porque se fundamentou na descoberta de que muitos consumidores desejavam uma cerveja mais leve e de baixa caloria. A estratégia alternativa é desbancar a líder ao longo de seu segmento. Assim, a Xerox arrebatou o mercado da 3M ao desenvolver um melhor processo de cópia (cópia a seco em vez de úmida). Depois, a Canon conquistou grande fatia do mercado da Xerox ao introduzir copiadoras de mesa.
- *Pode-se atacar empresas de seu tamanho que não estão fazendo bom trabalho e que estão atravessando dificuldades financeiras.* O alvo poderia ser empresas com produtos antiquados, que estivessem cobrando preços excessivos ou não estariam satisfazendo os consumidores.
- *Pode-se atacar pequenas empresas locais e regionais que não estão fazendo bom trabalho e que estão atravessando dificuldades financeiras.* Diversas das grandes cervejarias não chegaram a seus tamanhos atuais por retirar consumidores umas das outras, mas por terem "engolido" as empresas menores.

Se a empresa atacante persegue a líder de mercado, seu objetivo pode ser arrebatar alguma participação. Assim, a Bic não tem a ilusão de desbancar a Gillette no mercado de lâminas de barbear. Simplesmente, ela vai atrás de maior participação de mercado. Se a atacante perseguir uma pequena empresa local, seu objetivo pode ser colocá-la fora do mercado.

## Escolha de uma estratégia geral de ataque

Definidos claramente os oponentes e os objetivos, que opções estão disponíveis para atacar o inimigo? Podemos imaginar um oponente que esteja ocupando determinado segmento de mercado. Escolhemos entre as cinco estratégias de ataque mostradas na Figura 13.6.

**ATAQUE FRONTAL.** Diz-se que um agressor lança um ataque frontal quando concentra suas forças contra as do defensor ou oponente. Ele ataca as forças do oponente, em vez de atacar as fraquezas. O resultado depende de quem tem mais força e resistência. Em um ataque frontal puro, a atacante investe contra o produto, propaganda, preço etc. da oponente. O *princípio da força* afirma que *o lado com maior potencial humano (recursos) vencerá o combate.* Esta regra é modificada se a empresa defensora tiver maior poder de fogo por desfrutar uma vantagem territorial (como dominar uma posição *top* do mercado. O dogma militar é que para um ataque frontal ser bem-sucedido contra uma oponente bem entrincheirada ou que controla o "melhor território", as forças da atacante devem dispor de uma vantagem de pelo menos 3x1 no poder de fogo de combate. Se a agressora tiver uma força ou poder de fogo menor do que a defensora, um ataque frontal eqüivale a uma missão suicida e não faz sentido. No Brasil, a segunda fabricante de lâminas de barbear atacou a Gillette, líder de mercado. Perguntou-se à atacante se ela estava oferecendo uma melhor lâmina de barbear aos consumidores. A resposta foi não. Preço? Não. Melhor embalagem? Não. Uma campanha de propaganda mais inteligente? Não. Melhores condições aos revendedores? Não. Afinal, perguntou-se à atacante como ela esperava ganhar participação de mercado da Gillette. A resposta foi, simplesmente, pura determinação. Desnecessário dizer que esta ofensiva fracassou.

Uma empresa que adota o ataque frontal precisa somar forças para levar sua determinação à frente. Isto é precisamente o que a IBM vem tentando fazer desde que a Microsoft reduziu-a à posição de desafiante no setor de *software:*

**IBM E MICROSOFT** Em 1995, a IBM adotou uma iniciativa hostil ao assumir o controle acionário da Lotus Development Corp. Foi a maior operação de *takeover* de sua história, que teve com objetivo enfrentar a Microsoft que possui 80% do mercado de *software* para sistemas operacionais e aplicativos que "rodam" nos microcomputadores. A IBM desejava a Lotus porque seu *software* Lotus Notes é líder no mercado de *softwares* de redes. A

21. Veja DOLAN, Robert J. Models of competition: a review of theory and empirical evidence. In: ENIS, Ben M., ROERING, Kenneth J. (Orgs.). *Review of marketing.* Chicago : American Marketing Association, 1981. p. 224-234.

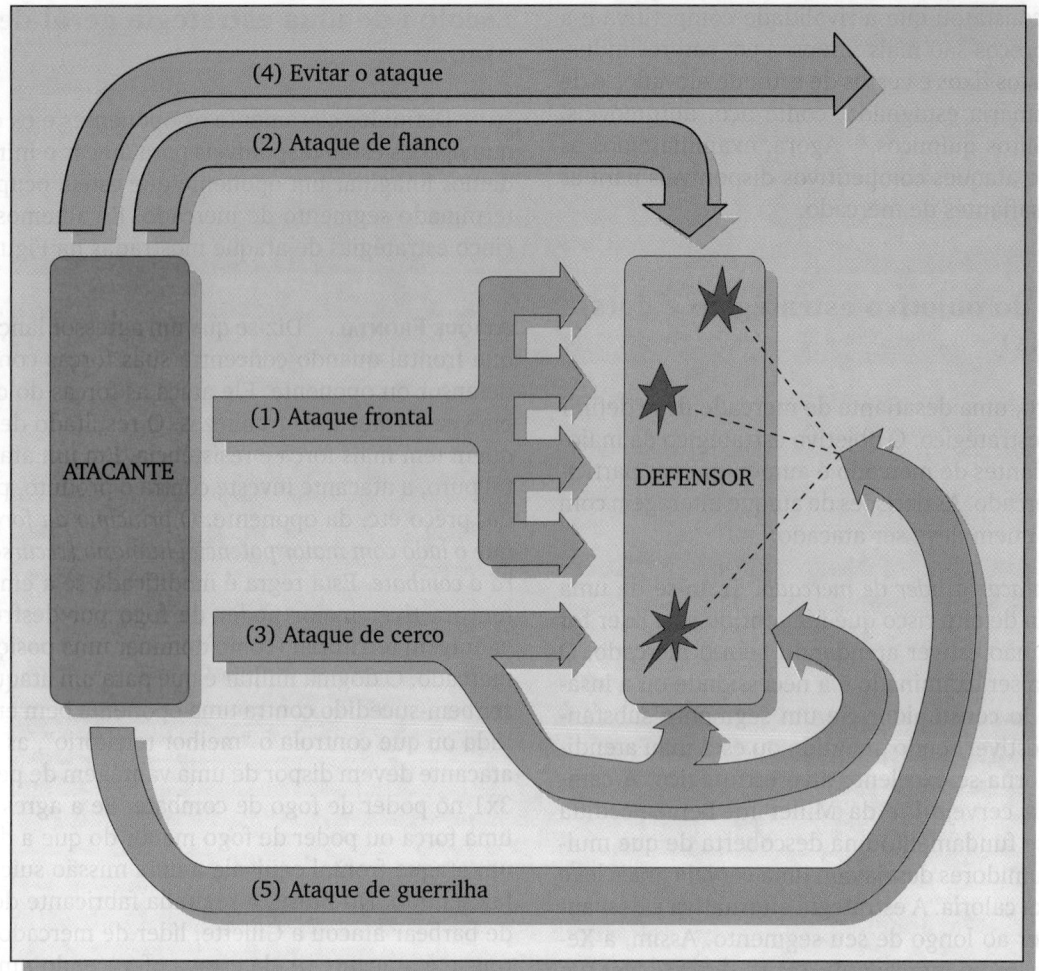

**Figura 13.5**   *Estratégias de ataque.*

Dentro da figura:
(4) Evitar o ataque
(2) Ataque de flanco
(1) Ataque frontal
ATACANTE
DEFENSOR
(3) Ataque de cerco
(5) Ataque de guerrilha

combinação do poder de força da IBM e da vantagem tecnológica da Lotus colocaram a Microsoft na defensiva.[22]

Como alternativa ao ataque frontal puro, a empresa agressora pode lançar um ataque frontal modificado, sendo o mais comum a redução de seu preço em relação ao preço da concorrente. Tais ataques podem assumir duas formas. A ação mais usual é igualar a oferta da líder em outros itens e superá-la no preço. Isto pode funcionar se (1) a líder de mercado não retaliar baixando seu preço e (2) se a agressora convencer o mercado de que seu produto é igual ao do concorrente, mas mais vantajoso porque é vendido a preço inferior. A Helene Curtis é mestra na prática da estratégia de convencer o mercado de que suas marcas, como Suave e Finesse, são iguais em qualidade, além de oferecer mais valor do que as marcas concorrentes de preços mais altos. Ela fabrica imitações baratas de marcas líderes de alto preço e promove-as com campanhas de propaganda comparativas barulhentas: "Fazemos o que as outras fazem por menos da metade do preço."

A outra forma de estratégia agressiva de preço exige que a atacante faça investimentos pesados para baixar os custos de produção, capacitando-a a atacar a concorrente em base de preço. A Texas Instruments e várias empresas japonesas foram bem-sucedidas ao lançar ataques frontais modificados envolvendo preço baixo e redução de custos.

**ATAQUE DE FLANCO.** Um exército inimigo é mais forte onde espera ser atacado. É necessariamente menos seguro nos flancos e na retaguarda. Todavia, seus pontos fracos (lados desprotegidos) são alvos naturais para o ataque inimigo. O importante princípio da guerra ofensiva moderna é *concentrar forças contra as fraquezas*. O agressor pode atacar o lado forte para "amarrar" as tropas ofensoras, mas lançará o ataque real pelos flancos ou pela retaguarda. Esta manobra apanha o exército inimigo desprevenido. Os ataques de flanco têm excelente sentido de marketing e são particularmente atraentes para o agressor que possui menos recursos do que o oponente. Se o agressor não pode superar o defensor com força bruta, poderá vencê-lo usando subterfúgios.

22. CORTESE, Amy. Gerstner at the Gates. *Business Week,* p. 36-38, 19 June 1995.

Um ataque de flanco pode ser dirigido ao longo de duas dimensões estratégicas: geográfica e por segmento. Em um ataque geográfico, o agressor marca as áreas onde a oponente não vem tendo bom desempenho. Por exemplo, as rivais da IBM estabelecem fortes filiais de vendas em cidades médias e pequenas que são relativamente negligenciadas por esta líder. É o caso da Honeywell, que procura cidades e países menores onde não tem que enfrentar grande número de vendedores da IBM.

Outra estratégia de flanco é descobrir necessidades de mercado que não estão sendo atendidas pelas empresas líderes, como fizeram os fabricantes japoneses de automóveis quando escolheram atender ao crescente mercado de compradores de carros com baixo consumo de combustível. De modo semelhante, a cervejaria Miller Brewing "descobriu" o mercado consumidor de cerveja *light* (leve).

Estratégia de flanco é outro nome usado para identificar mudanças em segmentos de mercado. Essas mudanças estão abrindo lacunas não atendidas pelo perfil de produto atualmente oferecido pelo setor industrial, que podem ser preenchidas e transformadas em fortes segmentos de mercado. Em vez de uma batalha sangrenta entre duas ou mais empresas tentando atender ao mesmo mercado, o ataque de flanco leva a uma cobertura mais completa de variadas necessidades de mercado. Este tipo de ataque enquadra-se na melhor tradição da filosofia de marketing, cujo objetivo é descobrir necessidades e satisfazê-las. Os ataques de flanco têm maior probabilidade de ser bem-sucedidos do que os frontais.

**ATAQUE DE CERCO.** A manobra de cerco é uma tentativa de capturar ampla fatia do território inimigo através de um ataque abrangente e intensivo. O cerco envolve lançar grande ofensiva em várias frentes, de modo que o inimigo tenha que proteger, simultaneamente, seu frente, flancos e retaguarda. A empresa agressora pode oferecer ao mercado tudo ou mais do que a oponente oferece, tornando a oferta irrecusável. Este ataque faz sentido quando a empresa agressora detém recursos superiores e acredita que uma mudança de cerco destruirá a oponente. Aqui está um exemplo:

**SEIKO** A Seiko, fabricante japonesa de relógios, expandiu a distribuição em todos os principais mercados de relógios e venceu suas concorrentes conquistando os consumidores com uma enorme variedade de modelos constantemente renovados. Nos Estados Unidos, oferece 400 modelos de relógios, mas seu apelo de marketing está baseado nos 2.300 modelos que fabrica e vende em todo o mundo. "Os relógios Seiko proporcionam o máximo em termos de moda, características e preferências do usuário e tudo o mais que possa motivar o consumidor", afirma com admiração o vice-presidente de uma empresa norte-americana concorrente.

**EVITAR O ATAQUE.** Trata-se da forma mais indireta de estratégia de assalto. Significa evitar o inimigo e atacar mercados mais fáceis com o objetivo de ampliar a base de recursos. Essa estratégia oferece três linhas de abordagens: diversificação com produtos não relacionados, diversificação em novos mercados geográficos ou diversificação por novas tecnologias para superar os produtos existentes.

**COLGATE** Houve um tempo em que a Colgate era conhecida apenas como fabricante de sabonete e sabão em pó. Seu presidente, David Foster, reconhecia que qualquer batalha frontal contra a P&G seria fútil. "Eles nos metralhariam em 3x1 a nível de varejo", ele afirmava. Sua estratégia foi simples: aumentar a liderança da Colgate no exterior e evitar atacar a P&G no mercado interno, diversificando em mercados não atendidos pela mesma. Seguiu-se uma série de aquisições de empresas nas áreas têxteis, produtos hospitalares, cosméticos e em ampla variedade de artigos esportivos e produtos alimentícios. O resultado: A Colgate pôde enfrentar confortavelmente a P&G em vários mercados e evitou-a em outros.

O salto tecnológico é uma estratégia de evitar ataque, praticada, tipicamente, em setores de alta tecnologia. Em vez de copiar o produto do concorrente e empreender dispendioso ataque frontal, a desafiante, pacientemente, pesquisa e desenvolve a tecnologia seguinte e parte para o ataque, trazendo a batalha para seu território onde detém maior vantagem. O ataque bem-sucedido da Nintendo no mercado de *video games* foi uma disputa por participação de mercado, introduzindo uma tecnologia superior e redefinindo o "espaço competitivo". Agora, a Sega/Genesis está fazendo o mesmo com uma tecnologia mais avançada, à medida que são os criadores de entretenimento baseado na realidade virtual.

**ATAQUE DE GUERRILHA.** O ataque de guerrilha consiste em pequenas e intermitentes escaramuças sobre diferentes territórios da oponente, com o propósito de importuná-la e desmoralizá-la e, eventualmente, assegurar posições. Liddell-Hart declarou a lógica militar:

*A razão mais usual para adotar-se uma estratégia de objetivo limitado é a espera por uma mudança de equilíbrio de forças, uma mudança, freqüentemente, pretendida e alcançada por meio da drenagem das forças do inimigo, enfraquecendo-o com pequenas investidas em vez de golpes arriscados. A condição essencial de tal estratégia é que a drenagem do inimigo deve ser desproporcionalmente maior do que as perdas da desafiante. O objetivo pode ser atingido atacando-se suas fontes de suprimentos, por ataques localizados que aniquilem ou causem*

*baixas desproporcionais sobre partes de sua força,*
*atraindo-a para ataques desgastantes, levando-o a*
*uma distribuição excessivamente ampla de sua força*
*e não menos importante, exaurindo sua energia*
*moral e física.*[23]

A empresa guerrilheira usará meios convencionais
e não-convencionais para atacar a oponente. Estes in-
cluiriam cortes seletivos de preço, ofensivas promocionais
intensas e ações judiciais. Aqui está um exemplo de estratégia de guerrilha bem-sucedida:

**PRINCETON REVIEW** Fundada por Stanley H.
Kaplan, em 1938, os Centros Educacionais Kaplan passaram quase meio século desenvolvendo o mercado para
vender seus cursos preparatórios para exame de seleção
e montar uma rede nacional. Nos anos 80, o sistema
Kaplan havia-se tornado a maior rede de cursos preparatórios dos Estados Unidos. Depois, um jovem gradua-
do pela Universidade de Princeton, John Katzman, entrou em cena criando um negócio concorrente, o
Princeton Review, adotando uma série de ações de
marketing de guerrilha. A maioria dos ataques foi destinada a minar a imagem da Kaplan, que era, como colocou um ex-aluno, "maçante e desinteressante". Os anúncios do Princeton Review eram impetuosos e comunicavam o essencial: "Stanley é um fraco", alguns apregoa-
vam. Outros diziam: "Amigos não deixam amigos cursa-
rem o Kaplan", enquanto afirmavam que suas classes
eram menores e mais animadas". O próprio Katzman
registrou a marca Kaplan na Internet, de maneira que
podia contar horrores sobre seu concorrente. Sua empresa também passou a atacar a Educational Testing
Service (ETS), responsável pela preparação de testes
padronizados aplicados pelas empresas de seleção de
alunos candidatos a emprego, conseguindo obter reputação favorável junto aos estudantes. Nos anos 90, os
ataques de guerrilha da Princeton Review haviam atingido seu objetivo. A empresa não era mais uma simples
desafiante, mas uma líder, pelo menos no mercado de
testes de seleção de candidatos a emprego (o Kaplan
ainda domina 60% do mercado de cursos preparatórios
para as carreiras universitárias).

O ataque de guerrilha adotado pela Princeton
Review tornou-se um mal necessário para despertar a
Kaplan. Determinada a abolir sua imagem enfadonha e
a recuperar sua participação de mercado, contratou um
jovem diretor de marketing e, breve, estava veiculando
anúncios modernos em ônibus, *outdoors* e no metrô.
Agora, com uma concorrência acirrada e focada, a Kaplan
e a Princeton Review são obrigadas a inovar constantemente e a procurar vantagens competitivas e oportunidades fora do mercado atual. Para um exame de outros

benefícios da rivalidade intensa, veja a seção Memorando de Marketing intitulada "Decorrências da guerra".[24]

Normalmente, o ataque de guerrilha é praticado
por uma empresa menor contra outra maior. É o caso de
Davi atacando Golias. Não sendo capaz de empreender
um ataque frontal ou mesmo um ataque de flanco eficaz, a empresa menor lança pequenos ataques de redução de preços e de promoção de vendas em pontos alea-
tórios do mercado da oponente maior de maneira calculada para enfraquecer, gradualmente, seu poder de mercado. Mesmo neste caso, a desafiante deve decidir entre
lançar alguns grandes ataques ou uma série contínua de
pequenos ataques. O dogma militar assume que uma série
contínua de pequenos ataques cria, geralmente, maior
impacto cumulativo, desorganização e confusão nas forças do inimigo do que alguns grandes ataques. Assim, a
empresa que adota ataques de guerrilha acharia que é
mais eficaz atacar mercados pequenos, isolados e fracamente defendidos do que grandes mercados, como New
York, Chicago e Los Angeles, onde a defensora está mais
bem entrincheirada e mais disposta a retaliar rápida e
decisivamente.

Seria um erro achar que a campanha de guerrilha
é apenas uma estratégia alternativa de "baixos recursos", disponível para desafiantes financeiramente fracos.
Manter uma campanha de guerrilha contínua pode exigir muitos recursos, embora se admita que seja menos
onerosa do que um ataque frontal, de cerco ou mesmo
de flanco. Além disso, o ataque de guerrilha é mais uma
preparação para a guerra. Por fim, ele deve ser apoiado
por uma retaguarda forte se o agressor pretende vencer
o oponente.

## Escolha de uma estratégia de ataque específica

As cinco estratégias de ataque discutidas são muito amplas. A empresa desafiante deve reunir em uma
estratégia total vários tipos de estratégias. Ela pode escolher entre várias estratégias de ataque específicas:

● *Estratégia de redução de preço.* A desafiante pode vender um produto comparável a preço menor. Esta é
uma estratégia essencial para as lojas de descontos,
como Best Buy e Office Depot. Para esta estratégia
funcionar, três condições devem ser atendidas: Primeiro, a desafiante deve convencer os compradores
de que seu produto e serviço são comparáveis aos
da líder de mercado. Segundo, os compradores devem ser sensíveis à diferença de preço e não achar
constrangedora a idéia de abandonar seus fornecedores atuais. Terceiro, a líder de mercado deve re-
cusar-se a baixar o preço, não obstante o ataque da
desafiante.

23. LIDDELL-HART. Op. cit. p. 335.
24. MURPHY, Anne. Enemies, a love story. *Inc.* p. 77-81, Apr. 1993.

# Decorrências da guerra

A animosidade também traz vantagens. Os benefícios para uma empresa agressiva que visa um concorrente igualmente combativo incluem:

1. *Visibilidade.* A rivalidade ferrenha tende a atrair a atenção de todos. Há muita visibilidade e a imprensa se encarrega de espalhar a notícia pelo mundo a fora.
2. *Impulso mortal à inovação.* A concorrência direta é um antídoto contra a complacência da organização globalizada. Deve-se ficar atento durante todos os momentos.
3. *Feedback contínuo. Benchmarking* obsessivo significa que você saberá quando e onde será superado ou estará à frente. Dessa maneira, a correção do curso é mais rápida e, geralmente, mais barata.
4. *Subsídio para desenvolvimento do mercado.* Os custos de desenvolver um mercado ou construir uma indústria são compartilhados.
5. *Promoção intensiva de marca.* É mais fácil diferenciar e promover seu produto quando há um produto concorrente que você pode superar.
6. *Proteção de preço.* A menos que haja guerra de preço, as práticas de preço do concorrente podem ajudar a estabelecer um padrão da indústria que protege suas margens e lhe dá condições para cobrar mais caro.
7. *Barreiras à entrada.* Os entrantes potenciais podem ser evitados por uma boa luta entre dois rivais que estão dispostos a tudo para proteger o negócio.
8. *Moral elevada.* A rivalidade mantém os funcionários atentos, preparados para a luta, leais e orgulhosos.
9. *Disposição.* Você consegue jogar uma partida todos os dias e é compelido a vencer pelo menos algumas vezes.

**Fonte:** Reproduzido de MURPHY, Anne. Enemies, a love story. *Inc.,* p. 78, Apr. 1995.

---

- *Estratégia de produtos mais baratos.* A desafiante pode oferecer um produto de qualidade média ou baixa por um preço bem baixo. Por exemplo, os bolos Little Debbie são inferiores em qualidade às da Drake's, mas são vendidos pela metade do preço. Esta estratégia funciona quando há um segmento com compradores suficientes que estão interessados apenas em preço. Entretanto, as empresas que se estabelecem através desta estratégia podem ser atacadas por empresas semelhantes, que ofereçem preços ainda menores. Em defesa, elas podem tentar melhorar gradualmente a qualidade.
- *Estratégia de produtos de prestígio.* Uma desafiante de mercado pode lançar um produto de maior qualidade e fixar preço superior ao da líder. A Mercedes ganhou da Cadillac no mercado norte-americano ao oferecer um carro de maior qualidade a preço superior. Algumas empresas fabricantes de bens de prestígio oferecem, posteriormente, produtos de preços mais baixos para tirar vantagem do carisma conquistado.

- *Estratégia de proliferação de produtos.* A desafiante pode atacar a líder lançando ampla variedade de produtos, possibilitando aos consumidores maiores opções de escolha. A Baskin-Robbins conseguiu crescer no negócio de sorvetes ao promover seus 31 sabores diferentes, mais do que seus maiores concorrentes.
- *Estratégia de inovação de produto.* A desafiante pode procurar a inovação de produto para atacar a posição da líder. Tipicamente, a 3M entra em novos mercados introduzindo um produto melhor ou inovador. Freqüentemente, o público sai ganhando com a maioria das estratégias das desafiantes originadas com a inovação de produto.
- *Estratégia de melhoria nos serviços.* A desafiante pode tentar oferecer serviços novos e melhores para os consumidores. A IBM atingiu seu sucesso por reconhecer que os consumidores estavam mais interessados em *software* e serviços do que em *hardware*. O famoso ataque da Avis sobre a Hertz, "Somos apenas a segunda locadora. Estamos tentando melho-

rar", foi baseado na promessa e na entrega de carros mais limpos e de serviços mais rápidos do que a Hertz.

- *Estratégia de inovação em distribuição*. A desafiante pode descobrir ou desenvolver um novo canal de distribuição. A Avon tornou-se importante empresa de cosméticos ao aperfeiçoar a venda porta a porta, em vez de concorrer com outras empresas em lojas convencionais. A U. S. Time Company alcançou grande sucesso ao vender seus relógios baratos Timex através de canais de venda em massa em vez de joalherias.
- *Estratégia de redução do custo de fabricação*. A desafiante pode procurar baixar os custos de produção em relação a seus concorrentes, adotando procedimentos de compras mais eficientes, reduzindo os custos de mão-de-obra e empregando equipamentos de produção mais modernos. A empresa pode usar seus custos menores para fixar preço mais agressivamente e, assim, conquistar participação de mercado. Esta estratégia tem sido crítica para a invasão japonesa bem-sucedida dos mercados mundiais.
- *Promoção e propaganda intensiva*. Algumas desafiantes atacam a líder aumentando seus gastos em propaganda e promoção. A Miller Beer superou a Budweiser em sua tentativa de atingir o primeiro lugar no mercado norte-americano de cerveja. Entretanto, gastos promocionais substanciais não são, geralmente, uma estratégia sensível, a menos que o produto da desafiante ou a mensagem de propaganda exiba superioridade sobre a concorrência.

Raramente, uma desafiante melhora sua participação de mercado confiando em apenas uma estratégia. Seu sucesso depende da combinação de diversos princípios para melhorar sua posição ao longo do tempo.

## Estratégias da empresa seguidora de mercado

Há alguns anos, o professor Levitt escreveu um artigo intitulado *Imitação inovativa* no qual argumentava que uma estratégia de *imitação de produto* pode ser tão rentável quanto outra de *inovação de produto*.[25] Uma inovadora, como a Sony, faz grandes gastos no desenvolvimento de novos produtos, coloca-os nos canais de distribuição, informa e prepara o mercado. Normalmente, a recompensa de todo este trabalho e risco é a conquista da liderança de mercado. Entretanto, outras empresas podem copiar ou melhorar os novos produtos. Por exemplo, a Panasonic raramente faz qualquer inovação. Ao contrário, copia os novos produtos da Sony e vende-os a preços inferiores. Obtém maior lucro do que a Sony porque não investe em inovação e educação do

mercado. A Sony considera a Panasonic uma inimiga cruel.

Muitas empresas seguidoras preferem acompanhar a desafiar a líder de mercado. O esforço para atrair consumidores da líder nunca é desconsiderado por esta. Se a ação da desafiante for baixar preços, melhorar serviços ou acrescentar características no produto, a líder pode, rapidamente, fazer o mesmo para dispersar o ataque. Provavelmente, a líder tem mais poder de resistência em todo o campo de batalha. Uma luta árdua pode deixar ambas as empresas em pior situação, significando que as empresas seguidoras devem pensar cuidadosamente, antes de atacar. A menos que a empresa possa lançar um ataque de surpresa, na forma de uma inovação substancial do produto ou revolução na distribuição, ela prefere, freqüentemente, acompanhar em vez de atacar a líder.

Padrões de "paralelismo consciente" são comuns em setores industriais de capital intensivo e de produto homogêneo, como aço, fertilizantes e produtos químicos. As oportunidades para diferenciação de produto e de imagem são baixas; a qualidade dos serviços é, freqüentemente, comparável e a sensibilidade a preço é alta. Guerras de preço podem ocorrer a qualquer momento. A tendência desses setores industriais é evitar a conquista de participação de mercado a certo prazo porque essa estratégia apenas provoca retaliação. A maioria das empresas evita roubar consumidores uma das outras. Pelo contrário, apresentam ofertas similares aos compradores, geralmente copiando a líder. As participações de mercado mostram alta estabilidade.

Isso não quer dizer que faltam estratégias às seguidoras de mercado. Uma seguidora de mercado deve saber como manter seus consumidores atuais e conquistar outros novos. Cada uma delas tenta oferecer vantagens distintas para seu mercado-alvo - localização, serviços e financiamento. A seguidora é alvo importante de ataque por parte das desafiantes. Além disso, a seguidora de mercado deve manter seus custos de produção baixos e a qualidade do produto e serviços altos. Ela deve também entrar em novos mercados à medida que eles se abrem.

Geralmente, seguir a líder não é o mesmo que ser passiva ou papel carbono da mesma. A seguidora precisa definir um caminho de crescimento que não seja convite a uma retaliação competitiva. Podemos distinguir quatro estratégias amplas para as empresas seguidoras:

- *Contrafação*. A empresa contrafatora reproduz o produto e a embalagem da líder, que é vendido no mercado negro ou através de revendedores irresponsáveis. Empresas como Apple Computer e Rolex vivem enfrentando o problema da contrafação, principalmente no Extremo Oriente, e estão procurando meios de defenderem suas marcas.

25. LEVITT, Theodore. Innovative imitation. *Harvard Business Review*, p. 63 ss, Sept./Oct. 1966. Veja também SCHNAARS, Steven P. *Managing imitation strategies*: how later entrants seize markets from pioneeers. New York : Free Press, 1994.

**Fonte:** DOYLE, Rob. *Business Week,* 26 June 1995.

**Figura 13.6** *Marcas clones.*

- *Clonagem.* A empresa que pratica a clonagem copia os produtos, distribuição, propaganda etc. da líder. O produto e a embalagem copiados podem lembrar a líder, enquanto a marca pode ser levemente diferente, como "Coko-Cola" em vez de "Coca-Cola". A empresa copiadora vive como parasita usufruindo os investimentos da líder. Por exemplo, a Ralcorp Holding Inc. vende imitações de cereais para o café da manhã em embalagens similares às das marcas líderes. Suas marcas Tasteeos, Fruit Rings e Corn Flakes (Figura 13.6) são vendidas por aproximadamente $ 1 a menos do que as marcas líderes. No negócio de informática, os clones são presença comum. A maioria das concorrentes da IBM no mercado de microcomputadores começou copiando seu micro.[26]
- *Imitação.* A empresa imitadora copia algumas coisas da líder, mas mantém a diferenciação em termos de embalagem, propaganda, preço e assim por diante. A líder não se preocupa com a imitadora, à medida que esta não a ataque agressivamente. A imitadora até contribui para que a líder não seja acusada de monopólio.
- *Adaptação.* A empresa adaptadora parte do produto da líder, adaptando-o e, freqüentemente, melhorando-o. A adaptadora pode escolher vender para mercados diferentes, evitando o confronto direto com a líder. Entretanto, a adaptadora, freqüentemente, cresce, tornando-se futura desafiante, como vem ocorrendo com muitas empresas japonesas após adaptarem e melhorarem produtos desenvolvidos em outros países.

O que uma empresa seguidora ganha? Embora não assumam os custos de inovação, ela, normalmente, ganha menos do que a líder. Por exemplo, um estudo de empresas processadoras de alimentos mostrou que a maior empresa obteve um retorno de 16% sobre o investimento (ROI, a segunda, 6%, a terceira, 1% e a quarta

obteve prejuízo de 6%. Neste caso, apenas as duas principais empresas obtiveram lucro e a terceira não teve nada para se gabar. Não é de se admirar que Jack Welch, presidente da GE, disse que cada uma de suas unidades de negócio deve atingir a primeira ou segunda posição em seus mercados! Freqüentemente, as empresas seguidoras não têm um caminho promissor a trilhar.

## Estratégias de ocupantes de nicho

Uma alternativa para tornar-se seguidora em um grande mercado é ser líder em pequeno mercado ou nicho (veja a discussão de nichos no Capítulo 9). Normalmente, as empresas menores direcionam-se a pequenos mercados, de pouco ou nenhum interesse das grandes empresas. Aqui estão dois exemplos:

**LOGITECH INTERNATIONAL**   A Logitech tornou-se uma história de sucesso global com faturamento de $ 300 milhões, fabricando os mais variados modelos imagináveis de *mouses* para microcomputadores. Fabricando um *mouse* a cada 1,6 segundo, ela atende a pessoas destras e canhotas, oferece modelos sem fio que usam ondas de rádio, imitam ratos reais para crianças e vende uma versão tridimensional, que parece mover-se por trás dos objetos da tela. Fabricando apenas *mouses,* a Logitech domina o mercado mundial e a Microsoft é sua seguidora de mercado.[27]

**TECNOL MEDICAL PRODUCTS**   Ao focar a fabricação de máscaras faciais hospitalares, a Tecnol Medical Products concorre com duas empresas gigantes: Johnson & Johnson e 3M. A Tecnol transformou uma máscara facial comum em uma linha lucrativa de máscaras especializadas que previnem os funcionários de infecções hospitalares. Agora, esta empresa pouco conhecida

---

26. BURNS, Greg. A fruit loop by any other name. *Business Week,* p. 72, 76, 26 June 1995.
27. McGRATH, Allen J. Growth strategies with a '90s twist. *Across the Board,* p. 43-46, Mar. 1995.

superou a J&J e a 3M, tornando-se a principal fornecedora de máscaras aos hospitais norte-americanos.[28]

Todavia, o cultivo de um nicho é apenas uma faceta do sucesso dessas empresas. Por exemplo, O sucesso da Tecnol em seu nicho pode ser atribuído a sua habilidade de (1) fazer seu trabalho com muito cuidado (as máscaras cirúrgicas são produtos de menor expressão para a J&J e 3M), (2) manter os custos baixos ao desenvolver e fabricar o produto no próprio país, (3) inovar constantemente, lançando anualmente uma dezena de novos produtos e (4) adquirir rivais menores para ajudar a ampliar sua oferta de produtos.

Crescentemente, mesmo as grandes corporações estão criando unidades de negócio ou empresas para atender a nichos. Aqui estão alguns exemplos de grandes empresas rentáveis que têm adotado estratégias de nicho:

**O SETOR DE CERVEJA** As cervejas especiais fabricadas por pequenas cervejarias, como a Pyramid Ale e a Pete's Wicked Ale, representam o único mercado de cerveja que está mostrando algum potencial de crescimento no final dos anos 90. Esse fato tem levado as quatro grandes cervejarias (Anheuser Busch, Miller, Adolph Coors e Stroh Brewery) a lançar suas próprias marcas especiais. Por exemplo, há a Elk Mountain da Anheuser, a Red Dog e a Icehouse da Miller e a George Killian, da Coors. Entretanto, os consumidores não desejam comprar cervejas especiais fabricadas por grandes cervejarias. Assim, a Miller anuncia que suas marcas Red Dog e Icehouse são fabricadas pela Plank Road Brewery. Plank Road era o nome de uma cervejaria do século 19, da cidade de Milwaukee, que não existe há muito tempo.[29]

**ILLINOIS TOOL WORKS** A Illinois Tool Works fabrica milhares de produtos, incluindo pregos, chaves de fenda, embalagens plásticas para refrigerantes, bicicletas, capacetes, mochilas, fivelas para coleiras de cães, embalagens descartáveis de alimentos etc. Possui 90 divisões totalmente autônomas. Quando uma delas comercializa um novo produto, os funcionários envolvidos com o produto passam a formar uma nova entidade.

O ponto principal é que as empresas com participações baixas do mercado total podem ser altamente rentáveis quando se especializam em nichos. Clifford e Cavanagh identificaram cerca de duas dezenas de empresas médias muito bem-sucedidas e estudaram seus fatores de sucesso.[30] Constataram que quase todas as empresas eram ocupantes de nichos. Um exemplo é a A. T. Cross, que criou um nicho próprio no mercado de canetas e lápis de preços elevados, como seus famosos instrumentos dourados de escrita que a maioria dos executivos, gerentes e profissionais possui. Esta empresa ocupou o nicho de preço elevado e obteve grande crescimento de vendas e lucro. Outros fatores compartilhados por empresas bem-sucedidas em seus nichos incluem o oferecimento de valor elevado, cobrança de preço também elevado, custos mais baixos e desenvolvimento de cultura e visão corporativa fortes.

Em um estudo que envolveu centenas de unidades de negócio, o Strategic Planning Institute constatou que o retorno sobre o investimento é, em média, 27% nos mercados menores, mas apenas 11% nos maiores.[31] Por que a ocupação de nicho é rentável? A principal razão é que a empresa ocupante de nicho termina conhecendo o grupo-alvo de consumidores tão bem que atende a suas necessidades melhor do que outras empresas que, casualmente, vendem a esse nicho. Como resultado, a ocupante de nicho pode cobrar uma margem substancial sobre os custos em função do valor agregado oferecido. Ela obtém *margem alta*, enquanto a empresa que vende em massa consegue *volume alto*.

As ocupantes de nichos têm três tarefas: criar, expandir e proteger nichos. Por exemplo, a Nike, fabricante de calçados atléticos, está, constantemente, criando novos nichos ao desenhar calçados especiais para diferentes esportes e exercícios como marcha a pé, caminhadas, ciclismo, *windsurf* e assim por diante. Após criar mercado para um uso específico, a empresa expande o nicho desenvolvendo diferentes versões (por exemplo, calçados especializados para os que caminham depressa e devagar ou para gordos e magros) e marcas (por exemplo, Nike Air Jordans *versus* Nike Airwalkers). A Nike deve proteger sua posição de liderança à medida que novos concorrentes entram no nicho.

A empresa ocupante de nicho tem um grande risco porque ele pode desaparecer ou ser atacado. Ela fica presa a recursos especializados que podem não ter usos alternativos de alto valor. Por exemplo, a Minnetonka, pequena empresa de Minnesota, desenvolveu um sabão líquido em um recipiente que fornecia estética e conveniência no banheiro. O sabão era comprado por algumas residências como item de especialidade. Entretanto, quando as grandes empresas perceberam este nicho, invadiram-no e o transformaram em um supersegmento, reduzindo a participação de mercado da Minnetonka.

28. ANDERSON, Stephanie. Who's afraid of J&J e 3M? *Business Week*, p. 66-68, 5 Dec. 1994.
29. MELCHER, Richard A. From the microbrewers who brought you Bud, Coors ..." *Business Week*, p. 66-68, 5 Dec. 1994.
30. CLIFFORD, Donald K., CAVANAGH, Richard E. *The winning performance*: how America's high and midsize growth companies succeed. New York : Bantam Books, 1985.
31. Relatado em LINNEMAN, E. R., STANTON, L. J. *Making niche marketing work*. New York : McGraw-Hill, 1991.

# Estratégias para entrar em mercados dominados por empresas bem posicionadas

Que estratégias de marketing as empresas podem usar para entrar em um mercado dominado por empresas bem posicionadas? Biggadike examinou as estratégias de 40 empresas invasoras. Constatou que dez delas entraram com preço menor, nove fixaram o mesmo preço das dominantes e 21 estabeleceram preço maior. Enquanto 28 delas divulgaram possuir qualidade de produto superior, cinco igualaram a qualidade das dominantes e sete declararam estar oferecendo qualidade inferior. A maioria das ingressantes oferecia uma linha de produtos especializados e atendia a um segmento de mercado mais estreito. Menos de 20% delas conseguiram inovar em novo canal de distribuição. Metade gastava menos do que as dominantes em força de vendas, propaganda e promoção. Assim, o composto de marketing médio das ingressantes era (1) preço e qualidade superiores, (2) linha de produtos mais estreita, (3) segmento de mercado mais estreito, (4) canais de distribuição similares, (5) serviços superiores e (6) menores gastos em força de vendas, propaganda e promoção.

Carpenter e Nakamoto examinaram estratégias para lançar um novo produto em mercado dominado por marcas como Jell-O ou Federal Express. (Essas marcas, que incluem muitas pioneiras de mercado, são particularmente difíceis de ser atacadas porque muitas representam o padrão de julgamento para outras marcas. Entretanto, uma nova marca levemente diferente pode ser percebida como menos atraente e outra similar pode ser vista como não oferecendo nenhuma característica exclusiva.) Eles identificaram quatro estratégias que possuem bom potencial de lucro nestas situações:

- *Diferenciação* – posicionar longe da marca dominante com preço igual ou mais alto e maior gasto em propaganda para estabelecer a nova marca como alternativa crível à marca dominante. Exemplo: a motocicleta Honda desafiando a Harley Davidson.
- *Desafio* – posicionar junto a marca dominante com forte gasto em propaganda e preço igual ou mais alto para desafiar a marca dominante como o padrão da categoria. Exemplo: a Pepsi competindo com a Coke, a Avis competindo com a Hertz.
- *Nicho* – posicionar longe da marca dominante com preço alto e orçamento de propaganda baixo para explorar um nicho rentável. Exemplo: o creme dental natural Tom's of Mind competindo com o Crest.
- *Preço alto (premium)* – posicionar próximo a marca dominante com pequeno gasto em propaganda, mas com preço alto para atrair a "nata" do mercado. Exemplo: o chocolate Godiva e o sorvete Haagen-Dazs concorrendo com as marcas padrões.

Schnaars examinou as estratégias de empresas invasoras bem-sucedidas que entraram em mercados ocupados por empresas bem posicionadas e, eventualmente, assumiram a liderança. Ele detalhou mais de 30 casos em que a imitadora desbancou a inovadora, conforme o seguinte resumo:

| Produto | Inovadora | Imitadora |
|---|---|---|
| Software de processsamento de texto | Word Star | WordPerfect |
| Planilha eletrônica | Unicalc | Lotus 1-2-3 |
| Cartão de crédito | Diners' Club | Visa e MasterCard |
| Canetas com ponta de esfera | Reynolds | Parker |
| Tomografia computadorizada | EMI | General Electric |
| Calculadoras manuais | Bowmar | Texas Instruments |
| Processadores de alimentos | Cuisinart | Black & Decker |

As imitadoras conquistaram o mercado ao oferecer preços mais baixos, melhorar o produto ou usar poder de mercado e recursos superiores. Freqüentemente, as inovadoras falharam em função de complacência, má administração, baixa qualidade de produto ou recursos inadequados para competir com as invasoras.

**Fontes:** Veja BIGGADIKE, Ralph. *Entering new markets*: strategies and performance. Cambridge, MA : Marketing Science Institute, 1977. p. 12-20; CARPENTER, Gregory S., NAKAMOTO, Kent. Competitive strategies for late entry into a market with a dominant brand. *Management Science*, p. 1268-1278, Oct. 1990; CARPENTER, Gregory S., NAKAMOTO, Kent. Competitive late mover strategies. Artigo interno. Northwestern University, 1993; e SCHNAARS, Steven P. *Managing imitation strategies*: how later entrants seize markets from pioneers. New York: Free Press, 1994.

## Especialização por nicho

A idéia-chave para a estratégia de nicho é a especialização. As especializações, a seguir, estão abertas às empresas ocupantes de nichos:

- *Especialização por usuário final.* A empresa especializa-se no atendimento de um tipo de cliente final. Por exemplo, um escritório de advocacia pode especializar-se em direito penal, civil ou em legislação empresarial. As empresas de informática estão entre os mais recentes negócios especializados por usuário final, com exceção ao que denominam de *marketing vertical.* Durante anos, essas empresas vendiam *hardware* e *software* em geral, em muitos mercados, e as batalhas de preço eram freqüentes. As pequenas empresas começaram a se especializar por fatias verticais como escritórios de advocacia, consultórios médicos, bancos etc., estudando as necessidades de *hardware* e *software* de seus grupos-alvos e desenhando produtos de alto valor agregado que possuíam vantagem competitiva sobre os produtos mais gerais. Suas forças de venda eram treinadas para entender e servir o mercado vertical específico. As empresas de informática também trabalhavam com *revendedores de valor agregado* independentes que adaptavam o *hardware* e os programas a seus clientes ou segmentos de consumidores, podendo cobrar preço mais elevado no processo.[32]
- *Especialização por nível vertical.* A empresa especializa-se em algum nível vertical da cadeia de valor produção-distribuição. Por exemplo, uma empresa de cobre pode concentrar-se na produção de cobre bruto, componentes de cobre ou produtos fabricados por cobre.
- *Especialização por tamanho de cliente.* A empresa concentra-se na venda a clientes pequenos, médios ou grandes. Muitas ocupantes de nichos especializam-se em atender a clientes pequenos que não negligenciados pelas grandes empresas.
- *Especialização por cliente específico.* A empresa limita-se em vender a um ou a alguns grandes clientes. Muitas empresas vendem a produção total a uma única compradora, como Sears e General Motors.
- *Especialização por área geográfica.* A empresa vende apenas em determinada localidade, região ou área mundial.

- *Especialização por produto ou linha de produtos.* A empresa fabrica apenas um produto ou linha de produtos. Por exemplo, uma empresa pode especializar-se na fabricação de lentes para microscópios. Um varejista pode vender apenas gravatas ou meias, como as redes britânicas Tie Rack e Sock-Box fazem.
- *Especialização por característica de produto.* A empresa especializa-se na produção de determinado tipo de produto ou característica de produto. Por exemplo, a Rent-a-Wreck é uma locadora de automóveis da Califórnia que aluga apenas carros avariados.
- *Especialização por tipo de tarefa.* A empresa adapta seus produtos conforme as tarefas de seus clientes.
- *Especialização por qualidade/preço.* A empresa opera na base ou no topo do mercado. Por exemplo, a Hewlett Packard especializou-se em alta qualidade e preço alto no mercado de calculadoras de bolso.
- *Especialização por serviço.* A empresa oferece um ou mais serviços não disponíveis em outros concorrentes. Um exemplo seria um banco que aprova pedidos de empréstimos por telefone e leva o dinheiro até o cliente.
- *Especialização por canal.* A empresa especializa-se em atender apenas um canal de distribuição. Por exemplo, uma fábrica de refrigerantes decide produzir um refrigerante tamanho família disponível apenas nos postos de gasolina.

As empresas devem reconhecer que os nichos podem ser enfraquecidos. Ela deve ficar atenta a outras oportunidades de nicho e não ficar restrita ao nicho atual, porque a estratégia de *nicho múltiplo* é preferível à de *nicho único.* Ao desenvolver força em dois ou mais nichos, a empresa aumenta suas chances de sobrevivência.

As empresas que entram em um mercado devem, inicialmente, procurar um nicho, em vez de se orientarem para o mercado total. A seção *Insight* de Marketing intitulada "Estratégias para entrar em mercados dominados por empresas bem posicionadas" descreve as principais estratégias usadas por várias empresas que entraram em mercados já ocupados. A maioria delas escolheu uma estratégia de nicho.

### RESUMO

1. As estratégias de marketing são altamente dependentes de a empresa ser líder de mercado, desafiante, seguidora ou ocupante de nicho.

2. A empresa líder de mercado possui maior participação no mercado relevante do produto. Para permanecer como empresa dominante, a líder engaja-se

---

32. Veja UTTAL, Bro. Pitching computers to small businesses. *Fortune,* p. 95-104, 1 Apr. 1995; veja também GANNES, Stuart. The riches in market niches. *Fortune,* p. 227-230, 27 Apr. 1987.

em três atividades. Primeiro, procura maneiras de expandir a demanda do mercado total identificando novos usuários, novos usos e maior taxa de uso de seus produtos. Segundo, tenta proteger sua participação atual de mercado através de uma estratégia de posição, flanco, antecipação de ataque, contra-ofensiva, móvel ou de contração. As líderes mais sofisticadas protegem-se fazendo as coisas certas, não deixando aberturas para o ataque competitivo. Terceiro, pode tentar aumentar sua participação de mercado. Tal estratégia faz sentido se houver aumento da rentabilidade nos níveis mais elevados de participação de mercado e se a empresa não precisa preocupar-se com ações antitruste.

3. A empresa desafiante de mercado ataca a líder e outros concorrentes de maneira agressiva para conquistar maior participação de mercado. As desafiantes podem escolher entre cinco tipos de ataque: frontal, flanco, cerco, evitar o ataque, guerrilha ou qualquer combinação dos mesmos. Em termos de estratégias de ataque específicas, as desafiantes podem reduzir os preços, fabricar bens mais baratos, bens de prestígio, bens variados, produtos ou distri-

buição totalmente inovadores, melhorar os serviços, reduzir os custos de produção ou engajar-se em propaganda intensiva.

4. A seguidora de mercado está disposta a manter sua participação de mercado e não correr riscos. Entretanto, devem ter estratégias destinadas a manter, aumentar a participação de mercado e ampliar o mercado. Uma seguidora pode exercer o papel de contrafatora, copiadora, imitadora ou adaptadora.

5. A empresa ocupante de nicho atende a pequenos segmentos de mercado que não estão sendo atendidos pelas empresas maiores. Embora essas empresas sejam, tradicionalmente, pequenas, várias grandes empresas estão adotando estratégias de nicho. A chave para a adoção de nicho é a especialização. As ocupantes de nicho podem selecionar uma ou mais das seguintes áreas de especialização: usuário final, nível vertical, tamanho de cliente, cliente específico, área geográfica, produto ou linha de produto, característica de produto, tipo de tarefa, qualidade/preço, serviço ou canal. Geralmente, a estratégia de nichos múltiplos é preferível à de nicho único.

## APLICAÇÕES CONCEITUAIS

1. Durante a última década, as guerras das colas envolveram as duas principais empresas fabricantes deste tipo de refrigerante, mas, agora, parece que uma nova marca está disputando maior participação de mercado. Com a aquisição recente das empresas Dr. Pepper e 7Up, a Cadbury-Schweppes aumentou sua participação no mercado norte-americano de 4% para 16% e preparou-se para o crescimento mundial. Quem é a líder no mercado de refrigerantes e colas? Quem é a desafiante? Sugira um curso de ação para a Cadbury-Schweppes permanecer em um mercado formado apenas por essas duas grandes empresas.

2. Em 1986, uma manchete da revista *Business Week* dizia: "Como a Ford acertou o alvo com o Taurus". Em letras menores lia-se a razão do triunfo: "Uma equipe 'emprestada' do Japão fabricou o carro norte-americano 'mais quente' dos últimos anos".
Antes de desenhar o Taurus, a Ford comprou um Honda Accord e um Toyota Corolla, procurando encontrar coisas que podia copiar ou fazer melhor do que suas concorrentes. Ela também providenciou pesquisas para detectar as preferências dos consumidores e descobrir que "pequenas coisas" eles gostariam de ter em seus carros. Os resultados das pesquisas compensaram. No início dos anos 90, o Ford Taurus tornou-se o carro número um dos Estados

Unidos, substituindo o Honda Accord, que detinha esta posição há vários anos. Quais são algumas estratégias que a desafiante, Honda Accord, poderia empregar para recuperar sua participação de mercado?

3. Os mercados maduros tendem a possuir um conjunto definido de fornecedores, concorrentes, distribuidores e consumidores. Parece que esse conjunto fechado de participantes protege-se contra a entrada de novos participantes. Freqüentemente, esta situação recebe o apoio de grupos externos como legisladores governamentais, sindicatos de trabalhadores, associações comerciais e industriais, instituições financeiras e outros.
Roger Billings inventou um automóvel movido a hidrogênio que utiliza a energia nuclear. Quais os prováveis desafios que Billings enfrentará para colocar seu produto no mercado? Você acha que as líderes ou desafiantes do mercado automobilístico estariam interessadas em fazer parceria com Billings para fabricar o carro a hidrogênio? É possível desenvolver-se um mercado de nicho? Como Billings deveria proceder?

4. Quando os microcomputadores foram lançados, a IBM optou por não entrar no mercado. Ela já era líder de mercado no setor de computadores *mainframes*. Viu o microcomputador, principalmen-

te, como um "brinquedo" e preferiu não arriscar sua sólida reputação no que poderia ser uma moda passageira.

Sem dúvida, agora a IBM é uma grande fabricante de microcomputadores. Identifique as líderes, desafiantes, seguidoras e ocupantes de nichos no mercado de microcomputadores. Quais algumas das estratégias empregadas por elas? Que outras estratégias você recomendaria?

5. A Burger King vem enfrentando problemas para encontrar uma estratégia adequada. Entre 1985 e 1987, empreendeu quatro grandes campanhas de propaganda. A campanha "A melhor comida para a correria do dia-a-dia" não foi bem recebida pelos consumidores e franquiados e as campanhas "Batalha de hambúrgueres" e "Herb" foram igualmente impopulares. A Burger King tem sido inábil em encontrar uma estratégia de desafiante de mercado bem-sucedida que mantenha sua participação de mercado relativamente estável.

Que estratégias de desafiadora de mercado a Burger King pode usar para melhorar sua participação de mercado? Mantenha em mente que as tentativas da empresa gerar crescimento através da introdução de novos produtos não têm sido estabelecidas sem considerar a McDonald's ou a Wendy's. Assim, a BK não encontrou um ataque frontal (campanha "Batalha dos hambúrgueres") ou de flanco (introdução dos mini-hambúrgueres denominados Burger Bundles) que funcionasse efetivamente. Uma estratégia de melhoria dos serviços também não funcionou; o serviço de mesa foi descartado logo após ser introduzido.

6. Comente as seguintes declarações feitas sobre a estratégia de marketing apropriada para as pequenas empresas:

a. "As pequenas empresas devem atrair clientes das grandes empresas, enquanto estas devem concentrar forças para estimular a entrada de novos consumidores no mercado."

b. "As grandes empresas devem ser pioneiras em novos produtos e as pequenas devem copiá-los."

7. Você faz parte de uma equipe de administração de produto para uma linha de sabão em pó da Lever Brothers. O objetivo de seu grupo é desafiar a linha concorrente da P&G e tornar-se líder de mercado, mas você não sabe como deve proceder. Discuta os prós e contras de cada uma das seguintes estratégias de mercado: (a) ataque frontal, (b) ataque de flanco, (c) ataque de cerco, (d) evitar o ataque e (e) ataque de guerrilha.

8. Usando a lista de estratégias das ocupantes de nichos mostradas no texto (especialidade por usuário final, nível vertical, tamanho de cliente, cliente específico, tarefa, preço/qualidade, serviço e canal), identifique uma empresa (outra que tenha sido identificada no capítulo) que emprega cada uma destas estratégias e descreva brevemente como elas foram implementadas.

9. No Capítulo 11, discutimos os desafios de lançar novos produtos no mercado. Geralmente, os custos de desenvolvimento são muito elevados. Por esta razão, uma estratégia de imitação de produto pode ser tão ou mais rentável do que uma estratégia de inovação. Além dos custos de desenvolvimento, que outros desafios são enfrentados por uma empresa pioneira em novo produto?

# 14 Desenvolvimento e Administração de Estratégias de Marketing para o Mercado Global

*Um viajante sem conhecimento é um pássaro sem asas.*
SA'DI, GULISTAN (1258)

*Definimos estratégias e obtemos recursos globalmente; fabricamos regionalmente e vendemos localmente (...) Alavancamos as forças de nossas marcas e, ao mesmo tempo, dirigimos o foco às preferências dos consumidores locais.*
HERBERT BAUM, EX-PRESIDENTE DA CAMPBELL'S SOUP

O mundo está rapidamente encolhendo com o advento de meios de comunicação, transporte e fluxos financeiros mais rápidos. Produtos desenvolvidos em um país, como as bolsas Gucci, canetas Mont Blanc, hambúrgueres McDonald's, *sushi* japonês, ternos Pierre Cardin, BMWs alemães estão encontrando forte aceitação em outros países. Não ficamos surpresos ao ouvir falar de homens de negócios usando ternos italianos, encontrando um amigo inglês em um restaurante japonês que, mais tarde, volta para casa para beber vodca russa e assistir ao programa *Melrose Place* na televisão.

Verdadeiramente, muitas empresas vêm praticando marketing internacional há décadas. Nestlé, Shell, Bayer e Toshiba são familiares à maioria dos consumidores de todo o mundo. Entretanto, hoje, a competição global está-se intensificando. As empresas domésticas que nunca se preocuparam com concorrentes estrangeiros, repentinamente, os encontram dentro de seus próprios mercados. Manchetes de jornais divulgam as vitórias dos japoneses sobre os fabricantes norte-americanos em produtos eletrônicos de consumo, motocicletas, máquinas copiadoras, câmeras fotográficas e relógios; as conquistas obtidas pelos carros japoneses, alemães, suecos e coreanos no mercado norte-americano e a perda dos mercados de têxteis e calçados para as importações do Terceiro Mundo. Muitas empresas que se consideram norte-americanas são, realmente, estrangeiras: Bantam Books, Baskin-Robbins Ice Cream, Capitol Records, Kiwi Shoe Polish e Lipton Tea.

Embora alguns desejem a eliminação da concorrência estrangeira através de legislação protecionista, esta prática, a longo prazo, aumenta os custos e protege as empresas domésticas ineficientes. A melhor maneira das empresas competirem é a melhoria contínua de seus produtos e a expansão em mercados internacionais.

Ironicamente, embora as empresas necessitem entrar e competir em mercados estrangeiros, os riscos são elevados. Há muitos desafios a ser enfrentados, incluindo mudanças de fronteiras, governos instáveis, problemas com a taxa de câmbio, corrupção e pirataria tecnológica (Veja a Tabela 14.1).[1] Por estas razões, pode-se concluir que as empresas estão predestinadas a ficar em seu país ou a ir para o exterior. Poderíamos argumentar que as empresas que vendem em setores industriais globais não têm escolha, a não ser internacionalizar suas operações.

**SETOR INDUSTRIAL GLOBAL** é um conjunto de empresas em que as posições estratégicas dos concorrentes nos principais mercados geográficos e nacionais são, fundamentalmente, afetados por suas posições globais.[2] *Empresa global* é aquela que opera em mais de um país e obtém vantagens em pesquisa e desenvolvimento, produção, logística, marketing, finanças, custos e reputação, que não estão disponíveis para os concorrentes basicamente domésticos.

---

1. Para mais informações sobre mudanças de fronteiras, veja CLARK, Terry. National boundaries, border zones and marketing strategy: a conceptual framework and theoretical model of secondary boundary effects. *Journal of Marketing,* p. 67-80, July 1994.
2. PORTER, Michael E. *Competitive strategy.* New York : Free Press, 1980. p. 275.

As empresas globais planejam, operam e coordenam suas atividades em base mundial. Por exemplo, o "caminhão mundial" da Ford possui cabine fabricada na Europa, chassis construído nos Estados Unidos, é montado no Brasil e exportado para os norte-americanos. O sistema de segurança da porta dos Elevadores Otis é fabricado na França, as engrenagens, na Espanha, os controles eletrônicos, na Alemanha, o motor, no Japão e são montados nos Estados Unidos. Uma empresa não precisa ser grande para vender globalmente. Pequenas e médias empresas podem adotar estratégias globais de nicho, como ocorre com muitas empresas escandinavas e belgas.

Neste capítulo, examinaremos as seguintes questões (Figura 14.1):

- **Que fatores uma empresa deve examinar antes de decidir ir para o exterior?**
- **Como as empresas avaliam e selecionam mercados estrangeiros específicos para entrar?**
- **Quais as principais maneiras alternativas de uma empresa entrar em um mercado estrangeiro?**
- **Em que extensão a empresa deve adaptar seus produtos e programa de marketing para cada país estrangeiro?**
- **Como a empresa deve administrar e organizar suas atividades organizacionais?**

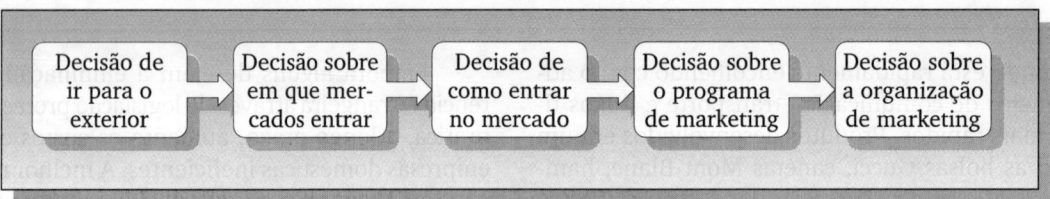

**Figura 14.1** *Principais decisões de marketing internacional.*

## DECISÃO DE IR PARA O EXTERIOR

A maioria das empresas preferiria permanecer em seus negócios domésticos se o mercado fosse suficientemente grande. Os administradores não precisariam aprender a língua e as leis de outro país, lidar com moedas estranhas e voláteis, enfrentar incertezas e problemas políticos e legais ou ter que redesenhar seus produtos para atender às diferentes necessidades e expectativas dos consumidores. O negócio seria mais fácil e seguro.

Todavia, há vários fatores que podem levar uma empresa à arena internacional:

- Empresas globais oferecendo produtos melhores ou preços menores podem atacar seu mercado doméstico. A empresa pode desejar contra-atacar essas empresas em seus mercados domésticos para minar seus recursos.
- A empresa pode descobrir que alguns mercados externos apresentam maiores oportunidades de lucro do que o mercado doméstico.
- Ela pode necessitar de uma base mais ampla de consumidores para obter economia de escala.
- Ela pode desejar diminuir sua dependência de qualquer mercado e, assim, reduzir o risco.

- Os clientes da empresa podem estar indo para o exterior, exigindo, assim, serviço internacional.

Antes de tomar uma decisão de ir para o exterior, a empresa deve ponderar vários fatores:

- Ela pode não conhecer as preferências dos consumidores estrangeiros e falhar no oferecimento de um produto competitivamente atraente. (A Tabela 14.2 lista alguns famosos erros cometidos por empresas norte-americanas bem conhecidas.)
- Ela pode não entender a cultura gerencial do país estrangeiro ou não saber como lidar eficazmente com seus executivos.
- Ela pode subestimar as leis estrangeiras e incorrer em custos inesperados.
- Ela pode perceber que não possui gerentes com experiência internacional.
- O país estrangeiro pode mudar suas leis comerciais, desvalorizar sua moeda ou empreender uma revolução política e desapropriar a propriedade estrangeira.

Em razão das vantagens e dos riscos da concorrência, as empresas, freqüentemente, não agem até que algum evento lhes inspire confiança na arena internacio-

**Tabela 14.1** *Desafios em marketing internacional.*

1. *Grande dívida externa.* Muitos países acumularam dívidas externas tão elevadas que nem mesmo podem pagar os juros. Entre esses países estão Brasil, Polônia e México.

2. *Governos instáveis.* Endividamento, inflação e taxas de desemprego altas em diversos países têm resultado em governos altamente instáveis que expõem as empresas estrangeiras ao risco de desapropriação, nacionalização e limites de repatriação de lucros. Para ajudar a se resguardarem desses riscos, muitas empresas compram relatórios de avaliação de risco político, como o Serviço de Avaliação de Países da Business International (BI) ou o Previsões Mundiais de Risco Político, da Frost & Sullivan. Usando modelos e técnicas de mensuração diferentes, esses serviços oferecem avaliações numéricas mostrando o nível de risco de cada país e, em alguns casos, os níveis de risco esperados para os próximos três anos.

3. *Problemas de câmbio.* O alto endividamento e a instabilidade econômica e política influem na flutuação ou desvalorização da moeda de um país. As empresas estrangeiras desejam pagar em moeda forte com direitos de repatriação de lucros, mas isto não está disponível em muitos mercados.

4. *Barreiras governamentais à entrada de empresas estrangeiras e burocracia.* Os governos impõem muitas regulamentações às empresas estrangeiras, como a exigência de formação de *joint ventures* com empresas locais, que detêm maior participação na sociedade, contratação de maior número de funcionários do país, transferência de *know-how* tecnológico e limites à repatriação de lucros.

5. *Tarifas e outras barreiras comerciais.* Freqüentemente, os governos impõem tarifas altas para proteger as indústrias locais. Também adotam barreiras comerciais invisíveis, como retardamento da liberação da documentação de importações, exigindo onerosos ajustes no custo dos produtos, e lentidão na inspeção ou liberação dos bens importados.

6. *Corrupção.* Funcionários de diversos países exigem propinas e favorecem as empresas que pagam mais suborno, preterindo aquelas que oferecem melhores propostas. Os gerentes norte-americanos estão proibidos pelo *Foreign Corrupt Practices Act of 1977* a pagar propinas, enquanto os concorrentes de outros países não estão sujeitos a tal limitação.

7. *Pirataria tecnológica.* Uma empresa que instala sua fábrica no exterior preocupa-se com o fato de os administradores locais aprenderem a fabricar o produto e passarem a competir aberta ou clandestinamente. Isto tem acontecido em diversas áreas, como maquinário, eletrônica, produtos químicos e farmacêuticos.

8. *Custo elevado do produto e adaptação da comunicação.* Uma empresa que vai para o exterior deve estudar atentamente cada mercado externo, tornar-se sensível a sua economia, legislação, política e cultura e deve adaptar seus produtos e comunicações aos gostos locais. Caso contrário, incorrerá em sérios erros. Assumirá custos mais elevados e terá que esperar mais tempo para auferir lucros.

9. *Mudanças de fronteira.* Muitas fronteiras internacionais estão sendo abertas pela primeira vez desde 1945. As fronteiras nacionais são fundamentais para marketing porque elas dominam e moldam o comportamento econômico dentro de um país. As mudanças de fronteiras podem significar alvos em movimento para as empresas.

**Tabela 14.2** *Erros de marketing internacional.*

Os cartões Hallmark fracassaram quando foram lançados na França. O francês não gosta de sentimentos xaroposos, preferindo preencher seus próprios cartões.

A Philips começou a ter lucro no Japão somente após ter reduzido o tamanho de suas cafeteiras para adequá-las às pequenas cozinhas japonesas, e de seus barbeadores para se ajustarem às pequenas mãos dos japoneses.

O Pop-Tarts da Kellogg's fracassou na Inglaterra porque a porcentagem de residências britânicas com tostadoras era significativamente mais baixa do que nos Estados Unidos e o produto era muito doce para o paladar britânico.

Inicialmente, o creme dental Crest, da P&G, fracassou no México quando usou a mesma campanha norte-americana de propaganda. Os mexicanos não estavam muito preocupados com o benefício da prevenção anticárie e o apelo de propaganda cientificamente orientado não os atraiu.

A Coca-Cola teve que retirar a garrafa de dois litros do mercado espanhol, após descobrir que poucas residências possuíam refrigeradores com compartimentos suficientemente altos.

O Tang, da General Foods, falhou, inicialmente, na França porque estava posicionado como substituto do suco de laranja natural no café da manhã. O francês bebe pouco suco de laranja e quase nada no café da manhã.

A General Foods desperdiçou milhões tentando lançar aos consumidores japoneses misturas para bolo. A empresa falhou em não notar que apenas 3% das residências japonesas estavam equipadas com fornos. Depois, promoveram a idéia de assar bolos nas panelas de cozinhar arroz dos japoneses, subestimando o fato de que eles as usam durante o dia para manter o arroz aquecido e pronto para servir.

Inicialmente, a cera para piso da S. C. Johnson fracassou no Japão. A cera deixava o piso muito escorregadio e a empresa não percebeu que os japoneses não usam sapatos dentro de suas casas.

## VISÃO 2000 — As últimas fronteiras de marketing: China, Vietnã e Cuba

Poucas horas após os Estados Unidos suspenderem o embargo comercial de 19 anos contra o Vietnã, uma Pepsi gigante já era colocada na praça principal da cidade de Ho Chi Minh. Para não ficar atrás, a Coca-Cola colocou uma garrafa inflável de Coke de 10 metros de altura para uma celebração no salão de concertos da cidade. Que símbolos da entrada dos Estados Unidos seriam mais potentes para entrar em um dos últimos países comunistas do mundo?

À medida que os ex-países comunistas reformam seus mercados, as empresas multinacionais estão, avidamente, antecipando os lucros que as esperam. Aqui estão alguns instantâneos de três fronteiras de marketing global e as oportunidades e desafios que as empresas enfrentam nessas regiões.

### China: 1,2 bilhão de consumidores

Na província de Guangdong, *yuppies* chineses vão às prateleiras das lojas de departamentos para comprar tênis Nike ou Reebok de $ 95, mas nem pensam em pagar $ 4 por um tablete de manteiga de amendoim Skippy na seção de supermercado. Aqui, embora os consumidores possam fazer pouco com $ 130 mensais, eles ainda estão dispostos a gastar dinheiro em função de morarem em residências subsidiadas e de não pagarem por assistência médica, além de terem alguma poupança guardada debaixo dos colchões. Em Shenzen, segunda maior cidade de Guangdong, os consumidores têm a maior renda anual disponível de toda a China – $ 3.900. Com um poder de compra como este, uma população de 1,2 bilhão e a economia de mais rápido crescimento do mundo, a China está encorajando as empresas estrangeiras a abrirem lojas no país. A Procter & Gamble foi uma das primeiras grandes empresas norte-americanas a entrar nesse imenso mercado; suas vendas em 1993 foram de $ 130 milhões, 50% superior ao ano anterior.

Todavia, as multinacionais enfrentam inúmeros obstáculos. A China não é um mercado, mas muitos, e bloqueios regionais, efetivamente, discriminam certos bens. Os canais de distribuição são subdesenvolvidos e uma infra-estrutura precária pode transformar um despacho ferroviário de Guanzhou a Beijing em uma odisséia que demora um mês. Assim, o desafio logístico é suprir milhares de pequenas lojas familiares que podem estocar apenas algumas garrafas ou pacotes ao mesmo tempo. Empresas ágeis, como a AlliedSignal, tentam superar esses obstáculos fazendo parcerias com funcionários do governo chinês (em algumas regiões, é pré-requisito para o estabelecimento de qualquer negócio). Os parceiros chineses podem também ser imprescindíveis para a empresa entrar nos canais de distribuição e contratar pessoal experiente.

Uma grande preocupação para algumas empresas norte-americanas tem sido o desrespeito da China pelos direitos humanos. A Levi Strauss, maior marca mundial na fabricação de roupas, deu as costas para o vasto mercado chinês de *blue jeans* em função desse problema. Contudo, muitas empresas acreditam que suas presenças podem ser parte da solução: "Apoiar o setor empresarial resultará em liberdades econômica e política para o povo chinês", afirma um porta-voz da 3M, que foi a primeira empresa estrangeira a abrir uma filial em Shangai, em 1984. Hoje, possui uma força de trabalho local de 400 pessoas e estima que suas vendas chegarão a $ 1 bilhão no ano 2000.

### Vietnã: um mercado virgem

O Vietnã parece um sonho para as empresas: é um país com 72 milhões de consumidores, 80% dos quais têm menos de 40 anos de idade, possui muitos recursos naturais, incluindo petróleo, ouro, gás e madeira, e uma costa de praias primitivas que podem ser transformadas em interessantes pontos turísticos. Com o final do embargo comercial ao país, este sonho tem-se tornado realidade para as empresas norte-americanas. Embora as empresas européias e asiáticas tenham tirado vantagem

---

nal. Pode ser quando um exportador doméstico, importador estrangeiro ou governo estrangeiro solicita à empresa para vender no exterior ou na situação em que a empresa tem excesso de capacidade de produção e deve encontrar mercados adicionais para seus produtos.

### DECISÕES SOBRE EM QUE MERCADOS ENTRAR

Ao decidir ir para o exterior, a empresa precisa definir seus objetivos e políticas de marketing. Que porcentagem de sua venda total deverá ser obtida no exterior? A maioria das empresas começa pequena quando se aventura a ir para o exterior. Algumas planejam ficar pequenas, vendo as operações internacionais como pequena parte de seus negócios. Outras possuem planos

das reformas de mercado vietnamitas que tiveram início em 1986, sua base de apoio não intimida as empresas norte-americanas, que apostam na popularidade de suas marcas. "O Vietnã promete ser um campo de batalha significativo para as colas rivais", afirmou um porta-voz da Pepsi após o fim do embargo.

Entretanto, embora haja muita excitação, há alguns alertas de precaução que devem ser observados. A renda *per capita* anual da maioria dos vietnamitas é de $ 200 e, como na China, a infra-estrutura é calamitosa, com um dos piores sistemas de transporte e comunicação do mundo. O país tem um longo caminho a percorrer antes de fazer parte da mesma liga dos "tigres" do sudeste asiático, como Cingapura ou Coréia do Sul. Enquanto os mercados e o país se desenvolvem, as empresas estão gastando dinheiro com muita cautela. Os dólares investidos tendem a ser destinados a campanhas de propaganda muito simples, porque a maioria dos consumidores está vendo os produtos pela primeira vez. Por esta razão, o rádio e os cartazes são os principais veículos de propaganda. Um anúncio na cidade de Ho Chi Minh contém apenas uma palavra: Sony.

## Cuba: situação de alerta e espera

Embora os Estados Unidos esteja ampliando o embargo comercial a Cuba, mesmo para as subsidiárias de empresas norte-americanas fora do país, outros países estão com a atenção voltada para o mercado cubano. Os políticos norte-americanos esperam que o embargo pressione Fidel Castro a liberalizar seu regime repressivo. Entretanto, o problema é que outros países se recusam a participar do embargo. Por exemplo, as empresas mexicanas têm sido beneficiadas pela não interferência política de seu país. Em Havana In-Bound, zona de quase livre comércio nas proximidades da capital, os armazéns estão repletos de bens mexicanos que entram em Cuba, freqüentemente destinados aos hotéis e outras empresas cubanas que estão trabalhando com parceiros estrangeiros. Cuba é uma das ilhas mais atraentes do Caribe. Portanto, o maior fluxo de capital internacional é destinado aos hotéis construídos ou administrados por operadoras espanholas, canadenses e mexicanas. A receita do turismo foi de $ 900 milhões em 1994, superando as exportações de açúcar, que é o maior produto do país para a obtenção de divisas internacionais.

Embora as empresas norte-americanas estejam perdendo um mercado potencialmente lucrativo, talvez essa espera não demore muito tempo. Muitas empresas norte-americanas estão apostando na iminente queda ou morte de Castro e no conseqüente fim do embargo. "Aqui, temos um mercado de 11 milhões de consumidores, a 32 minutos de vôo dos Estados Unidos, com 30 anos de demanda reprimida a ser atendida. Isto não é interessante?", são as palavras de Ana Maria Fernandez Haar, cubana-americana, presidente do IAC Advertising Group. Procter & Gamble, American Airlines e Spring são algumas das empresas interessadas em atender o mercado livre de Cuba.

A infra-estrutura cubana necessita de anos de reconstrução. Em alguns lugares não há água encanada, gasolina, rede de esgoto e fontes de energia. "Eles terão que cuidar do conceito básico de sobrevivência, antes de pensarem em pizza e Pepsi", afirma Joe Zubizarreta, outro executivo de propaganda nascido em Cuba. Assim, há também preocupação com a inquietação política. O regime de Castro pode reagir deixando a gentileza de lado e a violência em Cuba, certamente, manteria as empresas afastadas. No momento, as empresas estrangeiras continuarão fazendo investidas em Cuba e as empresas norte-americanas, simplesmente, estarão alertas e na espera.

**Fontes:** PITURRO, Marlene. Capitalist China? *Brandweek*, p. 22-27, 16 May 1994; BATSON, Bryan. Chinese fortunes. *Sales and Marketing Management*, p. 93-98, Mar. 1994; REITMAN, Valerie. Enticed by visions of enormous numbers, more western marketers move into China. *The Wall Street Journal*, 12 July 1993, B1:3; MILLER, Cyndee. U.S. firms rush to claim share of newly opened Vietnam market. *Marketing News*, p. 11, 14 Mar. 1994; BREWER, Geoffrey. American businesses bank on. *Sales and Marketing Management*, p. 15, Apr. 1994; e FISHER, Christy. U.S. marketers wait for opening in Cuba. *Advertising Age*, p. 1,6, 29 Aug. 1994.

mais grandiosos, vislumbrando a venda internacional como igual ou até mais importante que sua venda doméstica.

A empresa deve decidir se vai vender em alguns países ou em muitos países. A Bulova Watch Company fez a última escolha e expandiu seus negócios em cerca de 100 países. Espalhou-se muito modestamente, obteve lucro em apenas dois países e perdeu em torno de 40 milhões. Em contraste, a empresa de produtos de consumo Amway está entrando em novos mercados com muito trabalho, mas demorou décadas para sedimentar sua presença no exterior. Conhecida pelas redes de venda direta porta a porta, esta empresa expandiu-se na Austrália em 1971, país distante, mas com mercado similar ao norte-americano. Depois, nos anos 80, a Amway expandiu-se em mais 10 países, passando a crescer mais rapidamente. Em 1994, estava firmemente estabelecida em 60 países, incluindo Hungria, Polônia e República Checa, com vendas mundiais de $ 5 bilhões.[3]

Em termos gerais, faz sentido operar em menor número de países com compromisso mais intenso de penetrar em cada um deles. Ayal e Zif argumentaram que uma empresa deve entrar em alguns países nas seguintes condições:

- Os custos de entrada e de controle do mercado são altos.
- Os custos do produto e de adaptação das comunicações são elevados.
- A população, a renda e a taxa de crescimento são altas.
- As empresas estrangeiras dominantes podem estabelecer altas barreiras à entrada de novos concorrentes.[4]

A empresa deve também decidir sobre os tipos de países a considerar. A atratividade de um país é influenciada pelo produto, por fatores geográficos, renda e população, clima político e outros fatores. A empresa vendedora deve ter predileção por certos grupos de países ou partes do mundo. Kenichi Ohmae recomenda que as empresas concentrem suas vendas nos "mercados da tríade" – Estados Unidos, Europa Ocidental e Japão – porque estes mercados representam grande porcentagem de todo o comércio internacional.[5]

Embora a posição de Ohmae faça sentido a curto prazo, isto é, provavelmente os lucros são maiores nas regiões da tríade, a adoção dessa política pode ser desastrosa para a economia mundial a longo prazo. Os mercados da tríade são tanto ricos como maduros: as empresas precisam desenvolver a criatividade para encontrar oportunidades de crescimento nesses mercados. Em contraste, as necessidades não atendidas do mundo em desenvolvimento representam um mar de oportunidades. São mercados de potencial imenso para alimentos, vestuário, moradia, produtos eletrônicos de consumo, eletrodomésticos e outros bens. A menos que o Terceiro Mundo conquiste poder de compra, o mundo industrializado permanecerá com excesso de capacidade de produção e taxa de crescimento muito lenta, enquanto as economias em desenvolvimento permanecerão com excesso de necessidade de consumo que não poderá ser satisfeita.

Por conseguinte, hoje, parece que as empresas não estão seguindo as recomendações de Ohmae. Ao contrário, muitas empresas líderes de mercado estão estendendo suas ações aos mercados ex-comunistas do Leste Europeu e às últimas fronteiras remanescentes do comunismo, como China e Vietnã, onde há muitas necessidades não atendidas por tecnologia e produtos de consumo de qualidade. (Para mais informações sobre este tópico, veja a seção Visão 2000 intitulada "As últimas fronteiras de marketing: China, Vietnã e Cuba".)

Suponhamos que uma empresa tenha organizado uma lista de mercados potenciais para exportação. Como escolher entre eles? Muitas empresas preferem vender aos países vizinhos porque os conhecem melhor e podem controlar seus custos em função da proximidade. Assim, não é surpresa que o maior mercado de exportação dos Estados Unidos é o Canadá, ou que as empresas suecas vendem primeiro seus produtos aos países escandinavos vizinhos. Em outros tempos, era mais a *proximidade psíquica* do que a *proximidade geográfica* que determinava a escolha. Muitas empresas norte-americanas preferem vender ao Canadá, Inglaterra e Austrália, em vez de em mercados maiores, como Alemanha e França, porque sentem-se mais confortáveis com a língua, as leis e a cultura.

Em geral, os países candidatos devem, inicialmente, ser avaliados em três importantes critérios: atratividade de mercado, vantagem competitiva e risco. Aqui está um exemplo desse sistema de avaliação em ação:

**INTERNATIONAL HOUGH** A International Hough Company fabrica equipamentos de mineração e está avaliando a China e quatro países do Leste Europeu como possíveis oportunidades de mercado. Primeiro, ela avalia a *atratividade de mercado* de cada país, examinando indicadores como PNB *per capita*, força de trabalho empregada em mineração, importações de maquinário e crescimento da população. Depois, avalia o potencial de *vantagem competitiva* de cada país, analisando indicadores como negócios já realizados, se ele seria um produtor de custos baixos, se a alta administração poderia avaliar *o nível de risco* de cada país, analisando indicadores como estabilidade política, estabilidade de moeda e regras para a remessa de lucros. Ao examinar, pesar e combinar os vários números, ela chega ao quadro mostrado na Figura 14.2. Parece que a China apresenta a melhor oportunidade, considerando sua alta taxa de atratividade de mercado, vantagem competitiva e baixo risco. Por outro lado, a Romênia foi mal classificada em atratividade de mercado e média em vantagem competitiva e de alto risco.

A seguir, a International Hough teria que preparar uma análise financeira para verificar qual o ganho esperado sobre seu investimento em qualquer país para cobrir o risco.

---

3.  COULOMBE, Charles A. Global expansion: the unstoppable crusade. *Success,* p. 18-20, Sept. 1994.
4.  AYAL, Igal, ZIF, Jehiel. Market expansion strategies in multinational marketing. *Journal of Marketing,* p. 84-94, Spring 1979.
5.  Veja OHMAE, Kenichi. *Triade power.* New York : Free Press, 1985; e KOTLER, Philip, DHOLAKIA, Nikhilesh. Ending global stagnation: linking the fortunes of the industrial and developing countries. *Business in the Contemporary World,* p. 86-97, Spring 1989.

| | Atratividade de Marketing | | | |
|---|---|---|---|---|
| | Alta (A) | Média (M) | Baixa (B) | |
| A | China | | | |
| M | | Tcheco-Eslováquia | | B |
| B | Alemanha | | | |
| A | | Polônia | | |
| M | | | Romênia | A |
| B | | | | |

Vantagem Competitiva (left) — Risco (right)

**Figura 14.2** *Avaliação sobre em que mercados entrar.*

## DECISÃO DE COMO ENTRAR NO MERCADO

Assim que uma empresa decide visar a um país específico, ela precisa determinar o melhor modo de entrar. Suas escolhas amplas são *exportação indireta, exportação direta, licenciamento, joint ventures e investimento direto*. Estas cinco estratégias são mostradas na Figura 14.3 e examinadas nas páginas seguintes. Cada estratégia envolve, sucessivamente, maior compromisso, risco, controle e potencial de lucro.

### Exportação indireta

A maneira normal de envolver-se no mercado externo é através da exportação. Desde 1986, as exportações norte-americanas cresceram quatro vezes mais rápido do que o PNB do país: uma taxa anual de 9%, ajustada pela inflação. As exportações de 1994 totalizaram aproximadamente $ 700 bilhões, mais de 10% do PNB (7,5% em 1986).[6]

A *exportação ocasional* é um nível passivo de envolvimento, em que a empresa exporta de vez em quando por iniciativa própria ou em resposta a pedidos solicitados do exterior. A *exportação ativa* ocorre quando a empresa assume um compromisso de expandir as exportações para um mercado específico. Em ambos os casos, a empresa fabrica todos os bens no país de origem, podendo ou não adaptá-los ao mercado estrangeiro. Exportar envolve, pelo menos, mudança nas linhas de produtos da empresa, na organização, nos investimentos e na missão.

Tipicamente, as empresas começam com a *exportação indireta,* que envolve o trabalho de intermediários independentes. Quatro tipos de intermediários estão disponíveis para a empresa:

- *Exportador do próprio país*. Compra os produtos do fabricante e vende-os ao exterior.
- *Agente exportador do próprio país*. Procura compradores e faz negócios à base de comissão. Incluem-se neste grupo as *trading companies*.

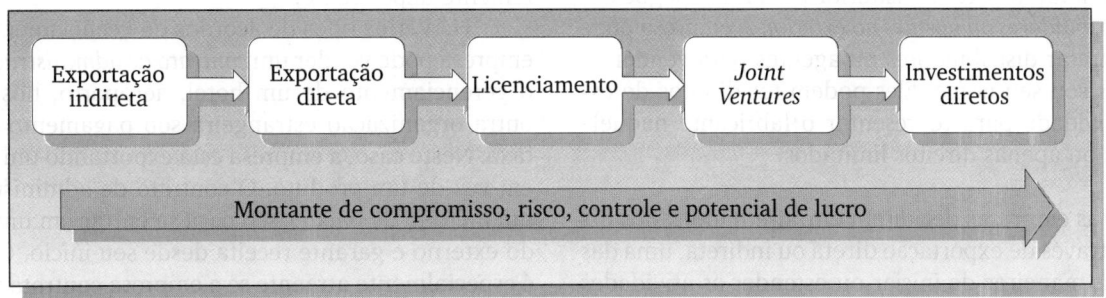

**Figura 14.3** *Cinco maneiras de entrar em mercados externos.*

---

6. NORTON, Rob. Strategies for the new export boom. *Fortune,* p. 124-130, 22 Aug. 1994.

- *Organização cooperativa.* Realiza atividades de exportação em nome de vários fabricantes que controlam, parcialmente, suas atividades administrativas. Freqüentemente, esta modalidade é usada por produtores de produtos primários, como frutas, castanhas etc.
- *Empresa de administração de exportação.* Este tipo de intermediário concorda em administrar as atividades de exportação de uma empresa cobrando uma taxa.

A exportação indireta oferece duas vantagens. Primeiro, envolve menos investimento. A empresa não precisa desenvolver um departamento de exportação, força de vendas internacional ou manter contatos no exterior. Segundo, envolve menos risco. Os intermediários de comércio internacional possuem *know-how*, prestam serviços de transação e minimizam os erros cometidos pela empresa exportadora.

## Exportação direta

Eventualmente, as empresas podem decidir fazer suas próprias exportações. Os investimentos e os riscos são razoavelmente maiores, porém a possibilidade de retorno é mais elevada. A empresa pode adotar a exportação direta de diversas maneiras:

- *Departamento ou divisão interna de exportação.* Um gerente de exportação, juntamente com alguns auxiliares, desenvolve as vendas e dá assistência ao mercado quando necessário. Pode transformar-se em um departamento de exportação autônomo, operando como centro de lucro.
- *Filial ou subsidiária de vendas no exterior.* Uma filial no exterior permite que o fabricante controle mais sua presença no mercado externo. A filial realiza as vendas e a distribuição, podendo também lidar com armazenagem e promoção. Freqüentemente, funciona como um centro de exposição e de serviços ao consumidor.
- *Vendedores-viajantes de exportação.* A empresa pode enviar vendedores ao exterior para fazer negócios.
- *Distribuidores ou agentes no exterior.* A empresa pode contratar distribuidores ou agentes para vender os bens sob seu nome. Eles podem ter direitos de exclusividade para representar o fabricante naquele país ou apenas direitos limitados.

Se as empresas decidirem entrar em mercados externos através de exportação direta ou indireta, uma das melhores maneiras de iniciar ou estender as atividades de exportação é participar de feiras internacionais. Por exemplo, uma empresa norte-americana de *software* pode testar o mercado expondo seus produtos em uma feira internacional de Hong Kong. Veja a seção Memorando de Marketing intitulada "Aproveitando o máximo das feiras comerciais", que apresenta algumas sugestões.

## Licenciamento

O licenciamento representa uma forma simples de um fabricante envolver-se em marketing internacional. O licenciador faz um acordo com uma empresa estrangeira permitindo o uso de um processo de produção, marca, patente, segredo comercial ou outro item de valor, mediante o pagamento de uma taxa ou de *royalties*. O licenciador ganha ao entrar no mercado com pouco risco. O licenciado obtém experiência de produção, um produto bem conhecido ou uma marca, sem ter que começar do zero. A Gerber introduziu seus alimentos infantis no mercado japonês através de um acordo de licenciamento. A Coca-Cola desenvolve seu marketing internacional licenciando engarrafadores espalhados pelo mundo ou, mais tecnicamente, franqueando-os, suprindo-os com o xarope e o treinamento necessários para produzir, distribuidor e vender o produto. A Acucobol, empresa de *software* de San Diego cujo produto está agora amplamente conhecido no exterior, começou suas operações internacionais licenciando sua marca para um empreendedor alemão, participando com 20% do capital dessa empresa. A empresa entrou com participação minoritária em empresas da Itália, Inglaterra e Escandinávia.[7]

O licenciamento apresenta várias desvantagens potenciais. A empresa tem menor controle sobre o licenciado do que se tivesse montado suas próprias instalações de produção. Além disso, se o licenciado for muito bem-sucedido, os lucros chegam antes do tempo previsto e, no término do contrato, o licenciador pode chegar à conclusão que criou um concorrente. Para evitar que isto ocorra, o licenciador, geralmente, fornece alguns ingredientes ou componentes exclusivos para a preparação do produto (como a Coca-Cola faz). Porém, a principal esperança do licenciador é a possibilidade de provocar inovação contínua, tornando o licenciado permanentemente dependente.

Há vários tipos de acordos de licenciamento. Uma empresa pode vender um *contrato de administração* para o gerenciamento de um hotel, aeroporto, hospital ou outra organização estrangeira sob pagamento de uma taxa. Neste caso, a empresa está exportando um serviço, em vez de um produto. O contrato de administração é um método de baixo risco para se entrar em um mercado externo e garante receita desde seu início. O acordo é especialmente atraente se a empresa contratante receber a opção de comprar alguma participação do negócio contratado dentro de um período estabelecido. Por ou-

7.  NORTON, Rob. Op. cit.

# Aproveitando o máximo das feiras comerciais

Aqui estão algumas sugestões para as empresas aproveitarem o máximo das feiras comerciais:

1. *Estabeleça metas.* Antes de participar de uma feira internacional, assegure-se de que suas metas são consistentes com os objetivos da exposição. O objetivo típico das feiras domésticas é gerar indicações de vendas (*leads*), mas as feiras internacionais, freqüentemente, focam outros aspectos do negócio. Tipicamente, as pequenas e médias empresas participam de feiras na esperança de encontrar um distribuidor. Por exemplo, na área editorial, a convenção da American Booksellers Association é o lugar onde as editoras divulgam os novos títulos, enquanto a Feira de Frankfurt é o local de compra e venda de direitos de publicação.

2. *Planeje com bastante antecipação.* Os expositores devem estar preparados para identificar, selecionar e entrevistar distribuidores potenciais. Com isso em mente, é possível contatar agentes ou distribuidores potenciais bem antes da feira. Marque reuniões com as pessoas certas porque você não pode ficar na expectativa de que elas entrarão automaticamente em seu *stand.* Para os expositores internacionais, oito a dez meses de preparação é a norma, mas um ano é ainda melhor.

3. *Faça pesquisa de mercado.* Além de identificar agentes potenciais durante o período preparatório, os expositores devem fazer pesquisa de mercado. A biblioteca local, a associação comercial ou industrial, as embaixadas e os organizadores da feira podem fornecer informações sobre o país onde o evento será realizado. Tópicos comuns de pesquisa são a cultura local, parceiros ou distribuidores potenciais para o negócio, horário bancário, moeda, taxas de câmbio, condições climáticas, exigências burocráticas e restrições de visto para estrangeiros.

4. *Se necessário, contrate um tradutor ou intérprete.* Por exemplo, se os visitantes de seu *stand* forem chineses e ninguém de sua equipe falar mandarim, um intérprete será essencial. Os intérpretes podem também cuidar do contrato e da papelada. Um expositor experiente diz que ter um intérprete é como "ter seu próprio embaixador na feira. Eles valem ouro".

**Fonte:** Reimpresso com permissão da *Business Marketing,* March 1995. Crain Communication, Inc.

tro lado, o acordo torna-se desinteressante se a empresa contratada puder alocar seu talento gerencial a melhores usos ou se a contratante obtiver maior lucro na administração do negócio global. O contrato de administração evita que a empresa concorra com seus próprios clientes.

Outro método de entrar em um mercado exterior é o *contrato de fabricação,* em que a empresa autoriza indústrias locais a produzir o produto. Quando a Sears abriu suas lojas de departamentos no México e Espanha, encontrou fabricantes locais qualificados para produzir muitos de seus produtos. O contrato de fabricação oferece a desvantagem de menor controle sobre o processo produtivo e a perda de lucros potenciais de se fabricar o próprio produto. Entretanto, oferece à empresa uma oportunidade de começar mais rápido, com menor risco e proporciona a formação de uma parceria ou a compra posterior do fabricante local.

Finalmente, uma empresa pode entrar em um mercado exterior através do *franchising,* que é uma forma mais completa de licenciamento. Aqui, o franquiador oferece um conceito de marca completo e um sistema de operação. Em troca, o franquiado investe e paga determinadas taxas ao franquiador. Empresas como McDonald's, KFC e Avis têm entrado em mercados internacionais através da franquia de seus conceitos de varejo.

## Joint ventures

Os investidores estrangeiros podem unir-se a empresários locais para criar uma *joint venture,* forma de sociedade em que a propriedade e o controle são compartilhados entre os sócios. Muitas empresas definiram *joint ventures* em anos recentes. Por exemplo:[8]

- A Coca-Cola e a empresa suíça Nestlé estão unindo forças para desenvolver o mercado internacional para chá e café "prontos para beber", que, atualmente, vende muito apenas no Japão.
- A Procter & Gamble formou uma *joint venture* com sua arqui-rival italiana Fater para a fabricação de fraldas descartáveis no Reino Unido e Itália. Essa parceria proporcionará às duas empresas quase 60% do mercado britânico e mais de 90% do mercado italiano.
- A fabricante de eletrodomésticos Whirlpool adquiriu 53% de participação da linha branca do grupo Philips para entrar com vantagem no mercado europeu.

A formação de uma *joint venture* pode ser necessária ou desejável por razões econômicas ou políticas. A empresa estrangeira pode não possuir recursos financeiros, físicos ou gerenciais para assumir sozinha um empreendimento ou o governo estrangeiro pode exigir a propriedade conjunta como condição de entrada no país. Mesmo as corporações gigantes precisam romper os mercados mais difíceis. Quando desejava entrar no mercado de sorvete da China, a gigante anglo-holandesa Unilever uniu forças com a Sumstar, empresa estatal chinesa de investimentos. O gerente geral do negócio afirma que a ajuda da Sumstar para vencer a burocracia chinesa foi crucial para a construção da fábrica *high-tech* de sorvete em apenas 12 meses.[9]

A formação de uma *joint venture* apresenta certas desvantagens. Os sócios podem discordar acerca do investimento, marketing ou de outras políticas. Um sócio pode desejar reinvestir os lucros para crescimento e outro pode desejar retirá-los. O fracasso da *joint venture* entre a AT&T e a empresa italiana fabricante de computadores Olivetti fracassou devido à inabilidade das empresas em formular uma estratégia clara e mutuamente aceitável. Além disso, a propriedade conjunta pode impedir que uma empresa multinacional desenvolva políticas de produção e marketing em nível mundial.[10]

## Investimento direto

A forma final de envolvimento com o mercado exterior é o investimento direto em instalações de linhas de montagem ou de fábricas. A empresa estrangeira pode comprar parte ou o controle total de uma empresa local ou construir suas próprias instalações. À medida que a empresa acumula experiência em exportação e se o mercado externo parece ser suficientemente amplo, o investimento em instalações de produção oferece vantagens distintas. Primeiro, a empresa pode obter redução de custos na forma de mão-de-obra ou matérias-primas mais baratas, incentivos fiscais, economia de frete etc. Segundo, a empresa obterá melhor imagem no país hospedeiro porque gerará emprego. Terceiro, ela desenvolve um relacionamento mais profundo com o governo, consumidores, fornecedores locais e distribuidores, possibilitando melhor adaptação de seus produtos ao ambiente do mercado local. Quarto, a empresa mantém pleno controle sobre o investimento, além de poder desenvolver políticas de produção e marketing que atendam a seus objetivos internacionais a longo prazo. Quinto, ela assegura seu acesso ao mercado no caso de o país hospedeiro insistir que os componentes dos bens sejam comprados internamente.

A principal desvantagem é que a empresa expõe grande investimento a riscos, como bloqueio ou desvalorização de moedas, mercados declinantes ou expropriação. Ela constatará que custará caro reduzir ou encerrar suas operações, uma vez que o país hospedeiro pode exigir indenizações substanciais aos empregados. Entretanto, a empresa não tem muita escolha se desejar operar por conta própria em um país estrangeiro.

## Processo de internacionalização

O problema enfrentado pela maioria dos países é que um número reduzido de suas empresas participa do comércio internacional. Isso desfavorece o processo de troca porque o país fica sem moeda estrangeira suficiente para pagar as importações que necessita. Esses programas devem fundamentar-se em conhecimentos profundos sobre como as empresas se internacionalizam.

Johanson e seus associados estudaram o *processo de internacionalização* entre empresas suecas.[11] Eles constataram que elas passam por quatro estágios:

8.  MAZUR, Laura, HOGG, Annik. *The marketing challenge.* Wokingham, Inglaterra : Addison-Wesley, 1993. p. 42-44; KAREL, Jan Willem. Brand strategy positions products worldwide. *Journal of Business Strategy,* 12, n. 3, p. 16-19, May/June 1991.
9.  DWYER, Paula. Tearing up today's organization chart. *Business Week,* p. 80-90, 18 Nov. 1994.
10. Entretanto, veja KILLING, J. Peter. How to make a global joint venture work. *Harvard Business Review,* p. 120-127, May/June 1982.
11. Veja JOHANSON, Jan., WIEDERSHEIM-PAUL, Finn. The internationalization of the firm. *Journal of Management Studies,* p. 305-322, Oct. 1975.

1. Nenhuma atividade regular de exportação.
2. Exportação via representantes independentes (agentes).
3. Estabelecimento de uma ou mais subsidiárias de vendas.
4. Estabelecimento de instalações de produção no exterior.

A primeira tarefa é fazer com que as empresas passem do estágio um para o dois. Esta movimentação é auxiliada por estudos que enfocam como as empresas tomam suas primeiras decisões de exportar.[12] A maioria das empresas trabalha com um agente independente, geralmente em um país que oferece poucas barreiras à entrada de produtos estrangeiros. Depois, a empresa procura mais agentes para entrar em outros países. Posteriormente, ela estabelece um departamento de exportação para gerenciar os relacionamentos de seus agentes. Na fase seguinte, substitui os agentes por subsidiárias de vendas em seus maiores mercados importadores. Esta decisão aumenta o investimento e o risco da empresa, mas incrementa também o potencial de lucro. Para administrar essas subsidiárias de vendas, ela substitui o departamento de exportação por um departamento internacional. Se certos mercados continuarem grandes e estáveis ou se o país hospedeiro insistir na produção local, a empresa passa para o estágio seguinte que é estabelecer instalações de produção nesses mercados, representando ainda maior compromisso e maior potencial de lucro. Nesta fase, ela estará operando como uma empresa multinacional e reconsiderando a melhor maneira de organizar e administrar suas operações globais.

## DECISÃO SOBRE O PROGRAMA DE MARKETING

As empresas que operam em um ou mais mercados externos devem decidir o quanto adaptar a estratégia de seu composto de marketing às condições locais. Em um extremo estão aquelas que adotam um *composto de marketing padronizado* em nível mundial. A padronização de produto, propaganda, canais de distribuição e outros elementos do composto de marketing assegura custos menores porque nenhuma mudança importante será introduzida. Em outro extremo está a idéia de um *composto de marketing adaptado*, em que o fabricante ajusta os elementos do composto de marketing a cada mercado-alvo. A seção *Insight* de Marketing intitulada "Padronização global ou adaptação?" discute os principais problemas a esse respeito.

Entre os dois extremos, há muitas possibilidades. Examinaremos aqui as adaptações potenciais que as empresas podem fazer em termos de produto, promoção, preço e distribuição assim que entrarem em mercados externos.

### Produto

Keegan distinguiu cinco estratégias de adaptação de produto e promoção para um mercado externo (veja a Figura 14.4).[13]

A *extensão direta* significa lançar o produto no mercado externo sem qualquer mudança. A alta administração instrui seus vendedores: "Encontrem consumi-

**Figura 14.4**  *Cinco estratégias internacionais de produto e promoção.*

12. Veja REID, Stan. The decision maker and export entry and expansion. *Journal of International Business Studies,* p. 101-112, Fall 1981; AYAL, Igal. Industry export performance: assessment and prediction. *Journal of Marketing,* p. 54-61, Summer 1982; e JATUSRIPITAK, Somkid. *The exporting behavior of manufacturing firms.* Ann Arbor, MI : University of Michigan Press, 1986.
13. KEEGAN, Warren J. *Multinational marketing management.* 5. ed. Englewood Cliffs, NJ: Prentice Hall, 1995. p. 378-381.

# Padronização global ou adaptação?

O conceito de marketing afirma que os consumidores variam em necessidades e que os programas de marketing serão mais eficazes quando ajustados a cada grupo-alvo de consumidores. Desde que isto se aplica dentro de um país, deve também ser aplicado da mesma forma em mercados externos em que as condições econômicas, políticas e culturais variam amplamente.

Todavia, muitas empresas multinacionais ficam aborrecidas com a quantidade excessiva de adaptações. Consideremos o caso da Gillette:

**GILLETTE** A Gillette vende cerca de 800 produtos em mais de 200 países. Chegou a um ponto em que marcas diferentes são usadas para o mesmo produto em países diferentes e onde a mesma marca é formulada diferentemente para países distintos. O xampu Silkience é chamado Soyance na França, Sientel na Itália e Silience na Alemanha; sua fórmula é a mesma em alguns casos, mas varia em outros. As mensagens de propaganda e os textos são também variados porque os gerentes da Gillette em cada país propõem diversas mudanças que consideram importantes para aumentar as vendas.

A Gillette gostaria de impor maior padronização globalmente ou, pelo menos, regionalmente. A Lever Europe, também, está tentando padronizar sua linha de produtos. Ambas as empresas consideram isto uma forma de reduzir custos e de desenvolver poder global de marca.

Elas se inspiraram na agência de propaganda britânica Saatchi & Saatchi e no professor Theodore Levitt, de Harvard. Esta agência conquistou várias contas pela força de sua afirmação de que poderia criar campanhas de propaganda que funcionariam globalmente. Entretanto, foi o professor Levitt que forneceu o argumento racional para a padronização global. Ele escreveu:

O mundo está tornando-se um mercado comum, no qual as pessoas, não importa onde vivam, desejam os mesmos produtos e estilos de vida. As empresas globais devem esquecer as diferenças idiossincráticas entre países e culturas e, pelo contrário, devem concentrar-se em satisfazer a impulsos universais.

Levitt acredita que as novas tecnologias de comunicação e transporte criaram um mercado mundial mais homogêneo. As pessoas ao redor do mundo desejam as mesmas coisas básicas, coisas que tornam a vida mais fácil e que aumentam o tempo discricionário e o poder de compra. Esta convergência de necessidades e desejos criou mercados globais para produtos padronizados.

Conforme Levitt, as empresas multinacionais tradicionais focalizam sobre diferenças entre mercados específicos. Baseiam-se em diferenças de preferência superficiais e fabricam uma proliferação de produtos altamente adaptados. A adaptação resulta em menor eficiência e maiores preços para os consumidores.

Em contraste, a empresa global vende o mesmo produto da mesma forma para todos os consumidores. Focaliza sobre as similaridades existentes em mercados mundiais e trabalha agressivamente para "forçar sensivelmente produtos e serviços convenientemente padronizados para todo o mundo". Essas empresas globais realizam economias substanciais pela padronização da produção, distribuição, marketing e administração. Traduzem sua eficiência em maior valor para os consumidores ao oferecerem produtos de alta qualidade, mais confiáveis e de preços menores.

Levitt aconselharia uma empresa automobilística a fabricar um carro mundial, uma empresa de xampu a fabricar um xampu mundial e uma empresa de equipamentos de construção a fabricar um trator mundial. De fato, algumas empresas têm fabricado produtos globais bem-sucedidos: Coca-Cola, hambúrgueres McDonald's, cigarros Marlboro. A Ford deu um passo nessa direção com o Mondeo, sua tentativa mais recente de fabricar um "carro mundial". Alguns produtos são mais globais e exigem menos adaptações. Todavia, mesmo nestes casos, alguma adaptação ocorre. A Coca-Cola é menos doce ou com menos gás em certos países; a McDonald's usa molho de *chili* em vez de *ketchup* nos hambúrgueres vendidos no México. O Mondeo apresenta modelos adaptados ao mercado norte-americano denominados Ford Contour e Mercury Mystique.

Quando pensar em adaptação *versus* padronização, uma empresa precisa refletir em termos de receita incremental *versus* custo incremental. Consideremos o seguinte exemplo:

**FRITO-LAY** A Frito-Lay foi bem-sucedida na venda de salgadinhos de queijo da marca Cheetos em dezenas de países com pouca modificação, mas a empresa ficou surpresa quando entrou na China. Como vender um produto baseado no queijo em um país onde este componente não faz parte do hábito alimentar? Os gerentes de marcas da Frito-Lay de Guangzhou não se renderam. Após testarem 600 diferentes sabores junto aos consumidores, a empresa lançou uma versão do Cheetos sem queijo, temperados com os sabores norte-americano e japonês (veja a foto). A flexibilidade compensou; após seis meses, a marca estava vendendo em toda a China e a capacidade de produção foi ampliada para atender a demanda.

Em vez de assumir que seu produto original pode ser lançado sem modificação em outro país, a empresa deve avaliar todos os elementos de adaptação possíveis e determinar quais deles acrescentariam maior receita do que custos. Os elementos de adaptação incluem os seguintes:

- Características do produto
- Marca
- Rótulo
- Embalagem
- Cores
- Materiais
- Preços
- Temas de propaganda
- Mídia de propaganda
- Preparação da propaganda
- Promoção de vendas

Um estudo mostrou que as empresas fazem uma ou mais adaptações de composto de marketing em 80% de seus produtos destinados ao exterior e que o número médio de elementos adaptados era quatro. Deve-se também reconhecer que alguns países exigem adaptações, independentemente do desejo da empresa. A França não permite a utilização de crianças em anúncios; a Alemanha veta o uso da palavra *melhor* para descrever um produto.

Assim, a padronização global não constitui uma proposição radical, mas deve variar em algum grau. Certamente, as empresas devem procurar maior padronização, se não global, pelo menos regional. Por exemplo, A Goodyear está tentando introduzir uniformidade regional para seus logos, propaganda corporativa e linhas de produtos na Europa continental, de modo a ter presença mais marcante. Normalmente, os gerentes de países resistem à padronização porque a padronização regional dá mais poder ao gerente regional e enfraquece o poder de quem está fora do país. Todavia, as empresas devem reconhecer que, enquanto a padronização pode reduzir alguns custos, os concorrentes estão sempre dispostos a

Para vender na China, a Frito-Lay retirou o queijo de seus produtos.

**Fonte:**   SIMPSON, Wayne. *Brandweek,* p. 32, 27 Mar. 1995.

atender mais aos desejos dos consumidores de cada país. Marketing global sim; padronização global, não necessariamente.

**Fontes:**   LEVITT, Theodore. A globalização de mercados. In: *Imaginação de marketing.* São Paulo : Atlas, 1990; CAUDRON, Shari. The myth of the european consumer. *Industry Week,* p. 28-36, 21 Feb. 1994. Para um exemplo do trabalho envolvido na preparação de uma campanha de propaganda global, veja WEISZ, Pam. Border crossings: brands unify image to countercult of culture. *Brandweek,* p. 24-28, 31 Oct. 1994; e BENEZRA, Karen. Fritos round the world. *Brandweek,* p. 32, 35, 27 Mar. 1995. Para constatações e abordagens sobre padronização *versus* adaptação, veja JAIN, Subhash C. Standardization of international marketing strategy: some research hypotheses. *Journal of Marketing,* 53, n. 1, p. 70-79, Jan. 1989; DU PREEZ, Johann P., DIAMANTOPOULOS, Adamantios, SCHLEGELMILCH, Bodo B. Product standardization and attribute salience: a three-country empirical comparison. *Journal of International Marketing* 2, n. 1, p. 7-28, 1994; SZYMANSKI, David M., BHARADWAJ, Sundar G., VARADARAJAN, P. Rajan. Standardization versus adaptation of international marketing strategy: an empirical investigation. *Journal of Marketing,* p. 1-17, Oct. 1993; e QUELCH, John A., HOFF, Edward J. Customizing global marketing. *Harvard Business Review,* p. 59-68, May/June 1986.

dores para o produto como ele é." Entretanto, antes de dar esta ordem, a empresa deve determinar se os consumidores estrangeiros usam esse produto. O uso de desodorante entre homens varia de 80% nos Estados Unidos para 55% na Suécia, 28% na Itália e 8% nas Filipinas. Ao entrevistar mulheres de determinado país sobre a freqüência de uso de desodorante, uma resposta típica foi: "Uso uma vez por ano quando vou dançar", demonstrando não haver qualquer interesse para o lançamento do produto.

A extensão direta tem sido bem-sucedida com câmeras fotográficas, produtos eletrônicos de consumo, muitas máquinas-ferramentas etc. Em outros casos, tem sido um desastre. A General Foods lançou Jell-O em pó no mercado britânico para depois constatar que os ingleses preferem o produto na forma tradicional, ou seja, já preparado na forma de bolo ou em camadas sobrepostas (wafer). A Campbell's Soup perdeu cerca de $ 30 milhões ao lançar sopas condensadas na Inglaterra; os consumidores desconfiaram do pequeno tamanho das latas, não percebendo que seria necessário adicionar água. A extensão direta é tentadora porque não envolve custos adicionais de pesquisa e desenvolvimento, ajustes de produção ou modificação da promoção. Entretanto, a longo prazo, pode custar muito caro.

A adaptação do produto envolve alterar o produto para atender às condições ou preferências locais. Há vários níveis de adaptação. Uma empresa pode produzir uma versão regional de seu produto, como versão européia ocidental, versão norte-americana etc. ou produzir uma versão do país. No Japão, o copo do café Mister Donut é menor e mais leve para ajustar-se às pequenas mãos dos consumidores japoneses; da mesma forma, as rosquinhas Donut também são um pouco menores. Na Austrália, a Heinz vende um alimento infantil produzido a partir de cérebros de cordeiros selecionados, e na Holanda, outro alimento infantil é extraído do feijão. A Kraft General Foods processa cafés de tipos diferentes para vender na Inglaterra (cujos consumidores bebem café com leite), na França (que bebe café puro) e para os latino-americanos (que o apreciam com sabor de chicória). A Unilever fornece 85 sabores de sopa de frango apenas no mercado europeu. Uma empresa pode fabricar uma versão cidade de seu produto, por exemplo, uma cerveja que atenda às preferências de Munique ou de Tóquio. Finalmente, uma empresa pode produzir versões de loja de seu produto, como um tipo de café para a cadeia de lojas Migros e outro para as lojas Cooperative, ambas da Suíça.

Embora os produtos sejam freqüentemente adaptados a gostos e preferências locais, em alguns casos eles devem ser também adaptados às superstições e crenças locais. Na Ásia, o mundo sobrenatural está diretamente relacionado às vendas. O conceito de feng shui é um bom exemplo:

**HYATT HOTELS** Prática amplamente conhecida na China, Hong Kong e Cingapura (e que está se espalhando pelo Japão, Vietnã e Coréia), o feng shui significa "vento e água". Os praticantes do feng shui ou geomantes recomendam as condições mais favoráveis para qualquer negócio, principalmente a localização de prédios de escritórios e a disposição de mesas, portas e outros itens em seu interior. Para ter um bom feng shui, um prédio deve ter a frente voltada para a água e estar cercado por montanhas. Também não deve bloquear a visão dos espíritos das montanhas. O Hyatt Hotel de Cingapura foi projetado sem levar em consideração o feng shui e, como resultado, precisou de um novo projeto para o negócio deslanchar. Originalmente, o balcão de recepção era paralelo as portas e a rua para facilitar a saída do fluxo de ar quente do ambiente. Todavia, as portas estavam voltadas para a face nordeste, que facilitava a entrada de espíritos indesejáveis. O geomante recomendou alterações no projeto, de maneira que a prosperidade fosse mantida e os espíritos indesejáveis deixassem o ambiente.[14]

A invenção de produto consiste em criar algo novo, que pode assumir duas formas. A invenção para trás é o relançamento de antigas formas de produtos bem adaptadas às necessidades de um país estrangeiro. A National Cash Register Company relançou caixas registradoras operadas por manivela pela metade do preço das modernas e vendeu grande quantidade na América Latina e África. (Isto ilustra o ciclo de vida do produto internacional, em que os países apresentam diferentes estágios de disposição para aceitar um produto específico. A invenção para a frente consiste em criar um novo produto para atender a uma necessidade em outros países. Há necessidade enorme nos países menos desenvolvidos por alimentos de alto valor protéico que possam ser vendidos a preços baixos. Empresas como Quaker Oats, Swift e Monsanto estão pesquisando as necessidades de nutrição desses países, formulando novos alimentos e desenvolvendo campanhas de propaganda para estimular a experimentação e aceitação de determinados produtos. A invenção de produto é uma estratégia que envolve custos, mas os resultados podem ser grandes.

Parte crescente do comércio internacional está ocorrendo no setor de serviços. De fato, o mercado mundial para serviços está crescendo duas vezes mais do que o mercado para produtos manufaturados. As maiores empresas de auditoria, propaganda, bancos, comunicações, construção, seguro, advocacia, consultoria de adminis-

---

14. HOBSON, J. S. Perry. Feng shui: its impact on the Asian hospitality industry. *International Journal of Contemporary Hospitality Management*, 6, n. 6, p. 21-26, 1994; SCHMITT, Bernd H., PAN, Yigang. In Asia, the supernatural means sales. *The New York Times*, 19 Feb. 1995, p. 3, 11:2.

tração e varejo estão partindo para a expansão global. Arthur Andersen, American Express, Citicorp, Club Med, Hilton e Thomas Cook são mundialmente conhecidas; muitos varejistas estão tentando fazer investidas similares. Munidas das mais novas tecnologias e *know-how* operacional, a Wal-Mart e sua sócia Cifra operam agora 67 lojas de descontos e o Sam's Club, no México. Além do México, a Wal-Mart está abrindo três lojas no Brasil\* e duas na Argentina; já possui três lojas em *joint venture* em Hong Kong com planos para uma loja na China.

Ao mesmo tempo que os varejistas e outros prestadores de serviços estão expandindo no exterior, muitos países têm erguido barreiras à entrada ou criado regulamentações que dificultam as investidas estrangeiras. No Brasil, exige-se que todos os contadores sejam graduados por universidades brasileiras. Muitos países da Europa Ocidental desejam limitar o número de programas da televisão norte-americana transmitidos em suas regiões. Muitos estados norte-americanos impedem a instalação de filiais de bancos estrangeiros e, ao mesmo tempo, os Estados Unidos está pressionando a Coréia do Sul para abrir o mercado para suas instituições bancárias. O GATT está pressionando por mais liberdade nos serviços internacionais, mas o progresso é lento.

## Promoção

As empresas podem empregar as mesmas campanhas de propaganda e promoção usadas no mercado doméstico ou ajustá-las a cada mercado local. Esse processo é chamado *adaptação da comunicação*. Se uma empresa adapta tanto o produto como a comunicação, ela está praticando a *adaptação dual*.

Consideremos a mensagem de propaganda. A empresa pode mudá-la em quatro níveis diferentes. Pode usar uma mensagem comum, variando apenas a linguagem, marca e cores. A Exxon usou a mensagem "Ponha um tigre em seu carro" com pequenas variações e obteve reconhecimento internacional. As cores podem ser modificadas para evitar tabus em alguns países. A cor púrpura está associada com a morte em Burma e em alguns países latino-americanos; a branca representa luto no Japão e a verde está associada com doença na Malásia. Mesmo marcas e títulos de anúncios têm que ser modificados. Na Alemanha, *mist* (névoa) significa *manure* (esterco) e *scotch* (fita Scotch) significa *schmuck* (pênis) e o título do anúncio "Desperte para a vida com Pepsi" foi traduzido por "Saia do túmulo com Pepsi", na Coréia. Na Espanha, a marca Nova, da Chevrolet, significa "não vá". Um anúncio do aspirador de pó Electrolux, traduzido do sueco para o inglês, saiu em uma revista coreana com o seguinte título: "Nada mama como Electrolux." Um anúncio de sabão em pó para máquina de lavar, afirmando que "lavava as partes realmente sujas" foi tradu-

zido para o francês falado em Quebec (Canadá) com o seguinte sentido: "Um sabão que lava as partes íntimas."

A segunda possibilidade é usar globalmente o mesmo tema, adaptando o texto ao mercado local. Por exemplo, um comercial do sabonete Camay mostrava uma bela mulher tomando banho. Na Venezuela, um homem era visto dentro do banheiro; na Itália e na França, apenas aparecia a mão de um homem; e no Japão, o homem esperava do lado de fora.

A terceira abordagem consiste no desenvolvimento de um *pool* global de anúncios, do qual cada país seleciona o mais apropriado. A Coca-Cola e a Goodyear adotam esta prática.

Finalmente, algumas empresas permitem que os gerentes locais invistam na criação de anúncios específicos para seus países, embora devam seguir orientações básicas. Consideremos os dois exemplos seguintes:

**KRAFT** A Kraft usa anúncios diferentes para o queijo Cheez Whiz conforme o país, uma vez que sua penetração nas residências de Porto Rico é de 95%, onde o queijo é usado em tudo, de 65% no Canadá, onde se consome queijo com torradas no café da manhã e de 35% nos Estados Unidos, onde o produto é considerado *junk food* (alimento supérfluo ou sem qualquer valor nutritivo).

**RENAULT** A Renault anuncia seu carro diferentemente, conforme o país. Na França, ele é descrito como um pequeno "supercarro", agradável para ser dirigido em rodovias de alta velocidade e na cidade. A Renault alemã enfatiza a segurança, engenharia moderna e conforto interior. Na Itália, destaca-se a facilidade de direção e a aceleração. Na Finlândia, enfatiza-se a construção sólida e confiabilidade.

O uso da mídia exige também adaptação internacional porque sua disponibilidade varia de país para país. A Noruega e a Suécia não permitem anúncios na televisão. A Bélgica e a França vetam anúncios de cigarros e bebidas alcoólicas na TV, enquanto na Itália esta mídia não pode veicular anúncios dirigidos a crianças. A Arábia Saudita não deseja que os anunciantes utilizem mulheres em anúncios. A Índia impõe impostos para a propaganda. As revistas variam em termos de disponibilidade e eficácia; desempenham papel importante na Itália e são de pouca expressão na Áustria. Os jornais têm cobertura nacional no Reino Unido, mas na Espanha o anunciante pode comprar cobertura apenas em jornais locais.

As empresas devem também adaptar suas técnicas de promoção de vendas a diferentes mercados. Por exemplo, a Grécia proíbe cupons, a França proíbe jogos de azar e limita os prêmios a 5% do valor do produto. Na

---

\*   Essas lojas estão funcionando em Osasco e Santo André, municípios da Grande São Paulo e em Ribeirão Preto (SP). (N.T.)

Europa e no Japão, as pesquisas são feitas por correio e não por telefone, que pode ter ramificações para mala direta e outras campanhas de promoção de vendas. O resultado dessas várias preferências e restrições é que as empresas internacionais, geralmente, atribuem a promoção de vendas como responsabilidade da administração local.

## Preço

As multinacionais enfrentam vários problemas específicos de preço quando vendem no exterior. Devem lidar com preços em cascata, preços de transferência, acusações de *dumping* e mercado negro.

Quando as empresas vendem seus bens ao exterior, enfrentam um problema de *preço em cascata*. A maleta Gucci pode ser vendida por $ 120 na Itália e por $ 240 nos Estados Unidos. Por quê? A Gucci tem que acrescentar o custo de transporte, impostos, margem do importador, margem do atacadista e margem do varejista a seu preço de fábrica. Dependendo destes custos adicionais, bem como do risco de flutuação do câmbio, o produto pode ter que ser vendido por duas a cinco vezes mais em outro país, para proporcionar o mesmo lucro para o fabricante. Em função do preço em cascata variar de país a país, o problema é como estabelecer o preço em diferentes países. As empresas têm três escolhas:

1. *Fixar um preço uniforme para qualquer país.* Assim, a Coca-Cola pode desejar cobrar 60 centavos de dólar por lata em qualquer parte do mundo. Assim, a empresa ganharia diferentes taxas de lucro em vários países em função da variação proporcionada pelo preço em cascata. Isto também resultaria em um preço muito elevado nos países pobres e outro não suficientemente alto nos países ricos.
2. *Fixar um preço baseado no mercado de cada país.* Neste caso, a Coca-Cola cobraria preços diferenciados, conforme o país. Entretanto, esta prática ignora as diferenças reais de custos de país a país. Além disso, levaria a uma situação em que intermediários de países que pagam preço baixo transfeririam o produto para países que cobram preços mais elevados.
3. *Fixar um preço baseado no custo de cada país.* Aqui, a Coca-Cola usaria um *markup* padrão sobre o custo de cada país. Todavia, isto pode colocar o preço do produto fora do mercado em países onde os custos são elevados.

Outro problema surge quando uma empresa fixa um *preço de transferência* (isto é, preço cobrado por outra unidade da empresa) para bens que embarca para subsidiárias estrangeiras. Consideremos a seguinte situação:

**HOFFMAN-LAROCHE** A empresa farmacêutica suíça Hoffman-LaRoche cobrou de sua subsidiária italiana apenas $ 22 por quilo do medicamento Librium para obter maior lucro naquele país, onde os impostos eram menores. Cobrou de sua subsidiária inglesa $ 925 por quilo do mesmo produto para obter grande lucro em seu país, em vez de na Inglaterra, onde os impostos eram altos. A Comissão Britânica de Monopólio processou a Hoffman-LaRoche, que foi obrigada a pagar os impostos devidos.

Se a empresa cobrar muito alto o preço de um produto vendido a uma subsidiária, terminará pagando tarifas de exportação maiores, embora possa pagar imposto de renda menor no país estrangeiro. Se a empresa cobrar um preço muito baixo de sua subsidiária, pode ser acusada de estar praticando *dumping*. O *dumping* é caracterizado quando uma empresa cobra abaixo de seus custos ou menos do que cobra em seu mercado doméstico. Assim, a Zenith acusou os fabricantes japoneses de televisão de praticar *dumping* com seus aparelhos de TV vendidos no mercado norte-americano. Quando a alfândega norte-americana constata evidência de *dumping*, pode fixar uma tarifa especial. Vários governos estrangeiros estão atentos a abusos e, freqüentemente, forçam as empresas a cobrar o *preço justo*, a saber, o preço cobrado por outros concorrentes pelo mesmo produto ou similar.

Muitas multinacionais estão enfrentando problemas de *mercado negro,* situação em que o mesmo produto é vendido por diferentes preços, conforme a região. O revendedor do país de preço baixo encontra meios de vender alguns de seus produtos em países de preço alto para ganhar mais. Por exemplo:

**MINOLTA** A Minolta vendeu suas câmeras fotográficas a revendedores de Hong Kong por preço inferior ao concedido aos revendedores da Alemanha, em razão de custos de transporte menores e tarifas reduzidas. Os revendedores de Hong Kong trabalhavam com margens menores do que os da Alemanha, que preferiam *markups* maiores para grandes volumes. As câmeras fotográficas foram vendidas por um preço de $ 174 no varejo em Hong Kong e de $ 270 na Alemanha. Alguns atacadistas de Hong Kong perceberam esta diferença de preço e embarcaram o produto para revendedores alemães que pagaram preço inferior ao oferecido pelo distribuidor daquele país. Este ficou impedido de vender seus estoques e reclamou da Minolta.

Muito freqüentemente, uma empresa encontra alguns distribuidores empreendedores comprando mais do que podem vender em seus próprios países, transferindo bens para outro país, concorrendo com o distribuidor local para obter vantagem das diferenças de preço.

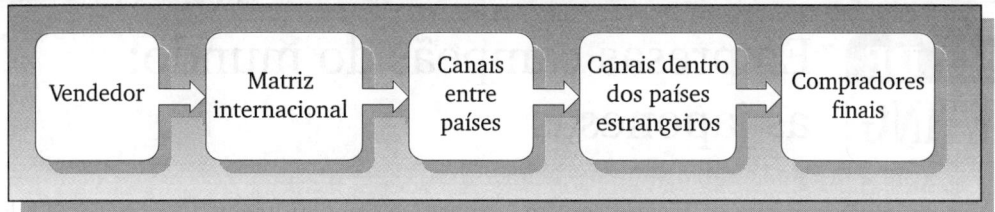

**Figura 14.5** *Conceito de canal total para marketing internacional.*

As multinacionais tentam evitar a invasão de mercados, policiando os distribuidores, aumentando seus preços para mercados de custos baixos ou alterando características do produto ou da garantia para países diferentes.

## Canais de distribuição

Muitos fabricantes norte-americanos consideram o trabalho concluído assim que os produtos deixam suas fábricas. Eles devem ficar atentos a como o produto movimenta-se no país estrangeiro. Em outras palavras, a empresa internacional deve assumir uma visão completa do problema de distribuir seus produtos a usuários finais. A Figura 14.5 mostra os três principais elos entre o vendedor e o usuário final. No primeiro elo, *matriz internacional*, o departamento de exportação ou divisão internacional toma decisões sobre canais e outros elementos do composto de marketing. O segundo elo, *canais entre países*, coloca os produtos nas fronteiras dos países estrangeiros. Consiste em decisões sobre os tipos de intermediários (agentes, *trading companies* e outros), de transporte (aéreo, marítimo etc.), negociações financeiras e risco. O terceiro elo, *canais dentro de países estrangeiros*, transfere os produtos do ponto de entrada do país aos compradores e usuários finais.

Os canais de distribuição internos variam consideravelmente de país a país. Há diferenças acentuadas no número e tipos de intermediários que atendem cada mercado externo. Para vender sabão em pó no Japão, a Procter & Gamble tem que trabalhar através do que, provavelmente, seja o sistema de distribuição mais complicado no mundo. Deve vender a um atacadista geral, que vende a um atacadista de produto, que vende a um atacadista geral de produtos de especialidade, que vende a um atacadista regional, que vende a um atacadista local, que, finalmente, vende aos varejistas. Todos estes níveis de distribuição podem resultar na duplicação ou triplicação do preço pago pelo importador.[15] Se a P&G levar o mesmo sabão para a África tropical, pode vendê-lo a um atacadista importador que vende a pequenos atacadistas (*jobbers*), que vende a pequenos comerciantes (mulheres, na maioria) que trabalham em mercados locais.

Outra diferença é o tamanho e a característica das unidades varejistas no exterior. Enquanto grandes redes de varejo dominam o cenário norte-americano, a maior parte do varejo estrangeiro está nas mãos de pequenos varejistas independentes. Na Índia, milhões de varejistas operam pequenas lojas ou vendem em feiras livres. Suas margens são altas, mas o preço real é reduzido via pechincha. Os rendimentos das pessoas são baixos, obrigando-as a comprar diariamente em pequenas quantidades. Elas estão limitadas a carregar pequenos volumes porque andam a pé ou de bicicleta. Além disso, as casas não possuem espaço para estocagem nem refrigeração para conservar os produtos frescos por vários dias. Os custos de embalagem são mantidos baixos para beneficiar os preços. Na Índia, os cigarros são, freqüentemente, vendidos em unidades, em vez de em maços. A venda em pequenas quantidades continua sendo uma função importante dos intermediários que ajudam a perpetuar grande número de pequenos varejistas. Estes representam grande obstáculo para a expansão do varejo em grande escala nos países em desenvolvimento.

A seção *Insight* de Marketing intitulada "Empresas campeãs do mundo: as japonesas" reúne muitos dos fatores básicos para a eficácia de marketing internacional.

## DECISÃO SOBRE A ORGANIZAÇÃO DE MARKETING

Dependendo do nível de envolvimento na arena internacional, as empresas administram suas atividades de marketing internacional de três maneiras: através de departamentos de exportação, divisões internacionais ou como organizações globais.

## Departamento de exportação

Normalmente, uma empresa entra no mercado internacional simplesmente enviando bens para o exterior. Se suas vendas internacionais expandem, ela cria um departamento de exportação, constituído por um gerente de vendas e alguns assistentes. À medida que as

---

15. Veja HARTLEY, William D. How not to do it: cumbersome Japanese distribution system stumps U.S. concerns. *The Wall Street Journal*, 2 Mar. 1972.

## INSIGHT DE MARKETING

# Empresas campeãs do mundo: as japonesas

Poucas pessoas contestam que os japoneses vêm realizando um milagre econômico desde a Segunda Grande Guerra. Em período relativamente curto, atingiram liderança de mercado global em setores industriais vistos como "maduros" e dominados por gigantes imbatíveis: automóveis, motocicletas, relógios, câmeras fotográficas, instrumentos ópticos, aço, navios, instrumentos musicais, zíperes, rádios, televisores, aparelhos de vídeo, calculadoras manuais etc. Atualmente, as empresas japonesas estão movendo-se para a posição número dois na fabricação de computadores e equipamentos de construção pesada e fazendo fortes investidas em produtos químicos, farmacêuticos, pneus e máquinas-operatrizes. Estão construindo posição mais forte em vestuário e cosméticos e movendo-se lentamente na fabricação de aviões.

Muitas teorias tentam explicar os sucessos globais dos japoneses. Algumas apontam suas práticas singulares de negócio, como emprego vitalício, círculos de qualidade, administração por consenso e produção *just in time*. Outras apontam o papel das políticas e subsídios governamentais, a existência de *trading companies* poderosas e acesso fácil a financiamento bancário. Ainda outras teorias assinalam que o sucesso do Japão está baseado em práticas injustas de *dumping*, reservas de mercado e custos quase zero em defesa militar.

Uma das principais chaves para o desempenho do Japão é sua experiência na formulação e na implementação de estratégias de marketing. Os japoneses foram aos Estados Unidos para estudar marketing e retornaram conhecendo seus princípios muito melhor do que muitas empresas norte-americanas. Eles sabem como selecionar e entrar em um mercado de forma adequada e como proteger sua posição de liderança contra os ataques concorrentes.

## Seleção de mercados

O governo e as empresas japonesas trabalham arduamente para identificar mercados globais atraentes. Favorecem setores industriais que exigem capital intensivo e conhecimento tecnológico, mas que exigem apenas pequenas quantidades de recursos naturais. Os setores candidatos incluem produtos eletrônicos de consumo, câmeras fotográficas, relógios, motocicletas e produtos farmacêuticos. Preferem mercados de produtos que estejam em estado de evolução tecnológica. Identificam mercados de produtos em que os consumidores estão insatisfeitos. Procuram setores industriais em que as empresas líderes de mercado são complacentes ou passam por dificuldades financeiras. Adotam uma intenção estratégica de dominar esses setores industriais e de reduzir ou destruir a concorrência.

## Mercados a entrar

Os japoneses enviam equipes de estudo ao país-alvo para passarem várias semanas ou meses avaliando o mercado e preparando uma estratégia. Estudam e licenciam tecnologias existentes no exterior. Primeiramente, fabricam no Japão e constroem sua base, desestimulando concorrentes estrangeiros de venderem em seu país através de uma variedade de barreiras tarifárias e de legislação protecionista para as empresas locais. Freqüentemente, entram em um mercado externo vendendo seus produtos com a marca de um fabricante local, como uma loja de departamentos ou um produtor norte-americano. Depois, lançarão sua própria marca –

vendas crescem, o departamento de exportação é expandido para incluir vários serviços de marketing, possibilitando que a empresa entre mais agressivamente no mercado internacional. Se ela optar pela criação de *joint ventures* ou por investimento direto, o departamento de exportação não será mais adequado para administrar as operações internacionais.

## Divisão internacional

Muitas empresas envolvem-se em vários mercados e negócios internacionais. Uma empresa pode exportar para um país, licenciar um agente em outro, estabelecer uma *joint venture* em um terceiro ou fundar uma subsidiária em um quarto. Mais cedo ou mais tarde, criará uma divisão internacional para lidar com todas suas atividades fora do país. A divisão internacional é dirigida por um presidente que define metas e orçamentos e é responsável pelo crescimento da empresa no mercado internacional.

As divisões internacionais são organizadas de várias maneiras. O pessoal é constituído de especialistas em marketing, produção, pesquisa, finanças, planejamento e recursos humanos; seu trabalho consiste em planejar e fornecer serviços às unidades operacionais. As unidades operacionais podem ser organizadas de várias formas. Primeiro, podem ser *organizações geográficas*. Reum produto simples a preço baixo ou um produto tão bom quanto o dos concorrentes, mas a um preço menor ou um produto que mostre melhor qualidade, novas características ou *designs*. Os japoneses prosseguem organizando uma boa distribuição para fornecer serviço confiável a seus consumidores. Confiam na propaganda para atrair a atenção do público para seus produtos. Uma característica de sua estratégia de entrada em um mercado é desenvolver a participação de mercado, em vez de lucros imediatos. Os japoneses são capitalistas pacientes que esperarão até uma década para realizar lucros.

### Desenvolvimento da participação de mercado

Uma vez que as empresas japonesas entrem em um mercado, dirigem suas energias para expandir a participação nele. Confiam em estratégias de desenvolvimento de produto e de mercado. Investem mais dinheiro na melhoria e na proliferação de produtos, de modo que possam oferecer mais do que os concorrentes. Identificam novas oportunidades através da segmentação de mercado e acompanham o desenvolvimento dos mercados de vários países com o propósito de criar uma rede mundial de mercados e de instalações de produção. Conquistam grande volume de vendas através de um programa agressivo de compra de empresas concorrentes ou de formação de *joint ventures* com as mesmas.

Proteção da participação de mercado

Assim que os japoneses conseguem dominar um mercado, eles ficam na posição de defesa em vez de ataque. Sua estratégia de defesa é uma boa ofensiva através de desenvolvimento contínuo do produto e aperfeiçoamento da segmentação de mercado. As empresas japonesas usam dois princípios de orientação de mercado para manter sua liderança. O primeiro é zerar o tempo de *feedback* do consumidor, por meio do qual entrevistam consumidores recentes para descobrir o grau de satisfação pelo produto e quais as melhorias desejadas. O segundo é zerar o tempo de melhoria do produto, aperfeiçoando-o continuadamente para mantê-lo líder de mercado. Os japoneses também se protegem ao contratar advogados norte-americanos, profissionais de relações públicas e ex-funcionários públicos para defenderem seus interesses e melhorarem sua imagem.

### Resposta aos concorrentes japoneses

Embora as empresas norte-americanas e européias tenham sido lentas em responder às investidas dos japoneses, a maioria delas está agora organizando contra-ofensivas. A IBM está acrescentando novos produtos, automatizando suas fábricas, buscando componentes no exterior e participando de parcerias estratégicas com outras empresas. A Black & Decker está preenchendo lacunas em sua linha de produtos, aumentando a qualidade, simplificando a produção e fixando preços mais agressivos. Cada vez mais as empresas estão copiando práticas japonesas que funcionam – controle de qualidade, círculos de qualidade, administração por consenso, produção *just in time* – quando se ajustam à cultura da empresa. Maior número de empresas está entrando no mercado japonês para concorrer nesse país. Embora entrar e operar com sucesso no Japão envolva muito dinheiro e paciência, diversas empresas vêm fazendo notável trabalho, incluindo a Coca-Cola, McDonald's, Max Factor, Xerox, IBM e Warner-Lambert.

**Fonte:** Para discussão mais ampla, veja KOTLER, Philip, FAHEY, Liam, JATUSRIPITAK, Somkid. *The new competition*. Englewood Cliffs, NJ : Prentice Hall, 1985.

portando ao presidente da divisão internacional podem estar vice-presidentes para a América do Norte, América Latina, Europa, África, Oriente Médio e Extremo Oriente. Reportando aos vice-presidentes regionais estão os gerentes de país que são responsáveis por uma força de vendas, filiais de vendas, distribuidores e licenciados. As unidades operacionais podem também ser *grupos de produtos mundiais*, cada uma com um vice-presidente internacional responsável pelas vendas mundiais de cada grupo de produtos. Os vice-presidentes podem trabalhar com especialistas da corporação que dominam diferentes áreas geográficas. Finalmente, as unidades operacionais podem ser *subsidiárias internacionais*, cada uma dirigida por um presidente. Os vários presidentes de sub-sidiárias reportam-se ao presidente da divisão internacional.

Muitas multinacionais diferem entre esses três tipos de organizações porque enfrentam problemas peculiares. A história das operações internacionais da Westinghouse ilustra bem isto:

**WESTINGHOUSE** Antes de 1960, a Westinghouse possuía várias subsidiárias estrangeiras, vagamente subordinadas a uma divisão internacional. Para obter maior coordenação, criou em 1960 uma poderosa divisão internacional com gerentes regionais e de país. Entretanto, diversos gerentes de grupo de produtos da empresa acharam frustrante trabalhar através de uma divisão internacional e pressionaram para ter controle global sobre o planejamento e a implementação de seus programas. A empresa concordou e, em 1971, extinguiu a divisão internacional, transferindo a responsabilidade mundial para 125 gerentes de divisão. Entretanto, os resultados não foram igualmente bons. Muitos gerentes de grupo de produtos não dedicaram atenção suficiente às oportunidades internacionais, uma vez que a maioria de seus negócios era feita dentro do país; faltava-lhes experiência internacional, além de terem falhado na coordenação dos negócios internacionais entre si. Não foi surpresa quando a Westinghouse, em 1979, estabeleceu uma organização matricial que consistia em um vice-presidente internacional que administrava quatro gerentes regionais, aos quais se subordinavam os gerentes de país, em conjunto com diversos gerentes internacionais de vários grupos de produtos. A solução matricial parecia sensível tanto às necessidades da área local, quanto à estratégia global de produto, embora a um custo e administração de conflito maiores durante o processo.

Em anos recentes, o modelo matricial foi amplamente criticado. Algumas empresas estão ficando frustradas com o maior potencial, tanto de conflito quanto de inércia para os gerentes regionais e gerentes de produtos chegarem a um consenso. A Digital Equipment Corp. atribui à organização matricial seu atraso em deixar os minicomputadores e começar a fabricar microcomputadores. Enquanto suas equipes de produção, engenharia, marketing e outros grupos debatiam sobre a mudança, os concorrentes seguiam em frente.

Embora as empresas não estejam eliminando totalmente a organização matricial, elas estão modificando-a. Uma pioneira nesta área foi a IBM.

**IBM**  Parte da grande estratégia de reorganização da IBM foi agrupar seus 235.000 funcionários em 14 grupos focados no cliente, como petróleo e gás, entretenimento e serviços financeiros. Desta maneira, um grande cliente terá condições de fechar um negócio com um escritório central de vendas para ter computadores IBM instalados em todo o mundo. Sob o antigo sistema, o cliente com operações em 20 países teria que fazer contratos com 20 filiais IBM, cada uma com estrutura de preço e padrões de serviços próprios.[16]

## Organização global

Diversas empresas foram além do estágio de divisão internacional e tornaram-se verdadeiras organizações globais. Deixaram de ser consideradas empresas nacionais que fazem negócios no exterior, passando a ser vistas como empresas globais. A alta administração e a diretoria planejam fábricas, políticas de marketing, fluxos financeiros e sistemas logísticos em nível mundial.

As unidades operacionais globais reportam-se diretamente ao presidente ou comitê executivo, não ao dirigente de uma divisão internacional. Os executivos são treinados em operações mundiais, não apenas em operações domésticas ou internacionais. A administração é recrutada em muitos países; os componentes e suprimentos são comprados onde podem ser obtidos a menor custo e os investimentos são feitos onde os retornos previstos forem maiores.

As empresas que operam em muitos países enfrentam diversas complexidades organizacionais. Por exemplo, quando foi necessário determinar o preço dos computadores *mainframes* de uma empresa para um grande sistema bancário da Alemanha, qual deveria ser a participação do gerente de produto, do gerente de mercado para o setor bancário e do gerente de país? Parcialmente, isto levanta a questão de se as decisões devem ser tomadas globalmente, com alto grau de padronização, ou se elas devem ser tomadas por local.

Bartlett e Ghoshal propuseram as circunstâncias sob as quais cada abordagem funciona melhor. Em seu livro *Managing across borders*, eles descrevem várias forças que favorecem a "integração global" (por exemplo, produção de capital intensivo, demanda homogênea etc.) *versus* "resposta local" (por exemplo, padrões e barreiras locais, fortes preferências locais). Eles distinguem três estratégias organizacionais:[17]

1.  A *estratégia global* trata o mundo como um mercado único. Esta estratégia é garantida quando as forças pela integração global são fortes e as forças da resposta local são fracas. Por exemplo, isto caracteriza os bens eletrônicos de consumo, em que a maioria dos compradores em torno do mundo aceitará produtos padronizados como rádios portáteis, CD *players*, televisores etc. A Matsushita realiza melhor desempenho do que a GE e a Philips em produtos eletrônicos de consumo porque opera mais globalmente coordenada e padronizada.

2.  A *estratégia multinacional* trata o mundo como um *portfolio* de oportunidades nacionais. Esta estratégia é garantida quando as forças que favorecem a resposta internacional são fortes e as forças que favorecem a integração global são fracas. Isto caracteriza as empresas que produzem bens de consumo embalados como alimentos, produtos de limpeza etc. Bartlett e Ghoshal citam a Unilever como corporação que desempenha melhor do que a Kao e a Procter & Gamble, porque garante maior autonomia na tomada de decisão de suas filiais locais.

3.  A *estratégia mista* padroniza certos elementos centrais e localiza outros elementos. Esta estratégia faz sentido para um setor industrial, como telecomunicações, em que cada país exige alguma adaptação em termos de equipamentos, mas a empresa pode padronizar alguns dos componentes centrais. Bartlett

16. DWYER, Paula. Op. cit.
17. Veja BARTLETT, Christopher A., GHOSHAL, Sumantra. *Managing across borders*. Cambridge, MA : Harvard Business School Press, 1989.

e Ghoshal citam a Ericsson como empresa que balanceia melhor estas considerações do que a NEC (que é também globalmente orientada) e a ITT (que é também localmente orientada).

Uma das empresas mais bem-sucedidas na adoção da estratégia mista é a ABB, formada por uma fusão entre a empresa sueca ASEA e a suíça Brown Boveri.

**ABB** Os produtos da ABB são industriais, incluindo transformadores de força, instalações elétricas, instrumentação, componentes automobilísticos, equipamentos de ar condicionado, equipamentos para estradas de ferro etc. Com faturamento anual de $ 32 bilhões e 210.000 funcionários, esta empresa é dirigida por Percy Barnevik, um dos mais dinâmicos presidentes de corporações européias. O moto da empresa é: "A ABB é uma empresa global que age localmente em qualquer parte do mundo." Barnevik estabeleceu o inglês como língua oficial da empresa (todos os administradores e gerentes da empresa devem falar inglês) e todos os demonstrativos financeiros devem ser preparados em dólares. A empresa está organizada com o propósito de conciliar três contradições: ser global e local, ser grande e pequena e ser radicalmente descentralizada com controle e relatórios centralizados. Possui apenas 170 funcionários na matriz, comparados aos 3.000 que povoam a matriz da Siemens. Muitas linhas de produtos da empresa são organizadas em oito segmentos de negócios, 65 áreas de negócios, 1.300 empresas e 5.000 centros de lucro, cada um deles possuindo em torno de 50 funcionários. Os gerentes são regularmente alternados entre países e é estimulada a criação de equipes nacionais. Dependendo do tipo de negócio, alguns são tratados como negócios superlocais, com grande autonomia, e outros como negócios superglobais, com maior controle central. Barnevik usa um sistema de *software* próprio chamado Abacus que lhe permite avaliar os dados de desempenho mensal de cada um dos 5.000 centros de lucro. Quando o sistema detecta desempenhos excepcionais ou deficientes, ele contata os gerentes relacionados ao país, à área de negócio e os gerentes de empresas locais. Ele deseja que seus gerentes possuam conhecimentos locais, mas também que façam considerações globais ao tomar suas decisões.[18]

## RESUMO

1. A maioria das empresas não pode focar apenas o mercado doméstico. Apesar dos muitos desafios existentes na arena internacional (mudanças de fronteiras, governos instáveis, problemas de câmbio, corrupção e pirataria tecnológica), as empresas que vendem em setores industriais globais não têm escolha a não ser internacionalizar suas operações. Elas não podem simplesmente permanecer domésticas e esperar manter seus mercados.

2. Ao decidir ir para o exterior, a empresa precisa definir seus objetivos e políticas de marketing internacional. Primeiro, ela deve determinar se vai vender em poucos ou em muitos países. Depois, deve decidir sobre que tipo de país considerar. Freqüentemente, a proximidade psíquica é mais importante do que a geográfica. Em geral, os países candidatos devem ser avaliados sob três critérios: atratividade de mercado, vantagem competitiva e risco.

3. Assim que a empresa decidir entrar em um país específico, ela deve determinar o melhor modo de entrada. Aqui, as várias opções são a exportação indireta, exportação direta, licenciamento, *joint venture* e investimento direto. Cada estratégia, na ordem, envolve mais compromisso, risco, controle e potencial de lucro. Geralmente, as empresas começam com a exportação indireta, depois prosseguem através dos estágios seguintes à medida que obtêm mais experiência na arena internacional.

4. Ao decidir sobre o programa de marketing, a empresa deve decidir quanto adaptar seu composto de marketing (produto, promoção, preço e distribuição) às condições locais. Nos dois extremos do *espectro* estão compostos de marketing padronizados e adaptados, com muitas etapas entre eles.
   No nível de produto, as empresas podem adotar uma estratégia de extensão direta, adaptação de produto ou invenção de produto. No nível de promoção, podem escolher adaptação da comunicação ou adaptação dual. No nível de preço, podem encontrar preço em cascata e mercado negro, e pode ser muito difícil estabelecer preços padronizados. No nível de distribuição, precisam adotar uma visão de canal completo para atenderem ao desafio de distribuir seus produtos aos usuários finais. Ao criar todos os elementos do composto de marketing, as empresas devem estar conscientes das limitações culturais, sociais, políticas, tecnológicas, ambientais e legais que enfrentam em outros países.

5. Dependendo do nível de envolvimento internacional, as empresas administram suas atividades de

18. Veja TAYLOR, William. The logic of global business: an interview with ABB's Percy Barnevik. *Harvard Business Review,* p. 91-105, Mar./Apr. 1991; e SCHARES, Gail E. Percy Barnevik's global crusade. *Business Week,* Special Enterprise Issue, p. 204-211, 22 Oct. 1993.

marketing internacional de três maneiras: através de departamentos de exportação, divisões internacionais ou agindo como organizações globais. Algumas tornam-se empresas globais em que a alta administração planeja e organiza em base global.

## APLICAÇÕES CONCEITUAIS

1. Antes de lançar sua fórmula infantil em países do Terceiro Mundo, a Nestlé falhou em analisar adequadamente o ambiente de marketing, ignorando três importantes forças ambientais:

- Primeiro, ignorou o ambiente cultural. Não levou em consideração as normas culturais dos países do Terceiro Mundo, onde a amamentação materna é norma. Folhetos promocionais desestimulavam este tipo de alimentação e a descreviam como "primitiva". Uma vez que as mães interrompessem a amamentação de seus bebês, o leite secava, obrigando-as a comprar a fórmula.

- Segundo, ignorou a infra-estrutura das nações em desenvolvimento. Os países do Terceiro Mundo têm problemas de água contaminada devido as más condições de transporte e sistema de filtragem. Não obstante as famílias muito pobres poderem comprar a quantidade correta da fórmula, as mães teriam que diluí-la em água contaminada, provocando doenças nas crianças.

- Terceiro, ignorou o ambiente educacional. Em função do produto representar uma nova tecnologia nos países do Terceiro Mundo, a empresa deveria ter treinado as mães sobre como usar o produto. Não ocorreu a esterilização apropriada das mamadeiras e bicos e, como resultado, muitas crianças adoeceram. Suponhamos que a Nestlé esteja preparando-se para lançar uma nova linha de refrigerantes em pó nos países em desenvolvimento. O produto será acrescentado ao leite ou diluído em água para formar uma bebida saudável e refrescante. Como a empresa pode considerar as forças ambientais discutidas supra em seus novos programas de marketing, antes de lançar o produto?

2. Muitas empresas acreditam que os adolescentes estão tornando-se "consumidores globais". Isto é, os adolescentes espalhados pelo mundo estão cada vez mais usando as mesmas roupas, tomando as mesmas bebidas e ouvindo o mesmo tipo de música. O que vem causando este fenômeno global originado nos Estados Unidos? Que outros tipos de produtos têm o mesmo apelo global? Como uma empresa cujo mercado-alvo seja os adolescentes pode atingir este grupo de consumidores?

3. Em função da redução dos mercados domésticos, devido à concorrência, uma empresa de tamanho médio do setor de temperos de salada está tentando decidir "se deve ir para o exterior" (veja a Figura 14.1). Quais as questões a respeito dos fatores políticos, religiosos e culturais que a empresa deve fazer antes de decidir engajar-se no negócio internacional? Escolha um país e responda cada uma das questões. Depois, decida se a empresa deve ou não vender temperos de salada nesse país.

4. "Embora as vendas de cigarro estejam em declínio ou estagnadas em muitos países industrializados (...) o Terceiro Mundo é onde está o crescimento. As empresas de tabaco operam isentas das muitas restrições que enfrentam no Ocidente." Discuta os prós e contras desta "oportunidade de marketing".

5. Selecione um dos seguintes países estrangeiros ou regiões e prepare um breve relatório (duas a cinco páginas) sobre suas instituições e práticas de marketing. Discuta também os desafios que as empresas domésticas enfrentam nesses países, bem como os desafios enfrentados pelas empresas norte-americanas que desejam fazer negócios nos mesmos.
   a. México
   b. União Européia
   c. Polônia
   d. China Continental
   e. Japão
   f. Países em desenvolvimento/Países do terceiro mundo

6. Suponhamos que a Microsoft esteja preparando para lançar o Integrator Microsoft, *software* hipotético de preço abaixo da média, que fornece um pacote completo (planilha, processador de texto, banco de dados, recursos gráficos e *interface* de comunicação) nos Estados Unidos e nos países relacionados na Tabela 1. A questão é se a empresa deve lançar apenas uma versão do Integrator ou criar um produto diferenciado para cada país. Se o produto for diferenciado, haverá um atraso para lançá-lo no mercado. Se indiferenciado, o lançamento será imediato. Analise a Tabela 1 e sugira que estratégia a Microsoft deve adotar. Deve lançar o produto nos quatro países? Diferenciar ou não? Que segmentos de mercado ela deve escolher para focar?

**Tabela 1**    *Comparação das condições de mercado dos países selecionados.*

| CRITÉRIO COMPARATIVO | FRANÇA | ALEMANHA | HOLANDA | ITÁLIA |
|---|---|---|---|---|
| Principais fabricantes de micros compatíveis com o IBM-PC ranqueados em ordem decrescente, conforme as unidades vendidas em 1986 | 1. IBM<br>2. Bull<br><br>3. Goupil<br>4. Olivetti | 1. IBM<br>2. Schneider/ Amstrand<br>3. Olivetti<br>4. Siemens | 1. IBM<br>2. Olivetti<br><br>3. Tulip<br>4. Philips | 1. Olivetti<br>2. IBM<br><br>3. Sperry<br>4. Commodore |
| *Posição estimada dos produtos Microsoft*: | | | | |
| Planilha Multiplan* | Líder | Líder | 4º lugar | 3º lugar |
| Word* | Líder | Líder | 5º lugar | 2º lugar c/uma concorrente |
| *Tema da propaganda corporativa da Microsoft* | "O *software* mais simplificado" | "O *software* com futuro" | "Pioneiros em compatibilidade" | "Poder e simplicidade juntos" |

\* Nota: O Multiplan e o Word são adaptados (*customized*) aos quatro países listados.
**Fontes:**    As informações sobre os fabricantes líderes de *hardware* são da International Data Corporation. Todas as outras informações são de registros internos da Microsoft. *Harvard Business* Case 9-588-028.

7. A Cuisinart, famosa fabricante de processadores de alimentos de qualidade superior, decidiu entrar no mercado internacional. A alta administração está enfrentando problemas para decidir como desenvolver o mercado. Faça um *brainstorming* para identificar algumas opções de entrada da empresa em outros países.

8. A Dentsu Inc. publicou um relatório recente declarando que a "autobusca" tornou-se um movimento de consumidores muito importante no Japão. De fato, nos últimos dez anos as empresas têm observado os consumidores japoneses deixando de valorizar o tangível para valorizar o intangível. Como resultado da autobusca, eles estão tornando-se mais interessados em produtos e serviços que forneçam maior qualidade de vida e sentido de total realização. A frase-chave que a Dentsu usa para descrever este fenômeno é "Nós cuidamos de você". Os consumidores estão buscando produtos e serviços que enriqueçam suas vidas em três categorias: cuidado com o corpo e alma, cuidado com os relacionamentos e cuidado com suas vidas diárias.

Em grupos de cinco ou seis alunos, determine como vocês definiriam essas três categorias para as empresas norte-americanas interessadas em exportar bens para o Japão. Que classificações amplas de produtos se ajustariam em cada categoria? Que produtos específicos que parecem ter potencial de sucesso no Japão?

9. Há alguns anos, uma grande empresa norte-americana decidiu entrar no mercado francês de pneus. Ela fabricava pneus para caminhões médios, desenhados para atender às exigências oficiais de tonelagem por eixo. Sua experiência subseqüente foi ruim, com muitos de seus pneus estourando. Como resultado, ela adquiriu uma imagem negativa na França. O que houve de errado?

10. Um fabricante norte-americano de equipamento pesado operando na Europa Ocidental está empregando vendedores norte-americanos. Ele acha que pode reduzir seus custos contratando e treinando vendedores locais. Quais as vantagens e desvantagens de usar norte-americanos *versus* pessoas locais para vender no exterior?

**PARTE**

**IV**

# PLANEJAMENTO DOS PROGRAMAS DE MARKETING

# Administração de Linhas de Produtos, Marcas e Embalagens

*Qualquer tolo pode estabelecer um negócio, mas precisa ser genial, ter fé e perseverança para criar uma marca.*

DAVID OGILVY

*Um produto é algo fabricado em uma fábrica: uma marca é algo comprado pelo consumidor. Um produto pode ser copiado por um concorrente: uma marca é exclusiva. Um produto pode ficar rapidamente desatualizado: uma marca bem-sucedida é eterna.*

STEPHEN KING

Chá gelado engarrafado. Não parece muito estimulante, mas os chás produzidos pela Snapple revolucionaram o mundo das bebidas.

**SNAPPLE** A Snapple Beverage Corp. era quase desconhecida em 1982 quando começou a fabricar uma linha de bebidas naturais distribuída através por lojas de alimentos saudáveis e de conveniência. Mas, em 1987, quando a empresa lançou seus chás pré-preparados sem quaisquer aditivos ou conservantes, deu início a uma festa nacional do chá. Os consumidores constataram que o sabor do Snapple era realmente *bom,* comparado com os chás enlatados e adoçados artificialmente, e estavam dispostos a pagar mais caro por ele. Em 1992, primeiro ano de distribuição nacional, as 59 variedades de bebidas da Snapple estavam obtendo um faturamento superior a $ 200 milhões. À medida que a empresa vem tornando-se mais conhecida, aumenta a concorrência intensa das gigantes Pepsi e Coca-Cola. Confiando no entusiasmo de consumidores fiéis, a Snapple está veiculando comerciais de televisão em rede nacional que mostram testemunhos de consumidores reais que aprovam seus produtos. Agora, as metas da empresa são aumentar a taxa de experimentação dos sabores disponíveis, acrescentar novos sabores e eliminar aqueles que não vendem. Este teste é resultado da seguinte estatística: embora apenas uma em três pessoas nos Estados Unidos já tenha experimentado um tipo de bebida Snapple, duas em três dessas pessoas que já experimentaram são consumidoras regulares.[1]

A história de sucesso da Snapple destaca a importância do primeiro e mais importante elemento do composto de marketing: o *produto*. Toda a propaganda e promoção do mundo não faria uma bebida deixar as prateleiras dos supermercados se as pessoas não gostarem de seu sabor.

O produto é elemento-chave na *oferta de mercado*. O planejamento do composto de marketing começa com a formulação de uma oferta para atender às necessidades e desejos dos consumidores-alvo. O consumidor julgará a oferta por três elementos básicos: características e qualidade do produto, composto de serviços e qualidade e preço apropriado da oferta (Figura 15.1). Neste capítulo, examinamos o produto; no capítulo seguinte, os serviços e, depois, os preços. Os três elementos devem estar mesclados em uma oferta competitivamente atraente.

Aqui, levantaremos as seguintes questões sobre produtos:

- **O que é um produto?**
- **Como uma empresa pode desenvolver e administrar seu composto de produto e linhas de produtos?**
- **Como uma empresa toma melhores decisões de marca?**
- **Como embalagem e rótulo podem ser usados como ferramentas de marketing?**

---

1. PRINCE, Greg W. Snapple comes of age. *Beverage World,* p. 24-30, Feb. 1993; CAMPANELLI, Melissa. Profiles in marketing: Arnold Greenberg. *Sales and Marketing Management,* p. 12, Aug. 1993.

**Figura 15.1** *Componentes da oferta de mercado.*

## O QUE É UM PRODUTO?

Vamos relembrar a definição de *produto* apresentada no Capítulo 1:

**PRODUTO é algo que pode ser oferecido a um mercado para satisfazer a um desejo ou necessidade.**

Os produtos que são vendidos incluem *bens físicos* (automóveis, livros), *serviços* (cortes de cabelo, concertos), *pessoas* (Michael Jordan, Barbra Streisand), *locais* (Havaí, Veneza), *organizações* (Instituto do Coração, Associação de Escoteiros) e *idéias* (planejamento familiar, segurança ao guiar automóveis).

## Cinco níveis de um produto

Ao planejar sua oferta no mercado, a empresa precisa considerar cinco níveis de produto (Figura 15.2).[2] Cada nível acrescenta mais valor para o consumidor, e os cinco constituem uma *hierarquia de valor para o consumidor*. O nível mais fundamental é o *benefício-núcleo*: o serviço ou benefício fundamental que o consumidor está realmente comprando. Um hóspede de hotel está comprando "tranqüilidade e repouso". O comprador de uma furadeira está comprando "furos". As empresas devem ver-se como fornecedoras de benefícios.

No segundo nível, a empresa precisa transformar o benefício núcleo em um *produto básico*. Assim, o hotel oferece cama, banheiro, toalhas, mesa, cômoda com espelho e armário.

No terceiro nível, a empresa prepara um *produto esperado*, a saber, um conjunto de atributos e condições que os compradores, normalmente, esperam e concordam quando compram esse produto. Por exemplo, os hóspedes de um hotel esperam cama arrumada, toalhas limpas, iluminação adequada e relativo grau de silêncio. Uma vez que a maioria dos hotéis pode atender a esta expectativa mínima, o viajante, normalmente, não terá preferência e escolherá aquele que for mais conveniente ou menos caro.

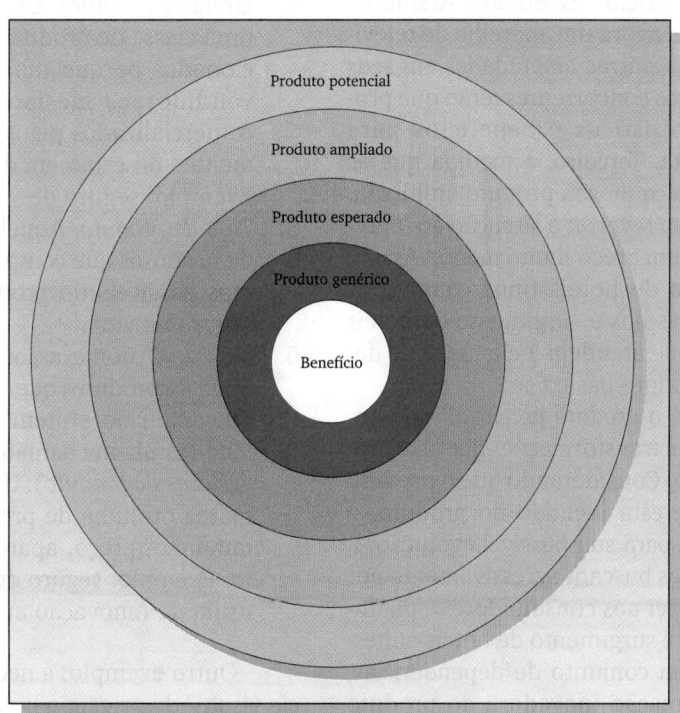

**Figura 15.2** *Cinco níveis de produto.*

---

2. Esta discussão foi adaptada de LEVITT, Theodore. Marketing success through differentiation – of anything. *Harvard Business Review,* p. 83-91, Jan./Feb. 1980. O primeiro nível, benefício-núcleo, foi acrescentado à discussão de Levitt.

No quarto nível, a empresa prepara um *produto ampliado* que atenda aos desejos dos consumidores além de suas expectativas. Um hotel pode ampliar seu produto incluindo um aparelho de televisão com controle remoto, flores naturais, *check-in* rápido, *checkout* expresso, jantar e serviço de quarto especiais e assim por diante. Elmer Wheeler uma vez observou: "Não venda o bife – venda o chiado."

Essencialmente, a concorrência de hoje ocorre no nível de produto ampliado. (Nos países menos desenvolvidos, a concorrência ocorre mais no nível do produto esperado.) O produto ampliado leva a empresa a examinar o *sistema de consumo* total do consumidor: a maneira pela qual o comprador de um produto desempenha a tarefa total realizada quando usar o produto.[3] Assim, a empresa reconhecerá muitas oportunidades para ampliar sua oferta de maneira competitivamente eficaz. Conforme Levitt:

> *A nova concorrência não está entre o que as empresas produzem em suas fábricas, mas entre o que acrescentam a seus produtos na forma de embalagem, serviços, propaganda, sugestões do consumidor, financiamento, condições de entrega, armazenagem e outras coisas que as pessoas valorizam.*[4]

Entretanto, algumas coisas devem ser observadas sobre a estratégia de produto ampliado. Primeiro, cada ampliação custa dinheiro para a empresa. Ela tem que perguntar se os consumidores pagarão o suficiente para cobrir o custo extra. Segundo, os benefícios ampliados tornam-se, em breve, benefícios esperados. Assim, os hóspedes de hotel esperam agora um aparelho de televisão com controle remoto e outras amenidades em seus quartos. Isto significa que os concorrentes terão que procurar por novas características e benefícios para acrescentá-los a sua oferta. Terceiro, à medida que as empresas aumentam o preço de seu produto ampliado, alguns concorrentes podem reverter a situação ao oferecer um produto simples a um preço muito menor. Assim, ao longo do crescimento de hotéis finos como Four Seasons, Westin e Hyatt, vemos o surgimento de hotéis e motéis de preço baixo que atendem a clientes que desejam simplesmente o produto básico.

No quinto nível está o *produto potencial,* que envolve todas as ampliações e transformações que este produto deve sofrer no futuro. Considerando que o produto ampliado descreve o que está incluído no produto, o produto potencial aponta para sua possível evolução. É neste nível que as empresas buscam agressivamente por novas maneiras de satisfazer aos consumidores e distinguir suas ofertas. O recente surgimento de hotéis-suítes, onde o hóspede ocupa um conjunto de dependências, representa uma transformação inovadora do produto hotel tradicional.

Algumas das empresas mais bem-sucedidas acrescentam benefícios a sua oferta que, além de *satisfazer* aos consumidores, os *encantam*. O encantamento é uma forma de acrescentar surpresas imprevistas à oferta. Assim, o hóspede de hotel encontra bombons sobre o travesseiro, uma cesta de frutas ou um aparelho de videocassete com algumas fitas opcionais. Por exemplo, os hóspedes dos hotéis Ritz-Carlton, freqüentemente, ficam surpresos e encantados com a atenção e os serviços que recebem.

## Hierarquia de produto

Cada produto está relacionado a outros produtos. A hierarquia de produto parte das necessidades básicas e vão até itens particulares que satisfazem a essas necessidades. Podemos identificar sete níveis de hierarquia de produto. Aqui elas são definidas e ilustradas para o produto seguro de vida:

1. *Família da necessidade.* A necessidade-núcleo que fundamenta a família do produto. Exemplo: segurança.
2. *Família de produtos.* Todas as classes de produtos que podem satisfazer a uma necessidade-núcleo com razoável eficácia. Exemplo: poupança e renda.
3. *Classe de produtos.* Um grupo de produtos dentro da família do produto reconhecido como possuindo coerência funcional. Exemplo: instrumentos financeiros.
4. *Linha de produtos.* Um grupo de produtos dentro de uma classe de produtos que estão diretamente relacionados porque funcionam de maneira similar é vendido aos mesmos grupos de consumidores, comercializados pelos mesmos tipos de estabelecimentos ou estão em determinadas faixas de preço. Exemplo: seguro de vida.
5. *Tipo de produto.* Aqueles itens dentro de uma linha de produtos que compartilham uma ou diversas formas possíveis do produto. Exemplo: condições do seguro de vida.
6. *Marca.* O nome associado a um ou mais itens da linha de produtos que é usado para identificar a fonte ou caráter do(s) item(ns). Exemplo: Prudential.
7. *Item* (também chamado de *unidade de estocagem* ou *variante do produto*). Unidade distinta dentro de uma marca ou linha de produtos que é identificada por tamanho, preço, aparência ou algum outro atributo. Exemplo: seguro de vida da Prudential com cláusula de renovação automática.

Outro exemplo: a necessidade de "melhor aparência visual" dá origem a uma família de produtos chamada cosméticos e a uma linha de produtos chamada ba-

---

3. Veja BOYD JR., Harper W., LEVY, Sidney. New dimensions in consumer analysis. *Harvard Business Review,* p. 129-140, Nov./Dec. 1963.
4. LEVITT, Theodore. *The marketing mode.* New York: McGraw-Hill, 1969. p. 2.

tom, que possui tipos diferentes de produtos, como o batom em tubo, que é oferecido sob uma marca chamada Revlon, em um item específico, como o sabor de hortelã.

Freqüentemente, surgem dois outros termos relacionados à hierarquia de produtos. *Sistema de produto* é um grupo de itens diversos, mas relacionados, que funcionam de maneira compatível. Por exemplo, a Nikon Company vende uma câmera fotográfica básica de 35 mm acompanhada de um conjunto amplo de lentes, filtros e outras opções que constituem um sistema de produto. *Composto de produtos* (ou sortimento de produtos) é o conjunto formado por todos os produtos e itens que um vendedor específico torna disponível aos compradores.

## Classificações de produtos

Tradicionalmente, as empresas classificam os produtos tomando por base suas várias características: durabilidade, tangibilidade e uso (bens de consumo ou industrial). Cada tipo de produto possui uma estratégia de composto de marketing apropriada:[5]

**DURABILIDADE E TANGIBILIDADE.** Os produtos podem ser classificados em três grupos de acordo com sua durabilidade ou tangibilidade.

- *Bens não duráveis.* São bens tangíveis que, normalmente, são consumidos após um ou alguns usos. Exemplos incluem cerveja, sabão e sal. Uma vez que esses bens são consumidos rapidamente e comprados com freqüência, a estratégia apropriada é torná-los disponíveis em muitos locais, cobrar apenas uma pequena margem (*markup*) e divulgá-los intensamente para induzir à experimentação e à preferência de compra.
- *Bens duráveis.* São bens tangíveis que, normalmente, sobrevivem a muitos usos. Exemplos incluem refrigeradores, máquinas-ferramenta e vestuário. Geralmente, requerem mais venda pessoal e serviços, exigem maior margem e mais garantias do vendedor.
- *Serviços.* Os serviços são intangíveis, inseparáveis, variáveis e perecíveis. Como resultado, normalmente, exigem mais controle da qualidade, credibilidade do fornecedor e adaptabilidade. Exemplos incluem cortes de cabelo e consertos.

**CLASSIFICAÇÃO DOS BENS DE CONSUMO.** Os consumidores compram vasto número de bens que podem ser classificados conforme seus hábitos de compra. Podemos distinguir entre bens de conveniência, compra comparada, especialidade e não procurados.

**BENS DE CONVENIÊNCIA são bens que o consumidor, geralmente, compra com freqüência, de imediato e com mínimo esforço. Exemplos incluem produtos de tabaco, sabões e jornais.**

Os bens de conveniência podem ser classificados em bens de consumo geral, de impulso e de emergência. *Bens de consumo geral* são os que os consumidores adquirem em base regular. Por exemplo, um consumidor pode comprar rotineiramente o *ketchup* Heinz, creme dental Crest e biscoitos Ritz. *Bens de impulso* são comprados sem qualquer planejamento ou esforço de procura. Geralmente, são amplamente expostos. Assim, chocolates em barra e revistas são colocadas próximos aos caixas porque os compradores podem não ter idéia de comprá-los antes de os ver. *Bens de emergência* são comprados quando uma necessidade é urgente – guarda-chuvas durante um temporal, botas e pás durante a primeira nevasca do inverno. Os fabricantes de bens de emergência os colocarão em muitos pontos de venda quando os consumidores necessitarem deles.

**BENS DE COMPRA COMPARADA são os que o consumidor, no processo de seleção e compra, compara, caracteristicamente, baseado em adequação, qualidade, preço e estilo. Exemplos incluem móveis, vestuário, carros usados e grandes eletrodomésticos.**

Os bens de compra comparada podem ser divididos em homogêneos e heterogêneos. O comprador vê os *bens de compra comparada homogêneos* como similares em qualidade, mas bem diferentes em preço para justificar comparações. O vendedor tem que "conversar sobre preço" com o comprador. Entretanto, na compra de vestuário, móveis e outros *bens de compra comparada heterogêneos*, as características do produto são, freqüentemente, mais importantes para o consumidor do que o preço. O fornecedor de bens de compra comparada heterogêneos deve ainda oferecer amplo sortimento para satisfazer aos gostos individuais e ter vendedores bem treinados para fornecer informações e aconselhamento aos consumidores.

**BENS DE ESPECIALIDADE. Bens com características e/ou identificação de marcas exclusivas, para as quais um grupo significativo de compradores está habitualmente disposto a fazer um esforço especial de compra. Exemplos incluem marcas e tipos específicos de artigos de luxo, carros, equipamentos de som, equipamentos fotográficos e ternos masculinos.**

---

5. Para algumas definições, veja BENNETT, Peter D. (Org.). *Dictionary of marketing terms.* Chicago : American Marketing Association, 1995. Veja também MURPHY, Patrick E., ENIS, Ben M. Classifying products strategically. *Journal of Marketing,* p. 24-42, July 1986.

Por exemplo, um automóvel Mercedes é um bem de especialidade porque os compradores interessados percorrerão longa distância para comprá-lo. Os bens de especialidade não envolvem o comprador em comparações; eles estão dispostos a investir tempo para procurar os revendedores que oferecem os produtos desejados. Estes não precisam estar convenientemente localizados. Contudo, devem fazer com que seus compradores potenciais tenham conhecimento de suas localizações.

**BENS NÃO PROCURADOS. Bens sobre os quais o consumidor não tem conhecimento ou sobre os quais sabe pouco, mas que não pensa normalmente em comprar. Novos produtos, como detectores de fumaça e processadores de alimentos, são bens não procurados até que o consumidor tome conhecimento deles pela propaganda. Exemplos clássicos conhecidos são seguro de vida, lotes em cemitérios, lápides de túmulos e enciclopédias.**

Os bens não procurados exigem esforço de marketing substancial na forma de propaganda e venda pessoal. Algumas das técnicas de venda pessoal mais sofisticadas foram desenvolvidas a partir do desafio envolvido na venda desses bens.

**CLASSIFICAÇÃO DE BENS INDUSTRIAIS.** As organizações compram vasta variedade de bens e serviços. Os bens industriais podem ser classificados em termos de como entram no processo de produção e de seu custo relativo. Podemos identificar três grupos distintos: materiais e componentes, itens patrimoniais e suprimentos e serviços de administração.

**MATERIAIS E COMPONENTES. Bens que entram na produção de um produto. Classificam-se em duas classes: matérias-primas e produtos semi-acabados e componentes.**

As *matérias-primas* classificam-se em duas grandes classes: *produtos agropecuários* (por exemplo, trigo, algodão, gado, frutas e vegetais) e *produtos naturais* (por exemplo, pescado, madeira, petróleo, minério de ferro). Cada uma dessas classes é comercializada de maneira diferente. Os produtos agropecuários são fornecidos por muitos produtores e intermediários que os beneficiam, armazenam, transportam e vendem. Sua natureza perecível e sazonal exige práticas de marketing especiais. Seu caráter de *commodity* resulta em relativamente pouca atividade promocional e de propaganda, com algumas exceções. De tempo em tempo, os comerciantes de tais produtos costumam lançar campanhas promocionais para elevar seus consumos, como, por exemplo, batatas, ameixas, leite etc. Alguns deles chegam mesmo a estabelecer marcas para tais produtos, como é o caso das laranjas Sunkist e das bananas Chiquita.

Os produtos naturais são altamente limitados em termos de suprimento. Geralmente, são vendidos em grandes volumes a baixo valor unitário e requerem transporte substancial para movê-los do produtor ao usuário. Há poucos produtores que, freqüentemente, vendem os produtos naturais diretamente a usuários industriais. Em função de os usuários dependerem desses produtos, são comuns os contratos de fornecimento a longo prazo. A homogeneidade desses produtos naturais limita a atividade de geração de demanda. Preço e confiabilidade de entrega são os principais fatores que influenciam a seleção de fornecedores.

Os *materiais manufaturados e componentes* são divididos em duas categorias: materiais componentes (por exemplo, ferro, fios de tecido, cimento, arame) e *peças componentes* (por exemplo, pequenos motores, pneus, fundidos). Os *materiais componentes* são, normalmente, fabricados a partir de matérias-primas: por exemplo, o aço procede do ferro-gusa e o vestuário é resultado da tecelagem de fios. Geralmente, a natureza padronizada dos materiais componentes significa que a confiabilidade no preço e no fornecedor é o fator mais importante da compra. As *peças componentes* entram no produto acabado sem qualquer modificação de forma, como pequenos motores que são colocados em aspiradores de pó e pneus em automóveis. A maioria dos materiais e peças manufaturados é vendida diretamente a usuários industriais, encomendada com um ano ou mais de antecedência. Preço e serviços são as principais considerações de marketing, e marca e embalagem tendem a ser menos importantes.

**BENS DE CAPITAL. Bens de longa duração que facilitam o desenvolvimento e/ou administração de produtos acabados. Classificam-se em dois grupos: instalações e equipamentos.**

As *instalações* consistem em prédios (por exemplo, fábricas e escritórios) e equipamentos (por exemplo, geradores, prensas, computadores *mainframe*, elevadores). As instalações representam grandes compras. Geralmente, são adquiridas diretamente do produtor, com a venda típica precedida por longo período de negociação. Os fabricantes usam força de vendas de alto nível, freqüentemente incluindo pessoal técnico. Precisam estar dispostos a trabalhar sob especificações e a prestar serviços pós-venda. A propaganda é utilizada, embora seja muito menos importante do que a venda pessoal.

Os *equipamentos* compreendem máquinas e equipamentos móveis da fábrica (por exemplo, ferramentas manuais, elevadores de carga) e equipamentos de escritório (por exemplo, microcomputadores, mesas). Esses tipos de equipamentos não se tornam componentes do produto acabado, simplesmente ajudam no processo de produção. Têm vida mais curta do que as instalações, mas vida mais longa do que os suprimentos operacionais (apresentados a seguir). Embora alguns fabricantes de equipamentos vendam diretamente ao usuário final, é mais freqüente o uso de intermediários porque o mercado é geograficamente disperso, os compradores são numerosos e os pedidos são pequenos. Qualidade, características, preço e serviços são as principais considerações na escolha de um fornecedor. A força de vendas tende a ser mais importante do que a propaganda, embora esta possa ser utilizada com eficácia.

**SUPRIMENTOS E SERVIÇOS. Bens de curta duração que facilitam o desenvolvimento e/ou administração do produto acabado.**

Os suprimentos são de dois tipos: *suprimentos operacionais* (por exemplo, lubrificantes, carvão, papel de escrever, lápis) e *itens de manutenção* (tinta, pregos, vassouras). Os suprimentos equivalem aos bens de conveniência na área industrial porque são, geralmente, comprados com esforço mínimo em uma base de recompra direta. Normalmente, são comercializados por intermediários em função da existência de grande número de compradores, de sua dispersão geográfica e baixo valor unitário. Preço e serviços são considerações importantes em função da padronização de fornecedores e de a preferência de marca não ser alta.

Os serviços administrativos incluem *serviços de manutenção e reparos* (por exemplo, limpeza de janelas, conserto de máquinas de escrever) e *serviços de consultoria* (por exemplo, consultoria jurídica, gerencial e de propaganda). Geralmente, os serviços de manutenção são fornecidos sob contrato por pequenas empresas e os serviços de reparos são, freqüentemente, fornecidos pelos fabricantes do equipamento original. Os serviços de consultoria são, geralmente, situações de compra nova em que o comprador industrial escolherá o fornecedor com base em sua reputação e equipe profissional.

Com estas informações, estamos preparados para examinar as decisões da empresa em termos de composto de produto, linhas de produtos e produtos individuais.

## DECISÕES SOBRE O COMPOSTO DE PRODUTOS

Primeiro, consideraremos as decisões sobre o composto de produtos.

**COMPOSTO DE PRODUTOS (também chamado SORTIMENTO DE PRODUTOS) é o conjunto de todos os produtos e itens que um vendedor específico coloca à venda para os compradores.**

Por exemplo, o composto de produtos da Kodak consiste em duas linhas fortes: produtos de informação e produtos de imagem. O composto de produtos básico da NEC (do Japão) consiste em produtos de comunicação e produtos de computação. A Michelin possui três linhas de produtos: pneus, mapas rodoviários e serviços de restaurantes.

O composto de produtos de uma empresa tem certa abrangência, extensão, profundidade e consistência. Esses conceitos estão ilustrados na Tabela 15.1 para produtos de consumo selecionados da Procter & Gamble.

- A *abrangência* do composto de produtos da P&G refere-se ao número de linhas de produtos diferentes que a empresa oferece. A Tabela 15.1 mostra uma abrangência de composto de produtos de cinco linhas. (De fato, a P&G fabrica muitas outras linhas – produtos para cabelo, saúde, higiene pessoal, bebidas, alimentos etc.)
- A *extensão* do composto de produtos da P&G refere-se ao número total de itens de seu composto de produtos. Na Tabela 15.1, este número é 25. Podemos também falar sobre a extensão média de uma linha de produtos da P&G. Isto é obtido dividindo-se a extensão total (aqui, 25) pelo número de linhas (aqui, 5), chegando-se a uma extensão média de produto de 5.
- A *profundidade* do composto de produtos desta empresa refere-se a quantas variações são oferecidas a cada produto da linha. Assim, se o creme dental Crest

**Tabela 15.1** *Abrangência do composto de produtos e extensão das linhas de produtos da Procter & Gamble (incluindo as datas de lançamento).*

| | ABRANGÊNCIA DO COMPOSTO DE PRODUTOS | | | | |
|---|---|---|---|---|---|
| | **SABÃO EM PÓ** | **CREME DENTAL** | **SABÃO EM BARRA** | **FRALDAS DESCARTÁVEIS** | **PAPEL HIGIÊNICO** |
| Extensão da linha de produtos | Ivory Snow (1930) | Gleem (1952) | Ivory (1879) | Luvs (1976) | Puffs (1960) |
| | Dreft (1933) | Crest (1955) | Kirk's (1885) | Charmin (1926) | Banner (1982) |
| | Tide (1946) | | Lava (1893) | | Summit 1100's (1992) |
| | Cheer (1950) | | Camay (1926) | | |
| | Oxydol (1914) | | Zest (1952) | | |
| | Dash (1954) | | Safeguard (1963) | | |
| | Bold (1965) | | Coast (1974) | | |
| | Gain (1966) | | Oil of Olay (1993) | | |
| | Era (1972) | | Pampers (1961) | | |

possui três tamanhos e duas formulações (comum e menta), sua profundidade é seis. Contando-se o número de variações dentro de cada marca, a profundidade média do composto de produtos da P&G pode ser calculada.

- A *consistência* do composto de produtos refere-se ao grau de relacionamento das diversas linhas de produtos em termos de uso final, especificações de produção, canais de distribuição ou a outra maneira. As linhas de produtos da P&G são consistentes à medida que são bens de consumo que chegam aos consumidores pelos mesmos canais de distribuição. As linhas são menos consistentes quando desempenham diferentes funções para os compradores.

Essas quatro dimensões de composto de produtos fornece as bases para definir a estratégia de produto da empresa. A empresa pode expandir seu negócio de quatro maneiras. Pode acrescentar novas linhas de produtos, ampliando, assim, seu composto de produtos. Pode ampliar cada linha de produtos. Pode acrescentar mais variações a cada produto e aprofundar seu composto de produto. Finalmente, pode obter maior ou menor consistência de linha de produtos, dependendo do desejo de adquirir forte reputação em uma única área ou de participar de diversas áreas.

O planejamento do composto de produtos é largamente de responsabilidade dos planejadores estratégicos da empresa. Eles devem avaliar, com as informações fornecidas pelos profissionais de marketing da empresa, que linhas de produtos devem crescer, ser mantidas, exploradas ao máximo e eliminadas (veja o Capítulo 3).

## Decisões sobre Linha de Produtos

Um composto de produtos consiste em várias linhas de produtos.

**A LINHA DE PRODUTOS é constituída por um grupo de produtos diretamente relacionados porque desempenham uma função similar, são vendidos aos mesmos grupos de consumidores, comercializados pelos mesmos canais ou vendidos dentro de uma faixa de preço específica.**

Geralmente, cada linha de produtos é administrada por um executivo diferente. Na Divisão de Eletrodomésticos de Consumo da General Electric, há gerentes de linha de produtos para refrigeradores, fornos, máquinas de lavar e outros. Na Northwestern University, há diretores diferentes para as faculdades de Medicina, Direito, Administração, Engenharia, Música, Comunicações, Jornalismo e Ciências Humanas.

## Análise da linha de produtos

Os gerentes de linha de produtos precisam conhecer as vendas e os lucros de cada item de sua linha para determinar que itens devem ser desenvolvidos, mantidos, explorados ao máximo ou eliminados. Precisam também conhecer o perfil de mercado de cada produto.

VENDAS E LUCROS DA LINHA DE PRODUTOS. O gerente da linha de produtos precisa saber a porcentagem da venda total e do lucro de cada item da linha. A Figura 15.3 mostra um gráfico que representa uma linha de produtos de cinco itens.

O primeiro item representa 50% da venda total e 30% do lucro. Os primeiros dois itens representam 80% da venda total e 60% do lucro. Se estes dois itens fossem, repentinamente, atacados por um concorrente, a venda e a rentabilidade da linha de produtos entrariam em colapso. Uma alta concentração de vendas em poucos itens significa vulnerabilidade da linha. Esses itens devem ser cuidadosamente monitorados e protegidos.

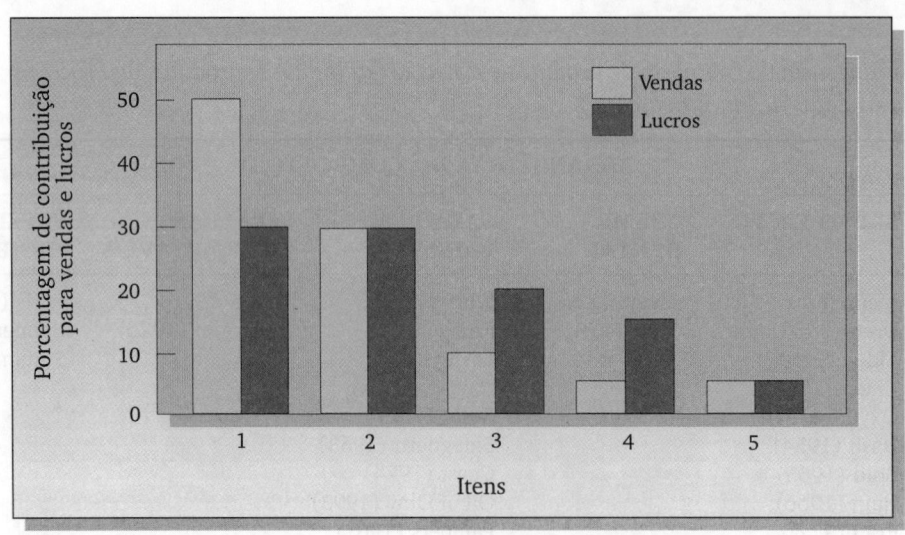

**Figura 15.3** *Contribuições dos itens para a venda e o lucro total de uma linha de produtos.*

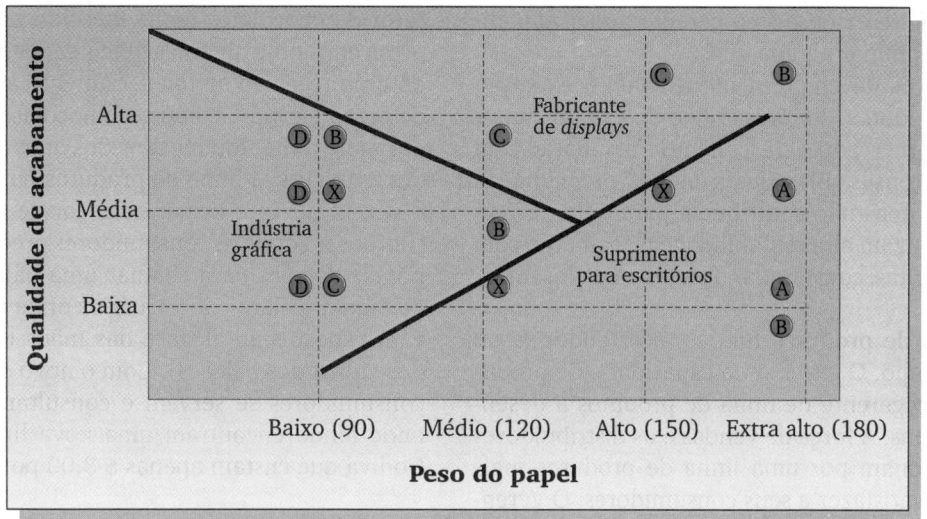

**Fonte:** SHAPIRO, Benson P. *Industrial product policy*: managing the existing product line. Cambridge, MA : Marketing Science Institute, Relatório n. 77-110.

**Figura 15.4** *Mapa de produtos para uma linha de produtos de papel/papelão.*

No outro extremo, o último item representa apenas 5% das vendas e do lucro da linha. O gerente da linha de produtos pode considerar a eliminação desse item, a menos que ele tenha forte potencial de crescimento.

**PERFIL DE MERCADO DA LINHA DE PRODUTOS.** O gerente de linha de produtos deve também analisar como a linha está posicionada em relação às linhas de produtos concorrentes. Consideremos a empresa Paper Company X, com uma linha de produtos de papelão.[6] Dois de seus principais atributos são peso e qualidade de acabamento. Geralmente, os produtos são oferecidos em 90, 120, 150 e 180 gramas por metro quadrado (g/m²) e qualidade de acabamento em três categorias: baixa, média e alta. O mapa de produto da Figura 15.4 mostra a localização dos vários itens da linha de produtos da empresa X e de quatro concorrentes A, B, C e D. O concorrente A vende dois itens dentro da classe de papelão de peso alto, variando de média a baixa qualidade de acabamento. O concorrente B vende quatro itens que variam em termos de peso e qualidade de acabamento. O concorrente C vende três itens nos quais quanto maior o peso, maior a qualidade. O concorrente D vende três itens, todos leves, mas variando em qualidade de acabamento. Finalmente, a empresa X oferece três itens que variam em peso e qualidade de acabamento.

Este mapa de produtos é útil para o desenvolvimento da estratégia de marketing da linha de produtos. Ele mostra quais os itens dos concorrentes que estão concorrendo com os da empresa X. Por exemplo, o papelão de peso baixo/qualidade média da empresa X concorre com os itens dos concorrentes D e B. Porém, seu papelão de peso alto/qualidade média não tem concorrente direto. O mapa revela também possíveis localizações para novos itens de produto. Por exemplo, nenhum fabricante oferece um papelão de peso alto/baixa qualidade. Se a empresa X estimar forte demanda não atendida e puder fabricar e vender esse papelão por preço correto, poderia considerar a inclusão desse item em sua linha.

Outro benefício do mapa de produtos é que ele identifica os segmentos de mercado. A Figura 15.4 mostra os tipos de papelão, por peso e qualidade, preferidos pela indústria gráfica, fabricantes de *displays* de pontos de venda e fornecedores de suprimentos de escritório, respectivamente. O mapa mostra que a empresa X está bem posicionada para atender às necessidades das gráficas, mas é menos eficaz para atender aos dois outros setores, podendo considerar o fornecimento de outros tipos de papelão para atender a essas outras necessidades.

Após fazer suas análises, o gerente de linha de produtos precisa considerar as decisões sobre a extensão, modernização, caracterização e expurgo da linha de produtos.

## Extensão da linha de produtos

Um problema enfrentado pelos gerentes de linha de produtos é encontrar a extensão ótima de sua linha. Uma linha de produtos será bastante restrita se o gerente puder aumentar o lucro ao acrescentar novos itens; a

---

6. Esta ilustração é encontrada em SHAPIRO, Benson P. *Industrial product policy*: managing the existing produt line. Cambridge, MA : Marketing Science Institute, 1977. p. 3,5, 98-101.

linha será bastante extensa se o gerente puder aumentar o lucro ao eliminar alguns itens.

Os objetivos da empresa influenciam a extensão da linha de produtos. Empresas que procuram maior participação de mercado e crescimento trabalharão com linhas mais extensas. Elas ficam menos preocupadas quando alguns itens não contribuem para o lucro. Empresas que enfatizam alta rentabilidade trabalharão com linhas mais restritas, constituídas de itens cuidadosamente escolhidos.

As linhas de produtos tendem a estender-se no decorrer do tempo. O excesso de capacidade de produção pressiona o gerente de linha de produtos a desenvolver novos itens. A força de vendas e os distribuidores também pressionam por uma linha de produtos mais completa para satisfazer a seus consumidores. O gerente de linha de produtos acrescentará itens na tentativa de aumentar as vendas e o lucro.

Entretanto, à medida que novos itens são acrescentados, surgem diversos custos: *design* e engenharia, estocagem, mudanças no processo de produção, processamento de pedidos, transportes e custos promocionais. Eventualmente, torna-se necessária a paralisação do processo de proliferação de itens. A alta administração pode congelar o processo de desenvolvimento de novos itens devido à falta de recursos ou de capacidade de produção. O *controller* pode questionar a rentabilidade da linha e exigir um estudo que, provavelmente, mostrará grande número de itens que dão prejuízo. Um padrão de crescimento da linha de produtos acompanhado por grande eliminação de itens pode repetir-se várias vezes.

Uma empresa pode ampliar a extensão de sua linha de produtos de duas maneiras: pela ampliação ou pela complementação da linha.

**AMPLIAÇÃO DA LINHA DE PRODUTOS.** A linha de produtos de qualquer empresa cobre parte da abrangência total possível. Por exemplo, os automóveis BMW estão localizados na faixa de preço mais alta do mercado. A *ampliação da linha de produtos* ocorre quando uma empresa estende sua linha além de sua faixa atual. Ela pode ampliá-la para cima, para baixo ou em ambas as direções.

**Ampliação para Baixo.** Inicialmente, muitas empresas localizam-se na faixa superior do mercado e, subseqüentemente, ampliam suas linhas de produtos para baixo.

**GODIVA** A Godiva Chocolates, com suas famosas douradas embalagens assinadas, sempre foi considerada a última palavra em produtos de luxo. Todavia, embora o setor de chocolates tenha crescido nos anos 80, a empresa enfrentou algumas dificuldades nos anos 90, quando uma recessão afetou seriamente as vendas dos bens de preço elevado, como seu chocolate que custava $ 45 por meio quilo. Em meados dos anos 90, a Godiva decidiu ampliar sua linha de produtos para baixo, trocando o verniz negro e o mármore cor-de-rosa de suas lojas suntuosas (onde os consumidores precisavam entrar nas pontas dos pés para chamar uma balconista) por pisos de madeira clara e mostruários onde os chocolates ficavam expostos ao alcance das mãos (não mais debaixo dos vidros dos balcões). Com o novo *design* das lojas, os consumidores se servem e consultam listas de preços onde ainda encontram uma nova linha de chocolates Godiva que custam apenas $ 3,00 por meio quilo.[7]

Freqüentemente, as empresas acrescentam modelos na posição inferior de sua linha de produtos para divulgar sua marca a partir de um preço baixo. Assim, a Sears pode anunciar aparelhos de ar condicionado a partir de $ 240 e a General Motors pode divulgar um novo Chevrolet pelo preço inicial de $ 9.000. Esses modelos "de combate" ou "promocionais" são usados para convencer os consumidores na base de preço. Estes, após verem modelos melhores, freqüentemente, acabam optando pelos mesmos. Esta estratégia deve ser usada com cautela. A marca "promocional", embora oferecida em versão básica, deve estar apoiada na imagem de qualidade da marca. O vendedor deve também ter o modelo promocional em estoque quando o mesmo foi divulgado. Os consumidores não devem sentir que foram "fisgados e passados para trás".

Uma empresa pode ampliar sua linha de produtos para baixo por qualquer das seguintes razões:

- Ela é atacada por um concorrente na faixa superior do mercado e decide contra-atacar invadindo a posição do concorrente na faixa inferior.
- Ela constata que está ocorrendo crescimento mais lento na faixa superior do mercado.
- Inicialmente, a empresa entrou na faixa superior para criar uma imagem de qualidade, com a pretensão de ampliar, posteriormente, sua linha de produtos para baixo.
- Ela acrescenta um item na faixa inferior do mercado para ocupar uma lacuna existente que atrairia um novo concorrente.

Ao realizar uma ampliação da linha de produtos para baixo, a empresa enfrenta riscos. O novo item lançado na faixa inferior do mercado pode *canibalizar* itens posicionados na faixa superior, isto é, as vendas dos itens de preço baixo podem tirar as vendas dos itens de preço mais alto. Consideremos o seguinte:

7. WARNER, Fara. Upsacale chocolate's not hot, so Godiva does a makeover. *Bandweek*, p. 21, 4 July 1994.

**GENERAL ELECTRIC**   A Divisão de Sistemas de Medicina da General Electric é líder de mercado em tomografia computadorizada, cujas máquinas sofisticadas de diagnóstico são usadas por hospitais. A GE ficou sabendo que um concorrente japonês estava planejando atacar seu mercado. Achava que o modelo japonês seria menor, com maior número de componentes eletrônicos e mais barato. A melhor estratégia de defesa da GE seria lançar uma máquina similar antes que o modelo japonês entrasse no mercado. Entretanto, alguns executivos da empresa estavam preocupados porque essa versão de preço baixo prejudicaria as vendas e a margem de lucro, em comparação com o modelo tradicional, de preço e margem elevada. Contudo, um executivo resolveu o problema com a seguinte pergunta: "Não seria melhor praticarmos a canibalização, em vez de deixar que os japoneses a façam?"

Além disso, o item posicionado na faixa inferior do mercado provoca uma investida dos concorrentes na faixa mais elevada do mercado. Também, os revendedores podem não estar dispostos ou preparados para lidar com produtos de preço baixo porque são menos rentáveis e deterioram sua imagem. Os revendedores descuidaram de trabalhar com motocicletas pequenas da Harley-Davidson, fabricadas para concorrer com os modelos japoneses.

Um grande equívoco de diversas empresas norte-americanas tem sido sua negligência em preencher lacunas existentes nas posições inferiores de seus mercados. A General Motors resistiu à idéia de construir carros menores e a Xerox em fabricar pequenas copiadoras. As empresas japonesas descobriram esta abertura de mercado e a ela responderam rapidamente.

**AMPLIAÇÃO PARA CIMA.**   As empresas posicionadas na faixa inferior do mercado podem considerar a possibilidade de entrar na faixa superior. Podem ser atraídas por maior taxa de crescimento, margens maiores ou, simplesmente, pela chance de se posicionarem como fabricantes de linha completa. Os cosméticos Avon e Mary Kay, ambos, tradicionalmente, posicionados na faixa intermediária do mercado, que vendem produtos através de redes diretas, estão visando à faixa superior com novos produtos e propaganda destinada aos freqüentadores de lojas de departamentos. A Avon lançou a fragrância Natori em 1995, em cooperação com o *designer* de *lingeries* de alta classe, Josie Natori. A Natori proporcionou à Avon uma chance de melhorar sua imagem na linha de fragrâncias, uma categoria em que a maioria de suas ofertas é de preço baixo e destinada ao mercado de massa. A Mary Kay está contando com o hidroxidoácido alfa, ingrediente popular para a conservação da pele, para fabricar seu creme de tripla ação Eye Enhancer, destinado às lojas de departamentos. Como a Avon, está anunciando pela primeira vez na revista de moda *Vogue*.

Uma decisão de ampliação da linha de produtos para cima pode ser arriscada. Não apenas porque os concorrentes situados na esfera superior estarão bem entrincheirados, mas também porque eles podem contra-atacar na posição inferior do mercado. Os consumidores potenciais podem não acreditar que uma empresa situada na esfera inferior tem condições de produzir produtos de alta qualidade. Finalmente, os vendedores e distribuidores da empresa podem não possuir talento e treinamento para trabalhar com produtos de qualidade superior. A Toyota e a Nissan tomaram providências para evitar que isso ocorresse quando lançaram seus primeiros carros de luxo, o Lexus e o Infiniti, em 1990. As empresas criaram programas para assegurar que todas as pessoas envolvidas nos programas conhecessem as necessidades dos consumidores-foco no mercado de preço elevado. Também envolveram os revendedores, que tinham sua parte no programa de manter os consumidores satisfeitos. Os resultados têm sido notáveis: o Lexus tem obtido as notas mais altas na pesquisa de avaliação da satisfação do consumidor, realizada pela empresa J. D. Power & Associates, desde 1992.

**AMPLIAÇÃO EM AMBAS AS DIREÇÕES.**   As empresas que atendem ao mercado intermediário podem decidir ampliar sua linha de produtos em ambas as direções. A Texas Instruments (TI) lançou suas primeiras calculadoras no mercado intermediário de preço e qualidade médios. Gradualmente, lançou calculadoras para a faixa inferior do mercado, conquistando participação da Bowmar, e calculadoras de alta qualidade para a faixa superior, a preços baixos, concorrendo com a Hewlett Packard que dominava essa faixa de mercado. Esta ampliação nas duas direções levou a Texas à liderança no mercado de calculadoras manuais.

O grupo de hotéis Marriott também tem adotado a ampliação de sua linha de produtos em duas direções (Figura 15.5). Em conjunto de seus hotéis de preço médio, acrescentou a linha Marriott Marquis para atender à faixa superior do mercado e a Fairfield Inns para a faixa inferior de preço econômico. Cada marca de linha de hotéis está destinada a um mercado-alvo diferente. A Marriott Marquis destina-se a atrair e agradar altos executivos; a Marriott, aos executivos intermediários; a Courtyard, aos vendedores e a Fairfields Inns, às pessoas em férias e outros viajantes com orçamento limitado para viagem. O principal risco com essa estratégia é que alguns viajantes trocarão o nível de hotel após constatarem que a rede Marriott oferece opções de preços menores, em seus hotéis onde eles encontrarão quase tudo o que desejam. Entretanto, é muito melhor a Marriott conquistar seus clientes que procuram opções de preço menor do que perdê-los para os concorrentes.

**COMPLEMENTAÇÃO DE LINHA DE PRODUTOS.**   Uma linha de produtos pode também ser ampliada pelo acréscimo

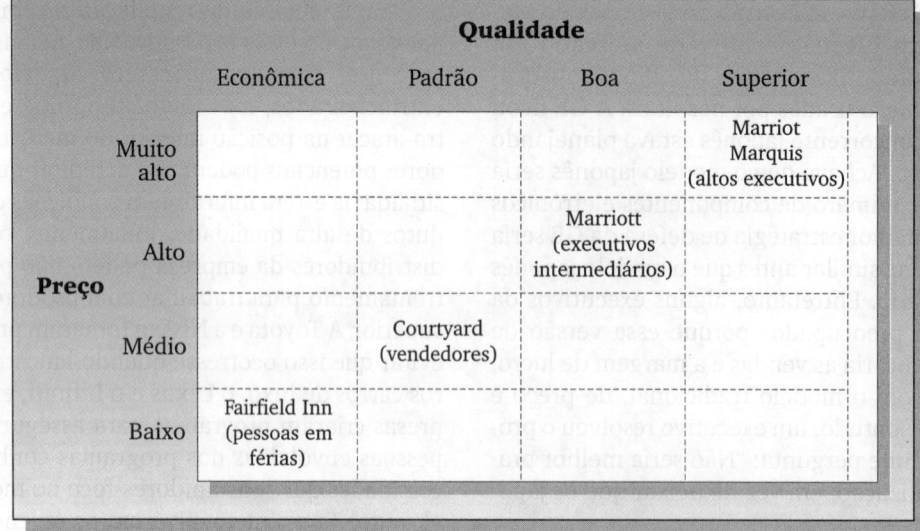

**Figura 15.5** *Ampliação de linha de produtos nas duas direções:* Hotéis Marriott.

de itens a sua faixa atual de abrangência. Há vários motivos para a *complementação de linha*: aumento do lucro, tentativa de satisfazer a revendedores que reclamam da perda de vendas pela falta de itens na linha, tentativa de utilizar o excesso de capacidade de produção, tentativa de atingir a liderança como empresa de linha completa e de preencher lacunas para manter os concorrentes afastados.

A complementação de linha é malsucedida se resultar em canibalização e em confusão para os consumidores. A empresa precisa diferenciar cada item na mente do consumidor. Cada item deve possuir uma *diferença perceptível*. Conforme a lei de Weber, os consumidores estão mais preocupados com a diferença absoluta do que com a diferença relativa.[8] Assim, perceberão a diferença entre duas mesas, uma medindo dois metros e outra três, mas não entre uma de 2,90 metros e outra de 3 metros. A empresa deve assegurar-se de que os novos itens de produto ofereçam diferença perceptível.

A empresa deve também certificar-se de que o item proposto satisfaz a uma necessidade de mercado, e de que não está sendo acrescentado apenas para satisfazer a uma necessidade interna. O famoso automóvel Edsel, com o qual a Ford perdeu $ 350 milhões, atendeu às necessidades de posicionamento interno, mas não as necessidades do mercado. A Ford percebeu que os consumidores se moveriam em direção aos carros da General Motors, como Oldsmobile ou Buick, em vez de escolherem seus modelos Mercury ou Lincoln. O Edsel foi criado, mas falhou no atendimento de uma necessidade de mercado porque muitos carros similares estavam disponíveis no mercado e muitos compradores estavam dirigindo-se para carros menores.

Uma vez que o gerente da linha de produtos decide acrescentar outro item à linha de determinado preço,

a tarefa de desenhá-lo é transferida aos engenheiros da empresa. O preço planejado determinará como o item deve ser desenhado, em vez de o desenho ditar o preço que será cobrado.

## Modernização da linha de produtos

Mesmo quando a extensão da linha de produtos for adequada, pode ser necessário modernizá-la. Por exemplo, as máquinas-ferramentas de uma empresa podem ter o estilo dos anos 50, perdendo, assim, para as linhas concorrentes que possuem estilo mais moderno.

A questão é saber se a linha deve ser renovada por etapas ou por completo. A renovação por etapas permite à empresa verificar como os consumidores e revendedores aceitarão o novo estilo. Esta opção drena menos o fluxo de caixa da empresa. Ela apresenta uma grande desvantagem porque permite que os concorrentes percebam as mudanças e comecem a redesenhar suas próprias linhas.

Em mercados de produtos que mudam rapidamente, a modernização ocorre continuadamente. As empresas programam melhorias de produtos para estimular a *migração de consumidores* para itens mais valorizados e de preço superior. Empresas fabricantes de microprocessadores, como Intel e Motorola, e empresas de *software*, como Microsoft e Lotus, lançam continuadamente versões mais avançadas de seus produtos. Uma questão de alta relevância é o *timing* da introdução de melhorias, de modo que elas não cheguem muito cedo (prejudicando as vendas da linha de produtos atual) ou muito tarde (após a concorrência ter estabelecido forte reputação por um equipamento mais avançado).

8.   Veja BRITT, Steuart Henderson. How Weber's law can be applied to marketing. *Business Horizons,* p. 21-29, Feb. 1975.

## Caracterização de linha de produtos

Tipicamente, o gerente de linha de produtos seleciona um ou alguns itens da linha para introduzir novas características. Os gerentes podem caracterizar modelos promocionais de preço baixo para servir como "geradores de tráfego" nas lojas. Assim, a Sears anunciará uma máquina de lavar roupa de preço baixo para atrair consumidoras. A Rolls Royce anunciou um modelo econômico de carro vendido por apenas $ 178.000 – em contraste com o modelo de preço elevado vendido por $ 310.000 – para atrair novos compradores.

Em outras ocasiões, os gerentes acrescentarão novas características a um item posicionado na faixa superior do mercado para atrair prestígio para a linha de produtos. A Stetson promove a venda de um chapéu masculino por $ 150, que poucos comprarão, mas que funciona como uma "bandeira" ou "jóia rara" para enriquecer a imagem da linha.

Às vezes, uma empresa constata que uma das esferas de sua linha está vendendo bem, enquanto a outra vai de mal a pior. Essa empresa pode tentar aumentar a demanda desses itens mais fracos, principalmente se forem produzidos em uma fábrica que está ociosa por falta de demanda. Esta situação foi enfrentada pela Honeywell quando seus computadores médios, bem como os grandes, não estavam vendendo. Mas isto não é tão simples como parece. Pode-se argumentar que a empresa deve promover os itens que vendem bem, em vez de tentar levantar as vendas dos que vendem mal.

## Expurgo da linha de produtos

Periodicamente, os gerentes de linhas de produtos devem rever itens para expurgo. Há duas ocasiões para a realização desse procedimento. Uma ocorre quando a linha de produtos inclui algum item decadente que esteja prejudicando o lucro. Os itens fracos podem ser identificados por meio da análise de vendas e de custos. A RCA reduziu sua linha de televisores em cores de 69 para 44 modelos e uma empresa de produtos químicos reduziu seus produtos de 217 para 93, ficando aqueles com maior volume de vendas, maior contribuição para o lucro e maior potencial de crescimento a longo prazo.

A outra ocasião para o expurgo de produtos ocorre quando a empresa não possui capacidade de produção suficiente. O gerente deve concentrar a produção de itens com margens elevadas. Tipicamente, as empresas reduzem suas linhas em períodos de forte demanda e as ampliam em fases de fraca demanda.

## DECISÕES DE MARCA

Ao desenvolver uma estratégia de marketing para produtos individuais, o vendedor tem que enfrentar a decisão de marca. Marca é assunto importante da estratégia de produto. Por um lado, o desenvolvimento de marca para um produto exige grande investimento a longo prazo, principalmente em propaganda, promoção e embalagem. Seria mais fácil para os fabricantes transferirem a outros a tarefa de determinação de marca. Este é o caminho adotado por fabricantes taiwaneses que produzem grande quantidade de roupas, produtos eletrônicos de consumo e computadores sem marcas próprias.

Por outro lado, os fabricantes, eventualmente, detectam que o poder está nas mãos de empresas que possuem marcas fortes. Elas podem ser substituídas por fontes de suprimento mais baratas na Malásia ou em outros países. As empresas japonesas e coreanas não cometem esse erro. Gastam deliberadamente para construir marcas como Sony, Toyota, Goldstar e Samsung. Mesmo quando essas empresas não podem fabricar os produtos em seus países, as marcas continuam comandando a lealdade dos consumidores.

### Que é uma marca?

Talvez, a habilidade mais diferenciadora dos profissionais de marketing é sua habilidade para criar, manter, proteger e enriquecer marcas. A American Marketing Association define uma marca da seguinte forma:

**MARCA é um nome, termo, sinal, símbolo ou combinação dos mesmos, que tem o propósito de identificar bens ou serviços de um vendedor ou grupo de vendedores e de diferenciá-los de concorrentes.**

Em essência, uma marca identifica o vendedor ou fabricante. A marca registrada é protegida por lei que garante direitos exclusivos de o proprietário perpetuar seu uso. Isto é diferente de outros ativos como patentes e *copyrights* que têm datas de vencimento.

Essencialmente, uma marca representa a promessa de o vendedor entregar um conjunto específico de características, benefícios e serviços aos compradores. As melhores marcas trazem uma garantia de qualidade. Porém, uma marca é um símbolo ainda mais complexo.[9] Ela pode conduzir seis níveis de significados:

---

9. O esquema seguinte beneficiou-se de uma apresentação realizada por Larry Light, ex-presidente da divisão internacional da Ted Bates Advertising, na Kellogg School, Northwestern University, em que falou sobre quatro dimensões: atributos, benefícios, valores e personalidade. Da mesma forma, foi utilizado o esquema de Jean-Noel Kapferer chamado *prisma da identidade,* no qual esboçou seis dimensões de uma marca, embora nem todas essas dimensões fossem descritas aqui. Veja KAPFERER, Jean-Noel. *Strategic brand management*: new approaches to creating and evaluating brand equity. Londres : Kogan Page, 1993. p. 38 ss.

- *Atributos.* A princípio, uma marca traz à mente certos atributos. Assim, Mercedes sugere preço alto, qualidade de construção, boa engenharia, durabilidade, elevado prestígio, alto valor de revenda, velocidade etc. A empresa pode usar um ou mais destes atributos para divulgar o carro. Durante anos, o Mercedes foi anunciado com o seguinte título: "Trabalho de engenharia que não é oferecido em nenhum outro carro do mundo." Isto serviu como plataforma de posicionamento para projetar outros atributos do carro.
- *Benefícios.* A marca é mais do que um conjunto de atributos. Os consumidores não compram atributos; compram benefícios. Os atributos precisam ser transformados em benefícios funcionais e/ou emocionais. O atributo durabilidade pode ser transformado em benefício funcional: "Não terei que comprar um carro novo por muitos anos." O atributo preço elevado pode ser traduzido em benefício emocional: "O carro ajuda-me a sentir importante e admirado." O atributo qualidade de construção pode ser transformado em benefício funcional e emocional: "Estou seguro no caso de um acidente."
- *Valores.* A marca também transmite algo sobre os valores do fabricante. Assim, a marca Mercedes representa alto desempenho, segurança, prestígio etc. A empresa deve descobrir grupos de compradores de carros que procuram esses valores.
- *Cultura.* Adicionalmente, a marca pode representar certa cultura. A marca Mercedes representa a cultura alemã: organizada, eficiente e de alta qualidade.
- *Personalidade.* A marca pode também projetar certa personalidade. Se ela fosse uma pessoa, animal ou objeto, o que viria à mente? Mercedes pode sugerir um chefe incoerente (pessoa), uma leoa reinando (animal) ou um palácio austero (objeto). Às vezes, a marca pode assumir a personalidade de uma pessoa ou porta-voz bem conhecido.
- *Usuário.* A marca sugere o tipo de consumidor que compra o produto. Ficaríamos surpresos em ver uma secretária de 20 anos de idade comprando um Mercedes. Nossa expectativa seria ver um alto executivo de 55 anos de idade atrás do volante. Os usuários serão aqueles que se relacionam com os valores, cultura e personalidade do produto.

Se uma empresa trata uma marca apenas como um nome, comete a falha de não lhe dar destaque. O desafio da definição de marca é desenvolver um conjunto profundo de significados para ela. Quando a audiência pode visualizar as seis dimensões de uma marca, ela é chamada de *profunda;* caso contrário, trata-se de uma marca *superficial.* Mercedes é uma marca profunda porque entendemos seu significado em todas as seis dimensões. Audi é uma marca com menor profundidade, porque não podemos identificar facilmente seus benefícios, personalidade e perfil de usuário específicos.

Dados os seis níveis de significados de uma marca, as empresas devem decidir em que nível(níveis) ancorar profundamente as identidades de suas marcas. Seria um erro promover apenas os atributos da marca. Primeiro, o comprador está mais interessado nos benefícios da marca e menos em seus atributos. Segundo, os concorrentes podem facilmente copiar os atributos. Terceiro, os atributos atuais podem ser desvalorizados depois, prejudicando a marca que estiver relacionada aos atributos específicos.

Promover a marca apenas em um ou mais de seus benefícios pode ser arriscado. Suponhamos que a marca Mercedes destaque seu principal benefício como "alto desempenho" e que outras marcas concorrentes também passem a desenvolver alto desempenho ou desempenho superior. Suponhamos que os compradores de carros comecem a dar menor importância a alto desempenho, em comparação a outros benefícios. A Mercedes precisaria ter a liberdade de movimentar-se para um novo posicionamento de benefício.

Os significados mais consistentes de uma marca são seus valores, cultura e personalidade. Eles definem a essência da marca. A marca Mercedes posiciona-se em "alta tecnologia, desempenho, sucesso etc." É isto que a empresa deve projetar em sua estratégia de marca. Ela cometeria um erro se lançasse no mercado um carro barato que ostentasse a marca Mercedes. Isto diluiria o valor e a personalidade que a marca vem construindo durante anos.

## Conceito e mensuração do valor patrimonial de uma marca*

As marcas variam em termos de poder e valor que possuem no mercado. Em um extremo, estão as marcas desconhecidas pela maioria dos compradores. Assim, há aquelas para as quais os compradores devotam alto grau de *consciência de marca* (mensurado pelo índice de lembrança (*recall*) ou reconhecimento). Há outras que possuem alto grau de *aceitabilidade de marca,* que a maioria dos consumidores não resistiria em comprá-las. Há aquelas que desfrutam de algum grau de *preferência de marca.* Elas seriam selecionadas em relação a outras. Finalmente, há marcas que comandam alto grau de *lealdade de marca.* Tony O'Reilly, presidente da H. J. Heinz, propôs este teste de lealdade de marca: "Meu teste é verificar se uma dona-de-casa, que pretende comprar o *ketchup* Heinz em uma loja e não o encontrar, procurará outra loja ou o trocará por um produto alternativo."

Poucos consumidores são tão leais à marca como O'Reilly espera dos consumidores da Heinz. Aaker dis-

---

* Em inglês, *brand equity.* Para melhor entendimento deste conceito, veja BIEL, Alexander L. Como a imagem da marca direciona a *brand equity. Mercado Global,* 2º trimestre de 1993, p. 72. (N.T.)

tinguiu cinco níveis de atitude do consumidor em relação a escolha de uma marca, do mais baixo ao mais alto:

1. O consumidor trocará de marcas, principalmente por razões de preço. Não há nenhuma lealdade de marca.
2. O consumidor está satisfeito. Não há razão para mudar de marca.
3. O consumidor está satisfeito e teria algum custo para mudar de marca.
4. O consumidor valoriza a marca e a vê como uma amiga.
5. O consumidor é devotado à marca.

O *valor patrimonial da marca* está altamente relacionado a quantos consumidores de uma marca estão nas classes 3, 4 ou 5. Está também relacionado, conforme Aaker, ao grau de reconhecimento, à qualidade percebida, às fortes associações mentais e emocionais e a outros ativos, como patentes, marcas registradas e relacionamentos de canais.[10]

Certas empresas estão baseando seu crescimento na aquisição e no desenvolvimento de ricos porftólios *de marcas.* A Grand Metropolitan comprou várias marcas da Pillsbury, vegetais Green Giant, sorvete Haagen-Dazs e Burger King. A Nestlé comprou a Rowntree (Inglaterra), a Canation e a Stouffer (Estados Unidos), a Buitoni-Perugina (Itália) e a Perrier (França), tornando-se a maior empresa mundial de alimentos. De fato, a Nestlé pagou $ 4,5 bilhões na compra da Rowntree, ou seja, cinco vezes acima de seu valor contábil. Normalmente, essas empresas não incorporam o valor patrimonial de uma marca no balanço porque há alguma arbitrariedade na estimativa do valor. (Por exemplo, a mensuração do valor patrimonial de uma marca é obtida pelo preço extra comandado por ela vezes o volume extra de vendas superior ao que uma marca comum geraria.)[11]

As 10 marcas mais valiosas do mundo, conforme o levantamento do *Financial World,* de 1994, são, na ordem: Coca-Cola, Marlboro, Nescafe, Kodak, Microsoft, Budweiser, Kellogg's, Motorola, Gillette e Bacardi. Conforme o levantamento, o valor da marca Coca-Cola é de $ 36 bilhões, Marlboro, $ 33 bilhões e Nescafe, $ 11,5 bilhões.[12]

O alto valor patrimonial de uma marca fornece inúmeras vantagens competitivas:

- A empresa desfrutará custos de marketing menores em função do acentuado nível de consciência e de lealdade de marca.

- Ela terá maior alavancagem comercial para barganhar com distribuidores e varejistas, uma vez que os consumidores já esperam que eles trabalhem com a marca.
- Ela poderá cobrar um preço maior do que seus concorrentes porque a marca possui maior percepção de qualidade.
- Ela poderá lançar extensões da marca com maior facilidade em função da alta qualidade que esta representa.
- A marca oferece à empresa alguma defesa contra a concorrência de preço agressiva.

Uma marca precisa ser cuidadosamente administrada para não depreciar seu valor patrimonial. Isto exige a manutenção ou melhoria da consciência da marca, sua qualidade e funcionalidade percebidas, suas associações positivas, e assim por diante. Esta prática exige investimentos contínuos em pesquisa e desenvolvimento, propaganda habilidosa e excelentes serviços aos distribuidores e consumidores. Algumas empresas, como a Canada Dry e Colgate-Palmolive, recomendam aos "gerentes de patrimônio de marca" que protejam a imagem, associações e qualidade da marca, principalmente quando ela é estendida a outros produtos, e evitem ações táticas a curto prazo de gerentes de marca que possam prejudicá-la.

A P&G acredita que as marcas bem administradas não estão sujeitas a um ciclo de vida de marca. Muitas marcas líderes de 70 anos atrás ainda permanecem líderes: Kodak, Wrigley's, Gillette, Coca-Cola, Heinz e Campbell's Soup.

Alguns analistas vêem as marcas como prolongadoras dos produtos e das instalações de uma empresa. Acreditam que as marcas representam o principal ativo permanente de uma empresa. Todavia, qualquer marca poderosa representa, realmente, um conjunto de consumidores leais. Conseqüentemente, o ativo fundamental que permeia o patrimônio representado por uma marca é o *valor patrimonial dos consumidores.* Isto sugere que o foco apropriado do planejamento de marketing deve considerar o *valor de permanência da lealdade dos consumidores,* com a administração da marca servindo como importante ferramenta de marketing.

Infelizmente, muitas empresas têm subestimado seu maior ativo – as marcas – ao não se esforçar em administrar o valor patrimonial delas. Em um estudo nacional realizado pela empresa Kuczmarski and Associates, envolvendo ampla variedade de setores industriais, apenas 43% das empresas indicaram que esta-

10. AAKER, David A. *Managing brand equity.* New York : Free Press, 1991. Veja também KELLER, Kevin Lane. Conceptualizing, measuring, and managing customer-based brand equity. *Journal of Marketing,* p. 1-23, Jan. 1993.
11. AAKER. Op. cit. p. 21-30. Veja também BARWISE, Patrick et al. *Accounting for brands.* Londres : Institute of Chartered Accountants in England and Wales, 1990; e FARQUHAR, Peter H., HAN, Julia Y., IJIRI, Yuji. Brands on the balance sheet. *Marketing Management,* p. 16-22, Winter 1992. O valor patrimonial de uma marca não deve apenas refletir o valor capitalizado do lucro incremental obtido a partir de seu uso, mas também o valor de suas extensões potenciais a outros produtos.
12. OURUSOFF, Alexandra. Brands: what's hot. What's not. *Financial World,* p. 40-54, 2 Aug. 1994.

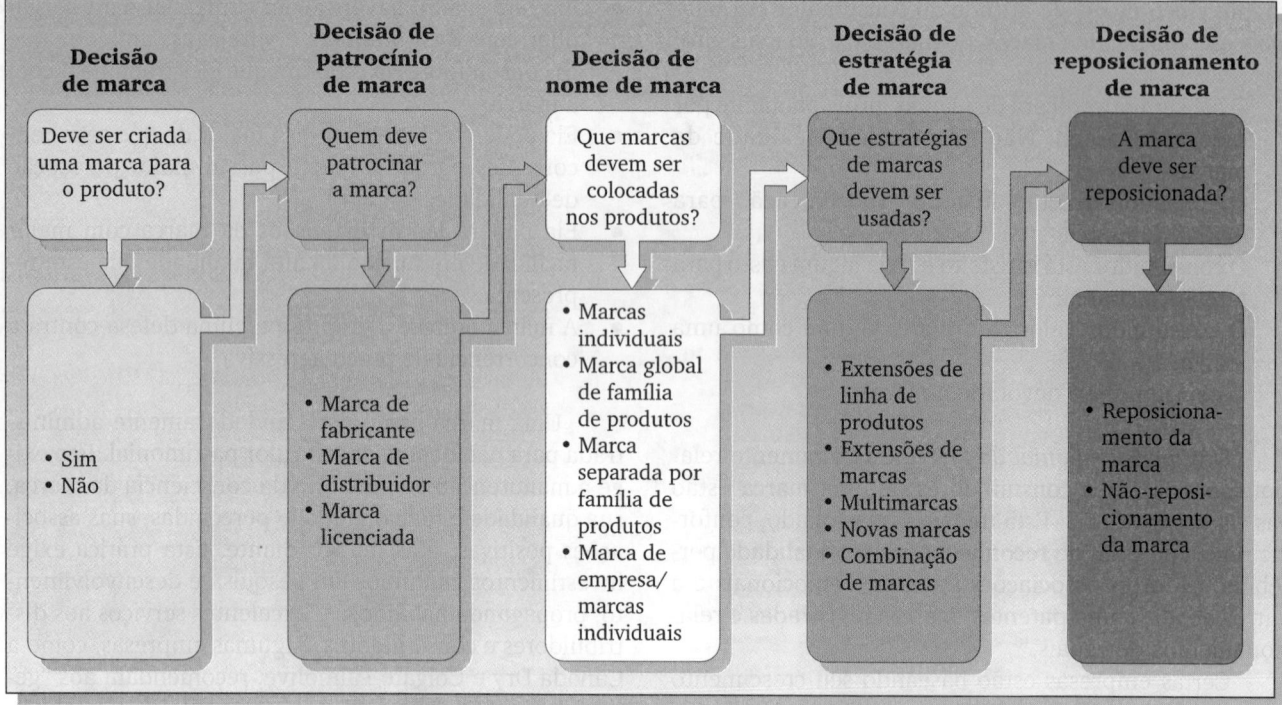

| Decisão de marca | Decisão de patrocínio de marca | Decisão de nome de marca | Decisão de estratégia de marca | Decisão de reposicionamento de marca |
|---|---|---|---|---|
| Deve ser criada uma marca para o produto? | Quem deve patrocinar a marca? | Que marcas devem ser colocadas nos produtos? | Que estratégias de marcas devem ser usadas? | A marca deve ser reposicionada? |
| • Sim<br>• Não | • Marca de fabricante<br>• Marca de distribuidor<br>• Marca licenciada | • Marcas individuais<br>• Marca global de família de produtos<br>• Marca separada por família de produtos<br>• Marca de empresa/marcas individuais | • Extensões de linha de produtos<br>• Extensões de marcas<br>• Multimarcas<br>• Novas marcas<br>• Combinação de marcas | • Reposicionamento da marca<br>• Não-reposicionamento da marca |

**Figura 15.6** *Panorama das decisões de marca.*

vam ainda mensurando o valor patrimonial de suas marcas. Enquanto 72% das mesmas estavam confiantes no valor patrimonial de suas marcas para projetar que, durante dois anos, não necessitariam de qualquer apoio financeiro, cerca de dois terços responderam que não possuíam qualquer estratégia formal de marca a longo prazo.[13]

## Desafios de marca

A marca apresenta vários desafios ao profissional de marketing. As decisões-chaves são mostradas na Figura 15.6 e discutidas nas seções seguintes.

**DECISÃO DE MARCA: TER OU NÃO TER MARCA?** A primeira decisão enfrentada pela empresa é se ela deve desenvolver uma marca para seu produto. No passado, a maioria dos produtos não possuía marca. Fabricantes e intermediários vendiam seus bens a granel em barris, caixotes de madeira e caixas, sem qualquer identificação do fornecedor. Os compradores dependiam da integridade do vendedor. Os primeiros registros históricos do uso de marca datam da Idade Média, quando artesãos criavam marcas para identificar seus produtos e proteger a si próprios e a seus consumidores contra produtos de qualidade inferior. Também, nas belas artes, a marca começou com os artistas assinando seus trabalhos.

Hoje, a marca é uma força tão poderosa que é difícil algo não a possuir. O sal é vendido em embalagens que identificam o fabricante, laranjas são seladas com o nome do agricultor e componentes automobilísticos, como velas, pneus, filtros, apresentam o rótulo dos fabricantes, diferentes da marca da montadora. Alimentos frescos, como frangos, perus e salmões, estão sendo vendidos cada vez mais com marcas intensamente anunciadas.

Em alguns casos, tem havido um retorno para a eliminação de marca de certos bens de consumo de primeira necessidade e produtos farmacêuticos. O Carrefour, primeiro hipermercado francês (veja o Capítulo 19) lançou uma linha de produtos sem marca em suas lojas no início dos anos 70. Em 1977, a Jewel Food Stores, de Chicago, lançou uma linha de produtos genéricos com 40 itens. Os *produtos genéricos* não possuem marca, usam embalagens simples e são versões mais baratas de produtos comuns como macarrão, toalhas de papel e pêssegos enlatados. Oferecem qualidade padrão ou inferior e preço que pode ser 20 a 40% inferior às marcas anunciadas nacionalmente, e de 10 a 20% inferior às marcas privadas de varejistas ou distribuidores. O preço menor é possível pela qualidade inferior dos ingredientes, custos de embalagem e rotulagem menores e propaganda mínima. Todavia, os genéricos satisfazem suficientemente, de modo que 70% dos consumidores afirmam que os comprariam novamente. Os produtos genéricos das indústrias de alimentos, bens para o lar e produtos farma-

13. DAVIS, Scott, DOUGLASS, Darrell. Holistic approach to brand equity management. *Marketing News,* p. 4-5, 16 Jan. 1995.

cêuticos apresentam grande desafio para as marcas de preço alto e para as mais fracas.

As marcas nacionais têm enfrentado os genéricos de várias maneiras. A Ralston-Purina aumentou sua qualidade e orientou seu programa de marketing para proprietários de animais de estimação que se identificavam fortemente com os mesmos e estavam mais preocupados com qualidade. A Procter & Gamble lançou os produtos de papel Banner, uma linha de qualidade menor, comparando-a com as demais linhas de produtos da empresa. Entretanto, essa linha era superior aos genéricos em termos de qualidade, além de ser vendida a preços competitivos. Outras empresas, simplesmente, reduzem seus preços para concorrer com os genéricos.[14]

Por que os fabricantes preferem colocar marca em seus produtos, quando isto envolve custos com embalagem, rotulagem, propaganda, proteção legal e o risco de o produto não satisfazer ao usuário? Prova-se que a fixação de marca oferece à empresa várias vantagens:

- A marca torna mais fácil para o vendedor processar pedidos e detectar problemas. Assim, a Anheuser-Busch recebe um pedido de centenas de caixas de cerveja Michelob de 300 ml, em vez de um pedido de "uma de suas melhores cervejas". Além disso, torna-se mais fácil rastrear um pedido extraviado no percurso ou determinar por que a cerveja chegou rançosa no destino, se os consumidores reclamarem.
- A marca da empresa e a marca registrada proporcionam proteção legal para as características exclusivas do produto que, caso contrário, seriam, provavelmente, copiadas por concorrentes.
- A marca fornece à empresa a oportunidade de atrair um grupo de consumidores leais e lucrativos. A lealdade de marca possibilita aos vendedores alguma proteção da concorrência e maior controle no planejamento de seus programas de marketing.
- A marca ajuda a empresa a segmentar mercados. Em vez da P&G vender um simples sabão em pó, pode oferecer oito marcas diferentes, cada uma delas formulada diferentemente e destinada a segmentos de benefícios específicos.
- As marcas fortes ajudam a construir a imagem corporativa. Ao levar o nome da empresa, elas facilitam o lançamento de novas marcas e a ganhar a aceitação de distribuidores e consumidores.

Há evidência de que os distribuidores desejam as marcas dos fabricantes como meio de facilitar o manuseio do produto, identificar os fornecedores, alertar a produção para determinados padrões de qualidade e aumentar a preferência do comprador. Os consumidores desejam os nomes das marcas para ajudá-los a identificar as diferenças de qualidade e a comprar mais eficientemente.

**Decisão de Patrocínio de Marca.** Um fabricante possui várias opções a respeito do patrocínio de marca. O produto pode ser lançado com uma *marca de fabricante* (às vezes, chamada marca nacional), *marca de distribuidor* (também chamada marca de varejista, de loja ou privada) ou *marca licenciada* (para mais detalhes sobre este tópico, veja a seção *Insight* de Marketing intitulada "O que uma marca envolve? Bilhões"). O fabricante pode lançar alguns produtos sob sua própria marca e outros com os rótulos de distribuidores. Kellogg's, John Deere & Company e IBM vendem, virtualmente, todos seus produtos com marcas próprias. A Hart Schaffner & Marx vende parte de sua produção de roupas sob marcas licenciadas como Christian Dior, Pierre Cardin e Johnny Carson. A Whirlpool fabrica produtos com sua própria marca e com marcas de distribuidores (por exemplo, a linha de eletrodomésticos Sears Kenmore).

### Batalha entre Marcas de Fabricantes e Marcas de Lojas.

Embora as marcas de fabricantes tendam a dominar, grandes varejistas e atacadistas vêm, rapidamente, desenvolvendo suas próprias marcas. A Sears criou várias marcas – baterias Diehard, ferramentas Craftsman, eletrodomésticos Kenmore – que dominam a preferência e até a lealdade de marca por parte dos consumidores. As lojas de varejo como The Limited, Benetton, The Body Shop, The Gap e Marks & Spencer oferecem marcas próprias para a maioria dos itens vendidos. Crescente número de lojas de departamentos, supermercados e redes de drogarias possui marcas próprias. Na Inglaterra, por exemplo, duas grandes redes de supermercados desenvolveram refrigerantes tipo cola populares com marcas próprias – Sainsbury Cola (da Sainsbury) e Classic Cola (da Tesco). Os produtos estocados pela Sainsbury, maior rede britânica de supermercados, são 50% de marcas privadas; as margens operacionais da rede são seis vezes superiores, como ocorre com as redes norte-americanas. Os supermercados norte-americanos vendem, em média, 19,7% de marcas privadas e alguns profissionais de marketing acreditam que esse número estará entre 25 e 30% no ano 2000. Eles também acreditam que 50% é o limite natural para a venda de marcas privadas porque (1) os consumidores preferem determinadas marcas nacionais e (2) muitas categorias de produtos não são atraentes quando vendidas sob marcas privadas.

Por que os intermediários se preocupam em possuir marcas próprias, quando possuem fornecedores qualificados que podem fornecer produtos com qualidade consistente? Quando vendem marcas próprias, são obrigados a encomendar grandes volumes, investir capital em estoque e a gastar dinheiro para promovê-las. Apesar dessas desvantagens potenciais, as marcas privadas oferecem duas vantagens. Primeiro, são mais rentáveis. Os intermediários procuram fabricantes com capa-

---

14. Para leitura complementar, veja HARRIS, Brian F., STRANG, Roger A. Marketing strategies in the age of generics. *Journal of Marketing*, p. 70-81, Fall 1985.

# O que uma marca envolve?
## Bilhões

Os fabricantes ou varejistas podem levar anos e gastar milhões para desenvolver a preferência do consumidor para suas marcas. Uma alternativa é "alugar" marcas que soem como mágicas para os consumidores. As marcas ou símbolos já criados por outros fabricantes, nomes de personalidades bem conhecidas, personagens lançados em filmes e livros populares – pelo pagamento de uma taxa, todos eles podem ser utilizados para projetar a marca de um produto. Atualmente, um filme de personagens para crianças, como *O rei leão* ou *Pocahontas* dos estúdios Disney, representa muito mais do que uma ou duas horas de entretenimento. É também veículo para a venda de centenas de produtos: animais de pelúcia, chocolates, mochilas, cadernos, lancheiras, escovas de dente etc., todos desejados pelas crianças, desde que o filme seja sucesso. De fato, *O rei leão* transformou-se no "rei da selva" do licenciamento. Conquistou $ 1 bilhão de vendas de mercadorias em 1994 e transformou-se no maior esforço global de marketing da Disney, com mais de 5.000 produtos com a marca "Rei leão" lançados em 80 países.

Devido em parte à popularidade do *merchandising* associado às séries de TV como *Rei Leão* e *Power Rangers,* e aos muitos relançamentos do filme *Batman,* as vendas no varejo de produtos licenciados na América do Norte chegaram a $ 70 bilhões em 1994, comparadas aos 4 bilhões de 1977. Enquanto algumas grandes marcas estarão sendo licenciadas neste momento, marcas clássicas como Mickey Mouse, Peanuts e Barbie continuarão sendo impressas em roupas, brinquedos e material escolar, ano após ano.

Os vendedores de roupas e acessórios são os maiores licenciadores, representando cerca de 35% do total. Fabricantes e varejistas pagam *royalties* formidáveis para dar a seus produtos marcas de grandes criadores de moda como Christian Dior, Bill Blass, Calvin Klein, Pierre Cardin, Gucci e Halston, que licenciam seus nomes ou iniciais para muitos produtos, de blusas a gravatas e de toalhas a malas de viagem. Em anos recentes, as *grifes* têm-se tornado tão comuns que alguns varejistas estão descartando-as em favor de marcas próprias para obter exclusividade, liberdade de preço e margens maiores. Mesmo as marcas menos expressivas podem obter grande sucesso. As roupas Coca-Cola desenhadas por Murjani conquistaram $ 100 milhões de vendas no varejo em apenas dois anos. Outras empresas de bens de consumo, como Hershey, Jell-O, Burger King, McDonald's e outras, passaram rapidamente a licenciar suas marcas para produtos de moda.

A mais nova opção é o licenciamento corporativo – alugar uma marca registrada ou logo de uma grande corporação que tornou uma categoria de produtos famosa e usá-la em outra categoria relacionada ou não. Exemplos atuais bem-sucedidos incluem os suprimentos para máquinas de costura Singer, uniformes de trabalho Caterpillar, bijuterias Fabergé, equipamentos para *camping* Winnebago e roupas de banho e óculos de sol Coppertone. O Virgin Group de Londres, controlador da Virgin Atlantic Airlines, estendeu agressivamente a marca de sua linha aérea, permitindo que um microcomputador multimídia recebesse a marca Virgin. A American Airlines e a United Airlines estão colocando seus logos em produtos como pijamas infantis, secadores de cabelo e *software* de computador.

Tais ações representam negócios substanciais. Conforme a afirmação de um executivo da United: "Qualquer coisa que venha do uso de nossas marcas registradas representa lucro para a empresa."

**Fontes:** Veja QUELCH, John A. How to build a product licensing program. *Harvard Business Review,* p. 186 ss, May/June 1985; MILLER, Cyndee. Corporate licensing grows as firms seek "risk-free" products. *Marketing News,* p. 1, 8, 29 Apr. 1991; FITZGERALD, Kate. Licensing: safe bet in recession. *Advertising Age,* p. 46, 17 June 1991; SLOANE, Lois. Not just for selling T-shirts, licensing is brand-building. *Brandweek,* p. 43, 13 June 1994; e LAWRENCE, Jennifer. United, american license brands. *Advertising Age,* p. 38, 19 Dec. 1994.

cidade ociosa que podem produzi-las a baixo custo. Outros custos, como propaganda e distribuição física, podem também ser baixos. Isto significa que o vendedor de marca privada pode cobrar um preço menor e freqüentemente, obter maior margem de lucro. Segundo, os varejistas desenvolvem marcas de loja fortes e exclusivas para se diferenciarem dos concorrentes. Muitos consumidores não fazem distinção entre marcas nacionais e marcas de lojas.

No confronto entre marcas de fabricantes e marcas privadas, os varejistas têm muitas vantagens e crescente poder de mercado. Em função de o espaço de prateleira ser escasso, muitos supermercados estão cobrando uma taxa (*slotting fee)* como condição de aceitação de uma nova marca, para cobrir o custo de inclusão do item em sua lista de estocagem. Assim, a Safeway, gigante rede de supermercados, exigiu de um pequeno fabricante de *pizzas* o pagamento de $ 25.000 para estocar seus produtos. Os varejistas também cobram pela colocação de *displays* e cartazes de propaganda em suas lojas. Tipicamente, proporcionam maior exibição às marcas próprias e não as deixam faltar no estoque. Eles estão agora aumentando a qualidade dessas marcas. Consideremos o seguinte caso:

**LOBLAW** A Loblaw, rede canadense de supermercados, está aumentando o número de suas marcas de loja. Seu bolo Chip Cookie é líder de mercado no país. Ele possui melhor sabor, custa menos do que a marca Chips Ahoy da Nabisco e conquistou 14% do mercado, a maior parte tirada da Nabisco. A Loblaw também lançou uma marca privada de refrigerante tipo cola chamada Choice Cola, que representa 50% de suas vendas desse tipo de refrigerante em lata. Suas marcas privadas têm-se tornado tão bem-sucedidas que está licenciando varejistas não concorrentes em outros países, transformando, assim, uma marca de loja local em, acredite ou não, marca global!

Um fato interessante sobre a Loblaw é que ela criou a empresa virtual Cott para cuidar do desenvolvimento de seus programas de marcas privadas. A Cott é responsável pela organização dos fornecedores. Assim, para a fabricação da Choice Cola, há um fornecedor do xarope (Royal Crown), engarrafadoras, agências de propaganda e *merchandising* e empresas transportadoras.

Os fabricantes de marcas nacionais estão muito frustrados com o crescente poder dos varejistas. Kevin Price citou isto muito bem: "Há uma década, o varejista era um cãozinho chihuahua nos calcanhares dos fabricantes – um incômodo, mas sem grandes conseqüências; bastava alimentá-lo para ele ir embora. Hoje, ele é um touro de arena que deseja dilacerar nossos braços e pernas. Você gostaria de substituí-lo, mas está muito ocupado em se defender, faltando tempo para qualquer tentativa."[15] Alguns comentaristas de marketing prevêem que as marcas de intermediários, eventualmente, derrubarão a maioria das marcas de fabricantes mais fortes.

Anos atrás, os consumidores viam as marcas em uma categoria organizada como uma *escada de marcas*, com sua marca favorita no topo e as marcas remanescentes em ordem descendente de preferência. Agora, há sinais crescentes de que essa escada está desaparecendo e sendo substituída por uma percepção do consumidor da *paridade de marcas*, isto é, de que muitas marcas são equivalentes.[16] Em vez de uma marca fortemente preferida, de um conjunto de marcas aceitáveis, selecionam aquela que estiver mais barata no dia. Como afirmou

Joel D. Weiner, ex-executivo da Kraft: "As pessoas não acham que todo o mundo vai parar de repente para lamentar se estiverem usando o sabão Tide em vez de Cheer." Um estudo de 1990, realizado pela DDB Needham Worldwide, relatou que a porcentagem de consumidores de bens embalados informando que compravam apenas marcas bem conhecidas caiu de 77 para 62% entre 1975 e 1990. Um estudo da Grey Advertising Inc. relatou que 66% dos consumidores afirmaram estar mudando para marcas mais baratas, particularmente marcas de lojas.

Este enfraquecimento da proeminência de marcas é devido a muitos fatores. Os consumidores, fortemente pressionados a gastar com mais sabedoria, estão mais sensíveis à qualidade, preço e valor. Estão percebendo mais a equivalência de qualidade, à medida que os fabricantes concorrentes, bem como as redes varejistas nacionais, copiam e reproduzem as qualidades das melhores marcas. A proliferação de cupons e de preços especiais está treinando uma geração de consumidores a comprar com base no preço. O fato de as empresas terem reduzido a propaganda a 30% do orçamento total de promoção tem prejudicado o apoio a suas marcas. O fluxo incessante de extensões de marcas e de linhas de produtos tem obscurecido a identidade de marca e a muita confusão pela proliferação de produtos. As marcas de lojas estão melhorando em qualidade e a crescente confiança que os consumidores estão depositando nas redes de lojas está apresentando forte desafio para as marcas de fabricantes. Nos Estados Unidos, as participações das três maiores marcas de fabricantes de produtos de mercearia têm caído vertiginosamente em algumas categorias.[17]

A reação dos fabricantes é gastar quantias substanciais de dinheiro em propaganda e promoção dirigidas aos consumidores para manter forte preferência de marca. Seus preços precisam ser algo mais alto para cobrir esta promoção. Ao mesmo tempo, os distribuidores de produtos de consumo em massa exercem considerável pressão sobre esses fabricantes para que destinem parte da verba promocional em concessões ao comércio, se desejarem espaço de prateleira adequado. Uma vez que os fabricantes atendem a esta pressão, ficam com menos recursos para gastar em propaganda e promoção ao consumidor e sua liderança de marca começa a cair. Este é o dilema dos fabricantes de marcas nacionais.

Para manter seu poder *vis-à-vis* ao comércio, as empresas de marcas líderes precisam aplicar as seguintes estratégias. Devem investir em pesquisa e desenvolvimento para criar novas marcas, extensões de linhas, características e melhorias de qualidade. Devem sustentar um forte programa de propaganda para manter o

15. Citado em TRADE Promotion: much ado about nothing. *Promo*, p. 37, Oct. 1991.
16. Para uma discussão mais detalhada das percepções dos consumidores sobre a qualidade das marcas de loja, veja RICHARDSON, Paul S., DICK, Alan S., JAIN, Arun K. Extrinsic and intrinsic cue effects on perceptions of store brand quality. *Journal of Marketing*, p. 28-36, Oct. 1994.
17. Veja MORGENSON, Gretchen. The trend is not their friend. *Forbes*, 16 Sept. 1991; e WHAT'S in a name? Less and less. *Business Week*, 8 July 1991.

conhecimento e a persistência da marca e encontrar maneiras de associar-se com grandes distribuidores na busca de economia de escala logística e estratégias competitivas que produzam ganhos conjuntos. Aqui estão dois exemplos:

**PROCTER & GAMBLE** A P&G destinou 20 de seus gerentes para trabalharem com os gerentes do escritório central da Wal-Mart em Bentonville, Arkansas, para descobrirem novas maneiras de reduzir os custos para a obtenção de ganhos conjuntos. Como resultado, a P&G desenvolveu programas de computador para a reposição automática de estoques, reduzindo o custo de estocagem da empresa cliente. Em razão das entregas mais previsíveis, a P&G tem condições de melhorar a programação de produção e de gastar menos tempo em atividades promocionais.

**KRAFT** A Kraft detém grande experiência na fabricação dos queijos que os varejistas necessitam vender para otimizar o lucro da seção especializada de suas lojas. Ela fornece um *software* que os orienta sobre o composto de queijos que deve ser oferecido em cada loja (dependendo das características locais) e como exibi-lo nas prateleiras. Sua equipe de marketing no escritório central gerencia um banco de dados, cujas informações são usadas para capacitar sua força de vendas a oferecer a cada loja um composto de produto otimizado.

**DECISÃO DE NOME PARA A MARCA.** Os fabricantes que colocam marcas em seus produtos têm várias escolhas. Para isto, quatro estratégias de marca estão disponíveis:

1. *Marca individual.* Esta política é seguida pela General Mills (Bisquick, Gold Medal, Betty Crocker, Nature Valley).
2. *Marca global para todos os produtos.* Esta política é seguida pela Heinz e General Electric.
3. *Marcas separadas por família de produtos.* Esta política é seguida pela Sears (Kenmore para eletrodomésticos, Craftsman para ferramentas e Homart para instalações domésticas).
4. *Marca da empresa combinada com a marca do produto.* Esta política é adotada pela Kellogg's (Kellogg's Rice Krispies, Kellogg's Raisin Bran e Kellogg's Corn Flakes).

Quais as vantagens de uma estratégia de marca individual? Uma grande vantagem é que a empresa não vincula sua reputação à aceitação do produto. Se o produto fracassa ou parece ser de baixa qualidade, não fere o nome da empresa. Um fabricante de relógios de boa qualidade, como Seiko, pode lançar uma linha de relógios de qualidade inferior (chamada Pulsar) sem diluir a marca Seiko. A estratégia de marca individual permite à empresa procurar o melhor nome para cada novo produto. Uma nova marca permite a formação de novo estímulo e convicção.

A utilização de uma marca global para todos os produtos tem suas vantagens. O custo de desenvolvimento é menor porque não há necessidade de pesquisa de marca ou de elevados gastos em propaganda para criar reconhecimento da marca. Além disso, as vendas serão fortes se a marca do fabricante for boa. Assim, a Campbell's, com extrema simplicidade, lança no mercado novas sopas sob sua marca e obtém reconhecimento instantâneo.

Quando uma empresa fabrica produtos muito diferentes, não é desejável usar uma marca global. A Swift desenvolveu marcas separadas por famílias de produtos: Premium para presuntos e Vigoro para fertilizantes. Quando a Mead Johnson desenvolveu um complemento dietético para aumento de peso, criou uma nova marca de família de produtos, a Nutriment, para evitar confusão com a marca de família de produtos destinados à redução de peso, a Metrecal. Freqüentemente, as empresas criam diferentes marcas de família para linhas de produtos que variam em termos de qualidade dentro da mesma classe de produtos. Assim, as lojas de alimentos A&P vendem marcas de produtos de primeira, segunda e terceira linhas – Ann Page, Sultana e Iona, respectivamente.

Finalmente, alguns fabricantes vinculam a marca da empresa com a marca individual de cada produto. A marca da empresa legitima, e a marca individual distingue o novo produto. Assim, a Quaker Oats, em seu produto *Quaker Oats Cap'n Crunch,* associa a reputação da empresa no campo de cereais para o café da manhã com a marca do produto Cap'n Crunch) que o individualiza e dramatiza.

Assim que uma empresa decide sobre sua estratégia de marca, passa a enfrentar a tarefa de escolher um nome para a mesma. Ela pode escolher o nome de uma pessoa (Honda, Estée Lauder), local (American Airlines, Kentucky Fried Chicken), qualidade (lojas Safeway, Duracell), estilo de vida (Vigilantes do Peso, Healthy Choice) ou nome artificial (Exxon, Kodak). Entre as qualidades desejáveis para uma marca estão as seguintes:[18]

1. *Ela deve sugerir algo a respeito dos benefícios do produto.* Exemplos: Bom Bril, Supermercados Barateiro, Credicard etc.
2. *Deve sugerir qualidades do produto, como ação ou cor.* Exemplos: bronzeador Coppertone, Metal Leve, Viação Cometa, Greenpeace etc.
3. *Deve ser fácil de pronunciar, de ser reconhecida e lembrada.* Exemplos: Omo, Bic, Lux, BMW etc.
4. *Deve ser inconfundível.* Exemplos: Kodak, Volkswagen, Esso etc.

---

18. Veja ROBERTSON, Kim. Strategically desirable brand name characteristics. *Journal of Consumer Behavior,* p. 61-70, Fall 1989.

5. *Não deve ter outros significados em países e línguas diferentes.* Exemplo: O automóvel Nova tem outro significado em países de língua espanhola: significa "não vai ou não funciona".

Normalmente, as empresas escolhem marcas desenvolvendo uma lista, debatendo os méritos de diferentes nomes e fazendo uma escolha. Hoje, muitas empresas preferem contratar uma empresa de pesquisa de marketing para desenvolver nomes e testá-los. Os procedimentos de pesquisa de nomes de marcas incluem os *testes de associação* (Que imagens vêm em mente?), *testes de aprendizagem* (Qual a facilidade de pronunciar a marca?), *testes de memória* (Qual a facilidade de lembrança da marca?) e *testes de preferência* (Que marcas são preferidas?). Uma das empresas especializadas mais conhecidas na escolha de nomes de marcas é a NameLab, Inc., que é responsável por marcas como Acura, Compaq e Zapmail.

Muitas empresas lutam para construir uma marca exclusiva que, eventualmente, se tornará intimamente identificada com a categoria de produto. Marcas como Frigidaire, Kleenex, Kitty Litter, Levis, Jell-O, Popsicle, Scotch Tape, Xerox e Fiberglas foram bem-sucedidas dessa maneira. Em 1994, a Federal Express, oficialmente, resumiu sua identidade de marketing para FedEx, termo que se tornou sinônimo de "transporte noturno".

Infelizmente, o sucesso de uma marca pode, eventualmente, passar a identificar uma categoria de produto e ameaçar os direitos exclusivos da empresa. Celofane tornou-se nome de domínio público. O nome Xerox representa uma categoria de produtos (máquinas copiadoras), não um produto exclusivo ou a empresa que o criou. Por essa razão, a alta administração da Xerox decidiu, em 1994, procurar uma nova identidade de marketing que comunicasse melhor sua liderança como fornecedora de sistemas para escritórios, não apenas de uma fabricante de copiadoras. Como resultado, a empresa mudou sua identidade de marketing para "The Document Company Xerox". Embora os anúncios destaquem, primeiro, "The Document Company" e, em posição secundária, "Xerox", um "X" estilizado em vermelho aparece proeminentemente em toda propaganda, materiais de marketing e produtos.[19]

Devido o rápido crescimento do mercado global, as empresas devem escolher marcas pensando em seu alcance mundial. Essas marcas devem ser significativas e pronunciáveis em outras línguas. Caso contrário, as empresas constatarão que estarão impedidas de usar suas marcas bem conhecidas, à medida que expandirem geograficamente. (Para mais informações sobre este tópico, veja a seção *Insight* de Marketing intitulada "Até onde uma marca global deve ser levada?")

**DECISÃO DE ESTRATÉGIA DE MARCA.** A empresa tem quatro escolhas quando decidir sobre a estratégia de marca. Ela pode introduzir *extensões de linha de produtos* (as marcas existentes estendidas para novos tamanhos, sabores etc. na categoria dos produtos existentes), *extensões de marca* (marcas estendidas a novas categorias de produtos), *multimarcas* (novas marcas lançadas na mesma categoria de produtos) e *marcas novas* (nova marca para uma nova categoria de produtos). Conforme o Marketing Intelligence Services, de 17.363 novos bens de consumo embalados lançados no ano-calendário de 1993, apenas 794 podiam, verdadeiramente, ser considerados inovadores. A grande maioria era formada de extensões de linhas e de melhorias em produtos já existentes.[20]

**Extensões de linhas de produtos.** Ocorrem quando uma empresa introduz itens adicionais na mesma categoria de produtos, sob a mesma marca, como novos sabores, formas, cores, ingredientes, tamanhos de embalagem etc. Assim, a Dannon Company lançou, recentemente, diversas extensões da linha Dannon, incluindo sete novos sabores de iogurte, um iogurte sem gordura e outro em embalagem econômica. As extensões de linhas podem ser *inovadoras* (sabores de sobremesas), *convencionais* (cópias de concorrentes) ou *complementares* (outro tamanho de embalagem, como iogurte em caixa de quatro unidades).

A grande maioria das atividades relacionadas a novos produtos consiste em extensões de linha, cerca de 89% no caso de produtos alimentícios. A empresa pode estar tentando utilizar a capacidade de produção ociosa, atender a novas necessidades dos consumidores, acompanhar uma oferta concorrente ou procurar obter maior espaço de prateleira.

Muitas empresas estão agora introduzindo *variantes de marcas,* que são linhas específicas de uma marca, fornecidas a varejistas ou a canais de distribuição específicos. Resultam da pressão que os varejistas exercem sobre fabricantes para estarem em condições de fornecer produtos distintivos a seus consumidores. Assim, uma empresa de câmeras fotográficas pode fornecer seus produtos de preço baixo para atacadistas que trabalham com grandes volumes e limitar a venda dos itens de preço mais alto às lojas de cine-foto. A Valentino pode desenhar e fornecer linhas diferentes de ternos e paletós para lojas de departamentos distintas.[21]

---

19. TRIPLETT, Tim. Generic fear to Xerox is brand equity to FedEx. *Marketing News,* p. 12-13, 15 Aug. 1994; XEROX changes identity. *Marketing News,* p. 1, 29 Aug. 1994.
20. McMATH, Robert. Product proliferation. *Adweek (Eastern Ed.) Superbrands 1995 Suplemment,* p. 34-40, 1995.
21. Veja SHUGAN, Steven M. Branded variants. *1989 AMA Educators'Proceedings.* Chicago : American Marketing Association, 1989. p. 34-40.

## INSIGHT DE MARKETING

# Até onde uma marca global deve ser levada?

No passado, a maioria das empresas escolhia novas marcas que fizessem sentido em seu país de origem. Quando tentaram, posteriormente, lançar suas marcas em mercados externos, algumas delas descobriram que as marcas existentes não eram apropriadas. A marca era de pronúncia difícil, ofensiva, engraçada, sem significado ou já utilizada por outra empresa. A empresa seria forçada a desenvolver uma nova marca para o mesmo produto quando fosse introduzi-lo em outros países. A P&G teve que criar uma marca diferente para seu xampu Pert Plus quando foi lançado no Japão (com o nome Rejoy) e na Inglaterra (com o nome Vidal Sassoon). Entretanto, o uso de marcas locais diferentes para o mesmo produto envolve custos altos. A empresa precisa preparar rótulos, embalagens e propaganda diferentes.

Hoje, a tendência é em direção a um "mundo sem fronteiras". Na Europa, as exigências alfandegárias, atrasos aduaneiros e outros impedimentos para conter o comércio europeu estão rapidamente diminuindo. As empresas estão ansiosas para lançar novas marcas como marcas européias. A P&G lançou com sucesso seu sabão em pó Ariel como marca européia. A Mars substituiu suas marcas Treets e Bonitas pela marca mundial da M&M e mudou o nome de sua terceira maior marca vendida na Inglaterra – Marathon – para Snickers, nome que usa nos Estados Unidos e em outras partes da Europa. A Unilever está agora procurando levar a mercado suas várias marcas de sabão em pó – All, Omo, Persil, Presto, Skip e Via – sob poucos nomes de marcas.

É evidente que algumas marcas obtiveram aceitação mundial. Empresas como Kodak, McDonald's, IBM, Sony e Coca-Cola não pensariam em usar marcas diferentes para entrar em outros mercados.

Quais as vantagens de uma marca global? Uma vantagem importante é a economia de escala na preparação de embalagens, rótulos, promoções e propaganda padronizados. No caso da propaganda, a economia resulta da preparação de anúncios padronizados e da cobertura de mídia que funciona entre países, principalmente na Europa. Outra vantagem é que as vendas podem aumentar em função de os viajantes verem suas marcas favoritas anunciadas e vendidas em outros mercados. Terceiro, os canais de distribuição estão mais dispostos a aceitar uma marca global que vem sendo anunciada em seu mercado. Finalmente, uma marca reconhecida mundialmente representa um poder em si própria, principalmente quando as associações com seu país de origem são altamente favoráveis. As empresas japonesas desenvolveram reputação global pela alta tecnologia e qualidade, e as marcas de seus produtos obtêm confiança instantânea dos compradores que acreditam estar recebendo bom valor pelo dinheiro empregado.

Entretanto, há também custos e riscos na adoção de marca global. Ela pode não atrair tanto quanto as marcas escolhidas localmente. Se a empresa substituiu uma marca bem reconhecida localmente por outra global, o custo de transferência pode ser substancial. Ela terá que informar milhões de pessoas que sua marca ainda existe, embora sob outro nome. Mesmo os gerentes da empresa local podem resistir à mudança de marca ordenada pela matriz. A supercentralização do planejamento e programação da marca podem dissipar a criatividade local que pode ter produzido idéias ainda melhores para o marketing do produto.

Mesmo quando uma empresa tem promovido sua marca global em termos mundiais, é difícil padronizar suas associações de marcas em todos os países. Por exemplo, a cerveja Heineken é percebida como de alta qualidade nos Estados Unidos e França, como cerveja de mercearia na Inglaterra e como cerveja barata na Bélgica. O queijo Cheez Whiz, da empresa norte-americana Kraft General Foods, é visto como *junk food* (alimento sem valor nutritivo) nos Estados Unidos, como complemento para torradas no Canadá e para acompanhar o café em Porto Rico.

A principal conclusão que podemos tirar é de que as empresas inteligentes globalizarão os fatores que representam ou economizam somas substanciais de dinheiro, identificando os exigidos para o posicionamento competitivo e o sucesso.

---

A estratégia de extensão de linha envolve riscos e tem provocado debates calorosos entre os profissionais de marketing.[22] Em sentido negativo, as extensões podem levar à perda do significado específico da marca; Ries e Trout denominam isto de "armadilha da extensão de linha".[23] Antigamente, quando uma pessoa pedia uma Coca, ela recebia uma garrafa de 300 mililitros. Hoje, o vendedor pergunta: nova, clássica ou sabor de cereja?

22. McMATH, Op. cit. p. 34-40; QUELCH, John A., KENNY, David. Extend profits, not product lines. *Harvard Business Review,* p. 153-160, Sept./Oct. 1994; e HARDLE, Bruce G. S., LODISH, Leonard M., KILMER, James V., BEATTY, David R. et. al. The logic of product-line extensions. *Harvard Business Review,* p. 53-62, Nov./Dec. 1994.
23. RIES, Al, TROUT, Jack. *Positioning*: the battle for your mind. New York : McGraw-Hill, 1981.

Normal ou *diet*? Com ou sem cafeína? Garrafa ou lata? Às vezes, a identidade da marca original é tão forte que suas extensões de linha servem apenas para confundir, e não vendem o suficiente para cobrir os custos de desenvolvimento e promoção. Por exemplo, o molho de frango A-1 fracassou porque as pessoas identificavam A-1 com bife, e o sabão em pó Clorox foi evitado desde o início porque as consumidoras achavam que o "branqueamento" anunciado tiraria as cores das roupas. Consideremos os seguintes insucessos:

**BAYER** A Bayer Select, uma linha de analgésicos sem aspirina, foi lançada em 1992 pela unidade de medicamentos da Sterling Winthrop, da Kodak, para combater o rápido crescimento do Tylenol e do Advil. A Bayer Select era composta de 11 produtos destinados a finalidades específicas, de cólicas menstruais, dores nos seios a dores nas costas. Mas a marca Bayer estava diretamente vinculada com a aspirina há quase um século, de maneira que a nova linha de analgésicos confundiu os consumidores. "Eles não foram felizes na associação", comentou um comprador da Walgreens, rede gigante de farmácias. Apesar de um orçamento de marketing estimado em $ 100 milhões, os analgésicos Bayer Select representaram menos de 2% do mercado de $ 2,46 bilhões um ano após seu lançamento.

**NABISCO** Mesmo quando as extensões de linha de produtos vendem bem, seu sucesso pode ser decorrente do sacrifício de outros itens da linha. Às vezes, essa decorrência pode ser mais psicológica do que financeira. Enquanto os produtos Cranberry, Blueberry e Apple, extensões da linha Newtons da Nabisco, estão vendendo bem, a marca original Fig Newtons, um produto inovador quando foi lançado, parece agora apenas outro sabor. Uma extensão de linha funciona bem quando conquista vendas de marcas concorrentes, não quando canibaliza outros itens da empresa.

Entretanto, as extensões de linha, freqüentemente, têm um lado positivo. Elas possuem maior chance de sobrevivência do que os novos produtos, cuja taxa de fracasso varia entre 80 e 90%. Alguns executivos de marketing defendem as extensões de linha como a melhor maneira de construir um negócio. A unidade Kleenex da Kimberly-Clark vem obtendo grande sucesso com as extensões de linha. "Tentamos colocar lenços de papel em todas as dependências do lar", afirma um de seus executivos. "Se eles estiverem lá, serão usados." Esta filosofia tem levado a 20 variedades de lenços de papel Kleenex, incluindo os impregnados de loção, as caixas com desenhos infantis para quartos de crianças e uma caixa 60% maior do que a normal para usos diversos. As vendas da linha Doritos de flocos de milho chegaram a mais de $ 1 bilhão com o sucesso de sua extensão Cool Ranch Doritos.

Além disso, Hardle e Lodish afirmam que a necessidade de uma empresa lançar extensões de linha decorre da concorrência acirrada no mercado: "Em muitos mercados, o desenvolvimento de extensões de linha de produtos é uma realidade competitiva. À medida que as categorias de produtos evoluem, a empresa deve, continuadamente, adaptar suas linhas (...) As pastas de dente Crest e Colgate poderiam ter ignorado a ameaça apresentada pela pasta de dente com bicarbonato de sódio da Arm & Hammer?" A linha de doces de frutas em barra da Nabisco com baixo teor de gordura e sua linha imensamente popular Snack-well ilustra este ponto. Estas novas ofertas com baixo teor de gordura têm atraído tanto os consumidores norte-americanos que as vendas da Nabisco cresceram três vezes mais do que o mercado global. Fica evidente que os concorrentes devem começar a pensar sobre a possibilidade de estender suas linhas de produtos para competir com a Nabisco.

Que fatores levam ao sucesso ou fracasso de uma extensão de linha? A seção Memorando de marketing intitulada "Considerações sobre as extensões de linha de produtos" discute algumas descobertas atuais nesta área.

**Extensões de Marca.** Uma empresa pode decidir usar uma marca existente para lançar um produto em uma nova categoria. A Armour usou sua marca Dial para lançar uma variedade de novos produtos que não teria facilmente obtido distribuição sem a força desta marca. A Honda usa seu nome de empresa como marca para cobrir produtos diferentes, como automóveis, motocicletas, máquinas para remover neve, cortadores de grama, motores de barcos e carros para andar no gelo. Esta estratégia permite à Honda anunciar que "pode colocar seis Hondas em uma garagem de dois carros". Várias lojas de bens de especialidade, como a The Gap e a Ann Taylor, estão estendendo suas marcas para produtos de corpo e banho. As lojas The Gap espalhadas pelo Estados Unidos estão vendendo sabonete, loção, xampu, condicionador para cabelo, gel e sais de banho e perfume em *spray*. O patrimônio da marca Ann Taylor é tão forte entre suas principais consumidoras que elas compraram a nova fragrância Destination antes de a mesma fazer parte de seu catálogo, sem qualquer idéia de seu cheiro.

A estratégia de extensão de marca oferece inúmeras vantagens. Uma marca bem considerada dá ao novo produto reconhecimento instantâneo e aceitação mais rápida. Também facilita a entrada da empresa em novas categorias de produtos. A Sony coloca seu nome na maioria dos novos produtos eletrônicos, o que proporciona rápida convicção de que cada novo produto é de alta qualidade. A extensão de marca reduz consideravelmente o custo de propaganda que, normalmente, seria exigido para familiarizar os consumidores com uma nova marca.

Como a extensão de linha, a extensão de marca também envolve riscos. O novo produto pode desapon-

 # Considerações sobre as extensões de linha de produtos

Conforme afirmam alguns compradores de lojas, a compulsão para as empresas acrescentarem um novo sabor, uma nova modificação ou um novo formato para um produto bem-sucedido está fora de controle. O excesso de unidades em estoque de extensões de linha e de melhorias de produtos é, às vezes, totalmente desnecessário e redundante. Enquanto os compradores estão tentando descobrir como escolher entre uma extensa variedade de produtos, as empresas devem estar tentando saber como tornar sua extensão de linha um sucesso ou fracasso. Este foi o propósito de um estudo realizado por Reddy, Holak e Bhat. Os pesquisadores usaram dados sobre 75 extensões de linhas de 34 marcas de cigarros em um período de 20 anos, constatando o seguinte:

- As extensões de linha de marcas fortes são mais bem-sucedidas do que as extensões de marcas fracas.
- As extensões de linha de marcas simbólicas desfrutam de maior sucesso de mercado do que as de marcas menos simbólicas.
- As extensões de linha que recebem maior apoio de propaganda e promoção são mais bem-sucedidas do que as que recebem menor apoio.
- As extensões de linha que entram mais cedo em uma subcategoria de produtos são mais bem-sucedidas do que as que entram mais tarde; mas apenas se forem extensões de marcas fortes.
- O tamanho da empresa e as competências de marketing exercem parte importante no sucesso da extensão de linha.
- As extensões de linha que entraram mais cedo ajudaram a expansão de mercado da marca principal.
- As vendas extras geradas pelas extensões de linha podem superar a perda de vendas devido à canibalização.

**Fonte:** Extraído de REDDY, Srinivas K., HOLAK, Susan L., BHAT, Subodh. To extend ou not to extend: success determinants of line extensions. *Journal of Marketing Research,* p. 243-262, May 1994.

tar os compradores e destruir seu respeito em relação aos demais produtos da empresa. A marca pode não ser apropriada para o novo produto – consideremos comprar *ketchup* Standard Oil, leite Volkswagen ou colônia Boeing. A marca pode perder seu posicionamento especial na mente do consumidor se for praticada extensão excessiva. A *diluição de marca* ocorre quando os consumidores já não associam uma marca com um produto específico ou com produtos altamente similares. Os consumidores beneficiam-se da diluição da marca. Consideremos o contraste entre as marcas dos hotéis Hyatt e Marriott:

**HYATT E MARRIOTT** O Hyatt pratica uma estratégia de extensão de marca. Sua marca aparece em todos os tipos de hotéis, como Hyatt Resorts, Hyatt Regency, Hyatt Suites e Park Hyatt. Em contraste, o Marriott pratica a estratégia de multimarcas. Seus vários tipos de hotéis são chamados Marriott Marquis, Marriott, Marriott Residence Inn, Courtyard e Fairfields Inns. É mais difícil

para os hóspedes do Hyatt saberem as diferenças entre seus vários tipos de hotéis, enquanto o Marriott identifica mais claramente seus hotéis destinados a segmentos diferentes ao atribuir marcas e imagens distintas a cada um deles.

A transferência de uma marca existente para uma nova categoria de produtos exige muita cautela. Por exemplo, o popular creme de barbear da S. C. Johnson é chamado Edge. Esta marca foi bem-sucedida ao ser estendida para uma loção pós barba. Provavelmente, a marca Edge poderia também ser usada para lançar lâminas de barbear. Entretanto, o risco aumentaria se a empresa usasse a marca para lançar um novo xampu ou creme dental. Assim, a Edge perderia seu significado como marca para produtos de barbear.

As empresas que são tentadas a transferir seu nome de marca devem pesquisar sobre como as associações da marca se adaptam ao novo produto. O melhor resultado seria aquele em que a marca desenvolve tanto as vendas do novo produto quanto as do já existente. Um resultado aceitável ocorre quando o novo produto vende bem sem afetar as vendas do produto existente. O pior resultado ocorre quando o novo produto fracassa e prejudica as vendas do outro.[24]

**Multimarcas.** Freqüentemente, a empresa lança marcas adicionais na mesma categoria de produtos. Há vários motivos para adotar esta prática. Às vezes, a empresa vê esta opção como maneira de estabelecer características e/ou apelos para diferentes motivos de compra. Assim, a P&G fabrica nove marcas diferentes de sabão em pó. Isto capacita a empresa a conseguir maior espaço de prateleira e a proteger sua marca principal ao lançar *marcas de flanco*. Por exemplo, a Seiko estabelece marcas diferentes para seus relógios de preços mais altos (Seiko Lasalle) e de preços mais baixos (Pulsar) para proteger seus flancos. Às vezes, a empresa introduz marcas diferentes no processo de aquisição de empresas concorrentes e cada marca possui seus seguidores leais. Por exemplo, a Electrolux, multinacional sueca, compra regularmente novas marcas para suas linhas de eletrodomésticos (Frigidaire, Kelvinator, Westinghouse, Zanussi, White, Gibson).

Uma grande armadilha na introdução de multimarcas é que cada uma delas pode obter apenas pequena participação de mercado e nenhuma com rentabilidade suficiente. A empresa diluirá seus recursos em diversas marcas, em vez de desenvolver poucas marcas em um nível altamente rentável. Essas empresas devem eliminar as marcas mais fracas e adotar procedimentos de triagem para escolher novas marcas. Idealmente, as marcas de uma empresa devem canibalizar as marcas concorrentes e não devem competir entre si. Pelo menos, o lucro líquido com a estratégia de multimarcas deve ser maior, mesmo se ocorrer algum canibalismo.[25]

**Novas Marcas.** Quando uma empresa lança produtos em uma nova categoria, pode constatar que nenhuma de suas marcas atuais é apropriada. Assim, se a Timex decidir fabricar escovas dentais, provavelmente não vai usar a marca Timex. Quando não é provável que a imagem atual da marca ajude o novo produto, é melhor a empresa criar outra marca.

Ao decidir se deve introduzir uma nova marca, o fabricante deve considerar diversas questões. Por exemplo, a 3M Company indaga: O negócio é suficientemente grande? Durará o tempo suficiente? Seria melhor evitar o uso da marca 3M na hipótese de o produto fracassar? O produto precisa do forte estímulo da marca 3M? O custo de estabelecer uma nova marca será coberto pelas prováveis vendas e lucro? Naturalmente, as empresas são prudentes sobre o alto custo de fixar uma nova marca na mente do público. A fixação de uma nova marca no mercado dos Estados Unidos para um produto de consumo em massa pode custar algo entre 50 e 100 milhões de dólares.

**Combinação de Marcas.** Um fenômeno em ascensão é o surgimento da *combinação de marcas* (também chamada *dualidade de marcas*), em que duas ou mais marcas bem conhecidas são combinadas em uma oferta. Os patrocinadores das marcas envolvidas esperam que uma fortaleça a outra em termos de preferência e intenção de compra. No caso dos produtos embalados em conjunto, cada marca espera atingir uma nova audiência ao se associar a outra.

A combinação de marcas pode ser feita de várias formas. Uma é a *combinação de marcas de componentes,* que ocorre quando a Volvo divulga que usa pneus Michelin ou o fabricante do bolo Betty Crocker inclui recheio de chocolate Hershey. Outra forma é a *combinação de marcas da mesma empresa*, como quando a General Mills anuncia o iogurte Trix/Yoplat. Ainda outra forma é a *combinação de marcas de joint venture*, como no caso das lâmpadas General Electric/Hitachi no Japão e o cartão de crédito Citibank AAdvantage, patrocinado pelo Citibank e a American Airlines. Finalmente, há a *combinação de marcas de patrocínio múltiplo*, como no caso da Taligent, que é uma aliança tecnológica entre Apple, IBM e Motorola.

Em relação à combinação de marcas de componentes, muitos fabricantes produzem os componentes – motores, *chips* de computador, fibras de carpete – que entram em produtos finais e cujas identidades individuais, normalmente, ficam perdidas. Esses fabricantes de componentes esperam que suas marcas sejam mostradas como parte do produto final. Entre poucas marcas de componentes que foram bem-sucedidas no desenvolvimento de uma identidade separada estão Intel, Nutrasweet e Gortex. A campanha da Intel dirigida aos consumidores tem convencido muitos compradores de microcomputadores a adquirirem apenas equipamentos construídos com seus microprocessadores (Intel *Inside*). Como resultado, os grandes fabricantes, como IBM, Dell, Compaq, têm que comprar os *chips* Intel que custam mais caro do que os concorrentes. Similarmente, a Searle tem convencido muitos consumidores de bebidas a procurar o Nutrasweet como um ingrediente. Os fabricantes de capas e roupas de proteção podem cobrar mais caro quando seus produtos incluem Gortex. Apesar dessas histórias de sucesso, a maioria dos fabricantes de componentes não encontra facilidade para convencer os consumidores a insistir em certos componentes, materiais ou in-

24. LOKEN, Barbara, JOHN, Deborah Roedder. Diluting brand beliefs: when do brand extensions have a negative impact? *Journal of Marketing*, p. 71-84, July 1993; BRONIARCYZK, Susan M., ALBA, Joseph W. The importance of the brand in brand extension. *Journal of Marketing Research*, p. 214-228, May 1994 (esta edição do *JMR* é dedicada a marcas e patrimônio de marcas).
25. TAYLOR, Mark B. Cannibalism in multibrand firms. *Journal of Business Strategy*, p. 69-75, Spring 1986.

gredientes no produto final. Não é provável que eles escolham um carro em razão de o mesmo possuir velas Champion ou carpete Stainmaster.

## Decisão de reposicionamento de marca

Entretanto, não bem uma marca é posicionada em um mercado, logo a empresa pode ter que a reposicionar. Um concorrente pode lançar uma marca próximo à marca da empresa e diminuir sua participação de mercado. Também, as preferências dos consumidores podem mudar, deixando a marca da empresa com menor demanda.

Uma história clássica de reposicionamento bem-sucedido de marca é a campanha da Seven-Up. Seven-Up era uma das marcas de refrigerantes compradas, principalmente, por pessoas mais velhas que desejavam uma bebida suave de sabor limão. A pesquisa indicou que a maioria dos consumidores preferia uma cola, embora não em todas as oportunidades, e que muitos outros eram consumidores de bebidas não-cola. A Seven-Up alcançou a liderança no mercado de refrigerantes não-cola ao realizar uma brilhante campanha, mudando seu nome para Uncola. O Uncola era caracterizado como bebida jovial e refrescante, o único para ser escolhido entre as não-colas. A Seven-Up criou uma nova maneira de os consumidores verem o mercado de refrigerantes, dividindo-o em colas e não-colas, com sua marca liderando entre esses últimos. Assim, reposicionou sua marca Seven-Up como uma *alternativa* ao refrigerante tradicional, não apenas como outro refrigerante.

Outra história interessante de reposicionamento de marca é a campanha da PepsiCo para ressuscitar sua principal marca de 30 anos atrás, a Mountain Dew.

**PEPSICO E MOUNTAIN DEW** Quando o refrigerante cítrico foi lançado pela primeira vez em 1964, era vendido como "refresco de produção doméstica que iria mexer com as entranhas das pessoas". A empresa caracterizava o ambiente rural em seu anúncio que mostrava Willy, o Caipira, gritando o inesquecível *slogan*: "Ya-hooo! Mountain Dew!" Entretanto, o ambiente rural, certamente, não representaria o apelo de marca necessário para a geração atual. Assim, a Pepsi descartou a imagem rural e começou a posicionar o Mountain Dew como o refrigerante dos praticantes de esportes radicais como *bungee-jumping, sky-surfing, mountain bike* etc. Em vez de posicionar o refrigerante para todas as idades, homens e mulheres, a empresa reposicionou-o para sensibilizar as papilas gustativas de um grupo muito bem definido: jovens do sexo masculino de 12 a 24 anos de idade. Esses consumidores não estavam preocupados com calorias ou cafeína, o que o "Dew" possuía em abundância. A campanha foi um sucesso fantástico: Com 2,7 bilhões de vendas em 1995, o Mountain Dew tem sido o refrigerante de crescimento mais rápido em um segmento de mercado que fatura, anualmente, $ 50 bilhões nos Estados Unidos.

## DECISÕES DE EMBALAGEM E ROTULAGEM

Muitos produtos físicos lançados no mercado têm que ser embalados e rotulados. A embalagem pode exercer um papel secundário (por exemplo, ferramentas baratas) ou papel importante (por exemplo, cosméticos). Algumas embalagens, como a garrafa de Coca, são mundialmente famosas. Muitas empresas acrescentam um quinto *P* (*packaging*) aos *Ps* de preço, produto, promoção e praça (distribuição). Assim, a maioria delas trata a embalagem e a rotulagem como elemento da estratégia de produto.

### Embalagem

A embalagem é definida da seguinte forma:

**EMBALAGEM é o conjunto de atividades de *design* e fabricação de um recipiente ou envoltório para um produto.**

O recipiente ou envoltório é chamado de *embalagem*, que pode incluir três níveis de materiais. Assim, a loção pós-barba Old Spice está em um frasco (*embalagem primária*), que está dentro de uma caixa de papelão (*embalagem secundária*), que está em uma caixa de papelão ondulado com seis dúzias do produto (*embalagem de embarque*).

Em épocas recentes, a embalagem tem-se tornado uma potente ferramenta de marketing. Embalagens bem desenhadas podem criar valor de conveniência para o consumidor e valor promocional para o fabricante. Vários fatores têm contribuído para o crescente uso da embalagem como ferramenta de marketing:

- *Auto-serviço.* Crescente número de produtos é vendido na base de auto-serviço em supermercados e lojas de descontos. Em um supermercado médio, que trabalha com 15.000 itens, um comprador normal passa por 300 itens por minuto. Em virtude de 53% de todas as compras serem feitas por impulso, a embalagem eficaz opera como um "comercial relâmpago". A embalagem deve desempenhar muitas das tarefas de vendas. Deve atrair a atenção, descrever as características do produto, criar confiança do consumidor e produzir uma impressão global favorável.
- *Afluência dos consumidores.* Significa que os consumidores estão dispostos a pagar um pouco mais pela conveniência, aparência, confiabilidade e prestígio de embalagens melhores.

- *Imagem da empresa e da marca.* As empresas estão reconhecendo que o poder de embalagens bem desenhadas contribui para o reconhecimento instantâneo da empresa ou marca. A Campbell's Soup estima que o comprador médio vê sua familiar lata verde e branca 76 vezes por ano, criando o equivalente a $ 26 milhões em exposição de propaganda.
- *Oportunidade de inovação.* A embalagem inovadora pode trazer grandes benefícios aos consumidores e lucro para os fabricantes. As novas embalagens de creme dental com válvulas automáticas conquistaram 12% desse mercado porque, para muitos consumidores, são práticas e produzem menos sujeira. A Chesebrough-Pond's aumentou suas vendas de esmalte de unhas em 22% ao introduzir uma nova embalagem como sistema de aplicação direta. As primeiras empresas a vender refrigerantes em lata e *sprays* líquidos em embalagem de aerosol atraíram muitos novos consumidores.

O desenvolvimento de uma embalagem eficaz para um novo produto exige muitas decisões. A primeira tarefa é estabelecer o *conceito de embalagem.* Esse conceito define o que uma embalagem deve basicamente *ser* ou *fazer* para um produto específico. As principais funções da embalagem devem ser oferecer maior proteção ao produto, introduzir um novo método de abertura, sugerir certas qualidades sobre o produto ou empresa, ou algo mais? Consideremos um exemplo da Kraft General Foods:

**KRAFT GENERAL FOODS**  A Kraft General Foods desenvolveu uma nova ração para cães na forma de pequenos pastéis de carne moída. A administração decidiu que a aparência exclusiva e palatável desses pasteizinhos exigia máxima visibilidade. *Visibilidade* foi defendida como o conceito básico da embalagem. A empresa considerou várias alternativas e, finalmente, escolheu uma bandeja coberta por uma película plástica transparente.

Assim que o conceito de embalagem for determinado, devem-se tomar decisões sobre os elementos adicionais da embalagem – tamanho, forma, materiais, cor, texto impresso e símbolo da marca. A empresa deve optar por um texto curto ou extenso, se deve usar papel celofane ou películas transparentes, uma travessa com material plástico ou laminado etc. Faz parte das decisões a escolha do tipo de tampa, assunto que diz respeito à segurança do produto. Os vários elementos da embalagem devem ser harmonizados. O tamanho interage com os materiais, cores etc. e todos os demais elementos devem estar de acordo com as decisões de preço, propaganda e de outros elementos de marketing.

Após o *design,* a embalagem deve ser testada. *Testes de engenharia* são realizados para assegurar que a embalagem funciona sob condições normais de uso; *testes visuais* permitem verificar se o texto está legível e se as cores estão combinadas; *testes com revendedores* asseguram que os mesmos consideraram a embalagem atraente e de fácil manuseio; *testes com consumidores* asseguram reação favorável por parte dos mesmos.

Apesar dessas precauções, o *design* de uma embalagem, ocasionalmente, deixa passar algumas falhas básicas:

> *O Sizzl-Spray, uma lata pressurizada de molho de churrasco desenvolvida pela Heublein, apresentou uma falha que foi descoberta nos testes de mercado. (...) "Pensávamos que nossa lata era de boa qualidade, mas, felizmente, realizamos testes de mercado em lojas do Texas e da Califórnia. Com o calor, as latas começaram a explodir. Por não termos lançado o produto em âmbito nacional, nosso prejuízo foi de apenas $ 150.000, em vez de alguns milhões."* [26]

O desenvolvimento de uma embalagem eficaz pode custar várias centenas de milhares de dólares e demorar de alguns meses a um ano. A importância da embalagem não pode ser superestimada no que diz respeito às funções que ela desempenha em atrair e satisfazer os consumidores. Entretanto, as empresas devem prestar atenção às crescentes preocupações ambientais e de segurança a respeito das embalagens. A escassez de papel, alumínio e outros materiais sugere que as empresas devem procurar reduzir suas embalagens. O crescimento do uso de garrafas sem retorno tem aumentado em 17 vezes o consumo de vidro utilizado na fabricação deste tipo de embalagem. Muitas embalagens terminam como garrafas quebradas e latas amassadas jogadas nas ruas e periferias de cidades. A embalagem cria um grande problema em termos de eliminação de resíduos sólidos, exigindo grande quantidade de trabalho e energia. Felizmente, muitas empresas têm considerado o "verde" quando decidem sobre suas embalagens. A S. C. Johnson criou uma nova embalagem para o xampu Agree Plus que usava 80% menos plástico, e a P&G eliminou as caixas dos desodorantes Secret and Sure, economizando 1,5 milhão de quilos de cartolina por ano. As empresas devem tomar decisões que atendam aos interesses da sociedade, ao consumidor imediato e aos objetivos da empresa. [27]

## Rotulagem

O rótulo representa um subconjunto da embalagem. Os vendedores devem rotular seus produtos. O ró-

---

26. PRODUCT tryouts: sales tests in selected cities help trim risks of national marketing. *The Wall Street Journal,* 10 Aug. 1962.
27. Veja SWASY, Alicia. Sales lost their vim? Try repackaging. *The Wall Street Journal,* 11 Oct. 1989, B1; MANLEY, Marisa. Product liability: you're more exposed than you think. *Harvard Business Review,* p. 28-40, Sept./Oct. 1987; e CALFEE, John E. FDA's ugly package. *Advertising Age,* p. 25, 16 Mar. 1992.

tulo pode ser uma simples etiqueta afixada ao produto ou um desenho artisticamente elaborado que faz parte da embalagem. Ele pode conter apenas a marca do produto ou muitas informações. Mesmo que o fabricante prefira um rótulo simples, a lei exige informações adicionais.

O rótulo desempenha várias funções. Primeiro, *identifica* o produto ou marca – por exemplo, o nome Sunkist estampado em laranjas. Pode *classificar* o produto; assim, pêras enlatadas podem ser classificadas no rótulo em A, B e C. Pode *descrever* o produto: quem o fabricou, em que, quando, o que contém, como usar e como deve ser usado com segurança. Finalmente, pode *promover* o produto por meio da aparência gráfica atraente.

Eventualmente, os rótulos tornam-se antiquados e devem ser renovados. O rótulo do sabonete Ivory foi redesenhado 18 vezes desde 1890, com mudanças graduais em tamanho e desenho das letras. O rótulo do refrigerante de laranja Crush foi redesenhado com novos símbolos para sugerir frescor e tornar as cores mais fortes e profundas.

Há uma longa história sobre rótulos que enfrentaram problemas legais, além de embalagens e produtos, em geral. Em 1914, o Federal Trade Comission Act afirmava que rótulos e embalagens falsos, incorretos ou enganosos, constituem concorrência desleal. O Fair Packaging and Labeling Act, aprovado pelo Congresso norte-americano em 1967, fixou exigências obrigatórias para rótulos, estimulou o desenvolvimento de padrões voluntários de embalagem pelos setores industriais e permitiu que órgãos federais regulamentassem as embalagens de setores específicos. O Food and Drug Administration (FDA) exigiu que os fabricantes de alimentos processados incluíssem no rótulo a composição nutritiva, declarando claramente as quantidades de proteínas, gordura, carboidratos e calorias contidas nos produtos, além do conteúdo de vitaminas e sais minerais e sua porcentagem recomendada para uso diário. Recentemente, o FDA publicou um regulamento para controlar as alegações de saúde que aparecem nos rótulos de produtos alimentícios, agindo contra incorreções potenciais como *"light"*, "alto conteúdo de fibras", "não contém colesterol" e outras. Os consumeristas vêm praticando *lobby* para a criação de leis sobre rótulos que exijam *data de validade* (para descrever se o produto está fresco), *preço unitário* (para declarar o preço no caso de embalagens múltiplas), *graduação* (para avaliar o nível de qualidade de certos bens de consumo) e *porcentagem dos ingredientes* (para identificar a participação de cada ingrediente importante na composição do produto).

## RESUMO

1. O produto é o primeiro e mais importante elemento do composto de marketing. A *estratégia de produto* implica a tomada de decisões coordenadas sobre compostos de produtos, linhas de produtos, marcas, embalagem e rotulagem.

2. Ao planejar sua oferta de produto ou mercado, a empresa precisa analisar cinco níveis de produto. O nível mais fundamental é o benefício-núcleo, benefício ou serviço fundamental que o consumidor está realmente comprando. No segundo nível, a empresa precisa transformar o benefício-núcleo em um produto básico. No terceiro nível, ela prepara um produto esperado, ou seja, um conjunto de atributos que os compradores, normalmente, esperam ao comprar um produto. No quarto nível, prepara um produto aumentado, que inclui serviços e benefícios adicionais que distinguem sua oferta da dos concorrentes. No quinto nível, a empresa prepara um produto potencial, que envolve todos os acréscimos e transformações que podem ser inseridos na oferta final.

3. Os produtos podem ser classificados de várias maneiras. Em termos de durabilidade e tangibilidade; os produtos podem ser bens duráveis, não duráveis ou serviços. Na categoria de bens de consumo, os produtos podem ser classificados como bens de conveniência (itens corriqueiros, bens de impulso, bens de emergência); bens de compra comparada (homogêneos e heterogêneos); bens de especialidade ou bens não procurados. Na categoria de bens industriais, os produtos são classificados em três categorias: materiais e componentes (matérias-primas – por exemplo, produtos agropecuários e produtos naturais – e materiais manufaturados e componentes – por exemplo, materiais componentes e peças componentes), bens de capital (instalações e equipamentos) ou suprimentos e serviços administrativos (suprimentos operacionais, itens de manutenção e conserto, serviços de manutenção e conserto, serviços de consultoria).

4. A maioria das empresas vende mais de um produto. Seu composto de produtos pode ser classificado conforme amplitude, extensão, profundidade e consistência. Essas quatro dimensões são as ferramentas utilizadas para o desenvolvimento da estratégia de marketing da empresa e para a decisão sobre que linhas de produtos devem crescer, ser mantidas, exploradas ao máximo ou eliminadas. Para analisar uma linha de produtos e decidir sobre o volume de recursos que devem ser investidos na mesma, o ge-

rente da linha precisa analisar suas vendas, o lucro e o perfil de mercado.

5. A empresa pode modificar o componente produto de seu composto de marketing ao estender seu produto via ampliação de linha (para baixo, para cima ou em ambas as direções) ou complementação de linha; modernizando seus produtos; caracterizando alguns deles; e expurgando aqueles que forem menos rentáveis.

6. A marca é um componente importante da estratégia de produto. A definição de uma marca é um processo caro e demorado que pode levar um produto ao sucesso ou ao fracasso. As marcas mais valiosas possuem um patrimônio que é considerado o ativo mais importante da empresa. Ao considerarem a estratégia de marca, as empresas devem decidir se vão ou não atribuir marca a seus produtos, se vão fabricar marcas próprias ou de distribuidores/varejistas (marcas privadas), que nome dar à marca e se devem usar extensões de linhas, extensões de marcas, multimarcas, novas marcas ou combinação de mar-

cas. As melhores marcas sugerem algo sobre os benefícios e as qualidades dos produtos; são fáceis de pronunciar, reconhecer e lembrar; são distintivas; e não possuem conotações ou significados negativos em outros países ou línguas.

7. Muitos produtos físicos lançados no mercado precisam ser embalados e rotulados. Embalagens bem desenhadas podem criar valor de conveniência para os consumidores e valor promocional para os fabricantes. Com efeito, podem agir como "comerciais relâmpagos" para o produto. As empresas precisam desenvolver um conceito de embalagem e testá-lo funcional e psicologicamente para se assegurarem de que ele atinge os objetivos desejados e é compatível com a política pública e a responsabilidade social. Os produtos físicos também exigem rótulos para sua identificação, classificação, descrição e promoção. Os vendedores podem ser, por imposição legal, obrigados a apresentar determinadas informações no rótulo para proteger e conscientizar os consumidores.

## APLICAÇÕES CONCEITUAIS

1. Suponhamos que a Wal-Mart peça à 3M que desenvolva uma fita de celofane em rolo para ser vendido em suas lojas com a marca Wal-Mart. Ela deseja que o produto tenha a mesma qualidade das fitas Scotch fabricadas pela 3M. A fabricante está disposta a fabricar uma fita de boa qualidade, mas não uma fita excelente que venha a concorrer com sua marca Scotch. Avalie o dilema enfrentado pela 3M. Quais as vantagens e desvantagens de este fabricante produzir a fita de celofane solicitada pela Wal-Mart?

2. Atualmente, os consumidores estão muito interessados em obter o maior valor por seu dinheiro. Como resultado, muitas empresas estão procurando encontrar meios de evitar que seus consumidores abandonem suas marcas em favor de marcas menos dispendiosas e de produtos sem marca. Como uma solução para este problema, algumas empresas estão partindo para *combinação de marcas* – formando alianças com outras empresas para fabricar produtos que representem maior valor para o consumidor. Entretanto, uma estratégia de combinação de marcas mal planejada pode confundir os consumidores e desvalorizar a marca de uma empresa. Que salvaguardas devem ser adotadas para evitar este tipo de erro?

3. Utilizando os níveis de conceito de produto (Figura 15.2), compare os seguintes veículos: um Porsche, uma picape Ford e um Tercel Toyota.

4. Dê uma definição do negócio básico de cada uma das grandes empresas a seguir. Em outras palavras,

a que necessidades básicas cada uma dessas empresas procura satisfazer?
   a. General Motors
   b. Bayer (fabricante de aspirina)
   c. Fundo Mútuo Twentieth Century
   d. Sears
   e. *U.S. News & World Report* (revista)

5. A maioria das empresas prefere desenvolver uma linha diversificada de produtos para evitar a superdependência de um único produto. Todavia, há certas vantagens para uma empresa que fabrica e vende um único produto. Quais algumas dessas vantagens?

6. Shirley Cheswick, gerente de produto experiente e Bob Adams, novo gerente de produto, ambos da Sunbeam, estavam engajados em uma acalorada discussão. Bob Adams defendia que um produto deveria ser eliminado logo que se tornasse problema e que um novo produto deveria ser lançado para substituir o descartado. Shirley Cheswick insistia que os produtos podiam ser rejuvenescidos e, não necessariamente, teriam que ser substituídos. Apresente argumentos que ajudem Shirley a ganhar este debate.

7. A American Marketing Association criou o Prêmio Edison, em 1986, para reconhecer a inovação em produtos de consumo. Os vencedores (que são os próprios produtos) são escolhidos tomando-se por base os seguintes critérios:

- Inovação de mercado: estratégia de inovação, posicionamento, propaganda e promoção de vendas transformados em sucesso de mercado.
- Rentabilidade e poder de permanência no mercado.
- Inovação tecnológica.
- Inovação da estrutura de mercado: inovação em pioneirismo em um novo mercado ou reestruturação de um mercado pela criação de um novo segmento ou dominando um segmento já existente.
- Valor de duração.
- Impacto societal: o produto melhora o estilo de vida do consumidor e/ou aumenta sua liberdade de escolha.

Alguns produtos que ganharam o prêmio no passado foram o cereal Healthy Choice, da Kellogg's, os biscoitos Oreos, com baixo teor de gordura, da Nabisco, as torradas Tostitos da Frito-Lay e o chá gelado Arizona, da Ferolito.

Selecione cinco produtos que você acredita atenderem aos critérios listados e explique por que os identifica como vencedores.

8. Embora, às vezes, conversemos sobre *empresas* que são líderes, desafiadoras, seguidoras de mercado ou ocupantes de nichos, muito freqüentemente são as *linhas de produtos* de uma empresa que se ajustam a essas categorias, não a empresa. Um fabricante pode ter um composto de produtos – alguns líderes, desafiadores, seguidores e ocupantes de nichos. Listamos abaixo alguns negócios da AT&T. Em qual das quatro categorias cada negócio é classificado?

a. videotelefone;
b. telefone celular;
c. serviço de telefonia a longa distância;
d. cabos submarinos de fibra ótica;
e. cartão de crédito;
f. microcomputadores e sistemas de informações gerenciais;
g. comutadores para modernizar sistemas mundiais de telefonia;
h. cartão de crédito corporativo para aquisição de suprimentos.

9. Várias empresas estão planejando colocar suas marcas em alimentos frescos e muitas delas estão interessadas em produtos agrícolas. (Por exemplo, a Dole, recentemente, lançou embalagens de saladas acompanhadas de molho e pequenas torradas.) Discuta os desafios que as empresas podem enfrentar e sugira como eles podem ser superados.

# 16 Administração de Empresas de Serviços e Serviços de Apoio ao Produto

*Não existe o que se chama indústria de serviços. Há apenas setores industriais cujos componentes de serviços são maiores ou menores em relação a outros setores. Todos estão na área de serviços.*

THEODORE LEVITT

*Estou cansado de visitar fábricas para ouvir nada mais do que assuntos sobre qualidade e ciclos de produção... e, depois, vou visitar os clientes para ficar a par de seus problemas.*

JOHN AKERS, EX-PRESIDENTE DA IBM

*Nosso setor de serviços ao cliente não é um departamento isolado ... é uma ferramenta estratégica para administrar o relacionamento completo com o cliente.*

UM GERENTE DA AT&T

Inicialmente, a teoria e a prática de marketing desenvolveram-se em conexão com produtos físicos como creme dental, carros e aço. Todavia, uma das maiores megatendências (veja o Capítulo 6) tem sido o crescimento fenomenal dos serviços. Nos Estados Unidos, os serviços representam 79% do total dos empregos e 74% do produto nacional bruto. Conforme o Bureau of Labor Statistics, as ocupações de serviços serão responsáveis por todo o crescimento do emprego no ano 2005.[1] Estes números têm levado a um crescente interesse pelos problemas especiais de marketing de serviços.[2]

Os setores de serviços são bastante variados. O *setor governamental*, com seus tribunais, serviços de emprego, hospitais, agências de empréstimos, serviços militares, polícia e bombeiros, correios, órgãos regulamentadores e escolas, está no setor de serviços. O *setor privado que não visa o lucro*, com seus museus, instituições de caridade, igrejas, faculdades, fundações e hospitais, está no setor de serviços. Boa parte do *setor comercial*, com suas linhas aéreas, bancos, empresas de serviços de informática, hotéis, seguradoras, escritórios de advocacia, empresas de consultoria administrativa, serviços médicos, empresas cinematográficas, empresas de manutenção hidráulica e escritórios imobiliários, está no setor de serviços. Muitos trabalhadores do *setor de produção* são, realmente, fornecedores de serviços, como operadores de computadores, contadores e assessores jurídicos. De fato, eles constituem uma "fábrica de serviços" que presta serviços à "fábrica de produtos".

Não há apenas setores de serviços tradicionais, mas novos tipos de atividades que estão em franco crescimento para atender às necessidades mutantes de uma população:

Com mais e mais empresas dispensando seus auxiliares de apoio, o uso de "núcleos de serviços" está em ascensão. Essas pessoas são contratadas para exercer atividades específicas e temporárias como consertar uma pasta, comprar um presente difícil de ser encontrado ou encontrar uma vaga de hotel em cidade com problema de superlotação. Para as pessoas que desejam dar banho no cachor-

1. HENKOFF, Ronald. Service is everybody's business. *Fortune,* p. 48-60, 27 June 1994.
2. Veja SHOSTACK, G. Lynn. Breaking free from product marketing. *Journal of Marketing,* p. 73-80, Apr. 1977; BERRY, Leonard L. Services marketing is different. *Business,* p. 24-30, May/June 1980; LANGEARD, Eric, BATESON, John E. G., LOVELOCK, Christopher H., EIGLIER, Pierre. *Services marketing*: new insights from consumers and managers. Cambridge, MA : Marketing Science Institute, 1981; ALBRECHT, Karl, ZEMKE, Ron. *Service America's!* Doing business in the new economy. Homewood, IL : Dow Jones-Irwin, 1986; ALBRECHT, Karl. *At America's service.* Homewood, IL : Dow Jones-Irwin, 1988; e SCHEIDER, Benjamin, BOWEN, David E. *Winning the service game.* Boston : Harvard Business School Press, 1995.

ro sem desarrumar a casa, há centros de auto-serviço de banho e tosa de animais de estimação. Para as pessoas estressadas, há clínicas de massagem que oferecem desde tanques de isolamento sensorial a tratamentos a base de enzimas.

As empresas manufatureiras podem usar uma estratégia de serviço para se diferenciar. Nos anos 80, a Caterpillar deu início à criação de unidades de serviços como a Caterpillar Insurance Company para fazer coberturas de seguro de seus revendedores. Ex-funcionários da Caterpillar fundaram a Advanced Technology Services para prestar serviços de manutenção de computadores para a ex-empregadora e outras empresas.

Neste capítulo, examinaremos as seguintes questões:

- **Como os serviços são definidos e classificados?**
- **Como os serviços se diferem dos bens?**
- **Como as empresas de serviços podem melhorar sua diferenciação, qualidade e produtividade?**
- **Como as empresas fabricantes de bens podem melhorar seus serviços de apoio aos produtos?**

## NATUREZA E CLASSIFICAÇÃO DOS SERVIÇOS

Definimos serviço da seguinte forma:

**SERVIÇO é qualquer ato ou desempenho que uma parte possa oferecer a outra e que seja essencialmente intangível e não resulte na propriedade de nada. Sua produção pode ou não estar vinculada a um produto físico.**

Freqüentemente, uma oferta de uma empresa ao mercado inclui alguns serviços. O componente serviço pode ser ou não parte importante dessa oferta. Cinco categorias de ofertas podem ser distinguidas:

1. *Bem tangível.* A oferta consiste em um bem tangível como sabão, creme dental ou sal. Nenhum serviço acompanha o produto.
2. *Bem tangível acompanhado de serviços.* A oferta consiste em um bem tangível acompanhado por um ou mais serviços para enriquecer seu apelo de consumo. Por exemplo, um fabricante de automóveis deve vender mais do que um automóvel. Levitt observa que "quanto mais sofisticado tecnologicamente for o produto genérico (por exemplo, carros e computadores), mais suas vendas dependem da qualidade e disponibilidade de serviços ao consumidor (por exemplo, *showrooms,* entrega, consertos e manutenção, instruções de uso, treinamento e garantia). Neste sentido, a General Motors é, provavelmente, mais intensiva em serviços do que em produção. Sem seus serviços, suas vendas diminuiriam."[3] De fato, muitos fabricantes estão agora descobrindo novas oportunidades de vender seus serviços como um centro de lucro separado. (Para mais informações sobre este tópico, veja a seção *Insight* de Marketing intitulada "Obtendo lucro com a venda de serviços".)
3. *Híbrido.* A oferta consiste em partes iguais de bens e serviços. Por exemplo, as pessoas escolhem restaurantes tanto pelos alimentos quanto pelos serviços.
4. *Serviço principal acompanhado de bens e serviços secundários.* A oferta consiste em um serviço principal junto com alguns serviços adicionais e/ou bens de apoio. Por exemplo, os passageiros de linhas aéreas estão comprando serviço de transporte. Chegam a seus destinos sem nada de tangível para comprovar seus gastos. Entretanto, a viagem inclui alguns bens tangíveis como alimentos e bebidas, o canhoto da passagem e uma revista de bordo. O serviço exige o emprego de capital intensivo – um avião – para sua realização, mas o principal item é um serviço.
5. *Serviço.* A oferta consiste, principalmente, em um serviço. Exemplos incluem o trabalho de *babysitters,* psicoterapia e massagens.

Como conseqüência destes vários compostos de bens e serviços, é difícil generalizar sobre serviços, a menos que outras distinções sejam feitas. Entretanto, algumas generalizações parecem seguras:

Primeiro, os serviços variam à medida que são *baseados em máquinas e equipamentos* (lavagens automáticas de carros, máquinas de venda) ou *baseados em pessoas* (lavagem de janelas, serviços de contabilidade e auditoria). Os serviços baseados em pessoas também diferem se são prestados por trabalhadores inexperientes ou por profissionais especializados.

Segundo, alguns serviços exigem a *presença do cliente.* Assim, a cirurgia cerebral envolve a presença do cliente, mas o conserto de um automóvel não. Se o cliente deve estar presente, o fornecedor do serviço tem que levar em consideração suas necessidades. Assim, os

---

3. LEVITT, Theodore. Production-line approach to service. *Harvard Business Review,* p. 41-42, Sept./Oct. 1972.

## INSIGHT DE MARKETING
# Obtendo lucro com a venda de serviços

À medida que muitas empresas enfrentam redução das margens de lucro dos produtos que vendem, elas estão procurando ganhar mais dinheiro através dos serviços que fornecem. Às vezes, cobram taxas pelos serviços antes fornecidos gratuitamente com o produto. Em outros casos, estão cobrando caro por seus serviços. Hoje, as concessionárias de automóveis obtêm maior lucro no financiamento, seguro e nos serviços de manutenção, não nos veículos que vendem. Ainda em outros casos, as empresas de produtos estão criando empresas de serviços separadas. Em alguns casos, os negócios de serviços estão crescendo mais rápido e são mais rentáveis do que os negócios de produtos.

Aqui estão seis maneiras pelas quais os fabricantes podem desenvolver negócios de serviços:

1. *Reembalando seu produto junto a uma solução de sistema.* Em vez de vender apenas seus produtos – produtos químicos, computadores, máquinas-ferramentas –, a empresa pode embuti-los em programas de serviços que atendam mais às necessidades dos consumidores. Assim, uma empresa de fertilizantes orientada para serviços pode oferecer o produto sob medida conforme as necessidades de cada fazenda, além de espalhá-los com seu próprio equipamento. A Fanuc Robotics of North America passou de montadora de robôs para *designer* e instaladora de sistemas de produção sob medida.
2. *Embalando os serviços internos da empresa em serviços externos vendáveis.* Algumas empresas, ao desenvolver uma especialização interna, reconhecem que podem vendê-la a outras empresas. Por exemplo, a Xerox desenvolveu um programa de treinamento altamente eficaz para vendedores internos e, posteriormente, decidiu lançar o Xerox Learning Systems para vender esse sistema de treinamento a outras empresas.
3. *Prestando serviços a outras empresas em suas próprias instalações físicas.* As empresas que administram uma instalação física constatam que podem vender serviços a outras empresas. A Kimberly-Clark, localizada em Neenah, Wisconsin, opera e mantém sua própria frota de jatos executivos. Ela expandiu a instalação para fornecer e vender serviços de manutenção e reparos para outras empresas que possuem jatos executivos.
4. *Oferecendo-se para administrar as instalações físicas de outras empresas.* Uma área de grande crescimento é a administração de contratos de instalações e propriedades de empresas como gramados, bares, centros de processamento de dados etc. Assim, a Scott, empresa de sementes, opera também um negócio de manutenção de gramados e a S. C. Johnson, que vende inseticidas em *spray,* dirige também um grande serviço de exterminação de insetos chamado BBBK. Na Johnson Controls, fabricante de termostatos e sistemas de energia, os engenheiros de projetos, antes confinados em cubículos e presos a seus microcomputadores, estão agora nos escritórios dos clientes, administrando os sistemas de refrigeração e aquecimento que ajudaram a criar.
5. *Vendendo serviços financeiros.* Freqüentemente, as empresas de equipamentos descobrem que podem lucrar financiando as compras dos consumidores. A GE Credit Corporation, originalmente, financiava apenas os consumidores e revendedores GE, mas hoje financia empréstimos comerciais e particulares, faz *leasing* de automóveis e de estoques de revendedores.
6. *Movendo-se para serviços de distribuição.* Os fabricantes podem também integrar para a frente comprando e operando lojas varejistas para vender seus produtos. A Hart Schaffner and Max é, essencialmente, fabricante de roupas que opera também uma série de redes de lojas de vestuário. A Quaker Oats, fabricante de cereais para o café da manhã, administra diversas cadeias de restaurante. Muitos fabricantes também operam lojas de fábrica e alguns deles abriram lojas para vender apenas seus produtos. Entre elas destacam-se as lojas Speedo Authentic Fitness, Nike Town, OshKosh B'Gosh Inc., a Original Levi's Stores e a Dockers Shops.

**Fontes:** Veja CANTON, Irving D. Learning to love the service economy. *Harvard Business Review,* p. 89-97, May/June 1984; HANAN, Mack. *Profits without products*: how to transform your product business into a service. New York : Amacom, 1992; e HENKOFF, Ronald. Service is everybody's business. *Fortune,* p. 48-60, 27 June 1994.

proprietários de salões de beleza investirão em decoração, música ambiente e desenvolverão uma conversa agradável com suas clientes.

Terceiro, os serviços diferem de acordo com o atendimento de *necessidades pessoais* (serviços pessoais) ou de *necessidades administrativas* (serviços empresariais). Os médicos cobram preços diferentes em suas consultas, para particulares ou para empregados de empresas conveniadas. Os prestadores de serviços desenvolvem diferentes programas de marketing para os mercados empresariais e pessoais.

Quarto, os prestadores de serviços diferem em seus *objetivos* (visam ou não o lucro) e *propriedade* (particulares ou públicos). Estas duas características, quando cruzadas, fornecem quatro tipos diferentes de organizações de serviços. Claramente, os programas de marketing de um hospital privado serão diferentes dos de um hospital de caridade ou de um hospital que pertença a uma organização de veteranos de guerra.[4]

## CARACTERÍSTICAS DOS SERVIÇOS E SUAS IMPLICAÇÕES DE MARKETING

Os serviços possuem quatro características importantes que afetam grandemente o desenho dos programas de marketing: intangibilidade, inseparabilidade, variabilidade e perecibilidade.

### Intangibilidade

Os serviços são intangíveis. Diferentemente dos produtos, não podem ser vistos, provados, sentidos, ouvidos ou cheirados antes de serem comprados. A pessoa que pretende "mudar de cara" não pode ver os resultados antes de comprar uma cirurgia plástica, e o paciente que vai ao consultório do psicanalista não pode prever o resultado da análise.

Para reduzir a incerteza, os compradores procurarão sinais de evidência da qualidade do serviço. Farão inferências sobre essa qualidade com base em localização, funcionários, equipamentos, material de comunicação, símbolos e preço percebidos. Assim, a tarefa do fornecedor de serviços é "administrar a evidência", "tangibilizar o intangível".[5] Enquanto os gerentes de produtos são desafiados a acrescentar idéias abstratas aos bens, as empresas de serviços são desafiadas a acrescentar evidências físicas e imaginárias a suas ofertas abstratas. Consideremos as seguintes imagens de bens tangíveis: "Vocês estão em boas *mãos* com Allstate", "Somos firmes como uma *rocha*" (seguradora Prudential).

Suponhamos que um banco deseja posicionar-se como "ágil em serviços". Ele poderia tornar tangível sua estratégia de posicionamento através de algumas ferramentas:

1. *Localização*. As instalações físicas do banco devem dar conotação de serviço rápido. Suas linhas exteriores e interiores devem ser claras. O *layout* dos balcões dos caixas e o fluxo do tráfego de clientes devem ser cuidadosamente planejados. As filas não devem ser extensas.
2. *Funcion*ários. Os funcionários do banco devem ser ativos e em número suficiente para atender a carga de trabalho.
3. *Equipamentos*. Os equipamentos do banco – computadores, copiadoras, mesas – devem representar o "estado da arte" em suas categorias.
4. *Materiais de comunicação*. Os materiais de comunicação do banco – textos e fotos – devem sugerir eficiência e rapidez.
5. *Símbolos*. O banco deve escolher uma marca e um símbolo sugerindo agilidade de serviço. Pode adotar o deus grego Mercúrio como símbolo pictórico.
6. *Preço*. O banco pode divulgar que depositará $ 5 na conta de qualquer cliente que esperar na fila por mais de cinco minutos.

### Inseparabilidade

Normalmente, os serviços são produzidos e consumidos simultaneamente. Isto não é verdadeiro para bens físicos que são fabricados, estocados, distribuídos através de revendedores múltiplos e, posteriormente, consumidos. Se o serviço for prestado por uma pessoa, ela faz parte do mesmo. Como o cliente está também presente enquanto o serviço é produzido, a interação fornecedor-cliente é uma característica especial do marketing de serviços. Ambos afetam o resultado do serviço.

No caso de serviços de entretenimento e serviços pessoais, os compradores estão altamente interessados em um fornecedor específico. O *show* não será o mesmo se Roberto Carlos estiver indisposto e for substituído por um astro de categoria inferior, ou se uma defesa jurídica for apresentada pelo advogado João Ninguém porque o famoso tributarista escolhido não estava disponível. Quando os clientes têm forte preferência por algum fornecedor, o preço é elevado em função de seu tempo limitado.

Há várias estratégias para superar esta limitação. O fornecedor de serviços pode aprender a trabalhar com grupos maiores de clientes. Os psicoterapeutas estão passando da terapia individual e com pequenos grupos

4. Mais classificações de serviços são descritas em LOVELOCK, Christopher H. *Services marketing*. 3. ed. Upper Saddle River, NJ : Prentice-Hall, 1996. Veja também BATESON, John E. *Managing services marketing*: text and readings. 3. ed. Hinsdale, IL : Dryden Press, 1995.
5. Veja LEVITT, Theodore. Marketing intangible products and product intangibles. *Harvard Business Review*, p. 94-102, May/June 1981; e BERRY. Op. cit.

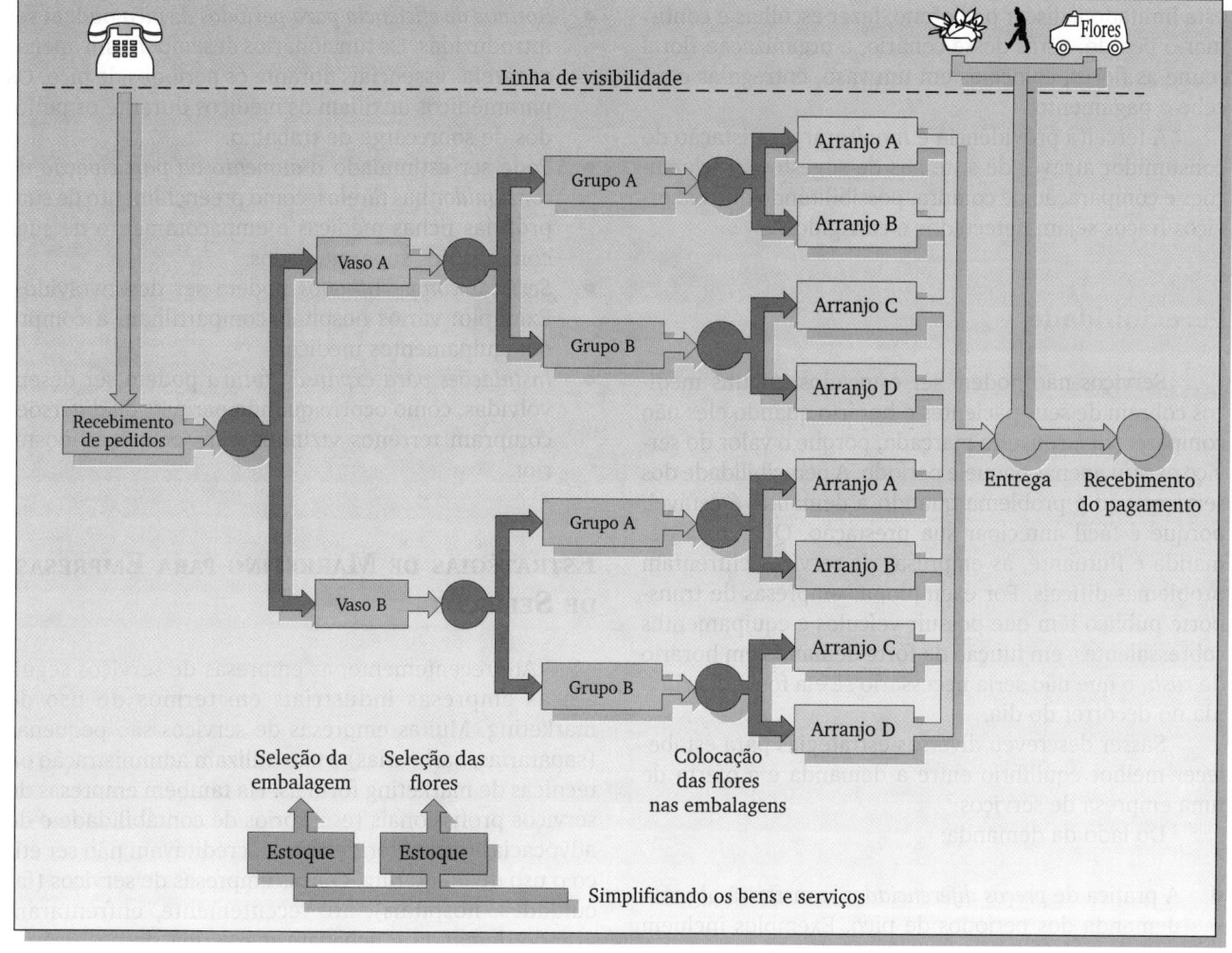

**Fonte:** SHOSTACK, G. Lynn. Service positioning through structural change. *Journal of Marketing,* p. 39, Jan. 1987.

**Figura 16.1** *Mapa do processo de desempenho de um serviço: entrega de flores em todo o país.*

para a terapia com cerca de 300 pessoas reunidas em um salão de hotel. O fornecedor de serviços pode aprender a trabalhar com maior rapidez – o psicoterapeuta pode gastar 30 minutos com cada paciente, em vez de 50 minutos, podendo atender maior número deles. A organização de serviços pode treinar mais prestadores de serviços e desenvolver a confiança dos clientes, como a H&R Block tem feito com sua rede nacional de consultores de impostos bem treinados.

## Variabilidade

Os serviços são altamente variáveis, uma vez que dependem de quem os executa e de onde são prestados. Alguns médicos têm excelente dedicação aos pacientes e são muito bons com crianças; outros são mais rudes e impacientes com crianças. Alguns cirurgiões possuem um registro de sucesso no desempenho de determinados ti-

pos de operações; outros são menos bem-sucedidos nessa área. Os compradores de serviços estão conscientes dessa alta variabilidade e, freqüentemente, conversarão com outras pessoas antes de selecionar um fornecedor.

As empresas de serviços podem tomar três providências em direção ao controle de qualidade. A primeira é investir em seleção e treinamento de pessoal. Linhas aéreas, bancos e hotéis gastam somas substanciais para treinar seus funcionários na prestação de bons serviços. Assim, uma pessoa deve encontrar o mesmo pessoal amável e prestativo em cada um dos hotéis Hyatt.

A segunda providência é padronizar o processo de prestação do serviço por toda a organização. Isto é auxiliado pela preparação de uma *programação de serviço,* que descreve os eventos e processos envolvidos no serviço em um fluxograma com o objetivo de reconhecer os pontos fracos do serviço potencial. A Figura 16.1 mostra uma programação de serviço de uma organização nacional de entrega de flores.[6] O trabalho do consumidor

6. Veja SHOSTACK, G. Lynn. Service positioning through structural change. *Journal of Marketing,* p. 34-43, Jan. 1987.

está limitado a discar o telefone, fazer escolhas e confirmar o pedido. Atrás desse cenário, a organização floral reúne as flores, coloca-as em um vaso, entrega-as e recebe o pagamento.

A terceira providência é monitorar a satisfação do consumidor através de sistemas de sugestões, reclamações e comparação de compra, possibilitando que os serviços fracos sejam detectados e corrigidos.

## Perecibilidade

Serviços não podem ser estocados. Alguns médicos cobram de seus pacientes o horário quando eles não comparecem à consulta marcada, porque o valor do serviço existiu apenas naquele período. A perecibilidade dos serviços não é problema quando a demanda é estável, porque é fácil antecipar sua prestação. Quando a demanda é flutuante, as empresas de serviços enfrentam problemas difíceis. Por exemplo, as empresas de transporte público têm que possuir veículos e equipamentos sobressalentes, em função da forte demanda em horário de *rush*, o que não seria necessário se ela fosse distribuída no decorrer do dia.

Sasser descreveu diversas estratégias para estabelecer melhor equilíbrio entre a demanda e a oferta de uma empresa de serviços.[7]

Do lado da demanda:

- A prática de *preços diferenciados* transferirá alguma demanda dos períodos de pico. Exemplos incluem preços baixos para as sessões de cinema à tarde e descontos nos aluguéis de carro nos fins de semana.
- *Desenvolvimento da demanda nos períodos mais fracos.* O McDonald's inaugurou o serviço de café da manhã Egg McMuffin e os hotéis implantaram pacotes de fins de semana.
- *Serviços complementares* podem ser desenvolvidos durante o horário de pico para fornecer alternativas enquanto os consumidores esperam, como sala de espera com serviço de bar em um restaurante e caixas eletrônicos nas agências bancárias.
- *Sistemas de reserva* são uma forma de administrar o nível de demanda e vêm sendo empregados por linhas aéreas, hotéis e médicos.

Do lado da oferta:

- *Funcionários em tempo parcial* podem ser contratados nos períodos de pico. As faculdades contratam professores em tempo parcial quando as matrículas aumentam, e os restaurantes empregam garçonetes quando necessário.

- *Rotinas de eficiência para períodos de pico* podem ser introduzidas. Os funcionários desempenham apenas as tarefas essenciais durante os períodos de pico. Os paramédicos auxiliam os médicos durante os períodos de sobrecarga de trabalho.
- Pode ser estimulado o *aumento da participação do consumidor* nas tarefas, como preenchimento de suas próprias fichas médicas e empacotamento de suas compras nos supermercados.
- *Serviços compartilhados* podem ser desenvolvidos. Exemplo: vários hospitais compartilham a compra de equipamentos médicos.
- *Instalações para expansão futura* podem ser desenvolvidas, como ocorre quando parques de diversões compram terrenos vizinhos para ocupação posterior.

## ESTRATÉGIAS DE MARKETING PARA EMPRESAS DE SERVIÇOS

Até recentemente, as empresas de serviços seguiam as empresas industriais em termos do uso de marketing. Muitas empresas de serviços são pequenas (sapatarias, barbearias) e não utilizam administração ou técnicas de marketing formais. Há também empresas de serviços profissionais (escritórios de contabilidade e de advocacia) que, anteriormente, acreditavam não ser ético o uso de marketing. Outras empresas de serviços (faculdades, hospitais), até recentemente, enfrentaram grande demanda e achavam marketing desnecessário. Mas as coisas estão mudando. Consideremos o caso do serviço norte-americano de correios:

### SERVIÇO NORTE-AMERICANO DE CORREIOS
Em 1992, Marvin Runyon foi contratado como agente postal para supervisionar o serviço norte-americano de correios. Uma de suas prioridades era aumentar o volume de serviço e o faturamento, ao tornar a organização mais orientada para marketing – uma nova meta para um serviço público que nunca precisou ser vendido aos consumidores norte-americanos. Entretanto, com o aumento da participação de mercado dos serviços de entrega noturna particulares (como Federal Express e Airborne Express) e com o uso de produtos de nova tecnologia (aparelhos de *fax* e correio eletrônico), o correio norte-americano não teve escolha. Em 1994, um executivo de marketing foi contratado para fazer parte de sua alta administração, dando prioridade à entrega residencial de pacotes e à propaganda de mala direta. Como parte de sua campanha de marketing, o correio está esforçando-se para melhorar o serviço de "entrega

7. Veja SASSER, W. Earl. Match supply and demand in service industries. *Harvard Business Review,* p. 133-140, Nov./Dec. 1976.
8. FISHER, Christy. Postal service looks to stamp out woes. *Advertising Age,* p. 12, 12 Sept. 1994.
9. Veja BOOMS, B. H., BITNER, M. J. Marketing strategies and organizational structures for service firms. In: DONNELLY, J., GEORGE, W. R. (Org.). *Marketing of services.* Chicago : American Marketing Association, 1981. p. 47-51.

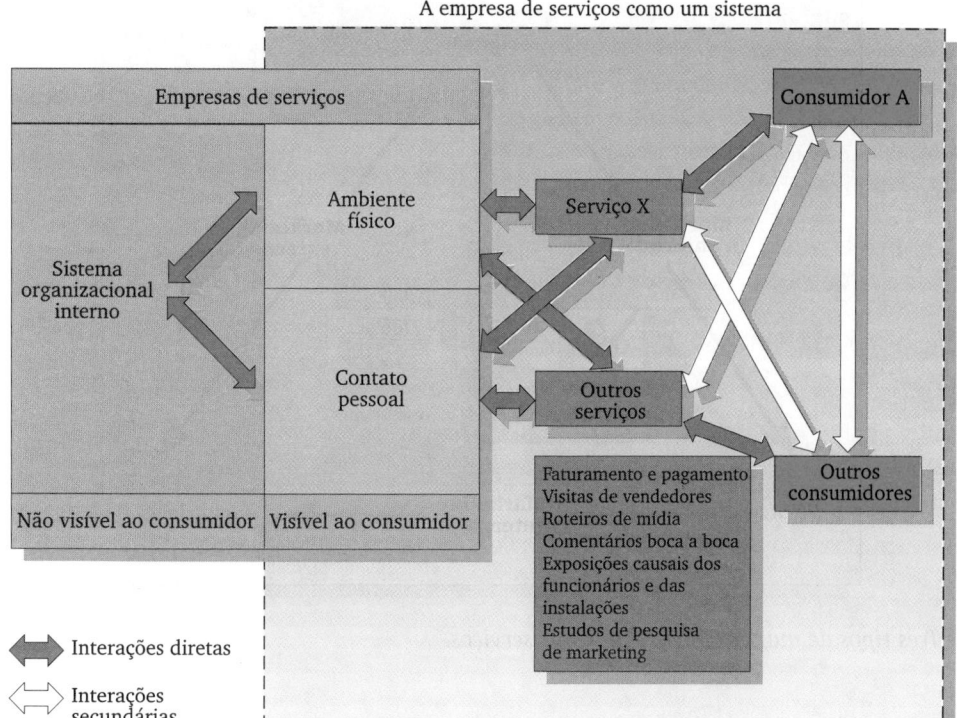

A empresa de serviços como um sistema

Empresas de serviços

Sistema organizacional interno

Ambiente físico

Contato pessoal

Não visível ao consumidor

Visível ao consumidor

Serviço X

Outros serviços

Consumidor A

Outros consumidores

Faturamento e pagamento
Visitas de vendedores
Roteiros de mídia
Comentários boca a boca
Exposições causais dos funcionários e das instalações
Estudos de pesquisa de marketing

Interações diretas

Interações secundárias

**Fonte:** Ligeiramente modificado de EIGLIER, P, LANGEARD, E. A conceptual approach of the service offering. In: LARSEN, H. Hartvig, HEEDE, S. (Orgs.). *Proceedings of the EAARM X Annual Conference.* Copenhagen : Copenhagen School of Economics and Business Administration, 1981.

**Figura 16.2** *Elementos de interação de um serviço.*

prioritária" em dois dias. "Entrega noturna é exagero", diz o *slogan* da campanha de entrega em dois dias do correio, que anunciava cobrar $ 3,00 por quilo de encomenda, bem inferior às taxas cobradas pelos serviços particulares noturnos.[8]

Freqüentemente, as abordagens de marketing tradicionais dos 4Ps funcionam bem para bens, mas outros elementos exigem atenção nas empresas de serviços. Booms e Bitner sugeriram a adição de 3 novos Ps ao marketing de serviços: pessoas, presença evidente e processo.[9] Em razão de a maioria dos serviços ser fornecida por *pessoas,* a seleção, o treinamento e a motivação dos funcionários podem fazer grande diferença na satisfação do consumidor. Idealmente, os funcionários devem mostrar competência, atenção, responsividade, iniciativa, habilidade para solução de problemas e boa vontade. Empresas de serviços como Federal Express e Marriott confiam o suficiente em seus funcionários para dar poder aos que atuam na linha de frente a gastar $ 100 para resolver o problema de um consumidor. As empresas também procuram mostrar a qualidade de seus serviços através da *presença evidente* (evidência física) e apresentação. Assim, um hotel desenvolverá um estilo pró-

prio e observável de lidar com os consumidores que recebem e divulgam sua proposição de valor, seja ela limpeza, rapidez ou algum outro benefício. Finalmente, as empresas de serviços podem escolher entre vários *processos* para prestar seus serviços. Assim, os restaurantes apresentam formatos diferentes como estilo de cafeteria, alimentação rápida (*fast food*), bufê e ambiente à luz de vela.

As interações de serviços são afetadas por mais elementos do que as interações de produtos (Figura 16.2). Consideremos a situação de um cliente visitando um banco para obter um empréstimo (serviço X). Ele vê outros clientes esperando por este e outros serviços. Vê também um prédio, seu interior, equipamentos e móveis. Além disso, faz contato pessoal com um funcionário que cuida de empréstimos. Tudo isto é visível para o cliente. Não são visíveis o processo de produção e o sistema organizacional que estão "por trás" do serviço visível. Assim, o resultado do serviço é influenciado por um conjunto de elementos variáveis.[10]

Em vista desta complexidade, Gronroos argumentou que o marketing de serviços exige não apenas marketing externo, mas também marketing interno e

---

10. Keaveny identificou mais de 800 comportamentos críticos de empresas de serviços que levam os consumidores a trocar de fornecedor. Esses comportamentos classificam-se em oito categorias, envolvendo preço, inconveniência e falha no serviço-núcleo, a falha em encontrar o serviço, má resposta de funcionários, serviço mal executado e problemas éticos. Veja KEAVENEY, Susan M. Customer switching behavior in service industries: an exploratory study. *Journal of Marketing,* p. 71-82, Apr. 1995.

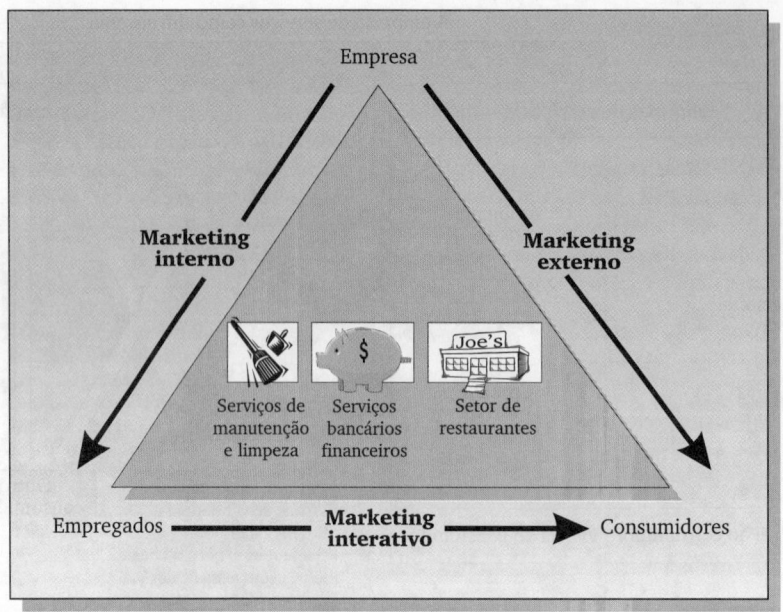

Empresa

**Marketing interno**

**Marketing externo**

Serviços de manutenção e limpeza

Serviços bancários financeiros

Setor de restaurantes

Empregados — **Marketing interativo** → Consumidores

**Figura 16.3** *Três tipos de marketing em setores de serviços.*

interativo (Figura 16.3).[11] *Marketing externo* descreve o trabalho normal realizado pela empresa para preparar, fixar preço, distribuir e promover o serviço aos consumidores. *Marketing interno* descreve o trabalho feito pela empresa para treinar e motivar seus funcionários no bom atendimento dos consumidores. Berry argumentou que a contribuição mais importante que o departamento de marketing pode realizar é ser "excepcionalmente ágil em fazer com que toda a organização pratique marketing".[12] Por exemplo, o Hospital Comunitário Radford (Illinois) destinou um fundo de $ 10.000 para pagar os pacientes que apresentarem alguma reclamação justificada, envolvendo desde alimentação fria a longas esperas na sala de emergência. O "gancho" é que qualquer dinheiro economizado desse fundo, no final do ano, é dividido entre os funcionários do hospital. Este plano acrescentou tremendo incentivo para os funcionários tratarem bem os pacientes. Se houver 100 funcionários e nenhum paciente receber indenização do fundo, cada um deles receberá $ 100 no final do ano. No seis primeiros meses, o hospital pagou apenas $ 300 aos pacientes.

*Marketing interativo* descreve a habilidade dos funcionários em atender o cliente. Este julga a qualidade do serviço não apenas por sua *qualidade técnica* (por exemplo: A cirurgia foi bem-sucedida?), mas também por sua *qualidade funcional* (por exemplo: O cirurgião mostrou interesse e inspirou confiança?).[13] Os fornecedores de serviços devem oferecer tanto *high touch* quanto *high*

*tech*.[14] Consideremos o caso de duas empresas que têm sido bem-sucedidas em entregar uma combinação de *high touch* e *high tech*:

**CHARLES SCHWAB** Charles Schwab, primeira corretora norte-americana a dar descontos, usa uma combinação inovadora de serviços *high tech* e *high touch*. Duas opções *high tech* da Schwab que eliminam a dependência dos clientes a corretores e que economizam tempo e dinheiro são o telecorretagem (sistema automático de compra e venda de ações por telefone) e o StreetSmart (*software* que permite as transações dos clientes através de microcomputador). Ao mesmo tempo, os clientes que preferem contatar pessoalmente os corretores podem dirigir-se a qualquer filial da Schwab para receberem atenção personalizada (*high touch*). Quatro centros regionais de atendimento também orientam os clientes por telefone.[15]

**CONNECTICUT MUTUAL** Quando um cliente telefona para esta seguradora, o atendente acessa seu perfil completo por computador em segundos. A empresa está preparada para pagar apólices de morte em quatro dias (*versus* os 20 dias normais das demais seguradoras) e a responder a qualquer dúvida do segurado dentro de quatro horas (*versus* os cinco dias normais do setor). É igualmente surpreendente que a empresa realize essas

11. GRONROOS, Christian. A service quality model and its marketing implications. *European Journal Of Marketing*, 28, n. 4., p. 36-44, 1984. O modelo de Gronroos é uma das contribuições mais significativas para a estratégia de marketing de serviços.
12. BERRY, Leonard. Big ideas in services marketing. *Journal of Consumer Marketing*, p. 47-51, Spring 1986.
13. GRONROOS. Op. cit. p. 38-39.
14. Veja KOTLER, Philip, BLOOM, Paul N. *Marketing de serviços profissionais*. São Paulo : Atlas, 1989.
15. GIMME shelter: dissatisfied investors find a safe haven at Schwab. *Marketing Forum*, suplemento de *Management Review*, p. 1-2, Mar. 1995; e THE SCHWAB revolution. *Business Week*, p. 8 ss, 19 Dec. 1994.

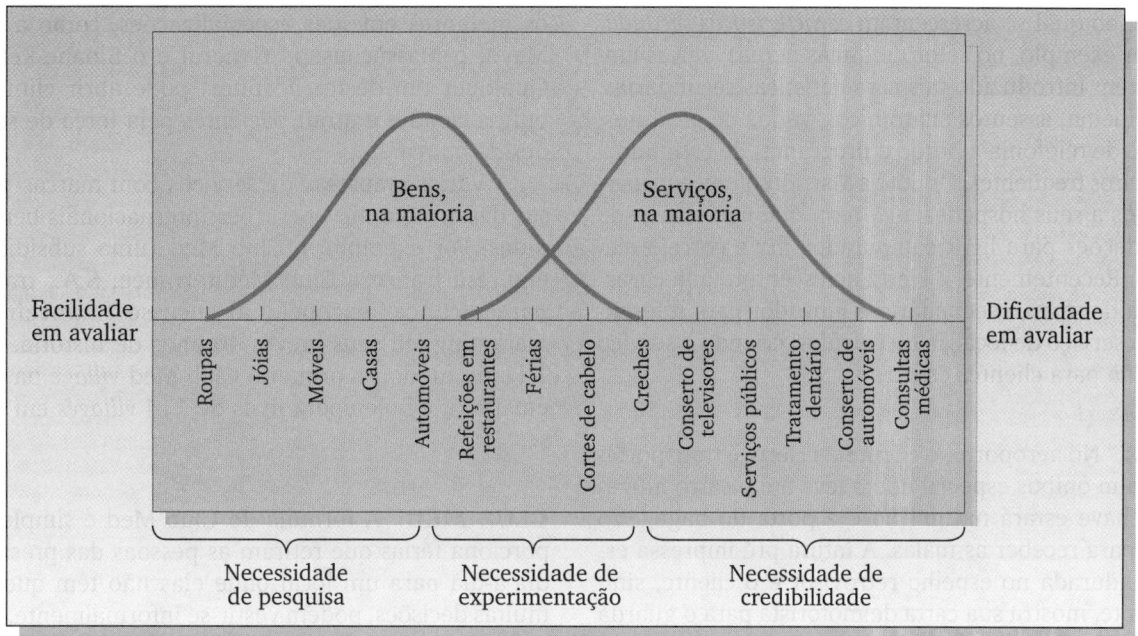

**Fonte:** ZEITHAML, Valarie. How consumer evaluation processes differ between goods and services. In: DONNELLY, James H., GEORGE, Wiliam R. (Orgs.). *Marketing of services.* Chicago : American Marketing Association, 1981.

**Figura 16.4**   *Continuum de avaliação para diferentes tipos de produtos/serviços.*

tarefas com 20% menos funcionários e produtividade 35% superior.

Há alguns serviços cuja qualidade técnica os consumidores não podem julgar, mesmo após os terem recebido. A Figura 16.4 reúne vários produtos e serviços, de acordo com sua dificuldade de avaliação.[16] À esquerda, estão os bens com alto conceito em *qualidade de procura* (as características que o comprador pode avaliar antes da compra). No centro, estão os bens e serviços com alto conceito em *qualidades de experiência* (características que o comprador pode avaliar após a compra). À direita, estão os bens e serviços com alto conceito em *qualidades credenciais* (características que o comprador, normalmente, encontra dificuldades de avaliar mesmo após o consumo).[17]

Uma vez que os serviços exigem, geralmente, qualidades de experiência e credenciais altas, os consumidores enfrentam maior risco em suas compras. Isto leva a várias conseqüências. Primeiro, os consumidores de serviços, geralmente, confiam mais na divulgação boca a boca do que na propaganda da empresa. Segundo, eles confiam fortemente em preço, funcionários e evidências físicas para julgar a qualidade do serviço. Terceiro, são altamente leais ao fornecedor do serviço quando ficam satisfeitos.

As empresas de serviços enfrentam três desafios: aumentar sua *diferenciação competitiva, qualidade de serviço* e *produtividade*. Embora interajam em alguma extensão, examinaremos cada um deles separadamente.

## Administração da diferenciação

Freqüentemente, as empresas de serviços queixam-se da dificuldade de diferenciar seus serviços dos concorrentes. A abertura de mercado para diversos setores de serviços – comunicações, transportes, energia, bancos – precipitou intensa concorrência em preço. O sucesso dos preços baixos cobrados pela Southwest Airlines mostrou que muitos passageiros estão mais preocupados com o preço do que com o serviço. O grande sucesso da corretora Charles Schwab ao conceder descontos em seus serviços mostrou que muitos clientes eram pouco leais às empresas do ramo quando o assunto era economizar dinheiro. À medida que os consumidores vêem a prestação de um serviço como relativamente homogênea, estão mais preocupados com o preço do que com o fornecedor.

A alternativa à concorrência de preço é desenvolver uma oferta, entrega e/ou imagem diferenciadas.

**OFERTA.**   A oferta pode incluir características inovadoras para distingui-la das ofertas concorrentes. O que os consumidores esperam é o chamado *pacote primário de*

---

16.  Veja ZEITHAML, Valarie A. How consumer evaluation processes differ between goods and services. In: DONNELLY, GEORGE. Op. cit. p. 186-190.

17.  OSTROM, Amy, IACOBUCCI, Dawn. Consumer trade-offs and the evaluation of services. *Journal of Marketing,* p. 17-28, Jan. 1995.

*serviços,* ao qual se acrescentam *características secundárias.* Por exemplo, no setor de linhas aéreas, várias empresas têm introduzido tais características secundárias, como cinema, assentos anatômicos, venda de produtos, serviços de telefonia a bordo e programas de estímulo a passageiros freqüentes. Os hotéis Marriott oferecem apartamentos a seus hóspedes *high tech,* que necessitam de acomodações para ligar computador, *fax* e correio eletrônico. Recentemente, a Hertz acrescentou uma característica de serviço secundário e inovador para diferenciar seu serviço de locação de veículos, criando o serviço *Gold Club* para clientes especiais:

**HERTZ** No aeroporto, o cliente da Hertz é transportado por um ônibus especial que o leva até o carro alugado. A chave estará na ignição e a porta do bagageiro aberta para receber as malas. A fatura pré-impressa estará pendurada no espelho retrovisor e o cliente, simplesmente, mostra sua carta de motorista para o guarda posicionado na saída do estacionamento.

O grande desafio na diferenciação do serviço é que a maioria das inovações é facilmente copiada. Poucas delas demoram para ser copiadas. Ainda, a empresa de serviços que faz pesquisa com regularidade e introduz inovações obterá uma sucessão de vantagens temporárias sobre seus concorrentes. Ao mesmo tempo, ganhando reputação como inovadora, pode reter clientes que desejam escolher a melhor. Assim, o Citicorp desfruta a reputação de líder inovador na área bancária ao criar ou implantar inovações como caixas eletrônicos, agências interligadas em todo o país, contas especiais integradas a cartões de crédito e taxas de juros flutuantes.

**PRESTAÇÃO DO SERVIÇO.** Uma empresa pode diferenciar sua prestação de serviços contratando funcionários mais hábeis do que os concorrentes para tratar com os consumidores (Home Depot, Nordstrom). Pode desenvolver um ambiente físico mais atraente onde o serviço é prestado (Borders Book & Music Stores, salas de cinema Cineplex Odeon). Finalmente, pode programar um processo superior de prestação de serviço (o Citicorp foi o primeiro banco a introduzir caixas eletrônicos em escala nacional).

**IMAGEM.** A empresa de serviços pode também trabalhar na diferenciação de sua imagem, freqüentemente, através de símbolos e marcas. O Harris Bank, de Chicago, adotou o leão como seu símbolo, passando a usá-lo nos impressos comerciais, na propaganda e até oferece um leãozinho de pelúcia para os novos correntistas. Como resultado, o leão do Harris é bem conhecido e confere uma imagem de força ao banco. Vários hospitais desfrutam a reputação de "megamarcas" por serem os melhores em suas especializações, como a Clínica Mayo, o Massachusetts General e o Sloane-Kettering. Qualquer um destes hospitais pode abrir clínicas em outras cidades e atrair pacientes pela força de seu "poder de marca".

Várias empresas de serviços com marcas poderosas desenvolveram operações internacionais bem-sucedidas. Por exemplo, o Club Med (uma subsidiária da empresa francesa Club Méditerranée, S.A., trabalhou para alcançar excepcional sucesso financeiro e de marketing em seus breves 40 anos de história. Gilbert Trigano fundou o primeiro Club Med *village* na Grécia, em 1955, e hoje opera mais de 114 *villages* em 36 países:

**CLUB MED** A fórmula do Club Med é simples: proporciona férias que retiram as pessoas das pressões do dia-a-dia para um local onde elas não têm que tomar muitas decisões, podem vestir-se informalmente, encontrar-se com outras pessoas, brincar e jantar com elas e desfrutar um lindo verão. Por algumas semanas memoráveis, os hóspedes fogem do mundo competitivo e entram em uma existência mais simples e mais cooperativa.

Os hóspedes pagam antecipadamente pela estadia e recebem correspondentemente contas de colar com as quais pagam pequenas despesas no *village,* em vez de usarem o dinheiro. Eles são chamados de GMs (*gentils membres)* e são assistidos pelos funcionários chamados GOs (*gentils organisateurs).* Os Gos, em torno de 100 em um *village,* trabalham longas horas e atuam como instrutores, entretenedores e amigos dos hóspedes. Os *villages* estão localizados em pontos pitorescos e são totalmente equipados com quadras de tênis, discotecas e excelente serviço de cozinha.

O Club Med obtém um atraente lucro decorrente dos pagamentos dos hóspedes e dos ganhos em juros, uma vez que as diárias são pagas com semanas de antecedência. É hábil na compra de transporte aéreo por atacado em função do grande volume e na venda dos bilhetes aéreos a preço de varejo. Além disso, obtém financiamentos especiais para a construção de novos *villages* em países interessados no desenvolvimento do turismo.

Até recentemente, o Club Med adotava uma abordagem-padrão no desenho e operações de seus *villages.* Hoje, está introduzindo mais adaptações no esforço de atrair e satisfazer mais mercados-alvos. Criou alguns *villages* para atrair consumidores mais maduros, casados e com filhos. Criou cursos de informática em alguns deles para atrair hóspedes orientados para negócios. Aumentou o número de GOs não franceses como meio de internacionalizar suas operações. Novos *villages* estão sendo localizados mais convenientemente aos hóspedes procedentes do nordeste dos Estados Unidos. Em outras palavras, o Club Med está mudando sua prática de marketing global padronizado para marketing global adaptado.[18]

## Administração da qualidade do serviço

Uma das principais maneiras de uma empresa de serviços diferenciar-se de concorrentes é prestar serviços de alta qualidade. A chave é atender ou exceder as expectativas de qualidade dos consumidores-alvos. Suas expectativas são formadas por experiências passadas, divulgação boca a boca e propaganda da empresa de serviços. Os consumidores escolhem prestadores de serviços nesta base e, após serem atendidos, comparam o *serviço recebido* com o *serviço esperado*. Se o serviço percebido ficar abaixo da expectativa, os consumidores perdem o interesse pelo fornecedor. Se o serviço atender ou exceder às expectativas, os consumidores procurarão o fornecedor novamente. Para fazer um *checklist* das perguntas que as empresas deverão responder quando tentarem exceder às expectativas dos consumidores, veja a seção Memorando de Marketing intitulada "Excedendo às expectativas dos consumidores: *checklist* para marketing de serviços".

Parasuraman, Zeithaml e Berry formularam um modelo de qualidade de serviço que identifica as principais exigências para a prestação de um serviço de alta qualidade.[19] O modelo, mostrado na Figura 16.5, identifica cinco lacunas que causam problemas na prestação de um serviço:

1. *Lacuna entre as expectativas do consumidor e a percepção da empresa.* Nem sempre a administração percebe corretamente o que os consumidores desejam. Os administradores hospitalares podem pensar que os pacientes desejam melhor alimentação, mas eles podem estar mais preocupados com o atendimento das enfermeiras.

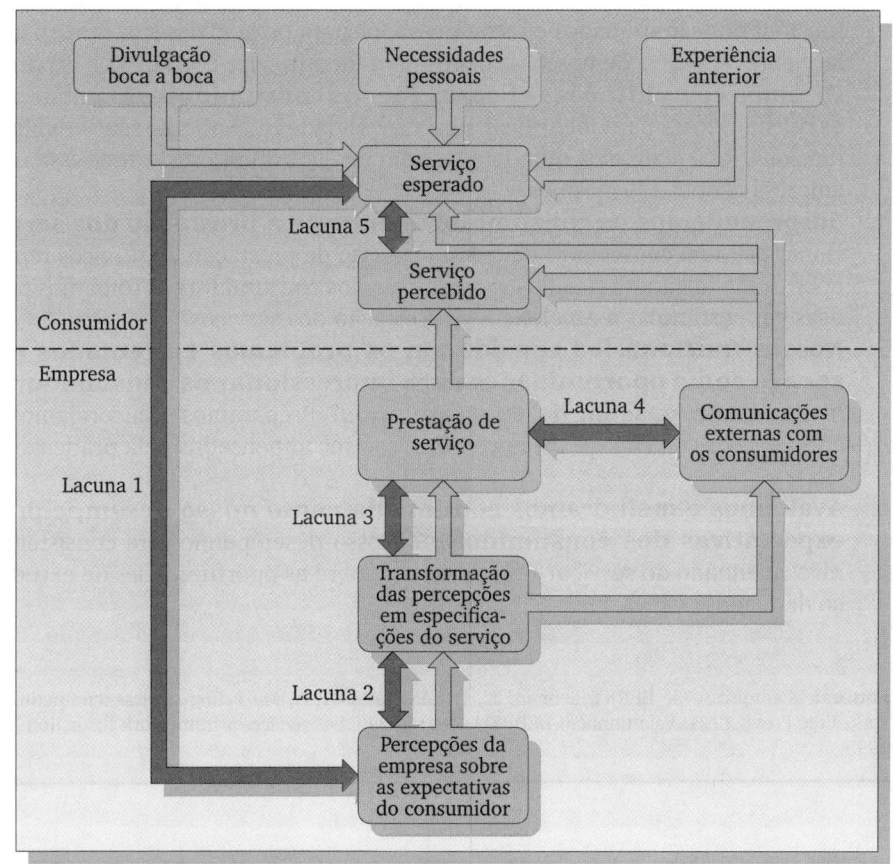

**Fonte:** PARASURAMAN, A., ZEITHAML, Valarie A., BERRY, Leonard L. A conceptual model of service quality and its implications for future research. *Journal of Marketing,* p. 44, Fall 1985.

**Figura 16.5** *Modelo de qualidade de serviço.*

18. Veja A NEW course for Club Med. *Asian Business,* p. 96-98, Jan. 1991. Para uma visão do trabalho do Club Med na busca da qualidade total, veja SUN, sea, sand and service. *International Journal of Health Care Quality Assurance,* 7, n. 4, p. 18-19, 1994.
19. PARASURAMAN, A., ZEITHAML, Valarie A., BERRY, Leonard L. A conceptual model of service quality and its implications for future research. *Journal of Marketing,* p. 41-50, Fall 1985. Veja também DEVLIN, Susan J., DONG, H. K. Service quality from the customers' perspective. *Marketing Research*: a magazine of management and applications, p. 4-13, Winter 1994.

# Excedendo às expectativas dos consumidores: *checklist* para marketing de serviços

As expectativas dos consumidores são verdadeiros padrões de julgamento da qualidade dos serviços. Entender a natureza e os determinantes dessas expectativas é essencial para a empresa assegurar-se de que o desempenho de seu serviço atende ou excede as mesmas.

A administração eficaz das expectativas estabelece o estágio para superá-las, que, por sua vez, contribui para desenvolver a confiança do consumidor. Berry e Parasuraman propõem que os gerentes de marketing façam as seguintes perguntas em relação a suas empresas se estiverem interessados em administrar e exceder às expectativas:

1. **Estamos esforçando-nos para apresentar um quadro realista de nosso serviço aos consumidores?** Checamos sempre a exatidão de nossas mensagens promocionais antes de exibi-las aos consumidores? Há comunicação regular entre os funcionários que atendem os consumidores e aqueles que fazem promessas aos mesmos? Avaliamos o impacto das decisões, como de preço, sobre as expectativas dos consumidores?

2. **Desempenhar corretamente um serviço pela primeira vez é a principal prioridade de nossa empresa?** Nossos funcionários estão conscientes de que a prestação de um serviço confiável é uma forma eficaz de atender às expectativas dos consumidores? Nossos funcionários são treinados e recompensados para prestar serviços sem erros? Avaliamos regularmente o projeto de nossos serviços para identificar e corrigir falhas potenciais?

3. **Fazemos comunicações eficazes com os consumidores?** Contatamos periodicamente os consumidores para identificar suas necessidades e conhecer suas atividades? Treinamos os funcionários e exigimos que demonstrem aos consumidores o interesse e o valor que nossa empresa atribui aos mesmos?

4. **Surpreendemos os consumidores durante a prestação dos serviços?** Nossos funcionários estão conscientes de que o processo de prestação de serviços representa a principal oportunidade para exceder às expectativas dos consumidores? Tomamos providências específicas para estimular a excelência na prestação dos serviços?

5. **Nossos funcionários consideram os problemas enfrentados na prestação do serviço como oportunidades para impressionar os consumidores ou esses problemas não passam de contratempos?** Preparamos e encorajamos os funcionários a adotar ações corretivas excelentes? Eles são recompensados pela prática dessas ações corretivas?

6. **Avaliamos e melhoramos continuadamente nosso desempenho em relação às expectativas dos consumidores?** Nosso desempenho está consistentemente acima do nível adequado do serviço? Capitalizamos sobre as oportunidades de exceder o nível de serviço desejado?

**Fontes:** Reimpresso de BERRY, Leonard L., PARASURAMAN, A. *Marketing services*: competing through quality. New York: Free Press, 1991. Veja também BERRY, Leonard. *On great service*: a framework for action. New York : Free Press, 1995.

2. *Lacuna entre a percepção da empresa e as especificações da qualidade do serviço.* A administração pode perceber corretamente os desejos dos consumidores, mas não adota um padrão de desempenho específico. Os administradores hospitalares podem dizer que as enfermeiras são ágeis no atendimento de pacientes, embora não especifiquem isto quantitativamente.

3. *Lacuna entre as especificações da qualidade do serviço e sua execução.* Os funcionários podem estar mal treinados ou sobrecarregados e impossibilitados ou indispostos para atender a um padrão mínimo de qualidade. Podem estar enfrentando padrões conflitantes, como dedicar tempo a ouvir os consumidores e, ao mesmo tempo, atendê-los com rapidez.

4. *Lacuna entre a execução do serviço e as comunicações externas.* As expectativas dos consumidores são afetadas por declarações de representantes da empresa e anúncios. Se o folheto de divulgação de um hospital mostra um lindo quarto, mas o paciente chega e o considera insignificante e com aparência de sujo, então a comunicação externa distorceu as expectativas do consumidor.

5. *Lacuna entre o serviço percebido e o esperado.* Esta lacuna ocorre quando o consumidor avalia o desempenho da empresa de maneira diferente e subestima a qualidade do serviço. O médico pode visitar o paciente para demonstrar cuidado, mas o paciente pode interpretar isto como indicação de que algo realmente está errado.

Os mesmos pesquisadores constataram que há cinco determinantes da qualidade de um serviço. Estes são apresentados na ordem de importância atribuída pelos consumidores (uma alocação de 100 pontos):[20]

1. *Confiabilidade.* Habilidade de desempenhar o serviço prometido com segurança e precisão. (32 pontos)
2. *Responsividade.* Disposição em ajudar os consumidores e em fornecer serviço rápido. (22)
3. *Segurança.* O conhecimento e cortesia dos funcionários e sua habilidade em inspirar confiança e responsabilidade. (19)
4. *Empatia.* O cuidado e a atenção individualizada aos consumidores. (16)
5. *Tangibilidade.* A aparência das instalações físicas, equipamentos, funcionários e materiais de comunicação. (11)

Vários estudos mostram que as empresas que administram serviços com excelência compartilham as seguintes práticas comuns: conceito estratégico, histórico do comprometimento da alta administração com a qualidade, padrões elevados de qualidade, sistemas para monitoramento de desempenho dos serviços, sistemas para atendimento das reclamações dos consumidores, ênfase na satisfação tanto dos funcionários como dos consumidores.

### Conceito Estratégico.

As empresas que realizam serviços de alto nível são "obcecadas pelos consumidores". Possuem senso claro de seus consumidores-alvos e das necessidades que estão tentando satisfazer. Desenvolveram uma estratégia exclusiva para satisfazer a essas necessidades, conquistando a lealdade dos consumidores.

### Histórico do Comprometimento da Alta Administração com a Qualidade.

Empresas como Marriott, Disney, Delta e McDonald's assumiram compromissos profundos com a qualidade. Sua administração não olha apenas para o desempenho financeiro mensal, mas também para o desempenho dos serviços. Ray Kroc, do McDonald's, insistia na mensuração contínua de cada loja em relação a um padrão de atendimento: qualidade, serviço, limpeza e valor. Os franqueados que não cumpriam estas exigências eram eliminados.

### Padrões Elevados de Qualidade.

Os melhores prestadores de serviços estabelecem padrões de qualidade elevados. Por exemplo, a Swissair tem como meta que 96% ou mais de seus passageiros avaliem seus serviços como bons ou superiores. O Citibank estabelece como meta responder às ligações telefônicas em 10 segundos e as cartas dos consumidores dentro de dois dias. Os padrões devem ser *propositadamente* altos. Um padrão de 98% de exatidão pode parecer bom, mas, no caso da Federal Express, resultaria em deixar de entregar 64.000 pacotes por dia, 10 palavras deixariam de ser entendidas em cada página, 400.000 prescrições seriam mal preenchidas diariamente e beber água seria uma atividade insegura oito dias por ano. As empresas podem ser classificadas entre aquelas que oferecem serviços "meramente bons" e aquelas que oferecem serviços ótimos, pretendendo atingir 100% de qualidade, sem nenhum defeito.[21]

### Sistemas para Monitoração do Desempenho dos Serviços.

As empresas de serviços de alta categoria fazem auditorias de desempenho regulares, tanto de seus serviços como de seus concorrentes. Usam muitos instrumentos para mensurar o desempenho: compra comparativa, comprador-fantasma (veja o Capítulo 2), pesquisa junto a consumidores, formulários de sugestões e reclamações, equipes de auditoria de serviços e cartas para o presidente. A General Electric envia 700.000 cartões-respostas por ano para as donas de casa avaliarem o desempenho de seu pessoal de serviços. O Citibank avalia continuamente o desempenho de seus funcionários em relação a padrões de exatidão, responsividade e pontualidade. Emprega "compradores-fantasmas" para testar se seus funcionários estão prestando bons serviços. O First Chicago Bank adota um programa de mensuração de desempenho que consiste em assinalar em um gráfico o desempenho semanal de vários assuntos relacionados ao atendimento de consumidores. A Figura 16.6 mostra um gráfico típico usado pelo banco para rastrear sua rapidez em responder às solicitações dos consumidores feitas por telefone. Sempre que seu desempenho fica abaixo de um nível mínimo aceitável, são tomadas providências corretivas. No decorrer do tempo, o nível de sua meta de desempenho é revisto e aumentado.

20. BERRY, Leonard L., PARASURAMAN, A. *Marketing services*: competing through quality. New York : Free Press, 1991. p. 16.
21. Veja HESKETT, James L., SASSER, JR., W. Earl, HART, Christopher W. L. *Service breakthroughs*. New York : Free Press, 1990.

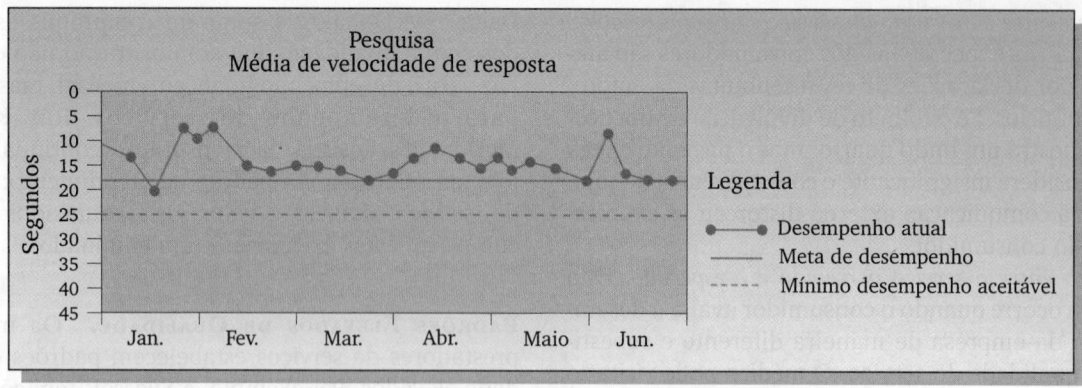

**Figura 16.6** *Rastreamento do desempenho de um serviço.*

Ao programar mecanismos de *feedback*, como pesquisa junto a consumidores, as empresas podem precisar reavaliar crenças e hipóteses sedimentadas. Se não o fizer, os resultados da pesquisa podem ser distorcidos, como ocorreu com a United Parcel Service (UPS):

**UNITED PARCEL SERVICE**  A UPS sempre assumiu que a entrega direta, sem intermediários, era a grande preocupação de seus consumidores. Chegou até a basear sua definição de qualidade em resultados de estudos de tempos e movimentos. Para entregar os pacotes com maior rapidez, a UPS preocupava-se com detalhes, como o tempo que os elevadores de determinados edifícios de uma cidade demoravam para abrir as portas e o tempo que as pessoas demoravam para atender às campainhas. Suas pesquisas junto aos consumidores envolviam perguntas sobre sua satisfação com o tempo de entrega e se achavam que a UPS poderia ser mais rápida. Todavia, descobriu-se que o questionário de entrevista não possuía as perguntas adequadas. Quando a empresa começou a fazer perguntas mais amplas sobre como poderia melhorar seus serviços, descobriu que os consumidores estavam mais interessados em contato face a face com os motoristas. Se eles fossem menos apressados e estivessem mais dispostos a bater papo, os consumidores teriam tempo para dar sugestões sobre como melhorar o serviço.[22]

Os serviços podem ser devidamente classificados conforme sua *importância para o consumidor* e o *desempenho da empresa*. A *análise importância-desempenho* pode ser usada para avaliar os vários elementos do serviço e identificar que ações são exigidas. Por exemplo, a Tabela 16.1 mostra como os consumidores avaliaram 14

elementos de serviço (atributos) do departamento de assistência técnica de um revendedor de automóveis, em termos de importância e desempenho. A importância foi avaliada em uma escala de quatro pontos (extremamente importante, importante, pouco importante e sem importância). O desempenho do revendedor foi avaliado em outra escala de quatro pontos (excelente, bom, razoável e fraco). Por exemplo, o atributo n. 1, "Trabalho bem feito na primeira vez", recebeu avaliação de importância de 3,83 e de desempenho de 2,63, indicando que os consumidores o consideram de alta importância, mas não está sendo bem desempenhado.

As avaliações dos 14 atributos são mostradas na Figura 16.7 e estão divididas em quatro seções. O Quadrante A mostra os atributos importantes do serviço que não estão sendo bem desempenhados nos níveis desejados; são os atributos 1, 2 e 9. O revendedor deve concentrar-se na melhoria do desempenho destes atributos. O Quadrante B mostra os atributos importantes em que o departamento de assistência técnica está tendo bom desempenho; sua tarefa será mantê-los. O Quadrante C mostra os atributos menos importantes do serviço que estão sendo prestados de forma medíocre, mas que não necessitam de atenção especial por serem de menor importância. O Quadrante D mostra que um atributo menos importante do serviço, "Informações sobre manutenção", está sendo executado de maneira excelente, um caso de possível exagero. Talvez, a empresa deva gastar menos neste atributo e realocar os recursos para melhorar o desempenho de atributos importantes que estejam fracos. A análise pode ser, posteriormente, enriquecida, checando-se os níveis de desempenho dos concorrentes em cada atributo. A pior situação é encontrar um concorrente com desempenho muito melhor que o da empresa em um atributo muito importante.[23]

---

22. GREISING, David. Quality: how to make it pay. *Business Week,* p. 54-59, Aug. 1994.
23. MARTILLA, John A., JAMES, John C. Importance-performance analysis. *Journal of Marketing,* p. 77-79, Jan. 1977.

**Tabela 16.1** *Avaliação do desempenho e da importância dos serviços prestados por uma revendedora de automóveis.*

| NÚMERO DO ATRIBUTO | DESCRIÇÃO DO ATRIBUTO | AVALIAÇÃO DA IMPORTÂNCIA* | AVALIAÇÃO DO DESEMPENHO† |
|---|---|---|---|
| 1 | Trabalho bem feito na primeira vez | 3,83 | 2,63 |
| 2 | Resposta rápida às reclamações | 3,63 | 2,73 |
| 3 | Atendimento rápido na garantia | 3,60 | 3,15 |
| 4 | Apto a qualquer trabalho necessário | 3,56 | 3,00 |
| 5 | Serviço disponível quando necessário | 3,41 | 3,05 |
| 6 | Serviço cortês e amável | 3,41 | 3,29 |
| 7 | Carro pronto quando prometido | 3,41 | 3,03 |
| 8 | Execução apenas do trabalho necessário | 3,38 | 3,11 |
| 9 | Preços dos serviços baixos | 3,29 | 2,00 |
| 10 | Lavagem após o serviço | 3,27 | 3,02 |
| 11 | Transporte para a residência | 2,52 | 2,25 |
| 12 | Transporte para o trabalho | 2,43 | 2,49 |
| 13 | Ônibus e carros de cortesia | 2,37 | 2,35 |
| 14 | Informações sobre manutenção | 2,05 | 3,33 |

\* Avaliações obtidas de uma escala de quatro pontos: extremamente importante (4), importante (3), pouco importante (2), sem importância (1).

† Avaliações obtidas de uma escala de quatro pontos: excelente (4), bom (3), razoável (2), fraco (1). Foi também dada a opção "Sem base para julgamento".

**SISTEMA PARA ATENDIMENTO DAS RECLAMAÇÕES DOS CONSUMIDORES.** Estudos sobre a insatisfação de consumidores mostram que eles ficam insatisfeitos com suas compras cerca de 25% das vezes, mas apenas 5% deles reclamam. Os outros 95% acham que não vale a pena reclamar ou não sabem como ou a quem reclamar.

Dos 5% dos consumidores que reclamam, apenas 50% relatam que houve uma solução satisfatória do problema. Todavia, a necessidade de resolver o problema de um consumidor de maneira satisfatória é crítica. Considerando que, em média, um consumidor satisfeito fala a três pessoas sobre a aquisição de um bom produto, um consumidor insatisfeito fala a 11 pessoas. Se cada um desses fala a outras pessoas, o número dos expostos à divulgação desfavorável boca a boca pode crescer exponencialmente.

Entretanto, os consumidores cujas reclamações foram satisfatoriamente solucionadas, normalmente, ficam mais leais à empresa do que aqueles que nunca reclamaram. Cerca de 34% dos consumidores que registram grandes reclamações comprarão novamente da empresa se forem atendidos, chegando a 52% para os casos de pequenas reclamações. Se uma reclamação for atendida rapidamente, entre 52% (grandes reclamações) e 95% (pequenas reclamações) dos consumidores comprarão novamente da empresa.[24]

Por todas essas razões, as empresas precisam desenvolver um *programa de recuperação de serviços*. Primeiro, as empresas devem facilitar o processo de apresentação de reclamações pelos consumidores insatisfeitos. Não devem proceder como o hotel espanhol que avisa aos hóspedes que aceita reclamações apenas das 9:00 às 11:00 da manhã. Ao contrário, devem fornecer formulários apropriados e um número 0800 para ligações gratuitas. A Pizza Hut imprime um número de telefone 0800 em todas as caixas de pizzas. Quando recebe uma reclamação, a Pizza Hut envia um *voice mail* (mensagem gravada) ao gerente da loja que deve ligar para o consumidor dentro de 48 horas e resolver a reclamação.

Segundo, os funcionários da empresa que recebem as reclamações devem ser treinados e autorizados a resolver os problemas dos consumidores de maneira rápida e satisfatória. Terceiro, a empresa deve ir além do atendimento das reclamações e descobrir e corrigir as causas originais dos problemas freqüentes. Ao estudar o padrão de reclamações, a empresa pode corrigir as falhas do sistema que dão origem as mesmas. Timothy Firnstahl, que dirige uma cadeia de restaurantes em Seattle chamada Satisfaction Guaranteed Eaterines, Inc., põe por escrito o seguinte: "Quando os clientes precisam esperar entre 10 a 20 minutos além do horário reservado, oferecemos drinques gratuitos. Se esperarem mais de 20 minutos, não cobramos pela refeição. Se a comida demorar mais de cinco minutos após o cliente estar em sua mesa, oferecemos sopa de frutos do mar com legumes grátis".[25]

24. Veja GOODMAN, John. Technical Assistance Research Program (TARP). *U.S. Office of Consumer Affairs Study on Complaint Handling in America,* 1986; ALBRECHT, ZEMKE, Op. cit.; BERRY, PARASURAMAN. Op. cit.; RUST, Roland T., SUBRAMANIAN, Bala, WELLS, Mark. Making complaints a management tool. *Marketing Management,* 1, n. 3, p. 41-45, 1992.
25. FIRNSTAHL, Timothy W. My employees are my service guarantee. *Harvard Business Review,* p. 29-34, July/Aug. 2989.

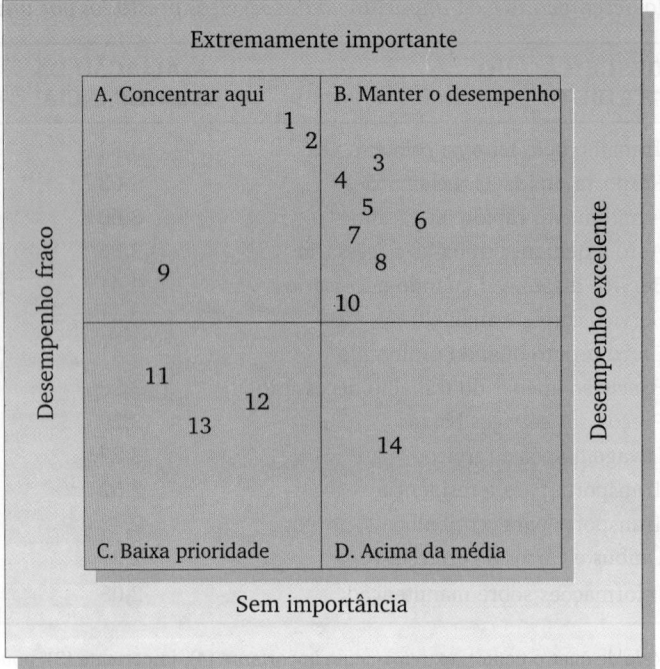

**Figura 16.7** *Análise da importância-desempenho.*

**Satisfação Tanto de Funcionários como de Consumidores.** As empresas de serviços excelentemente administradas acreditam que as relações com os funcionários refletirão sobre as relações com os consumidores. A administração adota marketing interno e cria um ambiente favorável ao apoio dos funcionários, recompensando-os pelo bom desempenho. Regularmente, a empresa audita a satisfação dos funcionários em relação a suas tarefas. Karl Albrecht observou que funcionários insatisfeitos podem tornar-se "terroristas". Rosenbluth e Peters, no livro *The customer comes second,* vão além ao afirmar que os funcionários da empresa, não os consumidores, precisam sentir-se o número um se ela espera satisfazer verdadeiramente seus clientes.[26]

Parte importante da satisfação dos funcionários é ajudá-los na solução de problemas particulares. À medida que as pessoas atribuem maior valor a suas vidas familiares, as empresas inteligentes estão procurando flexibilizar os horários para acomodar situações particulares. O Union Trust Bank, de Connecticut, está preparado para contratar – e manter – mais mães de filhos pequenos, ao aceitar que as mesmas não trabalhem no horário em que as crianças não estão na escola.[27]

## Administração da produtividade

As empresas de serviços estão sob grande pressão para aumentar a produtividade. Há sete abordagens para melhorar a produtividade dos serviços.

A primeira é ter funcionários que trabalhem com maior habilidade. A empresa pode contratar e estimular funcionários mais bem preparados através de procedimentos adequados de seleção e treinamento.

A segunda é aumentar a quantidade de serviços, sacrificando alguma qualidade. Os médicos que trabalham para convênios de saúde passaram a atender maior número de pacientes, dedicando menor tempo a cada um deles.

A terceira é "industrializar o serviço", acrescentando equipamentos e padronizando a produção. Levitt recomenda que as empresas adotem uma "atitude de manufatura" para produzir serviços, como representado pela abordagem de linha de montagem do McDonald's no varejo de alimentação rápida, culminando com o "hambúrguer tecnológico".[28] A rede de hotéis Hyatt está testando máquinas de auto-serviço para facilitar o *check-in* e o *checkout* (entrada e saída) dos hóspedes. A Southwest

26. Veja ROSENBLUTH, Hal F., PETERS, Diane McFerrin. *The customer comes second.* New York: William Morrow, 1992.
27. MAGNET, Myron. The productivity payoff arives. *Fortune,* p. 79-84, 27 June 1994.
28. LEVITT, Theodore. Production-line approach to service. *Harvard Business Review,* p. 41-52, Sept./Oct. 1972; veja também, do mesmo autor, Industrialization of service. *Harvard Business Review,* p. 63-74, Sept./Oct. 1976.

Airlines usa caixas automáticos para a venda de passagens e emissão de cartões de embarque. O Shouldice Hospital, próximo a Toronto, Canadá, opera apenas pacientes com hérnias e reduziu o pós-operatório dos sete dias típicos para a metade, pela industrialização dos serviços. Embora seus médicos recebam menos do que em seus consultórios particulares e suas enfermeiras atendam mais pacientes do que em um hospital normal, a satisfação dos mesmos é inacreditavelmente alta.[29]

A quarta é reduzir ou tornar obsoleta a necessidade de um serviço pela invenção de um produto. Assim, a televisão substituiu o entretenimento fora de casa, a camisa com tecido sintético reduziu a necessidade de lavanderias e certos antibióticos reduziram a necessidade de sanatórios para tuberculosos.

A quinta é desenvolver um serviço mais eficaz. As clínicas de tratamento para deixar de fumar e a prática de caminhadas reduziram a necessidade de serviços médicos onerosos no futuro. A contratação e o treinamento de funcionários especializados reduziram a necessidade da assistência de profissionais liberais.

A sexta é apresentar aos consumidores alguns incentivos para que façam algum trabalho normalmente de responsabilidade da empresa. Por exemplo, as empresas que estão dispostas a entregar sua correspondência no correio já separada por zona postal pagam menos pela selagem. Um restaurante que oferece um bufê de saladas de auto-serviço está substituindo o trabalho do garçom.

A sétima é aproveitar o poder da tecnologia. Embora, freqüentemente, achemos que o papel da tecnologia seja reduzir tempo e custo das empresas manufatureiras, ela também oferece grande potencial para aumentar a produtividade dos prestadores de serviços. Consideremos estes exemplos:[30]

### CENTRO MÉDICO SAN DIEGO

Os médicos pneumologistas do Centro Médico da University of California at San Diego carregam pequenos computadores nos bolsos de seus aventais. No passado, era necessário aguardar as enfermeiras para acessar a ficha médica dos pacientes. Hoje, os médicos acessam as informações plugando seus computadores a um computador central. Como resultado, podem passar mais tempo com os pacientes.

### DIMENSIONS STORAGE

Usando um sistema computadorizado denominado Apriori, os operadores da Dimensions Storage podem, prontamente, responder às perguntas de seus clientes. Quando um deles telefona apresentando algum problema, o operador tecla algumas palavras-chave. Se a pergunta já tiver sido, anteriormente, feita e respondida, a resposta aparece na tela do microcomputador. Desde a instalação do Apriori, a SD reduziu o tempo de solução de problemas de uma média de duas horas para 20 minutos. Como bônus adicional, a empresa também usa as informações levantadas durante as conversações para gerar indicações de vendas (leads) e idéias de desenvolvimento de produto.

As empresas devem evitar a produtividade a qualquer custo, em sacrifício da qualidade. Alguns métodos para aumentar a produtividade, através da padronização da qualidade, podem contribuir para melhorar a satisfação do consumidor. Outros métodos podem levar à padronização excessiva e afastar o consumidor interessado em serviço customizado; o *high touch* é substituído por *high tech*. O Burger King desafiou o McDonald's com a campanha "Faça seu próprio hambúrguer", em que os consumidores podiam preparar seus sanduíches, muito embora isto tenha reduzido um pouco a produtividade de suas lojas. Além disso, muitas editoras universitárias estão oferecendo livros-textos customizados, organizando alguns capítulos e eliminando outros, ajustando, assim, o texto às necessidades de professores e alunos.

## ADMINISTRAÇÃO DE SERVIÇOS DE APOIO AO PRODUTO

Até aqui, focalizamos nossa atenção no setor de serviços. Não menos importantes são os setores industriais de produtos, que devem fornecer um "pacote" de serviços a seus consumidores. Fabricantes de equipamentos – pequenos eletrodomésticos, máquinas de escritório, tratores, *mainframes*, aviões – têm que fornecer aos compradores *serviços de apoio ao produto*. De fato, esses serviços estão tornando-se o principal fator para a obtenção de vantagem competitiva. Algumas empresas fabricantes de equipamentos, como Caterpillar Tractor e John Deere, obtêm mais de 50% de seus lucros dos serviços de apoio ao produto. No mercado global, as empresas que fabricam um bom produto, mas fornecem serviços de apoio ruins por parte de revendedores estão em séria desvantagem. Quando o automóvel Subaru entrou no mercado australiano, o fabricante evitou esse problema ao contratar os serviços dos revendedores Volkswagen do país, que também forneciam as peças de reposição.

As empresas que fornecem serviços de alta qualidade, certamente, superarão seus concorrentes menos orientados para serviços. A Tabela 16.2 fornece a evidência. O Strategic Planning Institute selecionou o terço superior e o terço inferior de 3.000 unidades de negócios, conforme as avaliações de "qualidade relativa de serviço percebido" pelos consumidores. A tabela mostra

29. Veja DAVIDOW, William H., UTTAL, Bro. *Total customer service*: the ultimate weapon. New York : Harper & Row, 1989.
30. LANDAU, Nilly. Are you being served? *International Business*, p. 38-40, Mar. 1995.

**Tabela 16.2**   *Contribuição da qualidade do serviço para o desempenho relativo.*

| | QUALIDADE DO TERÇO SUPERIOR | QUALIDADE DO TERÇO INFERIOR | PONTOS DE DIFERENÇA (%) |
|---|---|---|---|
| Preço em relação à concorrência | 7% | –2% | + 9% |
| Mudança anual de participação de mercado | 6% | –2% | +8% |
| Crescimento anual de vendas | 17% | 1% | +9% |
| Retorno sobre vendas | 12% | 1% | +11% |

**Fonte:** THOMPSON, Phillip, DESOURZA, Glenn, GALE, Bradley T. The strategic management of service and quality. *Quality Progress,* p. 24, June 1985. Reimpresso com a permissão da Amercian Society for Quality Control.

que os negócios com grau elevado de serviço conseguem preços maiores, crescem mais rápido e obtêm mais lucro em função da força da qualidade superior do serviço prestado.

A empresa deve definir cuidadosamente as necessidades dos consumidores ao desenvolver o produto e seu sistema de apoio. Os consumidores estão mais preocupados e com a interrupção do serviço que esperam receber com a aquisição do produto. Eles demonstram três preocupações:[31]

- Primeiro, estão preocupados com a *freqüência de avaria,* isto é, qual a freqüência de quebra do produto em dado período. Um agricultor pode aceitar uma máquina que quebre uma vez por ano, mas não duas ou três vezes.
- Segundo, estão preocupados com a *demora do conserto.* Quanto maior o tempo de espera, maior o custo do usuário, principalmente se uma equipe de operários ficar parada. Por exemplo, um gerente de obra pode tolerar algumas horas de espera para conserto de uma escavadeira, mas sua impaciência cresce à medida que as horas passam. O cliente leva em consideração a *confiabilidade no serviço* do vendedor, isto é, sua habilidade em ajustar rapidamente uma máquina ou, pelo menos, fornecer outra emprestada para que não haja interrupção do trabalho.[32]
- Terceiro, estão preocupados com os *custos envolvidos nos serviços de conserto e manutenção.* Quanto o cliente terá que gastar em uma manutenção regular, em consertos etc.?

Um comprador inteligente leva todos estes fatores em consideração quando da escolha de um fornecedor. Ele deseja estimar o *custo do ciclo de vida* da oferta, que é o custo da compra acrescido do custo de manutenção e conserto descontado, menos o valor residual descontado. Os compradores têm o direito de solicitar dados completos ao optar entre vários vendedores.

A importância da confiabilidade, dependência de serviços e manutenção variará conforme os produtos e os usuários. Um escritório que possui apenas um computador necessitará de maior confiabilidade no produto e de serviços de conserto mais rápidos do que outro escritório em que há outros computadores disponíveis se algum deles quebrar. Uma linha aérea precisa de 100% de confiabilidade em sua aeronave no ar. Quando a confiabilidade for importante, os fabricantes ou fornecedores de serviços podem oferecer a garantia como instrumento para promover vendas. Para mais detalhes sobre este tópico, veja a seção *Insight* de Marketing intitulada "Oferecendo garantia para promover vendas".

Para fornecer o melhor apoio, o fabricante deve identificar os serviços que os consumidores valorizam mais e sua importância relativa. No caso de equipamentos caros, como equipamentos médicos de imagem, os fabricantes oferecem *serviços de instalação,* como instalação do equipamento, treinamento de operadores, serviços de manutenção e conserto e financiamento. Podem também acrescentar *serviços que agregam valor.* A Herman Miller, grande fabricante de móveis de escritório, promete aos compradores o seguinte: (1) cinco anos de garantia, (2) auditoria de qualidade após a instalação do projeto, (3) garantia a partir da data da entrega e (4) condições especiais de troca de equipamentos usados na aquisição de novos produtos.

As empresas precisam planejar o *design* de seus produtos em conjunto com suas decisões de composto de serviços. Os gerentes de *design* e de qualidade devem participar da equipe de desenvolvimento de novos produtos. O *design* de bons produtos reduzirá o número de serviços subseqüentes necessários. A copiadora de mesa Canon usa um dispositivo de *toner* destacável que reduz a necessidade de visita da assistência técnica. A Kodak e a 3M estão desenhando equipamentos que permitem ao usuário conectar diretamente a central de diagnóstico que faz testes, localiza o problema e ajusta o equipamento através da linha telefônica.

---

31. Veja LELE, Milind M., KARMARKAR, Uday S. Good product support is smart marketing. *Harvard Business Review,* p. 124-132, Nov./Dec. 1983.
32. Para uma pesquisa recente sobre os efeitos dos atrasos nas avaliações dos serviços, veja TAYLOR, Shirley. Waiting for service: the relationship between delays and evaluations of service. *Journal of Marketing,* p. 56-69, Apr. 1994.

## Estratégia de serviço pós-venda

As empresas devem decidir como pretendem oferecer serviços pós-venda aos consumidores (por exemplo, manutenção, conserto, treinamento). A maioria delas possui departamento de serviços. A qualidade desses departamentos varia grandemente. Em um extremo estão aqueles que, simplesmente, transferem as ligações para a pessoa apropriada, com pouco *follow-up* sobre se o consumidor ficou satisfeito com o atendimento. Em outro extremo estão aqueles departamentos de serviços preparados para receber solicitações, sugestões e reclamações, que são prontamente atendidas. Por exemplo:[33]

- A P&G imprime um número de telefone 0800 em todos os produtos e recebe, aproximadamente, um milhão de ligações por ano. São pedidos de informações sobre o uso de produtos, sugestões sobre como melhorá-los ou reclamações sobre defeitos. Essas ligações são bem recebidas pela empresa porque representam fontes para melhoria constante de suas operações.
- A GE gasta 10 milhões por ano para operar seu Centro de Atendimento GE 24 horas por dia, 365 dias por ano. Recebe anualmente 3 milhões de ligações. Os operadores de seu sistema de atendimento têm acesso instantâneo a 750.000 respostas sobre 8.500 modelos de 120 linhas de produtos. A empresa descobriu que se atende a uma reclamação de maneira satisfatória, cerca de 80% dos reclamantes voltarão a comprar seus produtos.
- A Merck dispõe de um serviço de respostas de dúvidas de medicina para médicos, o Medical Question Answering Service. Um médico pode pedir informações à empresa sobre certas doenças e suas bibliotecárias enviam por *fax* ou correio os artigos mais importantes sobre o assunto. Embora este serviço seja caro, constrói forte imagem da empresa junto à comunidade médica.

**ESTÁGIOS DA ESTRATÉGIA DE SERVIÇOS PÓS-VENDA.** A maioria das empresas adota uma série de estágios progressivos à medida que o serviço obtém mais sucesso no mercado. Geralmente, no início, os próprios fabricantes dirigem seus departamentos de peças e serviços. Desejam ficar mais próximos dos equipamentos e conhecer seus problemas. Também constatam que o treinamento de pessoas fora da empresa custa caro e leva mais tempo, além de ganharem mais dinheiro dirigindo a própria operação. Quando são os únicos fornecedores das peças necessárias, podem cobrar mais caro pelas mesmas. De fato, muitos fabricantes de equipamentos fixam seus preços baixos, compensando com a cobrança de peças e serviços mais caros. (Isto explica por que surgem concorrentes fabricando peças iguais ou similares para vender a consumidores ou intermediários por preço inferior. Os fabricantes os alertam sobre o perigo de usar peças não-autorizadas, mas nem sempre são convincentes. Na Austrália, o órgão oficial de vigilância de preços tem questionado os fabricantes sobre os altos preços cobrados pelas peças de carros.)

No decorrer do tempo, os fabricantes transferem a maioria dos serviços de manutenção e consertos a distribuidores e revendedores autorizados. Esses intermediários estão mais próximos dos consumidores, operam em muitos locais e podem oferecer serviços mais rápidos, se não melhores. Os fabricantes ainda obtêm lucro vendendo peças originais, mas deixam o lucro dos serviços com os intermediários.

Depois, surgem empresas de serviços independentes. Cerca de 40% dos serviços em automóveis são prestados, fora dos revendedores autorizados, por oficinas e redes independentes como Midas Muffler, Sears e J. C. Penney. As organizações independentes de serviços surgiram para lidar com computadores de grande porte (*mainframes*), equipamentos de telecomunicações e uma variedade de outras linhas de equipamentos. Tipicamente, oferecem um preço menor e/ou serviço mais rápido do que o do fabricante ou revendedor autorizado.

Ultimamente, alguns grandes clientes assumem a responsabilidade pela manutenção e serviços de conserto de seus próprios equipamentos. Assim, uma empresa com centenas de microcomputadores, impressoras e equipamentos relacionados pode constatar que é mais barato ter seu próprio pessoal de manutenção. Essas empresas negociam com fabricantes um preço especial porque ficarão responsáveis pelos serviços.

Lele notou as seguintes tendências na área de apoio ao produto:[34]

1. Os fabricantes estão construindo equipamentos mais confiáveis e de instalação mais fácil. Isto se deve em parte à passagem de equipamentos eletromecânicos para eletrônicos, que quebram menos e são consertados com facilidade. As empresas estão também utilizando peças e módulos descartáveis que facilitam o auto-serviço.
2. Os consumidores estão tornando-se mais sofisticados quanto aos serviços de apoio aos produtos e estão pressionando para que eles não façam parte do preço cobrado. Exigem preços separados para cada serviço e o direito de pagar apenas pelos serviços que desejarem.
3. Cada vez mais os clientes não desejam lidar com muitos fornecedores na manutenção de seus diferentes tipos de equipamentos. Algumas organizações

---

33. Veja SCOVOTTI, Ross M. Customer service... a tool for growing increased profits. *Teleprofessional*, p. 22-27, Sept. 1991.
34. LELE, Milind M. How service needs influence product strategy. *Sloan Management Review*, p. 63-70, Fall 1986.

## INSIGHT DE MARKETING — Oferecendo garantia para promover vendas

Todos os vendedores são, legalmente, responsáveis pelo atendimento das expectativas normais ou razoáveis dos compradores. A *garantia* é uma declaração formal do desempenho esperado do produto assegurado pelo fabricante. Os produtos com garantia podem ser devolvidos aos fabricantes ou aos postos credenciados para conserto, substituição ou devolução do dinheiro pago. A garantia, seja expressa ou implícita, é protegida por lei.

Muitos vendedores vão além e oferecem garantia de devolução do dinheiro se o produto não atender às expectativas do consumidor. A garantia funciona melhor quando suas cláusulas estão bem redigidas e não dão margem a dúvidas. O consumidor deve concluir que é fácil agir e que as providências da empresa serão rápidas. Caso contrário, ele ficará insatisfeito e isto pode levá-lo a desconsiderar novas compras, fazer má divulgação boca a boca e a uma potencial ação jurídica. Consideremos o que ocorreu à Domino's Pizza, quando obteve crescimento fenomenal ao garantir entrega em 30 minutos para todos os pedidos feitos por telefone. No início, a garantia explicitava que o consumidor não pagaria se a pizza fosse entregue com atraso (depois, passou a conceder o desconto de $ 3 por pedido). Entretanto, a empresa foi forçada a cancelar a garantia quando o tribunal de St. Louis deu ganho de causa a uma mulher que foi agredida por um motorista da Domino's, em 1989.

Hoje, muitas empresas prometem "satisfação geral ou completa", sem serem mais específicas. Assim, a Procter & Gamble anuncia: "Se você não ficar satisfeito por qualquer razão, devolva o produto para ser substituído, trocado por outro ou para receber a devolução do dinheiro." Algumas empresas vão além de uma garantia geral de satisfação, chegando a uma promessa especial ou extraordinária para diferenciá-las dos concorrentes. Aqui estão exemplos do uso criativo da garantia:

- A L. L. Bean, empresa que vende por mala direta, promete a seus consumidores "100% de satisfação permanente". Por exemplo, se um consumidor compra um par de botas e dois meses após constata que ele não se ajusta totalmente aos pés, a empresa receberá a devolução, devolverá o dinheiro pago ou trocará por outra marca.
- A A. T. Cross garante suas canetas e lapiseiras para sempre. Assim, o consumidor pode mandar os produtos pelo correio se apresentarem qualquer defeito de funcionamento (os envelopes apropriados são fornecidos pelas lojas que revendem seus produtos). Os produtos são consertados ou substituídos sem nenhum custo para o consumidor.
- A Federal Express conquistou seu lugar nas mentes e corações das pessoas ao prometer que entrega no dia seguinte, "sem falta, às 10:30 da manhã".
- A Oakley Millwork, fornecedora de produtos para o setor de construção de Chicago, dá as seguintes garantias: Se qualquer item de seu catálogo não esti-

---

independentes prestam serviços a uma variedade maior de equipamentos.[35]

4. Os *contratos de serviços* (ou *extensões da garantia*) são uma "espécie em extinção". Devido ao aumento do número de produtos descartáveis e/ou que nunca falham, os consumidores estão menos inclinados a pagar de 2 a 10% do preço de compra por um contrato anual de serviços.

5. As opções de serviços estão aumentando rapidamente e baixando os preços e lucros das empresas prestadoras. Os fabricantes de equipamentos têm que imaginar como obter lucro na venda de seus produtos, independentemente dos contratos de serviços.

---

35. Entretanto, veja DAY, Ellen, FOX, Richard J. Extended warranties, service contracts, and maintenance agreement – a marketing opportunity? *Journal of Consumer Marketing,* p. 77-86, Fall 1985.

ver disponível para entrega imediata, o consumidor o receberá, posteriormente, sem qualquer pagamento. Esta garantia ajudou a aumentar as vendas da empresa em 33%, entre 1988 e 1991 – fase em que as vendas dos principais fornecedores da área caíram 41%.

- A BBBK, empresa exterminadora de insetos, oferece as seguintes garantias: (1) isenção de qualquer pagamento até que todos os insetos sejam erradicados; (2) se a erradicação não ocorrer no prazo da garantia, o consumidor recebe o dinheiro de volta e não paga uma próxima dedetização; (3) se os hóspedes de um hotel cliente encontrarem algum inseto em seus quartos, a BBBK pagará as diárias e enviará uma carta pedindo desculpas; e (4) se o cliente for obrigado a fechar suas instalações, a BBBK pagará todas as despesas, lucros cessantes e oferecerá $ 5.000 de prêmio. Com este nível de garantia, a empresa pode cobrar até dez vezes mais do que seus concorrentes, desfrutar uma alta participação de mercado e gastar apenas 0,4% de seu faturamento para cobrir as garantias oferecidas.
- No lava-rápido ScrubaDub, em Natick, Massachusetts, os clientes que pagam a lavagem básica podem obter uma nova lavagem se não ficarem satisfeitos. Os membros do ScrubaDub Club (que gastam $ 5,95 para receber certas regalias) recebem uma lavagem grátis, se chover ou nevar nas próximas 24 horas após saírem de sua sede.

A garantia é mais eficaz em duas situações específicas. A primeira é no caso de a empresa e/ou produto não serem bem conhecidos. Por exemplo, uma empresa pode desenvolver e vender um líquido que afirma remover manchas profundas do carpete. A garantia de devolução do dinheiro se o produto não atender às expectativas daria aos compradores alguma confiança para adquirirem o produto. A segunda situação ocorre quando a qualidade do produto for superior à do concorrente. Aqui, a empresa pode ser bem-sucedida ao garantir desempenho superior porque sabe que o concorrente não pode oferecer a mesma garantia.

Algumas empresas estão oferecendo garantia "interna", em que uma divisão ou segmento da empresa garante seu produto ou serviço a outra divisão. Por exemplo, a GTE treina, anualmente, em Norwalk, Connecticut, cerca de 18.000 funcionários. Se os seminários não atenderem às expectativas dos participantes, a divisão de treinamento devolverá o pagamento ou encontrará outra maneira de satisfazê-los. Embora o treinamento seja pago pela própria empresa, cada participante "paga" com o dinheiro de seus departamentos. A restituição do dinheiro onera e reflete no orçamento da divisão de treinamento. Empresas como a GTE estão constatando que a garantia interna é uma forma de atingir suas metas de administração de qualidade total.

Para leitura adicional, veja  MORE firms pledge guaranteed service. *The Wall Street Journal,* 17 July 1991, B:I, B:6; e ETTORE, Barbara. Phenomenal promises mean business. *Management Review,* p. 18-23, Mar. 1994. Para uma lista de indicadores que orientam se a empresa deve ou não oferecer garantia incondicional, veja HART, Christopher W. L. *Extraordinary guarantees.* New York : Amacom, 1993.

## RESUMO

1. *Serviço* é qualquer ação ou desempenho que uma parte possa oferecer a outra e que seja, essencialmente, intangível e não resulte na posse de algo. Sua prestação pode ou não estar vinculada a um produto físico. Como os Estados Unidos se encaminham cada vez mais para uma economia de serviços, as empresas estão cada vez mais interessadas nos desafios especiais envolvidos em marketing de serviços.

2. Os serviços são intangíveis, inseparáveis, variáveis e perecíveis. Cada característica apresenta desafios e exige certas estratégias. As empresas devem encontrar maneiras de dar tangibilidade aos intangíveis; aumentar a produtividade das pessoas envolvidas na prestação dos serviços; aumentar e padronizar a qualidade do serviço prestado; e ajustar o fornecimento dos serviços durante os períodos de pico e de baixa conforme a demanda de mercado.

3. O setor de serviços está atrasado em relação às empresas manufatureiras na adoção e uso dos conceitos e ferramentas de marketing, mas isso está mudando. A estratégia de marketing de serviços exige não apenas marketing externo, mas também marketing interno para motivar os funcionários, e marketing interativo, para enfatizar a importância de *high tech* e *high touch*.

4. A organização de serviços enfrenta três tarefas em marketing: (1) deve diferenciar sua oferta, entrega e/ou imagem; (2) deve administrar a qualidade do serviço para atender ou exceder as expectativas dos consumidores. As empresas mais orientadas para o consumidor têm um conceito, um histórico de compromisso da alta administração pela qualidade dos serviços, padrões elevados, sistemas para monitoramento do desempenho dos serviços, sistemas para atender às reclamações dos consumidores e um

ambiente interno que focaliza tanto a satisfação dos funcionários quanto a dos consumidores; (3) deve administrar a produtividade de seus funcionários para torná-los mais bem habilitados, trabalharem mais sem prejuízo da qualidade, industrializar o serviço, inventar novas soluções de produto, desenvolver serviços mais eficazes, incentivar para que os consumidores substituam peças ou usar a tecnologia para economizar tempo e dinheiro.

5. Mesmo as empresas fabricantes de produtos devem manter e administrar um "pacote" de serviços a seus consumidores. Para fornecer um melhor apoio, o fabricante deve identificar os serviços que os consumidores valorizam mais e sua importância relativa. O composto de serviços inclui serviços pré-venda (serviços de facilitação e serviços que agregam valor) e serviços pós-venda (departamentos de serviços aos consumidores, serviços de conserto e manutenção).

## APLICAÇÕES CONCEITUAIS

1. Empresas de serviços como hotéis, hospitais, faculdades, bancos, restaurantes e parques temáticos vêm reconhecendo a importância do quinto P (pessoa).* Os funcionários das empresas de serviços estão em constante contato com os consumidores e estes julgam a empresa baseados em suas impressões sobre as pessoas com as quais lidam. Descreva cinco etapas que você deve seguir para ensinar os funcionários da Empresa Fantasia, parque temático similar à Disneylândia, a desenvolver "atitudes positivas em relação aos consumidores".

2. Quando um serviço é concluído, o consumidor não recebe um produto tangível, mas fica com sentimentos de júbilo, encantamento, satisfação, frustração, desapontamento, irritação etc. Assim, os prestadores de serviços devem identificar, claramente, os sentimentos que desejam do consumidor após a prestação do serviço. Reflita sobre três empresas que tenham, recentemente, prestado serviços a você, e considere os que o agradaram e os que o deixaram insatisfeito. Usando essas reflexões como ponto de partida, descreva alguns procedimentos para um pequeno centro médico aumentar o grau de encantamento de seus clientes (pacientes).

3. Em uma era em que muitos consumidores consideram os vôos aéreos como outro tipo de *commodity*, a linha aérea que oferece menor preço, freqüentemente, vence. Entretanto, se ela não conseguir cobrir seus custos, fica no prejuízo. Enquanto o passageiro fica entusiasmado ao pagar dois vôos pelo preço de um e pela milhagem como passageiro freqüente, muitas linhas aéreas ficam no prejuízo. Entretanto, a Southwest Airlines, empresa de tarifas baixas, vem mostrando bons lucros desde 1987, como indicam os dados seguintes:

| Faturamento (1992) | $ 1,5 bilhão (22,1% acima de 1991) |
|---|---|
| Lucro líquido | $ 74,1 milhões (256% acima de 1991) |
| Retorno sobre o patrimônio líquido | 9,3% |
| Retorno total para os investidores | 26,5% |
| Relação tarifas/lucros | 25,8 |
| Dividendos distribuídos | 0,2% |

**Fonte:** TEITELBAUM, Richard S. Where service flies right. *Fortune*, p. 115-116, 24 Aug. 1992.

A Southwest Airlines é rentável, enquanto outras linhas aéreas operam no vermelho por duas razões: (1) sabedoria, ao gastar dinheiro, e redução de custos, sempre que possível; e (2) busca contínua em atender e exceder às necessidades e expectativas dos passageiros. Por exemplo, os passageiros freqüentes, junto com os gerentes de recursos humanos, são convidados para entrevistar e avaliar os novos candidatos a comissários de bordo. Também participam de grupos-foco para avaliar novos serviços.

Prepare um breve relatório (de duas a cinco páginas) explicando, pelo menos, dez outras maneiras de a Southwest Airlines servir seus passageiros.

4. Uma empresa de auditoria de Cleveland, Ohio, aumentou seu faturamento de $ 315.000 para cerca de $ 5 milhões, em 1987, com um crescimento anual de 22%. Surpreendentemente, o crescimento vem ocorrendo sem fusões, aquisições ou mesmo um grande orçamento de marketing. O sócio-gerente, Gary Shamis, admite que o serviço da empresa é excelente, mas não particularmente melhor do que centenas de bons concorrentes. Então, qual o segredo do sucesso da empresa?

---

* Como vimos no texto, há dois Ps adicionais em marketing de serviços: presença física e processo.

A empresa usa uma estratégia de marketing multidimensional que começou com o esboço de um mapa rodoviário – uma lista de objetivos específicos que a empresa desejava atingir. Esse mapa é uma ferramenta de trabalho que é usada e reforçada diariamente para manter as metas visualizadas nas mentes dos sócios e associados da empresa. Além disso, Shamis acredita que os clientes compram percepção, que depois, se transforma em realidade. A criação de uma percepção positiva exige atenção e reforço constantes. As ferramentas de marketing seguintes podem ajudar a criar essa percepção:

a. publicidade
b. propaganda
c. seminários
d. materiais impressos

Para cada uma dessas ferramentas de marketing, sugira maneiras de uma empresa de auditoria diferenciar seus serviços dos concorrentes, mantendo em mente que a maioria das empresas de auditoria oferece os mesmos tipos de serviços. Quem deve ser responsável pela implementação da estratégia multidimensional de sucesso da empresa?

5. Identifique a necessidade-núcleo, as características do serviço (nível de qualidade, características, estilo, marca e embalagem) e o produto aumentado* fornecidos pelos clientes das seguintes organizações de serviços:
   a. Marinha norte-americana
   b. uma religião organizada
   c. uma seguradora

6. Uma organização de serviços necessita de um departamento de marketing para ser orientada para o mercado. Discuta esta afirmação.

7. A figura seguinte mostra o programa GUEST do Liberty National Bank and Trust Company. O programa foi preparado para enfatizar a qualidade do serviço do banco.

---

### SERVIÇO ACOMPANHADO DE QUALIDADE

*"Todos os clientes são nossos CONVIDADOS"*

Cumprimente o cliente:
- Reconheça imediatamente o cliente
- Fique de pé e mostre respeito
- Sorria para mostrar cordialidade
- Apresente-se e trate o cliente pelo nome
- Olhe nos olhos do cliente
- Aperte sua mão
- Ofereça assistência ao dizer: "Posso ajudá-lo?"
- Ofereça uma cadeira para o cliente sentar

Entenda os sentimentos do cliente:
- Ouça atentamente
- Faça perguntas de sondagem e elucidação
- Deixe claro que está entendendo o assunto
- Mantenha um tom de voz cordial
- Demonstre confiança

Mostre empatia com o cliente:
- Ponha-se no lugar do cliente
- Se o cliente reclamar, mostre algo com que ele concorde
- Demonstre preocupação genuína

Resolva você mesmo as necessidades do cliente:
- Assuma a responsabilidade
- Ofereça apoio adicional, se necessário

Agradeça ao cliente:
- Ofereça seu cartão de visita
- Manifeste gratidão pela visita
- Peça-lhe para retornar

Lembre-se de que o cliente é nosso CONVIDADO. Seja sempre um profissional em termos de aparência e vestuário. Mantenha sempre sua área de trabalho limpa. Seja cauteloso: não coma, não fume ou masque chiclete na frente do cliente porque para ele, VOCÊ É O BANCO!

---

\* Consulte o Capítulo 15 para revisão destes termos.

Como um programa como o GUEST contribui para o desenvolvimento de uma cultura de serviço? Escolha outro negócio de prestação de serviços (por exemplo, um restaurante ou uma empresa de limpeza). Assumimos que você é o presidente dessa empresa e adaptou o programa GUEST para a mesma. Que partes do programa GUEST permanecerão iguais? Quais diferirão? Que orientações adicionais você pode oferecer a seus funcionários? Qual seu papel em manter o programa GUEST e motivar seus funcionários a fazer o mesmo?

8. Individualmente ou em grupo, apresente um conjunto de orientações por escrito para mensurar e recompensar o desempenho dos serviços das organizações.

9. Recentemente, Theodore R. Cunningham, da Chrysler Corporation, reafirmou: "Em uma pesquisa recente, os compradores de carros novos informaram que preferiam ir ao dentista para tratamento de canal do que enfrentar novamente o processo de compra de um carro." Em outras palavras, a maioria dos compradores de carros novos espera o seguinte cenário: As pessoas entram no *showroom* da revendedora e são abordadas, imediatamente, por um vendedor entusiasmado que parece saber quase todas as respostas a suas perguntas. Se perguntarem o preço, o vendedor vai atrás de um colega para fazer a negociação. Assim que elas parecem estar dispostas a assinar o contrato, o vendedor começa a vender mais opcionais ou "pacote" de opcionais, proteção antiferrugem, garantia extra e assim por diante. Após o carro ser entregue, se algo der errado, é extremamente difícil entrar em contato com o vendedor.

Individualmente ou em grupo, liste algumas das razões básicas que identificam os problemas de percepção enfrentados pelos consumidores nas revendedoras de carros. Depois, desenvolva um novo sistema que mudaria a cultura da revendedora ao introduzir o conceito de marketing de relacionamento no processo.

# 17 Administração de Estratégias e Programas de Preço

*Não há lealdade a marca que não possa ser superada por um pequeno desconto.*

ANÔNIMO

*O que importa é valor, não preço.*

ROBERT T. LINDGREN

Todas as organizações que visam o lucro e muitas que não visam estabelecem preços para seus produtos ou serviços. O preço recebe muitos nomes:

O preço está ao nosso redor. Você paga *aluguel* pelo apartamento, *anuidade* pela educação e *honorário* para seu médico ou dentista. A linha aérea, o taxi e as empresas de ônibus cobram uma *passagem;* empresas públicas locais cobram *taxas* e o banco cobra *juros* pelo dinheiro que você toma emprestado. O preço para você deixar seu carro no estacionamento é denominado *tarifa* e a empresa que faz seguro do automóvel cobra um *prêmio.* O conferencista convidado cobra *remuneração* para falar a você sobre um funcionário do governo que recebe *propina* para ajudá-lo a esconder o caráter ilegal das dívidas cobradas por uma associação comercial. Clubes ou associações às quais você pertence podem instituir *contribuições* para cobrir despesas não orçadas. Seu advogado pode solicitar um *depósito* para cobrir as despesas dos serviços. O "preço" de um executivo é o *ordenado;* o preço de um vendedor pode ser uma *comissão* e o preço de um operário é seu *salário.* Finalmente, embora os economistas não concordem, muitos de nós sentimos que o *imposto de renda* é o preço que pagamos pelo privilégio de ganhar dinheiro.[1]

Através da história, os preços têm sido fixados por compradores e vendedores que negociam entre si. Os vendedores pedem um preço acima do que esperam receber e os compradores oferecem menos do que esperam pagar. Através da barganha, chegam a um preço mutuamente aceitável.

O estabelecimento de preço único para todos os compradores é uma idéia relativamente moderna que surgiu com o desenvolvimento do varejo em grande escala no final do século 19. As empresas F. W. Woolworth, Tiffany and Co., John Wanamaker e outras divulgavam uma "política estritamente igual" porque vendiam muitos itens e supervisionavam muitos funcionários.

Tradicionalmente, o preço vem desempenhando um determinante importante de escolha do comprador. Este é ainda o caso dos países mais pobres, entre grupos igualmente mais pobres e dos produtos tipo *commodities.* Embora os fatores não relacionados a preço tornaram-se mais importantes no comportamento de escolha do comprador em décadas recentes, o preço ainda permanece um dos principais elementos na determinação da participação de mercado de uma empresa e em sua rentabilidade. De fato, os preços têm sofrido considerável pressão para baixo em anos recentes (Figura 17.1). À medida que a renda dos consumidores permanece estagnada ou declina e suas expectativas são reduzidas, compram com mais cuidado, forçando os varejistas a baixar seus preços. Por sua vez, os varejistas pressionam os fabricantes para também reduzirem seus preços. O resultado é um mercado caracterizado por grandes descontos e promoções de vendas.

O preço é o único elemento do composto de marketing que produz receita; os outros elementos geram custos. O preço é também um dos elementos mais flexíveis do composto de marketing porque pode ser rapidamente modificado, o que não ocorre com as características de um produto ou com os compromissos assumidos com os canais de distribuição. Ao mesmo tempo, o estabelecimento de preço e a concorrência de preço são os principais problemas enfrentados por muitos exe-

---

1. SCHWARTZ, David J. *Marketing today*: a basic approach. 3. ed. New York: Harcourt Brace Jovanovich, 1981. p. 271.

cutivos de marketing. Todavia, muitas empresas não lidam bem com preço. Os erros mais comuns cometidos são os seguintes: preços muito orientados para custos; preços não revisados o suficiente para capitalizar as mudanças de mercado; preços estabelecidos independentemente dos demais componentes do composto de marketing, em vez de ser assumidos como um elemento intrínseco da estratégia de posicionamento de mercado; o preço não é suficientemente variado para itens de produtos, segmentos de mercado e ocasiões de compra diferentes.

As empresas manipulam o preço de diversas maneiras. Nas pequenas empresas, os preços são, freqüentemente, estabelecidos pela alta administração, em vez de ser atribuição do departamento de marketing ou de vendas. Nas grandes empresas, os preços são atribuição dos gerentes de divisão e de linha de produtos. Mesmo neste caso, a alta administração estabelece os objetivos gerais e as políticas de preço e, com freqüência, aprova os preços propostos pelos níveis inferiores da administração. Em setores em que o preço é um fator-chave (aeroespacial, ferroviário, empresas petrolíferas), as empresas, freqüentemente, estabelecem um departamento para fixar os preços ou orientar outros na determinação de preços apropriados. Esse departamento reporta-se ao departamento de marketing, departamento financeiro ou à alta administração. Outras pessoas que exercem influência na fixação de preços incluem gerentes de vendas, gerentes de produção, gerentes financeiros e contadores.

Este capítulo examina três questões:

- **Como estabelecer o preço de um produto ou serviço pela primeira vez?**
- **Como o preço deve ser adaptado no tempo e espaço para atender às diversas circunstâncias e oportunidades?**
- **Quando a empresa deve iniciar uma mudança de preço e como deve responder à mudança de preço de um concorrente?**

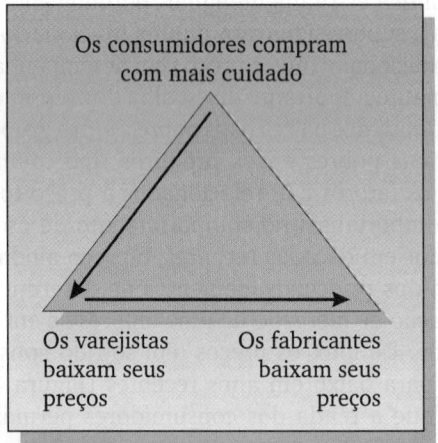

**Figura 17.1** *Como os preços são pressionados para baixo.*

## ESTABELECIMENTO DE PREÇO

Uma empresa deve estabelecer um preço pela primeira vez quando desenvolve ou adquire um novo produto, lança um produto regular em um novo canal de distribuição ou área geográfica e quando entra em uma concorrência pública.

A empresa deve decidir onde posicionar seu produto em termos de qualidade e preço. Pode posicioná-lo no centro do mercado, três níveis acima ou três níveis abaixo. Os sete níveis são os seguintes:

| *Segmento* | *Exemplo (automóveis)* |
|---|---|
| Definitivo | Mercedes-Benz |
| Luxo | Audi |
| Necessidades especiais | Volvo |
| Médio | Buick |
| Facilidade/conveniência | Ford Escort |
| Convencional e mais barato | Hyundai |
| Orientado para preço | Daihatsu |

Assim, em muitos mercados, há uma marca definitiva (o *padrão ouro*). Neste caso, está o automóvel Mercedes-Benz. Logo abaixo seguem as marcas de luxo como Audi, Lincoln, Lexus, Infiniti etc. Abaixo delas vêm as marcas que atendem a uma necessidade especial: Volvo (segurança) ou Porsche (alto desempenho). Na posição média está grande número de marcas, incluindo Buick, Renault, Chevrolet etc. Um nível abaixo estão as marcas que fornecem, principalmente, o benefício funcional, representadas pelo automóvel Escort e outros semelhantes. Abaixo estão as marcas que, embora mais baratas, têm desempenho satisfatório, como a Hyundai. Na posição mais inferior estão as marcas cujo único apelo é o preço, como o Yugo, carro que não é apenas barato, mas fabricado com componentes baratos.

Esse esquema sugere que os sete níveis de posicionamento de produtos não concorrem entre si, mas apenas dentro de cada grupo. Contudo, pode haver concorrência ente os segmentos preço-qualidade. A Figura 17.2 mostra nove estratégias preço-qualidade possíveis.

| | | **Preço** | | |
|---|---|---|---|---|
| | | Alto | Médio | Baixo |
| **Qualidade do produto** | Alta | 1. Estratégia premium | 2. Estratégia de alto valor | 3. Estratégia de valor supremo |
| | Média | 4. Estratégia de preço alto | 5. Estratégia de preço médio | 6. Estratégia de valor médio |
| | Baixa | 7. Estratégia de desconto | 8. Estratégia de falsa economia | 9. Estratégia de economia |

**Figura 17.2**  *Nove estratégias de preço/qualidade.*

As estratégias diagonais 1, 5 e 9 podem coexistir no mesmo mercado; isto é, uma empresa oferece um produto de alta qualidade a um preço alto, outra oferece um produto de qualidade média a preço médio e ainda outra oferece um produto de baixa qualidade a baixo preço. Os três concorrentes podem coexistir à media que o mercado consiste em três grupos de compradores, os que procuram qualidade, os que procuram preço e aqueles que equilibram as duas considerações.

As estratégias de posicionamento 2, 3 e 6 representam maneiras de atacar as posições diagonais. A estratégia 2 indica: "nosso produto tem a mesma alta qualidade do produto 1, mas cobramos menos". A estratégia 3 indica a mesma coisa e oferece uma economia ainda maior. Se os consumidores sensíveis à qualidade acreditarem nestes concorrentes, comprarão deles e economizarão dinheiro (a menos que o produto da empresa 1 tenha adquirido apelo de muito sofisticado).

As estratégias de posicionamento 4, 7 e 8 implicam a fixação de preço alto para o produto em relação a sua qualidade. Os consumidores se sentirão "estorquidos" e, provavelmente, reclamarão ou falarão mal da empresa a outras pessoas. Estas estratégias devem ser evitadas por profissionais de marketing.

A empresa tem que considerar muitos fatores ao definir sua política de preço. Nos parágrafos seguintes, descreveremos um procedimento de seis etapas para fixar preço: (1) seleção do objetivo de preço, (2) determi-nação da demanda, (3) estimativa dos custos, (4) análise dos preços e das ofertas dos concorrentes, (5) seleção de um método para fixar preço e (6) seleção do preço final (Figura 17.3).

## Seleção do objetivo de preço

Primeiro, a empresa tem que decidir sobre o que deseja realizar com um produto específico. Se ela selecionou cuidadosamente seu mercado-alvo e posicionamento de mercado, sua estratégia de composto de marketing, incluindo preço, estará no caminho correto. Por exemplo, se uma empresa fabricante de veículos de recreação deseja produzir um *trailer* de luxo para consumidores ricos, isto implica a cobrança de um preço alto.

Quanto mais claros os objetivos de uma empresa, mais fácil será o estabelecimento do preço. Assim, ela pode perseguir qualquer um entre seis grandes objetivos através da fixação de preço: sobrevivência, maximização de lucro, maximização do faturamento, maximização do crescimento de vendas, maximização da desnatação de mercado ou liderança de produto-qualidade.

SOBREVIVÊNCIA. As empresas perseguem a sobrevivência como principal objetivo quando enfrentam excesso

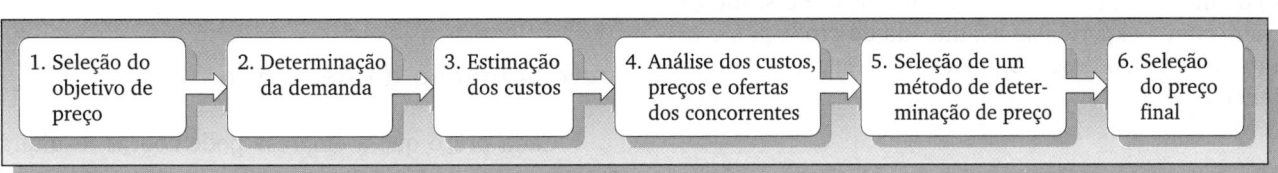

**Figura 17.3**  *Estabelecimento de uma política de preço.*

de capacidade de produção, concorrência intensa ou mudança nos desejos dos consumidores. Para manter a fábrica funcionando e os estoques girando, freqüentemente, reduzem os preços. O lucro é menos importante do que a sobrevivência. Enquanto os preços cobrem os custos variáveis e alguns custos fixos, as empresas permanecem no negócio. Entretanto, sobrevivência é apenas um objetivo a curto prazo. A longo prazo, a empresa deve aprender como agregar valor ou enfrentar a extinção.

**MAXIMIZAÇÃO DO LUCRO.** Muitas empresas tentam estabelecer o preço que maximizará o lucro atual. Estimam a demanda e os custos associados a preços alternativos e escolhem aquele que produz lucro máximo, fluxo de caixa positivo ou alta taxa de retorno sobre o investimento.

Há problemas associados à maximização do lucro. Essa estratégia assume que a empresa conhece suas funções de demanda e custos; na realidade, são difíceis de estimar. Também, ao enfatizar o desempenho financeiro atual, ela pode estar sacrificando o desempenho a longo prazo, ignorando os efeitos de outras variáveis do composto de marketing, as reações dos concorrentes e as restrições legais sobre preço.

**MAXIMIZAÇÃO DO FATURAMENTO.** Algumas empresas estabelecem um preço para maximizar o faturamento. A maximização do faturamento requer apenas a estimativa da função demanda. Muitos administradores acreditam que a maximização do faturamento levará à maximização do lucro a longo prazo e ao crescimento da participação de mercado.

**MAXIMIZAÇÃO DO CRESCIMENTO DE VENDAS.** Outras empresas desejam maximizar as vendas unitárias. Acreditam que um maior volume de vendas levará a custos unitários e lucro maiores a longo prazo. Estabelecem um preço mais baixo, assumindo que o mercado é sensível a preço. Esta prática é denominada *preço de penetração no mercado.* A Texas Instruments (TI) é famosa em praticar a estratégia de preço de penetração no mercado. Ela instala uma grande fábrica, fixa seu preço o mais baixo possível, conquista grande participação de mercado, obtém redução de custos e reduz ainda mais seu preço à medida que os custos caem.

As seguintes condições favorecem o estabelecimento de um preço baixo: (1) o mercado é altamente sensível a preço e um preço baixo estimula maior crescimento do mercado; (2) os custos de produção e distribuição caem com a experiência acumulada de produção; e (3) um preço baixo desencoraja a concorrência real ou potencial.

**MAXIMIZAÇÃO DA DESNATAÇÃO DO MERCADO.** Muitas empresas favorecem o estabelecimento de preços altos para "desnatar" o mercado. A Du Pont é grande praticante do *preço de desnatação do mercado.* Com cada inovação – celofane, náilon, Teflon etc. – ela estima o preço mais alto que pode cobrar, dados os benefícios comparativos de seu novo produto *versus* os substitutos disponíveis. A empresa estabelece um preço que compense a alguns segmentos do mercado a adoção do novo produto. Cada vez que a venda cai, a Du Pont reduz o preço para conquistar a camada seguinte do mercado sensível a preço. Desta maneira, desnata ao máximo os vários segmentos do mercado. A Polaroid também pratica esta estratégia de preço. Primeiramente, lança uma versão cara de um novo modelo de câmera fotográfica e, gradativamente, lança modelos mais simples, com preços mais baixos para conquistar novos segmentos sensíveis a preço.

O desnatamento do mercado faz sentido nas seguintes condições: (1) um número suficiente de compradores apresenta alta demanda; (2) o custo unitário de produção para pequenos volumes não é muito alto a ponto de anular a vantagem de cobrar um preço que o mercado suporte; (3) o alto preço inicial não atrai mais concorrentes; (4) o preço alto dá idéia da imagem de um produto superior.

**LIDERANÇA DE PRODUTO-QUALIDADE.** Uma empresa pode visar à liderança de produto-qualidade no mercado. A Maytag, um exemplo interessante, fabrica máquinas de lavar roupa de alta qualidade cobrando um preço em torno de $ 100 acima dos preços concorrentes. (A Maytag usava o *slogan* "Fabricada para durar mais", apresentando o personagem "Ol' Lonely", que fica dormindo ao telefone porque ninguém o chama para qualquer serviço de conserto. A estratégia de preço alto/qualidade proporciona à empresa taxa de retorno acima da média em seu setor.)

**OUTROS OBJETIVOS DE PREÇO.** As organizações públicas e as que não visam o lucro podem adotar alguns outros objetivos de preço. Uma universidade visa à *recuperação parcial dos custos,* sabendo que deve confiar nas doações particulares e subsídios públicos para cobrir seus custos remanescentes. Um hospital que não visa o lucro pode visar à *recuperação total dos custos* quando fixar seus preços. Uma companhia teatral que não visa o lucro pode fixar o preço de seus ingressos que permita preencher o número máximo de assentos da sala de apresentação. Uma organização de serviço social pode estabelecer um *preço social* conforme as condições de renda de diferentes clientes.

## Determinação da demanda

Cada preço que a empresa pode cobrar resultará em um diferente nível de demanda e, conseqüentemente, causará um impacto diferente sobre seus objetivos

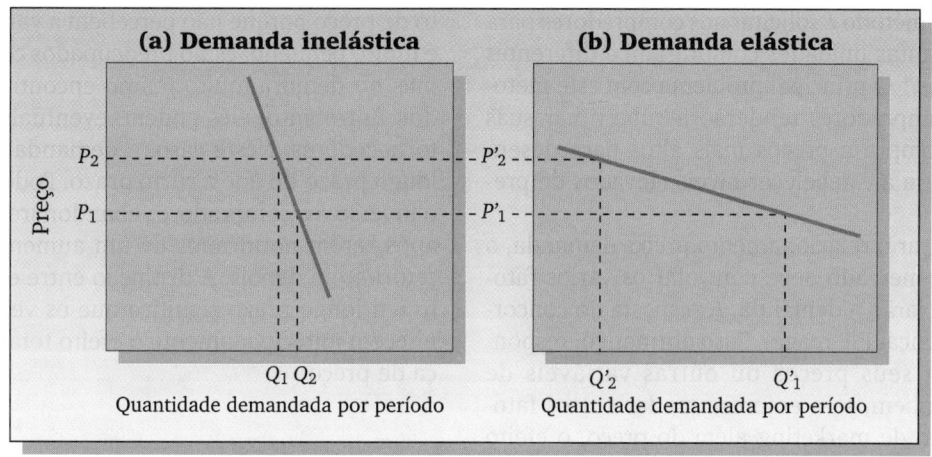

**Figura 17.4** *Demanda inelástica e demanda elástica.*

de marketing. A relação entre o preço cobrado e a demanda resultante é observada na *curva de demanda* (Figura 17.4[a]). Em uma situação normal, a demanda e o preço são inversamente relacionados, isto é, quanto maior o preço, menor a quantidade demandada (e vice-versa).

No caso de bens de prestígio, a curva de demanda é, em algumas situações, ascendente. Uma empresa fabricante de perfumes constatou que ao aumentar seu preço passou a vender mais! Alguns consumidores consideram que o preço mais alto significa um perfume melhor. Entretanto, se o preço cobrado for muito alto, o nível de demanda será menor.

**FATORES QUE AFETAM A SENSIBILIDADE DE PREÇO.** A curva de demanda mostra a taxa de compra do mercado a preços alternativos. Ela resume as reações de muitos indivíduos que possuem sensibilidade de preço diferente. A primeira etapa importante é entender os fatores que afetam essa sensibilidade de preço. Nagle identificou nove fatores:

1. *Valor único.* Os compradores são menos sensíveis a preço quando o produto for mais exclusivo.
2. *Consciência da existência de substitutos.* Os compradores são menos sensíveis a preço quando são menos conscientes da existência de produtos substitutos.
3. *Dificuldade de comparação.* Os compradores são menos sensíveis a preço quando não podem, facilmente, comparar a qualidade dos produtos substitutos.
4. *Despesa em relação à renda total.* Os compradores são menos sensíveis a preço quanto menor a despesa em relação a sua renda total.
5. *Benefício final.* Os compradores são menos sensíveis a preço quanto maior o benefício final do produto.
6. *Custo compartilhado.* Os compradores são menos sensíveis a preço quando parte do custo do produto for dividido com outra parte.
7. *Investimento reduzido.* Os compradores são menos sensíveis a preço quando o produto é utilizado em conjunto com ativos previamente comprados.
8. *Preço-qualidade.* Os compradores são menos sensíveis a preço quando o produto apresenta mais qualidade, prestígio ou exclusividade.
9. *Estoque.* Os compradores são menos sensíveis a preço quando não podem estocar o produto.[2]

**MÉTODOS PARA ESTIMAR CURVAS DE DEMANDA.** A maioria das empresas faz alguma tentativa para mensurar suas curvas de demanda. Para fazer isto, podem usar vários métodos.

O primeiro envolve a análise estatística de dados sobre preços já praticados, quantidades vendidas e outros fatores para estimar seus relacionamentos. Os dados analisados podem ser longitudinais (no decorrer do tempo) ou cruzados (localizações diferentes ao mesmo tempo). A construção do modelo apropriado e do ajuste dos dados com as técnicas estatísticas apropriadas exige considerável habilidade.

O segundo método envolve a condução de experiências de preço. Bennett e Wilkinson usaram um método pratico em loja para estimar a demanda. Eles variaram sistematicamente os preços de diversos produtos vendidos em uma loja de descontos e observaram os resultados.[3] Uma abordagem alternativa é cobrar preços diferentes em territórios similares para ver como as vendas são afetadas.

2. NAGLE, Thomas T., HOLDEN, Reed K. *The strategy and tactics of pricing.* 2. ed. Englewood Cliffs, NJ : Prentice Hall, 1995. Cap. 4. Este é um excelente livro de referência para tomada de decisões de preço.
3. Veja BENNETT, Sidney, WILKINSON, J. B. Price-quantity relationships and price elasticity under in-store experimentation. *Journal of Business Research,* p. 30-34, Jan. 1974.

O terceiro método é solicitar aos compradores para informarem quantas unidades comprariam a diferentes preços propostos.[4] O principal problema com este método é que os compradores tenderão a subestimar suas intenções de compra a preços mais altos para desencorajar a empresa a estabelecer níveis elevados de preços.

Ao mensurar o relacionamento preço/demanda, o pesquisador de mercado deve controlar os vários fatores que influenciarão a demanda. A resposta do concorrente fará diferença: Ele reage? Caso afirmativo, responderá mudando seus preços ou outras variáveis de marketing? Também, se a empresa mudar outros fatores do composto de marketing além do preço, o efeito da mudança de preço será difícil de ser isolado. Nagle apresentou um excelente resumo dos vários métodos para estimar a sensibilidade de preço e a demanda.[5]

**ELASTICIDADE-PREÇO DA DEMANDA.** As empresas precisam saber como a demanda reage em relação a uma variação de preço. Consideremos as duas curvas de demanda mostradas na Figura 17.4. Em (a), o aumento do preço de $ 10 para $ 15 leva a um declínio relativamente pequeno da demanda de 105 para 100. Em (b), o mesmo aumento de preço leva a uma queda substancial da demanda de 150 para 50. Se a demanda quase não se altera com uma pequena mudança de preço, dizemos que ela é *inelástica*. Se a demanda mudar consideravelmente, ela é *elástica*.

O que determina a elasticidade-preço da demanda? Provavelmente, a demanda será menos elástica sob as seguintes condições: (1) Há poucos ou nenhum substituto, ou não há concorrentes; (2) os compradores não percebem facilmente o preço maior; (3) os compradores são lentos na mudança de seus hábitos de compra e na procura por preços menores; (4) os compradores consideram que os preços maiores são justificados pela melhoria de qualidade, condições inflacionárias etc.

Se a demanda for elástica em vez de inelástica, as empresas considerarão a hipótese de baixar o preço. Um preço mais baixo aumentará a receita total. Isto faz sentido à medida que os custos de produzir e vender mais unidades não aumentam desproporcionalmente.[6]

A elasticidade-preço depende da magnitude e direção da mudança de preço pretendida. Ela pode ser insignificante, com uma pequena mudança de preço, e substancial, com grande variação do mesmo. Pode ser diferente no caso de uma redução ou aumento de preço. Finalmente, a elasticidade-preço a longo prazo pode diferir da elasticidade a curto prazo. Os compradores podem continuar com o fornecedor atual após um aumen-

to de preço porque não percebem a variação, o aumento é muito pequeno, estão preocupados com outros problemas ou demora muito tempo encontrar outro fornecedor. Entretanto, eles podem, eventualmente, mudar de fornecedores. Neste caso, a demanda é mais elástica a longo prazo do que a curto prazo. Pode também ocorrer o inverso: os compradores abandonarem um fornecedor após serem notificados de um aumento de preço, mas retornarem depois. A distinção entre elasticidade a curto e a longo prazo significa que os vendedores não conhecem antecipadamente o efeito total de uma mudança de preço.

## Estimativa de custos

A demanda estabelece um teto para o preço que a empresa pode cobrar por seu produto e os custos estabelecem o piso. A empresa deseja cobrar um preço que cubra os custos de produção, distribuição e venda do produto, incluindo um retorno justo por seu esforço e risco.

**TIPOS DE CUSTOS.** Os custos de uma empresa são de dois tipos: fixos e variáveis. Os *custos fixos* são aqueles que não variam com a quantidade produzida ou receita de vendas. Assim, uma empresa deve pagar mensalmente as despesas de aluguel, energia, juros, folha de pagamento etc., qualquer que seja seu volume de produção.

Os *custos variáveis* variam diretamente com o nível de produção. Por exemplo, cada calculadora manual fabricada pelas Texas Instruments (TI) envolve o custo do plástico, *chips* de microprocessamento, embalagem e assemelhados. Estes custos tendem a ser constantes por unidade produzida. São chamados de variáveis porque se modificam com o número de unidades produzidas.

O *custo total* consiste na soma dos custos fixos e dos variáveis para qualquer nível de produção. O *custo médio* é o custo unitário em determinado nível de produção; é igual ao custo total dividido pelo total de unidades produzidas. A administração deseja cobrar um preço que, pelo menos, cubra o custo total de produção.

**COMPORTAMENTO DO CUSTO EM DIFERENTES NÍVEIS DE PRODUÇÃO POR PERÍODO.** Para fixar preço inteligentemente, a administração precisa saber como seus custos variam em relação a diferentes níveis de produção.

Tomemos o caso de uma empresa como a Texas Instruments (TI) que construiu uma fábrica projetada para fabricar 1.000 calculadoras manuais por dia. O custo

4. NEVIN, John R. Laboratory experiments for estimating consumer demand – a validation study. *Journal of Marketing Research,* p. 261-268, Aug. 1974; e WEINER, Jonathan. Forecasting demand: consumer electronics marketer uses a conjoint approach to configure its new product and set the right price. *Marketing Research: A Magazine of Management and Applications,* p. 6-11, Summer 1994.

5. NAGLE e HOLDEN. Op. cit. Cap. 13.

6. Para um resumo de estudos sobre elasticidade, veja HANSSENS, Dominique M., PARSONS, Leonard J., SCHULTZ, Randall L. *Market response models*: econometric and time series analysis. Boston : Kluwer Academic Publishers, 1990. p. 187-191.

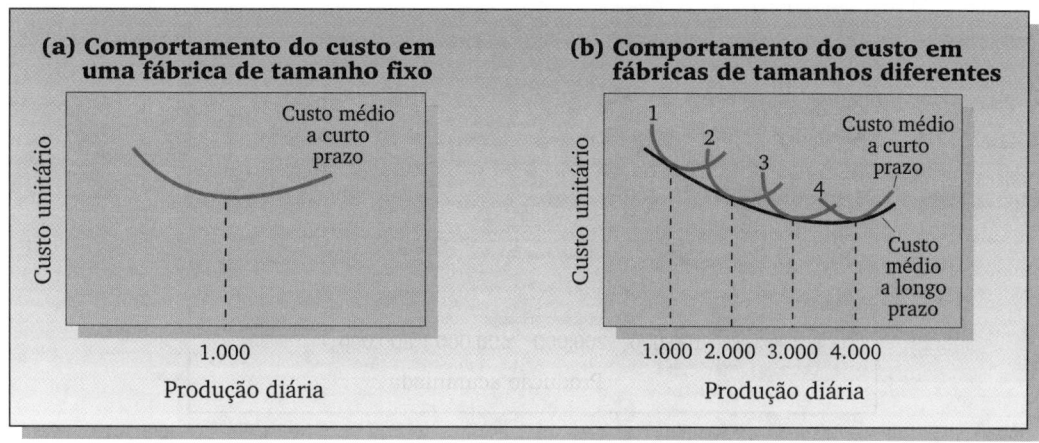

**Figura 17.5**  *Custo unitário a diferentes níveis de produção por período.*

unitário será elevado se poucas unidades forem produzidas. Assim que a produção atinge 1.000 unidades diárias, o custo médio cai. A razão é que os custos fixos são diluídos em maior número de unidades, cada uma absorvendo pequena parte do custo fixo. O custo médio aumenta após a produção de 1.000 unidades porque a fábrica torna-se ineficiente: as máquinas são insuficientes, quebram com mais freqüência e o espaço físico limitado prejudica a movimentação dos operários (Figura 17.5[a]).

Se a TI acreditar que pode fabricar e vender 2.000 unidades diárias, deve considerar a construção de uma fábrica maior. A fábrica utilizará maquinário e organização do trabalho mais eficientes e o custo unitário será menor do que no caso da produção de 1.000 unidades diárias. Isto é mostrado na curva de custo médio a longo prazo da Figura 17.5(b). De fato, uma fábrica com capacidade de produzir 3.000 unidades seria ainda mais eficiente conforme mostra a Figura 17.5(b). Porém, uma produção diária de 4.000 unidades seria menos eficiente devido à redução de economia de escala: maior número de operários para ser supervisionado, atraso na movimentação da papelada interna, maior número de máquinas e equipamentos etc. A Figura 17.5(b) indica que uma fábrica que produz 3.000 calculadoras por dia possui um tamanho ótimo se a demanda for forte o suficiente para absorver este nível de produção.

**COMPORTAMENTO DO CUSTO COMO FUNÇÃO DA PRODUÇÃO ACUMULADA.** Suponhamos que a TI dirige uma fábrica que produz 3.000 calculadoras manuais por dia. À medida que ela ganha experiência na fabricação do produto, aprende como fazê-lo melhor. Os operários aprendem a reduzir custos, o fluxo de materiais e compras é melhorado etc. O resultado, como a Figura 17.6 mostra, é que o custo médio tende a cair com a experiência de produção acumulada. Assim, o custo médio unitário de produzir as primeiras 100.000 calculadoras é de $ 10. Quando a empresa passou a produzir as primeiras

200.000 calculadoras, o custo médio caiu para $ 9. Após esta experiência de produção acumulada ter dobrado para 400.000, o custo médio passou a ser $ 8. Este declínio do custo médio com a experiência é chamado *curva de experiência* ou *curva de aprendizagem*.

Agora, suponhamos que haja três empresas concorrentes nesse setor industrial. A TI, A e B. A TI produz com o custo mais baixo ($ 8). Se todas as três empresas venderem a mesma calculadora por $ 10, a TI obtém um lucro unitário de $ 2, a A, $ 1 e a B, zero. O movimento inteligente da TI seria baixar seu preço para $ 9. Isto eliminaria a empresa B do mercado e a A pensará seriamente em abandoná-lo. A TI conquistaria os negócios da empresa B (e, possivelmente, da A). Além disso, os consumidores sensíveis a preço entrarão no mercado à medida que o mesmo for baixando. Os custos da TI cairão ainda mais e com maior rapidez e seu lucro aumentará, mesmo a um preço de $ 9. Ela usou repetidamente esta estratégia agressiva de preço para ganhar participação de mercado e eliminar concorrentes do setor.

Todavia, o preço baseado na curva de experiência implica grandes riscos. A agressividade de preço pode dar ao produto uma imagem negativa. A estratégia também assume que os concorrentes são fracos e não estão dispostos a lutar pelo mercado. Finalmente, a estratégia leva a empresa a construir mais fábricas para atender à demanda, enquanto um concorrente pode inovar com a introdução de uma tecnologia de custos mais baixos do que a líder de mercado, presa a uma tecnologia antiquada.

A maioria desses preços está baseada nos custos de produção. Entretanto, todos os custos, incluindo os de marketing, estão sujeitos à redução com a aprendizagem. Assim, se três empresas estão investindo grande soma de dinheiro em telemarketing, a empresa que estiver utilizando este recurso há mais tempo pode obter custos menores. Esta empresa pode cobrar um pouco menos por seu produto e ainda obter o mesmo retorno, todos os demais custos permanecendo constantes.[7]

---

7.  Veja ALBERTS, William W. The experience curve doctrine reconsidered. *Journal of Marketing,* p. 36-49, July 1989.

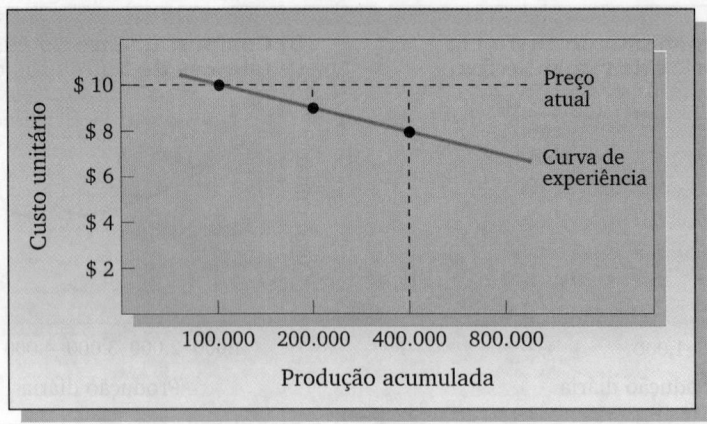

**Figura 17.6** *Custo unitário como função da experiência de produção acumulada (curva de experiência).*

**COMPORTAMENTO DOS CUSTOS COMO FUNÇÃO DE OFERTAS DIFERENCIADAS.** As empresas atuais tentam adaptar suas ofertas e condições de venda aos diferentes compradores. Assim, um fabricante que trabalha com várias redes de varejo negociará em condições diferentes. Um varejista pode desejar entrega diária (para manter o estoque mais baixo), enquanto outro pode aceitar entregas duas vezes por semana para reduzir o preço de aquisição. Como resultado, os custos do fabricante serão diferentes com cada rede de varejo e seu lucro também será diferente. Para estimar a rentabilidade real de lidar com varejistas diferentes, o fabricante precisa usar o *custeio baseado em atividade* (ABC) em vez do *custo padrão*.[8]

O custeio ABC procura identificar os custos reais associados ao atendimento de cada cliente. Os custos variáveis e os fixos devem ser decompostos e alocados conforme o cliente. As empresas que não sabem mensurar corretamente seus custos reais também não sabem mensurar o lucro. Provavelmente, não sabem alocar seus custos de marketing e outros esforços. A identificação dos custos verdadeiros que devem ser alocados a cada cliente habilita a empresa a explicá-los melhor aos interessados.

**CUSTO-ALVO.** Temos visto que os custos mudam com a escala e a experiência de produção. Eles podem mudar também como resultado de um esforço concentrado dos *designers,* engenheiros e compradores da empresa para reduzi-los. Os japoneses, em particular, usam um método chamado *custo-alvo*.[9] Eles utilizam pesquisa de marketing para estabelecer as funções de um novo produto desejado. Assim, determinam o preço pelo qual o produto deve ser vendido, dados seu apelo comercial e os preços concorrentes. Deduzem a margem de lucro desejada do preço e determinam o custo-alvo que devem atingir. Examinam os componentes do custo – *design,* engenharia, produção, vendas etc. – e os separam em unidades menores. Consideram maneiras de reduzir cada componente do custo, eliminar funções e de reduzir os custos dos fornecedores. O objetivo amplo é fazer com que as projeções de custos fiquem ajustadas ao custo-alvo. Se isto não for possível, podem decidir pelo não desenvolvimento do produto pela impossibilidade de vendê-lo pelo preço-alvo e de obtenção do lucro-alvo. Quando podem ser bem-sucedidos, provavelmente, o lucro virá como conseqüência. Consideremos uma história de sucesso:

**COMPAQ** Custo-alvo é o método usado pela Compaq para enfrentar concorrentes de preço baixo na venda de microcomputadores. Ele funciona assim: Os *designers* apresentam as especificações para a fabricação de um novo modelo. Reúnem-se com o pessoal de marketing, produção, serviços ao consumidor, compras e outros departamentos. Marketing estabelece um preço-alvo e a administração determina uma margem-alvo de lucro. Depois, a equipe determina qual será o custo. O custo-alvo é difícil de ser atingido e exige trabalho de equipe no processo de produção; os engenheiros devem desenhar o produto com menor número de peças e trabalhar com outros departamentos para refazer os processos e fabricar produtos mais baratos e com maior rapidez. Contudo, este trabalho difícil compensa. O microcomputador Prolinea e o *notebook* Contura foram os primeiros produtos fabricados com este novo sistema de custeio. O volume de vendas da empresa aumentou 64% e o lucro quase duplicou.[10]

O custo-alvo é um avanço sobre o método normal de desenvolvimento de novos produtos, que envolve desenhar o produto, estimar seus custos e, depois, determinar seu preço. O custo-alvo adota o método de le-

---

8. Veja COOPER, Robin, KAPLAN, Robert S. Profit priorities from activity-based costing. *Harvard Business Review,* p. 130-135, May/June 1991. Para mais informações sobre o custeio ABC, veja o Capítulo 24 deste livro-texto.
9. Veja JAPAN'S smart secret weapon. *Fortune,* p. 75, 12 Aug. 1991.
10. FARRELL, Christopher. Stuck! How companies cope when they can't raise prices. *Business Week,* p. 146-155, 15 Nov. 1993.

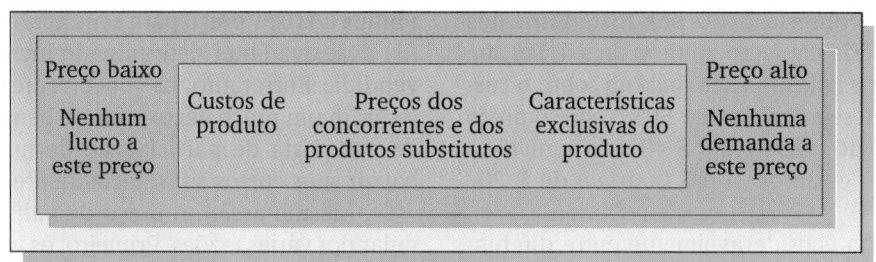

| Preço baixo | | | | Preço alto |
|---|---|---|---|---|
| Nenhum lucro a este preço | Custos de produto | Preços dos concorrentes e dos produtos substitutos | Características exclusivas do produto | Nenhuma demanda a este preço |

**Figura 17.7** *Modelo dos três Cs para o estabelecimento de preço.*

vantar todos os custos durante o estágio de planejamento e *design* do produto, em vez de tentar reduzi-los após o produto ser lançado no mercado.

## Análise dos custos, preços e ofertas dos concorrentes

Dentro de uma variedade de preços possíveis determinados pela demanda de mercado e custos, os custos, preços e possíveis reações de preço dos concorrentes ajudam a empresa a estabelecer em que nível fixar seus preços. Ela precisa fazer *benchmark* de seus custos em relação aos custos dos concorrentes para saber em que nível está operando em vantagem ou desvantagem de custo. Precisa conhecer também o preço e a qualidade das ofertas concorrentes. Pode enviar compradores para comparar os preços e avaliar essas ofertas, obter listas de preços, comprar esses produtos para examiná-los e perguntar aos consumidores como eles percebem o preço e a qualidade de cada oferta dos concorrentes.

Desde que a empresa esteja consciente dos preços e das ofertas dos concorrentes, pode usá-los como ponto de referência para seu próprio preço. Se sua oferta for similar a do principal concorrente, terá que acompanhar o preço ou perderá vendas. Se ela for inferior, não poderá cobrar mais do que o concorrente. Se for superior, poderá cobrar mais. Entretanto, a empresa também deve estar consciente de que os concorrentes podem responder mudando seus preços.

## Seleção de um método de estabelecimento de preço

Dados os três Cs – programação de demanda dos consumidores, função custo e preços dos concorrentes – a empresa está preparada para selecionar um preço. Este estará entre um que seja muito baixo para gerar lucro e outro que seja muito alto para gerar demanda suficiente. A Figura 17.7 resume as três principais considerações envolvidas no estabelecimento de preço. Os custos sinalizam um piso para o preço. Os preços dos concorrentes e de bens substitutos fornecem um ponto de referência que a empresa tem que considerar ao estabelecer

seu preço. A avaliação dos compradores sobre as características exclusivas do produto da empresa estabelece o preço-teto.

As empresas resolvem o problema de preço selecionando um método que inclua uma ou mais destas três considerações. Assim, o método de preço escolhido levará a um preço específico. Examinaremos os seguintes métodos de estabelecimento de preço: preço de *markup*, preço de retorno-alvo, preço de valor percebido, preço de mercado e preço de licitação.

**PREÇO DE *MARKUP*.** O método de preço mais elementar é acrescentar um *markup* padrão (taxa ou margem) ao custo do produto. As empresas de construção preparam suas propostas estimando o custo total do projeto e acrescentando um *markup* padrão como margem de lucro. Advogados, contadores e outros profissionais liberais também procedem da mesma maneira, acrescentando um *markup* padrão aos custos. Algumas empresas comunicam a seus consumidores que cobrarão o custo mais um *markup* específico; por exemplo, as empresas aeroespaciais procedem desta maneira com o governo.

Para ilustrar o preço de *markup*, suponhamos que uma fábrica de tostadeiras possuía os seguintes custos e expectativa de vendas:

| | |
|---|---|
| ***Custo variável unitário*** | $ 10 |
| ***Custos fixos*** | $ 300.000 |
| ***Unidades de vendas previstas*** | 50.000 |

O custo unitário do fabricante é dado por:

$$\text{Custo unitário} = \text{custo variável} + \frac{\text{custos fixos}}{\text{unidades vendidas}}$$

$$= \$\,10 + \frac{\$\,300.000}{50.000} = \$\,16$$

Agora, assumimos que o fabricante deseja ganhar um *markup* de 20% sobre as vendas. Seu preço de *markup* passa a ser:

$$\text{Preço de } markup = \frac{\text{custo unitário}}{(1 - \text{taxa de retorno desejado sobre vendas})}$$

$$= \frac{\$\,16}{1 - 0,2} = \$\,20$$

O fabricante cobraria $ 20 por tostadeira dos revendedores e obteria um lucro unitário de $ 4. Por sua vez, os revendedores aplicarão seu *markup* sobre o custo do produto. Se desejarem ganhar 50% sobre o preço de venda, cobrarão do consumidor $ 40. Isto equivale a um *markup* sobre o custo de 100% (*markup* de $ 20/ $ 20 (custo).

O *markup* varia consideravelmente entre diferentes produtos. Geralmente, são mais altos em itens sazonais (para cobrir o risco de encalhe), de especialidade, de giro lento, que envolvem custos altos de estocagem e movimentação e itens de demanda inelástica. Além disso, às vezes, as empresas fixam *markups* mais altos quando estão envolvidos custos ocultos ou altamente variáveis. De fato, o *markup* de todos os *markups* parece ser o estabelecido sobre os CDs (*compact discs*) que são vendidos no varejo a $ 17:

Embora a maioria dos consumidores já considere os preços dos CDs muito altos (principalmente quando comparados com os obsoletos discos de vinil vendidos a $ 8 ou $ 9), eles ficariam afrontados se soubessem que o produto possui um *markup* superior a 2.000%. O custo de fabricação de um CD é de $ 0,75 e são vendidos às lojas por $ 10 a $ 11. Os executivos da Time Warner, grande fabricante de CD, dizem que o preço embute os custos ocultos de marketing, promoção, remuneração do artista e *royalties*. A fixação do preço de um CD é "muito arbitrária", afirma o executivo de uma importante gravadora. "Estamos em um negócio muito especulativo. Se uma gravadora 'estourar' com uma nova banda, terá um bom ano. As primeiras 300.000 a 500.000 cópias vendidas não dão qualquer lucro. Isto representa 80% das vendas. Os outros 20% precisam pagar pela venda de 80%."[11]

O uso de *markups* padrões para estabelecer preços faz sentido lógico? Geralmente não. Qualquer método de preço que ignora a demanda, o valor percebido e a concorrência, provavelmente, não levará a um preço ótimo. Suponhamos que o fabricante de tostadeiras cobrava $ 20 mas vendia apenas 30.000 unidades em vez de 50.000. Assim, o custo unitário de produção teria que ser maior, uma vez que os custos fixos seriam diluídos em menor número de unidades e seu *markup* em porcentagem seria mais baixo. O preço de *markup* funciona apenas se a empresa obtiver realmente o volume de vendas esperado.

Freqüentemente, as empresas que lançam um novo produto fixam o preço alto na esperança de recuperar seus custos o mais rápido possível. Entretanto, uma estratégia de *markup* elevado pode ser fatal se um concorrente estiver com o preço baixo. Isto aconteceu com a Philips ao fixar preço para seus aparelhos de videodisco. Ela desejava obter determinado lucro em cada unidade vendida. Entretanto, os concorrentes japoneses estabeleceram um preço baixo e foram bem-sucedidos na rápida conquista de participação de mercado, o que veio baixar seus custos substancialmente.

Mesmo assim, o preço de *markup* permanece popular por várias razões. Primeiro, os vendedores têm mais certeza dos custos do que da demanda. Ao vincular o preço ao custo, eles simplificam a tarefa de cálculo; não precisam fazer ajustes freqüentes em função das mudanças da demanda. Segundo, quando todas as empresas do setor usam este método, os preços tendem a ser similares. Além disso, a concorrência de preço é minimizada, o que não ocorreria se as empresas estivessem atentas às variações da demanda, que exigem contínuas modificações de preços. Terceiro, muitas pessoas consideram que este método é mais justo, tanto para compradores como para vendedores. Estes não levam vantagem sobre os compradores quando a demanda aquece e as empresas obtêm uma taxa de retorno sobre o investimento justa.

**PREÇO DE RETORNO-ALVO.** Outra abordagem de estabelecer preço é o *preço de retorno-alvo*. A empresa determina o preço que assegura sua taxa-alvo de retorno sobre o investimento (ROI). O preço de retorno-alvo é usado pela General Motors, que fixa os preços de seus automóveis de modo a obter uma taxa de 15 a 20% de ROI. Este método de preço é também usado por empresas de utilidade pública que estão restritas a um retorno justo sobre seus investimentos.

Suponhamos que o fabricante de tostadeiras investiu $ 1 milhão no negócio e deseja estabelecer um preço que garanta 20% de ROI, a saber, $ 200.000. O preço de retorno-alvo é dado pela seguinte fórmula:

$$\text{Preço de retorno - alvo desejado} = \text{custo unitário} + \frac{\text{retorno desejado} \times \text{capital investido}}{\text{unidades vendidas}}$$

$$= \$ 16 + \frac{0,20 \times \$ 1.000.000}{50.000} = \$ 20$$

O fabricante realizará os 20% de ROI se seus custos e vendas estimadas forem precisos. Entretanto, o que ocorreria se as vendas não atingirem 50.000 unidades? Ele pode preparar um *gráfico do ponto de equilíbrio* para saber o que aconteceria em outros níveis de vendas. A Figura 17.8 mostra este gráfico. Os custos fixos são de $ 300.000, não importando o volume de vendas. Os custos variáveis, não mostrados na figura, aumentam com o volume de vendas. O custo total é a soma dos custos fixos e variáveis. A curva de receita total começa no zero e cresce linearmente com cada unidade vendida.

11. STRAUSS, Neil. Pennies that add up to $ 16,98: why CD's cost so much. *The New York Times,* 5 July 1995, C11:1.

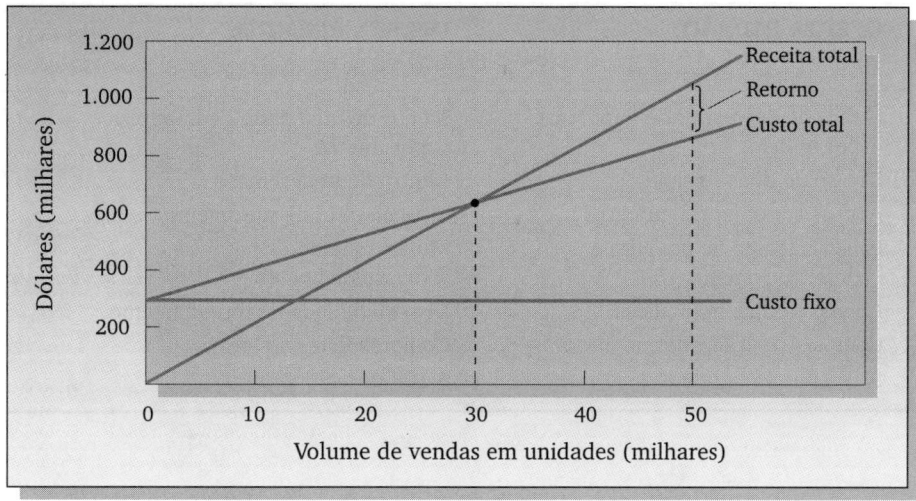

**Figura 17.8** *Gráfico do ponto de equilíbrio para a determinação do preço de taxa de retorno-alvo e do volume de equilíbrio.*

As curvas de receita total e de custos se cruzam quando são vendidas 30.000 unidades. Este é o *volume de equilíbrio* ou *ponto de equilíbrio,* que pode ser verificado pela seguinte fórmula:

$$\text{Ponto (ou volume)} \atop \text{de equilíbrio} = \frac{\text{custo fixo}}{\text{preço} - \text{custo variável}}$$

$$= \frac{\$\ 300.000}{\$\ 20 - \$\ 10} = 30.000$$

Sem dúvida, o fabricante está esperando que o mercado comprará 50.000 unidades a $ 20 e que obterá um retorno de $ 200.000 sobre o investimento de $ 1.000.000. Contudo, depende da elasticidade-preço e dos preços concorrentes. Infelizmente, o preço de retorno-alvo tende a ignorar essas considerações. O fabricante deve considerar diferentes preços e estimar seus prováveis impactos sobre o volume de vendas e lucro. Deve também buscar maneiras de baixar seus custos fixos e/ou variáveis para diminuir o volume de equilíbrio exigido.

**PREÇO DE VALOR PERCEBIDO.** Um número crescente de empresas está baseando seu preço no *valor percebido* do produto. Elas vêem as percepções de valor dos compradores, não seus custos, como fatores-chave para determinar preço. Usam variáveis não relacionadas a preço no composto de marketing para desenvolver o valor percebido nas mentes dos compradores. O preço é estabelecido para capitalizar sobre o valor percebido.[12]

O preço de valor percebido ajusta-se bem à idéia de posicionamento do produto. A empresa desenvolve um conceito de produto para um mercado-alvo específico com qualidade e preço planejados. Assim, a administração estima o volume que espera vender a esse preço. A estimativa indica a capacidade necessária da fábrica, investimento e os custos unitários. Depois, a administração verifica se o produto rende um lucro satisfatório ao preço e custo planejados. Se a resposta for afirmativa, a empresa vai em frente com o desenvolvimento do produto. Caso contrário, abandona a idéia.

A Du Pont e a Caterpillar são duas importantes praticantes da determinação de preço de valor percebido. Quando a Du Pont desenvolveu sua nova fibra sintética para carpetes, demonstrou aos fabricantes deste produto que eles podiam pagar $ 1,40 por 453 gramas de fibra (1 libra) e manter seu lucro atual. Ela denomina esta prática de *preço de valor de uso.* Entretanto, reconheceu que o preço de $ 1,40 deixaria os fabricantes de carpetes indiferentes. Assim, fixou um preço inferior a $ 1,40 para estimular o uso da nova fibra. A Du Pont não usou seus custos de produção para estabelecer o preço, mas apenas para julgar se havia lucro suficiente para introduzir o produto no mercado.

Em outro exemplo de política de preço da Du Pont, ela fixa um preço padrão e um preço *premium* para determinado produto químico. Consideremos o seguinte:

12. CHANG, Tung-Zong, WILDT, Albert R. Price, product information, and purchase intention: an empirical study. *Journal of the Academy of Marketing Science,* p. 16-27, Winter 1994. Veja também KORTGE, G. Dean, OKONKWO, Patrick A. Perceived value approach to pricing. *Industrial Marketing Management,* p. 133-140, May 1993.

| ATRIBUTO | OFERTA PADRÃO | OFERTA *PREMIUM* | VALOR AGREGADO |
|---|---|---|---|
| Qualidade | Menos de dez partes de impurezas por milhão | Menos de uma parte de impureza por milhão | $ 1,40 |
| Entrega | Dentro de duas semanas | Dentro de uma semana | 0,15 |
| Sistema | Apenas suprimentos químicos | Sistema total de suprimento | 0,80 |
| Inovação | Pouco trabalho de pesquisa e desenvolvimento | Muito trabalho de pesquisa e desenvolvimento | 2,00 |
| Retreinamento | Apenas treinamento inicial | Disponibilidade de retreinamento | 0,40 |
| Serviços | Compras centralizadas na matriz | Compras feitas no local | 0,25 |
| Preço | $ 100 por 453 gramas | $ 105 por 453 gramas | $ 5,00 |

A Du Pont mensurou o valor percebido de cada benefício agregado e chegou a $ 5 por 453 gramas. O consumidor que desejar a oferta *premium* paga $ 105 em vez de $ 100. Às vezes, esta estratégia é denominada *preço de valor dos componentes*. O consumidor pode necessitar de alguns dos valores agregados, não de todos. Se a Du Pont estiver disposta a *desagregar* os valores da oferta *premium*, o consumidor pagará apenas os valores agregados escolhidos.

A Caterpillar também usa o valor percebido para estabelecer os preços de seus equipamentos de construção. Pode fixar o preço de seu trator a $ 100.000, embora um trator concorrente similar possa custar $ 90.000. Mesmo assim, ela vende mais do que o concorrente! Quando um comprador potencial pergunta ao revendedor por que deve pagar mais $ 10.000 pelo trator Caterpillar, este responde o seguinte:

| | |
|---|---|
| $ 90.000 | é o preço do trator se ele for apenas equivalente ao trator do concorrente |
| $ 7.000 | é o preço *premium* pela durabilidade superior |
| $ 6.000 | é o preço *premium* pela confiabilidade superior |
| $ 5.000 | é o preço *premium* pelo serviço superior |
| $ 2.000 | é o preço *premium* pela maior garantia das peças |
| $ 110.000 | é o preço normal para cobrir o valor superior da Caterpillar |
| – $10.000 | é o desconto |
| $ 100.000 | é o preço final |

Assim, o revendedor Caterpillar está preparado para mostrar ao comprador por que seu trator custa mais caro do que o do concorrente. O comprador percebe que embora esteja pagando $ 10.000 a mais pelo trator Caterpillar, realmente, está obtendo $ 20.000 de valor

extra! Ele termina optando pelo Caterpillar porque está convencido de que seus custos operacionais durante o tempo de vida do trator serão menores.

A chave para estabelecer preço de valor percebido é determinar rigorosamente a percepção do mercado em relação ao valor da oferta. Os fabricantes com visão inflada do valor de suas ofertas estabelecerão preços altos para seus produtos. Aqueles com visão estreita cobrarão menos do que poderiam. A pesquisa de marketing é necessária para estabelecer a percepção de valor do mercado como guia para a eficácia na formulação de preço.[13]

**PREÇO DE VALOR.** Em anos recentes, várias empresas têm adotado o *preço de valor*, pelo qual fixam um preço baixo para uma oferta de alta qualidade. O preço de valor parte do pressuposto de que o preço deve representar uma oferta de alto valor para os consumidores. O automóvel Lexus é um bom exemplo, uma vez que a Toyota poderia ter fixado seu preço mais próximo ao do Mercedes, em função de sua extraordinária qualidade.

Aqui estão outros exemplos de empresas que fixam preços de valor:[14]

**SOUTHWEST AIRLINES** Essa empresa aérea cobra a terça parte do que cobram seus concorrentes, mas proporciona aos passageiros vôos muito confortáveis e serviço extremamente agradável, embora sem muitas opções. Trata-se de uma das poucas linhas aéreas norte-americanas a ter lucro em base consistente.

**TACO BELL** Em anos recentes, esta empresa reformulou suas operações de *fast-food* (alimentação rápida) e baixou significativamente seus preços ao reintroduzir a noção de preço de valor a seus consumidores.

---

13. Para um estudo empírico de nove métodos usados pelas empresas para avaliar o valor percebido pelos consumidores, veja ANDERSON, James C., JAIN, Dipak C., CHINTAGUNTA, Pradeep K. Customer value assessment in business markets: a state-of-practice study. *Journal of Business-to-Business Marketing*, l, n. 1, p. 3-29, 1993.
14. Veja VALUE marketing. *Business Week*, p. 54-60, 11 Nov. 1991; e WHAT intelligent consumers want. *Fortune*, p. 56-60, 28 Dec. 1992.

**NUCOR STEEL** Através da operação de pequenos fornos, a Nucor Steel está em condições de oferecer aço de alta qualidade a preços substancialmente menores do que os cobrados pela Bethlehem e outras aciárias.

Recentemente, a Procter & Gamble quase criou um tumulto ao mudar sua política de preço para vários produtos. As fraldas descartáveis Pampers e Luvs, o sabão líquido Tide e o café Folger's estão agora custando menos do que o preço de valor percebido. No passado, uma família leal à marca tinha que pagar $ 725 a mais ao ano pelos produtos da P&G *versus* os produtos de marcas privadas e de preço baixo. A empresa percebeu que seus preços altos poderiam causar problemas, desde que os consumidores estão crescentemente conscientes do valor de suas compras. Para oferecer preços de valor, ela adotou uma importante providência, reformulando o desenvolvimento, fabricação, distribuição, fixação de preços, mercados e a venda dos produtos para proporcionar maior valor em todos os pontos de sua cadeia de suprimentos.[15] Por isso, a adoção de preço de valor não é simplesmente estabelecer preços mais baixos em relação aos produtos dos concorrentes. É necessário reformular as operações da empresa para que ela se torne fabricante de custo baixo, sem sacrifício da qualidade, e baixar significativamente os preços para atrair grande número de consumidores conscientes de valor.

Um exemplo importante de preço de valor é a adoção do *preço constantemente baixo*, que ocorre no nível de varejo. Um varejista que adota esta política mantém o preço sempre baixo, não dando margem para a concessão de descontos temporários. Esta prática elimina a incerteza do preço de fim de semana e evita as variações praticadas pelos concorrentes orientados para a promoção. Quando o varejista pratica o *preço alto-baixo*, ele cobra caro em base diária, mas empreende promoções freqüentes, reduzindo o preço abaixo do nível estabelecido pelo concorrente de preço constantemente baixo.[16]

A estratégia de preço alto-baixo evoluiu durante o início dos anos 70, com o aumento das taxas inflacionárias. Quando os preços das matérias-primas começaram a cair, os fabricantes de alimentos não reduziram seus preços, mas ofereceram descontos aos varejistas na compra de determinados produtos. Depois, esses descontos eram repassados aos consumidores que estavam habituados a fazer compra por comparação. Entretanto, em anos recentes, a prática do preço alto-baixo deu lugar ao preço constantemente baixo, em setores amplamente diferentes, desde os revendedores do automóvel Saturno da General Motors, às lojas de departamentos como a Nordstrom. Mas a principal praticante do preço constantemente baixo é a Wal-Mart que, praticamente, definiu o termo. Exceto para alguns poucos itens, ela promete preços baixos todos os dias para as principais marcas vendidas. "Não é uma estratégia de curto prazo", afirma um de seus executivos. "Você tem que estar disposto a assumir um compromisso e estar preparado para operar com despesas menores do que os concorrentes".

Os varejistas adotam a política de preços constantemente baixos por várias razões. A mais importante delas é que a prática regular de liquidações e promoções custa caro e reduz a confiança dos consumidores nos preços normalmente cobrados. Estes também têm menos tempo e paciência para procurar ofertas nos supermercados e recortar cupons, cuja troca exige espera em longas filas.

Entretanto, a prática de preços constantemente baixos não é garantia de sucesso. A iniciativa da Sears na adoção desta prática fracassou quando ela foi introduzida em 1989. As lojas não reduziram seus custos para enfrentar a redução inevitável do faturamento, enquanto os consumidores esperavam para se certificar de que os preços estavam, realmente, baixos. A Wal-Mart foi hábil em manter sua política de preços constantemente baixos porque suas despesas representam apenas 15% do faturamento. Em contraste, a Sears destina 29% de seu faturamento para cobrir os custos administrativos, locação e outros. Finalmente, a Sears também falhou em manter os preços realmente menores do que os concorrentes, insistindo em anunciar que eles eram realmente baixos, perdendo a credibilidade dos consumidores. O resultado: agora ela oferece o que o setor de varejo denomina de *preço sempre justo*, política similar à praticada pela Bloomingdale's, em que a empresa oferece aos consumidores um preço justo, consistente, com descontos menores.[17]

**PREÇO DE MERCADO.** Neste caso, a empresa baseia seu preço em função dos preços cobrados pelos concorrentes, dedicando menor atenção a seus próprios custos ou à demanda. Ela pode cobrar igual, mais ou menos do que seu(s) principal(is) concorrente(s). Nos setores oligopolizados que vendem *commodities* como aço, papel ou fertilizante, de modo geral, as empresas cobram o mesmo preço. As empresas menores "acompanham a líder", mudando seus preços quando esta também muda, não em função de alterações de custos e demanda. Algumas empresas podem conceder pequenos descontos ou cobrar um pouco acima, mas conservam a maior parte de suas margens. Assim, os pequenos postos de gasolina cobram alguns centavos abaixo das grandes redes pertencentes às grandes empresas petrolíferas.

A prática do preço de mercado é bastante popular. Quando os custos são de difícil mensuração ou a respos-

15. SAPORITO, Bill. Behind the tumult at P&G. *Fortune,* p. 56-60, 28 Dec. 1992.
16. HOCH, Stephen J., DREZE, Xavier, PURK, Mary J. EDLP, Hi-Lo, and margin arithmetic. *Journal of Marketing,* p. 16-27, Oct. 1994.
17. BRYANT, Adam. Many companies try to simplify pricing. *The New York Times,* 18 Oct. 1992, 4, 6:1; STROM, Stephanie. Retailers' latest tactic: if it says $ 15, it means $ 15. *The New York Times,* 29 Sept. 1992, D1:3. Veja também COUGHLAN, Anne T., VILCASSIM, Naufel J. Retail marketing strategies: an investigation of everyday low pricing vs. promotional pricing policies. Artigo publicado pela Northwestern University, Kellogg Graduate School of Management, Dec. 1989.

ta dos concorrentes é incerta, as empresas percebem que o preço de mercado representa uma boa solução. Ela reflete o conhecimento coletivo do setor, à medida que proporciona um retorno justo e não prejudica a harmonia entre as empresas.

**Preço de Licitação.** A fixação de preço orientado para a concorrência é comum quando as empresas participam de licitações. Elas estabelecem seu preço baseadas na expectativa de como os concorrentes agirão, não levando em consideração seus custos ou a demanda. A empresa deseja obter o contrato, e a vencedora, normalmente, precisa oferecer um preço inferior ao dos concorrentes. Ao mesmo tempo, ela não pode fixar seu preço abaixo de certo nível, principalmente abaixo dos custos. Por outro lado, quanto maior for seu preço acima dos custos, menor a chance de obter o contrato.

O efeito líquido dessas duas situações opostas pode ser descrito em termos do lucro esperado da licitação (Tabela 17.1). Suponhamos que uma proposta de $ 9.500 teria grande chance de vencer uma licitação, digamos 81%, mas proporcionando um lucro de apenas $ 100. O lucro esperado é calculado multiplicando-se o lucro da empresa pela probabilidade da mesma vencer a licitação. Assim, o lucro esperado desta proposta é de $ 81 (0,81 × $ 100). Se a empresa apresentar uma proposta de $ 11.000, seu lucro seria de $ 1.600, mas suas chances de vencer a licitação seria reduzida a 1%. Assim, seu provável lucro seria de $ 16 (0,01 × $ 1.600). Um critério lógico seria apresentar um preço que maximizasse o lucro esperado. Conforme a Tabela 17.1, a melhor proposta seria a de $ 10.000, para um lucro esperado de $ 216.

A utilização do lucro esperado como critério de fixação de preço faz sentido para a empresa que participa de muitas concorrências. Ao trabalhar com probabilidades, a empresa conquistará lucro máximo a longo prazo. A empresa que participa ocasionalmente de licitações ou que precisa vencer uma concorrência específica não achará vantajoso usar o critério de lucro esperado. Por exemplo, este critério não faz distinção entre um lucro de $ 1.000 com probabilidade de 10% e outro de $ 125

com probabilidade de 80%. Todavia, a empresa que deseja manter sua produção em plena capacidade preferiria o segundo critério, em vez do primeiro.

## Seleção do preço final

Os métodos precedentes de formulação de preço mostram várias opções para a seleção do preço final. Nessa seleção, a empresa deve considerar alguns fatores adicionais, incluindo o preço psicológico, a influência de outros elementos do composto de marketing sobre o preço, as políticas de preço da empresa e o impacto do preço sobre terceiros.

**Preço Psicológico.** Os vendedores devem considerar os aspectos psicológicos do preço e não apenas seus aspectos econômicos. Muitos consumidores usam o preço como indicador de qualidade. Quando a Fleischmann aumentou o preço de seu gim de $ 4,50 para $ 5,50, as vendas da bebida aumentaram, não caíram. O preço de imagem é especialmente eficaz com produtos sensíveis ao ego como perfumes e automóveis caros. Um frasco de perfume que custa $ 100 pode conter apenas $ 10 de essência, mas as pessoas pagam o preço solicitado para demonstrar alta consideração a quem o recebe de presente.

Um estudo sobre os relacionamentos entre as percepções de preço e qualidade de automóveis constatou que as duas variáveis se comportam de maneira recíproca.[18] Os automóveis mais caros foram percebidos como possuindo alta qualidade (embora os entrevistados não a identificassem). De forma semelhante, os automóveis de alta qualidade foram percebidos como possuindo preços acima dos reais. Quando são mostradas informações alternativas sobre a qualidade verdadeira, os preços tornam-se indicadores menos significativos de qualidade. Quando essas informações não estão disponíveis, o preço atua como indicador de qualidade.

Ao examinarem um produto específico, os compradores já têm em mente um *preço de referência* que pode ter sido formado examinando-se os preços atuais, os

**Tabela 17.1** *Efeitos de diferentes propostas sobre o lucro esperado.*

| PROPOSTA DA EMPRESA | LUCRO DA EMPRESA | PROBABILIDADE DE VENCER A CONCORRÊNCIA | LUCRO ESPERADO |
|---|---|---|---|
| $ 9,500 | $ 100 | 0,81 | $ 81 |
| $ 10.000 | $ 600 | 0,36 | 216 |
| $ 10.500 | $ 1.100 | 0,09 | 99 |
| $ 11.000 | $ 1.600 | 0,01 | 16 |

---

18. ERICKSON, Gary M., JOHANSSON, Johny K. The role of price in multi-atribute product-evaluations. *Journal of Consumer Research*, p. 195-199, Sept. 1985.

anteriores ou o contexto de compra. Freqüentemente, os vendedores manipulam esses preços de referência para fixar os preços de seus produtos. Por exemplo, um vendedor pode colocar seu produto entre os mais caros para induzir que ele pertence à mesma classe desses produtos. As lojas de departamentos exibem roupas femininas em seções separadas por preço; presume-se que os vestidos encontrados na seção mais cara sejam de maior qualidade. A idéia de preço de referência é também criada para informar que ele está abaixo do preço sugerido pelo fabricante, para indicar que o preço do produto foi, originalmente, fixado muito mais alto ou para ser comparado com o alto preço cobrado por um concorrente.[19]

Muitos vendedores acreditam que os preços devem terminar em números ímpares. Os preços cobrados em anúncios de jornais terminam em números ímpares. Assim, um amplificador estéreo custa $ 299 em vez de $ 300. Muitos consumidores vêem este preço na faixa de $ 200 e não da de $ 300. Outra explicação é que o final ímpar dá noção de desconto ou barganha. Entretanto, se a empresa deseja uma imagem de preço alto, em vez de preço baixo, deve evitar a tática de final ímpar.

**INFLUÊNCIA DE OUTROS ELEMENTOS DO COMPOSTO DE MARKETING NO PREÇO.** O preço final deve levar em consideração a qualidade da marca e da propaganda em relação à concorrência. Farris e Reibstein examinaram o relacionamento entre preço, qualidade e propaganda relativas em 227 negócios de bens de consumo e encontraram os seguintes resultados:

1. As marcas com qualidade média e orçamento de propaganda elevado estavam em condições de serem vendidas a preços altos. Aparentemente, os consumidores estavam mais dispostos a pagar preços altos para produtos conhecidos do que para produtos desconhecidos.
2. As marcas com alta qualidade e orçamento de propaganda elevado eram vendidas com preços mais altos. Inversamente, as marcas de qualidade e orçamento de propaganda baixos eram vendidas a preços menores.
3. O relacionamento positivo entre preço alto e orçamento de propaganda também elevado é mais forte nos estágios finais do ciclo de vida do produto para as empresas líderes de mercado e para os produtos de custo baixo.[20]

**POLÍTICAS DE PREÇO DA EMPRESA.** O preço contemplado deve ser consistente com as políticas de preço da empresa. Muitas empresas possuem um departamento especializado para desenvolver políticas de preço e estabelecer ou aprovar decisões de preço. Seu propósito é assegurar que os vendedores ofereçam preços que sejam razoáveis aos consumidores e rentáveis para a empresa.

**IMPACTO DO PREÇO SOBRE TERCEIROS.** A administração deve também considerar as reações de terceiros em relação ao preço escolhido. O que os distribuidores e revendedores acham desse preço? Os vendedores da empresa estarão convencidos de que o preço fixado é justo ou o consideram muito alto? Como os concorrentes reagirão a este preço? Os fornecedores aumentarão seus preços quando conhecerem o preço da empresa? Há possibilidade de intervenção governamental quanto a cobrança desse preço?

No último caso, as empresas precisam conhecer as leis que afetam os preços e se assegurarem de que suas políticas de preços são defensáveis. A legislação norte-americana deixa claro que os vendedores devem estabelecer preços sem fazer qualquer acordo com os concorrentes; o acordo de preço é ilegal. Em 1994, seis importantes linhas aéreas foram autuadas por terem feito um acordo de preço que pode ter custado aos consumidores aproximadamente $ 2 bilhões entre 1988 e 1992. Além disso, a legislação federal e estadual protege os consumidores contra práticas de preço enganosas. Por exemplo, é ilegal uma empresa estabelecer preços artificialmente altos e, depois, anunciar uma "liquidação" em que os preços permanecem próximos aos anteriores. Por exemplo, o estado de New York processou a Home Shopping Network por prática enganosa no preço das jóias em 1994. O secretário estadual de justiça informou que a rede havia inflado os preços de varejo em suas lojas, classificando-os como "fantasiosos". "Um anel vendido a $ 400, provavelmente, valia este preço. O problema é que estavam anunciando que custava $ 1.200 em outras lojas", afirmou a autoridade.

Algumas formas de *discriminação de preço* (em que os vendedores oferecem preços diferentes a várias pessoas pertencentes ao mesmo setor comercial) são também ilegais. Entretanto, a discriminação de preço é legal se o vendedor puder provar que seus custos são diferentes quando vendem a varejistas diferentes. Por exemplo, o custo unitário para a venda de um grande volume de bicicletas para a Sears é menor do que vender algumas a um pequeno comerciante. O vendedor pode também discriminar seu preço se a qualidade do produto variar em relação a vários compradores e para se proteger dos concorrentes. Entretanto, o *preço predatório* (venda abaixo do custo com a intenção de destruir a concorrência) é contra a lei.[21]

19. RAJENDRAN, K. N., TELLIS, Gerard J. Contextual and temporal componentes of reference price. *Journal of Marketing,* p. 22-34, Jan. 1994.
20. FARRIS, Paul W., REIBSTEIN, David. J. How prices, expenditures, and profits are linked. *Harvard Business Review,* p. 173-184, Nov./Dec. 1979. Veja também ABE, Makoto. Price and advertising strategy of a national brand against its private-label clone: a signaling game approach. *Journal of Business Research,* p. 241-250, July 1995.
21. CHEESEMAN, Henry. *Contemporary business law.* Englewood Cliffs, NJ : Prentice Hall, 1995.

## ADAPTAÇÃO DO PREÇO

Geralmente, as empresas não estabelecem um preço único, mas elaboram uma estrutura de preços que reflita as variações na demanda geográfica e nos custos, as exigências dos segmentos de mercado, a época da compra, o volume de pedidos e outros fatores. Como resultado dos descontos, concessões e gastos promocionais, uma empresa, raramente, realiza o mesmo lucro em cada unidade do produto que vende. Aqui, examinaremos diversas estratégias de adaptação de preço: preço geográfico, preço com desconto e concessões, preço promocional, preço diferenciado e preço de composto de produto.

### Preço geográfico

Esta estratégia envolve a decisão da empresa em como estabelecer o preço de seus produtos para consumidores localizados em diferentes localidades ou países. Outro problema é se a empresa deve cobrar preços maiores para consumidores localizados mais distantes para cobrir os custos mais elevados de transporte e o risco de perder dinheiro. Ela deve cobrar preço menor na expectativa de obter maior volume de venda?

Outro problema é como receber a fatura. Trata-se de um assunto crítico quando os compradores não têm moeda forte para pagar por suas compras. Muitas vezes, os compradores desejam oferecer outros itens em pagamento, prática esta que tem levado ao crescimento do *countertrade*.

Muitas empresas do Oriente não estão familiarizadas com o *countertrade* e preferem fazer suas transações a vista. Todavia, o *countertrade* está sendo usado cada vez mais como estratégia de marketing na Ásia, Oriente Médio e em outros locais do mundo onde esta prática sofisticada de troca direta de produtos faz parte da cultura empresarial. "Nos, norte-americanos, permanecemos em uma área isolada onde o dólar é rei", afirma Dan West, presidente da Associação Norte-Americana de Countertrade. "Não fazemos troca direta com esse país porque não faz parte de nosso *modus operandi*". Todavia, as empresas norte-americanas são, freqüentemente, forçadas a praticar *countertrade* se desejarem o negócio. Conforme especialistas, o *countertrade* já representa quase 15% do comércio mundial. Esta prática de comércio internacional toma várias formas:[22]

- *Troca direta.* Envolve a simples permuta de bens, sem envolvimento de dinheiro. Em 1993, a Eminence S.A., uma das principais fabricantes de roupas da França, deu início a um plano de troca direta no valor de $ 25 milhões, com duração de cinco anos. Nesse plano, ela fornece roupas íntimas e esportivas a compradores da Europa Oriental. Em troca, receberá uma variedade de bens e serviços, variando de transporte global a espaço de propaganda em revistas regionais.

- *Acordo de compensação.* Aqui, o vendedor recebe parte do pagamento em dinheiro e o restante em produtos. Uma fábrica inglesa de aeronaves vendeu aviões ao Brasil e recebeu 70% em dinheiro e o restante em café.

- *Pagamento de investimentos com produtos.* O vendedor vende uma fábrica, equipamentos ou tecnologia a outro país, concordando em aceitar como pagamento parcial os produtos fabricados com os equipamentos fornecidos. Por exemplo, uma empresa química norte-americana construiu uma fábrica para uma empresa indiana, aceitando parte do pagamento em dinheiro e o restante em produtos químicos.

- *Acordo de transação com produtos.* O vendedor recebe o pagamento total em dinheiro, mas concorda em gastar parte substancial do mesmo naquele país, dentro de um período de tempo preestabelecido. Por exemplo, a Pepsi-Cola vende o xarope do refrigerante para a Rússia por rublos e concorda em comprar certo volume de vodca para vender nos Estados Unidos.

Os acordos de *countertrade* mais complexos envolvem mais de dois participantes. Por exemplo, a Daimler-Benz concordou em vender 30 caminhões para a Romênia, aceitando em troca 150 jipes fabricados neste país, que são trocados no Equador por bananas, que são vendidas em uma rede alemã de supermercados. Através deste circuito de transações, a Daimler-Benz, finalmente, recebe o pagamento em marco alemão.

Em anos recentes, a definição de *countertrade* tem sido expandida para incluir acordos contratuais de exportadores que fornecem algum benefício ou compensação para o comprador como uma condição da venda. Por exemplo, quando a fábrica de aviões McDonnell Douglas precisava fechar um contrato de venda de seus helicópteros Apache no valor de $ 250 milhões com os Emirados Árabes Unidos, concordou em equipar as tendas dos *sheiks* contra insetos voadores. A empresa está ajudando a instalar um sistema de proteção na capital, Abu Dhabi, para enfrentar a grande infestação de insetos que vem destruindo as colheitas.

Como muitas outras grandes empresas, a McDonnell Douglas possui um departamento de *countertrade* onde trabalham muitas pessoas. Entretanto, algumas empresas transferem as operações de troca direta e *countertrade* a empresas especializadas. Por exemplo, a Eminence usou os serviços da Atwood

---

22. Veja ROWE, Michael. *Countertrade*. Londres : Euromoney Books, 1989; AGARWALA, P. N. *Countertrade*: a global perspective. Nova Delhi : Vikas Publishing House, 1991; e KORTH, Christopher M. (Org.). *International countertrade*. New York : Quorum Books, 1987.

Richards Inc., uma das maiores empresas de troca direta do mundo.

## Descontos e concessões

A maioria das empresas modificará seu preço básico para recompensar os consumidores que pagam pontualmente, compram grande volume e em épocas de baixa estação. A seguir, descrevemos esses ajustes de preços, chamados *descontos* e *concessões*. Entretanto, antes disso, é importante uma palavra de advertência. Muitas empresas estão tão preocupadas em garantir descontos, concessões e condições especiais (por exemplo, propaganda cooperativa, frete pago) a seus revendedores e consumidores que podem deixar de perceber o pequeno lucro que isso representa. Elas devem mensurar o custo de cada desconto ou concessão em relação a seu impacto na geração de venda. Depois, devem estabelecer políticas melhores, privilegiando os consumidores que optarem por seus produtos.[23]

**Descontos para Pagamento a Vista.** Trata-se da redução de preço aos compradores que pagam pontualmente suas faturas. Um exemplo típico é o "desconto de 2% para pagamento em 10 dias ou pagamento líquido em 30 dias". O desconto deve ser garantido a todos os compradores que atenderem às condições explicitadas. Tais descontos são comuns em muitos setores e atendem ao propósito de melhorar a liquidez das empresas vendedoras, reduzir o custo de cobrança e as perdas com devedores duvidosos.

**Descontos por Quantidade.** Trata-se de uma redução concedida aos compradores que adquirem grandes volumes. Um exemplo típico é "oferecer o preço unitário de $ 10 para compras abaixo de 100 unidades e $ 9 para compras superiores a 100". Por lei, os descontos por quantidade devem ser oferecidos igualmente a todos os compradores e não devem exceder a redução de custos proporcionada pela venda em grandes volumes. Essa redução de custos inclui as despesas de vendas, estocagem e transporte. Os descontos oferecidos podem ser cumulativos (número de unidades adquiridas em determinado período ou não-cumulativos (por pedido). Eles fornecem incentivo para o comprador adquirir mais de determinado vendedor, em vez de comprar de fontes múltiplas.

**Descontos Funcionais.** Também denominados *descontos comerciais,* são oferecidos pelo fabricante aos membros do canal de distribuição de seus produtos se estes exercerem certas funções como venda, armazenagem e controle de estoque. Os fabricantes devem oferecer descontos funcionais diferentes conforme o trabalho executado pelos membros do canal, mas, por lei, o mesmo desconto conforme o nível do canal (por exemplo, o mesmo desconto para distribuidores, atacadistas, varejistas etc.).

**Descontos Sazonais.** Trata-se de uma redução de preço para os compradores que adquirem mercadorias ou contratam serviços fora da estação. Os descontos sazonais permitem que o vendedor mantenha a produção estabilizada durante todo o ano. Os fabricantes de ski oferecem descontos sazonais a varejistas durante a primavera e o verão para estimular a antecipação das compras. Hotéis, motéis e linhas aéreas oferecem descontos sazonais em períodos de baixa estação.

**Concessões.** As concessões são outros tipos de redução do preço de lista. Por exemplo, as *concessões de troca* permitem ao consumidor a aquisição de um novo bem, dando o antigo como entrada ou desconto. As concessões de troca são mais comuns junto aos revendedores de veículos e de outras categorias de bens duráveis. As *concessões promocionais* são pagamentos ou reduções de preço para recompensar os revendedores pela participação em campanhas de propaganda e de apoio a vendas.

## Preço promocional

As empresas usam várias técnicas de fixação de preço para estimular a compra antecipada. As empresas internacionais devem pesquisar essas ferramentas de preço promocional e se assegurarem de que elas estão dentro da lei nos países em que fazem negócios.

- *Preço isca.* Os supermercados e lojas de departamentos reduzem os preços de marcas bem conhecidas para estimular a geração de tráfego. Entretanto, os fabricantes, de modo geral, desaprovam que suas marcas sejam usadas como iscas porque isto pode prejudicar a imagem delas, além de gerar insatisfação de outros varejistas que as vendem ao preço de lista. Os fabricantes têm tentado impedir que os intermediários utilizem suas marcas como iscas através de leis de proteção de preço, mas elas vêm sendo revogadas.
- *Preço de ocasião.* Os vendedores estabelecem preços especiais em certas épocas para atrair mais consumidores. Assim, as roupas de linho são vendidas a preço promocional em janeiro (inverno no hemisfé-

23. Veja MARN, Michael V., ROSIELLO, Robert L. Managing price, gaining profit. *Harvard Business Review,* p. 84-94, Sept./Oct. 1992.

rio norte) para atrair compradores de roupas às lojas.

- *Cupons de desconto.* Os consumidores recebem cupons de desconto para ser incentivados a comprar o produto de um fabricante dentro de um período específico de tempo. Os cupons podem ajudar na liquidação de estoque sem que a empresa tenha que reduzir os preços de lista. (Os fabricantes de automóveis vêm, há muito tempo, oferecendo cupons para estimular as vendas, mas, em anos recentes, a popularização do preço de valor está desacreditando esta prática. O preço médio dos cupons entre as montadoras de Detroit caiu para cerca de $ 700 por veículo no quarto trimestre de 1993, abaixo de $ 900 do trimestre anterior e de $ 1.200 no final de 1992.[24]) Os cupons também são muito utilizados na venda de produtos de consumo embalados. Eles estimulam as vendas e custam menos para a empresa do que a redução de preço. A razão é que muitos consumidores compram o produto mas deixam de enviar os cupons pelo correio para ser ressarcidos.

- *Financiamento a juros baixos.* Em vez de baixar o peço, a empresa pode oferecer aos consumidores financiamento a juros baixos. Os fabricantes de automóveis anunciavam 3% de taxa de juros e, em um caso especial, uma taxa de 0% para atrair os consumidores. Desde que muitos compradores adquiram seus automóveis financiados, uma baixa taxa de juros é estimulante.

- *Maior prazo de pagamento.* As empresas de bens de consumo duráveis e as financeiras são as principais empresas interessadas em estender os prazos de pagamento para diminuir o valor mensal das prestações. Freqüentemente, os consumidores estão menos preocupados com o custo do financiamento (isto é, a taxa de juros cobrada) de um empréstimo. Eles querem saber se terão condições de fazer o pagamento mensal.

- *Garantia e contrato de serviços.* A empresa pode promover vendas oferecendo garantia ou contrato de serviços gratuitos. Em vez de cobrar por eles, oferece-os gratuitamente ou a preço reduzido.

- *Desconto psicológico.* Esta estratégia envolve fixar um preço artificialmente alto para um produto e, depois, oferecê-lo com substancial desconto. Por exemplo, "o preço era de $ 359, agora está custando $ 299". As táticas ilegítimas de descontos são combatidas pela legislação norte-americana. Entretanto, os descontos sobre o preço normal são uma forma legítima de preço promocional.

Freqüentemente, as estratégias de preço promocional são um jogo de soma zero. Se funcionarem, os concorrentes as copiarão rapidamente; e elas perderão a eficácia para a empresa individual. Se não funcionarem, desperdiçam o dinheiro que a empresa poderia alocar em ferramentas de marketing de impacto mais permanente, como melhorar a qualidade do produto e melhorar a imagem do produto e/ou serviço através da propaganda.

## Preço diferenciado

Freqüentemente, as empresas modificam seu preço básico para acomodar as diferenças de consumidores, produtos, localizações etc. O *preço diferenciado* (também chamado *preço discriminatório* ou *discriminação de preço*) ocorre quando uma empresa vende um produto ou serviço a dois ou mais preços que não refletem diferença proporcional em custos. O preço diferenciado assume várias formas:

- *Preço por segmento de consumidores.* Cobram-se preços desiguais a diferentes grupos de consumidores pelo mesmo produto ou serviço. Por exemplo, os museus cobram uma taxa de admissão menor para estudantes e pessoas idosas.

- *Preço por versão de produto.* Versões diferentes do produto recebem preços diferentes, embora não proporcionais a seus respectivos custos. O preço de uma garrafa de água mineral Evian de 1,5 l é de $ 2. A mesma água é vendida em garrafas de 50 ml com *spray* borificador por $ 6. Utilizando o preço por versão de produto, a Evian vende sua água por preços bastante diferenciados.

- *Preço de imagem.* Algumas empresas fixam o preço do mesmo produto em dois níveis diferentes, baseados nas diferenças de imagem. Assim, um fabricante de perfume pode engarrafar o produto, dar-lhe nome e imagem, e vendê-lo por $ 10 em embalagem de 28,35 ml. O mesmo volume desse perfume pode ser oferecido em um vidro mais atraente com marca e imagem diferentes e ser vendido por $ 30.

- *Preço por localização.* O mesmo produto é vendido por preços diferentes em vários locais, embora o custo da oferta seja o mesmo. Um teatro estabelece preços diferentes conforme as localizações dos assentos. Os bilhetes de entrada custam mais caro em New York do que nos subúrbios de New Jersey.

- *Preço por período.* Os preços variam conforme as estações, dia ou hora. Os serviços de utilidade pública oferecem taxas variadas para usuários comerciais conforme o período do dia e nos fins de semana. Custa mais caro fazer interurbanos durante a semana do que no fim de semana. Uma forma especial de preço por tempo é o *preço de rendimento*, freqüentemente usado por hotéis e linhas aéreas para assegurar alto nível de ocupação. Por exemplo, para assegurar utilização plena de suas cabines, um navio de cruzeiro pode reduzir seu preço dois dias antes de deixar o porto.

---

24. MOSKAL, Brian. S. Consumer age begets value pricing. *Industry Week*, p. 36, 38, 40, 21 Feb. 1994.

Para a discriminação de preço funcionar, certas condições devem existir. Primeiro, o mercado deve ser segmentável e os segmentos devem mostrar intensidades de demanda diferentes. Segundo, as empresas que participam do segmento de preço mais baixo não devem ter condições de revender o produto para o segmento de preço mais alto. Terceiro, os concorrentes não devem ter condições de competir com as empresas que vendem no segmento de preço mais alto. Quarto, o custo de segmentar e policiar o mercado não deve exceder a receita extra derivada da diferenciação de preço. Quinto, a prática não deve gerar ressentimento e indisposição por parte dos consumidores. Sexto, a forma específica de diferenciação de preço não deve ser ilegal.[25]

Como resultado da abertura de mercado em diversos setores industriais, os concorrentes aumentaram o uso da diferenciação de preço. Por exemplo, as linhas aéreas cobram preços diferentes para passageiros do mesmo vôo, dependendo da classe escolhida, hora do dia (de manhã ou de madrugada), dia da semana (segunda a sexta ou fim de semana), estação do ano, tipo de empresa-cliente, habitualidade de uso ou *status* (jovem, militar, pessoa de idade avançada) etc. Este sistema denominado *administração do rendimento* é um exercício de tentar obter receita máxima pela ocupação plena dos assentos da aeronave.

## Preço de composto de produto

A lógica do estabelecimento de preço deve ser modificada quando o produto faz parte de um composto. Neste caso, a empresa procura um conjunto de preços que maximiza o lucro do composto de produto. A fixação de preço é difícil porque vários produtos têm demandas e custos inter-relacionados e estão sujeitos a diferentes graus de concorrência. Podemos distinguir seis situações envolvendo o preço de composto de produto: preço de linha de produtos, preço de característica opcional, preço de produto cativo, preço composto, preço de subproduto e preço de "pacote".

**PREÇO DE LINHA DE PRODUTOS.** Normalmente, as empresas desenvolvem linhas de produtos, em vez de produtos isolados. Por exemplo, a Reebok International oferece quatro versões diferentes de seu tênis mais conhecido, o Shaq Attaq. Começando com a versão básica vendida a $ 60, cada versão sucessiva traz características extras, permitindo preços mais elevados em cada uma delas. O modelo *top* de linha é vendido por $ 135. A administração deve decidir como *escalonar preços* em relação às várias versões oferecidas. O escalonamento de preços deve levar em consideração as diferenças de custos entre as versões, as avaliações dos consumidores em relação às diversas características e os preços dos concorrentes. Se a diferença entre duas versões sucessivas de pares de tênis for pequena, os compradores, freqüentemente, comprarão a mais avançada e o lucro da empresa aumentará se a diferença de preço por maior do que a diferença de custo. Se a diferença de preço for grande, os consumidores comprarão a versão mais simples.[26]

Em muitas linhas de negócios, os vendedores escolhem preços bem definidos por uma linha de produtos. Assim, uma loja de roupas masculinas pode vender ternos em três níveis de preços: $ 150, $ 250 e $ 350. Os consumidores associarão três níveis de qualidade (baixo, médio e alto) aos preços oferecidos. A tarefa do vendedor é estabelecer as diferenças de qualidade percebidas que justifiquem as diferenças de preços.

**PREÇO DE CARACTERÍSTICA OPCIONAL.** Muitas empresas oferecem produtos ou características opcionais acompanhando o produto principal. O comprador de automóvel pode solicitar vidros elétricos, desembaçadores de pára-brisas e controle de intensidade de luz. A fixação de preços para estas características opcionais é tarefa árdua porque as empresas automobilísticas devem decidir que itens embutir no preço e que itens devem ser cobrados separadamente. Durante muitos anos, a estratégia normal de preço das montadoras norte-americanas era anunciar um modelo básico por $ 10.000 para atrair as pessoas aos *showroms* dos revendedores onde modelos equipados custando $ 13.000 ou mais ocupavam maior espaço de exposição. O modelo econômico era rejeitado pelos consumidores porque não oferecia conforto e características especiais. Todavia, com a adoção do preço de valor, as montadoras norte-americanas estão seguindo as japonesas e incluindo vários opcionais no modelo básico. Na General Motors e Ford, o carro com preço de valor ou de série especial vem com um conjunto de opcionais como ar-condicionado, vidros elétricos ou travas automáticas nas portas, e desembaçador de pára-brisa anti-congelante. O preço é anunciado como preço de "pacote" (normalmente, não sujeito a negociação).[27]

Os restaurantes enfrentam problema semelhante na hora de fixar preços. Seus consumidores podem pedir alguma bebida alcoólica, além da refeição. Muitos restaurantes fixam preços elevados para bebidas alcoólicas e preços baixos para as refeições. A receita das refeições cobre o custo do alimento e outros custos e o lucro vem das bebidas alcoólicas. Isto explica por que os garçons pressionam os consumidores a consumir bebidas alcoólicas. Outros restaurantes fixam preços baixos para as bebidas e preços elevados para as refeições, pro-

25. Nos Estados Unidos, as leis de discriminação de preço são muito complexas. Para mais informações sobre os tipos específicos ilegais de discriminação de preço, veja CHEESEMAN. Op. cit.
26. FARRELL. Op. cit. p. 146-155.
27. MOSKAL. Op. cit. p. 36, 38, 40.

curando atrair maior número de consumidores de bebidas alcoólicas.

**PREÇO DE PRODUTO CATIVO.** Alguns produtos requerem o uso de outros produtos *cativos*. Exemplos de produtos cativos são lâminas para aparelhos de barba e filmes para câmeras fotográficas. Freqüentemente, os fabricantes de aparelhos de barba e câmeras fotográficas fixam preços baixos para permitir margens maiores aos revendedores. Assim, a Kodak oferece suas câmeras a preços baixos porque ganha dinheiro na venda de filmes. Os fabricantes de câmeras que não vendem filmes têm que cobrar mais por seus produtos para obter o mesmo lucro global.

Há o perigo de fixar preços muito elevados para produtos cativos. Por exemplo, a Caterpillar obtém lucros elevados na venda de peças e nos serviços de assistência técnica. O *markup* de seus equipamentos é de 30% sobre o custo total, enquanto algumas peças são vendidas, às vezes, com margem de 200%. Esta prática tem dado origem a empresas "piratas" que falsificam essas peças e as vendem a oficinas mecânicas desonestas que as instalam, às vezes, sem transferir a diferença de preço aos consumidores. Enquanto isso, a Caterpillar vai perdendo vendas. Ela tenta controlar este problema alertando os proprietários de equipamentos para procurarem apenas revendedores autorizados se desejarem garantia de desempenho. Entretanto, está claro que o problema é gerado pelos altos preços que os fabricantes cobram por seus produtos de manutenção.[28]

**PREÇO COMPOSTO.** Freqüentemente, as empresas de serviços cobram uma taxa fixa mais uma taxa variável de uso. Assim, os usuários de telefone pagam uma taxa mensal mínima mais as ligações que excederem um número mínimo. Os parques de diversões cobram um ingresso de entrada com direito ao uso de alguns brinquedos. O uso excedente é cobrado a parte. As empresas de serviços enfrentam problema similar à fixação de preços para produtos cativos, isto é, quanto cobrar pelo serviço básico e pelo serviço variável. A taxa fixa deve ser baixa o suficiente para induzir a compra do serviço, e o lucro pode decorrer do uso variável do serviço.

**PREÇO DE SUBPRODUTO.** Freqüentemente, na fabricação de bens como alimentos, produtos de petróleo e produtos químicos há subprodutos. Se os subprodutos tiverem algum valor para algum grupo de clientes, eles devem ser cobrados em função do valor. Qualquer receita proveniente da venda de subprodutos tornará mais fácil para a empresa baixar o preço de seu produto principal, se for forçada pela concorrência.

Às vezes, as empresas não percebem o valor de seus subprodutos. Por exemplo, antes do surgimento da empresa Zoo-Doo Compost Company, muitos zoológicos não percebiam que um de seus subprodutos, o esterco dos animais, podia ser uma excelente fonte adicional de receita:

**ZOO-DOO COMPOST COMPANY** Baseada em Memphis, Tennessee, esta empresa licencia sua marca aos zoológicos e recebe *royalties* na venda de esterco. A Zoo-Doo ajudou muitos zoológicos a conhecer os custos e as oportunidades envolvidas com os subprodutos de seus animais. "Muitos zoológicos ainda não conhecem o volume de esterco que estão produzindo ou o custo de eliminá-lo", explica o presidente e fundador Pierce Ledbetter. Ele explica que os custos de eliminação do esterco ficam, freqüentemente, perdidos nos orçamentos das cidades e a administração do zoológico fica chocada quando descobre seu valor real. Freqüentemente, os zoológicos ficam tão agradecidos com qualquer economia na limpeza das instalações dos animais que não pensam na possibilidade de ganhar algum dinheiro na venda de seus subprodutos. O esterco é colocado à venda em pequenas embalagens em 160 lojas de zoológicos e 700 outras lojas de artigos de jardinagem. A longo prazo, a Zoo-Doo planeja atingir os compradores de adubo orgânico que adquirem sacos de 7 a 35 kg por vez. Ledbetter já está planejando criar o clube "Fertilizante do mês" para atingir este mercado lucrativo.[29]

**PREÇO DE "PACOTE".** Freqüentemente, os vendedores reúnem vários produtos e estabelecem preço para o conjunto. Assim, um fabricante de automóveis pode oferecer um "pacote" de opcionais mais baratos do que se fossem comprados separadamente. Uma companhia teatral pode estabelecer um preço único para toda a temporada de apresentação, inferior à soma dos ingressos comprados separadamente. Desde que os consumidores possam não ter planejado comprar todos os componentes, a economia decorrente da compra do "pacote" deve ser substancial para induzi-los à decisão de compra.[30]

Alguns consumidores não desejam comprar o "pacote" completo. Suponhamos que a oferta de um fornecedor de equipamentos médicos inclua entrega gratuita e treinamento. Um cliente específico pode dispensar a entrega gratuita e o treinamento para obter redução no preço. Neste caso, ele está pedindo para o vendedor abrir o "pacote" de sua oferta. Realmente, o fornecedor pode aumentar seu lucro abrindo o "pacote" se a redução de custos for maior do que a diminuição do preço decorrente da eliminação de itens que o cliente não esteja interessado. Assim, se o fornecedor economizar $ 100 por não ter que entregar o "pacote" e reduzir o preço em

28. Veja WEIGAND, Robert E. Buy in-follow on strategies for profit. *Sloan Management Review*, p. 29-37, Spring 1991.
29. KRAFT, Susan. Love, love me doo. *American Demographics*, p. 15-16, June 1994.
30. Veja TELLIS, Gerald J. Beyond the many faces of price: an integration of pricing strategies. *Journal of Marketing*, p. 146-160, aqui p. 155, Oct. 1986. Este excelente artigo também analisa e ilustra outras estratégias de preço.

$ 80, ele manterá o cliente satisfeito, enquanto aumentará seu lucro em $ 20.

## INICIATIVAS E RESPOSTAS A MUDANÇAS DE PREÇOS

Após desenvolver suas estratégias de preços, as empresas enfrentarão situações em que precisarão reduzir ou aumentar os preços.

### Iniciativas de reduções de preços

Diversas circunstâncias podem levar uma empresa a reduzir seus preços. Uma é a *capacidade ociosa,* quando ela precisa de negócios adicionais e não pode gerá-los através de aumento do esforço de vendas, melhorias no produto ou outras medidas. Para aumentar suas vendas, pode deixar de acompanhar o "preço líder" e adotar uma política agressiva. Entretanto, ao iniciar uma redução de preço, a empresa pode disparar uma guerra de preços porque os concorrentes passam a proteger suas participações de mercado.

Outra circunstância é o *declínio da participação de mercado.* Vários setores industrias norte-americanos – automóveis, produtos eletrônicos de consumo, câmeras, relógios e aço – vão perdendo participação de mercado para os concorrentes japoneses. Para interromper as perdas, algumas empresas passaram a ser mais agressivas em termos de preço. Por exemplo, a General Motors reduziu os preços de seus carros compactos em 10% na Costa Oeste, onde a concorrência japonesa é mais forte.

As empresas também iniciarão cortes de preços como *estratégia para dominar o mercado através de custos menores.* A empresa começa com os custos abaixo dos concorrentes ou já inicia com reduções de preços na esperança de conquistar participação de mercado, o que a levaria a custos menores em função de maior volume de produção e de experiência. A linha aérea People Express promoveu uma estratégia agressiva de preços baixos e conquistou grande participação de mercado. Entretanto, esta estratégia também envolve altos riscos:

1. *Armadilha da baixa qualidade.* Os consumidores assumirão que a qualidade do produto mais barato está abaixo dos concorrentes que vendem a preços elevados.
2. *Armadilha da frágil participação de mercado.* Um preço baixo conquista participação de mercado mas não a lealdade dos consumidores. Estes comprarão de qualquer empresa que oferecer preço mais vantajoso.
3. *Armadilha da falta de recursos em caixa.* Os concorrentes de preços elevados podem reduzi-los durante mais tempo porque possuem mais reservas em caixa.

No final a People Express caiu em uma destas armadilhas.

As empresas podem ter que reduzir seus preços em um período de *recessão econômica.* Poucos consumidores estão dispostos a comprar versões de produtos de preços elevados. A seção *Insight* de Marketing intitulada "Análise de compostos de marketing alternativos em período de recessão econômica".

A escolha de uma estratégia de marketing depende de várias considerações, incluindo a atual participação de mercado da empresa A, sua capacidade de produção atual e planejada, taxa de crescimento de mercado, sensibilidade de preço e sensibilidade do valor percebido pelo consumidor, relação participação de mercado/rentabilidade e prováveis respostas a iniciativas estratégicas dos concorrentes. A empresa precisa prever o impacto de cada estratégia de marketing sobre suas vendas, participação de mercado, custos, lucro e investimento a longo prazo.

### Iniciativa de aumentos de preços

Um aumento de preço bem-sucedido pode ampliar consideravelmente o lucro. Por exemplo, se a margem de lucro da empresa for de 3% das vendas, um aumento de preço de 1% ampliará o lucro em 33% se o volume de vendas não for afetado. Esta situação está ilustrada na Tabela 17.2, onde assumimos que uma empresa cobrou $ 10 e vendeu 100 unidades que custaram $ 970, deixando um lucro de $ 30 ou 3% sobre o valor das vendas. Ao aumentar seu preço em 10 centavos (1% de aumento), seu lucro chegou a 33%, assumindo-se o mesmo volume de vendas.

**Tabela 17.2** *Lucro antes e depois de um aumento de preço.*

|  | ANTES | DEPOIS |
|---|---|---|
| Preço | $ 10 | $ 10,10 (1% de aumento) |
| Unidades vendidas | 100 | 100 |
| Receita | $ 1.000 | $ 1.010 |
| Custos | −970 | − 970 |
| Lucro | $ 30 | $ 40 (aumento de 33,3%) |

# Análise de compostos de marketing alternativos em período de recessão econômica

Descreveremos uma situação real, embora dissimulada, envolvendo dois fabricantes de eletrodomésticos concorrentes. Os eletrodomésticos da empresa A são percebidos como de melhor qualidade do que os da empresa B. Ambas as empresas estão enfrentando forte demanda de seus produtos.

Agora, ocorre uma recessão econômica. Há menor número de compradores e suas preferências vão para a empresa B que vende os produtos mais baratos. O número de compradores que está disposto a comprar os eletrodomésticos mais caros diminui. Se a empresa A não tomar nenhuma providência, sua participação de mercado diminuirá.

A empresa A deve identificar suas alternativas de marketing e escolher uma delas. Há pelo menos oito alternativas, descritas a seguir:

| OPÇÕES ESTRATÉGICAS | RAZÕES | CONSEQUÊNCIAS |
| --- | --- | --- |
| 1. Manter o preço e a qualidade percebida. Adotar a eliminação seletiva de consumidores. | A empresa desfruta alta lealdade dos consumidores. Está disposta a perder os de menor renda para os concorrentes. | Menor participação de mercado. Menor rentabilidade. |
| 2. Aumentar o preço e a qualidade percebida. | Aumentar o preço para cobrir o aumento dos custos. Melhorar a qualidade para justificar o preço maior. | Menor participação de mercado. Rentabilidade mantida. |
| 3. Manter o preço e aumentar a qualidade percebida. | É mais barato manter o preço e aumentar a qualidade percebida. | Menor participação de mercado. Redução da rentabilidade a curto prazo. Aumento da rentabilidade a curto prazo. |
| 4. Reduzir parcialmente o preço e aumentar a qualidade percebida. | Conceder alguma redução do preço aos consumidores, mas aumentar o valor da oferta. | Manutenção da participação de mercado. Declínio da rentabilidade a curto prazo. Manutenção da rentabilidade a longo prazo. |
| 5. Reduzir amplamente o preço e diminuir a qualidade percebida. | Disciplinar e desencorajar a concorrência de preço. | Manutenção da participação de mercado. Manutenção da margem. Redução da rentabilidade a curto prazo. |
| 6. Reduzir amplamente o preço e diminuir a qualidade percebida. | Disciplinar e desencorajar a concorrência de preços e manter a margem de lucro. | Manutenção da participação de mercado. Manutenção da margem. Redução da rentabilidade a longo prazo. |
| 7. Manutenção do preço e redução da qualidade percebida. | Reduzir as despesas de marketing para enfrentar o aumento dos custos. | Menor participação de mercado. Manutenção da margem. Redução da rentabilidade a longo prazo. |

A principal circunstância que provoca o aumento de preço é a *inflação de custo*. Custos ascendentes não compensados por ganhos de produtividade reduzem as margens de lucro e levam as empresas a círculos viciosos de aumentos de preços. Freqüentemente, as empresas aumentam seus preços além do aumento de custos par antecipar a inflação futura ou os controles de preços pelo governo; tal procedimento é denominado *remarca-ção antecipada*. As empresas hesitam em assumir compromissos de preços a longo prazo com seus clientes, temendo que a inflação venha a prejudicar suas margens de lucro.

Outro fator que leva ao aumento de preços é a *demanda aquecida*. Quando uma empresa não pode atender a todos seus clientes, pode aumentar os preços, cortar pedidos ou ambos. Nesta situação, o preço pode ser aumentado de várias maneiras, cada uma delas com impacto diferente sobre os compradores. Os seguintes ajustamentos de preços são comuns:

- *Adoção de preço da data de entrega.* A empresa não estabelece seu preço final até que o produto esteja acabado ou entregue. Este método de adoção de preços prevalece em setores industriais que apresentam longo ciclo de produção, como construção industrial e fabricação de equipamentos pesados.
- *Imposição de cláusulas de reajuste de preço.* A empresa exige que o cliente pague o preço do dia e a inflação total ou parcial existente até a data de entrega. Uma cláusula contratual de reajuste vincula um índice de preço específico, como o do custo de vida. As cláusulas de reajuste de preços são encontradas em muitos contratos que envolvem projetos industriais de longa duração.
- *Desmembramento de produtos e serviços.* A empresa mantém seu preço mas retira ou cobra separadamente um ou mais elementos que eram parte de uma oferta, como entrega ou instalação gratuita. Por exemplo, a IBM oferece o treinamento como um serviço cobrado a parte. Muitos restaurantes abandonam o método de cobrar por refeição, passando a cobrar à *la carte*. Corre uma piada na Romênia de que o preço de um carro não inclui os pneus e o volante.
- *Redução de descontos.* A empresa orienta seus vendedores para não oferecerem mais descontos para pagamento a vista e por quantidade.

Uma empresa pode também ter que decidir se deve aumentar seu preço de uma só vez ou se deve efetuar pequenos aumentos escalonados. Por exemplo, quando os custos dos salões Supercuts (rede de franquia de salões de cabeleireiros) aumentaram, a administração ficou em dúvida entre aumentar imediatamente o preço do corte de cabelo de $ 6 par $ 8 ou aumentá-lo para $ 7 em um ano e $ 8 no ano seguinte. Geralmente, os consumidores preferem pequenos aumentos de preço em base regular do que repentinos aumentos substanciais. (Agora, a Supercuts cobra $ 12,95 pelo corte de cabelo.) Geralmente, os consumidores preferem pequenos aumentos de preço em base regular do que repentinos aumentos substanciais.

Ao transferir os aumentos de preço aos consumidores, a empresa precisa evitar a imagem de "exploradora". Eles têm boa memória e se voltarão contra essa empresa assim que o mercado se estabilizar. Para mais detalhes sobre como evitar a imagem de "empresa exploradora", veja a seção Memorando de Marketing intitulada "Como *não* aumentar os preços".

Há algumas formas de a empresa responder aos altos custos e à demanda sem aumentar os preços. As possibilidades são as seguintes:

- Redução do tamanho do produto. A Hershey Foods manteve o preço de seu chocolate em barra, mas diminuiu seu tamanho, enquanto a Nestlé manteve o tamanho, mas aumentou o preço.
- Substituição por matérias-primas ou ingredientes mais baratos. Muitas empresas de doces substituíram o chocolate natural por chocolate sintético em função do alto preço do cacau.
- Redução ou remoção de características do produto para reduzir os custos. A Sears simplificou alguns de seus eletrodomésticos para torná-los mais competitivos com os modelos vendidos em lojas de descontos.
- Remoção ou redução de serviços, como instalação, entrega gratuita ou prazo de garantia longo.
- Uso de material de embalagem mais barato ou promoção de embalagens maiores como maneira de reduzir custos.
- Redução do número de tamanhos e modelos oferecidos.
- Criação de novas marcas menos dispendiosas. A rede de supermercados Jewel Food Stores introduziu 170 itens genéricos, vendendo-os de 10 a 30% abaixo do preço das marcas nacionais.

## Reações às variações de preços

Qualquer mudança de preço pode afetar consumidores, concorrentes, distribuidores e fornecedores, além de provocar também reações do governo.

**REAÇÕES DOS CONSUMIDORES.** Freqüentemente, os consumidores questionam o motivo das mudanças de preço.[31] Uma redução de preço pode ser interpretada das seguintes maneiras: o item está prestes a ser substituído por um novo modelo; o item apresenta problemas e não está vendendo bem; a empresa está passando por dificuldades financeiras e pode não permanecer no negócio para fornecer as peças necessárias no futuro; o preço cairá ainda mais e compensa esperar; ou a qualidade foi reduzida.

Um aumento de preço, que normalmente deteria as vendas, pode representar algo positivo para os consumidores: o item é "quente" e difícil de ser encontrado, a menos que seja adquirido logo ou representa valor incomum.

Os consumidores são mais sensíveis a preço para produtos que custam muito e/ou são comprados freqüentemente, enquanto não percebem o preço elevado de produtos de baixo custo que compram esporadicamente. Além disso, alguns compradores estão menos interessados no preço do produto e mais preocupados com o custo total de sua obtenção, operação e manutenção. Uma empresa pode cobrar mais do que os concor-

31. Para uma excelente revisão, veja MONROE, Kent B. Buyers' subjetive perceptions of price. *Journal of Marketing Research,* p. 70-80, Mar. 1973.

# Como não aumentar os preços

No prazo de 24 horas após a invasão do Kwait, em 1990, os preços da gasolina nos Estados Unidos aumentaram substancialmente. O preço médio da gasolina sem chumbo subiu de $ 1,08 por galão em 1º de agosto para $ 1,20 em 7 de agosto. O público norte-americano ficou furioso. As empresas petrolíferas são fortemente dependentes do petróleo do Iraque e do Kwait, mas o público em geral não entendeu por que essa dependência afetava imediatamente os preços. As pessoas imaginavam: "Por que isso está ocorrendo quando os fornecedores de petróleo são, supostamente, confiáveis?" Embora as explicações das empresas petrolíferas após o fato ter ocorrido façam sentido – a grande influência dos investimentos em mercados futuros aumentou a necessidade de recuperar os preços desde a extração do petróleo –, a rapidez do aumento causou gritaria geral e o público cobrava regime de economia de guerra para conter os lucros das empresas. O cenário fornece alguns "contras" (e dois "a favor") para o aumento de preços em face do rápido crescimento dos custos:

- *Não esqueça que um senso de justiça deve envolver qualquer aumento de preço.* Por exemplo, o aumento de preços como justificativa de guerra não parece justo. Os consumidores odeiam a idéia de alguém levar vantagem da situação.
- *Não viole os princípios de proteção do Estado (isto é, os consumidores devem saber antecipadamente as providências que serão adotadas em qualquer situação).* Os consumidores esperam alguma notificação de um aumento de preço, de maneira que possam tomar algumas precauções, como antecipar a compra ou comprar de fontes alternativas para amortecer o choque.
- *Não tente ser paternalista, deixando de explicar ao consumidor a razão dos aumentos de preços.* Após o Iraque invadir o Kwait, as empresas petrolíferas limitaram-se a anunciar: "Você vai pagar mais e não há nada que possa fazer sobre isto." A melhor coisa a fazer é explicar em palavras simples e claras por que os preços estão subindo, mostrando em gráficos como eles se movimentam pelo canal de marketing.
- *Antes de aumentar o preço, tome algumas pequenas providências.* Antes de chocar os consumidores com o aumento de preço, tome algumas providências simples e indiretas que estejam disponíveis, como, por exemplo, eliminando descontos para pagamento a vista ou por volume, aumentando o tamanho mínimo de pedido, eliminando a produção e venda de produtos de margens menores e cobrando pelos serviços valiosos que são, habitualmente, oferecidos gratuitamente.
- *Insira cláusulas de escalonamento de preços em suas propostas/cotações.* Esta política permite o aumento automático do preço de acordo com alguma fórmula previamente definida. O objetivo é transferir os riscos envolvidos no aumento de custos para o consumidor de maneira proativa e previamente identificada. Para parecer justa, a base para o escalonamento de preços deve incluir fatores simples como a adoção de índices de preços reconhecidos nacionalmente. Os índices de aumento de preço de matérias-primas também servem como boa base de referência para comunicar uma variação de preço.

**Fonte:** Adaptado de MITCHELL, Eric. How not to raise prices. *Small Business Report,* p. 64-67, Nov. 1990.

rentes e ainda assim vender mais se o consumidor estiver convencido de que os custos durante o ciclo de duração do produto são menores.

**REAÇÕES DOS CONCORRENTES.** Uma empresa que pretende adotar uma mudança de preço tem que se preocu-

par com as reações dos concorrentes e consumidores. É mais provável que os concorrentes reagirão quando o número de empresas for pequeno, o produto for homogêneo e os compradores forem muito bem informados.

Como a empresa pode antecipar-se às prováveis reações de seus concorrentes? Vamos partir do pressuposto de que ela enfrenta um grande concorrente. A reação desse concorrente pode ser avaliada a partir de dois pontos. Um é pressupor que ele reage de forma definida, de previsão possível. O outro é assumir que ele trata cada aumento de preço como um novo desafio, reagindo de acordo com seus próprios interesses momentâneos. Neste caso, a empresa terá que descobrir qual o interesse específico do concorrente. A atual situação econômico-financeira deste deve ser pesquisada, juntamente com suas vendas e capacidade de produção recentes, a lealdade dos consumidores e seus objetivos corporativos. Se o concorrente possui um objetivo de participação de mercado, é provável que acompanhará a mudança de preço. Se seu objetivo for a maximização do lucro, pode reagir com alguma estratégia frontal, como aumentar o orçamento de propaganda ou melhorar a qualidade do produto. O desafio da empresa é saber o que o concorrente está pensando usando fontes internas e externas de informações.

O problema é complicado porque o concorrente pode dar várias interpretações à redução de preço de uma empresa: pode achar que ela está tentando "roubar-lhe" o mercado, está oferecendo qualidade inferior e tentando aumentar significativamente suas vendas ou que deseja conquistar todo o setor industrial ao reduzir o preço para estimular a demanda total.

Quando há vários concorrentes, a empresa deve estimar a provável reação de cada um deles. Se todos apresentarem reações semelhantes, pode-se analisar apenas um deles. Se eles não reagirem uniformemente devido a diferenças críticas de tamanho, participações de mercado ou políticas, tornam-se necessárias análises separadas.

## Reações às mudanças de preços dos concorrentes

Como uma empresa deve reagir às mudanças de preços iniciadas por um concorrente? Em mercados caracterizados por alta homogeneidade de produto, a empresa quase não tem escolha para enfrentar uma redução de preço de um concorrente. Ela deve procurar maneiras de fortalecer seu produto aumentado, mas, se for possível, terá que acompanhar a redução de preço. (Certamente, perderá participação de mercado se não fizer isso porque os consumidores não pagarão mais por um produto que seja essencialmente o mesmo.)

Quando um concorrente aumenta seu preço em um mercado de produto homogêneo, as outras empresas podem não acompanhar. Elas estarão de acordo se o aumento de preço beneficiar todo o setor. Entretanto, se uma empresa não pensar dessa maneira, sua não-adesão fará com que a líder de mercado e outras desistam do aumento de preço.

Em um mercado de produtos heterogêneos, uma empresa dispõe de maior espaço para reagir a uma variação de preço adotada por um concorrente. Os compradores escolhem a empresa vendedora levando em consideração diversos fatores: serviço, qualidade, confiabilidade e outros. Esses fatores desestimulam os compradores a optar por pequenas diferenças de preço.

Antes de reagir, a empresa precisa considerar os seguintes assuntos: (1) Por que o concorrente alterou o preço? Será que foi para conquistar o mercado, para utilizar sua capacidade ociosa, para atender às mudanças de custos ou para levar a uma variação de preço em todo o setor industrial? (2) O concorrente planeja fazer a mudança de preço temporária ou permanentemente? (3) O que ocorrerá com a participação de mercado e com o lucro da empresa se ela não reagir? (4) Quais serão as prováveis reações do concorrente e de outras empresas para cada possível reação da empresa?

Freqüentemente, os líderes de mercado enfrentam reduções agressivas de preço de pequenas empresas que tentam obter alguma participação de mercado. Usando preço, a Fuji ataca a Kodak, a Bic ataca a Gillette e a Compaq ataca a IBM. Os líderes de marca são também afetados quando os fabricantes de marcas privadas de preço baixo começam a atrair os consumidores preocupados com preço. Conforme pesquisa recente, as marcas privadas cresceram, em média, 6% em 1995.[32] Quando o produto da empresa atacante é comparável ao da líder, seu preço mais baixo tirará participação de mercado da mesma. Nessa altura, a líder de mercado possui várias opções:

● *Manter o preço.* A líder pode manter seu preço e sua margem de lucro, acreditando que: (a) reduziria muito seu lucro se baixasse o preço; (b) não perderia muita participação de mercado; e (c) poderia recuperar a participação de mercado quando fosse necessário. A líder acredita que pode manter os bons consumidores, deixando os piores para o concorrente. O argumento contra a manutenção de preço é de que a atacante fica mais confiante à medida que suas vendas aumentam, a força de vendas da líder fica desmoralizada e esta perde participação de mercado acima do esperado. A líder entra em pânico, baixa o preço para recuperar a participação e constata que isto é mais difícil e custa mais do que o esperado.

● *Aumentar a qualidade percebida.* A líder pode manter o preço, mas fortalecer o valor de sua oferta. Pode melhorar seus produtos, serviços e comunicações. Pode aumentar a qualidade relativa de seu produto em relação à do concorrente de preço baixo. A empresa pode achar que é mais barato manter o preço e gastar dinheiro na melhoria da qualidade percebida de seu produto do que reduzir o preço e operar com margem menor.

32. BERRY, Jonathan. Attack of the fighting brands. *Business Week,* p. 125, 2 May 1994; BENEZRA, Karen. Mixed messges. *Brandweek,* p. 28-39, 25 July 1994.

- *Reduzir o preço.* A líder pode reduzir seu preço em relação ao concorrente. Pode fazer isto porque: (a) seus custos caem em proporção ao volume, (b) perderia participação de mercado porque o mesmo é sensível a preço; e (c) seria difícil reconquistar a participação de mercado perdida. Essas ações reduziriam seus lucros a curto prazo. Algumas empresas reduzirão a qualidade de seus produtos, serviços e comunicações de marketing para manter o lucro, embora isto acabe prejudicando suas participações de mercado a longo prazo. A empresa deve tentar manter a qualidade, mesmo reduzindo o preço.
- *Aumentar o preço e melhorar a qualidade.* A líder pode aumentar o preço e introduzir novas marcas para enfrentar a atacante. A Heublein, Inc. usou esta estratégia quando sua vodca Smirnoff, que detinha 23% do mercado norte-americano, foi atacada por outra marca, a Wolfschmidt, que custava menos $ 1 a garrafa. Em vez de baixar seu preço, a Heublein aumentou-o em $ 1 e investiu a receita extra em propaganda. Ao mesmo tempo, lançou outra marca, a Relska, para concorrer com a Wolfschmidt, e ainda outra, a Popov, vendendo-a a preço mais baixo. Esta estratégia rechaçou a Wolfschmidt do mercado e deu à Smirnoff uma imagem ainda mais elitista.
- *Lançar uma linha de "combate" a preço baixo.* Uma das melhores respostas é acrescentar itens com preços mais baixos à linha de produtos ou criar uma

marca separada que se identifique com preços baixos. Isto é necessário se o segmento específico de mercado for sensível a preço, uma vez que não reagirá a argumentos de maior qualidade.

A melhor resposta varia conforme a situação. A empresa que estiver sendo atacada tem que considerar o estágio do produto em seu ciclo de vida, sua importância para o portfólio de produtos da empresa, as intenções e recursos do concorrente, a sensibilidade a preço e a qualidade do mercado, o comportamento dos custos em relação ao volume e as oportunidades alternativas da empresa.

Uma análise completa das alternativas da empresa nem sempre é viável quando o ataque ocorre. O concorrente pode ter empregado tempo considerável para preparar esse ataque, mas a empresa pode ter que reagir decisivamente dentro de horas ou dias. A única maneira de reduzir o tempo de decisão é antecipar as possíveis variações de preços dos concorrentes e preparar reações contingentes. A Figura 17.9 mostra o *programa de reação de preço* de uma empresa para ser usado caso um concorrente venha a reduzir seu preço. Os programas de reação para enfrentar mudanças de preços são mais aplicados em setores industriais em que elas ocorrem com alguma freqüência e onde é importante a reação rápida. Constituem exemplos as empresas embaladoras de alimentos, as serrarias e as indústrias petrolíferas.

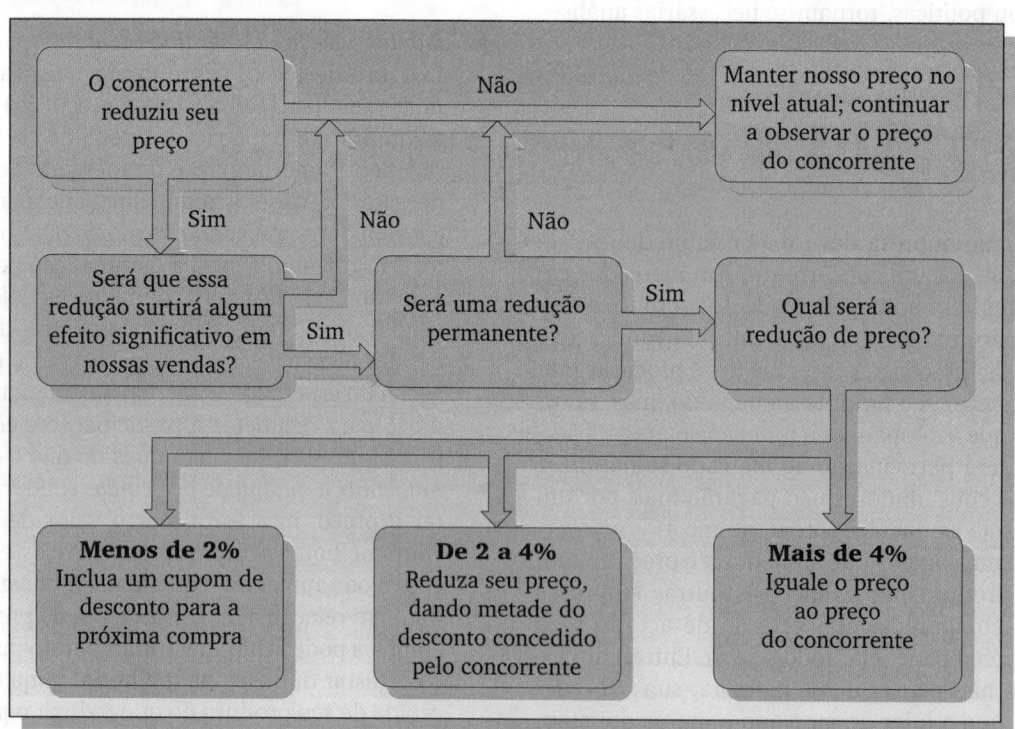

**Figura 17.9** *Programa de reação para enfrentar a redução de preço de um concorrente.*

## RESUMO

1. Apesar do papel crescente de fatores não relacionados a preço no processo de marketing moderno, o preço continua sendo um elemento crítico do composto de marketing. O preço é o único dos quatro Ps que produz receita; os outros três Ps produzem custos.

2. Ao estabelecer sua política de preço, a empresa segue um procedimento de seis estágios. Primeiro, seleciona seu objetivo de preço, o que deseja realizar com sua oferta de produto (sobrevivência, lucro máximo, receita máxima, crescimento máximo de vendas, desnatação do mercado ou liderança de produto-qualidade). Segundo, estima a curva de demanda, as quantidades prováveis que venderá a cada preço possível. Quanto mais inelástica for a demanda, mais alto a empresa poderá estabelecer seu preço. Terceiro, estima como seus custos variam a diferentes níveis de experiência de produção acumulados e a ofertas de marketing diferenciadas. Quarto, examina os custos, preços e ofertas dos concorrentes. Quinto, seleciona um dos seguintes métodos de preço: preço de *markup*, de retorno-alvo, de valor percebido, de valor, de mercado e de licitação. Finalmente, seleciona o preço final, levando em consideração o preço psicológico, a influência de outros elementos do composto de marketing sobre o preço, as políticas de preço da empresa e o impacto do preço sobre terceiros.

3. Normalmente, as empresas não estabelecem um preço único, mas uma estrutura de preço que reflete as variações da demanda geográfica e dos custos, as exigências do segmento de mercado, a ocasião de compra, os níveis de pedido e outros fatores. Várias estratégias de adaptação de preço estão disponíveis: (1) preço geográfico, que, freqüentemente, é usado nas transações de *countertrade*; (2) descontos e concessões de preço, incluindo descontos para pagamento a vista, descontos por quantidade, descontos funcionais, descontos sazonais e concessões promocionais; (3) preço promocional, como preço isca, preço de ocasião, cupons de desconto, financiamento a juros baixos, prazos de pagamento maiores, contratos de garantia e de serviços e desconto psicológico; (4) diferenciação de preço, em que a empresa vende o produto a preços diferentes conforme o segmento de mercado, forma do produto, imagem, localização ou tempo; e (5) preço de composto de produto, que inclui estabelecer preços para linhas de produtos, características opcionais, produtos cativos, produtos conjuntos, subprodutos e "pacote" de produtos.

4. Após desenvolver suas estratégias de preço, as empresas, freqüentemente, enfrentam situações em que necessitam alterar seus preços. Uma redução de preço pode ocorrer quando há excesso de capacidade de produção, declínio da participação de mercado, desejo de dominar o mercado através de preços mais baixos ou em razão de recessão econômica. Um aumento de preço pode ocorrer por inflação de custo ou aquecimento da demanda. Estas situações podem exigir remarcação antecipada, adoção de preço da data de entrega, cláusulas de reajustes de preço, desmembramento de produtos e serviços e redução ou eliminação de descontos. Há também várias alternativas ao aumento de preço, incluindo a redução do tamanho do produto, substituição por matérias-primas ou ingredientes mais baratos e remoção ou redução de características do produto. Freqüentemente, é difícil prever como os consumidores e concorrentes reagirão a uma mudança de preço.

5. A empresa que enfrenta uma mudança de preço adotada por um concorrente deve procurar entender sua intenção e a provável duração da mudança. Freqüentemente, a estratégia da empresa depende de a mesma estar fabricando produtos homogêneos ou heterogêneos. As empresas líderes de mercado que são atacadas por concorrentes que oferecem preços baixos pode manter o preço, aumentar a qualidade percebida do produto, reduzir o preço e melhorar a qualidade ou lançar uma linha de "combate" a preços baixos. A melhor resposta depende de vários fatores.

## APLICAÇÕES CONCEITUAIS

1. Muitos consumidores espalhados pelo mundo desejam e podem comprar um carro caro. No passado, muitas pessoas estavam dispostas a comprar um Mercedes em função de seu desempenho, muito embora este carro de luxo fosse muito caro. Isso permitiu que a Toyota desenvolvesse um novo carro que pudesse ser comparado ao Mercedes, embora posicionado como veículo de maior valor para os compradores. Eles ficariam satisfeitos e poderiam ser considerados "consumidores inteligentes" e não apenas vistos como esbanjadores de dinheiro, apenas para ganhar *status*.

O resultado da decisão da Toyota foi o lançamento do Lexus, com aspecto avançado, acabamento atraente e revestimento interior de veludo. Em um de seus primeiros anúncios, a Toyota mostrava o Lexus próximo a um Mercedes, com o seguinte título: "A primeira vez na história que comprar um carro de $ 73.000 pagando $ 36.000 pode ser considerado valioso." Os revendedores do Lexus possuíam *showrooms* espaçosos, decorados com flores, plantas, ofereciam café e o atendimento era feito por vendedores bem preparados. Foram preparadas listas de compradores potenciais que receberam um pacote atraente contendo um vídeo de 12 minutos mostrando as características de desempenho do carro. Por exemplo, o vídeo mostrava um engenheiro colocando um copo d'água sobre o bloco do motor do Mercedes e do Lexus. Quando o motor começava a funcionar, a água do copo sobre o motor do Mercedes começava a chacoalhar, sugerindo que o Lexus possuía um motor mais macio e oferecia viagem mais suave. Os primeiros compradores do Lexus não ficaram apenas satisfeitos. Eles ficaram encantados e entusiasmados com o novo carro, demonstrando isso a seus amigos. Tornaram-se os melhores vendedores (não pagos) da empresa.

Quais os dilemas enfrentados pelo fabricante do Mercedes e quais as possíveis ações que ele deve tomar para responder aos desafios apresentados pelo Lexus?

2. As empresas não podem depender sempre do reconhecimento de seus clientes sobre o valor de sua oferta em relação às ofertas dos concorrentes. A oferta de cada empresa pode diferir não apenas em preço mas também em seu impacto sobre os custos operacionais, capital de giro, custo de pedido, custos de ajuste de maquinário e custo de financiamento do cliente. As empresas *business-to-business* sofisticadas usam uma ferramenta denominada *valor econômico do cliente (VEC)* para desenvolver suas percepções de valor em relação a ele. O VEC é calculado comparando-se o custo total do produto para o cliente em relação aos benefícios do produto que ele está atualmente usando (*produto de referência*). A Figura 1 ilustra como uma empresa determinou o VEC. Suponhamos que a McNally Manufacturing está desenvolvendo dois produtos, Y e Z, para concorrer com o produto X que um cliente está atualmente usando:

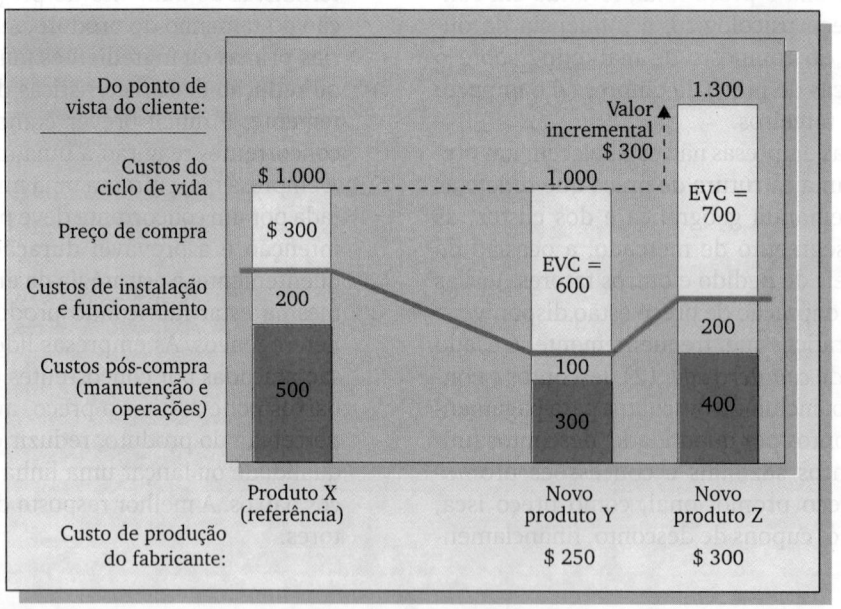

**Figura 1**

O novo produto Y executa as mesmas funções que o produto X, mas seus custos de instalação e funcionamento e de pós-compra são apenas de $ 400 (comparados aos $ 700 do produto X), possibilitando uma economia de $ 300 para o cliente. Devido ao fato de o produto X do cliente ter custos do ciclo de vida de $ 1.000, o valor econômico que o novo produto Y oferece é de $ 600 ($ 1.000 menos $ 400). Custa

$ 250 para a McNally fabricar uma unidade do produto Y.
O novo produto Z possui mais características ou melhor desempenho do que o produto X ou Y. Essas características extras do produto Z têm um valor incremental percebido de $ 300 quando comparado com o produto de referência (X). Assim, comparado ao produto atual, o Z oferece uma economia de

$ 100 nos custos pós-compra, resultando em um valor econômico para o cliente de $ 700. Portanto, o produto Z proporciona maior VEC do que o Y, não obstante seus custos pós-compra maiores, porque fornece maior valor adicional para o cliente. Custa $ 300 para a McNally fabricar uma unidade do produto Z.

Utilize a Figura 1 para responder às seguintes perguntas:

a. Qual o maior preço que uma empresa estaria disposta a pagar pelo produto Y? E pelo produto Z?

b. A empresa deve estabelecer seu preço em um ponto entre seus custos e o VEC percebido pelo cliente. Assuma que a McNally adota esta prática para os produtos Y e Z e estabelece os preços de $ 400 e $ 475, respectivamente. Qual será o lucro da McNally em cada unidade vendida do produto Y e do Z?

c. Como a McNally Manufacturing usa o VEC para determinar os segmentos de mercado que deve entrar com seus novos produtos?

3. Três empresas A, B e C, fabricam comutadores de relé rápido. Compradores industriais são convidados a examinar e avaliar as ofertas respectivas das empresas. Para fazer isso, podem usar o *método de diagnóstico*, avaliando as três ofertas em um conjunto de atributos. Alocam 100 pontos às três empresas em relação a cada atributo. Também alocam 100 pontos para refletir a importância relativa dos atributos. Suponhamos que os resultados obtidos sejam os seguintes:

| PESO DE IMPORTÂNCIA | ATRIBUTO | PRODUTOS | | |
|---|---|---|---|---|
| | | A | B | C |
| 25 | Durabilidade do produto | 40 | 40 | 20 |
| 30 | Confiabilidade do produto | 33 | 33 | 33 |
| 30 | Confiabilidade de entrega | 50 | 25 | 25 |
| 15 | Qualidade de serviço | 45 | 35 | 20 |
| 100 | (Valor médio percebido) | (41,65) | (32,65) | (24,9) |

Multiplicando-se os pesos de importância pelas avaliações de cada empresa, constatamos que a oferta da empresa A é percebida estar acima da média (42), a da empresa B está na média (33) e a da empresa C está abaixo da média (25). (Os pontos foram arredondados para o número inteiro mais próximo.)

A Figura 2 mostra o resultado da empresa A ao reduzir seu preço de $ 2,55 para $ 2,00.

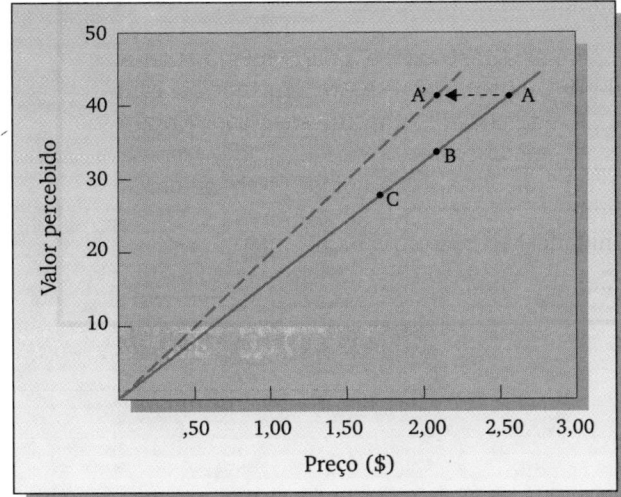

**Figura 2**

a. Assumindo que os compradores estão dispostos a pagar $ 2,00 por um comutador médio (o com valor percebido de 33 pontos), quanto cada empresa poderia cobrar por seu produto?

b. Que estratégias a empresa A pode adotar baseada nos resultados mostrados na Figura 2? Como a empresa B pode responder às mudanças de preços da empresa A?

4. Muitas empresas estão dispostas a dar descontos, concessões e condições especiais a seus revendedores e clientes que falharam em não perceber o pequeno lucro obtido em suas operações. Consideremos a seguinte situação:

| Preço de lista do fabricante | $ 6,00 |
|---|---|
| – Desconto por tamanho de pedido | 0,10 |
| – Desconto competitivo | 0,12 |
| Preço faturado | $ 5,78 |
| – Desconto para a condição de pagamento | 0,30 |
| – Desconto por volume anual de compra | 0,37 |
| – Desconto promocional | 0,35 |
| – Propaganda cooperativa | 0,20 |
| – Reembolso de frete | 0,19 |
| Preço líquido recebido | $ 4,37 |

Aqui, o preço de lista do fabricante era de $ 6,00, mas com algumas deduções ficou em $ 5,78. Entretanto, este valor não foi o recebido por ele porque outras deduções faziam parte do acordo com o revendedor, reduzindo o preço líquido para $ 4,37. Discuta o impacto financeiro que essas reduções de preço terão sobre a rentabilidade do fabricante. Neste exemplo, que percentagem do preço de lista é realmente recebido pelo fabricante? O que uma empresa deve considerar antes de conceder descontos?

5. Uma empresa pode vender um produto a preço baixo para desencorajar a entrada de concorrentes no mercado. Há situações em que uma empresa pode, deliberadamente, desejar atrair os concorrentes para um novo mercado e estabelecer um preço elevado?

6. A Armco, uma importante siderúrgica, desenvolveu um novo processo para galvanizar folhas de aço, que podem, assim, ser pintadas e usadas em partes de carros para evitar a ferrugem (antes, isto não era possível). Que fatores a Armco deve considerar ao definir o preço deste produto?

7. A Westinghouse está lançando uma lavadora de louça que usa água fria e possibilita copos e pratos limpos e brilhantes. A empresa deseja avaliar as vantagens e desvantagens de adotar a estratégia de preço de desnatação *versus* preço de penetração. Discuta os prós e contras de cada estratégia. Sobre que fatores ela precisará basear sua decisão?

8. O propósito deste exercício é demonstrar como os varejistas, por exemplo, os supermercados, usam o preço no desenvolvimento de estratégias de marketing. Enquanto você estiver comparando as políticas de preço de diferente tipos de lojas de alimentos, você se tornará consciente da ampla variação de quanto os consumidores pagam por suas compras de supermercado.

Devem ser formadas equipes de quatro pessoas. A cada pessoa da equipe é atribuída uma loja para ser examinada. Se possível, todas as pessoas envolvidas devem visitar tipos diferentes de lojas (por exemplo, loja de conveniência, de descontos, rede nacional, rede local, independente, exclusiva, de vizinhança e assim por diante). Como alternativa, os componentes das equipes podem visitar lojas da mesma rede, mas em locais diferentes da cidade ou região. Os componentes das equipes devem registrar os preços dos itens mostrados no formulário abaixo. (Se necessário, podem ser feitas substituições de produtos.)

---

Nome da loja: _____

Localização: _____

1. *Bacon* Sadia (½ kg) ............................................................. _____
2. Ovos brancos graúdos (1 dúzia) ....................................... _____
3. 1 litro de leite C ................................................................ _____
4. 1 kg de salsicha para *hotdog* Perdigão ............................ _____
5. *Catchup* Cica (embalagem de 400 g) ............................... _____
6. Nescau (lata de 400 g) ...................................................... _____
7. Coca-Cola (garrafa de 2 litros) ......................................... _____
8. Cerveja Brahma (lata de 355 ml) ...................................... _____
9. Creme de leite Nestlé (lata de 300 g) ............................... _____
10. Açúcar União (1 kg) ........................................................... _____
11. Papel higiênico Neve (pacote com 4 unidades) ................ _____
12. Arroz Tio João (pacote de 5 kg) ....................................... _____
13. Filme colorido Kodak (33 mm, 24 poses) .......................... _____
14. Sabão em pó Omo (pacote de 1 kg) .................................. _____
15. Pilhas Energizer AA (embalagem com 2 unidades) .......... _____

Total .......................................................... _____

---

9. A princípio, uma redução de preço implica aumento do esforço de marketing. Explique esse aumento do esforço de marketing em valores monetários.

# 18 Seleção e Administração de Canais de Marketing

*O intermediário não é apenas um elo em uma corrente forjada por um fabricante, mas um mercado independente, o foco de um amplo grupo de consumidores para os quais ele compra.*

PHILLIP MCVEY

*As relações de poder dos adversários funcionam apenas se você nunca tiver que ver ou trabalhar novamente com os bastardos.*

PETER DRUCKER

A maioria dos fabricantes não vende seus bens diretamente aos usuários finais. Entre fabricantes e usuários finais há um canal de marketing, um conjunto de intermediários que desempenha várias funções e recebe vários nomes. Alguns intermediários – como atacadistas e varejistas – compram, assumem a propriedade e revendem a mercadoria; são chamados *comerciantes*. Outros – como atacadistas, representantes de fábrica e agentes de vendas – procuram os clientes e negociam com eles em nome dos fabricantes, mas não assumem a propriedade dos bens; são chamados *agentes*. Ainda outros, como empresas transportadoras, armazéns independentes, bancos e agências de propaganda auxiliam no desempenho da distribuição, mas não assumem a propriedade dos bens nem negociam compras ou vendas; são chamados *facilitadores*.

As decisões de canal de marketing estão entre as mais críticas que a administração enfrenta. Os canais escolhidos pela empresa afetam intimamente todas as outras decisões de marketing. O preço da empresa depende de sua decisão em usar varejo de massa ou butiques de alta qualidade. A força de vendas da empresa e as decisões de propaganda dependem de quanto treinamento e motivação os revendedores necessitam. Além disso, as decisões de canal da empresa envolvem compromissos a prazos relativamente longos com outras empresas. Quando uma montadora de automóveis contrata concessionárias independentes para vender seus veículos, ela não pode dispensá-las no dia seguinte e substituí-las por lojas da própria fábrica. Corey observou:

*Um sistema de distribuição (...) é um recurso externo chave. Normalmente, demora anos para ser construído e não é mudado facilmente. Ele é tão importante quanto os recursos internos da empresa, como produção, pesquisa, engenharia, vendedores e instalações físicas. Ele representa um compromisso significativo para grande número de empresas independentes, cujo negócio é distribuição e para os mercados específicos a que atendem. Representa, também, um compromisso para um conjunto de políticas e práticas que constituem a estrutura básica na qual é desenvolvido um conjunto extensivo de relações a longo prazo.[1]*

Assim, há uma poderosa tendência inercial na organização de canal. Conseqüentemente, a administração deve escolher os canais visualizando o provável ambiente de venda de amanhã e o de hoje.

Neste capítulo, examinaremos as seguintes questões:

- **Que são canais de marketing?**
- **Que decisões as empresas enfrentam no desenvolvimento, administração, avaliação e modificação de seus canais?**
- **Que tendências estão ocorrendo na dinâmica dos canais?**
- **Como o conflito de canal pode ser administrado?**

No próximo capítulo, examinaremos os problemas dos canais de marketing da perspectiva de varejistas, atacadistas e instituições de distribuição física. A Tabela 18.1 fornece um resumo da terminologia usada nos canais de marketing.

---

1.  COREY, E. Raymond. *Industrial marketing*: cases and concepts. 4. ed. Englewood Cliffs, NJ : Prentice Hall, 1991. Cap. 5.

**Tabela 18.1**  *Terminologia usada nos canais de marketing.*

| | |
|---|---|
| Corretor | Intermediário cuja tarefa é aproximar compradores e vendedores. Não estoca bens, financia ou assume risco. |
| Facilitador | Intermediário que auxilia o processo de distribuição, mas não assume a propriedade dos bens ou negocia o processo de compra ou de venda. |
| Representante de fabricantes | Empresa que representa e vende os bens de vários fabricantes. É contratada pelos fabricantes e não faz parte de suas forças de vendas internas. |
| Comerciante | Intermediário que compra, assume a propriedade e revende mercadorias. |
| Varejista | Empresa que vende bens ou serviços diretamente ao consumidor final para uso pessoal, não empresarial. |
| Agente de vendas | Intermediário que procura clientes e negocia em nome de um fabricante, mas não assume a propriedade dos bens. |
| Força de vendas | Grupo de pessoas contratado diretamente por uma empresa para vender seus produtos e serviços. |
| Atacadista (Distribuidor) | Empresa que vende bens ou serviços comprados para revenda ou uso empresarial. |

## QUE SÃO CANAIS DE MARKETING?

A maioria dos fabricantes trabalha com intermediários de marketing para colocar seus produtos no mercado. Eles constituem o *canal de marketing* (também denominado *canal comercial* ou *canal de distribuição*). Usaremos a definição de Stern e El-Ansary para canais de marketing:

**CANAIS DE MARKETING são conjuntos de organizações interdependentes envolvidos no processo de tornar um produto ou serviço disponível para uso ou consumo.**[2]

## Por que usar intermediários?

Por que um produtor delegaria algumas tarefas de vendas a intermediários? Delegar significa transferir algum controle sobre como e para quem os produtos são vendidos. Parece que o produtor está colocando o destino de sua empresa nas mãos de intermediários. Entretanto, ele obtém várias vantagens como as seguintes:

- Muitos produtores necessitam de recursos financeiros para vender diretamente ao mercado consumidor. Por exemplo, a General Motors vende seus automóveis por meio de mais de 10.000 concessionárias. Mesmo ela teria problemas de caixa para comprar todos seus revendedores.
- Em alguns casos, a venda direta, simplesmente, não seria viável. Por exemplo, não seria prático a William Wrigley Jr. Company estabelecer pequenas lojas varejistas de goma de mascar por todo o país, vender o produto porta a porta ou por mala direta. Teria que vender seu produto junto com muitos outros pequenos produtos e terminaria no negócio de lojas de doces. Ela considera que é mais fácil trabalhar por intermédio de extensa rede de organizações de distribuição independentes.
- Os produtores que podem estabelecer seus próprios canais obtêm maior retorno investindo mais em seu negócio principal. Se uma empresa obtém uma taxa de retorno de 20% na fábrica e apenas 10% no varejo, não vai desejar pensar em varejo próprio.[3]

O uso de intermediários aumenta a eficiência da distribuição de bens por torná-los amplamente disponíveis e acessíveis aos mercados-alvos. Os intermediários,

---

2. STERN, Louis W., EL-ANSARY, Adel I. *Marketing channels.* 5. ed. Upper Saddle River, NJ : Prentice Hall, 1996.
3. Entretanto, alguns produtores preferem montar um sistema parcial de distribuição. Assim, o McDonald's é proprietário de um quinto de suas lojas. A empresa tem a vantagem de administrar diretamente lojas de varejo, pode testar novos produtos e idéias com rapidez e flexibilidade e usar suas próprias lojas como padrões de desempenho para as demais lojas franqueadas da rede. Há a desvantagem de as lojas franqueadas se sentirem prejudicadas com a concorrência das lojas principais e temerem pela possibilidade de serem compradas futuramente pela operadora. Freqüentemente, a distribuição mista cria conflitos de canal.

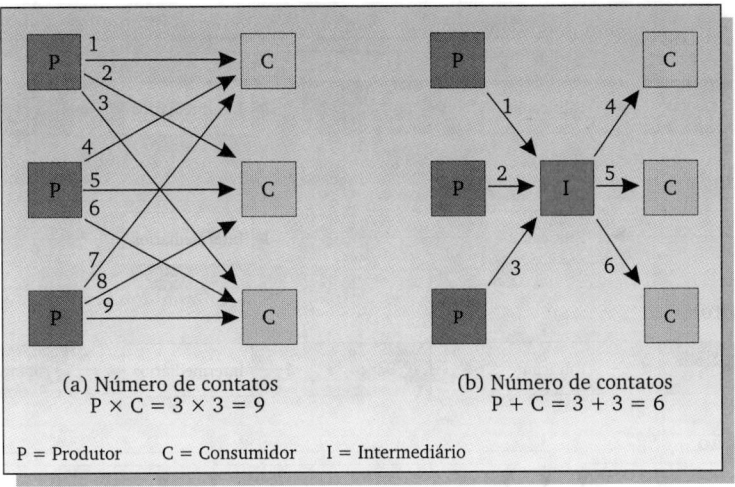

(a) Número de contatos
P × C = 3 × 3 = 9

(b) Número de contatos
P + C = 3 + 3 = 6

P = Produtor    C = Consumidor    I = Intermediário

**Figura 18.1**  *Como um distribuidor reduz o esforço do produtor.*

por meio de seus contatos, experiência, especialização e escala de operação, oferecem à empresa fabricante muito mais do que esta pode atingir com seus próprios esforços. De acordo com Stern e El-Ansary:

> *Os intermediários facilitam o fluxo de bens e serviços (...) Este procedimento é necessário para estabelecer uma ponte entre o suprimento de bens e serviços gerados pelo produtor e os sortimentos exigidos pelos consumidores. A discrepância resulta do fato que os fabricantes produzem grande quantidade de uma variedade limitada de bens, enquanto os consumidores desejam apenas uma quantidade limitada de ampla variedade de bens.*[4]

A Figura 18.1 mostra uma importante fonte de redução de custo decorrente do uso de intermediários. A parte (a) mostra três produtores, cada um vendendo diretamente a três clientes. Este sistema exige nove contatos distintos. A parte (b) mostra três produtores que trabalham com um distribuidor, que contata três clientes. Este sistema exige apenas seis contatos. Dessa maneira, o intermediário reduz a carga de trabalho a ser executada.

## Funções e fluxos de canal

Um canal de marketing desempenha o trabalho de movimentar bens de produtores até consumidores. Ele preenche as lacunas de tempo, local e propriedade que separa os bens e serviços das pessoas que os usariam. Os membros do canal desempenham várias funções-chave:

- *Informações*. Coleta e disseminação de informações de pesquisa de marketing sobre consumidores potenciais e atuais, concorrentes e outros agentes e forças que atuam no ambiente de marketing.
- *Promoção*. Desenvolvimento e disseminação de comunicações persuasivas sobre a oferta, planejadas para atrair os consumidores.
- *Negociação*. Tentativa de chegar a um acordo final sobre preço e outras condições, de modo que a transferência de propriedade possa ser efetivada.
- *Pedido*. Comunicação de intenções de compra dos membros do canal para os fabricantes.
- *Financiamento*. Obtenção e alocação de fundos necessários para financiar estoques nos diferentes níveis do canal de marketing.
- *Risco*. Aceitação dos riscos associados às tarefas do canal.
- *Propriedade física*. Estocagem e movimentação sucessiva de produtos físicos, desde a matéria-prima até os consumidores finais.
- *Pagamento*. Os compradores pagam suas faturas aos vendedores por meio de bancos e outras instituições financeiras.
- *Propriedade*. Transferência real de propriedade de uma organização ou pessoa a outra.

Algumas funções (por exemplo, transferência física, propriedade e promoção) constituem o *fluxo para a frente* (atividades da empresa para o consumidor); outras (como pedido e pagamento) são o *fluxo para trás* (atividades do consumidor para a empresa); algumas outras funções (como informações, negociação, financiamento e risco) constituem o *fluxo nos dois sentidos*. Cinco desses fluxos são ilustrados na Figura 18.2 para o negócio de guindastes. Se todos esses fluxos forem superpostos em um diagrama, a complexidade de um simples canal de marketing fica evidente.

---

4.    STERN, EL-ANSARY. Op. cit. p. 5-6.

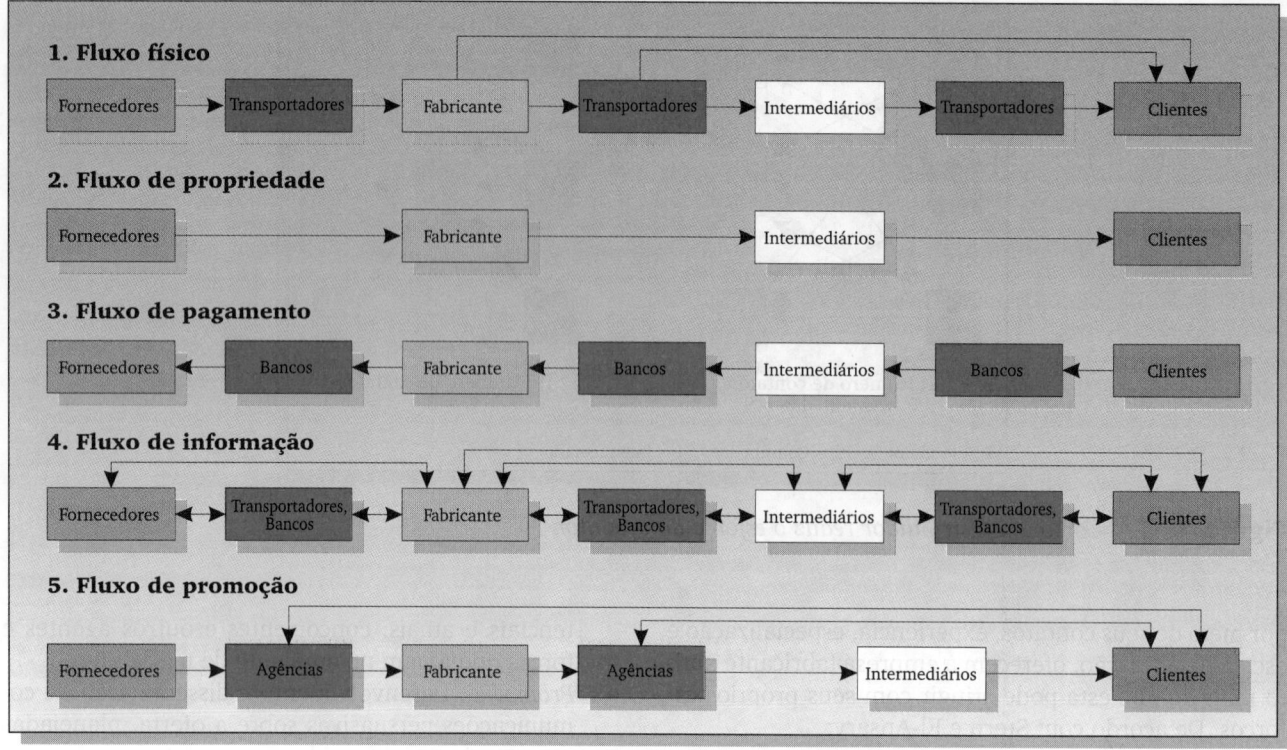

**Figura 18.2** *Cinco diferentes fluxos de canal de marketing para guindastes.*

Um fabricante que lança um produto físico que pode exigir serviços precisa estabelecer pelo menos três canais: canal de vendas, canal de entrega e canal de serviços. Esses canais não necessitam ser combinados em uma empresa. Assim, a Dell Computer usa o telefone como canal de venda, o correio expresso como canal de entrega e a assistência técnica local como canal de serviços. Cada um desses canais está sujeito à melhoria tecnológica posterior. No decorrer do tempo, mais empresas utilizarão seu computador como canal de venda à medida que os consumidores usam serviços *online* (veja o Capítulo 23) para encontrar as melhores compras. O computador também pode ser um canal de entrega, como ocorre quando uma empresa de *software* faz o *download* de um programa diretamente no computador do cliente. Finalmente, os serviços de conserto podem ser entregues via rede, no caso de problemas de *software*, ou linha telefônica, por um médico que orienta o tratamento de um paciente.

Assim, o problema não é *se* várias funções de canal precisam ser desempenhadas (elas devem ser), mas *quem* deve desempenhá-las. Todas as funções têm três coisas em comum: usam recursos escassos; podem, freqüentemente, ser mais bem desempenhadas por meio da especialização e são intercambiáveis entre os membros do canal. À medida que o fabricante desempenha essas funções, seus custos aumentam e seus preços devem ser mais elevados. Quando algumas funções são transferidas aos intermediários, os custos e os preços do fabricante são mais baixos, mas os intermediários devem acrescentar alguma margem para cobrir seu trabalho. Se os intermediários forem mais eficientes do que o fabricante, os preços pagos pelos consumidores devem ser menores. Estes podem decidir desempenhar alguma das funções, situação em que devem pagar preços menores. A questão sobre quem deve desempenhar as várias tarefas do canal depende da eficiência e da eficácia relativas.

Assim, as funções de marketing são mais básicas do que as instituições que as desempenham em determinado tempo. As mudanças nas instituições de canal refletem largamente a descoberta de maneiras mais eficientes de combinar ou separar funções econômicas. Estas devem ser definidas para o fornecimento de sortimento significativo de bens aos consumidores-alvo.

## Níveis de canal

Cada intermediário que desempenha algum trabalho para levar o produto e sua propriedade a consumidores finais constitui um *nível de canal*. Uma vez que o produtor e o consumidor final desempenham algum trabalho, eles são parte do canal. Usaremos o número de níveis intermediários para designar a *extensão* de um canal. A Figura 18.3(a) mostra vários canais de diferentes extensões para bens de consumo.

O canal de *nível zero* (também chamado *canal de marketing direto*) consiste em um fabricante que vende diretamente ao consumidor final. As principais formas de canais de nível zero são venda porta a porta, reuniões domiciliares, mala direta, telemarketing, venda por televisão e venda por lojas de fabricantes. As representantes de vendas da Avon vendem porta a porta cosméticos para mulheres. As representantes Tupperware vendem artigos de cozinha por meio de reuniões domiciliares. A Franklin Mint vende objetos de coleção através de mala direta. Os corretores da Smith Barney usam o telefone para prospectar novos clientes. Alguns fabricantes de equipamentos de ginástica vendem mediante comerciais de televisão ou "infocomerciais" (programas de apresentações de vendas de longa duração) e a Singer vende suas máquinas de costura em lojas próprias.

O canal de *um nível* contém um intermediário de venda, como um varejista. O *canal de dois níveis* possui dois intermediários. Em mercados de bens de consumo, há, tipicamente, um atacadista e um varejista. O *canal de três níveis* é formado de três intermediários. Por exemplo, na indústria de alimentos processados, os grandes atacadistas vendem a pequenos atacadistas (*jobbers*) que revendem a pequenos varejistas. (Examinaremos os papéis de atacadistas, varejistas e outros intermediários, em detalhes, no capítulo seguinte.)

Canais de marketing mais longos também são encontrados. Por exemplo, no Japão, a distribuição de alimentos pode envolver até seis níveis. Do ponto de vista do produtor, o problema da obtenção de informações sobre os usuários finais e o controle aumenta com o número de níveis de canal.

A Figura 18.3(b) mostra os canais comumente usados em marketing industrial. Um fabricante de bens industriais pode usar seus vendedores para vender diretamente a clientes industriais ou pode vender a distribuidores industriais que revendem a clientes industriais. Pode vender por meio de representantes próprios ou de filiais de vendas diretamente a clientes industriais. Assim, os canais de marketing de níveis zero, um e dois são muito comuns em marketing industrial.

Normalmente, os canais descrevem o movimento de produtos para a frente. Há também *canais para trás*. De acordo com Zikmund e Stanton:

> *A reciclagem de resíduos sólidos é um importante objetivo ecológico. Embora a reciclagem seja tecnologicamente viável, reverter o fluxo de materiais – marketing do lixo por meio de um canal para trás – apresenta um desafio. Os canais para trás existentes são primitivos e os incentivos financeiros são inadequados. O consumidor deve ser motivado a assumir um papel de mudança e tornar-se um produtor – a força inicial no processo inverso de distribuição.*[5]

Vários intermediários exercem algum papel nos canais para trás, incluindo centros de resgate de cupons de fabricantes, grupos comunitários, intermediários tradicionais como os coletores de garrafas de refrigerantes, especialistas na coleta de lixo, centros de reciclagem, negociantes de sucatas e usinas centrais de processamento.[6] Usando vários canais para trás, a Reynolds Metal Company recebeu $ 11,8 bilhões de latas usadas em 1994 e pagou $ 155 milhões aos consumidores.

## Canais do setor de serviços

O conceito de canais de marketing não está limitado à distribuição física de bens. Fornecedores de serviços e idéias também enfrentam o problema de tornar sua produção disponível e acessível às populações-alvo. Por exemplo, as escolas desenvolvem "sistemas de disseminação educacional" e os hospitais, "sistemas de atendimento de saúde". Essas instituições devem descobrir locais para atingir uma população-alvo espacialmente distribuída:

> *Os hospitais devem estar localizados em espaços geográficos que possibilitem atendimento médico completo e as escolas devem estar situadas próximas às residências das crianças em idade escolar. Os postos de bombeiros devem estar situados em locais de fácil acesso às áreas potenciais de riscos e os postos eleitorais devem facilitar o acesso dos eleitores, que não devem percorrer grande distância para votar, nem despender grande esforço físico ou dinheiro. Muitos Estados norte-americanos enfrentam o problema de localizar seus campi universitários para atender à crescente população jovem. Nas cidades, devemos criar e localizar os playgrounds próximos às crianças. Muitos países superpovoados devem criar postos de controle de natalidade para atender as pessoas com anticoncepcionais e fornecer informações sobre planejamento familiar.*[7]

À medida que a tecnologia avança, a prestação de certos serviços torna-se mais fácil para os fornecedores e mais conveniente aos consumidores. Para uma visão sobre como a tecnologia está mudando a prestação de serviços bancários, veja a seção Visão 2000, intitulada "Prestação de serviços bancários *online*".

Os canais de marketing são também usados em marketing pessoal. Antes de 1940, os comediantes profissionais podiam conseguir audiência por meio de sete canais: casas de espetáculos, eventos especiais, clubes

5. ZINKMUND, William G., STANTON, William J. Recycling solid wastes: a channels-of-distribution problem. *Journal of Marketing*, p. 34, July 1971.
6. Para informações adicionais sobre canais para trás, veja JAHRE, Mariane. Household waste collection as a reverse channel – a theoretical perspective. *International Journal of Physical Distribution and Logistics*, 25, n. 2, p. 39-55, 1995; e POHLEN, Terrance L., FARRIS II, M. Thedore. Reverse logistics in plastics recycling. *International Journal of Physical Distribution and Logistics*, 22, n. 7, p. 35-37, 1992.
7. ABLER, Ronald, ADAMS, John S., GOULD, Peter. *Spatial organizations*: the geographer's view of the world. Englewood Cliffs, NJ : Prentice Hall, 1971. p. 531-532.

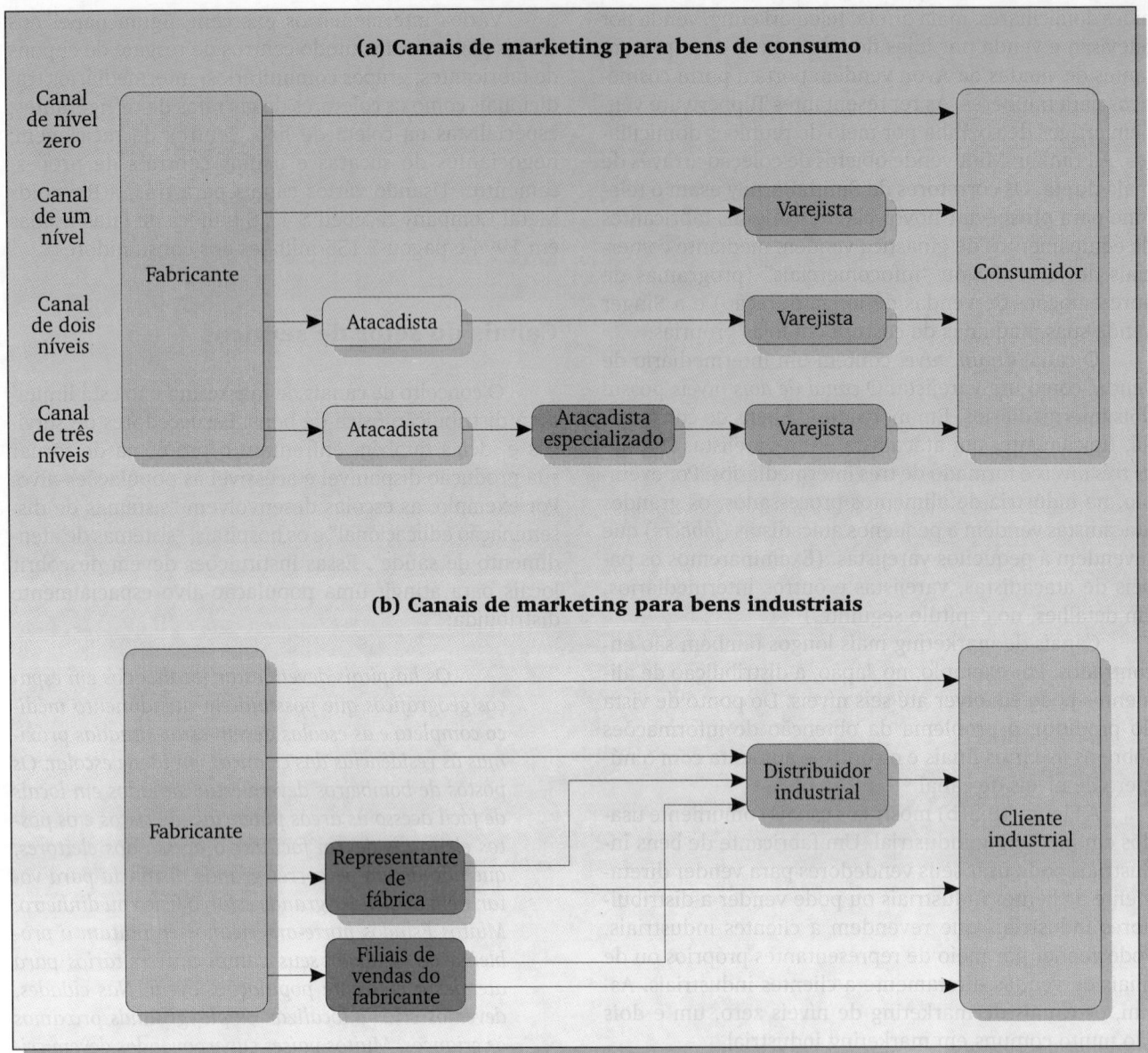

**Figura 18.3** *Canais de marketing para bens de consumo e bens industriais.*

noturnos, rádio, cinemas, festas e teatros. As casas de espetáculos vêm sendo substituídas por novos canais, como clubes privados e canais de televisão a cabo. Os políticos também devem encontrar canais viáveis em termos de custo – mídia de massa, torneios esportivos, horários de café, anúncios de televisão e faxes – para divulgarem suas mensagens aos eleitores.[8]

## DECISÕES DE PROJETO DE CANAL

Ao projetar canais de marketing, os fabricantes têm que decidir o que é ideal, viável e o que está disponível. Comumente, uma nova empresa começa com uma operação de venda local em um mercado limitado. Desde que possui capital limitado, geralmente utiliza intermediários já existentes. O número de intermediários em qualquer mercado local é limitado: alguns agentes de vendas de fabricantes, alguns atacadistas, diversos varejistas, algumas empresas de transporte e alguns armazéns. A decisão sobre a escolha dos melhores canais pode não ser o problema para um fabricante. O problema pode ser convencer um ou alguns intermediários disponíveis a trabalhar com sua linha de produtos.

Se a nova empresa for bem-sucedida, pode expandir-se em novos mercados. Novamente, o fabricante tenderá a trabalhar com os intermediários existentes, embora isto possa significar que deva usar tipos diferentes

---

8.   Veja REIN, Irving, KOTLER, Philip, STOLLER, Martin. *High visibility.* New York : Dodd, Mead, 1987.

## VISÃO 2000 | Prestação de serviços bancários *on-line*

No setor bancário, as agências têm sido há muito tempo os canais de marketing por meio dos quais os clientes depositam dinheiro e fazem transações financeiras. Mas essas agências podem em breve tornar-se algo do passado. Como resultado dos avanços da automação bancária, de caixas eletrônicos a banco por telefone, menos da metade de todos os clientes (43%) está usando os serviços das agências. Como resultado, os bancos espalhados pelos Estados Unidos devem fechar milhares de agências. Metade das 52.000 agências do país poderá desaparecer dentro de uma década.

Ultimamente, o fechamento de agências decorre de um fator: custos. Quando comparados ao banco eletrônico, em que os clientes fazem serviços bancários via tela de computador ou serviço telefônico ativado por voz, os custos de uma agência são altos. Por exemplo, o custo de processamento de uma transação pelo caixa de uma agência é mais do dobro do custo de processamento por meio de um caixa eletrônico. Essa economia é a principal razão da explosão do uso dos caixas eletrônicos: em 1994 havia 109.000 nos Estados Unidos (eram 80.000 em 1990). E esta é apenas a ponta do *iceberg* eletrônico. Agora, os bancos estão desenvolvendo serviços tecnologicamente mais sofisticados, de *home banking* por microcomputador a banco por telefone que usa tela e teclado acoplados.

Está também sendo desenvolvida uma ampla variedade de serviços financeiros pela Internet. Em 1995, o First Union, banco regional de Charlotte, Carolina do Norte, lançou o primeiro serviço pela Internet chamado "Comércio comunitário". Uma das razões que levaram esse banco a lançar esse serviço foi seu temor da concorrência não bancária. Sua administração estava convencida de que, se não entrasse rapidamente na distribuição eletrônica, estaria colocando o negócio em risco. Esta estratégia faz sentido em um mercado competitivo, uma vez que os clientes estão crescentemente procurando

maior variedade de serviços que não estão, atualmente, sendo oferecidos pelos bancos. Bilhões de dólares dos depósitos bancários estão sendo canalizados para fundos mútuos de ações, empresas não bancárias de empréstimos e fontes alternativas de crédito, investimento e para outros tipos de negócios.

O trunfo dos bancos sempre foi o monopólio sobre o sistema de pagamentos e a lealdade dos clientes. Entretanto, eles não podem contar com este trunfo durante muito tempo. Já há inúmeros avanços tecnológicos e abordagens inovadoras que permitem que instituições não bancárias entrem no sistema de pagamento e fiquem entre o cliente e o banco. Empresas como Microsoft, Reuters e Bells regionais desejam controlar a interface entre o cliente e o banco. Um dispositivo de acesso – algo como um microcomputador, caixa eletrônico ou telefone – pode, agora, ter o poder de um *mainframe* para desempenhar todas ou a maioria das transações no ponto de venda. Esta abordagem vai permitir que os clientes façam suas próprias transações, em qualquer lugar ou momento. Se essa prática se expandir, quem possuirá o relacionamento com o cliente? Microsoft? CompuServe? AT&T? Richard K. Crone, da KPMG Peat Marwick afirma: "Se os bancos não controlarem os canais de distribuição ou a administração das finanças de seus clientes, eles podem, em breve, estar competindo pelo *cyberspace* da mesma forma que as empresas de bens de consumo competem por espaço de prateleira nos supermercados. (...) Os bancos precisam reconhecer que não são mais referências geográficas, e que o surgimento das supervias eletrônicas representa um novo canal completo de prestação de serviços financeiros".

**Fonte:** CRONE, Richard. Banking without banks. *United States Banker*, p. 88, Nov. 1994; MILLIGAN, John W. Can banking regain its lost market share? *United States Banker*, p. 28-87, Sept. 1994; HOLLAND, Kelley. What every virtual mall needs: a virtual bank. *Business Week*, p. 101, 26 June 1995.

---

de canais de marketing em áreas diferentes. Em mercados menores, a empresa pode vender por meio de distribuidores. Em áreas rurais, pode trabalhar com lojas de varejo diversificado; em áreas urbanas, com lojas que trabalham com linhas limitadas. Em uma parte do país, pode estabelecer franquias porque os comerciantes, nor-

malmente, trabalham dessa maneira; em outra, pode vender por meio de todas as lojas que estejam dispostas a trabalhar com a mercadoria. Em um país estrangeiro, pode usar agentes de vendas internacionais; em outro, pode associar-se a uma empresa local.[9] Em resumo, o sistema de canal do fabricante evolui em resposta às

---

9. Para uma discussão técnica sobre como as empresas orientadas para serviço optam em entrar em mercados internacionais, veja ERRAMILLI, M. Krishna. Service firms' international entry-mode approach: a modified trransaction-cost analysis approach. *Journal of Marketing*, p. 19-38, July 1993.

oportunidades e condições locais. Consideremos o caso de um pequeno fabricante de refrigerantes que se tornou mundialmente famoso ao examinar cuidadosamente suas oportunidades de canais de marketing:

**SNAPPLE**   A Snapple, empresa de refrigerantes à base de frutas fundada no início dos anos 70, começou vendendo seus produtos quase exclusivamente para distribuidores de alimentos nutritivos na área da cidade de New York. Depois, gradualmente, abandonou os distribuidores e passou a vender diretamente às pequenas lojas de alimentos e lojas de conveniência. "No início", afirma um executivo da empresa, "as cadeias de lojas estavam procurando fornecedores que pudessem pagar muito dinheiro para colocar seus produtos nas prateleiras. Éramos uma pequena empresa e não tínhamos esse dinheiro". A decisão de a Snapple penetrar nas lojas de conveniência, freqüentemente negligenciadas, foi bem recompensada. Embora sua participação no mercado nacional nessa categoria seja inferior a 1% (0,9%), este número é impressionante quando você considera que as lojas de conveniência representam um mercado anual de um bilhão de caixas. Em termos de penetração de produto, participação de espaço de prateleira e volume de garrafas vendidas por semana, a Snapple quase supera a marca Coke nesse mercado. Assim que ela entrou no mercado nacional em 1992, estava em condições de alavancar seu desempenho em todos os canais negligenciados pelos grandes fabricantes de refrigerantes – lojas de conveniência, pequenas lojas de alimentos, clubes de ginástica e pequenos varejos –, passando a obter espaço de prateleira em 80% das cadeias de supermercados dos Estados Unidos. À medida que se moveu para este novo nível de distribuição, a Snapple tornou-se mais envolvida com conceitos como cuponagem, preço e propaganda cooperativa.[10]

O projeto de um sistema de canal exige a análise das necessidades dos consumidores, estabelecimento de objetivos de canal e identificação e avaliação das principais alternativas de canal.

## Análise dos níveis de produção de serviços desejados pelos consumidores

Entender o que, onde, por que, quando e como os consumidores-alvos compram é o primeiro passo para planejar o canal de marketing. A empresa deve entender os *níveis de produção de serviços* desejados pelos consumidores-alvos. Os canais fornecem cinco tipos de serviços:

- *Tamanho do lote.* Refere-se ao número de unidades que o canal de marketing permite a um consumidor típico adquirir em uma ocasião de compra. Ao comprar carros para sua frota, a Hertz prefere um canal do qual possa comprar grande lote, e uma dona de casa deseja um canal que permite a compra de um pequeno lote de determinada mercadoria. Obviamente, canais diferentes devem atender às necessidades de compra de lotes de carros e de compradores domésticos. Quanto menor o tamanho do lote, maior o nível de serviço que o canal deve fornecer.
- *Tempo de espera.* É o tempo médio que os consumidores aguardam para receber os bens. Normalmente, os consumidores dão preferência a canais que fazem entregas rápidas. Serviços mais rápidos exigem maior nível de produção.
- *Conveniência espacial.* Ela expressa o grau pelo qual o canal de marketing facilita aos consumidores a compra dos produtos. Por exemplo, a Chevrolet oferece maior conveniência espacial do que a Cadillac, à medida que dispõe de maior número de concessionárias. A maior descentralização de mercado da Chevrolet ajuda os consumidores a economizar em termos de transporte e tempo de procura para comprar ou consertar um automóvel. A conveniência espacial vem sendo aumentada pelo uso de marketing direto.
- *Variedade de produtos.* Representa o sortimento variado fornecido pelo canal de marketing. Normalmente, os consumidores preferem maior sortimento porque ele aumenta a chance de encontrar o produto que atenda exatamente a suas necessidades. Assim, os compradores de automóveis preferem comprar de uma concessionária que oferece várias marcas do fabricante, preterindo aquelas que trabalham com apenas uma marca.
- *Retaguarda de serviços.* Representa os serviços extras (crédito, entrega, instalação, consertos) fornecidos pelo canal. Quanto maior a retaguarda de serviços, maior o trabalho proporcionado pelo canal.[11]

O planejador do canal de marketing deve conhecer os serviços desejados pelos consumidores-alvos. Fornecer elevados níveis de serviços significa maiores custos para o canal e maiores preços para os consumidores. O sucesso das lojas de descontos indica que muitos consumidores estão dispostos a aceitar níveis mais baixos de serviços quando isto representa preços menores.

---

10. PHILLIPS, Kent. Brand of the year. *Beverage World,* p. 140, May 1994; CAMPANELLI, Melissa. Profiles in marketing: Arnold Greenberg. *Sales and Marketing Management,* p. 12, Aug. 1993; STEPHENS, Tim. What makes Snapple pop? *Beverage World,* p. 200, 202, Oct. 1994.
11. BUCKLIN, Louis P. *Competition and evolution in the distributive trades.* Englewood Cliffs, NJ : Prentice Hall, 1972. Veja também STERN e EL-ANSARI. Op. cit.

## Estabelecimento de objetivos e restrições de canal

Os objetivos de canal devem ser declarados de acordo com os níveis de produção de serviços visados. Conforme Bucklin, sob condições competitivas, as instituições do canal devem organizar suas tarefas funcionais de modo que minimizem o custo total dos níveis de produção de serviços desejados.[12] Geralmente, vários segmentos de mercado podem ser identificados, tomando por base os diferentes níveis de serviços desejados pelos consumidores. O planejamento eficaz de canal exige a determinação de que segmentos de mercado atender e os melhores canais a usar em cada caso.

Os objetivos de canal variam com as características do produto. Os produtos perecíveis exigem mais marketing direto em função dos perigos associados a atrasos e muita manipulação. Os produtos vendidos a granel, como materiais de construção ou engradados de refrigerantes, exigem canais que minimizem a distância e o número de manipulações entre o produtor e os consumidores. Produtos não padronizados, como máquinas fabricadas sob encomenda e formulários administrativos, são vendidos diretamente pelos representantes de vendas da empresa. Produtos que exigem instalação e/ou serviços de manutenção são, geralmente, vendidos e mantidos pela empresa ou por franquiados exclusivos. Freqüentemente, os produtos de alto valor unitário são vendidos por meio da força de vendas da empresa em vez de por intermediários.

O projeto de canal deve levar em consideração as forças e fraquezas de diferentes tipos de intermediários. (Por exemplo, os representantes de fabricantes são preparados para contatar clientes a um baixo custo por visita porque o custo total é compartilhado por diversos clientes. Entretanto, o esforço de venda por cliente é menos intenso do que se os vendedores da empresa fornecessem diretamente aos consumidores. Veja o Capítulo 22.) O projeto de canal é também influenciado pelos canais dos concorrentes.

O projeto de canal também deve ser adaptado a um ambiente mais amplo. Quando as condições econômicas são desfavoráveis, os fabricantes devem movimentar seus bens para o mercado usando canais mais curtos e sem serviços não essenciais que fossem onerar o preço final dos bens. A legislação e as restrições legais também afetam o projeto de canal. Os legisladores norte-americanos são desfavoráveis a projetos de canal que podem tender à substancial diminuição da concorrência ou à criação de monopólio.

## Identificação das principais alternativas de canal

Após a empresa ter definido seu mercado-alvo e posicionamento desejado, ela deve identificar suas alternativas de canal. Uma alternativa de canal é descrita por três elementos: tipos de intermediários, número de intermediários e condições e responsabilidades de cada participante do canal.

**TIPOS DE INTERMEDIÁRIOS.** A empresa precisa identificar os tipos de intermediários disponíveis para conduzir suas operações de canal. Aqui estão dois exemplos:

Um fabricante de equipamentos de teste desenvolveu um dispositivo de áudio para detectar conexões mecânicas defeituosas em qualquer máquina com as peças em movimento. Os executivos da empresa achavam que esse produto seria vendido para todas as indústrias onde máquinas elétricas de combustão ou a vapor fossem usadas ou fabricadas, como, por exemplo, de aviação, automóveis, estradas de ferro, alimentos enlatados, construção e petróleo. A força de vendas da empresa era pequena. O problema era como atingir efetivamente todas essas indústrias. As seguintes alternativas de canal foram identificadas:

- *Força de vendas da empresa.* Ampliar o número de vendedores para atender diretamente às indústrias potenciais. Nomear representantes de vendas por território para contatar todos os clientes potenciais da área. Desenvolver força de vendas separadas para cada tipo de setor industrial.
- *Filiais de vendas da empresa.* Abrir filiais em diferentes regiões para contatar todos os clientes potenciais da área.
- *Distribuidores industriais.* Encontrar distribuidores em diferentes regiões para revender o produto diretamente às indústrias. Dar-lhes exclusividade de distribuição, margens adequadas, treinamento e apoio promocional.

Uma empresa fabricante de produtos eletrônicos de consumo produz telefones celulares para automóveis. Ela identificou as seguintes alternativas de canal:

---

12. BUCKLIN, Louis. *A theory of distribution channel structure.* Berkeley : Institute of Business and Economic Research, University of California, 1966.

# Bancos trabalham freneticamente para desenvolver um novo canal: o *home banking*

Na Grã-Bretanha, os bancos de serviços estão fortemente engajados em implantar o *home banking*. Tudo começou em 1989 quando o Midland Bank lançou o First Direct, banco 24 horas por telefone. Hoje, o Midland possui 500.000 clientes e conquista 10.000 novos todo mês. Para não ser superado, o Lloyds lançou um serviço por telefone (chamado LloydsLine) alguns anos depois e, agora, tem, aproximadamente, 100.000 clientes. Também oferece o banco eletrônico LloydsLink por computador para as empresas clientes.

Essas inovações têm forçado outros bancos do país a também abrir canais de *home banking*. O Barclays está testando um *home banking* por computador usando *software* da Microsoft e cartões de crédito Visa. Por conseguinte, o NatWest está testando um sistema de banco por telefone desenvolvido em conjunto com a British Telecom. Escolheu esta opção porque, na Inglaterra, é mais fácil o cliente possuir telefone do que microcomputador. Eventualmente, podemos esperar que os principais bancos ofereçam serviços de *home banking* tanto por telefone, como por microcomputador.

**Fonte:** BANKS to offer customer options. *Marketing Business,* p. 4-5, Sept. 1995.

- *Montadoras de automóveis.* A empresa poderia vender os telefones para serem instalados pelas montadoras como equipamento original de fábrica.
- *Concessionárias.* A empresa poderia vender os telefones diretamente às concessionárias.
- *Lojas de autopeças.* Os telefones poderiam ser vendidos para essas lojas por meio da força de vendas de distribuidores.
- *Lojas especializadas em telefones para carros.* Os telefones poderiam ser vendidos para essas lojas por meio da força de vendas revendedores especializados.
- *Mercado de mala direta.* A empresa poderia vender os telefones mediante catálogos enviados pelo correio.

As empresas devem procurar canais de marketing inovadores. A Conn Organ Company vende órgãos elétricos em lojas de departamentos e lojas de descontos, que proporcionam maior divulgação do que as pequenas lojas de instrumentos musicais. A Book-of-the-Month Club vende livros pelo correio. Outras empresas passaram a utilizar este canal, como os clubes de disco, clubes de flores, clube de doces, clube de frutas e dezenas de outros. (Para mais detalhes sobre outro canal inovador de marketing, veja a seção *Insight* de Marketing intitulada "Bancos trabalham freneticamente para desenvolver um novo canal: o *home banking*".)

Às vezes, uma empresa escolhe um canal não convencional em função da dificuldade ou do custo de trabalhar com um canal dominante. É comum essa decisão revelar-se extremamente bem-sucedida. A vantagem do uso de canal não convencional é que a empresa encontrará um grau menor de concorrência durante sua fase inicial de entrada nesse canal. Aqui estão três exemplos:

**TIMEX** Originalmente, a U.S. Time Company tentou vender seus relógios baratos Timex em joalherias. Entretanto, a maioria das lojas recusou vender os produtos. A empresa procurou outros canais e passou a vender os relógios em lojas de mercadorias de massa. Essa estratégia mostrou ter sido uma grande decisão devido ao rápido crescimento desse tipo de loja.

**AVON** A Avon optou pela venda porta a porta porque não estava preparada para entrar em lojas de departamentos. Ela não apenas dominou a venda porta a porta, como também passou a ganhar mais dinheiro do que a maioria das empresas de cosméticos que vendia através de lojas de departamentos.

**CHIODO CANDY COMPANY** Nos anos 80, essa empresa estava sendo superada pela megaempresa de doces E. J. Branch na guerra pelo espaço de prateleira dos supermercados. Em 1988, ela começou a procurar canais de distribuição alternativos. Iniciou conquistando os clubes de compra e as lojas de armazém. Os clubes de compra não exigiam qualquer pagamento pelo espaço de prateleira e eram receptivos a novos produtos. Ao suprir a demanda dessas lojas por grandes pacotes, a Chiodo desenvolveu uma embalagem plástica que podia conter 900 g de doces. Os compradores dos clubes estavam encomendando mais de 8.000 embalagens por pedido.[13]

Em resumo, o tipo de intermediário a usar depende da prestação de serviço desejada pelo mercado-alvo e dos custos de transação do canal (por exemplo, salários e despesas, investimentos exigidos, seguro etc.). A empresa deve procurar a alternativa de canal que prometa a maior rentabilidade a longo prazo.

**Número de Intermediários.** As empresas têm que decidir sobre o número de intermediários a usar em cada nível de canal. Três estratégias estão disponíveis: distribuição exclusiva, seletiva e intensiva.

**Distribuição exclusiva.** Envolve limitar rigorosamente o número de intermediários que irá trabalhar com os bens ou serviços da empresa. É usada quando o produtor deseja manter grande controle sobre o nível de prestação de serviços oferecidos pelos revendedores. Freqüentemente, envolve *exclusividade,* uma vez que o revendedor não pode trabalhar com marcas concorrentes.

Para garantir distribuição exclusiva, o fabricante espera obter maior agressividade de venda e melhor conhecimento do produto. A distribuição exclusiva tende a fortalecer a imagem do produto e permitir *markups* (margens) mais elevados. Essa estratégia é encontrada na distribuição de automóveis novos, grandes eletrodomésticos e em algumas marcas de roupas femininas.

**Distribuição seletiva.** Envolve o uso de alguns intermediários bem escolhidos que estejam dispostos a vender um produto específico. É uma forma de distribuição utilizada tanto por empresas bem posicionadas no mercado como por novas empresas. A empresa não precisa dissipar seus esforços entre muitas lojas, incluindo aquelas que não prestam um bom serviço. Ela pode desenvolver boas relações comerciais com os intermediários selecionados e esperar um esforço de venda acima da média. A distribuição seletiva proporciona ao produtor uma cobertura adequada de mercado com mais controle e menos custos do que a distribuição intensiva.

**Distribuição intensiva.** É caracterizada pelo fato de o fabricante dispor de seus bens e serviços no maior número de estabelecimentos possível. Quando o consumidor atribui grande valor à conveniência, é importante oferecer maior intensidade de distribuição. Geralmente, esta estratégia é usada para itens de conveniência como produtos de tabaco, gasolina, sabão, lanches e goma de mascar.

Os fabricantes são constantemente tentados a mover-se da distribuição exclusiva ou seletiva para a distribuição intensiva como forma de aumentar a cobertura de mercado e as vendas. Essa estratégia pode ajudar seu desempenho a curto prazo, mas é prejudicial a longo prazo. Suponhamos que um fabricante de roupas como Liz Claiborne estivesse disposto a utilizar a distribuição intensiva. À medida que a empresa expandisse suas vendas por meio de varejos de massa, em sacrifício das lojas especializadas, perderia algum controle sobre as vitrinas, níveis de serviços que acompanhavam os produtos e preço. À medida que o produto passasse a ser vendido por maior número de varejistas, alguns deles ficariam em posição de destruir alguns concorrentes, resultando em uma guerra de preço. Os compradores atribuiriam menor prestígio às roupas Liz Claiborne que, por sua vez, teria possibilidade reduzida de comandar a prática de preços *premium* (elevados).

**Condições e Responsabilidades dos Participantes do Canal.** O relacionamento de marketing é parte importante da administração de canal. O fabricante deve determinar os direitos e responsabilidades dos participantes do canal, assegurando-se de que cada participante seja tratado respeitosamente e tenha a oportunidade de ser rentável.[14] Os principais elementos do "composto de relações comerciais" são políticas de preço, condições de venda, direitos de exclusividade e serviços específicos a serem desempenhados pelas partes.

A *política de preço* permite que o produtor estabeleça uma lista de preços e uma tabela de descontos. Os intermediários devem sentir que estes são justos e suficientes.

As *condições de venda* referem-se às formas de pagamento e às garantias concedidas pelo fabricante. A maioria dos produtores oferece a seus distribuidores descontos para pagamento a vista, que podem ser ressarcidos das reduções de preços e dos produtos defeituosos devolvidos. Uma garantia que proteja contra as reduções de preços induz os distribuidores a comprar quantidades maiores.

Os *direitos de exclusividade* constituem um dos elementos do composto de relações comerciais. Os distribuidores desejam saber onde o produtor vai nomear outros distribuidores. Eles também gostariam de receber crédito ilimitado para todas as vendas efetuadas em seu território, façam ou não diretamente a venda.

Os *serviços e responsabilidades mútuos* devem ser cuidadosamente definidos, principalmente nos canais franqueados e junto aos distribuidores exclusivos. Por exemplo, o McDonald's fornece franquias de construção, apoio promocional, sistema de controle, treinamento e

13. PRIOR, Teri Lammers. Channel surfers. *Inc.* p. 65-68, Feb. 1995.
14. Para mais informações sobre marketing de relacionamento e administração do canal de marketing, veja HEIDE, Jan B. Interorganizational governance in marketing channels. *Journal of Marketing,* p. 71-85, Jan. 1994.

assistência administrativa e técnica. Por sua vez, espera-se que os franquiados satisfaçam aos padrões da empresa no que diz respeito às instalações físicas, cooperação com novas campanhas promocionais, fornecimento das informações solicitadas e compra de produtos alimentícios especificados.

## Avaliação das principais alternativas de canal

Suponhamos que um fabricante identificou várias alternativas de canal e deseja determinar a melhor escolha. Cada alternativa precisa ser avaliada em relação a *critérios econômicos, de controle e de adaptação*. Discutiremos esses critérios baseados na seguinte situação:

Um fabricante de móveis da cidade de Memphis deseja vender sua linha de produtos a varejistas da Costa Oeste. Ele está tentando decidir entre duas alternativas:

1. Contratar 10 novos vendedores que operariam de um escritório de vendas situado em San Francisco. Receberiam um salário fixo mais comissão.
2. Contratar o serviço de um escritório de representação de vendas de San Francisco para visitar as lojas de móveis. O escritório possui 30 vendedores que seriam pagos à base de comissão sobre vendas.

**CRITÉRIO ECONÔMICO.** Cada alternativa de canal produzirá um nível de vendas e custos diferente. A primeira questão a ser levantada é se um aumento de vendas será produzido pela força de vendas da empresa ou por um escritório de representação de vendas. A maioria dos gerentes de marketing acredita que uma força de vendas da própria empresa venderá mais. Os vendedores da empresa concentram totalmente seus esforços nos produtos da empresa; são mais bem treinados para vender um produto específico; são mais agressivos porque o futuro deles depende do sucesso da empresa; são mais bem-sucedidos porque muitos clientes preferem comprar diretamente da empresa.

Entretanto, o escritório de representação de vendas pode vender muito mais do que a força de vendas da própria empresa. Primeiro, ele trabalha com 30 vendedores e não 10. Segundo, pode ser tão agressivo quanto a força de vendas direta, dependendo da comissão que a empresa esteja disposta a pagar. Terceiro, alguns clientes preferem tratar com escritórios de representação de vendas que representam diversas empresas, do que com vendedores exclusivos de uma empresa. Quarto, o escritório faz contatos extensivos e conhece muito bem o mercado, enquanto os vendedores de uma empresa precisariam começar do zero, o que seria difícil, oneroso, além de se tratar de uma tarefa a longo prazo.

A próxima etapa é estimar os custos de vender diferentes volumes por meio de cada canal. As previsões de custos são mostradas na Figura 18.4. Os custos fixos iniciais de optar-se por um escritório de representação de vendas são menores do que aqueles envolvidos na abertura de uma filial de vendas da própria empresa. Entretanto, esses custos crescem mais rápido no caso do escritório de vendas porque seus vendedores recebem comissão maior do que os vendedores da empresa.

A etapa final é comparar as vendas e os custos. Como a Figura 18.4 mostra, há um nível de vendas ($S_b$) no qual os custos de venda são os mesmos para as duas opções. O escritório de representação de vendas é o canal preferido para qualquer volume de vendas abaixo de $S_b$, e a filial de vendas da empresa é preferida em qualquer volume de vendas acima de $S_b$. Não é surpresa que os escritórios de representação são usados por empresas menores ou por grandes empresas em territórios limitados, quando o volume for muito baixo para justificar a presença de uma equipe de vendas da própria empresa.

**CRITÉRIO DE CONTROLE.** A avaliação de canal deve ser ampliada para incluir assuntos referentes a controle. A utilização de um escritório de representação de vendas enfrenta problema de controle. Trata-se de um negócio independente que procura maximizar seu lucro. O escritório pode concentrar seus vendedores em clientes que compram mais, não necessariamente para vender os produtos de um fabricante específico. Além disso, pode não dominar os detalhes técnicos dos produtos da empresa ou não trabalhar eficientemente com seus materiais promocionais.

**CRITÉRIO DE ADAPTAÇÃO.** Para desenvolver um canal, seus participantes devem assumir algum grau de compromisso entre si por determinado período de tempo. Todavia, esse compromisso leva, invariavelmente, a uma redução das condições de o fabricante responder a um mercado em mudança. Em um mercado rapidamente mutante, volátil ou com produtos incertos, o fabricante precisa buscar estruturas e políticas de canal que maximizem o controle e as condições de uma rápida mudança na estratégia de marketing.

## DECISÕES DE ADMINISTRAÇÃO DE CANAL

Após uma empresa ter escolhido uma alternativa de canal, os intermediários devem ser selecionados, motivados e avaliados. Além disso, a organização do canal deve ser modificada no decorrer do tempo.

### Seleção dos participantes do canal

Os fabricantes variam em relação a sua habilidade de atrair intermediários qualificados para o canal esco-

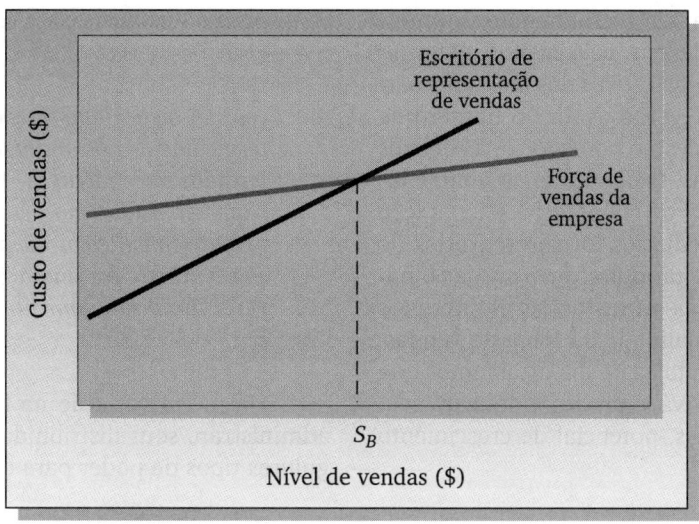

**Figura 18.4** *Gráfico do ponto de equilíbrio para a escolha entre a força de vendas da empresa e um escritório de representação de vendas.*

lhido. Alguns deles não têm dificuldades para recrutar intermediários. Por exemplo, a Toyota estava em condições de atrair muitos novos revendedores para o novo carro Lexus. Em alguns casos, a promessa de distribuição exclusiva ou seletiva atrairá grande número de candidatos.

Em outro extremo estão os fabricantes que têm dificuldades para atrair intermediários qualificados. Quando a Polaroid começou suas atividades, não pôde vender suas câmeras em lojas de equipamentos fotográficos e foi forçada a usar lojas de varejo de massa. Normalmente, os pequenos fabricantes de produtos alimentícios encontram dificuldades em vender para as redes de supermercados. Freqüentemente, os fabricantes de equipamentos enfrentam muitos problemas para encontrar distribuidores e revendedores qualificados. Consideremos o que ocorreu com a Epson:

**EPSON** A Epson Corporation, do Japão, líder na fabricação de impressoras para computadores, pretendia expandir sua linha de produtos que incluía computadores. Insatisfeita com seus distribuidores atuais e não acreditando em sua capacidade de vender para novos tipos de estabelecimentos de varejo, o diretor geral da empresa, Jack Whalen, decidiu, silenciosamente, recrutar novos distribuidores para substituir os existentes. Whalen contratou a Hergenrather & Company, empresa de recrutamento, e deu-lhe as seguintes instruções:

- Procure candidatos que tenham experiência em distribuição de dois níveis (da fábrica para o distribuidor e revendedor) na venda de televisores, refrigeradores etc.
- Os candidatos têm que estar capacitados e dispostos a estabelecer suas próprias distribuidoras.

- Ofereça a eles um salário fixo anual de $ 80.000 mais comissão e $ 375.000 para ajudá-los a estabelecer o negócio; cada um deverá entrar com $ 25.000 para integralizar o capital do empreendimento.
- Deverão vender apenas os produtos Epson, mas estarão livres para vender *softwares* de outras empresas. Cada distribuidor contratará um gerente de treinamento e instalará um centro de serviços bem equipado.

A empresa de recrutamento enfrentou dificuldades para encontrar candidatos qualificados e motivados. Os anúncios veiculados no *The Wall Street Journal* (que não mencionava o nome da empresa) atraíram 1.700 candidatos, a maioria pessoas sem qualificação à procura de emprego. Depois, a empresa utilizou as Páginas Amarelas para levantar os nomes dos distribuidores existentes e telefonou para os gerentes de segunda linha. Marcou entrevistas e, após muito trabalho, formou uma lista de indivíduos altamente qualificados. Whalen entrevistou-os e escolheu os 12 candidatos mais qualificados para suas 12 áreas de distribuição. A empresa de recrutamento recebeu $ 250.000 pelo serviço.

A etapa final era despedir os atuais distribuidores da Epson. Eles não tinham idéia do que estava ocorrendo, uma vez que o recrutamento fora conduzido em segredo. Jack Whalen deu-lhes um prazo de 90 dias para o desligamento. Esses distribuidores ficaram chocados, uma vez que eram os primeiros representantes da empresa e trabalhavam sem contrato. Whalen sabia que eles não tinham condições de trabalhar com a nova linha de computadores da empresa; por isso, não viu outra saída senão despedi-los.[15]

15. BRAGG, Arthur. Undercover recruiting: Epson America's sly distributor switch. *Sales and Marketing Management,* p. 45-49, 11 Mar. 1985.

Antes de partirem para o recrutamento de intermediários, os produtores devem, pelo menos, determinar quais as características distintivas dos melhores participantes do canal. Eles deverão avaliar o número de anos que os intermediários estão no negócio, as demais linhas de produtos vendidas, taxas de crescimento e lucro, grau de solvência, nível de cooperação e reputação no mercado. Se os intermediários forem escritórios de representação de vendas, o produtor deve avaliar o número e as características das outras linhas de produtos vendidas e o tamanho e qualidade da força de vendas. Se os intermediários forem lojas de departamentos que desejam distribuição exclusiva, o produtor desejará avaliar as localizações das lojas, potencial de crescimento futuro e tipo de clientela.

## Motivação dos participantes de canal

Os intermediários devem ser continuamente motivados a executar melhor um trabalho. As condições que os levam a fazer parte do canal fornecem alguma motivação, mas ela deve ser complementada por treinamento, supervisão e estímulo. O produtor não deve apenas vender por meio de intermediários, mas vender para eles. Por exemplo, os programas de incentivos a revendedores podem servir de motivadores poderosos. Quando a microcervejaria Brewski Brewing Company começou o negócio, ofereceu incentivos atraentes para grandes e pequenos distribuidores que foram designados para vender seus produtos. Assim que começaram o trabalho, receberam jaquetas de couro avaliadas em $ 300 por atingir suas metas de distribuição em uma série de programas de incentivos a curto prazo. Além disso, podiam oferecer aos maiores clientes uma torneira de madeira de lei, talhada e pintada a mão, exibindo o logo Brewski.[16]

Estimular os participantes de canal para um desempenho elevado deve começar com a compreensão dos desejos e necessidades desses intermediários. McVey listou as seguintes proposições para ajudar a compreendê-los:

*Freqüentemente, o intermediário age como um agente de compra para seus consumidores e, secundariamente, como agente de vendas para seus fornecedores. (...) Ele está interessado em vender qualquer produto que seus consumidores desejam comprar (...).*

*O intermediário tenta consolidar todas suas ofertas em uma família de itens que possa vender em conjunto, como um sortimento embalado, para os consumidores. Seus esforços de venda são direcionados, principalmente, para conseguir pedidos para o sortimento; em vez de para itens individuais (...).*

*A menos que recebam algum incentivo, os intermediários não manterão registros de vendas separados por marcas (...). As informações que poderiam ser usadas no desenvolvimento dos produtos, preços, embalagem ou planejamento da promoção são perdidas em anotações não padronizadas e, às vezes, propositadamente, segregadas dos fornecedores.[17]*

Há muita variação na forma como os produtores administram seus distribuidores. Podem exercer os seguintes tipos de poder para obter cooperação:

- *Poder coercivo.* É representado pela ameaça do fabricante em romper o relacionamento com um intermediário que não queira cooperar. Este poder é muito eficaz se os intermediários forem altamente dependentes do fabricante. Entretanto, o exercício do poder coercivo produz ressentimento e pode levar os intermediários a organizarem o poder de represália.
- *Poder de recompensa.* Ocorre se o fabricante oferece um benefício extra pelo desempenho de ações ou funções específicas pelos intermediários. Comumente, este poder produz melhores resultados do que o poder coercivo. Os intermediários agem de acordo com os desejos do fabricante, não em função de uma convicção intrínseca, mas de um benefício externo. Aumentarão a expectativa por uma recompensa toda vez que o fabricante desejar que determinado comportamento ocorra. Se a recompensa for retirada no futuro, os intermediários ficam ressentidos.
- *Poder legitimado.* É usado quando o fabricante solicita determinado comportamento como exigência assegurada por contrato. Assim, a General Motors pode insistir que seus revendedores mantenham certos níveis de estoque como parte do acordo comercial. O fabricante considera que possui esse direito e o intermediário sabe que se trata de uma obrigação. À medida que os intermediários vêem o fabricante como líder legítimo, o poder legitimado funciona.
- *Poder de especialização.* Pode ser aplicado pelo fabricante que tenha conhecimento especializado, valorizado pelos intermediários. Por exemplo, um fabricante pode ter um sistema sofisticado de localizar clientes potenciais para os intermediários ou fornecer treinamento especializado para seus vendedores. Esta é uma forma eficaz de poder, uma vez que os intermediários seriam malsucedidos se não recebessem a assistência técnica do fabricante. Entretanto, uma vez transmitida a experiência aos intermediários, a base do poder do fabricante enfraque-

16. ALONZO, Vincent. Brewski. *Incentive,* p. 32-33, Dec. 1994.
17. McVEE, Philip. Are channels of distribution what the textbooks say? *Journal of Marketing,* p. 61-64, Jan. 1960.

ce. O fabricante deve continuar desenvolvendo novas especializações, obrigando à cooperação contínua dos intermediários.

- *Poder de referência.* Ocorre quando o fabricante é muito respeitado e os intermediários sentem orgulho em se identificar com ele. Empresas como IBM, Caterpillar, McDonald's e Hewlett Packard desfrutam forte poder de referência. Na medida do possível, os fabricantes obterão maior cooperação se cultivarem o poder de referência, poder de especialização, poder de legitimação e poder de recompensa, nesta ordem, e, geralmente, evitar o uso do poder coercivo.[18]

Os intermediários podem visar a um relacionamento baseado em cooperação, parceria ou programação de distribuição.[19] A maioria dos fabricantes vê como principal desafio a tarefa de obter *cooperação* dos intermediários. Para obtê-la, freqüentemente, usam motivadores positivos, como margens maiores, condições especiais, prêmios, propaganda cooperativa, oferecimento de *displays* e concursos de vendas. Às vezes, são obrigados a aplicar sanções negativas como ameaça de redução de margens, atraso nas entregas ou interrupção do relacionamento. A desvantagem desta abordagem é que o produtor aplica motivadores diversos baseados na simples idéia de estímulo-resposta. McCammon notou que muitos programas de fabricantes "consistem em acordos comerciais improvisados, concursos de vendas sem qualquer inspiração e estrutura simplista de descontos".[20]

As empresas mais sofisticadas tentam forjar uma *parceria* a longo prazo com seus distribuidores. O fabricante desenvolve um sentido claro do que deseja dos mesmos em termos de cobertura de mercado, níveis de estoque, desenvolvimento de marketing, informações contábeis, orientação técnica, serviços e informações de marketing. O fabricante espera que o distribuidor concorde com essas políticas para que possa introduzir um plano de compensação funcional. Por exemplo, uma empresa de suprimentos odontológicos, em vez de pagar a seus distribuidores uma comissão direta de 35% sobre as vendas, remunera-os com 20% pelo trabalho básico de vendas, 5% para manterem um estoque durante 60 dias, 5% para o pagamento pontual das faturas e 5% pelas informações de compras dos clientes.

A forma mais avançada de relacionamento fornecedor/distribuidor é a *programação de distribuição*, que McCammon define como um sistema vertical de marketing, elaborado com planejamento e administrado profissionalmente e que incorpora as necessidades tanto do fabricante quanto dos distribuidores.[21] O fabricante estabelece um departamento dentro da empresa denominado *planejamento de relações com distribuidores* com a tarefa de identificar as necessidades dos mesmos e desenvolver programas de *merchandising* para ajudá-los a operar da melhor forma possível. Esse departamento e os distribuidores trabalham em conjunto no planejamento de metas de quotas de vendas, níveis de estoque, planos de exposição de produtos, necessidades de treinamento de vendedores e planos de propaganda e promoção. O propósito é fazer com que os distribuidores abandonem a idéia de que são agentes de compra dos clientes (por meio de negociação rigorosa com o fabricante) e passem a pensar como agentes de vendas do fabricante que ganham dinheiro por fazerem parte de um sofisticado sistema vertical de marketing. A Kraft e a Procter & Gamble são duas empresas com excelentes programas de relacionamento com distribuidores (veja os exemplos no Capítulo 15).

Muitos fabricantes consideram seus distribuidores e revendedores como clientes, em vez de parceiros comerciais. A seção *Insight* de Marketing intitulada "Transformando distribuidores industriais em parceiros comerciais" descreve os mecanismos que os fabricantes progressistas podem usar para converter seus distribuidores em parceiros.

Até agora, tratamos fabricantes e distribuidores como organizações separadas. Mas muitos fabricantes são distribuidores de produtos relacionados produzidos por outras empresas. Além disso, alguns distribuidores industriais também fabricam ou contratam outras empresas para produzir suas próprias marcas. Assim, essas empresas industriais devem dominar as funções de produção e distribuição.

## Avaliação dos participantes do canal

Periodicamente, o fabricante deve avaliar o desempenho dos intermediários em relação a padrões como cumprimento das quotas de vendas, níveis médios de inventário, tempo de entrega aos consumidores, tratamento dado às mercadorias perdidas e danificadas, cooperação em programas promocionais e de treinamento.

Em determinado momento, ele acabará concluindo que está concedendo muito pelo que seus intermediários estão realmente fazendo. Um fabricante descobriu que estava compensando um distribuidor pela estocagem de produtos em seu armazém, mas os estoques estavam realmente sendo guardados em um armazém público às expensas do produtor. Os fabricantes devem estabelecer descontos funcionais para beneficiar os intermediários conforme o desempenho e o nível de serviço prestado aos consumidores. Aqueles cujos de-

18. Estas bases de poder foram identificadas em FRENCH, John R. P., RAVEN, Bertram. The bases of social power. In: CARTWRIGHT, Dorwin (Org.). *Studies in social power.* Ann Arbor: University of Michigan Press, 1959. p. 150-167.
19. Veja ROSENBLOOM, Bert. *Marketing channels:* a management view. 5. ed. Hinsdale, IL : Driden Press, 1995.
20. McCAMMON JR., Bert C. Perspectives for distribution programming. In: BUCKLIN, Louis P. (Org.). *Vertical marketing systems.* Glenview : Scott, Foresman, 1970. p. 32.
21. McCAMMON JR. Op. cit. p. 43.

# Transformando distribuidores industriais em parceiros comerciais

Vários fabricantes mantêm excelentes relações de trabalho com seus distribuidores. Aqui estão alguns exemplos de práticas de desenvolvimento de parceria bem-sucedidas:

1. A *Timken Corporation* (rolamentos) mantém seu pessoal de vendas fazendo visitas de multinível aos distribuidores, incluindo seus gerentes gerais, gerentes de compras e vendedores.

2. A *Square D* (interruptores e disjuntores) coloca sua equipe de vendas um dia junto com os distribuidores, "trabalhando no balcão" para entender o negócio de cada um deles.

3. A *Du Pont* criou um comitê de orientação de marketing para os distribuidores, que se reúne regularmente para discutir problemas e tendências de canal.

4. A *Dayco Corporation* (produtos de plástico e de borracha) realiza um encontro anual com 20 jovens executivos dos distribuidores e 20 da própria empresa para interagirem em seminários e horas de lazer.

5. A *Parker Hannifin Corporation* (produtos de energia) faz levantamento anual pelo correio solicitando a seus distribuidores que avaliem o desempenho da empresa em termos de dimensões-chaves. Informa também seus distribuidores sobre novos produtos e aplicações por meio de *newsletters* e videoteipes. Coleta e analisa cópias das faturas dos distribuidores e orienta sobre como eles podem melhorar suas vendas.

6. A *Cherry Electrical Products* (interruptores e teclados eletrônicos) contratou um gerente de marketing de distribuição que trabalha com os distribuidores na preparação de planos formais de marketing. A empresa opera também um sistema de resposta rápida para atender às solicitações dos distribuidores, atribuindo dois vendedores para cada um deles.

7. As empresas *Vanity Fair, Levi Strauss, Hanes* e outros fabricantes de roupas formaram parcerias de "resposta rápida" com lojas de departamentos e de descontos. Nessas parcerias, varejistas e fornecedores trabalham juntos para agilizar a reposição de estoques, melhorar os serviços aos consumidores, reduzir a necessidade de cortes de preços e baixar os custos de levar os bens até os consumidores. No início de 1993, a Vanity Fair possuía 300 parceiros em seu sistema de reposição de estoques e estava promovendo a idéia de parceria com outras empresas.

8. A *Motorola* formou uma equipe que inclui seus funcionários de vendas e logística, um distribuidor, um cliente denominado *Tellabs* e os gerentes das três empresas. A Tellabs pediu à Motorola que melhorasse sua pontualidade de entrega em 100%. Em resposta, a equipe encontrou a solução criando duas lojas Motorola sob a supervisão da Tellabs. Esta providência reduziu o tempo de entrega de 50 horas para menos de 24 horas.

9. A *Loctite Corp.*, atendendo à queixa de um distribuidor, adotou uma campanha promocional que mostrava seis produtos da empresa muito diferentes, denominados *kit* de sobrevivência. O resultado: seus distribuidores ganharam mais nos quatro meses da promoção do que em qualquer outro programa promocional da empresa.

10. A *Rust-Oleum* enviou a seus distribuidores uma carta que começava com os seguintes dizeres: "Deixe vir os *pickles,* deixe vir o alface. Pedidos especiais não nos assustam", ao anunciar um novo programa de marketing para promover suas vendas. Em resposta às solicitações dos distribuidores por programas de marketing customizados, a empresa introduziu um *menu* de ferramentas de marketing que muda a cada trimestre; eles podem escolher no *menu* as estratégias que se ajustam melhor a seus planos de marketing.

**Fontes:** Os seis primeiros exemplos são encontrados em NARUS, James A., ANDERSON, James C. Turn your industrial distributors into partners. *Harvard Business Review,* p. 66-71, Mar./Apr. 1986. Os demais exemplos foram extraídos de JOHNSON, John R. Promoting profits through partnership. *Industrial Distribution,* p. 22-24, Mar. 1994; e BUZZELL, Robert D., ORTMEYER, Gwen. Channel partnerships streamline distribution. *Sloan Management Review,* p. 85-96, Spring 1995.

sempenhos estiverem abaixo de determinados padrões precisam ser orientados, retreinados ou remotivados. Entretanto, se não melhorarem o padrão, a melhor solução será desligá-los.

## Modificação de canal

Um fabricante deve ir além de planejar um bom sistema de canal e colocá-lo em funcionamento. O siste-

# Mudança dos canais de marketing durante o ciclo de vida do produto

Nenhum canal de marketing pode permanecer competitivamente dominante em todo o ciclo de vida do produto. Os adotantes imediatos podem estar dispostos a pagar mais para canais de alto valor agregado, mas os compradores tardios procurarão canais de preços mais baixos. Assim, as pequenas copiadoras de escritório foram vendidas pelos vendedores dos próprios fabricantes, depois, por meio de revendedores de equipamentos de escritório, varejos de venda em massa e, agora, por empresas de mala direta. As seguradoras que persistem em usar corretores independentes e as empresas automobilísticas que usam concessionárias independentes enfrentarão forte concorrência de novos canais de custo mais baixo, e sua relutância em mudar pode ser fatal a longo prazo.

Miland Lele desenvolveu o *grid* da Figura 1 para mostrar como os canais de marketing mudaram para a venda de microcomputadores e roupas de *grife* nos diferentes estágios do ciclo de vida do produto.

- *Estágio introdutório.* Novos produtos ou modas tendem a entrar radicalmente no mercado por meio de canais especializados (como lojas de produtos de informática, butiques) que identificam tendências e atraem adotantes imediatos.
- *Estágio de crescimento rápido.* À medida que o interesse dos compradores cresce, aparecem canais que vendem em maior volume (cadeias de lojas especializadas, lojas de departamentos) que oferecem serviços, mas não nos níveis prestados pelos canais anteriores.
- *Estágio de maturidade.* Com a queda do crescimento do número de consumidores, alguns concorrentes transferem seus produtos para canais de custos mais baixos (lojas de venda em massa).
- *Estágio de declínio.* No início do declínio, canais de custos ainda mais baixos aparecem (empresas de venda pelo correio, lojas de liquidações).

Os canais dos estágios iniciais enfrentam o desafio de criar mercado; seus custos são elevados porque devem procurar e educar os compradores. São seguidos por canais que expandem o mercado e oferecem serviços em nível adequado. No estágio de maturidade, muitos compradores desejam preços ainda mais baixos e passam a prestigiar canais que oferecem menor valor agregado. Finalmente, os compradores potenciais remanescentes podem ser atingidos apenas por canais de preços baixos que oferecem valor agregado ainda menor.

**Fonte:** LELE, Miland M. *Creating strategic leverage.* New York : John Wiley, 1992. p. 249-251.

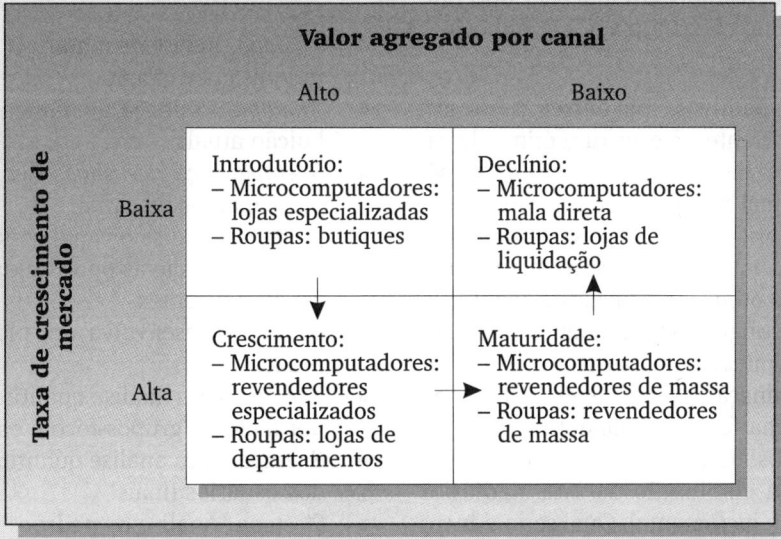

**Figura 1** *Valor agregado por canal e taxa de crescimento do mercado.*

ma exigirá modificações periódicas para atender às novas condições do mercado. As modificações tornam-se necessárias quando os padrões de compra dos consumidores mudam, o mercado cresce, o produto fica maduro, surgem novos concorrentes, novos canais de distribuição inovadores e o produto move-se para os estágios posteriores de seu ciclo de vida. (Veja a seção *Insight* de Marketing intitulada "Mudança dos canais de marketing durante o ciclo de vida do produto".)

Este fato afetou o fabricante do MicroFridge, produto que combina mini-refrigerador e forno microondas:

**MICROFRIDGE** Quando iniciou o negócio, o presidente da MicroFridge, Bob Bennett, decidiu vender seu produto por meio de grandes distribuidores independentes de eletrodomésticos. Ele entrevistou 170 vendedores de 17 distribuidores independentes e constatou que teria três quartos do país coberto desta maneira. Assim, ficou esperando suas vendas decolarem. Entretanto, após cinco meses, 3.500 unidades do produto foram colocadas à venda no canal de distribuição em massa. O MicroFridge foi projetado para ser usado em alojamentos universitários, mas os distribuidores não possuíam qualquer contato com as universidades e bases do Exército (que também possuíam grande contingente de pessoas em alojamentos). Os distribuidores colocaram o produto em lojas de venda em massa que não tinham qualquer idéia sobre o que fazer com o mesmo. Prestes a encerrar as atividades, Bennett vislumbrou um canal de distribuição totalmente novo. Contratou quatro vendedores para visitar os diretores de faculdades e comandantes de bases do Exército. Esses novos clientes potenciais descobriram rapidamente a vantagem do MicroFridge e, em 1990, a empresa vendeu 11.000 unidades, com o faturamento chegando a $ 3,7 milhões.[22]

Em mercados competitivos, com barreiras fracas à entrada de novos concorrentes, a estrutura ótima de canal irá, inevitavelmente, mudar no decorrer do tempo. A estrutura atual de canal não produzirá mais serviços eficientes a custos historicamente viáveis. Como resultado, a estrutura atual mudará, necessariamente, em direção a uma estrutura ótima. Três níveis de adaptação de canal podem ser distinguidos. A mudança pode envolver acréscimo ou eliminação de participantes do canal, acréscimo ou eliminação de canais específicos ou desenvolvimento de uma forma totalmente nova para vender bens em todos os mercados.

O acréscimo ou a eliminação de intermediários específicos exige análise incremental. Qual seria o lucro da empresa com ou sem determinado intermediário? A decisão para um fabricante de automóveis eliminar um revendedor exigiria a subtração de suas vendas e a estimação das possíveis perdas ou substituição dessas vendas por outros revendedores.

Às vezes, um fabricante considera a eliminação de todos os intermediários cujas vendas estejam abaixo de certo nível. Por exemplo, a Navistar notou que 5% de seus revendedores estavam vendendo abaixo de três ou quatro caminhões por ano. As vendas desses revendedores não compensavam os custos dos serviços prestados pela empresa. Entretanto, a decisão de eliminá-los poderia ter grande repercussão em todo o sistema. O custo unitário para fabricar caminhões seria mais alto, uma vez que as despesas indiretas seriam diluídas em menor número de veículos, alguns funcionários e equipamentos ficariam ociosos, algumas vendas nesses mercados seriam canalizadas para os concorrentes e outros revendedores poderiam ficar inseguros. Todos esses fatores deveriam ser levados em consideração. (Finalmente, a Navistar eliminou esses revendedores.)

A decisão mais difícil envolve revisar a estratégia global de canal.[23] Os canais de distribuição tornam-se, rapidamente, fora de moda no decorrer do tempo. Surge um hiato entre o sistema de distribuição existente e o sistema ideal que atenderia às necessidades e aos desejos dos consumidores-alvos. Há muitos exemplos que ilustram este fato: o sistema porta a porta da Avon para vender cosméticos teria que ser modificado, à medida que mais mulheres entravam na força de trabalho e a confiança exclusiva da IBM em sua força de vendas de campo teria que ser modificada com o lançamento de microcomputadores de preço baixo.

A empresa de consultoria Stern and Gemini Consulting desenvolveu um processo de 14 etapas para transformar um sistema obsoleto de distribuição em um sistema ideal.[24]

- *1ª etapa.* Revise os materiais existentes e faça pesquisa nos canais.
- *2ª etapa.* Conheça plenamente o sistema de distribuição atual.
- *3ª etapa.* Faça *workshops* e entrevistas com os atuais participantes do canal.
- *4ª etapa.* Analise o canal concorrente.
- *5ª etapa.* Avalie as oportunidades a curto prazo nos canais existentes.
- *6ª etapa.* Desenvolva um plano de ataque a curto prazo.
- *7ª etapa.* Faça análise quantitativa de usuários finais por meio de grupos-foco e entrevistas individuais.
- *8ª etapa.* Faça análise quantitativa das necessidades dos usuários finais.
- *9ª etapa.* Analise os padrões setoriais e os sistemas atualmente em uso.
- *10ª etapa.* Desenvolva um sistema de canal "ideal".

---

22. McCAMMON JR. Op. cit. p. 65-68.
23. Para um excelente relatório sobre este assunto, veja SUTTON, Howard. *Rethinking the company's selling and distribution channels*. Relatório de pesquisa n. 885, Conference Board, 1986. 26 p.
24. Veja STERN, EL-ANSARI. Op. cit. p. 189.

- *11ª etapa.* Projete um sistema realista e fácil de ser administrado.
- *12ª etapa.* Faça análise de lacuna – isto é, determine os hiatos existentes entre o sistema atual, o ideal e o realista e fácil de ser administrado.
- *13ª etapa.* Identifique e desenvolva opções estratégicas.
- *14ª etapa.* Projete canais otimizados.

## DINÂMICA DE CANAL

Os canais de distribuição não ficam paralisados. Novas instituições atacadistas e varejistas surgem e novos sistemas de canal aparecem. Nesta seção, examinaremos os recentes crescimentos dos sistemas de canal vertical, horizontal e de multicanais e veremos como eles cooperam, conflitam e concorrem entre si.

### Sistema de canal vertical

Um dos desenvolvimentos mais recentes e significativos é o sistema de canal vertical, que surgiu para desafiar os canais convencionais. O *sistema de canal convencional* é formado por instituições independentes representadas por produtor, atacadista(s) e varejista(s). Cada empresa funciona como um negócio separado que procura maximizar seu próprio lucro, mesmo se essa meta reduzir o lucro de todo o sistema. Nenhum participante de canal tem controle completo ou substancial sobre os demais. Cammon caracteriza os canais convencionais como "redes altamente fragmentadas em que fabricantes, atacadistas e varejistas barganham entre si, negociando agressivamente as condições de venda com total autonomia".[25]

Um *sistema de canal vertical,* em contraste, envolve produtor, atacadista(s) e varejista(s) agindo como um sistema unificado. Um dos participantes do canal domina os demais por posse ou franquia, ou exerce tanto poder que todos cooperam. O sistema de canal vertical pode ser dominado pelo produtor, atacadista ou varejista. McCammon caracteriza esse sistema como "redes administradas profissionalmente e com programação centralizada, pré-desenvolvidas para alcançar economia de escala e maximizar o impacto de mercado".[26] O sistema vertical surgiu como resultado das fortes tentativas dos participantes em controlar o comportamento do canal e eliminar o conflito resultante do empenho individual pela realização de objetivos isolados. Esse sistema reduz custos por meio de tamanho, poder de barganha e eliminação de serviços duplicados. Tornou-se a forma dominante de distribuição no mercado consumidor norte-americano, atendendo entre 70 a 80% do mercado total. Há três tipos de sistemas de canal vertical: corporativo, administrado e contratual.

**SISTEMA DE CANAL VERTICAL CORPORATIVO.** Esse sistema combina estágios sucessivos de produção e distribuição sob a direção de um único proprietário. A integral vertical é preferida por empresas que desejam nível elevado de controle sobre os canais. Essa integração pode ser alcançada pela integração para a frente e para trás. Por exemplo, a Sears obtém cerca de 50% dos bens que vende de fábricas de sua propriedade total ou parcial. A Sherwin-Williams fabrica tintas, mas também possui e opera 2.000 lojas de varejo. A Giant Food Stores opera uma fábrica de gelo, uma engarrafadora de refrigerantes, uma fábrica de sorvetes e uma padaria que fornece às lojas Giant desde roscas a bolos de aniversário.

**SISTEMA DE CANAL VERTICAL ADMINISTRADO.** Esse sistema coordena estágios sucessivos de produção e distribuição, não por meio da propriedade comum, mas pelo tamanho e poder de uma das partes. Os fabricantes de marcas dominantes estão em condições de assegurar forte cooperação e apoio comercial dos revendedores. Assim, a Kodak, Gillette, Procter & Gamble e Campbell's Soup obtêm cooperação não usual de seus revendedores em termos de *displays*, espaço de prateleira, promoções e políticas de preço.

**SISTEMA DE CANAL VERTICAL CONTRATUAL.** Consiste em empresas independentes em níveis diferentes de produção e distribuição que integram seus programas em base contratual para obter maior economia de custos e/ou impacto de vendas do que se agissem isoladamente. Johnston e Lawrence denominam esse sistema de "parceria de valor agregado".[27] O sistema contratual vem-se expandindo mais em anos recentes e constituem um dos desenvolvimentos mais significativos na economia. São de três tipos:

- *Redes patrocinadas por atacadistas.* Os atacadistas organizam redes de varejistas independentes para auxiliá-los a competir com grandes redes. O atacadista desenvolve um programa em que varejistas independentes padronizam suas práticas comerciais e alcançam economia de escala em compras, proporcionando ao grupo condições de competir eficazmente com as grandes redes.
- *Cooperativas de varejistas.* Os varejistas podem tomar a iniciativa e organizar uma cooperativa para conduzir a atividade de compra em atacadistas ou diretamente com as fábricas. Os cooperados concen-

---

25. McCAMMON JR. Op. cit. p. 32-51.
26. Ibidem.
27. JOHNSTON, Russell, LAWRENCE, Paul R. Beyond vertical integration – the rise of the value-adding partnership. *Harvard Business Review,* p. 94-101, July/Aug. 1988.

tram suas compras e planejam campanhas de propaganda conjuntas. O lucro é transferido aos cooperados na proporção de suas compras. Varejistas não cooperados também podem comprar por meio da cooperativa, mas não compartilham seu lucro.

● *Organizações de franquia*. Um participante do canal, chamado *franquiado*, pode unir diversos estágios sucessivos no processo de produção-distribuição. O *franchising* tem sido o desenvolvimento de varejo de maior crescimento e interesse em anos recentes. Embora a idéia básica seja antiga, algumas formas de *franchising* são bastante modernas.

Há três formas de *franchising*. A primeira é o *sistema de franquia varejista patrocinado pelo fabricante*. Por exemplo, a Ford licencia concessionárias para venderem seus carros. Estas são organizações independentes que concordam em cumprir várias condições de vendas e serviços. A segunda é o *sistema de franquia atacadista patrocinada pelo fabricante*. Por exemplo, a Coca-Cola licencia engarrafadoras (atacadistas) em vários mercados, que compram o concentrado de xarope, preparam a mistura, engarrafam e vendem o produto a varejistas em mercados locais. A terceira é o *sistema de franquia varejista patrocinado por uma empresa de serviços*. Neste caso, uma empresa organiza um sistema de serviço completo para atender eficientemente aos consumidores. Exemplos são encontrados no setor de locação de automóveis (Hertz, Avis), *fast-food* (McDonald's, Burger King) e motéis (Howard Johnson, Ramada Inn).

**A Nova Concorrência em Varejo.** Muitos varejistas independentes que não se uniram às redes verticais desenvolveram lojas de especialidade, destinadas a atender segmentos de mercado não atraentes para os varejistas de venda em massa. O resultado é uma polarização no varejo entre as grandes organizações de canal vertical, de um lado, e as lojas de especialidade independentes, do outro. Esse desenvolvimento cria um problema para os fabricantes. Estes estão fortemente vinculados aos intermediários independentes, de quem não podem, facilmente, desistir. Entretanto, devem, eventualmente, realinhar-se aos sistemas de canal vertical de grande crescimento em condições menos favoráveis. Constantemente, os sistemas de canal vertical ameaçam deixar de lado os grandes fabricantes e partir para a fabricação própria. *A nova concorrência no varejo, já não é entre as unidades de negócios independentes, mas entre o sistema total de redes centralmente programadas (corporativas, administradas e contratuais) competindo entre si para obter melhor economia de custo e resposta do consumidor.*

## Sistema de canal horizontal

Outro desenvolvimento é o *sistema de canal horizontal*, em que duas ou mais empresas não relacionadas a unir recursos ou programas para explorar uma oportunidade de marketing emergente. As empresas isoladas não possuem capital, *know-how*, produção ou recursos de marketing suficientes para iniciar um novo empreendimento; podem trabalhar em conjunto em base temporária ou permanente, ou criar uma empresa separada. Adler denomina esta prática de *marketing simbiótico*.[28]

Aqui estão alguns exemplos:

**PILLSBURY E KRAFT GENERAL FOODS** Essas duas empresas firmaram um acordo em que a primeira fabrica e divulga sua linha de produtos de massa resfriada, enquanto a segunda usa sua experiência para vender e distribuir estes produtos em lojas.

**H&R BLOCK E HYATT LEGAL SERVICES** Essas duas empresas formaram uma *joint venture* na qual a Hyatt utiliza os escritórios da H&R Block (consultoria de impostos) para a prestação de serviços jurídicos. A Hyatt paga uma taxa pelo espaço, serviços de secretaria e uso de equipamentos. Assim, tem a chance de rápida penetração de mercado proporcionada pela rede de escritórios da H&R Bloch espalhada pelo país. Por conseguinte, esta última beneficia-se do aluguel de suas instalações que são muito utilizadas apenas em épocas sazonais.

**LAMAR SAVINGS BANK E SAFEWAY STORES** O Lamar Saving Bank, do Texas, fez um acordo com a Safeway Stores para instalar postos de poupança e caixas automáticos em suas lojas. O Lamar obteve resultado acelerado a baixo custo e a Safeway beneficiou-se ao oferecer a seus consumidores a conveniência de serviços bancários em suas lojas.

## Sistema de multicanais

No passado, muitas empresas vendiam a um único mercado por meio de um canal exclusivo. Hoje, com a proliferação de segmentos de consumidores e de possibilidades de canal, muitas empresas vêm adotando o sistema de multicanais. O *marketing de multicanais* ocorre quando uma única empresa usa dois ou mais canais para atingir um ou mais segmentos de consumidores. Por exemplo, a Compaq vende seus microcomputadores di-

---

28. ADLER, Lee. Symbiotic marketing. *Harvard Business Review*, p. 59-71, Nov./Dec. 1966; e VARADARAJAN, P. "Rajan", RAJARATNAM, Daniel. Symbiotic marketing revisited. *Journal of Marketing*, p. 7-17, Jan. 1986.

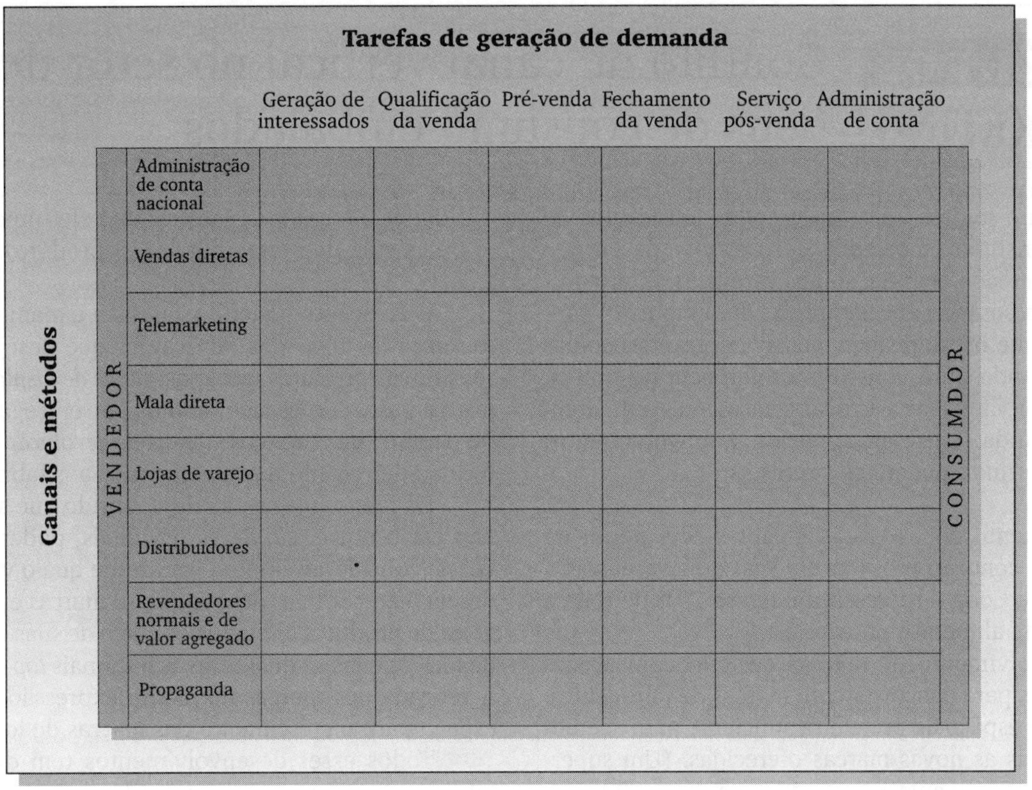

**Tarefas de geração de demanda**

| Canais e métodos (VENDEDOR) | Geração de interessados | Qualificação da venda | Pré-venda | Fechamento da venda | Serviço pós-venda | Administração de conta | (CONSUMIDOR) |
|---|---|---|---|---|---|---|---|
| Administração de conta nacional | | | | | | | |
| Vendas diretas | | | | | | | |
| Telemarketing | | | | | | | |
| Mala direta | | | | | | | |
| Lojas de varejo | | | | | | | |
| Distribuidores | | | | | | | |
| Revendedores normais e de valor agregado | | | | | | | |
| Propaganda | | | | | | | |

**Fonte:** MORIARTY, Rowland T., MORAN, Ursula. Marketing hybrid marketing systems. *Harvard Business Review,* p. 150, Nov./Dec. 1990.

**Figura 18.5**   Grid *híbrido*.

retamente aos compradores corporativos, bem como por meio de varejos de massa especializado em produtos eletrônicos, pequenas lojas especializadas e revendedores de valor agregado.

Ao acrescentar mais canais, as empresas podem ganhar três benefícios importantes. O primeiro é o aumento da cobertura de mercado. Freqüentemente, as empresas acrescentam um canal para atingir um segmento de consumidores que seus canais atuais não podem cobrir (por exemplo, contratar agentes rurais para atender a agricultores geograficamente dispersos). O segundo é a redução do custo de canal. As empresas podem criar um novo canal para reduzir seus custos de venda a determinado grupo de consumidores (por exemplo, vender por telefone em vez de fazer visita pessoal a pequenos consumidores). O terceiro é a customização da venda. As empresas podem criar um novo canal cujas características de vendas se ajustem às exigências dos consumidores (por exemplo, criar uma força de venda técnica para vender equipamentos mais complexos).

Entretanto, os ganhos de acréscimo de novos canais têm um preço. Normalmente, eles introduzem problemas de conflito e controle. O conflito ocorre quando dois ou mais canais da mesma empresa terminam concorrendo pelos mesmos consumidores. Os problemas de controle ocorrem à medida que os novos canais são mais independentes e a cooperação torna-se mais difícil.

Está claro que as empresas precisam pensar antecipadamente em sua arquitetura de canal. Moriarty e Moran propõem o uso de um *grid híbrido* para planejar a arquitetura de canal (Figura 18.5).[29] O *grid* mostra vários canais e tarefas de marketing. Uma prática comum é as empresas estabelecerem canais diferentes para vender a diferentes grupos de consumidores classificados por tamanho. Por exemplo, a empresa pode usar uma força de venda direta para atender a grandes consumidores, um canal de telemarketing para vender a consumidores médios e distribuidores para cuidar de pequenos consumidores e não consumidores. Esta parece ser uma solução atraente porque a empresa pode atender a maior número de consumidores a um custo adequado, prestando um serviço personalizado. Entretanto, estas vantagens podem aumentar o nível de conflito sobre quem é *proprietário da conta*. Por exemplo, os vendedores podem desejar o crédito por todas as vendas de seus territórios, independentemente do tamanho da conta ou do canal de marketing usado.

Swartz e Moriarty acreditam que há outra melhor maneira de planejar e administrar um sistema híbrido de canal.[30] Segundo esses autores, as tarefas de

---

29.  Veja MORIARTY, Rowland T., MORAN, Ursula. Marketing hybrid marketing systems. *Harvard Business Review,* p. 146-155, Nov./Dec. 1990.
30.  Para mais informações sobre este assunto, veja SWARTZ, Gordon S., MORIARTY, Rowland T. Marketing automation meets the capital budgeting wall. *Marketing Management,* 1, n. 3, 1992.

# INSIGHT DE MARKETING

## Conflito de canal vertical no setor de bens de consumo embalados

Durante muitos anos, os grandes fabricantes de bens de consumo embalados desfrutaram de grande poder de mercado em relação aos varejistas. Muito desse poder era baseado em estratégias de "empurrar" produtos, em que os fabricantes gastavam grandes somas em propaganda para construir preferência de marca, obrigando os varejistas a estocar suas marcas para atender à demanda. Entretanto, vários desenvolvimentos estão transferindo poder aos varejistas:

1. Crescimento de varejistas gigantes com poder de compra concentrado. (Na Suécia, dois varejistas – Migros e Coop – representam quase 70% de toda a venda de alimentos no varejo.)
2. Desenvolvimento de marcas de lojas com preços menores para concorrer com marcas de fabricantes.
3. Falta de espaço de prateleira suficiente para acomodar todas as novas marcas oferecidas. (Um supermercado norte-americano médio vende 24.000 itens e 10.000 novos são oferecidos a cada ano.)
4. Insistência dos varejistas gigantes por mais verba promocional, se o fabricante desejar que suas marcas entrem ou permaneçam nas lojas e recebam atenção.
5. Redução do orçamento de propaganda do fabricante e erosão da audiência da propaganda de massa.
6. Crescente sofisticação das técnicas de marketing e dos sistemas de informações dos varejistas (por exemplo, utilização de códigos de barras, leitura de dados por *scanner*, intercâmbio eletrônico de dados e cálculo da rentabilidade por produto).

O crescente poder do varejista é manifestado pela *cobrança de taxas* dos fabricantes que desejam colocar seus novos produtos nas lojas; *taxas de displays* para cobrir os custos de espaço; *multas* por entregas atrasadas ou pedidos incompletos e *taxas de devolução* para cobrir o custo de retorno das mercadorias aos fabricantes.

Os fabricantes estão descobrindo que suas marcas não estão entre as líderes nacionais, podendo, muitas vezes, considerar eliminá-las. Desde que o varejista não deseja oferecer mais do que quatro marcas em uma categoria de produtos alimentícios, além de suas duas marcas de loja, apenas as duas marcas nacionais *top* darão lucro. A retirada das marcas de menor expressão está dando espaço para o crescimento das marcas de loja.

Todos esses desenvolvimentos têm desafiado os fabricantes a descobrir como podem recuperar ou manter seu poder *vis-à-vis* aos varejistas. Notadamente, os fabricantes podem estabelecer lojas de varejo próprias. Eles não desejam continuar gastando dinheiro em promoções aos varejistas e, ao mesmo tempo, diminuindo suas condições de desenvolver suas próprias marcas. Os fabricantes líderes de mercado estão adotando as seguintes estratégias para manter seu poder de canal:

1. Focar as marcas que têm chance de ser a número um ou dois em sua categoria e adoção de pesquisa

---

marketing, e não os canais de marketing, formam os blocos fundamentais para a arquitetura de canal. Eles propõem a criação de um banco de dados centralizado que contém informações sobre os consumidores atuais, consumidores potenciais, produtos, programas de marketing e métodos. A geração de consumidores interessados seria feita por anúncios, mala direta e telemarketing. O uso de telemarketing possibilitaria a qualificação da venda. A tarefa de pré-venda empregaria propaganda, mala direta e telemarketing. Os consumidores interessados pelo produto seriam transferidos para a força de vendas que ficaria responsável pelo fechamento da venda. Os serviços seriam de responsabilidade dos distribuidores e vendedores. Os vendedores cuidariam da administração da conta. Esse sistema de administração e arquitetura de canal híbrido otimiza a cobertura, customização e controle, além de minimizar o custo e o conflito.

### Papéis das empresas individuais em um canal

Cada empresa participante de um setor industrial precisa definir seu papel no sistema de canal. McCammon distinguiu cinco papéis:[31]

- *Dominantes*. São as empresas participantes de um canal que têm acesso às principais fontes de supri-

---

31. McCAMMON JR., Bert C. Alternative explanations of institutional change and channel evolution. In: GREYSER, Stephen A. (Org.). *Toward scientific marketing*. Chicago : American Marketing Association, 1963. p. 477-490.

contínua para melhorar a qualidade, características, embalagem etc.

2. Adotar um programa ativo de extensões de linhas de produtos e um programa cuidadoso de extensões de marcas. Complementação desses programas com o desenvolvimento de marcas batalhadoras para concorrer com as marcas de loja dos varejistas.

3. Gastar o que for possível em propaganda-alvo para conservar e manter as franquias de marca.

4. Tratar cada rede de varejo importante como um mercado-alvo distinto, reconhecer suas necessidades específicas e ajustar as ofertas e sistemas de vendas para atender a cada varejista-alvo que for rentável. Tratá-los como parceiros estratégicos e estar preparado para fabricar produtos, embalagens e serviços customizados e para oferecer benefícios, recursos eletrônicos e redução de custos.

5. Fornecer alto nível de qualidade em serviços e novos serviços: entrega pontual de pedidos completos, redução do tempo do ciclo de pedido, capacidade de entregas de emergência, orientação sobre composto de produtos, apoio à administração de estoques, simplicidade no processamento de pedidos e faturamento e acesso às informações sobre o andamento de pedidos.

6. Considerar a adoção de preços baixos permanentes como alternativa para o comércio evitar grandes erros de previsão, de compras antecipadas e de alocação inadequada de mercadorias por área geográfica.

7. Empregar o poder de referência, poder legítimo, poder de especialização e poder de recompensa, nesta ordem, e evitar o poder coercivo.

8. Apoiar os varejistas tradicionais e expandir agressivamente a distribuição em varejos alternativos como clubes de varejistas, atacadistas de descontos, lojas de conveniência e em alguma atividade de marketing direto.

Os fabricantes que desejam desenvolver forte posição junto aos varejistas estão implementando um sistema denominado *resposta eficiente ao cliente*. Quatro ferramentas estão envolvidas. A primeira é o custeio por atividade (ABC), que possibilita ao fabricante mensurar e demonstrar às redes de lojas os custos verdadeiros dos recursos consumidos para atender a suas exigências (veja o Capítulo 17). A segunda é o intercâmbio eletrônico de dados (*electronic data interchange – EDI*), que facilita ao fabricante a administração de estoque, embarques, preparação de campanhas promocionais etc., atendendo a seus próprios interesses e aos dos varejistas (veja o Capítulo 4). A terceira é um *programa de reposição continuada*, que possibilita aos fabricantes repor produtos tomando por base a demanda prevista e a real das lojas. A última ferramenta é a criação de *docas de reposição* para fornecimento de grandes lotes aos centros de distribuição dos varejistas, envolvendo pouco ou nenhum tempo de estocagem pelos mesmos. Os fabricantes que dominarem as atividades envolvidas na resposta eficiente ao cliente obterão vantagem sobre seus concorrentes.

Para leitura adicional, veja NOT everyone loves a supermarket special: P&G moves to banish wildly fluctuating prices that boost its costs. *Business Week*, p. 64-68, 17 Feb. 1992; e DAVIES, Gary. *Trade marketing strategies*. Londres : Paul Chapman Publishing, 1993.

mentos e são muito respeitadas no setor em que atuam. Desejam perpetuar a organização do canal existente e são as principais seguidoras das normas de conduta vigentes.

● *Batalhadoras*. São as empresas que procuram tornar-se dominantes. Têm menor acesso às principais fontes de suprimentos, o que pode criar-lhes obstáculos em períodos de escassez. Seu interesse em dominar o canal faz com que apóiem as normas vigentes.

● *Complementares*. Essas empresas não fazem parte do canal dominante. Desempenham funções não normalmente executadas por outras empresas do canal, atendem a segmentos de mercado menores ou trabalham com pequenas quantidades de mercadorias. Geralmente, beneficiam-se do sistema atual e respeitam as normas do setor.

● *Transitórias*. Empresas não interessadas em pertencer ao canal dominante. Entram no mercado e saem dele e movimentam-se à medida que surgem oportunidades. Possuem expectativas a curto prazo e pouco incentivo para aderir às normas do setor.

● *Inovadoras externas*. São as empresas que desafiam e causam distúrbios no canal dominante. Desenvolvem um novo sistema para conduzir o trabalho de marketing do canal. Quando são bem-sucedidas, forçam grandes mudanças no canal. São empresas como McDonald's, Avon e Dell Computer que desenvolveram novos sistemas para desafiar os antigos.

Outro papel importante é exercido pelo *líder do canal*, que domina um canal específico. Por exemplo, a General Motors é a líder de canal de um sistema constituído por grande número de fornecedores, revendedores e facilitadores. Nem sempre o líder é um fabricante, como indicam os exemplos do McDonald's e Sears. Alguns canais não possuem um líder e cada empresa procede segundo sua própria maneira.

## COOPERAÇÃO, CONFLITO E CONCORRÊNCIA DE CANAL

Independentemente do bom planejamento e administração de canal, haverá alguns conflitos porque nem sempre os interesses das empresas participantes coincidem. Aqui, examinaremos três questões: Que tipos de conflitos surgem nos canais? O que causa o conflito de canal? O que pode ser feito para resolver as situações de conflito?

### Tipos de conflito e de concorrência

Suponhamos que um fabricante estabelece um canal vertical com distribuidores e varejistas. O fabricante espera pela cooperação do canal, quando há, normalmente, possibilidade de grande lucro total, diferente da situação em que cada empresa age apenas em seu próprio interesse. Pela cooperação, os participantes do canal podem, mais efetivamente, sentir, servir e satisfazer o mercado-alvo.

Todavia, podem ocorrer conflitos de canal vertical, horizontal e de multicanais. Há *conflito de canal vertical* quando não existe entendimento entre níveis diferentes do mesmo canal. Por exemplo, a General Motors entrou em conflito com seus revendedores anos atrás ao tentar impor políticas de serviços, preço e propaganda. Várias montadoras entram em conflito com seus revendedores quando estes reclamam da venda dos mesmos modelos de carros às locadoras que, rapidamente, os transferem ao lucrativo mercado de carros usados.[32] A Coca-Cola entrou em conflito com seus engarrafadores que concordaram também em engarrafar o refrigerante Dr. Pepper. (Para mais detalhes sobre este tópico, veja a seção *Insight* de Marketing intitulada "Conflito de canal vertical no setor de bens de consumo embalados".)

O *conflito de canal horizontal* existe quando há desentendimento entre níveis diferentes do mesmo canal. Alguns revendedores Ford de Chicago reclamaram de outros revendedores da mesma cidade que estavam adotando políticas agressivas de preço e propaganda. Alguns franquiados da Pizza Inn reclamaram de outros franquiados que estavam descuidando dos ingredientes, prestando serviços de qualidade inferior e prejudicando a imagem da rede de *pizzarias*. A Benetton foi acusada de franquiar muitas lojas próximas umas das outras, pre-

judicando o lucro de todas elas. Nesses casos, a líder de canal deve estabelecer políticas claras e rigorosas e tomar providências rápidas para controlar as situações de conflito.

O *conflito de multicanais* existe quando o fabricante estabelece dois ou mais canais que concorrem entre si para vender ao mesmo mercado. Quando a Levi Strauss concordou em distribuir seus *jeans* por meio da Sears e da J. C. Penney, as lojas de especialidade que formam seu canal normal de venda ficaram bastante ressentidas. Quando vários fabricantes de roupas – Ralph Lauren, Liz Claiborne e Anne Klein – abriram suas próprias lojas, as lojas de departamentos que vendiam suas marcas ficaram preocupadas. Quando a Goodyear começou a vender suas marcas de pneus populares por meio de varejistas de massa como Sears, Wal-Mart e Discount Tire, seus revendedores tradicionais ficaram enfurecidos. (Para contornar a situação, a Goodyear passou a oferecer-lhes marcas exclusivas que não seriam vendidas a outros varejistas.) Provavelmente, o conflito de multicanais é mais intenso quando os participantes de um canal baixam os preços (em função de maior volume de compras) ou estão dispostos a trabalhar com margem menor.

### Causas do conflito de canal

É importante identificar as diferentes causas do conflito de canal. Algumas delas são de solução fácil e outras, mais difíceis.

Uma importante causa é a *incompatibilidade de metas*. Por exemplo, o fabricante pode desejar atingir alto crescimento de participação de mercado por meio de uma política de preços baixos. Por outro lado, os revendedores podem preferir trabalhar com margens maiores e procurar a rentabilidade a longo prazo. Este é um conflito difícil de ser resolvido.

Às vezes, o conflito surge em decorrência de *papéis e direitos indefinidos*. A IBM vende microcomputadores para grandes clientes por meio de sua própria força de vendas e seus revendedores autorizados também tentam vender a esses mesmos clientes. As fronteiras de território, o crédito pelas vendas etc. são fontes potenciais de conflito. (Para mais detalhes, veja a seção *Insight* de Marketing intitulada "O lado negativo do marketing de multicanais: conflito de canal na IBM".)

O conflito pode também se originar das *diferenças de percepção*. O fabricante pode ser otimista sobre a perspectiva econômica a curto prazo e desejar que os revendedores mantenham estoques elevados. Entretanto, os revendedores podem estar pessimistas sob a perspectiva a curto prazo.

O conflito pode surgir em função da *grande dependência* dos intermediários ao fabricante. Revendedores

---

32. Veja PUROHIT, Devarat, STAELIN, Richard. Rentals, sales; and buybacks: managing secondary distribution channels. *Journal of Marketing Research,* p. 325-338, Aug. 1994.

## INSIGHT DE MARKETING
# O lado negativo do marketing de multicanais: conflito de canal na IBM

Quando a IBM acrescentou os microcomputadores a sua linha de produtos no final dos anos 70, não podia vendê-los por meio de seu único canal existente representado por uma força de vendas de alto custo. Assim, em menos de 10 anos, a empresa criou 18 novos canais para atingir os consumidores de microcomputadores, incluindo revendedores, operações por catálogo, mala direta e telemarketing. Seu propósito era utilizar ampla variedade de canais eficazes em termos de custo para atingir segmentos de compradores-alvo diferentes.

Entretanto, ao criar novos canais, uma empresa enfrenta a possibilidade de ocorrer conflito de canal. De fato, os três conflitos seguintes surgiram na IBM:

1. *Conflito entre os gerentes de contas nacionais e os vendedores.* Para ser eficaz, o gerente de conta nacional confia nos vendedores para visitarem fábricas e escritórios localizados em seus territórios, muitas vezes, para atenderem a chamadas urgentes. O vendedor pode atender às solicitações de vários gerentes de contas nacionais, o que pode prejudicar sua programação de visitas e, conseqüentemente, suas comissões. Os vendedores podem não cooperar com os gerentes de contas nacionais quando isto conflita com seus interesses.
2. *Conflito entre vendedores e operadores de telemarketing.* Freqüentemente, os vendedores ficam ressentidos quando sua empresa estabelece uma operação de telemarketing para vender aos pequenos clientes. Eles desejam o direito de contatar os clientes localizados em seus territórios por telefone e ganhar comissão. Não desejam que a empresa transfira esses clientes para serem atendidos por operadores de telemarketing. Todavia, a empresa informará que essa prática os libera para atender a clientes maiores e ganhar maior comissão. Mesmo assim, o vendedor não fica satisfeito.
3. *Conflito entre vendedores e revendedores.* No grupo de revendedores incluem-se os revendedores de valor agregado, que compram microcomputadores IBM e os *softwares* necessários pelo comprador-alvo, e as lojas especializadas em microcomputadores, que são um canal excelente para vender pequenos equipamentos a consumidores e pequenas empresas. Em princípio, pressupõe-se que esses revendedores atendem apenas a pequenos clientes, mas muitos deles trabalham com contas maiores. Freqüentemente, podem oferecer instalação de *softwares* especializados e treinamento, melhores serviços e preços mais baixos do que os oferecidos pelos vendedores da própria IBM. Esses vendedores ficam furiosos quando esses revendedores procuram seus clientes e os vêem como "concorrentes" que interferem e prejudicam suas vendas. Eles gostariam que a IBM parasse de trabalhar com revendedores porque estes atuam como concorrentes desleais. Entretanto, a empresa perderia grande volume de vendas se eliminasse esses revendedores bem-sucedidos. Como alternativa, decidiu comissionar os vendedores pelas vendas efetivadas pelos revendedores em seus territórios.

Quando uma empresa como a IBM constata que uma porcentagem significativa de seu faturamento está em conflito, precisa estabelecer *fronteiras de canal* bem definidas. As fronteiras podem ser estabelecidas, tomando como base as características dos clientes, a localização geográfica ou os produtos. Por exemplo, a IBM pode exigir que seus revendedores de valor agregado preparem sistemas de *software* para hospitais, limitando suas vendas a hospitais com menos de 200 leitos (fronteira por tamanho de cliente). Ela pode usar agentes em áreas rurais e revendedores em grandes cidades. Pode fornecer um microcomputador modificado para ser vendido por revendedores, reservando os modelos mais avançados para seus vendedores. Fronteiras de canal bem definidas reduzirão alguns conflitos, mas permanecerá a dúvida sobre quem deve cuidar de determinadas contas de categoria ambígua, como as pequenas com mais rápida ascensão e as grandes com unidades de compra descentralizadas.

Para mais informações, veja CESPEDES, Frank V., COREY, E. Raymond. Managing multiple channels. *Business Horizons*, p. 67-77, July/Aug. 1990.

exclusivos, como as concessionárias de automóveis, têm seus negócios diretamente afetados pelo *design* do produto e pelas decisões de preço do fabricante. Esta situação gera um potencial elevado de conflito.

## Administração do conflito de canal

Algum conflito de canal pode ser construtivo. Pode levar a uma adaptação mais dinâmica em um ambiente mutante. Entretanto, o excesso de conflito é disfuncional. Não se trata do problema de eliminar um conflito, mas de administrá-lo melhor. Há vários mecanismos para a administração eficaz do conflito de canal.[33]

Talvez, o mecanismo mais importante é a adoção de *metas superordenadas*. De alguma forma, os participantes de um canal concordam que estão buscando uma meta conjunta, seja sobrevivência, participação de mercado, alta qualidade, seja satisfação do consumidor. Normalmente, isto ocorre quando o canal enfrenta uma ameaça externa, como concorrência de um canal mais competente, legislação adversa ou mudança nos desejos dos consumidores. Trabalhar em conjunto pode eliminar a ameaça. Há também a chance de a cooperação intensa ter ensinado às partes uma lição permanente sobre o valor de trabalhar em direção à mesma meta.

Uma providência útil para a administração de conflito é a *troca de pessoas* entre dois ou mais níveis de canal. Por exemplo, os executivos da General Motors podem concordar em trabalhar em algumas concessionárias e vice-versa, os vendedores das concessionárias podem estar dispostos a trabalhar na General Motors, na área de política de revendedores. Provavelmente, cada um deles terá mais experiência ao conhecer o ponto de vista da outra parte e estará em melhores condições de trabalho quando retornar as suas funções anteriores.

A *cooptação* é o esforço empregado por uma organização para obter o apoio dos líderes de outra, incluindo-os em conselhos administrativos, diretorias e conselhos consultivos de associações de classe, de modo que suas opiniões sejam ouvidas. Contanto que a organização iniciante trate seriamente os líderes da outra organização, a cooptação pode funcionar para reduzir conflitos. Entretanto, a organização iniciante pode pagar um preço: o comprometimento de suas políticas e planos para obter apoio da outra parte.

Muito pode ser realizado ao se encorajar a *participação conjunta em associações comerciais*. Por exemplo, há muita cooperação entre as instituições Grocery Manufacturers of America e a Food Marketing Institute que representam a maioria das fábricas de alimentos; esta cooperação levou ao desenvolvimento do Código Universal de Produtos. Possivelmente, essas associações podem considerar problemas entre fabricantes de alimentos e varejistas, colocando-os em um processo ordenado de resolução de conflitos.

Quando o conflito é crônico ou agudo, as partes podem ter que se valer da diplomacia, mediação ou arbitramento. A *diplomacia* ocorre quando uma parte envia um representante ou grupo de pessoas para reunir-se com a parte contrária com o objetivo de resolver um conflito. Faz sentido designar diplomatas para trabalharem mais ou menos continuamente com a outra parte para prevenir o surgimento de conflitos. A *mediação* significa valer-se de uma terceira parte experiente para conciliar os interesses de duas partes. O *arbitra-* *mento* ocorre quando as duas partes concordam em apresentar seus argumentos a uma terceira parte (um ou mais árbitros) e aceitam a decisão arbitrada.

## Problemas éticos e legais nas relações de canal

Na maioria das vezes, as empresas são legalmente livres para desenvolver a organização de canal que melhor se adapte a seus interesses. De fato, as leis que afetam os canais procuram evitar as táticas de exclusividade que podem manter outras empresas afastadas de um canal desejado. A maioria das leis referentes a canais trata dos direitos e deveres mútuos dos participantes, uma vez que formaram um relacionamento. Aqui, consideramos resumidamente a legitimidade de certas práticas de canal, incluindo o direito de exclusividade, exclusividade territorial, acordo vinculado e direitos de revendedores.

**DIREITO DE EXCLUSIVIDADE.** Muitos fabricantes e atacadistas optam por desenvolver canais exclusivos para seus produtos. Como vimos no início deste capítulo, uma estratégia em que o vendedor permite que apenas determinadas lojas vendam seus produtos é chamada *distribuição exclusiva*. Quando o vendedor exige que esses revendedores não ofereçam produtos concorrentes, essa estratégia recebe o nome de *negócio exclusivo*. Ambas as partes beneficiam-se da exclusividade: o vendedor pode contar com lojas mais leais e dependentes e os revendedores obtêm uma fonte firme de suprimento e maior apoio do fabricante. Entretanto, a exclusividade não permite que os revendedores trabalhem com outros fabricantes. Essa prática é legal nos Estados Unidos porque não enfraquece muito a concorrência ou tende a criar monopólio, uma vez que ambas as partes entram em acordo voluntário.

**EXCLUSIVIDADE DE TERRITÓRIO.** Freqüentemente, inclui um acordo que deve ser cumprido pelo fabricante e pelo revendedor. O fabricante pode concordar em não vender a outros revendedores em determinada área ou o comprador pode concordar em vender apenas em seu próprio território. A primeira prática é normal nos sistemas de franquia como uma forma de aumentar o entusiasmo e o compromisso do revendedor. É também perfeitamente legal nos Estados Unidos – um vendedor não tem obrigação legal de vender a mais estabelecimentos do que deseja. A segunda prática, em que o produtor tenta evitar que um revendedor trabalhe fora de seu território, tem-se tornado um grande problema legal.

**ACORDOS VINCULADOS.** Às vezes, os fabricantes de marcas fortes vendem a revendedores apenas se eles com-

---

33. Esta seção foi baseada em STERN e EL-ANSARY. Op. cit. Cap. 6.

prarem parte ou toda a linha de produtos. A adoção desta prática é denominada *forçar a linha completa*. Tais acordos vinculados não são necessariamente ilegais, mas podem violar a lei quando tendem a enfraquecer substancialmente a concorrência. A prática pode evitar que os consumidores tenham livre escolha entre os bens fabricados por empresas concorrentes.

**DIREITOS DE REVENDEDORES.** Nos Estados Unidos, os fabricantes são livres para selecionar seus revendedores, mas, em algumas situações, há restrições para eliminá-los. Em geral, os produtores podem romper com seus revendedores "por alguma causa justa", mas não podem eliminá-los, se, por exemplo, eles se recusarem a cooperar em um negócio legalmente duvidoso, como em acordos de exclusividade ou acordos vinculados.

## RESUMO

1. A maioria dos fabricantes não vende seus bens diretamente aos usuários finais. Entre eles há um ou mais canais de marketing, um conjunto de intermediários que desempenha várias funções. As decisões de canal estão entre as mais críticas que a administração enfrenta. A escolha de canal da empresa afeta intimamente todas as outras decisões de marketing.

2. As empresas usam intermediários quando lhes faltam recursos financeiros para vender diretamente aos consumidores, marketing direto não é viável e podem ganhar mais adotando essa prática. O uso de intermediários resume-se em sua eficiência superior em tornar os bens amplamente disponíveis e acessíveis aos mercados-alvos. As funções mais importantes desempenhadas pelos intermediários são informações, promoção, negociação, pedido, financiamento, risco, posse física, pagamento e propriedade. Essas funções de marketing são mais básicas do que o próprio atacadista e as instituições de varejo que possam existir em qualquer momento.

3. Os fabricantes enfrentam muitas alternativas de canal para atingir um mercado. Podem vender diretamente ou usar um, dois ou três níveis de canais. A decisão sobre que tipo(s) de canal usar exige (1) análise das necessidades dos consumidores, (2) estabelecimento dos objetivos de canal, (3) identificação e avaliação das principais alternativas de canal, incluindo os tipos e número de intermediários que estarão envolvidos. A empresa deve determinar se vai distribuir seus produtos exclusivamente, seletivamente ou intensivamente, e deve explicitar claramente as condições e responsabilidades de cada participante do canal.

4. A administração de canal eficaz exige a seleção e a motivação de intermediários. A meta é construir uma parceria a longo prazo que seja rentável para todos os participantes do canal. Os participantes de um canal devem ser periodicamente avaliados em relação a padrões preestabelecidos e as organizações de canal podem precisar ser modificadas quando as condições de mercado mudarem.

5. Os canais de marketing são caracterizados por mudanças contínuas e, às vezes, dramáticas. Três das principais tendências são o crescimento de sistemas de canal vertical (corporativos, administrados e contratuais), sistemas de canal horizontal e sistemas de multicanais.

6. Todos os canais de marketing oferecem algum potencial de conflito e a concorrência resultante decorre de fontes como incompatibilidade de metas, papéis e direitos indefinidos, diferenças de percepção e relacionamentos interdependentes. As empresas podem administrar o conflito de canal definindo metas superordenadas, trocando pessoas entre dois ou mais níveis de canal, cooptando o apoio de líderes de partes diferentes do canal e encorajando a participação conjunta em associações comerciais.

## APLICAÇÕES CONCEITUAIS

1. Por muitos anos, muitos funcionários das grandes empresas japonesas tinham a segurança de "emprego para toda a vida". Começaram suas carreiras na empresa e aposentaram-se após 30 ou 40 anos de serviço. Embora esse tipo de emprego já não seja garantido, a cultura japonesa é ainda fortemente orientada para o relacionamento e a família. Por exemplo, os vendedores desse país trabalham através do *jinmyaku,* uma rede de contatos que é o centro de interesse da sociedade nipônica.

A Amway, empresa que vende sabão em pó, vitaminas, cosméticos, sabonetes e outros bens de consumo porta a porta nos Estados Unidos, entrou no mercado japonês. Que canal(ais) de distribuição você recomendaria para a Amway na cultura japonesa? Como ela pode motivar sua força de vendas e qual seria a disposição dos japoneses que seriam contratados para compor seu quadro de funcionários? Quais são suas chances de sucesso no Japão?

2. À medida que os sistemas de TV a cabo se tornam mais competitivos, as empresas melhoram seus serviços e oferecem centenas de canais e, eventualmente, tecnologia digital e interativa e outras tecnologias que vêm sendo descobertas. A *home shopping* (compra diretamente de casa) crescerá e se tornará ainda mais sofisticada. Pode-se imaginar que haverá um tipo supermercado virtual em que os compradores sintonizarão canais como se fossem lojas para solicitar informações, fazer pedidos e pagar – sem ter que deixar a comodidade do lar. Mesmo agora, as redes de *home shopping* e os "infocomerciais" estão possibilitando a venda de milhões de dólares e chamando a atenção de lojas tradicionais, como Saks Fifth Avenue, Marshall Fields e da *designer* Diane von Furstenberg.

O canal de distribuição *home shopping* oferece uma série de desafios aos vendedores. Que orientação você daria à Nordstrom (rede de lojas de departamentos sofisticada, conhecida por sua elegância e serviços ao consumidor) se fosse convidado a investigar como vender produtos e imagem por meio deste novo canal de distribuição? Como a Nordstrom poderia oferecer via TV ou computador o mesmo nível de serviço pessoal disponível aos consumidores que visitam suas lojas?

3. Os canais de marketing podem ser vistos como um conjunto de organizações interdependentes com alto potencial de conflito. Então, por que qualquer tipo de empresa procura fazer parte de um sistema de canal?

4. Freqüentemente, há conflito entre fabricantes e varejistas. Em geral, o que uma parte deseja da outra? Por que essas expectativas podem gerar conflito?

5. A Sears adquiriu a Dean Witter Reynolds, quinta maior corretora de ações dos Estados Unidos, para capitalizar sobre a crescente demanda por serviços financeiros. Ela abriu centros de serviços financeiros em suas lojas, oferecendo fundos de aplicação financeira, seguro de vida e acidentes, cartões de crédito, empréstimos para aquisição de casa própria e barcos etc. Que forças estão agindo a favor e contra o sucesso de tal empreendimento?

6. "Intermediários são parasitas" e "Elimine o intermediário e os preços cairão" são frases que vêm sendo repetidas há séculos. Assuma que os intermediários sejam legalmente eliminados. Agora, você decide que gostaria de comprar um filão de pão. Começando com o agricultor que planta o trigo, explique como o sistema de distribuição atual funciona. Em outras palavras, como o trigo é transformado em pão para, depois, chegar a suas mãos? Se este sistema fosse eliminado, o que um consumidor teria que fazer para comprar um filão de pão? Quanto custaria sua compra?

7. A Pizza Hut está pensando em lançar pizzas para o café da manhã, criando, assim, um novo mercado e aumentando a penetração em seus mercados atuais. Esse novo produto consistiria em molho, ovos, *bacon* e outros componentes familiares e tradicionais do café da manhã. A *pizza* seria oferecida na forma de bolo. Individualmente ou em pequenos grupos, apresente alguns canais novos e alternativos para o novo produto (as lojas de varejo e o serviço de entrega porta a porta são canais já existentes).

8. A experiência em ampla variedade de setores *business to business,* bens de consumo e de serviços está provando que o melhor canal de distribuição para um produto modifica-se durante seu ciclo de vida. Alguns profissionais de marketing eficazes defendem que os fabricantes se movem de um canal a outro durante o ciclo de vida do produto – venda a revendedores, a varejistas de massa, a clubes de compradores, e assim por diante – se estiverem interessados em manter vantagem competitiva. Projete uma estratégia de canal para uma furadeira sem fio à medida que esse produto se move pelos estágios de seu ciclo de vida.

a. Qual deve ser o foco estratégico da empresa em cada estágio?

b. Que canais devem ser usados em cada estágio?

c. Em que estágios do CVP as margens serão maiores?

d. Que estágio(s) deve(m) envolver maior número de intermediários? E menor número de intermediários?

9. Sugira alguns canais alternativos para (a) uma pequena empresa que desenvolveu uma colheitadeira totalmente nova, (b) uma pequena fabrica de plásticos que desenvolveu uma embalagem para piquenique que mantém bebidas e alimentos gelados e (c) um aquecedor de água instantâneo. Quais seriam as vantagens e desvantagens de cada canal alternativo?

# Administração de Varejo, Atacado e Logística de Mercado

*Quando um refrigerador não é um refrigerador? (...) quando ele está em Pittsburgh mas é procurado em Houston.*

J. L. HESKETT, N. A. GLASKOWSKY E R. M. IVIE

No capítulo anterior, examinamos os intermediários de marketing com base no ponto de vista dos fabricantes que desejam construir e administrar seus canais de marketing. Neste capítulo, examinamos esses intermediários – varejistas, atacadistas e organizações de logística – como formuladores de suas próprias estratégias de marketing. Alguns desses intermediários são tão grandes e poderosos que dominam os fabricantes com os quais trabalham. Muitos estão usando planejamento estratégico, sistemas de informações avançados e ferramentas de marketing sofisticadas. Estão mensurando o desempenho mais em termos de retorno sobre o investimento do que em termos de margem de lucro. Estão também segmentando seus mercados, melhorando metas de mercado-alvo e posicionamento e procurando agressivamente a expansão de mercado e estratégias de diversificação.

Neste capítulo, responderemos às seguintes questões sobre cada setor (varejista, atacadista e empresas de distribuição física):

- **Quais os principais tipos de organizações que ocupam este setor?**
- **Que decisões de marketing as organizações tomam neste setor?**
- **Quais as principais tendências neste setor?**

## VAREJO

**O VAREJO inclui todas as atividades envolvidas na venda de bens e serviços diretamente aos consumidores finais para uso pessoal. Um VAREJO ou LOJA DE VAREJO é qualquer empresa cujo volume de vendas decorre, principalmente, do fornecimento por unidade ou pequenos lotes.**

Qualquer organização que pratica este tipo de venda, seja um fabricante, atacadista seja varejista, está na área de varejo. Não importa *como* os bens ou serviços são vendidos (pessoalmente, pelo correio, telefone ou máquina automática) ou *onde* são vendidos (em uma loja, na rua ou na casa do consumidor).

### Tipos de varejistas

As organizações varejistas são variadas e novas formas continuam surgindo. Diversas classificações têm sido propostas. Para nossos propósitos, discutiremos as lojas de varejo, varejos sem loja e organizações varejistas.

**LOJAS DE VAREJO.** Hoje, os consumidores podem comprar bens e serviços em uma ampla variedade de lojas. Os tipos de lojas de varejo mais importantes, muitas das quais são encontradas na maioria dos países, classificam-se em oito categorias: lojas de especialidade, lojas de departamentos, supermercados, lojas de conveniência, lojas de descontos, varejos de liquidação, superlojas e *showrooms* de catálogos (veja a Tabela 19.1). Talvez, o tipo de varejo mais conhecido é a loja de departamentos. Esse tipo de loja no Japão, como a Takashimaya e Mitsukoshi, atrai milhões de compradores por ano. Essas lojas possuem galerias de arte, cozinha diversificada e *playgrounds* para as crianças. A rede de lojas de departamentos El Corte Ingles, da Espanha, atende a multidões de compradores.

Como os produtos, os tipos de lojas de varejo passam por estágios de crescimento e declínio que podem

**Tabela 19.1** *Principais tipos de varejos.*

| TIPO | DESCRIÇÃO | EXEMPLOS |
|---|---|---|
| LOJAS DE ESPECIALIDADE | Vendem uma linha de produtos estreita com um profundo sortimento dentro dessa linha: roupas, materiais esportivos, móveis, floriculturas e livrarias. Podem ser subclassificadas pelo grau de abrangência de sua linha de produtos. Uma loja de roupas seria uma *loja de linha única;* uma loja de roupas masculinas seria uma *loja de linha limitada* e uma loja de camisas masculinas sob medida seria uma *loja superespecializada.* Alguns analistas debatem que, no futuro, as lojas superespecializadas crescerão aceleradamente pela vantagem das crescentes oportunidades de segmentação de mercado, práticas de mercado-alvo e especialização do produto. | Athlete's Foot (apenas calçados esportivos); Tall Men (roupas para homens altos); The Body Shop (cosméticos e artigos de banho) |
| LOJAS DE DEPARTAMENTOS | Vendem várias linhas de produtos, tipicamente roupas, móveis e utilidades domésticas, em que cada linha é operada como um departamento separado, administrado por compradores especializados. | Sears, Saks Fifth Avenue, Marshall Fields, May's, J. C. Penney, Nordstrom, Bloomingdale's, Macy's |
| SUPERMERCADOS | Relativamente grandes, operam com custo baixo, margem pequena, volume elevado, auto-serviço projetado para atender às necessidades totais dos consumidores em termos de alimentos, produtos de higiene pessoal e de limpeza e produtos para a manutenção do lar. Operam com lucro operacional de apenas 1% sobre as vendas e obtêm lucro de 10% sobre o patrimônio líquido. Apesar da forte concorrência de concorrentes novos e inovadores como superlojas e lojas de descontos, os supermercados permanecem o tipo de loja de varejo mais freqüentemente visitado pelos compradores. | Grand Union, Kroger, Wilson's Supermarkets, Safeway, Food Lion, Waldbaums, A&P, Shop Rite |
| LOJAS DE CONVENIÊNCIA | São lojas relativamente pequenas, localizadas próximo às áreas residenciais, permanecendo abertas além do horário normal e sete dias por semana. Vendem uma linha limitada de produtos de conveniência de alta rotatividade. Seu horário de funcionamento amplo e o fato de os consumidores as procurarem para compras complementares e de última hora as caracterizam como estabelecimentos de preços relativamente altos. Muitas vendem sanduíches, café e massas semipreparadas. Preenchem uma importante necessidade do consumidor e as pessoas parecem dispostas a pagar pela conveniência. | 7-Eleven, Circle K, Wawa |
| LOJAS DE DESCONTOS | Vendem mercadorias padronizadas a preços mais baixos porque trabalham com pequenas margens e grande volume. O uso de descontos ocasionais ou especiais não caracterizam uma loja de descontos. Esta vende *regularmente* suas mercadorias a preços baixos, oferecendo a maioria das marcas nacionais e não produtos inferiores. As lojas de descontos estão indo além da venda de mercadorias básicas ao vender com desconto produtos disponíveis em lojas de especialidade, como as de materiais esportivos, produtos eletrônicos de consumo e livros. | *Lojas de descontos de linhas completas:* Wal-Mart, Kmart<br>*Lojas de descontos de especialidade:* Circuit City (produtos eletrônicos), Crown Bookstores (livros) |
| VAREJOS DE LIQUIDAÇÃO | Compram a preços abaixo do atacado e transferem parte da vantagem aos consumidores. Trabalham com sortimento variável e mutante de produtos de alta qualidade, freqüentemente, pontas de estoque, números e modelos esparsos obtidos a preços reduzidos de fabricantes ou de outros varejistas. Há três tipos importantes de varejos de liquidação: *oulets* de fábrica, varejos de liquidação independentes e clubes de atacadistas. | |
| Outlets *de fábrica* | Operados pelos próprios fabricantes, normalmente vendem sobras e mercadorias descontinuadas ou irregulares. Tais estabelecimentos estão-se agrupando cada vez mais em *shoppings de fabricantes,* onde dezenas de lojas oferecem preços até 50% inferiores aos praticados pelos varejos tradicionais e de ampla variedade de itens. | Mikasa (louças e artigos para o lar), Dexter (calçados) Ralph Lauren e Liz Clairbone (roupas finas) |

| TIPO | DESCRIÇÃO | EXEMPLOS |
|------|-----------|----------|
| VAREJOS DE LIQUIDAÇÃO *(Cont.)* *Varejos de liquidação independentes* | São de propriedade ou dirigidos por empreendedores ou por divisões de corporações varejistas maiores. | Filene's Basement, Loehmann's, TJX Cos. (Hit ou Miss e T. J. Maxx) |
| *Clubes de atacadistas* | Vendem uma seleção limitada de produtos alimentícios de marcas conhecidas, eletrodomésticos, roupas e uma miscelânea de outros bens com grandes descontos aos associados que pagam anuidades de $ 25 a $ 50. Atendem a pequenos varejistas e a órgãos governamentais, organizações que não visam o lucro e algumas grandes empresas. Operam com grandes volumes, possuem despesas baixas por estarem localizados em armazéns e oferecem poucos serviços. Seus custos são inferiores porque compram em grandes quantidades e usam pouca mão-de-obra na estocagem. Não fazem entregas ou aceitam cartões de crédito. Oferecem preços bem baixos, normalmente, 20 a 40% abaixo dos preços dos supermercados e lojas de descontos. | Sam's Club, Max Clubs, Price-Costco da Wal-Mart, Wholesale Club da BJ. |
| SUPERLOJAS | O espaço de venda médio das superlojas é de aproximadamente 11.000 metros quadrados. Visam atender à necessidade total dos consumidores para compras rotineiras de alimentos e de itens não-alimentos. Geralmente, oferecem serviços como lavanderia, lavagem a seco, reforma de calçados, caixas eletrônicos recebimento de contas. Em anos recentes, as superlojas têm-se tornado lojas de especialidade gigantes, que vendem sortimento muito amplo de uma linha específica, empregando funcionários bem preparados. Variações das superlojas incluem a loja mista e o hipermercado. | Borders Books and Music (livros e discos), Petsmart (suprimentos para animais de estimação), Staples (suprimentos de escritório), Home Depot (material de construção e de decoração) |
| *Lojas mistas* | Representam uma diversificação do supermercado para o promissor campo de medicamentos vendidos sob prescrição médica. Ocupam espaço de venda médio de 17.000 metros quadrados. | A A&P combina lojas que oferecem completa linha de alimentos e uma farmácia com amplo serviço. |
| *Hipermercados* | Variam de 24.000 a 67.000 metros quadrados e combinam os princípios do supermercado, das lojas de descontos e dos varejos de fábrica. Seu sortimento de produtos vai além de bens comprados rotineiramente, incluindo móveis, eletrodomésticos grandes e pequenos, itens de vestuário e muitos outros produtos. A abordagem básica é a exposição de grandes volumes de produtos com mínima manipulação por parte dos funcionários. São oferecidos descontos aos consumidores que estiverem dispostos a carregar utilidades domésticas de maior porte e móveis. O primeiro hipermercado originou-se na França, e esta forma de varejo é ainda muito popular na Europa. | Carrefour e Cassino (França); Pyrca, Continente e Alcampo (Espanha), Meijer's (Holanda) |
| *SHOWROOMS* DE VENDA POR CATÁLOGOS | Vendem uma seleção ampla de bens de marcas conhecidas que permitem *markup* alto, giro rápido e descontos nos preços. O sortimento oferecido inclui jóias, ferramentas elétricas, câmeras fotográficas, malas de viagem, pequenos eletrodomésticos, brinquedos e materiais esportivos. Os consumidores escolhem os bens em catálogos, que depois são retirados na área de expedição do *showroom*. Ganham dinheiro cortando custos, reduzindo a margem de lucro e vendendo barato, o que possibilita maior volume de vendas. | Service Merchandising |

**Fontes:** Para leitura complementar, veja RICKARD, Leah. Supercenters entice shoppers. *Advertising Age,* p. 1-10, 29 Mar. 1995; CHANIL, Debra. Wholesale clubs: a new era? *Discount Merchandiser,* p. 38-51, Nov. 1994; FORSYTH, Nelson. Department stores industry reestructures for the 90s'. *Chain Store Age Executive,* p. 29A-30A, Aug. 1993; FOGG, John Milton. The giant awakens. *Success,* p. 51, Mar. 1995; e ELDRIDGE, Douglas. Non-store retailing: planning for a big future. *Chain Store Age Executive,* p. 34A-35A, Aug. 1993.

ser descritos como *ciclo de vida do varejo*.[1] Um tipo de loja de varejo surge, desfruta período de crescimento acelerado, atinge a maturidade e, depois, declina. As formas mais antigas de varejo demoraram muitos anos para atingir a maturidade, mas as formas mais novas chegam à maturidade muito mais cedo. A loja de departamentos demorou 80 anos para atingir a maturidade, enquanto as lojas de fábricas, uma forma mais moderna, chegou à maturidade em 10 anos.

Uma razão para o surgimento de novos tipos de lojas para desafiar os varejos tradicionais é dada pela hipótese conhecida como *roda de varejo*.[2] As lojas convencionais típicas oferecem muitos serviços a seus consumidores e os preços de seus produtos cobrem os custos envolvidos nessa prática. Isto fornece uma oportunidade para o aparecimento de novos tipos de lojas (por exemplo, as lojas de descontos) que oferecem preços menores, serviços limitados e menos *status*. Grande número de compradores usa as lojas convencionais para decidir o que comprar e, depois, dirige-se às lojas de descontos para fazer a compra. À medida que essas lojas de descontos aumentam sua participação de mercado, elas oferecem mais serviços e melhoram as instalações. Entretanto, com o aumento dos custos, são obrigadas a aumentar os preços até ficarem similares às lojas tradicionais que substituíram. Como conseqüência, tornam-se vulneráveis a novos tipos de operações de baixo custo e margem baixa. Esta hipótese explica parcialmente o sucesso inicial e os problemas atuais das lojas de departamentos, e, mais recentemente, das lojas de descontos.

Novos tipos de lojas surgem para atender às preferências variadas em relação a diferentes níveis e tipos de serviços. Os varejistas da maioria das categorias de produtos podem posicionar-se ao oferecer um entre quatro níveis de serviços:

- *Varejo de auto-serviço*. Usado em muitas operações varejistas, especialmente para oferecer bens de conveniência e, em alguma extensão, bens de compra comparada (Veja no Capítulo 15). O auto-serviço é pedra angular de todas as operações de desconto. Muitos consumidores estão dispostos a assumir seu próprio processo de localizar, comparar e selecionar produtos para economizar dinheiro.
- *Varejo de auto-seleção*. Envolve consumidores à procura de bens, com alguma assistência de vendedores. Eles completam suas transações pedindo o auxílio de um vendedor na compra de algum item. As organizações de auto-seleção têm maiores custos operacionais do que os de varejos de auto-serviço porque exigem maior número de funcionários.
- *Varejo de serviço limitado*. Fornece mais assistência de venda em razão de oferecer maior número de produtos de compra comparada que demandam informação de vendedores. As lojas também oferecem serviços, como privilégios de crédito e de devolução de mercadorias, o que não é comumente encontrado em lojas que oferecem poucos serviços. Como conseqüência, os varejos de serviço limitado têm custos operacionais mais elevados.
- *Varejo de serviço completo*. É composto de lojas que possui vendedores preparados para orientar o consumidor em todas as fases do processo de localização, comparação e seleção da compra. Os consumidores que gostam de ser atendidos preferem esse tipo de loja. O alto custo com funcionários, juntamente com a maior proporção de bens de especialidade e de giro baixo (itens de moda, jóias, câmeras fotográficas), políticas mais liberais para a devolução de mercadorias, vários planos de financiamento, entrega gratuita, serviços domiciliares para bens duráveis e instalações destinadas aos consumidores, como banheiros e restaurantes, resultam em um varejo de custo elevado.

Ao combinar esses diferentes níveis de serviços com os amplos sortimentos de produtos, podemos distinguir quatro estratégias de posicionamento disponíveis aos varejistas, que são identificadas nos quadrantes da Figura 19.1:

1. As lojas Bloomingdale's são caracterizadas por amplo sortimento de produtos e oferecem alto valor agregado. As lojas situadas nesse quadrante da figura estão preocupadas com o *design* de suas instalações, qualidade dos produtos, serviços e imagem. Suas margens de lucro são altas e, se tiverem volume de vendas suficiente, serão muito rentáveis.
2. As lojas Tiffany oferecem um sortimento limitado de produtos e alto valor agregado. Tais lojas cultivam uma imagem exclusiva e tendem a operar com alta margem de lucro e baixo volume de vendas.
3. As lojas Kinney Shoe oferecem um sortimento limitado e oferecem baixo valor agregado. Freqüentemente, tais lojas são semelhantes aos varejos de massa que oferecem itens de especialidade e atraem consumidores preocupados com preço. Elas mantêm seus custos e preços baixos, suas lojas apresentam *design* similares e centralizam compras, *merchandising*, propaganda e distribuição.
4. As lojas Wal-Mart são caracterizadas por oferecer ampla linha de produtos e baixo valor agregado. Focam na manutenção de preços baixos, divulgando a imagem de ser lugar para boas compras. Trabalham com pequena margem de lucro para obter alto volume de vendas.

1. DAVIDSON, William R., BATES, Albert D., BASS, Stephen J. Retail life cycle. *Harvard Business Review*, p. 89-96, Nov./Dec. 1976.
2. HOLLANDER, Stanley C. The Whell of retailing. *Journal of Marketing*, p. 37-42, July 1960.

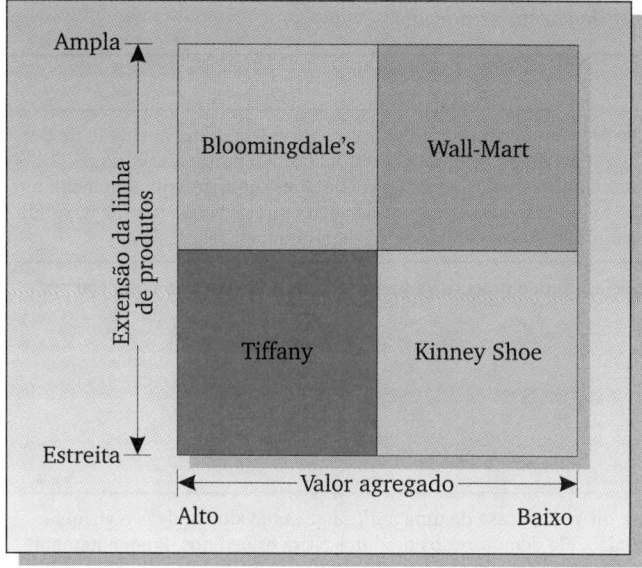

**Fonte:** GREGOR, William T., FRIARS, Eileen M. *Money mercahndising:* retail revolution in consumer financial service. Cambridge, MA : The MAC Group, 1982.

**Figura 19.1** *Mapa de posicionamento de varejo.*

**VAREJO SEM LOJA.** Embora a esmagadora maioria dos bens e serviços sejam vendidos através de lojas, o *varejo sem loja* vem crescendo mais rápido do que o varejo de loja, representando mais de 12% de todas as compras dos consumidores. Este tipo de varejo é classificado em quatro grandes categorias: venda direta, marketing direto, venda automática e serviço de compra (veja a Tabela 19.2). Alguns observadores prevêem que um terço de todas as vendas no varejo será realizado através de canais sem loja no final do século, como compra pelo correio, por televisão e por computador, via Internet, no final do século.

**ORGANIZAÇÕES DE VAREJO.** Embora muitas lojas de varejo sejam independentes, crescente número delas está tomando alguma forma de varejo corporativo. As organizações de varejo obtêm economia de escala em função de maior poder de compra, reconhecimento de marca mais ampla e funcionários melhor treinados. Os principais tipos de varejo corporativo (rede corporativa, rede voluntária, cooperativas de varejistas, cooperativas de consumidores, organizações de franquia e conglomerados de comercialização) são descritos na Tabela 19.3. O *franchising* é descrito em detalhes na seção *Insight* de Marketing intitulada "A febre do *franchising*".

### Decisões de marketing de varejo

Os varejistas atuais estão ansiosos para encontrar novas estratégias de marketing para atrair e manter consumidores. No passado, isto era possível oferecendo-se localização conveniente, sortimentos de bens especiais ou exclusivos, serviços mais amplos ou melhores do que os concorrentes e cartões de crédito de loja para favorecer as compras a prazo. Tudo isso mudou. Hoje, muitas lojas oferecem sortimentos similares: marcas nacionais como Calvin Klein, Izod e Levi são agora encontradas na maioria das lojas de departamentos, varejos de venda em massa e lojas de descontos. Os fabricantes de marcas nacionais, em sua orientação por volume, espalham seus produtos em todos os pontos de vendas disponíveis. O resultado é que as lojas de varejo e outros tipos de varejo têm crescido e estão cada vez mais parecidos.

A diferenciação dos serviços também não existe mais. Muitas lojas de departamentos têm ampliado seus serviços, o mesmo ocorrendo com muitas lojas de descontos. Os consumidores se tornaram mais espertos e mais sensíveis a preço. Não vêem mais razão para pagar mais por marcas idênticas, principalmente quando as diferenças entre os serviços estão diminuindo. Não necessitam mais de cartões de crédito de loja porque os cartões de crédito bancários se tornaram cada vez mais aceitos por todas as lojas.

Por todas essas razões, muitos varejistas, hoje, estão repensando suas estratégias de marketing.[3] Por exemplo, em face do aumento da concorrência das lojas de descontos e de especialidade, as lojas de departamentos estão dando sua resposta. Historicamente localizadas na parte central das cidades, muitas abriram filiais em *shopping centers* localizados nas cercanias das cidades, onde há áreas de estacionamento e a renda familiar é mais alta. Outras estão incrementando suas vendas ao

---

3.  Para uma discussão mais ampla sobre o assunto, veja WORTZEL, Lawrence H. Retailing strategies for today's marketplace. *Journal of Business Strategy,* p. 45-56, Spring 1987; veja também BLACKWELL, Roger D., TALARZYK, W. Wayne. Life-style retailing: competitive strategies for the 1980s. *Journal of Retailing,* p. 7-26, Winter 1983.

**Tabela 19.2**   *Principais tipos de varejo sem loja.*

| TIPO | DESCRIÇÃO | EXEMPLOS |
|---|---|---|
| VENDA DIRETA | Começou há séculos com mascates intinerantes e representa uma atividade de $ 9 bilhões, em que cerca de 600 empresas vendem porta a porta, escritório a escritório e em reuniões domiciliares. (A venda direta aqui descrita não inclui a venda *business to business*). Há três tipos de venda direta: venda um a um, venda de um para muitos (reuniões) e marketing de multinível (rede). | |
| *Venda um a um* | Um(a) vendedor(a) visita e procura vender produtos a um usuário potencial. | Avon (produtos para cuidado pessoal), Fuller Brush Company (produtos de limpeza), Electrolux (aspiradores de pó), Southwestern Company of Nashville (bíblias), World Book (enciclopédias) |
| *Venda de um para muitos (reuniões de venda)* | Uma vendedora dirige-se à casa de uma anfitriã que convidou amigas e vizinhas para uma reunião. Ela demonstra os produtos e tira os pedidos. Freqüentemente, as vendedoras de alto desempenho são altamente recompensadas; por exemplo, a Mary Kay oferece às melhores vendedoras o direito de dirigir um Cadillac cor-de-rosa durante um ano. | Tupperware, Mary Kay (cosméticos) |
| *Marketing de multinível (rede)* | Iniciado pela Amway, cujas vendas atingiram $ 5,3 bilhões em 1994, com metade de seus negócios ocorrendo no Japão e na região do Pacífico Asiático. É uma variante da venda direta em que as empresas recrutam empresários independentes que atuam como distribuidores de seus produtos. Esses distribuidores, por sua vez, recrutam e vendem a subdistribuidores, que, eventualmente, recrutam outras pessoas para vender seus produtos, geralmente, nas residências dos consumidores. A remuneração de um distribuidor inclui uma porcentagem das vendas de todo o grupo que ele recrutou, além dos ganhos decorrentes de qualquer venda direta a clientes varejistas. | Amway, Shaklee, NuSkin |
| MARKETING DIRETO | Tem suas raízes na venda pelo correio, mas hoje inclui outras maneiras de atingir as pessoas como telemarketing, marketing de resposta direta via televisão (programas de compra diretamente da residência e infocomerciais) e compra eletrônica (descrita em detalhes no Capítulo 23). | Home Shopping Network e QVC Network (resposta direta via televisão); Land's End, L. L. Bean e Spiegel (lojas de catálogo); 1-800-FLOWERS (telemarketing) |
| VENDA AUTOMÁTICA | Tem sido aplicada a uma considerável variedade de produtos, incluindo bens de impulso e de alto valor de conveniência (cigarros, refrigerantes, chocolates, jornais, bebidas quentes) e outros produtos (*lingerie,* cosméticos, lanches, sopas e alimentos quentes, livros, álbuns de discos, filmes, camisetas, apólices de seguro, limpeza de sapatos e até minhocas para pescaria). No Japão, a venda automática por máquinas vai além ao vender jóias, carne congelada, flores naturais, uísque e até nomes de parceiros potenciais para encontros. As máquinas de venda são encontradas em fábricas, escritórios, grandes lojas de varejo, postos de gasolina, hotéis, restaurantes e em muitos outros locais. Essas máquinas oferecem aos consumidores as vantagens da venda 24 horas, auto-serviço e ausência de manipulação por terceiros. | Máquinas de venda da Coca-Cola, caixa de jornais para a venda do *The New York Times.* |
| SERVIÇO DE COMPRA | Um varejista sem loja atende a consumidores específicos, geralmente, funcionários de grandes organizações como escolas, hospitais, sindicatos e órgãos governamentais. Os funcionários associam-se ao serviço de compra e recebem autorização para comprar de uma lista selecionada de varejistas que concordam em dar descontos aos filiados. Assim, um consumidor que esteja à procura de uma câmera de vídeo retira um formulário aprovado do serviço de compra, leva-o a um varejista selecionado e compra o aparelho com desconto. Depois, o varejista paga uma pequena comissão para o serviço de compra. | United Buying Service (oferecer a seus 900.000 afiliados a oportunidade de comprar mercadorias pelo custo mais 8% de comissão) |

**Fontes:**   Para leitura complementar, veja ELDRIDGE, J. Douglas. Nonstore retailing: planning for a big future. *Chain Store Age Executive,* p. 34A-35A, Aug. 1993; e CLOTHIER, Peter. *Multi-level marketing*: a practical guide to successful network selling. Londres : Kogan Page, 1990.

**Tabela 19.3**   *Principais tipos de organizações de varejo.*

| TIPO | DESCRIÇÃO | EXEMPLOS |
|---|---|---|
| LOJAS DE REDES CORPORATIVAS | Dois ou mais estabelecimentos comumente de propriedade e controle centralizados, empregam central de compras e de *merchandising* e vendem linhas de produtos similares. As redes corporativas parecem em todos os tipos de varejo, mas são mais fortes em lojas de departamentos, variedades, alimentos, produtos farmacêuticos, calçados e roupas femininas. Seus tamanhos permitem que comprem em grandes quantidades a preços mais baixos. Podem pagar pela contratação de especialistas para cuidarem de áreas como preço, promoção, *merchandising,* controle de estoque e previsão de vendas. | Tower Records, Fayva (calçados), Pottery Barn (artigos e móveis para o lar) |
| REDE VOLUNTÁRIA | Consiste em um grupo de varejistas independentes patrocinado por um atacadista, engajado em comprar grandes lotes e compartilhar o serviço de *merchandising.* | Independent Grocers Alliance (IGA) em (produtos alimentícios), True Value (ferragens e materiais de construção) |
| COOPERATIVA DE VAREJISTAS | Consiste em varejistas independentes que criam uma organização central de compra e adotam esforços promocionais conjuntos. | Associated Grocers (produtos alimentícios), ACE (ferragens e materiais de construção) |
| COOPERATIVA DE CONSUMIDORES | Empresa varejista de propriedade de seus consumidores. Começaram pela a insatisfação dos consumidores em relação aos serviços prestados pelos varejistas locais, ou em função de preços elevados ou da baixa qualidade dos produtos oferecidos. Os cooperados contribuem em dinheiro para abrir sua própria loja, votam suas políticas e elegem um grupo para dirigi-la. A loja pode estabelecer seus preços baixos ou normais e, neste caso, os cooperados recebem dividendos com base em níveis individuais de compras. | Várias cooperativas de consumidores localizadas por todo o país. |
| ORGANIZAÇÃO DE *FRANCHISING* | Associação contratual entre um *franquiador* (fabricante, atacadista ou organização de serviço) e *franquiados* (empresários independentes que compram o direito de posse e operação de uma ou mais unidades do sistema de franquia). Normalmente, as organizações de *franchising* são baseadas em algum produto, serviço ou método exclusivo de fazer negócios, em uma marca ou patente desenvolvida pelo franquiado. O *franchising* tem sido proeminente em *fast-foods,* lojas de vídeo, centros de aprimoramento físico, salões de cabeleireiros, locadoras de automóveis, hotéis, agências de viagem, escritórios imobiliários e dezenas de outros produtos e serviços. | McDonald's, Subway, Pizza Hut, Jiffy Lube, Meineke Mufflers, 7-Eleven |
| CONGLOMERADO DE COMERCIALIZAÇÃO | Corporação que combina várias linhas de varejo diversificados sob propriedade central, acompanhada de alguma integração de suas funções de distribuição e administração. | A F. W. Woolworth, além de sua variedade de lojas, opera a Kinney Shoe Stores, Afterthoughts (lojas especializadas em jóias e bolsas), Herald Square Stationers, Frame Scene e Kids Mart |

**Fonte:**   Para leitura complementar, veja TILLMAN, Rollie. Rise of the conglomerchant. *Harvard Business Review,* p. 44-51, Nov./Dec. 1971. Veja também *THE franchising handbook,* Spring 1995 (1020 N. Broadway, Suite 111, Milwaukee, WI 53202).

# A febre do *franchising*

Desde que foi considerado um negócio em ascensão por empresários independentes, as franquias estão representando 35% das vendas a varejo nos Estados Unidos, e os *experts* esperam que esta porcentagem deve chegar a 50% na virada do século. Não é difícil isso ocorrer em uma sociedade em que é praticamente impossível percorrer um quarteirão da cidade ou uma área suburbana sem ver um Wendy's, um McDonald's, um Jiffy-Lube ou uma 7-Eleven. Uma das franquias mais bem-sucedidas, o McDonald's, possui 14.000 lojas espalhadas pelo mundo e seu sistema de venda representa mais de $ 23 bilhões de faturamento. Atualmente, a franquia que está em crescimento mais rápido é a Subway Sandwiches and Salads. Com mais de 8.500 lojas nos Estados Unidos, supera as 7.900 unidades do McDonald's no país.

Como funciona um sistema de *franchising*? Os franquiados constituem um grupo fortemente unido de empresas cujas operações sistemáticas são planejadas, dirigidas e controladas pela empresa inovadora, o *franquiador*. Geralmente, a franquia é identificada por três características:

1. *O franquiador possui uma marca registrada ou um serviço que licencia a franquiados em troca do pagamento de royalty.*
2. *O franquiado deve pagar pelo direito de fazer parte do sistema.* Todavia, esse pagamento inicial é apenas pequena parte da quantia total que ele investe quando assina um contrato de *franchising*. Os custos iniciais incluem aluguel e pagamento pelos equipamentos e instalações, e, às vezes, uma taxa de licença regular. Os franquiados do McDonald's podem chegar a investir $ 600.000 para iniciar as atividades. Depois, seus custos de franquia e aluguel representam 11,5% do volume de vendas. O sucesso da Subway é parcialmente devido ao pequeno custo de instalação (de $ 45.000 a $ 70.000), inferior a 70% de outros sistemas de franquia.
3. *O franquiador fornece a seus franquiados um sistema de marketing e operações para funcionamento do negócio.* O McDonald's exige que seus franquiados freqüentem sua "Hamburger University" em Oak Brook, Illinois, por três semanas, para aprender como administrar o negócio. Eles devem aderir a certos procedimentos na compra de matéria-prima. Os franquiadores mais avançados estão pedindo novas idéias a seus franquiados. Por exemplo, a Alpha-Graphics tem o hábito de consultar seus franquiados para obter novas idéias e sugestões sobre como o negócio pode ser melhor dirigido.

Na maioria dos casos, o *franchising* como formato de negócio é mutuamente benéfico a franquiadores e franquiados. Entre os benefícios para os franquiadores, ao assinarem um contrato de franquia está suas condições de cobrir um território de vendas em pouco tempo, a motivação e o trabalho árduo de parceiros empreendedores, a familiaridade com as comunidades e costumes locais e o enorme poder de compra (por exemplo, consideremos o poder de compra da Holiday Inn ao adquirir lençóis de cama). Os franquiados beneficiam-

remodelar as lojas e implantar o atendimento pelo correio e telemarketing. Em face da concorrência das superlojas, os supermercados estão abrindo lojas maiores, vendendo maior número e variedade de itens e ampliando suas instalações. Também aumentaram seus orçamentos promocionais e passaram a oferecer marcas privadas para reduzir a dependência das marcas nacionais e ampliar suas margens de lucro.

Examinaremos as decisões de marketing enfrentadas pelos varejistas nas áreas de mercado-alvo, sortimento e compra de produtos, serviços e atmosfera de loja, preço, promoção e localização.

**Decisão de Mercado-alvo.** A decisão mais importante de um varejista diz respeito ao mercado-alvo. A loja deve focar compradores de grande, médio ou pequeno poder de compra? Os compradores-alvos desejam variedade, sortimento profundo ou conveniência? Até que o mercado-alvo seja definido e seu papel delineado, o varejista não pode tomar decisões consistentes sobre sortimento de produtos, decoração de loja, mensagens e mídias de propaganda, níveis de preço etc.

Muitos varejistas não deixam claro quais são seus mercados-alvos. Ao tentarem satisfazer a muitos mercados, acabam não satisfazendo bem a nenhum deles. Mesmo a Sears, que atende a públicos bem diferentes, deve definir melhor que grupos devem constituir seus principais mercados-alvos, podendo, assim, ajustar seus sortimentos de produtos, preços, localizações e promoções a esses grupos.

se da compra de um negócio já bem-sucedido, com marca aceita e bem conhecida. Encontram mais facilidade de fazer empréstimos de instituições financeiras e recebem apoio, variando de marketing e propaganda a seleção de local e contratação de funcionários.

Como resultado da explosão do *franchising* em anos recentes, muitos tipos de negócios (como o de *fast-food*) estão cada vez mais saturados no mercado doméstico. Um sinal dessa saturação de mercado é o número de reclamações dos franqueados junto a Federal Trade Comission contra as empresas-mães. Desde 1990, essas reclamações estão crescendo anualmente acima de 50%. A reclamação mais comum: os franquiadores estão "invadindo" os territórios dos franqueados ao estabelecer novas lojas. Outra reclamação é sobre as taxas de fracasso dos empreendimentos, que é maior do que a anunciada. Em particular, a Subway tem sido criticada por informar a seus franqueados que possui apenas 2% de taxa de fracasso, quando a realidade é bem diferente. Além disso, alguns franqueados acham que são iludidos pelos anúncios exagerados de apoio, quando na verdade, constatam que ele é limitado ou inexistente após a assinatura do contrato e de $ 100.000 serem investidos.

Tipicamente, há conflito entre os franquiadores, que se beneficiam do crescimento, e os franqueados, que se beneficiam apenas quando podem ter um padrão de vida decente. Algumas novas direções que podem beneficiar tanto franquiadores quanto franqueados são as seguintes:

● *Alianças estratégicas com grandes corporações internacionais.* Um exemplo é o acordo entre a Fuji dos Estados Unidos e a Moto Photo, rede de lojas de revelação de filmes em uma hora. A Fuji obteve penetração instantânea de mercado através das 400 lojas da Moto Photo. Esta beneficiou-se do reconhe-cimento da marca Fuji e da cobertura de propaganda.

● *Expansão para o exterior.* As franquias de *fast-food* se tornaram muito populares em todo o mundo. Hoje, o McDonald's possui 4.700 lojas no exterior, incluindo um restaurante de 700 lugares em Moscou. A Domino's (pizza) entrou no Japão através do franquiado *master* Ernest Higa, que possui 106 lojas no país com faturamento de $ 140 milhões. Parte do sucesso da Higa pode ser atribuído à adaptação do produto da Domino's ao mercado japonês, onde apresentação é tudo. As embalagens das pizzas são fabricadas de maneira que as fatias fiquem perfeitamente uniformes.

● *Novas localizações em pontos não-tradicionais dos Estados Unidos.* Os franquiadores estão abrindo lojas em aeroportos, estádios esportivos, *campi* universitários, hospitais, cassinos de jogos, parques temáticos, salões de convenções e barcos turísticos.

O *franchising* está entrando em áreas novas como educação. A LearnRight Corp., de State College, Pennsylvania, franquia seu método de ensino que se notabilizou por orientar os alunos na descoberta de suas vocações.

**Fontes:** AXELRAD, Norman D., WEIGAND, Robert E. Franchising – a marriage of system members. In: LEVY, Sidney, FRERICHS, George, GORDON, Howard (Orgs.). *Marketing managers handbook*, 3. ed. Chicago : Dartnell, 1994. p. 919-934; WHITTEMORE, Meg. New directions in franchising. *Nation's Business*, p. 45-52, Jan. 1995; SERWER, Andrew E. McDonald's conquers the world. *Fortune*, p. 103-116, 17 Oct. 1994; e Trouble in franchise nation. *Fortune*, p. 115-129, 6 Mar. 1995; STEINBERG, Carol. Millionaire franchisees. *Success*, p. 65-69, Mar. 1995; e WELCH, Lawrence S. Developments in international franchising. *Journal of Global Marketing*, 6, n. 1-2, p. 81-96, 1992.

Algumas varejistas têm definido muito bem seus mercados-alvos. Aqui estão dois bons exemplos de empresas, cujos fundadores estão entre os homens mais ricos dos Estados Unidos:

**WAL-MART** O já falecido Sam Walton e seu irmão abriram a primeira loja de descontos Wal-Mart em Rogers, Arkansas, em 1962. Era uma grande loja tipo armazém, plana, destinada a vender tudo, desde autopeças e pequenos eletrodomésticos, aos preços mais baixos possíveis para uma pequena cidade norte-americana. Mais recentemente, a Wal-Mart tem construído lojas em cidades maiores. Hoje, ela opera 2.000 lojas nos Estados Unidos, 419 Sam's Club (clube de atacado) e 68 supercentros. Seu faturamento anual é superior a $ 67 bilhões, o que a torna a maior organização norte-americana de varejo. Seu segredo: pequenas cidades-alvos, ouvir os consumidores, tratar os funcionários como parceiros, comprar com cuidado e manter as despesas bem controladas. Cartazes com os dizeres "Satisfação garantida ou devolução do dinheiro" e "Vendemos pelo menor preço" estão colocados em destaque na entrada de cada loja, e os consumidores, freqüentemente, recebem as boas-vindas de recepcionistas que se dispõem a ajudar na compra. A Wal-Mart gasta consideravelmente menos do que a Sears e a Kmart em propaganda e, mesmo assim, suas vendas estão crescendo a uma taxa de 28% ao ano. Além disso, ela é freqüentemente citada como pioneira do varejo. Ao praticar preço baixo todos os dias (veja no Capítulo 17) e intercâmbio eletrônico de dados para agilizar a reposição de estoques, vem sen-

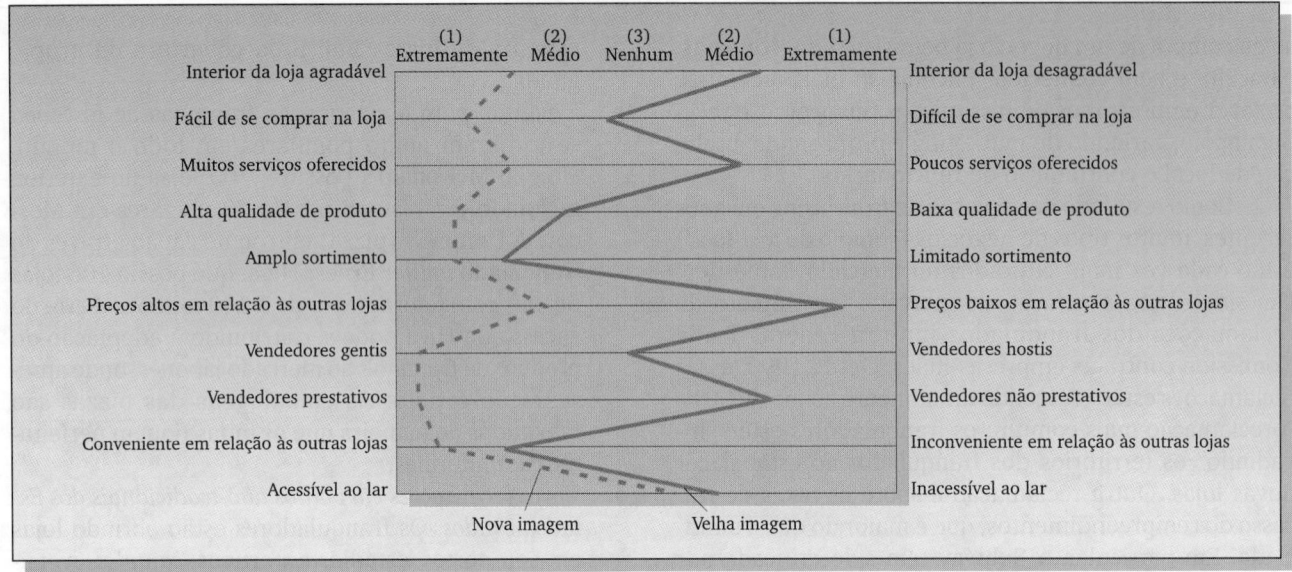

| | (1)<br>Extremamente | (2)<br>Médio | (3)<br>Nenhum | (2)<br>Médio | (1)<br>Extremamente | |
|---|---|---|---|---|---|---|
| Interior da loja agradável | | | | | | Interior da loja desagradável |
| Fácil de se comprar na loja | | | | | | Difícil de se comprar na loja |
| Muitos serviços oferecidos | | | | | | Poucos serviços oferecidos |
| Alta qualidade de produto | | | | | | Baixa qualidade de produto |
| Amplo sortimento | | | | | | Limitado sortimento |
| Preços altos em relação às outras lojas | | | | | | Preços baixos em relação às outras lojas |
| Vendedores gentis | | | | | | Vendedores hostis |
| Vendedores prestativos | | | | | | Vendedores não prestativos |
| Conveniente em relação às outras lojas | | | | | | Inconveniente em relação às outras lojas |
| Acessível ao lar | | | | | | Inacessível ao lar |

Nova imagem          Velha imagem

**Fonte:** Adaptado de CRAVENS, David W., HILLS, Gerald E., WOODRUFF, Robert B. *Marketing decision making*: concepts and strategy. Homewood : Richard D. Irwin, 1976. p. 234

**Figura 19.2** *Comparação entre a velha e a nova imagem de uma loja que procura atrair um mercado de classe.*

do imitada por outros varejistas. Foi a primeira megaloja a entrar no varejo global. Opera 67 lojas de descontos e Sam's Clubs no México, três no Brasil e duas na Argentina. Possui lojas em *joint venture* em Hong Kong e está planejando entrar na China.[4]

**THE LIMITED**  Leslie H. Wexner fez um empréstimo de $ 5.000, em 1963, para fundar a *The Limited Inc.*, que começou com uma pequena loja orientada para as mulheres jovens preocupadas com a moda. Todos os aspectos da loja – sortimento de roupas, instalações, música ambiente, cores, funcionários – foram organizados para atender às consumidoras-alvos. Ele continuou abrindo mais lojas, mas uma década após, suas consumidoras originais não pertenciam mais ao grupo jovem. Para atrair as novas "jovens", fundou a Limited Express. No decorrer dos anos, fundou ou comprou outras redes de lojas orientadas para mercados-alvos, incluindo a Lane Bryant, Victoria's Secret, Lerners, Abercrombie & Fitch, Bath & Body Works etc. Hoje, a The Limited opera 4.918 lojas em 12 divisões de varejo. Suas vendas foram de $ 7,5 bilhões em 1994.

Entretanto, apesar de seu sucesso, a The Limited Inc. tem enfrentado muitos desafios. As vendas das lojas de sua principal rede, a The Limited, começaram a declinar em 1992, caindo ainda mais por três anos consecutivos. Suas consumidoras na faixa dos 30 anos pararam de freqüentá-las ao notar que as roupas estavam

sendo destinadas a público muito "jovem" e eram mal costuradas. Os fabricantes disseram que a The Limited perdeu sua direção de moda quando começou a comprar muita mercadoria de fornecedores asiáticos. Fazer encomendas do exterior exige a tomada de decisões com meses de antecedência, que por sua vez, dificulta a estocagem de moda atual e o controle de qualidade. Agora, para reconquistar os negócios perdidos, a The Limited Inc. está fazendo um esforço concentrado para encontrar produtos atualizados e criativos para suas 721 lojas The Limited.[5]

Dada a experiência da The Limited, os varejistas devem fazer pesquisa de marketing periódica para se assegurarem de que estão atingindo e satisfazendo seus consumidores-alvos, principalmente em setores dominados por clientes volúveis como o de vestuário. Consideremos uma loja que procura atrair consumidores ricos, mas cuja imagem é a representada pela linha contínua da Figura 19.2. A imagem da loja não atrai esse mercado-alvo. Ela precisa definir-se entre atender ao mercado de massa ou remodelar-se para se tornar uma "loja de classe". Suponhamos que sua administração escolha a segunda opção. Algum tempo depois, seus consumidores são entrevistados. A nova imagem da loja está representada pela linha pontilhada da mesma figura. Ela foi bem-sucedida ao realinhar sua imagem, aproximando-a de seu mercado-alvo.

Ao mesmo tempo, o posicionamento de uma loja de varejo deve ser elástico, principalmente se ela estiver localizada em pontos de diferentes padrões socioeco-

---

4. SAPORITO, Bill. And the winner is still ... Wal-Mart. *Fortune,* p. 62-70, 2 May 1994.
5. PRESSLER, Margaret Webb. Looking to rack up a recovery: The Limited struggles with a sagging image and sagging sales. *The Washington Post,* 24 Jan. 1995, D1:2; CAMINITI, Susan. The Limited: in search of the 90's consumer. *Fortune,* p. 100, 21 Sept. 1992.

nômicos. Um banco teve que localizar três agências em partes diferentes de uma cidade. Sua administração reconheceu que cada agência precisava responder a diferentes expectativas dos clientes, como as seguintes:

| Agência | Expectativa do cliente |
|---|---|
| Agência A (renda alta, profissionais liberais) | Rapidez no atendimento |
| Agência B (renda média, donas de casa) | Cordialidade |
| Agência C (renda baixa) | Competência |

**DECISÃO DE SORTIMENTO DE PRODUTO E DE SUPRIMENTO.** O *sortimento de produto* de um varejista deve atender às expectativas de compra do mercado-alvo. De fato, trata-se de um elemento-chave da batalha competitiva entre varejistas similares. O varejista tem que decidir sobre a *amplitude* de seu sortimento de produtos (estreito ou amplo) e *profundidade* (superficial ou profundo). Assim, em um negócio de restaurante, pode-se oferecer um sortimento estreito e superficial (bufês com alguns pratos), um sortimento estreito e profundo (doces e salgados finos), um sortimento amplo e superficial (sistema *self-service*) e um sortimento amplo e profundo (refeições *à la carte*). Outra dimensão de sortimento de produtos é a qualidade dos bens. O consumidor está interessado tanto na qualidade quanto na variedade dos produtos.

O desafio real do varejista começa após o sortimento de produtos e o nível de qualidade da loja terem sido definidos. Sempre haverá concorrentes com sortimentos e qualidade similares. O desafio é desenvolver uma estratégia de diferenciação de produtos. Wortzel sugere várias estratégias de diferenciação de produto para os varejistas:

1. *Oferecer algumas marcas nacionais exclusivas que não estejam disponíveis nas lojas dos concorrentes.* Assim, a Saks pode obter direitos de exclusividade para vender os vestidos de um *designer* internacional bem conhecido.
2. *Oferecer a maior parte dos produtos com marca própria.* A Benetton e a The Gap desenham a maioria das roupas que vendem em suas lojas. Muitos supermercados e redes de farmácias estão aumentando a porcentagem de marcas privadas oferecidas a seus consumidores.
3. *Realizar eventos de impacto para promover produtos especiais.* A Bloomingdale's realiza *shows* mensais em suas lojas para oferecer produtos de outros países como Índia ou China.
4. *Mudar o mostruário em base regular ou de surpresa.* A Benetton muda parte de seu mostruário todos os meses para aumentar o fluxo de consumidores em suas lojas. A Loehmann's oferece sortimentos-sur-presa de mercadorias de giro baixo (bens que precisam ser vendidos imediatamente por necessidade de caixa), que estão com estoques elevados ou encalhados.
5. *Exibir as novidades em primeira mão.* A The Sharper Image sai na frente de outros varejistas ao lançar os produtos eletrônicos mais novos em todo o mundo.
6. *Oferecer serviços personalizados adequados ao produto.* A Harrod's, de Londres, vende ternos, camisas e gravatas sob medida a seus consumidores, além de oferecer um sortimento de roupas prontas.
7. *Oferecer um sortimento de produtos bem ajustado a um segmento de mercado específico.* A Lane Bryant vende produtos de tamanho grande para mulheres. A Brookstone oferece ferramentas e utensílios especiais para as pessoas que desejam comprar em uma "loja de brinquedos para adultos".[6]

Uma vez que o varejista decide sobre a estratégia de sortimento de produtos, ele deve encontrar as fontes de suprimentos, políticas e práticas. Geralmente, em pequenas empresas, o proprietário faz a seleção de mercadorias e a compra. Em grandes empresas, a compra é uma função especializada e de tempo integral.

Consideremos os supermercados. No escritório central de uma rede de supermercados, compradores especializados (às vezes denominados *gerentes de compras*) são responsáveis pelo desenvolvimento do sortimento de marcas e atendimento dos vendedores que expõem os novos produtos lançados. Em algumas redes, esses compradores têm autoridade para aceitar ou rejeitar novos itens. Em outras, estão limitados a "aceitar e rejeitar o óbvio"; encaminham outros itens ao comitê de compras da rede para aprovação.

Mesmo quando um item é aceito pelo comitê de compras de uma rede, as lojas podem não o vender. Conforme declarou um executivo de uma rede de supermercados: "Não importa o que os vendedores vendem ou os compradores compram, a pessoa que tem maior influência sobre a venda do novo item é o gerente do supermercado." Nos supermercados de redes ou nos independentes, dois terços dos novos itens recebidos no armazém central é solicitado pelo próprio gerente das lojas e apenas um terço é de distribuição forçada pelo escritório central.

Os fabricantes enfrentam grande desafio ao tentar colocar seus produtos nas prateleiras dos supermercados. Semanalmente, oferecem aos supermercados do país entre 150 a 250 novos itens e, por falta de espaço, os compradores rejeitam 70%. Esses compradores também eliminam um item na entrada de outro, se o espaço de prateleira exigido for muito caro. Por esta razão, os fabricantes estão muito interessados em conhecer os critérios de aceitação usados por compradores, comitês de compra e gerentes de loja. A A. C. Nielsen Company pe-

---

6. WORTZEL. Op. cit.

diu aos gerentes de loja para avaliarem em uma escala de três pontos a importância de diferentes elementos que influenciam suas decisões de aceitação de um novo item. A empresa de pesquisa constatou que eles são mais influenciados, em ordem de importância, por: forte evidência de aceitação do item pelos consumidores, qualidade do plano de promoção de vendas e vantagens dos incentivos financeiros concedidos ao comércio.

Os varejistas estão rapidamente melhorando suas habilidades de compra. Estão dominando os princípios da previsão de demanda, seleção de mercadorias, controle de estoque, alocação de espaço e exibição na loja. Estão usando computadores para controlar estoque, determinar lotes econômicos de compras, preparar pedidos e gerar relatórios sobre o dinheiro gasto com fornecedores e produtos. As redes de supermercados estão usando dados escaneados para melhor administrar seus compostos de mercadorias loja a loja. Por exemplo, a rede de supermercados Publix, da Flórida, instalou departamentos de flores maiores nas lojas localizadas em áreas de alta renda e menores nas de baixa renda.

Os revendedores estão também aprendendo a mensurar a *rentabilidade por produto*. Esta técnica permite a mensuração dos custos de manipulação de um produto, desde o momento que ele entra no depósito, até sua aquisição e retirada da loja por um consumidor. Esta ferramenta de análise mensura apenas os custos diretos associados com a manipulação do produto – recepção, movimentação para estocagem, papelada, seleção, conferência, transporte para a loja e custo de espaço. Os revendedores que têm adotado a técnica ficam surpresos ao saber que a margem bruta sobre um produto, freqüentemente, tem pouca correlação com seu lucro. Por exemplo, alguns produtos de grande volume podem ter custos de manipulação elevados que reduzem suas rentabilidades, apesar de ocuparem menos espaço de prateleira do que alguns produtos de pequeno volume.

Fica evidente que fabricantes e distribuidores estão enfrentando compradores de varejo cada vez mais sofisticados. Assim, os distribuidores precisam entender as mudanças nas exigências dos compradores e desenvolver ofertas competitivamente atraentes que os ajudem a atender melhor seus consumidores. A Tabela 19.4 mostra várias ferramentas de marketing usadas por fornecedores para melhorar a atratividade de seus produtos junto aos varejistas. Aqui está um exemplo de como um fornecedor, a GE, tomou a iniciativa de estabelecer melhor serviço e proporcionar maior rentabilidade a seus revendedores:

**GENERAL ELECTRIC** Antes do final dos anos 80, a GE operava um sistema tradicional de estocar os revendedores com seus eletrodomésticos. A crença básica era que o revendedor teria menos espaço para exibir

outras marcas e recomendaria os eletrodomésticos GE para reduzir seu estoque elevado. Entretanto, a GE percebeu que essa abordagem criava problemas, principalmente para os pequenos revendedores independentes que tinham dificuldades em manter um grande estoque. Estes eram pressionados a acompanhar o preço dos concorrentes maiores que revendiam várias marcas. Repensando sua estratégia do ponto de vista da criação de satisfação e rentabilidade dos revendedores, a GE inventou um modelo alternativo denominado sistema de Conexão Direta. Sob este sistema, os revendedores possuíam apenas um mostruário dos eletrodomésticos colocados à venda. Confiavam no "estoque virtual" para atender aos pedidos. Podiam acessar o sistema de processamento de pedidos 24 horas por dia, confirmar a disponibilidade dos modelos e fazer pedidos para entrega no dia seguinte. Além disso, obtinham melhores preços, financiamento da GE e não pagavam juros para os primeiros 90 dias da compra. Em troca desses benefícios, os revendedores assumiam o compromisso de vender as nove principais categorias de produtos da GE, manter pelo menos 50% de seu faturamento com esses produtos, abrir seus livros contábeis para análise e pagar mensalmente suas faturas através de transferência eletrônica de fundos. O resultado: As margens de lucro dos revendedores subiram vertiginosamente e a GE beneficiou-se do compromisso e dependência dos mesmos. O novo sistema de pedidos reduziu substancialmente os custos administrativos da GE, que conhece a venda real de seus produtos no varejo, proporcionando maior exatidão em sua programação de produção.[7]

**Decisão de Serviços e Atmosfera da Loja.** Os varejistas devem também decidir sobre o *composto de serviços* a ser oferecido aos consumidores. A Tabela 19.5 mostra alguns serviços importantes oferecidos pelos varejistas que prestam serviço completo. O composto de serviços é uma das ferramentas-chave para diferenciar uma loja de outra.

A *atmosfera da loja* é outro elemento disponível no arsenal do varejista. Qualquer loja possui um *layout* físico que facilita ou dificulta a movimentação de consumidores. Todas as lojas possuem características exclusivas; uma pode ser suja, outra charmosa, uma terceira é ostentosa e uma quarta é sombria. Elas devem personificar uma atmosfera planejada, ajustada ao mercado-alvo para levar os consumidores à compra. Uma funerária deve ser silenciosa, sombria e calma, enquanto uma discoteca deve ser iluminada, barulhenta e vibrante. As lojas Banana Republic Travel & Safari Clothing trabalham com o conceito de "teatro de varejo"; os consumidores sentem que estão comprando em um bazar africano ou em um alojamento de caça. Os supermercados têm constatado que o ritmo da música ambiente afeta o tempo médio gasto por um consumidor na loja e seu volume de

7. Veja TREACY, Michael, WIERSEMA, Fred. Customer intimacy and other discipline values. *Harvard Business Review,* p. 84-93, Jan.-Feb. 1993.

**Tabela 19.4** *Ferramentas de marketing usadas pelos fabricantes junto aos varejistas.*

1. *Propaganda cooperativa.* O fabricante concorda em pagar ao varejista parte dos custos de propaganda de seu produto.

2. *Etiquetagem prévia de preço.* Os produtos são entregues ao varejista com etiquetas contendo o preço, nome do fabricante, tamanho, número de identificação e cor; essas etiquetas ajudam a reposição dos produtos à medida que forem vendidos.

3. *Estocagem mínima.* O fabricante coloca seu estoque à disposição do varejista para entrega imediata dos produtos solicitados.

4. *Sistema de reposição automática.* O fabricante fornece ao varejista formulários de pedidos e sistema eletrônico de reposição automática por computador.

5. *Auxílios para propaganda.* O varejista recebe fotos de produtos e roteiros de anúncios para a preparação de suas campanhas.

6. *Preços especiais.* O fabricante negocia preços especiais para promoções na loja do varejista.

7. *Privilégios de devolução e troca.* O varejista têm liberdade para devolver ou trocar mercadorias.

8. *Concessões especiais para redução de preço.* O varejista entra em acordo com o fabricante para baixar temporariamente o preço do produto.

9. *Patrocínio de demonstrações na loja.* O fabricante envia promotores ou autoriza o varejista a contratá-los, assumindo o custo parcial ou total do trabalho.

compras. Eles estão explorando meios de liberar aromas através de dispositivos colocados nas prateleiras para estimular fome ou sede. (Entretanto, alguns críticos têm levantado questões éticas em relação a essas influências subliminares.) Algumas lojas de departamentos sofisticadas vaporizam fragrâncias de perfumes em certos departamentos. O New Otani Hotel, de Cingapura, gastou $ 8 milhões em uma cascata comandada pelo volume da música ambiente. Ambientes artificiais são projetados por pessoas criativas que combinam estímulos visuais, sonoros, olfativos e tácteis destinados a atender a algum objetivo do consumidor.[8] Por exemplo:

**CHICAGO RESTAURANTS** Richard Melman é um conhecido dono de restaurantes em Chicago. Cada um de seus 32 restaurantes é temático: o Tucci Benucch lembra um "café italiano"; o Ed Debevic assemelha-se a um restaurante popular dos anos 50; o R. J. Grunts imita uma lanchonete que vende hambúrguer e *chili;* o Ambria é um restaurante elegante eu serve em cristais e à luz de vela. Conforme o consultor especializado em restaurantes, Ronald N. Paul, "Rich Melman é o Andrew Lloyd Weber do setor de restaurantes. Ele não apenas fornece alimentos, ele faz teatro".[9]

**Tabela 19.5** *Serviços típicos oferecidos por varejistas.*

| SERVIÇOS PRÉ-COMPRA | SERVIÇOS PÓS-COMPRA | SERVIÇOS COMPLEMENTARES |
|---|---|---|
| 1. Aceitação de pedidos por telefone | Entrega | Desconto de cheques |
| 2. Aceitação de pedidos pelo correio | Empacotamento | Informações gerais |
| 3. Propaganda | Embalagem para presente | Estacionamento gratuito |
| 4. Vitrinas | Ajustes | Restaurantes |
| 5. Exposição interior | Devoluções | Consertos |
| 6. Ambiente adequado | Alterações | Decoração interior |
| 7. Horário de compra ampliado | Personalização | Crédito |
| 8. Desfiles de moda | Instalações | Banheiros |
| 9. Aceitação de mercadoria usada como entrada | Gravação do nome no produto | Serviço de berçário |

---

8. Para maiores detalhes, veja KOTLER, Philip. Atmospherics as a marketing tool. *Journal of Retailing,* p. 48-64, Winter 1973-1974; e BITNER, Mary Jo. Servicescapes: the impact of physical surroundings on customers and employees. *Journal of Marketing,* p. 57-71, Apr. 1992.

9. Veja WHY Rich Melman is really cooking. *Business Week,* p. 127-128, 2 Nov. 1992.

**NIKE** A Niketown está atraindo mais visitantes do que o famoso Museu da Ciência e da Indústria de Chicago. Ela é a última palavra que os aficionados em nichos de mercado: cada dependência é dedicada a um esporte diferente onde se pode ver e comprar os materiais e calçados apropriados a algum esporte. O adolescente interessado em basquetebol vai para o segundo andar onde vê uma figura gigante do astro Michael Jordan, um sortimento completo de tênis, uniformes para a prática desde esporte e até uma quadra onde pode experimentar o tênis, treinar algumas cestas e sentir como eles ajudam no desempenho.

**MALL OF AMERICA** Localizado próximo a Minneapolis, o Mall of America é um centro de compras bastante regional, parecendo mais um parque. Ancorado por quatro grandes lojas de departamentos (Nordstrom, Macy's, Bloomingdale's e Sears) o complexo gigante contém outras 800 lojas de especialidades. Uma delas, a Oshman Supersports USA, apresenta seções imitando quadra de basquetebol, ginásio com ringue de boxe, campo de beisebol, *stand* para arco e flecha e rampa simulada para ski. As lojas estão distribuídas em um parque de diversões de 18.000 m² denominado Knott's Camp Snoopy, que consiste em 26 pistas de esportes, uma pista de patinação, um mini-campo de golfe em dois níveis e um aquário com 4,5 milhões de litros d'água com corredores internos, centenas de espécies marinhas e um *show* aquático de golfinhos.[10]

**DECISÃO DE PREÇO.** Os preços dos varejistas são um fator-chave de posicionamento e devem ser decididos em relação ao mercado-alvo, ao composto de sortimento produto-serviço e à concorrência. Todos os varejistas gostariam de fixar *markups* elevados e atingir altos volumes de vendas, mas, geralmente, as duas coisas não ocorrem em conjunto. A maioria dos varejistas classifica-se no *grupo de markup elevado e de volume mais baixo* (lojas de especialidades refinadas) ou no *grupo de markup baixo e de volume mais alto* (lojas de venda em massa ou lojas de descontos). Em cada um destes grupos, há graduações. Assim, a X's, na Rodeo Drive em Beverly Hills, vende ternos a partir de $ 1.000 e sapatos a partir de $ 400, bem acima dos preços cobrados pelas lojas de departamentos refinadas. Em outro extremo, a 47th Street Photo, na cidade de New York, oferece descontos excepcionais em marcas bem conhecidas, cobrando abaixo das lojas de descontos e das empresas que vendem por catálogo. Algumas marcas, como a linha Maytag de eletrodomésticos, praticam um preço *premium* e obtêm volume de vendas elevado.

Os varejistas devem dedicar atenção às táticas de preço. A maioria das lojas coloca preços baixos em alguns itens para servirem como *geradores de tráfego*. Elas fazem liquidações ocasionais ou remarcam para baixo produtos de giro lento. Por exemplo, os varejistas de calçados esperam vender 50% de seu estoque com o *markup* normal, 25% com o *markup* de 40% e os 25% restantes pelo preço de custo.

Crescente número de varejistas tem abandonado as liquidações em favor da prática de preços baixos diários (Veja no Capítulo 17). Essa estratégia pode reduzir os custos de propaganda, melhorar a estabilidade de preço, fortalecer a imagem de integridade e confiabilidade e aumentar o lucro dos varejistas. Por exemplo, a divisão Saturn da General Motors fixa preços baixos para seus carros e seus revendedores recusam barganhar com os compradores. Um dos principais apelos da Wal-Mart junto aos consumidores são seus preços baixos diários. Em 1989, a Sears adotou a mesma prática para abandoná-la no ano seguinte porque seus custos não podiam suportar tal iniciativa. Feather cita um estudo mostrando que as redes de supermercados que praticam preços baixos diários são, freqüentemente, mais rentáveis do que as que fazem liquidações temporárias.[11]

Coughlan e Vilcassim acreditam que em um mercado varejista oligopolista de dois concorrentes, sem qualquer diferenciação, uma rede que pratica preços promocionais será, eventualmente, forçada a passar a oferecer preços baixos diários se o outro concorrente estiver adotando esta prática.[12] Ambos os tipos de empresas não estariam em condições de obter lucro acima do normal em função da pressão dos preços competitivos. Essas empresas estarão tentadas a fazer liquidações ocasionais na esperança de obter alguma vantagem temporária.

**DECISÃO DE PROMOÇÃO.** Os varejistas usam ampla variedade de ferramentas promocionais para gerar tráfego e compras nas lojas. Fazem anúncios, adotam campanhas de vendas especiais, distribuem cupões de descontos e, mais recentemente, estão instituindo programas de compradores freqüentes, montando quiosques para degustação de alimentos, colocando cupons nas prateleiras ou junto aos caixas. Cada varejista deve usar as ferramentas promocionais que apoiam e reforçam seu posicionamento de imagem. As lojas refinadas veiculam anúncios de bom gosto em revistas como *Vogue* e *Harper's*. Elas treinam seus vendedores sobre como dar boas-vindas aos consumidores, interpretar suas necessidades e lidar com as reclamações. Os varejistas de descontos organizam seus produtos para promover a idéia

---

10. RUDNITSKY, Howard. Battle of the malls. *Forbes*, 30 Mar. 1992.
11. FEATHER, Frank. *The future consumer*. Toronto: Warwick Publishing, 1994. p. 171.
12. Veja COUGHLAN, Anne T., VILCASSIM, Naufel J. Retail marketing strategies: an investigation of everyday low pricing vs. promotional pricing policies. Artigo publicado pela Northwestern University. Kellogg Graduate School of Management, Dec. 1989. Veja também HOCH, Stephen J., DREEZE, Xavier, PURK, Mary E. EDLP, Hi-Lo, and margin arithmetic. *Journal of Marketing*, p. 1-15, Oct. 1994.

de barganhas e grande economia, embora ofereçam poucos serviços e assistência de vendedores.

**DECISÃO DE LOCALIZAÇÃO.** Como os corretores de imóveis, os varejistas estão acostumados a afirmar que as três chaves para o sucesso são "localização, localização e localização". Por exemplo, os consumidores escolhem, de preferência, o banco e o posto de gasolina mais próximos. As redes de lojas de departamentos, empresas petrolíferas e as franquias de *fast-food* devem tomar muito cuidado ao selecionar suas localizações. O problema começa com a seleção das regiões do país onde abrir pontos de venda, depois, as cidades específicas e, dentro das cidades, os locais específicos. Por exemplo, uma rede de supermercados pode decidir operar no meio-oeste e no sudeste; no meio-oeste, nas cidades x, y e z; na cidade x, em 14 pontos distintos, a maioria no subúrbio. Em anos recentes, as duas redes de varejo de descontos que mais investem em localização são a T. J. Maxx e a gigante de brinquedos Toys "Я" Us. Ambas localizam a maioria de suas novas lojas em áreas que concentram grande número de famílias jovens. A grande vencedora na "corrida pela localização" é a Wal-Mart, cuja estratégia de ser o primeiro varejo de massa a se localizar em mercados pequenos e rurais tem sido um dos fatores-chaves de seu sucesso fenomenal.

Os grandes varejistas enfrentam o seguinte dilema: instalar várias pequenas lojas em muitos locais ou lojas maiores em alguns locais. De modo geral, o varejista deve abrir o maior número possível de lojas em cada cidade ou região para obter economia de escala com promoção e distribuição. Quanto maiores as lojas, maiores suas áreas de atração.

Os varejistas podem escolher entre localizar suas lojas no centro comercial de uma cidade, em um *shopping center* regional, em um *shopping center* local, em uma rua comercial de bairro ou dentro de uma loja maior.

- *Centros comerciais.* Localizam-se em áreas mais antigas das cidades, a maioria com tráfego intenso de veículos, normalmente em regiões centrais. Normalmente, os aluguéis das lojas e escritórios são elevados. Entretanto, grande número de áreas centrais, como a de Detroit, está esvaziando-se em direção aos subúrbios. O resultado tem sido a deterioração das instalações de varejo do centro da cidade, com as empresas remanescentes oferecendo produtos e serviços para grupos de compradores de menor renda.
- *Shopping centers regionais.* São grandes áreas de compra localizadas nos subúrbios das cidades, contendo de 40 a 100 lojas, em um raio de 8 a 16 quilômetros do centro. Normalmente, apresentam uma ou

duas lojas-âncoras reconhecidas nacionalmente, como a J. C. Penney ou Lord & Taylor, e grande número de pequenas lojas, muitas delas operando no sistema de *franchising*. Esses centros de compras são atraentes em função de grandes áreas de estacionamento, facilidade de compras em um único local, restaurantes e instalações recreativas. Os lojistas pagam altos aluguéis, mas, em contrapartida, seu retorno é elevado em função do grande tráfego de consumidores.
- *Shopping centers locais.* São instalações menores, normalmente com apenas uma loja-âncora e entre 20 e 40 pequenas lojas.
- *Áreas comerciais locais.* Contêm um conjunto de lojas que atendem às necessidades normais da vizinhança por alimentos, ferramentas, lavanderia e gasolina. Atendem às pessoas que moram a uma distância de cinco a dez quilômetros de automóvel.
- *Área comercial dentro de uma loja maior.* Trata-se de um fenômeno crescente em instalações de grande fluxo de público. Franquias das redes McDonald's, Starbucks, Nathan's, Dunkin' Donuts estão obtendo concessão de espaço em locais como aeroportos, escolas, Wal-Marts e Caldors.

Em vista do dilema entre alto tráfego e aluguéis elevados, os varejistas devem decidir sobre as localizações mais vantajosas para instalar seus estabelecimentos. Podem usar uma variedade de métodos para avaliar localizações, incluindo a contagem de tráfego de pessoas, pesquisa sobre hábitos de compra e análise de lojas concorrentes.[13] Vários modelos para a localização de pontos comerciais também têm sido formulados.[14]

Os varejistas podem avaliar a eficácia de lojas comerciais específicas examinando quatro indicadores:

1. Número de pessoas que passam pelo ponto em um dia normal.
2. Porcentagem de pessoas que entram na loja.
3. Porcentagem das pessoas que compram.
4. Média de gasto por compra.

Uma loja pode estar vendendo pouco por várias razões: está localizada em ponto de baixo tráfego de pessoas, poucas entram, as que entram olham mas não compram ou o gasto médio por compra é baixo. Cada problema pode ser contornado. O tráfego pode ser resolvido mudando-se a loja para uma melhor localização, o aumento do número de pessoas na loja pode ser resolvido por vitrines mais atraentes e algumas ofertas e o número de compradores e o gasto médio podem ser elevados pela melhoria da qualidade dos produtos, preços menores e treinamento dos vendedores.

13. DAVIES, R. L., ROGERS, D. S. (Orgs.). *Store location and store assessment research.* New York : John Wiley, 1984.
14. Veja McLAFFERTY, Sara L. *Location strategies for retail and service firms.* Lexington, MA : Lexington Books, 1987.

## Tendências do varejo

A seguir, resumimos os principais desenvolvimentos que os varejistas precisam levar em consideração quando planejarem suas estratégias competitivas.

**Novas Formas de Varejo.** Constantemente, surgem novas formas de varejo para ameaçar as formas tradicionais. Um banco de New York entrega dinheiro diretamente no escritório ou na residência de seus clientes mais importantes. A Adelphi College oferece "aulas em um vagão de trem", onde é possível aos executivos que viajam diariamente na linha Long Island-Manhattan obter créditos para o MBA (pós graduação em administração de empresas). A American Bakeries inaugurou a Hippopotamus Food Stores, onde os consumidores podem comprar embalagens tamanho família e economizar de 10 a 30%. Uma forma "nova" e muito rentável de varejo é, realmente, rival do tipo de varejo mais antigo: as carrocinhas.

## PUSHCARTS AT THE MALL OF AMERICA

Em 1992, Shawna e Randy Heniger abandonaram empregos confortáveis na Secretaria da Receita Federal dos Estados Unidos. Eles deixaram sua casa em Salt Lake City para vender pequenos imãs de fixar em refrigeradores e chaveiros personalizados em carrocinhas no *shopping center* Mall of America. A maioria de seus amigos achava que os Heniger estavam ficando loucos. Todavia, não demorou muito tempo para as carrocinhas estarem vendendo $ 40.000 por mês e servindo de embrião para a abertura de uma loja no *shopping*. Procurando novas maneiras de seduzir compradores, os *shopping centers* têm transformado as carrocinhas em um nicho de varejo multibilionário. Três quartos dos principais *shoppings* do país têm carrocinhas vendendo de tudo, de miudezas ocasionais a camisinhas. Elas são encontradas em áreas urbanas de alto tráfego, como na Grand Central Station de New York. As carrocinhas bem-sucedidas vendem em média $ 30.000 a $ 40.000 por mês e podem facilmente chegar a $ 70.000 em dezembro. Com um custo inicial médio de apenas $ 3.000, tornaram-se um meio para os empreendedores inovadores testarem seus sonhos de varejo sem grande investimento. Elas também estão proporcionando aos *shopping centers* uma forma de atrair pequenos varejistas, de se tornarem vitrines para produtos sazonais e de prospectar novos locatários para suas lojas.

**Redução do Ciclo de Vida do Varejo.** As novas formas de varejo estão enfrentando ciclos de vida cada vez mais curtos. Estão sendo rapidamente copiadas e perdendo o atrativo de novidade.

**Varejo sem Loja.** A era eletrônica tem aumentado significativamente o varejo sem loja. Os consumidores recebem ofertas de venda por televisão, computador e telefone, que possibilitam resposta imediata através de um número de telefone *toll-free* (discagem gratuita) ou via computador.

**Crescente Concorrência entre Tipos de Varejo.** Hoje, a concorrência é cada vez mais entre tipos diferentes de varejo. Assim, vemos a concorrência entre varejos com e sem lojas. As lojas de descontos, de catálogos e de departamentos concorrem pelos mesmos consumidores.

A concorrência entre cadeias de superlojas e lojas independentes menores tem-se tornado bastante aquecida. Em função do poder de compra em grandes quantidades, as cadeias de lojas obtêm condições mais favoráveis do que os independentes e seu grande espaço físico permite oferecer amenidades como cafés e locais de banho para seus consumidores. Em muitas localizações, a chegada de uma superloja tem forçado os pequenos lojistas das redondezas a abandonar seus negócios. Por exemplo, no negócio de livros, as superlojas Barnes & Noble e Borders Books & Music têm-se localizado, às vezes, em quarteirões onde já existem livrarias independentes que podem passar a enfrentar dificuldades ou encerrar suas atividades.

Todavia, as novidades nem sempre são prejudiciais para as empresas menores. Muitos pequenos varejos independentes estão prosperando. Esses lojistas independentes estão constatando que tamanho e poder de marketing, freqüentemente, não condizem com o toque pessoal que as pequenas lojas ou os nichos de especialidade podem oferecer a uma base de consumidores fiéis.

**Polaridade do Varejo.** A crescente concorrência entre tipos de varejo fez com que os varejistas se posicionassem em pontos opostos com relação ao número de linhas de produtos que vendem. Alta rentabilidade e crescimento vêm sendo atingidos por lojas de venda em massa como Kmart e lojas de especialidade, como Radio Shack.

**Varejistas gigantes.** Varejistas superpoderosos estão emergindo com sistemas de informações e poder de compra superiores que os habilitam a oferecer grandes reduções de preços aos consumidores.[15] (Para mais detalhes sobre este tópico, veja a seção *Insight* de Marketing intitulada "O superpoder dos varejistas está chegando muito longe".)

**Mudança na Definição de Compra em um Único Local.** As lojas de departamentos como Sears e Macy's

---

15. JOHNSON, Jay L. Supercenters: an evolving saga. *Discount Merchandiser*. p. 26-30, Apr. 1995.

costumavam ser valorizadas pela conveniência de compra em apenas um local. Gradualmente, as lojas de departamentos se transferiram para os *shopping centers*, que reúnem ampla variedade de lojas de especialidades e grande área de estacionamento. Agora, as lojas de especialidade estão concorrendo cada vez mais com as lojas de departamentos. Além disso, as superlojas que combinam itens de alimentos com farta seleção de produtos não-alimentos (como Kmart e Wal-Mart) podem substituir os *shopping centers* como local onde se compra tudo de uma só vez.

## CRESCIMENTO DE SISTEMAS VERTICAIS DE DISTRIBUIÇÃO.

Os canais de marketing estão sendo cada vez mais administrados e programados profissionalmente. À medida que as grandes corporações ampliam seu controle sobre os canais de marketing, as pequenas lojas independentes estão sendo espremidas. (Veja o Capítulo 18 para recordar os sistemas de canal vertical e suas vantagens.)

## ABORDAGEM DE PORTFÓLIO.

As organizações de varejo estão desenhando e lançando novos formatos de lojas destinados a diferentes grupos de estilo de vida. Não ficam restritas a um único formato, como as lojas de departamentos, mas estão procurando um composto de negócios que pareça mais promissor.

## CRESCENTE IMPORTÂNCIA DA TECNOLOGIA DE VAREJO.

As tecnologias de varejo estão tornando-se criticamente importantes como ferramentas competitivas. Os varejistas progressistas estão usando computadores para fazer previsões melhores, controlar os custos de estoque, fazer pedidos eletrônicos aos fornecedores, enviar correio eletrônico entre lojas e, ainda, para vender aos consumidores em suas lojas. Estão adotando sistemas de caixas providos de leitura ótica por *scanners*,[16] intercâmbio eletrônico de dados (EDI),[17] redes internas de TV em lojas e melhoria dos sistemas de movimentação de mercadorias.

Está atualmente em uso um sistema de escaneamento inovador que detecta o tráfego de compradores na loja. Quando uma filial da Saks Fifth Avenue, de New Jersey, usou este sistema, o ShopperTrak, seus administradores constataram que o fluxo de compradores era elevado entre 11h00 e 15h00. Para melhor trabalhar com esse fluxo, adotaram horários móveis de almoço para os balconistas. A Pier One Imports usa o mesmo sistema para testar, entre outras coisas, o impacto dos anúncios de jornais no tráfego da loja. Ao combinar tráfego e dados de vendas, os varejistas informam que podem identificar como converter interessados em compradores.[18]

## EXPANSÃO GLOBAL DOS GRANDES VAREJISTAS.

Os varejistas com formato de loja exclusivo e forte posicionamento de marca estão crescendo e entrando em outros países.[19] No decorrer dos anos, varejistas norte-americanos gigantes como McDonald's, The Limited, The Gap, Toys "R" Us têm-se tornado globalmente proeminentes como resultado de sua grande habilidade em marketing.

Devido a mercados domésticos maduros e saturados, muitas empresas norte-americanas de varejo estão entrando em mercados externos visando aumentar seus lucros. Entretanto, elas estão ainda bem atrás das empresas da Europa e do Extremo Oriente quando pensam em expansão global. Apenas 18% dos maiores varejistas norte-americanos operam globalmente, comparados aos 40% dos varejistas europeus e 31% do Extremo Oriente. Entre os varejistas estrangeiros destacam-se a rede Marks and Spencer, da Inglaterra, Benetton, da Itália, hipermercados Carrefour, da França, lojas de móveis Ikea, da Suécia e os supermercados Yaohan, do Japão.[20] A Marks and Spencer, que teve origem como um pequeno bazar em 1884, cresceu e transformou-se em uma rede de lojas variadas no decorrer das décadas e, agora, possui 150 lojas franquiadas espalhadas pelo mundo, que vendem, principalmente, roupas com sua marca privada. Também dirige um grande negócio de alimentos. A Benetton, freqüentemente na mídia devido sua propaganda controvertida e levemente indecente (veja no Capítulo 21), permanece uma das redes de varejo de expansão mais rápida no mundo, com faturamento previsto de $ 2,5 bilhões em 1997. Os móveis Ikea, bem construídos e baratos, provou sua popularidade nos Es-

---

16. O sistema de caixa eletrônico provido de *scanner*, comum agora em lojas de alimentos e varejos de modo geral, tem, ocasionalmente, apresentado erros de preço das mercadorias (geralmente em favor do comerciante). Embora a tecnologia seja capaz de oferecer 100% de exatidão, algumas lojas podem apresentar erros que chegam a 15%. Uma pesquisa realizada na Califórnia para 3.000 itens em 300 lojas constatou preços mais altos em 2% dos produtos e preços menores em 1,3%, enquanto um estudo semelhante realizado em Michigan constatou um índice de 4 para 1 favorecendo preços maiores aos menores. Os lojistas defendem-se afirmando que os *scanners* são mais precisos do que seus funcionários. Reclamam que estes são responsáveis por 10% dos erros de digitação de preço. Em função da desconfiança nacional nos *scanners*, muitas lojas vêm implantando programas para melhorar seus sistemas. A Sears, que afirma possuir 95% de exatidão, dá desconto de $ 5,00 ou abate 5% nos preços dos itens com erro de marcação para cima, não importando o valor. A Wal-Mart oferece desconto de $ 3,00 por item aos consumidores que forem "ludibriados" pelos *scanners*. Veja YANG, Catherine. Maybe they should call them "scammers". *Business Week*, p. 32-33, 16 Jan. 1995; GOODSTEIN, Ronald C. UPC scanner pricing systems: are they accurate? *Journal of Marketing*, p. 20-30, Apr. 1994.

17. Para mais detalhes sobre os fatores envolvidos no sucesso de um sistema EDI, veja VLOSKY, David T, SMITH, Richard P., WILSON, Paul M. Electronic data interchange implementation strategies: a case study. *Journal of Business and Industrial Marketing*, 9, n. 4, p. 5-18, 1994.

18. BUSINESS Bulletin: shopper scanner. *The Wall Street Journal*, 18 Feb. 1995, A1:5.

19. Para discussão complementar sobre as tendências do varejo, veja STERN, Louis W., EL-ANSARY, Adel I. *Marketing channels*. 5. ed. Upper Saddle River, NJ : Prentice Hall, 1996.

20. COOLIDGE, Shelley Donald. Facing saturated home markets, retailers look to rest of world. *Christian Science Monitor*, 14 Feb. 1994, 7:1; RAPOPORT, Carla, MARTIN, Justin. Retailers go global. *Fortune*, p. 102-108, 20 Feb. 1995.

## INSIGHT DE MARKETING

# O superpoder dos varejistas está chegando muito longe

Varejistas como Wal-Mart, Toys "Я" Us, Circuit City Stores, Target Stores, Home Depot e Costco estão levando terror aos concorrentes, bem como aos fornecedores. Estes varejistas superpoderosos estão usando sofisticados sistemas de informações de marketing e logística para prestar bons serviços e oferecer volumes imensos de produtos a preços atraentes a massas de consumidores. Estão retirando do mercado os pequenos fabricantes e varejistas. Enquanto o faturamento total do varejo cresce a uma taxa anual de 5,25%, a venda dos varejistas superpoderosos cresce a taxas entre 15 e 47%.

Como resultado de seu tamanho e volume de vendas, esses grandes varejistas acreditam que estão em melhor posição do que os fabricantes para determinar o que os consumidores desejam. Muitos deles estão começando a dizer, mesmo a fabricantes poderosos, o que produzir, em que tamanho, cor e embalagem, e como fixar os preços e promover os bens, quando e como despachá-los, e até como reorganizar e melhorar suas técnicas de produção e administração. Os fabricantes têm pouca escolha, a não ser concordar. Caso contrário, perderão, possivelmente, entre 10 e 30% do mercado. Sabem que seus concorrentes estão aguardando ansiosamente para substituí-los. Portanto, precisam aceitar uma margem de lucro muito reduzida pela segurança de vender grandes volumes através desses supervarejistas.

Os fabricantes precisam também precisam aceitar muitas outras exigências dos supervarejistas. O Costco, gigantesco clube de atacado, exige tamanhos especiais de embalagens de seus fornecedores. A Home Depot (cadeia gigante de artigos para o lar) exige que os fornecedores de madeira coloquem código de barras em todas as peças. A Toys "Я" Us, maior varejo de brinquedos do país, tem exclusividade de venda, como a boneca Barbie para Presidente, da Mattel. Além disso, esses varejistas estipulam multas para mercadorias com defeito e entregas atrasadas. Exigem também descontos especiais na abertura de novas lojas e em outras ocasiões.

Tudo isso está revolucionando o cenário do varejo para grandes e pequenos fabricantes, outros varejistas e consumidores. Os grandes fabricantes estão trabalhando mais diretamente com esses varejistas para atender as suas necessidades. A P&G tem uma equipe de relacionamento especial, composta de 70 funcionários, para trabalhar com a Wal-Mart. Ao desenvolver uma nova linha de ferramentas elétricas, a Black & Decker pediu orientação à Home Depot sobre marca, cores e garantia, para assegurar sua aceitação por este supervarejista. A Borden decidiu transformar suas oito organizações de vendas em uma, após a Wal-Mart reclamar que precisava lidar com 28 pessoas diferentes da empresa para solicitar seus produtos.

Além disso, o número de pequenos fabricantes está encolhendo como conseqüência do gigantismo do varejo. Os supervarejistas preferem lidar com menor número de grandes fornecedores. Esses pequenos fabricantes não possuem recursos para atender às demandas por produtos e embalagens sob medida, investir em intercâmbio eletrônico de dados (EDI), fazer entregas freqüentes ou anunciar intensamente suas marcas. Os que fazem negócios com a Wal-Mart e a Kmart constatam que precisam expandir seus investimentos e qualidade e reduzir preços. Grande parte de seus negócios está dedicada a apenas um varejista, deixando-as extremamente vulneráveis. Por exemplo, a Murray Becker Industries, que fornecia 80% de sua produção de molduras de quadros para a Kmart, processou esta empresa e pediu $ 2 milhões de indenização por rompimento de contrato antes do vencimento.

Os varejistas menores enfrentam a concorrência mortal das redes superpoderosas. Isto está ocorrendo, principalmente, com os "matadores de categoria de produtos", varejistas que se concentram em uma única categoria de produtos, por exemplo, a Toys "Я" Us (brinquedos), Home Depot (utensílios para o lar), Circuit City Stores (produtos eletrônicos de consumo), Office Depot (suprimentos para escritórios). Os "matadores de categoria de produtos" evitam grandes *shopping centers*, preferindo instalações menos caras mas bem localizadas, oferecendo baixos e amplas seleções de produtos. Terminam conquistando uma participação de leão no varejo em categorias específicas de produtos e forçam a redução do número de fabricantes. Como resultado da Toys "Я" Us controlar 20% do varejo de brinquedos, seis fabricantes da categoria dominam o setor industrial onde há dez anos nenhum deles controlava mais de 5%.

Sem dúvida, os consumidores se beneficiam de todo esse movimento. O impulso implacável desses varejistas por eficiência leva a economias que são transferidas aos consumidores, na forma de preços menores ou melhores serviços. Por exemplo, a Wal-Mart está em condições de vender mais barato do que a Sears porque seus custos operacionais e de venda são de 15%, comparados com os 28% da Sears.

tados Unidos, onde os compradores, freqüentemente, passam um dia inteiro em suas lojas.

**LOJAS DE VAREJO COMO CENTROS COMUNITÁRIOS OU PONTOS DE ENCONTRO.** Com o crescimento do número de pessoas morando sozinhas, trabalhando em casa ou vivendo em áreas isoladas e afastadas das cidades, tem havido o ressurgimento de estabelecimentos que, além do produto ou serviço que oferecem, também proporcionam um local para o encontro de pessoas. Nesses locais há cafés, salões de chá, lojas de sucos, livrarias, superlojas, espaço de lazer para crianças, cervejarias e feiras de hortifrutigranjeiros. Duas livrarias Tattered Covered Bookstores, de Denver, promovem, anualmente, mais de 250 eventos, de danças folclóricas a reuniões femininas. Cervejarias como a Zip City Brewing, de New York, e Trolleyman Pub, de Seattle (dirigidas pela cervejaria Red Hook) oferecem, além de cerveja, bebidas e petiscos, um local para as pessoas passarem o tempo. A Discovery Zone, rede de pequenos parques de lazer para crianças, oferece espaços cobertos em que os pais podem "soltar" seus filhos, sem o risco de quebrar algo, e se livrarem do estresse. Sem dúvida, há inúmeras cafeterias e bares, como o Starbucks, representando 2.500 estabelecimentos em 1989, com previsão de 10.000 em 1999.[21]

# ATACADO

**O ATACADO inclui todas as atividades envolvidas na venda de bens ou serviços para aqueles que compram para revenda ou uso industrial. Exclui os fabricantes e agropecuaristas, por estarem basicamente envolvidos na produção, e os varejistas.**

Os atacadistas (também denominados *distribuidores*) diferem dos varejistas de muitas maneiras. Primeiro, os atacadistas dedicam menor atenção à promoção, atmosfera de loja e localização porque estão lidando com compradores industriais e não com consumidores finais. Segundo, as transações do atacado são geralmente maiores do que as transações do varejo e os atacadistas, normalmente, cobrem maior área de comercialização do que os varejistas. Terceiro, o governo lida com atacadistas e varejistas diferentemente em relação às restrições legais e impostos.

Por que usar atacadistas? Os fabricantes poderiam passar por cima deles e vender diretamente aos varejistas e consumidores finais. Em geral, os atacadistas são usados quando são mais eficientes em desempenhar uma ou mais das seguintes funções:

- *Venda e promoção.* Os atacadistas fornecem uma força de vendas que possibilita aos fabricantes atingir muitos pequenos varejistas a custo relativamente baixo. O atacadista tem maior número de contatos e, freqüentemente, é mais confiável pelo comprador do que um longínquo fabricante.
- *Compra e formação de sortimento.* Os atacadistas estão aptos a selecionar itens e a formar os sortimentos necessários para os consumidores, poupando, assim, considerável trabalho para estes.
- *Quebra de lotes de compra.* Os atacadistas conseguem maior economia para seus clientes através da compra de grandes lotes, que são subdivididos em lotes menores.
- *Armazenagem.* Os atacadistas lidam com estoques, reduzindo, assim, os custos e riscos de estocagem dos fabricantes e varejistas.
- *Transporte.* Freqüentemente, os atacadistas podem oferecer aos varejistas serviço de entrega mais ágil, por estarem mais próximos dos mesmos que os fabricantes.
- *Financiamento.* Os atacadistas financiam seus clientes varejistas concedendo crédito e financiam seus fornecedores, ao antecipar compras e pagar pontualmente as faturas.
- *Risco.* Os atacadistas assumem algum risco a partir do momento em que tomam posse dos bens, bancando os custos por roubo, dano, estrago e obsolescência.
- *Informações de mercado.* Os atacadistas fornecem a seus fornecedores e clientes informações pertinentes às atividades dos concorrentes, novos produtos, desenvolvimento de preços etc.
- *Serviços de administração e consultoria.* Freqüentemente, os atacadistas ajudam os varejistas a melhorar suas operações, treinando seus funcionários de vendas, orientando sobre *layout* de lojas e uso de *displays* e implantando sistemas de contabilidade e controle de estoque. Podem ajudar seus clientes industriais oferecendo treinamento e assistência técnica.

## Crescimento e tipos de atacadistas

O atacado tem crescido nos Estados Unidos a uma taxa de 5,8% nos últimos dez anos.[22] Inúmeros fatores têm contribuído para o crescimento do atacado: maior número de grandes fábricas localizadas a alguma distância dos principais compradores; crescimento da produção antecipada, em vez de em resposta a pedidos específicos; aumento do número de níveis de fabricantes e usuários intermediários e a crescente necessidade de adaptação do produto às necessidades de usuários in-

21. KHERMOUCH, Gherry. Third places. *Brandweek*, p. 36-40, 13 Mar. 1995.
22. Veja McCAMMON, Bert, LUSCH, Robert F., COYKENDALL, Deborah S., KENDERDINE, James M. *Wholesaling in transition*. Norman : University of Oklahoma, College of Business Administration, 1989.

termediários e finais em termos de quantidades, embalagens e formas. Há quatro tipos de atacadistas: *atacadistas puros, corretores e agentes, filiais e escritórios de fabricantes e varejistas e atacadistas diversificados*. Suas funções estão resumidas na Tabela 19.6.

## Decisões de marketing dos atacadistas

Os atacadistas ou distribuidores vêm enfrentando crescentes pressões competitivas em anos recentes representadas por novos concorrentes, novas demandas dos consumidores, novas tecnologias e mais programas de compra direta por grandes compradores industriais, institucionais e varejistas. Como resultado, eles foram forçados a desenvolver respostas estratégicas apropriadas. Um importante impulso tem sido aumentar a produtividade do ativo por melhor administração dos estoques e das contas a receber. Têm sido também obrigados a melhorar suas decisões estratégicas sobre mercados-alvos, sortimento de produtos e serviços, determinação de preço, promoção e localização.

**DECISÕES DE MERCADO-ALVO.** Os atacadistas precisam definir seus mercados-alvos e não tentar atender a todos os mercados. Podem escolher um grupo-alvo de clientes conforme o critério de tamanho (por exemplo, apenas grandes varejistas), tipo de cliente (por exemplo, apenas lojas de conveniência que vendem alimentos), necessidade de serviço (por exemplo, clientes que precisam de crédito) ou outros critérios. Dentro do grupo-alvo, podem identificar os clientes mais rentáveis e planejar ofertas mais consistentes e construir melhores relacionamentos com os mesmos. Podem propor sistemas automáticos de reposição, estabelecer sistemas de treinamento administrativo e de aconselhamento e, ainda, patrocinar uma rede voluntária. Podem desencorajar os clientes menos rentáveis exigindo a aquisição de pedidos maiores ou acrescentando taxas extras sobre suas compras.

**DECISÃO DE SORTIMENTO DE PRODUTOS E SERVIÇOS.** O "produto" dos atacadistas é seu sortimento. Os atacadistas estão sob grande pressão para manter uma linha completa de produtos e estoque suficiente para entrega imediata. Entretanto, isto pode destruir o lucro. Hoje, eles estão reexaminando quantas linhas devem vender, mantendo apenas aquelas mais rentáveis. Estão também examinando que serviços são mais importantes para solidificar os relacionamentos com os clientes, identificando os que devem ser eliminados ou cobrados. A chave é encontrar um composto de serviços distinto que seja valorizado pelos clientes.

**DECISÃO DE PREÇO.** Geralmente, os atacadistas aplicam um *markup* convencional, digamos 20%, sobre o custo dos bens para cobrir suas despesas e obter lucro. As despesas podem representar 17% da margem bruta, deixando uma margem de lucro de aproximadamente 3%. No atacado de alimentos de mercearia, a margem de lucro é, freqüentemente, inferior a 2%. Os atacadistas estão começando a experimentar novas abordagens de fixação de preço. Podem reduzir a margem de algumas linhas de produtos para conquistar novos clientes importantes. Solicitam aos fornecedores descontos especiais, quando têm oportunidade de aumentar as vendas de sua linha de produtos.

**DECISÃO DE PROMOÇÃO.** Os atacadistas confiam, principalmente, em suas forças de venda para atingir seus objetivos promocionais. Mesmo aqui, a maioria dos atacadistas vê a venda como um único vendedor conversando com um cliente, em vez de um esforço de equipe para vender, desenvolver e atender às principais contas. Como ocorre na promoção impessoal, os atacadistas se beneficiariam da adoção de algumas técnicas de construção de imagem normalmente usadas pelos varejistas. Precisam desenvolver uma estratégia de promoção global envolvendo propaganda, promoção de vendas e publicidade. Também precisam fazer maior uso dos materiais e programas de promoção dos fornecedores.

**DECISÃO DE LOCALIZAÇÃO.** Tipicamente, os atacadistas estão localizados em áreas de aluguel e impostos baixos e investem pouco na preparação do espaço físico e escritórios. Freqüentemente, os sistemas de movimentação de materiais e de processamento de pedidos estão bem aquém das tecnologias disponíveis. Para enfrentar os custos crescentes, os atacadistas progressistas estão melhorando os procedimentos de custos e movimentação de materiais com a construção de *depósitos automatizados*. Por exemplo, a McKesson, maior distribuidora mundial de produtos farmacêuticos, instala nas farmácias terminais de computador para a transmissão de pedidos. Os pedidos recebidos são preenchidos em cinco segundos. Uma caixa plástica azul desliza sobre uma correia transportadora em um dos depósitos da McKesson; o sistema computadorizado seleciona automaticamente os itens, gera uma fatura, lacra a caixa que segue para um caminhão que, depois, entrega o pedido à noite com 100% de exatidão. O sistema também providencia a reposição do estoque, emitindo pedidos diretamente aos laboratórios.[23] Outro exemplo, a Grainger, grande distribuidora industrial, desenvolveu um sistema de controle de estoque interligado as suas 118 filiais de distribuição. Uma filial pode localizar rapidamente onde se encontra um item que faltou no atendimento do

---

23. Veja FEATHER. Op. cit. p. 96.

pedido de um cliente. Este sistema reduziu grandemente o tempo de resposta aos clientes e aumentou consideravelmente as vendas.

## Tendências do atacado

Os fabricantes têm sempre a opção de cortar um distribuidor ou de substituí-lo por outros mais eficientes. Suas principais reclamações em relação aos distribuidores são as seguintes: não promovem agressivamente a linha de produtos, agem mais como anotadores de pedidos, não mantêm estoque suficiente e são lentos no atendimento dos clientes, não fornecem informações de mercado e dos concorrentes, não atraem gerentes qualificados para manter os custos baixos e cobram muito pelos serviços que oferecem.

Os distribuidores progressistas são aqueles que adaptam seus serviços para atender às necessidades mutantes de seus fornecedores e clientes-alvos. Reconhecem que a razão de sua existência decorra da agregação de valor ao canal. Estão constantemente melhorando seus serviços e/ou reduzindo seus custos operacionais ao investir em tecnologias de movimentação de materiais e em sistemas de informações mais avançadas. A seção Memorando de Marketing intitulada "Estratégias de atacadistas e distribuidores de alto desempenho" descreve algumas das estratégias usadas por organizações atacadistas bem-sucedidas.

Narus e Anderson entrevistaram distribuidores industriais líderes e identificaram quatro maneiras pelas quais eles fortaleciam seus relacionamentos com os fabricantes:

1. Eles procuravam sempre um acordo claro com os fabricantes sobre suas funções esperadas no canal.
2. Identificavam as exigências dos fabricantes, visitando suas fábricas e comparecendo em convenções e feiras comerciais onde os produtos dos mesmos eram expostos.
3. Cumpriam fielmente os compromissos assumidos com os fabricantes em relação às metas em vendas, pagamento pontual das faturas e fornecimento de informações sobre seus clientes.
4. Identificavam e ofereciam serviços de valor agregado para ajudar seus fornecedores.[24]

À medida que o próspero setor de atacado entra no novo século, ele passa a enfrentar desafios consideráveis. O setor permanece vulnerável a uma das tendências mais marcantes dos anos 90 – a resistência impetuosa aos aumentos de preço e a rigorosa seleção dos fornecedores baseada em custo e qualidade. A tendência da integração vertical, em que os fabricantes tentam controlar sua participação de mercado comprando os intermediários que vendem seus bens, é ainda forte. Por exemplo, no setor de assistência médica, os laboratórios farmacêuticos vêm comprando distribuidoras e empresas de administração de farmácias. Esta tendência começou em 1993 quando a Merck, poderosa empresa do setor de medicamentos, comprou a Medco Containment Services, beneficiadora e distribuidora de medicamentos pelo correio. Os distribuidores sobreviventes deste setor e de outros ficarão maiores e fornecerão mais serviços a seus consumidores.[25]

## LOGÍSTICA DE MERCADO

O processo de levar bens aos consumidores tem sido, tradicionalmente, chamado de *distribuição física.* A distribuição física começa na fábrica. Os administradores procuram escolher um conjunto de depósitos (pontos de estocagem) e empresas de transporte que levem os bens produzidos aos destinatários finais, no tempo desejado e/ou ao menor custo total.

Recentemente, a distribuição física expandiu-se em um conceito mais amplo denominado *administração da cadeia de suprimentos,* que se inicia antes da distribuição física, envolvendo a compra de *inputs* corretos (matérias-primas, componentes e bens de capital); sua conversão eficiente em produtos acabados e seu transporte aos destinatários finais. Uma perspectiva ainda mais ampla envolve o estudo de como os próprios fornecedores da empresa obtêm seus *inputs* antes de serem transformados em matérias-primas. A cadeia de suprimentos pode ajudar a empresa a identificar fornecedores superiores e a melhorar sua produtividade que, no final, proporcionará a redução de seus custos.

Infelizmente, a cadeia de suprimentos visualiza os mercados apenas como ponto de destino. A empresa seria mais eficaz ao considerar, primeiro, as exigências de seu mercado-alvo e, depois, projetar a cadeia de suprimentos de trás para a frente. Essa visão moderna é o cerne do sistema de *logística de mercado* de hoje, e leva ao exame da cadeia de suprimentos como *cadeia da demanda.* Aqui estão alguns exemplos de produtos que podem beneficiar-se ou ter sido beneficiados da idéia de cadeia da demanda:

- Normalmente, uma empresa de *software* vê como desafio a produção e empacotamento de disquetes e manuais e o posterior despacho aos atacadistas, que suprem os varejistas, que vendem aos consumidores. Estes levam o pacote a suas casas ou escritórios,

---

24. NARUS, James A., ANDERSON, James C. Contributing as a distributor to partnerships with manufactures. *Business Horizons,* Sept.-Oct. 1987. Veja também HLAVECEK, James D., McCUISTION, Tommy J. Industrial distributors – when, who and how. *Harvard Business Review,* p. 96-101, Mar./Apr. 1983.
25. MELCHER, Richard A. The middlemen stay on the march. *Business Week,* p. 87, 9 Jan. 1995.

**Tabela 19.6** *Principais tipos de atacadistas.*

| TIPO | DESCRIÇÃO |
|---|---|
| ATACADISTAS PUROS | Empresas independentes que assumem posse dos bens que vendem. Recebem diferentes nomes como *intermediários, distribuidores* ou *estabelecimentos de suprimento*. Podem ser classificados em duas categorias: atacadistas que prestam serviços plenos e atacadistas que prestam serviços limitados. |
| *ATACADISTAS QUE PRESTAM SERVIÇOS PLENOS* | Fornecem uma linha completa de serviços: estocagem, manutenção de força de vendas, crédito, entrega e assistência gerencial. São de dois tipos: atacadistas comerciais e distribuidores industriais. |
| Atacadistas comerciais | Vendem principalmente a varejistas e fornecem ampla variedade de serviços. Os *atacadistas de produtos gerais* vendem diversas linhas, enquanto os *atacadistas de linha geral* vendem apenas uma ou duas linhas de maior profundidade. Os *atacadistas especializados* vendem apenas parte de uma linha. São exemplos os atacadistas de alimentos dietéticos, de frutos do mar etc. |
| Distribuidores industriais | Vendem a fabricantes e não a varejistas. Prestam vários serviços como estocagem, crédito e entrega. Podem vender uma ampla variedade de produtos, uma linha geral ou uma linha especializada. |
| *ATACADISTAS QUE PRESTAM SERVIÇOS LIMITADOS* | Oferecem poucos serviços a seus fornecedores e clientes. São de vários tipos: atacadistas tipo "pague e leve", atacadistas volantes (ou de caminhão), atacadistas intermediários, atacadistas especializados (*rack jobbers*), cooperativas de produtores e atacadistas de mala direta. |
| Atacadistas tipo "pague e leve" | Trabalham com linha limitada de produtos de giro rápido e vendem a vista para pequenos varejistas que retiram a mercadoria. |
| Atacadistas volantes (ou de caminhão) | Vendem e entregam as mercadorias na porta do cliente. Trabalham com uma linha limitada de produtos semiperecíveis (como leite, pão, lanches), que vendem a vista em suas visitas a pequenos supermercados, restaurantes, lanchonetes de fábricas e hotéis. |
| Atacadistas intermediários | Lidam com matérias-primas a granel, como carvão, madeira e equipamentos pesados. Não mantêm estoques ou manipulam os produtos. Após receberem um pedido, selecionam um fabricante que entrega a mercadoria diretamente ao cliente conforme as condições e prazo de entrega estipulados. Assumem a propriedade e o risco a partir da aceitação do pedido até o momento da entrega ao cliente. |
| Atacadistas especializados (*rack jobbers*) | Atendem pequenos varejistas, principalmente em itens que não sejam alimentos. Enviam caminhões às lojas e a pessoa encarregada oferece brinquedos, livros, itens de ferramenta, produtos de saúde e beleza etc. Fixam o preço final dos bens, cuidam de sua conservação, colocam *displays* nos pontos de venda e controlam o estoque do varejista. Vendem em consignação, mantendo a propriedade dos bens até que os mesmos sejam vendidos pelos varejistas aos consumidores. Assim, fornecem serviços como entrega, arrumação nas prateleiras, estocagem e financiamento. Fazem pouca promoção porque vendem itens de marcas conhecidas que são amplamente anunciados. |
| Cooperativas de produtores | São de propriedade dos cooperados que levam a produção do campo para ser vendida na cidade. Seus lucros são distribuídos entre os cooperados no final do ano. Freqüentemente, tentam melhorar a qualidade dos produtos e promovem marcas cooperativas como uvas passas Sun Maid, laranjas Sunkist ou nozes Diamond. |
| Atacadistas de mala direta | Enviam catálogos a varejistas, compradores industriais e clientes institucionais que vendem jóias, cosméticos, alimentos especiais e outros pequenos itens. Seus principais clientes são pequenas empresas em áreas pouco visitadas por vendedores. Eles não mantêm força de vendas para procurar clientes. Os pedidos são atendidos e enviados por correio, transportadora ou outros meios eficientes de transporte. |
| CORRETORES E AGENTES | Não assumem propriedade dos bens e desempenham apenas algumas funções. Sua principal função é facilitar a compra e a venda, e, para isto, recebem uma comissão que varia entre 2 e 6% do preço de venda. Geralmente, são especializados por linha de produtos ou tipos de clientes. |

| TIPO | DESCRIÇÃO |
|---|---|
| *CORRETORES* | Sua principal função é aproximar compradores e vendedores e intermediar a negociação. São pagos pela parte que os contratam, não mantêm estoque nem se envolvem no financiamento ou assumem riscos. Os exemplos mais comuns são os corretores de produtos alimentícios, imóveis, seguros e papéis negociados em bolsas. |
| *AGENTES* | Representam compradores ou vendedores em base mais permanente. São de diversos tipos: agentes de fabricantes, agentes de venda, agentes de compra e agentes comissionados. |
| Agentes de fabricantes | Representam dois ou mais fabricantes de linhas de produtos complementares. Formalizam contratos por escrito com cada fabricante, cobrindo política de preço, territórios, procedimentos de atendimento de pedidos, serviços de entrega, garantia e taxas de comissão. Conhecem as linhas de produtos de cada fabricante e usam seus contatos amplos para vendê-las. São utilizados para vender linhas de produtos, como vestuário, móveis e produtos elétricos. A maioria dos agentes de fabricantes constitui pequenas empresas, com alguns funcionários que trabalham como vendedores experientes. São contratados por pequenos fabricantes que não podem manter forças de vendas próprias e por grandes fabricantes que desejam abrir novos territórios onde não podem manter cobertura de vendedores em tempo integral. |
| Agentes de venda | Recebem autoridade contratual para vender toda a produção de um fabricante que não está interessado em assumir a venda ou sente-se despreparado para tal. O agente de venda funciona como um departamento de vendas e exerce grande influência sobre preços e condições de vendas. Normalmente, não possui limites territoriais. São encontrados em áreas de produtos como têxteis, máquinas e equipamentos industriais, carvão e coque, produtos químicos e metais. |
| Agentes de compra | Geralmente, firmam contratos a longo prazo com compradores que os encarregam da aquisição de produtos e, freqüentemente, da recepção, inspeção, armazenagem e embarque das mercadorias aos clientes. Fornecem informações de mercado úteis para os clientes, além de estarem habilitados para comprar os melhores produtos disponíveis a preços acessíveis. |
| Agentes comissionados | Assumem a posse física dos produtos e negociam as vendas. Normalmente, não são contratados a longo prazo. São usados com maior freqüência por agricultores que não desejam vender diretamente seus produtos, nem filiar-se a alguma cooperativa. Os agentes comissionados deslocam a produção até um mercado central, vendem-na pelo melhor preço, abatem a comissão e as despesas e remetem o saldo aos produtores. |
| FILIAIS E ESCRITÓRIOS DE FABRICANTES E VAREJISTAS | Envolvem as tarefas de atacado entre vendedores e compradores, sem a presença de atacadistas intermediários. As filiais e os escritórios podem ser especializados em compra ou em venda. |
| *FILIAIS E ESCRITÓRIOS DE VENDAS* | São estabelecidos pelos fabricantes interessados em melhorar o controle de estoque, a venda e a promoção. As *filiais de vendas* mantêm estoque e são encontradas nos setores de madeira e de equipamentos peças automotivas. Os *escritórios de vendas* não mantêm estoque e são mais proeminentes nos setores de alimentos secos e aviamentos. |
| *ESCRITÓRIOS DE COMPRAS* | Desempenham papel similar ao exercido por corretores e agentes, mas pertencem à organização compradora. Muitos varejistas abrem escritórios de compras nos principais mercados, como New York e Chicago. |
| ATACADISTAS DIVERSIFICADOS | Alguns tipos especializados de atacadistas são encontrados em alguns setores da economia como entrepostos agrícolas, fábricas e terminais de petróleo a granel e empresas leiloeiras ou de licitações. |

onde dispendem algum tempo carregando o *software* em seus discos rígidos. Os especialistas em logística de mercado levantariam a questão de se os consumidores poderiam ser melhor atendidos. Há, pelo menos, dois sistemas superiores de entrega. O primeiro exigiria que os consumidores telefonassem à empresa para encomendar e pagar o *software*, que seria carregado (*downloaded*) por linha telefônica diretamente no disco rígido do comprador. Alternativamente, os *softwares* populares, como Windows 95 ou Lotus 1-2-3, poderiam ser carregados diretamente nos microcomputadores (de fábrica para fábrica), antes de serem vendidos. Ambas as soluções eliminariam a necessidade de impressão, embalagem e estocagem de milhões de disquetes e manuais.

As mesmas soluções estão disponíveis para a distribuição de música, jornais, *videogames*, filmes e outros produtos que integram voz, texto, dados e/ou imagens. O consumidor pode telefonar e pedir para ouvir parte da música, antes de autorizar o *downlooad* em seu microcomputador. Hoje, os leitores podem solicitar uma versão customizada do *The Wall Street Journal* que chega todas as manhãs em seus microcomputadores, mostrando apenas artigos sobre os tópicos de seu interesse.

- Antigamente, os consumidores alemães compravam apenas garrafas avulsas de refrigerantes. Um fabricante pesquisou junto aos consumidores para saber se eles estariam dispostos a comprar uma embalagem de seis unidades. A resposta foi positiva. Os varejistas também responderam positivamente porque as garrafas poderiam ser mais facilmente arrumadas nas prateleiras e maior número de unidades seriam vendidas em cada compra. O fabricante desenhou uma embalagem de seis unidades que se ajustava às prateleiras das lojas. Depois, preparou caixas e paletes para facilitar a movimentação nas áreas de recepção de mercadorias. As operações da fábrica foram redesenhadas para produzir as novas embalagens. O departamento de compras fez concorrência para a aquisição dos novos materiais necessários. Quando as novas embalagens de seis unidades chegaram ao mercado, a participação de mercado do fabricante aumentou substancialmente.
- Ingvar Kamprad, fundador da rede de lojas de móveis Ikea, encontrou uma forma de fabricar móveis de boa qualidade a um custo bem menor em relação a seus concorrentes. A economia de custo da empresa decorre de várias fontes: (1) compra de grandes lotes de madeira, (2) os móveis são vendidos desmontados, reduzindo o custo de transporte, (3) o consumidor carrega a própria compra, o que elimina o custo de entrega, (4) o próprio consumidor faz a montagem do móvel e (5) a empresa trabalha com margens baixas e grande volume de vendas, o que contrasta com os concorrentes. Assim, pode cobrar

20% menos do que os concorrentes por móveis comparáveis.

A idéia de cadeia da demanda pode levar a sugestões para aumentar a produtividade. Consideremos uma empresa que fabrica máquinas de lavar, como a Whirlpool. Em um sistema tradicional, esta empresa faria previsão da demanda do varejo para cada modelo de máquina de lavar de sua linha de produtos. Faria uma programação de produção e fabricaria as máquinas necessárias para suprir os participantes do canal de distribuição (fábrica, depósitos, centros de distribuição e varejistas). Assim, ficaria na expectativa da ocorrência da demanda esperada. Caso contrário, teria que suportar o alto custo envolvido na manutenção de estoque.

A abordagem centrada na idéia de cadeia da demanda consistiria em a Whirlpool pedir a seus revendedores para manter apenas um mostruário com os modelos das máquinas de lavar. Eles transmitiriam diariamente via eletrônica um pedido com as máquinas e características que foram encomendadas. A fábrica faria uma programação de produção diária, baseando-se nos pedidos dos consumidores. As máquinas seriam produzidas em alguns dias e enviadas diretamente a eles. Este sistema *just in time* reduziria grandemente os custos de estocagem que ocorrem em situações de erro de previsão. Para a solução de cadeia da demanda funcionar, são necessárias as seguintes providências:

1. A fábrica deve estar em condições de receber rapidamente os pedidos dos varejistas.
2. Ela pode produzir e despachar os pedidos dentro de alguns dias. Aqui, a chave é fabricar o modelo básico, deixando as características encomendadas para ser acrescentadas no final. Por exemplo, a Benetton prepara as malhas sem cores, que são acrescentadas quando toma conhecimento daquelas que estão sendo solicitadas pelos consumidores.
3. O consumidor está disposto a esperar alguns dias para receber sua encomenda.

Aqui, finalmente, está uma definição de *logística de mercado*:

**A LOGÍSTICA DE MERCADO envolve planejamento, implementação e controle dos fluxos fixos de materiais e bens finais, dos pontos de origem aos pontos de uso para atender às exigências do consumidor a determinado lucro.**

A tarefa das empresas administrarem os fluxos de valor agregado desde as fontes de suprimento até os usuários finais envolve coordenar as atividades de fornecedores, compradores, fabricantes, profissionais de marketing, participantes de canal e consumidores.

O sistema de informações exerce papel crítico na administração da logística de mercado. Os principais

# Estratégias de atacadistas e distribuidores de alto desempenho

McCammon, Lusch e seus colegas estudaram 97 atacadistas e distribuidores de alto desempenho para descobrir quais as principais estratégias que adotavam para manter uma vantagem competitiva sustentada. O estudo identificou as 12 estratégias seguintes:

1. *Fusões e aquisições.* Pelo menos um terço da amostra de atacadistas fez novas aquisições de empresas para entrar em novos mercados, reforçar sua posição em mercados existentes e/ou para diversificar ou integrar verticalmente.
2. *Reposicionamento de ativos.* Pelo menos 20 das 97 empresas venderam ou liquidaram uma ou mais operações marginais para fortalecer o negócio principal.
3. *Diversificação corporativa.* Vários atacadistas diversificaram seus portfólios de negócios para reduzir a dependência da sazonalidade.
4. *Integração vertical.* Vários atacadistas aumentaram a integração vertical para melhorar suas margens.
5. *Marcas privadas.* Um terço das empresas aumentou seus acordos de marcas privadas com os fabricantes.
6. *Expansão em mercados internacionais.* Pelo menos 26 atacadistas operavam em base multinacional e planejavam aumentar a penetração na Europa Ocidental e Leste Asiático.
7. *Serviços de valor agregado.* A maioria dos atacadistas aumentou seus serviços de valor agregado, incluindo entregas de urgência, operações de embalagem sob medida e sistemas de informação gerencial por computador. A McKesson, grande atacadista de medicamentos, estabeleceu um sistema eletrônico de pedidos com 32 fabricantes, um programa de contas a receber para as farmácias e terminais de computador para as mesmas controlarem estoque e emitirem pedidos.
8. *Venda de sistemas.* A maioria dos atacadistas oferecia programas de reposição automática de produtos, ameaçando aqueles que permaneciam com o sistema antigo de reposição visual.
9. *Estratégias para atrair novos clientes.* Alguns atacadistas identificavam novos grupos de clientes e criavam programas de computador ajustados as suas necessidades.
10. *Marketing de nicho.* Alguns atacadistas tinham-se especializado em uma ou algumas categorias de produtos, mantinham estoques amplos e prestavam serviços de qualidade e entrega rápida para satisfazer mercados especiais negligenciados pelos concorrentes maiores.
11. *Marketing multiplex.* Marketing multiplex ocorre quando as empresas administram para atender simultaneamente segmentos múltiplos de mercado a custo baixo e de maneira competitivamente superior. Diversos atacadistas vêm acrescentando novos segmentos de mercado a seus segmentos básicos, esperando atingir maior economia de escala e força competitiva. Assim, os clubes de atacado, além de vender para pequenas e médias empresas, obtêm vendas adicionais no atendimento direto a consumidores. Alguns atacadistas de medicamentos, além de atenderem hospitais, criaram programas para clínicas médicas, farmácias éticas (que trabalham apenas com medicamentos receitados) e organizações de manutenção de saúde.
12. *Novas tecnologias de distribuição.* Os atacadistas de alto desempenho têm melhorado seus sistemas computadorizados de atendimento de pedidos, controle de estoque e de automação de depósito. Além disso, estão fazendo crescente uso de marketing de resposta direta e telemarketing.

**Fonte:** Veja McCAMMON, Bert, LUSCH, Robert F., COYKENDALL, Deborah S., KENDERDINE, James M. *Wholesaling in transition.* Norman : University of Oklahome, College of Business Administration, 1989.

ganhos da eficiência logística decorrem de avanços na tecnologia de informações, envolvendo computadores, terminais de ponto de venda, uniformização de códigos de produtos, rastreamento por satélite, intercâmbio eletrônico de dados (EDI) e transferência eletrônica de fundos. Esses desenvolvimentos têm permitido às empresas fazer ou cumprir promessas como "o produto estará amanhã, na doca 25, às 10h00 da manhã" e controlar esse compromisso através das informações. A Wal-Mart foi pioneira nesta área:

**WAL-MART** A Wal-Mart foi uma das primeiras redes de varejo a investir fortemente em tecnologia de informações. Equipou suas lojas com *scanners* nos terminais de caixa. Este equipamento permite-lhe saber o que os consumidores estão comprando e, assim, informar aos fabricantes o que produzir e para onde encaminhar os bens. Ela exige que seus fornecedores encaminhem as encomendas rotuladas e com alças de suspensão para serem movimentados diretamente ao espaço de venda da loja, reduzindo, assim, os custos de armazenagem e processamento de dados. Como resultado, apenas 10% do espaço das lojas é usado para estocagem, comparados aos 25%, em média, usado pelos concorrentes. Outro resultado de seu sistema de pedido computadorizado é a habilidade em conectar os computadores dos fornecedores, evitando corretores e outros intermediários. Fornecedores como a Procter & Gamble, Kraft e outros são responsáveis em tomar decisões de reabastecimento, baseados no acesso a seu sistema de informações. Para desencorajar o excesso de estoque, a Wal-Mart não paga seus fornecedores antes dos produtos serem vendidos.[26]

Outra empresa que "espreme" os custos de distribuição é a Benetton. Ela opera apenas um centro de distribuição em Castrette, Itália. Apelidado "Big Charley", o grande centro possui robôs suficientes para despachar os modelos mais recentes a qualquer loja da empresa em 120 países, em 12 dias – prazo extremamente rápido no setor de vestuário.[27]

A logística de mercado envolve várias atividades (veja a Figura 19.3). A primeira é a previsão de vendas, que permite à empresa programar a produção, distribuição e níveis de estocagem. Os planos de produção indicam os materiais que o departamento de compras deve encomendar. Esses materiais chegam através de transporte interno, entram na área de recebimento e são armazenados no estoque de matérias-primas. As matérias-primas são transformadas em bens acabados. O estoque de bens acabados é o elo entre os pedidos dos clientes e a atividade de produção da empresa. Os pedidos dos clientes regulam o nível de estoque de produtos aca-

bados e a atividade de produção o recompõe. Os bens finais fluem da linha de montagem para os setores de embalagem, estocagem, processamento para embarque, transporte, armazenagem externa, entrega final ao consumidor e serviços.

A administração vem aumentando a preocupação sobre o custo total da logística de mercado, que pode representar, em alguns casos, 30 a 40% do custo do produto. Por exemplo, em 1993, as empresas norte-americanas gastaram $ 670 bilhões (10,5% do PNB) para embalar, agrupar, carregar, descarregar, separar, recarregar e transportar bens. O setor de alimentos considera que pode reduzir seu custo operacional em 10%, ou $ 30 bilhões, ao redimensionar sua logística de mercado. Uma caixa de cereal para o café da manhã pode envolver 104 dias, da fábrica ao supermercado, passando por um labirinto de atacadistas, distribuidores, corretores e consolidadores de carga.[28] Com essas ineficiências, não é de se admirar que os especialistas denominam a logística de mercado como "a última fronteira para a redução de custos". Custos de logística de mercado menores permitirão preços menores e margens de lucro maiores.

Embora o custo de logística de mercado possa ser alto, um programa de logística bem planejado pode ser uma ferramenta poderosa de marketing competitivo. As empresas podem atrair mais consumidores ao oferecer melhores serviços, ciclo de entrega mais rápido ou preços menores através de melhorias na logística de mercado.

O que acontece se a logística de mercado de uma empresa não for apropriadamente definida? As empresas perdem consumidores quando falham na entrega de bens no tempo adequado. A Kodak cometeu o erro de lançar uma campanha nacional de propaganda para divulgar suas novas máquinas fotográficas instantâneas, antes de entregar produtos suficientes às lojas. Não encontrado as câmeras, os consumidores acabaram optando pela Polaroid. A Laura Ashley constatou que precisava redefinir o sistema de logística, que não estava possibilitando a entrega de seus produtos em suas lojas do Japão com rapidez suficiente:

**LAURA ASHLEY** No passado, todas as blusas fabricadas em Hong Kong para todas as lojas da rede Laura Ashley eram despachadas ao centro de distribuição da empresa no País de Gales (Europa). Depois, as blusas encomendadas por uma loja de Tóquio precisavam ser localizadas, reembaladas e enviadas de volta ao Extremo Oriente. Em função desta cadeia de suprimentos peculiar, a empresa, freqüentemente, ficava com os armazéns superlotados, enquanto suas lojas japonesas vendiam apenas 15 a 20% dos itens de grande deman-

26. Veja KOSELKA, Rita. Distribution revolution. *Forbes,* p. 54-62, 25 May 1992.
27. RAPOPORT. Op. cit.
28. HENKOFF, Ronald. Delivering the goods. *Fortune,* p. 64-78, 28 Nov. 1994.

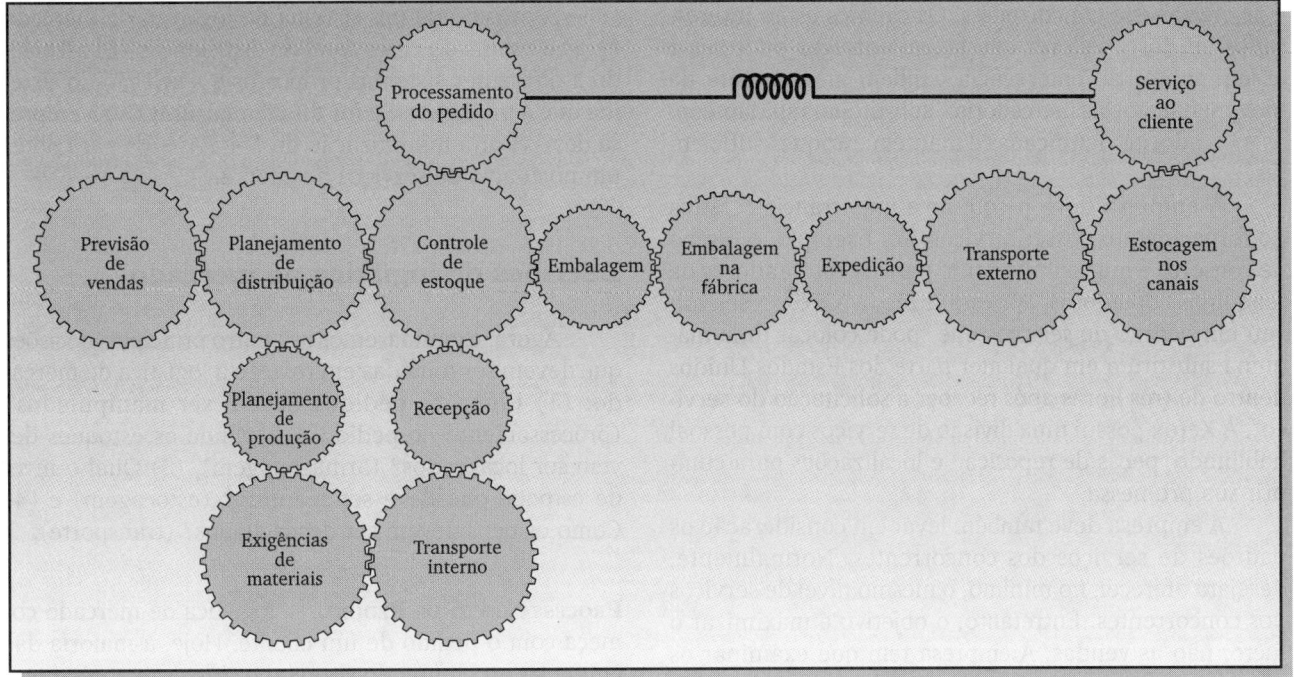

**Fonte:** Adaptado, com modificações, de STEWART, Wendell M. Physical distribution: key to improved volume and profits. *Journal of Marketing,* p. 66, Jan. 1965.

**Figura 19.3** *Principais atividades envolvidas na logística de mercado.*

da. Para reduzir a ineficiência e os custos (e a indignação dos consumidores), contratou a Federal Express para estudar com os gerentes de loja como estruturar, embalar e embarcar os pedidos. Agora, os produtos vão diretamente do fabricante às lojas espalhadas pelo mundo, reduzindo os custos de distribuição e agilizando o processo de reposição.[29]

## Objetivos da logística de mercado

Muitas empresas declaram que seu objetivo de logística de mercado é "entregar os produtos certos, nos lugares certos, no tempo certo e pelo menor custo". Infelizmente, isto fornece pouca orientação real. Nenhum sistema de distribuição física pode, simultaneamente, maximizar os serviços aos consumidores e minimizar o custo de distribuição. Maximizar os serviços aos consumidores implica estoques maiores, transporte especial e armazéns múltiplos, o que aumenta o custo de distribuição. Minimizar os custos de distribuição implica transporte barato, estoques baixos e poucos depósitos.

Uma empresa não pode atingir eficiência de logística de mercado pedindo a seus gerentes para minimizar seus próprios custos. Freqüentemente, esses custos interagem de maneira inversa. Por exemplo:

O gerente de tráfego prefere o transporte ferroviário em relação ao aéreo porque o primeiro reduz o custo de frete da empresa. Entretanto, em função de o transporte ferroviário ser mais lento e empatar capital de giro por mais tempo, ele retarda o pagamento das faturas pelos clientes e pode favorecer os fornecedores concorrentes que oferecem serviços mais rápidos.

O departamento de expedição utiliza *containers* mais baratos para minimizar os custos de embarque. Isto leva a uma taxa mais elevada de danos durante o transporte e à irritação dos clientes.

O gerente de estoque prefere estoques baixos para reduzir seus custos. Entretanto, esta política aumenta a falta de produtos, cancelamento de pedidos, burocracia, ajustes especiais na linha de produção e utilização de meios de transporte mais rápidos e caros.

Dado que as atividades de logística de mercado envolvem fortes trocas de posição, as decisões devem ser tomadas com base em um sistema total.

O ponto de partida para planejar o sistema de logística de mercado é estudar as exigências dos clientes

29. STROM, Stephanie. Logistics steps onto retail battlefield. *The New York Times,* 3 Nov. 1993, D1:2. Veja também OLDENBORGH, Marita van. Power logistics. *International Business,* p. 32,34, Oct. 1994; e COOKE, James Aaron. Will logistics be the magic bullet? Part 3. *Traffic Management,* p. 35-38, May 1995.

e as ofertas dos concorrentes. Os clientes estão interessados em fornecedores que fazem entregas pontuais e atendimentos de emergência, cuidam atentamente da movimentação das mercadorias, substituem rapidamente as mercadorias danificadas e mantêm estoques suficientes.

A empresa deve pesquisar a importância relativa do fornecimento desses serviços. Por exemplo, o tempo de conserto é muito importante para os compradores de máquinas copiadoras. Por esta razão, a Xerox desenvolveu um padrão de serviços que "pode colocar uma máquina substituta em qualquer parte dos Estados Unidos dentro de três horas após receber a solicitação do serviço". A Xerox possui uma divisão de serviços com pessoal habilitado, peças de reposição e localizações para cumprir sua promessa.

A empresa deve também levar em consideração os padrões de serviços dos concorrentes. Normalmente, desejará oferecer, no mínimo, o mesmo nível de serviços dos concorrentes. Entretanto, o objetivo é maximizar o lucro, não as vendas. A empresa tem que examinar os custos de fornecer níveis mais elevados de serviços. Algumas empresas oferecem menos serviços e cobram um preço menor. Outras oferecem mais serviços e cobram mais por isso.

Finalmente, a empresa precisa estabelecer objetivos de logística de mercado física para orientar seu planejamento. Por exemplo, a Coca-Cola deseja que seu refrigerante esteja ao alcance das mãos do consumidor. As empresas vão além e definem padrões para cada fator de serviço.

Um fabricante de eletrodomésticos estabeleceu os seguintes padrões de serviços: entregar pelo menos 95% dos pedidos dos revendedores dentro de sete dias, atender aos pedidos com 99% de exatidão, responder às dúvidas dos revendedores sobre os pedidos em andamento dentro de três horas e assegurar que os danos aos produtos durante o transporte não exceda a 1%.

Dados os objetivos de logística de mercado, a empresa deve planejar um sistema que minimize o custo de atingir esses objetivos. Cada sistema de logística de mercado possível poderá ser calculado com a seguinte fórmula:

$$L = T + FA + VA + CV$$

onde:

$L$ = custo total de logística de mercado do sistema proposto
$F$ = custo total de frete
$FA$ = custo fixo total de armazenagem
$VA$ = custo variável total de armazenagem (incluindo o controle de estoque)
$CV$ = custo total de vendas perdidas devido ao atraso médio de entrega

A escolha de um sistema de logística de mercado exige o exame do custo total de distribuição ($L$) associado a diferentes sistemas propostos e a seleção do sistema que a minimiza. Se for difícil mensurar $CV$, a empresa deve visar à minimização de $T + FA + VA$ para obter um nível-alvo de serviços ao cliente.

## Decisões de logística de mercado

Agora, examinaremos as quatro principais decisões que devem ser tomadas em relação à logística de mercado: (1) Como os pedidos devem ser manipulados? (processamento de pedido), (2) Onde os estoques devem ser localizados? (armazenagem), (3) Qual o nível de estoque que deve ser mantido? (estocagem) e (4) Como os bens devem ser despachados? (transporte).

PROCESSAMENTO DE PEDIDO.   logística de mercado começa com o pedido de um cliente. Hoje, a maioria das empresas está tentando abreviar o *ciclo de recepção-atendimento de pedidos,* isto é, o tempo envolvido entre o recebimento de um pedido, despacho e o pagamento da fatura pelo cliente. Este ciclo envolve muitas etapas, incluindo a transmissão do pedido pelo vendedor, checagem do crédito, programação de estoque e produção, despacho do pedido e remessa da fatura e recebimento do pagamento. Quanto maior for esse ciclo, menor será a satisfação do cliente e o lucro da empresa.

Graças aos computadores, as empresas vêm obtendo grande progresso na agilização do processamento dos pedidos. Por exemplo:

GENERAL ELECTRIC   A GE opera um sistema de informações que recebe o pedido de um cliente, checa a posição de seu crédito e identifica onde os itens estão estocados. O computador emite uma ordem de embarque, uma fatura, atualiza o estoque, encaminha uma ordem de produção para repor o estoque e remete uma mensagem para o vendedor avisando que o pedido está sendo atendido – tudo em menos de 15 segundos.

SARA LEE   A Sara Lee desenvolveu equipes de vendas (formadas por gerentes de vendas, gerentes de logística e gerentes de marketing) para atender a um de seus principais clientes varejistas, a Target Stores. Os gerentes da Target deixaram claro que estavam insatisfeitos com o sistema de atendimento de seus pedidos. Os pedidos que deveriam ser processados em um dia estavam demorando de quatro a cinco dias. Como parte de sua iniciativa de "resposta rápida", a Sara Lee tomou providências, reduzindo o tempo de processamento dos pedidos para seis horas.[30]

---

30. MULLER, E. J. Faster, faster, I need it now! *Distribution,* p. 30-36, Feb. 1994.

**ARMAZENAGEM.** Toda empresa precisa estocar seus bens acabados até que sejam vendidos. Uma instalação de estocagem é necessária porque os ciclos de produção e consumo raramente coincidem. Por exemplo, muitos produtos agrícolas são produzidos sazonalmente, embora a demanda seja contínua. A função estocagem ajuda a superar as discrepâncias em termos de quantidades e de tempo desejados.

A empresa deve decidir quanto ao número desejável de pontos de estocagem. Maior número de pontos significa que os bens podem ser entregues aos clientes com maior rapidez. Entretanto, os custos de armazenagem são maiores. O número de pontos de estocagem deve ser balanceado entre os níveis de serviços e os custos de distribuição.

Algum estoque é mantido na fábrica ou em suas proximidades e o restante é encaminhado para depósitos espalhados pelo país. A empresa pode possuir depósitos próprios e também alugar espaço em depósitos públicos. Os *depósitos para estocagem* armazenam bens por períodos moderados a longos. Às vezes, as empresas podem substituir seus depósitos por uma central de distribuição. As *centrais de distribuição* recebem bens procedentes de vários fabricantes e fornecedores que são expedidos o mais rápido possível. Por exemplo, após a National Semiconductor fechar seus seis depósitos e criar uma central de distribuição em Cingapura, o tempo padrão de entrega diminuiu 47%, os custos de distribuição caíram 2,5% e as vendas aumentaram 34%.[31]

Os depósitos mais antigos que operam com elevadores de carga lentos e procedimentos antiquados de movimentação de materiais estão sofrendo forte concorrência dos *depósitos automatizados* que operam com sistemas avançados de movimentação de materiais controlados por um computador central. O computador faz leitura dos pedidos das lojas e monitora a operação das empilhadeiras e dos guindastes elétricos na coleta dos produtos classificados por códigos de barras, transporta-os até as plataformas de embarque e emite as faturas. Esses depósitos reduziram a taxa de acidentes com operários, custos de mão-de-obra, furtos de mercadorias, danos, além de melhorarem o controle de estoque. Quando a Helene Curtis Company substituiu seus seis armazéns antiquados por uma nova instalação de $ 32 milhões, reduziu seus custos de distribuição em 40%.[32]

**ESTOQUE.** Os níveis de estoque representam importante decisão de distribuição física que afeta a satisfação do consumidor. Os vendedores gostariam que suas empresas mantivessem estoque suficiente para atender imediatamente a todos os pedidos dos clientes. Entretanto, tal procedimento não é eficaz em termos de custo para a empresa. *O custo de estoque aumenta a uma taxa crescente à medida que o nível de serviços ao cliente aproxima-se de 100%.* A administração precisaria conhecer o aumento do volume de vendas e do lucro que resultaria da manutenção de estoques maiores e do compromisso em prometer entrega mais rápida dos pedidos.

A tomada de decisão de estoque envolve saber quando e quanto pedir. À medida que o volume de estoque fica baixo, a administração deve conhecer o nível adequado para providenciar um novo pedido. Este nível de estoque é chamado *ponto de pedido* (ou *de reposição*). Um ponto de pedido de 20 significa que uma nova encomenda deve ser feita quando o estoque cai a 20 unidades. O ponto de pedido deve balancear o risco da falta de estoque em relação ao custo de excesso de estoque.

A outra decisão é quanto pedir. Quanto maior a quantidade pedida, menos freqüentemente um pedido precisa ser feito. A empresa precisa balancear os custos de processamento dos pedidos e os custos de manutenção do estoque. Para um fabricante, os *custos de processamento de pedido* são representados pelos *custos de setup* (ajustes de maquinário) e *custos de produção* do item encomendado. Se os custos de *setup* forem baixos, o fabricante pode produzir freqüentemente o item, uma vez que o custo unitário permanece constante. Entretanto, se os custos de *setup* forem elevados, o fabricante pode reduzir o custo unitário médio produzindo um lote maior para estoque.

Os custos de processamento de pedidos devem ser comparados com os *custos de manutenção de estoque*. Quanto maior o estoque médio, maiores serão seus custos de manutenção. Estes custos incluem o custo do espaço, de capital, de impostos e seguro e de depreciação e obsolescência. Podem chegar a representar 30% do valor do estoque. Isto significa que os gerentes de marketing que desejam maiores níveis de estoque precisam mostrar que esta prática gera um volume de lucro que supera os custos envolvidos em sua manutenção.

A quantidade ótima por pedido pode ser determinada calculando-se a soma dos custos de processamento e de manutenção de estoque em diferentes níveis de pedidos. A Figura 19.4 mostra que o custo de processamento por pedido é diluído em maior número de unidades. Os custos de manutenção de estoque por unidade aumentam com o número de unidades encomendadas porque cada unidade permanece por mais tempo em estoque. As duas curvas de custos são somadas, dando origem à curva de custo total. O ponto mais baixo desta curva é projetado no eixo horizontal para encontrar-se a quantidade ótima de pedido $Q*$.[33]

---

31. HENKOFF. Op. cit. p. 64-78.
32. KOSELKA. Op. cit. p. 54-62.
33. A quantidade ótima de pedido é dada pela fórmula $Q* = 2DS/I$, onde $D$ = demanda anual, $S$ = custo de emissão de um pedido e $I$ – custo unitário anual de manutenção de estoque. Conhecida como fórmula de lote econômico, ela assume um custo constante para o pedido, um custo igualmente constante para a manutenção de um item adicional em estoque, uma demanda previamente conhecida e nenhuma concessão de descontos por unidade. Para maiores detalhes sobre este assunto, veja TERSINE, Richard J. *Principles of inventory and materials management.* Englewood Cliffs, NJ : Prentice Hall, 1994.

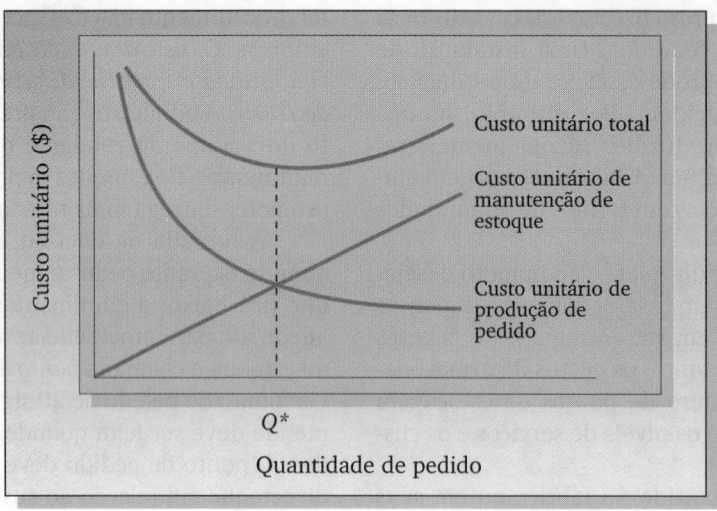

**Figura 19.4** *Determinação da quantidade ótima de pedido.*

O crescente interesse por *métodos de produção just in time* promete mudar as práticas de planejamento de estoque. A produção *just in time* consiste em um acordo para os suprimentos chegarem à fábrica à medida que forem necessários. Se os fornecedores forem confiáveis, o fabricante pode manter níveis de estoque mais baixos e ainda atender aos padrões de atendimento de pedidos exigidos pelos clientes. Consideremos o seguinte exemplo:

**TESCO**  A Tesco, grande rede britânica de supermercados, criou um sistema de logística de mercado *just in time* inovador. Sua administração desejava reduzir o custo de espaço de estocagem das lojas. O objetivo foi atingido ao adotar procedimentos de reposição de estoque duas vezes por dia. Normalmente, seria necessário o uso de três caminhões frigoríficos para entregar bens congelados, refrigerados e regulares por viagem. Com adoção de inovação, os administradores encomendaram novos caminhões com três compartimentos para transportar os três tipos de bens.

Para mais informações sobre *just in time,* veja o Capítulo 7.

**TRANSPORTE.**  Os profissionais de marketing precisam estar preocupados com as decisões de transporte de suas empresas. As escolhas de transporte afetarão o preço do produto, a pontualidade da entrega e as condições físicas de entrega dos bens que afetarão a satisfação do consumidor.

Ao despachar os produtos para seus depósitos, revendedores e consumidores, a empresa pode escolher entre cinco modos de transporte: ferroviário, aéreo, rodoviário, fluvial/marítimo e por dutos (*pipelines*). Os responsáveis pelo transporte de bens consideram critérios como velocidade, freqüência, dependência, capacidade, disponibilidade e custo. Se estiverem interessados em velocidade, os transportes aéreo e rodoviário são os preferidos. Se a meta for custo baixo, os transportes fluvial/marítimo e por dutos devem ser escolhidos. O transporte rodoviário preenche a maioria dos critérios, o que explica sua crescente participação.

Os responsáveis por transporte de bens estão cada vez mais combinando dois ou mais modos de transporte, graças à maior utilização de *containers.* Assim, os produtos são colocados em caixas ou engradados de fácil transferência entre dois modos de transporte. O modo *rodoferroviário* descreve o uso de trem e caminhão, o *aquaterrestre,* barco e caminhão, o *aquaferroviário,* barco e trem, e o *rodoaéreo,* caminhão e avião. Cada modo coordenado de transporte oferece vantagens específicas para a empresa que remete a carga. Por exemplo, o modo rodoferroviário é mais barato do que o rodoviário isolado, além de fornecer flexibilidade e conveniência.

Ao decidir sobre os modos de transporte, as empresas podem decidir entre transporte próprio, sob contrato e comum. No primeiro caso, a empresa possui seus próprios caminhões ou frota aérea. A *transportadora sob contrato* é uma organização independente que vende serviços de transporte a outras em base contratual. Uma *transportadora comum* fornece serviços entre pontos predeterminados em base programada e está disponível a todos os interessados, cobrando fretes padronizados.

As decisões de transporte devem levar em consideração as complexas vantagens e desvantagens entre os vários modos de transporte e suas implicações para outros elementos da distribuição, como armazenamento e estocagem. À medida que os custos de transporte se alteram com o passar do tempo, as empresas precisam reanalisar suas opções na busca da otimização do sistema de logística de mercado.[34]

## Responsabilidade organizacional pela logística de mercado

A experiência com a logística de mercado tem ensinado várias lições aos executivos. A primeira é que as empresas devem indicar um vice-presidente para coordenar todas as atividades de logística. Esse executivo deve ser responsável pelo desempenho logístico nos critérios de custos e de satisfação dos clientes. O propósito é administrar as atividades de logística de mercado para criar alta satisfação do cliente a custo razoável. Aqui estão dois exemplos:

**BURROUGHS** A Burroughs Corporation organizou o departamento de serviços de distribuição para centralizar o controle sobre suas atividades de logística de mercado. Esse departamento está subordinado ao vice-presidente de marketing em função da grande importância que a empresa atribui aos bons serviços aos clientes. Dois anos e meio após a criação do departamento, ela passou a economizar anualmente cerca de $ 2 milhões (sobre $ 200 milhões de vendas), além de aumentar o nível de serviços para suas filiais e clientes.

**SEARS** Em 1993, a Sears contratou William G. "Gus" Pagonis, general três estrelas que administrou o movimento de tropas e materiais durante a Operação Tempestade no Deserto, na Guerra do Golfo, como vice-presidente de logística de mercado. A contratação sinalizou claramente que a Sears via a logística de mercado como crítica em sua luta para recuperar seu sucesso no varejo. Antes dessa nova liderança, a empresa administrava 50 centros regionais de distribuição para a entrega domiciliar de eletrodomésticos e móveis. Hoje, os eletrodomésticos são estocados em sete depósitos, reduzindo em $ 300 milhões o custo de manutenção de estoque, além de diminuir a falta de itens em 70%.

Segundo, as estratégias de logística de mercado devem ser derivadas das estratégias do negócio, em vez de se limitarem apenas às considerações de custos. Terceiro, o sistema de logística deve ser intensivo de informações e estabelecer vínculos entre todas as partes significativas. Finalmente, a empresa deve estabelecer suas metas de logística para igualar ou exceder os padrões de serviços dos concorrentes e deve envolver participantes de todas as equipes relevantes do processo de planejamento de logística.

## RESUMO

1. O varejo inclui todas as atividades envolvidas na venda de bens ou serviços diretamente a consumidores finais para uso pessoal e não-empresarial. Os varejistas podem ser classificados em termos de varejo de loja, varejo sem loja e organizações de varejo.
Como os produtos, os tipos de lojas de varejo atravessam estágios de crescimento e declínio. À medida que as lojas existentes oferecem mais serviços para permanecerem competitivas, seus custos e preços aumentam, dando oportunidade para o surgimento de novas formas de varejo que oferecem um composto de produtos e serviços a preços mais baixos. Os principais tipos de lojas de varejo são as lojas de especialidades; lojas de departamentos; supermercados; lojas de conveniência; lojas de descontos; varejos de liquidação (lojas de fábrica, varejistas de liquidação independentes e clubes de atacado); superlojas (combinação de lojas e hipermercados); e *showrooms* de catálogo.

Embora a surpreendente maioria de bens e serviços seja vendida através de lojas, o varejo sem loja está crescendo mais rápido do que o varejo de loja. Os principais tipos de varejo sem loja são a venda direta (venda um a um, venda de um para muitos e marketing de multinível/rede); marketing direto; venda automática e serviços de compras.
Não obstante muitas lojas de varejo serem independentes, crescente número delas está tomando a forma de varejo corporativo. As organizações de varejo obtêm economia de escala em função de maior poder de compra, maior reconhecimento de marca e de funcionários melhor treinados. Os principais tipos de varejo corporativo são as redes corporativas, redes voluntárias, cooperativas de varejistas, cooperativas de consumidores e conglomerados de comercialização.

2. Como todas empresas, os varejistas devem preparar planos de marketing que incluam decisões sobre mercados-alvos, sortimento e compra de produtos,

---

34. Para um estudo das características de 117 empresas que lideram a vantagem competitiva logística, veja BOWERSOX, Donald J. et. al. *Leading edge logistics competitive positioning for the 1990's.* Oak Brook, Il : Council of Logistics Management, 1989. Veja também NOVACK, Robert A., LANGLEY JR., John, RINEHART, Lloyd M. *Creating logistics value.* Oak Brook, Il : Council on Logistics Management, 1995.

serviços e atmosfera de loja, preço, promoção e localização. Essas decisões devem levar em consideração as principais tendências do varejo: (1) surgimento de novas formas de varejo; (2) abreviação dos ciclos de vida dos varejos; (3) crescimento do varejo sem loja, (4) aumento da concorrência entre os diferentes tipos de varejistas; (5) crescente polaridade do varejo, com os varejistas polarizando-se nos extremos das linhas de produtos vendidas; (6) ascensão de varejistas superpoderosos/gigantes; (7) mudança da definição de compra em um único local; (8) crescimento do sistema de marketing vertical, com as grandes corporações ocupando o espaço das pequenas lojas; (9) tendência dos grandes varejistas programarem e lançarem novos formatos de loja destinados a diferentes grupos de estilo de vida; (10) ascensão da tecnologia de informações como ferramenta competitiva para administrar todas as facetas do processo de varejo; (11) expansão de muitas lojas domésticas para o mercado global; e (12) surgimento das lojas de varejo como centros comunitários.

3. O atacado inclui todas as atividades envolvidas na venda de bens ou serviços àqueles que compram para revenda ou uso industrial. Os fabricantes usam atacadistas porque estes podem desempenhar certas funções melhor do que eles próprios. Essas funções incluem venda e promoção, compra e formação de sortimento, quebra de lotes, armazenagem, transporte, financiamento, risco, informações de mercado e serviços de administração e consultoria.

Há quatro tipos de atacadistas: atacadistas puros (atacadistas que prestam serviços plenos, como atacadistas comerciais e distribuidores industriais e atacadistas que prestam serviços limitados, como atacadistas tipo "pague e leve", atacadistas volantes, atacadistas intermediários, atacadistas especia-

lizados, cooperativas de produtores e atacadistas de mala direta); agentes e corretores (incluindo agentes de fabricantes, agentes de venda, agentes de compra e agentes comissionados); filiais e escritórios de fabricantes e varejistas e atacadistas diversificados como entrepostos agrícolas e empresas leiloeiras.

Como os varejistas, os atacadistas devem decidir sobre mercados-alvos, sortimento de produtos e serviços, preço, promoção e localização. Os atacadistas mais bem-sucedidos são aqueles que adaptam seus serviços para atender às necessidades dos fornecedores e dos clientes-alvos, reconhecendo que existem para agregar valor ao canal.

4. Os fabricantes de bens físicos e serviços devem decidir sobre a logística de mercado – a melhor maneira de estocar e movimentar seus bens e serviços para os mercados destinados. A tarefa de logística é coordenar as atividades de fornecedores, compradores, fabricantes, profissionais de marketing, participantes de canal e consumidores. Os principais ganhos da eficiência logística decorrem dos avanços da tecnologia de informações. Embora o custo da logística de mercado possa ser elevado, um programa bem planejado pode ser uma ferramenta decisiva em marketing competitivo. A meta final da logística de mercado é atender às exigências dos consumidores de maneira eficiente e rentável.

Os gerentes de logística de mercado devem tomar quatro decisões: (1) Como os pedidos devem ser atendidos? (processamento de pedido); (2) Onde os depósitos devem ser localizados? (armazenagem); (3) Que nível de estoque deve ser mantido? (estoque) e (4) Como os bens devem ser despachados? (transporte). Muitas empresas têm criado um comitê permanente que se reúne periodicamente para desenvolver políticas visando à melhoria da eficiência de logística global.

## APLICAÇÕES CONCEITUAIS

1. Enquanto grandes lojas como a Home Depot, Wal-Mart e Toys "Я" Us têm obtido forte crescimento de vendas em anos recentes, a Kmart, The Gap e The Limited estão retrocedendo. Imagine algumas técnicas que esses varejistas (e outros, de modo geral) possam usar para manter o fluxo de consumidores em suas lojas.

2. O intercâmbio eletrônico de dados (EDI) possibilita que dois computadores em locais diferentes troquem

informações em linguagem de máquina. Quais são algumas das implicações dessa tecnologia para o setor de varejo?

3. Complete a matriz seguinte que mostra os diferentes níveis de serviço prestados por varejistas. Identifique um varejista importante em cada uma das categorias e indique se seu sortimento de produto é profundo, amplo ou superficial. Discuta a estratégia de posicionamento usada em cada nível.

| NÍVEL DE SERVIÇO | EXEMPLO | SORTIMENTO DE PRODUTO | | |
|---|---|---|---|---|
| | | PROFUNDO | AMPLO | SUPERFICIAL |
| *Varejos de loja:* | | | | |
| Loja de especialidades | | | | |
| (Linha limitada) | | | | |
| Loja de departamentos | | | | |
| Loja de variedades | | | | |
| Varejo de massa | | | | |
| Supermercado | | | | |
| Loja combinada | | | | |
| Hipermercado | | | | |
| Loja de descontos | | | | |
| Loja de liquidação | | | | |
| *Showroom* de catálogo | | | | |
| *Varejo sem loja:* | | | | |
| Venda direta | | | | |
| Venda pelo correio | | | | |
| Venda por televisão | | | | |
| Venda automática | | | | |
| Serviço de compra | | | | |
| *Organizações de varejo:* | | | | |
| Rede corporativa | | | | |
| Rede voluntária | | | | |
| Cooperativa de varejistas | | | | |
| Cooperativa de consumidores | | | | |
| Organização de franquia | | | | |
| Conglomerado de comercialização | | | | |

4. Tipicamente, os atacadistas não estão habituados a investir muito na parte promocional de seu composto de marketing. Por que a promoção tem sido uma área de fraca atuação dos atacadistas?

5. Um grande fabricante de bens de consumo está tendo problemas com seu sistema de distribuição física. Ele percebe que a solução está na reorganização de seu sistema de logística de mercado, mas não sabe como proceder. Sugira um plano que ajude a empresa a identificar e monitorar exatamente seus problemas.

6. Aplique o conceito de "roda de varejo" para o negócio de corretagem. Como este setor teve início? Como evoluiu e se modificou no decorrer dos anos? Onde o setor está agora posicionado?

7. A tecnologia está tornando-se cada vez mais importante na administração da logística de mercado. Uma das empresas líderes nessa área tem sido a Federal Express. Prepare um breve relatório (de duas a cinco páginas) resumindo as realizações de logística da FedEx.

8. Em duas de suas lojas de San Diego, a Montgomery Ward montou pontos de consultoria jurídica que fornecem orientação por uma taxa de $ 10. Os consumidores tiram suas dúvidas através de um telefone conectado a um escritório central de advocacia.
   a. A quem este serviço visou? (Considere os fatores demográficos das pessoas que compram na Montgomery Ward.)
   b. Que prováveis tipos de serviços jurídicos seriam oferecidos? Seriam simples ou complexos?
   c. Que tipos de atmosferas você recomendaria para o posto de consultoria jurídica?
   d. Qual a estratégia de preço adotada pela empresa?
   e. Quais os prováveis tipos de promoções usados para divulgar o serviço?

9. Por vários anos, a Gateway 2000 vem vendendo seus microcomputadores pelo correio. A empresa está agora considerando abrir suas próprias lojas de varejo. Discuta os fatores envolvidos no sucesso inicial das lojas. Onde elas devem ser localizadas? Uma vez abertas, como a Gateway pode avaliar as localizações escolhidas para suas lojas? Que outros fatores serão importantes para a empresa ser bem-sucedida no setor de varejo?

10. O custo de manutenção de estoque de uma empresa é de 30%. Uma gerente de marketing deseja aumentar o investimento em estoque de $ 400.000 para $ 500.000, acreditando que isso levaria a um crescimento de vendas de $ 120.000 em função da maior lealdade dos clientes e dos melhores serviços que seriam prestados. O lucro bruto sobre as vendas é de 20%. Vale a pena a empresa aumentar o investimento em estoque?

# 20 Desenvolvimento e Administração de Comunicações de Marketing Integrado

*Já foi o tempo em que as pessoas compravam sapatos para manter os pés secos e aquecidos. Elas compram sapatos em função do modo como eles as fazem sentir-se masculinas, femininas, vigorosas, diferentes, sofisticadas, jovens, na moda. Comprar sapatos tornou-se uma experiência emocional. Agora, nosso negócio é vender emoção, em vez de sapatos.*

FRANCIS C. ROONEY

Marketing moderno exige mais do que desenvolver um bom produto, estabelecer um preço atraente e torná-lo acessível aos consumidores-alvos. As empresas devem também comunicar-se com seus consumidores atuais e potenciais, varejistas, fornecedores, outros *stakeholders*\* e o público em geral. Inevitavelmente, qualquer empresa assume o papel de comunicadora e promotora. Para a maioria das empresas, o problema não é se elas devem ou não comunicar, mas, ao contrário, o que dizer, a quem e em que freqüência.

O *composto de comunicação de marketing* (também denominado *composto promocional*) consiste em cinco importantes modos de comunicação:

- *Propaganda.* Qualquer forma paga de apresentação impessoal e de promoção de idéias ou serviços por um patrocinador identificado.
- *Promoção de vendas.* Incentivos a curto prazo para encorajar a experimentação ou compra de um produto ou serviço.
- *Relações públicas e publicidade.* Uma variedade de programas preparados para promover e/ou proteger a imagem de uma empresa ou de seus produtos individuais.
- *Venda pessoal.* Interação face a face com um ou mais compradores potenciais com o propósito de fazer apresentações de vendas, responder a dúvidas e tirar pedidos.
- *Marketing direto.* Uso de correio, telefone, fax, *e-mail* e outras ferramentas de contato impessoal para comunicar ou solicitar resposta direta de consumidores ativos e potenciais.[1]

A Tabela 20.1 lista várias ferramentas específicas de comunicação. Graças às inovações tecnológicas, as pessoas podem agora comunicar-se por meio da mídia tradicional (jornais, rádio, telefone, televisão), bem como por novas formas de mídia (computadores, fax, telefones celulares e *pagers*). Ao reduzir os custos de comunicação, as novas tecnologias têm encorajado mais empresas a passar da comunicação de massa para comunicação mais dirigida e ao diálogo um a um. Como Marshall McLuhan observou: "O meio é a mensagem", isto é, a mídia afetará o conteúdo da mensagem.

Mas as empresas de comunicação vão além das ferramentas de comunicação mostradas na Tabela 20.1. O estilo e o preço do produto, a forma e a cor da embalagem, o comportamento e o traje do vendedor, o local da empresa, seus impressos – tudo isso comunica algo aos compradores. O composto de marketing global, não apenas o composto promocional, deve ser orquestrado para transmitir e definir o posicionamento estratégico pretendido pela empresa. No final do capítulo, discutiremos o movimento em direção às comunicações de marketing integrado.

Este capítulo examina três questões importantes:

- **Como a comunicação funciona?**
- **Quais as principais etapas do desenvolvimento de um programa de comunicações de marketing eficaz?**
- **Quem deve ser responsável pelo planejamento da comunicação de marketing?**

O Capítulo 21 trata de propaganda, promoção de vendas e relações públicas; o Capítulo 22, da força de vendas e venda pessoal e o Capítulo 23, de marketing direto e marketing *online*.

---

\* *Stakeholders.* Grupo de pessoas que têm interesse nas realizações da empresa, como acionistas, funcionários, ambientalistas, organizações comunitárias etc. (N.T.)

1. Estas definições foram adaptadas de BENNETT, Peter D. *Dictionary of marketing terms.* Chicago : American Marketing Association, 1995.

**Tabela 20.1** *Ferramentas comuns de comunicação.*

| PROPAGANDA | PROMOÇÃO DE VENDAS | RELAÇÕES PÚBLICAS | VENDA PESSOAL | MARKETING DIRETO |
|---|---|---|---|---|
| Anúncios impressos e de rádio e televisão | Concursos, sorteios, loterias | *Kits* para a imprensa | Apresentações de vendas | Catálogos |
| Anúncios em embalagens | Brindes | Apresentações ao vivo na imprensa | Convenções de vendas | Lista de clientes (*mailing lists*) |
| Encartes em embalagens | Amostras grátis | Seminários | Programas de incentivo | Telemarketing |
| Anúncios em projeções cinematográficas | Feiras e convenções | Relatórios anuais | Distribuição de amostras | Compra eletrônica |
| Catálogos e folhetos | Exposições | Doações de caridade | Feiras e convenções | Compra por televisão |
| Anuários | Demonstrações | Patrocínios | | Fax |
| Reproduções de anúncios | Cuponagem | Publicações | | *E-mail* |
| Cartazes luminosos | Descontos | Relações com a comunidade | | Correio de voz (*voice mail*) |
| Anúncios em lojas | Financiamento a juros baixos | *Lobbying* | | |
| *Displays* de ponto-de-venda | Entretenimento | Mídias especiais | | |
| Materiais audiovisuais | Promoções de trocas | Revista da empresa | | |
| Símbolos e logos | Programas de fidelização | Eventos | | |
| Videoteipes | Distribuição de adesivos | | | |

## Visão do Processo de Comunicação

Muito freqüentemente, as comunicações de marketing consistem em superar um hiato de consciência, imagem ou preferência do mercado-alvo. Entretanto, esta abordagem de comunicação apresenta várias limitações: visa a curto prazo, é muito cara e a maioria das mensagens desse tipo vai para o esquecimento.

Hoje, há um movimento para ver as comunicações como a *administração do processo de comportamento de compra no decorrer do tempo,* durante os estágios de pré-venda, venda, consumo e pós-consumo. Em razão de os consumidores serem diferentes, os programas de comunicações precisam ser desenvolvidos para segmentos específicos, nichos e mesmo para indivíduos. Dadas as novas tecnologias eletrônicas, as empresas não devem restringir-se apenas em saber como atingir seus consumidores, mas também em como encontrar maneiras de fazer com que eles as procurem.

Assim, o ponto de partida do processo de comunicação é providenciar uma auditoria de todas as interações os consumidores-alvos podem ter com o produto e a empresa. Por exemplo, alguém interessado em adquirir um microcomputador falaria com outras pessoas, veria anúncios na televisão, leria artigos em jornais e revistas e observaria o produto em uma loja. O profissional de marketing precisa avaliar quais dessas experiências e impressões terão a maior influência nos diferentes estágios do processo de compra. Esse entendimento o ajudará a alocar os recursos de comunicação da empresa mais eficientemente.

Para comunicar eficientemente, os profissionais de marketing precisam entender os elementos fundamentais da comunicação eficaz. A Figura 20.1 mostra um modelo de comunicação com nove elementos. Dois deles representam as partes principais da comunicação – o *emissor* e o *receptor.* Outros dois representam as principais ferramentas de comunicação – a *mensagem* e a *mídia.*

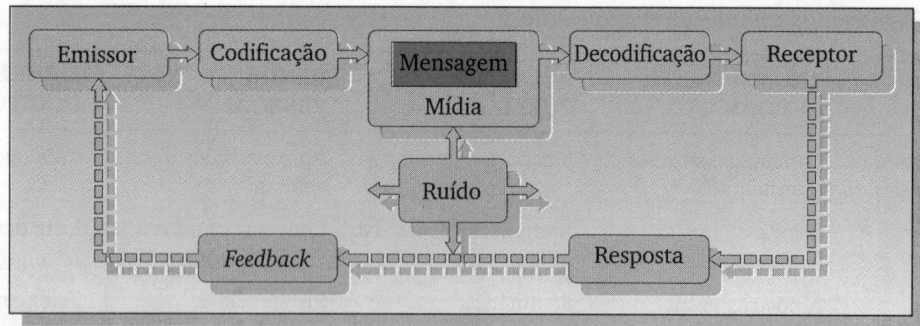

**Figura 20.1** *Elementos do processo de comunicação.*

Quatro representam as principais funções da comunicação – *codificação, decodificação, resposta* e *feedback*. O último elemento é o *ruído* do sistema (por exemplo, as mensagens ao acaso e as concorrentes que podem interferir na comunicação pretendida).[2]

O modelo destaca os fatores-chave da comunicação eficaz. Os emissores devem saber que audiências desejam atingir e que respostas esperam. Eles codificam suas mensagens de maneira que as mesmas levem em consideração como a audiência-alvo, geralmente, as decodifica. O emissor deve transmitir a mensagem por meio de mídia eficiente que atinja a audiência-alvo e desenvolver canais de *feedback* que lhe possibilite saber a resposta do receptor à mensagem.

Para uma mensagem ser eficaz, o processo de codificação do emissor deve estar engrenado com o processo de decodificação do receptor. Assim, as melhores mensagens são, essencialmente, sinais que sejam familiares ao receptor. Quanto maior o campo de experiência do emissor coincidir com o do receptor, maior será a probabilidade de a mensagem ser eficaz. Isto implica uma responsabilidade para os comunicadores de um estrato social (como os profissionais de propaganda) que desejam comunicar eficientemente com outro estrato (como operários de fábrica).

A tarefa do emissor é levar sua mensagem até o receptor. A audiência-alvo pode não receber a mensagem pretendida por qualquer das três razões seguintes:

- *Atenção seletiva.* As pessoas são bombardeadas diariamente por 1.600 mensagens comerciais, das quais 80 são conscientemente percebidas e cerca de 12 provocam alguma reação. Assim, o comunicador deve desenvolver a mensagem que venha a atrair a atenção, não obstante as distorções a sua volta. A atenção seletiva explica por que anúncios com títulos em negrito que prometem algo parecido com "Como ganhar um milhão de dólares", seguidos de ilustração atraente e pouco texto, têm maior proba-

bilidade de captar a atenção. Com pouco esforço, o receptor pode obter uma grande recompensa.

- *Distorção seletiva.* As pessoas podem distorcer a mensagem para ouvir o que desejam. Os receptores têm um conjunto de atitudes que levam a expectativas sobre o que ouvirão ou verão. Ouvirão aquilo que se ajustar a seu sistema de crenças. Como resultado, freqüentemente, acrescentam à mensagem coisas que não constam dela (*amplificação)* e não percebem outras coisas que estão contidas nela (*nivelamento)*. A tarefa do comunicador é esforçar-se pela simplicidade, clareza, interesse e repetição da mensagem para destacar os pontos principais junto à audiência.

- *Retenção seletiva.* As pessoas retêm no subconsciente apenas pequena fração da mensagem que as atinge. Para a mensagem atravessar o consciente do receptor e atingir seu subconsciente, depende de seu tipo e da intensidade de *repetição da mensagem.* A repetição não é apenas uma questão do número de exposições à mensagem; pelo contrário, o receptor elabora o significado das informações trazendo para o consciente as idéias que estão armazenadas no subconsciente. Se a atitude inicial do receptor em relação ao objeto for positiva e ele repetir os argumentos de apoio, a mensagem, provavelmente, será aceita e terá alta retenção. Se sua atitude inicial for negativa e a pessoa reagir contra a repetição, a mensagem, provavelmente, será rejeitada, mas ficará no subconsciente. Os argumentos contrários inibem a persuasão ao tornar uma mensagem oposta disponível. Grande parte da persuasão exige que o receptor exercite a repetição de suas próprias idéias. Muito do que é chamado persuasão nada mais é do que autopersuasão.[3]

O comunicador deve procurar os traços da audiência que se correlacionam com seu nível de persuasão e usá-los para orientar o desenvolvimento da mensagem e

---

2.  Para um modelo alternativo de comunicação desenvolvido especificamente para as comunicações de propaganda, veja STERN, Barbara B. A revised communication model for advertising: multiple dimensions of the source, the message, and the recipient. *Journal of Advertising,* p. 5-15, June 1994.

da mídia. Pessoas com alto nível educacional e/ou inteligência são consideradas como menos persuasíveis, embora a evidência ainda não esteja comprovada. Aquelas que aceitam padrões externos para orientar seu comportamento e que têm pouca autoconfiança parecem mais persuasíveis. Entretanto, a pesquisa de Cox e Batter mostrou uma relação curvilínea entre autoconfiança e persuasão, com os mais moderados em autoconfiança sendo os mais persuasíveis.[4]

Os comunicadores também precisam conhecer o nível de conscientização da audiência que está tentando persuadir. A pessoa que foi exposta a algumas tentativas de persuasão tem resposta diferente daquelas que ainda não ficaram expostas a tais tentativas.[5] Fiske e Hartley delinearam os fatores que influenciam a eficácia de uma comunicação:

1. Quanto maior o monopólio da fonte de comunicação sobre o receptor, maior será a mudança ou o efeito sobre o receptor em favor da fonte.
2. Os efeitos da comunicação são maiores quando a mensagem coincide com as opiniões, crenças e disposições do receptor.
3. A comunicação pode produzir mudanças mais eficazes sobre assuntos não familiares, pouco sensíveis e periféricos, que não estejam situados no centro do sistema de valores do receptor.
4. É mais provável que a comunicação seja eficaz quando se acredita que a fonte possui experiência, posição elevada, objetividade ou simpatia, mas, principalmente, quando tem poder e pode identificar-se com ele.
5. O contexto social, grupo ou grupo de referência mediará a comunicação e exercerá influência, quer ela seja ou não aceita.[6]

## DESENVOLVIMENTO DE COMUNICAÇÕES EFICAZES

Examinaremos agora as oito etapas do desenvolvimento de um programa de comunicação e promoção completo. O comunicador de marketing deve (1) identificar a audiência-alvo, (2) determinar os objetivos da comunicação, (3) desenvolver a mensagem, (4) selecionar os canais de comunicação, (5) definir o orçamento total de promoção, (6) decidir sobre o composto promocional, (7) mensurar os resultados da promoção e (8) administrar e coordenar o processo de comunicação de marketing integrado.

## Identificação da audiência-alvo

Um comunicador de marketing deve começar com uma audiência-alvo bem clara em sua mente. A audiência pode ser compradores potenciais dos produtos da empresa, usuários atuais, decisores ou influenciadores. A Audiência pode ser formada por indivíduos, grupos, públicos específicos ou público em geral. A audiência-alvo influenciará criticamente as decisões do comunicador sobre o que, como, quando, onde e a quem comunicar.

**Análise da Imagem.** Parte importante da análise da audiência é avaliar sua imagem atual em relação à empresa, seus produtos e seus concorrentes.

**IMAGEM é o conjunto de crenças, idéias e impressões que uma pessoa mantém em relação a um objeto. As atitudes e as ações de uma pessoa em relação a um objeto são altamente condicionadas pela imagem desse objeto.**

A primeira etapa é mensurar o conhecimento do objeto pela audiência-alvo usando a seguinte *escala de familiaridade*:

| Nunca ouvi falar | Ouvi um pouco | Conheço um pouco | Conheço razoavelmente | Conheço muito bem |
|---|---|---|---|---|

Se a maioria dos respondentes assinalar apenas as duas primeiras categorias, o desafio da empresa é tomar providências para aumentar o grau de conscientização da audiência.

Os respondentes que têm familiaridade com o objeto devem ser solicitados a dar sua opinião sobre ele, usando a seguinte *escala de favorabilidade:*

| Muito desfavorável | Um pouco desfavorável | Indiferente | Razoavelmente favorável | Muito favorável |
|---|---|---|---|---|

Se a maioria dos respondentes assinalar as duas primeiras categorias, a organização deve superar o problema de imagem negativa.

As duas escalas podem ser combinadas para se encontrarem *insights* sobre a natureza do desafio da co-

3.  Veja STERNTHAL, Brian, CRAIG, C. Samuel. *Consumer behavior*: an information processing perspective. Englewood Cliffs, NJ : Prentice Hall, 1982. p. 97-102.
4.  COX, Donald F., BAUER, Raymond A. Self-confidence and persuasibility in women. *Public Opinion Quarterly,* p. 453-466, Fall 1964; e HORTON, Raymond L. Some relationships between personality and consumer decision-making. *Journal of Marketing Research,* p. 233-246, May 1979.
5.  FRIESTAD, Marian, WRIGHT, Peter. The persuasion attempts. *Journal of Consumer Research,* p. 1-31, June 1994.
6.  Veja FISKE, John, HARTLEY, John. *Reading television.* Londres : Methuen, 1980. p. 79. Para informações sobre os efeitos da experiência na persuasão, veja também WILSON, J., SHERRELL, Daniel L. Source effects in communication and persuasion research: a meta-analysis of effect size. *Journal of the Academy of Marketing Science,* p. 101-112, Spring 1993.

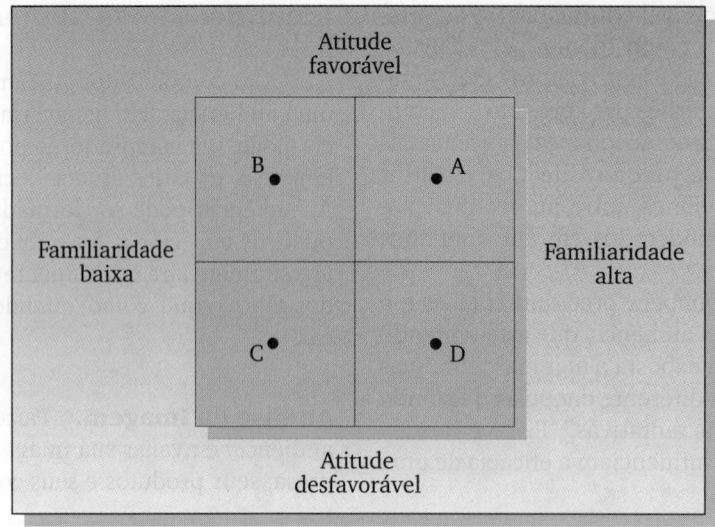

**Figura 20.2**  *Análise de familiaridade-favorabilidade.*

municação. Para ilustrar, suponhamos que os residentes de uma área são inquiridos sobre sua familiaridade e atitudes em relação a quatro hospitais locais, A, B, C e D. A média das respostas é mostrada na Figura 20.2. O hospital A tem imagem mais positiva: a maioria das pessoas o conhece e gosta dele. O hospital B é menos familiar para a maioria das pessoas, mas aquelas que o conhecem gostam dele. O hospital C é visto negativamente por aquelas que o conhecem, mas, felizmente para ele, poucas o conhecem. O hospital D é considerado ruim e todas as pessoas o conhecem!

Evidentemente, cada hospital enfrenta uma tarefa de comunicação diferente. O hospital A deve trabalhar para manter sua boa reputação e o alto índice de conhecimento pela comunidade. O hospital B deve atrair a atenção de maior número de pessoas, porque quem o conhece o considera um bom hospital. O hospital C deve descobrir por que as pessoas não o apreciam e tomar providências para melhorar seu desempenho. O hospital D deve, primeiramente, melhorar seu perfil e qualidade e, depois, procurar novamente a atenção do público.

Para enfrentar seus desafios, cada hospital precisa pesquisar o conteúdo específico de sua imagem. A ferramenta mais popular para esta pesquisa é a *escala diferencial semântica*.[7] Ela envolve as seguintes etapas:

1. *Desenvolvimento de um conjunto de dimensões relevantes.* O pesquisador solicita às pessoas que identifiquem as dimensões que usariam ao pensar sobre o objeto. Pode-se perguntar a elas: "Quais os fatos relevantes que você analisa ao escolher um hospital?" Se alguém sugere "a qualidade dos cuidados médicos", isso poderia ser convertido numa escala bipolar de cinco ou sete pontos, com "cuidados médicos in-

feriores" em um extremo e "cuidados médicos superiores" em outro. Um conjunto de dimensões adicionais para um hospital é mostrado na Figura 20.3.

2. *Redução do conjunto de dimensões relevantes.* O número de dimensões deve ser mantido pequeno para evitar o cansaço dos entrevistados. Há três tipos de escalas:
   - Escalas de avaliação (qualidades boa-má)
   - Escalas de potência (qualidades forte-fraca)
   - Escalas de atividade (qualidades ativa-passiva)
   Usando essas escalas como guia, o pesquisador pode remover as escalas redundantes que falham ao acrescentar muitas informações.

3. *Administração do instrumento de pesquisa em uma amostra de entrevistados.* Pede-se aos entrevistados que avaliem um objeto por vez. As dimensões de escala bipolar devem ser dispostas aleatoriamente para evitar que todas as dimensões desfavoráveis fiquem no mesmo lado.

4. *Cálculo da média dos resultados.* A Figura 20.3 mostra os resultados médios das imagens que os entrevistados têm dos hospitais A, B e C (o hospital D não foi considerado). A imagem de cada hospital é representada por uma linha vertical que resume a percepção média de cada hospital. Assim, o hospital A é visto como grande, moderno, cordial e com serviços médicos superiores. Por outro lado, o hospital C é visto como pequeno, antiquado, impessoal e com serviços médicos inferiores.

5. *Checagem da variância da imagem.* Uma vez que cada perfil de imagem é representado por uma linha de significados médios, ele não revela quanto a imagem é realmente variável. O hospital B é visto exatamente como mostrado ou houve variação consi-

---

7. A escala diferencial semântica foi desenvolvida por OSGOOD, C. E., SUCI, C. J., TANNENBAUM, P. H. *The measurement of meaning.* Urbana : University of Illinois Press, 1957.

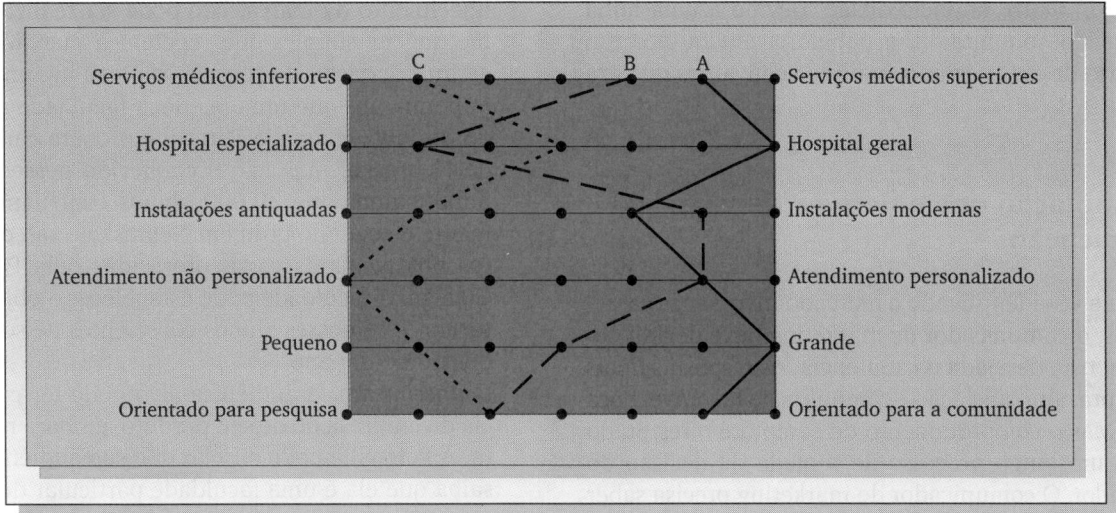

**Figura 20.3** *Imagens de três hospitais* (escala diferencial semântica).

derável? No primeiro caso, diríamos que a imagem é altamente *específica* e, no segundo caso, é altamente *difusa*. Uma organização pode não desejar uma imagem muito específica. Algumas preferem uma imagem difusa, de modo que grupos diferentes verão a organização de maneiras diferentes.

Agora, a administração deve propor uma imagem desejada, contrária à imagem atual. Suponhamos que o hospital C gosta que o público o veja mais favoravelmente na qualidade de seus serviços médicos, instalações, cordialidade, e assim por diante. Ela deve decidir qual a lacuna de imagem que deve primeiramente preencher. Seria mais desejável melhorar a cordialidade do hospital (por meio de programas de treinamento destinados aos funcionários) ou a qualidade de suas instalações (por meio de reformas no prédio)? Cada dimensão de imagem deve ser revista em termos das seguintes questões:

- Qual seria a contribuição para a imagem da organização ao ser sanado um aspecto negativo de imagem?
- Qual estratégia ajudaria a preencher uma lacuna específica de imagem? (combinação de mudanças reais e de mudanças na comunicação)
- Qual seria o custo de preencher essa lacuna de imagem?
- Quanto tempo demoraria para a mesma ser preenchida?

Basicamente, a organização deve decidir que posição deseja ocupar no mercado. O propósito não é preencher todas as lacunas, mas ser distintivamente melhor no que seu mercado-alvo valoriza.

Uma organização que procura melhorar sua imagem deve ter muita paciência. Imagens grudam como cola e persistem muito tempo após a mudança ser reali-

zada. Assim, os serviços médicos de um hospital podem estar deteriorados sem que isso o impeça de continuar sendo altamente considerado pelo público. A persistência de imagem é explicada pelo fato de que, uma vez que as pessoas tenham determinada imagem de um objeto, elas tendem a perceber seletivamente os dados posteriores. Percebem o que é consistente com a imagem que já possuem. Serão necessárias muitas informações para levantar dúvidas e abrir suas mentes para receber novas informações. Assim, uma imagem tem vida própria, principalmente quando as pessoas não têm experiência contínua ou de primeira mão com o objeto mudado. Este foi o caso da Thom McAn, empresa de calçados que procurava recuperar sua popularidade:

**THOM McAN** Durante seu sucesso entre os anos 30 e 60, a Thom McAn vendia sapatos bons e baratos e tornou-se a marca mais popular nos Estados Unidos. Todavia, em pesquisas de grupos-foco com consumidores dos anos 90, as palavras usadas para descrever a empresa eram *maçante*, *esquisita* e *antiquada*. Embora as pessoas ainda expressassem alguma simpatia pela marca, estavam preferindo comprar outras. Com faturamento de apenas $ 275 milhões, inferior aos $ 440 milhões de 1981, estava claro que a imagem da marca precisava ser revitalizada.

A empresa começou a mudar sua imagem de maneira não usual, ridicularizando sua própria imagem maçante. "Perdão por termos oferecido estilos de calçados tão antiquados" era o título de uma série de anúncios veiculados no metrô de New York, preparados para chamar à atenção para os novos e modernos sapatos da empresa. Sobre a foto de um caminhão em velocidade, lia-se o seguinte texto: "Durante anos nossos novos e atualizados sapatos eram desviados por um agente postal desgostoso, e abandonados sob uma ponte próxima a Chicago." Outro anúncio dizia: "Devido a uma falha acidental do computador, a papelaria enviou-nos um calendário de mesa errado, e ainda achávamos que era 1976."[8]

## Determinação dos objetivos de comunicação

Uma vez identificado o mercado-alvo e suas características, o comunicador de marketing deve decidir sobre a resposta desejada da audiência. As respostas finais são compra, alta satisfação e comunicação favorável boca a boca. Mas o comportamento de compra é o resultado final de um longo processo de tomada de decisão do consumidor. O comunicador de marketing precisa saber como mover a audiência-alvo para estados mais elevados de disposição de compra.

A empresa pode estar procurando uma resposta *cognitiva, afetiva* ou *comportamental* da audiência-alvo. Isto é, ela pode desejar colocar algo na mente do consumidor, mudar sua atitude ou levá-lo a agir de determinada forma. Mesmo aqui, há modelos diferentes de estágios de resposta do consumidor. A Figura 20.4 resume os quatro *modelos de hierarquia de resposta* mais conhecidos.

Todos esses modelos assumem que o comprador atravessa os estágios cognitivo, afetivo e comportamental, nesta ordem. Esta seqüência é conhecida como "aprendizado-percepção-ação" e é apropriada quando a audiência está altamente envolvida com uma categoria de produtos percebida por ter alta diferenciação, como no caso da compra de um automóvel. Uma seqüência alternativa é a de "ação-percepção-aprendizado", quando a audiência tem alto envolvimento, mas percebe alguma ou nenhuma diferenciação dentro da categoria de produtos, como na compra de esquadrias de alumínio. Uma terceira seqüência é a de "aprendizagem-ação-percepção", quando a audiência tem baixo envolvimento e percebe pouca diferenciação dentro da categoria de produtos, como no caso da compra de sal. Ao entender a seqüência apropriada, a empresa pode fazer um melhor trabalho de planejamento das comunicações.[9]

Aqui, assumiremos que o comprador tem alto envolvimento com a categoria de produtos e percebe alta diferenciação dentro dessa categoria. Por essa razão, trabalharemos com o modelo da *hierarquia de efeitos* (aprendizagem, percepção, ação, veja a segunda coluna da Figura 20.4) e descreveremos seis estados de disposição de compra – consciência, conhecimento, simpatia, preferência, convicção e compra:

- *Consciência.* Se a maior parte da audiência-alvo desconhecer o objeto, a tarefa do comunicador será criar consciência sobre o mesmo, talvez apenas o reco-

nhecimento da marca. Isto pode ser realizado com mensagens simples que repetem a marca. Mesmo assim, a criação de consciência leva algum tempo. Suponhamos que uma pequena faculdade do Estado de Iowa chamada Pottsville procura candidatos de Nebraska, mas não é conhecida nesse Estado. Suponhamos que 30.000 alunos concluam anualmente o segundo grau em Nebraska e são candidatos potenciais às vagas oferecidas pela Pottsville College. A faculdade pode estabelecer o objetivo de tornar 70% desses alunos conscientes de seu nome dentro de um ano.

- *Conhecimento.* A audiência-alvo pode ter consciência da empresa ou de seu produto, embora não muita. A Pottsville pode desejar que sua audiência-alvo saiba que ela é uma faculdade particular de quatro anos que oferece excelente curso de inglês, línguas estrangeiras e história. Assim, ela precisa saber quantas pessoas na audiência-alvo têm pouco, algum ou muito conhecimento sobre sua existência. Depois, pode decidir selecionar o conhecimento de seu produto como primeiro objetivo de comunicação.

- *Simpatia.* Se os participantes da audiência-alvo conhecem o produto, qual sua percepção sobre ele? Se a audiência tiver percepção desfavorável, o comunicador tem que descobrir o porquê para desenvolver uma campanha que desperte sentimentos contrários. Se a percepção desfavorável estiver baseada em problemas reais da faculdade, uma campanha de comunicação isolada não será suficiente. A Pottsville terá que resolver seus problemas e, depois, comunicar que sua qualidade foi restabelecida. Boas relações públicas exigem "boas realizações, acompanhadas de palavras agradáveis".

- *Preferência.* A audiência-alvo pode gostar do produto, mas preferir outros a ele. Nesse caso, o comunicador deve tentar criar a preferência do consumidor. O comunicador promoverá a qualidade, valor, desempenho e outras características do produto. Pode checar o sucesso da campanha, mensurando as preferências da audiência após sua realização.

- *Convicção.* Uma audiência-alvo pode preferir um produto específico, mas não desenvolver a convicção de comprá-lo. Assim, alguns concluintes do segundo grau podem preferir a Pottsville, mas não estar convictos de que desejam matricular-se nela. O trabalho do comunicador é criar a convicção de que entrar nesta faculdade é a decisão correta a ser tomada.

- *Compra.* Finalmente, alguns participantes da audiência-alvo podem ter convicção da matrícula, mas não estar ainda dispostos a matricular-se. Podem estar esperando por mais informações ou planejan-

8. LEVINE, Joshua. *Please excuse our shoe styles of the past. Forbes*, p. 64, 2 Jan. 1995.
9. Veja RAY, Michael L. *Advertising and communications management*. Englewood Cliffs, NJ : Prentice Hall, 1982.

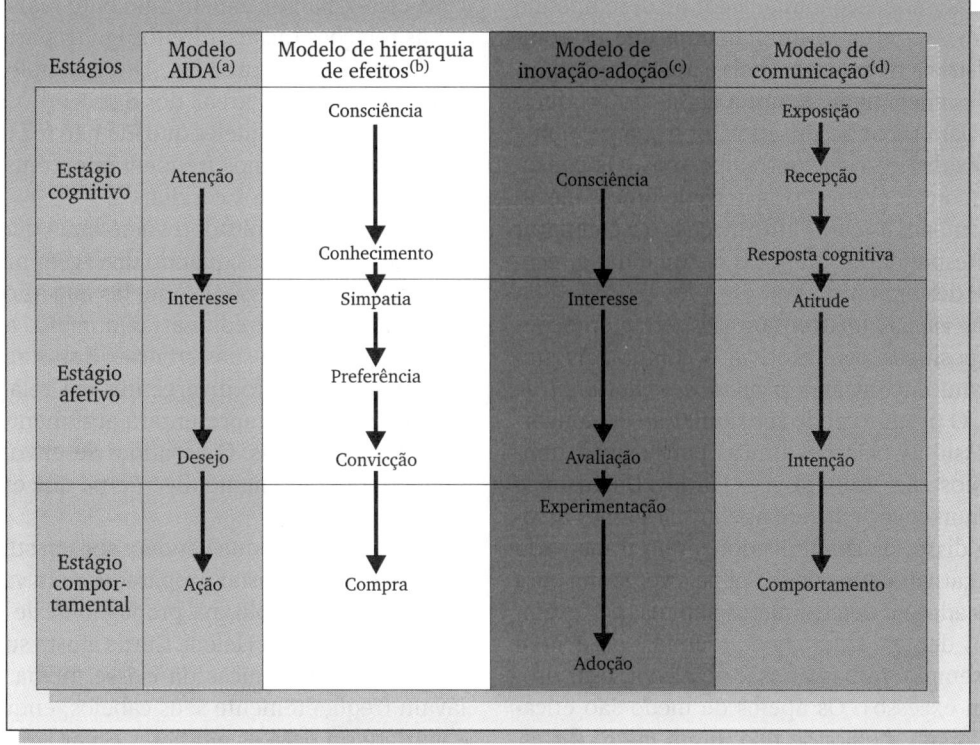

| Estágios | Modelo AIDA[a] | Modelo de hierarquia de efeitos[b] | Modelo de inovação-adoção[c] | Modelo de comunicação[d] |
|---|---|---|---|---|
| Estágio cognitivo | Atenção | Consciência ↓ Conhecimento | Consciência | Exposição ↓ Recepção ↓ Resposta cognitiva |
| Estágio afetivo | Interesse ↓ Desejo | Simpatia ↓ Preferência ↓ Convicção | Interesse ↓ Avaliação | Atitude ↓ Intenção |
| Estágio comportamental | Ação | Compra | Experimentação ↓ Adoção | Comportamento |

**Fontes:** (a) STRONG, E. K. *The psychology of selling.* New York : McGraw Hill, 1925. p. 9; (b) LAVIDGE, Robert J., STEINER, Gary A. A model for predictive measurements of advertising effectiveness. *Journal of Marketing,* p. 61, Oct. 1961; (c) ROGERS, Everett M. *Diffusion of innovation.* New York : Free Press, 1962. p. 79-86; (d) várias outras fontes.

**Figura 20.4** *Modelos de hierarquia de respostas.*

do adiar a decisão. O comunicador deve levar esses consumidores à decisão final. As ações podem incluir oferecer o produto a preço baixo, fixar um prêmio ou deixar que os consumidores assistam a algumas aulas antes de decidir-se matricular. A Pottsville pode convidar grupos selecionados de alunos para visitarem o *campus* e assistirem a algumas aulas ou oferecer bolsas de estudos parciais aos alunos carentes.

## Desenvolvimento da mensagem

Uma vez definida a resposta desejada da audiência, o comunicador deve desenvolver uma mensagem eficaz. Idealmente, a mensagem deve atrair a *atenção*, manter o *interesse*, despertar o *desejo* e conduzir à *ação* (*modelo AIDA* – veja a primeira coluna da Figura 20.4). Na prática, poucas mensagens guiam o consumidor desde o conhecimento até a compra, mas a estrutura AIDA sugere as qualidades desejáveis.

A formulação da mensagem exigirá a solução de quatro problemas: o que dizer (conteúdo da mensagem), como dizer corretamente (estrutura da mensagem), como dizer simbolicamente (formato da mensagem) e quem deve dizê-la (fonte da mensagem).

**CONTEÚDO DA MENSAGEM.** O comunicador tem que imaginar o que vai dizer à audiência-alvo para produzir a resposta desejada. Na era de marketing de massa, ensinou-se que uma mensagem funcionaria para todas as pessoas. Hoje, sabemos que pessoas diferentes procuram benefícios diferentes no mesmo produto. Elas estão prestando menos atenção à propaganda massiva em função da pressão de tempo e de suas crenças de que muitas marcas são iguais. Estão "surfando" entre os canais de televisão e programando a sintonização de suas estações de rádio preferidas. Assim, o desafio é criar mensagens que atrairão a atenção de grupos-alvos específicos. Por exemplo, a Creative Artists, agência de propaganda da Coca-Cola, produziu um *pool* de comerciais destinado a diferentes segmentos de mercado. Os gerentes locais e globais da Coca-Cola decidem que comerciais funcionam melhor em cada segmento-alvo.

Ao determinar o melhor conteúdo da mensagem, a administração busca um *apelo, idéia* ou *proposição única de venda.* Isto significa formular algum tipo de benefício, motivação, identificação ou razão por que a audiência deve considerar ou investigar o produto. Há três tipos de apelos: racional, emocional e moral.

Os *apelos racionais* atraem o auto-interesse da audiência. Mostram que o produto proporcionará os benefícios anunciados. São exemplos as mensagens que de-

DESENVOLVIMENTO E ADMINISTRAÇÃO DE
COMUNICAÇÕES DE MARKETING INTEGRADO

monstram a qualidade, economia, valor ou desempenho de um produto. Acredita-se amplamente que os compradores industriais respondem mais a apelos racionais. Eles possuem conhecimento sobre a classe do produto, são treinados para reconhecer seu valor e sua escolha é levada em consideração por outras pessoas. Os consumidores, quando compram certos itens de preços elevados, tendem também a reunir informações e a comparar alternativas. Responderão a apelos de qualidade, economia, valor e desempenho.

Os *apelos emocionais* tentam despertar emoções negativas ou positivas para motivar a compra. As empresas procuram encontrar a *proposição emocional de venda* correta. O produto pode ser similar ao do concorrente, mas possui associações únicas para os consumidores (exemplos são Rolls Royce, Harley Davidson e Rolex); as comunicações devem apelar para essas associações. Além disso, os comunicadores têm trabalhado com apelos negativos como medo, culpa e vergonha para que as pessoas adotem determinados hábitos (por exemplo, escovar os dentes, fazer *checkup* anual) ou evitem outros (por exemplo, fumar, abusar do álcool, usar drogas, comer em excesso). Os apelos de medo são eficazes, mas funcionam melhor se não forem muito fortes. Evidências de pesquisas indicam que nem os apelos extremamente fortes, nem os extremamente fracos são tão eficazes quanto os moderados para produzir adesão a uma recomendação. Ademais, os apelos de medo funcionam melhor quando a credibilidade da fonte é alta. O apelo de medo também é mais eficiente quando o comunicador promete atenuar, de maneira eficiente, o medo que ela desperta.[10]

Os comunicadores também usam apelos emocionais positivos como humor, amor, orgulho e prazer. Entretanto, não há ainda evidência de que a mensagem de humor é necessariamente mais eficaz do que uma versão direta da mesma mensagem. Provavelmente, as mensagens de humor atraem mais a atenção e criam mais simpatia e crédito no emissor. Cliff Freeman, o redator responsável pela personagem "Pequeno Cesar" do anúncio de humor "Pizza, Pizza" e da venerável campanha "Onde está o bife?", da Wendy's, defende que "o humor é um grande artifício para a aceitação inicial de um comercial. Quando você faz as pessoas sorrirem, e elas se sentem bem após ver o comercial, gostam da associação com o produto". Entretanto, outras pessoas afirmam que o humor pode prejudicar a compreensão do anúncio, desgastar sua rápida aceitação inicial e ofuscar o produto.[11]

Os *apelos morais* são dirigidos para o que a audiência julga certo e apropriado. Freqüentemente, são usados para exortar as pessoas a apoiarem causas so-

ciais como manter o meio ambiente mais limpo, melhorar as relações raciais, direitos iguais para as mulheres e ajuda aos desafortunados. Um exemplo é o apelo da March of Dimes (Marcha dos dez centavos): "Deus o fez completo. Ajude aqueles que Ele não fez assim." Os apelos morais são menos freqüentemente usados em associação com produtos cotidianos.

Alguns comunicadores acreditam que as mensagens são mais persuasivas quando divergem moderadamente das crenças das pessoas. Aquelas que afirmam apenas o que a audiência acredita atraem menos a atenção e, no máximo, reforçam suas crenças. Entretanto, se as mensagens forem muito divergentes em relação às crenças da audiência, esta apresentará argumentos contrários e desacreditará delas. O desafio é desenvolver uma mensagem moderadamente divergente que evite os dois extremos.

As empresas que vendem seus produtos em países diferentes devem estar preparadas para variar suas mensagens. Por exemplo, na propaganda de produtos para cuidar do cabelo, a Helene Curtis ajusta suas mensagens. As mulheres britânicas da classe média, por exemplo, lavam freqüentemente seus cabelos, enquanto o oposto é verdadeiro para as mulheres espanholas. As mulheres japonesas também evitam lavar muito seus cabelos temendo a remoção dos óleos protetores. Para mais detalhes sobre o desenvolvimento de comunicações para mercados globais, veja a seção *Insight* de Marketing intitulada "Algumas forças a serviço da propaganda e da promoção globais".

**ESTRUTURA DA MENSAGEM.** A eficácia de uma mensagem depende tanto de sua estrutura, quanto de seu conteúdo. A pesquisa de Hovland em Yale trouxe muita luz para chegar-se a uma conclusão, tanto com relação a argumentos unilaterais e bilaterais, quanto à ordem de apresentação.

Algumas pesquisas experimentais anteriores apontavam ser mais eficaz tirar as conclusões para a audiência. Entretanto, uma pesquisa recente indica que os melhores anúncios levantam questões e deixam que a audiência tire suas próprias conclusões.[12] A apresentação de conclusão pode causar reações negativas nas seguintes situações:

- Se o comunicador for visto com reservas, a audiência pode ficar ressentida com a tentativa de ser influenciada.
- Se o assunto for simples ou a audiência inteligente, esta pode ficar aborrecida com a tentativa de se explicar o óbvio.

10. Para referências a artigos de pesquisa sobre apelos de medo, veja SOLOMON, Michael R. *Consumer behavior*. 3. ed. Upper Saddle River, NJ : Prentice Hall, 1996. p. 208-210.
11. GOLDMAN, Kevin. Advertising: knock, knock. Who's there? The same old funny ad again. *The Wall Street Journal*, 2 Nov. 1993, B10:4. Veja também WEINBERGER, Marc G., SPOTTS, Harlan, CAMPBELL, Leland, PARSONS, Amy L. The use and effect of humor in different advertising media. *Journal of Advertising Research*, p. 44-55, May/June 1995.
12. Veja ENGEL, James F., BLACKWELL, Roger D., MINARD, Paul W. *Consumer behavior*. 8. ed. Forth Worth, TX : Dryden, 1994.

## INSIGHT DE MARKETING — Algumas forças a serviço da propaganda e da promoção globais

As empresas multinacionais enfrentam inúmeros desafios ao desenvolver seus programas de comunicações globais. Primeiro, devem decidir se os anúncios serão criados na matriz ou localmente. Por exemplo, a Nike favorece um programa padronizado de anúncios globais desenvolvidos em sua matriz, com algumas pequenas modificações em cada mercado. Em contraste, a Reebok favorece comerciais diferentes que usam temas locais. A Gillette optou por uma campanha de propaganda global quando lançou seu aparelho de barbear Sensor em 19 países ("Gillette: o melhor que um homem pode obter"). Por sua vez, a Hewlett Packard delega a maioria das decisões de propaganda às filiais locais, sujeitas a certa identidade da empresa, a padrões de *design* e a orçamentos.

Mesmo que se uma empresa favoreça a padronização corporativa, as restrições legais podem forçar a adaptação. A Itália e a Irlanda restringem ou vetam anúncios de certos produtos farmacêuticos. A Holanda e a Inglaterra proíbem o anúncio de cigarro em rádio e televisão e a Itália, em todas as mídias. O uso de sorteios é totalmente vetado na Áustria e Alemanha.

Além disso, em razão de a disponibilidade de mídia variar de país para país, os compostos de mídia de propaganda devem, freqüentemente, ser modificados. Não há televisão comercial na Noruega, Dinamarca, Suécia e Arábia Saudita. Na Alemanha, o tempo destinado aos comerciais de televisão é limitado a 40 minutos diários e é apresentado em blocos para não interromper os programas. Como resultado, os índices de audiência dos comerciais são muito baixos.

Entretanto, os canais de TV por satélite tornam os governos menos habilitados para restringir a veiculação de comerciais. O Sky e o Super Channel atingem dezenas de milhões de pessoas, transmitem em vários idiomas e apresentam entre seus anunciantes empresas como Nike, Coca-Cola e Gillette. O fato de a televisão por satélite poder atingir grandes audiências tem levado mais anunciantes a favorecerem euromarcas e marcas globais em campanhas padronizadas. A Campbell's lançou uma nova euromarca, a Biscuits Maison, simultaneamente na França, Alemanha, Bélgica e Holanda. A Johnson & Johnson lançou o analgésico Dolormin como uma euromarca. A Revlon está providenciando o desenvolvimento de uma marca global para todos seus produtos.

---

- Se o assunto for altamente pessoal, a audiência pode ficar ressentida com a tentativa do próprio comunicador em tirar sua própria conclusão.

Uma conclusão muito explícita pode limitar a aceitação de um produto. Se a Ford tivesse insistido em que o Mustang era um carro para jovens, essa definição forte poderia ter bloqueado outros grupos etários que fossem atraídos pelo veículo. Assim, a *ambigüidade de estímulo* pode levar a uma definição mais ampla de mercado e a usos mais espontâneos de certos produtos. A apresentação da conclusão parece ser mais adequada para produtos complexos e especializados, para os quais se prevê um uso claro e exclusivo.

Alguém poderia pensar que as *apresentações laterais* seriam mais eficazes do que as *argumentações bilaterais* que também mencionam as limitações do produto. Todavia, as mensagens bilaterais podem ser mais apropriadas em certas situações, principalmente quando alguma associação negativa deve ser superada. Nesta direção, a Heinz preparou a mensagem "O *ketchup* Heinz é muito bom quando consumido lentamente" e a Listerine tira o mau cheiro da boca duas vezes por dia.[13] Aqui estão algumas constatações:[14]

- As mensagens unilaterais funcionam melhor com audiências já predispostas a aceitar a posição do comunicador e os argumentos bilaterais funcionam melhor com audiências que se opõem ao comunicador.
- As mensagens bilaterais tendem a ser mais eficazes com audiências mais bem-educadas.
- As mensagens bilaterais tendem a ser mais eficazes com audiências que, provavelmente, estejam expostas à propaganda contrária.

13. Veja CROWLEY, Ayn E., HOYER, Wayne D. An integrative framework for understanding two-sided persuasion. *Journal of Consumer Research*, p. 561-574, Mar. 1994.
14. Veja HOVLAND, C. I., LUMSDAINE, A. A., SHEFFIELD, F. D. *Experiments on mass communication*, v. 3. Princeton, NJ : Princeton University Press, 1948. Cap. 8; e CROWLEY e HOYER, Op. cit. Para um ponto de vista alternativo, veja BELCH, George E. The effects of message modality on one-and two-sided advertising messages. In: BAGOZZI, Richard P., TYBOUT, Alice M. (Org.). *Advances in consumer research*. Ann Arbor, MI : Association for Consumer Research, 1983. p. 21-26.

Finalmente, a ordem em que os argumentos são apresentados é importante.[15] No caso da mensagem unilateral, a apresentação do argumento mais forte em primeiro lugar tem a vantagem de captar a atenção e o interesse da audiência. Isto é importante nos jornais e outras mídias em que a audiência não vê a mensagem completa. Entretanto, ela implica uma apresentação de anticlima. Com uma audiência cativa, uma apresentação com clima pode ser mais eficaz. No caso de uma mensagem bilateral, a questão é se o argumento positivo deve ser apresentado em primeiro lugar ou por último. Se a audiência estiver inicialmente oposta, o comunicador deve começar com o argumento que a favorece e concluir com seu argumento mais forte.[16]

**FORMATO DA MENSAGEM.** O comunicador deve desenvolver um formato forte para a mensagem. Em um anúncio impresso, deve decidir sobre o título, texto, ilustrações e cores. Se a mensagem for veiculada por rádio, o comunicador tem que escolher cuidadosamente as palavras, a qualidade de voz (velocidade da fala, ritmo, tonalidade, articulação das palavras) e a vocalização (pausas, suspiros, bocejos). O "som" de um locutor promovendo um carro usado tem de ser diferente de outro que vende um Cadillac novo. Se a mensagem for veiculada por televisão ou pessoalmente, todos esses elementos, mais a expressão corporal, devem ser planejados. Os apresentadores devem estar atentos a sua expressão facial, aos gestos, assim como à postura e ao estilo de cabelo. Se a mensagem for transmitida por um produto ou sua embalagem, o comunicador deve prestar a atenção à cor, textura, odor, tamanho e à forma.

A cor exerce papel de comunicação importante nas preferências do público em relação a alimentos. Quando uma amostra de mulheres experimentou quatro xícaras de café colocadas ao lado de embalagens nas cores marrom, azul, vermelha e amarela (todos os cafés eram idênticos e desconhecidos das donas-de-casa), 75% delas acharam que o café posto ao lado da embalagem marrom tinha um gosto mais forte, quase 85% confirmaram que o café ao lado da embalagem vermelha era mais saboroso, quase todas acharam que o café ao lado da embalagem azul era mais suave e que o café próximo à embalagem amarela era mais fraco.

**FONTES DA MENSAGEM.** As mensagens emitidas por fontes atraentes alcançam índices mais altos de atenção e retenção. Freqüentemente, os anunciantes usam celebridades como porta-vozes. São exemplos Michael Jordan (Nike), Candice Bergen (Sprint) e Cindy Crawford (Revlon). Provavelmente, as celebridades são mais eficazes quando personificam um atributo-chave do produto. Entretanto, é igualmente importante que o porta-voz tenha credibilidade. As mensagens emitidas por fontes de alta credibilidade são mais persuasivas. As empresas farmacêuticas desejam que médicos dêem testemunhos sobre os benefícios de seus produtos porque eles têm alta taxa de credibilidade. As cruzadas antidrogas usam ex-viciados para alertar alunos do segundo grau contra as drogas porque têm credibilidade maior do que os professores.

Que fatores dão sustentação à credibilidade da fonte? Os três fatores mais freqüentemente identificados são: especialização, confiabilidade e simpatia.[17] *Especialização* é o conhecimento específico dominado pelo comunicador para sustentar uma afirmação. Médicos, cientistas e professores são reconhecidos como especialistas em suas respectivas áreas. A *confiabilidade* está relacionada à objetividade e honestidade da fonte. Confia-se mais em amigos do que em estranhos e vendedores.[18] A *simpatia* descreve a atratividade da audiência em relação à fonte. Qualidades como sinceridade, humor e naturalidade tornam uma fonte mais simpática. Assim, a fonte com mais credibilidade seria uma pessoa que tivesse alta pontuação nas três dimensões.

Se uma pessoa tem uma atitude positiva em relação a uma fonte e uma mensagem ou uma atitude negativa em relação a ambas, diz-se haver um estado de *coerência*. O que acontece se uma pessoa tem uma atitude em relação à fonte e outra em relação à mensagem? Suponhamos que uma dona-de-casa ouve uma celebridade simpática elogiar uma marca que ela não gosta. Osgood e Tannenbaum afirmam que *a mudança de atitude ocorrerá em direção ao aumento da coerência entre as duas avaliações*.[19] A dona-de-casa acabará por respeitar a celebridade um pouco menos e respeitar a marca um pouco mais. Se ela encontrar a mesma celebridade louvando outras marcas que ela também não gosta, é provável que desenvolva uma imagem negativa da celebridade e mantenha atitudes negativas em relação às marcas. O *princípio da coerência* diz que os comunicadores podem usar suas boas imagens para reduzir alguns sentimentos negativos em relação a uma marca, mas no processo pode perder alguma consideração da audiência.

15. HAUGTVEDT, Curtis P., WEGENER, Duane T. Message order effects in persuasion: an attitude strenght perspective. *Journal of Consumer Research*, p. 205-218, June 1994; UNNAVA, H. Rao, BURNKRANT, Robert E., EREVELLES, Sunil. Effects of presentation order and communication modality on recall and attitude. *Journal of Consumer Research*, p. 481-490, Dec. 1994.
16. Veja STERNTHAL e CRAIG. Op. cit. p. 282-284.
17. KELMAN, Herbert C., HOVLAND, Carl I. Reinstatement of the communication modality on recall and attitude. *Journal of Consumer Research*, p. 481-490, Dec. 1994.
18. MOORE, David J., MOWEN, John C., REARDON, Richard. Multiple sources in advertising appeals: when product endorsers are paid by the advertising sponsor. *Journal of the Academy of Marketing Science*, p. 234-243, Summer 1994.
19. OSGOOD, C. E., TANNEMBAUM, P. H. The principles of congruity in the prediction of attitude change. *Psychological Review*, 62, p. 42-55, 1955.

## Seleção de canais de comunicação

O comunicador deve selecionar canais eficientes de comunicação para veicular a mensagem. Em muitos casos, muitos canais diferentes devem ser usados. Por exemplo, os representantes dos laboratórios farmacêuticos podem, raramente, tomar mais de dez minutos do tempo de um médico ocupado. Sua apresentação deve ser clara, rápida e convincente. Isso torna as visitas desses representantes extremamente caras, obrigando os laboratórios a encontrar outros recursos para ampliar sua bateria de canais de comunicação. Inclui a veiculação de anúncios em jornais, envio de mala direta (incluindo fitas de áudio e de vídeo), encaminhamento de amostras grátis e até telemarketing. Os laboratórios farmacêuticos patrocinam conferências clínicas e convidam e remuneram médicos para passarem um fim de semana ouvindo, pela manhã, colegas renomados enaltecerem as vantagens de certos medicamentos e, à tarde, são convidados a jogar golfe ou tênis. As empresas também providenciam teleconferências noturnas, em que os médicos são convidados a discutir por telefone um problema comum com um especialista. Outra prática é promover almoços ou jantares com pequenos grupos de médicos. Todas essas abordagens são adotadas na esperança de desenvolvimento da preferência dos médicos a um agente terapêutico com marca que pode não ser muito diferente do produto genérico.

Os canais de comunicação são de dois tipos amplos: *pessoal* e *impessoal*. Dentro de cada um deles são encontrados muitos subcanais:

CANAIS DE COMUNICAÇÃO PESSOAL. Envolvem duas ou mais pessoas comunicando-se diretamente entre si. Elas podem comunicar-se face a face, corpo a corpo com a audiência, por telefone ou pelo correio. Os canais de comunicação pessoal são considerados eficazes pelas oportunidades que têm de individualizar a apresentação e o *feedback*.

Pode-se fazer distinção entre canais de comunicação persuasiva, especialistas e sociais. Os *canais de comunicação persuasiva* são formados pelos vendedores da empresa que contatam compradores no mercado-alvo. Os *canais especialistas* são constituídos por pessoas independentes, de notória especialização, que fazem declarações aos compradores-alvo. Os *canais sociais* são representados por vizinhos, amigos, familiares e colegas que falam a compradores-alvo. Em um estudo que envolveu 7.000 consumidores em sete países europeus, 60% afirmaram que eram influenciados a usar uma nova marca por familiares e amigos.[20]

Muitas empresas estão-se tornando conscientes do poder do "fator conversação" ou da "comunicação boca a boca" procedente de canais especialistas e sociais para gerar novos negócios. Elas estão procurando maneiras de estimular esses canais para fornecerem recomendações para seus produtos e serviços. Por exemplo, Regis McKenna aconselha uma empresa de *software* a lançar um novo produto, primeiramente para a imprensa especializada, líderes de opinião, analistas financeiros e a outros que podem fazer divulgação boca a boca favorável; depois, aos revendedores, e, finalmente, aos consumidores.[21] A MCI atraiu consumidores ao lançar o programa Amigos e Família, que encoraja os usuários a pedir a seus amigos e familiares que usem os serviços de telefonia da empresa, beneficiando-se, assim, das tarifas mais baixas proporcionadas pelo programa. Algumas empresas estão adotando o tema "comunicação boca a boca" em suas campanhas de propaganda. Para mais informações sobre esse tópico, veja a seção *Insight* de Marketing intitulada "Desenvolvendo canais de referência boca a boca para fazer negócios".

A influência pessoal exerce grande peso, principalmente, em duas situações: uma é com produtos caros, que envolvem risco ou são comprados esporadicamente. Nessa situação, os compradores, provavelmente, irão além das informações divulgadas pela mídia de massa para ouvir as opiniões de especialistas e pessoas conhecidas. A outra situação ocorre quando o produto sugere algo sobre o *status* ou o gosto do usuário. Nesse caso, os compradores consultarão outras pessoas para evitar constrangimentos.

As empresas podem tomar várias providências para estimular os canais de influência pessoal a trabalhar em seu favor:

- *Identificar indivíduos e empresas influentes e dedicar-lhes esforço extra.*[22] Na venda industrial, o setor industrial inteiro pode seguir a empresa líder de mercado na adoção de inovações. Os primeiros esforços de vendas devem ser focados na líder de mercado.
- *Criar líderes de opinião oferecendo o produto em condições atraentes a certas pessoas.* Uma nova raquete de tênis pode ser oferecida inicialmente aos integrantes de equipes colegiais de tênis a um preço es-

20. KIELY, Michael. Word-of-mouth marketing. *Marketing,* p. 6, Sept. 1993.
21. Ver McKENNA, Regis. *The Regis touch.* Reading, MA: Addison-Wesley, 1985; e McKENNA, Regis. *Relationship marketing.* Reading, MA : Addison-Wesley, 1991.
22. Michael Cafferky identificou quatro tipos de pessoas que as empresas tentam atingir para estimular as referências favoráveis boca a boca: líderes de opinião, especialistas de marketing, influenciadores e entusiastas por produto. *Líderes de opinião* são pessoas amplamente respeitadas em grupos sociais definidos, como, por exemplo, líderes de moda. Têm relações sociais amplas e relevantes, forte credibilidade e alta propensão a conversar. *Especialistas de marketing* são pessoas que dedicam muito tempo para conhecer as melhores oportunidades de compra (valores) disponíveis no mercado. *Influenciadores* são pessoas social e politicamente ativas; procuram saber o que está ocorrendo no mercado e influenciam o curso dos eventos. *Entusiastas de produto* são pessoas reconhecidas como *experts* em determinada categoria de produto, como consultores de arte, música e computadores. Veja *Let your customers do the talking.* Chicago: Dearborn Financial Publishing, 1995. p. 30-33.

pecial. A empresa esperaria que os tenistas brilhantes conversassem sobre a raquete com compradores potenciais.

- *Trabalhar com pessoas influentes na comunidade, como disk jockeys, presidentes de associações e clubes e presidentes de organizações femininas*. Quando a Ford lançou o Thunderbird, enviou convites a executivos para testarem o carro por um dia. Dos 15.000 convidados que aceitaram o convite, apenas 10% informaram que iriam comprar o carro, enquanto 84% disseram que o recomendariam a um amigo.

- *Usar pessoas influentes em propaganda de testemunho*. A Quaker Oats paga a Michael Jordan vários milhões de dólares para fazer os comerciais do Gatorade. Jordan é visto como o atleta nº 1 do mundo. Assim, sua associação com uma bebida de esportistas é uma vinculação crível, em função de sua extraordinária habilidade de comunicação com consumidores, principalmente crianças. É também bastante interessante a mesma empresa possuir uma porta-voz que trabalhava no escritório até receber notoriedade pública com os anúncios dos refrigerantes Snapple. Wendy Kaufman, mais conhecida como "Senhora Snaple", foi originalmente contratada para responder às cartas da empresa. Entretanto, quando anúncios inovadores passaram a deixá-la responder às cartas pela televisão, tornou-se um sucesso junto aos telespectadores que a identificaram pelo forte calor humano e acessibilidade.[23]

- *Desenvolver propaganda que tenha "alto valor de conversação"*. Freqüentemente, os anúncios com alto valor de conversação têm um *slogan* que passa a fazer parte da linguagem nacional. Em meados dos anos 80, a campanha da rede de *fast food* Wendy, "Onde está o bife?" (que mostrava uma senhora idosa chamada Clara perguntando onde o hambúrguer estava escondido em todo aquele pão), criou alto valor de conversação. Mais recentemente, as pessoas comentam sobre o coelhinho da bateria Energizer, que "não pára, enquanto os concorrentes vão ficando pelo caminho". Além disso, os anúncios *Just do it* da Nike criaram uma voz de comando popular para as pessoas acomodadas ou indispostas a assumir alguma ação, como no seguinte exemplo: "O que você está fazendo aí sentado? Mexa-se."

- *Desenvolver canais de referência boca a boca para fazer negócios*. Freqüentemente, os profissionais encorajam os clientes a recomendar seus serviços a outras pessoas. Por exemplo, os dentistas podem pedir a pacientes satisfeitos que os indiquem a amigos e vizinhos e, subseqüentemente, agradecem-lhes pelas recomendações.

- *Estabeleça um fórum eletrônico*. Os proprietários de carros Toyota que usam serviços *online* como Prodigy ou America Online podem participar de discussões para comentar suas experiências. O pessoal da Toyota pode monitorar a discussão e responder quando for apropriado.

**CANAIS DE COMUNICAÇÃO IMPESSOAL.** São canais que conduzem mensagens sem contato ou interação pessoal. Incluem mídia, atmosferas e eventos.

A *mídia* consiste em veículos impressos (jornais, revistas, mala direta), de difusão (rádio e televisão), de divulgação eletrônica (audioteipe, videoteipe, videodisco, CD-ROM) e de exposição pública (placas luminosas, cartazes, pôsteres e *outdoor*). A maioria das mensagens impressas é veiculada por meio de mídia paga.

*Atmosferas* são "ambientes planejados" que criam ou reforçam as inclinações do comprador em relação à aquisição de um produto ou serviço. Assim, os escritórios de advocacia são decorados com tapetes orientais e móveis de carvalho para comunicar "estabilidade" e "sucesso".[24] Um hotel requintado incorpora elegantes lustres ornamentais, colunas de mármore e outros sinais tangíveis de luxo.

*Eventos* são ocorrências planejadas para comunicar mensagens específicas a audiências-alvo. Os departamentos de relações públicas organizam novas conferências, grandes inaugurações e patrocínios esportivos para obter determinados efeitos de comunicação em uma audiência-alvo.

Embora a comunicação pessoal seja, freqüentemente, mais eficaz do que a comunicação de massa, as mídias de massa podem ser os principais meios para estimular a comunicação pessoal. As comunicações de massa afetam atitudes pessoais e o comportamento por meio de um processo de fluxo de comunicação em duas etapas. Freqüentemente, as idéias fluem do rádio, televisão e da mídia escrita para *líderes de opinião* e destes para os grupos menos ativos da população.

Este fluxo de comunicação em duas etapas tem várias implicações. Primeiro, a influência da mídia de massa sobre a opinião pública não é tão direta, poderosa e automática como se supõe. Ela é mediada pelos líderes de opinião, pessoas cujas opiniões são solicitadas em uma ou mais áreas de produto. Os líderes de opinião estão mais expostos à mídia de massa do que as pessoas que são influenciadas por eles. Transmitem mensagens às pessoas menos expostas à mídia estendendo, assim, a influência da mídia de massa. Podem transmitir mensagens alteradas ou mesmo não as transmitindo, agindo, assim, como guardiães.

Segundo, o fluxo de comunicação em duas etapas desafia a noção de que os estilos de consumo das pessoas são, principalmente, influenciados por um efeito "gota a gota" decorrente das classes de *status* mais elevado. Pelo contrário, as pessoas interagem principalmente dentro de sua própria classe social e adquirem sua

---

23. PRINCE, Greg W. A tale of two spokestars. *Bevarage World*, p. 35, Jan. 1995.
24. Veja KOTLER, Philip. Atmospherics as a marketing tool. *Journal of Retailing*, p. 48-64, Winter 1973-1974.

## INSIGHT DE MARKETING — Desenvolvendo canais de referência boca a boca para fazer negócios

Há centenas de ocasiões em que as pessoas pedem recomendações a outras (amigos, vizinhos e profissionais). São ocasiões em que alguém está procurando um médico, eletricista, hotel, hospital, advogado, consultor de negócios, corretor de seguros, arquiteto, decorador de interiores, e assim por diante. Se a pessoa que fizer a recomendação for de nossa confiança, normalmente, consideraremos a referência. Em tais casos, essa pessoa beneficia as duas partes, quem procura o serviço e quem o presta.

Sem dúvida, a pessoa que recomenda um serviço deve agir com prudência. Se aquele que pediu a recomendação ficar insatisfeito, pode perder a confiança na pessoa que recomendou, chegando até a interromper qualquer tipo de patrocínio ou, mesmo, a fazer divulgação boca a boca desfavorável em relação a essa pessoa.

Diante desses riscos, por que alguém assumiria a responsabilidade de recomendar outra pessoa? Há três benefícios potenciais. Primeiro, a pessoa que recomenda pode sentir-se bem após ter ajudado um cliente ou amigo. Segundo, o cliente ou amigo pode ficar muito mais gratificado com a pessoa que recomendou o serviço. Terceiro, essa pessoa que recomendou pode receber algum benefício tangível do prestador do serviço.

No último caso, o benefício pode tomar uma entre quatro formas. Primeiro, o prestador do serviço pode praticar reciprocidade ao indicar negócios para a pessoa que o recomendou. Segundo, o prestador do serviço pode melhorar o atendimento do cliente que o recomendou, dar-lhe algum desconto ou patrocinar-lhe alguma propaganda. Terceiro, o prestador do serviço, como gratidão, pode enviar pequenos presentes a pessoa que o indicou, como ingressos para eventos esportivos, assinaturas de jornais ou revistas ou passeios pagos. Por último, o prestador do serviço pode pagar uma comissão, bonificação em dinheiro ou taxa fixa. Isto é claramente ilegal ou antiético em algumas profissões, mas ocorre em outras situações; por exemplo, os revendedores de automóveis podem receber comissão pelos financiamentos solicitados aos bancos.

Os prestadores de serviços têm grande interesse em desenvolver *canais de referência*. Não apenas promovem suas organizações diretamente a clientes potenciais, mas também em relação a *fontes de referência* potenciais. Assim, os arquitetos sabem que podem ser recomendados por advogados, contadores, empreiteiros de obras, bancos e decoradores de interiores. Os psicanalistas infantis sabem que podem ser recomendados por orientadores educacionais, sacerdotes religiosos, profissionais de serviço social e médicos. O desafio é localizar fontes de referência de alto potencial de indicações e tomar providências ativas para cultivar seu apoio. Os prestadores de serviços desenvolvem relacionamentos com fontes de referência enviando-lhes *newsletters,* convidando-as para almoçar, oferecendo consultas gratuitas etc. Quando recebem novos clientes sob recomendação, seria oportuno enviar uma nota de agradecimento à fonte de referência e, após a prestação do serviço, comunicar-lhe o resultado do atendimento. Finalmente, os fornecedores de serviços devem ver as fontes de referência potenciais como outro mercado-alvo que exige um planejamento de marketing específico para cultivar seu apoio.

**Fontes:** Para leitura adicional, veja HERRIOTT, Scott R. Identifying and developing referral channels. *Management Decision,* 30, n. 1, p. 4-9, 1992; REINGEN, Peter H., KERNAN, Jerome B. Analysis of referral networks in marketing: methods and illustration. *Journal of Marketing Research,* p. 370-378, Nov. 1986; WILSON, Jerry R. *Word-of-mouth marketing.* New York : John Wiley, 1991; e CAFFERKY, Michael E. *Let your costumers do the talking.* Chicago : Dearborn Financial Publishing, 1995.

---

moda e outras idéias de pessoas semelhantes a elas que sejam líderes de opinião.

Terceiro, o fluxo de comunicação em duas etapas significa que os comunicadores de massa seriam mais eficientes ao dirigir suas mensagens especificamente a líderes de opinião, deixando que estes transmitam a mensagem a outros. Assim, os laboratórios farmacêuticos tentam promover os novos medicamentos primeiramente a médicos influentes. Pesquisa recente indica que tanto os líderes de opinião como o público em geral são afetados pela comunicação de massa. Os líderes de opinião são induzidos pela mídia de massa a difundir informações, enquanto o público em geral busca informações dos mesmos.

Os pesquisadores de comunicação estão movimentando-se em direção a uma visão de estrutura social da comunicação interpessoal.[25] Para eles, a sociedade é formada de *cliques,* pequenos grupos sociais cujos mem-

25. Veja ROGERS, Everett M. *Duffusion of innovations.* 4. ed. New York : Free Press, 1995.

bros interagem entre si com maior freqüência do que com outras pessoas. Os membros de uma clique são similares e sua proximidade facilita a eficácia da comunicação, mas também os isola de novas idéias. O desafio é criar maior abertura no sistema por meio da qual as cliques possam trocar mais informações com outras pessoas da sociedade. Essa abertura é ajudada por pessoas que funcionam como elos de ligação ou pontes. *Elo de ligação* é a pessoa que está em contato com duas ou mais cliques sem pertencer a nenhuma delas. *Ponte* é uma pessoa que pertence a uma clique e está em contato com alguém de outra.

## Estabelecimento do orçamento de promoção

Uma das decisões de marketing mais difíceis enfrentada pelas empresas é quanto gastar em promoção. John Wanamaker, magnata das lojas de departamentos, disse: "Sei que metade de minha propaganda passa desperdiçada, mas não sei qual das metades."

Assim, não é surpresa que setores e empresas variam consideravelmente em termos de gastos em promoção. Os gastos promocionais podem representar 30 a 50% do faturamento no setor de cosméticos e apenas 10 a 20% no setor de equipamentos industriais. Mesmo dentro de alguns setores, há variados níveis de gastos entre as empresas. A Philip Morris gasta muito. Quando comprou a cervejaria Miller Brewing e, depois, a Seven-Up, aumentou substancialmente os gastos em promoção. Esse gasto adicional permitiu que a Miller aumentasse a participação de mercado de 4 para 19% em alguns anos.

Como as empresas decidem sobre seu orçamento de promoção? Descreveremos quatro métodos comuns usados para estabelecer um orçamento de promoção: método da disponibilidade de recursos, da porcentagem sobre o faturamento, da paridade competitiva e do objetivo e tarefa.

**MÉTODO DA DISPONIBILIDADE DE RECURSOS.** Muitas empresas estabelecem o orçamento de promoção de acordo com o que admitem poder gastar. Um executivo explicou esse método da seguinte maneira: "É muito simples. Primeiro, procuramos o *controller* e perguntamos a ele quanto a empresa pode dispor este ano. Ele responde que é um milhão e meio. Depois, o chefe chega para mim e pergunta quanto devemos gastar e eu respondo: Em torno de um milhão e meio."[26]

Esse método de estabelecer orçamentos ignora completamente o papel da promoção como um investimento e seu impacto imediato sobre o volume de vendas. Ele leva à fixação de um orçamento de promoção incerto, que dificulta o planejamento de comunicação com o mercado a longo prazo.

**MÉTODO DA PORCENTAGEM SOBRE O FATURAMENTO.** Muitas empresas estabelecem seus orçamentos de promoção fixando certa porcentagem sobre o faturamento (real ou previsto). Um executivo de certa empresa ferroviária afirmou: "Fixamos nossa verba anual no primeiro dia de dezembro do ano anterior. Ela representa 2% do volume total de venda de passagens."[27] Habitualmente, as empresas automobilísticas estabelecem uma porcentagem sobre o preço previsto de cada carro. As empresas petrolíferas fixam uma fração de centavo sobre cada galão de gasolina vendido com sua marca.

Os defensores desse método afirmam haver várias vantagens em sua adoção. Primeiro, ele determina que os gastos com promoção variem de acordo com o que a empresa pode "dispor". Ele satisfaz aos gerentes financeiros, que consideram que as despesas devem manter uma relação direta com as vendas da empresa em seu ciclo comercial. Segundo, encoraja a administração a pensar em termos do relacionamento entre custo de promoção, preço de venda e lucro unitário. Terceiro, estimula a estabilidade competitiva, uma vez que as empresas concorrentes gastam aproximadamente a mesma porcentagem de seus faturamentos em promoção.

Não obstante essas vantagens, esse método, por si, não tem muitas justificativas. Ele emprega um raciocínio circular ao ver as vendas como causa da promoção, não se preocupando com o resultado. Leva ao estabelecimento de um orçamento baseado na disponibilidade de recursos, em vez de considerar as oportunidades de mercado. Desencoraja experiências com a promoção anticíclica ou com gastos agressivos. A dependência do orçamento de promoção com a flutuação anual de vendas interfere no planejamento a longo prazo. O método não fornece base lógica para a escolha de uma porcentagem específica, exceto o que foi feito no passado ou o que os concorrentes estão fazendo. Finalmente, não estimula a fixação de um orçamento que tome por base o que cada produto e território merecem.

**MÉTODO DA PARIDADE COMPETITIVA.** Algumas empresas estabelecem seus orçamentos de promoção para obter paridade com os orçamentos dos concorrentes. Essa idéia é ilustrada pelo executivo que perguntou a uma fonte de informações comerciais: "Você possui alguns dados de empresas do ramo de materiais de construção que indiquem a porcentagem das vendas que os concorrentes estão destinando para propaganda?"[28] Esse executivo acredita que, ao fixar a mesma porcentagem para promoção adotada por seus concorrentes, sua empresa manterá a participação de mercado.

26. Citado em SELIGMAN, Daniel. How much for advertising? *Fortune*, p. 123, Dec. 1956. Para uma boa discussão sobre o estabelecimento de orçamentos de promoção, veja ROTHSCHILD, Michael L. *Advertising*. Lexington, MA : D. C. Hearth, 1987. Cap. 20.
27. FREY, Albert Wesley. *How many dollars for advertising?* New York : Ronald Press, 1955. p. 65.
28. FREY. Op. cit. p. 49.

Esse método é defendido por dois argumentos. Um é de que os gastos dos concorrentes representam a sabedoria coletiva do setor. O outro é de que a manutenção da paridade competitiva desencoraja guerras promocionais.

Nenhum desses argumentos é válido. Não há motivos para acreditar que a concorrência sabe melhor o que deve ser gasto em promoção. A reputação da empresa, os recursos, as oportunidades e os objetivos diferem tanto que seus orçamentos de promoção são apenas meros guias. Além disso, não há evidências que orçamentos baseados na paridade competitiva desencorajam a eclosão de guerras promocionais.

**MÉTODO DO OBJETIVO E TAREFA.** Esse método leva a empresa a desenvolver o orçamento de promoção definindo seus objetivos específicos, determinando as tarefas que devem ser realizadas para que esses objetivos sejam alcançados e estimando os custos dessas tarefas. A soma desses custos compõe o orçamento promocional.

Ule mostrou como esse método pode ser usado para estabelecer um orçamento promocional. Suponhamos que a Helene Curtis deseja lançar um novo xampu anticaspa para mulheres, o Clear.[29] As etapas são as seguintes:

1. *Estabeleça a meta de participação de mercado.* A empresa estima que haja 50 milhões de usuárias potenciais e estabelece como alvo atrair 8% do mercado, isto é, 4 milhões de usuárias.
2. *Determine a porcentagem do mercado que deve ser atingida pela propaganda do Clear.* A empresa espera atingir 80% (40 milhões de usuárias potenciais) do mercado com a campanha de propaganda.
3. *Determine a porcentagem de usuárias potenciais conscientes que devem ser persuadidas a experimentar a marca.* A empresa ficaria satisfeita se 25% das usuárias potenciais (10 milhões) experimentassem Clear. Isto porque ela estima que 40% de todas as experimentadoras, 4 milhões de pessoas, se tornariam usuárias leais. Esta é a meta de mercado.
4. *Determine o número de exposições de propaganda para 1% de taxa de experimentação.* A empresa estima que 40 exposições de propaganda dirigidas a cada 1% da população-alvo gerariam uma taxa de experimentação de 25%.
5. *Determine o número de pontos de avaliação bruta (GRP) que teriam que ser comprados.* Um GRP representa uma exposição para 1% da população-alvo. Uma vez que a empresa deseja atingir 40 exposições a 80% dessa população, precisará comprar 3.200 GRP.
6. *Determine o orçamento de propaganda necessário, baseado no custo médio da compra de 1 GRP.* Para expor 1% da população-alvo a uma exposição, gasta-se em média $ 3.277. Assim, 3.200 GRP custariam $ 10.486.400 ($ 3.277 × 3.200) no primeiro ano de lançamento do produto.

Esse método oferece a vantagem de exigir da empresa o levantamento de hipóteses sobre a relação entre dólares gastos, níveis de exposição, taxas de experimentação e uso regular.

Uma questão importante é saber que peso a promoção deve receber no composto de marketing total (em comparação com a melhoria do produto, preços mais baixos, maior número de serviços etc.). A resposta depende de onde os produtos da empresa estão em seus ciclos de vida, se são produtos do tipo *commodities* (padronizados) ou altamente diferenciáveis, se são de consumo rotineiro ou têm que ser "vendidos" e outras considerações. Na teoria, o orçamento promocional deve ser fixado onde o lucro marginal do último dólar promocional se iguala ao lucro marginal do último dólar empregado no melhor uso não promocional. Entretanto, implementar esse princípio não é fácil.

## Decisão do composto promocional

As empresas enfrentam a tarefa de alocar o orçamento total de promoção entre cinco ferramentas promocionais: propaganda, promoção de vendas, relações públicas e publicidade, força de vendas e marketing direto. Dentro do mesmo setor, as empresas podem diferenciar-se consideravelmente em como alocar o orçamento promocional. É possível atingir determinado nível de vendas com compostos promocionais diferentes. A Avon concentra seus recursos promocionais em venda pessoal, enquanto a Revlon investe fortemente em propaganda. Na venda de aspiradores de pó, a Electrolux investe basicamente na venda porta a porta, enquanto a Hoover confia mais na propaganda.

As empresas estão sempre procurando meios de ganhar eficiência, substituindo uma ferramenta promocional por outra. Muitas delas substituíram alguma atividade de venda no campo por anúncios, mala direta e telemarketing. Outras empresas têm aumentado os gastos em promoção de vendas em relação à propaganda. A possibilidade de substituição entre as ferramentas promocionais explica por que as funções de marketing precisam ser coordenadas por um único departamento de marketing. Para mais detalhes sobre orçamentos promocionais, veja a seção *Insight* de Marketing intitulada "Como as empresas estabelecem seus orçamentos de promoção?".

Muitos fatores influenciam a escolha e as ferramentas promocionais do composto. Examinaremos esses fa-

---

29. Adaptado de ULE, Maxwell. A media plan to "Sputnik" cigarettes. In: *How to plan media strategy.* American Association of Advertising Agencies, 1957, Convenção Regional, p. 41-52.

## INSIGHT DE MARKETING — Como as empresas estabelecem seus orçamentos de promoção?

Embora as empresas possam beneficiar-se do uso de teorias e modelos de marketing para estabelecer seus orçamentos de promoção – e algumas o fazem –, a maioria delas emprega um processo que é parcialmente racional, político e exeqüível. Low e Mohr empregaram entrevistas de profundidade com 21 gerentes de empresas de produtos de consumo para detectarem como eles estabeleciam e alocavam seus orçamentos de promoção. O problema era saber como eles estabeleciam o orçamento de promoção e o alocavam para propaganda, promoção ao consumidor e promoção aos canais de distribuição. Eles constataram que essas empresas desenvolviam seus orçamentos por meio de uma abordagem de "equipe de marca". As equipes eram formadas por gerentes das áreas de vendas, marketing de varejo, produção, contabilidade e de pesquisa de marketing, além dos gerentes de marcas, assistentes de marcas e um gerente de categoria de marca (se este cargo existisse).

Na primeira etapa, a equipe de marcas faz uma análise extensiva da situação durante o desenvolvimento do plano anual de marketing. Baseada nessa análise, ela estabelece os objetivos de marketing e uma estratégia ampla. Assim, o gerente de marca prevê as vendas e os lucros de sua marca tomando como base a estratégia ampla. Na segunda etapa, a equipe faz uma alocação inicial do orçamento para propaganda, promoção ao consumidor e promoção aos canais. Algumas empresas tratam a promoção aos canais como um dado preestabelecido e, depois, alocam os recursos entre a propaganda e a promoção ao consumidor, tomando como base o precedente histórico. Depois, a alocação é ajustada à luz da atividade promocional dos concorrentes e de outros fatores. Por exemplo, quando se espera que o concorrente aumente seu orçamento de promoção aos canais, o gerente de marca aloca mais dinheiro a este tipo de promoção.

Na terceira etapa, o plano da equipe de marca é apresentado à administração superior (presidente da empresa, vice-presidente de marketing, gerentes de grupos de produtos, vice-presidente de vendas e diretor financeiro). Nesse estágio, esses administradores podem exigir ou recomendar mudanças, parcialmente refletindo o que pensam que essa marca merece em relação a outras que estão sendo avaliadas. Depois, o plano é revisto e implementado.

Durante o ano, o gerente de marca ajustará as alocações em resposta aos desenvolvimentos implementados pelos concorrentes ou às mudanças das condições econômicas. No decorrer do período anual, os gerentes de marcas, freqüentemente, farão cortes no orçamento de propaganda quando a marca não estiver atendendo a seus objetivos de lucro, uma vez que o dinheiro economizado ajudará a melhorar o resultado financeiro sem prejudicar as vendas a curto prazo. No final do ano, as empresas devem, embora muitas não o fazem, realizar uma avaliação das despesas do ano findo para melhorar a habilidade dos gerentes para que eles usem as ferramentas de marketing mais eficazmente no futuro.

Em resumo: o processo de estabelecimento do orçamento é uma seqüência racional de etapas que envolve negociação política, uso de regras tradicionais de alocação promocional e ajustamentos de última hora para eventos do mercado.

Low e Mohr também examinaram os fatores que influenciam a alocação relativa de recursos financeiros às diferentes ferramentas promocionais. Aqui estão algumas de suas constatações:

1. Destina-se mais dinheiro para propaganda, em comparação com a promoção de vendas, nos estágios de introdução e crescimento do ciclo de vida do produto, principalmente se a taxa de crescimento do mercado for intensa. As empresas com maior participação de mercado, margem de lucro e/ou diferenciação de produto também gastam relativamente mais em propaganda.
2. Destina-se mais dinheiro para promoção de vendas quanto maior a concorrência, o foco da administração a curto prazo, a influência política da força de vendas da empresa e o poder do varejista.
3. A propaganda tende a ter efeito positivo sobre as atitudes dos consumidores e sobre a participação de mercado a longo prazo, mas pouco efeito sobre a participação de mercado a curto prazo.
4. As promoções destinadas aos canais e aos consumidores tendem a ter efeito mais forte sobre as atitudes dos consumidores e a participação de mercado a curto prazo.

**Fonte:** Veja LOW, George S., MOHR, Jakki J. *The advertising sales promotion trade-off*: theory and practice. Cambridge, MA : Marketing Science Institute, Report nº 92-127, Oct. 1992.

tores nas seções seguintes, e em maiores detalhes nos Capítulos 22 e 23.

**FERRAMENTAS PROMOCIONAIS.** Cada ferramenta promocional tem características e custos exclusivos. As empresas precisam entender essas características.[30]

**PROPAGANDA.** Dadas as muitas formas e os diversos usos da propaganda, é difícil fazer generalizações que englobem suas qualidades como um dos componentes do composto promocional.[31] Todavia, as qualidades seguintes podem ser notadas:

- *Caráter público.* A propaganda é uma forma de comunicação altamente eficaz. Seu caráter público confere ao produto uma espécie de legitimidade e também sugere uma oferta padronizada. Pelo fato de muitas pessoas receberem a mesma mensagem, os compradores sabem que seus motivos para comprar o produto serão publicamente entendidos.
- *Universalidade.* A propaganda é um meio universal que permite ao vendedor repetir uma mensagem muitas vezes. Também permite que o comprador receba e compare as mensagens de vários concorrentes. A propaganda em larga escala diz algo positivo sobre tamanho, poder e sucesso da empresa vendedora.
- *Expressividade ampliada.* A propaganda oferece oportunidades de dramatizar a empresa e seus produtos por meio do uso criativo de palavras, sons e cores. Entretanto, o próprio sucesso alcançado pela expressividade da ferramenta pode diluir a mensagem ou distrair a atenção do público.
- *Impessoalidade.* A propaganda não pode pressionar a venda como se fosse substituta dos vendedores da empresa. A audiência não se sente obrigada a prestar atenção ou a responder. A propaganda pode apenas fazer um monólogo e não um diálogo com a audiência.

Por outro lado, a propaganda pode ser usada para criar uma imagem a longo prazo para um produto (anúncios da Coca-Cola) e, por outro lado, para provocar vendas rápidas (um anúncio da Sears para uma liquidação de fim de semana). A propaganda é um meio eficiente para atingir numerosos compradores geograficamente dispersos, a um custo baixo por exposição. Certas formas de propaganda, como de televisão, podem exigir um grande orçamento, enquanto outras formas (anúncios em jornais) podem ser feitas com um pequeno orçamento. A propaganda pode ter um efeito sobre as vendas por sua simples presença. Os consumidores podem acreditar que uma marca fortemente divulgada deve ofe-

recer "bom valor"; de outra maneira, por que os anunciantes gastariam tanto dinheiro para promover um produto?

Obscurecendo a categoria da propaganda, há dois acréscimos relativamente novos ao composto promocional. São os *informes promocionais* – anúncios impressos que oferecem conteúdo editorial e são planejados para dificultar sua distinção em relação às matérias de um jornal ou revista –, e os *infocomerciais* – comerciais de televisão que parecem ser *shows* de 30 minutos, mas são, realmente, anúncios para a venda de produtos ou geradores de consumidores potenciais interessados em receber a visita de vendedores. Geralmente, os telespectadores são estimulados a encomendar o produto anunciado, gerando, assim, resultados quantificáveis. A venda por meio de *infocomerciais* cresceu de $ 350 milhões em 1988 para cerca de $ 900 milhões em 1993. Os 1.000 maiores anunciantes ranqueados pela revista *Fortune* estão agora integrando os *infocomerciais* em seus compostos de marketing porque os resultados gerados são mensuráveis e podem ajudar a educar os consumidores sobre o uso de seus produtos.

**Promoção de Vendas.** Embora as ferramentas de promoção de vendas – cupons, concursos, prêmios etc. – sejam bastante diversas, elas possuem três características distintas:

- *Comunicação.* Atraem a atenção dos consumidores e, geralmente, fornecem informações que podem levá-los ao produto.
- *Incentivo.* Incorporam alguma concessão, estímulo ou contribuição que oferece valor ao consumidor.
- *Convite.* Incluem convite para uma transação imediata.

As empresas usam as ferramentas de promoção de vendas para criar uma resposta mais forte e mais rápida. A promoção de vendas pode ser usada para dramatizar as ofertas de produtos e movimentar as vendas paralisadas. Geralmente, seus efeitos são a curto prazo e não são eficazes para desenvolver a preferência a longo prazo.

**Relações Públicas e Publicidade.** O apelo das relações públicas e da publicidade está baseado em três qualidades distintas:

- *Alta credibilidade.* Histórias e características novas são mais autênticas e críveis para os leitores do que anúncios.
- *Facilidade em "abrir a guarda" dos compradores.* As relações públicas podem atingir muitos comprado-

---

30. Veja LEVY, Sidney J. *Promotional behavior.* Glenview, IL : Scott, Foresman, 1971. Cap. 4.
31. Em termos relativos, pouca pesquisa tem sido feita sobre a eficácia da propaganda *business-to-business.* Para maiores detalhes sobre este assunto, veja JOHNSON, Wesley J. The importance of advertising and the relative lack of research. *Journal of Business and Industrial Marketing,* 9, n. 2, p. 3-4, 1994.

res potenciais que evitariam vendedores e anúncios. A mensagem chega aos consumidores como notícias e não como comunicação destinada à venda.

- *Dramatização*. Como a propaganda, as relações públicas têm um potencial para dramatizar uma empresa ou um produto.

As empresas tendem a subestimar as relações públicas ou a usá-las apenas como complemento. Todavia, um programa de relações públicas bem coordenado com outros elementos do composto promocional pode ser extremamente eficaz.

## Venda Pessoal.
A venda pessoal é a ferramenta mais eficaz em termos de custo nos estágios finais do processo de compra, particularmente no desenvolvimento da preferência, convicção e ação do consumidor. A razão é que a venda pessoal, quando comparada com a propaganda, possui três benefícios distintos:

- *Confronto pessoal*. A venda pessoal envolve relacionamento vivo, imediato e interativo entre duas ou mais pessoas. Cada parte está em condições de observar as necessidades e as características da outra para chegar a bom termo e fazer os ajustes imediatos.
- *Manutenção de relacionamento*. A venda pessoal permite todos os tipos de relacionamentos duradouros, desde o destinado apenas à venda, até a uma amizade pessoal mais profunda. Normalmente, os vendedores eficazes manterão o interesse de seus clientes se desejarem relacionamentos a longo prazo.
- *Resposta*. A venda pessoal faz o comprador sentir-se obrigado a ouvir a explanação do vendedor. O comprador tem maior necessidade de atender e responder, mesmo que a resposta seja um educado "muito obrigado".

Essas qualidades distintas têm um custo. A força de vendas representa um compromisso de custo a longo prazo muito maior do que a propaganda. A propaganda pode ser ativada ou desativada, mas é difícil alterar o tamanho de uma força de vendas.

## Marketing Direto.
Embora haja muitas formas de marketing direto – mala direta, telemarketing, marketing via mídia eletrônica etc. – todas elas compartilham quatro características distintivas. Marketing direto é:

- *Não público*. Normalmente, a mensagem é dirigida a uma pessoa específica.
- *Sob medida*. A mensagem pode ser adaptada para atrair o interesse da pessoa visada.
- *Atualizado*. A mensagem pode ser preparada com muita rapidez para ser transmitida a um indivíduo.

- *Interativo*. A mensagem pode ser alterada, dependendo da resposta da pessoa.

**FATORES PARA ESTABELECIMENTO DO COMPOSTO PROMOCIONAL.** As empresas devem considerar vários fatores ao desenvolver seus compostos promocionais: o tipo de mercado para o produto que está sendo vendido, o uso alternativo das estratégias de "empurrar" ou "puxar", o estágio de aptidão do comprador, o estágio do produto em seu ciclo de vida e a classificação da empresa no mercado.

**Tipo de mercado para o produto.** A utilização das ferramentas promocionais varia entre os mercados consumidores e os de bens industriais (veja a Figura 20.5). As empresas de bens de consumo destinam seus recursos promocionais à propaganda, promoção de vendas, venda pessoal e relações públicas, nesta ordem. As empresas de bens industriais dão preferência à venda pessoal, promoção de vendas, propaganda e relações públicas. Em geral, a venda pessoal é mais usada para bens complexos, caros e arriscados e em mercados formados por poucas e grandes empresas (daí, mercados de bens industriais).

Embora a propaganda seja menos importante do que as visitas de vendas nos mercados industriais, ela ainda exerce papel significativo. Ela pode desempenhar as seguintes funções nos mercados de bens industriais:

- *Criação de consciência*. Os clientes industriais que não têm consciência da empresa ou de seu produto podem recusar o atendimento de um vendedor. Além disso, os vendedores podem ter de despender muito tempo para descrever a empresa e seus produtos.
- *Criação de compreensão*. Se o produto incorpora novas características, algumas das tarefas de explicá-las podem ser eficazmente assumidas pela propaganda.
- *Eficiência na memorização*. Se os compradores potenciais conhecerem o produto, mas não estiverem dispostos a comprá-lo, a memorização da propaganda pode ser mais econômica do que as visitas de vendas.
- *Geração de indicações*. Os anúncios que oferecem livretos explicativos e trazem um número de telefone da empresa são uma forma eficiente de gerar indicações para os vendedores.
- *Legitimação*. Os vendedores podem usar recortes de anúncios da empresa publicados em revistas importantes para legitimar a empresa e seus produtos.
- *Confirmação*. A propaganda pode informar os clientes sobre como usar o produto e tranquilizá-los quanto à aquisição.

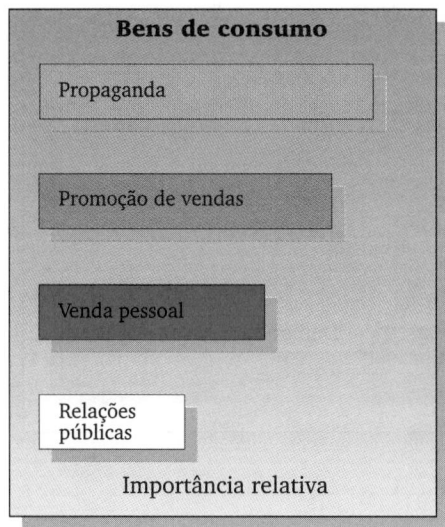
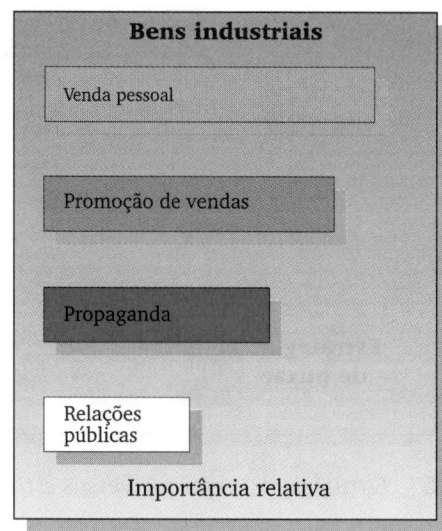

**Figura 20.5**  *Importância relativa dos gastos nas ferramentas promocionais no mercado de bens de consumo versus mercado de bens industriais.*

O papel importante da propaganda em marketing *business to business* é enfatizado em inúmeros estudos. Morrill mostrou em seu estudo de marketing de *commodities* industriais que a propaganda combinada com venda pessoal aumentou as vendas em 23%, em comparação com a venda pessoal isolada. O custo total da promoção em termos de porcentagem sobre as vendas foi reduzido em 20%.[32] Freeman desenvolveu um modelo formal para alocar o orçamento promocional entre propaganda e venda pessoal, tomando como base as tarefas de venda desempenhadas individualmente por essas ferramentas, de forma mais econômica.[33] Pesquisa de Levitt também mostrou o papel importante que a propaganda pode exercer em marketing industrial. Especificamente, Levitt constatou que:

1.  A reputação de uma empresa melhora as chances de obtenção de uma primeira reação favorável e a adoção imediata do produto. Assim, a propaganda corporativa que pode construir a reputação da empresa (outros fatores também influenciam essa reputação) ajudará o trabalho dos vendedores.
2.  Os vendedores de empresas bem conhecidas têm vantagem em fechar a venda se suas apresentações forem adequadas. Se um vendedor de uma empresa menos conhecida faz uma apresentação de vendas altamente eficaz, isto pode superar a desvantagem. As empresas menores devem usar seus recursos limitados para selecionar e treinar bons vendedores em vez de gastar esse dinheiro em propaganda.

3.  As reputações das empresas ajudam mais quando o produto é complexo, o risco é alto e o comprador é menos treinado profissionalmente.[34]

Lilien pesquisou as práticas de marketing industrial em um importante projeto denominado ADVISOR e relatou o seguinte:[35]

*   A empresa de bens industriais média estabelecia seu orçamento de marketing aplicando 7% do faturamento. Apenas 10% do orçamento era destinado a propaganda. Noventa por cento eram alocados em força de vendas, feiras comerciais, promoção de vendas e mala direta.
*   As empresas industriais gastavam além da média em propaganda quando seus produtos eram de melhor qualidade, exclusivos ou comprados com freqüência, ou nos locais em que a base de clientes estava em crescimento.
*   As empresas de bens industriais estabeleciam o orçamento de marketing acima da média quando seus clientes estavam mais dispersos geograficamente ou onde a taxa de crescimento da base de clientes era maior.

A venda pessoal pode também dar uma importante contribuição para marketing de bens de consumo. Algumas empresas de bens de consumo subestimam o papel da força de vendas, usando-as principalmente para recolher os pedidos semanais de revendedores e para

32.  HOW advertising works in today's marketplace: The Morrill Study. New York : McGraw-Hill, 1971. p. 4.
33.  FREEMAN, Cyril. How to evaluate advertising's contribution. *Harvard Business Review,* p. 137-148, July/Aug. 1962.
34.  LEVITT, Theodore. *Industrial purchasing behavior*: a study in communication effects. Boston: Division of Research, Harvard Business School, 1965.
35.  LILIEN, Gary L., LITTLE, John D. C. The ADVISOR project: a study of industrial marketing budgets. *Sloan Management Review,* p. 17-31, Spring 1976; e LILIEN, Gary L. ADVISOR 2: modeling the marketing mix decision for industrial products. *Management Science,* p. 191-204, Feb. 1979.

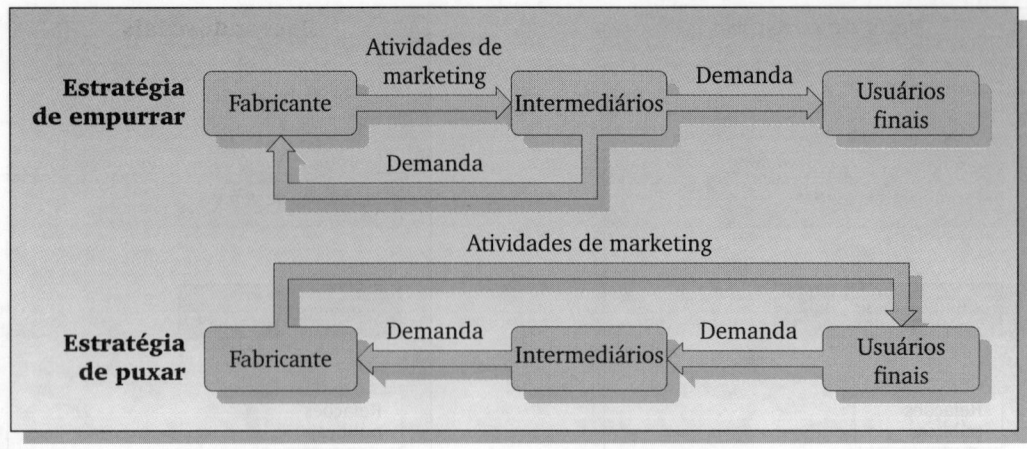

**Figura 20.6** *Estratégia de empurrar* versus *estratégia de puxar.*

conferir se há estoque suficiente nas prateleiras. O senso comum é de que "os vendedores colocam os produtos nas prateleiras e a propaganda os retira". Todavia, mesmo aqui uma força de vendas bem treinada pode dar três contribuições importantes:

- *Melhorar a posição de estoque.* Os vendedores podem persuadir os revendedores a manter mais estoque e a destinar maior espaço de prateleira à marca da empresa.
- *Desenvolver o entusiasmo.* Os vendedores podem desenvolver o entusiasmo do revendedor para um novo produto ao expor a propaganda e os esforços de promoção de vendas planejados.
- *Venda missionária.* Os vendedores podem aumentar o número de revendedores que trabalham com as marcas da empresa.

**Estratégia de empurrar *versus* puxar.** O composto promocional é fortemente influenciando pela estratégia de empurrar ou puxar vendas adotada pela empresa. As duas estratégias são comparadas na Figura 20.6. Uma *estratégia de empurrar* envolve as atividades de marketing do fabricante dirigidas aos intermediários. A meta é induzir os intermediários a fazer encomendas do produto e promovê-lo aos usuários finais. Esta estratégia é especialmente apropriada quando há pouca lealdade de marca, a escolha é feita na loja, o produto é um item de impulso e seus benefícios são bem conhecidos. Uma *estratégia de puxar* envolve as atividades de marketing do fabricante (principalmente propaganda e promoção de vendas ao consumidor) dirigidas a usuários finais. O propósito é induzir os intermediários a encomendar o produto do fabricante. Essa estratégia é bastante adequada quando há forte lealdade de marca, o produto é de alto envolvimento, as pessoas percebem as diferenças entre marcas e já está ciente da escolhida antes de entrar na loja. As empresas do mesmo setor industrial pode diferenciar em termos de ênfa-

se nas estratégias de empurrar ou de puxar. Por exemplo, a Lever Brothers confia mais na estratégia de empurrar, enquanto a Procter & Gamble, na de puxar.

**Estágio de aptidão do comprador.** As ferramentas promocionais variam em termos de eficácia de custo-benefício nos diferentes estágios do ciclo de vida do produto. A Figura 20.7 mostra a eficácia relativa de quatro ferramentas promocionais em relação aos custos. Propaganda e publicidade exercem os papéis mais importantes no estágio de consciência, mais do que exercem as "visitas frias" dos vendedores e a promoção de vendas. A compreensão do comprador é afetada principalmente pela propaganda e venda pessoal. Sua convicção é mais influenciada pela venda pessoal e menos pela propaganda e promoção de vendas. O fechamento da venda é mais influenciado pela venda pessoal e promoção de vendas. A repetição do pedido é também mais afetada pela venda pessoal e promoção de vendas e, de alguma forma, pela lembrança da propaganda. Claramente, propaganda e promoção de vendas são mais eficazes em termos de custo-benefício nos estágios iniciais do processo de decisão de compra, e venda pessoal e promoção de vendas são mais eficazes nos estágios finais.

**Estágio do Ciclo de Vida do Produto.** As ferramentas promocionais também variam em termos de eficácia de custo-benefício nos diferentes estágios do ciclo de vida do produto. A Figura 20.8 oferece visão especulativa de suas eficácias relativas.

- No estágio de introdução, propaganda e publicidade têm alta eficácia em termos de custo-benefício, acompanhadas por promoção de vendas, para induzir a experimentação, e venda pessoal, com o objetivo de obter cobertura de distribuição.
- No estágio de crescimento, todas as ferramentas podem ser ativadas porque a demanda está em seu mo-

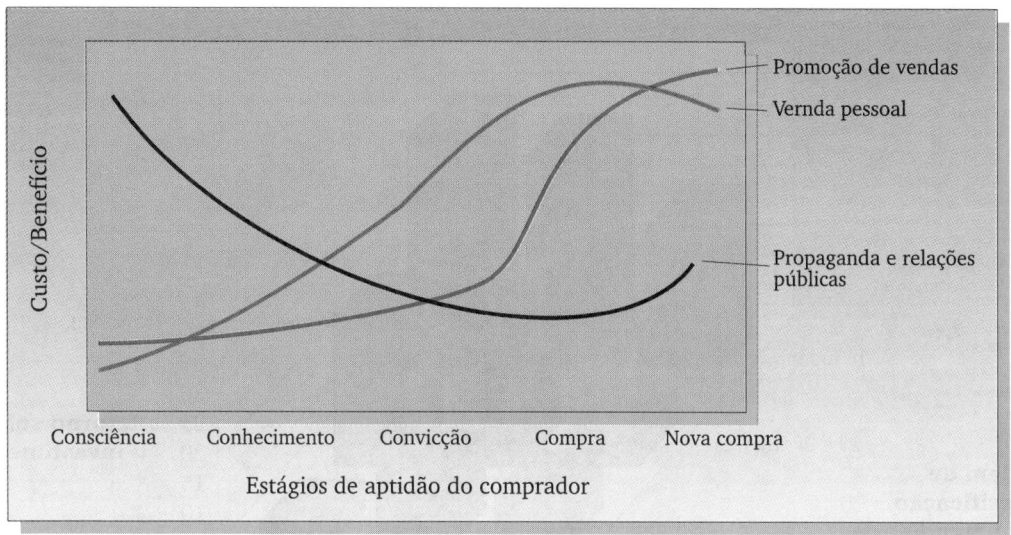

Figura 20.7 *Custo-benefício de diferentes ferramentas promocionais em diferentes estágios de aptidão do comprador.*

mento apropriado através da comunicação boca a boca.

- No estágio de maturidade, promoção de vendas, propaganda e venda pessoal crescem em importância, nesta ordem.
- No estágio de declínio, a promoção de vendas continua forte, propaganda e publicidade são reduzidos e os vendedores mantêm atenção mínima para o produto.

**Classificação da Empresa no Mercado.** Como a Figura 20.9 mostra, as marcas classificadas no topo obtêm maior benefício da propaganda do que das promoções de vendas. Para as três marcas do topo, o retorno sobre o investimento aumenta com o crescimento dos gastos em propaganda e promoção de vendas. Para as marcas classificadas em quarto lugar ou abaixo, a rentabilidade diminui com o aumento dos gastos em propaganda.

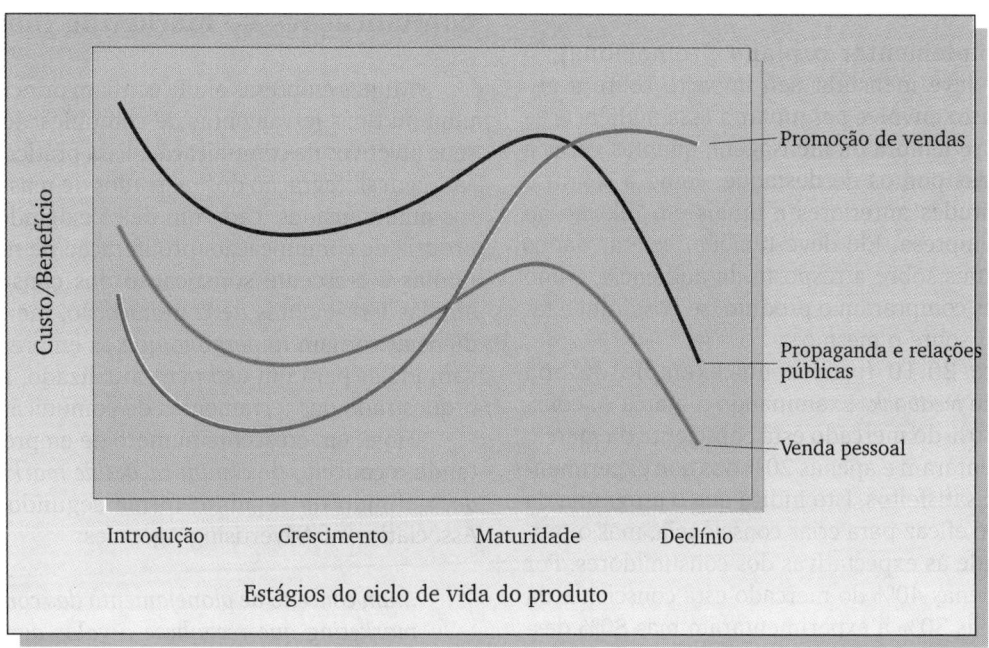

Figura 20.8 *Custo-benefício de diferentes ferramentas promocionais em diferentes estágios do ciclo de vida do produto.*

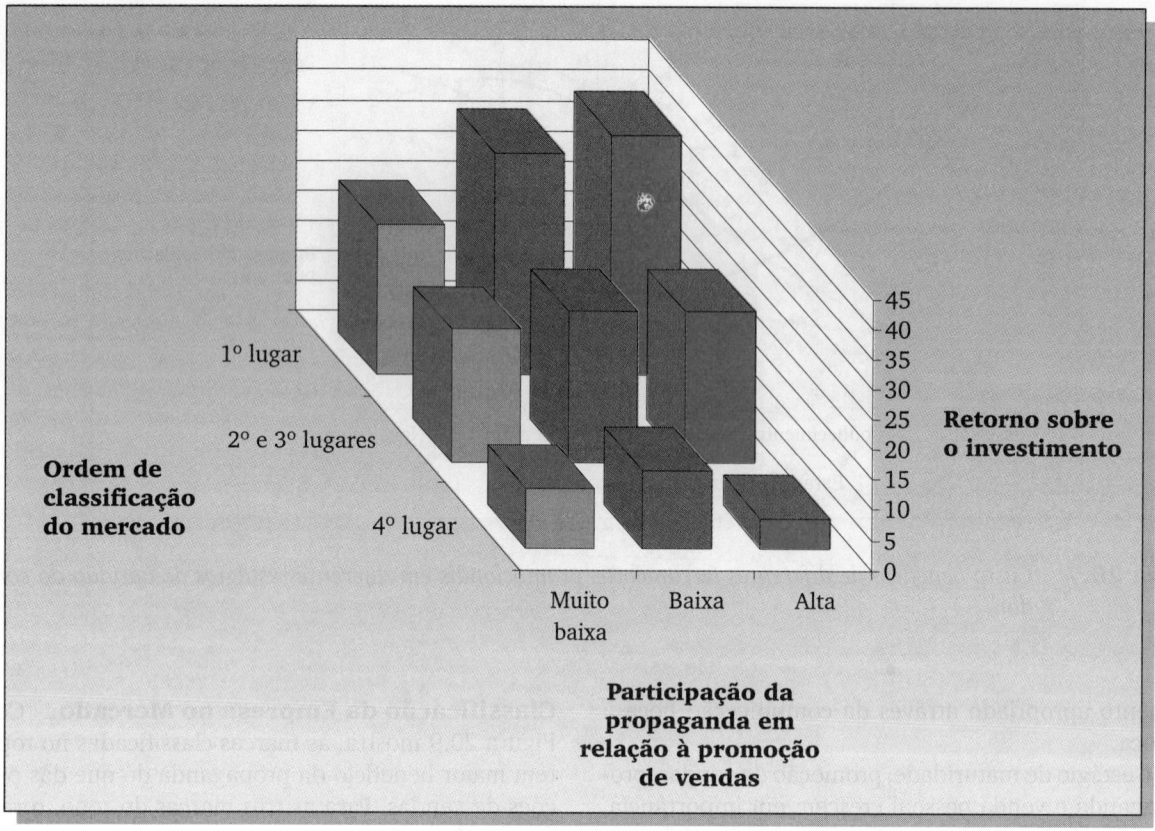

**Fonte:** GALE, Bradley T. *Power brands*: the essentials. Artigo não publicado, p. 2, Nov. 1991.

**Figura 20.9** *Como a classificação no mercado e os gastos em propaganda e promoção de vendas afetam a rentabilidade.*

## Mensuração dos resultados da promoção

Após implementar o plano promocional, o comunicador deve mensurar seu impacto sobre a audiência-alvo. Isto envolve perguntar a essa audiência se reconhece ou se lembra da mensagem, quantas vezes a viu e quais seus pontos de destaque, como a sentiu e quais suas atitudes anteriores e atuais em relação ao produto e à empresa. Ele deve também coletar dados comportamentais sobre a resposta da audiência, como muitas pessoas compraram o produto, se gostaram e falaram a outras sobre o mesmo.

A Figura 20.10 fornece um exemplo de boa mensuração de *feedback*. Examinando a marca A, constatamos que 80% do mercado está consciente da marca, 60% experimentaram e apenas 20% dos que experimentaram ficaram satisfeitos. Isto indica que o programa de comunicação é eficaz para criar consciência, mas o produto não atende às expectativas dos consumidores. Por outro lado, apenas 40% do mercado está consciente da marca B, apenas 30% a experimentaram mas 80% desses que experimentaram ficaram satisfeitos. Neste caso, o programa de comunicação precisa ser fortalecido para tirar vantagem do poder da marca em gerar satisfação.

## Administração e coordenação das comunicações de marketing integrado

Muitas empresas ainda confiam principalmente em uma ou duas ferramentas de comunicação para atingir seus objetivos de comunicação. Essa prática persiste apesar da desintegração dos mercados de massa em inúmeros minimercados, cada um deles exigindo abordagem própria de comunicação, proliferação de novos tipos de mídias e crescente sofisticação dos consumidores. As amplas ferramentas de comunicação, mensagens e audiências tornam imperativo que as empresas desenvolvam idéias para um uso mais atualizado, mais amplo e orquestrado das ferramentas de comunicação.

Hoje, um crescente número de empresas está adotando o conceito de *comunicações de marketing integrado*, definido da seguinte forma segundo a American Association of Advertising Agencies:

*...um conceito de planejamento das comunicações de marketing que reconhece o valor agregado de um plano abrangente que avalia os papéis estratégicos de uma variedade de disciplinas de comunicações – por exemplo, propaganda geral, resposta direta, pro-*

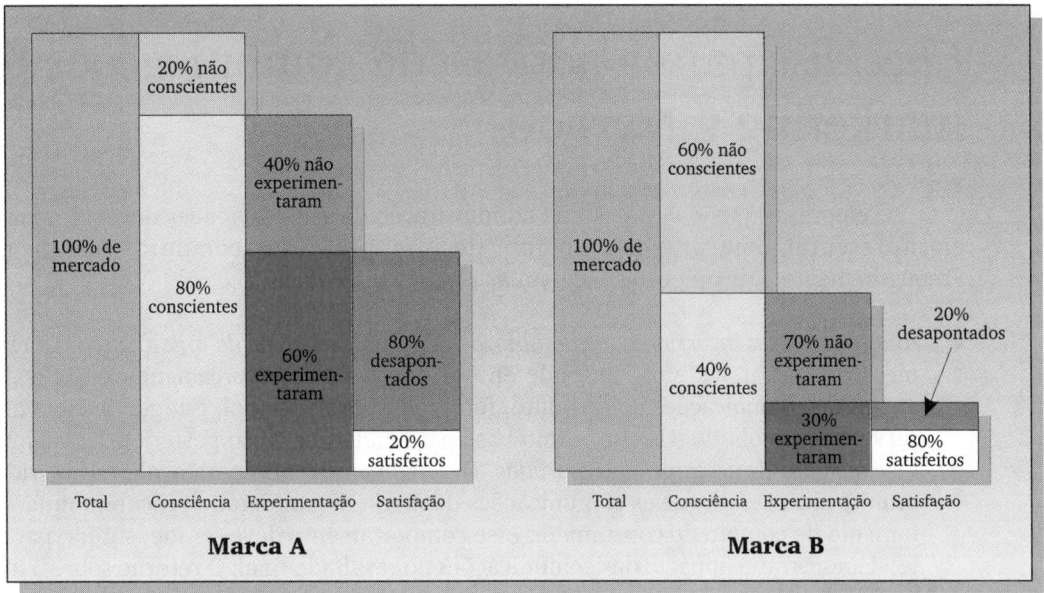

**Figura 20.10** *Declarações dos consumidores de duas marcas.*

*moção de vendas e relações públicas – e combina essas disciplinas para fornecer clareza, consistência e impacto máximo de comunicação por meio da integração de mensagens discretas.*

Aqui está um exemplo criativo de comunicações de marketing integrado:

**WARNER-WELLCOME** A Warner-Wellcome, fabricante de Benadryl, desejava promover esse anti-histamínico para as pessoas alérgicas. A empresa usou propaganda e relações públicas para aumentar a consciência da marca e para divulgar um número de telefone de discagem gratuita que fornecia aos interessados o índice de concentração de pólen no ar de regiões específicas. As pessoas que ligassem mais de uma vez recebiam amostras grátis do produto, cupons de descontos e artigos de profundidade que descreviam os benefícios da marca. Também recebiam *newsletters* com orientações sobre como enfrentar problemas de alergia.[36]

Um estudo de 1991 sobre atitudes de altos executivos de administração e marketing de grandes empresas de produtos de consumo indicou que cerca de 70% deles favoreciam o conceito de comunicações de marketing integrado como forma de melhorar o impacto de suas comunicações. Naquele momento, várias grandes agências de propaganda – Ogilvy & Mather, Young & Rubican, Saatchi and Saatchi – compraram rapidamente as principais agências especializadas em promoção

de vendas, relações públicas e marketing direto para passar a vender projetos de comunicação integrada. Entretanto, ficaram desapontadas ao constatar que seus clientes não estavam interessados na compra de "pacote" de comunicação, preferindo lidar com agências separadas que prestavam serviços específicos de comunicação.

Por que a resistência? Em parte, porque as grandes empresas empregam especialistas de comunicação diferentes para prestar assessoria a seus gerentes de marcas. Cada especialista de comunicação lutará por mais recursos. O gerente de vendas desejará contratar dois vendedores extras por $ 80.000 anuais, enquanto o gerente de propaganda vai querer gastar o mesmo dinheiro em um comercial de televisão em horário nobre. O gerente de relações públicas acredita sinceramente que um programa de publicidade criará maravilhas, enquanto os especialistas em telemarketing e mala direta acreditam que obtêm as respostas desejadas pela empresa.

Freqüentemente, os gerentes de marcas são mal treinados em vários tipos de comunicações de marketing, talvez porque possuem apenas experiência tradicional nas mídias de propaganda. Conhecem muito pouco sobre marketing direto, promoção de vendas ou relações públicas. Cada responsável por uma ferramenta de comunicação conhece muito pouco sobre as outras ferramentas. Além disso, esses profissionais aliaram-se aos especialistas externos para se oporem à transferência das responsabilidades globais de comunicação a uma superagência de propaganda. Eles argumentam que a empresa deve escolher as melhores agências especia-

36. WANG, Paul, PETRISON, Lisa. Integrated marketing communicatgions and its potencial effects on media planning. *Journal of Media Planning,* 6, n. 2, p. 11-18, 1991.

# *Checklist* para a adoção de comunicações de marketing integrado

As empresas que se destacam na administração de suas atividades devem tomar a liderança em apresentar uma proposta comum de integração das comunicações de marketing. Freqüentemente, tais propostas incluem as seguintes recomendações:

- *Audite os gastos incorridos em comunicação em todas as áreas da organização.* Detalhe os orçamentos e as tarefas e os consolide em um único processo orçamentário. Reavalie todos os gastos de comunicações por produto, ferramenta promocional, estágio do ciclo de vida e observe o efeito obtido. Use isto como base para melhorar o uso posterior dessas ferramentas.
- *Crie medidas de desempenho separadas.* Desenvolva sistemas para avaliar as atividades de comunicações. Desde que as comunicações de marketing integrado procurem mudar o comportamento de compra do consumidor, esse comportamento deve ser mensurado para, finalmente, demonstrar o impacto das comunicações no resultado final. O retorno sobre o investimento pode ser mensurado rastreando-se os esforços de comunicações da própria empresa ou por meio de dados sobre os consumidores fornecidos por empresas de pesquisa.
- *Desenvolva bancos de dados para centralizar informações sobre todos os stakeholders da empresa.* Inclua consumidores, funcionários, investidores, distribuidores e outros interessados na empresa em cada estágio de seu plano de comunicações.
- *Identifique todos os pontos de contato para a empresa e seus produtos.* Use esta auditoria para determinar onde as comunicações podem melhor ser usadas para reforçar as mensagens da empresa. Mensure a força das comunicações em cada ponto de contato, seja na embalagem do produto, *display* de ponto de venda, reunião de acionistas ou por meio de porta-voz, e assim por diante. Trabalhe para assegurar-se de que seus esforços de comunicação estão ocorrendo quando, onde e como seus consumidores os desejam.
- *Analise as tendências – internas e externas – que podem afetar a capacidade de a empresa fazer negócios.* Examine as áreas em que as comunicações podem ser mais eficazes. Determine as forças e fraquezas de cada função de comunicações. Use este composto para atingir as metas de marketing.
- *Crie planos de negócios e de comunicações para cada mercado.* Integre-os em uma estratégia global de comunicações.
- *Indique um diretor responsável pelos esforços de comunicações persuasivas da empresa.* Esta prática encoraja a eficiência ao centralizar o planejamento e criar medidas de desempenho compartilhadas.
- *Crie temas, tons e qualidade compatíveis por meio de todas as mídias de comunicações.* Esta consistência atinge maior impacto e evita a duplicação de trabalho desnecessária através das funções. Quando criar materiais de comunicação, considere como eles podem ser usados com audiências variadas. Certifique-se de que cada um deles contém mensagens e proposições de venda exclusivas.
- *Contrate apenas pessoas que trabalham em equipe.* Funcionários treinados nessa nova maneira integrada de pensar não devem ficar "trancados" em unidades funcionais. Pelo contrário, seu sucesso está vinculado ao grupo e eles estão abertos a qualquer nova responsabilidade que lhes possibilite atender melhor às necessidades dos consumidores.
- *Vincule as comunicações de marketing integrado aos processos administrativos, como a administração participativa.* Esta prática proporciona esforço de administração plenamente integrado aos propósitos das metas corporativas. Uma estratégia integrada deve permitir eficiência em cada função de comunicação e contribuir para o sucesso da missão corporativa.

**Fonte:** Reimpresso de GONRING, Matthew P. Putting integrated marketing communications to work today. *Public Relations Quarterly*, p. 45-48, Fall 1994.

lizadas para cada propósito, não agências de segunda ou terceira linha, apenas por estarem vinculadas às superagências de propaganda. Estão convencidos de que uma agência de propaganda não deve integrar outras empresas de comunicação, com cada departamento funcionando como centro de lucro separado. Acreditam que a agência de propaganda forçará as empresas destinarem mais dinheiro às campanhas de propaganda.

As comunicações de marketing integrado produzirão mensagens mais consistentes e maior impacto sobre as vendas. Sua adoção atribui responsabilidade a uma pessoa para unificar a imagem da empresa e de suas marcas, à medida que essas imagens decorram de milhares de atividades da empresa. As comunicações de marketing integrado melhorarão a habilidade da empresa para atingir os consumidores certos, com as mensagens certas, no tempo certo e no lugar certo.[37] A Duke Power, empresa de utilidade pública de North Carolina, descobriu os benefícios da adoção de comunicações de marketing integrado quando sua alta administração aprovou a criação de uma Equipe do Projeto de Comunicações Integradas em 1993:

**DUKE POWER** Para desenvolver uma abordagem de comunicações de marketing integrado, a Equipe do Projeto de Comunicações Integradas da Duke Power conduziu entrevistas amplas com funcionários da empresa e consumidores, reviu a literatura disponível e analisou as "melhores práticas de comunicação" adotadas por outras empresas. Em decorrência desse processo, a Equipe fez quatro recomendações: (1) a Duke deve administrar sua reputação como um ativo; (2) a empresa deve desenvolver e implementar um processo integrado para administrar todos os aspectos de suas comunicações; (3) todos os funcionários devem ser treinados na área de comunicação, uma vez que os consumidores respondem mais suas ações do que a programas específicos da empresa; e (4) a empresa deve desenvolver um banco de dados estratégico para ajudar a antecipar os interesses dos consumidores e melhorar sua satisfação e retenção. Com base nessas recomendações, a Equipe desenvolveu processos de comunicações integradas, diretamente vinculados aos processos gerenciais da empresa.[38]

Os defensores das comunicações de marketing integrado as descrevem como uma nova maneira de examinar o processo de marketing global, em vez de focar apenas as partes separadas. Para uma lista das providências que as empresas podem tomar para integrar as partes separadas das comunicações de marketing, veja a seção Memorando de Marketing intitulada "*Checklist* para a adoção de comunicações de marketing integrado".

## RESUMO

1. Marketing moderno exige mais do que o desenvolvimento de um bom produto, preço atraente e acesso aos consumidores-alvo. As empresas devem também comunicar-se com seus consumidores potenciais e atuais, varejistas, fornecedores, outros *stakeholders* e público em geral. O composto de comunicações de marketing consiste em cinco importantes formas de comunicação: propaganda, promoção de vendas, relações públicas e publicidade, venda pessoal e marketing direto.

2. O processo de comunicação consiste em nove elementos: emissor, receptor, mensagem, mídia, codificação, decodificação, resposta, *feedback* e ruído. Para veicular suas mensagens, as empresas devem codificá-las de maneira que leve em consideração como a audiência-alvo, geralmente, as decodifica. Elas devem também transmitir a mensagem por mídia eficiente que atinja a audiência-alvo e desenvolva canais de *feedback* para monitorar a resposta dos receptores. A audiência pode não receber a mensagem devido à atenção seletiva, distorção seletiva ou lembrança seletiva.

3. O desenvolvimento de comunicações eficazes envolve oito etapas: (1) identificação da audiência-alvo, (2) determinação dos objetivos de comunicação, (3) preparação da mensagem, (4) seleção de canais de comunicações, (5) estabelecimento do orçamento de promoção, (6) decisão sobre o composto promocional, (7) mensuração dos resultados da promoção e (8) administração e coordenação do processo de comunicação de marketing integrado.

Ao identificar a audiência-alvo, o comunicador deve fazer análise de familiaridade e de favorabilidade, procurando preencher qualquer lacuna que exista entre a percepção do público e a imagem ideal. Os objetivos de comunicação podem ser cognitivos,

37. Veja SHULTZ, Don E., TANNENBAUM, Stanley I, LAUTERBORN, Robert F. *Integrated marketing communications*: putting it together and making it work. Lincolnwood, IL : NTC Business Books, 1992; ROMAN, Ernan. *Integrated direct marketing*: the cutting-edge strategy for synchronizing advertising, direct mail, telemarketing, and field sales. Lincolnwood, IL : NTC Business Books, 1995; e KOELLE, Mary L. Integrated marketing communications: barriers to the dream. *Integrated Marketing Communications*, p. 7-9, 19 June 1991.
38. SCHULTZ, Don E. The next step in IMC? *Marketing News,* p. 8-9, 15 Aug. 1994.

afetivos ou comportamentais – isto é, a empresa pode desejar colocar algo na mente do consumidor, mudar sua atitude ou levá-lo a agir. Ao desenvolver a mensagem, os comunicadores devem considerar cuidadosamente seu conteúdo (que pode incluir apelos racionais, emocionais e/ou morais), sua estrutura (argumentos unilaterais *versus* bilaterais, ordem de apresentação), formato (impressa *versus* falada) e fonte (incluindo seu grau de experiência, confiabilidade e simpatia). Os canais de comunicação podem ser pessoais (canais defensores, especialistas e sociais) ou impessoais (mídias, atmosferas e eventos). Embora haja muitos métodos usados para estabelecer o orçamento de promoção, o método do objetivo e tarefa, que exige o desenvolvimento de orçamentos para a definição de objetivos específicos, é o mais desejável. Ao decidir sobre o composto promocional, as empresas devem examinar as vantagens e os custos específicos de cada ferramenta promocional. Devem também considerar o tipo de mercado em que o produto está sendo vendido, se deve usar uma estratégia de "empurrar" *versus* "puxar", como os consumidores estão dispostos a fazer uma compra, o estágio do produto em seu ciclo de vida e a classificação da empresa no mercado. A mensuração da eficácia do composto promocional da empresa envolve perguntar à audiência-alvo se reconhece ou se lembra da mensagem, quantas vezes a viu, de que pontos se lembra, o que achou da mensagem e suas atitudes anteriores e atuais em relação ao produto e à empresa. A administração e a coordenação do processo completo de comunicações exigem a adoção de comunicações de marketing integrado.

## APLICAÇÕES CONCEITUAIS

1. Reflita sobre uma importante decisão que você tenha tomado a respeito de uma compra, como um carro, matrícula em uma faculdade etc. Usando o modelo dos elementos do processo de comunicação (Figura 20.1), determine como cada um desses elementos afetou sua decisão. Que elemento teve a maior influência em sua decisão final? Que informações adicionais teriam sido úteis? O que você decidiu?

2. Ao determinar o conteúdo da mensagem de um anúncio, o comunicador deve determinar que tipo de mensagem terá o efeito desejado sobre a audiência-alvo. Traga para a classe exemplos de anúncios impressos que fazem os seguintes apelos racionais ou emocionais:
   a. qualidade      e. culpa
   b. economia       f. humor
   c. desempenho     g. orgulho
   d. medo           i. simpatia
   Explique por que você acha que o anunciante selecionou esse apelo. Você concorda ou discorda da decisão do comunicador?

3. Traga para a classe cinco anúncios impressos que utilizam celebridades. A celebridade de cada um dos anúncios foi escolhida por experiência, confiabilidade ou simpatia? Você acha que esse tipo de anúncio é eficaz? Eles são confiáveis? Quais suas considerações sobre cada uma das celebridades utilizadas nesses anúncios? Você acha que foi alvo para esses anúncios? Quais alguns problemas enfrentados pelas empresas que expõem celebridades em seus anúncios?

3. Responda aos seguintes desafios de marketing:
   a. A audiência-alvo para seu produto (um perfume feminino sofisticado vendido apenas em lojas de departamentos) apresenta alguma reserva às consumidoras potenciais. Que qualidades pessoais você recomendaria à empresa na escolha de uma porta-voz para a mensagem de propaganda? Quem você recomendaria como porta-voz? Por quê?
   b. Explique que tipos de apelos os comunicadores achariam mais eficazes para vender os seguintes produtos ou serviços: fraldas descartáveis, sabão em pó, programa de combate ao vício do fumo, cintos de segurança e seguro de vida.

5. As principais mídias de massa – jornais, revistas, rádio, televisão e *outdoor* – mostram grande diferença em termos de capacidade de dramatização, credibilidade, atenção e de outros aspectos valorizados pela comunicação. Descreva as características especiais de cada tipo de mídia, acompanhadas de suas vantagens e desvantagens.

6. Que fatores são críticos para o sucesso de um programa de comunicações de marketing integrado? Como a estrutura organizacional pode agir como barreira ao programa?

7. A Associação de Combate ao Câncer contratou você para desenvolver um plano de comunicações de marketing integrado que informará e persuadirá as pessoas sobre os riscos do câncer de pele devido à superexposição ao sol. Adicionalmente, a campanha informaria as pessoas que apreciam o banho de sol como se protegerem do risco da doença. Em grupos de cinco alunos, desenvolva um plano de comunicações de marketing integrado para a Associação de Combate ao Câncer. Use o seguinte *grid* para ajudá-lo a organizar suas idéias.

| | PROPAGANDA | RELAÇÕES PÚBLICAS | PROMOÇÃO DE VENDAS | RESPOSTA DIRETA |
|---|---|---|---|---|
| a. Objetivo de saúde | | | | |
| b. Alvo | | | | |
| c. Propósito | | | | |
| d. Promessa | | | | |
| e. Apoio | | | | |
| f. Personalidade | | | | |
| g. Tempo de exposição | | | | |
| h. Pontos de contato com o consumidor | | | | |

Definições:

a. *Objetivo de saúde.* Meta da comunicação em termos da saúde das pessoas.

b. *Alvo.* Audiência a quem a comunicação é destinada.

c. *Propósito.* Uma "solução" para ajudar a audiência-alvo a atender ao objetivo de saúde.

d. *Promessa.* O que a audiência-alvo receberá em retorno ao atender ao objetivo de saúde.

e. *Apoio.* Fontes de apoio de credibilidade para as afirmações feitas nas comunicações.

f. *Personalidade.* O "sabor" da comunicação – séria, humorista etc.

g. *Tempo de exposição.* Espaço de tempo destinado ao apelo à audiência-alvo.

h. *Pontos de contato com o consumidor.* Locais em que a audiência-alvo pode ser atingida e as formas de mídia mais bem ajustadas aos participantes da audiência-alvo.

8. Os comerciais da cerveja Lite Beer da Miller foram os mais freqüentemente percebidos, lembrados e apreciados da televisão. No mesmo ano, os comerciais da Oscar Meyer foram classificados em vigésimo lugar na lista dos mais lembrados. Podemos afirmar que os anúncios da Miller foram consideravelmente mais bem-sucedidos do que os da Oscar Meyer? Explique sua resposta.

9. Assumimos que na Wilson Sporting Goods, Inc., os gerentes de vendas e os de comunicações reportam-se diretamente ao diretor de marketing. Como o diretor de marketing pode manter o departamento de vendas e o de comunicações (dois departamentos que são, freqüentemente, antagônicos) operando em harmonia? Além disso, como ele pode estender o programa de comunicação de maneira que a propaganda seja destinada a informar e motivar a audiência-alvo, vender aos distribuidores da empresa e motivar seus vendedores?

10. Que tipos de respostas dos consumidores as empresas devem esperar quando comunicarem sobre os seguintes produtos: orientação jurídica, *pizza* congelada, serviços veterinários, máquinas de costura, pianos, secretárias eletrônicas e martelos? Você pode achar útil dividir esses produtos em duas ou três categorias e, depois, basear sua resposta nessas categorias.

# 21 Administração de Propaganda, Promoção de Vendas e Relações Públicas

*Se você acha que a propaganda não vale a pena, saiba que há 25 montanhas no Colorado mais altas do que o famoso Pico Pike. Você sabe o nome de algumas delas?*

THE AMERICAN SALESMAN

*Brindes são como iscas.*

MARCIAL (86 A.D.)

*Não desprezamos nenhuma fonte que possa prestar-nos uma agradável atenção.*

MARK TWAIN

---

Neste capítulo, descrevemos a natureza e o uso de três ferramentas promocionais: propaganda, promoção de vendas e relações públicas. Embora sua eficácia nem sempre seja de fácil avaliação, elas podem contribuir fortemente para o desempenho de marketing. Consideraremos as seguintes questões:

- **Que é propaganda e que etapas estão envolvidas no desenvolvimento de um programa de propaganda?**

- **O que explica o crescente uso da promoção de vendas e como as decisões sobre promoção de vendas são tomadas?**
- **Como as empresas podem explorar melhorar os potenciais de relações públicas e publicidade em seus compostos de marketing?**

---

## DESENVOLVIMENTO E ADMINISTRAÇÃO DE UM PROGRAMA DE PROPAGANDA

A propaganda é uma das ferramentas mais comuns que as empresas usam para dirigir comunicações persuasivas aos compradores e públicos-alvo. Definimos propaganda da seguinte maneira:

**PROPAGANDA é qualquer forma paga de apresentação impessoal e de promoção de idéias, bens ou serviços por um patrocinador identificado.**

Os anunciantes não são apenas empresas comerciais, mas museus, profissionais liberais e órgãos governamentais que divulgam suas causas a vários públicos-alvo. Anúncios são formas eficazes em termos de custo-benefício para disseminar mensagens, seja para desen-

volver preferência de marca pela Coca-Cola, seja para educar os cidadãos a evitar o consumo de drogas.

As organizações tratam a propaganda de diferentes maneiras. Nas pequenas empresas, ela é atribuição de alguém de vendas ou do departamento de marketing, que trabalha com uma agência de propaganda. Uma grande empresa possui departamento de propaganda próprio, cujo gerente está subordinado ao diretor ou vice-presidente de marketing. A tarefa do departamento de propaganda é preparar seu orçamento, ajudar a desenvolver a estratégia de propaganda, aprovar os anúncios e as campanhas das agências, além de cuidar da propaganda de mala direta, dos *displays* encaminhados a revendedores e outras formas de propaganda normalmente não desenvolvidas pela agência. A maioria das empresas usa uma agência de propaganda externa para ajudá-las a criar campanhas de propaganda e a selecionar e comprar mídia.

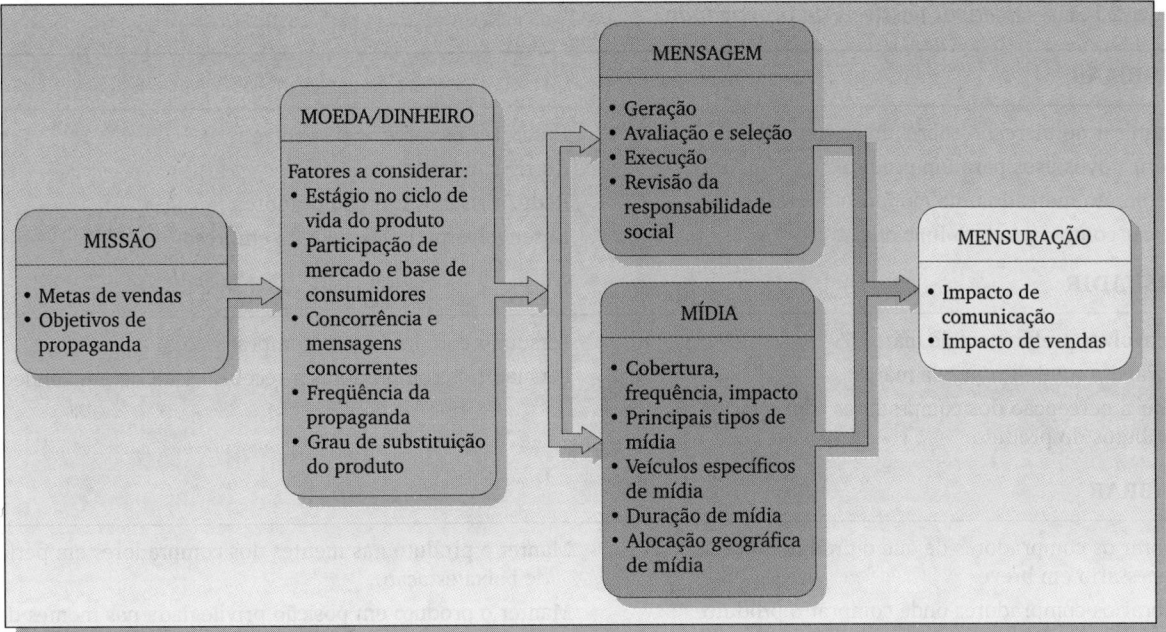

**Figura 21.1** *Os cinco M da propaganda.*

Ao desenvolver uma campanha de propaganda, os administradores de marketing devem sempre iniciar pela identificação do mercado-alvo e dos motivos dos compradores. Depois, podem prosseguir para tomar as cinco principais decisões envolvidas no desenvolvimento de um programa de propaganda, conhecidas como os cinco M:

● *Missão*. Quais os objetivos de propaganda?
● *Moeda/Dinheiro*. Quanto pode ser gasto?
● *Mensagem*. Que mensagem deve ser divulgada?
● *Mídia*. Que veículos devem ser utilizados?
● *Mensuração*. Como os resultados devem ser avaliados?

Essas decisões estão resumidas na Figura 21.1 e descritas nas seções seguintes.

## Estabelecimento dos objetivos de propaganda

A primeira etapa do desenvolvimento de um programa de propaganda é estabelecer seus objetivos. Eles devem fluir a partir das decisões sobre o mercado-alvo, posicionamento de mercado e composto de marketing. As estratégias de posicionamento e composto de marketing definem a tarefa que a propaganda deve desempenhar no programa total de marketing.

Muitos objetivos específicos de comunicação e vendas podem ser atribuídos à propaganda. Colley lista 52 objetivos possíveis da propaganda em seu famoso livro *Defining advertising goals for measured advertising results*.[1] Ele expõe o método chamado DAGMAR que possibilita converter os objetivos da propaganda em metas específicas mensuráveis. Uma *meta de propaganda* (ou *objetivo*) é uma tarefa específica de comunicação, com um nível a ser atingido perante uma audiência específica em determinado período de tempo. Colley fornece um exemplo:

> Aumentar, entre 30 milhões de donas de casa que possuem máquinas de lavar, o número daquelas que identificam a marca X como sabão em pó que produz pouca espuma e deixa as roupas mais limpas, de 10% para 40% em um ano.

Os objetivos da propaganda podem ser classificados em função de seu propósito em informar, persuadir ou lembrar o consumidor. A Tabela 21.1 lista exemplos desses objetivos.

● *Propaganda informativa*. É usada intensamente no estágio pioneiro de uma categoria de produtos, em que o objetivo é desenvolver a demanda primária. Assim, o setor de iogurte, inicialmente, precisou informar aos consumidores os benefícios nutricionais e os diversos usos do produto.
● *Propaganda persuasiva*. Torna-se importante no estágio competitivo, quando o objetivo da empresa é desenvolver a demanda seletiva para uma marca específica. A maioria das campanhas de propaganda

---

1. Veja COLLEY, Russell H. *Defining advertising goals for measured advertising results.* New York : Association of National Advertisers, 1961.

**Tabela 21.1**   *Objetivos possíveis da propaganda.*

| INFORMAR | |
|---|---|
| Comunicar ao mercado sobre um novo produto. | Descrever os serviços disponíveis. |
| Sugerir novos usos para um produto. | Corrigir falsas impressões. |
| Informar ao mercado uma mudança de preço. | Reduzir receios dos compradores. |
| Explicar como o produto funciona. | Desenvolver uma imagem da empresa. |

| PERSUADIR | |
|---|---|
| Desenvolver preferência de marca. | Persuadir compradores a comprar agora. |
| Encorajar a mudança para a marca. | Persuadir os compradores a receber visita de um vendedor. |
| Mudar a percepção dos compradores com relação aos atributos do produto. | |

| LEMBRAR | |
|---|---|
| Lembrar os compradores de que o produto pode ser necessário em breve. | Manter o produto nas mentes dos compradores em períodos de baixa estação. |
| Lembrar os compradores onde comprar o produto. | Manter o produto em posição privilegiada nas mentes dos compradores (*top of mind*). |

enquadra-se nesta categoria. Por exemplo, a Chivas Regal tenta persuadir os consumidores que representa mais *status* do que qualquer outra marca de uísque escocês. Alguma propaganda persuasiva é classificada na categoria de *propaganda comparativa*, que procura estabelecer a superioridade de uma marca por meio de comparações específicas com uma ou mais marcas da classe de produtos.[2] A propaganda comparativa tem sido usada em categorias de produtos como desodorantes, *fast food*, creme dental, pneus e automóveis. A Burger King entrou em guerra com o McDonald's com seus grelhados *versus* hambúrgueres fritos. A Shering-Plough anunciou que "seu novo produto OcuClear durava três vezes mais do que o Visine". Ao usar propaganda comparativa, a empresa deve estar segura de que pode provar sua afirmação de superioridade e de que não pode ser contra-atacada em uma área onde a outra marca é mais forte. A propaganda comparativa funciona melhor quando associa motivações cognitivas e afetivas simultaneamente.[3]

- *Propaganda de lembrança*. É de extrema importância no estágio de maturidade do produto. Os anúncios caros em quatro cores da Coca-Cola, veiculados em revistas, não têm o propósito de informar ou persuadir, mas de lembrar as pessoas de comprar o refrigerante. Uma forma relacionada é a *propaganda de reforço*, que procura assegurar aos consumidores conquistados que eles fizeram a escolha certa.

Freqüentemente, os anúncios de automóveis dão destaque a consumidores satisfeitos que desfrutam alguma característica especial de seu novo carro.

A escolha do objetivo de propaganda deve estar baseada em uma análise profunda da situação atual de marketing. Por exemplo, se a classe do produto estiver no estágio de maturidade, a empresa for líder de mercado e se a taxa de uso da marca for baixa, o objetivo apropriado deve ser estimular maior uso da marca. Por outro lado, se a classe do produto for nova e a empresa não liderar o mercado, mas se sua marca for superior à líder, o objetivo apropriado será convencer o público da superioridade da marca.

## Decisão sobre o orçamento de propaganda

Após determinar os objetivos de propaganda, a empresa pode começar a estabelecer o orçamento destinado a cada produto. O papel da propaganda é alterar a curva de demanda do produto para cima. A empresa precisa gastar a quantia exigida para atingir sua meta de vendas. Entretanto, como uma empresa pode saber que está gastando a quantia correta? Se ela gastar muito pouco, o efeito será insignificante e, paradoxalmente, a empresa estará gastando muito. Por outro lado, se gastar muito em propaganda, parte do dinheiro poderia ser

2.  Veja WILKIE, L., FARRIS, Paul W. Comparison advertising: problem and potential. *Journal of Marketing*, p. 7-15, Oct. 1975.
3.  Veja ROSE, Randall L., MINIARD, Paul W., BARONE, Michael J., MANNING, Kenneth C., TILL, Brian D. When persuasion goes undetected: the case of comparative advertising. *Journal of Marketing Research*, p. 315-330, Aug. 1993; e putrevu, Sanjay, LORD, Kenneth R. Comparative and noncomparative advertising: attitudinal effects under cognitive and affective involvement conditions. *Journal of Advertising*, p. 77-91, June 1994.

empregada em melhor uso. Alguns críticos advertem que as grandes empresas de bens de consumo embalados tendem a gastar muito em propaganda como uma forma de se assegurarem contra o risco de não gastarem o suficiente, e as empresas de bens industriais subestimam o poder da empresa e a imagem do produto, e assim, geralmente, gastam pouco.[4]

Um contra-argumento à afirmação de que empresas de produtos de consumo embalados gastam muito em propaganda é que a mesma possui um efeito residual que vai além do período de sua divulgação. Embora a propaganda seja tratada como despesa, parte dela é, realmente, um investimento que constrói determinado valor intangível chamado *goodwill* (ou *eqüidade de marca*). Quando são gastos $ 5 milhões na aquisição de um equipamento, ele é tratado como ativo depreciável em cinco anos e apenas a quinta parte de seu custo é depreciada no primeiro ano. Quando são gastos $ 5 milhões em propaganda para lançar um novo produto, o custo total deve ser lançado no demonstrativo de resultado do primeiro ano. Este tratamento da propaganda como despesa limita o número de lançamentos de novos produtos que uma empresa pode empreender em um ano.

Há cinco fatores específicos a considerar no estabelecimento de um orçamento de propaganda:[5]

- *Estágio do ciclo de vida do produto*. Tipicamente, os novos produtos recebem grandes orçamentos de propaganda, visando desenvolver a consciência e obter a experimentação do consumidor. Geralmente, as marcas já estabelecidas no mercado são apoiadas com orçamentos menores em relação ao valor das vendas.
- *Participação de mercado e base de consumidores*. Geralmente, as marcas com elevada participação de mercado requerem menores gastos em propaganda para manter suas participações. Desenvolver participação e aumentar o tamanho do mercado exige maiores gastos em propaganda. Além disso, tomando-se por base o custo por exposição, é mais barato atingir consumidores de uma marca amplamente usada do que consumidores de marcas que possuem baixa participação de mercado.
- *Concorrência e saturação de anúncios*. Em um mercado com grande número de concorrentes e alto gasto com propaganda, uma marca precisa ser anunciada com maior intensidade para ser destacada entre as demais. Mesmo a saturação de anúncios não diretamente concorrentes com a marca gera a necessidade de propaganda mais intensa.
- *Freqüência da propaganda*. O número necessário de repetições para levar a mensagem aos consumidores tem forte impacto sobre o orçamento de propaganda.
- *Grau de substituição do produto*. Marcas classificadas como *commodities* (por exemplo, cigarros, cerveja, refrigerantes) exigem propaganda intensa para estabelecer uma imagem diferenciada. A propaganda também é importante quando uma marca pode oferecer benefícios ou características exclusivas.

Os cientistas de marketing formularam alguns modelos de gastos com propaganda que levam em consideração estes e outros fatores. Um dos mais antigos foi desenvolvido por Vidale e Wolfe.[6] Essencialmente, o modelo afirma que quanto maior o orçamento de propaganda, maior a taxa de resposta de vendas, maior a taxa de declínio de vendas (ou a taxa de esquecimento da propaganda e da marca) e maior será o potencial de vendas. Por outro lado, este modelo exclui fatores importantes como os gastos de propaganda dos concorrentes e a eficácia dos anúncios da empresa.

O professor John Little propôs um método de controle adaptativo para estabelecer o orçamento de propaganda.[7] Suponhamos que uma empresa tenha estabelecido seus gastos com propaganda para o próximo período, com base nas informações mais atualizadas da função-resposta de vendas que possui. O orçamento é destinado a todos os mercados, com exceção de dois escolhidos ao acaso. Nesses dois mercados-testes, a empresa gasta menos e nos demais gasta mais. Isto gerará informações sobre as vendas médias obtidas para os níveis baixo, médio e alto de gastos com propaganda, que podem ser usadas para atualizar os parâmetros da função resposta de vendas. A função atualizada é usada para determinar a melhor taxa de gastos com propaganda para o período seguinte. Se esse experimento for conduzido em cada período, os gastos serão definidos em um nível ótimo.[8]

## Escolha da mensagem de propaganda

As campanhas de propaganda divergem em termos de criatividade. Como William Bernbach observou: "Os fatos não são suficientes (...) Não se esqueça de que Shakespeare usou algumas tramas nada originais e, mesmo assim, sua mensagem foi transmitida com grande desempenho". Consideremos o seguinte exemplo:

4. Para uma boa discussão sobre este tema, veja AAKER, David A., CARMAN, James M. Are you overadvertising? *Journal of Advertising Research*, p. 57-70, Aug./Sept. 1982.
5. Veja SCHULTZ, Donald E., MARTIN, Dennis, BROWN, William P. *Strategic advertising campaigns*. Chicago : Crain Books, 1984. p. 192-197.
6. VIDALE, M. L., WOLFE, H. R. An operations-research study of sales response to advertising. *Operations Research*, p. 370-381, June 1957.
7. LITTLE, John D. C. A model of adaptive control of promotional spending. *Operations Research*, p. 1.075-1.097, Nov. 1966.
8. Para modelos adicionais de estabelecimento do orçamento de propaganda, veja LILIEN, Gary L., KOTLER, Philip, MOORTHY, Sridhar. *Marketing models*. Englewood Cliffs, NJ : Prentice Hall, 1992. Cap. 6.

Em 1987, o comercial de televisão que mostrava uvas passas da Califórnia dançando ao som da música "I heard it through the grapevine", de Marvin Gaye, ocupou o primeiro lugar nos Estados Unidos, embora o orçamento de propaganda que o produziu tenha sido de apenas 1% do que foi gasto no anúncio colocado em quinto lugar.[9]

Claramente, o efeito do fator criatividade em uma campanha pode ser mais importante do que o número de dólares gasto. Somente após atrair a atenção é que um comercial ajuda a aumentar as vendas de uma marca. O adágio da propaganda é: "Enquanto o anúncio for apenas interessante, não significa que vende."

Entretanto, vale uma advertência. Toda propaganda criativa do mundo não pode destruir a participação de mercado de um produto flanqueado. Este foi o caso dos comprimidos efervescentes Alka-Seltzer, da Miles Inc.

**ALKA-SELTZER** Nos últimos 30 anos, os comprimidos antiácidos Alka-Seltzer têm-se beneficiado de algumas das propagandas mais criativas da história: em 1969, a empresa começou a veicular o clássico anúncio da prisão, em que 260 presidiários, liderados pelo ator George Raft, rebelaram-se contra a comida, batendo seus copos nas mesas enquanto cantavam "Alka-Seltzer". Depois, no mesmo ano, a empresa veiculou dois anúncios que também se tornaram clássicos: em um deles, "Lua de mel", os comprimidos salvaram um recém-casado após sua mulher ter cozido alimentos como ostras sem concha e bolinhos de carne com *marshmallow*. O anúncio é lembrado pela frase final: "Este é um bolinho de carne afrodisíaco." No decorrer dos anos 70 e 80, a empresa veiculou um dos comerciais mais clássicos da televisão para o Alka-Seltzer, utilizando frases como: "Experimente. Você gostará", "Não posso acreditar que comi tudo isso" e "Plop-plop, fizz-fizz, Oh, que alívio". Todavia, a participação de mercado do Alka-Seltzer, que representava 25% do mercado de antiácidos em 1968, caiu para apenas 10% em 1993. Apesar de ter sido veiculado em algumas das campanhas de propaganda mais marcantes, o Alka-Seltzer perdeu sua efervescência.[10]

Os anunciantes passam por quatro etapas para desenvolver uma estratégia criativa: geração, avaliação e seleção, execução e revisão da responsabilidade social da mensagem.

**GERAÇÃO DA MENSAGEM.** A princípio, a mensagem do produto – o benefício mais importante que a marca oferece – deve ser decidida como parte do conceito de desenvolvimento do produto. Todavia, mesmo dentro desse conceito, pode haver latitude para grande número de mensagens possíveis. No decorrer do tempo, a empresa pode desejar mudar a mensagem sem mudar o produto, principalmente se os consumidores estiverem à procura de benefícios novos ou diferentes do produto.

As pessoas criativas usam diversos métodos para gerar possíveis apelos de propaganda. Muitas delas utilizam o *método indutivo*, conversando com consumidores, revendedores, especialistas e concorrentes. Os consumidores são a principal fonte de boas idéias. Seus sentimentos sobre as forças e limitações das marcas existentes fornecem pistas importantes para a estratégia criativa. Como foi defendido por Leo Burnett: "São as entrevistas de profundidade que me deixam face a face com a pessoa que estou tentando vender. Procuro formar um quadro em minha mente sobre o tipo de pessoa que representa o consumidor – como usam este produto e de que forma."[11]

Outras pessoas usam o *método dedutivo* para gerar mensagens de propaganda. Maloney propôs um modelo (veja a Tabela 21.2).[12] Nesse modelo, ele vê os compradores esperando uma entre quatro tipos de recompensas de um produto: racional, sensorial, social ou satisfação do ego. Eles podem visualizar essas recompensas com base na experiência resultante do uso do produto, da experiência durante o uso ou da experiência de uso acidental do produto. Cruzando-se os quatro tipos de recompensas com os três tipos de experiências, temos 12 tipos de mensagens de propaganda.

O anunciante pode gerar um tema para cada uma das 12 mensagens possíveis para o produto. Por exemplo, o apelo "deixa as roupas mais limpas" é uma promessa de recompensa racional resultante da experiência de uso. A frase "satisfação plena em uma excelente cerveja *light*" representa uma promessa de recompensa sensorial associada à experiência de uso.

Quantos temas alternativos de anúncios o anunciante cria antes de fazer uma escolha? Quanto maior o número de anúncios independentemente criados, maior a probabilidade de encontrar um que seja excelente. Todavia, quanto maior o tempo empregado na criação de anúncios, maiores os custos. Deve haver um número ótimo de anúncios alternativos que uma agência deve criar e testar para o cliente. Sob o sistema atual de comissão, normalmente 15%, a agência não tem grande interesse em criar e testar muitos anúncios. (Para mais informações sobre o funcionamento do sistema de comissão, veja a seção *Insight* de Marketing intitulada "Como as agências de propaganda funcionam".) Felizmente, a despesa envolvida na criação de *roughs* (rascunhos) de anúncios está caindo rapidamente com o avan-

9. MARTIN, David N. *Romancing the brand:* the power of advertising and how to use it. New York : Amacom, 1989. p. 73, 106-107.
10. LEVINE, Joshua. Fizz, fizz ... plop, plop. *Forbes,* p. 139, 21 June 1993; MISSION impossible. *Advertising Age,* p. 18, 8 Mar. 1993.
11. Veja Keep listening to that wee, small voice. In: *Communications of an advertising man.* Chicago : Leo Burnett Co., 1961. p. 61.
12. MALONEY, John C. Marketing decisions and attitude research. In: BAKER JR., George L. *Effective marketing coordination.* Chicago : American Marketing Association, 1961. p. 598-618.

**Tabela 21.2**   *Exemplos de 12 tipos de mensagens de propaganda.*

| TIPOS DE EXPERIÊNCIAS POTENCIALMENTE RECOMPENSADORAS COM UM PRODUTO | TIPO POTENCIAL DE RECOMPENSA | | | |
| --- | --- | --- | --- | --- |
| | RACIONAL | SENSORIAL | SOCIAL | SATISFAÇÃO DO EGO |
| Resultantes da experiência de uso | 1. Deixa as roupas mais limpas | 2. Regula totalmente as funções estomacais | 3. Quando você se preocupa bastante em servir o melhor | 4. Para a pele que você merece ter |
| Resultantes do uso do produto | 5. A farinha que não precisa ser peneirada | 6. Satisfação plena em uma cerveja excelente | 7. Um desodorante que garante aceitação social | 8. A loja para o executivo jovem |
| Resultantes do uso acidental do produto | 9. A embalagem plástica mantém os cigarros sempre frescos | 10. O televisor portátil mais leve e prático de ser transportado | 11. O móvel que identifica o lar da pessoa moderna | 12. O estéreo do homem de gosto apurado. |

**Fonte:**   Adaptado de MALONEY, John C. Marketing decisions and attitude research. In: BAKER JR., George L. (Org.). *Effective marketing coordination.* Chicago : American Marketing Association, 1961. p. 595-618.

ço das técnicas de editoração eletrônica (*desktop publishing*). O departamento de criação da agência pode criar muitas alternativas de um anúncio em tempo curto, utilizando os recursos de imagem, tipologia etc. dos *softwares* disponíveis no mercado.

**AVALIAÇÃO E SELEÇÃO DA MENSAGEM.**   O anunciante precisa avaliar as mensagens alternativas. Normalmente, um bom anúncio está focado em uma única proposição de venda. Twedt sugeriu que as mensagens devem ser avaliadas em termos de *desejabilidade, exclusividade* e *credibilidade.*[13] A mensagem deve, primeiro, comunicar algo desejável ou interessante sobre o produto. A mensagem deve também comunicar algo exclusivo ou distinto que não existe em outras marcas da categoria de produto. Finalmente, a mensagem deve ser crível ou provável. Por exemplo:

**THE MARCH OF DIMES**   Essa organização pesquisou um tema de propaganda para levantar fundos destinados a sua luta contra os defeitos de nascença. Várias mensagens surgiram a partir de uma sessão de *brainstorming*. Pediu-se a um grupo de pais jovens que avaliassem cada mensagem em termos de interesse, distinção e credibilidade, atribuindo-se pontos em uma escala de 1 a 100. Por exemplo, a mensagem "Setecentas crianças nascem por dia com um defeito de nascença" obteve pontuações de 70, 62 e 80 nos critérios de inte-

resse, distinção e credibilidade, respectivamente, enquanto a mensagem "Seu próximo bebê pode nascer com um defeito de nascença" obteve 58, 51 e 70. A primeira mensagem superou a segunda em todos os critérios.[14]

O anunciante deve fazer análise de mercado e pesquisa para determinar que apelo tem maior impacto na audiência-alvo:

**SCHOTT**   A Schott é uma empresa alemã fabricante de produtos de vidro destinados às indústrias e ao mercado consumidor. A divisão técnica de sua subsidiária norte-americana, a Schott America, fabrica 50.000 produtos, mas em 1989, procurou a agência de propaganda Hammond Farrell, de New York, para pedir orientação sobre um de seus produtos, o Ceran. Esse material de cerâmica vitrificada refratária é usado como isolante térmico das partes elétricas de motores e equipamentos e estava em grande demanda na Europa. Todavia, quando os vendedores da filial norte-americana tentaram vender o Ceran para seu mercado-alvo formado por 14 fabricantes de eletrodomésticos, as empresas solicitaram amostras de cada cor disponível e não pediram uma nova visita. A análise de mercado e a pesquisa da Harmond Farrell confirmaram que o produto era muito desconhecido, não apenas entre os compradores industriais, mas também entre intermediários importantes, como varejistas, *designers* e arquitetos. A pesquisa também reve-

---

13. TWEDT, Dik Warren. How to plan new products, improve old ones, and create better advertising. *Journal of Marketing,* p. 53-57, Jan. 1969.
14. Veja MINDAK, William A., BYBEE, Malcolm. Marketing application to fund raising. *Journal of Marketing,* p. 13-18, July 1971.

# Como as agências de propaganda funcionam?

Madison Avenue é um nome familiar para a maioria dos norte-americanos. É uma rua da cidade de New York onde estão localizadas as sedes de algumas das maiores agências de propaganda. Entretanto, a maioria das 10.000 agências do país encontra-se fora de New York e quase todas as cidades possuem pelo menos uma agência, mesmo que seja formada por apenas uma pessoa. Algumas agências são enormes – a maior agência dos Estados Unidos, o Omnicom Group, de New York, fatura anualmente em torno de $ 16 bilhões. O WWP Group, de Londres, é a maior agência do mundo, com faturamento mundial de $ 20 bilhões.

As agências empregam especialistas que, geralmente, podem desempenhar tarefas de propaganda melhores do que os funcionários de uma empresa. As agências também contribuem ao trazer para uma empresa um ponto de vista externo para a solução de problemas, aliado a anos de experiência de trabalho com clientes e situações diferentes. Pela liberdade que as empresas possuem para mudar de agência, elas se esforçam muito para fazer um bom trabalho.

Geralmente, as agências de propaganda possuem quatro departamentos: *criação,* que desenvolve e produz anúncios, *mídia,* que seleciona veículos e veicula anúncios, *pesquisa,* que estuda as características e os desejos da audiência e *administração,* que cuida de suas atividades administrativas. Cada conta é supervisionada por um executivo de conta e os funcionários dos departamentos são, geralmente, destinados a trabalhar para uma ou mais contas.

Freqüentemente, as agências atraem novos clientes por meio de sua reputação e porte. Geralmente, um cliente convida algumas agências para apresentarem seus trabalhos e, depois, seleciona uma delas.

Tradicionalmente, elas são remuneradas por meio de comissão e algumas taxas extras. Sob este sistema, elas, geralmente, recebem 15% de comissão do veículo de mídia responsável pela veiculação do anúncio. Suponhamos que a agência compra $ 60.000 de espaço em uma revista para um cliente. A revista fatura $ 51.000 da agência ($ 60.000 menos 15%), e esta cobra do cliente $ 60.000, ficando com $ 9.000 de comissão. Se o cliente comprasse o espaço diretamente da revista, pagaria $ 60.000 porque a comissão é paga apenas para agências de propaganda credenciadas.

Entretanto, tanto anunciantes como agências estão insatisfeitos com o sistema de comissão. Os grandes anunciantes reclamam que pagam mais pelo mesmo serviço recebido por pequenos anunciantes, uma vez que anunciam mais vezes. Os anunciantes também acreditam que o sistema de comissão desinteressa às agências quando o preço da mídia é baixo ou as campanhas são limitadas. As agências ficam insatisfeitas porque fornecem muitos serviços extras para o cliente sem cobrar. Como resultado, a tendência é pagar uma taxa fixa ou uma combinação de comissão e taxa. Alguns grandes anunciantes estão vinculando a remuneração da agência ao desempenho das campanhas de propaganda. A Campbell's está disposta a pagar 15% de comissão se a campanha de propaganda for excelente; se a campanha for apenas boa, a agência recebe 13% e se for fraca, 13% e uma advertência. A Philip Morris prefere pagar 15% a suas agências e depois acrescentar um bônus se a campanha for especialmente eficaz. O problema principal com esses sistemas de pagamento por desempenho é como julgar se a campanha foi excelente, boa ou fraca. As mensurações das vendas e da comunicação podem falhar.

Outra tendência: em anos recentes, como os gastos de propaganda vêm diminuindo, muitas agências têm tentado manter o crescimento comprando outras, criando, assim, empresas *holding* para controlá-las. O maior desses "megagrupos", o WPP Group, inclui diversas grandes agências, como DDB-Needham, BBDO, Goodby Silverstein e TBWA/Chiat Day.

**Fonte:** Para leitura complementar, veja WORLD'S top 50 advertising organizations. *Advertising Age,* p. S-18, 10 Apr. 1995.

lou uma grande surpresa: ao selecionarem os principais produtos para comprar ou incluir em seus *designs,* nenhuma dessas pessoas estava atenta à engenharia sofisticada que os vendedores da Schott estavam tentando mostrar. O Ceran era um produto de longa durabilidade e sua superfície lisa não deixava o calor escapar. O principal problema era responder à pergunta: "Como tornar estas informações acessíveis aos usuários?" Foi quando a Hammond Farrell apresentou uma campanha de propaganda genial e muito bem-sucedida, baseada nas mensagens "Um uso de gala em sua cozinha" e "Mais do que um isolante térmico para fogão, um meio de expressão".[15]

15. Para uma visão ampla de como algumas agências de propaganda *business-to-business* estão usando o pensamento estratégico, veja ARNOTT, Nancy. Getting the picture. *Sales and Marketing Management,* p. 74-82, June 1994.

**EXECUÇÃO DA MENSAGEM.** O impacto da mensagem depende não apenas do que é dito, mas também de como é dito. Alguns anúncios apelam para o *posicionamento racional* e outros para o *posicionamento emocional*. Os anúncios norte-americanos típicos apresentam uma característica ou benefício explícito destinado a apelar para a mentalidade racional: "Deixa as roupas mais limpas", "Traz alívio imediato" etc. Os anúncios japoneses são mais indiretos e apelam para a mentalidade emocional: um exemplo foi o anúncio do automóvel Infiniti da Nissan, que não mostrava o carro, mas cenas lindas da natureza destinadas a produzir associação e resposta emocional.

A escolha dos títulos (*headlines*), texto etc. pode fazer grande diferença no impacto de um anúncio. Lalita Manrai relatou um estudo no qual criou dois anúncios para o mesmo carro. O primeiro com o título "Um carro novo" e o segundo, com o título "Este carro foi feito para você?" O segundo título utilizou uma estratégia de propaganda chamada *rotulagem*, no qual o consumidor é "rotulado" como o tipo de pessoa que está interessada naquele tipo de produto. Os dois anúncios também eram diferentes. O primeiro descrevia as características do carro e o segundo os benefícios. No teste, o segundo anúncio superou o primeiro em termos de impressão geral do produto, interesse do leitor pela compra e probabilidade de recomendá-lo a um amigo.[16]

A execução da mensagem pode ser decisiva para aqueles produtos que são altamente similares, como sabão em pó, cigarros, café e vodca. Consideremos o sucesso da vodca Absolut:

**ABSOLUT** Geralmente, a vodca é vista como um produto tipo *commodity*. Todavia, a dimensão da preferência de marca e de lealdade é enorme nesse mercado. A maior parte da preferência está baseada na venda de imagem, não do produto. Quando a marca sueca Absolut entrou no mercado norte-americano em 1979, a empresa vendeu insignificantes 7.000 caixas naquele ano. Em 1991, as vendas chegaram a dois milhões de caixas. A Absolut tornou-se a marca importada mais vendida nos Estados Unidos, com 65% do mercado. Suas vendas estão subindo às alturas em todo o mundo. Sua arma secreta: uma estratégia de alvo, embalagem e de propaganda. A Absolut destina-se aos bebedores sofisticados, em ascensão social e ricos. A vodca é vendida em uma garrafa conservadora que sugere a austeridade sueca. A garrafa tornou-se um ícone e é usada como peça central de todos os anúncios, acompanhada por trocadilhos como "Magia Absoluta" ou "Posse Absoluta". Artistas bem conhecidos, como Warhol, Haring e Scharf, desenharam muitos anúncios da Absolut, em que a imagem da garrafa sempre aparece de maneira inteligente. A Absolut ganhou mais prêmios em sua categoria do que qualquer outra campanha de propaganda em toda a história.

Ao preparar uma campanha de propaganda, o anunciante, geralmente, prepara um *briefing* (resumo) descrevendo o objetivo, conteúdo, suporte e o tom desejado para o anúncio. Aqui está um *briefing* para um produto da Pillsbury chamado 1869 Brand Biscuits:

**PILLSBURY** O *objetivo* da propaganda é convencer os consumidores de biscoitos de que agora podem comprá-los em uma embalagem de lata de qualidade, que são tão bons quanto os caseiros – os 1869 Brand Biscuits. O *conteúdo* da mensagem consiste em enfatizar as características do produto: parecem com os biscoitos caseiros, têm a mesma textura e o mesmo sabor dos biscoitos caseiros. O *suporte* para a promessa "bons como os caseiros" está dividido em dois: (1) os 1869 Brand Biscuits são fabricados com um tipo especial de farinha (farinha de trigo macia) usado nos biscoitos caseiros, mas nunca antes usados para fabricar biscoitos enlatados e (2) sua fórmula é semelhante às receitas tradicionais norte-americanas de biscoitos caseiros. O *tom* da propaganda será semelhante a informes publicitários, "temperado" com uma atmosfera calorosa que refletirá a qualidade de uma padaria norte-americana tradicional.

O pessoal de criação deve também encontrar um *estilo, tom, palavras* e *formato* para executar a mensagem. Todos esses elementos devem comunicar uma imagem e mensagem coesiva.

**Estilo.** Qualquer mensagem pode ser apresentada em diferentes estilos de execução ou em uma combinação dos mesmos:

- *Situação cotidiana.* Mostra-se uma ou mais pessoas usando o produto em uma situação normal. Uma família sentada à mesa pode expressar satisfação em relação a uma nova marca de biscoito.
- *Estilo de vida.* Enfatiza-se como um produto ajusta-se a determinado estilo de vida. Um anúncio de uísque escocês mostra um homem simpático de meia idade segurando um copo de uísque em uma mão e pilotando seu iate com a outra.
- *Fantasia.* Cria uma fantasia em torno do produto ou de seu uso. Comumente, os anúncios de perfume usam a fantasia para atrair as consumidoras, como a campanha "Participe desta fantasia" do Chanel Nº 5. Em um dos anúncios desse perfume, uma moça que assiste a um filme estrelado por Marilyn Monroe,

16. MANRAI, Lalita. Effect of labeling strategy in advertising: self-referencing versus psychological reactance. Tese (doutorado). Northwestern University, 1987.

repentinamente, transforma-se na atriz e seu saquinho de pipocas torna-se em um vidro de Chanel Nº 5. Com a tecnologia digital a seu serviço, o pessoal de criação pode agora produzir seqüências de fantasia como as mostradas nos anúncios do Chanel.[17]

- *Atmosfera ou imagem.* Cria uma imagem ou atmosfera em torno do produto, como beleza, amor ou serenidade. Não é feito nenhum apelo para o produto, exceto por meio de sugestão. Embora os anunciantes de carros e cigarros sejam bem conhecidos por suas tentativas de evocar uma atmosfera ou criar uma imagem (o caubói Homem de Marlboro, da Philip Morris, e Joe Camel, o "quente" da R. J. Reynolds), outras categorias de produtos estão aderindo a esta prática, principalmente aquelas que estão procurando mudar a imagem. Recentemente, as empresas de computadores passaram a confiar mais em anúncios que apresentam imagens situações familiares e "globais". Um anúncio de televisão da IBM mostra características mais sutis como um cidadão francês passeando às margens do rio Sena queixando-se a seu amigo que o disco rígido de seu microcomputador estava cheio.
- *Musical.* Usa música de fundo ou mostra uma ou mais pessoas ou personagens de desenho animado cantando uma canção que envolve o produto. Muitos anúncios de refrigerantes usam este formato.
- *Símbolo de personalidade.* Cria um personagem que se identifica com o produto. A personagem pode ser de desenho animado (o frango da Sadia) ou real (o caubói dos cigarros Marlboro).
- *Conhecimento técnico.* Mostra o conhecimento e a experiência da empresa na fabricação do produto. Por exemplo, os anúncios dos carros fabricados pela divisão Saturn da GM ganharam crédito por mostrar aos consumidores detalhes da fábrica de Spring Hill, Tennessee, onde os automóveis são fabricados.
- *Evidência científica.* Apresenta pesquisas ou evidências científicas de que a marca é preferida ou superior às marcas concorrentes. Esse estilo é comum na venda de medicamentos que não dependem de receituário médico. Um anúncio do antialérgico Dimetapp, da Whitehall Robins, mostra um pediatra com sua filha e o título: "Trato as alergias de minha filha com Dimetapp." Traz também o texto: "Dimetapp, o antialérgico recomendado pela maioria dos pediatras."
- *Evidência testemunhal.* Destaca uma fonte de alta credibilidade, simpatia ou experiência que endossa as qualidades do produto. Pode ser uma celebridade, como Emerson Fittipaldi, ou uma pessoa comum afirmando quanto gosta do produto. (Para mais detalhes sobre este tópico, veja a seção *Insight* de Marketing intitulada "Os endossos de celebridades como estratégia".)

**Tom.** O comunicador deve também escolher um tom apropriado para o anúncio. A Procter & Gamble é consistentemente positiva em seu tom; seus anúncios dizem algo superlativamente positivo sobre o produto. O humor é evitado porque pode dispersar o foco de atenção da mensagem. Por outro lado, os anúncios das superlojas de materiais de escritório Staples, embora divulguem produtos corriqueiros, focam uma situação humorística em vez dos próprios produtos. Outras empresas usam emoções para estabelecer o tom – principalmente empresas de filmes, telefone e seguros, que reforçam interações e realizações humanas.

**Palavras.** O comunicador deve também escolher palavras facilmente memorizadas e que atraem a atenção. Os temas listados a seguir à esquerda teriam muito menos impacto sem a redação criativa dos da direita:[18]

| Tema | Texto criativo |
|---|---|
| 7-Up não é um refrigerante tipo cola. | O refrigerante não-cola. |
| Deixe-nos guiá-lo em nosso ônibus em vez de você ter o trabalho de dirigir seu próprio carro. | "Tome ônibus e deixe-nos dirigir para você." |
| Faça suas compras folheando as páginas da lista telefônica. | "Deixe seus dedos caminhar para você." |
| Não alugamos muitos carros; assim, temos que fazer muito mais por nossos clientes. | "Tentamos fazer o mais difícil." |
| Os hotéis Red Roof Inns oferecem apartamentos mais baratos. | "Durma mais barato no Red Roof Inns." |

A criatividade é especialmente exigida para a redação de títulos de anúncios (*headlines*). Há seis tipos básicos de títulos: *novidade* ("Novo *boom* de crescimento e mais inflação pela frente (...) e o que você pode fazer a esse respeito"); *pergunta* ("O que você tem feito ultimamente?"); *narrativa* ("Eles riram quando sentei à frente do piano e a tocar!"); *comando* ("Não compre até experimentar os três"); *maneiras* ("Doze maneiras paga pagar menos imposto de renda") e *como – o que – por que* ("Por que eles não podem parar de comprar").

17. GARFIELD, Bob. Wondrous Chanel n. 5 spot deftly nurtures the product. *Advertising Age,* p. 3, 12 Dec. 1994.
18. GREENLAND, L. Is this the era of positioning? *Advertising Age,* 29 May 1972.

## INSIGHT DE MARKETING

# Os endossos de celebridades como estratégia

As empresas vêm usando celebridades há muito tempo para endossarem seus produtos. Uma celebridade bem escolhida pode pelo menos chamar a atenção para um produto ou marca, como quando o comediante Jerry Seinfeld aparece nos comerciais da American Express ou quando a estrela de tênis Gabriela Sabatini mostra um "bigode" de leite nos anúncios e exclama: "Leite, que surpresa!" A mística da celebridade pode transferir-se para a marca como ocorre em um anúncio da *supermodelo* Cindy Crawford para o xampu Outrageous Daily Beautifying da Revlon. A experiência e autoridade da celebridade pode transferir-se para a marca, como no caso de Michael Jordan endossando os tênis de basquetebol Air Jordan da Nike.

A escolha da celebridade correta é uma tarefa crítica. Ela deve ter alto reconhecimento, influência positiva (isto é, um efeito emocional altamente positivo sobre a audiência-alvo) e estar diretamente relacionada com o produto. Howard Cosell teve alto reconhecimento, mas efeito negativo entre muitos grupos. Sylvester Stallone tem alto reconhecimento e efeito positivo, mas não pode ser apropriado para anunciar uma Conferência para a Paz Mundial. Paul Newman, Candice Bergen e Bill Cosby podem ser bem-sucedidos em anunciar grande número de produtos porque possuem avaliações extremamente elevadas em visibilidade e simpatia (conhecidos como *fator Q* no setor de entretenimento).

Os atletas são particularmente eficazes, principalmente para anúncios de produtos de esporte, bebidas e roupas. Michael Jordan, astro do Chicago Bulls, ganha cerca de $ 4 milhões por ano para endossar as marcas Nike, Wilson, Coca-Cola, Johnson Products e McDonald's. Não é apenas a imagem da celebridade que aparece nos anúncios, mas também o poder da mensagem que multiplica as vendas de camisetas, brinquedos, jogos de computador e centenas de outros itens.

A principal preocupação do anunciante ao escolher uma celebridade é que a mesma venha a envolver-se em escândalo ou situação embaraçosa. O herói de futebol americano O. J. Simpson anunciou os carros da locadora Hertz durante 20 anos até ser acusado de assassinar a esposa em 1994. Depois, houve o caso de Michael Jackson, eliminado pela Pepsi ao ser acusado de molestar crianças. Quando o ator James Garner foi acometido de problemas cardíacos amplamente divulgados pela imprensa, não ficaria bem ele continuar promovendo o consumo de bife. A Associação dos Produtores de Bife ficou embaraçada quando sua porta-voz Cybill Shepherd admitiu ter parado de comer carne.

Talvez, devido à freqüência dos escândalos com celebridades, as seguradoras estão agora oferecendo proteção aos anunciantes contra tal risco. Uma seguradora colocou à disposição dos mesmos proteção contra a "morte, incapacidade física e mental e desgraça" de celebridades para cobrir eventuais danos em seus negócios. As apólices, com coberturas de até $ 5 milhões, protegem as empresas "contra as perdas associadas ao cancelamento de promoções ou endossos de celebridades devido a eventos fora do controle do segurado". Alternativamente, os anunciantes podem optar em não usar pessoas para endossar seus produtos, preferindo personagens de desenho animado. Por exemplo, a Owens-Corning vem usando a Pantera Cor de Rosa há quase 15 anos para endossar seus produtos isolantes pintados na cor rosa, e a Metropolitan Life vem usando a Peanuts Gang (gangue de amendoins) para promover seus produtos de seguro. As imagens projetadas por um *cartoon* ou desenho animado não se transferem de um momento para o outro e as empresas têm maior controle sobre as mesmas.

**Fontes:** Veja REIN, Irving, KOTLER, Philip, STOLLER, Martin. *High visibility*: how executives, politicians, entertainers, athletes, and other professionals create, market, and achieve successful images. New York : Dodd, Mead, 1987; STERN, Willy. Rebel with a cachet. *Business Week,* p. 74, 76, 17 July 1995; e UNRUH, Christine. Snap crackle pop. *Journal of Business Strategy,* p. 39-43, Mar./Apr. 1995.

**Formato.** Os elementos do formato, como tamanho, cor e ilustração farão a diferença no impacto e no custo do anúncio. Um pequeno rearranjo dos elementos mecânicos de um anúncio pode melhorar seu poder de atrair a atenção. Anúncios maiores chamam mais a atenção, embora não necessariamente na proporção de seu custo. As ilustrações em quatro cores em vez de em branco e preto aumentam a eficácia e o custo do anúncio. Ao planejar o domínio relativo de diferentes elementos do anúncio, pode ser atingido um ponto de equilíbrio ótimo. Novos estudos eletrônicos sobre o movimento dos olhos mostram que os consumidores podem ser conduzidos por um anúncio pelo posicionamento estratégico de seus elementos dominantes.

Alguns pesquisadores de propaganda impressa relatam que a *ilustração, título* e *texto* são importantes, nesta ordem. Primeiramente, o leitor percebe a ilustração, e ela deve ser forte o suficiente para atrair a atenção. Depois, o título deve ser eficaz para levar a pessoa a ler o texto. O texto deve ser bem composto. Mesmo assim, um anúncio realmente notável será percebido por menos de 50% da audiência do veículo; 30% dessa audiência pode lembrar-se da principal mensagem do título; cerca de 25% recorda-se do nome do anunciante e menos de 10% terá lido o conteúdo do texto. Infelizmente, anúncios comuns não alcançam pelo menos esses resultados.

Um estudo industrial listou as seguintes características para os anúncios que alcançaram pontuação acima da média em termos de lembrança e reconhecimento: inovação (novo produto ou novos usos), apelo de história (como artifício para atrair a atenção), comparações antes e depois, demonstrações, solução de problema e a inclusão de caracteres relevantes que se tornam símbolos da própria marca (podem ser personagens de desenho animado ou pessoas célebres ou não).[19]

Em anos recentes, alguns críticos pertencentes ou não ao setor de propaganda têm lamentado o uso excessivo de anúncios e *slogans* brandos e com pouca objetividade.[20] Freqüentemente, algumas questões são levantadas: Por que tantos anúncios parecem semelhantes? Por que as agências de propaganda não são mais criativas? Norman W. Brown, ex-presidente da agência de propaganda Foote, Cone & Belding, responde que em muitos casos os anunciantes, e não suas agências, são culpados. Quando a agência desenvolve uma campanha altamente criativa, o gerente de marca ou os níveis superiores da administração ficam preocupados com o risco, rejeitam-na ou solicitam muitas modificações que acabam tirando a força do anúncio. Sua conclusão: "Muitos anúncios não são criativos porque muitas empresas desejam uma posição confortável, não criatividade."

**REVISÃO DA RESPONSABILIDADE SOCIAL.** Os anunciantes e suas agências devem assegurar-se de que suas propagandas "criativas" não estejam transgredindo normas sociais e legais. A maioria das empresas trabalha muito para se comunicar aberta e honestamente com os consumidores.

Embora, possam ocorrer abusos, os legisladores de política pública têm desenvolvido uma quantidade substancial de leis e regulamentos para controlar a propaganda.

Pelas leis norte-americanas, as empresas devem evitar propaganda falsa ou enganosa. Os anunciantes não devem fazer falsas promessas, como declarar que um produto cura algo, quando, na verdade, é um engodo. Devem evitar demonstrações falsas, como usar plástico acrílico coberto de areia em vez de lixa em um comercial para demonstrar a eficácia de uma lâmina de barbear.

Nos Estados Unidos, é também ilegal criar anúncios que tenham a capacidade de iludir, muito embora ninguém, realmente, possa ser iludido. Por exemplo, uma cera para piso não pode ser anunciada como oferecendo seis meses de proteção, exceto em determinadas condições, e um pão dietético não pode ser anunciado como tendo poucas calorias, simplesmente porque as fatias são mais finas. O problema é como comunicar a diferença entre engano e "excessos intencionais" – simples exageros aceitáveis que não devem ser levados em consideração.

Além disso, os anunciantes são legalmente obrigados a evitar a propaganda que atrai compradores com falsas pretensões. Por exemplo, suponhamos que uma loja anuncia uma máquina de costura por $ 149. Quando os consumidores vão comprá-la, a loja não pode recusar vendê-la, retirar algumas características, mostrar defeito ou ampliar as datas de entrega para fazer com que eles comprem uma máquina mais cara.[21]

Para serem socialmente responsáveis, os anunciantes devem também tomar cuidado para não ofender qualquer grupo étnico, minorias raciais ou grupos de interesse especial. Consideremos os seguintes exemplos:[22]

- Um anúncio da Ninex foi criticado por grupos de proteção aos animais porque mostrou um coelho pintado de azul.
- Um comercial do inseticida Black Flag foi alterado após um grupo de veteranos de guerra ter protestado contra o toque de silêncio para os insetos mortos.
- Os anúncios da Calvin Klein, com a modelo magérrima Kate Moss, estão sendo atacados pela Associação de Boicote ao Marketing da Anorexia (*Boycott Anorexic Marketing*).

Algumas empresas começaram a desenvolver campanhas de propaganda usando a responsabilidade social como plataforma. A The Body Shop, que discutimos no Capítulo 1, é uma dessas empresas. Outra empresa que também tem feito isso é o Benetton Group, fabricante e varejista italiano de roupas de estilo:

**BENETTON** Os anúncios controvertidos da Benetton mostram fotos dramáticas como um doentes de AIDS morrendo com as palavras "HIV positivo" estampadas

19. OGILVY, David, RAPHAELSON, Joel. Research on advertising techniques that work – and don't work. *Harvard Business Review,* p. 14-18, July/Aug. 1982.
20. LIPMAN, Joanne. It's it and that's a shame: why are some slogans losers? *The Wall Street Journal,* 16 July 1993, A1:4; FARHI, Paul. The wrong one baby, uh-uh: has Madison Avenue lost it? *The Washington Post,* 28 Feb. 1993, C5:1.
21. Para leitura adicional, veja COHEN, Dorothy. *Legal issues in marketing decision making.* Cincinnati, OH : South-Western, 1995.
22. GOLDMAN, Kevin. Advertising: from witches to anorexics: critical eyes scrutinize ads for political correctness. *The Wall Street Journal,* 19 May 1994, B1:3.

em seu corpo, uma vítima da máfia com a face de um parente refletida em uma poça de sangue e um uniforme sujo de sangue de um soldado da ex-Iugoslávia. O único texto em cada um dos anúncios aparece em um *box*, com os dizeres: United Colors of Benetton". Oliviero Toscani, diretor de criação e fotógrafo da empresa responsável pela campanha de propaganda, afirmou que o ponto principal de seus anúncios era despertar a consciência social e que "... todos usam a emoção para vender um produto. Aqui, a diferença é que não estamos vendendo um produto. Desejamos mostrar (...) realidades humanas que fogem a nossa consciência".

Entretanto, mesmo que os anúncios da Benetton sejam bem intencionados e atraiam a atenção do público, eles, recentemente, receberam mais condenação do que louvor. Em 1995, um tribunal alemão decidiu que três imagens de anúncios da Benetton, incluindo uma que mostra a exploração do trabalho infantil na América Latina, são deploráveis e ilegais. A decisão do tribunal alemão foi acompanhada por um tribunal francês, que condenou a Benetton a pagar uma multa de $ 32.000 aos doentes infectados pelo vírus causador da AIDS, pela veiculação do anúncio "HIV positivo".[23]

## Decisão sobre mídia

Após escolher a mensagem de propaganda, a próxima tarefa do anunciante é escolher a mídia de propaganda para divulgá-la. Aqui, as etapas a seguir são as seguintes: decisão sobre a cobertura, freqüência e impacto desejados; escolha entre os principais tipos de mídia; seleção dos veículos de mídia específicos; decisão sobre o *timing* (tempo e duração) de mídia e decisão sobre a alocação geográfica de mídia.

## DECISÃO SOBRE COBERTURA, FREQÜÊNCIA E IMPACTO

**A SELEÇÃO DE MÍDIA envolve a tarefa de encontrar a mídia mais eficaz em termos de custo-benefício para levar o número desejado de exposições à audiência-alvo.**

O que devemos entender por número desejado de exposições? Presumivelmente, o anunciante está procurando determinada resposta da audiência-alvo, por exemplo, certo nível de experimentação do produto. A taxa de experimentação dependerá, entre outras coisas, do nível de consciência da marca existente na audiência.

Suponhamos que a taxa de experimentação de um produto cresça a uma taxa muito reduzida conforme o nível de consciência da audiência mostrado na Figura 21.2(a). Se o anunciante procura uma taxa de experimentação de, digamos, $T^*$, será necessário alcançar um nível de consciência de marca de $A^*$.

A próxima tarefa é descobrir quantas exposições, $E^*$, gerarão um nível de consciência da audiência $A^*$. O efeito das exposições sobre a consciência da audiência depende da cobertura, freqüência e impacto das exposições:

- *Cobertura. (C)*. Número de pessoas ou residências expostas a uma mídia específica pelo menos uma vez durante um período específico de tempo.
- *Freqüência (F)*. Número de vezes, dentro de um período específico de tempo, que uma pessoa ou residência é exposta à mensagem.
- *Impacto (I)*. Valor qualitativo de uma exposição por meio de determinada mídia (assim, um anúncio de alimento na revista *Cláudia* Cozinha teria maior impacto do que na *Vogue*).

A Figura 21.2(b) mostra o relacionamento entre a consciência da audiência e a cobertura. A consciência da audiência será maior quanto maior a cobertura, freqüência e impacto das exposições. O planejador de mídia reconhece as importantes relações entre cobertura, freqüência e impacto. Suponhamos que ele possua um orçamento de propaganda de $ 1.000.000 e o custo por mil exposições de qualidade média seja de $ 5. Isto significa que o anunciante pode comprar 200.000.000 exposições (= $ 1.000.000 / [$ 5 × 1.000]). Se o anunciante procura uma freqüência média de exposição de 10, o anunciante pode atingir 20.000.000 pessoas (= 200.000.000 / 10) com o orçamento disponível. Agora, se ele deseja uma mídia de melhor qualidade que custa $ 10 por mil exposições, poderá atingir apenas 10.000.000 de pessoas, a menos que esteja disposto a reduzir a freqüência de exposição desejada.

O relacionamento entre cobertura, freqüência e impacto está reunido nos seguintes conceitos:

- *Número total de exposições (E)*. É a cobertura vezes a freqüência média; isto é, $E = C \times F$. Dá-se a esta mensuração o nome de *pontos de avaliação bruta* (GRP – *Gross Rating Points*). Se uma programação de mídia atinge 80% dos lares com uma freqüência média de exposição de 3, diz-se que tal programação de mídia apresenta um GRP de 240 (80 × 3). Se outra programação de mídia apresenta um GRP de 300, diz-se que ela possui maior peso, mas não se pode dizer como este peso pode ser traduzido em cobertura e freqüência.

23. NASH, Nathaniel C. Advertising: a german court rules that images in a Benetton campaign are exploitative and illegal. *The New York Times,* 7 July 1995, D6:1; CLANCY, Kevin J., SHULMAN, Robert S. *Marketing myths that are killing business.* New York : McGraw-Hill, 1994. p. 148-149.

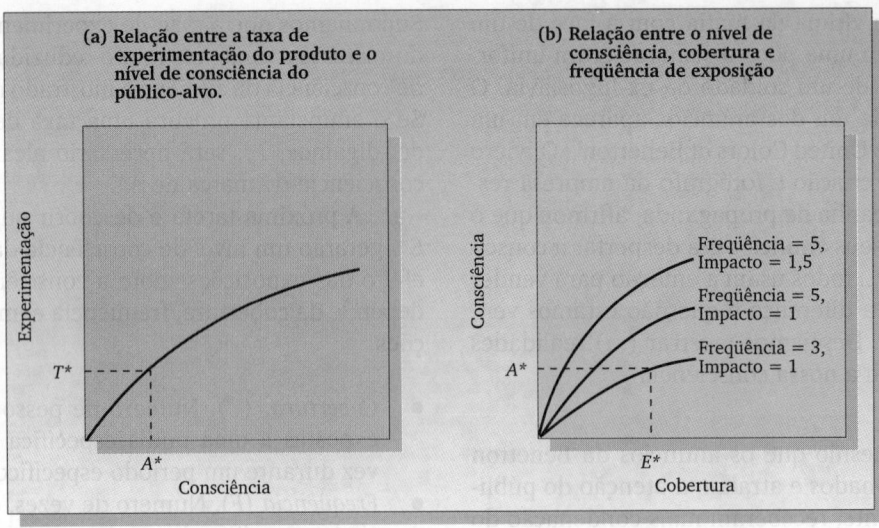

**Figura 21.2**    *Relacionamento entre experimentação, consciência e função de exposição.*

● *Peso do número de exposições* (PNE). É a cobertura vezes a freqüência média vezes o impacto médio, isto é, $PNE = C \times F \times I$.

A seguir, mostraremos como balancear o planejamento de mídia. Com determinado orçamento, qual a combinação mais eficaz de cobertura, freqüência e impacto em termos de custo-benefício? A cobertura é mais importante no lançamento de novos produtos, flanqueamento de marcas, para marcas bem conhecidas, marcas compradas esporadicamente ou quando há interesse em vender a um mercado-alvo indefinido. A freqüência é mais importante quando há concorrentes fortes, uma história complexa para ser comunicada, alta resistência do consumidor ou um ciclo de compra freqüente.[24]

Muitos anunciantes acreditam que uma audiência-alvo precisa receber grande número de exposições para a propaganda funcionar. Poucas repetições podem tornar-se desperdício porque poderão passar despercebidas. Outros anunciantes duvidam do valor de um anúncio que é repetido muitas vezes. Julgam que após as pessoas virem o mesmo anúncio algumas vezes, tomam ou não uma decisão, ficam irritadas ou param de notá-lo. Krugman afirmou que três exposições a um anúncio podem ser suficientes:

*A primeira exposição é, por definição, original. Como em uma exposição inicial a algo, um tipo de resposta cognitiva vem em mente para responder à pergunta: O que é isto? A segunda exposição a um estímulo (...) gera vários efeitos. Pode ser que haja uma reação cognitiva caracterizada pela primeira exposição, caso a audiência tenha deixado passar o significado da mensagem na primeira vez... Muito freqüentemente, uma resposta avaliativa à pergunta "Qual sua importância?" responde também à primeira pergunta... A terceira exposição constitui um lembrete, se uma decisão de comprar baseada nas avaliações ainda não tiver sido tomada. Ela é também o início do desengajamento e desvio da atenção de um episódio completo.[25]*

A tese de Krugman em favor de três exposições precisa ser explicitada. Significa três *exposições de propaganda* reais – isto é, a pessoa vê o anúncio três vezes. Isto não deve ser confundido com *exposições do veículo*. Se apenas metade dos leitores visualizar os anúncios de revistas ou se eles visualizarem anúncios em edições esporádicas, a exposição de propaganda é apenas metade das exposições do veículo. A maioria das empresas de pesquisa estima as exposições do veículo, não as exposições dos anúncios. Um estrategista de mídia teria que comprar mais exposições do veículo além de três para atingir as três constatações da tese de Krugman.[26]

Outro fator a favor da repetição da propaganda diz respeito ao esquecimento. O trabalho de repetição da propaganda é recolocar parcialmente a mensagem na memória da audiência. Quanto maior a taxa de esquecimento associada àquela marca, categoria de produto ou mensagem, mais garantido será o nível de repetição.

Entretanto, a repetição não é suficiente. Muitos anúncios levam à exaustão, e a audiência procura afastar-se deles. Os anunciantes não devem insistir em um

24. SCHULTZ et. al. Op. cit. p. 340.
25. Veja KRUGMAN, Herbert E. What makes advertising effective? *Harvard Business Review*, p. 14-18, July/Aug. 1982.
26. Veja KRESHEL, Peggy J., LANCASTER, Kent M., TOOMEY, Margaret A. *Advertising media planning*: how leading advertising agencies estimate effective reach and frequency. Urbana : University of Illinois, Department of Advertising, paper n. 20, Jan. 1985. Veja também SISSORS, Jack Z., BUMBA, Lincoln. *Advertising media planning*. 3. ed. Lincolnhood : NTC Business Books, 1988. Cap. 9.

**Tabela 21.3**   *Perfis dos principais tipos de mídias.*

| MÍDIA | VOLUME EM BILHÕES ($) | PORCEN-TAGEM | EXEMPLO DE CUSTO | VANTAGENS | LIMITAÇÕES |
|---|---|---|---|---|---|
| Jornal | 32,0 | 23,2 | $ 45.900 por uma página nos dias de semana no *Chicago Tribune* | Flexível, oportuno, boa cobertura local de mercado, ampla aceitação, alta credibilidade | Vida curta, baixa qualidade de reprodução, pequeno número de leitores por exemplar |
| Televisão | 30,6 | 22,2 | $ 1.900 por 30 segundos em horário nobre de Chicago | Combina sinais, som e movimento, apela para os sentidos, alta atenção, cobertura abrangente | Custo absoluto elevado, número excessivo de comerciais, exposição transitória, menor seletividade de audiência |
| Mala direta | 27,3 | 19,8 | $ 1.520 pelos nomes e endereços de 40.000 veterinários | Seletividade de audiência, flexibilidade, inexistência de concorrência para o anúncio na mesma mídia, personalização | Custo relativamente elevado, imagem de *junk mail* (correio lixo) |
| Rádio | 9,6 | 6,9 | $ 400 por um minuto durante o horário de tráfego intenso (entrada e saída do trabalho)em Chicago | Uso para comunicação de massa, alta seletividade demográfica e geográfica, custo baixo | Apresentação apenas em áudio, menor atenção do que a televisão, tabelas de preços não padronizadas, exposição transitória |
| Revista | 7,4 | 5,3 | $ 126.755 por uma página em 4 cores na *Newsweek* | Alta seletividade demográfica e geográfica, credibilidade e prestígio, reprodução de alta qualidade, vida longa, vários leitores por exemplar | Compra de espaço muito antecipada, algum desperdício de circulação, nenhuma garantia para a posição (exceção à 4ª capa, contracapas e contratos especiais) |
| *Outdoor* | 1,1 | 0,8 | $ 25.500 por mês para 71 cartazes na área metropolitana de Chicago | Flexibilidade, taxa elevada de exposição repetitiva, custo baixo, pouca concorrência | Nenhuma seletividade de audiência, limitações à criatividade |
| Outras | 30,1 | 21,8 | | | |
| Total | 138,1 | 100,0 | | | |

**Fonte:**   As colunas 2 e 3 foram extraídas de COEN, Robert J. Ad gain of 5,2% in '93 marks downturn's end. *Advertising Age,* p. 4, 2 May 1994.

anúncio desgastado, mas pedir novas criações a suas agências de propaganda. Por exemplo, a Duracell pode escolher entre mais de 40 diferentes versões de seu anúncio básico.

**ESCOLHA ENTRE OS PRINCIPAIS TIPOS DE MÍDIA.** O planejador de mídia precisa conhecer a capacidade dos principais tipos de mídia em termos de cobertura, freqüência e impacto. As principais mídias de propaganda, com seus respectivos custos, vantagens e limitações são mostradas na Tabela 21.3.

Os planejadores de mídia fazem suas escolhas entre essas categorias de mídia considerando diversas variáveis, as principais delas mostradas a seguir:

# Fique atento às novas mídias de propaganda

Há 40 anos, os anunciantes norte-americanos que procuravam atingir uma audiência de massa limitavam-se apenas em comprar 30 segundos de tempo em uma das três redes de televisão existentes. Hoje, com o surgimento de novos formatos de mídia e de comunicação, o mercado de massa fragmentou-se em milhões de micromercados. Para visar eficazmente esses micromercados, os anunciantes estão indo além das redes de televisão, rádio, mídia escrita e anúncios em *outdoors* para veicular suas mensagens em ônibus, metrô, estádios esportivos, salas de cinema, roupas e prateleiras de supermercados. Estão também usando caixas postais, telefones, telas de computador e aparelhos de fax.

O advento de novas mídias eletrônicas é, simplesmente, o estágio mais recente em uma seqüência natural de eventos. Desde o antigo Egito, em que os pedreiros "marcavam" os tijolos que assentavam, a mídia, como os produtos e serviços, atravessa estágios de ciclo de vida claramente identificados. Cada nova mídia possui um período de domínio, seguido de declínio. As outras mídias não desaparecem, mas ficam estagnadas em algum nível, ocasionalmente, passando por novos períodos de interesse. Há 40 anos, as três maiores redes de televisão detinham 100% de participação da audiência, mas em 1980, essa participação caiu para 87% e, em 1990, para 62%. Este declínio de participação está diretamente re-lacionado à crescente penetração da televisão a cabo e do *pay-per-view* (pagamento em função da programação selecionada). Na mídia impressa, em que os anunciantes antes confiavam em algumas publicações de cobertura nacional como *Look* e *Saturday Evening Post,* eles têm agora várias centenas de revistas de interesse especial para escolher. Essas revistas estão cada vez mais ocupando o espaço das revistas de interesse geral.

As empresas que desejam anunciar em mídias impressas enfrentam várias restrições, destacando-se a limitação de espaço em cada publicação. Para resolver este problema, alguns anunciantes estão usando balões para colocar seus logos corporativos nas alturas. Entretanto, felizmente, para alguns anunciantes, a combinação das telecomunicações, computadores e tecnologia de vídeo está abrindo um número aparentemente infinito de possibilidades para a veiculação de mensagens de propaganda. A seguir, descrevemos algumas das novas mídias eletrônicas que estão começando a ser exploradas pelos anunciantes.

**Revistas eletrônicas** (*e-zines* ou *digizines*)

Com nomes como *Blender, Trouble & Attitude* e *Launch,* as revistas mais recentes não estão nas bancas de jornais, mas são acessíveis apenas nos computadores via serviços *on-line* ou Internet. São revistas muito mais

- *Hábitos de mídia da audiência-alvo.* Por exemplo, rádio e televisão são as mídias mais eficazes para atingir adolescentes.
- *Produto.* Roupas femininas são mais bem apresentadas em revistas em cores, e as câmeras fotográficas Polaroid são mais bem demonstradas pela televisão. Os tipos de mídias possuem potenciais diferentes para demonstração, visualização, explanação, credibilidade e cores.
- *Mensagem.* Uma mensagem que anuncia importante liquidação para o dia seguinte exigirá cobertura de rádio ou de jornais. Outra mensagem com muitos dados técnicos pode exigir revistas especializadas ou mala direta.
- *Custo.* A televisão é muito cara, enquanto a propaganda em jornais é barata. Deve-se levar em consideração o custo por mil exposições e não o custo total.

As idéias sobre o impacto e o custo de mídia devem ser reexaminadas regularmente. Por muito tempo, a televisão exerceu a posição de liderança no composto de mídia, enquanto os demais veículos foram negligenciados. Depois, os pesquisadores de mídia começaram a perceber a redução da eficácia da televisão devido à saturação pelo aumento do número de comerciais (os anunciantes passaram a veicular comerciais mais curtos e repetitivos, dispersando a atenção da audiência e reduzindo o impacto), aumento da troca de canais proporcionada pelo dispositivo de controle remoto e redução da assistência a anúncios em função do crescimento das TV a cabo e dos aparelhos de videocassete. Além disso, o custo de veiculação pela televisão cresceu mais rápido que o das demais mídias. Diversas empresas constataram que uma combinação de anúncios impressos e comerciais de televisão, freqüentemente, obtém melhor resultado do que os comerciais isolados.

Outra razão para essa revisão é o surgimento contínuo de *novas mídias.* Por exemplo, os anunciantes aumentaram substancialmente seus gastos em *outdoor* na última década. Esta mídia de propaganda fornece excelente meio de atingir segmentos de consumidores em

baratas para iniciar e operar do que as revistas impressas. Por exemplo, o lançamento de uma publicação destinada a homens de 18 a 34 anos de idade exigiria pelo menos $ 10 milhões, enquanto a revista eletrônica custaria entre $ 200.000 e $ 500.000. Entretanto, ainda está difícil de resolver a equação do anúncio. A maioria dessas revistas cobra por *megabyte*, embora algumas estejam experimentando alguns números para determinar o que o mercado está disposto a pagar.

### Televisão interativa

A combinação de computador, telefone e televisão tem tornado possível que pessoas se comuniquem através de programas ou serviços de informações via aparelhos de televisão. Enquanto os programas *home shopping* permitem que os consumidores façam seus pedidos após ver o produto em suas telas de TV, a *televisão interativa* dá um passo à frente ao permitir que os consumidores utilizem um teclado de computador e *modem* para se comunicar diretamente com os vendedores em suas telas de TV. Entretanto, a tecnologia de TV interativa ainda está em fase de testes por grandes grupos de comunicação como Time-Warner, U.S. West, Bell Atlantic, Viacom, AT&T e BellSouth.

### Fax programado

A tecnologia do fax programado vem sendo usada por várias empresas. Permite o armazenamento de informações em um programa de computador. Os consumidores que necessitam de informações podem fazer uma ligação gratuita e o fax programado, automaticamente, atende a solicitação dentro de cinco minutos. O serviço está disponível durante 24 horas do dia e sete dias por semana. Pode ser instalado por apenas $ 1.000, investimento que pode ser compensado apenas com a economia de correio. Outro benefício é que a tecnologia permite às empresas o rastreamento de seus anúncios, identificando as regiões onde eles são mais eficazes. Ao acrescentar extensões de três dígitos aos números dos faxes colocados nos vários anúncios impressos, a empresa pode mensurar o volume de ligações recebidas de diferentes anúncios, permitindo, assim, a eliminação daqueles que não trazem retorno.

O que as novas mídias eletrônicas significam para o futuro da propaganda? Rust e Oliver afirmaram que a proliferação de novas mídias significam a morte da propaganda tradicional de mídia de massa que conhecemos. Também significa maior volume de interação entre produtor-consumidor, com benefícios para ambas as partes. Os fabricantes, que obtêm mais informações sobre seus consumidores, podem melhor personalizar seus produtos e mensagens; os consumidores obtêm maior controle porque podem optar ou não pela recepção de uma mensagem de propaganda.

**Fontes:** RUST, Roland T., OLIVER, Richard W. Notes and comments: the death of advertising. *Journal of Advertising*, p. 71-77, Dec. 1994; GOLASKI, Lorien. Products ads are just a call away. *Business Marketing*, p. 26, Sept. 1994; DONLIN, Dennis. Scaling new-media mountains. *Advertising Age*, p. 22, 27 Mar. 1995; e YAHN, Steve. Advertising's brave new world. *Advertising Age*, p. 1, 53, 16 May 1994.

locais importantes. A televisão a cabo está atingindo a maioria das residências norte-americanas e produzindo bilhões de dólares de receita de propaganda por ano. Os sistemas a cabo permitem formatos de programação mais restritos, como esportes, noticiários, culinária e artes, todos atendendo às empresas que visam a grupos selecionados.

Outra nova mídia promissora é a própria loja. Os veículos promocionais mais antigos em lojas, como *displays* de ponta de gôndolas e cartazetes que divulgam ofertas especiais estão sendo complementados por uma infinidade de novos veículos de mídia. Alguns supermercados estão vendendo espaço em seus pisos de ladrilho para empresas interessadas em colocar seus logos. Estão experimentando *prateleiras falantes*, onde os compradores obtêm informações à medida que passam por certas seções de alimentos. Uma empresa introduziu o sistema de *videocart* controlado por computador em que aparelhos de televisão espalhados pela loja transmitem informações úteis para os consumidores durante 70% do tempo ("A couve-flor é rica em vitamina C") e, em 30% do tempo, promoções do anunciante ("Nesta semana, $ 0,20 de desconto no quilo de atum").

Os anúncios estão começando a aparecer em livros *bestsellers*, salas de cinema e em filmes de vídeo. Materiais escritos como relatórios anuais de empresas, guias turísticos, catálogos e *newsletters* estão cada vez mais veiculando anúncios. Muitas empresas que enviam faturas mensais a seus consumidores (empresas de cartão de crédito, lojas de departamentos, postos de gasolina, linhas aéreas etc.) estão incluindo encartes no envelope anunciando produtos e serviços. Algumas empresas enviam fitas de áudio ou de vídeo para consumidores potenciais, divulgando seus produtos. Para mais detalhes sobre algumas das mídias eletrônicas de propaganda mais recentes, veja a seção Visão 2000 intitulada "Fique atento às novas mídias de propaganda" e o Capítulo 23.

Em função da abundância de mídia e suas características, o planejador de mídia deve, primeiro, decidir como alocar o orçamento entre os principais tipos de mídia disponíveis. Por exemplo, ao lançar sua nova marca de biscoitos, a Pillsbury pode decidir alocar $ 3 milhões na programação diurna das redes de televisão, $ 2 milhões em revistas femininas, $ 1 milhão em jornais diários dos 20 maiores mercados e $ 50.000 para manter sua *home page* na Internet.

**SELEÇÃO DE VEÍCULOS DE MÍDIA ESPECÍFICOS.** A seguir, o planejador de mídia deve procurar os veículos mais eficazes em termos de custo-benefício dentro de cada tipo de mídia. Por exemplo, o anunciante que comprar 30 segundos de propaganda em uma rede de televisão pode pagar $ 100.000 em um programa de horário nobre, $ 380.000 em programas populares como *Roseanne* ou *Seinfeld* ou $ 1.000.000 por uma quota de patrocínio em um evento esportivo como o Super Bowl (finais do campeonato norte-americano de futebol). Como o planejador de mídia deve fazer escolhas entre uma variedade de mídias tão ampla? Ele confia nos serviços de mensuração de mídia que fornecem estimativas sobre o tamanho, composição e custo da audiência. O tamanho da audiência pode ser mensurado de várias maneiras:

- *Circulação*. Número de unidades físicas em que a propaganda é veiculada.
- *Audiência*. Número de pessoas que está exposto ao veículo. (Se o veículo possuir mais de um leitor por unidade física, sua audiência será maior do que a circulação.)
- *Audiência efetiva*. Número de pessoas com as características da audiência-alvo que está exposta ao veículo.
- *Audiência efetiva exposta ao anúncio*. Número de pessoas com as características da audiência-alvo que realmente vê o anúncio.

**Critério Custo por Mil.** Os planejadores de mídia calculam o *custo por mil pessoas atingidas* por um veículo. Se um anúncio de página inteira, a quatro cores, na *Newsweek* custa $ 84.000 e seu número estimado de leitores é de 3 milhões de pessoas, o custo de expor o anúncio a 1.000 pessoas é de $ 28. O mesmo anúncio na *Business Week* pode custar $ 30.000, mas atingir apenas 775.000 pessoas – a um custo por mil de $ 39. O planejador de mídia classificaria cada veículo pelo custo por mil e favoreceria aquelas revistas cujo custo por mil for mais baixo para atingir os consumidores-alvo. Freqüentemente, as próprias revistas fornecem um "perfil do leitor" para seus anunciantes, resumindo as características de seus leitores típicos e dados como idade, faixa de renda, residência, estado civil e atividades de lazer.

Vários ajustamentos devem ser aplicados a essa mensuração inicial de custo por mil. Primeiro, a mensuração deve ser ajustada pela *qualidade da audiência*. Para um anúncio de loção infantil, uma revista lida por um milhão de mães jovens teria o valor de exposi-

ção de um milhão, mas se for lida por um milhão de homens mais velhos, seu valor de exposição seria próximo de zero. Segundo, o valor da exposição deve ser ajustado à *probabilidade de atenção da audiência*. Por exemplo, os leitores da revista *Vogue* prestam mais atenção aos anúncios do que os leitores da *Newsweek*. Terceiro, o valor de exposição deve ser ajustado à *qualidade editorial* (prestígio e credibilidade) que uma revista possa ter sobre outra. Quarto, o valor de exposição deve ser ajustado às políticas de localização de anúncios na revista e aos serviços extras (como edições regionais, edições por grupos de leitores e exigências de tempo de programação).

Os planejadores de mídia estão crescentemente usando mensurações mais sofisticadas para a eficácia de mídia e empregando-as em modelos matemáticos para chegar ao melhor composto de mídia. Muitas agências de propaganda usam um programa de computador para selecionar a mídia inicial e, depois, para implementar melhorias baseadas em fatores subjetivos omitidos no modelo.[27]

**DECISÃO SOBRE *TIMING* DE MÍDIA.** Ao decidir que tipos de mídia usar, o anunciante enfrenta dois problemas: a macroprogramação e a microprogramação.

**Macroprogramação.** O anunciante tem que decidir como programar a propaganda em relação às tendências sazonais e ao ciclo do negócio. Suponhamos que 70% das vendas de um produto ocorra entre os meses de junho a setembro. A empresa tem três opções: pode variar seus gastos em propaganda em função da variação sazonal, opor-se ao padrão sazonal ou manter-se constante durante o ano. A maioria das empresas adota uma política de propaganda sazonal. Entretanto, consideremos o seguinte:

> Há alguns anos, um fabricante de refrigerantes intensificou a propaganda fora da estação. Esta prática aumentou o consumo não-sazonal de sua marca e não prejudicou a venda sazonal. Outros fabricantes de refrigerantes passaram a fazer o mesmo, obtendo como resultado um padrão de consumo mais balanceado. A concentração da propaganda na estação de vendas tinha criado uma convicção de que o mercado estava sendo plenamente atendido.

Forrester propôs o uso de sua metodologia de "dinâmica industrial" para testar políticas de propaganda cíclicas.[28] Ele acredita que a propaganda exerce impacto retardado sobre a consciência do consumidor; a consciência exerce impacto retardado sobre as vendas da fábrica; as vendas da fábrica exercem impacto retardado

27. Veja RUST, Roland. *Advertising media models*: a practical guide. Lexington : Lexington Books, 1986.
28. Veja FORRESTER, Jay W. Advertising: a problem in industrial dynamics. *Harvard Business Review*, p. 100-110, Mar./Apr. 1959.

sobre os gastos em propaganda. Estes relacionamentos de tempo podem ser estudados e formulados matematicamente em um modelo de simulação em computador. Estratégias alternativas de tempo seriam simuladas para avaliar seus diferentes impactos sobre as vendas, custos e lucros da empresa. Rao e Miller também desenvolveram um modelo de impacto retardado para relatar a participação da marca em relação a seus gastos promocionais, tomando como base mercado a mercado. Eles testaram com êxito o modelo com cinco marcas da Lever em 15 bairros, relatando a participação do dinheiro gasto com propaganda em TV, propaganda impressa, descontos e promoções ao canais de distribuição.[29]

Kuehn desenvolveu um modelo para explorar como a propaganda deve ser programada no tempo para produtos de mercearia comprados com freqüência, altamente sazonais e de preços baixos.[30] Ele mostrou que o padrão adequado de programação depende do efeito residual da propaganda, bem como do comportamento habitual do consumidor quanto à escolha da marca. O *efeito residual* refere-se à taxa pela qual o efeito dos gastos de propaganda permanece no decorrer do tempo. Uma taxa de efeito residual de 0,75 ao mês significa que o efeito atual de um gasto anterior é de 75% de seu nível no mês anterior, enquanto uma taxa de 0,10 ao mês indica que permanece apenas 10% do efeito do mês anterior. O *comportamento habitual* indica o grau de permanência de determinada marca, independentemente do nível de propaganda existente. Um alto comportamento habitual de compra, digamos 0,90, significa que 90% dos compradores escolherão a mesma marca no período seguinte.

Kuehn constatou que quando não há efeito residual da propaganda no comportamento habitual de compra, justifica-se que o tomador de decisão use a regra da porcentagem sobre as vendas para determinar o orçamento de propaganda. O padrão ótimo de programação de tempo para os gastos em propaganda coincide com o padrão sazonal previsto para as vendas do setor. Entretanto, se houver propaganda residual e/ou comportamento habitual de compra, o método da porcentagem sobre as vendas para fixar o orçamento de propaganda não é adequado. Seria melhor programar a propaganda conforme a curva de vendas. O ápice dos gastos em propaganda deve anteceder o ápice das vendas. A duração do impacto retardado deve ser maior quanto mais alta a taxa de efeito residual da propaganda. Além disso, os gastos com propaganda devem ser mais constantes quanto maior o comportamento habitual de compra.

**Microprogramação.** A microprogramação exige que a alocação dos gastos em propaganda deve ser feita dentro de um curto período de tempo para que a empresa obtenha impacto máximo.

Suponhamos que a empresa decida comprar 30 *spots* de rádio no mês de setembro. A Figura 21.3 mostra vários padrões possíveis. O lado esquerdo mostra que as mensagens de propaganda para o mês podem ser concentradas em uma pequena parte desse mês (propaganda "relâmpago"), dispersadas no decorrer do mês ou intermitentemente durante o mês. O topo da figura mostra que as mensagens de propaganda podem ser transmitidas como uma freqüência regular, ascendente, descendente ou alternada.

O padrão mais eficaz depende dos objetivos da comunicação em relação à natureza do produto, consumidores-alvo, canais de distribuição e outros fatores de marketing. Consideremos os seguintes casos:

Uma varejista deseja anunciar uma venda de pré-estação de seu equipamento para esquiagem. Ela reconhece que apenas determinadas pessoas estão interessadas em skis. Acha que os compradores-alvo precisam ouvir a mensagem apenas uma ou duas vezes. Seu objetivo é maximizar a cobertura, não a freqüência. Decide concentrar as mensagens em alguns dias, variando o horário para evitar as mesmas audiências. Ela usa o padrão (1) mostrado na Figura.

Um fabricante-distribuidor de escapamentos deseja manter sua marca na mente dos consumidores. Todavia, não deseja que sua propaganda seja muito contínua porque apenas 3 a 5% dos carros que transitam nas ruas precisam de um novo escapamento após determinado tempo. Ele escolhe adotar a propaganda intermitente. Além disso, reconhece que sexta-feira é dia de pagamento, de modo que decide colocar algumas mensagens no meio da semana e um número maior na sexta-feira. Ele usa o padrão (12) mostrado na Figura.

O padrão de programação de tempo (*timing*) deve considerar três fatores. O *turnover de compradores* expressa a taxa pela qual novos compradores entram no mercado; quanto maior esta taxa, mais contínua deve ser a propaganda. A *freqüência de compra* é o número de vezes, durante determinado período, que o comprador adquire o produto; quanto maior a freqüência de compra, mais contínua deve ser a propaganda. A *taxa de esquecimento* é a medida que expressa o esquecimento de uma marca pelo comprador; quanto maior a taxa de esquecimento, mais contínua deve ser a propaganda.

Ao lançar um novo produto, o anunciante tem que escolher entre a continuidade, concentração, eventualidade ou intermitência de um anúncio. Há *continuidade* quando a programação de exposições é regular durante determinado período. Entretanto, os altos custos da propaganda e as variações sazonais das vendas desencorajam

---

29. Veja RAO, Amber G., MILLER, Peter B. Advertising/sales response functions. *Journal of Advertising Research*, p. 2-10, Mar. 1962.
30. Veja KUEHN, Alfred A. How advertising performance depends on other marketing factors. *Journal of Advertising Research*, p. 2-10, Mar. 1962.

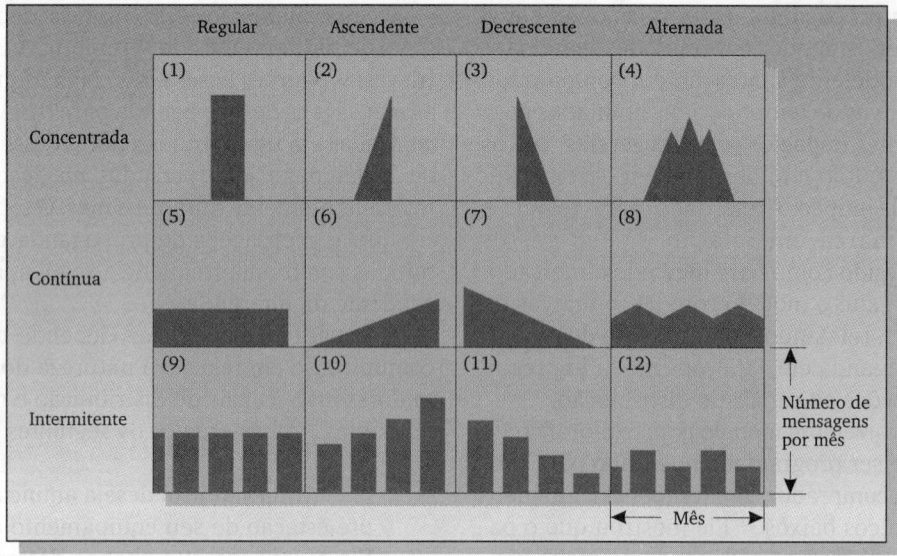

**Figura 21.3**  *Classificação dos padrões de programação de propaganda.*

a propaganda contínua para expandir mercados, com itens comprados freqüentemente e junto a categorias de compradores bem definidas. A *concentração* exige que os gastos em propaganda sejam concentrados em um único período. Faz sentido para produtos vendidos em uma única estação ou em feriados. A *eventualidade* significa que a propaganda é veiculada por algum período, seguido por uma interrupção e, depois, por uma segunda veiculação. É usada quando os gastos são limitados, o ciclo de compra é relativamente infreqüente ou os itens são sazonais. A *intermitência* representa a propaganda contínua a níveis baixos reforçados periodicamente por ondas mais intensas. Este padrão possui a força da propaganda contínua e procura criar um compromisso em termos de estratégia de programação.[31] Aqueles que o adotam consideram que a audiência captará a mensagem em maior profundidade e a empresa poderá gastar menos.

**ANHEUSER-BUSCH**  A pesquisa da Anheuser-Busch indicou que a Budweiser poderia reduzir substancialmente a propaganda em um mercado específico e não perder vendas durante pelo menos um ano e meio. Assim, a empresa poderia lançar campanhas "relâmpagos" durante seis meses e recuperar a taxa anterior de crescimento. Esta análise levou a Budweiser a adotar uma estratégia de propaganda intermitente.

**Decisão Sobre Alocação Geográfica de Mídia.**  Uma empresa tem que decidir como alocar seu orçamento de propaganda no espaço, bem como no tempo. Ela faz "compra nacional" de mídia quando veicula anúncios em redes de TV ou em revistas de circulação nacional. Faz "compra de *spots*" quando veicula anúncios em alguns mercados cobertos por uma emissora de TV ou em edições regionais de revistas. Nestes casos, os anúncios atingem um mercado com raio de ação de 65 a 95 quilômetros, chamado *área de influência dominante* ou *área designada de mercado*. A empresa faz "compra local" quando anuncia em jornais, rádios ou *outdoors* locais.

Como exemplo de alocação geográfica, consideremos o caso abaixo:

**PIZZA HUT**  A Pizza Hut cobra uma taxa de propaganda de 4% sobre seus franquiados. Gasta 2% de seu orçamento em mídias regionais e locais. Alguns anúncios nacionais são desperdiçados devido à baixa penetração da empresa em certas áreas. Assim, muito embora ela possa ter uma participação de 30% do mercado nacional de pizzarias franquiadas, essa participação pode variar de 5% em algumas cidades a 70% em outras. Os franquiados localizados em cidades onde obtêm maior participação de mercado desejam que maior parte do orçamento de propaganda seja destinada a suas áreas. Porém, se a Pizza Hut gastar todo o orçamento em mídias regionais, não terá dinheiro suficiente para cobrir metade do país. O gasto regional envolve maiores custos de produção e maior número de trabalhadores de criação de anúncios para atender às situações locais, em vez de apenas um anúncio para todo o mercado nacional. Assim, a propaganda nacional oferece eficiência, mas não é eficaz no atendimento de diferentes situações locais.

---

31.  Veja também MESAK, Hani I. An aggregate advertising pulsing model with wearout effects. *Marketing Science,* p. 310-326, Summer 1992; e FEINBERG, Fred M. Pulsing policies for aggregate advertising models. *Marketing Science,* p. 221-234, Summer 1992.

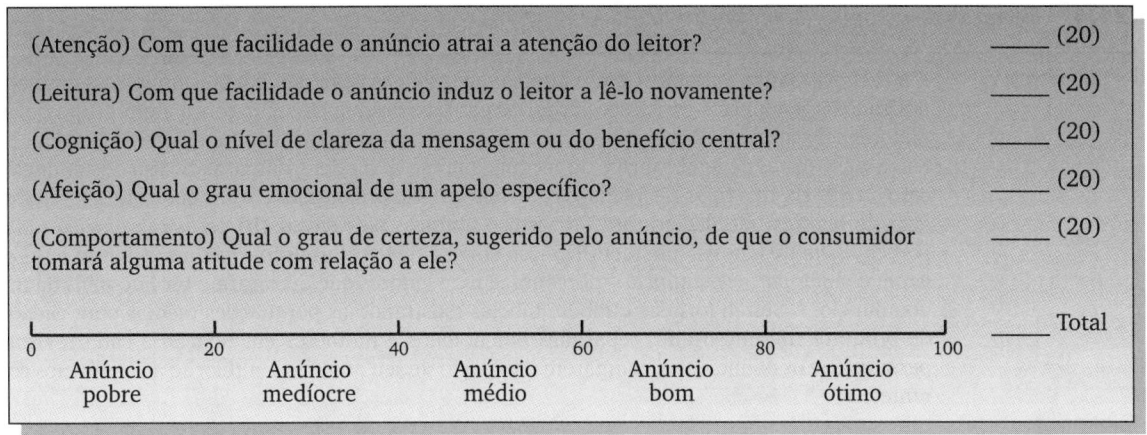

**Figura 21.4** *Folha para avaliação simplificada de anúncios.*

## Avaliação da eficácia da propaganda

O bom planejamento e controle da propaganda depende criticamente da avaliação de sua eficácia. Todavia, o número de pesquisas básicas sobre a eficácia da propaganda é insignificante. Conforme Forrester: "Provavelmente, não mais da quinta parte de 1% do gasto total em propaganda é usado para obter-se um conhecimento consistente de como são gastos os outros 99,8%".[32]

A maior parte da mensuração da eficácia de propaganda é de natureza aplicada, lidando com anúncios e campanhas específicas. A maior parte do dinheiro é gasto pelas agências em pré-testes de anúncios, ficando pouco para gastar na avaliação posterior de seus efeitos. Muitas empresas desenvolvem uma campanha de propaganda, a veiculam no mercado nacional e, depois, avaliam sua eficácia. Seria melhor, primeiro, limitar a campanha a uma ou a algumas cidades e avaliar seu impacto antes de lançá-la em âmbito nacional usando um orçamento muito grande. Uma empresa testou, primeiro, sua nova campanha em Fênix. A campanha fracassou e ela economizou todo o dinheiro que seria gasto em uma cobertura nacional.

A maioria dos anunciantes tenta mensurar o efeito da comunicação de um anúncio, isto é, seu efeito potencial sobre a consciência, conhecimento ou preferência. Eles gostariam de mensurar seu efeito sobre as vendas, embora, freqüentemente, achem que este seja de difícil mensuração. Contudo, ambos podem e devem ser pesquisados.

**Pesquisa do Efeito da Comunicação.** A *pesquisa do efeito da comunicação* procura determinar se um anúncio está comunicando eficazmente. Também chamada *teste de texto*, pode ser feita antes de o anúncio ser colocado em uma mídia e após ser impresso ou divulgado.

Há três principais métodos de pré-teste da propaganda. O *método de avaliação direta* solicita aos consumidores para avaliarem anúncios alternativos. Estas avaliações são usadas para definir o potencial de um anúncio para atrair a atenção, induzir à leitura completa, o grau de entendimento, o grau de emoção e as forças comportamentais (veja a Figura 21.4). Embora seja uma mensuração imperfeita do impacto real de um anúncio, um alta taxa de avaliação indica que ele é potencialmente mais eficaz. Os *testes de portfólio* permitem que os consumidores vejam e/ou ouçam um portfólio de anúncios durante o tempo que for necessário. Depois, pede-se a eles que lembrem dos anúncios e de seus conteúdos, com auxílio ou não do entrevistador. Seu nível de lembrança indica a habilidade de um anúncio se destacar entre os demais e de sua mensagem ser entendida e lembrada. Os *testes de laboratório* empregam equipamentos para mensurar as reações psicológicas dos consumidores – batimento cardíaco, pressão sangüínea, dilatação das pupilas, nível de transpiração etc. Estes testes medem o poder de um anúncio em captar a atenção, mas não revelam nada sobre as crenças, atitudes ou intenções do consumidor. A Tabela 21.4 descreve algumas técnicas específicas de pesquisa de propaganda.

Haley, Stafforoni e Fox argumentam que os métodos atuais de teste de texto têm-se tornado tão familiares e bem definidos que é fácil perceber suas limitações de mensuração. Especificamente, esses métodos tendem a ser excessivamente racionais e verbais e a confiar, de uma forma ou de outra, principalmente, na resposta dos respondentes. Eles argumentam que os anunciantes precisam levar mais em consideração os elementos não verbais do anúncio, que podem ser influenciadores muito fortes sobre o comportamento.[33]

32. FORRESTER. Op. cit. p. 102.
33. HALEY, Russell I., STAFFORONI, James, FOX, Arthur. The missing measures of copy testing. *Journal of Advertising Research,* p. 46-56, May/June 1994. (Veja também a edição de May/June 1994 do *Journal of Advertising Research* para conhecer outros artigos sobre teste de anúncios.)

**Tabela 21.4**   *Técnicas de pesquisa de propaganda.*

| Anúncios impressos | A Starch e a Gallup & Robinson são dois serviços de pré-teste de anúncios impressos amplamente utilizados. Os anúncios-testes são inseridos em revistas que circulam junto a um grupo de consumidores selecionados. Depois, eles são contatados e entrevistados sobre as revistas e os anúncios. São usados testes de lembrança e de reconhecimento para determinar a eficácia dos anúncios. No caso da Starch, três tipos de avaliações de leitores são preparados: (a) *os que notaram* – porcentagem de leitores que declararam ter visto o anúncio na revista; (b) *os que viram/associaram* – porcentagem de leitores que identificaram corretamente o produto e seu anunciante; e (c) *os que leram a maior parte do anúncio* – porcentagem de leitores que declararam ter lido mais da metade do anúncio. A Starch fornece também tabelas mostrando as pontuações médias para cada classe de produtos durante o ano, separadas por homens e mulheres em relação a cada revista para permitir que os anunciantes comparem o impacto de seu anúncio em relação aos anúncios concorrentes. |
| --- | --- |
| **Anúncios em rádio e televisão** *Testes domésticos* | É feita uma projeção de comerciais nas residências dos consumidores-alvo. Esta técnica consegue captar a atenção total do consumidor, embora crie uma situação artificial de observação. |
| *Testes próximos ao local de compra* | Para situar os consumidores próximos ao ponto real de decisão de compra, o pré-teste é conduzido em um *trailer* estacionado em um *shopping center*. Os consumidores entram em contato com os produtos-testes e têm oportunidade de selecionar uma série de marcas em uma situação de compra simulada. Depois, assistem a uma série de comerciais. No final, recebem cupons para serem usados em lojas do *shopping center*. Posteriormente, pela avaliação dos cupons entregues às lojas, os anunciantes podem estimar a influência de seus comerciais sobre o comportamento de compra. |
| *Testes em cinemas* | Consumidores são convidados a uma sala de cinema para assistir a uma nova série de televisão ao longo da qual são inseridos alguns comerciais. Antes do início da projeção, os consumidores indicam suas marcas preferidas em diferentes categorias de produtos. Após a projeção, eles são novamente convidados a fazer a mesma escolha. As mudanças de preferências são assumidas para mensurar o poder de persuasão dos comerciais. |
| *Testes ao vivo* | Os testes são conduzidos por um canal de televisão regular. Os entrevistados são recrutados para assistir a um programa durante o qual é inserido o comercial-teste ou são selecionados entre aqueles que já assistiram ao programa. Depois, respondem perguntas a respeito do nível de lembrança do comercial. Esta técnica cria uma atmosfera real para avaliar comerciais. |

Os anunciantes estão também interessados em testar o impacto da comunicação global de uma campanha de propaganda. Em que extensão a campanha aumentou a consciência, compreensão e preferência declarada da marca etc.? Assumindo que o anunciante mensurou estes níveis antes da campanha, ele pode retirar uma amostra randômica de consumidores após a mesma para avaliar os efeitos da comunicação. Se uma empresa esperava aumentar a consciência da marca de 20 para 50% e conseguiu apenas 30%, algo está errado: a empresa não está gastando o suficiente, seus anúncios são fracos ou algum outro fator está falhando.

**PESQUISA DO EFEITO SOBRE VENDAS.**   A pesquisa do efeito da comunicação ajuda os anunciantes a avaliar os resultados da propaganda, mas revela muito pouco sobre seu impacto no volume de vendas. Qual o volume de vendas gerado por um anúncio que aumenta a consciência de marca em 20% e a preferência em 10%?

Geralmente, o efeito da propaganda sobre as vendas é de mensuração mais difícil do que seu efeito de comunicação. As vendas são influenciadas por muitos fatores além da propaganda, como as características do produto, preço, disponibilidade e as ações dos concorrentes. Quanto menor for o número ou mais controláveis forem esses fatores, mais fácil será mensurar o efeito da propaganda sobre o volume de vendas. O impacto sobre as vendas é mais fácil de ser mensurado em situações de marketing direto e mais difícil na propaganda de marca ou de construção de imagem corporativa.

As empresas estão comumente interessadas em descobrir se estão gastando muito ou pouco em propaganda. Uma abordagem é trabalhar com a seguinte formulação:

| Participação dos gastos em propaganda em relação às vendas | → | Participação dos gastos em propaganda de uma marca em relação aos gastos dos concorrentes (*share of voice*) | → | Participação do produto na mente e no coração do consumidor (*share of mind and heart*) | → | Participação de mercado |

Em outras palavras, a participação dos gastos de propaganda de uma empresa proporciona um *share of voice* que possibilita um *share of minds and hearts* e, finalmente, uma participação de mercado. Peckham estudou o relacionamento entre *share of voice* e participação de mercado para vários produtos de consumo durante vários anos e encontrou uma taxa de um por um para produtos já conhecidos e uma taxa de 1,5 a 2 por um para novos produtos.[34] Usando estas informações, suponhamos que observamos os dados da tabela a seguir para três empresas bem estabelecidas que vendem produtos semelhantes por um preço idêntico:

|   | (1) GASTOS COM PROPAGANDA | (2) SHARE OF VOICE | (3) PARTICIPAÇÃO DE MERCADO | (4) EFICÁCIA DA PROPAGANDA (Coluna 3/Coluna 2)* |
|---|---|---|---|---|
| A | $ 2.000.000 | 57,1 | 40,0 | 70 |
| B | 1.000.000 | 28,6 | 28,6 | 100 |
| C | 500.000 | 14,3 | 31,4 | 220 |

* **Nota:** Uma taxa 100 de eficácia de propaganda significa um nível eficaz de gastos em propaganda. Uma taxa abaixo de 100 significa um nível de propaganda relativamente ineficaz; uma taxa acima de 100 indica um nível de propaganda muito eficaz.

A empresa A gasta $ 2.000.000, que representa 57,1% do gasto total do setor (*share of voice*) que é de $ 3.500.000. Todavia, sua participação de mercado é de apenas 40%. Dividindo-se sua participação de mercado por seu *share of voice*, temos uma taxa de eficácia de propaganda de 70%, sugerindo que esta empresa está gastando muito ou de forma errada em propaganda. A empresa B está gastando $ 1.000.000, que representa 28,6% do gasto total do setor em propaganda (*share of voice*), assegurando uma participação de mercado também de 28,6%. Podemos concluir que esta empresa está gastando eficientemente seu dinheiro. A empresa C gasta apenas 14,3% do gasto total do setor, embora tenha uma participação de mercado de 31,4%. Isto indica que ela está gastando seu dinheiro com muita eficiência e deve, provavelmente, aumentar seu nível de gastos.

Os pesquisadores tentam mensurar o impacto da propaganda sobre as vendas através da análise de séries históricas ou dados experimentais. A abordagem de *série histórica* envolve a correlação entre as vendas passadas e os gastos passados com propaganda sobre uma

base atual ou ajustada usando técnicas estatísticas avançadas. Palda estudou o efeito dos gastos em propaganda sobre as vendas, utilizando os dados da empresa Lydia Pinkham's Vegetable Compound, entre 1908 e 1960.[35] Ele calculou os efeitos marginais a curto e a longo prazo da propaganda sobre as vendas. Um dólar de propaganda marginal aumentou as vendas em apenas 50 centavos, a curto prazo, sugerindo que a Pinkham gastava muito em propaganda. Entretanto, o efeito marginal sobre as vendas a longo prazo foi três vezes maior. Palda calculou que a taxa marginal de retorno de propaganda da empresa foi de 37% em todo o período estudado.

Montgomery e Silk estimaram a eficácia sobre as vendas de três ferramentas de comunicação usadas no setor farmacêutico.[36] Uma empresa do setor gastou 38% de seu orçamento de comunicação em mala direta, 32% em amostras grátis e literatura e 29% em anúncios em periódicos médicos. Todavia, a pesquisa dos efeitos sobre as vendas indicaram que a propaganda em revistas médicas, a ferramenta de comunicação menos utilizada, obteve a maior eficácia a longo prazo, seguida da distri-

34. Veja PECKHAM, J. O. *The wheel of marketing*. Scarsdale, NY : edição do autor, 1975. p. 73-77.
35. PALDA, Kristian. *The measurement of cumulative advertising effect*. Englewood Cliffs, NJ : Prentice Hall, 1964. p. 87.
36. MONTGOMERY, David B., SILK, Alvin J. Estimating dynamic effects of market communications expenditures. *Management Science,* p. 485-501, June 1972.

buição de amostras grátis e literatura e, por fim, mala direta. Montgomery e Silk concluíram que a empresa gastou muito em mala direta e pouco em veiculação de propaganda em revistas médicas.

Outros pesquisadores usam o *projeto experimental* para mensurar o impacto da propaganda sobre as vendas. Em vez de gastar a porcentagem normal de propaganda para vender em todos os territórios, a empresa gasta mais em alguns deles e menos em outros. Se os testes de gastos elevados produzirem aumentos substanciais de vendas, parece que a empresa está subestimando seus gastos. Se esses testes falharem em gerar mais vendas e os testes de gastos reduzidos não indicarem aumento de vendas, conclui-se que a empresa está gastando muito em propaganda. Sem dúvida, esses testes devem ser acompanhados por bons controles experimentais e durante um tempo suficientemente longo para captar os efeitos retardatários da variação dos níveis de gastos com propaganda.

**DU PONT**  A Du Pont foi uma das primeiras empresas a programar experimentos de propaganda. Sua divisão de tintas classificou 56 territórios de vendas, conforme suas participações de mercado, alta, média e baixa. Ela gastou o montante habitual em um terço dos territórios; em outro terço gastou 2,5 vezes o montante e, no terço restante, quatro vezes o montante habitual. No final do experimento, ela estimou o volume extra de vendas que foi gerado em função dos níveis mais elevados de gastos com propaganda. Constatou que maiores gastos com propaganda aumentaram o volume de vendas a taxas menores e que o aumento de vendas foi menor nos territórios em que a Du Pont possuía maior participação de mercado.[37]

Outra abordagem para a alocação geográfica de um orçamento de propaganda é usar um modelo que considera as diferenças entre áreas geográficas em termos de tamanho de mercado, resposta de propaganda, eficiência de mídia, concorrência e margens de lucro. Urban desenvolveu um modelo de alocação de mídia que incorpora essas variáveis geográficas para alocar o orçamento de propaganda.[38]

Em geral, crescente número de empresas está preocupado em mensurar o efeito dos gastos de propaganda sobre as vendas em vez de apenas se limitar a mensurar o efeito da comunicação. Por exemplo, a Millward Brown International vem fazendo estudos de rastreamento no Reino Unido há muitos anos. O principal objetivo desses estudos é fornecer informações para ajudar os tomadores de decisão a decidir se a propaganda está funcionando em benefício de sua marca.[39]

**EFICÁCIA DA PROPAGANDA: RESUMO DA PESQUISA ATUAL.**  Embora as empresas necessitem fazer mais pesquisa sobre a eficácia da propaganda, os pesquisadores profissionais vêm tirando algumas conclusões úteis para os profissionais de marketing:[40]

- *Impacto da propaganda sobre a mudança de marca.* Tellis analisou as compras residenciais de 12 marcas importantes de um produto de consumo adquirido freqüentemente por compradores leais e concluiu que a propaganda foi eficaz em aumentar o volume comprado, mas pouco eficaz em atrair novos compradores. Para os compradores leais, alto nível de exposição semanal pode ser improdutivo em função do nivelamento da eficácia da propaganda. Parece improvável que a propaganda tenha algum efeito cumulativo que leve à lealdade: pelo contrário, as características novas do produto, *displays* e, especialmente, preço, têm impacto mais forte sobre a resposta do que a propaganda.[41] Estas constatações não foram bem recebidas pelos profissionais de propaganda e várias pessoas atacaram os dados e a metodologia adotada por Tellis. Uma série de experimentos controlados pela empresa de pesquisa IRI indicou que houve aumento de vendas em razão da propaganda durante o ano do teste, com efeito residual nos dois a três anos seguintes. Assim, a IRI concluiu que o impacto da propaganda é muito subestimado quando é avaliado apenas na perspectiva de um ano.
- *Efeito do ambiente sobre a propaganda.* Os anúncios podem ser mais eficazes quando suas mensagens são congruentes com os ambientes. Por exemplo, é mais provável que um comercial "alegre" veiculado em um show de televisão agitado seja mais eficaz do que um comercial "sério" no mesmo programa. Similarmente, um comercial "sério", geralmente, funciona melhor quando veiculado em um programa também sério.[42] Além disso, é mais provável que as

37. Veja BUZZELL, Robert D. E. I. Du Pont de Nemours & Co.: measurement of effects of advertising. In: _____. *Mathematical models and marketing management.* Boston : Division of Research, Graduate School of Business Administration, Harvard University, 1964. p. 157-179.
38. Veja URBAN, Glen L. Allocating ad budgets geographically. *Journal of Advertising Research,* p. 7-16, Dec. 1975.
39. Veja HOLLIS, Nigel. The link between TV ad awareness and sales: new evidence from sales response modelling. *Journal of the Market Research Society,* p. 41-55, Jan. 1994.
40. Além das fontes citadas abaixo, veja WALKER, David, DUBITSKY, Tony M. Why liking matters. *Journal of Advertising Research,* p. 9-18, May/June 1994; MEHTA, Abhilasha. How Advertising Response Modeling (ARM) can increase ad effectiveness. *Journal of Advertising Research,* p. 62-74, May/June 1994; e HOLSTIUS, Karin. Sales response to advertising. *International Journal of Advertising,* 9, n. 1, p. 38-56, 1990.
41. TELLIS, Gerald J. Advertising exposure, loyalty, and brand purchase: a two-stage model of choice. *Journal of Marketing Research,* p. 134-144, May 1988.
42. Veja KAMIS, Michael A., MARKS, Lawrence J., SKINNER, Deborah. Television commercial evaluation in the context of program induced mood: congruency versus consistency effects. *Journal of Advertising,* p. 1-14, June 1991.

pessoas acreditem em um anúncio de TV ou rádio e se tornem mais positivamente inclinados à marca que apóiam, quando o anúncio é veiculado em um programa que gostam ou com o qual estejam fortemente envolvidas.[43]

- *Efeito das mensagens positivas* versus *negativas.* Às vezes, os consumidores podem responder mais às mensagens negativas do que às positivas. Por exemplo, uma empresa de cartão de crédito contatou consumidores que há três meses não estavam usando o cartão. Para um grupo de não-usuários, enviou uma mensagem explicando os benefícios do uso do cartão. Para outro grupo, a mensagem explicava as perdas que os consumidores poderiam estar incorrendo em não usar o cartão. O impacto da mensagem orientada para as perdas foi muito mais forte do que a orientada para os benefícios. A porcentagem dos clientes que começaram a usar o cartão estimulados pelas perdas foi mais do que o dobro da porcentagem dos estimulados pelos benefícios. Os gastos dos primeiros foram mais do que o dobro dos últimos.[44]

- *Propaganda* versus *promoções de vendas.* Em um estudo recente, John Philip Jones usou dados fornecidos pela empresa de pesquisa de mercado Nielsen para estudar os efeitos da propaganda. Ele constatou que 70% das campanhas de anúncios de sua amostra provocaram vendas imediatas, mas o efeito de permanência era forte em apenas 30% dos casos. Apenas 46% das campanhas pareciam resultar em aumento de vendas a longo prazo, o aumento de vendas podia ser resultado de apenas um anúncio, o retorno das campanhas intensivas era pequeno e os anúncios que não geravam vendas extras na primeira veiculação deveriam ser descartados.[45]

## PROMOÇÃO DE VENDAS

A promoção de vendas é um ingrediente-chave nas campanhas de marketing. Veja a definição abaixo:

**A PROMOÇÃO DE VENDAS consiste de um conjunto diversificado de ferramentas de incentivo, em sua maioria a curto prazo, que visa estimular a compra mais rápida e/ou em maior volume de produtos/serviços específicos por consumidores ou comerciantes.[46]**

Enquanto a propaganda oferece uma *razão* para a compra, a promoção de vendas oferece um *incentivo* à compra. A promoção de vendas inclui ferramentas para *promoção ao consumidor* (amostras grátis, cupons, descontos, prêmios, brindes, experimentações gratuitas, garantias, demonstrações, concursos); *promoção aos intermediários* (descontos, condições especiais de compra, concursos e mercadorias gratuitas); e *promoção para a força de vendas* (convenções de vendas, concursos e propaganda especializada).

As ferramentas de promoção de vendas são usadas pela maioria das organizações, incluindo fabricantes, distribuidores, varejistas, associações comerciais e industriais e organizações que não visam o lucro. Como exemplos das últimas, as igrejas, freqüentemente, promovem bingos, festas, jantares beneficentes e rifas.

## O rápido crescimento da promoção de vendas

Há uma década, a proporção entre propaganda e promoção de vendas era de aproximadamente 60:40. Hoje, em muitas empresas de bens de consumo, a promoção de vendas representa de 65 a 75% do orçamento destinado às duas ferramentas. Os gastos com promoção de vendas vêm aumentando anualmente em relação ao orçamento promocional nas duas últimas décadas,[47] e espera-se que a taxa de rápido crescimento continue. O uso intensivo da promoção de vendas pelo McDonald's, vinculando sua marca a filmes populares produzidos por Hollywood, aumentou suas vendas em 7,1%, atingindo $ 14,2 bilhões em 1993, comparando-se a um aumento de apenas 6,6% para todo o setor de *fast food.* A mudança da estratégia promocional adotada pela empresa Mastercard, que passou a oferecer descontos e resgate de cupons, aumentou, em cinco anos, dois pontos em sua participação de mercado, que passou a 28,9%.[48]

Vários fatores contribuíram para o rápido crescimento da promoção de vendas, principalmente nos mercados de bens de consumo.[49] Fatores internos incluem os seguintes: a promoção de vendas é, agora, mais acei-

43. Veja LORD, Kenneth R., BURNKRANT, Robert E. Attention versus distraction: the interactive effect of program involvement and attentional devices on commercial processing. *Journal of Advertising,* p. 47-60, Mar. 1993; LORD, Kenneth R., LEE, Myusung-Soo, SAUER, Paul L. Program context antecedents of attitude toward radio commercials. *Journal of the Academy of Marketing Science,* p. 3-15, Winter 1994.
44. Veja GANZACH, Yoav, KARASHI, Nili. Message framing and buying behavior: a field experiment. *Journal of Business Research,* p. 11-17, Jan. 1995.
45. IT'S official; some ads work. *The Economist,* p. 52, 1 Apr. 1995.
46. Extraído de BLATTBERG, Robert C., NESLIN, Scott. *A sales promotion:* concepts, methods, and strategies. Englewood Cliffs, NJ : Prentice Hall, 1990. Este livro fornece o tratamento mais abrangente e analítico da promoção de vendas para datas.
47. IT'S official. Op. cit. p. 52.
48. BERRY, Jonathan. Wilma! What happened to the plain old ad? *Business Week,* p. 54-58, 6 June 1994.
49. STRANG, Roger A. Sales promotion – fast growth, faulty management. *Harvard Business Review,* p. 115-124, aqui p. 116-119, July/Aug. 1976.

ta pela alta administração como uma ferramenta eficaz de vendas; a maioria dos gerentes de produtos está qualificada a utilizar as ferramentas de promoção de vendas e está recebendo maior pressão para aumentar as vendas da empresa. Fatores externos incluem os seguintes: aumento do número de marcas, uso mais freqüente de promoções pelos concorrentes, maior paridade de marcas, consumidores mais orientados para vantagens, maior demanda do comércio em obter vantagens dos fabricantes e o declínio da eficiência da propaganda em função de custos ascendentes, saturação de mídia e restrições legais.

O rápido crescimento das mídias de promoção de vendas (cupons, concursos e assemelhados) criou uma situação de *saturação*, similar à saturação da propaganda. Há um perigo de os consumidores começarem a desacreditar dos cupons e de outras mídias, enfraquecendo suas possibilidades de estimular a compra. Os fabricantes terão que encontrar maneiras de se destacarem, por exemplo, oferecendo cupons de descontos de valores maiores ou usando *displays* de ponto de venda ou demonstrações mais criativos e dinâmicos.

## Propósito da promoção de vendas

As ferramentas de promoção de vendas variam em termos de objetivos específicos. Uma amostra grátis estimula a experimentação do consumidor, enquanto um serviço gratuito de consultoria gerencial visa favorecer o relacionamento a longo prazo com um varejista.

Os vendedores usam promoções tipo incentivos para atrair novos experimentadores, recompensar consumidores leais ou aumentar as taxas de recompra dos usuários ocasionais. Os novos experimentadores são de três tipos: usuários de outra marca da mesma categoria de produto, usuários de outras categorias e trocadoras freqüentes de marcas. Freqüentemente, as promoções de vendas atraem os trocadores de marcas porque os usuários de outras marcas e categorias nem percebem ou agem sob uma promoção. Esses trocadores de marcas estão principalmente procurando preço baixo, bom valor ou prêmios. É improvável que as promoções de vendas os transformem em usuários leais. As promoções de vendas usadas em mercados de alta similaridade de marcas produzem alta resposta de vendas a curto prazo, mas pouco ganho permanente de participação de mercado. Em mercados de alta dissimilaridade de marcas, as promoções de vendas podem alterar mais permanentemente as participações de mercado.

Hoje, muitos gerentes de marketing estimam, primeiro, o que precisam gastar em promoções ao comércio e, depois, o que necessitam gastar em promoções

aos consumidores. O que sobra é destinado à propaganda. Entretanto, é arriscado relegar a propaganda a um plano inferior à promoção de vendas. Sempre que se realizam promoções de preço freqüentes para determinada marca, o consumidor passa a vê-la como marca barata, passando a comprá-la apenas quando estiver em promoção. É arriscado colocar uma marca líder bem conhecida em promoção além de 30% do tempo necessário.[50] As marcas dominantes são colocadas em promoção com menos freqüência, uma vez que a maioria delas apenas subsidia seus usuários atuais. O estudo de Brown junto a 2.500 compradores de café instantâneo concluiu que:

- As promoções de vendas trazem respostas mais rápidas e mensuráveis em termos de vendas do que a propaganda.
- As promoções de vendas não tendem a trazer novos compradores a longo prazo nos mercados maduros porque atraem principalmente aqueles que buscam ofertas compensatórias, que trocam de marca à medida que surgem melhores ofertas.
- Os compradores leais à marca tendem a não alterar seus padrões de compra em função de promoções de marcas concorrentes.
- Parece que a propaganda é capaz de aumentar a lealdade de marca.[51]

Há também evidência de que as promoções de preço não consolidam, em caráter permanente, o volume total da categoria de produto. Geralmente, elas constroem maior volume a curto prazo, que não é mantido.

Os concorrentes menores acham vantajosa a utilização da promoção de vendas em virtude de não terem condições de fazer grandes gastos em propaganda para acompanhar os líderes de mercado. Também, não podem obter espaço de prateleira sem oferecer vantagens para os varejistas ou incentivos para o consumidor. Freqüentemente, a concorrência de preço é utilizada por marcas menores, que procuram ampliar sua participação, embora seja menos eficaz para uma marca líder, cujo crescimento depende da expansão de toda a categoria.[52]

O resultado final é que muitas empresas de bens de consumo sentem-se forçadas a usar mais promoção de vendas do que gostariam. A Kellogg, Kraft e outras líderes de mercado anunciaram que colocarão crescente ênfase nas atividades de puxar o consumidor para o produto, além de aumentar seus orçamentos de propaganda. Acusam que as grandes usuárias da promoção de vendas estão causando redução da lealdade de marca, aumentando a sensibilidade dos consumidores a preço, diluindo a imagem de qualidade das marcas e focando para o planejamento de marketing a curto prazo.

50. Para um bom resumo da pesquisa sobre se a promoção destrói a reputação de marcas líderes, veja BLATTBERG e NELSON. Op. cit.
51. BROWN, Robert George. Sales response to promotions and advertising. *Journal of Advertising Research,* p. 33-39, aqui p. 36-37, Aug. 1974.
52. MITCHEL, F. Kent. Advertising/promotion budgets: how did we get here, and what do we do now? *Journal of Consumer Marketing,* p. 405-447, Fall 1985.

Entretanto, Farris e Quelch discordam dessa conclusão.[53] Argumentam que a promoção de vendas fornece inúmeros benefícios importantes, tanto para os fabricantes, quanto para os consumidores. As promoções de vendas permitem que os fabricantes ajustem as variações da oferta e da demanda a curto prazo. Possibilitam que eles testem os preços que podem cobrar, uma vez que sempre é possível conceder descontos, e induzem os consumidores a experimentar novos produtos em vez de se limitar apenas a algumas marcas habituais. Levam a formatos de varejo mais variados, como lojas de preços permanentemente baixos e lojas de preços promocionais, oferecendo maior número de escolhas aos consumidores. Promovem maior consciência de preço junto aos consumidores, permitem que os fabricantes vendam mais do que venderiam a preços normais, ajudam os mesmos a adaptar programas a diferentes segmentos de consumidores. Os consumidores sentem-se mais satisfeitos e inteligentes quando obtêm vantagens especiais de preço.

## Principais decisões de promoção de vendas

Ao usar a promoção de vendas, uma empresa deve estabelecer objetivos, selecionar as ferramentas, desenvolver o programa, fazer pré-teste, implementá-lo e controlá-lo e avaliar os resultados.

ESTABELECIMENTO DOS OBJETIVOS DA PROMOÇÃO DE VENDAS. Os objetivos da promoção de vendas são derivados de objetivos promocionais mais amplos, que, por sua vez, são decorrentes de objetivos de marketing mais básicos desenvolvidos para o produto. Os objetivos específicos estabelecidos para a promoção de vendas variam com o tipo de mercado-alvo. Para os consumidores, os objetivos incluem estímulo para a compra de lotes maiores, desenvolvimento da experimentação junto aos não-usuários e atração de compradores não leais que estejam preferindo marcas concorrentes. Para os varejistas, os objetivos incluem o estímulo para que comprem novos itens e aumentem os níveis de estoque, adquiram produtos fora da estação, mantenham em estoque itens relacionados, compensem as promoções feitas pela concorrência, consolidem a lealdade de marca e o acesso a novos pontos-de-venda. Para os vendedores, os objetivos são dar maior apoio para um novo produto ou modelo, desenvolver novos clientes potenciais e estimular vendas fora da estação.[54]

SELEÇÃO DAS FERRAMENTAS DE PROMOÇÃO DE VENDAS. Muitas ferramentas de promoção de vendas estão disponíveis. O planejador de promoção deve levar em consideração o tipo de mercado, os objetivos de promoção de vendas, as condições competitivas e o custo-benefício de cada ferramenta.

**Ferramentas de Promoção de Vendas aos Consumidores.** As principais ferramentas de promoção de vendas aos consumidores estão resumidas na Tabela 21.5. Podemos distinguir entre *promoções dos fabricantes* e *promoções dos varejistas* aos consumidores. As primeiras são ilustradas pelo uso freqüente de descontos concedidos pelas fábricas de automóveis, brindes para motivar o *test drive* e a compra e a valorização do veículo usado para a aquisição do novo. As promoções dos varejistas incluem redução de preços, propaganda oferecendo características especiais, cupons de descontos e concursos patrocinados por lojas. Podemos também distinguir entre as ferramentas de promoção de vendas destinadas a "desenvolver a fidelidade de marca do consumidor" e as que não o são. As primeiras permitem a veiculação de uma mensagem de venda ao longo do negócio, como no caso de distribuição de amostras grátis da marca, cupons e concursos relacionados à marca específica. As ferramentas de promoção de vendas não destinadas a desenvolver a fidelidade de marca do consumidor incluem descontos pela compra de quantidade, prêmios não vinculados a uma marca específica, concursos e loterias, ofertas com direito à devolução e concessão aos intermediários.

A promoção de vendas parece mais eficaz quando usada em conjunto com a propaganda. Em um estudo, uma promoção de preço isolada gerou apenas 15% de aumento do volume de vendas. Quando combinada com propaganda, o volume de vendas cresceu 19%; quando combinada com propaganda e *displays* de ponto-de-venda, houve 24% de crescimento do volume de vendas.[55]

Muitas grandes empresas possuem um gerente de promoção de vendas cujo trabalho é auxiliar os gerentes de marketing na escolha de ferramentas promocionais adequadas. O exemplo seguinte mostra como uma empresa determinou a ferramenta de promoção de vendas apropriada:

Uma empresa lançou um novo produto e obteve 20% de participação de mercado em seis meses. Sua taxa de penetração de mercado é de 40% (isto é, a porcentagem do mercado-alvo que comprou a marca pelo menos uma vez). Sua taxa de recompra é de 10% (porcentagem dos que experi-

53. Veja FARRIS, Paul W., QUELCH, John A. In defense of price promotion. *Sloan Management Review,* p. 63-69, Fall 1987.
54. Um modelo para o estabelecimento dos objetivos da promoção de vendas é definido em JONES, David B. Setting promotional goals: a communications relationship model. *Journal of Consumer Marketing,* 11, n. 1, p. 38-49, 1994.
55. Veja TOTTEN, John C., BLOCK, Martin P. *Analyzing sales-promotion.* 2. ed. Chicago : Dartnel, 1994. p. 69-70.

**Tabela 21.5** *Principais ferramentas de promoção de vendas aos consumidores.*

| FERRAMENTA | DESCRIÇÃO | EXEMPLO |
|---|---|---|
| Amostras grátis | Oferecimento gratuito de uma quantidade de produto ou serviço. As amostras grátis podem ser entregues porta a porta, enviadas pelo correio, distribuídas em lojas ou vinculadas a outro produto. A distribuição de amostras constitui o meio mais eficaz e mais dispendioso de lançar um novo produto. | A Lever Brothers confiava tanto em seu novo sabão em pó Surf que distribuiu amostras grátis para quatro em cada cinco residências norte-americanas a um custo de $ 43 milhões. |
| Cupons | São certificados que dão direito a seu portador a um desconto definido na compra de um produto específico. Podem ser enviados pelo correio, anexados a outros produtos ou inseridos em anúncios de revistas e jornais. A taxa de resgate varia de acordo com o método de distribuição, sendo de 2% para os jornais, de 8% para os enviados pelo correio e de 17% quando anexados a outros produtos. Os cupons podem ser eficazes para estimular vendas de uma marca madura e para induzir a experimentação de uma marca nova. Os especialistas acreditam que os cupons devem proporcionar um desconto de 15 a 20% para serem eficazes. | A P & G entrou no mercado de Pittsburgh com sua marca de café Folger oferecendo um cupom de desconto de 35 centavos para a compra de uma lata de 500 gramas, enviado pelo correio às residências da área e um cupom na própria lata, oferecendo desconto de 10 centavos para uma próxima aquisição. |
| Descontos pós-compra | Os consumidores recebem uma redução de preço após a compra do produto e não na loja. Eles enviam uma "prova de compra" específica ao fabricante que devolve pelo correio parte do preço pago. | A Toro desenvolveu uma promoção inteligente para movimentar a venda de novos modelos de máquinas de remover neve fora da estação. Se a precipitação da neve fosse inferior à média na área residencial do comprador, ele receberia um desconto. Os concorrentes não estavam preparados par acompanhar a promoção em tempo hábil. |
| Pacotes de preços promocionais | São ofertas aos consumidores em que um conjunto de produtos é oferecido com redução de preço. Podem levar a forma de *pacote de preço baixo,* quando unidades do mesmo produto podem ser adquiridas com vantagem de preço, por exemplo, "leve 2 e pague 1" ou *pacote de produtos correlatos,* quando dois produtos relacionados são comprados em conjunto com vantagem de preço. Por exemplo, creme dental e escova. Os pacotes de preços promocionais são muito eficazes para estimular as vendas a curto prazo, ainda mais do que os cupons. | Às vezes, as empresas fabricantes de vaporizadores para purificação do ar reúnem vários tipos de produtos: por exemplo, *spray,* desodorizador de carpete e desodorizador de banheiro. |
| Prêmios | Prêmios (ou brindes) são produtos oferecidos a preço relativamente baixo ou gratuitamente como incentivo para a compra de um produto específico. Um *prêmio anexo* acompanha a própria embalagem do produto comprado. A própria embalagem reusável pode constituir-se um prêmio. O *prêmio pelo correio* é um item enviado para o consumidor que remete uma prova de compra, como por exemplo, a tampa da caixa de um produto ou o código de barras. Uma *oferta a preço de liquidação* é um item vendido abaixo do preço normal aos consumidores que solicitarem. Agora, os fabricantes oferecem vários tipos de brindes que levam a marca da empresa. | A Quaker Oats fez uma promoção onde inseriu moedas de ouro ou prata nos sacos de ração para cães Ken-L. Os consumidores da Budweiser podem solicitar camisetas, balões e centenas de outros itens com a marca Bud. |

| FERRAMENTA | DESCRIÇÃO | EXEMPLO |
|---|---|---|
| Concursos, loterias e jogos | São ofertas que permitem ganhar dinheiro, viagens ou mercadorias como resultado da compra de algo. Um *concurso* pode pedir que os consumidores submetam suas idéias a um júri que selecionará as melhores. Em uma *loteria*, os nomes ou números de consumidores participam de sorteios. Alguns fabricantes ou varejistas oferecem aos compradores um *jogo* cada vez que eles compram. Podem ser cartelas com números de bingo, cupons para sorteio etc. Estas modalidades de promoção de vendas chamam mais à atenção do que cupons ou pequenos prêmios. | Uma empresa inglesa de cigarros incluiu um bilhete de loteria em cada pacote, concorrendo a um prêmio de $ 10.000. Às vezes, o prêmio é uma pessoa, como ocorreu quando a Canada Dry ofereceu ao vencedor $ 1 milhão ou um jantar com a atriz Joan Collins (neste caso, o vencedor preferiu o dinheiro). |
| Recompensas por preferência | São valores em dinheiro ou em outras formas que são proporcionais à preferência de alguém por uma empresa ou algumas empresas. Alguns consumidores recebem selos quando compram determinadas mercadorias. Podem trocá-los por mercadorias em pontos de resgate ou através de catálogos de venda pelo correio. | A maioria das linhas aéreas oferece pontos por milhas viajadas que podem se transformar em viagens aéreas grátis. Os Hotéis Marriott adotaram um plano de "hóspede de honra" que dá pontos aos usuários de seus hotéis. As cooperativas pagam dividendos a seus cooperados de acordo com suas participações anuais. |
| Experimentações gratuitas | Consistem no convite de compradores potenciais a experimentarem gratuitamente um produto, na esperança de que os mesmos venham a comprá-lo regularmente. | As concessionárias de automóveis estimulam seus clientes potenciais a fazer o *test drive* em um veículo para estimular o interesse de compra. |
| Garantias do produto | São promessas explícitas ou implícitas feitas pelos vendedores de que o produto desempenhará conforme as especificações. Caso contrário, será consertado ou o consumidor receberá o dinheiro de volta durante determinado período de tempo. | Quando a Chrysler ofereceu uma garantia de cinco anos para seus automóveis, que era substancialmente maior do que a oferecida pela GM e Ford, chamou a atenção dos clientes. Também foi o caso da Sears, que ofereceu uma garantia vitalícia para suas baterias de automóveis. |
| Promoções vinculadas | Envolve duas ou mais marcas ou empresas que se unem para a promoção conjunta de cupons, descontos e concursos, com o objetivo de aumentar o poder de atrair consumidores. O *pool* de empresas tem a esperança de ampliar a exposição de seus produtos porque várias forças de vendas levam tais promoções aos varejistas, oferecendo-lhes mostruários e espaços para anúncios. | A MCI ofereceu dez minutos de ligação interurbana nas latas dos refrigerantes Crystal Light. |
| Promoções cruzadas | Envolvem o uso de uma marca para divulgar outra marca não concorrente. | Os biscoitos Nabisco tipo *cookies* podem ser anunciados como contendo gotas de chocolate Hershey e a caixa pode conter ainda um cupom de desconto para a compra de um produto Hershey. |
| *Displays* e demonstrações no ponto-de-venda | Infelizmente, muitos varejistas não gostam de lidar com centenas de *displays*, cartazes e pôsteres que recebem de seus fornecedores. Em resposta a esta resistência, os fabricantes estão criando melhores materiais de ponto-de-venda, vinculando-os à propaganda de televisão ou de mídia impressa. | O *display* da meia-calça L'eggs é um dos mais criativos da história dos materiais de ponto-de-venda e principal fator de sucesso desta marca. |

**Fontes:** Para mais informações, veja CONSUMER incentive strategy guide. *Incentive,* p. 58-63, May 1995; URSETH, William. Promos 101. *Incentive,* p. 53-55, Jan. 1994; URSETH, William. Promos 101, Part II, *Incentive,* p. 43-45, Feb. 1994; e BERRY, Jonathan. Wilma! What happened to the plain old ad? *Business Week,* p. 54-58, 6 June 1994.

**Tabela 21.6** *Principais ferramentas de promoção de vendas à disposição dos intermediários*

| FERRAMENTAS | DESCRIÇÃO |
|---|---|
| Descontos | Trata-se de abatimento direto na fatura sobre os preços de lista dos produtos comprados durante determinado período de tempo. Os descontos estimulam os revendedores a comprar uma quantidade maior ou um novo item que não seria normalmente comprado. Os revendedores podem usar esses descontos para vantagem própria (lucro imediato), propaganda ou beneficiar os consumidores através de redução de preços. |
| Concessões especiais | São importâncias pagas indiretamente aos varejistas que concordam em divulgar os produtos do fabricante de maneira especial. Uma *concessão de propaganda* compensa os varejistas que anunciam o produto do fabricante. Uma *concessão de display* retribui seu esforço de divulgar determinada marca. |
| Mercadorias gratuitas | Os fabricantes oferecem caixas extras de mercadorias aos intermediários que compram determinada quantidade de certos sabores ou tamanhos. Eles podem oferecer prêmios em dinheiro aos varejistas ou a seus vendedores que "empurrarem" suas marcas. Podem oferecer brindes com suas marcas como canetas, lapiseiras, calendários, blocos de anotações e cinzeiros. |

**Fontes:** Para mais informações, veja SPETHMAN, Betsy. Trade promotion redefined. *Brandweek*, p. 25-32, 13 Mar. 1995.

mentaram a marca pela primeira vez e que voltaram a comprá-la uma ou mais vezes). Esta empresa precisa criar mais usuários leais. Um cupom inserido na embalagem seria apropriado para estimular a repetição de compra. Entretanto, se a taxa de recompra tivesse sido alta, digamos 50%, a empresa deveria tentar atrair maior número de novos experimentadores. Neste caso, um cupom enviado pelo correio pode ser apropriado.

**Ferramentas de Promoção aos Intermediários.**
Os fabricantes usam várias ferramentas de promoção aos intermediários (Veja a Tabela 21.6). Surpreendentemente, é destinado mais dinheiro para a promoção aos intermediários (46,9%) do que para os consumidores (27,9%), com a propaganda ficando com os 25,2% remanescentes. Os fabricantes dão prêmio em dinheiro aos intermediários por quatro razões:

- *A promoção de vendas aos intermediários pode persuadir o varejista ou atacadista a oferecer a marca.* O espaço de prateleira é tão escasso que os fabricantes, freqüentemente, têm que oferecer descontos, garantia de devolução, mercadorias extras e condições especiais de pagamento para obter maior espaço nas prateleiras das lojas e supermercados.
- *A promoção de vendas aos intermediários pode persuadir o varejista ou atacadista a comercializar um volume maior do que habitualmente o faz.* Os fabricantes oferecem concessões de volume visando induzir o intermediário a estocar maior volume de determinado produto. Eles acreditam que os comerciantes trabalham mais quando estão com o estoque "abarrotado" de seus produtos.

- *A promoção de vendas aos intermediários pode induzir os varejistas a promoverem a marca através de maior divulgação, exposição e redução de preço.* Os fabricantes podem obter exposição de ponta de gôndola ou aumentar o espaço de prateleira para suas marcas oferecendo aos varejistas concessões e descontos proporcionais a seu desempenho.
- *A promoção aos intermediários pode estimular os varejistas e seus balconistas a "empurrar o produto".* Os fabricantes concorrem pelo esforço de vendas do varejista oferecendo prêmios em dinheiro, treinamento de vendedores e balconistas, prêmios especiais e concursos de vendas.

Provavelmente, os fabricantes gastam mais em promoção de vendas aos intermediários do que gostariam. O aumento de concentração do poder de compra nas mãos de poucos e mais poderosos varejistas tem aumentado a habilidade dos intermediários em exigir apoio financeiro dos fabricantes às expensas da promoção de vendas aos consumidores e da propaganda.[56] De fato, os intermediários passaram a depender mais do dinheiro dos fabricantes. Nenhum fabricante pode, unilateralmente, parar de oferecer concessões comerciais sem perder o apoio dos varejistas. Em alguns países, os varejistas tornaram-se os maiores anunciantes, usando a maioria das concessões comerciais obtidas de seus fornecedores.

Freqüentemente, a força de vendas da empresa e seus gerentes de marcas discordam da promoção destinada aos intermediários. Os vendedores dizem que os varejistas não manterão os produtos da empresa nas prateleiras, a menos que recebam mais dinheiro dos fabricantes, enquanto os gerentes de marcas desejam gastar os recursos financeiros limitados em promoção e propa-

---

56. Veja FARRIS, Paul W., AILAWADI, Kusum L. Retail power: monster ou mouse? *Journal of Retailing*, p. 359-369, Winter 1992.

ganda destinadas ao consumidor. Uma vez que os vendedores conhecem os mercados melhor do que os gerentes de marcas que ficam nos escritórios, algumas empresas destinam parte substancial do orçamento de promoção de vendas para ser administrado pela força de vendas.

Os fabricantes enfrentam vários desafios com as promoções destinadas aos intermediários. Primeiro, encontram muita dificuldade para policiar os varejistas e se assegurarem de que eles estão cumprindo sua parte no acordo. Os varejistas nem sempre convertem as concessões ou reduções de preços obtidas em vantagens para os consumidores, além de não fornecerem maior espaço de prateleira ou darem maior destaque aos *displays* que receberam. Com a divulgação de vários casos de varejistas que debitam aos fabricantes por promoções inexistentes, estes vêm exigindo cada vez mais provas de desempenho para concederem os benefícios solicitados. Segundo, mais varejistas estão passando a adotar o sistema de *compra antecipada*, isto é, comprando maior quantidade de produtos da marca durante o período de promoção, além de sua capacidade de venda. Os varejistas podem interessar-se por um desconto de 10% para comprar 12 semanas ou mais. O fabricante constata que precisa produzir mais do que foi planejado, tendo que assumir custos com remoção de pessoal e horas extras. Terceiro, os varejistas estão cada vez mais *repassando* seus lotes de compra a outras regiões que não estejam recebendo concessões ou benefícios especiais do fabricante. Os fabricantes estão tentando controlar tanto a compra antecipada como o volume comprado e até entregando quantidades inferiores às encomendadas, procurando manter a produção equilibrada.[57]

Concluindo, os fabricantes consideram que as promoções de vendas aos intermediários tornaram-se um pesadelo. O número e a variedade de tipos de concessões e benefícios são de administração complexa, com desperdício de dinheiro na maioria das vezes. Kevin Price descreve a promoção de vendas aos intermediários da seguinte maneira:

> *Há uma década, o varejista era um cão chihuahua mordendo os calcanhares do fabricante – um incômodo, mas que irritava muito pouco; você o alimentava e ele ia embora feliz. Hoje, ele tornou-se um touro bravo que deseja dilacerar seus braços e pernas. Você gostaria de substituí-lo, mas está muito preocupado defendendo-se ou mesmo tentando (...) Atualmente, a administração de promoções aos intermediários é assunto tratado em nível de presidente.*[58]

## Ferramentas para promoção destinadas à força de vendas e ao negócio.

As empresas gastam bilhões de dólares em ferramentas destinadas à promoção de negócios (veja a Tabela 21.7). Essas ferramentas são usadas para gerar novas indicações de compradores potenciais, manter contato ou impressionar os compradores atuais e estimular a força de vendas. Tipicamente, as empresas destinam orçamentos distintos a cada ferramenta de promoção de negócios que vêm permanecendo constantes ano a ano.

**DESENVOLVIMENTO DO PROGRAMA DE PROMOÇÃO DE VENDAS.** Ao planejar programas de promoção junto à força de vendas, as empresas estão reunindo vários tipos de mídias em um conceito total de campanha. Kerry E. Smith descreve um programa de promoção de vendas completo:

> *Uma modalidade de esporte não muito popular usaria a televisão para estimular seus aficionados a entrar nos bares e pedir uma marca de cerveja especial vendida a preço mais alto, mala direta para incentivar os distribuidores e obter apoio dos pontos de venda, telefone para conversar com os consumidores, sistema de telemarketing para processar as chamadas, operadores para a entrada de dados e software e hardware para vinculá-los... As empresas usam telepromoções não apenas para empurrar o produto através do varejo, mas também para identificar consumidores, gerar interessados, construir bancos de dados, distribuir e resgatar cupons e encaminhar amostras grátis.*[59]

Ao decidir usar determinado incentivo, as empresas precisam considerar vários fatores. Primeiro, devem determinar o *tamanho* do incentivo. Certo incentivo mínimo é necessário se pretende-se que a promoção seja bem-sucedida. Um maior nível de incentivo produzirá maior resposta em termos de vendas, mas a taxas gradativamente inferiores.

Segundo, o gerente de marketing deve estabelecer *condições* para a participação. Os incentivos podem ser oferecidos a todos ou a grupos selecionados. Um prêmio pode ser atribuído apenas àqueles que devolverem as tampas das caixas ou outra prova de compra. Loterias podem não ser permitidas em certos estados, proibidas para familiares de funcionários da empresa ou a pessoas abaixo de determinada idade.

Terceiro, a empresa precisa decidir sobre a *duração da promoção*. Se o período de promoção de vendas for muito curto, muitos consumidores potenciais poderão não obter alguma vantagem, uma vez que já haviam recomprado a marca antes da promoção. Se o período for muito extenso, a promoção perderá parte de sua força de "ação imediata". Conforme um pesquisador, a fre-

---

57. Veja RETAILERS buy far in advance to exploit trade promotions. *The Wall Street Journal,* 9 Oct. 1986, p. 35.
58. TRADE promotion: much ado about something. *PROMO,* p. 15, 37, 40, Oct. 1991.
59. Extraído de SMITH, Kerry E. Media fusion. *PROMO,* p. 29, May 1992.

**Tabela 21.7** *Principais ferramentas de promoção destinadas à força de vendas e ao negócio.*

| FERRAMENTA | DESCRIÇÃO |
|---|---|
| Feiras e convenções | As associações comerciais e industriais organizam feiras e convenções anuais. As empresas que vendem produtos e serviços para um setor específico compram espaço e montam *stands* para demonstrar seus produtos em uma feira. Anualmente, cerca de 5.600 feiras são realizadas, atraindo aproximadamente 80 milhões de visitantes. A freqüência a essas feiras pode variar de alguns milhares a 70.000 pessoas, como ocorrem nas destinadas aos setores de restaurantes e hotéis. Os expositores esperam vários benefícios, incluindo a geração de novas indicações para vendas, manutenção de contatos com clientes, lançamento de novos produtos, atendimento de novos clientes e orientação de consumidores através de publicações, filmes e materiais audiovisuais.<br><br>As empresas de bens industriais podem gastar até 35% de seu orçamento anual de promoção em feiras. Elas têm que tomar muitas decisões, como em que feiras participar, quanto gastar em cada uma delas, como construir *stands* atraentes e como acompanhar eficientemente cada novo cliente que demonstre interesse em fazer negócios. |
| Concursos de vendas | Envolvem os vendedores ou revendedores e são destinados a induzi-los a aumentar os resultados de vendas em um período definido, com prêmios destinados àqueles que forem mais bem-sucedidos. A maioria das empresas prepara concursos anuais de vendas, ou com mais freqüência, destinados a seus vendedores. Também chamados programas de incentivo, são empregados para motivar e dar reconhecimento pelo bom desempenho da empresa. Os vencedores podem receber viagens, dinheiro ou presentes. Algumas empresas atribuem pontos por desempenho, que o vencedor pode transformar em um tipo de prêmio escolhido. Uma idéia original de prêmio pode custar menos e funcionar mais do que as recompensas habitualmente oferecidas. Os incentivos funcionam melhor quando estão vinculados a objetivos de vendas atingíveis e mensuráveis (como encontrar novos clientes, recuperar clientes antigos), em que os funcionários sentem que podem trabalhar em igualdade de condições. |
| Propaganda através de itens de especialidade | Este tipo de propaganda consiste em oferecer itens úteis e de custo baixo aos vendedores para serem distribuídos gratuitamente aos clientes atuais e potenciais, sem nenhum compromisso de compra, que levam o nome e endereço da empresa e, às vezes, alguma mensagem de propaganda. Itens comumente oferecidos são canetas, calendários, isqueiros e blocos de anotações. Eles mantêm o nome da empresa na frente do cliente e geram boa vontade do comprador em função de sua utilidade. Uma pesquisa indicou que cerca de 80% dos fabricantes oferecem esses itens de especialidade a seus vendedores. |

qüência ótima é cerca de três semanas por trimestre e a duração ótima é na fase do ciclo médio de compra.[60] Sem dúvida, o ciclo de promoção ótimo varia por categoria de produto e, ainda, em função do produto específico.

Quarto, a empresa deve escolher um *veículo de distribuição*. Um cupom de 50 centavos pode ser distribuído na embalagem, em lojas, pelo correio ou por uma mídia de propaganda. Cada método de distribuição envolve um nível diferente de cobertura, custo e impacto.

Quinto, o gerente de marketing deve estabelecer a *programação da promoção* (*timing*). Por exemplo, os gerentes de marcas preparam calendários anuais para as promoções planejadas. As datas são usadas pelos departamentos de produção, vendas e distribuição.

Finalmente, a empresa deve determinar o *orçamento total de promoção de vendas*. Ele pode ser desenvolvido de várias maneiras. Pode partir de estimativas do pessoal de campo, em que o número de promoções é definido juntamente com seu custo. A preparação de uma promoção específica envolve o custo administrativo (serviços gráficos, correio e funcionários envolvidos) e o custo do incentivo (custo do prêmio, descontos e o custo de resgate de cupons), multiplicados pelo número previsto de unidades que serão vendidas em função da promoção. No caso da promoção através de cupons, a empresa deve considerar que apenas uma fração dos consumidores fará o resgate. Na promoção que envolve brindes inseridos na própria embalagem do produto, são embutidos no preço os custos de fabricação e de embalagem do brinde.

A maneira mais comum de desenvolver o orçamento de promoção de vendas é usar uma porcentagem convencional do orçamento total. Por exemplo, um creme dental pode receber um orçamento de promoção de vendas de 30% do orçamento total de promoção, enquanto

---

60. STERN, Arthur. *Measuring the effectiveness of package goods promotion strategies*. Artigo apresentado à Association of National Advertisers, Glen Cove, NY, Feb. 1978.

um xampu pode obter 50%. Essas porcentagens variam para marcas e mercados diferentes e são influenciadas pelos estágios do ciclo de vida do produto e pelos gastos da concorrência em promoção.

**Pré-Teste do Programa de Promoção de Vendas.** Embora a maioria dos programas de promoção de vendas seja preparada na base de experiência, os pré-testes devem ser conduzidos para determinar se as ferramentas são apropriadas, o tamanho do incentivo é ótimo e o método de apresentação é eficiente. Infelizmente, grande porcentagem das ofertas de prêmios não é pré-testada. Strang sustenta que as promoções podem, geralmente, ser testadas de maneira ágil e não onerosa e que as grandes empresas testam estratégias alternativas em mercados selecionados para cada uma de suas promoções de âmbito nacional.[61] Os consumidores são solicitados para avaliar ou classificar vários programas de promoção de vendas ou a empresa pode fazer testes experimentais em áreas geográficas limitadas.

**Implementação e Controle do Programa de Promoção de Vendas.** Os gerentes de marketing devem preparar planos para a implementação e o controle de cada promoção. O planejamento da implementação deve cobrir desde o período de preparação do programa até o período de vendas. *Lead time* é o tempo envolvido na preparação do programa antes de seu lançamento. Cobre as fases de planejamento, *design* e aprovação das modificações do pacote ou material que será enviado pelo correio ou entregue pessoalmente; preparação da propaganda e materiais de ponto-de-venda; notificação ao pessoal de campo; alocação de quantidades a distribuidores individuais; compra e impressão de prêmios especiais ou materiais de embalagem; produção de estoque e, finalmente, distribuição aos varejistas.[62]

O *tempo de duração da campanha* tem início com o lançamento da promoção e conclui-se quando, aproximadamente, 95% das mercadorias em promoção estão nas mãos dos consumidores. O tempo total envolvido em uma campanha pode levar vários meses, dependendo do tempo de duração da campanha.

**Avaliação dos Resultados da Promoção de Vendas.** A avaliação dos resultados de uma promoção de vendas é crucial. Os fabricantes podem usar três métodos para mensurar sua eficácia: análise dos dados de vendas, pesquisa junto aos consumidores e condução de experimentos.

O primeiro método envolve a utilização de dados de vendas escaneados, disponíveis em empresas como Information Resources Inc. e Nielsen. As empresas podem analisar os tipos de pessoas que levaram vantagem da promoção, quais seus comportamentos antes da promoção e como aqueles que compraram a marca promovida comportaram-se em relação à marca ou a outras marcas. Suponhamos que uma empresa tenha 6% de participação de mercado no período pré-promoção. A participação aumenta para 10% durante a promoção, cai para 5% imediatamente após a promoção e sobe para 7% no período posterior (veja a Figura 21.5). Evidentemente, a promoção atraiu novos experimentadores e também estimulou os consumidores já conquistados a comprar mais. Após a promoção, as vendas caíram em função de os compradores começarem a consumir seus estoques. O aumento a longo prazo de 7% indica que a empresa conquistou novos usuários. Em geral, as promoções de vendas funcionam melhor quando atraem consumidores dos concorrentes que são estimulados a experimentar um produto superior e terminam adotando permanentemente a nova marca. Se o produto da empresa não for superior, provavelmente, a participação da marca no mercado retornará ao nível anterior à promoção. A promoção de vendas apenas alterou o padrão de tempo da demanda e não a demanda total. É mais provável que seus custos não tenham sido cobertos. Um estudo realizado com mais de 1.000 promoções concluiu que apenas 16% das mesmas pagaram seus custos.[63]

Se forem necessárias mais informações, podem ser realizadas *pesquisas junto aos consumidores* para detectarem quantos ainda se lembram da promoção, o que acharam, quantos a aproveitaram e como ela afetou seus comportamentos subseqüentes em relação à marca.[64] As promoções de vendas podem também ser avaliadas através de *experimentos*, que consideram atributos como valor, duração e mídia de distribuição do incentivo. Por exemplo, os cupons podem ser enviados à metade das residências de um painel de consumidores. Os dados escaneados podem ser usados para rastrear se os cupons levaram mais pessoas a comprar imediatamente o produto. Estas informações podem ser usadas para calcular o aumento da receita decorrente da promoção.

Além destes métodos de avaliação dos resultados de promoções específicas, a administração deve reconhecer outros custos e problemas potenciais. Primeiro, as promoções podem diminuir a lealdade de marca a longo prazo ao levarem mais consumidores a se inclinar

61. STRANG. Op. cit. p. 120.
62. SCHAFFIR, Kurt H., TRENTEN, H. George. *Marketing information systems.* New York : Amacom, 1973. p. 81.
63. Veja ABRAHAM, Magid M., LODISH, Leonard M. Getting the most our of advertising and promotion. *Harvard Business Review,* p. 50-60, May/June 1990.
64 Veja DODSON, Joe A., TYBOUT, Alice M., STERNTHAL, Brian. Impact of deals and deal retraction on brand switching. *Journal of Marketing Research,* p. 72-81, Feb. 1978. Eles constataram que as promoções, geralmente, aumentam a troca de marca e que a taxa de troca depende do tipo de promoção. Os cupons distribuídos por alguma mídia induzem a uma troca substancial; as promoções de descontos, por sua vez, induzem a uma troca ligeiramente menos acentuada; e os cupons inseridos na embalagem do produto dificilmente afetam esta troca. Além disso, os consumidores, geralmente, retornam a suas marcas preferidas após a promoção.

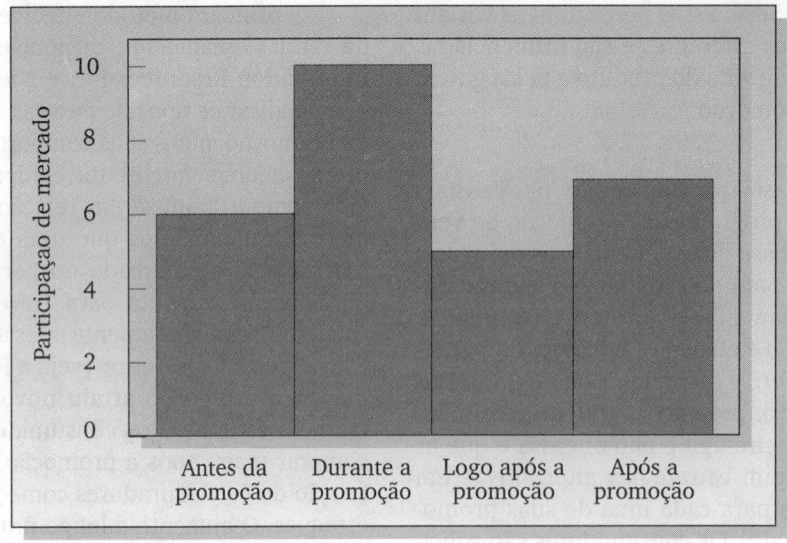

**Figura 21.5** *Efeito da promoção de vendas junto aos consumidores sobre a participação de marca.*

para as mesmas e a não considerar o esforço de propaganda da empresa. Segundo, elas podem ser mais caras do que parecem. Algumas são destinadas, inevitavelmente, aos consumidores errados (especificamente: fiéis à marca, trocadores de marca freqüentes e aos consumidores cativos da empresa que acabam obtendo um subsídio que não solicitaram). Terceiro, há custos decorrentes de ajustes de produção, do esforço extra da força de vendas e das exigências decorrentes da própria promoção. Finalmente, determinadas promoções irritam os varejistas, que podem exigir concessões extras para cooperarem com o fabricante.[65]

## RELAÇÕES PÚBLICAS

Como a propaganda e a promoção de vendas, a relações públicas é outra importante ferramenta de marketing. A empresa não deve apenas se relacionar bem com seus consumidores, fornecedores e revendedores, mas também com um amplo conjunto de públicos interessados. Definimos um público da seguinte maneira:

**PÚBLICO é qualquer grupo que tem interesse ou impacto real ou potencial sobre as condições da empresa atingir seus objetivos. RELAÇÕES PÚBLICAS (RP) envolve uma variedade de programas destinados a promover e/ou proteger a imagem de uma empresa ou seus produtos.**

Um público pode facilitar ou impedir as condições de uma empresa atingir seus objetivos. Freqüentemente, RP tem sido tratada como "enteada" de marketing, uma solução de última hora para o planejamento promocional mais sério. Entretanto, a empresa inteligente adota providências concretas para administrar as relações bem-sucedidas com seus públicos-chave. A maioria das empresas opera um departamento de relações públicas para planejar seus relacionamentos. O departamento de RP monitora as atitudes dos públicos da organização e distribui informações e comunicações para obter boa vontade. Quando ocorre qualquer publicidade negativa, o departamento de RP age para solucionar o problema. Os melhores departamentos de RP dedicam parte de seu tempo aconselhando a alta administração a adotar programas positivos e a eliminar práticas questionáveis, evitando o surgimento de qualquer publicidade negativa.

Os departamentos de RP desempenham as cinco atividades seguintes, nem todas apoiando os objetivos de marketing da empresa:

- *Relações com a imprensa.* Divulgar notícias e informações favoráveis sobre a organização.
- *Publicidade de produtos.* Empreender vários esforços para divulgar produtos específicos.
- *Comunicações corporativas.* Promover a organização com comunicações internas e externas.
- *Lobbying.* Trabalhar junto a legisladores e órgãos governamentais visando à aprovação ou ao veto a legislações e regulamentações.

---

65. Entre os livros de promoção de vendas disponíveis, destacamos os seguintes: TOTTEN, John C., BLOCK, Martin P. *Analyzing sales promotion*: text and cases. 2. ed. Chicago : Dartnel, 1994; SCHULTZ, Don E., ROBINSON, William A., PETRISON, Lisa A. *Sales promotion essentials.* 2. ed. Lincolnwood, IL : NTC Business Books, 1994; WILMSHURTST, John. *Bellow-the-line promotion.* Oxford : England: Butterworth/Heineman, 1993; e BLATTBERG, Robert C., NESLIN, Scott A. *Sales promotion*: concepts, methods, and strategies. Englewood Cliffs, NJ : Prentice Hall, 1990. Para uma abordagem sobre um sistema especialista para promoção de vendas, veja KEON, John W., BAYER, Judy. An expert approach to sales promotion management. *Journal of Advertising Research,* p. 19-26, June/July 1986.

- *Aconselhamento.* Orientar a administração sobre assuntos públicos, posição e imagem da empresa. Isso inclui envolver-se quando a falha de um produto abala a credibilidade da organização.[66]

Os gerentes de marketing e os especialistas de RP nem sempre falam a mesma língua. Uma grande diferença é que os primeiros são muito mais orientados para o resultado, enquanto os segundos vêem seu trabalho como restrito à preparação e disseminação de comunicações. Entretanto, estas diferenças estão desaparecendo. Muitas empresas estão criando um grupo de *relações públicas de marketing* para apoiar diretamente a promoção de um produto ou da empresa e divulgar positivamente sua imagem. Assim, o grupo de RP de marketing, como o de RP de finanças e de RP comunitárias se constituiriam importantes contribuições para o departamento de marketing.[67]

A designação anterior para marketing de RP era *publicidade*, vista como a tarefa destinada a assegurar espaço editorial gratuito nas mídias impressas e eletrônicas ou a dar maior dimensão a um produto ou pessoa. Entretanto, RP de marketing vai além da simples publicidade e exerce papel importante nas seguintes tarefas:

- *Dar assistência ao lançamento de novos produtos.* O incrível sucesso comercial de brinquedos como as Tartarugas Ninjas, Power Rangers e Barney (o aborrecido dinossauro cor-de-rosa) é em grande parte atribuído à publicidade inteligente.
- *Auxiliar o reposicionamento de um produto maduro.* A cidade de New York possuía uma imagem extremamente negativa nos anos 70, até o início da campanha "Eu amo New York"(I love New York), atraindo milhões de novos turistas àquela cidade.
- *Desenvolver o interesse por determinada categoria de produto.* As empresas e as associações comerciais e industriais utilizam RP para restaurar o interesse dos consumidores por produtos em estágio de declínio, como ovos, leite e batatas e para expandir o consumo de produtos como chá, costeletas de porco e suco de laranja.
- *Influenciar grupos-alvo específicos.* O McDonald's patrocina eventos especiais para causas sociais junto às comunidades negras e hispânicas, construindo, como conseqüência, imagem pública positiva da empresa.
- *Defender produtos que enfrentam o descrédito público.* A Johnson & Johnson utilizou magistralmente RP para salvar seu produto Tylenol da extinção, após dois incidentes em que cápsulas envenenadas do medicamento foram encontradas.

- *Construir imagem corporativa que seja projetada favoravelmente sobre seus produtos.* Os discursos de Iacoca e sua autobiografia criaram nova imagem vencedora para a Chrysler Corporation.

À medida que o poder da propaganda de massa se enfraquece, os gerentes de marketing estão voltando-se cada vez mais para o uso de RP de marketing. Em um levantamento realizado entre 286 gerentes de marketing norte-americanos, três quartos declararam que suas empresas estavam usando RP de marketing. Consideravam-no particularmente eficaz para a construção e consolidação da imagem de marcas, tanto para novos produtos quanto para os existentes. RP de marketing eficaz para atingir comunidades locais, grupos étnicos específicos e outros grupos. Em vários casos RP provou ser mais eficaz em termos de custo-benefício do que a propaganda. Todavia, RP deve ser planejada em conjunto com a propaganda. RP necessita de um orçamento maior e o dinheiro pode ser proveniente da verba de propaganda.[68] Além disso, os gerentes de marketing precisam adquirir maior habilidade na utilização dos recursos de RP. A Gillette exige que cada um de seus gerentes de marca apresente um orçamento específico para RP e que justifique, caso faça uso dessa ferramenta.

Claramente, relações públicas tem potencial para criar um impacto sobre a consciência do público por apenas uma fração do custo de propaganda. A empresa não paga pelo espaço ou tempo obtido na mídia. Paga a uma equipe de funcionários para desenvolver e circular histórias interessantes que podem ser veiculadas por todos os veículos de mídia, o que equivale a milhões de dólares gastos em propaganda. Por exemplo, The Body Shop nunca gastou dinheiro em propaganda; seu sucesso tem sido totalmente decorrente da publicidade. Em geral, RP possui maior credibilidade do que propaganda. Alguns especialistas afirmam que a probabilidade de os consumidores serem mais influenciados pelo texto editorial é cinco vezes maior do que pela propaganda.

Uma história recente de sucesso de RP de marketing é fornecida pela Intel, que transformou uma situação potencialmente desastrosa em vantagem com RP:

**INTEL E O CHIP PENTIUM**   Quando os usuários do *chip* Pentium da Intel começaram a perceber um problema com o mesmo em 1994, a empresa recusou a substituí-lo, a menos que eles pudessem provar que usavam seus computadores para operações matemáticas complexas (as únicas que eram afetadas pelo defeito). Atendendo às manifestações de insatisfação dos consumidores, a equipe de RP de marketing da empresa entrou em ação combinando duas forças, seguindo de marketing

---

66. Adaptado de CUTLIP, Scott M., CENTER, Allen H., BROWN, Glen M. *Effective public relations.* 8. ed. Englewood Cliffs, NJ : Prentice Hall, 1997.
67. Para um excelente relato, veja HARRIS, Thomas L. The marketer's guide to public relations. New York : John Wiley & Sons, 1991.
68. DUNCAN, Tom. *A study of how manufacturers and service companies perceive and use marketing public relations.* Muncie, In: Ball State University, Dec. 1985. Para mais detalhes sobre comparar a eficácia da propaganda *versus* RP, veja LORD, Kenneth R., PUTREVU, Sanjay. Adversiting and publicity: an information processing perspective. *Journal of Economic Psychology*, p. 57-84, Mar. 1993.

## INSIGHT DE MARKETING — Uma campanha intensa de relações públicas: a Microsoft lança o Windows 95

De vez em quando, uma empresa gasta uma quantia extraordinária de dinheiro para atrair a atenção do público para um novo produto. Uma das campanhas intensas mais recente foi quando a Microsoft gastou $ 220 milhões para lançar seu novo sistema operacional. O Windows 95 representou um novo produto que veio tornar ainda mais fácil o uso do Windows, comparando-se com seu rival, o sistema Macintosh.

A campanha foi uma história de sucesso de relações públicas de marketing. Anúncios gratuitos do Windows 95 apareceram em 24 de agosto de 1995, dia de lançamento do produto. Todavia, todos já o conheciam! O *The Wall Street Journal* calculou que houve 3.000 títulos de anúncios (*headlines*), 6.852 histórias e cerca de 3 milhões de palavras dedicadas ao Windows 95 de 1º de julho a 24 de agosto. Equipes da Microsoft espalhadas pelo mundo desenvolveram temas de publicidade para chamar à atenção do público. A empresa esticou 2.000 metros de bandeirolas com o logo do Windows 95 a partir do topo do edifício CN Tower, de Toronto (Canadá). O prédio Empire State de New York foi coberto com as cores vermelha, amarela e verde do logo do produto. A Microsoft pagou o jornal *The London Times* para distribuir grátis ao público sua tiragem diária de 1,5 milhão de exemplares. Quando o Windows, finalmente, tornou-se disponível para a venda, multidões faziam filas nas lojas para comprá-lo. No final da primeira semana, as vendas, apenas nos Estados Unidos, foram de $ 108 milhões, excepcional para um produto que custava $ 90. A lição ficou clara: uma campanha de relações públicas que antecipa o lançamento de um produto pode ser muito mais eficaz do que milhões de dólares empregados em uma campanha de propaganda.

Por que Bill Gates, da Microsoft, acha necessário gastar muito em relações públicas? Aqui estão duas possíveis razões: (1) O aborrecimento com problemas existentes em versões anteriores do novo sistema operacional poderia levar os usuários de computador a hesitar em comprar a nova versão. A Microsoft desejava superar este obstáculo. (2) A Apple Computer estava reduzindo rapidamente os preços de seus computadores na esperança de vender mais Macintosh antes do Windows 95 ser colocado à venda. Assim, a Microsoft desejava conter a onda de venda do Macintosh, colocando no mercado o mais rápido possível a nova versão de seu sistema operacional.

---

um a um intenso junto aos consumidores e usuários corporativos com a introdução de uma rede mundial de centros de serviço de substituição do *chip* Pentium (oferecendo substituição gratuita sob solicitação). Em vez de apenas focalizar a mídia e os grandes usuários, a Intel procurou atingir os consumidores um a um, fossem grandes usuários ou usuários individuais. A empresa fez isto mobilizando grande número de pessoas da empresa, colocando-os para atender a todas as ligações telefônicas. Suas equipes de marketing percorreram todo o país visitando as grandes empresas e substituindo os *chips*. Para atingir os consumidores, colocou seus funcionários nas lojas, semanas antes do Natal de 1994. Como resultado da intensa campanha de RP de marketing, a Intel conseguiu recuperar sua reputação, que havia sido seriamente prejudicada em apenas algumas semanas.[69]

Para outro exemplo de campanha de RP de marketing bem-sucedida, veja a seção *Insight* de Marketing intitulada "Uma campanha intensa de relações públicas: a Microsoft lança o Windows 95".

## Principais decisões de relações públicas de marketing

Ao considerar quando e como usar RP de marketing, a administração deve estabelecer os objetivos de marketing, escolher as mensagens e veículos de relações públicas e avaliar os resultados. As principais ferramentas de RP de marketing são descritas na Tabela 21.8.

**ESTABELECIMENTO DE OBJETIVOS DE MARKETING.** RP de marketing pode contribuir para os seguintes objetivos:

- *Construção de consciência.* Veiculação de notícias na mídia para atrair a atenção para um produto, serviço, pessoa, organização ou idéia.
- *Construção de credibilidade.* Aumento de credibilidade ao comunicar a mensagem em um contexto editorial.
- *Estímulo a vendedores e revendedores.* Preparação de instrumentos para melhorar o desempenho da força de vendas e despertar o entusiasmo dos revende-

---

69. BERTRAND, Kate. Intel starts to rebuild. *Business Marketing,* p. 1, 32, Feb. 1995; MARKOFF, John. In about-face, Intel will swap its flawed chip. *The New York Times,* 21 Dec. 1994, WBIZ 14:1.

**Tabela 21.8** *Principais ferramentas de relações públicas de marketing*

| FERRAMENTA | DESCRIÇÃO |
|---|---|
| Publicações | As empresas confiam extensivamente em materiais de comunicação para atingir e influenciar seus mercados-alvo. Incluem-se os relatórios anuais, livretos, artigos, materiais audiovisuais, *newsletters* e revistas de empresas. O *relatório anual* da Chrysler quase serve como um livreto de vendas, ao promover os novos automóveis a seus acionistas. Os *livretos* podem exercer um papel importante ao informar os consumidores-alvo sobre um produto, como funciona e como pode ser montado. *Artigos* cuidadosamente elaborados, redigidos por executivos, podem despertar a atenção para a empresa e seus produtos. *Newsletters* e *revistas* produzidas pela empresa podem ajudar na construção de imagem e divulgar notícias importantes para os mercados-alvo. *Materiais audiovisuais e de multimídia*, como filmes, *slides* sonoros, áudio e videocassetes estão tornando-se ferramentas de promoção importantes. O custo do material audiovisual é, geralmente, maior do que o de material impresso, mas seu impacto é muito maior. Hoje, é comum as faculdades contratarem uma empresa para preparar um vídeo atraente que possa ser mostrado nas viagens de recrutamento ou enviado aos candidatos como instrumento de estímulo na escolha de um curso universitário. |
| Eventos | As empresas podem chamar à atenção para novos produtos ou outras atividades da empresa ao organizar eventos especiais. Podem ser entrevistas coletivas para a imprensa, seminários, excursões, exposições, concursos e competições, aniversários e patrocínios esportivos e culturais que atingirão públicos-alvo. O patrocínio de um evento esportivo, como a Competição Internacional de Ciclismo Coors ou o Torneio Internacional de Tênis Volvo, dá à empresa ampla visibilidade entre seus fornecedores, distribuidores e clientes. |
| Notícias | Uma das principais tarefas dos profissionais de RP é encontrar ou criar notícias favoráveis sobre a empresa, seus produtos e funcionários. A geração de notícias exige habilidade para o desenvolvimento de uma história bem pesquisada e redigida em forma de *press release*. Entretanto, a habilidade desses profissionais deve ir além de preparar boas histórias transformadas em notícias. Obter aceitação da mídia para *press releases* e dirigir entrevistas à imprensa requerem habilidades de marketing e de comunicação interpessoal. Um diretor de RP conhece as necessidades da mídia em termos de notícias que sejam interessantes, atuais, bem redigidas e que atraiam a atenção do público. O diretor de mídia precisa construir relações favoráveis com editores e repórteres. Quanto mais a imprensa for cultivada, maior a probabilidade da empresa receber maior e melhor cobertura. |
| Palestras | São outra ferramenta para gerar publicidade sobre o produto e a empresa. As carismáticas palestras de Lee Iacoca perante grandes audiências ajudaram a Chrysler a vender seus carros. Cada vez mais os executivos das empresas devem captar assuntos veiculados pela mídia e participar de associações de classe ou convenções de vendas, embora essa exposição pública pode construir ou prejudicar a imagem da empresa. As empresas estão escolhendo cuidadosamente seus porta-vozes, usando redatores de palestras e discursos e contratando profissionais de oratória para melhorar o desempenho dos executivos que as representam. |
| Atividades comunitárias | AS empresas podem melhorar sua imagem pública contribuindo com dinheiro e tempo para causas sociais. É comum as grandes empresas designarem executivos para participarem de assuntos comunitários onde seus escritórios e fábricas estão localizados. Em outros casos, as empresas doam certa quantia em dinheiro a uma causa específica, não relacionada com a compra de seus produtos. Denominado *marketing relacionado às causas sociais,* ele vem sendo usado crescentemente por empresas para construir imagem pública favorável. A Procter & Gamble e a Publishers' Clearing House coordenaram uma promoção para ajudar o programa Special Olympics. Cupons dos produtos da P&G foram incluídos na mala direta da Publishers', cujo valor unitário de resgate de 10 centavos foi destinado ao programa. |
| Mídia de identidade corporativa | Em uma sociedade sobrecarregada de veículos de comunicação, as empresas precisam competir pela atenção do público. Elas devem esforçar-se para criar uma identidade visual que seja imediatamente reconhecida pelo público. Ela é transmitida por logos, materiais de escritório, livretos, marcas, formulários, cartões de visita, edifício e uniformes. |

**Fonte:** Para leitura complementar sobre marketing relacionado às causas sociais, veja VARADARAJAN, P. Rajan, MENON, Anil. Cause-related marketing: a co-alignment of marketing strategy and corporate philanthropy. *Journal of Marketing,* p. 58-74, July 1988.

dores. Notícias sobre um novo produto antes de seu lançamento ajudarão os vendedores a abordar os varejistas.

- *Redução dos custos de promoção*. Os custos de RP de marketing são menores do que os de mala direta e propaganda. Quanto menor o orçamento promocional da empresa, mais forte a razão de usar RP para ganhar participação da mente do consumidor (*share of mind*).

Devem ser estabelecidos objetivos específicos a cada campanha de RP de marketing. A Wine Growers of California contratou a empresa de relações públicas Daniel J. Edelman, Inc. para desenvolver uma campanha publicitária destinada a convencer os norte-americanos de que beber vinho é um prazer que faz parte das boas coisas da vida, e também para melhorar a imagem e participação de mercado dos vinhos da Califórnia. Nesta campanha, foram estabelecidos os seguintes objetivos de publicidade: (1) desenvolvimento de notícias sobre vinho para serem divulgadas nas principais revistas do país (*Time, House Beautiful*) e jornais (colunas de alimentos, seções de restaurantes etc.); (2) desenvolvimento de notícias sobre os muito valores nutritivos do vinho destinadas à médicos e instituições de saúde; e (3) desenvolvimento de publicidade específica para diferentes mercados como adultos jovens, universitários, órgãos governamentais e vários grupos comunitários étnicos. Estes objetivos foram aperfeiçoados em metas específicas para que o resultado final fosse avaliado.

**Escolha de Mensagens e Veículos de RP.** Após estabelecer os objetivos de RP de marketing, o gerente deve identificar ou desenvolver histórias interessantes sobre o produto. Suponhamos que uma faculdade relativamente desconhecida deseja maior visibilidade pública. O profissional de RP procurará possíveis mensagens. Alguns professores da faculdade possuem referências incomuns ou estão trabalhando em projetos interessantes? Alguns cursos diferentes estão sendo desenvolvidos? Algum evento interessante está ocorrendo no *campus*?

Se o número de histórias for insuficiente, o profissional de RP deve propor eventos para serem patrocinados pela faculdade. Neste caso, o desafio é criar notícias em vez de encontrar notícias. As idéias de RP incluem a realização de convenções acadêmicas importantes com a presença de palestrantes renomados e o desenvolvimento de entrevistas coletivas à imprensa. Cada evento é uma oportunidade para desenvolver muitas mensagens dirigidas à audiências diferentes.

A *criação de eventos* é particularmente importante para programas de levantamento de fundos patrocinados por instituições que não visam o lucro. Essas instituições desenvolvem grande repertório de eventos especiais, incluindo comemoração de aniversários, exposições artísticas, leilões, rifas, jogos de bingo, venda de livros, concursos, bailes, competições esportivas, jantares, feiras, desfiles de moda, bazares de caridade, excursões, festas típicas, bazares beneficentes, viagens e noites beneficentes.[70]

As organizações que visam o lucro também usam vários eventos para chamar a atenção sobre seus produtos e serviços. A Fuji Photo Film Company colocou seu balão dirigível sobre a Estátua da Liberdade durante sua festa de restauração, superando a Kodak que havia montado uma exposição permanente de fotos da cidade junto à área de entrada da estátua. A Anheuser-Busch patrocinou o Black World Championship Rodeo, no bairro do Brooklyn (New York), atraindo mais de 5.000 espectadores. Sem dúvida, uma empresa deve escolher eventos que atrairão o interesse de seu mercado-alvo e criarão sentimento positivo em relação ao patrocinador. Por exemplo, a P & G patrocina concertos de Barry Manilow sob o nome de algumas de suas marcas de sabão em pó porque deseja atrair mulheres de meia idade que foram fãs do cantor e representam o mercado-alvo para seus sabões.

Os profissionais de RP estão em condições de encontrar ou criar mensagens sobre produtos corriqueiros como carne de porco ("a outra carne branca"), alho e batatas. Aqui está um exemplo de comida para gatos:

**9-LIVES CAT FOOD** Uma das principais marcas de alimentos para gatos é a Star-Kist Food's 9 lives. Sua imagem gira em torno do gato Morris. A agência de propaganda de Léo Burnett, que criou o gato Morris para os anúncios, desejava torná-lo um felino mais ativo e inteligente, com o qual os donos pudessem identificar seus gatos. Foi contratada uma empresa de relações públicas que apresentou e implementou as seguintes idéias: (1) lançamento de um concurso denominado "Faça seu gato parecer com o Morris", (2) edição de um livro intitulado "*Morris:* uma biografia íntima, (3) criação de um prêmio chamado "The Morris" e de uma estatueta de bronze concedida aos proprietários de gatos que ganhassem o concurso, (4) patrocínio de uma campanha com o nome "Mês do adote um gato", tendo Morris como porta-voz e representante oficial e (5) distribuição de um livreto intitulado "Método Morris" sobre cuidados com gatos. Estas etapas da campanha fortaleceram a participação da marca no mercado de alimentos para gatos.

**Implementação de um Plano de RP de Marketing.** A implementação de um plano de RP requer muito cuidado. Tomemos o trabalho de disseminação de mensagens para a mídia. Uma grande mensagem é de fácil disseminação. Entretanto, a maioria das mensagens não é de grande importância e podem passar despercebidas por editores ocupados. Um dos principais ativos dos profis-

---

70. Veja CATHERWOOD, Dwight W., VAN KIRK, Richard L. *The complete guide to special event management*. New York : John Wiley, 1992.

sionais de RP é seu relacionamento pessoal com os editores de mídias. Freqüentemente, eles conhecem muitos editores e sabem o que desejam. Eles vêem esses editores como um mercado a ser satisfeito.

RP exige cuidado extra quando envolve eventos especiais, como jantares de homenagem, conferências, entrevistas coletivas e concursos nacionais. Os profissionais de RP precisam estar atentos a detalhes e preparados para oferecer soluções rápidas quando as coisas dão errado.

### AVALIAÇÃO DOS RESULTADOS DE RP DE MARKETING.

A contribuição de RP é de difícil mensuração porque ela é utilizada em conjunto com outras ferramentas promocionais. Contudo, se RP for utilizado antes que outras ferramentas sejam colocadas em ação, a avaliação de sua contribuição torna-se mais fácil. Os três tipos de mensuração da eficácia de RP mais usados são o número de exposições, a mudança de consciência, compreensão e atitude e a contribuição para as vendas e o lucro.

### Exposições.

A mensuração mais fácil da eficácia de RP é o número de *exposições* veiculadas por determinado veículo. Os profissionais de RP fornecem ao cliente um mostruário contendo recortes (*clippings*) de todos os veículos que publicaram notícias sobre o produto e um relatório sucinto com o seguinte:

A cobertura de mídia incluiu 3.500 cm de coluna com notícias e fotos em 350 publicações, com uma circulação combinada de 79,4 milhões; 2.500 minutos de transmissão via 290 estações de rádio, com uma audiência estimada de 65 milhões e 660 minutos de transmissão através de 160 estações de televisão com uma audiência estimada de 91 milhões. Se este tempo e espaço fossem comprados pelos preços de propaganda, o montante seria de $ 1.047.000.[71]

Esta mensuração de exposição não é muito satisfatória. Não há indicação de quantas pessoas realmente leram, ouviram ou gravaram a mensagem e sobre o que fizeram depois, Não há nenhuma informação sobre a audiência líquida atingida, uma vez que as publicações possuem mais de um leitor por exemplar. Desde que a meta da publicidade e a cobertura e não a freqüência, seria útil saber o número de exposições não duplicadas.

### Consciência, compreensão e mudança de atitude.

Uma melhor mensuração é a mudança da consciência, compreensão e atitude do consumidor em relação a um produto, resultante de uma campanha de relações públicas (após eliminar o efeito de outras ferramentas promocionais). Por exemplo, quantas pessoas lembraram ter ouvido as notícias sobre o item? Quantas repassaram a notícia a outras pessoas? Quantas mudaram de idéia ao ouvi-la? A Associação Norte-americana dos Plantadores de Batata, por exemplo, detectou que o número de pessoas que concordou com a afirmativa "As batatas são ricas em vitaminas e sais minerais" passou de 36% para 67% após a campanha, uma melhora significativa em termos de compreensão do produto.

### Contribuição para as vendas e o lucro.

O impacto sobre as vendas e o lucro é a mensuração mais satisfatória, se for obtida. Por exemplo, as vendas do produto 9-Lives aumentaram 43% no final da campanha de relações públicas "Morris, o gato". Entretanto, com a propaganda e a promoção de vendas não é muito diferente e suas contribuições têm que ser estimadas. Suponhamos que houve um crescimento de vendas de $ 1.500.000 e a administração estima que RP contribuiu com 15% deste aumento. Assim, o retorno sobre o investimento em RP é calculado da seguinte forma:

| | |
|---|---|
| Aumento total de vendas | $ 1.500.000 |
| Estimativa do aumento de vendas em função de RP (15%) | 225.000 |
| Margem de contribuição sobre as vendas do produto (10%) | 22.500 |
| Custo do programa de relações públicas | (10.000) |
| Margem de contribuição adicional em função do investimento em relações públicas | $ 12.500 |
| Retorno sobre o investimento ($ 12.500/$ 10.000) | 125% |

Nos próximos anos, podemos esperar que relações públicas de marketing exercerá papel importante nos esforços de comunicação da empresa. Podemos também esperar maior participação de RP no composto promocional, inclusive em mala direta. Para mais informações sobre este tópico, veja a seção Memorando de Marketing intitulada "Marketing direto + Relações públicas = Uma história de sucesso de marketing integrado".

---

71. MERIMS, Arthur M. Marketing's stepchild: product publicity. *Harvard Business Review,* p. 111-112, Nov./Dec. 1972. Veja também PAINE, Katerine D. There is a method for measuring RP. *Marketing News,* p. 5, 6 Nov. 1987.

 **Marketing direto + Relações públicas = uma história de sucesso de marketing integrado**

Enquanto os profissionais de RP continuam atingindo seus públicos-alvo através de mídia de massa, RP de marketing está cada vez mais tomando emprestado as técnicas e a tecnologia de marketing direto para atingir a audiência-alvo um a um. Thomas L. Harris, especialista em RP e autor do livro *The marketer's guide to public relations,* oferece cinco sugestões sobre como RP e marketing direto podem trabalhar juntos para atingir objetivos de marketing específicos.

1. *Criação da expectativa do mercado antes do início da propaganda de mídia.* O anúncio de um novo produto oferece oportunidade única para se obter publicidade e despertar o interesse do público. Assim, as empresas devem disseminar notícias sobre o lançamento de novos produtos antes do início das campanhas de propaganda. Por exemplo, para obter notícias rápidas sobre o lançamento dos novos *sedans* LH, os departamentos de marketing e de RP da Chrysler uniram forças em um programa orientado para obter alta exposição e atingir a audiência potencial nos Estados Unidos. A empresa identificou clientes potenciais VIPs nos principais mercados e ofereceu-lhes a oportunidade de fazer *test drive* do carro por dois ou três dias. A entrega e o recolhimento do veículo seriam realizados no local indicado pelos clientes. Além disso, como parte das notícias enviadas à imprensa nacional em New York e Los Angeles, a Chrysler convidou uma lista selecionada de clientes VIPs para recepções e *test drives.*

2. *Desenvolvimento de uma base importante de consumidores.* As empresas estão reconhecendo cada vez mais o valor de manter a lealdade dos consumidores, desde que custa muito menos conservá-los do que conquistar novos. Para a Pepperidge Farm, a empresa de RP Langdon Starr criou o Clube Pepperidge Farm dos Apreciadores de Massa. O clube comunica diretamente com os usuários que se identificam com os produtos da empresa, mostrando-lhes como preparar alimentos deliciosos, sem dificuldade, com sua massa leve. O clube, iniciado em 1992, possui agora cerca de 30.000 associados que tomaram consciência de sua existência através de ofertas veiculadas em revistas remetidas pelo correio, embalagens de produtos, *displays* de ponto-de-venda e outras ferramentas de publicidade. No setor farmacêutico, a empresa Smith Kline Beecham envia uma *newsletter* trimestral chamada *Gut Reactions* (Reações Abdominais) a uma lista de 200.000 usuários de antiácidos habituados a comprá-los sem indicação médica. A *newsletter* consiste em artigos relacionados a cuidados com a saúde e inclui cupons de desconto para a compra do antiácido Gaviscon OTC. Ela foi criada pela empresa de RP Gilbert & Christopher Associates e enviada pelo correio a um banco de dados formado por nomes gerados a partir de um levantamento dos consumidores de mala direta da empresa Carol Wright.

**RESUMO**

1. *Propaganda* é qualquer forma paga de apresentação impessoal e promoção de idéias, bens ou serviços por um patrocinador identificado. Entre os anunciantes incluem-se não apenas as empresas comerciais, mas também as organizações de caridade, que não visam o lucro e os órgãos governamentais que anunciam a vários públicos.

O desenvolvimento do programa de propaganda envolve um processo de cinco etapas. Primeiro, as empresas devem estabelecer objetivos de propaganda; devem decidir se desejam que ela seja informativa, persuasiva ou de reforço/lembrança. Segundo, devem estabelecer um orçamento que leve em consideração o estágio do ciclo de vida do produto, sua participação de mercado, a base de consumidores, a concorrência e a saturação das mídias de propaganda, a freqüência da propaganda e o grau de substituição do produto. Terceiro, devem escolher a men-

3. *Desenvolvimento de relacionamento com os consumidores um a um.* Por exemplo, o Butterball Turkey Talkline, iniciativa de RP criada em meados dos anos 80, tornou-se a principal ferramenta de marketing da empresa. O serviço Talkline é promovido principalmente por publicidade. Apenas em 1992, foram recebidas 25.000 ligações durante o "pico" da venda de peru, nos meses de novembro e dezembro, cujos interessados passaram a fazer parte do banco de dados da empresa. Todos eles foram orientados pela nutricionista da empresa sobre como preparar peru nos fins de semana. As pessoas cadastradas recebem livros de receita, calendários da empresa e cupons de oferta de peru para mantê-las interessadas no produto durante todo o ano.

4. *Transformação de consumidores satisfeitos em defensores do produto da empresa.* A Upjohn Company usou seu banco de dados formado por usuários do medicamento Rogaine para atacar um problema de relações públicas. Apenas dois anos após ser lançado como o primeiro medicamento eficaz para crescimento de cabelo, o Rogaine já era notícia velha, e os artigos publicados sobre queda de cabelo o consideravam caro e, às vezes, ineficaz. Todavia, uma pesquisa indicou que os usuários bem-sucedidos com o produto estavam entusiasmados com os resultados obtidos. A empresa de RP Selvage & Lee compilou um perfil extensivo dos usuários do produto cadastrados no banco de dados da Upjohn, baseada nos 5.000 questionários que foram devolvidos devidamente preenchidos. Partindo das respostas e acompanhamento por telefone ou entrevistas pessoais, a Selvage & Lee identificou usuários típicos em 19 mercados selecionados. Eles foram transformados em porta-vozes da empresa e convidados a participar de entrevistas extensivas em mídias locais, mostrando a eficácia do produto.

5. *Influência de formadores de opinião.* O formador de opinião pode ser uma autoridade como um professor, um médico ou um farmacêutico, mas pode também ser alguém que tenha um tipo diferente de relacionamento um a um com os consumidores, como uma esteticista ou um garçom de bar. O moinho Water Bread visou dietistas para divulgar a noção de que o pão branco era um alimento saudável. A Continental Baking Company e as padarias clientes do Wonder Bread financiaram um estudo que desfez o mito de que o pão era rico em gordura e ainda sugeriu que ele ajuda na dieta diária. A empresa convidou 4.500 membros da Associação Norte-Americana de Dietistas que se inscreveram para sua convenção anual em Washington, DC, para um seminário onde os resultados do estudo seriam anunciados. Também organizaram uma competição com participantes "defensores do pão branco", identificados pela empresa de relações públicas Porter-Novelli. No dia do evento, um jornal especial denominado *The Washington Toast,* detalhando as conclusões da pesquisa, foi colocado debaixo das portas dos quartos dos hotéis onde os convencionais estavam hospedados. A competição recebeu cobertura de uma rede de televisão e se tornou manchete dos jornais; a mensagem com a aprovação do pão branco foi encaminhada aos dietistas norte-americanos mais influentes e as vendas da farinha de trigo Wonder Bread cresceram vertiginosamente.

**Fonte:** Adaptado de HARRIS, Thomas L. PR gets personal. *Direct Marketing,* p. 29-32, Apr. 1994.

sagem de propaganda, determinar como ela será gerada, avaliar as mensagens alternativas para desejabilidade, exclusividade e credibilidade e executá-la com estilo, tom, palavras e formato mais apropriados, de maneira socialmente responsável. Quarto, devem decidir sobre o tipo de mídia que será empregado. Esta decisão envolve escolher cobertura, freqüência e impacto desejados do anúncio, mídia que proporcionará os resultados desejados em termos de circulação, audiência, eficácia e grau de exposição. Finalmente, as empresas devem adotar providências para avaliar a comunicação e os efeitos da propaganda sobre as vendas.

2. A *promoção de vendas* consiste em um conjunto diversificado de ferramentas de incentivo, a maioria a curto prazo, destinado a estimular compras maiores e mais rápidas de produtos/serviços específicos por consumidores ou comerciantes. Enquanto a propaganda oferece uma razão para a compra, a promoção de vendas oferece um incentivo para a compra. A promoção de vendas inclui ferramentas de promoção para os consumidores (amostras grátis, cupons, ofertas, cortes de preço, prêmios, loterias, patrocínios, experimentações gratuitas, garantias, promoções tipo "dê o produto velho de entrada", promoções cruzadas, *displays* de ponto-de-venda e de-

monstrações); promoção em canais de distribuição (descontos especiais, concessões de propaganda e de *displays* e mercadorias gratuitas) e promoção para estimular a força de vendas (feiras e exposições, concursos e propaganda de especialidade). Nas duas últimas décadas, os gastos com promoção de vendas têm aumentado e são definidos como uma porcentagem do orçamento total de promoção. Provavelmente, essa porcentagem continuará crescendo. Ao usar a promoção de vendas, a empresa deve estabelecer seus objetivos, selecionar as ferramentas, desenvolver o programa, fazer pré-teste, implementá-lo, controlá-lo e avaliar os resultados. A maioria das pessoas concorda que a promoção de vendas funciona para aumentar as vendas e a participação de mercado a curto prazo, mas que não tem muito efeito a longo prazo. Além disso, as empresas enfrentam uma série de desafios ao utilizar a maioria das ferramentas de promoção de vendas, principalmente o alto custo em implementá-las.

3.  *Público* é qualquer grupo de pessoas que tem interesse real ou potencial ou impacto sobre a habilidade de uma empresa atingir seus objetivos. *Relações públicas* (RRPP) envolve uma variedade de programas preparados para promover e/ou proteger a imagem ou os produtos de uma empresa. Hoje, muitas empresas adotam relações públicas de marketing (RPM) para apoiar seus departamentos de marketing na promoção e na fixação de sua imagem corporativa e/ou de seus produtos. RPM pode impactar a consciência do público a uma fração do custo da propaganda e é, freqüentemente, muito mais crível. As principais ferramentas de RRPP são publicações, eventos, notícias, entrevistas coletivas, atividades de serviço público e mídias de identidade.

Ao considerar quando e como usar RPM, a administração deve estabelecer os objetivos de marketing, escolher as mensagens e os veículos de RRPP, implementar cuidadosamente o plano e avaliar os resultados. Geralmente, os resultados são avaliados em termos do número de exposições e da economia de custo, mudança da consciência/compreensão/atitude e contribuição para as vendas e o lucro.

## APLICAÇÕES CONCEITUAIS

1.  Apresente em classe um exemplo de propaganda de sua empresa e outro de um dos concorrentes. Qual deles você considera mais eficaz? Qual sua parte mais marcante? O que você gosta mais em cada um dos anúncios? Que mudanças você sugeriria para melhorar o anúncio de sua empresa? (*Nota*: Se você não estiver atualmente empregado, apresente anúncios de duas empresas concorrentes do mesmo setor.)

2.  Apresente em classe uma amostra de uma promoção de vendas de sua empresa. Qual o objetivo dessa promoção de vendas? Você acha que ela realizará seu objetivo? Qual a parte mais interessante ou intrigante da promoção de vendas? Ela deve continuar? Justifique sua resposta. Quais os impactos negativos associados a essa promoção de vendas e às promoções de vendas em geral? (*Nota*: Se você não estiver atualmente empregado, apresente uma amostra de promoção de vendas de qualquer empresa e analise-a usando as perguntas acima.)

3.  Sua empresa sabe que a má publicidade pode ter efeito negativo duradouro sobre seu futuro, embora deseja que os gerentes de todos os níveis da administração se sintam confortáveis ao atender à imprensa, seja com boas ou más notícias. Individualmente ou em grupo, oriente o departamento de relações públicas na preparação de um *checklist* com 10 itens para serem abordados em uma entrevista com a imprensa. Esse *checklist* será usado por todos os gerentes que, possivelmente, podem ser questionados pela mídia eletrônica ou impressa.

Aqui estão dois pontos que você deve abordar:

℞  Se um repórter telefonar, identifique a razão da ligação e as informações solicitadas. Não havendo possibilidade de responder no momento por necessidade de informações adicionais, prometa procurá-lo antes do fechamento da matéria. Não deixe de procurá-lo.

℞  Não espere que a notícia seja exatamente aquela que você relatou ou escreveu. Não se surpreenda com alguma confusão dos fatos, e, se os erros não forem grandes, evite pedir qualquer reparação.

4.  A mensagem abaixo foi extraída de uma campanha bem-sucedida do Motel 6, transmitida pelo locutor Tom Bodett:

*Olá, aqui fala Tom Bodett com um plano do Motel 6 para os casais já com filhos independentes. Pegue a estrada, veja as paisagens e visite alguns parentes, como sua irmã Helen e seu cunhado Bob. São pessoas maravilhosas, sempre dispostas a improvisar um sofá-cama para vocês, mas o cheiro da naftalina não é recomendável para uma boa noite de sono. Embora Bob acorde às 5h30, não quer dizer que vocês também tenham que acordar a essa hora. Então, aqui vai o plano: Faça uma reserva no Motel 6. Por apenas $ 22, o menor preço de qualquer cadeia nacional de motéis, você terá um apartamento limpo e confortável, e Helen e Bob os levarão em grande consideração. Bem, talvez o mais importante é que vocês podem* *dormir até mais tarde e não ficarão pensando se as toalhas do banheiro são apenas objetos de decoração. Minha dica é: se elas estiverem combinando com a pia e a tampa do vaso saintário, é melhor não usá-las... Minhas recomendações a Helen e Bob; deixaremos as luzes acesas para você.*

Durante seus primeiros 24 anos no negócio, o *Motel 6* nunca fez propaganda. Ao contrário, seu preço e o poder da comunicação boca a boca atraíam os hóspedes. Essa foi uma estratégia bem-sucedida para enfrentar as grandes redes e as pequenas redes regionais. Entretanto, quando surgiram as redes nacionais de preços baixos, o preço não era mais um ponto suficiente de diferenciação. Em 1985, o *Motel 6* ainda não oferecia apartamentos com telefone, cobrava $ 1,49 para ligar a TV e o preço de um apartamento não passava de $ 17,95. Os hóspedes pagavam em dinheiro na entrada; cartões de crédito não eram aceitos; cobrava-se uma taxa por filho e os hóspedes precisavam escrever aos motéis para fazer reserva. Todas as redes nacionais ofereciam apartamentos com TV e telefone sem pagamento de taxa adicional, crianças não pagavam e aceitavam cartões de crédito. A taxa de ocupação do *Motel 6* caiu de 81% em 1981 para 69,5% em 1985.

Em meados dos anos 80, uma pesquisa com os consumidores mostrou que eram necessárias mudanças no composto de marketing. A quem visou a campanha de propaganda do *Motel 6* com o locutor Tom Bodett? Por que você acha que a campanha foi tão bem-sucedida? Que outras mudanças você pode sugerir no composto de marketing do *Motel 6*?

5. Que é um "público"? Explique por que a maioria das organizações atende a mais de um público. Nomeie pelo menos 15 públicos atendidos por um hospital. Como um programa de relações públicas pode ser influenciado pela existência de vários públicos?

6. Suponhamos que uma marca de loção pós-barba terá um desconto de $ 0,09 para os varejistas e/ou atacadistas durante determinado período. O item é vendido regularmente por $ 1,09; desse valor, $ 0,40 representa a margem de contribuição para o lucro do fabricante antes de as despesas de marketing serem deduzidas. O gerente de marca espera a venda de um milhão de frascos com a redução do preço. Os custos administrativos da promoção são estimados em $ 10.000.
   a. Determine o custo total da promoção.
   b. Assuma que a empresa espera vender 800.000 frascos de loção sem a promoção. Valerá a pena fazê-la?

7. Recentemente, a Black and Decker adquiriu a divisão de pequenos eletrodomésticos da General Electric, que fabricava torradeiras, *mixers* portáteis, abridores de lata, facas elétricas, ferros de passar, fornos de tostar etc. Uma das decisões que ela precisa tomar agora é na área de promoção. Tradicionalmente, o setor de pequenos eletrodomésticos tem sido caracterizado por uma estratégia de "empurrar" produtos, com as promoções aos canais de distribuição representando a maior parte do composto promocional. Entretanto, a Black and Decker está considerando adotar uma estratégia de "puxar" como parte dominante de seu composto promocional. Individualmente ou em pequenos grupos, faça uma sessão de *brainstorming* para levantar o maior número de idéias sobre se a B&D deve usar promoções aos consumidores ou aos canais de distribuição para lançar sua linha de produtos recentemente adquirida. Você recomendaria a estratégia de "empurrar" ou a de "puxar"? Que tipos específicos de promoções você usaria, e por quê?

8. Durante anos, o beisebol foi considerado o esporte favorito dos norte-americanos. Entretanto, em anos recentes, os torcedores se desencantaram do jogo em função de sua lentidão (demora muito tempo para se disputar os nove turnos), greves das ligas, greves dos jogadores, salários elevados e aparente desconsideração para com os torcedores. Cada vez que ocorria uma interrupção da temporada, os torcedores afirmavam que era coisa do beisebol – mas a popularidade do esporte se mantinha em alta. Parece que as coisas mudaram em 1995. Possivelmente, os torcedores ficaram bastante ressentidos com o cancelamento do Campeonato Mundial em 1994, e a freqüência durante a temporada de 1995 diminuiu substancialmente. Mesmo com a temporada em pleno andamento, ainda não há qualquer acordo entre os jogadores e os times – o que significa que o Campeonato Mundial pode ser novamente cancelado. Os jogadores e a administração devem agora trabalhar em conjunto para recuperar o interesse por esse produto maduro. Em grupos de quatro alunos, discuta os problemas enfrentados pelo beisebol e ofereça algumas sugestões em relação a como esta modalidade esportiva pode usar a promoção para trazer os torcedores de volta aos estádios.

9. Um fabricante de comida enlatada para cães está tentando optar entre as mídias A e B. A mídia A possui 10.000.000 de leitores e cobra $ 20.000 por um anúncio de página inteira ($ 2 por mil leitores). A mídia B possui 15.000.000 de leitores e cobra $ 25.000 por um anúncio de página inteira ($ 1,67 por 1.000 leitores). Que outras informações o fabricante necessita antes de decidir qual a melhor mídia?

10. Analise três crises recentes em que a credibilidade de uma organização ficou ameaçada (mencione organizações que não foram citadas no texto). Em cada caso, qual foi o prejuízo para a imagem do produto ou da organização, partindo-se de uma perspectiva de relações públicas? Você pode sugerir uma estratégia para controlar o prejuízo dessas crises?

# Administração da Força de Vendas

*Não sei quem você é.*
*Não conheço sua empresa.*
*Não conheço o produto de sua empresa.*
*Não sei o que sua empresa representa.*
*Não conheço os clientes de sua empresa.*
*Não conheço o histórico de sua empresa.*
*Não conheço a reputação de sua empresa.*
*Agora, o que você estava querendo vender-me?*

McGraw-Hill Publications

Robert Louis Stevenson observou que "todas as pessoas vivem para vender algo". As empresas norte-americanas gastam anualmente cerca de $ 140 bilhões com venda pessoal – mais do que gastam com qualquer outro método promocional. Cerca de 11 milhões de norte-americanos estão empregados em vendas e ocupações relacionadas.[1] As empresas adotam objetivos diferentes para suas forças de vendas. Os vendedores da IBM são responsáveis pela venda, instalação e atualização (*upgrading*) dos computadores de seus clientes, além de auxiliá-los na solução de problemas. Os vendedores da AT&T são responsáveis pelo desenvolvimento, venda e acompanhamento de clientes.

As forças de venda são encontradas tanto em organização que visam o lucro como nas que não o visam. Os recrutadores são a força de vendas das universidades para atrair novos alunos. As igrejas utilizam comitês de membros para atrair novos fiéis. A Secretaria da Agricultura envia agrônomos para "vender" aos agricultores novos métodos de plantio. Hospitais e museus usam profissionais especializados em levantamento de fundos para contatar doadores.

A expressão *representante de vendas* envolve ampla variedade de funções. McMurry imaginou a seguinte classificação das funções de vendas:[2]

1. *Entregador.* Situação em que o trabalho do vendedor é, predominantemente, entregar o produto (por exemplo, leite, pão, combustível, óleo lubrificante).
2. *Tirador de pedido.* Situação em que o vendedor trabalha, habitualmente, no interior da empresa (por exemplo, o funcionário que atende atrás do balcão) ou no campo (por exemplo, o vendedor de sabão que visita o gerente de um supermercado).
3. *Missionário.* Neste caso, o vendedor não anota pedidos. Sua tarefa é apenas a de obter boa vontade ou de educar usuários reais ou potenciais (por exemplo, o propagandista de laboratório de medicamentos éticos que visita médicos e instituições de saúde).
4. *Técnico.* Neste caso, a principal ênfase do vendedor é colocada em seu conhecimento técnico (por exemplo, o vendedor-engenheiro que trabalha principalmente como consultor das empresas-clientes).
5. *Gerador de demanda.* Situação que exige a venda criativa de produtos tangíveis (por exemplo, aspiradores de pó, refrigeradores e enciclopédias) ou de intangíveis (por exemplo, seguro, serviços de propaganda ou de educação).
6. *Solucionador de problemas.* Vendedor especializado na solução de problemas de um cliente, freqüente-

1. Veja ANDERSON, Rolph. *Essentials of personal selling*: the new professionalism. Englewood Cliffs, NJ : Prentice Hall, 1995; e DALRYMPLE, Douglas J. *Sales management*: concepts and cases. 5. ed. New York : John Wiley, 1994.
2. Adaptado de McMURRY, Robert N. The mystique of super-salesmanship. *Harvard Business Review,* p. 114, Mar./Apr. 1961. Veja também MONCRIEF, III, William C. Selling activity and sales position taxonomies for industrial salesforces. *Journal of Marketing Research,* p. 261-270,l Aug. 1986.

mente, por meio de um sistema de produtos e serviços da empresa (por exemplo, sistemas de computadores e de comunicações).

Essas funções vão das formas menos criativas às mais criativas. As primeiras envolvem o atendimento de clientes e a anotação de novos pedidos, enquanto as últimas exigem a descoberta de clientes potenciais para serem influenciados a comprar. Nossa discussão focará os tipos de vendas mais criativas.

Não se discute a importância da força de vendas no composto de marketing, principalmente para itens de grande valor unitário. Entretanto, as empresas estão altamente sensíveis aos custos elevados e crescentes da manutenção de uma força de vendas (salários, comissões, bônus, despesas de viagem e benefícios). Em razão do custo médio de uma visita variar de $ 250 a $ 500, e o fechamento de uma venda exigir, normalmente, quatro visitas, seu custo total variará de $ 1.000 a $ 2.000.[3] Assim, as empresas precisam analisar cuidadosamente quando e como usar vendedores. Não surpreende que elas estão procurando reduzir as despesas com a venda de campo pelo atendimento telefônico e atividades de mala direta. Estão procurando aumentar a produtividade da força de vendas através de melhor seleção, treinamento, motivação e remuneração.

Este capítulo examina três importantes questões relacionadas à força de vendas:

- **Que decisões as empresas devem tomar ao planejar uma força de vendas?**
- **Como as empresas recrutam, selecionam, treinam, motivam e avaliam seus vendedores?**
- **Como os vendedores podem melhorar suas habilidades para vender, negociar e fazer marketing de relacionamento?**

Os componentes dessas decisões são mostrados na Figura 22.1 e discutidas nas seções seguintes.

## Planejamento da Força de Vendas

A venda pessoal funciona como um elo de ligação entre a empresa e os clientes. O vendedor *é* a empresa para muitos de seus clientes e ele exerce papel importante ao trazer para sua empresa informações valiosas sobre os clientes. Por essa razão, a empresa precisa empenhar-se ao máximo para planejar sua força de vendas, ou seja, desenvolver objetivos e estratégias, definir estrutura e tamanho e sua remuneração.

### Objetivos da força de vendas

As empresas devem definir cuidadosamente os objetivos específicos que esperam atingir com suas forças de vendas. Havia uma antiga idéia de que os vendedores deviam "vender, vender e vender". Na IBM, os vendedores estariam "empurrando metais" e na Xerox, "vendendo caixas". Eles cumpriam quotas, e os melhores as cumpriam ou as excediam. Depois, surgiu a idéia de que os vendedores deveriam estar preparados para solucionar os problemas dos clientes, saber como diagnosticá-los e propor uma solução. Mais recentemente, alguns setores começaram a insistir que a força de vendas deve engajar-se no "compromisso de venda". Sob este conceito, os vendedores, de início, não procuram vender um produto ou resolver algum problema. Ao contrário, eles mostram ao cliente potencial como sua empresa pode ajudá-lo a melhorar a rentabilidade. Procuram unir as duas empresas como "parceiras para o lucro".

Independentemente do contexto da venda, os vendedores desempenham uma ou mais das seguintes tarefas:

- *Prospecção.* Eles procuram clientes potenciais ou indicações (*leads*).
- *Definição de alvo.* Eles decidem como alocar seu tempo escasso entre clientes potenciais e clientes atuais.
- *Comunicação.* Eles comunicam de forma hábil a seus clientes informações sobre os produtos e serviços da empresa.
- *Venda.* Eles conhecem a "arte de vender" que consiste na abordagem, apresentação, argumentação, resposta a objeções e fechamento da venda.
- *Serviço.* Eles prestam vários serviços a seus clientes: consultoria, assistência técnica, orientação sobre financiamento e entrega.
- *Coleta de informações.* Eles fazem pesquisa de mercado e reúnem informações em seus relatórios de visitas.
- *Alocação de produtos.* Eles decidem sobre os clientes que devem receber produtos escassos durante períodos de escassez.

---

3.   Para estimativas do custo em relação a uma visita de vendas, veja SALES force compensation. Chicago: Dartnell's 27 th Survey, 1992 e Sales and Marketing Management's 1993 sales manager's budget planner, p. 3-75, 28 June 1993.

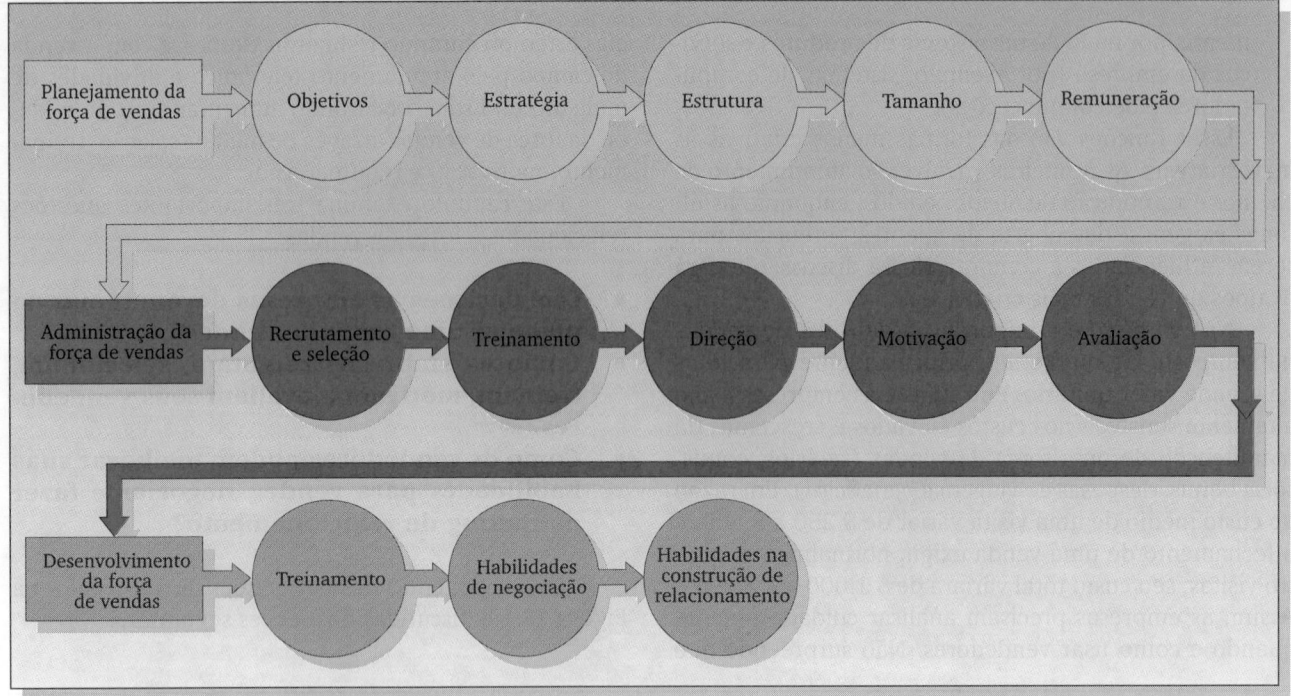

**Figura 22.1** *Etapas do planejamento e administração da força de vendas.*

Em geral, as empresas definem objetivos específicos para a força de vendas. Por exemplo, uma empresa pode desejar que seus vendedores empreguem 80% de seu tempo com os clientes atuais e 20% com os clientes potenciais, e 85% do tempo com os produtos atuais e 15% com novos produtos. Caso não sejam estabelecidas normas, os vendedores tendem a gastar a maior parte de seu tempo vendendo os produtos consolidados para os clientes atuais, negligenciando os produtos novos e os clientes potenciais.

O composto de tarefas do vendedor varia com a situação econômica. Durante períodos de escassez de produtos, os vendedores não têm o que vender. Algumas empresas chegam à conclusão de que precisam "enxugar" suas forças de vendas. Entretanto, esta conclusão negligencia outros papéis do vendedor: alocação do produto escasso, assistência a clientes insatisfeitos, comunicação dos planos da empresa para remediar a escassez e venda de outros produtos que não estejam sofrendo o problema de escassez.

À medida que as empresas concorrem por clientes, elas estão crescentemente julgando seus vendedores conforme suas habilidades em criar clientes satisfeitos e gerar lucro para suas empresas. Eis dois exemplos:

**DIVISÃO SATURN DA GENERAL MOTORS** Aborrecimento e manipulação costumavam ser as características dos vendedores de carros dos Estados Unidos – isto é, até a divisão Saturn da GM adotar sua política de preço justo, sem margem para pechincha, e um compromisso com a satisfação do consumidor. Todos os novos vendedores são treinados na arte de atender o consumidor

em programas de três dias, fora do local de trabalho. A meta: fazer com que os vendedores e todos os funcionários da empresa transformem a energia competitiva em espírito cooperativo, trabalhando juntos para exceder às expectativas dos consumidores. Estes percebem esse esforço de equipe quando compram o novo carro Saturn. Uma equipe inteira atende o consumidor, incluindo pessoal de assistência técnica, vendedores, balconistas do setor de peças e recepcionistas. Eles aplaudem, tiram fotos e entregam-lhe a chave do carro. Pode parecer redundante, mas em 1993 o Saturn foi classificado em terceiro lugar em um estudo sobre a satisfação do consumidor realizado pela empresa de pesquisa J. D. Power, logo atrás do Lexus e do Infiniti que custam cinco vezes mais.

**JAMES RIVER CORP** A James River, que vende produtos de papel, como papel de seda e copos plásticos Dixie (Figura 22.2), reorganizou-se para ajudar seus clientes varejistas a reduzir custos e aumentar a eficiência. Seus vendedores compartilham com eles informações de marketing para ajudá-los a vender mais produtos de papel. Em determinada ocasião, informou seu cliente Lucky Stores, da Costa Oeste, com que freqüência os compradores, geralmente, adquirem produtos de papel e que itens compram em conjunto. Com a informação, a Lucky teve condições de suprir suas lojas e, conseqüentemente, aumentar sua participação de mercado. A James River também organizou seus vendedores por tipo de cliente e por produto. Antes, quando cada vendedor tirava um pedido, o cliente era obrigado a comprar lotes de cada produto para obter o menor preço. Agora, uma

"Nossos clientes pediu-nos que mudássemos", afirma um gerente da James River, comentando sobre a nova abordagem e os novos métodos de venda da empresa.
"Eles estão procurando reduzir os custos e aumentar a eficiência. Estamos trabalhando em equipe para atendê-los."

**Figura 22.2** *Força de vendas da James River.*

equipe unificada reúne os pedidos de vários itens, formando um composto de produtos de papel, que se beneficia dos preços mais baixos.[4]

Para manter o foco no mercado, os vendedores devem saber como analisar dados de vendas, mensurar o potencial de mercado, coletar inteligência de marketing e desenvolver estratégias e planos de marketing. Os vendedores necessitam de habilidades analíticas de marketing que se tornam especialmente importantes para os níveis mais elevados da administração. As empresas acreditam que as forças de vendas serão mais eficazes a longo prazo se conhecerem tão bem marketing como vendas.

## Estratégia da força de vendas

As empresas concorrem entre si para obter pedidos dos clientes. Assim, devem dispor suas forças de vendas estrategicamente para que cheguem aos clientes certos, no momento certo e da maneira correta. Os vendedores trabalham com seus clientes de diversas maneiras:

- *Abordagem de um comprador.* Um vendedor contata pessoalmente um comprador ou aborda-o por telefone.
- *Abordagem de um grupo de compradores.* Um vendedor entra em contato com o maior número possível de componentes de um grupo de compradores.
- *Abordagem de uma equipe de vendas a um grupo de compradores.* Uma equipe de vendas trabalha diretamente com os participantes de um grupo de compradores da empresa cliente.
- *Reunião de vendas.* Um vendedor promove um encontro entre o pessoal de sua empresa e os compradores potenciais para discutir problemas ou oportunidades mútuas.
- *Seminário de vendas.* Uma equipe da empresa realiza um seminário com os clientes, visando colocá-los a par de desenvolvimentos que representam "o estado da arte" de seus negócios.

Assim, os vendedores de hoje agem com freqüência como "gerentes de contas", que promovem os contatos entre as diversas pessoas envolvidas no processo de compra e venda das organizações. A venda torna-se cada vez mais trabalho de equipe, exigindo o apoio de outras áreas, como a alta administração, cujo envolvimento no

---

4. FIERMAN, Jaclyn. The death and rebirth of the salesman. *Fortune,* p. 80-91, 25 July 1994.

processo de venda é crescente, principalmente em situações de contas nacionais ou clientes especiais; pessoal técnico, que fornece informações especializadas e serviços aos clientes antes, durante e após a venda do produto; representantes de serviços ao cliente, que fazem instalações, manutenção e prestam outros serviços; e equipe interna formada por analistas de vendas, expedidores de pedidos e secretárias. Um exemplo de orientação de equipe de vendas bem-sucedida é fornecido pela Du Pont:

**DU PONT**   A Du Pont passou a década de 80 preparando equipes de vendas flexíveis recrutadas de vários tipos de empresas para desenvolver e vender novos produtos. Em 1990, uma equipe de químicos, executivos de vendas e marketing e especialistas em legislação notou que os plantadores de milho precisavam de um herbicida que fosse aplicado com menos freqüência. Em resposta, a equipe desenvolveu um produto que alcançou $ 57 milhões de vendas no primeiro ano.[5]

Uma vez que a empresa decidiu sobre a abordagem de vendas mais desejável, ela pode usar uma força de vendas própria ou contratada. A *força de vendas própria* trabalha exclusivamente para a empresa, em tempo integral ou parcial. É formada por *pessoal interno*, que atende os clientes por telefone ou recebe visitas de compradores potenciais, e *pessoal de campo,* que se desloca para visitar os clientes. Uma *força de vendas contratada* consiste em representantes comerciais, agentes de vendas ou vendedores autônomos, que são remunerados na base de comissão sobre as vendas realizadas.

## Estrutura da força de vendas

A estratégia da força de vendas tem implicações em sua estrutura. Se a empresa vende uma linha de produtos a um único setor, com clientes geograficamente dispersos, seria adequado utilizar uma força de vendas estruturada por territórios. Se ela vende muitos produtos a diferentes tipos de clientes, pode necessitar de uma força de vendas estruturada por produto ou por mercado. A Tabela 22.1 resume as estruturas mais comuns para as forças de vendas. A seção *Insight* de Marketing intitulada "Administração de grandes contas – o que é e como funciona" discute essa forma especializada de estrutura da força de vendas.

As empresas estabilizadas precisam revisar a estrutura de suas forças de vendas à medida que o mercado e as condições econômicas se modificam. A IBM é um excelente exemplo:[6]

**IBM**   A IBM perdeu participação de mercado no setor de computadores por duas razões. Primeiro, falhou ao não perceber que os microcomputadores eram a onda do futuro. Segundo, estava sobrecarregada por um marketing burocrático e monolítico e por uma organização de vendas que havia perdido o contato com os clientes. Em 1990, "pico" de contratação da empresa, 150.000 pessoas espalhadas pelo mundo estavam envolvidas com marketing e vendas. Equipes de vendedores organizadas geograficamente atendiam a uma ampla variedade de setores industriais e comerciais. Desde o início da empresa, seus vendedores ganharam reputação por educar seus clientes sobre a tecnologia de computadores – e como ela era a maior fornecedora do mercado, isto significava educá-los apenas sobre seus produtos. Mas, gradualmente, suas "apresentações de vendas padronizadas", sem adaptação às peculiaridades dos clientes, começaram a tornar-se cada vez mais um obstáculo para o crescimento dos negócios. Um exemplo relevante: seus vendedores tentaram persuadir a GTE a instalar computadores de grande porte (*mainframes*) e a não considerar a instalação de redes de computadores baratos, com o objetivo de vender seus *mainframes*, em desconsideração às argumentações da empresa cliente. A GTE terminou optando pela Hewlett Packard. Recentemente, a perda de participação de mercado e o alto custo de manutenção de sua força de vendas a forçaram a repensar e a reorganizar totalmente suas operações de marketing e vendas, adotando as seguintes providências:

- Em 1994, seus funcionários de marketing e vendas foram reduzidos de 150.000 para 70.000. Ela não apenas reduziu o quadro de pessoal, mas também deixou os escritórios suntuosos, mudando-se para prédios de instalações modestas e econômicas.
- Os vendedores que antes se reportavam aos gerentes regionais, estes responsáveis por todos os clientes em suas respectivas regiões, subordinam-se agra aos executivos regionais responsáveis por setores específicos. A empresa reorganizou-se verticalmente para atender a 14 setores específicos, como empresas financeiras, petrolíferas e de varejo.
- A força de vendas é responsável por um composto de setores industriais e especialistas de produto. Por exemplo, se uma executiva visita o Bank of America em São Francisco e constata que o banco necessita de uma solução de *software*, ela pode contatar uma empresa especializada em *software* da região para vender o produto.
- Os vendedores exercem papel ativo como consultores, em vez de se limitarem a meros tiradores de

5.   POWER, Christopher. Smart selling: how companies are winning over today's tougher customer. *Business Week,* p. 46-48, 3 Aug. 1992.
6.   SAGER, Ira. The few, the true, the blue. *Business Week,* p. 124-126, 30 May 1994; BREWER, Geoffrey. IBM gets user-friendly. *Sales and Marketing Management,* p. 13, July 1994.

**Tabela 22.1** *Estruturas alternativas para a força de vendas*

| Força de vendas estruturada por território | Cada vendedor trabalha em um território exclusivo para representar toda a linha de produtos da empresa. Esta estrutura de vendas oferece algumas vantagens. Primeiro, resulta em uma definição clara das responsabilidades do vendedor. Por ser a única pessoa que trabalha em determinado território, recebe os créditos ou as reclamações dos clientes da área, à medida que seu esforço pessoal para vender faz a diferença. Segundo, a responsabilidade territorial aumenta o incentivo do vendedor para cultivar as empresas locais e os relacionamentos pessoais. Esses relacionamentos contribuem para sua eficácia de vendas e para sua vida pessoal. Terceiro, as despesas de viagem são relativamente pequenas, uma vez que cada vendedor viaja dentro de área geográfica limitada. **Tamanho de território.** Os territórios podem ser planejados para proporcionar potenciais iguais de vendas ou carga de trabalho igual. Cada princípio oferece vantagens ao custo de alguns dilemas. Territórios de *potencial igual de vendas* fornecem aos vendedores as mesmas oportunidades de ganhos e às empresas meios de avaliar o desempenho. AS diferenças persistentes nas vendas obtidas por território refletem as diferenças em termos de habilidade ou esforço dos vendedores individuais. Entretanto, como a densidade de clientes varia por território, aqueles territórios com potenciais iguais podem variar amplamente em termos de tamanho. Alternativamente, os territórios podem ser projetados para equalizar a *carga do trabalho de vendas*. Assim, cada vendedor pode cobrir adequadamente seu território. **Formato do território.** Os territórios são formados pela combinação de unidades menores, como cidades ou Estados, até que eles constituem um território com determinado potencial de vendas ou carga de trabalho. O planejamento territorial deve levar em consideração a localização das barreiras naturais, compatibilidade das áreas adjacentes, adequação de transporte etc. Pode influenciar o custo, a facilidade de cobertura e a satisfação do trabalho dos vendedores. Hoje, as empresas podem usar programas de computador para planejar os territórios de vendas que otimizem critérios como compactação, equalização da carga de trabalho e tempo mínimo de viagem. |
| --- | --- |
| Força de vendas estruturada por produto | A importância de os vendedores conhecerem bem seus produtos, somada ao desenvolvimento de divisões e gerências de produtos tem levado muitas empresas a estruturar suas forças de vendas por linhas de produtos. A especialização por produtos é particularmente garantida quando eles são tecnicamente complexos, não relacionados ou numerosos. Por exemplo, A Kodak usa forças de vendas diferentes para produtos de filme e produtos industriais. A primeira lida com itens simples que são distribuídos intensivamente, enquanto a última lida com itens complexos que exigem conhecimento técnico. |
| Força de vendas estruturada por mercado | Freqüentemente, as empresas especializam suas forças de vendas por setores industriais ou por linhas de clientes. Forças de vendas separadas podem ser estabelecidas para setores industriais diferentes e, mesmo, para clientes diferentes. Por exemplo, a IBM criou um escritório de vendas para atender seus clientes de financiamento e corretagem de New York, outro para a GM em Detroit e ainda outro para a Ford nas proximidades de Dearborn. A vantagem mais óbvia da especialização por mercado é que cada força de vendas pode desenvolver um profundo conhecimento sobre as necessidades específicas de seus clientes. A principal desvantagem surge quando os vários tipos de clientes estão dispersos por todo o país. Isto exige extensos deslocamentos de cada uma das forças de vendas da empresa. |
| Estruturas complexas de forças de vendas | Quando uma empresa vende ampla variedade de produtos e muitos tipos de clientes situados em ampla área geográfica, freqüentemente, combina diversos princípios de estruturação da força de vendas. Os vendedores podem ser especializados por território-produto, território-mercado, produto-mercado e assim por diante. Dessa forma, um vendedor pode reportar-se a um ou mais gerentes de linha ou de assessoria. |

pedidos ou "empurradores" de produtos. Sua missão é encontrar soluções para os clientes, mesmo se isso exigir a recomendação da tecnologia de um concorrente.

• Os clientes escolhem como desejam trabalhar com a IBM. Para alguns deles, isto significa usar seus consultores, especialistas de produto ou integradores de sistemas para vincular os produtos IBM aos sistemas de informações de suas empresas. Em outro extremo estão os clientes que nunca foram visitados por um vendedor IBM, mas confiam exclusivamente nos funcionários responsáveis pelo atendimento telefônico.

## INSIGHT DE MARKETING

# Administração de grandes contas – o que é e como funciona

Quando uma empresa vende a muitos pequenos clientes, ela usa uma força de vendas estruturada por território. Entretanto, as grandes contas (também chamadas contas-chaves, contas nacionais ou contas da casa) são, freqüentemente, destacadas para receber atenção especial. Se a conta for uma grande empresa com muitas divisões operando em muitas partes do país e sujeita a muitas influências de compra (como a General Electric ou a General Motors), provavelmente, ela será tratada como *grande conta* e designada a um gerente de conta específico ou a uma equipe de vendas. Se a empresa possui várias contas desta natureza, provavelmente, organiza uma *divisão de administração de grandes contas*. Assim, a empresa venderá a esses grandes clientes por meio dessa divisão. Uma empresa como a Xerox trabalha com 250 grandes contas.

A administração de grandes contas vem crescendo por várias razões. À medida que aumenta a concentração de compras em função das fusões e aquisições de empresas, menor número de compradores passa a representar maior participação nas vendas de uma empresa. Assim, 20% das contas podem representar mais de 80% das vendas de uma empresa. Outro fator é que muitos compradores estão centralizando as compras de certos itens, em vez de deixá-los como atribuição de unidades locais. Esta prática dá a eles maior poder de barganha junto com os fornecedores. Estes, por sua vez, precisam dedicar maior atenção a esses grandes compradores. Ainda outro fator é que os produtos vêm-se tornando cada vez mais complexos, exigindo o envolvimento de maior número de pessoas da organização compradora envolvido nas negociações, e o vendedor típico pode não possuir habilidade, experiência ou cobertura necessária para atuar de forma eficaz.

Ao organizar um programa de grandes contas, a empresa enfrenta vários desafios, incluindo como selecioná-las e administrá-las, como escolher, administrar e avaliar seus gerentes, como organizar uma estrutura para administrá-las e onde localizar sua administração na organização.

As empresas usam inúmeros critérios para selecionar as grandes contas. Identificam as contas que compram grandes volumes (principalmente quando envolvem os produtos mais rentáveis da empresa), adotam o sistema de compra centralizada, exigem alto nível de

serviços em várias localizações geográficas, podem ser sensíveis a preço e desejar fazer uma parceria a longo prazo com a empresa. Por sua vez, essas grandes contas têm certas expectativas em relação a seus fornecedores. Esperam que o gerente de conta conheça seus negócios, o setor industrial, o ambiente competitivo, o mercado, as tecnologias, os produtos e os serviços. Assim, as empresas devem indicar gerentes que estejam capacitados a entender, supervisionar e ampliar essas contas. Eles devem estar preparados para pesquisar e atingir os vários influenciadores do processo de compra na organização-cliente. Devem saber como agregar valor e planejar a longo prazo, ter condições de mobilizar grupos em suas próprias organizações, sejam vendedores, pessoal de pesquisa e desenvolvimento, equipes de produção, para atender às exigências dos clientes. Devem ser gerentes de relacionamento, vinculando todas as pessoas de sua empresa com as pessoas relevantes da empresa-cliente.

Freqüentemente, as empresas cometem o erro de selecionar seus vendedores mais produtivos como gerentes de grandes contas. Entretanto, as duas tarefas exigem habilidades diferentes. Um gerente de grande conta afirmou: "Meu cargo não deve ser o de um vendedor, mas de um 'consultor de marketing' para nossos clientes. Eu vendo a capacidade de minha empresa resolver os problemas dos clientes. O vendedor está preocupado apenas em vender os produtos da empresa."

Normalmente, as grandes contas obtêm preços mais favoráveis em função do volume de compras. Mas as empresas, com freqüência, destacam que as grandes contas recebem muito valor agregado, incluindo ponto único de contato, apenas uma fatura, garantia especial, *links* de intercâmbio eletrônico de dados (EDI), prioridade de entrega, informações antecipadas e assim por diante. Não surpreende que algumas grandes contas estão mais preocupadas com esses serviços de valor agregado, dedicando menor ênfase para a redução de preço.

**Fontes:** Para leitura complementar, veja MARTIN, John F., TUBRIDY, Gary S. Major account management. In: HAMPTON, John J. (Org.). *AMA Management Handbook*. 3. ed. New York : Amacom, 1994. p. 3-27 a 3-25. Mais informações podem ser obtidas na NAMA (National Account Management Association), 150 N. Wacker Dr., Suite 1760, Chicago, IL, 60606.

## Tamanho da força de vendas

Assim que a empresa define a estratégia e estrutura de sua força de vendas, ela está preparada para considerar o tamanho dessa força de vendas. Os vendedores representam um dos ativos mais produtivos e caros da empresa. Aumentando seu número, aumentarão também as vendas e os custos.

Após definir o número de clientes que deseja atingir, a empresa pode usar uma *abordagem de carga de trabalho* para estabelecer o tamanho da força de vendas. Esse método consiste nas seguintes etapas:

1. Os clientes são agrupados em classes de tamanho de acordo com seu volume anual de vendas.
2. As freqüências desejadas de visitas (número anual de visitas por cliente) são estabelecidas para cada classe específica.
3. O número de clientes em cada classe é multiplicado pela freqüência de visitas correspondente, de forma a se obter a carga total de trabalho para o país, em termos de visitas por ano.
4. Determinação do número médio de visitas que um vendedor pode fazer por ano.
5. A definição do número necessário de vendedores é determinada dividindo-se o total anual de visitas pela média anual de visitas realizadas por um vendedor.

Suponhamos que uma empresa estima que haja 1.000 contas A e 2.000 contas B no país. As contas A exigem 36 visitas por ano e as contas B, 12 visitas. Isto significa que a empresa precisa de uma força de vendas que possa realizar 60.000 visitas por ano. Suponhamos que um vendedor médio possa fazer 1.000 visitas por ano. A empresa necessitaria de 60 vendedores em tempo integral.

Para enfrentar a forte pressão de redução de custos, muitas empresas estão "enxugando" suas forças de vendas porque o departamento de vendas é um dos que apresentam maior custo de manutenção. Consideremos o caso da Coca Cola Amatil, franquiada da Coke na Austrália:

**COCA COLA AMATIL** A Amatil estava acostumada a manter um exército de vendedores para visitar pequenos bares. Freqüentemente, eles faziam 30 visitas de vendas diárias para atender esses clientes, dando-lhes apenas tempo suficiente para tirar pedidos e, talvez, mostrar um novo produto. Quando a empresa examinou os custos de colocar esses vendedores no campo (salário, carro, telefone, retaguarda de escritório etc.), percebeu que era um bom negócio para desperdiçar tempo e dinheiro. Agora, ela contata esses pequenos clientes por meio de seu novo departamento de telemarketing, e os vendedores reduziram o número de visitas a eles, dedicando maior tempo aos grandes clientes. Os pequenos bares são visitados ou contatados por telemarketing um dia por semana. Essa mudança resultou na redução do custo por pedido e tornou as pequenas contas financeiramente viáveis.

## Remuneração da força de vendas

Para atrair vendedores de alta qualidade, a empresa precisa desenvolver um plano de remuneração atraente. Eles gostam de renda regular, recompensa extra para desempenho acima da média e pagamento justo por experiência e antigüidade. A administração gostaria de obter controle, economia e simplicidade. Alguns de seus objetivos, como os econômicos, conflitam com os objetivos dos vendedores, como segurança financeira. Não surpreende que os planos de remuneração exibem tremenda variedade entre setores econômicos e até mesmo dentro de um mesmo setor.

A administração deve determinar o nível e os componentes de um plano de remuneração eficaz. O nível de remuneração deve ter alguma relação com o "preço de mercado" vigente para o tipo de trabalho de vendas e habilidades exigidas. Por exemplo, a remuneração média de um vendedor norte-americano em 1992 era de $ 50.000.[7] Se o preço de mercado dos vendedores estiver bem definido, uma empresa isolada tem pouca escolha, a não ser pagar o preço vigente. Pagar menos atrairia candidatos menos qualificados e em menor número e pagar mais seria desnecessário. Entretanto, o preço de mercado de um vendedor raramente é bem definido. Os dados publicados sobre o nível de remuneração da força de vendas são infreqüentes e, geralmente, não contêm detalhes suficientes.

A seguir, a empresa deve determinar os quatro componentes da remuneração de sua força de vendas – salário fixo, salário variável, pagamento de despesas e salário indireto. O *salário fixo* é destinado a satisfazer à necessidade dos vendedores por estabilidade financeira. O *salário variável*, que pode ser comissão, bônus ou participação nos lucros, tem como objetivo estimular e recompensar o esforço. O *pagamento de despesas* permite ao vendedor enfrentar os custos envolvidos em viagens, estadias, refeições e entretenimento. O *salário indireto*, como férias remuneradas, seguro-saúde, seguro de vida e de acidentes etc., visa proporcionar segurança e satisfação no trabalho.

A administração de vendas deve decidir sobre a importância relativa desses componentes no plano de remuneração. A prática recomenda um salário fixo em torno de 70% do total da remuneração e os 30% restantes alocados entre os demais elementos. Entretanto, as variações em torno desta média são tão pronunciadas que mal podem servir como guia. O salário fixo recebe

---

7. Para estimativas dos salários de vendedores, veja WHAT salespeople are paid. *Sales and Marketing Management*, p. 30-31, Feb. 1995.

maior ênfase em tarefas nos casos em que existe elevada taxa de atividades que não sejam de venda e em casos em que a tarefa de venda é tecnicamente complexa e demanda muito tempo. A remuneração variável recebe maior ênfase nos casos em que as vendas são cíclicas ou dependem da iniciativa da força de vendas.

A remuneração fixa e variável dá origem a três planos básicos de remuneração da força de vendas: salário fixo, salário comissionado e salário fixo mais comissão. Apenas um quarto das empresas usa o método de salário direto ou salário comissionado. Três quartos usam uma combinação desses dois métodos, embora a proporção relativa de salário *versus* incentivos varie amplamente entre as empresas.[8]

O método de salário fixo oferece várias vantagens. Dá segurança de renda aos vendedores, torna-os mais dispostos a desempenhar atividades que não sejam de vendas e os incentivam a não estocar demais os clientes. Para as empresas, simplifica a administração e diminui o *turnover* da força de vendas. Entre outras vantagens, estão: atrair melhores vendedores, proporcionar mais motivação, exigir menos supervisão e controle dos custos de vendas. A combinação dos métodos destaca os benefícios comuns e reduz as desvantagens.

Com planos de remuneração que combinam remuneração fixa e variável, as empresas podem vincular a parte variável a uma ampla variedade de metas estratégicas. Alguns especialistas vêem uma nova tendência em direção à diminuição das medidas de volume como fatores determinantes da remuneração dos vendedores em favor de fatores relacionados à consecução de prioridades estratégicas e à administração de territórios para melhorar a rentabilidade. Um recente estudo constatou que crescente número de empresas está reconhecendo o desempenho por unidade de negócio e/ou por pequenas equipes para propósitos de incentivo; a porcentagem de empresas que está considerando a remuneração por desempenho de unidade de negócio aumentou de 13% em 1991 para 22% em 1994. Também, quanto mais as empresas enfatizam a satisfação do cliente como parte de uma iniciativa de melhoria da qualidade global, mais elas estão vinculando a remuneração à medidas de satisfação dos clientes. Em 1992, a GE começou a testar o uso de levantamentos sobre a satisfação de clientes como fator de remuneração de vendedores. O cartão de crédito Universal da AT&T (uma unidade de negócio) possui uma equipe interna de monitoramento da satisfação dos consumidores para estabelecer os bônus destinados a todos os operadores das linhas 0800. Parte importante da reorganização da força de vendas da IBM é que a empresa está, agora, remunerando seus vendedores em função da satisfação dos clientes mensurada por meio de levantamentos (além de remunerar em função da rentabilidade).[9]

## ADMINISTRAÇÃO DA FORÇA DE VENDAS

Após estabelecer os objetivos, estratégia, estrutura, tamanho e remuneração da força de vendas, a empresa precisa recrutar, selecionar, treinar, dirigir, motivar e avaliar os vendedores. Várias políticas e procedimentos orientam essas decisões.

### Recrutamento e seleção de vendedores

O ponto principal de uma operação de vendas bem-sucedida é a seleção de vendedores eficazes. A diferença de desempenho entre um vendedor médio e um de alto nível pode ser considerável. Um levantamento revelou que 52% da receita de vendas das empresas pesquisadas decorria do trabalho de 27% dos vendedores de alto nível. Não obstante a diferença em termos de produtividade de vendas, há grandes desperdícios na contratação de pessoas erradas. A taxa anual média de *turnover* da força de vendas para todos os setores industriais é de quase 20%. Quando um vendedor deixa uma empresa, os custos envolvidos com recrutamento, seleção e treinamento de um substituto, mais os custos das vendas perdidas, podem ser tão elevados quanto $ 50.000 a $ 75.000. Acrescenta-se que uma força de vendas com muitos profissionais novatos é menos produtiva.[10]

O prejuízo financeiro decorrente do *turnover* é apenas parte do custo total. Se um novo vendedor recebe $ 30.000 por ano, outros $ 30.000 são destinados a salário indireto, despesas, supervisão, espaço, suprimentos de escritório e assistência de secretária. Conseqüentemente, o novo vendedor precisa gerar um volume de vendas em que a margem bruta cubra pelo menos as despesas de vendas de $ 60.000. Se a margem bruta for de 10%, o novo vendedor terá que vender pelo menos $ 600.000 para a empresa atingir o ponto de equilíbrio (*break even*).

**O QUE FAZ UM BOM VENDEDOR?** A seleção de vendedores seria simples se fosse possível saber que traços procurar em um candidato. Um bom ponto de partida é perguntar aos clientes quais os traços preferidos em um vendedor. A maioria dos clientes responderia que o vendedor deve ser honesto, confiável, conhecedor do produto e prestativo. A empresa deve procurar esses traços quando selecionar vendedores.

8.  MEJIA-GOMEZ, Luis R., BALKIN, David B., CARDY, Robert L. *Managing human resources*. Englewood Cliffs, NJ : Prentice Hall, 1995. p. 416-418.
9.  WHAT salespeople are paid. *Sales and Marketing Management*, p. 30-31, Feb. 1995; POWER. Op. cit. p. 46-48; KEENAN, JR., William. *The sales and marketing management guide to sales compensation planning*: comissions, bonuses and beyond. Chicago : Probus Publishing, 1994.
10. LUCAS JR., George H., PARASURAMAN, A., DAVIS, Robert A., ENIS, Ben M. An empirical study of sales force turnover. *Journal of Marketing*, p. 34-59, July 1987.

Outra abordagem é procurar traços comuns encontrados na maioria dos vendedores bem-sucedidos da empresa. Charles Garfield, em seu estudo sobre super-realizadores, concluiu que os vendedores de alto desempenho exibem os seguintes traços: assumem riscos, possuem poderoso senso de missão, tendência à solução de problemas, gostam de cuidar dos clientes e planejam cuidadosamente suas visitas.[11] Robert McMurry escreveu: "Minha convicção é de que a pessoa possuidora de uma personalidade dotada do dom de vender costuma ser 'galanteadora', um indivíduo que possui necessidade compulsiva de conquistar e cultivar o afeto das pessoas."[12] Ele listou cinco traços adicionais do supervendedor: "Elevado nível de energia, autoconfiança de sobra, 'fome' crônica por dinheiro, conhecimento específico de seu ramo e estado mental que faz com que ele veja cada objeção, resistência ou obstáculo como um desafio."[13] Mayer e Greenberg ofereceram uma das listas mais curtas sobre os traços de um vendedor de alto desempenho. Concluíram que o vendedor eficaz possui duas qualidades básicas: *empatia,* a habilidade de se colocar no lugar do cliente e *satisfação do ego,* forte necessidade pessoal para fechar a venda.[14]

Ao definir um perfil desejável do vendedor, a empresa deve considerar as características específicas do trabalho de vendas. Há muita papelada? O trabalho de visitas exige muitas viagens? O vendedor enfrentará proporção elevada de rejeições?

**PROCEDIMENTOS DE RECRUTAMENTO.** Após a empresa desenvolver seu critério de seleção, inicia-se o processo de recrutamento. O departamento de recursos humanos procura candidatos por vários meios, incluindo a solicitação de sugestões dos atuais vendedores, uso de agências de empregos, colocação de anúncios em jornais e contato com estudantes universitários. Infelizmente, poucos estudantes decidem optar pela carreira de vendas. Entre suas objeções destacam-se: "Venda é uma tarefa, não uma profissão" e "Não dá segurança de emprego e exige muita viagem". Para contornar essas objeções os recrutadores devem enfatizar o salário inicial, oportunidades de ganhos e o fato de que a quarta parte dos presidentes das grandes corporações norte-americanas começou em marketing ou em vendas.

**PROCEDIMENTOS DE AVALIAÇÃO DOS CANDIDATOS.** Os procedimentos de recrutamento, se forem bem-sucedidos, atrairão muitos candidatos e a empresa precisará selecionar apenas os melhores. Os procedimentos de seleção podem variar desde uma simples entrevista informal a prolongados testes e entrevistas, não apenas com o candidato, mas envolvendo também sua esposa.[15] Se a esposa não estiver disposta a conviver com o marido "fora de casa", a contratação não será promissora.

Muitas empresas aplicam testes formais aos candidatos a cargos de vendas. Embora os resultados dos testes sejam apenas um elemento de informação em um conjunto que inclui características pessoais, referências, histórico de empregos anteriores e as reações do entrevistado, eles são bastante considerados em empresas como IBM, Prudential, Procter & Gamble e Gillette. A Gillette afirma que os testes reduziram o *turnover* em 42% e estão bem correlacionados com o progresso subseqüente dos novos vendedores.

## Treinamento de vendedores

Muitas empresas enviam seus novos vendedores diretamente ao campo logo após suas contratações. Eles recebem amostras, talões de pedidos e uma descrição de seus territórios. Como resultado, muitas de suas perspectivas de vendas acabam não dando certo. O vice-presidente de uma importante empresa de produtos alimentícios passou uma semana observando 50 apresentações de vendas de um ocupado comprador de uma grande rede de supermercados. Eis o que ele observou:

> *A maioria dos vendedores estava mal preparada, sem habilidade para responder a perguntas básicas, insegura em relação ao objetivo desejado durante a apresentação profissional. Eles não consideravam que uma apresentação de vendas deveria ser estudada com antecedência. Não possuíam idéia real sobre as necessidades e desejos do ocupado comprador.*[16]

Os clientes de hoje, que estão lidando com muitos fornecedores, não podem tolerar vendedores ineptos. Esperam que os vendedores tenham profundo conhecimento de seu(s) produtos(s), ofereçam idéias para melhorar suas operações e sejam eficientes e confiáveis. Isto tem exigido investimento muito maior em treinamento.

Os novos vendedores podem passar de algumas semanas a vários meses em treinamento. O período médio de treinamento é de 28 semanas nas empresas fornecedoras de produtos industriais, 12 em empresas de

11. Veja GARFIELD, Charles. *Peak performers*: the new heroes of american business. New York : Avon Books, 1986; WHAT makes a supersalesperson? *Sales and Marketing Management,* p. 86, 23 Aug. 1984; WHAT makes a top performer? *Sales and Marketing Management,* May 1986; e TROW, Timothy J. The secret of a good hire: profiling. *Sales and Marketing Management,* p. 44-55, May 1990.
12. McMURRY, Op. cit. p. 117.
13. McMURRY, Op. cit. p. 118.
14. MAYER, David, GREENBERG, Herbert M. What makes a good salesman? *Harvard Business Review,* p. 119-125, July/Aug. 1964.
15. COMER, James M., DUBINSKY, Alan J. *Managing the successful sales force.* Lexington, MA: Lexington Books, 1985. p. 5-25.
16. Extraído de uma palestra proferida por Donald R. Keogh na 27ª Conferência Anual do Super-Market Association, Chicago, 26 a 29 de abril de 1964.

serviços e quatro em empresas de produtos de consumo. O tempo de treinamento varia com a complexidade da tarefa de vendas e com o tipo de pessoa recrutada para vendas. Na IBM, os novos vendedores recebem treinamento inicial extensivo e podem gastar 15% de seu tempo em treinamento adicional.

Os programas de treinamento destinam-se a várias metas:

- *Os vendedores precisam conhecer a empresa e identificar-se com ela.* A maioria das empresas dedica a primeira parte de seus programas de treinamento para descrever o histórico e os objetivos da empresa, sua estrutura organizacional, dirigentes, estrutura financeira, instalações, principais produtos e volume de vendas.
- *Os vendedores precisam conhecer os produtos da empresa.* É mostrado aos novos vendedores como os produtos são fabricados e seu funcionamento em vários tipos de usos.
- *Os vendedores precisam conhecer as características dos clientes e dos concorrentes.* Ficam sabendo sobre os diferentes tipos de clientes e suas necessidades, motivos e hábitos de compra. Aprendem as estratégias e políticas adotadas pelas empresas e seus concorrentes.
- *Os vendedores precisam saber como fazer apresentações de venda eficazes.* Recebem treinamento sobre os princípios de venda. Além disso, a empresa esboça os principais argumentos de vendas aplicáveis a cada produto, além de um roteiro de apresentação.
- *Os vendedores precisam conhecer os procedimentos e as responsabilidades do trabalho de campo.* Aprendem como dividir o tempo entre os clientes atuais e potenciais, como fazer despesas, preparar relatórios e roteiros eficazes.

Novos métodos de treinamento estão continuamente emergindo. Entre as abordagens instrucionais estão o *role playing* (desempenho de papéis), treinamento de sensitividade, uso de fitas cassete, videoteipes, ensino programado e filmes sobre vendas e sobre os produtos da empresa. A IBM usa um sistema de auto-aprendizagem denominado Info-Window que combina micro-computador e videodisco a *laser.* Um vendedor iniciante pode praticar apresentações de vendas com um ator na tela que retrata um executivo de compras de determinado setor industrial. O comprador-ator responde diferentemente, dependendo dos argumentos apresentados pelo treinando.

À medida que a tecnologia de automação de treinamento evolui, proporcionando condições para o vendedor trabalhar no campo, os métodos tradicionais de treinamento passam a tornar-se muito onerosos. Simplesmente, os vendedores não passam muito tempo no escritório e há grande sobrecarga de papelada e informações, estejam eles no escritório ou no campo. Entretanto, a tecnologia promete ajudá-los a aumentar a eficiência e a produtividade. Muitas empresas estão adotando o treinamento interativo baseado em CD-ROM. Por exemplo, os vendedores da Tandem Computers costumavam reclamar que não tinham tempo suficiente para ler as informações impressas e os materiais de treinamento que recebiam. Agora, eles carregam suas próprias salas de treinamento em miniatura nos computadores *laptops*, que consistem em discos de CD-ROM com módulos de apresentação de vendas e uma biblioteca de consulta. O custo de masterização, duplicação e envio dos CD-ROMs (que incluem mais de 1.000 documentos e apresentações) é igual ao custo anterior de impressão e remessa de apenas uma planilha de dados. No total, a empresa informa que economiza cerca de $ 2 milhões por ano usando a nova tecnologia.[17]

Os departamentos de treinamento precisam coletar evidências do efeito de diferentes abordagens de treinamento sobre o desempenho da força de vendas. Deve haver um impacto mensurável sobre o *turnover,* absenteísmo, valor médio de pedido, índice visitas/fechamento, reclamações e elogios de clientes, novas contas por período de tempo e volume de mercadorias devolvidas.

## Supervisão de vendedores

Os novos vendedores recebem um território, um pacote de remuneração, treinamento e supervisão. Todas as pessoas que trabalham para alguém são supervisionadas. A supervisão representa o interesse natural e contínuo da empresa pelas atividades de seus funcionários.

As empresas diferem nas formas de dirigir seus vendedores. Geralmente, aqueles que são remunerados basicamente por comissão recebem menor supervisão. Os que são assalariados e que devem atender a um número definido de clientes, provavelmente, recebem supervisão substancial.

**DESENVOLVIMENTO DE NORMAS PARA VISITAS A CLIENTES ATUAIS.** Em 1989, a média de visitas diárias de um vendedor foi de 4,2.[18] Este número ficou abaixo da média do início dos anos 80. Esta tendência de queda é decorrente do aumento do uso do telefone e fax, sistema de pedido automático e diminuição de visitas "frias" decorrente do maior uso de informações obtidas por pesquisa de mercado que permitem melhor identificação dos clientes com potencial de compra.

O problema básico é qual o volume de vendas que pode ser esperado de uma conta específica em função

---

17. LINDSTROM, Robert L. Training "hits the road". *Sales and Marketing Management,* p. 10-14, June 1995.
18. SALES force compensation. Chicago : Dartnell's 25th Survey, 1989. p. 13.

do número anual de visitas. Magee descreveu uma experiência em que contas similares foram separadas ao acaso em três conjuntos.[19] Pediu-se aos vendedores que gastassem menos de cinco horas mensais com os clientes do primeiro conjunto, cinco a nove horas mensais com aqueles do segundo conjunto e mais de nove horas com os do terceiro conjunto. Os resultados demonstraram que as visitas adicionais produziram mais vendas, deixando apenas a dúvida sobre se o volume adicional de vendas justificou o custo adicional. Uma pesquisa posterior sugeriu que, hoje, os vendedores estão gastando muito tempo para atender clientes menores, menos rentáveis, quando deveriam focar mais seus esforços para atender clientes maiores e mais rentáveis.[20]

### DESENVOLVIMENTO DE NORMAS PARA VISITAS A CLIENTES POTENCIAIS.
Freqüentemente, as empresas especificam quanto tempo seus vendedores devem gastar na identificação de clientes potenciais. A Spector Freight deseja que seus vendedores destinem 25% de seu tempo identificando clientes potenciais e parem de visitá-los após três visitas sem sucesso.

As empresas ajustam seus padrões de prospecção de clientes por algumas razões. Se deixar à vontade dos vendedores, eles empregarão a maior parte de seu tempo com os clientes atuais porque seu número é mais bem conhecido. Os vendedores podem depender desses clientes para algum negócio, enquanto um cliente em perspectiva pode nunca assegurar qualquer negócio. A menos que os vendedores sejam recompensados pela abertura de novas contas, eles evitarão esse trabalho. Algumas empresas confiam em uma força de vendas missionária para abrir novas contas.

### USO EFICIENTE DO TEMPO NO TRABALHO DE VENDAS.
Estudos têm mostrado que os melhores vendedores são aqueles que administram eficazmente o tempo.[21] Uma ferramenta eficaz de planejamento é a *programação anual de visitas*, que mostra os clientes atuais e potenciais que devem ser visitados mês a mês e quais as atividades que serão desempenhadas. Por exemplo:

**THE BELL TELEPHONE COMPANIES** Os vendedores das empresas Bell Telephone planejam suas visitas e atividades com base em três conceitos. O primeiro é o de desenvolvimento de mercado que envolve vários esforços para educar os clientes, cultivar novos negócios e obter maior visibilidade da comunidade de compra. O segundo consiste nas atividades para gerar vendas, que são os esforços diretos para vender produtos específicos a clientes em visitas definidas. O terceiro consiste nas atividades de proteção do mercado, que são os vários esforços para detectar o que a concorrência está fazendo e proteger as relações com os clientes atuais. A força de vendas deve balancear essas atividades, evitando que a empresa atinja alto volume de vendas às custas do desenvolvimento do mercado a longo prazo.

Outra ferramenta empregada é a *análise do tempo e dos deveres*. Com ela, os vendedores podem saber como estão gastando seu tempo e como podem aumentar a produtividade. Por exemplo, eles gastam o tempo das seguintes maneiras:

- *Preparação do trabalho.* Tempo necessário para obter informações e planejar a estratégia de visita de vendas.
- *Viagens.* Em algumas tarefas, o tempo de viagem representa cerca de 50% do tempo total do vendedor. Ele pode ser reduzido pela utilização de meios de transporte mais rápidos. Entretanto, deve-se reconhecer que isto aumenta os custos. As empresas vêm estimulando o uso de viagens aéreas por seus vendedores com o objetivo de aumentar a média de vendas em relação ao tempo total.
- *Refeições e intervalos de descanso.* Parte do dia de trabalho do vendedor é gasta em refeições e intervalos de descanso. Esses intervalos devem coincidir com os horários em que os clientes não estão disponíveis para o atendimento.
- *Espera.* Consiste no tempo gasto em espera pelo atendimento do comprador. Trata-se de um tempo perdido, a menos que o vendedor aproveite para planejar o trabalho ou preencher relatórios.
- *Venda.* Representa o tempo gasto com o comprador, pessoalmente ou ao telefone. Esse tempo pode ser dividido em "conversa social" e "conversa de vendas". Aqui, cabe ao vendedor balancear o tempo.
- *Administração.* Consiste no tempo gasto em preenchimento de relatórios, pedidos, reuniões de vendas e conversas com pessoas da empresa sobre produção, entrega, faturamento, desempenho de vendas e outros assuntos. Os vendedores devem dedicar tempo para administração no início da manhã e final da tarde, quando é menos provável que clientes potenciais estejam disponíveis para reuniões.

Não é de se admirar que o tempo de venda face a face com o comprador não ultrapassa 25% do tempo total de trabalho do vendedor![22] As empresas estão cons-

19. Veja MAGEE, John F. Determining the optimum allocation of expenditures for promotional effort with operations research methods. In: BASS, Frank M. (Org.). *The frontiers of marketing thought and science.* Chicago : American Marketing Association, 1958. p. 140-156.
20. BOMMER, Michael R. W., O'NEIL, Brian F., SETHNA, Beheruz N. A methodology for optimizing selling time of salespersons. *Journal of Marketing Theory and Practice,* p. 61-75, Spring 1994.
21. Veja BLACKSHEAR, Thomas, PLANK, Richard E. The impact of adaptive selling on sales effectiveness within the pharmaceutical industry. *Journal of Marketing Theory and Practice,* p. 106-125, Summer 1994.
22. ARE salespeople gaining more selling time? *Sales and Marketing Management,* p. 29, July 1986.

tantemente procurando maneiras de melhorar a produtividade da força de vendas. Os métodos empregados envolvem treinar os vendedores no uso do "poder do telefone", simplificar o preenchimento de formulários e estimular o uso do computador para o desenvolvimento de planos de visitas e de rotas e para fornecer informações sobre os clientes e a concorrência.

Para reduzir as demandas de tempo sobre suas forças de vendas externas, muitas empresas têm aumentado o tamanho e as responsabilidades de suas forças de vendas internas. Em um levantamento realizado com 135 distribuidores de produtos eletrônicos, Narus e Anderson constataram que 57% da força de vendas trabalhava internamente nas empresas.[23] Os gerentes justificaram esta prática em razão do crescente custo das visitas e do aumento do uso de computadores e equipamentos inovadores de telecomunicações.

Os vendedores internos são de três tipos. Há os *profissionais de assistência técnica*, que fornecem informações técnicas e respondem a dúvidas dos clientes. Há os *assistentes de vendas*, que ficam na retaguarda dos vendedores externos, marcam e confirmam visitas, conferem o crédito de clientes, acompanham as entregas dos pedidos e respondem a dúvidas dos clientes que não podem falar diretamente com os vendedores. Há os *operadores de telemarketing*, que usam o telefone para identificar, qualificar e vender para novos clientes que ainda não compraram da empresa. Um operador de telemarketing pode conversar diariamente com 50 pessoas, enquanto um vendedor pode fazer apenas quatro visitas. Os operadores podem ser eficazes de várias maneiras: para fazer venda cruzada de outros produtos da empresa, complementar pedidos, introduzir novos produtos, abrir novas contas, reativar clientes inativos, dar mais atenção às contas negligenciadas pelos vendedores e acompanhar e qualificar *leads* (interessados) gerados por mala direta. (Discutiremos telemarketing em maiores detalhes no próximo capítulo.)

Os vendedores internos liberam os vendedores externos para que estes dediquem mais tempo para os grandes clientes, identifiquem e convertam em compradores os clientes potenciais mais importantes, instalem sistemas de pedido eletrônico nos escritórios dos clientes e obtenham maior número de pedidos e de contratos de sistemas. Enquanto isso, os vendedores internos ficam encarregados do controle de estoque, processamento de pedidos, contatos com clientes menores, e assim por diante. Os vendedores externos são largamente remunerados na base de incentivos e os internos recebem salário fixo ou combinado (fixo mais bônus).

Outra maneira dramática de melhorar a produtividade da força de vendas é a utilização de equipamentos de tecnologia avançada – comutadores *laptop,* aparelhos de videocassete, videodiscos, discagem automática, correio eletrônico, fax, teleconferência. O vendedor tornou-se verdadeiramente "eletrônico". Não apenas as vendas e as informações sobre estoque são transferidas com maior rapidez, mas sistemas específicos de apoio à decisão baseados em computadores têm sido criados para melhorar o desempenho de gerentes de vendas e vendedores. Para mais informações sobre este tópico, veja a seção Visão 2000 intitulada "A produtividade dos vendedores aumenta rapidamente com a automação das vendas".

## Motivação de vendedores

Alguns vendedores costumam dar o melhor de si, sem que seja necessário nenhum esforço especial de treinamento pela administração. Para eles, vender é o trabalho mais fascinante do mundo. Eles são ambiciosos e têm iniciativa própria. Entretanto, a maioria dos vendedores exige encorajamento e incentivos especiais para que se empenhe ao máximo. Isto é especialmente verdadeiro no campo de vendas pelas seguintes razões:

- *Natureza do trabalho.* O trabalho de vendas oferece frustrações freqüentes. Geralmente, os vendedores trabalham sozinhos; seus horários são irregulares e estão freqüentemente fora de casa. Enfrentam vendedores concorrentes agressivos; têm *status* inferior em relação aos compradores. Com freqüência, não possuem autoridade para fazer o que é necessário para conquistar clientes e, às vezes, perdem grandes pedidos após terem trabalhado arduamente para obtê-los.
- *Natureza humana.* A maioria das pessoas rende abaixo de sua capacidade na ausência de incentivos especiais como ganhos financeiros ou reconhecimento social.
- *Problemas pessoais.* Ocasionalmente, os vendedores estão preocupados com problemas pessoais, como doença em família, crise conjugal ou dívida.

O problema da motivação de vendedores tem sido estudado por Churchill, Ford e Walker.[24] Seu modelo básico é o seguinte:

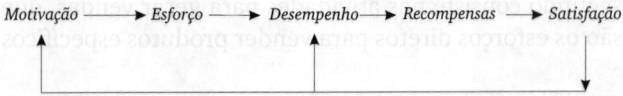

Motivação → Esforço → Desempenho → Recompensas → Satisfação

23. NARUS, James A., ANDERSON, James C. Industrial distributor selling: the roles of outside and inside sales. *Industrial Marketing Management,* 15, p. 55-62, 1986.
24. Veja CHURCHILL JR., Gilbert A., FORD, Neil M., WALKER JR., Orville C. *Sales force management*: planning, implementation and control. 4. ed. Homewood, Ill : Irwin, 1993.

## VISÃO 2000 — A produtividade dos vendedores aumenta rapidamente com a automação das vendas

Hoje, o acontecimento que está na ordem do dia é a *automação das vendas*. As empresas estão equipando seus vendedores com computadores, *softwares*, impressoras, *modems*, fax e *pagers* na esperança de aumentar a produtividade das vendas. Desejam que eles dediquem menos tempo para cuidar da papelada e mais tempo para as atividades de vendas. Algumas delas têm percebido aumentos de 5 a 10% no tempo de venda de seus vendedores como resultado da automação. A National Life Insurance acredita que 50% de seu recente ganho em vendas pode ser atribuído ao uso de *laptops* baseados em um sistema de apoio às atividades de seus vendedores.

O que está incluído em um sistema completo de automação da força de vendas? O "pacote" utilizado pela Shell Chemical Company consiste em várias aplicações: (1) programa de controle que registra facilmente as despesas dos vendedores e agiliza o reembolso; (2) banco de dados que permite o levantamento das informações específicas de cada cliente, incluindo números de telefones, endereços, últimas transações e preços; (3) correio eletrônico para facilitar e agilizar a remessa e o recebimento de informações; (4) formulários, como planos de trabalho por território e relatórios de visitas que podem ser preenchidos rapidamente e enviados eletronicamente; (5) agenda de compromissos; (6) roteiro de atividades; (7) planilha eletrônica; e (8) *software* gráfico para ajudar na preparação de apresentações de vendas aos clientes.

Outras empresas incluem recursos diferentes em seus sistemas. Por exemplo, os vendedores da Nordstrom Valve possuem um *software* que permite a determinação instantânea da válvula apropriada para o projeto do cliente. Este pode conferir a exatidão dos cálculos, discutir as condições de compra e assinar o pedido no formulário impresso pela impressora do vendedor.

Os vendedores devem ser estimulados a usar as novas tecnologias. Objeções como "Não sou digitador" e "Vou passar tanto tempo digitando e lendo informações que não terei condições de visitar meus clientes" devem ser superadas. Alguns vendedores também não estão dispostos a fornecer informações sobre seus clientes ao pessoal do escritório, preferindo reservar para si as mais valiosas. As empresas precisam atenuar esses temores e envolver os vendedores no desenvolvimento do programa de automação das vendas. "É vital entender primeiro os problemas que eles estão enfrentando e, depois, desenvolver um sistema de automação que resolva esses problemas", afirma o presidente da Sales Automation Association, de Dearborn, Michigan.

A automação das vendas tem chegado ao ponto de muitas empresas eliminarem seus escritórios de vendas. Por exemplo, a Compaq ajudou seus 220 principais vendedores a montar escritórios em suas próprias casas, fornecendo a cada um deles um computador *laptop*, *docking bay*,* impressora a *laser*, fax e duas linhas telefônicas. Pela manhã, o vendedor acessa a rede da empresa para obter materiais de marketing, relatórios técnicos, *press releases* e ler seu correio eletrônico (*e-mail*). Depois, ele dirige-se diretamente a seus clientes, economizando o tempo de ida e volta ao escritório da empresa. À noite, redige e imprime suas cartas e relatórios, responde aos *e-mails* e prepara-se para o dia seguinte. Em resumo, a empresa conseguiu reduzir as despesas de aluguel e manutenção de escritório e os vendedores beneficiaram-se por terem mais tempo de se dedicarem aos clientes.

---

\* *Docking bay* – Dispositivo inserido em computadores portáteis que permite transformá-los em pequenas estações de trabalho e utilizar teclados e monitores de vídeo comuns, expansões de memória, *softwares* mais poderosos etc. (N.T.)

**Fonte:** COMPUTER-BASED sales support: Shell Chemical's System. New York : Conference Board, Management Briefing: Marketing, p. 4-5, Apr./May 1989; SULLIVAN, R. Lee. The office that never closes. *Forbes,* p. 212-213, 23 May 1994; VERITY, John W. Taking a laptop on a call. *Business Week,* p. 124-125, 25 Oct. 1993; FALVEY, Jack. Manager's journal: the hottest thing in sales since the electric fork. *The Wall Street Journal,* 10 Jan. 1994, A12:3; WALLIS, Louis A. *Computer-based sales force support.* New York : The Conference Board, Report n. 953, 1990; SHAW, Robert. *Computer-aided marketing and selling:* information asset management. Oxford, England : Butterworth-Heinemann, 1993; e COLUMBO, George W. *Sales force automation.* New York : McGraw-Hill, 1994.

---

Este modelo indica que quanto maior a motivação do vendedor, maior seu esforço; maior esforço levará a melhor desempenho; melhor desempenho levará a maiores recompensas; e maior satisfação reforçará a motivação. Assim, este modelo implica o seguinte:

1. *Os gerentes de vendas devem ser capazes de convencer seus vendedores de que eles podem vender mais, desde que trabalhem arduamente, ou desde que sejam treinados a trabalhar mais inteligentemente.* Entretanto, se as vendas forem determinadas principalmente por

condições econômicas ou ações competitivas, este encadeamento torna-se vulnerável.

2. *Os gerentes de vendas devem ser capazes de convencer seus vendedores de que as recompensas por melhor desempenho compensam o esforço extra.* Entretanto, se as recompensas parecerem ser estabelecidas arbitrariamente, forem muito pequenas ou não forem compatíveis com o esforço despendido, este encadeamento torna-se vulnerável.

Os pesquisadores foram adiante para mensurar a importância da utilização de diferentes possíveis recompensas. A recompensa mais valorizada foi salário, acompanhado por promoção, crescimento pessoal e senso de realização. As recompensas menos valorizadas foram afeição, respeito, segurança e reconhecimento. Em outras palavras, os vendedores são altamente motivados por salário e pela chance de progresso e de satisfação de suas necessidades intrínsecas, e menos motivados por realização e segurança. Os pesquisadores também constataram que a importância dos motivadores variou com as características demográficas dos vendedores:

1. As recompensas financeiras foram mais valorizadas pelos vendedores mais idosos com mais tempo de "casa" e por aqueles que possuíam famílias numerosas.

2. As recompensas como reconhecimento, estima, respeito e senso de realização foram mais valorizadas pelos vendedores mais jovens, solteiros ou que possuíam famílias pequenas e, geralmente, com melhor formação educacional.

Os motivadores também variam conforme os países. Uma pesquisa realizada em 1992 com 2.800 vendedores de seis países revelou que, embora dinheiro fosse o motivador número um de 37% dos vendedores norte-americanos, apenas 20% dos canadenses pensavam da mesma forma. Os vendedores da Austrália e Nova Zelândia eram os menos motivados pelo recebimento de muito dinheiro.[25]

Anteriormente, já discutimos a remuneração como um motivador. A seguir, examinaremos as quotas de vendas e os motivadores complementares.

**QUOTAS DE VENDAS.** Muitas empresas estabelecem quotas, especificando o que seus vendedores devem vender durante o ano. As quotas podem ser fixadas por valor monetário, volume em unidades, margem, esforço de venda ou atividade e por produto. Freqüentemente, a remuneração está vinculada ao grau de cumprimento das quotas estabelecidas.

As quotas de vendas são desenvolvidas a partir do plano anual de marketing. Primeiro, a empresa prepara a previsão de vendas. Esta previsão torna-se a base do planejamento da produção, tamanho da força de trabalho e necessidades financeiras. A administração estabelece quotas de vendas por regiões e territórios que, normalmente, dizem muito mais do que a previsão de vendas. As quotas são fixadas acima da previsão de vendas para forçar os vendedores a atingir melhor nível de desempenho. Mesmo se eles falharem no cumprimento de suas quotas, a empresa poderá atender a sua previsão de vendas.

Cada gerente regional de vendas divide sua quota entre os vendedores da área. Há três escolas de pensamento para o estabelecimento de quotas. A *escola de quotas elevadas* fixa quotas acima da capacidade da maioria dos vendedores, embora acredite que elas possam ser atingidas. Seus defensores acreditam que as quotas elevadas estimulam esforço extra. A *escola das quotas modestas* estabelece quotas que a maioria dos vendedores pode atingir. Seus defensores consideram que a força de vendas aceitará as quotas como justas, possíveis e dignas de confiança. A *escola das quotas variáveis* considera que as diferenças individuais entre os vendedores garantem quotas altas para alguns e modestas para outros.

Uma visão geral é que a quota de um vendedor deve ser pelo menos igual às vendas do ano anterior mais alguma fração da diferença entre o potencial de vendas de seu território e as vendas do último ano. Quanto maior a fração, mais o vendedor reage favoravelmente à pressão.

**MOTIVADORES COMPLEMENTARES.** As empresas usam motivadores adicionais para estimular o esforço da força de vendas. *Convenções de vendas* periódicas fornecem aos vendedores uma ocasião social, quebra de rotina e chance para encontrar e conversar com os "figurões" da empresa. São momentos em que se pode arejar idéias e identificar-se com um grupo maior de pessoas. As convenções de vendas são importante ferramenta de comunicação e motivação.

As empresas também patrocinam *concursos de vendas* para estimular um esforço da força de vendas acima do que seria normalmente esperado. Os prêmios podem ser carros, férias, dinheiro ou reconhecimento. O concurso deve apresentar uma oportunidade razoável para premiar vários vendedores. Na IBM, cerca de 70% da força de vendas se candidata ao 100% Club. O prêmio é uma viagem de três dias que inclui um jantar de reconhecimento e um alfinete de ouro de cor azul. Se o prêmio estiver ao alcance de apenas alguns vendedores ou se todos puderem conquistá-lo, o incentivo falhará em termos do objetivo para estimular esforço adicional. O período do concurso de vendas não deve ser anunciado antecipadamente porque alguns vendedores transferirão algumas vendas para o início do período. Há também o risco dos vendedores "inflarem" suas vendas com pedi-

---

25. WHAT motivates U.S. salespeople? *American Salesman*, p. 25, 30, Feb. 1994.

dos que não se concretizam após o encerramento do período do concurso.

Algumas empresas estão adotando planos de incentivos menos convencionais para motivar seus vendedores e vêm obtendo grande sucesso. Veja exemplo a seguir.

Ann Machado, fundadora e proprietária da Creative Staffing (empresa de colocação de pessoal), recompensa todos os seus funcionários com jantares em restaurantes finos, passeios para compras, flores, sessões de *spa,* aulas de culinária e extensão do período de férias. Pode-se pensar que sua empresa necessitaria de um departamento apenas para desenvolver e distribuir as recompensas. Entretanto, o segredo de Ann Machado é deixar os funcionários escolherem as recompensas que desejam e apresentarem um plano para conquistá-las. Assim, seu trabalho fica restrito à aprovação dos planos. "Deixar que as próprias pessoas escolham suas próprias recompensas e metas é uma forma de estimular a iniciativa", afirma Machado.[26]

## Avaliação de vendedores

Acabamos de descrever os aspectos *impulsionadores* da supervisão de vendas – como a administração comunica o que os vendedores devem fazer e como motivá-los a cumprir suas tarefas. Mas bons impulsionadores exigem bom *feedback,* o que significa obter informações regulares dos vendedores para avaliar seus desempenhos.

**FONTES DE INFORMAÇÕES.** A administração obtém informações sobre seus vendedores de várias maneiras. A fonte mais importante são os relatórios de vendas. Informações adicionais são obtidas por meio de observação pessoal, cartas de cumprimentos e reclamações recebidas de clientes e conversas com outros vendedores.

Os relatórios de vendas são divididos entre *planos de atividades* e *resultados de atividades.* O melhor exemplo do primeiro é o *plano de trabalho do vendedor,* que é apresentado com antecedência para uma semana ou mês. O plano descreve as visitas e as rotas previstas. Trata-se de um tipo de relatório que leva a força de vendas a planejar e programar suas atividades, informar a administração sobre seus paradeiros e fornecer uma base para comparar seus planos e realizações. Os vendedores podem ser avaliados em termos de habilidade para "planejar o trabalho e trabalhar o plano".

Muitas empresas exigem que seus vendedores desenvolvam um *plano anual de marketing por território,* no qual descrevem seus programas de desenvolvimento de novas contas e de fomentação de negócios com as contas existentes. Este tipo de relatório coloca os vendedores no papel de gerentes de mercado e de centros de lucro. Os planos anuais são estudados pelos gerentes de vendas que dão sugestões e os usam para definir quotas de vendas.

As atividades completas dos vendedores são descritas em *relatórios de visitas.* Esses relatórios informam a administração de vendas sobre o trabalho dos vendedores, indicam a situação de contas específicas e fornecem informações úteis para visitas posteriores. Os vendedores também preenchem relatórios de despesas, de novos negócios, de negócios perdidos e relatórios sobre as condições econômicas locais.

Esses relatórios funcionam como fontes de dados brutos, de onde os gerentes de vendas podem extrair indicadores-chaves do desempenho de vendas. Os indicadores-chaves são os seguintes: (1) número médio de visitas diárias por vendedor, (2) custo médio por visita, (3) venda média por visita, (4) custo médio por visita, (5) custo de entretenimento por visita, (6) porcentagem de pedidos pelo número de visitas, (7) número de novos clientes por período, (8) número de clientes perdidos por período e (9) custo percentual da força de vendas em relação ao volume total de vendas. Esses indicadores proporcionam respostas a diversas questões úteis, como: A média diária de visitas de cada vendedor está muito baixa? Está sendo gasto tempo em entretenimento em demasia? A média de pedidos consolidados em função das visitas é suficiente? Está sendo conquistado um número satisfatório de novos clientes? Os clientes mais antigos estão recebendo a devida atenção?

**AVALIAÇÃO FORMAL DO DESEMPENHO.** Os relatórios da força de vendas, acompanhados com outras observações, fornecem a matéria-prima para avaliar os componentes da força de vendas. Os procedimentos de avaliação formal levam, pelo menos, a três benefícios. Primeiro, a administração tem que comunicar seus padrões para julgar o desempenho de vendas. Segundo, precisa reunir informações abrangentes sobre cada vendedor. Terceiro, os vendedores sabem que terão que se sentar diante de um gerente e explicar seu desempenho ou fracasso para atingir suas quotas.

Há várias abordagens para conduzir avaliações.

**Comparações da venda atual com a venda anterior.** Um tipo de avaliação que compara o desempenho atual do vendedor com o desempenho anterior. Um exemplo é mostrado na Tabela 22.2.

O gerente de vendas pode aprender muitas coisas sobre o vendedor John Smith, com base nessa tabela. Seu volume total de vendas aumentou ano após ano (linha 3). Isto não significa necessariamente que ele esteja fazendo um melhor trabalho. A análise por produto mostra que ele tem sido hábil em aumentar as vendas do produto B, o que não ocorre com as vendas do pro-

---

26. A GIFT for rewards. *Sales and Marketing Management,* p. 35-36, Mar. 1995.

**Tabela 22-2**  *Formulário para avaliação de desempenho dos vendedores.*

| | 1993 | 1994 | 1995 | 1996 |
|---|---|---|---|---|
| 1. Vendas do produto A | $ 251.300 | $ 253.200 | $ 270.000 | $ 263.100 |
| 2. Vendas do produto B | 423.200 | 439.200 | 553.900 | 561.900 |
| 3. Total de vendas | 674.500 | 692.400 | 823.900 | 825.000 |
| 4. Quota do produto A (%) | 95,6 | 92,0 | 88,0 | 84,7 |
| 5. Quota do produto B (%) | 120,4 | 122,3 | 134.9 | 130,8 |
| 6. Lucro bruto do produto A | $ 50.260 | $ 50.640 | $ 54.000 | $ 52.620 |
| 7. Lucro bruto do produto B | 42.320 | 43.920 | 55.390 | 56.190 |
| 8. Lucro bruto total | 92.580 | 94.560 | 109.390 | 108.810 |
| 9. Despesas de vendas | $ 10.200 | $ 11.100 | $ 11.600 | $ 13.200 |
| 10. Despesas de vendas com relação ao volume total de vendas (%) | 1,5 | 1,6 | 1,4 | 1,6 |
| 11. Número de visitas | 1.675 | 1.700 | 1.680 | 1.660 |
| 12. Custo por visita | $ 6,09 | $ 6,53 | $ 6,90 | $ 7,95 |
| 13. Número médio de clientes | 320 | 324 | 328 | 334 |
| 14. Número de novos clientes | 13 | 14 | 15 | 20 |
| 15. Número de clientes perdidos | 8 | 10 | 11 | 14 |
| 16. Média de vendas por cliente | $ 2.108 | $ 2.137 | $ 2.512 | $ 2.470 |
| 17. Lucro bruto médio por cliente | $ 289 | $ 292 | $ 334 | $ 326 |

duto A (linhas 1 e 2). Conforme suas quotas, para ambos os produtos (linhas 4 e 5), seu maior êxito com relação ao aumento das vendas do produto B ocorreu às custas do produto A. De acordo com os lucros brutos (linhas 6 e 7), a empresa ganha mais com a venda do produto A do que com a venda do produto B. John pode estar empenhando-se mais na venda do produto de maior volume e de menor margem de lucro em sacrifício do produto mais rentável. Embora tenha aumentado seu total de vendas em $ 1.100 entre 1995 e 1996 (linha 3), o lucro bruto sobre o total de vendas, realmente, diminuiu em $ 580 (linha 8).

As despesas de vendas (linha 9) aumentaram consideravelmente, embora a despesa total em porcentagem sobre o volume total de vendas (linha 10) pareça estar sobre controle. A tendência ascendente nas despesas totais de John não parece ser explicada em função de qualquer aumento no número de visitas (linha 11), embora isso possa estar relacionado a seu sucesso na conquista de novos clientes (linha 14). Há a possibilidade de que, na procura de novos clientes, ele esteja negligenciando os clientes atuais, conforme indica a tendência ascendente no número anual de clientes perdidos (linha 15).

As duas últimas linhas mostram o nível e a tendência das vendas e do lucro bruto por cliente. Tais números tornam-se mais significativos quando comparados com as médias globais da empresa. Se o lucro bruto

médio por cliente de John for inferior à média da empresa, ele pode estar concentrando seu trabalho em clientes errados ou pode não estar gastando o tempo necessário com cada cliente. Analisando o número de visitas de Smith a seus clientes (linha 11), podemos verificar que ele tem feito um número de visitas inferior à média da maioria dos vendedores de sua empresa. Se as distâncias em seu território não forem muito diferentes das distâncias médias dos demais vendedores, isto pode significar que John não está utilizando todo seu tempo, está planejando mal seu roteiro ou está gastando muito tempo com alguns clientes.

**Avaliação da Satisfação do Cliente.** John Smith pode ser muito eficaz para vender, mas pode não ser bem avaliado por seus clientes. Talvez ele seja um pouco melhor do que os vendedores dos concorrentes, seu produto seja melhor ou esteja trabalhando para conquistar novos clientes em substituição a outros que não o apreciam. Crescente número de empresas está mensurando a satisfação dos clientes, não apenas em relação a seus produtos e serviços de apoio, mas também em relação a seus vendedores. A opinião dos clientes sobre vendedores, produtos e serviços pode ser mensurada por meio de questionários enviados pelo correio ou de entrevistas por telefone. Os vendedores que forem bem avaliados em termos de satisfação aos clientes podem receber reconhecimento especial, prêmios ou bônus.

**Avaliação Qualitativa de Vendedores.** Pode-se também avaliar o vendedor em termos de seus conhecimentos sobre a empresa, produtos, clientes, concorrentes, territórios e responsabilidades. As características de personalidade podem ser avaliadas, como hábitos gerais, aparência, dicção e temperamento. O gerente de vendas pode também avaliar quaisquer problemas que envolvam motivação ou submissão.[27] Pode checar se os vendedores conhecem e cumprem a lei. Por exemplo, é ilegal mentir para os clientes ou enganá-los sobre as vantagens de comprar um produto. As afirmativas dos vendedores devem ser iguais às anunciadas por qualquer tipo de propaganda. Ao vender a empresas, eles não podem oferecer propinas aos compradores ou outras gratificações para influenciar a venda. Não podem obter ou usar segredos técnicos ou comerciais de concorrentes por meio de suborno ou espionagem industrial. Finalmente, não devem fazer comentários desfavoráveis sobre concorrentes ou seus produtos.[28]

Cada empresa deve decidir o que seria mais útil saber sobre os vendedores. Precisa comunicar seus critérios a eles, de modo que saibam como seus desempenhos estão sendo julgados, podendo, assim, fazer algum esforço para melhorá-los.

## PRINCÍPIOS DA VENDA PESSOAL

Após planejar e administrar a força de vendas, vamos, agora, examinar seu propósito que é vender. A venda pessoal é uma arte antiga, que se difundiu por meio de vasta literatura e de vários princípios. Vendedores eficazes devem possuir mais do que instinto. Eles são treinados pelos métodos de análise e administração de clientes. Examinaremos três principais aspectos da venda pessoal: o ato de venda, a negociação e a prática de marketing de relacionamento.[29]

### Profissionalismo de vendas

Atualmente, as empresas gastam centenas de milhões de dólares para treinar seus vendedores na arte de vender. Cerca de um milhão de livros, fitas cassetes e vídeos são adquiridos por ano, com títulos sugestivos como: *Como descobrir um vendedor nato, Como vender algo a alguém, Como o poder de venda trouxe-me sucesso em apenas seis horas, Onde você vai após conquistar o primeiro lugar?* e *Cem maneiras para um vendedor aumentar suas vendas.* Um dos livros que se tem mantido em sucesso permanente é o *Como fazer amigos e influenciar pessoas,* de Dale Carnegie.

Todas as abordagens de treinamento de vendas visam converter um passivo anotador de pedidos em um ativo conquistador de pedidos. Os *anotadores de pedidos* operam com base nas seguintes pressuposições: os clientes conhecem suas necessidades, eles podem ressentir-se de qualquer tentativa de serem influenciados e preferem lidar com vendedores menos agressivos e gentis. Um exemplo de mentalidade de anotador de pedidos é o caso de um vendedor que visita dezenas de residências por dia, bate à porta e simplesmente pergunta à dona de casa se ela precisa de algum de seus produtos.

Para transformar vendedores em *conquistadores de pedidos,* há duas abordagens básicas, uma *orientada para a venda* e outra *orientada para o cliente.* Na primeira, treina-se o vendedor em *técnicas de venda de alta pressão,* como as utilizadas na venda de enciclopédias ou automóveis. Essas técnicas incluem a supervalorização dos méritos do produto e a crítica a produtos concorrentes, apresentação engenhosa e oferta de alguma concessão de preço para fechar o pedido na hora. Essa abordagem de venda assume que os clientes, provavelmente, não comprarão, exceto sob pressão, são influenciados por uma argumentação bem elaborada e não ficarão arrependidos após assinar um pedido, ou, se ficarem, não importa.

A outra abordagem é treinar os vendedores para a *solução dos problemas dos clientes.* O vendedor aprende a ouvir e questionar, para identificar as necessidades dos clientes e oferecer a solução por meio de um bom produto. Nessa abordagem, a habilidade de apresentação dá lugar à habilidade para análise de necessidades, partindo do pressuposto de que os clientes possuem necessidades latentes que se tornam oportunidades para a empresa, apreciam boas sugestões e são leais aos vendedores que cuidam de seus interesses a longo prazo. A imagem do solucionador de problemas é mais compatível para o vendedor que atua sob o conceito de marketing do que para aquele que trabalha com técnicas de alta pressão ou que seja apenas anotador de pedido.

Nenhuma abordagem de vendas é adequada para todas as circunstâncias. Todavia, a maioria dos programas de treinamento de vendas adota as principais etapas envolvidas em qualquer processo eficaz de vendas. Essas etapas são mostradas na Figura 22.3 e discutidas a seguir.[30]

**PROSPECÇÃO E QUALIFICAÇÃO.** A primeira etapa do processo de vendas é identificar os clientes potenciais. Em-

27. Veja POSDAKOFF, Philip M, MACKENZIE, Scott B. Organizational citizenship behaviors and sales unit effectiveness. *Journal of Marketing Research,* p. 351-363, Aug. 1994.
28. Para leitura complementar, veja COHEN, Dorothy. *Legal issues in marketing decision making.* Cincinnati, OH : South-Western, 1995.
29. Para um excelente resumo das habilidades necessárias dos vendedores e gerentes de vendas, veja ANDERSON, Ralph, ROSENBLOOOM, Bert. The world class sales manager: adapting to global megatrends. *Journal of Global Marketing,* 5, n. 4, p. 11-22, 1992.
30. Algumas das discussões a seguir são baseadas em CRISSY, W. J. E., CUNNINGHAM, William H., CUNNINGHAM, Isabella C. M. *Selling:* the personal force in marketing. New York : John Wiley, 1977. p. 119-129.

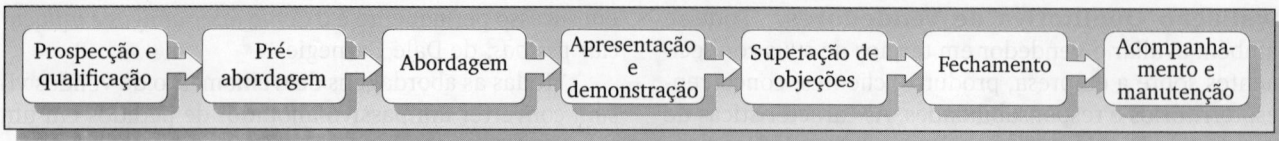

| Prospecção e qualificação | → | Pré-abordagem | → | Abordagem | → | Apresentação e demonstração | → | Superação de objeções | → | Fechamento | → | Acompanha-mento e manutenção |

**Figura 22.3**  *Principais etapas da venda eficaz.*

bora a empresa tente fornecer indicações, os vendedores devem ser capazes de desenvolver suas próprias indicações. Elas podem ser desenvolvidas das seguintes maneiras:

- Solicitar aos clientes atuais que indiquem nomes.
- Cultivar outras fontes de referência, como fornecedores, distribuidores, vendedores não concorrentes, gerentes de bancos e dirigentes de associações comerciais e industriais.
- Filiar-se a organizações freqüentadas por clientes potenciais.
- Envolver-se em atividades de comunicação falada e escrita que chamem a atenção.
- Examinar fontes de dados (jornais, anuários etc.) à procura de nomes.
- Usar o telefone e o correio para obter indicações.
- Visitar empresas aleatoriamente.

Os vendedores precisam de habilidade para descartar más indicações. Os clientes potenciais podem ser qualificados por meio do exame de sua situação financeira, volume de negócios, exigências especiais e em termos de sua probabilidade de continuidade no mercado. O vendedor pode telefonar ou escrever aos clientes potenciais antes de decidir sobre se deve visitá-los. As indicações podem ser classificadas como quentes, mornas e frias, com as quentes sendo contatadas em primeiro lugar.

Às vezes, as empresas permitem que funcionários não vendedores façam a prospecção. Uma das estratégias de prospecção recente mais original foi adotada por uma empresa manufatureira conservadora, a John Deere:

**JOHN DEERE**  Em 1993, a fraca demanda por implementos agrícolas e as ações agressivas dos concorrentes levaram os gerentes da Deere a criar uma estratégia que envolveu seus operários da linha de montagem na identificação e abordagem de clientes potenciais. A empresa enviou alguns de seus operários mais experientes e preparados às feiras regionais espalhadas pela América do Norte para apresentar seus equipamentos a revendedores e agricultores. Os operários também faziam visitas não programadas a agricultores locais para discutir seus problemas específicos. Os clientes perceberam que esses "novos vendedores" apresentavam com

honestidade e simplicidade a maneira de fabricar os produtos Deere. Uma vez que eles haviam causado boa impressão aos clientes potenciais com sua experiência em métodos de produção avançados e em programas de qualidade total, a empresa ficou em condições de decidir como enviar seus vendedores mais habilitados em tempo hábil para fazer apresentações ou fechar a venda.[31]

**PRÉ-ABORDAGEM.**  O vendedor deve estudar o cliente potencial o máximo possível (quais são suas necessidades, quem está envolvido na decisão de compra) e os compradores (suas características pessoais e estilos de compra). Ele pode consultar fontes de informações, conhecidos e outras pessoas para conhecer a empresa. Deve estabelecer objetivos de visitas, que podem consistir em qualificar o cliente potencial, reunir informações ou fechar uma venda imediata. Outra tarefa é decidir sobre a melhor *abordagem*, que pode ser uma visita pessoal, ligação telefônica ou uma correspondência. Deve ser também considerado qual o melhor momento para a abordagem porque muitos clientes potenciais estão ocupados em certas ocasiões. Finalmente, o vendedor deve planejar uma estratégia global de vendas para o cliente.

**ABORDAGEM.**  O vendedor deve saber como saudar o comprador para obter um bom início de relacionamento. Ele pode considerar o uso de roupas similares às que os compradores usam (por exemplo, no Estado do Texas, os homens usam camisas-esporte, sem gravata), mostrar cortesia e evitar distração, como, por exemplo, não interrompê-los e olhar diretamente em seus olhos. A apresentação ao cliente deve ser agradável e positiva, como, por exemplo: "Sr. Smith, meu nome é Alice Jones da empresa ABC. Minha empresa e eu agradecemos sua disposição em receber-me. Farei o melhor para tornar esta visita valiosa e que traga vantagens para ambas as partes." Isto deve ser acompanhado por algumas perguntas-chaves e atenção ativa para compreender o que o comprador mais necessita.

**APRESENTAÇÃO E DEMONSTRAÇÃO.**  Nessa fase, o vendedor conta ao comprador a "história" do produto, seguindo a fórmula AIDA para obter sua *atenção*, captar seu *interesse*, despertar seu *desejo* e levá-lo à *ação*. Pela apre-

---

31. PALEY, Norton. Cultivating customers. *Sales and Marketing Management*, p. 31-32, Sept. 1994.

sentação, o vendedor enfatiza os benefícios do produto e mostra suas principais características que sejam evidentes para a obtenção desses benefícios. *Benefício* é qualquer vantagem, como menor preço, maior praticidade ou maior lucro para o comprador. As *características* podem ser o peso ou tamanho do produto. Um erro bastante comum no processo de venda é enfatizar em demasia as características do produto (orientação para o produto), em vez de seus benefícios para o cliente (orientação de marketing).

As empresas têm desenvolvido três estilos diferentes de apresentação de vendas. O mais antigo é a *abordagem enlatada*, na qual o vendedor memoriza a exposição de vendas, cobrindo os principais pontos sobre o produto. Ela baseia-se no princípio estímulo-resposta, isto é, parte-se do pressuposto de que o comprador seja um agente passivo, que pode ser induzido a comprar pelo uso de palavras de estímulo, imagens, termos e ações. Esse tipo de abordagem é usado principalmente na venda porta a porta e por telefone. A *abordagem planejada* é também baseada no princípio estímulo-resposta, embora identifique antecipadamente as necessidades e o estilo de compra do comprador, para depois abordá-lo com uma apresentação planejada. Inicialmente, o vendedor mantém um diálogo com o comprador com o objetivo de conhecer suas necessidades e atitudes. Depois, aplica uma estratégia de apresentação planejada para mostrar como o produto satisfará a essas necessidades. Essa abordagem não pode ser classificada como enlatada, embora siga um plano geral.

A *abordagem de satisfação de necessidades* começa com a busca das necessidades reais do cliente, em que ele é estimulado a falar. Essa abordagem requer um vendedor que possua muita habilidade para ouvir e solucionar problemas. Ele exerce o papel de um experiente consultor de negócios, esperando ajudar o cliente a economizar ou a ganhar mais dinheiro. A nova organização de vendas da IBM usa essa abordagem.

As apresentações de vendas podem ser melhoradas com o auxílio de folhetos, livretos, *slides*, fitas de áudio ou de vídeo, amostras de produtos e simulações baseadas em computador. A Toshiba usa a tecnologia mais avançada para demonstrar seus equipamentos de tomografia computadorizada aos profissionais da área médica:

**TOSHIBA** Os equipamentos de tomografia computadorizada da Toshiba são grandes e caros. Uma instalação típica necessita de uma sala de estar média; os produtos são altamente técnicos e as especificações de funcionamento estão mudando constantemente. Para transmitir as informações sobre produtos de tal complexidade, os vendedores da empresa utilizam uma sofisticada apresentação interativa por meio de um computador *laptop*. O cliente assiste a animações elaboradas em terceira dimensão, com imagens de alta resolução, e a *video clips* dos produtos em operação, bem como a depoimentos de clientes satisfeitos. O programa de apresentação ainda mostra um desenho arquitetônico, destacando a necessidade de espaço exigida para a instalação dos equipamentos.[32]

Na extensão em que o comprador pode ver ou manipular o produto, ele se lembrará melhor de suas características e benefícios. Durante a demonstração, o vendedor pode usar cinco estratégias de influência:[33]

- *Legitimidade.* O vendedor enfatiza a reputação e a experiência de sua empresa.
- *Conhecimento especializado.* O vendedor mostra que conhece profundamente os produtos de sua empresa e a situação do comprador.
- *Poder de referência.* O vendedor aproveita-se das características, dos interesses e dos conhecimentos comuns dos cliente.
- *Agrado.* O vendedor presta favores pessoais ao cliente (convites para almoço, diversões) para fortalecer a amizade e os sentimentos de reciprocidade.
- *Zelo pela impressão.* O vendedor procura causar impressão favorável sobre si próprio.

**SUPERAÇÃO DE OBJEÇÕES.** Quase sempre, os clientes colocam objeções durante a apresentação de vendas ou quando solicitados a assinar o pedido. Essa resistência pode ser psicológica ou lógica. A *resistência psicológica* inclui a resistência à interferência, preferência por fontes de suprimentos ou marcas estabelecidas, apatia, relutância em ceder a uma argumentação, associações desagradáveis sobre a outra pessoa, idéias predeterminadas, aversão a tomar decisões e atitudes neuróticas em relação a dinheiro. A *resistência lógica* pode consistir em objeções a preço, prazo de entrega ou certas características do produto ou da empresa. Para superar essas objeções, o vendedor mantém uma abordagem positiva, pede ao comprador que esclareça sua objeção, questiona-o de maneira que ele tenha que responder a sua própria objeção, nega a validade de tal objeção ou ainda a converte em mais um motivo para a compra. O vendedor precisa treinar ampla e profundamente suas habilidades de negociação, nas quais a superação de objeções seja parte integrante.

**FECHAMENTO.** Nesse estágio, o vendedor tenta fechar a venda. Alguns não chegam ou não obtêm êxito nesse estágio. Faltam-lhes confiança ou sentem-se desconfortados em pedir ao cliente que assine o pedido, ou não reconhecem o momento psicológico adequado para tal

32. LINDSTROM. Op. cit. p. 31-32.
33. Veja o artigo de SHAPIRO, Rosann L., PERREAULT JR., William D. Influence use by industrial salesmen: influence strategy mixes and situational determinants. *Graduate School of Business Administration*. University of North Carolina, 1976.

ação. Os vendedores precisam saber como identificar ações físicas, declarações ou comentários e perguntas dos compradores que sinalizem a hora do fechamento. Eles podem usar diversas técnicas de fechamento. Podem solicitar o pedido, recapitular os pontos do entendimento, oferecer para ajudar a secretária a preencher o pedido, perguntar se o comprador tem preferência por A ou B, induzir o cliente a fazer escolhas de menor relevância como cor ou tamanho ou indicar o que ele perderá se não fizer o pedido naquele momento. O vendedor pode oferecer incentivos específicos ao comprador para fechar a venda, como preço especial, quantidade extra sem cobrar ou um brinde.

**ACOMPANHAMENTO (*FOLLOW UP*) E MANUTENÇÃO.** Esta última etapa é necessária se o vendedor deseja assegurar a satisfação do cliente e novos negócios. Imediatamente após o fechamento, o vendedor deve completar os detalhes necessários sobre prazo de entrega, condições de compra e outros assuntos. Deve programar uma visita de acompanhamento após a recepção do pedido, para assegurar-se de que instalação, instruções e serviços sejam adequados. Essa visita detectaria quaisquer problemas, assegurando ao comprador o interesse do vendedor e reduziria qualquer dissonância cognitiva que possa ter surgido. O vendedor deve desenvolver um plano de manutenção para garantir que o cliente não seja esquecido ou perdido para um concorrente.

## Negociação

Grande parte da venda *business to business* envolve habilidade em negociação. As duas partes precisam chegar a um acordo sobre preço e outras condições de venda. Os vendedores precisam conquistar o pedido sem fazer muitas concessões que prejudiquem a rentabilidade.

**DEFINIÇÃO DE NEGOCIAÇÃO.** Marketing está interessado nas atividades de troca e nas maneiras que as condições de troca são estabelecidas. Na *troca rotinizada,* as condições são estabelecidas por programas administrados de preço e distribuição. Na *troca negociada,* o preço e outras condições são estabelecidos via comportamento de barganha, em que duas ou mais partes negociam acordos a longo prazo (por exemplo, *joint ventures,* franquias, subcontratações, integração vertical).

Embora preço seja o assunto freqüentemente mais negociado, são também negociados outros assuntos, como prazo de encerramento do contrato, qualidade dos bens ou serviços oferecidos, volume comprado, responsabilidade pelo financiamento, risco envolvido, promoção, propriedade e segurança do produto. O número de assuntos de negociação é virtualmente ilimitado.

Os profissionais de marketing que se encontram em situações de barganha precisam de determinados traços e habilidades para serem eficazes. Os traços mais importantes são a preparação e a habilidade de planejamento, conhecimento do assunto sujeito a ser negociado, habilidade para pensar clara e rapidamente sob pressão e incerteza, habilidade para expressar verbalmente idéias, habilidade de ouvir, habilidade de julgamento e inteligência geral, integridade, habilidade para persuadir outros e paciência. Isto os ajudará a saber quando e como negociar.[34]

**QUANDO NEGOCIAR.** Lee e Dobler listaram as seguintes circunstâncias em que a negociação é apropriada para fechar uma venda:

1. Quando muitos fatores estão envolvidos, além do preço, como qualidade e serviço.
2. Quando os riscos envolvidos no negócio não podem ser predeterminados com precisão.
3. Quando é exigido longo período de tempo para a fabricação dos itens comprados.
4. Quando a produção é interrompida freqüentemente em função de numerosas alterações nos pedidos.[35]

A negociação é apropriada quando existe uma *zona de acordo*.[36] Uma zona de acordo existe quando há simultaneamente resultados aceitáveis justapostos para as partes envolvidas. Este conceito está ilustrado na Figura 22.4. Suponhamos que duas partes estejam negociando um preço e cada uma delas estabelece secretamente um *preço de reserva*. O vendedor estabelece um preço de reserva, $s$, que é o *mínimo* a ser aceito por ele. Qualquer valor final, $x$, que seja inferior a $s$, impossibilitará um acordo. Para qualquer valor $x > s$, o vendedor receberá um excedente. Obviamente, o vendedor deseja obter o maior excedente possível, contanto que mantenha bom relacionamento com o comprador. Por sua vez, o comprador tem seu preço de reserva, $b$, que é o *máximo* que ele pretende pagar. Qualquer preço $x > b$ representa um preço que não permite acordo. Para qualquer $x < b$, o comprador recebe um excedente. Se o preço de reserva do vendedor for menor do que o preço de reserva do comprador, ou seja, $s < b$, então existirá uma zona de acordo e o preço final será determinado por meio da barganha.

34. Para leitura adicional, veja RAIFFA, Howard. *The art and science of negotiation.* Cambridge, MA : Harvard University Press, 1982; BAZERMAN, Max H., NEALE, Margaret A. *Negociando racionalmente.* São Paulo : Atlas, 1995; FREUND, James C. *Smart negotiating.* New York : Simon & Schuster, 1992; e ACUFF, Frank L. *How to negotiate anything with anyone anywhere around the world.* New York : American Management Association, 1993.
35. Veja DOBLER, Donald W. *Purchasing and materials management.* 5. ed. New York : McGraw-Hill, 1990.
36. Esta discussão sobre zona de acordo é amplamente desenvolvida em RAIFFA, Op. cit.

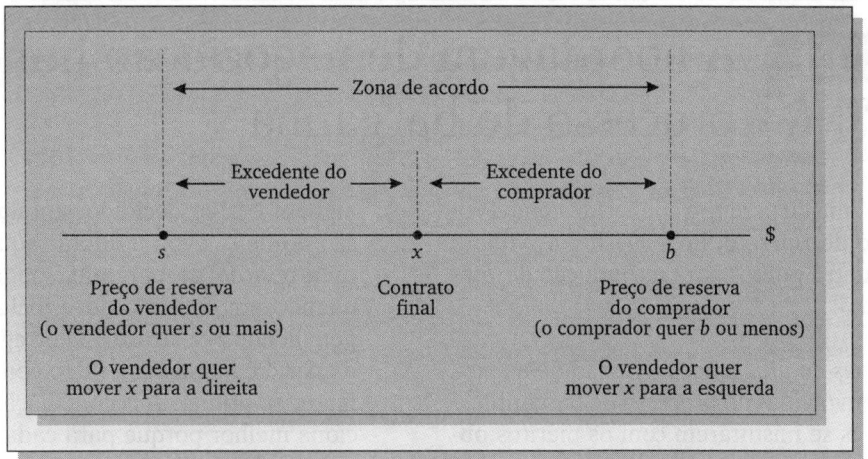

**Fonte:** Reproduzido com permissão da editora de RAIFFA, Howard. *The art and science of negotiation.* Cambridge, MA : The Belknap Press of Harvard University Press, 1982.

**Figura 22.4**    *Zona de acordo.*

Há uma vantagem óbvia quando se conhece o preço de reserva da outra parte envolvida e em fazer com que ele se pareça mais alto (para um vendedor) ou mais baixo (para um comprador) do que na realidade. Entretanto, a clareza com que compradores e vendedores revelam seus preços de reserva depende de suas personalidades, das circunstâncias da negociação e da expectativa sobre relacionamentos futuros.

**FORMULAÇÃO DE UMA ESTRATÉGIA DE NEGOCIAÇÃO.** A negociação envolve a preparação de um plano estratégico antes de seu início e a tomada de decisões táticas durante sua decorrência.

**ESTRATÉGIA DE NEGOCIAÇÃO é um compromisso a uma ampla abordagem, que tenha boa chance de atingir os objetivos do negociador.**

Por exemplo, alguns negociadores adotam uma estratégia "dura" com seus oponentes, enquanto outros consideram que uma estratégia "suave" traz resultados mais favoráveis. Fisher e Ury propõem outra estratégia, chamada "negociação honrada". (Para mais detalhes sobre este tópico, veja a seção *Insight* de Marketing intitulada "A abordagem de negociação honrada no processo de barganha".)[37]

**TÁTICAS DE BARGANHA DURANTE A NEGOCIAÇÃO.** Os negociadores utilizam uma variedade de táticas quando estão barganhando. As táticas de barganha podem ser definidas como manobras a serem adotadas em pontos específicos durante o processo de negociação. Podem ser ameaças, blefes, ofertas de última chance, ofertas difíceis no início e outras. Várias táticas clássicas de barganha estão listadas na Tabela 22.3.

Fisher e Ury oferecem aconselhamento tático consistente com sua estratégia de negociação honrada; a primeira parte do aconselhamento refere-se a que atitude tomar caso o outro lado seja mais poderoso. Para isso, a melhor tática é conhecer a melhor alternativa para um acordo negociado. Com a identificação das alternativas, caso um acordo não seja atingido, encontra-se um padrão de mensuração para qualquer oferta. Esse padrão protege contra pressões para a aceitação de termos menos favoráveis, impostos por um oponente mais poderoso.

Outro conjunto de táticas de barganha diz respeito às táticas do oponente, preparadas para tentar enganar, distorcer ou influenciar de alguma forma a negociação em benefício próprio. Qual tática deve ser usada quando a outra parte utiliza alguma forma de ameaça ou uma tática do tipo "pegar ou largar" ou coloca o oponente do lado da mesa onde o sol bate diretamente em seus olhos? Um negociador deve reconhecer a tática, levantar a questão de forma explícita e questionar quanto à legitimidade e quanto à conveniência da mesma. Em outras palavras, ele deve negociar sobre isso. Se a negociação falhar, a empresa deve rever a alternativa adotada e encerrá-la até que a outra parte desista das táticas empregadas. Procurar defender-se de tais táticas é mais produtivo do que o contra-ataque por meio do emprego de táticas igualmente inescrupulosas.

## Marketing de relacionamento

Os princípios da venda pessoal e da negociação são descritos como *orientados para a transação*, isto é, seus propósitos são ajudar o vendedor a fechar uma venda específica com um cliente. Contudo, em muitos casos, a empresa não está simplesmente procurando fechar uma

---

37.  FISHER, Roger, URY, William. *Getting to yes*: negotiating agreement without giving in. ed. rev. Boston : Houghton Mifflin, 1992.

# A abordagem de negociação honrada no processo de barganha

Em um programa de pesquisa conhecido como Projeto de Negociação de Harvard, Roger Fisher e William Ury chegaram a quatro pontos para a condução de "negociações honradas".

1. *Separe as pessoas do problema.* Em razão de as pessoas estarem envolvidas no processo de barganha, é fácil as emoções se misturarem com os méritos objetivos do assunto a ser negociado. Estruturar os assuntos da negociação em termos das personalidades envolvidas, em vez de nos interesses das partes, pode levar a uma negociação ineficaz. A negociação deteriora quando se torna um teste de vontades, em vez de uma atividade para solução de um problema conjunto.

   Separar as pessoas do problema envolve, primeiro, fazer percepções precisas. Cada parte deve entender enfaticamente o ponto de vista do oponente e deve tentar sentir o nível de emoção expresso pelo mesmo. Segundo, as emoções que envolvem ou decorrem da negociação deve ser colocadas de forma explícita e consideradas como legítimas. A discussão aberta das emoções de ambas as partes, desde que controladas, ajudam a manter a negociação em níveis produtivos. Terceiro, as comunicações entre as partes devem ser claras. Ouvir atentamente e saber o que está sendo dito, falar sobre problemas em vez de falar sobre as fraquezas do oponente e demonstrar interesse em vez de querer falar apenas para ser ouvido, são métodos para melhorar as chances de se chegar a uma solução satisfatória.

2. *Foque interesses e não posições.* A diferença entre posições e interesses é que a posição assumida por alguém é algo decidido, enquanto seus interesses são o que o levou a adotar aquela posição. Assim, uma *posição* de barganha pode ser caracterizada quando um contrato deve incluir uma cláusula de penalidade por atraso de entrega; assim, o *interesse* da parte é manter um fluxo contínuo de entrega de matérias-primas. A reconciliação de interesses funciona melhor porque para cada interesse há, geralmente, várias posições possíveis que podem satisfazê-lo.

3. *Invente opções para benefício mútuo.* Envolve a busca de um bolo maior, em vez de argumentos sobre o tamanho de cada fatia. Procurar opções que ofereçam ganhos mútuos ajuda a identificar os interesses comuns.

4. *Insista em critérios objetivos.* Quando um negociador oposto for intransigente e argumentar sobre sua posição, em vez de sobre seus interesses, uma boa estratégia é insistir que o acordo deve refletir critérios objetivos, justos, independentemente da posição da outra parte. Ao discutir sobre critérios objetivos, em vez de insistir em manter posições obstinadas, nenhuma parte ganha da outra e ambas chegarão a um acordo justo. Tais critérios objetivos podem ser valor de mercado, valor de depreciação, competitividade de preços, custos de reposição, índice de preço no atacado etc.

**Fonte:** Adaptado de FISHER, Roger, URY, William. *Getting to yes*: negotiating agreement without giving in. ed. rev. Boston : Houghton Mifflin, 1992. p. 57.

venda: ela está interessada em conquistar um cliente específico para atendê-lo durante muito tempo. A empresa gostaria de demonstrar ao cliente que ela possui as condições necessárias para atender a suas necessidades de maneira superior, principalmente se as duas partes puderem formar um compromisso de relacionamento. O tipo de venda para estabelecer um relacionamento de colaboração a longo prazo é mais complexo do que aquele anteriormente descrito neste capítulo. Neil Rackham desenvolveu o método denominado *Venda SPIN* (Situação/Problema/Implicação/Necessidade). As em-presas podem usar a venda SPIN quando não estão procurando apenas uma venda imediata, mas um compromisso a longo prazo, um relacionamento mutuamente benéfico. O compromisso de trabalho conjunto a longo prazo exige o desenvolvimento de um conjunto completo de acordos. Assim, conforme Rackham, o processo de venda movimenta-se desde as investigações preliminares sobre os problemas e necessidades do cliente, passando pela demonstração da capacidade do fornecedor e, finalmente, chegando-se a um compromisso a longo prazo.[38]

38. RACKHAM, Neil. *SPIN selling.* New York : McGraw-Hill, 1988.

**Tabela 22.3**   *Táticas clássicas de barganha.*

| | |
|---|---|
| Seja entusiasmado | Demonstre visivelmente seu envolvimento emocional em relação a sua posição. Isto aumenta sua credibilidade e pode proporcionar ao oponente uma justificativa para fechar o acordo com base em seus termos. |
| Aposte alto | Crie ampla margem para negociação. "Aposte alto" desde o início. Feitas todas as concessões, você ainda sairá ganhando. |
| Consiga um aliado de prestígio | O aliado pode ser uma pessoa ou projeto que seja de prestígio. Você tentará influenciar seu oponente a aceitar menos, em virtude de o negócio envolver tal pessoa ou projeto. |
| O poço secou | Encare o oponente de frente e diga-lhe que você não pode fazer mais concessões. |
| Autoridade limitada | Você negocia de boa fé com o oponente e, na hora de assinar o acordo, simplesmente diz: "Vou consultar meu chefe." |
| Negociação múltipla/leilão | Você negocia simultaneamente com vários concorrentes que sabem da existência de várias partes envolvidas. Marque compromissos com eles ao mesmo tempo e deixe-os esperando para vê-lo. |
| Dividir para conquistar | Se você estiver negociando com uma equipe da organização oponente, venda suas propostas a apenas um membro da equipe. Ele o ajudará a persuadir os outros membros da equipe. |
| Desapareça/ganhe tempo | Abandone a negociação por um tempo. Retorne quando as coisas estiverem melhor e tente retomá-la. O período de tempo pode ser longo (você pode sair da cidade) ou curto (vá ao banheiro para pensar). |
| Seja impassível | Não dê nenhuma resposta emocional ou verbal ao oponente. Não responda a seus ataques ou pressões. Fique "frio" e mantenha a face de um jogador de pôquer. |
| Seja paciente | Se você for capaz de superar seu oponente em paciência, provavelmente, terá sucesso. |
| Vamos repartir | O primeiro a sugerir isso será o que menos perderá na negociação. |
| Balão de ensaio | Antes de tomar a decisão, você a avalia por meio de uma fonte confiável. Isso possibilita-lhe testar as reações a sua decisão. |
| Surpresa | Deixe seu oponente desnorteado com guinadas repentinas, drásticas e dramáticas. Nunca seja previsível. Evite que o oponente antecipe seus movimentos. |

**Fonte:**   Extraído de uma lista de 200 táticas preparadas pelo Professor Donald W. Hendon da University of North Alabama, apresentadas em seu seminário "Como negociar e vencer".

Hoje, mais empresas estão enfatizando a mudança da prática de marketing de transação para *marketing de relacionamento* (veja Capítulo 2). A época do "vendedor solitário" que trabalhava em seu território e era orientado apenas por uma quota de vendas e um plano salarial ficou no passado. Os clientes de hoje são grandes e, freqüentemente, globais. Eles preferem fornecedores que podem vender e entregar um conjunto coordenado de produtos e serviços em muitos locais; e que possam trabalhar em conjunto com as equipes do cliente para melhorar os produtos e os processos. Infelizmente, a maioria das empresas não está preparada para atender a essas exigências. Seus produtos são vendidos por forças de vendas separadas que não trabalham em conjunto. O pessoal técnico da empresa pode não estar disposto a despender tempo orientando um cliente.

As empresas reconhecem que a equipe de vendas será cada vez mais a chave para conquistar e manter clientes. Todavia, reconhecem que apenas pedir a colaboração de seus funcionários não resolve. Precisam revisar seus planos salariais para compensar o trabalho despendido na atenção a vários clientes; devem fixar melhores metas e formas de mensuração do rendimento de suas forças de vendas; e devem enfatizar a importância do trabalho em equipe em seus programas de treinamento e, ao mesmo tempo, recompensar a iniciativa individual.[39]

Marketing de relacionamento é baseado na premissa de que os clientes importantes precisam receber atenção contínua. Os vendedores que trabalham com clientes-chaves devem fazer mais do que visitas quando os procurarem para retirar pedidos. Eles devem ser visi-

39. Veja CESPEDES, Frank V., DOYLE, Stephen X., FREEDMAN, Robert J. Teamwork for today's selling. *Harvard Business Review,* p. 44-54, 58, Mar./Apr. 1989. Veja também CESPEDES, Frank V. *Concurrent marketing*: integrating product, sales, and service. Boston : Harvard Business School Press, 1995.

## INSIGHT DE MARKETING — Quando e como usar marketing de relacionamento

Barbara Jackson argumenta que marketing de relacionamento não é eficaz em todas as situações, mas é extremamente útil quando aplicado em situações adequadas. Ela vê marketing de transação como mais apropriado para trabalhar com clientes de vida curta, bem como baixos custos de transação, como os compradores de produtos padronizados (*commodities*). Um cliente que compra aço pode adquiri-lo de um entre vários fornecedores, optando por aquele que lhe oferecer as melhores condições. O fato de um fornecedor ser especialmente atencioso ou prestativo não lhe garante automaticamente a próxima venda; suas condições têm que ser constantemente competitivas.

Em contraste, os investimentos em marketing de relacionamento apresentam retorno altamente compensador junto a clientes de vida longa, que envolvem altos custos de transação, como ocorre com os compradores de sistemas de automação de escritório. Presumivelmente, o comprador de um sistema pesquisa cuidadosamente os fornecedores concorrentes dos equipamentos que deseja adquirir, optando por aquele que lhe oferecer boa assistência técnica a longo prazo e que domine "o estado da arte" em termos de tecnologia. Tanto o cliente quanto o vendedor investem muito dinheiro e tempo em relacionamento. O cliente acharia muito caro e arriscado mudar de fornecedor e este também acharia que não valeria a pena perder esse cliente. Jackson chama esses tipos de clientes de "clientes perdidos para sempre", e, nesse caso, a prática de marketing de relacionamento obtém maior resultado.

Nas situações de "clientes perdidos para sempre", o desafio para dois fornecedores é diferente (o fornecedor atual e o fornecedor potencial). A estratégia do fornecedor atual consiste em tornar a mudança difícil para o cliente. Esse fornecedor desenvolve sistemas de produtos que sejam incompatíveis com os produtos concorrentes, além de implantar sistemas de processamento de pedido que facilitem o controle de estoque e de entrega. Por outro lado, o fornecedor potencial projeta sistemas de produtos que sejam compatíveis com o sistema do cliente-alvo, de fácil instalação e treinamento, economizem dinheiro do cliente e ofereçam possibilidade de aperfeiçoamento no decorrer do tempo.

Anderson e Narus acreditam que marketing de transação *versus* marketing de relacionamento não é um assunto que depende menos do tipo de setor industrial e mais dos desejos de um cliente específico. Alguns clientes valorizam um alto nível de serviço e ficarão com um fornecedor durante muito tempo. Outros clientes desejam reduzir custos e não hesitarão em mudar de fornecedor para que isto ocorra. Nesse caso, a empresa pode ainda tentar manter o cliente que esteja disposto a receber nível inferior de serviço a preço mais baixo. Por exemplo, o cliente pode dispensar a entrega gratuita, algum treinamento etc. Esse cliente seria tratado com base em transação, em vez de com base em relacionamento. À medida que a empresa reduz mais seus próprios custos e reduz menos seus preços, o cliente orientado para a transação ainda será rentável.

**Fontes:** JACKSON, Barbara Bund. *Winning and keeping industrial customers.* The dynamics of customer relationships. Lexington, MA : D. C. Heath, 1985; e ANDERSON, James C., NARUS, James A. Partnering as a focused market strategy. *California Management Review*, p. 95-113, Spring 1991.

---

tados em outras ocasiões, convidados a jantar, devem receber sugestões sobre seus negócios, e assim por diante. Os vendedores devem monitorar esses clientes, conhecer seus problemas e estar prontos para servi-los de inúmeras maneiras.

Aqui estão as principais etapas envolvidas no estabelecimento de um programa de marketing de relacionamento:

- *Identificação de clientes-chaves que merecem atenção especial.* A empresa pode escolher os cinco ou dez maiores clientes e designá-los para marketing de relacionamento. Podem ser acrescentados outros clientes que mostrarem crescimento excepcional.
- *Designação de um gerente de relacionamento habilitado a cada cliente-chave.* O vendedor que atende um cliente-chave deve receber treinamento em marketing de relacionamento.
- *Desenvolvimento de uma clara descrição das tarefas dos gerentes de marketing de relacionamento.* Devem ser descritos seus objetivos, responsabilidades e critérios de avaliação. O gerente de relacionamento é responsável pelo cliente e deve ser o ponto central de todas as informações sobre o mesmo e também o mobilizador dos serviços da empresa para o cliente. Cada gerente de relacionamento terá que administrar apenas um ou alguns poucos clientes.
- *Indicação de um gerente-geral para supervisionar os gerentes de relacionamento.* Esta pessoa deverá desenvolver descrições de tarefas, critérios de avaliação e recursos de apoio para aumentar a eficácia dos gerentes de relacionamento.

- *Cada gerente de relacionamento deve desenvolver um plano a longo prazo e um plano anual de relacionamento com o cliente.* O plano anual de relacionamento deve definir objetivos, estratégias, ações específicas e recursos necessários.

Quando um programa de administração de relacionamento for implementado, a organização começará a focar tanto seus clientes quanto seus produtos. Ao mesmo tempo, as empresas devem perceber que enquanto não houver um movimento forte e garantido em direção ao marketing de relacionamento, ele não será eficaz em todas as situações. Finalmente, as empresas devem julgar que segmentos e que clientes específicos responderão rentavelmente à administração de relacionamento. (Para algumas orientações, veja a seção *Insight* de Marketing intitulada "Quando e como usar marketing de relacionamento".)

## RESUMO

1. A venda pessoal funciona como um elo de ligação entre a empresa e seus clientes. O vendedor é a empresa para muitos de seus clientes e é ele que traz parte das informações de que a empresa necessita.

2. O planejamento da força de vendas exige decisões em relação a seus objetivos, estratégia, estrutura, tamanho e remuneração. Os objetivos da força de vendas podem incluir prospecção, definição de alvo, comunicação, venda, serviço, coleta de informações e alocação. A determinação de sua estratégia requer a escolha do composto de abordagens de vendas que forem mais eficazes (venda individual, venda em equipe, reunião de vendas e seminário de vendas). A escolha da estrutura da força de vendas envolve a divisão de territórios por área geográfica, produto ou por mercado (ou alguma combinação dessas alternativas). A definição do tamanho da força de vendas envolve estimar a carga total de trabalho e o número necessário de horas de visitas e, conseqüentemente, o número de vendedores. A remuneração da força de vendas exige a determinação do tipo de salário, comissão, bônus, despesas, benefícios e que peso será atribuído à satisfação do cliente em sua composição.

3. Há cinco etapas envolvidas na administração da força de vendas: (1) recrutamento e seleção de vendedores, (2) treinamento em técnicas de vendas e nos produtos, políticas e orientação para a satisfação do cliente; (3) supervisão, envolvendo o planejamento eficiente do tempo; (4) motivação, balanceando quotas, recompensas financeiras e motivadores complementares e (5) avaliação individual e em grupo.

4. Os vendedores eficazes são treinados nos métodos de análise e administração de clientes, bem como na arte do profissionalismo em vendas. Nenhuma abordagem de vendas funciona melhor em todas as circunstâncias, mas a maioria dos programas de treinamento de vendas afirma que a venda é um processo de sete etapas: prospecção e qualificação de clientes; pré-abordagem, abordagem, apresentação e demonstração, superação de objeções, fechamento e acompanhamento (*follow up*) e manutenção. Outro aspecto da venda é a negociação, arte de conduzir os termos da transação que satisfaçam a ambas as partes. Um terceiro aspecto é marketing de relacionamento, que foca o desenvolvimento de relacionamentos mutuamente benéficos a longo prazo entre as duas partes.

## APLICAÇÕES CONCEITUAIS

1. Diz-se que há duas partes envolvidas em qualquer venda – uma desempenhada pelo vendedor e outra desempenhada pela organização que ele representa. O que a empresa deve fornecer ao vendedor para que ele aumente suas vendas? Como o trabalho do gerente de vendas difere do trabalho do vendedor?

2. As organizações que obtêm grandes vendas e lucros por anos consecutivos, como a Dell Computer, Nordstrom, Merck, Four Seasons (cadeia de hotéis), Vanguard Group, Wal-Mart, Midwest Express, Hertz, Home Depot, UPS (entrega de encomendas) e Du Pont, conseguem isso, em parte, porque têm boa administração de vendas. Por exemplo:

   - A *Dell Computer* controla seus clientes por meio do uso da tecnologia de computadores. Oferece garantia, expansões (*upgrades*) e assistência técnica permanente a seus usuários. Os computadores são entregues com um sistema operacional. A empresa também oferece programas de treinamento intensivos para orientar seu pessoal de vendas a vender computadores e tecnologia avançada via telemarketing e mala direta.

- A *Nordstrom* dedica atenção intensa e personalizada aos consumidores e mantém um banco de dados atualizado que permite melhor orientação em suas futuras compras. Eles permanecem muito leais.

Escolha três entre as demais empresas citadas e prepare um breve relatório (três a cinco páginas), descrevendo como a administração de vendas contribui para seu sucesso global.

3. Uma empresa de bens embalados está oferecendo um programa de treinamento para seus vendedores. Ela definiu o planejamento e os objetivos do programa e está atualmente desenvolvendo a fase de avaliação. A equipe está consciente de que pelo menos dois erros podem afetar as avaliações:

    - *Efeito halo.* Ocorre quando os treinandos ou avaliadores ficam muito impressionados por um ou dois fatores importantes da sessão e perdem a objetividade crítica sobre outros fatores.
    - *Efeito bumerangue.* Às vezes, ocorre quando os treinandos demonstram o oposto do que realmente sentem, apenas para influenciar ou sabotar o processo de avaliação.

    De que outros tipos de erros a equipe deve estar consciente? Como ela pode desenvolver o programa de avaliação para evitá-los?

4. Suponhamos que um vendedor faz 1.600 visitas de vendas por ano. Se ele estiver vendendo $ 420.000 por ano, quantas visitas ele pode fazer a um cliente que compra $ 10.000 por ano sem prejudicar seu volume total de vendas?

5. Um gerente de território de vendas fez a seguinte colocação em uma convenção de vendas: "O vendedor médio custa a nossa empresa $ 40.000 em remuneração e despesas. Por que não reduzir o número de anúncios de página inteira na revista *Time*, custando cada um quase o mesmo, e usar o dinheiro para contratar mais vendedores? Certamente, um vendedor trabalhando um ano inteiro pode vender mais produtos do que um anúncio de página inteira nessa revista. Avalie esta argumentação.

6. Os vendedores devem participar da fase de fixação de quotas de vendas para seus territórios? Quais as vantagens e desvantagens dessa participação?

7. Recentemente, uma empresa fabricante de bens industriais modificou a estrutura de sua força de vendas. Anteriormente, usava representantes de fabricantes; agora, contratou e está desenvolvendo sua própria força de vendas. Em grupo de cinco alunos, desenvolva um plano de remuneração para a força de vendas.

8. As empresas farmacêuticas fornecem um serviço valioso aos médicos e à comunidade de assistência médica. Elas fornecem o capital usado para a descoberta de novos medicamentos avançados para aumentar a qualidade de vida e dos serviços de saúde. Sem os recursos do setor privado e das forças competitivas de uma sociedade de livre mercado, não teríamos muitos dos medicamentos agora disponíveis. Entretanto, as práticas de marketing e as técnicas de vendas das empresas farmacêuticas afetam os hábitos de prescrição e, ultimamente, o custo dos serviços de saúde. Seus investimentos em pesquisa e desenvolvimento de novos produtos de qualidade vêm afetando o volume de lucro esperado pelos acionistas.

Individualmente ou em pequenos grupos, dê algumas sugestões para os vendedores atenderem aos objetivos financeiros estabelecidos pela administração, mantendo, ao mesmo tempo, padrões éticos elevados. Que promoções de vendas éticas os vendedores devem usar nesse setor industrial? O que o setor pode fazer para manter o sistema de marketing e vendas atual, à medida que aumenta a regulamentação e o controle governamental?

9. Freqüentemente, o sucesso de um gerente de vendas depende da qualidade de sua equipe de vendedores. Imagine que você é um gerente de vendas e redija três perguntas com respostas "sim" ou "não" que faria a si próprio sobre a pessoa que acabou de entrevistar para ocupar o cargo de vendedor *business to business*. Assegure-se de que suas perguntas estão focadas nas qualidades que espera encontrar em sua força de vendas. Após formular suas três perguntas, organize-se em equipes de cinco alunos e faça uma lista de 10 perguntas que o ajudarão a identificar os bons candidatos ao cargo.

10. Para cada situação, indique se a força de vendas deve ser remunerada mais com salário fixo ou mais com comissão.

    a. Trabalho em que as atividades não diretamente envolvidas no fechamento da venda são mais importantes (por exemplo, serviços técnicos, relações púbicas, colocação de *displays* em pontos de venda).

    b. A tarefa de vendas é complexa e envolve trabalho em equipe, como na venda de equipamento de processamento de dados ou de maquinário pesado.

    c. O principal objetivo é a geração de maior volume de vendas por meio da conquista de novos clientes.

    d. A empresa deseja vendedores empreendedores que não necessitam de muita supervisão.

    e. As vendas são sazonais, altas em alguns períodos e baixas em outros.

    f. A principal meta da empresa é aumentar as vendas por meio de transações não repetitivas.

    g. A empresa busca ativamente relacionamentos a longo prazo com seus clientes e excelência em serviços.

    h. A tarefa de vendas é rotineira como no atacado e na venda de produtos de consumo diário.

# 23 Administração de Marketing Direto e de Marketing *On-line*

*Marketing de massa está obsoleto. Isso decorre da mudança de hábitos dos consumidores, dos produtos complexos baseados em tecnologia, das novas formas de comprar e pagar, da competição intensa, dos novos canais de venda e do declínio da eficácia da propaganda. Marketing pessoal é o que os consumidores desejam.*

JEFF SNEDDEN, McCAW CELLULAR

*O surgimento da mídia um a um fornecerá um tipo de concorrência totalmente novo – marketing um a um. No futuro um a um, você vai estar competindo para conquistar um cliente por vez (...) Você não estará tentando vender um único produto a grande número de consumidores. Ao contrário, estará tentando vender grande número de produtos a um único consumidor – durante longo período de tempo e com linhas de produtos diferentes.*

DON PEPPERS E MARTHA ROGERS, O FUTURO UM A UM

Muitas das ferramentas promocionais examinadas nos Capítulos 21 e 22 foram desenvolvidas no contexto de *marketing de massa*: as empresas procuravam atingir milhares ou até milhões de compradores com um único produto e uma mensagem padronizada. Assim, a Procter & Gamble, originalmente, lançou o creme dental Crest em uma versão com uma única mensagem de propaganda (Crest combate a cárie), esperando que 250 milhões de norte-americanos lessem a mensagem e comprassem a marca. A P&G não precisava saber o nome de seus consumidores ou de algo mais sobre eles, apenas que eles desejavam cuidar de seus dentes.

Sem dúvida, o Crest concorria com outras marcas no mercado, mas cada uma delas usava a mesma estratégia de marketing de massa, com marcas e mensagens únicas. Após alguns anos, a concorrência forçou essas empresas a acrescentar extensões a suas linhas de marcas (creme dental para combater o tártaro, branquear os dentes, refrescar o hálito e assim por diante) e diferentes anúncios para vários grupos etários e de estilos de vida. Alguns concorrentes encontraram oportunidades de ocupar nichos de mercado, criando marcas específicas para os mesmos. Ainda, a maioria das empresas não conhecia o nome de seus consumidores. Suas comunicações de marketing consistiam de monólogo e não em diálogo com os consumidores.

Todavia, nem todas as empresas praticavam marketing de massa. Entre as empresas que coletavam os nomes dos consumidores e vendiam diretamente estavam as de venda por catálogo, mala direta e telefone. Suas ferramentas de venda eram principalmente o correio e o telefone. Hoje, as novas mídias como os computadores, *modems*, fax, correio eletrônico (*e-mail*), Internet e serviços *on-line* permitem marketing direto mais sofisticado. Sua adoção e custos razoáveis têm ampliado substancialmente as oportunidades de marketing direto. As empresas podem falar diretamente com os consumidores e adaptar seus produtos para atenderem às necessidades desses clientes.

Neste capítulo, examinamos a natureza, o papel e as aplicações crescentes de marketing direto e marketing *on-line*. Levantaremos as seguintes questões:

- **Quais os benefícios do marketing direto?**
- **Como os bancos de dados de consumidores apoiam o marketing direto?**
- **Que canais as empresas de marketing direto usam para atingir clientes potenciais e compradores?**
- **Que oportunidades de marketing os canais *on-line* fornecem?**
- **Como as empresas podem usar marketing direto integrado para obter vantagem competitiva?**
- **Que problemas públicos e éticos marketing direto e marketing *on-line* apresentam?**

## CRESCIMENTO E BENEFÍCIOS DO MARKETING DIRETO

A Direct Marketing Association (DMA) apresenta a seguinte definição de *marketing direto*:

**MARKETING DIRETO é um sistema interativo que usa uma ou mais mídias de propaganda para obter uma resposta e/ou transação mensurável em qualquer localização.**

Esta definição dá ênfase a uma resposta mensurável, tipicamente o pedido de um consumidor. Assim, marketing direto é às vezes chamado de *marketing de resposta direta*.

Hoje, muitas empresas de marketing direto vêem-se exercendo um papel mais amplo que é construir um relacionamento a longo prazo com o consumidor (*marketing de relacionamento direto*).[1] Ocasionalmente, as empresas de marketing direto enviam cartões de aniversário, materiais informativos ou pequenos brindes para selecionar os componentes de seus bancos de dados. Linhas aéreas, hotéis e outros negócios estão desenvolvendo fortes relacionamentos com seus consumidores por meio de programas de freqüência (por exemplo, milhagens de vôo) e outros programas.

### Crescimento do marketing direto e da compra eletrônica

As vendas geradas por meio dos canais de marketing direto tradicionais (catálogos, mala direta e telemarketing) vêm crescendo rapidamente. Enquanto o crescimento da venda no varejo nos Estados Unidos gira em torno de 3% por ano, as vendas por catálogo/mala direta estão crescendo na faixa de 7%. Incluem as vendas ao mercado consumidor (50%), as vendas *business to business* (29%) e o levantamento de contribuições pelas instituições de caridade (21%). As vendas por catálogo/mala direta são estimadas anualmente em cerca de $ 252 bilhões. A venda direta anual *per capita* é de $ 461.[2]

O crescimento extraordinário do marketing direto no mercado consumidor é uma resposta à realidade de marketing dos anos 90. A desintegração do mercado de massa tem resultado em um número crescente de nichos com preferências distintas. Os custos elevados de dirigir automóvel, os congestionamentos de tráfego, as dores de cabeça para encontrar estacionamento, a falta de tempo, a pouca orientação dos vendedores das lojas e as filas nos caixas estão estimulando a compra diretamente da residência. Os consumidores estão respondendo favoravelmente aos números de telefone de discagem gratuita oferecidos pelas empresas de marketing direto, à possibilidade de fazer pedidos a noite e nos finais de semana e ao compromisso de melhor serviço. O crescimento da entrega em 24 ou 48 horas via Federal Express, Airborne, DHL e outras empresas de entrega rápida tem agilizado e facilitado os pedidos. Além disso, muitas redes de lojas têm eliminado os itens especializados de pouco giro, aumentando a oportunidade de as empresas de marketing direto promovê-los diretamente aos compradores interessados. Finalmente, o crescente uso de microcomputadores e os bancos de dados de consumidores têm proporcionado a essas empresas a identificação dos melhores compradores potenciais para qualquer produto que desejam vender.

**Tabela 23.1** *Custo por contato para atingir mercados industriais por meio de diferentes mídias.*

| | | |
|---|---|---|
| Visita de vendedor | $ 250 | (fora da cidade) |
| | 52 | (dentro da cidade) |
| Seminários, feiras | 40 | |
| Envio de carta pelo vendedor | 25 | |
| Exposição em loja | 16 | |
| Anúncio grande nas Páginas Amarelas | 16 | |
| Pedido por telefone | 9 | (0800 – Discagem gratuita) |
| | 6 | (discagem local) |
| Telemarketing programado | 8 | (discagem interurbana) |
| | 4 | (discagem local) |
| Mala direta | 0,30 | |
| Mídia seletiva | 0,15 | (anúncio em publicação especializada |
| Mídia de massa | 0,01 -0,05 | (rádio, jornal, TV) |

**Fonte:** JOHN KLEIN & ASSOCIATES, INC. Cleveland, Ohio, 1988.

---

1. As expressões *marketing de resposta direta* e *marketing de relacionamento direto* foram sugeridos como subconjuntos de marketing direto por RAPP, Stan, COLLINS, Tom. *The great marketing turnaround.* Englewood Cliffs, NJ : Prentice Hall, 1990.
2. Veja FISHMAN, Arnold. *1994 guide to mail order sales.* Highland Park, IL: Market Logistics. Tel. [708] 831-1575; e 1994 mail order overview. *Direct Marketing,* p. 26-28, Aug. 1994.

Mala direta e telemarketing têm também crescido rapidamente em marketing *business to business,* parcialmente em resposta aos altos e crescentes custos de atingir mercados industriais por intermédio da força de vendas. A Tabela 23.1 mostra o custo por contato para atingir os mercados industriais usando diferentes mídias. Claramente, se uma visita de venda fora da cidade custa $ 250, elas devem ser feitas apenas para compradores e clientes potenciais que estejam virtualmente dispostos a comprar. As mídias de custo mais baixo por contato, como telemarketing, mala direta e mídias eletrônicas mais recentes são mais eficazes em termos de custo para atingir esses clientes.

Realmente, a comunicação eletrônica e as mídias de propaganda estão mostrando rápido crescimento. A criação das "supervias de informação" promete revolucionar o comércio. *Comércio eletrônico* é o termo geral adotado para o processo de compra e venda apoiado por meios eletrônicos. Os *mercados eletrônicos* são estimulados por recursos de informação que permitem (1) descrever os produtos e serviços oferecidos pelos vendedores e (2) facilitar a tarefa dos compradores na identificação do que necessitam ou desejam e em fazer pedidos utilizando cartão de crédito. Depois, o produto é entregue fisicamente (na casa ou escritório do comprador) ou eletronicamente (como no caso dos *softwares* que podem ser carregados diretamente no computador do cliente).

A explosão da compra eletrônica está ocorrendo a nossa volta.[3] Eis alguns exemplos:

Uma repórter deseja comprar uma câmera fotográfica de 35 mm. Ela liga seu microcomputador conectado a uma linha telefônica e "clica" no ícone "Shopper's Advantage", depois, em câmeras fotográficas e, depois, em câmeras fotográficas de 35 mm. Uma lista com todas as principais marcas aparece com informações sobre cada uma delas. Ela pode imprimir as fotos das máquinas e mostrar para pessoas especializadas. Ao identificar a câmera que deseja, faz o pedido digitando o número de seu cartão de crédito, endereço e modo de entrega de sua preferência.

Um rico investidor decide fazer suas próprias operações de investimentos e aplicações na bolsa de valores. Assina um serviço de informações e venda de ações *on-line* que mostra os preços das últimas cotações da bolsa. Depois, grava os relatórios de empresas relevantes e passa a fazer operações de compra e venda.

Uma executiva está planejando uma viagem a Londres e deseja fazer reserva em um hotel que atende a suas necessidades. Ela assina o serviço Easy SABRE e informa seus critérios (preço, localização, amenidades, segurança). O computador fornece uma lista dos hotéis mais apropriados e ela faz a reserva naquele que mais adequado. Eventualmente, o serviço pode incluir vídeos que mostram as instalações de cada hotel.

Uma pessoa da terceira idade que sofre de pressão alta precisa localizar um especialista. Ela liga seu microcomputador e acessa pela Internet uma lista de vários médicos, contendo formação acadêmica, anos de experiência e preços das consultas. Após escolher o profissional mais adequado, telefona a seu consultório para marcar uma consulta.

É muito cedo para se afirmar exatamente quantos consumidores migrarão para a compra eletrônica, mas as perspectivas são animadoras. Hoje, cerca de 30% das 97 milhões de residências norte-americanas possuem microcomputadores. A McKinsey & Company estima que as vendas por compra eletrônica nos Estados Unidos atingirão de $ 4 a 5 bilhões em 2003. Quais as implicações do comércio eletrônico na teoria e prática de marketing? Aqui estão algumas predições:[4]

- Os mercados eletrônicos permitirão maior agilização na fixação de preços. Hotéis e linhas aéreas podem mudar seus preços diariamente em função da demanda e da oferta, prática conhecida como *determinação de preço pela administração do rendimento.* As empresas que atuam nesses mercados podem ajustar seus preços para compradores diferentes, dependendo de seu volume de negócios e de outros fatores. Os consumidores estarão mais conscientes dos preços dos bens em todo o mundo, em qualquer ocasião, possibilitando, assim, diminuição das diferenças cobradas.
- A compra eletrônica mudará o papel do P (ponto de venda) que forma o composto de marketing, à medida que os consumidores podem comprar roupas, flores e outros itens de qualquer lugar e em qualquer momento, sem irem a uma loja. Os mercados eletrônicos diminuirão o número de intermediários entre fabricantes e consumidores, processo conhecido como *varejo sem intermediação.*
- Os compradores terão acesso instantâneo às informações sobre produtos concorrentes, bem como às comunidades eletrônicas que trocam informações e experiências sobre categorias de produtos. Como resultado, a propaganda será programada mais para informar e menos para persuadir, contrariamente do que ocorre hoje.

3.  Veja a interessante discussão apresentada em RANGASWAMY, Arvind, WIND, Jerry. Don't walk in, just log in! Electronic markets and what they mean for marketing. *Wharton School.* University of Pennsylvania, Oct. 1994.
4.  RANGASWAMY e WIND. Op. cit.

## Benefícios de marketing direto

Marketing direto beneficia os consumidores de várias maneiras. Estes relatam que a compra na residência é agradável, conveniente, desembaraçada, economiza tempo e oferece maior seleção de bens. Podem fazer compra comparativa folheando catálogos enviados pelo correio e por serviços de compra *on-line*. Podem fazer encomendas para si ou para outras pessoas. Os compradores de bens industriais também citam inúmeras vantagens; particularmente, gostam de conhecer os produtos e serviços disponíveis sem necessitar da presença de vendedores.

Os vendedores também se beneficiam. As empresas de marketing direto podem comprar um *mailing list* contendo nomes da maior parte dos grupos de pessoas selecionadas: canhotas, obesas, milionárias e assim por diante. Depois, podem personalizar suas mensagens. Conforme Pierre Passavant, "guardamos centenas de mensagens na memória do computador. Selecionamos 10 mil famílias com 12, 20 ou 50 características específicas e enviamos a elas cartas individualizadas impressas a *laser*".[5] Além disso, as empresas de marketing direto podem desenvolver um relacionamento contínuo com cada cliente. Os pais de um bebê receberão malas diretas regularmente, descrevendo novas roupas infantis, brinquedos e outros produtos necessários durante as fases de desenvolvimento da criança. (Por exemplo, a divisão de alimentos infantis da Nestlé constrói continuamente um banco de dados com os nomes das novas mães, que recebem seis pacotes de presentes personalizados e orientação para os principais estágios de desenvolvimento da criança.) Marketing direto pode ser programado para atingir clientes potenciais no momento adequado. Seus materiais de comunicação recebem maior índice de leitura porque são enviados às pessoas mais interessadas. Permite o teste de mídias e mensagens alternativas para melhor definição da abordagem mais eficaz em termos de custo-benefício. Também torna a oferta e a estratégia da empresa menos visível aos concorrentes. Finalmente, as empresas podem mensurar as respostas de suas campanhas para decidir qual foi a mais rentável.

## BANCOS DE DADOS DE CLIENTES E MARKETING DIRETO

Recentemente, Don Peppers e Martha Rogers listaram as principais diferenças entre marketing de massa e o que denominam de *marketing um a um* (Tabela 23.2).[6] As empresas que conhecem seus clientes podem adaptar produtos, ofertas, mensagens, sistemas de entrega e métodos de pagamento para maximizar o resultado de suas campanhas. Hoje, as empresas possuem uma ferramenta muito poderosa para reunir os nomes, endereços e outras informações sobre clientes atuais e potenciais: o banco de dados de clientes.

**BANCO DE DADOS DE CLIENTES é um conjunto organizado de dados abrangentes sobre clientes atuais e potenciais, atualizado, acessível e acionável para propósitos de marketing como geração e qualificação de interessados, venda de um produto ou serviço ou manutenção de relacionamento. BANCO DE DADOS DE MARKETING é o processo de desenvolver, manter e usar bancos de dados de clientes e outros bancos de dados (produtos, fornecedores, revendedores) com o propósito de contato e transação.**

Muitas empresas confundem *mailing list* de clientes com banco de dados de clientes. *Mailing list de clientes* é simplesmente um conjunto de nomes, endereços e números de telefone. Um banco de dados de clientes contém muito mais informações. Em marketing *business to business*, o perfil do cliente de um vendedor contém os produtos e serviços que ele compra, volume das compras e preços praticados, nomes dos contatos-chaves (e suas idades, datas de aniversário, *hobbies* e pratos favoritos), principais concorrentes, situação dos pedidos em andamento, valor estimado das compras para os próximos anos e avaliação qualitativa das forças e fraquezas da empresa no atendimento da conta. Em marketing de produtos de consumo, o banco de dados de consumidores contém dados demográficos (idade, renda, número de pessoas na família, aniversários), dados psicográficos (atividades, interesses e opiniões), últimas compras e outras informações relevantes. Por exemplo, a empresa de catálogos Fingerhut possui 1.400 informações sobre cada uma das 30 milhões de residências em seu banco de dados de grandes consumidores.

Freqüentemente, marketing de banco de dados é usado por empresas *business to business* e de serviços (hotéis, bancos e linhas aéreas). É também muito usado por varejistas de bens embalados (Wal-Mart, Waldenbooks) e algumas empresas de produtos de consumo (Quaker Oats, Ralston-Purina e Nabisco) estão fazendo algumas experiências nesta área. Um banco de dados de clientes bem desenvolvido é um ativo que pode dar à empresa uma vantagem competitiva.

Armada com as informações de seu banco de dados de clientes, uma empresa pode obter maior precisão para atingir seu mercado-alvo do que se utilizar marketing de massa, de segmento ou de nicho. Ela pode identificar pequenos grupos de clientes para enviar ofer-

---

5. PASSAVANT, Pierre. Where is direct marketing headed in the 1990s? Palestra em Filadélfia, 4 May 1989.
6. Veja PEPPERS, Don, ROGERS, Martha. *The one-to-one future.* New York : Doubleday/Currency, 1993.

**Tabela 23.2** *Marketing de massa* versus *marketing um a um.*

| MARKETING DE MASSA | MARKETING UM A UM |
|---|---|
| Cliente médio | Cliente individualizado |
| Cliente anônimo | Cliente com perfil definido |
| Produto padronizado | Oferta sob medida |
| Produção em massa | Produção sob medida |
| Distribuição em massa | Distribuição individualizada |
| Propaganda de massa | Mensagem individualizada |
| Promoção de massa | Incentivos individualizados |
| Mensagem de direção única | Mensagem em duas direções |
| Economia de escala | Economia de escopo |
| Participação de mercado | Participação do cliente |
| Todos os clientes | Apenas clientes rentáveis |
| Atração do cliente | Retenção do cliente |

**Fonte:** Adaptado de PEPPERS, Don, ROGERS, Martha. *The one-to-one future.* New York : Doubleday/Currency, 1993.

tas e comunicações de marketing aperfeiçoadas. Por exemplo, a Lands'End usa uma técnica conhecida como "lapidação de dados" para identificar vários grupos de compradores de roupas por meio de seus catálogos; ela chegou a identificar 5.200 segmentos diferentes! Conforme o levantamento anual de práticas promocionais realizado pela empresa Donnelley Marketing Inc., 56% dos fabricantes e varejistas, atualmente, possuem ou estão construindo um banco de dados, 10% planejam construí-lo e 85% acreditam que precisarão praticar marketing de banco de dados para serem competitivas após o ano 2000.[7]

As empresas usam seus bancos de dados de quatro maneiras:

1.  *Identificação de clientes potenciais.* Muitas empresas geram indicações de vendas para divulgar seus produtos e ofertas. Geralmente, o anúncio tem algum tipo de dispositivo de resposta, como um cartão-resposta comercial ou um número de telefone de discagem gratuita. O banco de dados é construído com base nessas respostas. (Para mais informações sobre este tópico, veja a seção *Insight* de Marketing intitulada "De onde vêm os dados de um banco de dados?") A empresa identifica os melhores clientes potenciais em seu banco de dados que, depois, são contatados pelo correio, telefone ou visita pessoal, na tentativa de convertê-los em clientes reais.

2.  *Decisão sobre que clientes devem receber uma oferta específica.* As empresas definem critérios para descrever o cliente-alvo ideal para determinada oferta. Depois, procuram em seus bancos de dados de clientes aqueles que mais se ajustam ao tipo ideal. Ao anotar as taxas de resposta dos contatos, a empresa

pode melhorar sua precisão de alvo no decorrer do tempo. Para acompanhar uma venda, pode estabelecer uma seqüência automática de atividades: após uma semana, enviar uma nota de agradecimento; após cinco semanas, enviar uma nova oferta; após dez semanas (se o cliente não respondeu), telefonar oferecendo um desconto especial.

3.  *Aprofundamento da lealdade do cliente.* As empresas podem desenvolver o interesse e o entusiasmo dos clientes lembrando suas preferências, enviando brindes, cupons de descontos e material de leitura interessante etc. Eis alguns exemplos:

**INTER-CONTINENTAL HOTELS** O Inter-Continental Hotels criou um programa de freqüência para seus hóspedes que viajam a negócios. Seu banco de dados inclui as preferências de apartamento (fumante, não-fumante), de cama (larga, estreita, casal, solteiro), de localização (andar alto ou baixo), bem como outros detalhes, como tipo específico de sabão ou desejo de travesseiros extras. As reservas são feitas de acordo com suas preferências.

**MARS** A Mars é líder de mercado, não apenas em doces, mas também em comida para animais de estimação. Na Alemanha, a Mars compila os nomes de quase todas as famílias que possuem gatos. Os nomes são obtidos por meio de contatos com veterinários e pelo livreto distribuído gratuitamente intitulado "Como cuidar de seu gato". Os interessados em recebê-lo preenchem um questionário . Como resultado, a Mars conhece (entre outras coisas) os nomes, idades e datas de aniversário dos gatos que compõem seu banco de dados. Ela envia-lhes um

---

7.  BERRY, Jonathan. A potent new tool for selling: database marketing. *Business Week,* p. 56-62, 5 Sept. 1994; ALONZO, Vincent. Til death do us part. *Incentive,* p. 37-41, Apr. 1994.

# De onde vêm os dados de um banco de dados?

Como as empresas obtêm os dados necessários para criar um banco de dados e, depois, como combiná-los e classificá-los? Primeiro, elas devem decidir que tipos de informações necessitam e desenvolvem meios para obtê-las. Muitas, simplesmente, coletam informações à medida que vão vendendo; as empresas de catálogos e cartões coletam informações dessa maneira. As de bens embalados e de eletrodomésticos solicitam aos consumidores que enviem informações por meio de cupons, concursos, certificados de garantia e formulários de pesquisa. Além disso, há dados disponíveis em instituições públicas, como, por exemplo, de motoristas habilitados, carros licenciados, contribuintes do imposto de renda etc. Todas são fontes de dados valiosas.

Utilizando programas estatísticos sofisticados, um computador transforma conjuntos de dados diferentes em um banco de dados coerente e consolidado. Empregando um poderoso *software* de redes neurais, um gerente de marca pode extrair dados em qualquer nível de detalhe. Por exemplo, a American Express usa computadores poderosos para identificar as transações realiza-

das pelos portadores de seus cartões de crédito. Depois, os dados são encaminhados a seus clientes para planejarem promoções futuras. Em um local secreto de Phoenix (Arizona), equipes de segurança vigiam os 500 bilhões de *bytes* de dados que identificam como os consumidores usaram seus 35 milhões de cartões verde, ouro e platina. A cada mês, desde que o programa teve início em 1993, a AmEx vem usando essas informações para enviar ofertas dirigidas a alvos específicos. As ofertas são encaminhadas em "*newsletters* individualizadas" com as milhões de faturas emitidas pela empresa. Por exemplo, na Inglaterra, um consumidor da Harrod's pode receber em primeira mão a notícia de uma venda especial na loja no mês seguinte. Na Bélgica, a divisão européia da Amex está testando um sistema que faz ofertas tomando por base uma combinação das últimas compras do consumidor e o código de endereçamento postal. Quando abre um novo restaurante, os portadores dos cartões que vivem nas proximidades ou que gostam de comer fora de casa, freqüentemente, podem receber um desconto especial.

---

cartão de aniversário, acompanhado de uma amostra grátis de uma nova comida e/ou cupons de descontos para a compra de suas marcas. Você acha que os donos de gatos não apreciam isso? Pode apostar que sim!

4.  *Reativação das compras dos clientes.* As empresas podem instalar programas de *mailing* (*marketing automático*) para enviar cartões de aniversário, sugestões de compras de natal ou promoções fora de estação aos clientes de seus bancos de dados. Os bancos de dados podem ajudar a empresa a fazer ofertas mais atraentes, ofertas de substituição ou melhoria de produtos apenas quando os clientes estiverem preparados para agir. Consideremos o seguinte exemplo:

**GENERAL ELECTRIC** Um banco de dados da General Electric contém informações geodemográficas, psicográficas, hábitos de mídia, histórico de compra de eletrodomésticos etc. de cada um de seus clientes. Os especialistas em marketing direto da empresa podem determinar a época ideal de os clientes substituírem suas máquinas de lavar roupa; por exemplo, aqueles que compraram o equipamento há seis anos e possuem grandes famílias. Podem deter-

minar os que estariam interessados em um novo videocassete GE, baseados em seus históricos de compra de produtos eletrônicos. Podem identificar os grandes usuários de seus produtos e enviar-lhes cupons de descontos para serem descontados na aquisição de um eletrodoméstico maior.

Como outras ferramentas de marketing, marketing de banco de dados exige investimento especial. As empresas devem investir em *hardware*, *software* de banco de dados, programas analíticos, *links* de comunicação e pessoal habilitado. O sistema de banco de dados deve ser amigável e estar disponível a vários grupos de marketing, como administração de marcas e produtos, desenvolvimento de novos produtos, propaganda e promoção, mala direta, telemarketing, vendas de campo, atendimento de pedidos e serviços ao clientes. Um banco de dados bem administrado deve levar a ganhos de vendas para cobrir os custos e gerar lucro. A empresa de cruzeiros marítimos Royal Caribbean baseada em Miami vem obtendo sucesso nessa área. Marketing de banco de dados permite que ela ofereça "pacotes" de viagem para lotar todas as cabines de seus navios. Menor número de cabines vazias significa maior rentabilidade das viagens.

Apesar dos exemplos apresentados, muitas coisas podem dar errado se marketing de banco de dados não

# Seis erros cometidos pelos profissionais de bancos de dados

**Erro nº 1.** *Pensar que vai usar marketing de banco de dados apenas uma vez.* Uma vez você começar a usá-lo, seus clientes começarão a ver e perceber os benefícios. Eles gostam e esperam que haja continuidade.

**Erro nº 2.** *Não obter total comprometimento da alta administração.*

**Erro nº 3.** *Não estar 110% certo de que todas as pessoas envolvidas com o programa o conhecem e o dominam.* Além do pessoal de marketing, da administração e do departamento financeiro, por exemplo, os funcionários de loja devem dominar e "comprar" o programa porque formam a "equipe de vendas". Se não fizerem sua parte, o restante não acontecerá.

**Erro nº 4.** *Esperar resultados imediatos de seu programa de marketing de banco de dados.* Marketing de banco de dados não funciona como uma liquidação "relâmpago", que aumenta rápida e temporariamente o tráfego de pessoas na loja. Ele funciona de maneira lenta e constante. Consumidores são pessoas, e todas as pessoas são diferentes, preferem coisas diferentes e em ocasiões diferentes.

**Erro nº 5.** *Não reconhecer a importância de definir padrões de mensuração antes do início do programa.*

**Erro nº 6.** *Definir o momento, conseguir o dinheiro necessário, alocar pessoas e recursos materiais, executar o trabalho (...) e, depois, abandonar o banco de dados.* Use os dados que você coleta!

**Fonte:** Adaptado de JUTKINS, Ray. Six mistakes to avoid When building a database. *Direct Marketing*, p. 40-48, Feb. 1994.

---

for feito com cuidado e com estratégia bem definida. Por exemplo, na CNA Insurance, cinco programadores trabalharam durante nove meses para "carregar" cinco anos de dados de reclamações em um computador, para depois descobrirem haver cometido erros de codificação. A seção Memorando de Marketing intitulada "Seis erros cometidos por profissionais de bancos de dados" apresenta uma lista de erros que devem ser evitados na criação e no uso de banco de dados.

À medida que mais empresas passarem a praticar marketing de banco de dados, o paradigma de marketing mudará. Marketing de massa e varejo de massa continuarão, mas sua prevalência e poder diminuirão à medida que mais compradores não optarem pela compra em loja. Mais consumidores usarão a compra eletrônica para obter as informações sobre os méritos comparativos de marcas diferentes. As empresas precisarão procurar novas maneiras de criar mensagens *on-line* eficazes, bem como novos canais para entregar produtos e prestar serviços com maior eficiência.

## PRINCIPAIS CANAIS DE MARKETING DIRETO

As empresas de marketing direto podem usar grande número de canais para atingir clientes potenciais e reais. Isso inclui a venda face a face, marketing de mala direta, marketing de catálogo, telemarketing, TV e outras mídias de resposta direta, marketing por terminais de compra e canais *on-line*.

### Venda face a face

A forma original e mais antiga de marketing direto é a visita de vendas, examinada no capítulo anterior. Hoje, a maioria das empresas industriais confia fortemente em uma força de vendas profissional para localizar clientes potenciais, transformá-los em clientes reais e aumentar os negócios. Podem também contratar representantes e agentes de fabricantes para cuidarem da tarefa de venda direta. Além disso, muitas empresas de bens de consumo usam uma força de venda direta: corretores de seguros, corretores de ações e representantes que trabalham em tempo total ou parcial para organizações de vendas diretas, como Avon, Amway, Mary Kay e Tupperware.

### Marketing de mala direta

Marketing de mala direta envolve oferta, anúncio, sugestão ou outro item a uma pessoa em determinado endereço. Usando *mailing lists* altamente seletivos, as empresas de mala direta enviam milhões de peças anualmente: cartas, folhetos, catálogos e outros "vendedores com asas". Algumas delas enviam pelo correio fitas de áudio, fitas de vídeo e até disquetes de computador para clientes potenciais e atuais. Por exemplo, a empresa que fabrica o equipamento para exercícios cardiovasculares Nordic Track remete uma fita de vídeo gratuita que mostra como usar o produto e suas vantagens para a saúde. A Ford envia um disquete de computador chamado *Disk drive test drive* aos consumidores que respondem a seus anúncios publicados em revistas de Informática. O menu do disquete fornece especificações técnicas e gráficos atraentes sobre os carros Ford e respostas às perguntas freqüentemente feitas pelos consumidores.

A mala direta é um meio popular porque permite alta seletividade do mercado-alvo, pode ser personalizada, é flexível e permite teste e mensuração da resposta. Embora o custo por 1.000 pessoas atingidas seja mais elevado do que com mídia de massa, as pessoas contatadas são melhores clientes potenciais. Cerca de 45% dos norte-americanos compraram algo por meio de mala direta em 1993. No mesmo ano, as instituições de caridade levantaram cerca de $ 50 bilhões via mala direta.

Até recentemente, todas as malas diretas eram produzidas em papel e enviadas por correio, telégrafo ou empresas de entrega rápida como Federal Express, DHL ou Airborne Express. Depois, três novas formas de entrega apareceram nos anos 80:

- *Correio via fax.* Este novo recurso possibilita a remessa de mensagens a um destinatário via linhas telefônicas. Os computadores de hoje podem também funcionar como equipamentos de recepção e transmissão de fax. O recurso possui grande vantagem sobre o correio regular: o conteúdo pode ser enviado e recebido quase instantaneamente. As empresas começaram a enviar fax anunciando ofertas, vendas e eventos a clientes potenciais e clientes atuais. Os números do fax de empresas e indivíduos estão disponíveis em anuários ou diretórios. Entretanto, alguns clientes estão recebendo fax não solicitados, que saturam o equipamento e desperdiça papel.
- *E-mail* (correio eletrônico). Permite aos usuários o envio de mensagens ou arquivos de um computador para outro. A mensagem chega quase instantaneamente e pode ser gravada até o destinatário ligar seu computador, inserir a senha e lê-la (alguns programas de correio eletrônico possuem recursos para indicar a chegada de novas mensagens.) As empresas estão começando a enviar anúncios de vendas, ofertas e eventos a clientes potenciais e clientes atuais a alguns indivíduos ou a grupos maiores de pessoas. À medida que as pessoas começam a receber grande número de mensagens, incluindo algumas sem qualquer importância, elas podem introduzir um programa em seus computadores para selecionar as mais importantes e ignorar ou descartar as demais.

- *Correio via voz* (*voice mail*). É um sistema telefônico que recebe e grava mensagens orais. As empresas telefônicas vendem esse serviço como substituto das secretárias eletrônicas. A pessoa que assina o serviço pode receber mensagens discando para o número do sistema e teclando seu código de acesso. Algumas empresas possuem programas de discagem automática a vários números de telefones que possibilitam o envio de mensagens de venda a uma lista de clientes potenciais.

Esses três novos meios de transmissão enviam mensagens em incrível velocidade, comparada com o tradicional serviço de correio. Todavia, muitas pessoas ainda preferem o sistema tradicional, à medida que os novos meios passam a ser vistos como correio-lixo (*junk mail*), quando enviados a quem não está interessado nas mensagens. Por essa razão, as empresas devem identificar clientes potenciais e clientes reais apropriados, não desperdiçando o tempo de seus funcionários e dos destinatários.

Como as empresas de mala direta podem desenvolver uma campanha eficaz? Elas devem definir seus objetivos, mercados-alvos e clientes potenciais, elementos da oferta e os meios de testar e mensurar o sucesso da campanha. Examinamos cada uma dessas etapas nos parágrafos seguintes. Muito do que foi dito aqui aplica-se também a marketing de catálogo, telemarketing e marketing *on-line*.

**OBJETIVOS.** A maioria das empresas de marketing direto visa receber pedidos de seus clientes potenciais. O sucesso da campanha é julgado pela taxa de resposta. Normalmente, uma taxa de resposta de 2% é considerada boa, embora esse número varie conforme a categoria de produto e preço.

A mala direta atende também a outros objetivos. Um é gerar indicações potenciais para serem trabalhadas pela força de vendas. Outro é fortalecer o relacionamento com os clientes. Algumas empresas de marketing direto fazem campanhas para informar e orientar os clientes, preparando-os para a compra posterior; assim, A Ford enviou a clientes potenciais o livreto intitulado "Como cuidar de seu carro".

**MERCADOS-ALVO E CLIENTES POTENCIAIS.** As empresas de marketing direto precisam identificar as características dos clientes potenciais e clientes atuais que estão mais dispostos e preparados para comprar. Bob Stone, importante autor de marketing direto, recomenda a aplicação da fórmula R-F-D (recentidade, freqüência e disponibilidade monetária) para avaliar e selecionar clientes: os melhores clientes-alvos são os que compraram mais recentemente, compram freqüentemente e apresentam maior disponibilidade monetária para comprar. São estabelecidos pontos para vários níveis de R-F-D e atribuídos a cada cliente. Quanto maior o número de pontos recebidos, mais atraente será o cliente.[8]

As empresas de marketing direto usam critérios de segmentação para seus clientes potenciais-alvos, que podem ser identificados na base de variáveis como idade, sexo, renda, educação, compras anteriores por mala direta, e assim por diante. As ocasiões também oferecem bom ponto de partida para a segmentação. Os novos pais estarão no mercado para comprar roupas e brinquedos de bebês. Os calouros universitários comprarão microcomputadores e pequenos aparelhos de televisão. Os noivos procurarão moradias, móveis, eletrodomésticos e empréstimos bancários. Outro critério de segmentação útil é classificar os clientes por grupos de estilo de vida, como aficionados por computadores, por cozinha, por vida ao ar livre etc. Para os mercados de bens industriais, a Dun & Bradstreet dirige um serviço de informações que fornece grande variedade de dados.

Uma vez definido o mercado-alvo, a empresa de marketing direto precisa obter nomes de bons clientes potenciais. Nesse momento, entra em ação a aquisição de *mailing list* e a construção de banco de dados. Os melhores clientes potenciais da empresa são os que já compraram seus produtos. Nomes adicionais podem ser obtidos anunciando-se alguma oferta gratuita. A empresa pode comprar listas complementares de empresas especializadas em listas. Essas listas externas, porém, oferecem problemas, como duplicação de nomes, dados incompletos, endereços obsoletos etc. As melhores listas são complementadas por informações demográficas e psicográficas. Em geral, as empresas de marketing direto compram e testam uma amostra dos nomes de uma lista antes de comprá-la totalmente.

**ELEMENTOS DA OFERTA.** As empresas de marketing direto devem preparar uma oferta eficaz. Nash classifica a estratégia de oferta em cinco elementos: o produto, a oferta, a mídia, o método de distribuição e a estratégia criativa.[9] Felizmente, todos esses elementos podem ser testados.

Além de planejar o produto e os elementos de distribuição da campanha de mala direta, a empresa tem que decidir sobre cinco componentes: o envelope externo, a carta de vendas, a circular, o cupom de pedido e o envelope-resposta. Aqui estão algumas considerações:

- O envelope externo será mais eficaz se contiver uma ilustração, preferivelmente em cores e/ou uma razão atraente para ser aberto, como, por exemplo, anúncio de concurso, brinde ou benefício para o destinatário. Sua eficácia aumenta quando contém selo comemorativo colorido, quando o endereço é escrito a mão ou com tipos que imitam a escrita e quan-

do os envelopes diferem em tamanho ou formato dos padrões existentes.[*]

- A carta de venda deve usar uma saudação pessoal e inicia-se com um título escrito em negrito, destacando uma informação principal, uma declaração sobre como/o quê/porquê, uma narrativa ou uma pergunta para captar a atenção. Ela deve ser impressa em papel de boa qualidade, ser breve, com alguns parágrafos recuados e algumas frases e sentenças sublinhadas. Uma carta impressa por impressora a *laser* substitui a carta impressa por processo gráfico, e a presença de um *P.S.* no final aumenta a taxa de resposta, como a assinatura de alguém cujo cargo seja adequado e cause boa impressão ao leitor.
- Na maioria dos casos, uma circular colorida acompanhando a carta também aumentará a taxa de resposta em muitos casos, justificando seus custos.
- Melhores resultados são obtidos quando o cupom de pedido apresenta um número de telefone para discagem gratuita e contém um canhoto picotado, que é destacado do cupom, e um certificado de satisfação garantida ou devolução do dinheiro se a compra não atender às expectativas do cliente.
- A inclusão de um envelope-resposta aumenta significativamente a taxa de resposta.

**TESTE DE MARKETING DIRETO.** Uma das grandes vantagens do marketing direto é a possibilidade de se testar, sob as condições reais de mercado, a eficácia de diferentes componentes de uma estratégia de oferta: características do produto, texto da mensagem, preços, mídia, *mailing lists* etc. O teste dos principais componentes de uma campanha podem aumentar substancialmente sua taxa de resposta global e a rentabilidade.

As empresas de marketing direto devem lembrar que as taxas de resposta, normalmente, subestimam o impacto de uma campanha a longo prazo. Suponhamos que apenas 2% dos receptores de uma propaganda de malas de viagem Samsonite façam pedidos. Uma porcentagem muito maior torna-se consciente do produto (a mala direta tem alto índice de leitura) e alguma porcentagem forma intenção para compra em outra ocasião (pelo correio ou em uma loja). Além disso, alguma porcentagem do público-alvo pode mencionar "malas de viagem Samsonite" para outras pessoas como resultado de terem lido a mensagem promocional. Além da taxa de resposta, algumas empresas estão agora mensurando o impacto de marketing direto sobre a conscientização do produto, intenção de compra e comunicação boca a boca para derivar uma estimativa mais ampla sobre o impacto da promoção.

8.  STONE, Bob. *Succesful direct marketing methods*. 5. ed. Lincolnwood, IL : NTC Business Books, 1994.
9.  NASH, Edward. *Direct marketing*: strategy, planning, execution. 3. ed. New York : McGraw-Hill, 1995.
*  No Brasil, os Correios exigem medidas padronizadas para a distribuição de materiais postados como impressos. (N.T.)

**Mensuração do Sucesso da Campanha.** Ao somar os custos previstos de uma campanha, a empresa pode calcular previamente a taxa de resposta de equilíbrio. Essa taxa de resposta deve ser calculada após serem deduzidos os custos dos produtos devolvidos e as faturas não pagas. Os produtos devolvidos podem matar a eficácia de uma campanha. A empresa precisa analisar as principais causas das devoluções, como atraso de remessa, produtos defeituosos, produtos danificados durante o transporte, insatisfação do cliente ou preenchimento incorreto do pedido.

Ao analisar cuidadosamente campanhas já realizadas, as empresas podem melhorar significativamente seus desempenhos. Mesmo quando uma campanha fracassa em termos de taxa de retorno de equilíbrio, ela pode ainda ser rentável. Consideremos a seguinte situação:

Suponhamos que uma associação gaste $ 10.000 em uma campanha para ampliar o número de sócios e consiga atrair 100 novos, cada um pagando uma anuidade de $ 70. Aparentemente, a campanha deu prejuízo de $ 3.000 ($ 10.000 – $ 7.000). Entretanto, se 80% dos novos sócios renovarem a anuidade para o ano seguinte, a associação obterá uma receita de $ 5.600, sem qualquer esforço. Ela recebeu agora $ 12.600 ($ 7.000 + $ 5.600) para um investimento de $ 10.000. Para calcular a taxa de retorno de equilíbrio a longo prazo, é necessário calcular não apenas a taxa inicial de resposta, mas também a porcentagem dos sócios que renovavam a anuidade e por quantos anos eles continuarão renovando.

Este exemplo ilustra o conceito de *valor do tempo de vida de um cliente,* que foi examinado no Capítulo 2.[10] O valor final de um cliente não é revelado por uma compra realizada durante uma campanha específica. Pelo contrário, esse valor é mensurado pelo lucro obtido em todas as suas compras, deduzidos os custos de obtenção e manutenção desse cliente. Para um cliente médio, calcularíamos sua duração média, compra anual e margem bruta (descontado o custo de oportunidade do dinheiro empregado), menos o custo médio de sua conquista e manutenção. Esta fórmula seria ajustada para os clientes com comportamento de compra abaixo da média. A empresa Data Consult declara que está em condições de estimar o valor do tempo de vida de um cliente depois de três ou quatro transações. Essas informações proporcionam às empresas condições de ajustar a natureza e a freqüência das comunicações de acordo com esse valor estimado.

Após avaliar os valores estimados do tempo de vida de seus clientes, a empresa pode focar seus esforços de comunicação naqueles mais atraentes. Esses esforços incluem enviar comunicações não destinadas a vender algo, mas a manter o interesse do cliente na empresa e em seus produtos. Tais comunicações podem incluir *newsletters* e livretos gratuitos destinados apenas a fortalecer o relacionamento cliente-empresa.

## Marketing de catálogo

Ocorre quando as empresas enviam um ou mais catálogos de produtos a clientes potenciais selecionados que possuem alta probabilidade de fazer pedidos. A venda por catálogo representa um negócio expressivo. As empresas desse setor postam anualmente cerca de 12,4 bilhões de exemplares de mais de 8.500 catálogos diferentes. Em média, uma residência recebe pelo menos 50 catálogos por ano. Alguns são enviados por grandes varejistas que operam com produtos gerais, como, por exemplo, J. C. Penney e Spiegel. Outros são enviados por lojas de departamentos especializados, como a Neiman-Marcus e a Saks Fifth Avenue, que enviam catálogos para o mercado de renda média alta, com produtos de preços elevados, às vezes, exóticos. Usando catálogos, a Avon vende roupas femininas, a W. R. Grace vende queijos e a General Mills vende camisas esportes. Várias grandes corporações adquiriram ou desenvolveram divisões de mala direta, mas há milhares de empresas menores no negócio de catálogos, principalmente dedicando-se à venda de bens de especialidade, como equipamentos eletrônicos de consumo, artigos de jardinagem, roupas femininas, aparelhos domésticos etc. Crescente número de empresas *business to business* está enviando catálogos em CD-ROM para clientes habituais e clientes potenciais.

O sucesso da venda por catálogo depende muito da habilidade da empresa em administrar suas listas de clientes, evitando a duplicação de nomes e eliminando os maus pagadores, controlar seu estoque, oferecer produtos de qualidade para manter as devoluções em nível baixo e projetar uma imagem de benefício exclusivo. Algumas empresas de venda por catálogo distinguem-se ao oferecer alguma literatura ou informação sobre os produtos anunciados, enviando amostras de materiais empregados, disponibilizando uma "linha quente" para tirar dúvidas, enviando brindes aos principais clientes e doando parte de seus lucros a causas sociais. Além disso, algumas dessas empresas, como a Neiman-Marcus e Spiegel, estão testando catálogos apresentados em fitas de vídeo, que são enviados a seus principais clientes.

10. Veja também COURTHEOUX, Richard J. Calculating the lifetime value of a customer. In: ROMAN, Ernan. Org. *Integrated direct marketing*: the cutting-edge strategy for synchronizing advertising, direct mail, telemarketing, and field sales. Lincolnwood, IL : NTC Business Book, 1995. p. 198-202. Veja também JACKSON, Rob, WANG, Paul. *Strategic database marketing*. Lincolnwood, IL : NTC Business Book, 1994. p. 188-201.

Outras estão colocando seus catálogos na Internet, economizando, assim, o dinheiro considerável que seria destinado à impressão e postagem.[11] Eventualmente, consumidores globais fazem pedidos por intermédio de catálogos produzidos em outros países; hoje, muitos consumidores japoneses estão economizando dinheiro fazendo encomendas de empresas de catálogos norte-americanas.[12]

## Telemarketing

O telemarketing vem tornando-se importante ferramenta de marketing direto. Em 1991, as empresas gastaram estimadamente $ 234 bilhões em chamadas telefônicas para auxiliar a venda de seus produtos e serviços. Em média, cada residência recebe 19 chamadas de telemarketing por ano e faz 16 ligações para fazer pedidos.

Alguns sistemas de telemarketing são totalmente automatizados. Por exemplo, a discagem automática e as mensagens gravadas podem atingir um número substancial de clientes potenciais que podem fazer pedidos na hora, utilizando um dispositivo de recepção automática ou por atendimento de operadores habilmente treinados. O telemarketing está sendo usado tanto em marketing de bens de consumo, quanto em marketing de bens industriais. Por exemplo, a Raleigh Bicycles usou telemarketing para reduzir o custo de contatar seus revendedores por meio de venda pessoal. No primeiro ano, os custos com viagens foram reduzidos em 50% e as vendas, em apenas um trimestre, cresceram 34%.

A eficácia do telemarketing depende da escolha da empresa de telemarketing certa, do treinamento recebido por seus funcionários e dos incentivos decorrentes de seu desempenho. Os operadores e operadoras devem ter voz agradável e demonstrar entusiasmo. As mulheres são mais eficazes do que os homens para a venda de muitos produtos. Inicialmente, eles devem ser treinados com um roteiro (script) e, eventualmente, devem aprender a improvisar. Seu trabalho de comunicação é crítico: devem ser breves e apresentar um bom argumento para atrair o interesse do receptor da mensagem. Precisam saber como finalizar a conversação se o cliente potencial não manifestar interesse. A chamada deve ser feita em horário adequado, que é no final da manhã e à tarde para contatar clientes industriais, e à noite entre 7 e 9 horas, para contatar pessoas em suas residências. O supervisor de telemarketing pode desenvolver o entusiasmo dos operadores oferecendo prêmios para o primeiro que obtiver um pedido ou para o de melhor desempenho global. A precisão da lista de clientes potenciais é crítica, considerando-se os problemas de privacidade e o custo elevado por contato.

## Televisão e outras mídias de marketing de resposta direta

A televisão utiliza três abordagens para vender produtos diretamente aos consumidores. A primeira é a *propaganda de resposta direta*. Os anunciantes veiculam anúncios de 60 ou 120 segundos que descrevem persuasivamente um produto, fornecendo aos consumidores um número de discagem gratuita (0800) para encaminharem pedidos. Um dos melhores exemplos são os anúncios da Dial Media para vender as facas marca Ginsu, que foram veiculados durante sete anos e venderam cerca de 40 milhões. Recentemente, algumas empresas vêm preparando anúncios de 30 e 60 minutos denominados "infocomerciais" em forma de documentários, sobre assuntos como pare de fumar, evite a calvície e perca peso. Eles apresentam testemunhos de pessoas satisfeitas com o produto ou serviço e oferecem um número de discagem gratuita para pedidos ou informações adicionais.

A segunda abordagem é usar a televisão como *canal para a venda a domicílio,* em que toda a programação é dedicada à venda de produtos e serviços. O maior desses canais é o Home Shopping Network, que funciona 24 horas por dia. Os apresentadores oferecem preços convidativos para produtos que vão desde jóias, lanternas, bonecas de coleção e roupas, até ferramentas elétricas e produtos eletrônicos de consumo, geralmente adquiridos pela emissora a preços especiais. Os telespectadores ligam a um número de discagem gratuita para fazer pedidos que são enviados dentro de 48 horas. Outro canal, mais seletivo em termos de preço dos produtos anunciados, é o QVC, que também funciona 24 horas por dia. Em 1993, mais de 22 milhões de adultos assistiram a programas de compra a domicílio e quase 13 milhões compraram produtos de um deles.

A terceira abordagem é o *videotexto,* em que o aparelho de TV do consumidor é conectado a um banco de dados da empresa vendedora por cabo ou linha telefônica. O serviço de videotexto prepara um catálogo computadorizado dos produtos oferecidos por fabricantes, varejistas, bancos, agências de viagens e outras empresas. Os pedidos dos consumidores são transmitidos por meio de um teclado especial acoplado ao sistema a cabo de duas direções. Agora, está sendo feita muita pesquisa para aperfeiçoar a TV interativa como sucessora do videotexto.

Revistas, jornais e rádio podem também ser usados como canais de venda de resposta direta. A pessoa

11. Para leitura complementar, veja STEINBERG, Janice. Cacophony of catalogs fill all niches. *Advertising Age,* p. S1-2, 26 Oct. 1987.
12. JAPAN is dialing 1 800 BuyAmerica: U.S. catalogers offer bargains shoppers can't find at home. *Business Week,* 12 June 1995.

ouve ou lê a respeito de uma oferta e tecla um número de discagem gratuita para fazer um pedido.

## Marketing por meio de terminais de compra

Algumas empresas estão instalando pontos de venda por meio de terminais de compra instalados no interior de lojas, aeroportos e outros locais de grande movimentação de público. Por exemplo, a Florshein Shoe instalou terminais de compra em algumas de suas lojas para que os consumidores indiquem o tipo de calçado que desejam (sociais, esportes), a cor e o tamanho. Os modelos dos calçados aparecem em uma tela de vídeo, atendendo às especificações solicitadas. Se os calçados não estiverem disponíveis na loja, os consumidores podem digitar em um teclado acoplado a uma linha telefônica as informações de seu cartão de crédito e o local onde eles devem ser entregues.

## Canais on-line

Os canais on-line representam a evolução mais recente do marketing direto. Eles serão descritos em detalhe na seção seguinte.

## MARKETING NO SÉCULO VINTE E UM: MARKETING ON-LINE

Canal de marketing on-line é o que pode ser atingido por uma pessoa via computador e modem. O modem conecta o computador a uma linha telefônica possibilitando ao usuário atingir vários serviços de informações on-line. Há dois tipos de canais on-line:

- Canais comerciais on-line. Várias empresas oferecem serviços de informações e marketing que podem ser acessados por assinantes que pagam uma taxa mensal. Os serviços on-line mais conhecidos são o CompuServe, o America Online e o Prodigy, com mais 3.200.000, 3.000.000 e 1.600.000 assinantes, respectivamente. Esses canais on-line fornecem cinco principais serviços aos assinantes: informações (jornais, bibliotecas, educação, viagem, esportes, fontes de referência), entretenimento (diversões e jogos), serviços de compra, oportunidades de diálogo (boletins interativos, fóruns de debates e grupos de bate papo informal), e e-mail (correio eletrônico).
- Internet. Teia global composta por 45.000 redes de computadores que tornam possível a comunicação instantânea, descentralizada e global. Originalmente estabelecida para facilitar a pesquisa e a troca de experiências acadêmicas, a Internet está agora disponível a uma audiência muito mais ampla, em torno de 25 milhões de pessoas. Os usuários podem enviar e-mail, trocar opiniões, comprar produtos, acessar notícias, comprar comida, e manter-se informados sobre artes e negócios. A Internet é de acesso livre, embora os usuários individuais ou empresas precisem pagar a um serviço comercial (provedor de acesso) para conectá-la.

## Benefícios do marketing on-line

Por que os serviços on-line se tornaram tão populares? Primeiro, eles fornecem três importantes benefícios a compradores potenciais:[13]

- Conveniência. Os consumidores podem adquirir produtos 24 horas por dia, não importando onde estejam. Não precisam enfrentar congestionamento de tráfego, procurar estacionamento para seus carros e caminhar por muitas ruas para encontrar e examinar produtos. Não precisam deslocar-se a uma loja, apenas para constatar que o produto desejado está em falta no estoque.
- Informação. Os consumidores podem encontrar farta informação comparativa sobre empresas, produtos e concorrentes, sem sair de casa ou do escritório. Podem focar critérios objetivos como preços, qualidade, desempenho e disponibilidade.
- Menor exposição a vendedores e a fatores emocionais. Com os serviços on-line, os consumidores podem contornar a persuasão de vendedores ou evitar a influência de fatores emocionais.

Segundo, os serviços on-line também fornecem vários benefícios às empresas:

- Adaptações rápidas às condições do mercado. As empresas podem acrescentar produtos a sua oferta e alterar preços e descrições.
- Custos menores. As empresas de marketing on-line evitam as despesas de manutenção de uma loja e os custos de aluguel, seguro e instalações. Podem produzir e veicular catálogos digitais com custos bem inferiores aos tradicionais.
- Desenvolvimento de relacionamento com o cliente. As empresas de marketing on-line podem interagir muito mais com seus clientes. Podem disponibilizar relatórios, newsletters ou demonstrações gratuitas de softwares.
- Tamanho da audiência. As empresas podem saber quantas pessoas visitaram seus sites (endereços ele-

---

13. Veja JANAL, Daniel S. On-line marketing handbook. New York : Van Nostrand Reinhold, 1995.

trônicos) e identificar as páginas mais consultadas. Essas informações podem ajudá-las a melhorar suas ofertas e anúncios.

É notório que as empresas desejarão considerar o uso de serviços *on-line* para encontrar, atingir, comunicar e vender a clientes potenciais ou reais. O marketing *on-line* apresenta pelo menos quatro grandes vantagens. Primeiro, tanto as grandes como as pequenas empresas podem enfrentar seus custos. Segundo, não há limite real de espaço para propaganda, em contraste com as mídias impressas, o rádio e a televisão. Terceiro, o acesso e a recuperação das informações são rápidos, comparados com o correio noturno e mesmo o fax. Quarto, a compra pode ser feita com privacidade e rapidez. Entretanto, marketing *on-line* não é para todas as empresas nem para qualquer produto. Assim, exige-se reflexão sobre quando e como ele deve ser empregado.

## Canais de marketing *on-line*

As empresas podem desenvolver marketing *on-line* de quatro maneiras: criando uma vitrine eletrônica; participando de fóruns, *newsgroups* (grupos que reúnem interessados em assuntos especializados); colocando anúncios *on-line*; e usando correio eletrônico.

**CRIAÇÃO DE UMA VITRINE ELETRÔNICA.** Milhares de empresas vêm criando uma *home page* na Internet (tela que oferece um menu com opções de busca de informações). Essas *home pages* servem como vitrines eletrônicas que oferecem aos usuários ampla variedade de informações:

1. Descrição da empresa e de seus produtos, em formato de texto e pictórico. Simplesmente, clica-se o ponteiro do *mouse* sobre qualquer texto ou ícone para se obter mais detalhes sobre um produto específico.
2. Uma empresa que vende por catálogo descreve as características, disponibilidade e preços de seus produtos.
3. Relatórios sobre os resultados financeiros, eventos atuais, novos produtos, atualizações, datas de seminários de treinamento da empresa etc.
4. Informações técnicas e especificações de produtos.
5. Informações sobre oportunidades de emprego oferecidas pela empresa.
6. Oportunidades de comunicação a todos os funcionários da empresa.
7. Condições de fazer um pedido *on-line*.

Por exemplo, quando uma pessoa acessa o *site* da Sun Microsystems (http://www.sun.com/, sua *home page* aparece em cores, mostrando várias opções. O usuário pode ver as descrições de seus produtos e soluções, fazer pedidos, solicitar serviços ou conversar com os técnicos. A GE Plastics colocou mais de 1.500 páginas de informações em seu *site*, possibilitando aos clientes obter respostas e informações sobre seus produtos a qualquer tempo e em qualquer lugar do mundo.

Estima-se que as vendas de produtos nos serviços comerciais *on-line* estão entre $ 50 milhões e $ 200 milhões por ano. Agora, centenas de empresas oferecem mercadorias *on-line*. Pode-se fazer encomendas de roupas diretamente à Lands' End ou J. C. Penney., livros da Simon & Schuster ou flores da Grant's Flowers. A entrega é feita em qualquer lugar do mundo.

Dadas essas oportunidades de marketing *on-line*, cada empresa precisa decidir se deve ou não adotá-lo e definir como obter as vantagens proporcionadas por esta nova mídia. Deve definir os produtos, as audiências, o texto e o orçamento adequados. Caso decida abrir sua vitrine eletrônica, há duas alternativas:[14]

- A empresa pode abrir sua própria loja na Internet. Há várias maneiras de fazer isto. Um servidor World Wide Web (WWW) é o preferido, desde que permite o uso de recursos gráficos, sons, vídeo e texto. A locação de um servidor Web pode custar além de $ 250 por mês, dependendo da velocidade desejada, número de páginas etc. O maior custo inicial é desenhar a página central da loja, gráficos e o sistema de navegação. A maioria das empresas contrata os serviços de uma empresa *on-line* para a etapa inicial.
- A empresa pode comprar ou alugar "espaço" em um provedor comercial e desenvolver sua própria *home page*. Pode também estabelecer um *link* entre seu computador e o provedor ou outros serviços de compra eletrônica. Por exemplo, a J. C. Penney possui *links* com a CompuServe e Prodigy, que lhe possibilita acessar milhões de assinantes desses serviços comerciais *on-line*. É comum os serviços *on-line* desenharem a vitrine eletrônica para a empresa e anunciarem a "novidade" por período limitado de tempo. Por esses serviços, a empresa precisa pagar uma taxa anual de $ 20.000 mais 2% sobre as vendas ao provedor de serviços escolhido. Representa muito dinheiro, considerando que apenas cerca de 4% dos "visitantes" das páginas da CompuServe compram algo.

Possuir um *site* na Internet é uma coisa; fazer com que as pessoas o visitem é outra. As empresas que possuem *sites* procuram atrair clientes potenciais por meio de e-mails, *mailing lists*, anúncios em jornais e revistas, propaganda *on-line*, cartazes e *newsgroups* (descritos a seguir). Várias empresas usam loterias, enviam questionários, promovem competições e adotam outras técni-

---

14. LEVINSON, Jay Conrad, RUBIN, Charles. *Guerrilla marketing on-line*: the entrepreneur's guide to earning profits on the Internet. Boston : Houghton Mifflin, 1995. Cap. 5.

cas que exigem os nomes e endereços dos participantes. A chave é usar informações e entretenimento para estimular a "visita" freqüente ao *site* da empresa. Isto significa que as empresas devem atualizar constantemente suas *home pages* para mantê-las atualizadas e interessantes. Essas providências envolvem tempo e dinheiro, mas seria pior não atualizar as informações.

### Participação em Fóruns, Newsgroups e Bulletin Boards (BBS).

As empresas podem decidir participar de vários grupos que não são organizados especificamente para propósitos comerciais. Sua participação pode aumentar a visibilidade e credibilidade da empresa. Os três grupos com visibilidade mais alta são fóruns, *newsgroups* e *bulletin boards*:

- Fóruns são grupos de discussão localizados em serviços comerciais *on-line*. Um fórum pode operar uma biblioteca, uma sala de conferência para "bate papo" em tempo real e mesmo um diretório de anúncios classificados. Para participar, uma pessoa assina um termo de compromisso que pode ou não envolver custo. A *home page* do fórum mostra ícones para novidades, bibliotecas, mensagens e salas de conferência. A maioria dos fóruns é patrocinada por grupos de interesse geral ou específico. Assim, a Yamaha pode iniciar um fórum de música clássica, parcialmente em função de seu papel como grande fabricante de instrumentos musicais.
- *Newsgroups* são a versão Internet dos fóruns, embora limitada a pessoas que encaminham e lêem mensagens sobre algum tópico específico, em vez de administrar bibliotecas ou salas de conferência. Os usuários da Internet podem participar de *newsgroups* sem compromisso. Há milhares de *newsgroups*, a maioria deles listados nas Páginas Amarelas da Internet (a Tabela 23.3 apresenta uma amostra).
- *Bulletin Board Systems* (BBSs) são serviços *on-line* especializados que estão centrados em um tópico ou grupo específico. Os assinantes da BBS tendem a ser leais e ativos e ficam indignados com esforços de marketing de qualidade duvidosa. Há cerca de 60.000 BBSs nos Estados Unidos que tratam de temas como férias, saúde, jogos de computador, imóveis etc. As empresas podem desejar identificar BBSs que tenham o tipo de assinante que se ajusta a seu mercado-alvo e depois, sutilmente, passar a fazer parte da mesma.

### Veiculação de Anúncios On-Line.

Empresas e indivíduos podem veicular anúncios em serviços comerciais *on-line* de três maneiras. Primeiro, os maiores serviços oferecem uma seção de anúncios classificados; estes são listados por ordem de chegada, com os mais novos aparecendo na frente. Segundo, os anúncios podem ser veiculados em determinados *newsgroups* criados para propósitos comerciais. Finalmente, eles podem ser veicula-

dos em "cartazes" *on-line*; estes combinam texto, desenho e/ou som e, normalmente, figuram na página inicial dos principais serviços *on-line*, embora não estejam sendo procurados pelos assinantes. Neste caso, um assinante que esteja procurando avaliações de filmes no Prodigy pode, repentinamente, ser surpreendido com a seguinte mensagem de um anúncio da locadora de automóveis Alamo Rent-a-Car: "Alugue um carro na Alamo e ganhe dois dias de locação gratuitos!"

Os anúncios em serviços gratuitos da Internet são reprovados por muitas pessoas. Dois advogados que anunciaram seus serviços nesses *sites* se arrependeram. Receberam mais de 20.000 mensagens desagradáveis via *e-mail*.

### Uso do E-Mail.

Uma empresa pode encorajar clientes potenciais e atuais a enviar perguntas, sugestões e reclamações por meio de seu *e-mail*. Os funcionários responsáveis pelos serviços aos clientes podem respondê-los também via *e-mail*.

A empresa pode também preparar listas de clientes potenciais ou atuais para enviar informações periódicas, informações especiais ou relatórios anuais via *e-mail*. Pode usar essas listas para avisar os proprietários de carros sobre as épocas de revisão, para os donos de gatos vacinarem seus animais ou para os administradores freqüentarem novos seminários.

## Uso Crescente de Marketing Direto Integrado

Embora marketing direto e marketing *on-line* tenham crescido vertiginosamente nos últimos anos, grande número de empresas os relegam a papel secundário em seus compostos de comunicação/promoção. Os departamentos de propaganda e promoção de vendas da empresa recebem a maior parte dos investimentos em comunicação. A força de vendas pode ver marketing direto como uma ameaça a sua atuação. Freqüentemente, os vendedores percebem que estão perdendo o controle sobre seus territórios quando são forçados a transferir os pequenos clientes e os clientes potenciais às equipes de marketing direto e telemarketing.

Entretanto, as empresas estão crescentemente reconhecendo a importância de adotar uma perspectiva ampla utilizando todas as suas ferramentas de comunicação. Algumas delas estão criando o cargo de *Chief Communications Officer* (CCO) além do *Chief Information Officer* (CIO). Subordinados ao CCO estão os especialistas em propaganda, promoção de vendas, relações públicas e marketing direto/marketing *on-line*. O propósito é estabelecer o orçamento de comunicação global adequado e a correta alocação de recursos a cada ferramenta de comunicação. Atribuem-se diferentes nomes a esse movimento em direção às comunicações integradas: Schultz denomina-o de *comunicações de marketing*

**Tabela 23.3** Newsgroups *da Internet.*

| NOME DO *NEWSGROUP* | DESCRIÇÃO |
| --- | --- |
| comp.databases | Administração de dados e de banco de dados |
| comp.internet.library | Bibliotecas eletrônicas – administração e criação |
| comp.multimedia | Tecnologias de multimídia interativas de todos os tipos |
| misc.consumers | Interesses do consumidor, avaliações de produtos etc. |
| misc.health.alternative | Tratamento médico alternativo, complementar e holístico |
| misc.invest | Investimentos e movimentação de dinheiro |
| rec.arts.books | Livros de todos os gêneros e indústria editorial |
| rec.arts.movies | Discussões sobre filmes e indústria cinematográfica |
| rec.audio.car | Discussões sobre sistemas de áudio de automóveis |
| rec.bicycles.racing | Técnicas, regras e resultados de corridas de bicicletas |
| rec.food.cooking | Comida, cozinha, livros e receitas |
| rec.music.cd | CDs – disponibilidade e discussões |
| rec.music.country.western | Música *country*, intérpretes, desempenhos etc. |
| rec.pets.dogs | Assuntos relacionados a cães e animais de estimação |
| rec.scuba | Hobistas interessados em mergulho |
| rec.sport.golf | Discussões sobre todos os aspectos do golfe |
| sci.environment | Discussões sobre meio-ambiente e tecnologia |
| sci.virtual-worlds.apps | Usos atuais e futuros da tecnologia de mundos virtuais |
| soc.culture.brazil | Conversa sobre as pessoas e a cultura brasileira |
| soc.religion.islam | Discussão sobre a fé islâmica |
| talk.politics.guns | Políticas sobre uso e mau uso de armas de fogo adotadas por seus proprietários |

*integrado*, Roman, de *marketing direto integrado* e Rapp e Collins, de *maximarketing.*[15]

Como ferramentas de comunicação diferentes podem ser integradas em um planejamento de campanha? Imagine uma empresa usando uma única ferramenta de comunicação em um esforço de "tiro único" para atingir e vender a um cliente potencial. Um exemplo de *veículo único e campanha de estágio único* envolveria enviar uma mala direta oferecendo um item de cozinha. Uma *campanha de veículo único e estágios múltiplos* envolveria a remessa de malas diretas sucessivas ao mesmo cliente potencial. Por exemplo, as editoras de revistas enviam quatro avisos de renovação a um assinante antes de cancelar a assinatura.

Uma abordagem mais poderosa é a *campanha de veículos e estágios múltiplos.* Consideremos a seguinte seqüência:

*Campanha de notícias sobre um novo produto → Anúncio pago com mecanismo de resposta → Mala direta → Telemarketing ativo → Visita de vendedor → Comunicação ativa*

Por exemplo, a Compaq pode lançar um novo computador *laptop,* divulgando, primeiro, notícias para atrair o interesse do público-alvo. A seguir, pode colocar anúncios de página inteira em revistas oferecendo um livreto gratuito sobre "Como comprar um computador". Depois, os interessados receberiam o livreto oferecendo um desconto especial para a aquisição do equipamento antes de o mesmo estar disponível nas lojas. Suponhamos que 4% das pessoas que receberem o livreto façam o pedido. Posteriormente, a equipe de telemarketing da empresa telefona para os 96% que não fizeram a compra, lembrando-os da oferta. Suponhamos que outros 6% comprem o computador. Os não compradores são convidados a receber a visita de um vendedor ou a ir a uma loja próxima para ver uma demonstração do equipamento. Mesmo se o cliente potencial não estiver disposto a comprar, há, depois, uma comunicação ativa.

Roman afirma que o uso da *resposta sob pressão,* em que mídias múltiplas são empregadas em uma programação de tempo rigidamente definida, aumenta a cobertura e o impacto da mensagem. A idéia básica é empregar uma seqüência de mensagens em mídias múl-

15. SCHULTZ, Don E., TANNEMBAUM, Stanley I., LAUTERBORN, Robert F. *Integrated marketing communications.* Lincolnwood, IL : NTC Business Books, 1993; ROMAN, Ernan. *Integrated direct marketing*: the cutting edge strategy for synchronizing advertising, direct mail, telemarketing, and field sales. Lincolnwood, IL : NTC Business Books, 1995; RAPP, Stan, COLLINS, Thomas L. *Maximarketing.* New York : McGraw-Hill, 1987; e *Beyond maximarketing*: the new power of caring and daring. New York : McGraw-Hill, 1994.

## INSIGHT DE MARKETING

# O modelo de maximarketing para marketing integrado

O modelo de maximarketing de Rapp e Collins consiste em nove etapas, mostradas a seguir.

1. *Maximização do alvo.* A empresa deve definir e identificar os melhores clientes potenciais para fazer a oferta. Deve comprar listas adequadas de nomes ou pesquisar bancos de dados de clientes com características que apontem interesse para o produto, tenham condições financeiras e estejam dispostos a comprá-lo. Critérios adicionais para identificar os "melhores clientes" incluem: aqueles que compram com alguma freqüência, não devolvem muitas encomendas, não reclamam e pagam no vencimento. As empresas que vendem produtos de massa podem "fisgar" clientes potenciais por meio de propaganda de resposta direta, utilizando veículos de divulgação de massa, como televisão, suplementos de jornais e encartes em revistas.

2. *Maximização da mídia.* A empresa deve examinar a grande variedade de mídias disponíveis e escolher as que permitem comunicação eficiente em dois sentidos e a mensuração dos resultados.

3. *Maximização do resultado.* Envolve a avaliação das campanhas tomando como base o custo por resposta em vez do custo por mil exposições, que é utilizado em propaganda de massa.

4. *Maximização da conscientização.* É a busca de mensagens que sobressaiam na "poluição" de anúncios a que os clientes estão expostos e atinjam os corações e as mentes daqueles que são potenciais por meios de propaganda plena que apele para o racional e o emocional dos mesmos.

5. *Maximização da decisão de compra.* A propaganda deve levar à decisão de compra, ou pelo menos levar os clientes potenciais a um estágio mensurável de aptidão de compra. Dispositivos para a ação incluem declarações como: "Solicite maiores informações" e "O cupom de resposta deve ser devolvido até 30 de setembro".

6. *Maximização da sinergia.* Envolve encontrar meios de obter um duplo efeito com a propaganda. Por exemplo, combinar o desenvolvimento da consciência sobre o produto com a resposta direta, promover outros canais de distribuição e compartilhar custos com outros anunciantes.

7. *Maximização do vínculo com o cliente.* Significa concentrar a propaganda de venda sobre os melhores clientes potenciais e gastar a maior parte do orçamento de propaganda para torná-los vinculados à empresa, em vez de apenas enviar-lhes uma mensagem que não tenha qualquer efeito posterior.

8. *Maximização das vendas.* Utilizando banco de dados, a empresa pode continuar fazendo suas ofertas a clientes conhecidos por meio de cruzamento de informações, graduação de compras e introdução de novos produtos. Ela enriquece seu banco de dados de clientes com mais informações, transformando-o em uma mídia particular de propaganda. Hoje, muitas empresas estão interessadas tanto no desenvolvimento da lealdade de compra, quanto no processo de decisão de compra, com o propósito de maximizar o "valor do tempo de vida do cliente".

9. *Maximização da distribuição.* Envolve o desenvolvimento de canais adicionais de venda para atingir clientes potenciais e compradores. Por exemplo, quando uma empresa de marketing direto abre lojas de varejo ou obtém espaço nas prateleiras das lojas existentes, ou quando o varejista edita um catálogo ou um fabricante como a General Foods decide vender uma marca especial de café diretamente aos consumidores.

**Fonte:** Resumido de RAPP, Stan, COLLINS, Thomas L. *Maximarketing.* New York : McGraw-Hill, 1987. Veja também, dos mesmos autores, *Beyond maximarketing:* the new power of caring and daring. New York : McGraw-Hill, 1994, para examinar exemplos e casos de empresas que obtêm sucesso empregando maximarketing.

tiplas, com intervalos de tempo precisos, na esperança de gerar vendas e lucros incrementais que excedam os custos envolvidos. Como exemplo, Roman cita uma campanha do Citicorp oferecendo financiamento para aquisição de casa própria. Em vez de usar apenas "mala direta mais um número de telefone 0800", usou "mala direta, cupom de resposta, número de telefone 0800, telemarketing ativo mais propaganda impressa". Embo-

ra a segunda campanha tenha custado mais, resultou em um aumento de 15% no número de novos clientes, em comparação com a primeira campanha. Roman concluiu:

*Quando uma peça de mala direta que gera uma taxa de resposta de 2% é complementada por um número 0800 para receber pedidos, observamos, re-*

*gularmente, a taxa de resposta aumentar de 50 a 125%. Um esforço de telemarketing habilmente integrado pode acrescentar 500% na taxa de resposta. Repentinamente, a taxa de resposta de 2% cresceu 13% ou mais ao acrescentar canais de marketing interativo a uma mala direta convencional. O dinheiro envolvido na integração de mídias é, normalmente, marginal em termos de custo por pedido em função do alto nível de respostas geradas (...) Acrescentar mídias a um programa de marketing aumentará a resposta total (...) porque as pessoas são diferentes e estão inclinadas a responder a estímulos diferentes.*[16]

O modelo de maximarketing desenvolvido por Rapp e Collins torna as técnicas de marketing direto a força propulsora do processo geral de marketing.[17] Esse modelo recomenda a criação de um banco de dados de clientes e defende a utilização de marketing direto como um parceiro completo no processo de marketing. Maximarketing consiste em um conjunto abrangente de etapas para atingir o cliente potencial, fazer a venda e desenvolver o relacionamento. Para mais detalhes, veja a seção *Insight* de Marketing intitulada "O modelo de maximarketing para marketing integrado".

Citicorp, AT&T, IBM, Ford e American Airlines vêm usando marketing integrado para desenvolver relacionamentos rentáveis com seus clientes. Regularmente, varejistas, como Saks Fifth Avenue, Bloomingdale's e Frederick's of Hollywood, complementam a venda em suas lojas com catálogos. Empresas de marketing direto, como L. L. Bean, Eddie Bauer, Franklin Mint e Sharper Image, ganharam fortunas no negócio de venda por mala direta e por telefone. Suas lojas de varejo foram abertas após suas marcas estarem fortalecidas como empresas de venda direta.

## PROBLEMAS ÉTICOS E LEGAIS NO USO DE MARKETING DIRETO

Normalmente, as empresas de marketing direto e seus clientes desfrutam de relacionamentos mutuamente recompensadores. Entretanto, ocasionalmente, emerge um lado escuro. As preocupações incluem pequenos excessos que irritam os consumidores, alguns exemplos de comparações desonestas, casos de engano proposital e fraude e problemas de invasão de privacidade.

- *Irritação.* Muitas pessoas consideram que o crescente número de apelos de venda a que estão expostas é um incômodo. Não gostam de comerciais de resposta direta na televisão que sejam barulhentos, muito longos e insistentes. Especialmente aborrece-

doras são as chamadas telefônicas na hora do jantar ou tarde da noite, com operadores mal treinados ou com mensagens gravadas programadas por computador.

- *Desonestidade.* Algumas empresas de marketing direto levam vantagem desonesta sobre os compradores impulsivos ou menos sofisticados. Os *shows* de compra pela televisão e os "infocomerciais" são os mais culpados. Possuem locutores e apresentadores de voz macia, demonstrações bem elaboradas, apelos de reduções drásticas de preços, limitações de prazo de compra irreais e falsa facilidade de compra para atrair aqueles compradores que possuem baixa resistência aos apelos de venda.

- *Engano proposital e fraude.* Algumas empresas de marketing direto preparam malas e redigem textos destinados a confundir os compradores. Podem exagerar no tamanho do produto e nas vantagens de desempenho ou preço. Às vezes, entidades de levantamento de fundos usam truques como envelopes parecidos com os usados por órgãos oficiais, recortes de jornais simulados e falsificam honrarias e prêmios recebidos. Algumas organizações que não visam o lucro fingem estar fazendo pesquisas, quando estão, realmente, fazendo perguntas para selecionar ou persuadir os doadores potenciais. A Federal Trade Comission recebe anualmente milhares de reclamações sobre "arapucas" de investimentos ou instituições de caridade falsas. Ocasionalmente, os compradores percebem que foram enganados e alertam as autoridades. Geralmente, os ladrões encontram maneiras de adotar novos esquemas.

- *Invasão de privacidade.* Talvez, a invasão de privacidade seja o principal problema de política pública que as empresas de marketing direto vêm enfrentando. Parece que quase todas as vezes que os consumidores encomendam produtos pelo correio ou telefone, entram em um sorteio, usam cartão de crédito ou assinam uma revista, seus nomes, endereços e comportamento de compra passam a fazer parte do banco de dados de alguma empresa. Usando tecnologias de computador sofisticadas, as empresas ajustam seus bancos de dados para destinar os esforços de vendas a microssegmentos de clientes-alvos. Freqüentemente, os clientes são beneficiados com marketing baseado em banco de dados – recebem mais ofertas que atendem diretamente a seus interesses. Entretanto, as empresas encontram dificuldades em definir o limite entre seus desejos de atingir cuidadosamente as audiências-alvos e o direito dessas audiências à privacidade. Muitos críticos se preocupam com o fato de as empresas conhecerem *muito* sobre as vidas de seus clientes e poderem usar esse conhecimento para levar vantagem

---

16. ROMAN. Op. cit. p. 3.
17. RAPP e COLLINS. *Maximarketing.* Op. cit.

sobre eles. Eles perguntam: A AT&T deve ter permissão para vender os nomes de seus clientes que usam freqüentemente o número 0800 para empresas de marketing direto? É correto as empresas de informações de crédito compilarem e venderem listas de nomes de pessoas que solicitaram recentemente cartões de crédito – pessoas estas que são alvos principais das empresas de marketing direto em função de sua disposição a comprar? É correto os estados venderem os nomes e endereços dos novos motoristas, além de informações como altura, peso e sexo, permitindo que vendedores de roupas os procurem com diferentes ofertas de vestuário?

O setor de marketing direto está trabalhando para resolver esses problemas. Sabem que, deixados à margem, tais problemas levarão ao aumento das atitudes negativas dos consumidores, taxas de respostas menores e a pedidos de maior restrição legal sobre as práticas de marketing direto. Em última análise, o que é mais importante, a maioria das empresas de marketing direto deseja o mesmo que os consumidores: ofertas de marketing honestas e bem preparadas, destinadas apenas àqueles que as apreciarão e, provavelmente, as comprarão.

## RESUMO

1. *Marketing direto* é um sistema de marketing interativo que usa uma ou mais mídias de propaganda para obter resposta mensurável e/ou transação de qualquer localidade. Agora, está sendo amplamente usado em mercados consumidores, mercados *business to business* e mercados de instituições de caridade. Uma das ferramentas mais valiosas do marketing direto é o *banco de dados de clientes*, conjunto organizado de dados abrangentes sobre clientes potenciais e clientes atuais. As empresas usam seus bancos de dados para identificar clientes potenciais, decidir que clientes devem receber uma oferta específica, aprofundar seu grau de lealdade e reativar suas compras.

2. As empresas de marketing direto usam grande variedade de canais para atingir clientes potenciais e clientes atuais. A forma mais antiga de marketing direto é a visita de vendas. Marketing de mala direta envolve enviar uma oferta, anúncio, lembrete ou outro item a uma pessoa em determinado endereço. Marketing de catálogo e telemarketing são formas muito populares de marketing direto. Crescente em importância estão o marketing de resposta direta por televisão e os infocomerciais, além dos canais de venda a domicílio e o marketing por TV interativa/videotexto. Outras formas de mídia, como revistas, jornais e rádio, são também usadas em marketing direto, além dos terminais eletrônicos de compra e os serviços *on-line*.
Para serem bem sucedidas, as empresas de marketing direto devem planejar cuidadosamente suas campanhas. Devem decidir sobre seus objetivos, visar precisamente a seus mercados e clientes potenciais, planejar os elementos da oferta, testá-los e definir técnicas de mensuração para determinar o sucesso da campanha.

3. Há dois tipos de canais de marketing *on-line*: os serviços comerciais *on-line* e a Internet. A propaganda *on-line* oferece conveniência aos compradores e custos menores aos vendedores. As empresas podem praticar marketing *on-line*, criando vitrines eletrônicas; participando de fóruns, *newsgroups* e *bulletin boards;* veiculando anúncios *on-line;* e usando *e-mail*. Entretanto, nem todas as empresas devem praticar marketing *on-line*; cada empresa deve determinar se a receita obtida excederá os custos de sua implantação e manutenção.

4. Embora algumas empresas ainda releguem marketing direto e marketing *on-line* a um papel secundário em seu composto de comunicações/marketing, muitas começaram a praticar *comunicações de marketing integrado*, também denominado *marketing direto integrado* (MDI). Os programas de MDI, que envolvem várias mídias de propaganda, são, geralmente, muito mais eficazes do que os programas de comunicações isolados.

5. Geralmente, as empresas de marketing direto e seus clientes desfrutam de relacionamentos mútuos recompensadores. Entretanto, as empresas de marketing direto devem ser cuidadosas, evitando campanhas que irritam os clientes, são percebidas como enganosas, fraudulentas e/ou invadem sua privacidade.

1. À medida que a revolução de marketing eletrônico ganha força, as empresas estão descobrindo que não é suficiente simplesmente empregar profissionais de marketing com alto nível de competência técnica. Esses profissionais devem também estar em condições de antecipar as mudanças tecnológicas e transformá-las em vantagem competitiva para suas empresas. É comum as empresas menores, que podem não estar preparadas para suportar uma folha de pagamento onerosa, fazerem parcerias com grandes empresas para entrar na supervia da informação. Por exemplo, a AT&T, recentemente, entrou em acordo para vender os serviços de acesso à Internet da empresa Bolt Beranek e Newman (BBN), dando, assim, a essa pequena empresa de tecnologia importante projeção na rede global de computadores. Comentando sobre essa parceria, um analista do setor afirmou: "Foi um grande negócio para a BBN porque ela nunca soube como vender sua tecnologia e, agora, tem 12.000 vendedores nas ruas que podem recomendá-la." Por que a AT&T fez esta parceria com uma pequena organização?

2. Embora a Internet não seja um negócio, seu crescimento tem permitido o surgimento de grande número de serviços e empresas relacionados a ela. Agora, há empresas especializadas no desenvolvimento de *home pages* e outras que vendem espaço de propaganda na Net. Além disso, uma variedade de organizações está oferecendo seminários e *workshops* sobre a Internet para empresas, consumidores e instituições educacionais. Que benefícios as empresas podem receber ao participar da Internet? O que as organizações devem conhecer antes de se envolver com a Internet? Como os recursos da Internet afetam os planos de marketing de uma organização?

3. Don E. Shcultz, especialista em marketing integrado da Northwestern University, afirma que recebe ligações telefônicas de praticantes de marketing que dizem: "Ouvimos sua palestra (ou li seu livro, conversei com alguns de seus clientes etc.) e estamos preparados para implantar comunicações de marketing integrado em nossas empresas. Sabemos que um banco de dados é fundamental para o desenvolvimento de um processo de comunicação." Informam também sobre seus produtos e perguntam: "Qual deve ser a capacidade do computador e que tipo de *software* deveremos comprar?" Por que essas perguntas estão erradas para as pessoas que estão começando a usar marketing de banco de dados? Quais seriam as primeiras perguntas que elas deveriam fazer? Que precauções a empresa deve tomar ao começar a operar seu banco de dados?

4. Descreva os objetivos de marketing e os mercados-alvos das seguintes empresas. Que benefícios cada uma delas deve receber de um serviço de compra *on-line*?
   a. Sears (varejo de produtos de consumo em massa)
   b. Saks Fifth Avenue (roupas especiais)
   c. Ticket Restaurante
   d. Hallmark (cartões comemorativos)
   e. Merrill Lynch (corretora de investimentos)
   f. ComputerLand (varejo de produtos de Informática)
   g. TWA (linha aérea)

5. A venda por catálogo foi uma das primeiras formas de marketing direto como conhecemos hoje. Agora, algumas lojas de varejo estão usando catálogos (distribuídos por correio ou inseridos em jornais para aumentar as vendas em suas lojas). Por que as lojas de varejo começaram a editar catálogos? Por que uma loja bem estabelecida decide entrar no negócio de venda pelo correio e editar um catálogo?

6. Você está desenvolvendo um negócio para vender microcomputadores. Em função dos recursos limitados, você foi aconselhado a empregar marketing direto. Usando as cinco etapas descritas neste capítulo (objetivos, mercados-alvos e clientes potenciais, elementos da oferta, teste dos elementos e mensuração do sucesso da campanha), descreva as principais decisões que você precisa tomar em cada uma delas. Que mídia de marketing direto você acha que será mais bem-sucedida para atingir seus objetivos?

7. Suponhamos que uma cidade possui duas floriculturas. A Floricultura A utiliza um enfoque tradicional de marketing de massa para atrair clientes, enquanto a Floricultura B adota o enfoque "um a um". Provavelmente, que floricultura usará as campanhas de marketing descritas a seguir?
   a. Comemorações do dia das mães e dia dos namorados, apoiadas por comerciais de rádio com uma semana de antecedência.
   b. Lembretes aos filhos lembrando-os da data de aniversário de suas mães.
   c. Envio de catálogos coloridos de flores especiais às mulheres que integram as listas de casamentos de uma grande loja de presentes (a loja fornece essas listas à floricultura).
   d. Veiculação de um anúncio nas Páginas Amarelas na seção "Flores para todas as ocasiões".
   e. Envio de um pequeno buquê de flores aos novos noivos no primeiro aniversário de noivado.
   f. Colocação de um *outdoor* com o seguinte título: "Você enviou flores hoje a alguém que ama?"

8. À medida que maior número de funcionários acessa a Internet e começa a abandonar os canais de comunicação tradicionais, as empresas podem enfrentar novos desafios. Identifique alguns problemas que

podem ocorrer se eles começarem a comunicar-se com outras pessoas via Internet ou a contatar fornecedores diretamente, abandonando os canais competentes ou os departamentos de relações públicas. Identifique também algumas orientações que uma empresa deve divulgar para evitar a ocorrência desses problemas.

9. Você está planejando publicar uma nova revista destinada a afro-americanos da classe média. Você está também planejando lançar uma campanha de telemarketing intensiva para contatar mais de 500.000 famílias afro-americanas e vender a assinatura. Seus operadores de telemarketing precisam de um roteiro (*script*) para atrair a atenção do mercado-alvo. Individualmente ou em pequenos grupos, apresente um breve roteiro para ser usado pelos operadores.

PARTE

V

# ADMINISTRAÇÃO DOS ESFORÇOS DE MARKETING

# Organização, Implementação, Avaliação e Controle das Atividades de Marketing

*Visão sem ação é devaneio. Ação sem visão é pesadelo.*

PROVÉRBIO JAPONÊS

*Quando perdemos a sinalização de nosso objetivo, redobramos os esforços.*

ADÁGIO ANTIGO

---

Deixamos agora os aspectos estratégicos e táticos de marketing para abordar os aspectos *administrativos*. Nossa meta é examinar como as empresas organizam, implementam, avaliam e controlam suas atividades de marketing. Neste capítulo, responderemos as seguintes perguntas:

- **Que tendências estão ocorrendo na organização de uma empresa?**
- **Como as atividades de marketing e vendas são organizadas em várias empresas?**

- **Qual a relação do departamento de marketing com os demais departamentos da empresa?**
- **Que etapas uma empresa pode desenvolver para fortalecer sua orientação para o mercado?**
- **Como uma empresa pode melhorar sua habilidade na implementação de marketing?**
- **Que ferramentas estão disponíveis para ajudar as empresas a avaliar, controlar e melhorar suas atividades de marketing?**

---

## ORGANIZAÇÃO DA EMPRESA

Freqüentemente, as empresas precisam reorganizar seu negócio e marketing para responder às significativas mudanças que vêm ocorrendo no ambiente empresarial. Essas mudanças incluem a globalização, desregulamentação governamental, avanços na tecnologia de computadores e nas telecomunicações, fragmentação do mercado e outros desenvolvimentos mencionados no decorrer deste livro.

Para manterem-se a par dessas mudanças, as empresas estão focando cada vez mais o desenvolvimento de seus negócios (*core business*) e competências centrais.[1] Esta é uma mudança iniciada a partir dos anos 60 e 70, quando muitas empresas passaram a diversificar seus investimentos em setores totalmente não relacionados. Embora os setores parecessem promissores, faltou a essas empresas a experiência e o conhecimento apropriado para competir. Exemplos expressivos são a compra da Montgomery Ward pela Mobil e a entrada da Exxon no negócio de equipamentos para escritório.

As grandes empresas também perceberam que embora sejam experientes em ampliar negócios existentes, são menos eficazes para iniciar novos negócios. Os pequenos empreendedores fazem isto muito melhor. Entretanto, algumas grandes empresas estão começando a adotar o conceito de *intrapreneurship*, dando a seus gerentes maior liberdade para gerar idéias e assumir alguns riscos.

As empresas estão também "enxugando" suas estruturas organizacionais e reduzindo os níveis hierárquicos (*downsizing*) para ficarem mais próximas aos clientes.[2] Houve um tempo em que a AT&T possuía 19 níveis organizacionais. Claramente, a alta administração estava muito distante dos clientes para conhecer plenamente suas necessidades mutantes. Uma ação corretiva foi orientar os gerentes de todos os níveis a deixar a mesa do escritório e sair para ver o que está ocorrendo

---

1. Veja PRAHALAD, C. K., HAMEL, Gary. The core competence of the corporation. *Harvard Business Review,* p. 79-91, May/June 1990.
2. Veja JACOB, Rahul. The struggle to create na organization for the 21st century. *Fortune,* p. 90-99, 3 Apr. 1995.

no mercado (*managing by walking around*). Entretanto, uma ação corretiva mais básica foi "achatar" a organização. Tom Peters propôs que nenhuma organização bem administrada necessita mais do que cinco níveis hierárquicos. A chave para "achatar" uma organização foi analisar como cada gerente poderia administrar mais pessoas, digamos, 30 em vez de oito. Isto pôde ser realizado transferindo-se mais responsabilidade aos funcionários (*empowering*), que passaram a auto-administrar suas atividades.

Como resultado dessa tendência, a hierarquia vem dando lugar ao trabalho em rede (*networking*). Com mais empresas usando computadores, correio eletrônico e fax, cada vez mais as mensagens são transferidas entre pessoas de diferentes níveis organizacionais. As empresas estão estimulando a criação de equipes de trabalho centradas nos processos principais do negócio, procurando derrubar as barreiras interdepartamentais. As empresas estão também se esforçando para romper as barreiras existentes entre si e seus fornecedores e distribuidores, tratando-os como parceiros e incluindo-os no fluxo de informações. A Calyx & Corolla (C&C), empresa de grande sucesso que vende flores frescas por catálogo, é um bom exemplo de organização que usa a tecnologia de informação para trabalhar em rede.

**CALYX & COROLLA**   Os clientes da C&C fazem seus pedidos por telefone a partir de um catálogo contendo um número expressivo de arranjos de flores. Depois, o pedido é transmitido a uma das 25 ou mais floriculturas de sua rede que prepara o arranjo usando os materiais e as orientações fornecidos por ela. A Federal Express retira a encomenda e faz a entrega no escritório ou residência designada. O sistema de informações da FedEx também está vinculado à rede. A administração da C&C credita o uso da tecnologia de informação como um fator-chave para sua taxa de crescimento de dois dígitos.[3]

Neste contexto, examinaremos agora como a organização do departamento de marketing está mudando.

## ORGANIZAÇÃO DE MARKETING

No decorrer dos anos, marketing evoluiu de um simples departamento de vendas para um conjunto complexo de atividades. Aqui, examinaremos como os departamentos de marketing vêm evoluindo nas empresas, como são organizados e como interagem com outros departamentos da empresa.

## Evolução do departamento de marketing

Os departamentos de marketing vêm evoluindo através de seis estágios, com empresas situadas em cada um deles.

**ESTÁGIO 1: SIMPLES DEPARTAMENTO DE VENDAS.** Tipicamente, as pequenas empresas possuem um diretor ou gerente que administra a força de vendas, além de fazer também algum tipo de venda. Quando a empresa necessita de algum tipo de pesquisa de marketing ou de propaganda, o diretor contrata alguém de fora (Figura 24.1[a]).

**ESTÁGIO 2: DEPARTAMENTO DE VENDAS COM FUNÇÕES AUXILIARES DE MARKETING.** À medida que a empresa se expande, ela precisa acrescentar ou fortalecer certas funções de marketing. Por exemplo, uma empresa da região sul que planeja abrir uma filial na região nordeste terá primeiro que fazer pesquisa de marketing para conhecer as necessidades dos consumidores e o potencial de mercado. Posteriormente, terá que divulgar sua marca e produtos na área. O diretor de marketing contratará especialistas, como um gerente de pesquisa de marketing e um gerente de propaganda, para cuidar dessas atividades de marketing. O diretor de vendas pode contratar um *gerente de marketing* para administrar essas e outras funções de marketing (Figura 24-1[b]).

**ESTÁGIO 3: DEPARTAMENTO DE MARKETING SEPARADO.** O contínuo crescimento da empresa aumenta o potencial dos investimentos produtivos em pesquisa de marketing, desenvolvimento de novos produtos, propaganda e promoção de vendas e serviços aos clientes. Todavia, o diretor de vendas continua, normalmente, destinando tempo e recursos à força de vendas. O gerente de marketing solicitará maiores recursos, mas é comum receber menos do que necessita.

Eventualmente, o presidente da empresa verá a vantagem de estabelecer um departamento de marketing separado e independente do diretor de vendas que se reporta ao presidente ou ao principal executivo da empresa (Figura 24.1[c]). O departamento de marketing será dirigido por um diretor de marketing, no mesmo nível do diretor de vendas. Neste estágio, vendas e marketing são funções separadas que trabalham em conjunto.

Esta estrutura permite ao presidente uma visão mais balanceada das oportunidades e dos problemas da empresa. Suponhamos que a empresa esteja perdendo participação de mercado e o presidente pede providên-

3.   CRAVENS, David W., SHIPP, Shannon H., CRAVENS, Karen S. Reforming the traditional organization: the mandate for developing networks. *Business Horizons,* p. 19-26, July/Aug. 1994.

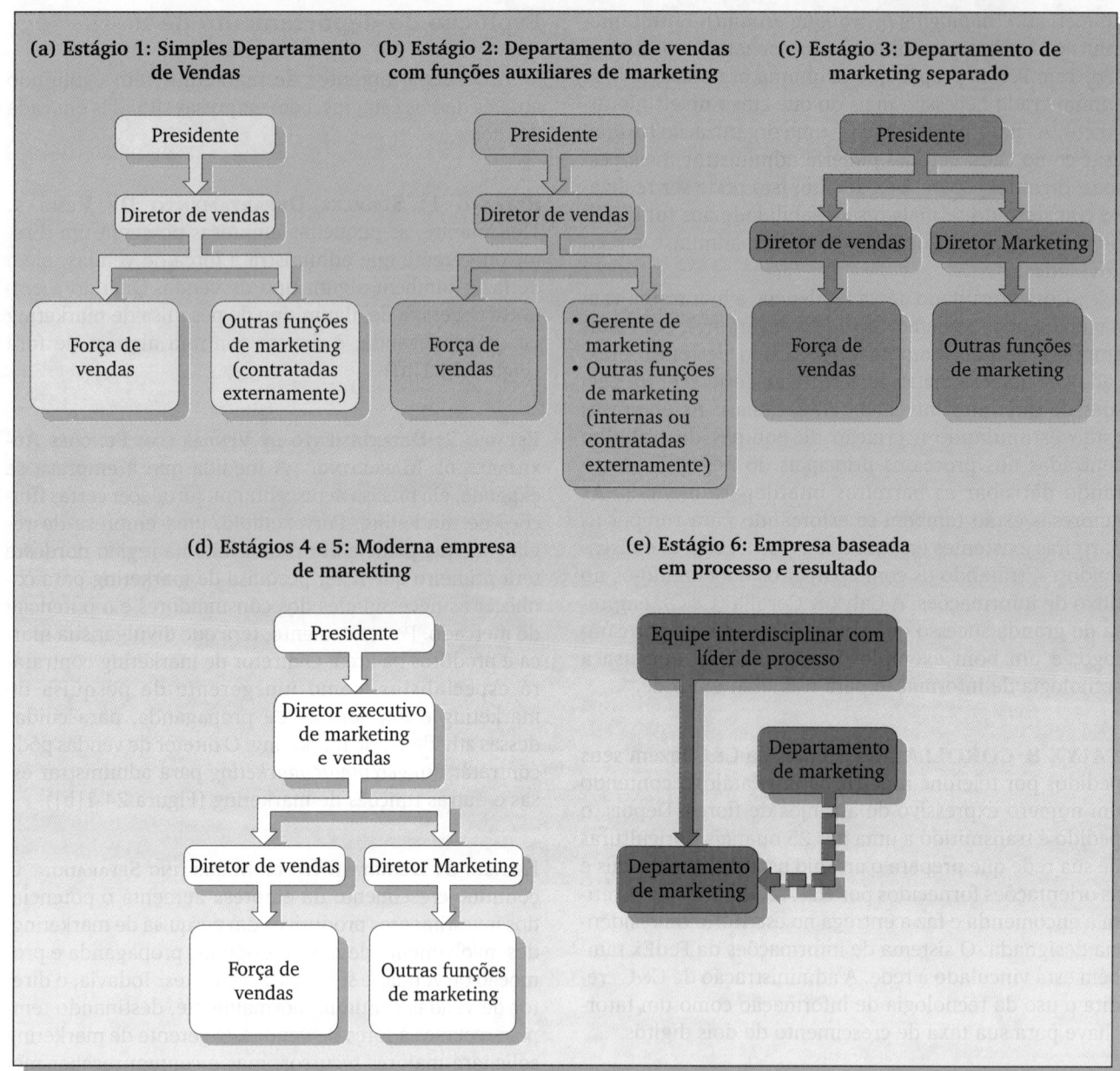

**Figura 24.1** *Estágios na evolução do departamento de marketing*

cias ao diretor de vendas. Este pode recomendar a contratação de mais vendedores, melhorar a remuneração, instituir um concurso de vendas, aumentar o treinamento ou reduzir o preço para facilitar a venda do produto. O diretor de marketing desejará analisar as forças que estão afetando o mercado. A empresa está procurando atingir os segmentos de mercado e clientes corretos? Como os clientes-alvo vêem a empresa e seus produtos em relação aos concorrentes? Justificam-se mudanças nas características do produto, estilo, embalagem, serviço, distribuição ou em outras formas de promoção?

**ESTÁGIO 4: MODERNO DEPARTAMENTO DE MAREKTING.** Embora os diretores de vendas e de marketing devam

trabalhar em conjunto, seu relacionamento é, freqüentemente, caracterizado por rivalidade e desconfiança. O diretor de vendas resiste a qualquer iniciativa que venha tornar seu departamento menos importante no composto de marketing da empresa, e o diretor de marketing procura aumentar o orçamento destinado às atividades que não são de vendas.

A tarefa do diretor de marketing é identificar oportunidades e preparar estratégias e programas de marketing. Os vendedores são responsáveis pela implementação desses programas. Os profissionais de marketing confiam em pesquisa de marketing, tentam identificar e conhecer os segmentos de mercado, dedicam tempo para planejamento, pensam a longo prazo e visam obter lucros e ganhos de participação de mercado. Em contraste, os vendedores confiam na experiência de campo, tentam conhecer cada comprador individual, dedicam tempo para a venda face a face, pensam a curto prazo e procuram cumprir suas quotas de vendas.

Se houver muito atrito entre vendas e marketing, o presidente da empresa pode subordinar as atividades de marketing ao diretor de vendas ou instruir o diretor executivo para resolver os conflitos que surgirem. Outra possibilidade é o presidente encarregar o diretor de marketing para dirigir também a força de vendas. Esta última solução forma a base do moderno departamento de marketing, liderado por um diretor de marketing e vendas que passa a coordenar gerentes responsáveis por todas as funções de marketing, inclusive a administração de vendas (Figura 24-1[d]).

### ESTÁGIO 5: EMPRESA EFICAZ EM MARKETING.

A empresa pode ter um departamento de marketing excelente e, mesmo assim, não ser eficaz em marketing. Depende muito de como os profissionais de outros departamentos da empresa vêem os clientes e suas responsabilidades de marketing. Se eles apontarem para o departamento de marketing e afirmarem: "Eles fazem marketing", a empresa não implementou marketing com eficácia. Apenas quando todos os funcionários perceberem que suas tarefas são criadas pelos clientes que escolhem os produtos da empresa haverá uma empresa eficaz em marketing.[4]

Ironicamente, quando uma empresa precisa reduzir custos, "enxugar" a estrutura e "desaquecer" as atividades, os departamentos de marketing e vendas estão entre os mais duramente atingidos, muito embora sua missão seja aumentar o faturamento. Entre 1992 e 1994, cerca de 28% de todas as demissões de trabalhadores de escritório ocorreram em vendas e marketing.[5] Para permanecerem como participantes eficazes e valorizados pela organização, os profissionais de marketing e os vendedores devem tornar-se mais criativos na geração e entrega de valor para o cliente e de lucro para a empresa.

### ESTÁGIO 6: EMPRESA BASEADA EM PROCESSO E RESULTADO.

Muitas empresas estão agora refocando sua estrutura organizacional ou processos-chaves em vez de departamentos. A organização departamental está sendo crescentemente vista como barreira para o desenvolvimento contínuo dos processos fundamentais do negócio, como o desenvolvimento de novos produtos, conquista e retenção de clientes, atendimento de pedidos e serviços ao consumidor. No interesse de atingir certos resultados nos processos, as empresas estão agora contratando líderes de processo que administram equipes interdisciplinares. Conseqüentemente, o pessoal de marketing e vendas está destinando porcentagem crescente de seu tempo às equipes de processo. Como resultado, o pessoal de marketing pode ter responsabilidade de linha com suas equipes e responsabilidade de assessoria com o departamento de marketing. O departamento de marketing é também responsável pelo planejamento do treinamento de seus funcionários, designando-os a novas equipes e avaliando globalmente seus desempenhos.

## Maneiras de organizar o departamento de marketing

Os modernos departamentos de marketing podem tomar várias formas. Podem ser organizados por função, área geográfica, produtos ou marcas e/ou mercados de clientes (ou consumidores).

### ORGANIZAÇÃO POR FUNÇÃO.

A forma mais comum de organização de marketing consiste em especialistas funcionais reportando-se a um vice-presidente de marketing que coordena suas atividades. A Figura 24.2 mostra cinco especialistas. Outros deles podem ser acrescentados, como um gerente de serviços aos clientes, um gerente de planejamento de marketing e um de logística de mercado.

Não há muito desafio no desenvolvimento de relações de trabalho harmônicas dentro do departamento de marketing, embora o contrário ocorre entre marketing e outros departamentos. Cespedes alerta que as empresas devem melhorar as interfaces críticas entre os vendedores de campo, os serviços aos clientes e os grupos de administração de produtos, uma vez que, coletivamente, têm impacto importante sobre os serviços aos clientes. Ele propôs várias maneiras de se formar elos mais fortes entre esses três setores de marketing importantes.[6]

A principal vantagem da organização de marketing por função é sua simplicidade administrativa. Entretanto, esta forma perde eficácia à medida que os produtos e os mercados da empresa aumentam. Primeiro, uma organização por função, freqüentemente, leva a um planejamento inadequado para produtos e mercados específicos, uma vez que ninguém assume responsabilidade plena por qualquer produto ou mercado. Os produtos não favorecidos por alguém são negligenciados. Segundo, cada grupo funcional concorre com outras funções por maior parcela do orçamento e *status*. O vice-presidente de marketing tem que ponderar constantemente as reivindicações de especialistas funcionais concorrentes, enfrentando um difícil programa de coordenação.

---

4. Veja WEBSTER JR., Frederick E. The changing role of marketing in the corporation. *Journal of Marketing*, p. 1-17, Oct. 1992.
5. MITCHELL, Alan. Top brass fall for false economies. *Marketing Week*, p. 28-29l, 9 Sept. 1994.
6. Veja CESPEDES, Frank V. *Concurrent marketing*: integrating product, sales, and service. Boston : Harvard Business School Press, 1995; e *Managing marketing linkages*: text, cases, and readings. Upper Saddle River, NJ : Prentice-Hall, 1996.

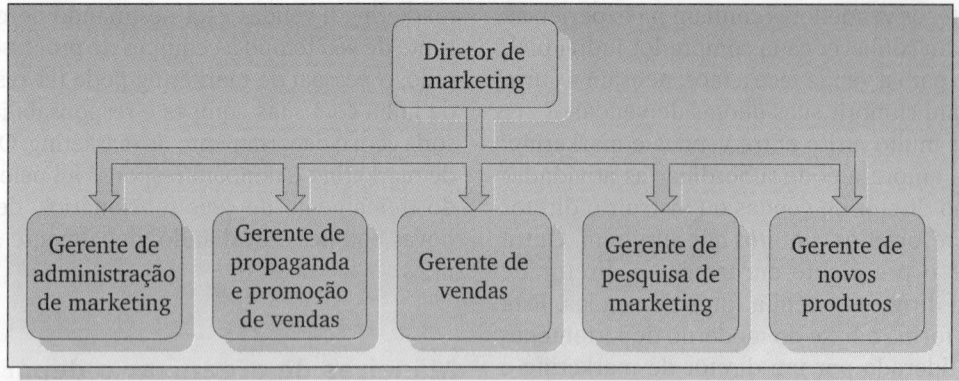

**Figura 24.2**  *Organização por função.*

**ORGANIZAÇÃO POR ÁREA GEOGRÁFICA.** Freqüentemente, uma empresa que vende em um mercado nacional organiza sua força de vendas (e, às vezes, outras funções) adotando o critério de divisão geográfica. O gerente nacional de vendas pode supervisionar quatro gerentes regionais. Abaixo a cada gerente regional há seis gerentes distritais. Cada gerente distrital coordena oito gerentes territoriais e cada gerente territorial supervisiona dez vendedores.

Várias empresas estão agora acrescentando *especialistas em mercados* (regionais ou locais) para apoiarem os esforços de venda em mercados de grande volume. Um desses mercados pode ser a cidade de Miami, que possui uma população latina de 56%, em comparação a vizinha cidade de Fort Lauderdale, com apenas 4% de latinos. Por exemplo, o especialista de mercado para Miami conheceria detalhadamente os consumidores e a composição do comércio local. Ele ajudaria os gerentes de marketing da matriz a ajustar o composto de marketing para a cidade, a preparar planos anuais e a longo prazo para a venda de todos os produtos da empresa e a incentivar a equipe de vendas na adoção de novos programas de marketing.

Vários fatores têm estimulado a regionalização e a localização. Primeiro, o mercado de massa dos Estados Unidos para a maioria dos produtos está, lentamente, sendo subdividido em muitos minimercados: nascidos no pós-guerra (*baby boomers*), terceira idade, afro-americanos, mães solteiras – a lista é extensa. Hoje, as empresas encontram dificuldade em criar um produto ou programa único que atraia a todos esses diversos grupos. Considere apenas os fatores demográficos abaixo e você verá por que as empresas não podem ver os Estados Unidos como um país homogêneo:[7]

- O mesmo número de pessoas vive na cidade de New England e na região das montanhas rochosas. Todavia, a taxa de crescimento da população das montanhas rochosas é maior e a idade média é mais baixa.

- A região sul ofereceu quase 20 milhões de empregos na última década, enquanto outras áreas do país, as regiões nordeste e meio-oeste, que concentram a indústria pesada, perderam postos de trabalho.
- A população da cidade de Portland, Maine, é quase totalmente composta de brancos, enquanto a capital federal, Washington, DC, é predominantemente negra.

Segundo, o desenvolvimento das tecnologias de informação e de pesquisa de marketing tem também contribuído para a regionalização. Por exemplo, os *scanners* localizados nas lojas de varejo permitem o rastreamento instantâneo de dados sobre as vendas de produtos em qualquer ponto, permitindo às empresas a identificação de problemas e oportunidades que podem exigir ações de marketing localizadas. Um terceiro fator importante é o crescente poder dos varejistas. Esta tecnologia proporciona a eles informações de mercado, aumentando seu poder sobre os fabricantes. Freqüentemente, os varejistas não se entusiasmam com grandes campanhas de marketing de cobertura nacional, visando massas de consumidores. Preferem mais programas locais, vinculados a seus próprios esforços promocionais, destinados a consumidores de suas próprias cidades e vizinhanças. Assim, para mantê-los satisfeitos e obter espaço nas prateleiras de suas lojas, os fabricantes devem alocar maior parte de seus orçamentos de marketing às promoções locais, loja a loja.

A Campbell's Soup partiu para a regionalização com força total:

**CAMPBELL'S SOUP**  A Campbell's foi bem-sucedida no lançamento de marcas regionais. Vende a sopa de feijão apimentado Ranchero no sudoeste, a sopa Creole no sul e a sopa de feijão vermelho nas áreas latinas. Para os habitantes da região noroeste, que gostam de picles mais ácido, criou a marca Zesty. Estas e outras marcas

7.  LINEMAN, Robert E., STANTON JR., John L. A game plan for regional marketing. *Journal of Business Strategy,* p. 19-25, Nov./Dec. 1992.

que atraem gostos regionais aumentam substancialmente a receita anual de vendas da empresa. Além disso, a Campbell's dividiu seu mercado em 22 regiões, cada uma responsável pelo planejamento do programa de marketing local. A empresa tem alocado de 15 a 20% de seu orçamento total de marketing para apoiar programas locais.

Dentro de cada região, seus gerentes de vendas e vendedores têm autoridade para criar campanhas de propaganda e de promoções ajustadas às necessidades e condições dos mercados locais. Selecionam as mídias de propaganda mais adequadas para suas áreas. Trabalham diretamente com varejistas locais para a exibição de *displays,* distribuição de cupons de ofertas, realização de promoções de preço e organização de eventos promocionais.[8]

Outras empresas que estão adotando marketing regional são o McDonald's, que está gastando regionalmente cerca de 50% de seu orçamento total de propaganda; a American Airlines, que percebeu que as necessidades de viagem dos moradores de Chicago e da região sudoeste são muito diferentes durante os meses de inverno; e a Anheuser-Busch, que subdividiu seus mercados regionais em segmentos étnicos e demográficos e destinou campanhas diferentes para cada um deles.

A regionalização tem sido acompanhada por um movimento em direção à *franquia de filiais,* que significa dar autonomia aos escritórios locais ou distritais para operar como franquiados. Recentemente, a IBM pediu a seus gerentes de filiais para operarem como "donos de negócio". Assim, as filiais funcionam como centros de lucro e os gerentes locais têm maior autonomia estratégica e incentivo.

A regionalização não precisa limitar-se às regiões dentro de um país. De fato, as grandes multinacionais, freqüentemente, estruturam seus esforços de vendas e marketing para aumentar a eficácia nos mercados espalhados pelo mundo. Várias delas têm substituído escritórios internacionais centralizados por escritórios regionais. A Quaker Oats criou um escritório internacional para a Europa em Bruxelas e a British Petroleum baseia suas operações da Ásia e Oriente Médio em Cingapura.[9] Aqui, o Citibank também inovou:

CITIBANK Como banco global, o Citibank vem mostrando como atender suas grandes contas globais em diferentes partes do mundo. Sua solução: um gerente geral baseado no escritório central de New York é indicado para cada conta global. Cada um deles coordena vários gerentes de contas em diversos países, que são acionados quando qualquer cliente necessita de algum tipo de serviço.

ORGANIZAÇÃO POR PRODUTO E/OU MARCA. Freqüentemente, as empresas que produzem uma variedade de produtos e marcas estabelecem uma organização por produto e/ou marca. Esta organização não substitui a organização por função, mas a complementa com mais um nível de administração. Ela é dirigida por um gerente geral de produtos que supervisiona vários gerentes de linhas de produtos que, por sua vez, supervisionam gerentes de produtos responsáveis por produtos e marcas específicos. Uma organização por produto faz sentido se os produtos da empresa forem muito diferentes ou se o número deles estiver além das condições da adoção de uma organização por função.

A organização por produto surgiu primeiro na Procter & Gamble, em 1927. Uma nova marca de sabão da empresa, a Camay, não estava indo bem e um de seus jovens executivos, Neil H. McElroy (depois, presidente da empresa), recebeu a atribuição de dar atenção exclusiva ao desenvolvimento e promoção deste produto. Ele foi bem-sucedido e a empresa começou a designar outros gerentes de produto.

Desde então, muitas empresas vêm sendo organizadas por produto. Por exemplo, a Kraft General Foods usa uma organização por produto em sua divisão Post. Há gerentes separados por categoria de produtos, encarregados pela venda de cereais, comida para cães e bebidas. Dentro do grupo de cereais, há gerentes de produto separados para cereais nutritivos, cereais pré-adoçados para crianças, cereais para a família e cereais diversos. Por sua vez, o gerente de produto de cereais nutritivos supervisiona os gerentes de marcas.

O papel do gerente de produto é desenvolver planos de produtos, providenciar para que eles sejam bem implementados, monitorar os resultados e adotar ações corretivas. Esta responsabilidade divide-se em seis tarefas:

- Desenvolvimento de uma estratégia competitiva a longo prazo para o produto.
- Preparação de um plano anual de marketing e da previsão de vendas.
- Trabalho com agências de propaganda e de *merchandising* para o desenvolvimento de mensagens, programas e campanhas.
- Estímulo e apoio para o produto entre a força de vendas e os distribuidores.
- Coleta contínua de informações sobre o desempenho do produto, atitudes dos clientes e dos interme-

8.  Veja HUME, Scott. Execs favor regional approach. *Advertising Age,* p. 36, 2 Nov. 1987; NATIONAL firms find that selling to local tastes is costly, complex. *The Wall Street Journal,* 9 Feb. 1987, B1; e McKENNA, Shwan. *The complete guide to regional marketing.* Homewood, Ill. : Business One Irwin, 1992.
9.  "... AND other ways to feel the onion. *The Economist,* p. 52-53, 7 Jan. 1995.

diários e a respeito de novos problemas e oportunidades.

- Introdução de melhorias no produto para atender às necessidades mutantes do mercado.

Estas funções básicas são comuns, tanto para gerentes de produtos de consumo como para gerentes de produtos industriais. Entretanto, há diferenças em suas tarefas e ênfases. Os gerentes de produtos de consumo trabalham normalmente com menor número de produtos que os gerentes de produtos industriais, gastam mais tempo com propaganda e promoção de vendas, envolvem-se mais com outros gerentes da empresa e estão em contato com várias agências de propaganda. Freqüentemente, são mais jovens e têm melhor formação universitária. Em contraste, os gerentes de produtos industriais dedicam-se mais aos aspectos técnicos de seus produtos e em possíveis melhoramentos dos projetos, gastando mais tempo com o pessoal de laboratório e de engenharia. Trabalham mais diretamente com a força de vendas e os clientes-chaves. Dedicam menor atenção à propaganda, promoção de vendas e preços promocionais. Enfatizam os fatores racionais do produto mais do que os fatores emocionais.

A organização por produto oferece várias vantagens. Primeiro, o gerente de produto pode concentrar-se no desenvolvimento de um composto de marketing eficaz para o produto. Segundo, ele pode reagir mais rapidamente aos problemas de mercado do que um comitê de especialistas por função. Terceiro, as marcas menores são menos negligenciadas porque possuem um defensor de produto. Quarto, a organização por produto é um excelente campo de treinamento para executivos jovens, porque os envolve em quase todas as áreas operacionais da empresa (Figura 24.3).

Entretanto, estas vantagens têm seu preço. Primeiro, a organização por produto gera algum conflito e frustração. Tipicamente, os gerentes de produtos não recebem autoridade suficiente para conduzir eficazmente suas atividades. Têm que confiar na persuasão para obter cooperação dos departamentos de propaganda, vendas, produção e de outros departamentos. São vistos como se fossem "minipresidentes", mas são, freqüentemente, tratados como coordenadores de nível inferior. São responsáveis por grande papelada, como se fossem contadores. Freqüentemente, têm que passar sobre outras pessoas para fazer com que algo seja realizado.

Segundo, os gerentes de produto tornam-se especialistas em seus produtos, mas, raramente, tornam-se especialistas em qualquer função. Vacilam entre posar como especialistas, temendo ser intimados por especialistas de fato. Isso ocorre quando o gerente de produto depende de determinado tipo de especialista, como, por exemplo, de propaganda.

Terceiro, o sistema de organização por produto, freqüentemente, passa a apresentar um custo mais alto do que se previa. De início, uma pessoa é indicada para gerenciar cada produto importante. Em breve, os gerentes de produto estão gerenciando até produtos de menor importância. Geralmente, os gerentes de produtos ficam sobrecarregados de serviço e pleiteiam a contratação de gerentes de marcas. Posteriormente, ambos se sobrecarregam e influenciam a contratação de gerentes assistentes de marcas. Com todas essas pessoas, o custo com folha de pagamento sobe expressivamente. Ao mesmo tempo, a empresa continua aumentando o número de especialistas por função, encarregados pela criação de mensagens, embalagens, mídia, promoção de vendas, levantamentos de mercado, análise estatística etc. A empresa fica sobrecarregada por uma pesada estrutura de custos, decorrente do número de gerentes de produtos e de especialistas funcionais.

Quarto, os gerentes de marcas, normalmente, tendem a administrar suas marcas por pouco tempo. Em poucos anos, eles podem mudar para outra marca ou produto ou transferir-se para outras empresas. Seu envolvimento a curto prazo com a marca leva ao planejamento de marketing a curto prazo e destrói as forças da marca a longo prazo.

Quinto, a fragmentação dos mercados dificulta o desenvolvimento de uma estratégia nacional centralizada. Os gerentes de marcas devem favorecer mais os grupos comerciais regionais e confiar mais na força de vendas e na promoção locais.

Pearson e Wilson sugeriram cinco etapas para o sistema de organização por produto funcionar melhor:[10]

- *Delineie claramente os limites do papel e da responsabilidade do gerente de produto.* Na grande maioria das empresas, eles são essencialmente proponentes, não tomadores de decisão.
- *Construa um processo de desenvolvimento de estratégia e revisão que forneça uma estrutura ideal para as operações do gerente de produto.* Muitas empresas permitem que os gerentes de produtos continuem com planos de marketing vagos, em que figuram várias estatísticas, mas poucos princípios estratégicos.
- *Leve em consideração as áreas de conflito potencial entre os gerentes de produtos e especialistas funcionais, quando definir seus respectivos papéis.* Esclareça que decisões devem ser tomadas pelos gerentes de produto, quais pelo especialista e quais devem ser compartilhadas por ambos.
- *Estabeleça um processo formal que leve para a administração superior todas as situações de conflitos de interesse entre os gerentes de produto e o gerente funcional.* Ambas as partes devem colocar os assuntos por escrito e encaminhá-los à administração geral para aprovação.

10. PEARSON, Andrall E., WILSON JR., Thomas W. *Making your organization work.* New York : Association of National Advertising, 1967. p. 8-13.

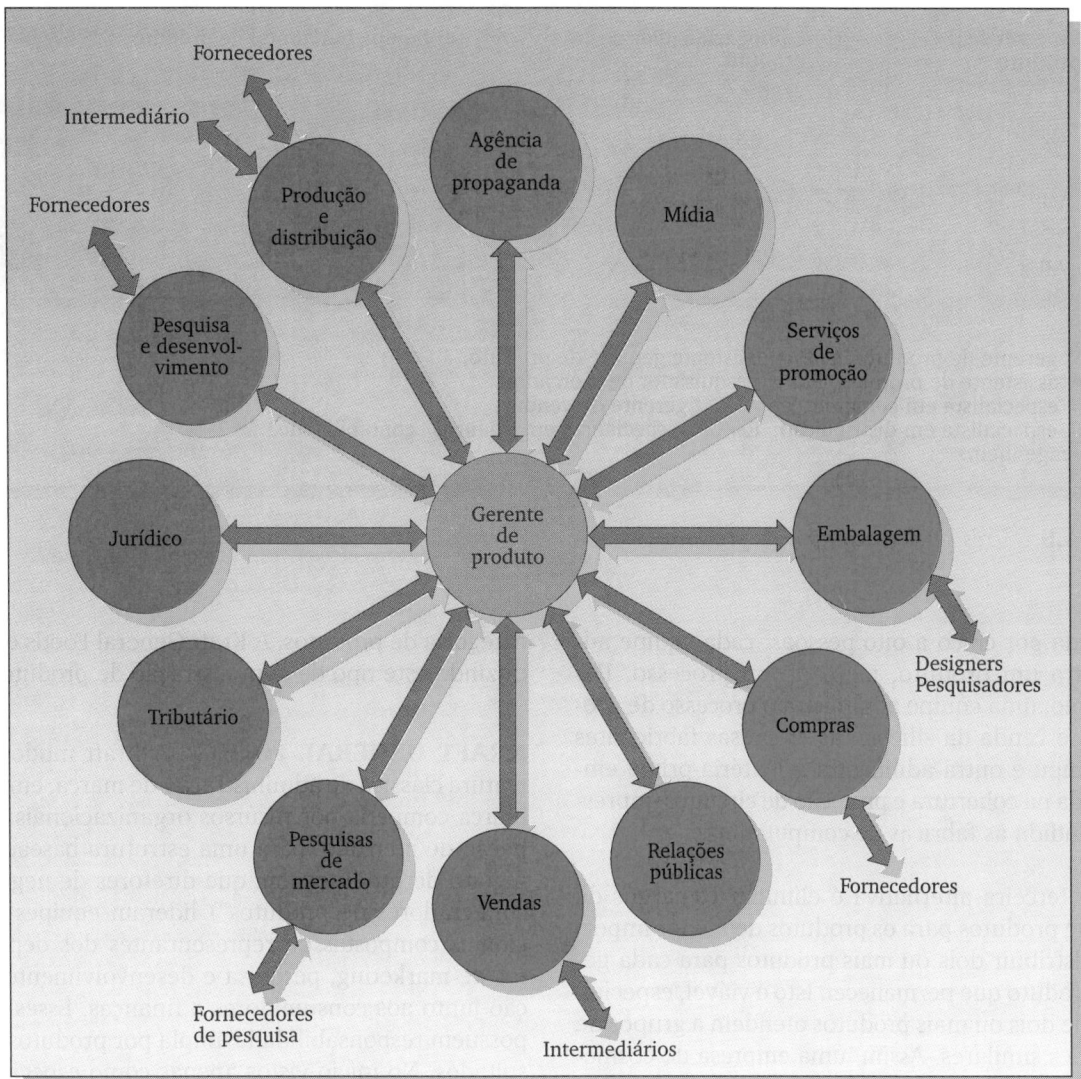

**Figura 24.3** *Interações do gerente de produto.*

- *Estabeleça um sistema para mensuração de resultados que seja consistente com as responsabilidades do gerente de produto.* Se os gerentes de produtos forem responsáveis pelo lucro, deve ser dado a eles maior controle sobre os fatores que afetam a rentabilidade.

Uma segunda alternativa é mudar de uma abordagem de gerente de produto para uma abordagem de equipe de produto. De fato, há três tipos de estruturas de equipes de produto na administração do produto (Figura 24.4):

- *Equipe vertical de produto.* Consiste em um gerente de produto, um assistente de gerente de produto e um assistente de produto (Figura 24.4[a]). O gerente de produto é o líder e trabalha principalmente com outros executivos para obter cooperação. O assistente de gerente de produto colabora nessas tarefas e executa também algum trabalho administrati-

vo. O assistente de produto faz a maioria do trabalho administrativo e as análises rotineiras.

- *Equipe triangular de produto.* Consiste em um gerente de produto e dois assistentes especializados, um encarregado pela pesquisa de marketing e outro responsável pelas comunicações de marketing (Figura 24.4[b]). Esta estrutura é usada na Estrada de Ferro Central de Illinois, onde equipes formadas por três pessoas administram várias operações. A Hallmark Company também usa uma "equipe de marketing" consistindo em um gerente de mercado (o líder), um gerente de marketing e um gerente de distribuição.

- *Equipe horizontal de produto.* Consiste em um gerente de produto e vários especialistas em marketing e em outras funções (Figura 24.4[c]). A 3M possui equipes formadas por um líder de equipe e representantes das áreas de vendas, marketing, laboratório, engenharia, contabilidade e pesquisa de marketing. A Dow Corning estabelece uma equipe

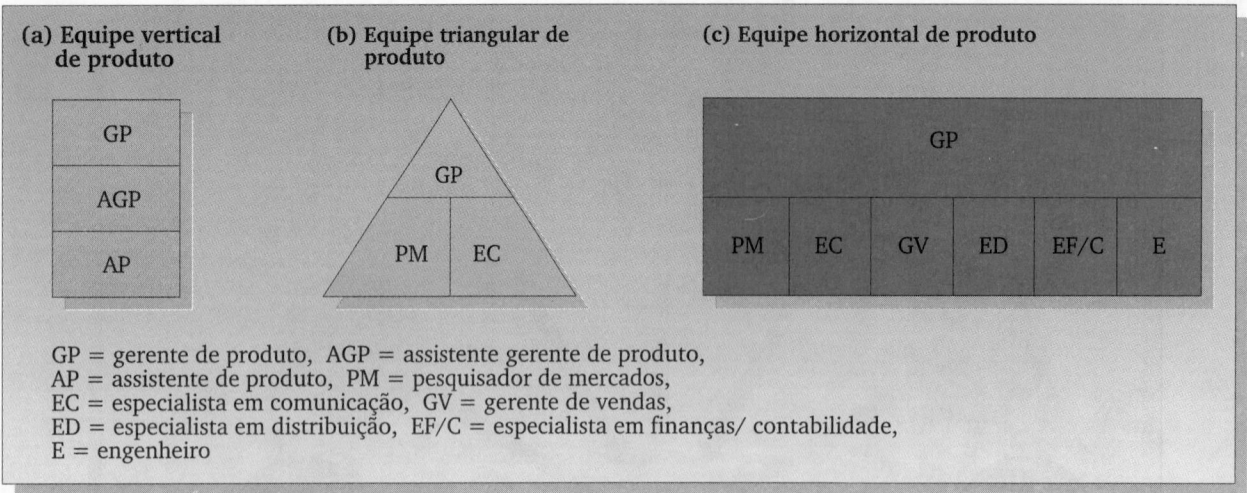

**(a) Equipe vertical de produto**

| GP |
| AGP |
| AP |

**(b) Equipe triangular de produto**

GP

PM | EC

**(c) Equipe horizontal de produto**

GP

| PM | EC | GV | ED | EF/C | E |

GP = gerente de produto,  AGP = assistente gerente de produto,
AP = assistente de produto,  PM = pesquisador de mercados,
EC = especialista em comunicação,  GV = gerente de vendas,
ED = especialista em distribuição,  EF/C = especialista em finanças/ contabilidade,
E = engenheiro

**Figura 24.5**   *Três tipos de equipes de produto.*

formada por cinco a oito pessoas; cada equipe administra um produto, mercado ou processo. Por exemplo, uma equipe administra o processo de produção e venda da silicone às empresas fabricantes de xampu e outra administra a matéria-prima empregada na cobertura e proteção de circuitos impressos vendida às fábricas de computadores.

Uma terceira alternativa é eliminar os cargos de gerentes de produtos para os produtos de menor importância e distribuir dois ou mais produtos para cada gerente de produto que permanecer. Isto é viável, especialmente onde dois ou mais produtos atendem a grupos de necessidades similares. Assim, uma empresa de cosméticos não precisa de gerentes de produtos separados porque os cosméticos atendem a uma principal necessidade, a beleza, enquanto as empresas de produtos de uso pessoal precisam de gerentes diferentes para remédios contra dor de cabeça, creme dental, sabão e xampu porque estes produtos diferem em termos de uso e apelo.

Uma quarta alternativa é introduzir a *administração de categoria de produtos* no gerenciamento de marcas. Por exemplo, a P&G constatou haver muita competição interna entre suas marcas em cada categoria. As marcas Puritan e Crisco estavam competindo por aumento de orçamento e o gerente da marca Cheer começou a utilizar o mesmo apelo de propaganda usado para a marca Tide, diluindo seu posicionamento de mercado. A resposta da P&G: agora, os gerentes de marcas estão subordinados a novos gerentes de categoria de produtos, que resolvem conflitos, protegem posicionamentos, alocam orçamentos e desenvolvem novas marcas para a categoria. A administração de categoria de produtos é também uma resposta ao fato dos supermercados estarem reorganizando seus departamentos de compras por categoria de produtos. A Kraft General Foods está introduzindo este tipo de administração de produtos.

**KRAFT GENERAL FOODS**   A Kraft mudou sua estrutura clássica de administração de marca, em que cada marca competia por recursos organizacionais e participação de mercado, para uma estrutura baseada em categoria de produtos, em que diretores de negócios (ou "integradores de produtos") lideram equipes interfuncionais compostas de representantes dos departamentos de marketing, pesquisa e desenvolvimento, promoção junto aos consumidores e finanças. Esses diretores possuem responsabilidade ampla por produtos e por resultados. No início vistos apenas como especialistas de marketing, são agora responsáveis em identificar oportunidades para melhorar a eficiência da rede de suprimentos, além de assumirem o desenvolvimento de campanhas de propaganda. As equipes trabalham em conjunto com as equipes de processos dedicadas a cada categoria de produtos e com as equipes dedicadas aos grandes clientes (Figura 24.5). Após anos de declínio das vendas, de aumento dos gastos de promoção junto aos intermediários e da crescente exigência dos consumidores, a nova estrutura de equipe da Kraft está obtendo grande resultado em termos de faturamento.[11]

A administração de categoria não é uma panacéia, por uma simples razão. É ainda um sistema orientado para o produto, e não para o cliente. A Colgate substituiu a administração de marca (creme dental Colgate) pela administração por categoria (categoria creme dental) e, mais recentemente, passou para um novo estágio denominado "administração da necessidade do consumidor" (cuidado bucal). Esta última etapa

11.   GEORGE, Michael, FREELING, Anthony, COURT, David. Reinventing the marketing organization. *The McKinsey Quarterly,* n. 4, p. 43-62, 1994.

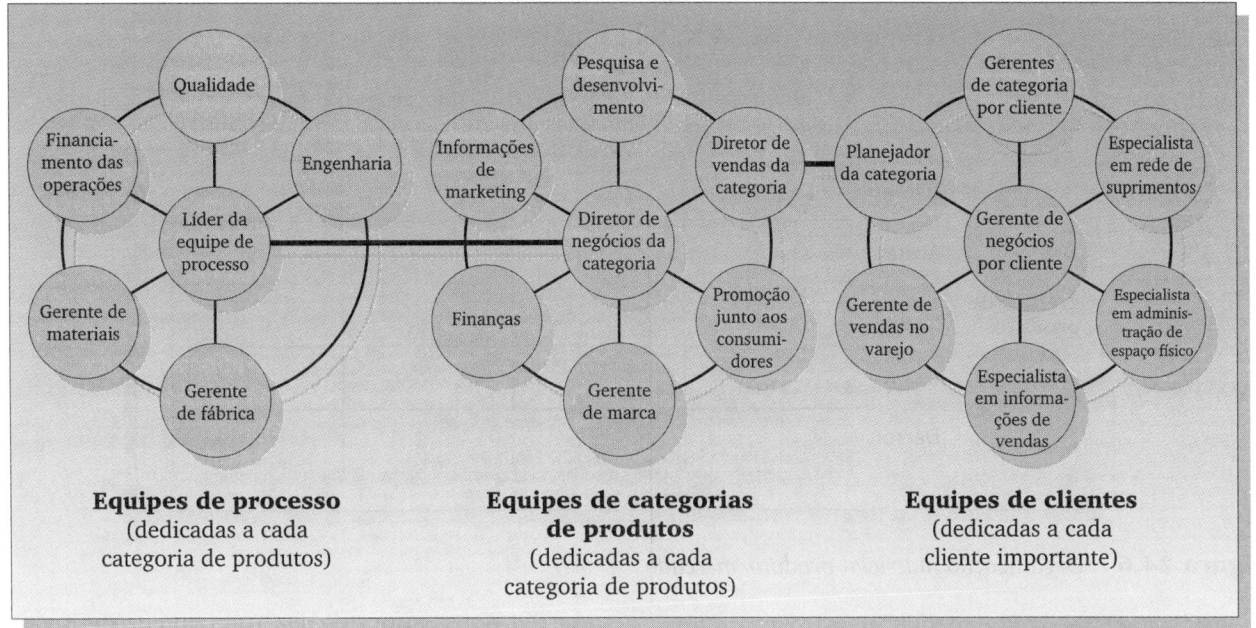

Equipes de processo
(dedicadas a cada
categoria de produtos)

Equipes de categorias
de produtos
(dedicadas a cada
categoria de produtos)

Equipes de clientes
(dedicadas a cada
cliente importante)

**Fonte:** GEORGE, Michael, FREELING, Anthony, COURT, David. Reinventing the marketing organization. *The McKinsey Quarterly,* n. 4, p. 43-62, 1994.

**Figura 24.5** *Administração através de equipes adotada pela Kraft.*

foca a organização baseada nas necessidades do consumidor.[12]

**ORGANIZAÇÃO POR MERCADO.** Muitas empresas vendem seus produtos a diversos mercados. Por exemplo, a Canon vende seu aparelho de fax a consumidores, empresas e órgãos governamentais. A U.S. Steel vende aço para ferrovias, construtoras e empresas de utilidade pública. Quando os consumidores são classificados em diferentes grupos de usuários, com preferências e práticas de compra distintas, uma organização por mercado é desejável. Um *gerente geral de mercados* supervisiona vários *gerentes de mercado* (também chamados *gerentes de desenvolvimento de mercado, especialistas de mercado* ou *especialistas por setor*). Os gerentes de mercado assumem os serviços funcionais à medida que forem necessários. Aqueles responsáveis por mercados importantes possuem especialistas funcionais subordinados a eles.

Os gerentes de mercado são profissionais de assessoria, não de linha, com atribuições similares àquelas dos gerentes de produto. Eles desenvolvem planos anuais e a longo prazo para seus mercados. Devem analisar onde seu mercado está indo e qual novo produto sua empresa deve oferecer ao mercado. Seu desempenho é julgado por sua contribuição para o crescimento de participação de mercado, em vez de em função da rentabilidade do mercado. Este sistema oferece muitas das mesmas vantagens e desvantagens do sistema de organização por produto. Sua vantagem mais forte é que a atividade de marketing é organizada para atender às necessidades de grupos de consumidores distintos, em vez de focar sobre as funções de marketing, regiões ou produtos per si.

Muitas empresas estão reorganizando-se por mercado. Hanan chama-as de *organizações centradas no mercado* e argumenta que "o único meio de garantir que a empresa seja orientada para o mercado é agrupar sua estrutura organizacional de forma que seus principais mercados se tornem os centros em torno dos quais suas divisões são construídas".[13] A Xerox transformou seu sistema de venda por área geográfica pela venda por setor industrial, assim como a IBM, que recentemente reorganizou seus 235.000 funcionários em 14 divisões focadas no cliente. A Hewlett Packard também abandonou a abordagem de venda por região e estabeleceu uma estrutura em que os vendedores concentram-se no atendimento de empresas classificadas por setor industrial. Entretanto, a reorganização centrada no mercado não está confinada a empresas manufatureiras ou de bens embalados. Recentemente, o Chemical Bank reorganizou sua função de marketing de varejo em torno de segmentos de clientes baseados em renda, na tentativa de substituir a orientação por produto, que durante muito tempo im-

---

12. Para leitura complementar, veja DEWAR, Robert, SCHULTZ, Don. The product manager, an idea whose time has gone. *Marketing Communications,* p. 28-35, May 1989; The marketing revolution at Procter & Gamble. *Business Week,* p. 72-76, 25 July 1988; e HIGGINS, Kevin T. Categoria management: new tools changing life for manufacturers, retailers. *Marketing News,* p. 2, 19, 25 Sept. 1989.
13. HANAN, Mack. Reorganize your company around its markets. *Harvard Business Review,* p. 63-74, Nov./Dec. 1974.

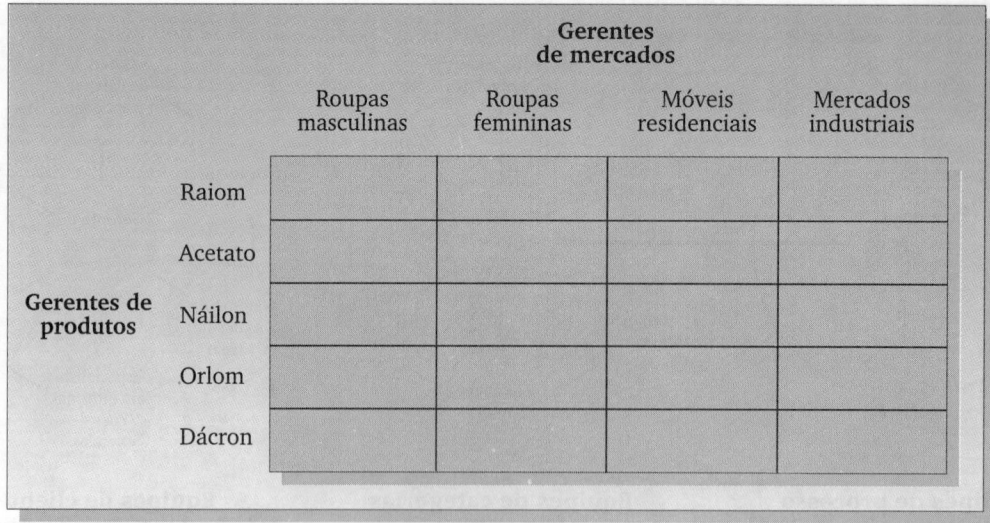

| | Gerentes de mercados | | | |
|---|---|---|---|---|
| | Roupas masculinas | Roupas femininas | Móveis residenciais | Mercados industriais |
| Raiom | | | | |
| Acetato | | | | |
| Náilon | | | | |
| Orlom | | | | |
| Dácron | | | | |

**Figura 24.6**    *Organização matricial produto/mercado.*

pediu a venda cruzada de produtos que atraiam aos mesmos mercados.

Vários estudos confirmaram o valor de uma organização orientada para o mercado. Narver e Slater criaram uma medida de orientação de mercado e, depois, analisaram seu efeito na rentabilidade dos negócios. Utilizando uma amostra de 140 unidades de negócios (*commodities* e não-*commodities*), identificaram um efeito positivo substancial da orientação de mercado em ambos os tipos de negócios.[14]

**ORGANIZAÇÃO POR PRODUTO/MERCADO.**    As empresas que fabricam muitos produtos e que vendem em muitos mercados enfrentam um dilema. Podem usar um sistema de organização por produto, que exige gerentes de produtos familiarizados com mercados altamente divergentes. Ou podem adotar um sistema de organização por mercado, que requer gerentes de mercados familiarizados com produtos altamente divergentes. Elas têm também a opção de adotar uma organização por produto e por mercado, isto é, uma *organização matricial.*

A Du Pont foi pioneira no desenvolvimento da estrutura matricial (Figura 24.6). Seu departamento de fibras têxteis possui gerentes de produtos para raiom, acetato, náilon, orlom e dácron. Tem também vários gerentes de mercados para roupas masculinas, roupas femininas, móveis residenciais e mercados industriais. Os gerentes de produtos planejam as vendas e os lucros de suas respectivas fibras. Seu propósito é expandir o uso de suas fibras. Eles solicitam a seus gerentes de mercados que estimem o volume de fibras que podem vender em cada mercado, conforme o preço proposto. Por outro lado, esses gerentes estão mais interessados em aten-

der às necessidades de seus mercados, em vez de "empurrar" determinada fibra. Ao preparar seus planos de mercado, pedem a cada gerente de produto os preços e as disponibilidades das várias fibras. As previsões de vendas finais fornecidas pelos gerentes de mercados e de produtos devem ser iguais.

Empresas como a Du Pont podem dar um passo a frente e verem seus gerentes de mercados como compradores e seus gerentes de produtos como fornecedores. Por exemplo, o gerente de mercado de roupas masculinas ficaria encarregado de comprar fibras têxteis dos gerentes de produtos. Se o preço da Du Pont fosse muito elevado, a compra seria feita de fornecedores externos. Este sistema forçaria os gerentes de produtos da Du Pont a se tornarem mais eficientes. Se qualquer gerente de produto não oferecer um preço competitivo em relação aos fornecedores externos, a empresa passa a questionar se deve continuar fabricando essa fibra.

Uma organização matricial seria desejável em uma empresa de multiprodutos e de multimercados. O problema é que este sistema custa caro e gera conflitos. Há o custo de manter-se todos os gerentes. Há também dúvidas sobre onde a autoridade e a responsabilidade devem situar-se. Aqui estão dois dos muitos dilemas:

- *Como a força de vendas deve ser organizada?* Deve haver forças de vendas separadas para raiom, náilon e para outras fibras? As forças de vendas devem ser organizadas em mercados de roupas masculinas, femininas e outros? Ou a força de vendas não deve ser especializada? (O conceito de marketing favorece a organização da força de vendas por mercados, não por produto.)

---

14.  SLATER, Stanley F., NARVER, John C. Market orientation, customer value, and superior performance. *Business Horizons,* p. 22-28, Mar./Apr. 1994. Veja também WEBSTER, Frederick E. *Market-driven management*: using the new marketing concept to create a customer-oriented company. New York : John Wiley, 1994; e NARVER, John C., SLATER, Stanley F. The effect of a market orientation on business profitability. *Journal of Marketing,* p. 20-35, Oct. 1990.

- *Quem deve estabelecer os preços para um mercado/produto específico?* O gerente de produto para náilon deve ter autoridade final para estabelecer os preços deste produto em todos os mercados? O que ocorre se o gerente de mercado para roupas masculinas sentir que o náilon perderá mercado se não forem feitas concessões de preço para este tipo de fibra? (Todavia, os gerentes de produtos devem ter a autoridade final para decidir sobre preço, na opinião do autor.)

No final dos anos 80, várias empresas abandonaram a administração matricial. Entretanto, esta abordagem vem ressurgindo e florescendo nos dias de hoje, na forma de "equipes de negócios", apoiadas por especialistas em tempo integral, subordinados a um chefe de equipe. A principal diferença é que as empresas vêm proporcionando o contexto ideal para que a adoção desta abordagem possa dar mais ênfase em organizações por equipes "achatadas" e enxutas, focadas nos processos dos negócios, que cortam horizontalmente as funções.[15]

**ORGANIZAÇÃO DIVISIONAL/CORPORATIVA.** À medida que as empresas de multiprodutos e multimercados crescem em tamanho, freqüentemente, convertem seus maiores grupos de produtos e/ou mercados em divisões separadas. As divisões estabelecem seus próprios departamentos e serviços. Isto levanta a questão de que atividades e serviços devem ser mantidos na administração central.

As empresas divisionalizadas têm obtido respostas diferentes para essa questão. A equipe corporativa de marketing segue um dos três modelos seguintes:

- *Inexistência de marketing corporativo.* Algumas empresas não possuem uma equipe corporativa de marketing. Elas não vêem nenhuma função de marketing a ser desempenhada em nível corporativo. Cada divisão possui seu próprio departamento de marketing.
- *Marketing corporativo moderado.* Algumas empresas possuem uma pequena equipe de marketing corporativo que desempenha algumas funções, principalmente: (1) assessorar a alta administração com avaliações de oportunidades globais, (2) fornecer consultoria às divisões quando solicitada, (3) ajudar as divisões que possuem poucos ou não possuem especialistas de marketing e (4) promover o conceito de marketing em outros departamentos da empresa.
- *Marketing corporativo poderoso.* Algumas empresas possuem uma equipe de marketing que, além das atividades anteriores, fornece também vários servi-

ços de marketing às diversas divisões. A equipe corporativa de marketing pode fornecer serviços de propaganda especializados (por exemplo, coordenação de compra de mídia, propaganda institucional, avaliação da propaganda divisional do ponto de vista de imagem e gosto e auditoria dos gastos em propaganda), serviços de promoção de vendas (por exemplo, promoções corporativas e centralização da compra de materiais promocionais), serviços de pesquisa de marketing (por exemplo, análise matemática avançada e pesquisa interdivisional de mercado), serviços de administração de vendas (por exemplo, orientação na organização e nas políticas de vendas, desenvolvimento de um sistema comum de relatórios e administração das forças de vendas comuns a vários clientes) e serviços miscelâneos (por exemplo, aconselhamento no planejamento de marketing, contratação e treinamento do pessoal de marketing).

As empresas devem favorecer algum destes modelos? A resposta é não. Recentemente, algumas delas criaram pela primeira vez uma equipe de marketing corporativo; outras expandiram seus departamentos de marketing corporativo, outras reduziram seu tamanho e escopo e, ainda, outras os eliminaram completamente.

A contribuição potencial de uma equipe de marketing corporativo varia nos diferentes estágios de evolução da empresa. A maioria das empresas começa praticando pouco marketing em suas divisões e, freqüentemente, estabelece uma equipe de marketing corporativo para fortalecê-lo junto às várias divisões através de treinamento e de outros serviços. Alguns membros dessa equipe podem ser contratados fora da organização para dirigir as atividades de marketing divisional. À medida que as divisões se tornam mais fortes em termos de marketing, marketing corporativo passa a ter menos a oferecer. Algumas empresas podem decidir que a equipe de marketing corporativo já fez seu trabalho e eliminam o departamento.[16]

## Relações de marketing com outros departamentos

Em princípio, todas as funções de uma empresa devem interagir harmonicamente para alcançar seus objetivos globais. Na prática, as relações interdepartamentais são freqüentemente caracterizadas por profundas rivalidades e desconfianças. Alguns desses conflitos originam-se de diferenças de opinião sobre o que é melhor para a empresa; alguns resultam da troca entre

15. ANDERSON, Richard. Matriz redux. *Business Horizons,* p. 6-10, Nov./Dec. 1994.
16. Para leitura complementar sobre organização de marketing, veja PIERCY, Nigel. *Marketing organization*: na analysis of information processing, power and politics. Londres : George Allen & Unwin, 1985; RUEKERT, Robert W., WALKER, Orville C., ROERING, Kenneth J. The organization of marketing activities: a contingency theory of structure and performance. *Journal of Marketing,* p. 13-25, Winter 1985; e TYEBJEE, Tyzoon T., BRUNO, Albert jV., McINTYRE, Shelby H. Growing ventures can anticipate marketing stages. *Harvard Business Review,* p. 2-4, Jan./Feb. 1983.

o interesse de sucesso departamental e o sucesso da empresa. Outros ocorrem em razão de infelizes estereótipos e preconceitos departamentais.

Na organização típica, cada função administrativa exerce uma influência potencial sobre a satisfação dos consumidores. Sob o conceito de marketing, todos os departamentos precisam "pensar no consumidor" e trabalhar juntos para satisfazer suas necessidades e expectativas. O departamento de marketing deve refletir sobre isto. O diretor de marketing tem duas tarefas: (1) coordenar as atividades internas de marketing da empresa e (2) coordenar marketing com os departamentos de finanças, produção e outras funções da empresa para satisfazer o consumidor.

Todavia, há pouco entendimento quanto à influência e autoridade que marketing deve ter sobre os demais departamentos para possibilitar maior coordenação. Tipicamente, o diretor de marketing deve trabalhar através de persuasão, em vez de autoridade. Esta situação é bem ilustrada no caso do vice-presidente de marketing de uma importante linha aérea européia. Ele foi designado para desenvolver a participação de mercado da empresa. Todavia, não possui autoridade sobre outras funções que afetam a satisfação dos consumidores: não pode contratar ou treinar a tripulação (departamento de recursos humanos), não pode determinar o tipo ou qualidade da alimentação servida a bordo (departamento de *catering*), não pode forçar os padrões de limpeza das aeronaves (departamento de manutenção), não pode determinar programações de vôo (departamento de operações) e não pode estabelecer o preço das tarifas (departamento financeiro). O que ele controla? Controla a pesquisa de marketing, força de vendas, propaganda e promoção de vendas. Porém, deve trabalhar através de outros departamentos para definir os determinantes-chaves da satisfação do consumidor.

Freqüentemente, outros departamentos resistem em empregar seus esforços para atender aos interesses dos consumidores. Do mesmo modo que marketing enfatiza o ponto de vista do consumidor, outros departamentos enfatizam a importância de suas tarefas. Inevitavelmente, os departamentos definem os problemas e metas da empresa a partir de seus pontos de vista. Como resultado, os conflitos de interesse são inevitáveis. A Tabela 24.1 resume as principais diferenças de orientação entre marketing e outros departamentos. Examinaremos brevemente os interesses típicos de cada departamento.

**PESQUISA E DESENVOLVIMENTO (P&D).** Freqüentemente, o impulso da empresa em direção a novos produtos bem-sucedidos é frustrado em função do fraco relacionamento entre P&D e marketing. De muitas maneiras, estes grupos representam duas diferentes culturas na organização.[17] O departamento de P&D possui uma equipe de cientistas e técnicos que se orgulha da curiosidade científica e do isolamento, gostam de trabalhar no desafio de problemas técnicos, sem preocupação com o resultado imediato das vendas e preferem trabalhar com pouca supervisão ou responsabilidade pelos custos de pesquisa. O departamento de marketing/vendas é formado por pessoas orientadas para o negócio, que se orgulham de um conhecimento prático do mercado, gostam de ver muitos novos produtos com características de venda que possam ser promovidas junto aos clientes e se sentem obrigados a se preocupar com os custos. Freqüentemente, cada grupo carrega estereótipos negativos do outro grupo. O pessoal de marketing vê o de P&D como profissionais que procuram descobrir ou maximizar qualidades técnicas, em vez de estarem preocupados com as exigências dos consumidores, enquanto o pessoal de P&D vê o de marketing como camelôs orientados para detalhes sem importância que estão mais interessados nas vendas do que nas características técnicas do produto. Estes estereótipos prejudicam o trabalho produtivo dessas equipes de trabalho.

Uma empresa balanceada é aquela em que P&D e marketing compartilham responsabilidades para o sucesso da inovação orientada para o mercado. A equipe de P&D é responsável não apenas pela invenção, mas pelas inovações bem-sucedidas, enquanto a equipe de marketing é responsável não apenas por novas características destinadas à venda, mas também por ajudar na identificação de novas maneiras de satisfazer necessidades.

Gupta, Raj e Wilemon concluíram que uma coordenação bem balanceada entre marketing e P&D está fortemente correlacionada com o sucesso da inovação.[18] A cooperação entre marketing e P&D pode ser facilitada de diversas maneiras:[19]

- Realização de seminários conjuntos para desenvolver entendimento e respeito para as metas, estilos de trabalho e problemas de cada um.
- Destinação de cada novo projeto à equipes funcionais que incluam profissionais de P&D e marketing, que devem trabalhar juntos durante a duração do projeto. O trabalho conjunto de P&D e marketing proporciona o desenvolvimento de metas e do plano de marketing.
- Participação contínua do pessoal de P&D no período de vendas, incluindo seu envolvimento na preparação de manuais técnicos, participando de fei-

17. FRANKWICK, Gary L., WALKER, Beth A., WARD, James C. Belief structures in conflict: mapping a strategic marketing decision. *Journal of Business Research,* p. 183-195, Oct./Nov. 1994.
18. GUPTA, Askok K., RAJ, S. P., WILEMON, David. A model for studying R&D-marketing interface in the product innovation process. *Journal of Marketing,* p. 7-17, Apr. 1986.
19. Veja SOUDER, William E. *Managing new product innovations.* Lexington, MA : D. C. Heath, 1987. Cap. 10 e 11; e SHANKLIN, William L., RYANS, JR., John K. Organizing for high-tech marketing. *Harvard Business Review,* p. 164-171, Nov./Dec. 1984.

**Tabela 24.1**   *Conflitos organizacionais entre marketing e outros departamentos.*

| DEPARTAMENTO | SUAS ÊNFASES | ÊNFASE DE MARKETING |
|---|---|---|
| Pesquisa e desenvolvimento | Pesquisa básica<br>Qualidade intrínseca<br>Características funcionais | Pesquisa aplicada<br>Qualidade percebida<br>Características para vendas |
| Engenharia | Projetos demorados<br>Poucos modelos<br>Componentes padronizados | Projetos rápidos<br>Muitos modelos<br>Componentes personalizados |
| Compras | Linha de produtos estreita<br>Peças padronizadas<br>Preço do material<br>Lotes econômicos<br>Compras a intervalos regulares | Linha de produtos ampla<br>Peças não-padronizadas<br>Qualidade do material<br>Grandes lotes para evitar falta de estoque<br>Compra imediata conforme as necessidades dos clientes |
| Produção | Produção demorada<br>Grande produção com poucos modelos<br>Nenhuma mudança de modelos<br>Pedidos padronizados<br>Facilidade de fabricação<br>Qualidade média de controle de qualidade | Produção rápida<br>Pequena produção com muitos modelos<br>Mudança freqüente de modelos<br>Pedidos sob encomenda<br>Aparência estética<br>Controle de qualidade rigoroso |
| Operações | Conveniência dos funcionários<br>Disposição normal<br>Serviços comuns | Conveniência do consumidor<br>Disposição agradável<br>Serviço extraordinário |
| Finanças | Argumentos racionais para as despesas<br>Orçamentos inflexíveis<br>Preço para cobrir custos | Argumentos intuitivos para despesas<br>Orçamentos flexíveis para atender às necessidades mutantes<br>Preço que prevê o desenvolvimento do mercado |
| Contabilidade | Transações padronizadas<br>Poucos relatórios | Condições especiais e descontos<br>Muitos relatórios |
| Crédito | Cadastro completo dos clientes<br>Nenhum risco de crédito<br>Condições rigorosas de crédito<br>Procedimentos rigorosos de cobrança | Cadastro resumido dos clientes<br>Algum risco de crédito<br>Condições de crédito facilitadas<br>Procedimentos amenos de cobrança |

ras, realizando pesquisas junto aos consumidores e até mesmo fazendo alguma venda.

- Envolvimento da alta administração na adoção de procedimentos claros para a solução de conflitos. Em uma empresa, recomenda-se que P&D e marketing subordinem-se ao mesmo vice-presidente ou diretor.

**ENGENHARIA.**   A engenharia é responsável por descobrir maneiras práticas para desenvolver novos produtos e novos processos de produção. Os engenheiros estão interessados em alcançar qualidade técnica, redução de custos e simplicidade de produção. Entram em conflito com os executivos de marketing quando estes últimos desejam que vários modelos sejam fabricados, freqüen-

temente com características que atendam às exigências dos consumidores, desconsiderando os componentes padronizados. Os engenheiros vêem o pessoal de marketing como pessoas que querem nos produtos qualidades efêmeras, em vez de qualidades intrínsecas. Freqüentemente, consideram o pessoal de marketing tecnicamente despreparado, à medida que as prioridades estão em mudanças constantes, e não totalmente confiável. Esses problemas são menos acentuados em empresas em que os executivos de marketing possuem formação em engenharia e podem comunicar-se eficazmente com engenheiros.

**COMPRAS.**   Os executivos de compras são responsáveis pela obtenção de materiais e componentes nas quantidades e qualidade corretas e ao preço mais baixo possível. Eles vêem os executivos de marketing como pessoas que empurram vários modelos de uma linha de produtos, exigem que o departamento de compras adquira pequenas quantidades de muitos itens, em vez de grandes quantidades de poucos itens. Acham que o pessoal de marketing insiste em demasia pela qualidade dos materiais e componentes comprados. São avessos às previsões não precisas do departamento de marketing, que exigem a preparação de pedidos de última hora a preços desfavoráveis e a manutenção de estoques excessivos.

**PRODUÇÃO.** O departamento de produção é responsável pelo funcionamento contínuo da fábrica para produzir os produtos certos, nas quantidades corretas, no tempo adequado e pelo custo previsto. Seus profissionais passam suas vidas na fábrica, enfrentando problemas de quebra de maquinário, falta de estoque e disputas trabalhistas. Vêem os profissionais de marketing como inexperientes em termos de custo e políticas de produção. Estes reclamam sobre a capacidade limitada da fábrica, atrasos de produção, controle de qualidade falho e nível inadequado de serviços ao cliente. Todavia, é freqüente os profissionais de marketing encaminharem à produção previsões de vendas incorretas, recomendarem características de produtos difíceis de ser fabricadas e prometerem serviços acima do razoável que o pessoal da fábrica possa atender.

Os profissionais de marketing não vêem os problemas da fábrica, mas apenas os problemas dos clientes, que necessitam rapidamente dos bens, recebem mercadorias defeituosas e não podem obter os serviços prestados pela fábrica. Freqüentemente, os profissionais de marketing não estão muito preocupados com os custos extras de fabricação envolvidos na orientação a determinado cliente. O problema não é apenas a comunicação ineficaz, mas a existência de um conflito real de interesse.

As empresas estabelecem esses conflitos de diferentes maneiras. Nas *empresas orientadas para a produção,* tudo é feito para assegurar uma produção contínua a baixo custo. A empresa prefere produtos simples, linhas estreitas de produtos e alto volume de produção. As campanhas de vendas que exigem produção rápida são mantidas em um nível mínimo necessário. Os clientes com pedidos em atraso têm que esperar.

Outras empresas são *orientadas para marketing* e fazem o máximo para satisfazer aos clientes. Em uma grande empresa de produtos de higiene pessoal, o pessoal de marketing faz as exigências e o pessoal da produção tem que atender, independentemente de custos extras, prazos curtos etc. O resultado é um custo de produção alto e flutuante, bem como qualidade variável do produto.

As empresas precisam desenvolver uma orientação balanceada, em que marketing e produção determinam em conjunto quais os melhores interesses da empresa. As soluções incluem a realização de seminários conjuntos para o esclarecimento de pontos de vista, designação de equipes interdepartamentais e comitês mistos, programas de intercâmbio de funcionários e métodos analíticos para determinar o curso de ação mais rentável.[20]

A rentabilidade da empresa depende muito do sucesso obtido nas relações de trabalho entre as áreas de produção e marketing. Os profissionais de marketing precisam conhecer as implicações das novas estratégias de manufatura em sua área: fábrica flexível, automatização e robotização, produção *just in time,* administração da qualidade total etc. A estratégia de manufatura depende do interesse da empresa em ser campeã em custo baixo, alta qualidade, alta variedade ou serviço rápido. Produção também é uma ferramenta de marketing, desde que os compradores, freqüentemente, desejam visitar a fábrica para avaliar a qualidade de sua administração.

**OPERAÇÕES.** O termo "produção" é usado por indústrias que fabricam bens físicos. O termo "operações" é usado por indústrias que criam e fornecem serviços. Por exemplo, no caso de um hotel, o departamento de operações é formado pelo pessoal de recepção, porteiros, garçons, garçonetes etc. Em razão do departamento de marketing ser responsável pelo nível de serviços da empresa, é extremamente importante que os dois departamentos também trabalhem em conjunto. Se o pessoal do departamento de operações não trabalhar orientado e motivado para satisfazer o consumidor, a comunicação boca a boca, eventualmente, destruirá o negócio. Esse pessoal pode estar inclinado a procurar sua própria conveniência, cumprir apenas as rotinas e a prestar um serviço nada excepcional, enquanto o pessoal de marketing é orientado a atender à conveniência do consumidor, ser agradável e a prestar serviço extraordinário. A equipe de marketing deve conhecer amplamente as condições de atendimento e o preparo dos funcionários responsáveis pela prestação de serviços e deve, continuamente, tentar melhorar suas atitudes e capacitações.

**FINANÇAS.** Os executivos financeiros orgulham-se de possuir muita habilidade para avaliar as implicações de diferentes ações gerenciais sobre o lucro da empresa. Quanto se trata dos gastos de marketing, ficam frustrados. Os executivos de marketing pedem orçamentos substanciais para propaganda, promoção de vendas e força de vendas, sem estarem habilitados para provar qual o volume de vendas que será gerado por tais gastos. Os

20. Veja SHAPIRO, Benson. Can marketing and manufacturing coexist? *Harvard Business Review,* p. 104-114, Sept./Oct. 1977. Veja também RUEKERT, Robert W., WALKER, JR., Orville C. Marketing's interaction with other functional units: a conceptual framework and empirical evidence. *Journal of Marketing,* p. 1-19, Jan. 1987.

executivos financeiros suspeitam que as previsões preparadas pelo pessoal de marketing são feitas para uso próprio. Consideram que o departamento de marketing não gasta tempo suficiente para associar os gastos às vendas ou para alocar o orçamento conforme a rentabilidade das áreas. Acham que os profissionais de marketing são muito rápidos em reduzir preços para obter pedidos, em vez de estabelecerem determinado nível de preço que maximize o lucro.

Por outro lado, os executivos de marketing, freqüentemente, vêem o pessoal de finanças como controlador de despesas a rédeas curtas, que se recusa a investir recursos a longo prazo no desenvolvimento do mercado. Acham que o pessoal de finanças não vê as despesas de marketing como investimento, é conservador, avesso ao risco e responsável pela perda de muitas oportunidades de negócios. A solução está em oferecer mais treinamento de finanças ao pessoal de marketing e vice-versa. Os executivos financeiros precisam adaptar suas ferramentas e teorias de finanças para apoiarem marketing estratégico.

CONTABILIDADE. Os contadores vêem o pessoal de marketing como negligente no fornecimento pontual de relatórios de vendas. Não aprovam os negócios especiais que os vendedores fazem com os clientes porque exigem procedimentos contábeis especiais. Os profissionais de marketing não concordam com a maneira que os contadores alocam os custos fixos a diversos produtos. Os gerentes de marcas podem achar que suas marcas são mais rentáveis do que parece, cujas análises ficam distorcidas com o custo indireto elevado atribuído a elas. Eles gostariam que o departamento de contabilidade preparasse demonstrativos especiais sobre as vendas e a rentabilidade por canais, territórios, tamanhos de pedidos etc.

CRÉDITO. Os profissionais de crédito avaliam as condições de crédito de clientes potenciais, negam ou o limitam para clientes duvidosos. Acham que os vendedores atendem a todos clientes, inclusive àqueles que se encontram em situação financeira duvidosa. Por outro lado, os profissionais de marketing consideram que os padrões de crédito são muito rígidos. Acham que "zerar os devedores duvidosos" realmente significa perda de vendas e lucro. Consideram que trabalham intensamente para encontrar clientes e, depois, têm que ouvir que eles não são bons o suficiente para receber crédito.

## Estratégias para desenvolver uma orientação de marketing para toda a empresa

Muitas empresas estão começando a perceber que não são realmente orientadas para o mercado e para os consumidores – são orientadas para produto ou venda. Por exemplo, as empresas Baxter, Ameritech, Ford, Shell e J. P. Morgan estão tentando reorganizar-se para se tornarem orientadas para o mercado. A tarefa não é fácil. Isto não ocorre como resultado do discurso do presidente (CEO),* pedindo a todos os funcionários para "pensar no consumidor". A alteração *exigirá* mudança nas tarefas e nas definições, responsabilidades, incentivos e relacionamentos dos departamentos. A seção Memorando de Marketing mostra um instrumento de auditoria que pode ser usado para avaliar os departamentos que são verdadeiramente orientados para o consumidor.

Que providências um presidente deve adotar para criar uma empresa focada no mercado e no consumidor? Aqui estão as principais etapas a ser seguidas:

1. *Convencer a equipe gerencial a se tornar focada no consumidor.* O presidente deve convencer os altos dirigentes da empresa de que compensa centrar no consumidor. Deve conversar freqüentemente com os funcionários, fornecedores e distribuidores sobre a importância de entregar qualidade e valor aos consumidores. Deve, pessoalmente, dar exemplos relevantes de compromisso com o consumidor e recompensar as pessoas da organização que pensarem da mesma forma.
2. *Designar um executivo de marketing de alto nível e uma força-tarefa de marketing.* A empresa deve contratar um profissional altamente qualificado e estabelecer uma força-tarefa para auxiliar a implementação de programas que tragam idéias e práticas modernas de marketing para a empresa. A força-tarefa deve incluir o presidente e os diretores de vendas, P&D, compras, produção, finanças, recursos humanos e alguns outros indivíduos-chaves.
3. *Obter ajuda e orientação externa.* A força-tarefa de marketing será beneficiada com a contratação de consultoria especializada no desenvolvimento de uma cultura empresarial de marketing. As empresas de consultoria possuem experiência considerável para ajudar as empresas a se moverem em direção a uma orientação de marketing.

---

* CEO (*Chief Executive Officer*) – Indica o executivo principal da empresa. No Brasil, é comum o uso do termo "presidente" para indicar a pessoa que coordena todas as áreas funcionais da empresa.

 **Auditoria: características dos departamentos da empresa que são verdadeiramente orientados para o consumidor**

| | |
|---|---|
| Pesquisa e desenvolvimento | ___ Despende tempo atendendo consumidores e ouvindo seus problemas. |
| | ___ Aceita bem o envolvimento de marketing, produção e de outros departamentos em cada novo projeto. |
| | ___ Faz comparações com produtos concorrentes (*benchmarking*) e procura as melhores soluções para os produtos da empresa. |
| | ___ Analisa as reações dos consumidores e solicita suas sugestões à medida que o projeto vai evoluindo. |
| | ___ Melhora e aperfeiçoa continuadamente o produto, baseando-se no *feedback* do mercado. |
| Compras | ___ Procura ativamente por melhores fornecedores, em vez de escolher apenas entre aqueles que procuram a empresa. |
| | ___ Constrói relações a longo prazo com alguns fornecedores mais confiáveis em termos de qualidade. |
| | ___ Não compromete a qualidade por economia de custo. |
| Produção | ___ Convida os clientes para visitarem a fábrica. |
| | ___ Seus gerentes visitam as fábricas dos clientes para verem como os produtos da empresa são usados. |
| | ___ Trabalha extraordinariamente e com disposição quando há uma programação de entrega a ser cumprida. |
| | ___ Busca continuadamente maneiras de fabricar os produtos com maior rapidez e/ou a custos menores. |
| | ___ Melhora continuadamente a qualidade dos produtos visando "zero defeito". |
| | ___ Atende às exigências de personalização quando ela pode ser feita rentavelmente. |
| Marketing | ___ Estuda as necessidades e desejos dos consumidores em segmentos de mercado bem definidos. |
| | ___ Aloca esforços de marketing em relação ao potencial de lucro a longo prazo dos segmentos-alvos. |
| | ___ Desenvolve ofertas vencedoras a cada segmento-alvo. |
| | ___ Mensura a imagem da empresa e a satisfação dos consumidores em base contínua. |
| | ___ Agrega e avalia continuadamente idéias para novos produtos, melhorias de produtos e serviços para atenderem às necessidades dos consumidores. |
| | ___ Influencia todos os departamentos e funcionários para centrarem-se no consumidor em pensamento e prática. |
| Vendas | ___ Possui conhecimento especializado sobre o setor industrial do cliente. |
| | ___ Esforça-se para dar a "melhor solução" ao cliente. |
| | ___ Faz apenas promessas que pode cumprir. |
| | ___ Encaminha as necessidades e idéias dos clientes aos responsáveis pelo desenvolvimento do produto. |
| | ___ Atende os mesmos clientes por longo período de tempo. |
| Logística | ___ Estabelece alto padrão para o serviço de entrega e atende este padrão consistentemente. |
| | ___ Opera um departamento de serviços ao consumidor que pode responder dúvidas, lidar com reclamações e resolver problemas de maneira satisfatória e em curto espaço de tempo. |
| Contabilidade | ___ Prepara demonstrativos periódicos de rentabilidade por produto, segmento de mercado, área geográfica (região, território de vendas), tamanhos de pedidos e por cliente. |
| | ___ Prepara faturas de acordo com as necessidades dos clientes e responde a dúvidas cortês e rapidamente. |

| Finanças | ___ | Entende e aprova os gastos de marketing (por exemplo, propaganda de imagem) que representam investimentos que geram a preferência e a lealdade do cliente a longo prazo. |
| | ___ | Prepara planos de pagamento conforme critérios individuais dos clientes. |
| | ___ | Toma decisões rápidas sobre as condições de crédito dos clientes. |
| Relações públicas | ___ | Dissemina notícias favoráveis sobre a empresa e controla o poder de destruição das notícias desfavoráveis. |
| | ___ | Age como cliente interno e defende publicamente melhores políticas e práticas da empresa |
| Outras pessoas que mantêm contato com clientes | ___ | São competentes, corteses, alegres, confiáveis e sensíveis aos problemas dos clientes. |

4. *Mudar a estrutura de recompensa da empresa.* A empresa terá que mudar essa estrutura se espera mudanças no comportamento departamental. À medida que os departamentos de compras e de produção forem recompensados por manter os custos baixos, eles rejeitarão em aceitar qualquer aumento de custo exigido para melhor atendimento dos consumidores. O mesmo ocorre com o departamento financeiro que está focado no desempenho financeiro a curto prazo. Certamente, seus executivos não aceitarão grandes investimentos em marketing destinados a tornar os consumidores mais satisfeitos e leais à empresa.

5. *Contratar especialista de marketing talentoso.* A empresa deve considerar a contratação de um profissional de alto nível, preferivelmente que já tenha trabalhado em empresas líderes de marketing. Quando o Citibank entrou seriamente em marketing há alguns anos, contratou vários gerentes de marketing da General Foods. A empresa necessitará de um diretor de marketing poderoso que não apenas administre o departamento de marketing, mas que seja respeitado e influencie os outros diretores. Uma empresa multidivisional seria beneficiada com a criação de um departamento de marketing corporativo para assessorar e fortalecer os programas divisionais de marketing.

6. *Desenvolver programas internos de treinamento em marketing.* A empresa deve preparar programas de treinamento em marketing para a alta administração, diretores de divisão, profissionais de marketing e vendas, de produção, de pesquisa e desenvolvimento e assim por diante. Estes programas devem desenvolver conhecimento, habilidades e atitudes de marketing junto aos diretores, gerentes e funcionários da empresa.

7. *Instalar um moderno sistema de planejamento de marketing.* Uma excelente maneira de treinar gerentes em marketing é instalar um moderno sistema de planejamento orientado para o mercado. O formato do planejamento exigirá que os gerentes considerem o ambiente de mercado, oportunidades de marketing, tendências competitivas e outras forças externas. Depois, os gerentes devem preparar estratégias de marketing e previsão de vendas e de lucro para produtos e segmentos específicos e serem responsabilizados pelo desempenho.

8. *Estabelecer um programa anual de reconhecimento da excelência em marketing.* A empresa deve encorajar as unidades de negócios que acreditam ter desenvolvido um grande plano de marketing apresentarem uma descrição do plano e dos resultados previstos. Um comitê especial deve analisar esses planos, selecionar os melhores e recompensar as equipes vencedoras em uma cerimônia especial. Os planos vencedores seriam disseminados junto a outras unidades de negócios como "modelos de pensamento de marketing". Tais programas são implantados pela Arthur Andersen, Becton-Dickinson e Du Pont.

9. *Considerar a reorganização de uma empresa centrada no produto para outra centrada no mercado.* Muitas empresas são formadas por divisões de produtos, cada uma delas vendendo em vários mercados. Tornar-se centrada no mercado significa estabelecer uma organização focada nas necessidades de mercados específicos e coordenar o planejamento para fornecer os produtos necessários em cada segmento.

10. *Transformar o foco departamental em foco no processo/resultado.* A empresa deve definir os processos fundamentais do negócio que determinam seu sucesso. Deve designar líderes de processo e equipes interdisciplinares para reorganizar e implementar esses processos, assegurando-se de que o tempo do pessoal de marketing está mais alocado às equipes do que a seu próprio departamento.

A Du Pont é exemplo de empresa que fez uma transformação bem-sucedida de "visão interna" para "visão externa". Sob a liderança do presidente Richard Heckert, ela tomou algumas iniciativas para construir uma "comunidade de marketing". Várias divisões foram reorganizadas ao longo de orientações para o mercado. A Du Pont conduziu uma série de seminários de treinamento em administração de marketing, que foram freqüentados por 300 diretores, 2.000 gerentes de nível médio e 14.000 funcionários. A empresa criou um programa de reconhecimento de excelência em marketing e premiou 32 funcionários localizados em todo o mundo que desenvolveram estratégias inovadoras de marketing, melhorias em serviços etc.[21]

Hewlett Packard, SAS, British Airways, Ford e outras grandes empresas têm também mostrado que a adoção de uma cultura de marketing é tanto possível quanto rentável. Exige-se muito planejamento e paciência para os gerentes aceitarem o fato de que os consumidores são a base do negócio e o futuro da empresa. Entretanto, isso pode ser feito.

## IMPLEMENTAÇÃO DE MARKETING

Agora, retornamos à questão sobre como os gerentes de marketing podem melhorar a eficácia dos planos de marketing. Definimos a implementação de marketing da seguinte maneira:[22]

**IMPLEMENTAÇÃO DE MARKETING é o processo que transforma planos de marketing em ações específicas e assegura a execução dessas ações de modo a realizar os objetivos estabelecidos pelos planos.**

Um plano estratégico de marketing brilhante pode ser ineficaz se não for apropriadamente implementado. Consideremos o exemplo seguinte:

Uma empresa química constatou que os clientes não estavam recebendo bons serviços dos concorrentes. Ela decidiu adotar como estratégia a prestação de bons serviços aos clientes. Quando esta estratégia fracassou, uma análise posterior revelou vários fatores que contribuíram para isto. O departamento de serviços ao cliente continuava subordinado à alta administração, era muito mal gerenciado e era usado como local para "encostar" gerentes fracos. Além disso, o sistema de recompensa da empresa continuava sendo focado sobre a contenção de custos para privilegiar o lucro a curto prazo. Ao adotar esta estratégia, a empresa falhou em não fazer as mudanças necessárias.

Enquanto a estratégia aponta *o que* e o *porquê* das atividades de marketing, a implementação indica *quem, onde, quando* e *como*. A estratégia e a implementação estão estreitamente relacionadas, de modo que uma etapa da estratégica implica certas atribuições táticas de implementação, em nível mais baixo. Por exemplo, a decisão estratégica da alta administração em "extrair o máximo" de um produto deve ser transformada em ações e atribuições específicas para os níveis inferiores da administração.

Bonoma identificou quatro tipos de habilidades relacionadas à implementação eficaz de programas de marketing:

- Habilidade em reconhecer e diagnosticar um problema.
- Habilidade em avaliar o nível da empresa onde o problema existe.
- Habilidade em implementar planos.
- Habilidade em avaliar os resultados implementados.[23]
- Examinaremos essas habilidades nos parágrafos seguintes.

**HABILIDADE EM DIAGNOSTICAR.** O relacionamento estreito entre estratégia e implementação pode enfrentar difíceis problemas de diagnóstico quando os programas de marketing não atendem plenamente às expectativas. O fraco resultado das vendas decorreu de uma estratégia ruim ou de uma implementação ruim? Além disso, o problema é determinar qual *é* o problema (diagnóstico) ou o que *deve ser feito* (ação). Cada problema exige ferramentas administrativas específicas e soluções adequadas.

**HABILIDADE EM AVALIAR OS NÍVEIS DA EMPRESA.** Os problemas de implementação de marketing podem ocorrer em três níveis. No primeiro, as *funções de marketing* devem encarregar-se da execução das tarefas de marketing com sucesso. Por exemplo, como a empresa pode obter melhor trabalho de criação de sua agência de propaganda? O segundo nível refere-se à implementação do *programa de marketing,* que deve misturar as funções de marketing em um todo coerente. Este problema surge ao lançar-se um novo produto no mercado. O terceiro nível refere-se à implementação de uma *política de marketing.* Por exemplo, a empresa pode desejar que cada funcionário trate o consumidor como número um.

**HABILIDADE EM IMPLEMENTAR E AVALIAR MARKETING.** Os profissionais de marketing devem possuir um conjunto

21. MESSIKOMER, Edward E. Du Pont's 'marketing community'. *Business Marketing,* p. 90-94, Oct. 1987.
22. Para mais informações sobre desenvolvimento e implementação de planos de marketing, veja GOETSCH, H. W. *Developing, implementing and managing an effective marketing plan.* Chicago : American Marketing Association; Lincolnwood, Ill. : NTC Business Books, 1993.
23. BONOMA, Thomas V. *The marketing edge*: making strategies work. New York : Free Press, 1985. Grande parte desta seção é baseada no trabalho de Bonoma.

de habilidades para obter a implementação eficaz de qualquer programa ou política de marketing. As quatro habilidades são alocação, monitoramento, organização e interação.

A *habilidade em alocação* é usada por gerentes de marketing na alocação dos recursos orçamentários (tempo, dinheiro e recursos humanos) às funções, programas e políticas. A *habilidade em monitoramento* é usada para administrar os resultados das ações de marketing. A *habilidade em organização* é usada para desenvolver uma organização eficaz do trabalho. Entender a organização de marketing formal, bem como a informal, é importante para uma implementação eficaz. Finalmente, a *habilidade em interação* refere-se à perícia dos gerentes em influenciar as pessoas para conseguirem a execução das tarefas. Os profissionais de marketing não devem motivar apenas os funcionários da empresa, mas motivar também o público externo, como empresas de pesquisa de marketing, agências de propaganda, revendedores, atacadistas e agentes, cujos objetivos podem não ser os mesmos da organização.

## Controle da Atividade de Marketing

Como muitas surpresas ocorrem durante a implementação dos planos de marketing, o departamento de marketing tem que monitorar e controlar continuadamente as atividades de marketing. Apesar desta necessidade, muitas empresas adotam procedimentos inadequados de controle. Esta conclusão foi extraída de um estudo de 75 empresas de vários tamanhos e de setores diferentes. As principais constatações foram as seguintes:

- As pequenas empresas exercem controles menos eficientes do que as grandes. Elas falham em estabelecer objetivos claros e sistemas adequados para mensurar o desempenho.
- Menos da metade das empresas conhece a rentabilidade de seus produtos individualmente. Cerca de um terço delas não possui procedimentos regulares de revisão para identificar e abandonar produtos fracos.
- Quase metade das empresas não compara seus preços com os da concorrência, não analisa seus custos de armazenamento e distribuição, não analisa as causas da devolução de mercadorias, não faz avaliações formais sobre a eficácia da propaganda e não analisa os relatórios de visitas dos vendedores.
- Muitas empresas levam de quatro a oito semanas para desenvolver relatórios de controle, que com freqüência são imprecisos.

A Tabela 24.2 resume quatro tipos de controle de marketing: controle de plano anual, controle de rentabilidade, controle de eficiência e controle estratégico. Eles são discutidos nos parágrafos seguintes.

## Controle do plano anual

O propósito do controle do plano anual é assegurar que a empresa alcance as vendas, lucros e outras metas estabelecidas. O centro do controle do plano anual é a *administração por objetivos*. Quatro etapas estão envolvidas (Figura 24.7). Primeiro, a administração estabelece metas mensais ou trimestrais. Segundo, monitora seu desempenho no mercado. Terceiro, determina as causas dos desvios de desempenho sérios. Quarto, adota ações corretivas para preencher as lacunas entre as metas e os desempenhos. Isto pode exigir a mudança dos programas de ação ou mesmo das metas.

Este modelo de controle aplica-se a todos os níveis da organização. A alta administração estabelece metas de vendas e lucro para o ano. Estas metas globais são transformadas em metas específicas para cada nível de administração. Assim, cada gerente de produto compromete-se em atingir níveis específicos de vendas e custos e os gerentes regionais e territoriais e os vendedores também assumem o compromisso em atingir suas metas. A cada período, a alta administração analisa e interpreta os resultados para detectar se ações corretivas são necessárias.

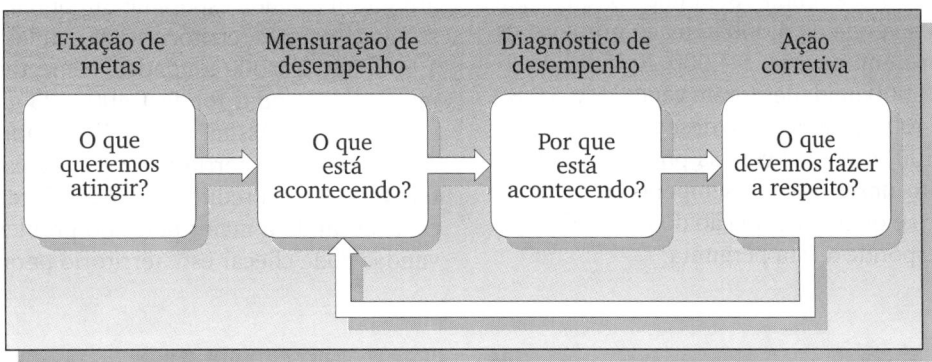

**Figura 24.7** *Processo de controle.*

**Tabela 24.2** *Tipos de controle de marketing*

| TIPO DE CONTROLE | RESPONSABILIDADE PRINCIPAL | PROPÓSITO DE CONTROLE | ABORDAGENS |
|---|---|---|---|
| 1. Controle do plano anual | Alta administração Média administração | Examinar se os resultados planejados estão sendo atingidos | • Análise de vendas <br> • Análise de participação de mercado <br> • Relação vendas/despesas <br> • Análise financeira <br> • Rastreamento do nível de satisfação do consumidor |
| 2. Controle de rentabilidade | *Controller* de marketing | Examinar onde a empresa está ganhando e perdendo dinheiro | Rentabilidade por: <br> • Produto <br> • Território <br> • Cliente <br> • Segmento <br> • Canal de distribuição <br> • Tamanho de pedido |
| 3. Controle de eficiência | Administração de linha e de *staff* *Controller* de marketing | Avaliar e melhorar a eficiência de gastos e o impacto dos gastos de marketing | Eficiência por: <br> • Força de vendas <br> • Propaganda <br> • Promoção de vendas <br> • Distribuição |
| 4. Controle estratégico | Alta administração Auditor de marketing | Examinar se a empresa está buscando suas melhores oportunidades com respeito a mercados, produtos e canais. | • Instrumento de avaliação da eficácia de marketing <br> • Auditoria de marketing <br> • Análise da excelência de marketing <br> • Ética da empresa e análise da responsabilidade social |

Os administradores usam cinco ferramentas para checar o desempenho do plano anual: análise de vendas, análise de participação de mercado, análise de relação vendas/despesas, análise financeira e análise do mercado baseada em *scorecard*.

**ANÁLISE DE VENDAS.** Consiste em mensurar a relação entre as vendas reais e as metas de vendas. Há duas ferramentas específicas de análise.

A *análise da variação de vendas* mensura a contribuição relativa de diferentes fatores em relação a um hiato no desempenho de vendas. Suponhamos que o plano anual previa a venda de 4.000 itens no primeiro trimestre a $ 1 por item, ou seja, $ 4.000. No final do trimestre, apenas 3.000 unidades foram vendidas a $ 0,80, no valor de $ 2.400. A variação do desempenho de vendas foi de $ 1.600, 40% das vendas previstas. Surge a pergunta: quanto deste fraco desempenho é devido à redução do preço e quanto à redução do volume? O cálculo seguinte responde a esta pergunta:

*Variação em função da redução de preço +*
*Variação em função da redução do volume de vendas:*

| | | |
|---|---|---|
| ($ 1,00 – $ 0,80) × 3.000 = | $ 600 | 37,5% |
| ($ 1,00) × (4.000 – 3.000) = | $ 1.000 | 62,5% |
| | $ 1.600 | 100% |

Quase dois terços da variação de vendas são devidos ao não alcance da meta de volume. A empresa deve examinar por que o volume de vendas não foi atingido.

A *análise de microvendas* pode fornecer a resposta. Ela analisa produtos, territórios específicos etc. que não atingiram a venda esperada. Suponhamos que a empresa venda em três territórios e as vendas esperadas sejam 1.500, 500 e 2.000 unidades, respectivamente. O volume real de vendas foi de 1.400, 525 e 1.075 itens, respectivamente. Assim, o território 1 apresentou uma redução de 7%, o território 2 um acréscimo de 5% e o território 3 uma redução de 46%! Este último território está causando a maior parte do problema. O diretor de vendas pode checar este território para verificar que hi-

**Tabela 24.3** *Definição e mensuração da participação de mercado*

| | |
|---|---|
| Participação sobre o mercado total | Expressa as vendas da empresa como porcentagem da venda total. Para usar esta mensuração, duas decisões são necessárias. A primeira é se vamos usar as vendas por unidade ou por valor para expressar a participação de mercado. A segunda decisão é definir o mercado total. Por exemplo, a participação da Harley Davidson no mercado norte-americano de motocicletas depende da decisão de incluir ou não as mobiletes e as bicicletas motorizadas. Caso afirmativo, sua participação de mercado será menor. |
| Participação de mercado atendido | Expressa as vendas da empresa como porcentagem da venda total a seu mercado atendido. O *mercado atendido* é composto de todos os compradores que estariam dispostos e em condições de adquirir seu produto. Se a Harley Davidson fabrica e vende apenas motos de preço elevado na costa leste, sua participação de mercado atendido seria suas vendas como porcentagem do total de vendas de motos caras nesta região. A participação de mercado atendido de uma empresa é sempre maior do que sua participação sobre o mercado total. Uma empresa pode conquistar 100% de seu mercado atendido e, entretanto, ter uma participação relativamente pequena do mercado total. A primeira tarefa de uma empresa é ganhar a "fatia do leão" de seu mercado atendido. À medida que ela adota este objetivo, deve acrescentar novos mercados atendidos. |
| Participação relativa de mercado (para os três principais concorrentes) | Expressa as vendas da empresa como porcentagem sobre as vendas conjuntas dos três principais concorrentes. Se a empresa possui 30% do mercado e seus dois maiores concorrentes possuem 20% e 10%, sua participação relativa de mercado é de 50% (30/60). Participações relativas de mercado superiores a 33% são consideradas muito fortes. |
| Participação relativa de mercado (em relação ao concorrente líder) | Algumas empresas expressam suas vendas como porcentagem em relação às vendas do concorrente líder. Uma participação relativa de mercado superior a 100% indica um líder de mercado. Uma participação de mercado de exatamente 100% significa que a empresa está empatada com a líder. Um aumento de participação de mercado de uma empresa significa que ela está ganhando da concorrente líder. |

póteses explicam o baixo desempenho: o vendedor do território 3 pode estar vadiando ou com problemas pessoais, entrou um grande concorrente no território ou o PNB territorial diminuiu.

**ANÁLISE DE PARTICIPAÇÃO DE MERCADO.** As vendas da empresa não revelam seu nível de desempenho em relação aos concorrentes. Por esta razão, ela precisa acompanhar de perto sua participação de mercado. A Tabela 24.3 resume quatro formas de mensuração da participação de mercado. Se a participação de mercado estiver crescendo, ela estará ganhando de seus concorrentes. Caso contrário, estará perdendo.

Entretanto, estas conclusões da análise de participação de mercado estão sujeitas a certas restrições:

- *O pressuposto de que forças externas afetam todas as empresas da mesma forma nem sempre é verdadeira.* A advertência do Ministério da Saúde sobre os efeitos prejudiciais do cigarro à saúde reduziu a venda de cigarros, mas a queda não foi igual para todas as empresas. Aquelas que usavam melhores filtros foram menos afetadas.

- *O pressuposto de que o desempenho de uma empresa deve ser julgado em relação ao desempenho médio de todas as empresas nem sempre é válido.* O desempenho de uma empresa deve ser julgado em relação a seus concorrentes mais próximos.

- *Se uma nova empresa entrar no mercado, a participação de mercado de todas as empresas pode diminuir.* O declínio de participação de mercado de uma empresa pode não significar que seu desempenho esteja abaixo dos concorrentes. A perda de participação de mercado dependerá do grau pelo qual a nova empresa afeta os segmentos específicos de um concorrente específico.

- *Às vezes, um declínio de participação de mercado é deliberadamente causado por uma empresa que objetiva melhorar seu lucro.* Por exemplo, a empresa pode eliminar clientes ou produtos não rentáveis para melhorar seu lucro.

- *A participação de mercado pode flutuar por muitas razões.* Por exemplo, a participação de mercado pode ser afetada por uma grande venda no último dia do mês ou no início do mês seguinte. Nem todas as mudanças de participação de mercado são significativas em termos de marketing.[24]

---

24. Veja OXENFELDT, Alfred R. How to use market-share measurement. *Harvard Business Review,* p. 59-68, Jan./Feb. 1969.

Os administradores devem interpretar cuidadosamente as variações de participação de mercado por linha de produtos, tipos de clientes, regiões e outras variáveis. Uma forma útil de analisar essas variações gira em torno de quatro componentes:

$$
\begin{array}{c}
\text{Participação} \\
\text{de} \\
\text{mercado}
\end{array}
=
\begin{array}{c}
\text{Penetração} \\
\text{junto aos} \\
\text{consumidores}
\end{array}
\times
\begin{array}{c}
\text{Lealdade} \\
\text{dos} \\
\text{consumidores}
\end{array}
\times
\begin{array}{c}
\text{Seletividade} \\
\text{dos} \\
\text{consumidores}
\end{array}
\times
\begin{array}{c}
\text{Seletividade} \\
\text{de} \\
\text{preço}
\end{array}
$$

Onde:

- *Penetração junto aos consumidores* – porcentagem de consumidores que compram da empresa.
- *Lealdade dos consumidores* – mensuração em porcentagem do volume de compra que os consumidores adquirem de uma empresa em relação ao total comprado de todas as empresas que vendem o mesmo produto.
- *Seletividade dos consumidores*- valor médio que os consumidores compram da empresa expresso como porcentagem do valor médio de compra de uma empresa concorrente média.
- *Seletividade de preço* – preço médio cobrado pela empresa, expresso como porcentagem do preço médio cobrado por todas as empresas concorrentes.

Agora, suponhamos que a participação de mercado da empresa em dinheiro tenha caído durante o período. A fórmula de cálculo da participação de mercado fornece quatro explicações possíveis. A empresa perdeu alguns de seus consumidores (menor penetração junto aos consumidores). Os consumidores atuais estão comprando menos da empresa em relação aos concorrentes (menor lealdade dos consumidores). Os consumidores que permaneceram comprando da empresa adquiriram menor volume (menor seletividade dos consumidores). O preço cobrado pela empresa subiu em relação aos concorrentes (menor seletividade de preço).

### ANÁLISE DAS DESPESAS DE MARKETING EM RELAÇÃO ÀS VENDAS.

O controle do plano anual requer que a empresa se assegure de que não esteja gastando demais para atingir suas metas de vendas. O principal índice a ser observado é obtido pelas *despesas de marketing em relação às vendas*. Em uma empresa, este índice era de 30% e consistia em cinco outros índices: despesas da força de vendas em relação às vendas (15%), despesas de propaganda em relação às vendas (5%), despesas de promoção de vendas em relação às vendas (6%), despesas de pesquisa de marketing em relação às vendas (1%) e despesas de administração de vendas em relação às vendas (3%).

A administração precisa monitorar esses índices de despesas de marketing. Normalmente, eles exibem pequenas flutuações que podem ser ignoradas. Entretanto, as flutuações fora do normal são motivos de preocupação. As flutuações período a período podem ser assinaladas em um *gráfico de controle* (Figura 24.8). Este gráfico mostra que o índice de despesas de propaganda em relação às vendas, normalmente, flutua entre 8 e 12%, em 99% dos casos. Entretanto, no 15º período, o índice supera o limite de controle superior. Uma entre duas hipóteses pode explicar este fato:

- *Hipótese A*: A empresa ainda dispõe de bom controle de despesas e esta situação representa uma daquelas raras chances de ocorrer.
- *Hipótese B*: A empresa perdeu o controle sobre as despesas e deve encontrar a causa.

Se a hipótese *A* for aceita, não será necessária nenhuma investigação para determinar se o ambiente mudou. O risco em não investigar é que alguma mudança real pode ter ocorrido e a empresa será afetada. Ao aceitar-se a hipótese *B*, deve-se investigar o ambiente, sob o risco de nada ser detectado e haver desperdício de tempo e esforço.

O comportamento de observações sucessivas, mesmo dentro dos limites de controle, deve ser averiguado. Nota-se na Figura 24.8 que o nível de despesas de vendas aumentou bastante após o nono período. A probabilidade de encontrar-se seis aumentos sucessivos no que deveriam ser eventos independentes é de apenas um e 64.[25] Às vezes, este padrão incomum deve ter levado a uma investigação antes da 15ª observação.

### ANÁLISE FINANCEIRA.

Os índices de despesas sobre vendas devem ser analisados através de um modelo financeiro global para determinar como e onde a empresa está obtendo lucro. A análise financeira vem sendo usada com freqüência para as empresas encontrarem estratégias rentáveis e não apenas estratégias de aumento de vendas.

A análise financeira é usada pela empresa para identificar os fatores que afetam a *taxa de retorno sobre o patrimônio líquido* da empresa.[26] Os principais fatores são mostrados na Figura 24.9, acompanhados de alguns números ilustrativos de uma grande rede de lojas. A rede vem obtendo um retorno de 12,5% sobre o patrimônio líquido. O retorno sobre o patrimônio líquido é formado por dois outros índices, o *retorno sobre o ativo* da empre-

---

25. Há 50% de chance de uma observação sucessiva ser maior ou menor. Conseqüentemente, a probabilidade de encontrar-se seis valores sucessivamente maiores é dada por $(\frac{1}{2})6 = 1/64$.

26. Alternativamente, as empresas precisam focar os fatores que afetam o *valor da ação*. A meta do planejamento de marketing é adotar medidas que aumentem esse valor, que é o *valor presente* da receita futura gerada pelas ações atuais da empresa. Normalmente, a *análise da taxa de retorno* foca apenas os resultados de um ano. Veja RAPPORT, Alfred. *Creating shareholder value*. New York : Free Press, 1986. p. 125-130.

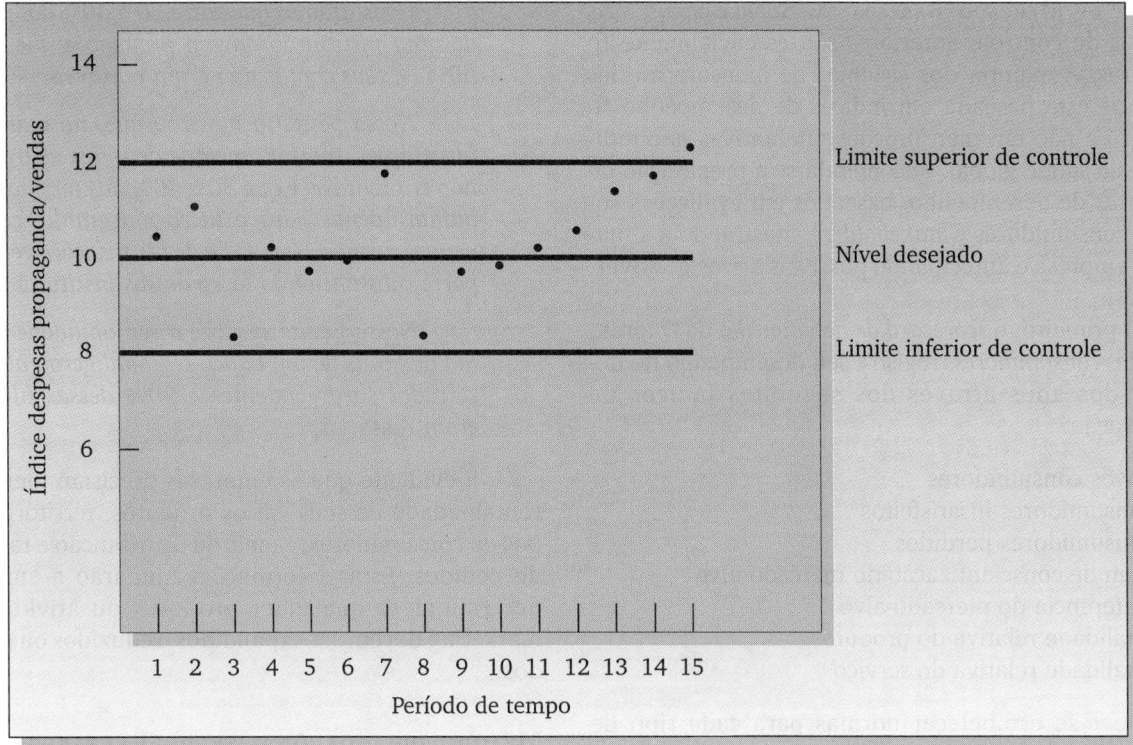

**Figura 24.8** *Modelo de gráfico de controle.*

sa e sua *alavancagem financeira*. Para melhorar o retorno sobre o patrimônio líquido, a empresa deve aumentar sua taxa de retorno sobre o ativo ou aumentar seu ativo em relação ao patrimônio líquido. A empresa deve analisar a composição de seu ativo (por exemplo, caixa, contas a receber, estoque, instalações e equipamentos) e verificar se pode melhorar a administração de seu ativo.

O retorno sobre o ativo é resultado de dois índices, ou seja, a *margem de lucro* e o *giro do ativo*. A margem de lucro na Figura 24.9 parece baixa, ao passo que o giro do ativo é normal para o varejo. A empresa pode tentar melhorar o desempenho de duas maneiras: (1) aumentar a margem de lucro através do aumento das vendas ou redução dos custos e (2) aumentar o giro do ativo via aumento de vendas ou redução do ativo (por exemplo, estoque e contas a receber) que são mantidos em relação a determinado nível de vendas.[27]

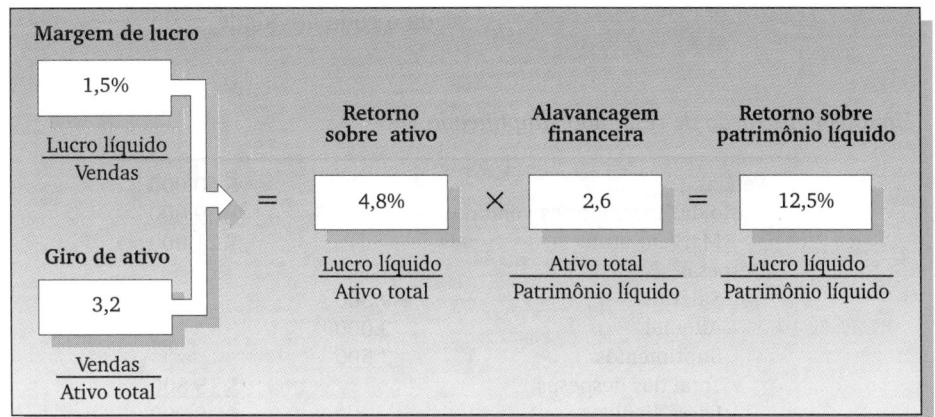

**Figura 24.9** *Modelo financeiro de retorno sobre o patrimônio líquido.*

---

27. Para leitura adicional sobre análise financeira, veja MULLINS, Peter L. *Measuring customer and product line profitability*. Washington, DC : Distribution Research and Education Foundation, 1984.

**ANÁLISE DE MERCADO BASEADA EM SCORECARDS.*** As medidas de controle anteriores são essencialmente financeiras. A maioria dos sistemas de mensuração das empresas está baseada em índices de desempenho financeiro e não em mensurações qualitativas que indiquem sua saúde global. Recomenda-se a preparação de *scorecards* de desempenho, baseados em avaliações sobre os consumidores e *stakeholders*, mostrando a situação da empresa e antecipando possíveis avisos de advertência.

O primeiro, o *scorecard de desempenho da empresa junto aos consumidores*, registra seu desempenho no decorrer dos anos através dos seguintes índices de mensuração:

- Novos consumidores
- Consumidores insatisfeitos
- Consumidores perdidos
- Grau de conscientização do mercado-alvo
- Preferência do mercado-alvo
- Qualidade relativa do produto
- Qualidade relativa do serviço

Deve-se estabelecer normas para cada tipo de mensuração e a administração deve entrar em ação quando os resultados atuais saírem dos limites estabelecidos.

O segundo é o *scorecard de desempenho junto aos stakeholders*. A empresa precisa rastrear a satisfação dos vários grupos que têm interesse e impacto sobre seu desempenho: funcionários, fornecedores, bancos, distribuidores, varejistas e acionistas. Novamente, deve-se estabelecer normas para cada grupo e a administração deve tomar providências quando um ou mais desses grupos aumentar os níveis de insatisfação.[28]

## Controle de rentabilidade

Aqui estão algumas constatações incríveis extraídas de um estudo sobre a rentabilidade de instituições bancárias:

*Constatamos que entre 20 a 40% dos produtos de uma instituição davam prejuízo e que mais de 60% de suas contas não eram rentáveis.*

*Nossa pesquisa mostrou que, na maioria das instituições, mais da metade de todas as transações não era rentável e que 30 a 40% das mesmas contribuíam apenas para o lucro marginal. Freqüentemente, apenas 10 a 15% das transações geravam a parte substancial do lucro dessas instituições.*

*Nossa pesquisa sobre a rentabilidade do sistema de filiais de um banco regional gerou alguns resultados surpreendentes... 30% dessas filiais não eram rentáveis.[29]*

É evidente que as empresas precisam mensurar a rentabilidade de seus vários produtos, territórios, grupos de consumidores, canais de distribuição e tamanhos de pedidos. Estas informações ajudarão a empresa a determinar se quaisquer produtos ou atividades de marketing devem ser expandidos, reduzidos ou eliminados.

**METODOLOGIA DA ANÁLISE DE RENTABILIDADE DE MARKETING.** Ilustraremos as etapas envolvidas na análise de rentabilidade de marketing com o seguinte exemplo:

O diretor de marketing de uma fábrica de cortadores de grama deseja determinar a rentabilidade da venda de seu equipamento através de três canais de varejo: lojas de ferramentas, lojas de artigos para jardinagem e lojas de departamentos. Sua demonstração de resultado é mostrada na Tabela 24.4.

**Etapa 1 – Identificação das Despesas Funcionais.** Assumimos que as despesas listadas na Tabela 24.4 referem-se à venda do produto, propaganda, embalagem, expedição, faturamento e cobrança. A primeira tarefa é mensurar o valor de cada despesa relacionada a cada atividade.

**Tabela 24.4** *Uma demonstração de resultado simplificada.*

| | | |
|---|---|---|
| Vendas | | $ 60.000 |
| Custo das mercadorias vendidas | | 39.000 |
| Margem bruta | | $ 21.000 |
| Despesas | | |
| Salários | $ 9.300 | |
| Aluguel | 3.000 | |
| Suprimentos | 3.500 | |
| Total das despesas | | $ 15.800 |
| Lucro líquido | | $ 5.200 |

---

* A palavra *scorecard* vem sendo regularmente usada nas áreas de administração e contabilidade para indicar resultados não definitivos que se modificam constantemente, como o placar de uma disputa esportiva. (N.T.)

28. Veja KAPLAN, Robert, NORTON, David P. Putting the balanced scorecard to work. *Harvard Business Review*, p. 134-142, Sept./Oct. 1993.

29. THE MAC GROUP. *Distribution*: a competitive weapon. Cambridge, MA : MAC Group, 1985. p. 20.

Suponhamos que a maior parte da despesa com salários referem-se aos vendedores e que o restante está dividido entre os funcionários de propaganda, embalagem e expedição e o pessoal de contabilidade. Assim, a despesa de $ 9.300 está dividida em $ 5.100, $ 1.200, $ 1.400 e $ 1.600, respectivamente. A Tabela 24.5 mostra a alocação da despesa de salários a estas quatro atividades.

A Tabela 24.5 também mostra a despesa de $ 3.000 com aluguel alocada nas quatro atividades. Desde que os vendedores trabalham fora do escritório, nenhuma parcela da despesa com aluguel é alocada nas vendas. A maior parte das despesas com aluguel de espaço e equipamentos está relacionada com embalagem e expedi-ção. Um pequeno espaço é usado pelo pessoal de propaganda e contabilidade.

Finalmente, as despesas de suprimentos envolvem material de promoção, de embalagem, combustível para entrega e material de escritório. Seu valor de $ 3.500 é alocado nas áreas funcionais conforme sua utilização.

### Etapa 2 – Alocação das Despesas Funcionais nos Canais de Varejo.

A próxima tarefa é mensurar quanto das despesas funcionais está associado à venda em cada tipo de canal. Consideremos o esforço de vendas destinado a cada canal, como está mostrado na Tabela 24.6. Foram feitas 275 visitas durante o período. Como a despesa total de vendas foi de $ 5.500 (veja a Tabela 24.5), a despesa média por visita foi de $ 20.

**Tabela 24.5**  *Mapeamento da despesa global transformada em despesas funcionais.*

| DESPESAS | TOTAL | VENDAS | PROPAGANDA | EMBALAGEM E EXPEDIÇÃO | FATURAMENTO E COBRANÇA |
|---|---|---|---|---|---|
| Salários | $ 9.300 | $ 5.100 | $ 1.200 | $ 1.400 | $ 1.600 |
| Aluguel | 3.000 | – | 400 | 2.000 | 600 |
| Suprimentos | 3.500 | 400 | 1.500 | 1.400 | 200 |
| Totais | 15.800 | $ 5.500 | $ 3.100 | $ 4.800 | $ 2.400 |

**Tabela 24.6**  *Bases para alocação das despesas funcionais por tipo de canal de varejo.*

| TIPO DE CANAL | VENDA | PROPAGANDA | EMBALAGEM E EXPEDIÇÃO | FATURAMENTO E COBRANÇA |
|---|---|---|---|---|
| Lojas de ferramentas | $ 200 | $ 50 | $ 50 | $ 50 |
| Lojas de jardinagem | 65 | 20 | 21 | 21 |
| Lojas de departamentos | 10 | 30 | 9 | 9 |
| Totais | 275 | 100 | 80 | 80 |
| Despesa funcional | 5.500 | 3.100 | 4.800 | 2.400 |
| Número de unidades | 275 | 100 | 80 | 80 |
| Despesa unitária | $ 20 | $ 31 | $ 60 | $ 30 |

A despesa de propaganda pode ser alocada de acordo com o número de anúncios preparados para os diferentes canais. Como foram produzidos 100 anúncios, o custo médio por anúncio foi de $ 31.

A despesa com embalagem e expedição pode ser alocada conforme o número de pedidos realizados por tipo de canal de varejo. Esta mesma base foi usada para alocar os gastos com faturamento e cobrança.

### Etapa 3 – Demonstração de Resultado para Cada Tipo de Canal.

Agora, uma demonstração de resultado pode ser preparada para cada tipo de canal. Os resultados são mostrados na Tabela 24.7. Como as lojas de ferramentas respondem por metade das vendas ($ 30.000 em $ 60.000), este canal é responsável por metade do custo dos produtos vendidos ($ 19.500 em $ 39.000). Isto deixa uma margem bruta para as lojas de ferramentas de cerca de $ 10.500. Deste valor, devem ser reduzidas as despesas funcionais proporcionais às lojas de ferramentas. Conforme a Tabela 24.6, as lojas de ferramentas são responsáveis por 200 das 275 visitas de vendas. A um custo de $ 20 por visita, elas arcarão com uma despesa de vendas de $ 4.000. A mesma tabela mostra também que essas lojas foram alvo de 50 anúncios a um custo de $ 31 por anúncio. Essas lojas terão uma despesa de $ 1.550 em propaganda. O mesmo raciocínio aplica-se ao computar a participação de outras despesas funcionais para alocá-las às lojas de ferramentas. O resultado é que essas lojas receberam uma carga de $ 10.050 da despesa total. Subtraindo-se este

**Tabela 24.7**  *Demonstração de resultado por tipo de canal.*

|  | LOJAS DE FERRAMENTAS | LOJAS DE JARDINAGEM | LOJAS DE DEPARTAMENTOS | TOTAL DA EMPRESA |
|---|---|---|---|---|
| Vendas | $ 30.000 | $ 10.000 | $ 20.000 | $ 60.000 |
| Custo das mercadorias vendidas | 19.500 | 6.500 | 13.000 | 39.000 |
| Margem bruta | 10.500 | 3.500 | 7.000 | 21.000 |
| Despesas |  |  |  |  |
| Vendas ($ 20 por visita) | $ 4.000 | 1.300 | 200 | 5.500 |
| Propaganda ($ 31 por anúncio) | 1.550 | 620 | 930 | 3.100 |
| Embalagem e expedição ($ 60 por pedido) | 3.000 | 1.260 | 540 | 4.800 |
| Faturamento e cobrança ($ 30 por pedido) | 1.500 | 630 | 270 | 2.400 |
| Despesa total | 10.500 | 3.810 | 1.940 | 15.800 |
| Lucro líquido (ou prejuízo) | 450 | (310) | 5.080 | 5.200 |

valor da margem bruta, o lucro decorrente da venda através deste canal é de apenas $ 450.

Esta análise é repetida para os outros canais. A empresa está tendo prejuízo ao vender através de lojas de equipamentos de jardinagem, e seu lucro é, basicamente, proveniente das lojas de departamentos. Percebe-se que as vendas através de cada canal não são um indicador confiável do lucro obtido em cada tipo de canal.

**DETERMINAÇÃO DA MELHOR AÇÃO CORRETIVA.** Seria ingenuidade concluir que as lojas de equipamentos de jardinagem e, possivelmente, as lojas de ferramentas deveriam ser eliminadas para a empresa concentrar-se apenas nas lojas de departamentos. Primeiro, seria necessário responder às seguintes perguntas:

- Em que extensão os consumidores compram em determinado tipo de canal sem se preocupar com a marca? Eles procurariam a marca naqueles canais que não fossem eliminados?
- Quais as tendências a respeito da importância destes três canais?
- As estratégias de marketing da empresa dirigidas aos três canais foram otimizadas?

Com base nas respostas, a administração de marketing pode avaliar algumas ações alternativas?

- *Cobrar preço maior por pedidos menores para estimular pedidos maiores.* Neste caso, supõe-se que os pedidos menores são a causa da não-rentabilidade das lojas de equipamentos de jardinagem e de ferramentas.
- *Dar maior apoio promocional às lojas de equipamentos de jardinagem e de ferramentas.* Isto pressupõe que os gerentes dessas lojas podem aumentar as vendas com mais treinamento e materiais promocionais.

- *Reduzir o número de visitas e a propaganda destinadas às lojas de equipamentos de jardinagem e de ferramentas.* Parte-se do pressuposto de que alguns custos podem ser poupados sem prejudicar seriamente as vendas nesses canais.
- *Não fazer nada.* Isto indica que os esforços atuais de marketing estão otimizados e/ou as tendências de marketing apontam para uma recuperação do lucro nos canais mais fracos ou que a eliminação de qualquer canal reduziria o lucro em função das repercussões nos custos de produção ou na demanda.
- *Não abandonar nenhum canal por completo, mas apenas as lojas mais fracas em cada tipo de canal.* Esta estratégia pressupõe que um estudo detalhado de custo revelaria a existência de muitas lojas de equipamentos de jardinagem e de ferramentas rentáveis, cujos lucros são cancelados pelo fraco desempenho de outras lojas destas categorias.

Em geral, a análise da rentabilidade de marketing indica a rentabilidade relativa de canais, produtos, territórios ou de outras diferentes entidades de marketing. Ela não prova que o melhor curso de ação é eliminar entidades de marketing não rentáveis nem indica o provável aumento de rentabilidade, caso elas sejam eliminadas.

**CUSTO DIRETO *VERSUS* CUSTO TOTAL.** Como todas as ferramentas de informações, a análise de rentabilidade pode orientar ou não os executivos de marketing, dependendo de seu grau de compreensão desses métodos e de suas limitações. O exemplo supra mostrou alguma arbitrariedade na escolha das bases para alocar as despesas funcionais nas atividades de marketing que foram avaliadas. Assim, o "número de visitas de vendas" foi usado para alocar as despesas de vendas, quando, em princípio, o "número de horas de trabalho em vendas" seria um indicador de custo mais preciso. A base anterior foi usada por envolver menos registros e cálculos. Essas aproximações podem não envolver muita imprecisão, mas os executivos de marketing devem reconhecer as ramificações de suas escolhas.

Mas sério ainda é outro fator de julgamento que afeta a análise de rentabilidade. A questão é saber se deve ser alocado o *custo total* ou apenas os *custos diretos e indiretos* para avaliar o desempenho de uma atividade de marketing. O exemplo anterior não enfoca esta questão, ao assumir apenas os custos envolvidos diretamente nas atividades de marketing. Entretanto, este problema não pode ser evitado na análise real da rentabilidade. Três tipos de custos devem ser identificados:

* *Custos diretos.* Estes custos podem ser alocados diretamente às atividades de marketing que os originam. Por exemplo, as comissões de vendas são um custo direto na análise de rentabilidade de territórios de vendas, de vendedores ou de clientes. As despesas com propaganda são custo direto na análise de rentabilidade de produtos, à medida que cada anúncio promove apenas um produto da empresa. Outros custos diretos com propósitos específicos são os salários da força de vendas, suprimentos e despesas de viagem.
* *Custos indiretos comuns.* São custos que podem ser alocados indiretamente nas atividades de marketing, porém em bases plausíveis. No exemplo, a despesa de aluguel e o espaço rateado entre as três diferentes atividades de marketing foram considerados desta maneira.
* *Custos indiretos não comuns.* São custos cuja alocação nas atividades de marketing é altamente arbitrária. Consideremos as despesas com o desenvolvimento da "imagem corporativa". Alocá-las igualmente entre todos os produtos seria uma medida arbitrária, porque as vendas relativas a cada produto refletem muitos fatores, independentemente da imagem corporativa. Outros exemplos típicos de dificuldades para alocação desses custos são os salários da administração, impostos, juros e outros tipos de custos indiretos.

Não há controvérsia a respeito da inclusão dos custos diretos na análise dos custos de marketing. Há alguma controvérsia sobre a inclusão dos custos indiretos comuns. Estes custos incluem outros custos indiretos que se alteram ou não com a escala da atividade de marketing. Se a empresa de cortadores de grama excluir as lojas de equipamentos de jardinagem, provavelmente, continuará pagando o mesmo aluguel por razões contratuais. Nesta situação, seu lucro não aumentaria imediatamente ao eliminar esse canal de venda (prejuízo de $ 310).

A principal controvérsia é se os custos indiretos incomuns devem ser alocados nas atividades de marketing. Tal alocação é denominada *abordagem de custo total* e seus defensores argumentam que todos os custos, em última análise, devem ser imputados para que se determine a rentabilidade verdadeira. Porém, este argumento confunde o uso da contabilidade como instrumento de análise financeira para a tomada de decisões gerenciais. A abordagem de custo total apresenta três importantes deficiências:

* A rentabilidade das diferentes atividades de marketing pode mudar radicalmente quando uma forma arbitrária para alocar os custos indiretos não-comuns é substituída por outra.
* A arbitrariedade desmoraliza os gerentes que acham que seu desempenho é julgado de maneira desfavorável.
* A inclusão dos custos indiretos não-comuns pode enfraquecer os esforços de controle do custo real. A administração é mais eficaz no controle dos custos diretos e dos custos indiretos comuns. Alocações arbitrárias dos custos indiretos não comuns podem levar a administração a desperdiçar tempo com a alocação arbitrária dos custos, em vez de gerenciarem bem os custos controláveis.

As empresas estão mostrando crescente interesse pelo uso do *custeio baseado em atividades (ABC)* para interpretar a rentabilidade verdadeira de diferentes atividades de marketing. Conforme Cooper e Kaplan, esta ferramenta "pode mostrar aos gerentes um quadro claro de como produtos, marcas, clientes, instalações industriais, regiões ou canais de distribuição geram receitas e consomem recursos".[30] Para melhorar a rentabilidade, os gerentes podem, assim, examinar maneiras de reduzir os recursos exigidos para o desempenho de várias atividades, tornar os recursos mais produtivos ou adquiri-los a custo menor. Alternativamente, a administração pode aumentar os preços dos produtos que consomem grande quantidade de recursos de apoio. A contribuição do sistema ABC é refocar a atenção da administração habituada a usar apenas os custos-padrões de materiais e mão-de-obra para alocar o custo total, a identificar os custos reais de apoio a produtos individuais, clientes e a outras entidades.

## Controle de eficiência

Suponhamos que uma análise de rentabilidade revela que a empresa vem obtendo pequeno lucro em relação a determinados produtos, territórios ou mercados. O problema é saber se há maneiras mais eficientes de administrar a força de vendas, propaganda, promoção de vendas e distribuição.

---

30.  Veja COOPER, Robin, KAPLAN, Robert S. Profit priorities from activity-based costing. *Harvard Business Review,* p. 130-135, May/June 1991.

Algumas empresas criaram o cargo de *controller de marketing* para ajudar o pessoal de marketing a melhorar a eficiência de suas atividades. Esses profissionais trabalham juntos com os demais *controllers* da empresa, embora sejam especializados em marketing. Em empresas como General Foods, Du Pont e Johnson & Johnson, eles preparam uma análise financeira sofisticada das despesas e dos resultados de marketing. Especificamente, acompanham os planos de lucro, ajudam a preparar os orçamentos dos gerentes de marcas, mensuram a eficiência das promoções, analisam os custos de mídia, avaliam a rentabilidade por cliente e por território e educam os funcionários de marketing sobre as implicações financeiras das decisões de marketing.[31]

**EFICIÊNCIA DA FORÇA DE VENDAS.** Os gerentes de vendas precisam monitorar os seguintes indicadores-chave sobre a eficiência da força de vendas em seus territórios:

- Número médio diário de visitas por vendedor.
- Tempo médio de visita.
- Faturamento médio por visita.
- Custo médio de visita.
- Custo de entretenimento por visita.
- Porcentagem de pedidos a cada 100 visitas.
- Número de novos clientes por período.
- Número de clientes perdidos por período.
- Custo da força de vendas em relação ao custo total de vendas.

Quando uma empresa começa a investigar a eficiência da força de vendas, pode, freqüentemente, encontrar várias formas de melhoria. A General Electric reduziu o tamanho da força de vendas de uma de suas divisões sem perder vendas, após constatar que os vendedores estavam fazendo muitas visitas aos clientes. Quando uma grande empresa aérea constatou que seus vendedores estavam encarregados da venda e da prestação de serviços, transferiu os serviços para funcionários com salários menores. Outra empresa realizou estudos de tempo/ocupação e encontrou formas de reduzir a proporção de tempo produtivo em relação às horas paradas.

**EFICIÊNCIA DA PROPAGANDA.** Muitos gerentes acham ser quase impossível mensurar o retorno sobre o dinheiro empregado em propaganda. Entretanto, eles devem tentar, pelo menos, rastrear as seguintes estatísticas:

- Custo da propaganda por mil compradores-alvo atingidos por veículo de mídia.

- Porcentagem da audiência que notou, viu/associou e leu a maior parte de cada um dos anúncios impressos.
- Opiniões dos consumidores sobre o conteúdo e a eficácia do anúncio.
- Mensurações de atitudes antes/depois em relação ao produto.
- Número de consultas estimuladas pelo anúncio.
- Custo por consulta.

A administração pode adotar várias medidas para melhorar a eficiência da propaganda, incluindo fazer melhor trabalho de posicionamento do produto, definir os objetivos de propaganda, pré-testar as mensagens, usar o computador para orientar a seleção de veículos de mídia, procurar melhorar as compras de mídia e fazer pós-teste de propaganda.

**EFICIÊNCIA DA PROMOÇÃO DE VENDAS.** A promoção de vendas inclui dezenas de dispositivos para estimular o interesse do comprador e a experimentação do produto. Para melhorar a eficiência da promoção de vendas, a administração deve registrar os custos e o impacto sobre as vendas de cada ferramenta de promoção utilizada. A administração deve observar as seguintes estatísticas:

- Volume de vendas por tipo de promoção.
- Custo de *display* por volume de vendas.
- Porcentagens de cupons resgatados.
- Número de consultas resultantes de uma demonstração de produto.

Se um gerente de promoção de vendas for contratado, ele pode analisar os resultados de diferentes promoções de vendas e orientar os gerentes de produtos sobre as promoções mais eficazes em termos de custo/benefício que devem ser usadas.

**EFICIÊNCIA DA DISTRIBUIÇÃO.** A administração precisa reduzir os custos de distribuição. Há várias ferramentas disponíveis para melhorar o controle de estoque, localização de armazéns e modos de transporte. Um problema que surge com freqüência é que a eficiência da distribuição pode reduzir quando a empresa enfrenta forte aumento de vendas. Peter Senge descreve uma situação em que o surgimento de um forte aumento de vendas impede que a empresa atenda a seu compromisso de pontualidade de entrega.[32] Isto leva os consumidores a falarem mal da empresa, levando, eventualmente, à queda de vendas. A administração responde aumentando

---

31. GOODMAN, Sam R. *Increasing corporate profitability.* New York: Ronald Press, 1982. Cap. 1. Veja também JAWORSKI, Bernard J., STATHAKOPOULOS, H. Shanker. Control combinations in marketing: conceptual framework and empirical evidence. *Journal of Marketing,* p. 57-69, Jan. 1993.
32. Veja SENGE, Peter M. *A quinta disciplina:* arte, teoria e prática da organização de aprendizagem. São Paulo : Best Seller, 1992. Cap. 7.

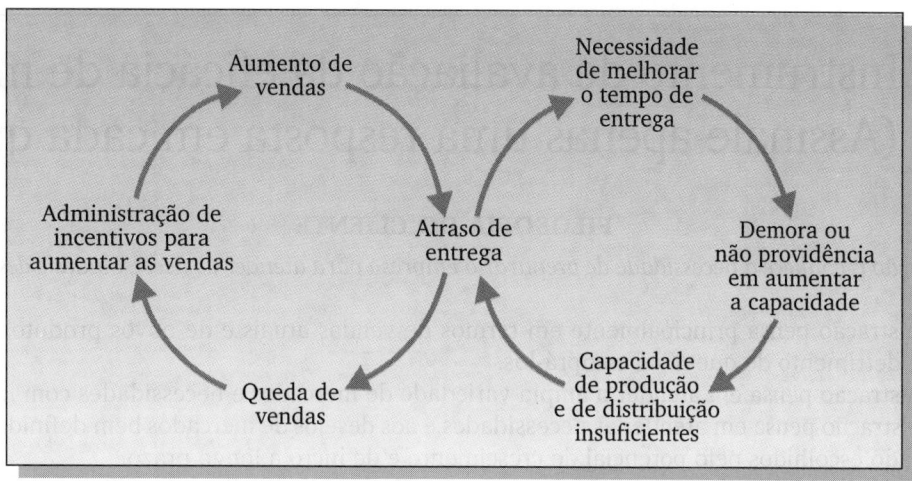

**Figura 24.10** *Interações dinâmicas entre as vendas e a eficiência de produção e distribuição.*

os incentivos à força de vendas para obter maior número de pedidos. A força de vendas é bem-sucedida em seu esforço, mas, novamente, a empresa não consegue atender aos prazos de entrega. A administração precisa perceber a existência de gargalos e investir mais na ampliação da capacidade de produção. A situação está mapeada na Figura 24.10. O círculo à esquerda mostra como o movimento das vendas é transformado em declínio devido aos atrasos de entrega. O círculo à direita mostra o problema fundamental, que é a falha da administração em não investir em produção adicional e em capacidade de distribuição para atender aos aumentos substanciais de vendas.

## Controle estratégico

Periodicamente, as empresas precisam fazer uma revisão crítica de suas metas globais e da eficácia de marketing. Marketing é uma área em que a rápida obsolescência de objetivos, políticas, estratégias e programas representa uma possibilidade constante. Periodicamente, cada empresa deve reavaliar sua abordagem estratégica de mercado. Duas ferramentas estão disponíveis, a saber, a avaliação da eficácia de marketing e a auditoria de marketing.

AVALIAÇÃO DA EFICÁCIA DE MARKETING. A seguir, apresentamos uma situação real.

O presidente de uma importante empresa de equipamentos industriais fez uma revisão dos planos anuais de negócio de várias divisões e encontrou planos divisionais com falhas em marketing. Convocou o vice-presidente de marketing corporativo e disse:

*Não estou satisfeito com a qualidade de marketing de nossas divisões. Ela está muito desigual. Quero que você identifique quais de nossas divisões são fortes, médias e fracas em marketing. Desejo um escore de marketing para cada divisão. Quero saber se elas entendem e estão praticando marketing orientado para o cliente. Para cada divisão deficiente, desejo um plano para melhorar sua eficácia de marketing nos próximos anos. No próximo ano, quero uma evidência de que cada divisão deficiente está tendo progresso em termos de marketing.*

O vice-presidente de marketing concordou, reconhecendo que se tratava de uma árdua tarefa. Sua primeira idéia foi avaliar a eficácia de marketing de cada divisão tomando como base o crescimento de vendas, a participação de mercado e a rentabilidade. Sua idéia era a de que as divisões de alto desempenho possuíam boa liderança em marketing, o que não ocorria com as de baixo desempenho.

Entretanto, a eficácia de marketing não é necessariamente revelada pelas vendas e pelo desempenho correntes de marketing. Bons resultados podem ser obtidos pelo fato de uma divisão estar no local certo e no tempo certo, e não devido a uma administração eficaz de marketing. Melhorar marketing nessa divisão pode transformar os resultados de bom para excelente. Outra divisão pode ter resultados fracos, apesar de excelente planejamento de marketing. Substituir os atuais gerentes de marketing poderia piorar a situação.

A eficácia de marketing de uma empresa ou divisão é refletida pelo grau em que ela exibe cinco importantes atributos de uma orientação para marketing: *filosofia do cliente, organização de marketing integrado, informações de marketing adequadas, orientação estratégica* e *eficiência operacional*. Cada atributo pode ser mensurado. A seção Memorando de Marketing apresenta um *instrumento de avaliação da eficácia de marketing,* baseado nestes cinco atributos. Este instrumento é preenchido pelo gerente de marketing e por outros gerentes da divisão. Depois, os escores obtidos são resumidos.

 # Instrumento de avaliação da eficácia de marketing (Assinale apenas uma resposta em cada questão)

## FILOSOFIA DO CLIENTE

A. *A administração reconhece a necessidade de preparar a empresa para atender às necessidades e desejos dos mercados escolhidos?*
   0  A administração pensa principalmente em termos de vendas atuais e de novos produtos do seu ponto de vista em detrimento de quem vai comprá-los.
   1  A administração pensa em atender a ampla variedade de mercados e necessidades com igual eficácia.
   2  A administração pensa em atender às necessidades e aos desejos de mercados bem definidos e de segmentos de mercado escolhidos pelo potencial de crescimento e de lucro a longo prazo.

B. *A administração desenvolve ofertas e planos de marketing diferentes para diversos segmentos de mercado?*
   0  Não.    1  Algumas vezes.    2.  Em grande extensão.

C. *A administração adota uma visão sistêmica de marketing total (fornecedores, canais, concorrentes, clientes e ambiente) ao planejar os negócios da empresa?*
   0  Não. A administração concentra-se apenas em vender e atender seus clientes habituais.
   1  Algumas vezes. A administração adota uma visão a longo prazo de seus canais, embora concentre os esforços da empresa em vender e servir os clientes habituais.
   2  Sim. A administração analisa todo o sistema de marketing, reconhecendo as ameaças e oportunidades geradas por mudanças em qualquer parte do sistema.

## ORGANIZAÇÃO DE MARKETING INTEGRADO

D. *Há integração e controle de alto nível das principais funções de marketing?*
   0  Não. Vendas e outras funções de marketing não são integradas no topo da organização e ocorrem alguns conflitos improdutivos.
   1  Algumas vezes. Há integração e controle formal das principais funções de marketing, mas abaixo de um nível satisfatório de coordenação e cooperação.
   2  Sim. As principais funções de marketing estão efetivamente integradas.

E. *A administração de marketing está bem coordenada com os departamentos de pesquisa, produção, compras, distribuição física e finanças?*
   0  Não. Há reclamações de que marketing é impreciso em suas solicitações a outros departamentos.
   1  Algumas vezes. As relações são amigáveis, embora cada departamento aja em seu próprio interesse.
   2  Sim. Os departamentos cooperam eficazmente e resolvem os problemas no melhor interesse da empresa como um todo.

F. *Como é organizado o processo de desenvolvimento de novos produtos?*
   0  O sistema é mal definido e fracamente administrado.
   1  O sistema existe formalmente, mas precisa ser melhorado.
   2  Sim. O sistema está bem estruturado e opera através de equipe.

## INFORMAÇÕES DE MARKETING ADEQUADAS

G. *Quando ocorreram os últimos estudos de pesquisa de marketing sobre consumidores, influências de compra, intermediários e concorrentes?*
   0  Há muitos anos.    1  Há alguns anos.    2  Recentemente.

H. *A administração conhece bem o potencial de vendas e a rentabilidade de segmentos de mercados diferentes, clientes, territórios, produtos, canais e tamanhos de pedidos?*
   0  Não conhece.    1  Conhece um pouco.    2  Conhece muito bem.

I. *Que esforço é destinado à mensuração e melhoria do custo-benefício de diferentes despesas de marketing?*
   0  Pouco ou nenhum esforço.    1  Algum esforço.    2  Esforço substancial.

## ORIENTAÇÃO ESTRATÉGICA

J. *Qual a extensão do planejamento formal de marketing?*
   0  A administração faz pouco ou nenhum planejamento formal de marketing.
   1  A administração desenvolve um plano anual de marketing.
   2  A administração desenvolve um plano anual de marketing detalhado e um plano estratégico a longo prazo que é atualizado anualmente.

K. *Como é a qualidade da estratégia de marketing atual?*
  0  Não é clara.
  1  É clara e representa uma continuação da estratégia tradicional.
  2  É clara, inovadora, baseada em dados e bem equilibrada.
L. *Qual a extensão do pensamento e do planejamento contingencial?*
  0  A administração não adota ou adota pouco pensamento contingencial.
  1  A administração realiza algum pensamento contingencial, embora pouco planejamento contingencial.
  2  A administração identifica formalmente as contingências mais importantes e desenvolve planos de contingência.

## EFICIÊNCIA OPERACIONAL

M. *Como a estratégia de marketing é comunicada e implementada?*
  0  Muito mal.    1  Medianamente.    2  Com sucesso.
N. *A administração vem realizando um trabalho eficaz com seus recursos de marketing?*
  0  Não. Os recursos de marketing são inadequados para o trabalho a ser realizado.
  1  Mais ou menos. Os recursos de marketing são adequados, mas não são bem empregados.
  2  Sim. Os recursos de marketing são adequados e empregados eficazmente.
O. *A administração demonstra boa capacidade para reagir rápida e eficazmente aos desenvolvimentos de última hora?*
  0  Não. As informações de vendas e de mercado não são atualizadas e a administração reage lentamente.
  1  Às vezes. A administração recebe informações de vendas e de mercado mais ou menos atualizadas, mas seu tempo de reação varia.
  2  Sim. A administração possui sistemas que fornecem informações atualizadas, o que lhe proporciona resposta rápida.

## ESCORE TOTAL

Deve-se assinalar uma resposta para cada questão. Os escores devem ser somados e o resultado final comparado com a escala abaixo para identificar-se o nível da eficácia de marketing da empresa:

|  |  |  |
|---|---|---|
| 0 – 5 = Nenhuma | 11 – 15 = Regular | 21 – 25 = Muito boa |
| 6 – 10 = Fraca | 16 – 20 = Boa | 26 – 30 = Excelente |

**Fonte:**  KOTLER, Philip. From sales obsession to marketing effectiveness. *Harvard Business Review*, p. 67-75, Nov./Dec. 1977.

O instrumento vem sendo testado em várias empresas e poucas alcançam escores superiores entre 26 e 30 pontos. Entre elas incluem-se empresas bem conhecidas pelo domínio de marketing como Procter & Gamble, McDonald's, Rubbermaid e Nike. A maioria das empresas e divisões recebe escores entre regular e bom, que indicam que os próprios gerentes acham que podem melhorar o desempenho de marketing. Os resultados de cada atributo indicam que fatores precisam receber maior atenção de marketing. Assim, a administração de cada divisão pode estabelecer um plano para corrigir suas principais fraquezas de marketing.[33]

**AUDITORIA DE MARKETING.** Aquelas empresas que descobrem deficiências através da avaliação da eficácia de marketing devem empreender uma análise mais profunda, conhecida como *auditoria de marketing*.[34]

**AUDITORIA DE MARKETING é um exame abrangente, sistemático, independente e periódico do ambiente, objetivos, estratégias e atividades de marketing de uma empresa ou unidade de negócio, visando encontrar ameaças e oportunidades e recomendar um plano de ação para melhorar o desempenho de marketing da empresa.**

Vamos examinar as quatro características da auditoria de marketing:

● *Abrangência*. A auditoria de marketing cobre todas as principais atividades de marketing de um negócio e não apenas alguns problemas imediatos. Seria denominada de *auditoria funcional* caso cobrisse apenas a força de vendas, preço ou alguma outra atividade de marketing. Embora as auditorias funcionais

---

33. Para maiores discussões sobre este instrumento, veja KOTLER, Philip. From sales obsession to marketing effectiveness. *Harvard Business Review*, p. 67-75, Nov./Dec. 1977.
34. Veja KOTLER, Philip, GREGOR, William, RODGERS, William. The marketing audit comes of age. *Sloan Management Review*, p. 49-62, Winter 1989.

**Tabela 24.8**    *Componentes de uma auditoria de marketing.*

## PARTE I. AUDITORIA DO AMBIENTE DE MARKETING

### MACROAMBIENTE

| | |
|---|---|
| A. Demográfico | Quais os principais desenvolvimentos demográficos e tendências que apresentam oportunidades ou ameaças à empresa? Que providências a empresa tomou em relação a essas oportunidades e ameaças? |
| B. Econômico | Quais os principais desenvolvimentos em relação à renda, preços, poupança e crédito que afetarão a empresa? Que providências a empresa tomou em resposta a esses desenvolvimentos e tendências? |
| C. Ecológico | Qual a perspectiva de custo e de disponibilidade de recursos naturais e energéticos necessários à empresa? Que preocupações a empresa vem expressando sobre seu papel em termos de poluição e preservação ambiental e que providências ela vem adotando? |
| D. Tecnológico | Quais as principais mudanças que estão ocorrendo na tecnologia do processo produtivo e do produto? Qual a posição da empresa em relação a essas tecnologias? Quais os principais substitutos genéricos que podem substituir este produto? |
| E. Político | Que mudanças de leis e regulamentos podem afetar a estratégia e as táticas de marketing? O que está ocorrendo nas áreas de controle da poluição, oportunidades iguais de emprego, segurança de produto, propaganda, controle de preço etc., que afeta a estratégia de marketing? |
| F. Cultural | Qual a atitude do público em relação aos negócios e produtos da empresa? Que mudanças no estilo de vida e nos valores dos consumidores podem afetar a empresa? |

### AMBIENTE-TAREFA DA EMPRESA

| | |
|---|---|
| A. Mercados | O que está ocorrendo com o tamanho, o crescimento e o lucro do mercado? Quais os principais segmentos desse mercado? |
| B. Consumidores | Quais as necessidades e processos de compra dos consumidores? Como os consumidores atuais e potenciais avaliam a empresa e seus concorrentes em termos de reputação, qualidade do produto, serviços, força de vendas e preço? Como os diferentes segmentos de consumidores tomam suas decisões de compra? |
| C. Concorrentes | Quem são os principais concorrentes? Quais seus objetivos, estratégias, forças, fraquezas, tamanhos e participações de mercado? Quais as tendências que afetarão a concorrência futura e os substitutos para este produto? |
| D. Distribuição e revendedores | Quais os principais canais de distribuição para levar os produtos aos consumidores? Quais os níveis de eficiência e potenciais de crescimento dos diferentes canais de distribuição? |
| E. Fornecedores | Qual a perspectiva de disponibilidade de recursos-chaves usados na produção? Que tendências estão ocorrendo entre os fornecedores? |
| F. Empresas de serviços de marketing | Qual o custo e a perspectiva de disponibilidade de serviços de transporte, de armazenagem e de recursos financeiros? Qual a eficácia das agências de propaganda e das empresas de pesquisa de marketing? |
| G. Públicos | Que públicos representam oportunidades ou ameaças para a empresa? Que etapas a empresa desenvolveu para lidar eficientemente com cada público? |

## PARTE II. AUDITORIA DA ESTRATÉGIA DE MARKETING

| | |
|---|---|
| A. Missão do negócio | A missão do negócio está claramente definida em termos de orientação de mercado? Ela é viável? |
| B. Objetivos e metas de marketing | Os objetivos da empresa e de marketing foram claramente estabelecidos para orientar o planejamento de marketing e a mensuração do desempenho? Os objetivos de marketing são apropriados, dada a posição competitiva da empresa, seus recursos e oportunidades? |
| C. Estratégia | A empresa articulou uma estratégia de marketing clara para atingir seus objetivos de marketing? A estratégia é convincente? Ela é apropriada ao estágio do ciclo de vida do produto, às estratégias dos concorrentes e à situação econômica? A empresa está usando a melhor base para segmentar o mercado? Ela adota critérios claros para avaliar os segmentos e escolher os melhores? Ela desenvolveu um posicionamento eficaz e um composto de marketing para cada segmento-alvo? Os recursos de marketing estão otimamente alocados em relação aos principais elementos do composto de marketing? Os recursos são suficientes ou muitos para a empresa atingir os objetivos de marketing? |

## PARTE III. AUDITORIA DA ORGANIZAÇÃO DE MARKETING

| | |
|---|---|
| A. Estrutura formal | O vice-presidente ou diretor de marketing tem autoridade e responsabilidade suficientes nas atividades da empresa que afetam a satisfação dos consumidores? As atividades de marketing estão bem estruturadas em termos funcionais, de produtos, segmentos, usuários finais e territórios? |

| | |
|---|---|
| B. Eficiência funcional | Há boas relações de trabalho e comunicação entre marketing e vendas? O sistema de administração de produto está atuando eficazmente? Os gerentes de produtos estão capacitados a planejar os lucros ou apenas o volume de vendas? Há pessoas na área de marketing que necessitam de mais treinamento, motivação, supervisão ou avaliação? |
| C. Eficiência interdepartamental | Há problemas entre marketing, produção, P&D, compras, finanças, contabilidade e jurídico que necessitam de atenção especial? |

## PARTE IV. AUDITORIA DOS SISTEMAS DE MARKETING

| | |
|---|---|
| A. Sistema de informações de marketing | O sistema de inteligência de marketing está fornecendo informações seguras, em volume suficiente e oportunas sobre desenvolvimentos no mercado a respeito de consumidores atuais, consumidores potenciais, distribuidores e revendedores, concorrentes, fornecedores e vários outros públicos? Os tomadores de decisões da empresa estão solicitando pesquisa de marketing suficiente e estão utilizando os resultados? A empresa está empregando os melhores métodos para mensuração do mercado e previsão de vendas? |
| B. Sistema de planejamento de marketing | O sistema de planejamento de marketing é bem elaborado e está sendo usado com eficiência? Os profissionais de marketing têm sistemas de apoio à decisão à disposição? O sistema de planejamento estabelece metas e quotas de vendas estáveis? |
| C. Sistema de controle de marketing | Os procedimentos de controle são adequados para assegurar que os objetivos do plano anual sejam atingidos? A empre sa analisa periodicamente a rentabilidade dos produtos, mercados, territórios e canais de distribuição? Os custos e a produtividade de marketing são periodicamente examinados? |
| D. Sistema de desenvolvimento de novos produtos | A empresa está bem organizada para reunir, gerar e selecionar idéias de novos produtos? A empresa faz pesquisa adequada de conceitos e análise comercial antes de investir em novas idéias? A empresa realiza testes adequados de produto e de mercado antes de lançar novos produtos? |

## PARTE V. AUDITORIA DA PRODUTIVIDADE DE MARKETING

| | |
|---|---|
| A. Análise de rentabilidade | Qual a rentabilidade de diferentes produtos, mercados, territórios e canais de distribuição da empresa? A empresa deve entrar, expandir, reduzir ou retirar-se de alguns segmentos de negócio? |
| B. Análise de custo-benefício | Algumas atividades de marketing parecem ter custos excessivos? Que medidas para redução de custos podem ser tomadas? |

## PARTE VI. AUDITORIA DAS FUNÇÕES DE MARKETING

| | |
|---|---|
| A. Produtos | Quais os objetivos da linha de produtos? Estão bem definidos? A atual linha de produtos está atingindo seus objetivos? A linha de produtos deve ser expandida ou reduzida? Para cima, para baixo ou em ambas as direções? Que produtos devem ser eliminados? Que produtos devem ser acrescentados? Qual o conhecimento e as atitudes dos compradores em relação à qualidade, características, estilos, marcas etc. dos produtos da empresa e dos concorrentes? Que áreas da estratégia de produto necessitam de melhorias? |
| B. Preço | Quais os objetivos, políticas, estratégias e procedimentos de preço? Em que extensão a fixação de preço se baseia em critérios de custo, demanda e concorrência. Os consumidores vêem os preços da empresa alinhados ao valor de suas ofertas? O que a administração conhece sobre a elasticidade-preço da demanda, efeitos da curva de experiência e políticas de preço dos concorrentes? Em que extensão as políticas de preço são compatíveis com as necessidades dos distribuidores, revendedores, fornecedores e com a legislação governamental? |
| C. Distribuição | Quais os objetivos e estratégias de distribuição? Há cobertura adequada de mercados e de serviços? Qual a eficiência dos distribuidores, revendedores, representantes da empresa, corretores, agentes e outros? A empresa deve pensar em adotar mudanças em seus canais de distribuição? |
| D. Propaganda, promoção de vendas, relações públicas e marketing direto | Quais os objetivos de propaganda da empresa? São bem definidos? O gasto com propaganda está sendo adequado? Os temas e mensagens dos anúncios são adequados? O que os clientes e o público pensam sobre a propaganda? As mídias de propaganda são bem escolhidas? A equipe interna de propaganda é adequada? AS mídias de propaganda são bem escolhidas? A equipe interna de propaganda é adequada? O orçamento de promoção de vendas é adequado? Há suficiente uso de ferramentas de promoção de vendas, como amostras grátis, cupons, *displays* e concursos de vendas? A equipe de relações públicas é competente e criativa? A empresa faz uso suficiente de marketing direto, marketing *on-line* e marketing de banco de dados? |
| E. Força de vendas | Quais os objetivos da força de vendas da empresa? A força de vendas é grande o suficiente para executar os objetivos da empresa? A força de vendas está organizada de acordo com princípios apropriados de especialização (território, mercado, produto)? Há gerentes de vendas suficientes (ou em excesso) para orientar os vendedores de campo? O nível e a estrutura salarial dos vendedores fornece incentivos e recompensas apropriados? A força de vendas demonstra moral elevado, habilidade e esforço? Os procedimentos para estabelecimento de quotas e avaliação de desempenho são apropriados? Como a força de vendas da empresa é comparada com as forças de vendas dos concorrentes? |

sejam úteis, às vezes iludem a administração sobre a causa real do problema. Assim, um *turnover* excessivo de vendedores, por exemplo, pode ser um sintoma não de treinamento ou remuneração deficientes, mas de deficiência dos produtos e da promoção da empresa. Geralmente, uma auditoria de marketing abrangente é mais eficaz em localizar as causas reais dos problemas de marketing da empresa.

- *Sistematização.* A auditoria de marketing envolve uma seqüência ordenada de etapas de diagnóstico que cobrem o ambiente, o sistema interno e as atividades específicas de marketing da empresa. O diagnóstico indica os melhoramentos mais necessários. Eles são incorporados em um plano de ação corretiva envolvendo etapas a curto e a longo prazos para melhorar a eficácia global de marketing da organização.

- *Independência.* Uma auditoria de marketing pode ser conduzida de seis maneiras: auto-auditoria, auditoria cruzada, auditoria da chefia, auditoria interna, grupo de auditoria e auditoria externa. A auto-auditoria, em que o gerente usa um *checklist* para avaliar suas próprias operações, pode ser útil, mas muitos especialistas concordam que ela não é objetiva nem independente.[35] A 3M Company utiliza satisfatoriamente os serviços de uma empresa de auditoria externa em suas divisões.[36] De modo geral, as melhores auditorias advêm de consultores experientes externos que possuem objetividade e trazem ampla experiência de grande número de empresas, familiaridade com os setores industriais e dedicam tempo e atenção ininterruptos.

- *Periodicidade.* Tipicamente, as auditorias de marketing são iniciadas apenas após uma queda de vendas, redução do moral da força de vendas e outros problemas que ocorrem na empresa. Ironicamente, as empresas atravessam períodos de crise, em parte, porque falham em rever suas operações de marketing durante os bons tempos. Uma auditoria de marketing periódica pode beneficiar as empresas tanto nas épocas boas quanto nas ruins.

Uma auditoria de marketing inicia-se com uma reunião entre a alta administração e o auditor de marketing para elaborar um acordo sobre os objetivos, cobertura, profundidade, fontes de dados, formato do relatório e período de tempo envolvido. Um plano detalhado sobre quem será entrevistado, as perguntas a serem feitas, horário, local etc. é cuidadosamente elaborado, de modo que o tempo e o custo da auditoria sejam mínimos. A regra primordial de uma auditoria de marketing é: Não

confiar apenas nos gerentes da empresa para obter dados e opiniões. Os clientes, revendedores e outros grupos externos devem ser entrevistados. Muitas empresas realmente não sabem como seus clientes e intermediários as vêem nem conhecem plenamente as necessidades e os julgamentos de valor desses clientes.

A auditoria de marketing consiste no exame de seis principais componentes. Eles estão listados na Tabela 24.8.

**REVISÃO DA EXCELÊNCIA EM MARKETING.** A empresa pode usar outro instrumento para avaliar seu desempenho em relação às "melhores práticas" de empresas consideradas de alto desempenho. As três colunas da Tabela 24.9 fazem distinção entre empresas de desempenho fraco, bom e excelente no que diz respeito à prática de marketing. A administração pode assinalar cada linha em que a empresa se posiciona. Assim, o perfil resultante expõe suas forças e fraquezas, indicando onde ela pode mover-se para tornar-se uma concorrente verdadeiramente excelente no mercado.

**REVISÃO DA RESPONSABILIDADE ÉTICA E SOCIAL.** As empresas precisam usar um instrumento final para avaliar se estão verdadeiramente praticando marketing ético e socialmente responsável. Acreditamos que o sucesso da empresa e a satisfação continuada dos consumidores e outros públicos está intimamente relacionada com a adoção e a implementação de padrões elevados de negócio e conduta de marketing. As empresas mais admiradas do mundo adotam um código para atender aos interesses das pessoas, e não apenas aos próprios interesses.

Freqüentemente, as práticas gerenciais adotadas pelas empresas estão sob ataque cerrado porque as situações rotineiras enfrentam dilemas éticos de difícil solução. Pode-se retornar às perguntas clássicas de Howard Bowen sobre as responsabilidades dos homens (ou mulheres) de negócios:

> *Devem-se utilizar técnicas de vendas que venham a invadir a privacidade das pessoas, por exemplo, adotar a venda porta a porta? Devem-se usar métodos que envolvem propaganda ruidosa, concursos, loterias e outras táticas que são, pelo menos, de gosto duvidoso? Devem-se empregar táticas de "alta pressão" para persuadir as pessoas a comprar? Deve-se tentar acelerar a obsolescência de bens para uma sucessão infindável de novos modelos e estilos? Deve-se apelar e tentar fortalecer motivos materialistas, consumo doentio e argumentações do tipo "não fique por baixo de seu vizinho"?[37]*

---

35. Entretanto, *checklists* úteis para uma auto-auditoria de marketing podem ser encontrados em WILSON, Aubrey. *Aubrey Wilson's marketing audit checklists*. London: McGraw-Hill, 1982 e WILSON Mike. *The management of marketing*. Westmead, England: Gower Publishing, 1980. Também, um *software* de auditoria de marketing é descrito em ENIS, Bem, GARFEIN, Stephen J. *Journal of Management Inquiry*, p. 306-318, Dec. 1992.

36. KOTLER, GREGOR e RODGERS. Op. cit.

37. BOWEN, Howard R. *Social responsabilities of the businessman*. New York : Harper & Row, 1953. p. 215.

**Tabela 24.9** *Revisão da excelência de marketing da empresa: as melhores práticas*

| FRACO DESEMPENHO | BOM DESEMPENHO | EXCELENTE DESEMPENHO |
|---|---|---|
| Orientada para o produto | Orientada para o mercado | Orientada para o mercado |
| Orientada para o mercado de massa | Orientada para segmento de mercado | Orientada para nicho e para o consumidor |
| Oferta de produto | Oferta de produto aumentado | Oferta de soluções para o consumidor |
| Produto de qualidade média | Qualidade acima da média | Qualidade excelente |
| Serviço de qualidade média | Serviço acima da média | Serviço excelente |
| Orientada para o produto final | Orientada para o produto-núcleo | Orientada para competência-núcleo |
| Orientada para a função | Orientada para processo | Orientada para resultado |
| Reage às iniciativas dos concorrentes | Compara-se aos concorrentes | Supera os concorrentes |
| Tira vantagem do fornecedor | Obtém a preferência do fornecedor | Faz parceria com o fornecedor |
| Orientada para preço | Orientada para qualidade | Orientada para valor |
| Agilidade média | Agilidade acima da média | Agilidade excelente |
| Hierarquizada | Organizada em rede | Organizada por equipes de trabalho |
| Integrada verticalmente | Organizada em nível único | Alianças estratégicas |
| Orientada para os acionistas | Orientada para os *stakeholders* (grupos de interesse) | Orientada para a sociedade |

Outros problemas éticos, muitos analisados em capítulos anteriores são mostrados na Figura 24.11. Claramente, o resultado financeiro não pode ser a única medida de desempenho da empresa.

Para se elevar o nível de marketing socialmente responsável, é necessário um ataque encadeado por três ações. Primeiro, a sociedade deve usar a lei para definir, o mais claro possível, aquelas práticas que sejam ilegais, anti-sociais ou anticompetitivas. Segundo, as empresas devem adotar e disseminar um código ético, desenvolver tradição na prática desse código e tornar seus funcionários altamente responsáveis pela observação às orientações éticas e legais. (A Figura 24.12 reproduz o código de ética da American Marketing Association.) Ter-

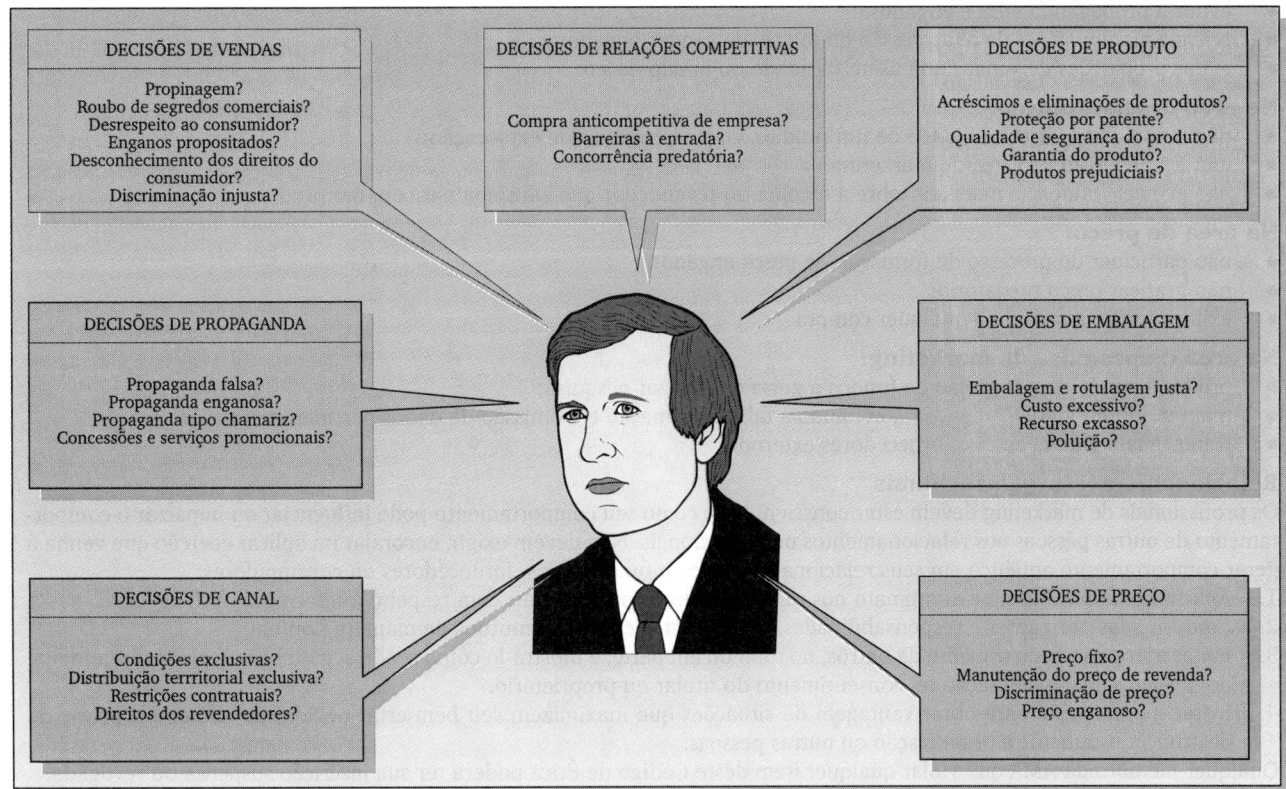

**Figura 24.11** *Principais áreas de decisões de marketing que enfrentam problemas éticos e legais.*

## CÓDIGO DE ÉTICA

Os membros da American Marketing Association (AMA) estão comprometidos com a ética em sua conduta profissional. Eles se uniram para subscrever este Código de Ética que envolvem os seguintes tópicos:

### Responsabilidades do profissional de marketing

Os profissionais de marketing devem ser responsabilizados pelas conseqüências de suas atividades e farão todos os esforços para assegurar que suas decisões, recomendações e ações funcionarão para identificar, servir e satisfazer a todos os públicos relevantes: consumidores, organizações e sociedade.

### A conduta dos profissionais de marketing deve ser orientada por:

1. Regra básica da ética profissional: não praticar conscientemente qualquer ato prejudicial.
2. Cumprimento de todas as leis e regulamentos.
3. Rigorosa apresentação de sua formação, treinamento e experiência.
4. Ativo apoio, prática e promoção deste Código de Ética.

### Honestidade e justiça

Os profissionais de marketing devem preservar e desenvolver integridade, honra e dignidade da profissão de marketing:

1. Sendo honestos no atendimentos de consumidores, clientes, funcionários, fornecedores, distribuidores e público.
2. Não participando conscientemente de conflito de interesses sem notificação prévia a todas as partes envolvidas.
3. Estabelecendo valores justos no pagamento de salários ou recebimento de honorários pelo trabalho de marketing.

### Direitos e obrigações das partes envolvidas no processo de troca de marketing

Os participantes do processo de troca de marketing devem estar em condições de assegurar que:

1. Os produtos e serviços oferecidos sejam seguros e adequados aos usos pretendidos.
2. As comunicações sobre os produtos e serviços oferecidos não são enganosas.
3. Todas as partes assumem suas obrigações, financeiras e outras, de boa-fé.
4. Há métodos internos apropriados para atendimento e/ou reparações de queixas sobre compras.

### Entende-se que o estabelecido inclui, mas não se limita às seguintes responsabilidades do profissional de marketing:

### Na área de desenvolvimento e administração de produto:

- expor todos os riscos associados ao uso do produto ou serviço;
- identificar qualquer substituição de componente do produto que possa mudá-lo materialmente ou influenciar a decisão de compra do comprador;
- identificar custo extra associado às características.

### Na área de promoções:

- evitar a propaganda falsa e enganosa;
- rejeitar manipulações de alta pressão ou táticas de vendas enganosas;
- evitar promoções de vendas que usam falsidade ou manipulação.

### Na área de distribuição:

- não manipular a disponibilidade de um produto com o propósito de exploração;
- não usar coerção no canal de marketing;
- não exercer influência indevida sobre a escolha do revendedor que vai trabalhar com um produto.

### Na área de preço:

- não participar do processo de formação de preço enganoso;
- não praticar preço predatório;
- exibir o preço associado a qualquer compra.

### Na área de pesquisa de marketing:

- proibir a venda ou a captação de fundos à guisa de realizar pesquisa;
- manter a integridade da pesquisa, evitando a falsa informação e a omissão de dados pertinentes à pesquisa;
- tratar igualmente clientes e fornecedores externos.

### Relacionamentos organizacionais

Os profissionais de marketing devem estar conscientes de como seu comportamento pode influenciar ou impactar o comportamento de outras pessoas nos relacionamentos organizacionais. Não devem exigir, encorajar ou aplicar coerção que venha a gerar comportamento antiético em seus relacionamentos com funcionários, fornecedores ou consumidores.

1. Aplicar confidencialismo e anonimato nos relacionamentos profissionais com respeito à informação privilegiada.
2. Cumprir suas obrigações e responsabilidades nos contratos e acordos mútuos de maneira pontual.
3. Evitar apropriar-se do trabalho de outros, no total ou em parte, e mostrá-lo como sendo seu ou beneficiar-se diretamente do mesmo sem compensação ou consentimento do titular ou proprietário.
4. Evitar manipulação para obter vantagem de situações que maximizem seu bem-estar pessoal de maneira a privar ou destruir injustamente a organização ou outras pessoas.

Qualquer membro da AMA que violar qualquer item deste Código de Ética poderá ter sua inscrição suspensa ou revogada.

**Figura 24.12** *Código de Ética da American Marketing Association.*

ceiro, as empresas devem praticar uma "consciência social" em suas atividades específicas junto aos consumidores e vários outros públicos.

O futuro reserva uma riqueza de oportunidades para as empresas preparadas para ingressar no século XXI. Avanços tecnológicos em energia solar, redes de computadores *on-line*, televisão a cabo e a satélite, engenharia genética e telecomunicações prometem mudar a maneira como vemos o mundo. Ao mesmo tempo, as forças dos ambientes socioeconômico, cultural e natural imporão novos limites à prática dos negócios e de marketing. As empresas que forem hábeis em inovar com novas soluções e valores, de maneira socialmente responsável, são as que mais provavelmente obterão sucesso.

## RESUMO

1. O departamento de marketing moderno vem passando por seis estágios, e podem-se encontrar empresas hoje em cada um dos estágios mencionados. No primeiro estágio, elas, simplesmente, começam com o departamento de vendas. No segundo estágio, acrescentam funções de marketing auxiliares, como propaganda e pesquisa de marketing. No terceiro estágio, um departamento de marketing separado é criado para lidar com o crescente número de funções de marketing auxiliares. No quarto, os departamentos de vendas e de marketing reportam-se a um diretor ou vice-presidente de marketing e vendas. No quinto, todos os funcionários da empresa são centrados no mercado e no cliente. No sexto, o pessoal de marketing trabalha principalmente em equipes interdepartamentais.

2. Os departamentos de marketing modernos podem ser organizados de diversas maneiras. Algumas empresas são organizadas por especialização funcional, enquanto outras focam áreas geográficas ou regiões. Ainda outras enfatizam a administração de produto e marca ou a administração de segmento de mercado. Algumas empresas estabelecem uma organização matricial que consiste em gerentes de produto e de mercado. Finalmente, algumas outras têm forte orientação para marketing corporativo, marketing corporativo limitado ou praticam marketing apenas nas divisões.

3. As modernas organizações eficazes de marketing são identificadas por forte cooperação e foco no consumidor entre seus departamentos: marketing, P&D, engenharia, compras, produção, operações, finanças, contabilidade e crédito.

4. Um plano estratégico de marketing brilhante tem pouca contribuição se não for apropriadamente implementado. A implementação dos planos de marketing exige habilidade em reconhecer e diagnosticar um problema, avaliar onde o problema existe, implementá-los e avaliar os resultados obtidos.

5. Devido às muitas surpresas que ocorrem durante a implementação dos planos de marketing, o departamento de marketing precisa monitorar e controlar continuamente suas atividades. O propósito do *controle do plano anual* é assegurar que a empresa alcança as vendas, lucros e outras metas estabelecidas. As principais ferramentas do controle do plano anual são a análise de vendas, análise de participação de mercado, análise das despesas de marketing em relação às vendas, análise financeira e análise de *scorecard* baseada no mercado. O *controle de rentabilidade* procura mensurar e acompanhar a rentabilidade de vários produtos, territórios, grupos de consumidores, segmentos, canais de distribuição e tamanhos de pedidos. Parte importante do controle da rentabilidade é alocar custos e gerar demonstrativos de resultados. O *controle de eficiência* foca as maneiras de aumentar a eficiência da força de vendas, propaganda, promoção de vendas e distribuição. O *controle estratégico* envolve reavaliação periódica da empresa e de sua abordagem estratégica em relação ao mercado, usando as ferramentas da revisão da eficácia de marketing e da auditoria de marketing. As empresas devem também fazer revisões da excelência de marketing e revisões de sua responsabilidade ética e social.

## APLICAÇÕES CONCEITUAIS

1. Dê nova redação aos Componentes de uma auditoria de marketing (Tabela 24.8) de tal maneira que eles reflitam problemas individuais e a terminologia associados ao setor industrial em que você atua. Seja tanto específico quanto detalhado quando redigir as questões. Se não estiver atualmente empregado, baseie-se em uma empresa onde tenha trabalhado ou que gostaria de trabalhar no futuro.

2. Retire parte da Tabela 24.8 (Componentes de uma auditoria de marketing) e faça uma mini-auditoria em sua organização. Pode ser que haja necessidade de nova redação para facilitar o entendimento de outras pessoas. Se não estiver atualmente empregado, procure contatar uma instituição religiosa, de caridade ou educacional em sua área e verifique se os diretores são receptivos a essa mini-auditoria.

3. À medida que a sociedade se torna mais litigiosa, as empresas vêm procurando maneiras de controlar as atividades de seus funcionários e as características de segurança de seus produtos para minimizar o risco de prejuízo. Por exemplo, desde o vazamento do petroleiro Exxon *Valdez* no Alasca, alguns grupos ambientalistas começaram a exigir que os navios-tanques possuíssem casco duplo. Dessa maneira, a probabilidade de vazamento diminuiria, mas o custo dos novos petroleiros aumentaria 8% e sua capacidade de transporte reduziria a 60% dos atualmente em uso. Para manter o fluxo atual de petróleo, seriam necessários mais dois navios-tanques para cada cinco dos atuais. Aumentaria o tráfego nos mares e seriam necessários mais portos, além da maior chance de erro humano em razão das novas contratações de tripulantes para o trabalho de navegação e cabotagem.

Você acha que os problemas potenciais são grandes o suficiente para justificar esse custo adicional? Os trabalhadores desse setor deveriam ser submetidos a testes de consumo de drogas? Caso afirmativo, os trabalhadores de alguns setores deveriam ficar isentos desses testes? Que lições os setores industriais que afetam o meio ambiente podem retirar da tragédia do vazamento de óleo do *Valdez?*

4. Uma gerente de vendas examinou as vendas de sua empresa por região e notou que a região da Costa Leste dos Estados Unidos estava 2% abaixo da quota. Aprofundando mais, examinou os dados das vendas por distrito. Descobriu que o distrito de Boston na região da Costa Leste era responsável pela maior parte da queda das vendas. Depois, analisou as vendas individuais de quatro vendedores desse distrito. Essa análise revelou que o principal vendedor, Roberts, havia cumprido apenas 60% de sua quota para o período. É seguro concluir que Roberts está matando tempo ou enfrentando problemas pessoais?

5. Uma grande fábrica de equipamento industrial possui um vendedor designado para cada cidade importante. Os gerentes regionais de vendas supervisionam vendedores de várias cidades. O principal executivo de marketing deseja avaliar a contribuição de diferentes cidades para o lucro. Como os seguintes custos podem ser alocados a cada uma das cidades: (a) custo do envio de faturas aos clientes; (b) despesas do gerente distrital de vendas; (c) propaganda em revista de cobertura nacional e (d) pesquisa de marketing?

6. A Philips norte-americana desejava colocar as lâmpadas Norelco nas prateleiras dos supermercados como uma terceira marca nacional (A GE possuía 60% do mercado e a Westinghouse, 20%). As compras de lâmpadas estavam lentamente declinando nos últimos cinco anos, embora houvesse sido o item mais rentável dos supermercados por metro quadrado. A Philips concluiu que a marca Norelco era forte, sua tradição na fabricação de lâmpadas de alta qualidade era reconhecida, e o lucro dos supermercados tornaria esse projeto bem-sucedido. Após fazer pesquisa de mercado com os consumidores, criou um novo *display* e uma nova embalagem transparente e protetora para o produto. O *display* exibia os 12 tipos mais populares de lâmpadas. (A maioria dos supermercados vende 50 tipos de lâmpadas e o dobro desse número constituía uma linha completa.) A Philips decidiu não fazer qualquer propaganda com os consumidores, confiando totalmente na compra de impulso. Também decidiu usar um distribuidor, em vez de constituir sua própria força de vendas. Após dois anos e meio, as vendas das lâmpadas Norelco foram de $ 1,1 milhão contra uma previsão de $ 7,5 milhões. Por que o projeto fracassou desde sua fase de implementação?

7. Um novo vice-presidente de uma importante empresa de telecomunicações foi contratado com liberdade para inovar e desenvolver espírito empreendedor na organização. Simplificou os memorandos internos, acabou com as reuniões intermináveis e com as cadeias de comando restritas; descartou os manuais de planejamento; eliminou os testes para a contratação de novos funcionários; revisou o plano de remuneração de vendedores, aumentando a comissão a níveis nunca antes praticados na empresa e despediu aqueles que não atingiam as quotas estabelecidas. Doze meses após, foi removido do cargo. Por que você supõe que ele foi despedido?

8. Que razões você pode apresentar para justificar a realização de uma auditoria de marketing em uma fábrica bem-sucedida de barcos a motor, destinados à classe mais rica do mercado?

9. À medida que a leitura e o prestígio das revistas automobilísticas como *Road and Track, Car and Driver* e *Motor Trend*, têm aumentado no decorrer dos anos, os fabricantes de carros vêm tentando encontrar mais maneiras de receber menção favorável nesses veículos de mídia. Eles convidam repórteres (e suas esposas) para viagens de férias com todas as despesas pagas, além de presenteá-los com malas de viagem, CD *players* e binóculos. Para proteger a integridade de sua revista, o editor da *Car and Driver* vem pedindo a seus redatores que não aceitem pedidos de consultoria da indústria automobilística e solicitando aos fabricantes de carros que limitem a entrega de presentes e convites para viagens.

A maioria dos jornalistas concorda que os repórteres não devem aceitar pedidos de consultoria dos fabricantes que estão sendo alvo dos redatores. Entretanto, alguns deles discordam que são influenciados por viagens e presentes, desde que avaliam objetivamente todos os carros que inspecionam e usam um *checklist* padrão quando testam o desempenho dos veículos. Os administradores da Nissan têm afirmado que respeitarão a nova política da *Car and Driver*, mas que continuará mostrando seus carros em locais exóticos porque desejam colocá-los em maior destaque para os redatores e repórteres.

Você acha que as viagens pagas aos profissionais das revistas são parte legítima e ética do processo de divulgação dos automóveis? Há diferença entre receber promoções de vendas e prestar consultoria às empresas automobilísticas? Que implicações este incidente tem sobre outros setores industriais?

10. Considere os seguintes dados para o produto X:

| | PERÍODO 1 | PERÍODO 2 |
|---|---|---|
| Penetração junto ao consumidor | 60% | 55% |
| Lealdade do consumidor | 50% | 50% |
| Seletividade do consumidor | 80% | 75% |
| Seletividade de preço | 125% | 130% |
| Participação de mercado | ? | ? |

Complete a última linha da tabela. A participação de mercado aumenta ou diminui do período 1 para o 2? Quais foram as principais causas dessa mudança?

11. A O'Brien Candy Company é uma empresa hipotética de doces de porte médio localizada no meio-oeste. Nos últimos dois anos, suas vendas e lucros estavam no limite de sobrevivência. A alta administração acha que o problema está na força de vendas, que "não trabalha suficientemente duro ou com inteligência". Para corrigir o problema, a administração planeja introduzir um novo sistema de remuneração por incentivo e contratar um especialista em treinamento para preparar os vendedores em técnicas modernas de *merchandising* e venda. Entretanto, antes de fazer isso, decide contratar um consultor para conduzir uma auditoria de marketing. O auditor de marketing entrevistou gerentes, consumidores, vendedores e revendedores e examinou vários conjuntos de dados. Suas constatações foram as seguintes:

a. A linha de produtos da empresa consiste, principalmente, em 18 produtos, a maioria doces em barra. Suas duas marcas líderes são maduras e representam 76% do total das vendas. Pensou-se em entrar no mercado de lanches de chocolate de rápido desenvolvimento, mas ainda não houve qualquer iniciativa.

b. Recentemente, a empresa pesquisou o perfil de seus consumidores. Seus produtos atraem, especialmente, as pessoas de baixa renda e os idosos. Os entrevistados que foram solicitados a avaliar os produtos de chocolate da O'Brien em relação aos produtos concorrentes os descreveram como de "qualidade média e antiquados".

c. A O'Brien vende seus produtos a atacadistas de doces e a grandes supermercados. Sua força de vendas visita muitos dos pequenos varejistas cobertos pelos vendedores dos atacadistas, com o objetivo de reforçar a exposição dos produtos e dar orientação; também visita muitos varejistas não atendidos pelos atacadistas. A empresa tem boa penetração nas pequenas lojas, embora não em todos os segmentos, como nas áreas de restaurantes de rápido crescimento. Sua principal abordagem aos intermediários é forçar a venda oferecendo condições especiais: descontos, contratos de exclusividade e financiamento do estoque. Ao mesmo tempo, a empresa não tem penetrado adequadamente nas cadeias de lojas de descontos. Seus concorrentes confiam mais na propaganda de massa e no *merchandising* de loja e são mais bem-sucedidos nas grandes cadeias de lojas de descontos.

d. O orçamento de marketing da empresa é fixado em 15% do faturamento, comparado com os orçamentos dos concorrentes que destinam perto de 20%. A maior parte do orçamento de marketing é destinada à força de vendas e o restante vai para a propaganda. As promoções aos consumidores são muito limitadas. A verba de propaganda é gasta, principalmente, em anúncios de lembrança dos dois produtos líderes da empresa. Novos produtos não são desenvolvidos com freqüência, e quando são, o lançamento é feito diretamente aos varejistas via estratégia de "empurrar".

e. A organização de marketing é dirigida por um vice-presidente de vendas. Reportando a ele está o gerente de vendas, o gerente de pesquisa de mercado e o gerente de propaganda. Procedente do quadro de vendedores, ele dedica maior atenção à força de vendas, deixando as demais funções de marketing em posição secundária. A força de vendas é dividida por territórios, dirigidos por gerentes de área.

O auditor de marketing concluiu que os problemas da empresa não seriam solucionados por ações tomadas para melhorar o desempenho de sua força de vendas. Se fosse o auditor, que recomendações a curto e a longo prazo você daria à alta administração da empresa?

# APÊNDICE 1
# Teoria da Alocação Eficaz dos Recursos de Marketing

Os gerentes de marketing, em crescente número de empresas, estão usando computadores para desenvolver e estimar a receita e o custo de diferentes estratégias de marketing. Esses programas de computador utilizam equações que descrevem como as vendas e os lucros respondem à diferentes gastos do composto de marketing. Este apêndice ilustra os tipos de equações e outras ferramentas usadas para determinar a rentabilidade dos gastos de marketing.

## EQUAÇÃO DO LUCRO

Qualquer estratégia de marketing levará a certo nível de lucro. O lucro pode ser estimado por meio de uma equação. Lucro ($L$, por definição, é igual a receita da venda do produto ($R$) menos seus custos ($C$):

$$L = R - C \qquad \text{(A1-1)}$$

A receita ($R$) é igual ao preço líquido do produto ($P'$) vezes a quantidade de unidades vendidas ($Q$):

$$R = P'Q \qquad \text{(A1-2)}$$

O preço líquido do produto ($P'$) é igual a seu preço de lista ($P$) menos qualquer abatimento por unidade ($k$), representando pagamento de frete, comissões e descontos:

$$P' = P - k \qquad \text{(A1-3)}$$

Os custos do produto podem ser convenientemente classificados em custos variáveis unitários de marketing por unidade ($c$), custos fixos ($F$) e custos de marketing ($M$):

$$C - cQ + F = M \qquad \text{(A1-4)}$$

Substituindo as equações (A1-2), (A1-3) e (A1-4) na (A1-1) e simplificando, temos:

$$L = [(P - k) - c]Q - F - M \qquad \text{(A1-5)}$$

Onde:

$L$ = lucro total

$P$ = preço de lista
$k$ = abatimento por unidade (pagamento de frete, comissões e descontos)
$c$ = custo variável de produção e distribuição (mão-de-obra, entrega etc.)
$Q$ = quantidade de unidades vendidas
$F$ = custos fixos (salários, aluguel, eletricidade etc.)
$M$ = custos de marketing (propaganda, promoção de vendas etc.)

A expressão $[(P - k) - c]$ é a *margem de contribuição bruta unitária* – quantia recebida pela empresa por uma unidade média após deduzir os custos variáveis médios de produção e distribuição. A expressão $Q[(P - k) - c]$ é a *margem de contribuição bruta* – receita líquida disponível para cobrir os custos fixos, custos de marketing e o lucro.

## EQUAÇÃO DE VENDAS

Para usar a equação do lucro com o propósito de planejamento, o gerente de produto precisa desenvolver um modelo com as variáveis que afetam o volume de vendas ($Q$). A relação do volume de vendas com essas variáveis é especificada em uma equação de vendas:

$$Q = f(X_1, X_2 ..., X_n, Y_1, Y_2 ..., Y_m) \qquad \text{(A1-6)}$$

Onde:

$(X_1, X_2, ..., X_n)$ = variáveis de vendas controladas pela empresa
$(Y_1, Y_2, ..., Y_m)$ = variáveis de vendas não controladas pela empresa

As variáveis $Y$ incluem o tamanho do mercado-alvo, sua renda, preços dos concorrentes etc. Estas variáveis estão sujeitas à alteração, ocorrendo o mesmo com a taxa de compra do mercado. O gerente não tem influência sobre as variáveis $Y$, embora precise estimá-las para preparar a previsão de vendas. Partimos do pressuposto de que ele estimou as variáveis $Y$ e seus efeitos sobre o volume de vendas, representado por:

$$Q = f(X_1, X_2 ... X_n / Y_1, Y_2 ... Y_m) \qquad \text{(A1-7)}$$

Esta equação mostra que o volume de vendas é função das variáveis *X*, para determinados níveis de variáveis *Y*.

As variáveis *X* são aquelas que o gerente pode estabelecer para influenciar o nível de vendas. Entre elas incluem-se o preço de lista (*P*), concessões ao comércio (*k*), custo variável (*c*) (onde custos variáveis altos representam melhorias na qualidade do produto, tempo de entrega e serviços ao consumidor) e despesas de marketing (*M*). Assim, vendas, como uma função das variáveis controláveis pela gerente, são descritas por:

$$Q = f(p,k,c,M) \qquad \text{(A1-8)}$$

Podemos fazer mais um aperfeiçoamento. O orçamento de despesas de marketing (*M*) pode ser gasto de diversas maneiras: propaganda (*A*), promoção de vendas (*S*), força de vendas (*V*) e pesquisa de marketing (*R*). A equação de vendas é agora:

$$Q = f(P,k,c,A,S,V,R) \qquad \text{(A1-9)}$$

Onde os elementos entre parênteses representam o composto de marketing.

## Funções Resposta de Vendas

Suponhamos que o gerente deseja encontrar um composto de marketing que maximize o lucro no ano seguinte. Isto exige uma idéia de como cada elemento do composto afeta as vendas. A expressão *função resposta de vendas* é usada para descrever o relacionamento entre o volume de vendas e um elemento específico do composto de marketing. Especificamente:

**A FUNÇÃO RESPOSTA DE VENDAS prevê o volume provável de vendas durante um período de tempo** específico, associado a possíveis níveis diferentes de um elemento do composto de marketing, permanecendo constantes os demais elementos.

Isto não deve ser considerado uma descrição do relacionamento no tempo entre duas variáveis. À medida que os gerentes tenham boa intuição para as funções de resposta de vendas relevantes, eles estão em posição de formular planos de marketing mais eficazes.

Quais as possíveis formas das funções resposta de vendas? A Figura A1-1 mostra várias possibilidades. A Figura A1-1(a) mostra o relacionamento entre preço e volume de vendas, conhecido como *lei da demanda*. O relacionamento mostra que maior volume de vendas ocorrerá com a diminuição do preço, as demais variáveis permanecendo constantes. A ilustração mostra um relacionamento curvilíneo, embora seja também possível um relacionamento linear.

A Figura A1-1(b) mostra quatro relacionamentos funcionais possíveis entre o volume de vendas e as despesas de marketing. A função despesas de marketing (*A*) é a menos plausível: mostra que o volume de vendas não é afetado pelo nível de despesas de marketing. Significa que o número de consumidores e suas taxas de compra não são afetados pelas visitas de vendedores, propaganda, promoção de vendas ou pesquisa de marketing. A função despesas de marketing (*B*) mostra que o volume de vendas cresce linearmente com as despesas de marketing. Na ilustração, não existe interceptação, mas isto seria incorreto se algumas vendas ocorressem, mesmo na ausência de despesas de marketing.

A função despesas de marketing (*C*) é côncava, mostrando o volume de vendas crescendo à taxa decrescente. Trata-se de uma descrição de resposta de vendas plausível para o crescimento do tamanho da força de vendas. Seria racional o seguinte: se a força de vendas for limitada a apenas um vendedor, ele visitaria os me-

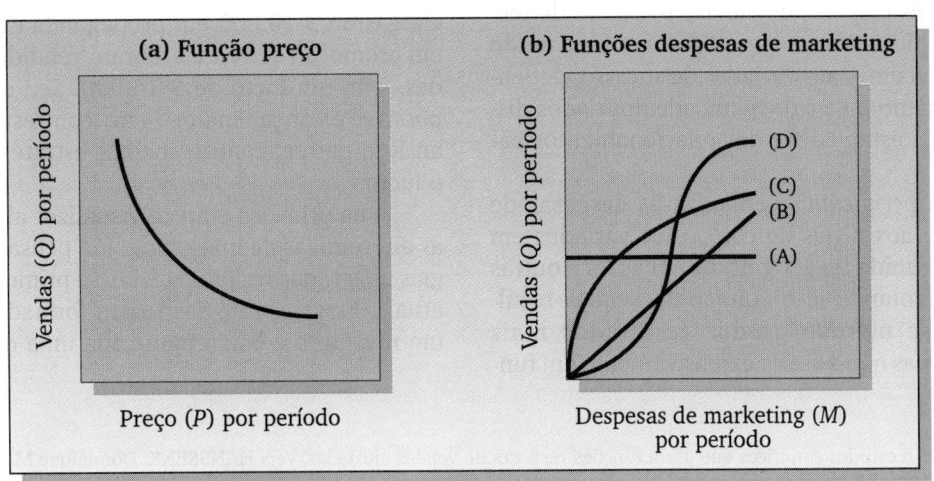

**Figura A1-1** *Funções resposta de vendas.*

lhores clientes potenciais e a taxa marginal de resposta de vendas seria mais alta. Um segundo vendedor reduziria um pouco esta taxa marginal. Sucessivamente, a contratação de novos vendedores implicaria visitas a clientes menos potenciais, diminuindo a taxa de resposta de vendas.

A função despesas de marketing (*D*) tem a forma de **S**, mostrando o volume de vendas, inicialmente, aumentando a uma taxa crescente e, depois, a uma taxa decrescente. Trata-se de uma descrição de resposta de vendas plausível em níveis crescentes das despesas de propaganda. Seria racional o seguinte: orçamentos de propaganda limitados não geram impacto suficiente para criar lembrança de marca. Orçamentos maiores podem produzir alta lembrança de marca, interesse e preferências que podem aumentar a resposta em termos de compra. Entretanto, orçamentos muito amplos não podem gerar muitas respostas adicionais porque o mercado-alvo se torna muito familiar com a marca.

A eventual diminuição da resposta de vendas, não obstante o aumento das despesas de marketing, é possível pelas razões a seguir. Primeiro, há um limite para a demanda potencial total de qualquer produto. Os melhores compradores potenciais compram quase imediatamente, deixando para trás os mais recalcitrantes. Como a demanda é limitada, torna-se cada vez mais caro atrair os compradores remanescentes. Segundo, assim que uma empresa define seu esforço de marketing, seus concorrentes também fazem o mesmo, aumentando a resistência dos compradores e os custos para atingi-los. Terceiro, se as vendas aumentassem a uma taxa crescente, surgiriam *monopólios naturais*. Uma única empresa assumiria um setor industrial. Todavia, vemos isto acontecendo.

Como os administradores de marketing podem estimar as funções-resposta de vendas que se aplicam a seus negócios? Estão disponíveis três métodos:

- O *método estatístico* exige que o administrador reúna dados sobre as vendas anteriores e os níveis de variáveis do composto de marketing e, depois, estime as funções-resposta de vendas por meio de técnicas estatísticas. Vários pesquisadores têm usado esse método com graus variados de sucesso, dependendo da quantidade e da qualidade dos dados disponíveis e da estabilidade dos relacionamentos básicos.[1]
- O *método experimental* é aplicado às despesas de marketing e aos níveis de compostos variados em amostras de unidades geográficas iguais ou a outras unidades, anotando-se o volume de vendas resultante.[2] Esse método produz resultados mais confiáveis, mas não é usado extensivamente em fun-

ção de exigências complexas, custo alto e grau desordenado de resistência da administração.
- O *método de julgamento* baseia-se em palpites inteligentes de especialistas cuidadosamente selecionados. Esse método exige uma seleção cuidadosa de especialistas e um procedimento definido para reunir e combinar várias estimativas, como o método Delphi (Veja no Capítulo 4). Freqüentemente, é o único método viável e pode ser muito útil. Acreditamos que o uso de estimativas de especialistas é melhor do que a adoção de análise formal de otimização do lucro.

Para estimar as funções-resposta de vendas, algumas precauções têm que ser observadas. A função-resposta de vendas assume que as demais variáveis permanecem constantes. Assim, o preço da empresa e dos concorrentes não variam, não importando o volume de despesas de marketing. Uma vez que essa suposição não seja realista, a função-resposta de vendas tem que ser modificada para prever as prováveis respostas dos concorrentes. Ela também assume certo nível de eficiência da empresa em empregar o orçamento de despesas de marketing. Se esta eficiência aumentar ou diminuir, a função-resposta de vendas tem que ser modificada. Ela tem que ser modificada também para refletir os impactos posteriores das despesas sobre as vendas após o período de um ano.[3]

## OTIMIZAÇÃO DO LUCRO

Uma vez que as funções-resposta de vendas são estimadas, como usá-las na otimização do lucro? Apresentaremos um exemplo numérico que utiliza duas variáveis do composto de marketing: propaganda e promoção de vendas.

Jane Melody, gerente de produto, é responsável por um pequeno dispositivo para testar bateria, vendido por $ 16. Durante alguns anos, ela havia usado uma estratégia de preço baixo e pouca promoção. No último ano, ela gastou $ 10.000 em propaganda e outros $ 10.000 em promoção de vendas. Foram vendidas 12.000 unidades, com um lucro de $ 14.000. Seu chefe acha que é possível alcançar maior lucro com este item. Ela está ansiosa para encontrar melhor estratégia que aumente o lucro.

Sua primeira etapa é visualizar algumas estratégias alternativas de marketing. Ela pensa nas oito estratégias mostradas na Tabela A1-1 (a primeira estratégia é a atual). Essas estratégias foram formadas assumindo-se um nível alto e baixo para cada uma das três variáveis

1. Para referências a estudos empíricos que usam funções-resposta de vendas ajustadas, veja HANSSENS, Dominique M., PARSONS, Leonard J., SCHULTZ, Randall L. *Market response models*: econometric and time series analysis. Boston : Kluwer, 1990. Cap. 6.
2. Veja ACKOFF, Russell, EMSHOFF, James R. Advertising research at Anheuser-Busch. *Sloan Management Review*, p. 1-25, Winter 1975.
3. Veja LILIEN, Gary L., KOTLER, Philip, MOORTHY, K. Sridhar. *Marketing models*. Englewood Cliffs, NJ : Prentice-Hall 1992.

**Tabela A1-1**  *Compostos de marketing e estimativas de vendas*

| Nº DO COMPOSTO DE MARKETING | PREÇO (P) | PROPAGANDA (A) | PROMOÇÃO (S) | VENDAS EM UNIDADES (Q) | LUCROS (L) |
|---|---|---|---|---|---|
| 1 | $ 16 | $ 10.000 | $ 10.000 | 12.400 | $ 16.400 |
| 2 | 16 | 10.000 | 50.000 | 18.500 | 13.000 |
| 3 | 16 | 50.000 | 10.000 | 15.100 | – 7.400 |
| 4 | 16 | 50.000 | 50.000 | 22.600 | – 2.400 |
| 5 | 24 | 10.000 | 10.000 | 5.500 | 19.000 |
| 6 | 24 | 10.000 | 50.000 | 8.200 | 16.800 |
| 7 | 24 | 50.000 | 10.000 | 6.700 | – 4.200 |
| 8 | 24 | 50.000 | 50.000 | 10.000 | 2.000 |

de marketing, elaborando-se, depois, todas as combinações ($2^3 = 8$).

Sua próxima etapa é estimar as vendas prováveis que seriam atingidas com cada composto de marketing. Sente que as estimativas necessárias são improváveis de ser encontradas por meio de ajuste de dados históricos ou da execução de experimentações. Decide pedir a estimativa do gerente de vendas, uma vez que este tem mostrado uma habilidade extraordinária em atingir o alvo. Ele fornece as estimativas mostradas na coluna Vendas da Tabela A1-1.

A etapa final é determinar qual composto de marketing maximiza o lucro, assumindo-se que as estimativas de vendas são confiáveis. Isto exige a introdução de uma equação do lucro e a inserção de compostos de marketing diferentes para encontrar aquele que maximiza o lucro.

Suponhamos que os custos fixos ($F$) somam $ 38.000, o custo variável unitário ($c$), $ 10,00, e as concessões sobre o preço de lista ($k$), $ 0. Aqui, os dois componentes do composto de marketing ($M$) são propaganda ($A$) e promoção ($S$). Substituindo-se esses valores na equação do lucro (A1-5), temos:

$$L = [(P - k) - c]Q - F - M$$

$$L = [P - 0 - 10]Q - 38.000 - A - S \quad \text{(A1-10)}$$

Assim, o lucro ($L$) é uma função do preço escolhido ($P$) e das despesas de propaganda ($A$) e de promoção de vendas ($S$). O composto de marketing n. 5, com preço de $ 24, despesas de propaganda de $ 10.000 e despesas de promoção de $ 10.000 obtém a maior expectativa de lucro ($ 19.000).

A gerente pode ir mais além. Algum composto de marketing não mostrado pode obter um lucro ainda mais alto. Para checar essa possibilidade, ela pode ajustar a equação de vendas aos dados mostrados na Tabela A1-1. As estimativas de vendas podem ser vistas como amostras de um universo mais amplo constituído de julga-

mentos de especialistas sobre a equação de vendas $Q = f(P,A,S)$. Uma fórmula matemática possível para a equação de vendas é a exponencial múltipla:

$$Q = bP^pA^aS^s \quad \text{(A1-11)}$$

Onde:

$b$ = um fator de escala
$p,a,s$ = elasticidades de preço, propaganda e promoção, respectivamente.

Usando a estimativa de regressão dos mínimos quadrados (não mostrada), a gerente constata que a equação de vendas ajustada é:

$$Q = 100.000P^{-2}A^{1/8}S^{1/4}$$

Esta equação ajusta muito bem as estimativas da Tabela A1-1. O preço possui uma elasticidade de –2, isto é, reduzindo-se o preço em 1%, permanecendo constantes as demais variáveis, tem-se um aumento de 2% nas unidades vendidas. Propaganda tem uma elasticidade de 1/8 e promoção, de 1/4. O coeficiente 100.000 é um fator de escala que transforma os valores em dólares em unidades vendidas.

Agora, o gerente de produto substitui esta equação pelo $Q$ da equação do lucro (A1-10). Após a simplificação, tem-se:

$$L = 100.000A^{1/8}S^{1/4}[P^{-1} - 10P^{-2}] - 38.000 - A - S \quad \text{(A1-13)}$$

O lucro mostrado é uma função estrita do composto de marketing escolhido. O gerente pode inserir qualquer composto de marketing (inclusive aqueles não mostrados na Tabela A1-1) e derivar uma estimativa do lucro. Para encontrar o composto de marketing que maximiza o lucro, ele aplica cálculos padrões. O composto de marketing ótimo ($P,A,S$) é ($ 20, $ 12.947, $ 25.894). Gasta-se em promoção o dobro da propaganda porque sua elasticidade é duas vezes maior. O gerente de produto preveria um volume de vendas de 10.358 unidades e lucro de $ 26.735. Enquanto outros compostos de marketing podem produzir mais vendas, nenhum deles pode gerar lucros maiores. Usando essa equação, ela resolveu não apenas o composto de marketing ótimo, mas também o orçamento de despesas de marketing ótimo ($A + S = \$ 38.841$).

A análise precedente deixou de levar em consideração os efeitos entre duas ou mais variáveis do composto de marketing. Aqui estão alguns efeitos de interação que devem ser considerados:

- Despesas maiores de propaganda reduzem a sensibilidade de preço do consumidor. Assim, uma empresa que deseja cobrar um preço mais alto deve gastar mais em propaganda.
- Despesas de propaganda têm maior impacto na venda de produtos de preço baixo do que em produtos de preço alto.
- Despesas maiores de propaganda reduzem o custo total de vendas. Estas despesas decorrem dos serviços pré-venda com os consumidores, e os vendedores podem concentrar seu tempo respondendo a objeções e fechando vendas.
- Maior percepção de qualidade do produto permite à empresa cobrar um preço desproporcionalmente maior.
- Fornecer maior qualidade não custa mais e, freqüentemente, custa menos do que fornecer qualidade inferior.
- Preços maiores levam os compradores a considerarem maior qualidade do produto.
- Condições de crédito mais rigorosas exigem maior esforço de vendas e propaganda para movimentar o mesmo volume de bens.

Uma nota final sobre as limitações da análise precedente. Assumiu-se que a empresa estabelece seu composto de marketing com conhecimento pleno dos compostos de marketing planejados por seus concorrentes. Alguns analistas preferem considerar a análise para explicar a participação de mercado da empresa, não as vendas. Assim, a participação de mercado seria tratada como uma função do preço, propaganda, promoção de vendas etc. da empresa em relação à concorrência. Por exemplo, se a empresa gastou em propaganda 20% do total do setor industrial, normalmente deveria obter 20% de participação de mercado, provando, assim, que seu esforço de propaganda é eficaz e as outras variáveis são equivalentes. A outra limitação da análise é que a concorrência de mercado deveria ser vista de maneira dinâmica, não estática. É provável que qualquer movimento da empresa no mercado seria acompanhado pela concorrência. Marketing é como uma partida de tênis em que os jogadores respondem imediatamente aos saques dos adversários.

## OTIMIZAÇÃO DA ALOCAÇÃO DE MARKETING

Como determinado orçamento de marketing deve ser alocado aos vários mercados-alvos da empresa (MA)? Os MA podem ser territórios de vendas, grupos de consumidores ou outros segmentos de mercado. Mesmo com orçamento e composto de marketing definidos, é possível aumentar as vendas e os lucros modificando-se a alocação dos fundos entre mercados diferentes.

A maioria dos gerentes de marketing aloca seu orçamento de marketing aos vários mercados-alvos com base em alguma porcentagem das vendas reais ou previstas. Infelizmente, regras de tamanho para alocar fundos levam a alocações ineficientes. Elas confundem resposta de vendas "média" e "marginal". A Figura A1.2(a) ilustra a diferença entre as duas e indica que não há razão para assumir que elas são correlacionadas. As duas linhas interrompidas da figura mostram as despesas de marketing atuais e as vendas da empresa em dois mercados-alvos (MA). A empresa gasta $ 3 milhões em marketing em ambos os mercados. As vendas da empresa são de $ 40 milhões no MA 1 e de $ 20 milhões no MA 2. Assim, a resposta média por dólar de esforço de marketing é maior em MA 1 do que em MA 2, isto é, 40/3 e 20/3, respectivamente. Pode parecer desejável transferir dinheiro de MA 2 para MA 1, onde a resposta média é maior. Todavia, o problema real é a resposta marginal, que é representada pela *inclinação* da função de vendas através dos pontos. MA 2 tem inclinação maior do que MA 1. As inclinações respectivas mostram que outro $ 1 milhão em despesas de marketing produziria um aumento de vendas de $ 10 milhões em MA 2 e apenas $ 2 milhões em MA 1. Claramente, a resposta marginal, não a resposta média deve guiar a alocação dos fundos de marketing.

A resposta marginal é indicada ao longo da função-resposta de vendas para cada território. Assumimos que uma empresa está habilitada para estimar as funções-resposta de vendas dos MA. Suponhamos que as funções-resposta de vendas para dois MA são aquelas mostradas na Figura A1-2(b). A empresa deseja alocar um orçamento de B dólares entre os dois MA para maximizar o lucro. Quando os custos são idênticos para os dois MA, a alocação que maximizará o lucro é a mesma que maximizará as vendas. Os fundos são alocados otimamente quando exaurem o orçamento, e a resposta marginal de vendas é a mesma em ambos MA. Geometricamente, isto significa que as inclinações das tangentes das duas funções-resposta de vendas para as alocações ótimas serão iguais. A Figura A1-2(b) mostra que um orçamento de $ 6 milhões seria alocado nas quantias aproximadas de $ 4,6 milhões para MA 1 e $ 1,4 milhão para MA 2, produzindo venda máxima de aproximadamente $ 180 milhões. A resposta marginal de vendas seria a mesma em ambos MA.

O princípio da alocação de fundos aos MA para igualar a resposta marginal é usado na técnica de plane-

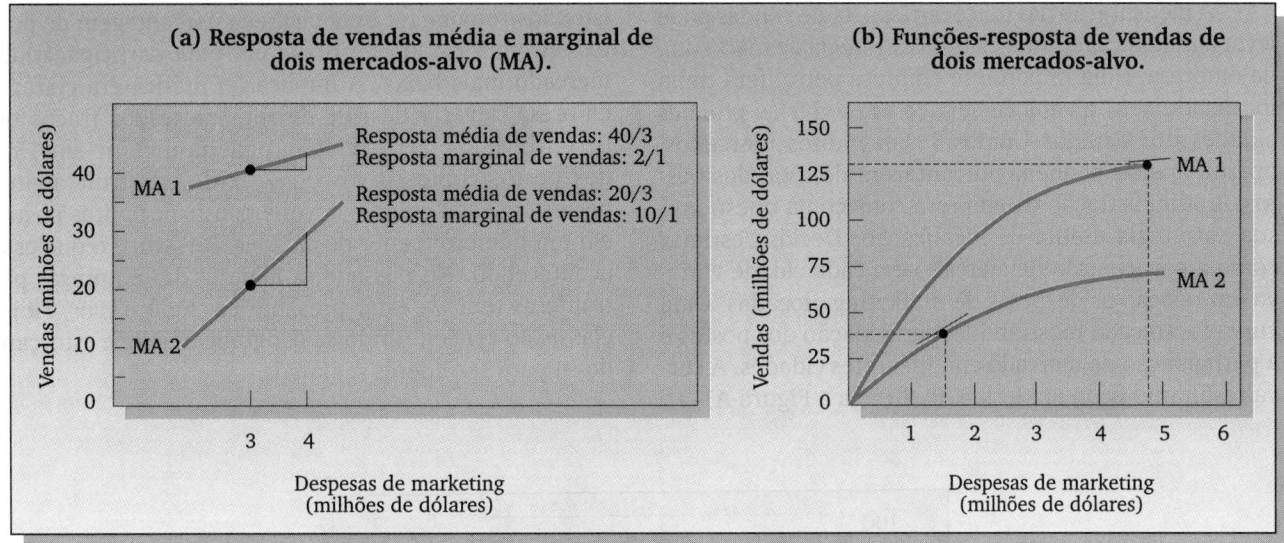

**Figura A1-2** *Funções resposta de vendas de dois mercados-alvos (MA).*

jamento denominada *orçamento base zero*.[4] É solicitado a cada gerente de MA que formule um plano de marketing e estime a venda esperada para, digamos, três níveis de despesas de marketing: 30% abaixo do normal, normal e 30% acima do normal. Um exemplo é mostrado na Tabela A1-2, que apresenta o que o gerente de produto faria em cada nível de despesa, conforme

suas estimativas do volume de vendas. Assim, a alta administração analisa esta função-resposta em comparação com aquelas dos outros gerentes de produtos, considerando as transferências de fundos dos MA com respostas marginais baixas para os MA com maiores respostas marginais.

**Tabela A1-2** *Ilustração do orçamento de marketing base zero.*

| ORÇAMENTO (M) | PLANO DE MARKETING | PREVISÃO DE VENDAS (Q) |
|---|---|---|
| $ 1.400.000 | Manter as vendas e a participação de mercado a curto prazo, concentrando o esforço de vendas em redes de lojas maiores, fazendo propaganda apenas em TV, patrocinando duas promoções por ano e realizando um número limitado de pesquisas de marketing. | 60.000 unidades |
| $ 2.000.000 | Implementar um esforço coordenado para expandir a participação de mercado contatando 80% de todos os varejistas, aumentando a propaganda em revistas, acrescentando o número de *displays* nos pontos de venda e patrocinando três promoções por ano. | 70.000 unidades |
| $ 2.600.000 | Procurar expandir o tamanho do mercado e sua participação no mesmo, lançando dois produtos novos, expandindo a força de vendas, aumentando a pesquisa de marketing e alocando maior orçamento para propaganda. | 90.000 unidades |

---

4.   Veja STONICH, Paul. *Zero-base planning and budgeting*: improved cost control and resource allocation. Homewood : Dow Jones-Irwin, 1977.

A mensuração das funções-resposta de vendas pode levar a mudanças substanciais na estratégia de marketing da empresa. Uma importante empresa petrolífera tinha localizado seus postos de serviço em todas as grandes cidades dos Estados Unidos.5 Em muitos mercados, operou apenas pequena porcentagem do total dos postos. A administração da empresa começou a questionar sua estratégia ampla de localização. Decidiu estimar como a participação de mercado em cada cidade variava em relação às despesas de marketing alocadas. Uma curva foi traçada mostrando a participação dos postos e a participação de mercado em diferentes cidades. A curva resultante ficou em forma de **S** (veja a Figura A1-3).

Isto mostrou que ter uma pequena porcentagem de postos em uma cidade resultava em uma participação de mercado mais baixa. A implicação prática era clara: a empresa deveria desistir de seus mercados fracos ou desenvolvê-los. Por exemplo, poderia investir em 15% dos postos competitivos. Em vez de construir alguns postos em cada cidade, deveria construir muitos postos em um número menor de cidades. De fato, é o que está acontecendo. No passado, a maioria das empresas petrolíferas tentava estar presente em todo o país. Hoje, elas estão concentrando-se geograficamente e esforçando-se para ser líderes regionais.

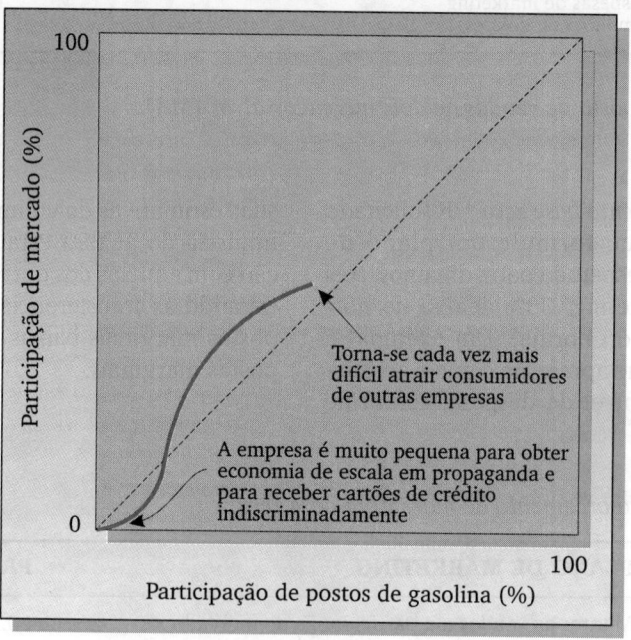

**Figura A1-2** *Participação de mercado como uma função da participação de postos de gasolina.*

5. Veja CARDWELL, John J. Marketing and management science – a marriage on the rocks? *California Management Review,* p. 3-12, Summer 1968.

# APÊNDICE 2
# Métodos Estatísticos para Projeção da Demanda Futura

A chave para a sobrevivência e o crescimento organizacional é a habilidade da empresa adaptar suas estratégias a um ambiente rapidamente mutante. Isto coloca um grande peso na administração para antecipar corretamente os eventos futuros. O prejuízo pode ser enorme quando um erro é cometido. Por exemplo, a Montgomery Ward perdeu a liderança na área de lojas de departamentos após a Segunda Guerra em razão de seu presidente, Sewell Avery, apostar na estagnação da economia, enquanto seu principal concorrente, a Sears, apostou na expansão.

Como as empresas desenvolvem previsões macroambientais? As grandes empresas possuem departamentos de planejamento que desenvolvem previsões a longo prazo de fatores ambientais-chaves que afetam seus mercados. Por exemplo, a General Electric possui uma equipe de previsão que estuda as forças mundiais que afetam suas operações. As previsões são disponibilizadas às divisões da empresa e também vendidas a outras empresas.

A seguir estão algumas metodologias estatísticas para a preparação de previsões macroambientais.

**OPINIÃO DE ESPECIALISTAS.** Pessoas notáveis são selecionadas e solicitadas a atribuir importância e graus de probabilidade em relação a possíveis desenvolvimentos futuros. A versão mais aperfeiçoada, o método Delphi (veja o Capítulo 4), consiste em várias rodadas com especialistas que avaliam os eventos prováveis, em que as hipóteses e julgamentos são aperfeiçoados após cada fase.

**EXTRAPOLAÇÃO DE TENDÊNCIAS.** Os pesquisadores ajustam as curvas mais confiáveis (linear, quadrática ou as de crescimento em forma de **S**) através de séries de tempos passadas que são usadas por extrapolação. Este método pode não ser confiável, uma vez que novos desenvolvimentos podem alterar completamente a direção futura.

**CORRELAÇÃO DE TENDÊNCIAS.** Os pesquisadores correlacionam várias séries de tempos na esperança de identificar indicadores de avanço e retrocesso que possam ser usados para previsão. O National Bureau of Economic Research identificou 12 dos melhores indicadores econômicos de avanço e seus valores são publicados mensalmente no *Survey of Current Business*.

**MODELAGEM ECONOMÉTRICA.** Os pesquisadores elaboram conjuntos de equações que descrevem o sistema vigente. Os coeficientes das equações são ajustados estatisticamente. Os modelos econométricos contêm mais de 300 equações, usadas, por exemplo, para prever mudanças na economia norte-americana.

**ANÁLISE DE IMPACTO CRUZADO.** Identifica-se um conjunto de tendências-chave (aquelas de maior importância e/ou de maior probabilidade de ocorrência). Assim, levanta-se a questão: "Se o evento *A* ocorrer, qual será seu impacto sobre outras tendências?" Depois, os resultados são usados para construir conjuntos de "cadeias de dominós", com um evento disparando outros.

**CENÁRIOS MÚLTIPLOS.** Os pesquisadores constróem quadros de futuros alternativos, cada um com consistência interna e tendo certa probabilidade de ocorrência. A maior proposta dos cenários é estimular a administração a refletir e preparar planos de contingência.

**PREVISÃO DE DEMANDA/RISCO.** Identificam-se os principais eventos que poderiam afetar fortemente as empresas. Cada evento é avaliado por sua convergência em relação às principais tendências que ocorrem na sociedade. Os eventos são também avaliados conforme seus apelos a cada público importante da sociedade. Quanto maior a convergência e apelo de um evento, maior sua probabilidade de ocorrência. Depois, os eventos mais bem classificados são pesquisados em maior profundidade.

**ANÁLISE DE SÉRIE DE TEMPOS.** Muitas empresas preparam previsões tomando como base as vendas passadas. As vendas passadas (*Q*) são analisadas em quatro importantes componentes.

- O primeiro componente, *tendência (T)*, é o resultado de desenvolvimentos básicos na população, formação de capital e tecnologia. Isto é encontrado traçando-se uma linha reta ou curva através das vendas passadas.
- O segundo componente, *ciclo (C)*, demonstra o movimento ondular das vendas. Muitas vendas são afetadas por oscilações da atividade econômica, que tendem a ser periódicas. O componente cíclico pode ser útil na previsão intermediária.

- O terceiro componente, *sazonalidade (S),* refere-se a um padrão consistente de movimentação das vendas durante qualquer padrão de vendas horário, diário, semanal mensal ou trimestral. O componente sazonal pode estar relacionado a fatores climáticos, feriados e hábitos do comércio. Ele fornece uma norma para prever vendas a curto prazo.

- O quarto componente, *eventos ocasionais (E),* inclui greves, intempéries, modas, distúrbios, incêndios, rumores de guerra e outras convulsões sociais. Estes componentes ocasionais são imprevistos e devem ser removidos dos dados passados para que o comportamento esperado das vendas seja mais normal.

Após a série de vendas passadas (Q) ser decomposta nos componentes *T, C, S* e *E,* estes são recombinados para produzir a previsão de vendas. Aqui está um exemplo:

Uma empresa seguradora vendeu 12.000 apólices de seguro de vida neste ano. Seus administradores gostariam de prever as vendas do mês de dezembro do ano seguinte. A tendência a longo prazo mostra uma taxa anual de 5% de crescimento. Isto sugere que as vendas do próximo ano serão de 12.600 apólices (12.000 × 1,05). Entretanto, espera-se uma recessão nos negócios no próximo ano, o que, provavelmente, ocasionará uma redução de 10% nas vendas. Será provável que a empresa consiga vender apenas 11.340 apólices (12.600 × 0,90). Se as vendas fossem distribuídas igualmente durante os meses, seriam de 945 (11.340/12). Entretanto, dezembro é um mês acima da média para a venda de apólices de seguro, com um índice de sazonalidade de 1,2. Assim, as vendas deste mês podem chegar a 1.134 (945 × 1,2). Não são esperados eventos ocasionais, como greves ou nova regulamentação, para seguros. Conseqüentemente, a melhor estimativa de vendas de apólices para o mês de dezembro do ano seguinte é de 1.134.

Para uma empresa que possui centenas de itens em sua linha de produtos e deseja produzir previsões eficientes e econômicas a curto prazo, há uma técnica de séries de tempos mais nova chamada *ajustamento exponencial.* Em sua forma mais simples, essa técnica exige apenas três informações: vendas reais do período ($Q_1$), vendas ajustadas desse período ($\overline{Q}_1$) e um parâmetro de ajustamento (α). A previsão de vendas para o período seguinte é dada por:

$$\overline{Q}_{t+1} = \alpha Q_1 + (1 - \alpha)\,\overline{Q}_1 \qquad \text{(A2-1)}$$

Onde:

$\overline{Q}_{t+1}$ = previsão de vendas para o período seguinte
α = constante de ajustamento, onde 0 < α < 1
$Q_t$ = vendas atuais no período *t*
$\overline{Q}_t$ = vendas ajustadas no período *t*

Suponhamos que a constante de ajustamento seja 0,4, as vendas atuais $ 50.000 e as vendas ajustadas $ 40.000. Assim, a previsão de vendas é:

$$\overline{Q}_{t+1} = 0,4(\$\,50.000) + 0,6(\$\,40.000) = 44.000$$

Segundo esse método, a previsão de vendas estará sempre entre as vendas atuais e as vendas ajustadas. A influência relativa das vendas atuais ajustadas depende da constante de ajustamento, neste caso, 0,4. Assim, a previsão de vendas "rastreia" as vendas reais. O método pode ser aperfeiçoado para refletir fatores sazonais e tendências, acrescentando-se mais duas constantes.[1]

**ANÁLISE ESTATÍSTICA DA DEMANDA.** A análise de séries de tempos trata as vendas passadas e futuras como função do tempo, em vez de quaisquer fatores reais de demanda. Todavia, numerosos fatores reais afetam as vendas de qualquer produto. *Análise estatística da demanda* é um conjunto de procedimentos estatísticos elaborados para descobrir os fatores reais mais importantes que afetam as vendas e suas influências relativas.

A análise estatística da demanda consiste em expressar-se as vendas (Q) como variável dependente e de tentar-se explicar as vendas como função do número de variáveis independentes da demanda ($X_1, X_2, \dots X_n$). Isto é:

$$Q = f(X_1, X_2, \dots X_n)$$

As variáveis independentes mais comumente analisadas são preço, renda, população e promoção. Usando a análise de regressão múltipla, várias fórmulas de equações podem ser estatisticamente ajustadas aos dados na busca das melhores variáveis de previsão e da melhor equação.

Por exemplo, Jain e Vilcassim constataram que a seguinte equação de demanda explicava bem a participação de mercado da marca 1 em um mercado com três marcas de café instantâneo descafeinado:[2]

$$MS_1 = 0,76 - 1,27P_1 + 0,59P_2 + 34P_3 =$$

$$= 0,14A_1 - 0,03A_2 = 0,03A_3$$

Onde:

1. Veja MAKRIDAKIS, S., WHELLWRIGHT, S. C. *Forecasting methods for management.* 5. ed. New York : John Wiley, 1989. Veja também KRESS, George, SNYDER, John. *Forecasting and market analysis techniques*: a practical approach. Westport, CT : Quorum Books, 1994.
2. JAIN, Dipak C., VILCASSIM, Naufel J. Testing functional forms of market share models using the Box-Cox transformation and the Lagrange multiplier approach. *International Journal of Research in Marketing,* n. 6, p. 95-107 (aqui p. 101-102), 1989.

$MS_1$ = participação de mercado semanal da marca 1
$P_1$ = preço semanal da marca 1
$A_1$ = variável *dummy* (0 ou 1), dependendo de a marca 1 ter sido anunciada em jornais naquela semana

Note que a participação de mercado da marca 1 será negativamente afetada se seu preço aumentar, e positivamente afetada se for anunciada naquela semana. Ademais, a participação de mercado da marca 1 aumentará se as marcas 2 e 3 sofrerem aumento de preço. Finalmente, a participação de mercado da marca 1 cairá se a marca 2 e/ou 3 for anunciada naquela semana. Todas essas conclusões são consistentes com a teoria de como a participação de mercado de uma marca será afetada por seus próprios anúncios ou anúncios de marcas concorrentes.

Os computadores têm tornado o cálculo da análise estatística da demanda cada vez mais fácil. Entretanto, o usuário deve estar consciente das várias dificuldades que podem diminuir a validade ou tornar inútil uma equação estatística da demanda: poucas observações, muita correlação entre as variáveis independentes, alteração da curva normal de hipóteses, causas em sentidos contrários e o surgimento de novas variáveis ainda não representadas.

# Índice Remissivo

**Impresso em offset**

**HAMBURG GRÁFICA EDITORA**

Rua Bogaert, 64 - V. Vermelha
04298-020 - São Paulo - SP
Fone   : (011)* 6946-0233
Telefax: (011)  6914-4773

com filmes fornecidos pelo editor

**SIM. Tenho interesse em fazer parte do banco de dados seletivo da Atlas para receber informações sobre lançamentos nas áreas de meu interesse.**

Nome: ..............................................................................................
End. Res.: .......................................................................................
Cidade: ........................................................ CEP: ..........................
Est. Civil: ☐ solteiro ☐ casado ☐ outros      Sexo: ☐ Masc. ☐ Fem.
Data de Nasc.: ......./......./.........      e-mail: .......................................
Fone Res.: ....................................... Fax: ................................
Empresa: ........................................................................................
End. Com.: ......................................................................................
Cidade: ........................................................ CEP: ..........................
Fone Com.: ..................................... Fax: ................................
Cargo: ............................................................................................

*Assinale sua(s) área(s) de interesse:*

☐ Estratégia Empresarial
☐ Recursos Humanos
☐ Marketing
☐ Produção/Materiais
☐ Contabilidade/Finanças
☐ Economia
☐ Direito Civil/Processual
☐ Direito do Trabalho

☐ Segurança no Trabalho/Segurança Industrial
☐ Direito Tributário/Fiscal
☐ Direito Comercial
☐ Matemática/Estatística/P.O.
☐ Ciências Humanas
☐ Informática
☐ Segurança e Medicina do Trabalho

## INFORMAÇÕES COMPLEMENTARES

a) Hábito de compra
Costumo comprar livros através de:

☐ livrarias
☐ feiras e congressos

☐ Mala direta
☐ outro canal: .............................................

b) Frequência de compra
Compro anualmente em média:

☐ 1-2 livros
☐ 3-4 livros

☐ 5-6 livros
☐ 7 ou mais livros

c) Fatores que influenciam minha compra
(Enumere em ordem de importância)

☐ notoriedade do autor
☐ nome da editora
☐ preço
☐ capa e apresentação física

☐ sugestão de amigo(s)
☐ atualidade do assunto
☐ interesse pelo assunto
☐ outro: ....................................................

d) Autorizo utilizar meu número de FAX para transmitir informações sobre novos lançamentos

☐ sim                   ☐ não

e) Sugestões: ..............................................................................................
..............................................................................................................

# CARTA - RESPOSTA

## Não é necessário selar

O selo será pago por:

**05999-999 - SÃO PAULO - SP**

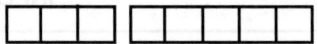

**ENDEREÇO:**
**REMETENTE:**